足球行业法律规范汇编

刘万勇　编

北京体育大学出版社

策划编辑：吴　珂
责任编辑：吴　珂
审稿编辑：闫　翔
责任校对：潘海英
版式设计：谭德毅

图书在版编目（CIP）数据

足球行业法律规范汇编 / 刘万勇编. -- 北京 : 北京体育大学出版社, 2020.11
ISBN 978-7-5644-3369-7

Ⅰ. ①足… Ⅱ. ①刘… Ⅲ. ①足球运动—职业体育—体育法—汇编—中国 Ⅳ. ①D922.169

中国版本图书馆CIP数据核字(2020)第166457号

足球行业法律规范汇编
Zuqiu Hangye Falü Guifan Huibian

刘万勇　编

出版发行：北京体育大学出版社
地　　址：北京市海淀区农大南路1号院2号楼4层办公B-421
邮　　编：100084
网　　址：http://cbs.bsu.edu.cn
发 行 部：010-62989320
邮 购 部：北京体育大学出版社读者服务部 010-62989432
印　　刷：北京金彩印刷有限公司
开　　本：880毫米 × 1230毫米　1/16
成品尺寸：210毫米 × 285毫米
印　　张：73.25
字　　数：1500千字
版　　次：2020年11月第1版
印　　次：2020年11月第1版第1次印刷
定　　价：458.00元

自 序

足球法律规范与足球行业的发展是密不可分的，足球法律规范作为新的法学领域逐渐受到社会大众的关注。社会上呼吁出台制度化的足球行业规范、消除中国足球痼疾，都是长久以来足球法律规范改革的方向和重点。

2019 年 8 月 22 日，中国足球协会顺利完成换届工作。《中国足球协会工作报告》指出，过去五年，中国足球面貌呈现出积极变化，足球发展有利环境逐步形成。未来，中国足协将继续深化足球改革，理顺足球管理体制，有序推进各级国家队建设，推动青少年足球高质量发展，提高职业联赛组织和竞赛水平，营造良好的足球发展环境。

2019 年 9 月 2 日，国务院印发了《体育强国建设纲要》（以下简称《纲要》），充分证明了国家对体育的高度重视。作为世界第一大运动的足球运动，也是《纲要》明确要积极推动与发展的项目。《纲要》明确了推进职业体育发展、加快发展体育产业、丰富体育文化产品的目标，同时也明确了加强体育政策制定的工作。

在此契机下，《足球行业法律规范汇编》的编著显得尤为重要。在体育强国的建设中，在足球行业飞速发展的前提下，法治保障的重要性已经无须赘述。本书旨在对现有的足球行业法律规范进行系统梳理，一方面可以供读者查询使用；另一方面则通过系统的整理，分析法律规范的空白点，为日后的法治建设提供参考。

本书分门别类地罗列了与足球行业相关的各类别的法律规范，从国家综合立法、国际规则、行业综合规范、竞赛管理、赛区管理、竞赛规程、注册与备案管理规定、球员、竞赛官员、经纪人、职业俱乐部准入、专业委员会、商事权利共十三个方面对现有的足球行业法律规范进行分类，并选载有代表性的法律规范，方便大家查阅使用。

本书如能给大家带来一些学习应用上的方便，并促进足球行业法治建设取得一些进展，也就达到了笔者的愿望和目的。由于资料来源和搜集水平所限，编辑过程中必然存在疏漏之处，欢迎广大专业人士批评指正或提出建议。

目　录

第一编　国家综合立法……1
中华人民共和国体育法……2
中华人民共和国立法法（节选）……7
中华人民共和国合同法（节选）……13
中华人民共和国工会法（节选）……23
中华人民共和国侵权责任法（节选）……26
最高人民法院关于审理人身损害赔偿案件适用法律若干问题的解释（节选）……28
中华人民共和国劳动法……31
中华人民共和国劳动合同法……42
中华人民共和国公司法（节选）……56
中华人民共和国广告法……62
中华人民共和国仲裁法（节选）……75
反兴奋剂条例……79
学校体育工作条例……86
公共文化体育设施条例……91
中华人民共和国职业分类大典（节选）……96
社会团体登记管理条例……97

第二编　国际规则……103
国际足联章程（2012）……104
国际足联行为准则（2012 版）……127
国际赛事管理规程……129
国际足联球员身份及转会规程……138
球员身份委员会和争议解决庭工作程序管理条例……178
国际足联纪律准则（FDC）……186
亚洲足球联合会章程……213

第三编　行业综合规范……225
中国足球中长期发展规划（2016—2050 年）……226
中国足球改革发展总体方案……235
中国足球协会章程……243
国家体育总局、教育部关于加强全国青少年校园足球工作的意见……263

第四编　竞赛管理……267
体育赛事管理办法……268
体育总局关于推进体育赛事审批制度改革的若干意见（节选）……272
营业性演出管理条例……276
中国足球协会职业联赛理事会工作规范……287
中国足球协会业余联赛规范管理办法（试行）……299
中国足球协会业余联赛评级管理办法（试行）……303
中国足球协会 12 岁及以下少年足球赛事组织指导办法……305

第五编　赛区管理……327
大型群众性活动安全管理条例……328
国务院办公厅关于提倡文明赛风维护足球比赛秩序的通知……333
体育场馆运营管理办法……335
加强全国足球比赛安全管理工作的规定（试行）……340
全国足球赛区安全秩序规定……344
关于规范中国足球协会职业联赛赛场旗帜、横幅、标语等管理的通知……348
中国足球协会超级联赛新闻组织运行手册……349
中国足球协会乙级联赛保证金管理办法……394
中国足球协会乙级联赛体育场管理规定……396

第六编　竞赛规程……401
职业联赛参赛资格递补原则及办法……402
2019 年中国足球协会超级联赛规程……403
中超联赛赛前联席会要求及程序……426
中国足球协会甲级联赛规程……429
中国足球协会乙级联赛规程……449
中国足球协会杯赛规程……484
中国足球协会女子足球超级联赛规程……498

2019 年中国足球协会会员协会冠军联赛规程……516
2017—2018 中国足球协会室内五人制超级联赛竞赛规程……533
2019 年中国足球协会室内五人制甲级联赛竞赛规程……546
2017 全国沙滩足球锦标赛竞赛规程……560
亚洲足球俱乐部冠军联赛规程……566
足球竞赛规则（中文版）……600
五人制足球竞赛规则……632

第七编　注册与备案管理规定……651
中国足球协会注册管理规定……652
事业单位人事管理条例……664
外国人在中国就业管理规定（节选）……669
中国足球协会教练员培训管理规定（2019）……672
中国足球协会教练员讲师管理规定（2019 版）……693
各级国家足球队运动员、教练员选拔与监督办法细则（试行）……705
中国足球协会训练基地命名管理办法（试行）……710
中国足球协会青少年足球运动员骨龄参赛管理办法……717

第八编　球　员……721
运动员聘用暂行办法……722
中国足球协会足球运动员技术等级管理办法（2019 版）……727
中国足球协会足球运动员技术等级标准（2019 版）……735
全国运动员注册与交流管理办法（试行）……748
中国足球协会球员身份与转会管理规定……755
关于进一步规范管理职业俱乐部与教练员、球员合同有关工作的通知……772
关于港澳特区和台湾地区球员参加 2018 年职业联赛有关规定的通知……775
中国足球协会入籍球员管理暂行规定……776
关于中国足球协会乙级联赛相关政策实施细则的通知……779
关于足球运动员联合机制补偿与培训补偿相关情况的说明……782
中国足协关于调整青少年球员转会与培训补偿标准管理制度的实施意见……787
五人制足球球员身份和转会规则……791

第九编　竞赛官员……795
体育竞赛裁判员管理办法……796

中国足球协会裁判员管理办法实施细则......802
中国足协裁判人员选派工作管理细则......808
全国体育竞赛裁判员选派与监督工作管理办法（试行）......813
中国足球协会国际级裁判申报管理办法......818
中国足球协会裁判体能测试办法......820
中国足球协会裁判讲师管理办法......824
中国足球协会裁判监督管理办法......827

第十编　经纪人（代理人）......831
国际足联球员经纪人规程......832
中国足球协会球员代理人管理规定......846

第十一编　职业俱乐部准入......855
中国足球协会职业联赛俱乐部准入条件和审查办法......856
中国足球协会职业俱乐部准入规程（2018 年版）......859
关于增加和调整《中国足球协会职业俱乐部准入规程》部分内容的通知......886
中国足球协会职业联赛俱乐部准入实施细则......891
中国足球协会职业足球俱乐部转让规定......911
中国足球协会职业俱乐部工作合同基本要求......919
中国足球协会职业球员劳动合同基本要求......927
关于加强和改进职业足球俱乐部劳动保障管理的意见......932
中超足球俱乐部管理办法......934
中国足球协会职业俱乐部财务监管规程（2019 年版）......962
中国足球协会关于规范管理职业俱乐部的通知......999
中超俱乐部财务约定指标（2019—2021）......1002
中甲俱乐部财务约定指标（2019—2021）......1006
中乙俱乐部财务约定指标（2019—2021）......1009
中国足球协会职业俱乐部名称规范......1012

第十二编　专业委员会......1015
中国足球协会纪律准则......1016
中国足球协会关于违规违纪的停赛执行细则......1040
中国足球协会纪律委员会工作条例......1045
中国足球协会仲裁委员会工作规则......1048

中国足球协会道德与公平竞赛委员会工作规则（试行）……1053
中国足球协会医学委员会工作规则（草案）……1057
中国足球协会竞赛委员会工作规范……1061
中国足球协会场地器材委员会工作规范……1067
中国足球协会财务委员会工作规范……1072

第十三编　商事权利……1077
中华人民共和国著作权法（节选）……1078
保护表演者、录音制品制作者和广播组织的国际公约（罗马公约）（节选）……1085
世界知识产权组织表演和录音制品条约（WPPT）（节选）……1086
与贸易有关的知识产权协定（TRIPS 协定）（节选）……1090
特殊标志管理条例（节选）……1095
奥林匹克标志保护条例……1097
北京市奥林匹克知识产权保护规定……1100
中国足球协会超级联赛商务管理规定（2018 版）……1103
中国足球协会超级联赛商务管理的实施细则（试行）……1118
中国足球协会甲级联赛比赛服装备规定（试行）……1125
中国足球协会甲级联赛商务管理实施细则……1128
全国女足锦标赛商务管理实施细则（试行）……1140
中国足球协会女子超级联赛商务管理实施细则（试行）……1150

后　记……1159

第一编

国家综合立法

足球作为当今全球体育界极具影响力的单项运动，在发展的过程中逐渐形成了足球产业，并形成了属于自己的一整套法律体系。本编主要从国家综合立法的层面，整理汇编了足球行业在发展过程中涉及的法律规范，具有较高的效力层级，实现了对足球行业的有效规范，为足球行业健康有序地发展提供了法治保障。

本编汇集的法律规范主要有：《中华人民共和国体育法》《中华人民共和国立法法》《中华人民共和国合同法》《中华人民共和国工会法》《中华人民共和国侵权责任法》《关于审理人身损害赔偿案件适用法律若干问题的解释》《中华人民共和国劳动法》《中华人民共和国劳动合同法》《中华人民共和国公司法》《中华人民共和国广告法》《中华人民共和国仲裁法》《反兴奋剂条例》《学校体育工作条例》《公共文化体育设施条例》《中华人民共和国职业分类大典》《社会团体登记管理条例》。这些法律规范基本上涵盖了中国足球协会、足球俱乐部、球员、球员工会、教练员、裁判员、其他从业人员、反兴奋剂调查中心等足球行业诸多主体之间的法律关系。例如，球员与俱乐部之间的劳动法律关系，球场伤害中的侵权法律关系，纠纷解决法律关系，等等。

中华人民共和国体育法

（1995 年 8 月 29 日第八届全国人民代表大会常务委员会第十五次会议通过 根据 2009 年 8 月 27 日第十一届全国人民代表大会常务委员会第十次会议《关于修改部分法律的决定》第一次修正 根据 2016 年 11 月 7 日第十二届全国人民代表大会常务委员会第二十四次会议《关于修改〈中华人民共和国对外贸易法〉等十二部法律的决定》第二次修正）

第一章 总 则

第一条 为了发展体育事业，增强人民体质，提高体育运动水平，促进社会主义物质文明和精神文明建设，根据宪法，制定本法。

第二条 国家发展体育事业，开展群众性的体育活动，提高全民族身体素质。体育工作坚持以开展全民健身活动为基础，实行普及与提高相结合，促进各类体育协调发展。

第三条 国家坚持体育为经济建设、国防建设和社会发展服务。体育事业应当纳入国民经济和社会发展计划。

国家推进体育管理体制改革。国家鼓励企业事业组织、社会团体和公民兴办和支持体育事业。

第四条 国务院体育行政部门主管全国体育工作。国务院其他有关部门在各自的职权范围内管理体育工作。

县级以上地方各级人民政府体育行政部门或者本级人民政府授权的机构主管本行政区域内的体育工作。

第五条 国家对青年、少年、儿童的体育活动给予特别保障，增进青年、少年、儿童的身心健康。

第六条 国家扶持少数民族地区发展体育事业，培养少数民族体育人才。

第七条 国家发展体育教育和体育科学研究，推广先进、实用的体育科学技术成果，依靠科学技术发展体育事业。

第八条 国家对在体育事业中做出贡献的组织和个人，给予奖励。

第九条 国家鼓励开展对外体育交往。对外体育交往坚持独立自主、平等互利、相互尊重的原则，维护国家主权和尊严，遵守中华人民共和国缔结或者参加的国际条约。

第二章　社会体育

第十条　国家提倡公民参加社会体育活动，增进身心健康。

社会体育活动应当坚持业余、自愿、小型多样，遵循因地制宜和科学文明的原则。

第十一条　国家推行全民健身计划，实施体育锻炼标准，进行体质监测。

国家实行社会体育指导员技术等级制度。社会体育指导员对社会体育活动进行指导。

第十二条　地方各级人民政府应当为公民参加社会体育活动创造必要的条件，支持、扶助群众性体育活动的开展。

城市应当发挥居民委员会等社区基层组织的作用，组织居民开展体育活动。

农村应当发挥村民委员会、基层文化体育组织的作用，开展适合农村特点的体育活动。

第十三条　国家机关、企业事业组织应当开展多种形式的体育活动，举办群众性体育竞赛。

第十四条　工会等社会团体应当根据各自特点，组织体育活动。

第十五条　国家鼓励、支持民族、民间传统体育项目的发掘、整理和提高。

第十六条　全社会应当关心、支持老年人、残疾人参加体育活动。各级人民政府应当采取措施，为老年人、残疾人参加体育活动提供方便。

第三章　学校体育

第十七条　教育行政部门和学校应当将体育作为学校教育的组成部分，培养德、智、体等方面全面发展的人才。

第十八条　学校必须开设体育课，并将体育课列为考核学生学业成绩的科目。

学校应当创造条件为病残学生组织适合其特点的体育活动。

第十九条　学校必须实施国家体育锻炼标准，对学生在校期间每天用于体育活动的时间给予保证。

第二十条　学校应当组织多种形式的课外体育活动，开展课外训练和体育竞赛，并根据条件每学年举行一次全校性的体育运动会。

第二十一条　学校应当按照国家有关规定，配备合格的体育教师，保障体育教师享受与其工作特点有关的待遇。

第二十二条　学校应当按照国务院教育行政部门规定的标准配置体育场地、设施和器材。

校体育场地必须用于体育活动，不得挪作他用。

第二十三条　学校应当建立学生体格健康检查制度。教育、体育和卫生行政部门应当加强对学生体质的监测。

第四章　竞技体育

第二十四条　国家促进竞技体育发展，鼓励运动员提高体育运动技术水平，在体育竞赛中创造优异成绩，为国家争取荣誉。

第二十五条　国家鼓励、支持开展业余体育训练，培养优秀的体育后备人才。

第二十六条　参加国内、国际重大体育竞赛的运动员和运动队，应当按照公平、择优的原则选拔和组建。具体办法由国务院体育行政部门规定。

第二十七条　培养运动员必须实行严格、科学、文明的训练和管理，对运动员进行爱国主义、集体主义和社会主义教育，以及道德和纪律教育。

第二十八条　国家对优秀运动员在就业或者升学方面给予优待。

第二十九条　全国性的单项体育协会对本项目的运动员实行注册管理。经注册的运动员，可以根据国务院体育行政部门的规定，参加有关的体育竞赛和运动队之间的人员流动。

第三十条　国家实行运动员技术等级、裁判员技术等级和教练员专业技术职务等级制度。

第三十一条　国家对体育竞赛实行分级分类管理。

全国综合性运动会由国务院体育行政部门管理或者由国务院体育行政部门会同有关组织管理。

全国单项体育竞赛由该项运动的全国性协会负责管理。

地方综合性运动会和地方单项体育竞赛的管理办法由地方人民政府制定。

第三十二条　在竞技体育活动中发生纠纷，由体育仲裁机构负责调解、仲裁。

体育仲裁机构的设立办法和仲裁范围由国务院另行规定。

第三十三条　体育竞赛实行公平竞争的原则。体育竞赛的组织者和运动员、教练员、裁判员应当遵守体育道德，不得弄虚作假、营私舞弊。

在体育运动中严禁使用禁用的药物和方法。禁用药物检测机构应当对禁用的药物和方法进行严格检查。

严禁任何组织和个人利用体育竞赛从事赌博活动。

第三十四条　在中国境内举办的重大体育竞赛，其名称、徽记、旗帜及吉祥物等标志按照国家有关规定予以保护。

第五章　体育社会团体

第三十五条　国家鼓励、支持体育社会团体按照其章程，组织和开展体育活动，推动体育事业的发展。

第三十六条　各级体育总会是联系、团结运动员和体育工作者的群众性体育组织，应当在发展体育事业中发挥作用。

第三十七条　中国奥林匹克委员会是以发展和推动奥林匹克运动为主要任务的体育组织，代表中国参与国际奥林匹克事务。

第三十八条　体育科学社会团体是体育科学技术工作者的学术性群众组织，应当在发展体育科技事业中发挥作用。

第三十九条　全国性的单项体育协会管理该项运动的普及与提高工作，代表中国参加相应的国际单项体育组织。

第六章　保障条件

第四十条　县级以上各级人民政府应当将体育事业经费、体育基本建设资金列入本级财政预算和基本建设投资计划，并随着国民经济的发展逐步增加对体育事业的投入。

第四十一条　国家鼓励企业事业组织和社会团体自筹资金发展体育事业，鼓励组织和个人对体育事业的捐赠和赞助。

第四十二条　国家有关部门应当加强对体育资金的管理，任何组织和个人不得挪用、克扣体育资金。

第四十三条　县级以上各级人民政府体育行政部门对以健身、竞技等体育活动为内容的经营活动，应当按照国家有关规定加强管理和监督。

第四十四条　县级以上地方各级人民政府应当按照国家对城市公共体育设施用地定额指标的规定，将城市公共体育设施建设纳入城市建设规划和土地利用总体规划，合理布局，统一安排。

城市在规划企业、学校、街道和居住区时，应当将体育设施纳入建设规划。

乡、民族乡、镇应当随着经济发展，逐步建设和完善体育设施。

第四十五条　公共体育设施应当向社会开放，方便群众开展体育活动，对学生、老年人、残疾人实行优惠办法，提高体育设施的利用率。

任何组织和个人不得侵占、破坏公共体育设施。因特殊情况需要临时占用体育设施的，必须经体育行政部门和建设规划部门批准，并及时归还；按照城市规划改变体育场地用途的，应当按照国家有关规定，先行择地新建偿还。

第四十六条　国家发展体育专业教育，建立各类体育专业院校、系、科，培养运动、训练、教学、科学研究、管理以及从事群众体育等方面的专业人员。

国家鼓励企业事业组织、社会团体和公民依法举办体育专业教育。

第七章　法律责任

第四十七条　在竞技体育中从事弄虚作假等违反纪律和体育规则的行为，由体育社会团体按照章程规定给予处罚；对国家工作人员中的直接责任人员，依法给予行政处分。

第四十八条　在体育运动中使用禁用的药物和方法的，由体育社会团体按照章程规定给予处罚；对国家工作人员中的直接责任人员，依法给予行政处分。

第四十九条　利用竞技体育从事赌博活动的，由体育行政部门协助公安机关责令停止违法活动，并由公安机关依照治安管理处罚法的有关规定给予处罚。

在竞技体育活动中，有贿赂、诈骗、组织赌博行为，构成犯罪的，依法追究刑事责任。

第五十条　侵占、破坏公共体育设施的，由体育行政部门责令限期改正，并依法承担民事责任。

有前款所列行为，违反治安管理的，由公安机关依照治安管理处罚法的有关规定给予处罚；构成犯罪的，依法追究刑事责任。

第五十一条　在体育活动中，寻衅滋事、扰乱公共秩序的，给予批评、教育并予以制止；违反治安管理的，由公安机关依照治安管理处罚法的规定给予处罚；构成犯罪的，依法追究刑事责任。

第五十二条　违反国家财政制度、财务制度，挪用、克扣体育资金的，由上级机关责令限期归还被挪用、克扣的资金，并对直接负责的主管人员和其他直接责任人员，依法给予行政处分；构成犯罪的，依法追究刑事责任。

第八章　附　则

第五十三条　军队开展体育活动的具体办法由中央军事委员会依照本法制定。

第五十四条　本法自 1995 年 10 月 1 日起施行。

中华人民共和国立法法（节选）

（2000年3月15日第九届全国人民代表大会第三次会议通过　根据2015年3月15日第十二届全国人民代表大会第三次会议《关于修改〈中华人民共和国立法法〉的决定》修正）

第二章　法　律

第一节　立法权限

第七条　全国人民代表大会和全国人民代表大会常务委员会行使国家立法权。

全国人民代表大会制定和修改刑事、民事、国家机构的和其他的基本法律。

全国人民代表大会常务委员会制定和修改除应当由全国人民代表大会制定的法律以外的其他法律；在全国人民代表大会闭会期间，对全国人民代表大会制定的法律进行部分补充和修改，但是不得同该法律的基本原则相抵触。

第八条　下列事项只能制定法律：

（一）国家主权的事项；

（二）各级人民代表大会、人民政府、人民法院和人民检察院的产生、组织和职权；

（三）民族区域自治制度、特别行政区制度、基层群众自治制度；

（四）犯罪和刑罚；

（五）对公民政治权利的剥夺、限制人身自由的强制措施和处罚；

（六）税种的设立、税率的确定和税收征收管理等税收基本制度；

（七）对非国有财产的征收、征用；

（八）民事基本制度；

（九）基本经济制度以及财政、海关、金融和外贸的基本制度；

（十）诉讼和仲裁制度；

（十一）必须由全国人民代表大会及其常务委员会制定法律的其他事项。

第四节　法律解释

第四十五条　法律解释权属于全国人民代表大会常务委员会。

法律有以下情况之一的，由全国人民代表大会常务委员会解释：

（一）法律的规定需要进一步明确具体含义的；

（二）法律制定后出现新的情况，需要明确适用法律依据的。

第五十条　全国人民代表大会常务委员会的法律解释同法律具有同等效力。

第三章　行政法规

第六十五条　国务院根据宪法和法律，制定行政法规。

行政法规可以就下列事项作出规定：

（一）为执行法律的规定需要制定行政法规的事项；

（二）宪法第八十九条规定的国务院行政管理职权的事项。

应当由全国人民代表大会及其常务委员会制定法律的事项，国务院根据全国人民代表大会及其常务委员会的授权决定先制定的行政法规，经过实践检验，制定法律的条件成熟时，国务院应当及时提请全国人民代表大会及其常务委员会制定法律。

第四章　地方性法规、自治条例和单行条例、规章

第一节　地方性法规、自治条例和单行条例

第七十二条　省、自治区、直辖市的人民代表大会及其常务委员会根据本行政区域的具体情况和实际需要，在不同宪法、法律、行政法规相抵触的前提下，可以制定地方性法规。

设区的市的人民代表大会及其常务委员会根据本市的具体情况和实际需要，在不同宪法、法律、行政法规和本省、自治区的地方性法规相抵触的前提下，可以对城乡建设与管理、环境保护、历史文化保护等方面的事项制定地方性法规，法律对设区的市制定地方性法规的事项另有规定的，从其规定。设区的市的地方性法规须报省、自治区的人民代表大会常务委员会批准后施行。省、自治区的人民代表大会常务委员会对报请批准的地方性法规，应当对其合法性进行审查，同宪法、法律、行政法规和本省、自治区的地方性法规不抵触的，应当在四个月内予以批准。

省、自治区的人民代表大会常务委员会在对报请批准的设区的市的地方性法规进行审查时，发现其同本省、自治区的人民政府的规章相抵触的，应当作出处理决定。

除省、自治区的人民政府所在地的市，经济特区所在地的市和国务院已经批准的较大的市以外，其他设区的市开始制定地方性法规的具体步骤和时间，由省、自治区的人民代表大会常务委员会综合考虑本省、自治区所辖的设区的市的人口数量、地域面积、经济社会发展情况以及立法需求、立法能力等因素确定，并报全国人民代表大会常务委员会和国务院备案。

自治州的人民代表大会及其常务委员会可以依照本条第二款规定行使设区的市制定地方性法规的职权。自治州开始制定地方性法规的具体步骤和时间，依照前款规定确定。

省、自治区的人民政府所在地的市，经济特区所在地的市和国务院已经批准的较大的市已经制定的地方性法规，涉及本条第二款规定事项范围以外的，继续有效。

第七十三条　地方性法规可以就下列事项作出规定：

（一）为执行法律、行政法规的规定，需要根据本行政区域的实际情况作具体规定的事项；

（二）属于地方性事务需要制定地方性法规的事项。

除本法第八条规定的事项外，其他事项国家尚未制定法律或者行政法规的，省、自治区、直辖市和设区的市、自治州根据本地方的具体情况和实际需要，可以先制定地方性法规。在国家制定的法律或者行政法规生效后，地方性法规同法律或者行政法规相抵触的规定无效，制定机关应当及时予以修改或者废止。

设区的市、自治州根据本条第一款、第二款制定地方性法规，限于本法第七十二条第二款规定的事项。

制定地方性法规，对上位法已经明确规定的内容，一般不作重复性规定。

第七十四条　经济特区所在地的省、市的人民代表大会及其常务委员会根据全国人民代表大会的授权决定，制定法规，在经济特区范围内实施。

第七十五条　民族自治地方的人民代表大会有权依照当地民族的政治、经济和文化的特点，制定自治条例和单行条例。自治区的自治条例和单行条例，报全国人民代表大会常务委员会批准后生效。自治州、自治县的自治条例和单行条例，报省、自治区、直辖市的人民代表大会常务委员会批准后生效。

自治条例和单行条例可以依照当地民族的特点，对法律和行政法规的规定作出变通规定，但不得违背法律或者行政法规的基本原则，不得对宪法和民族区域自治法的规定以及其他有关法律、行政法规专门就民族自治地方所作的规定作出变通规定。

第二节　规　章

第八十条　国务院各部、委员会、中国人民银行、审计署和具有行政管理职能的直属机构，可以根据法律和国务院的行政法规、决定、命令，在本部门的权限范围内，制定规章。

部门规章规定的事项应当属于执行法律或者国务院的行政法规、决定、命令的事项。没有法律或者国务院的行政法规、决定、命令的依据，部门规章不得设定减损公民、法人和其他组织权利或者增加其义务的规范，不得增加本部门的权力或者减少本部门的法定职责。

第八十二条 省、自治区、直辖市和设区的市、自治州的人民政府，可以根据法律、行政法规和本省、自治区、直辖市的地方性法规，制定规章。

地方政府规章可以就下列事项作出规定：

（一）为执行法律、行政法规、地方性法规的规定需要制定规章的事项；

（二）属于本行政区域的具体行政管理事项。

设区的市、自治州的人民政府根据本条第一款、第二款制定地方政府规章，限于城乡建设与管理、环境保护、历史文化保护等方面的事项。已经制定的地方政府规章，涉及上述事项范围以外的，继续有效。

除省、自治区的人民政府所在地的市，经济特区所在地的市和国务院已经批准的较大的市以外，其他设区的市、自治州的人民政府开始制定规章的时间，与本省、自治区人民代表大会常务委员会确定的本市、自治州开始制定地方性法规的时间同步。

应当制定地方性法规但条件尚不成熟的，因行政管理迫切需要，可以先制定地方政府规章。规章实施满两年需要继续实施规章所规定的行政措施的，应当提请本级人民代表大会或者其常务委员会制定地方性法规。

没有法律、行政法规、地方性法规的依据，地方政府规章不得设定减损公民、法人和其他组织权利或者增加其义务的规范。

第五章　适用与备案审查

第八十七条 宪法具有最高的法律效力，一切法律、行政法规、地方性法规、自治条例和单行条例、规章都不得同宪法相抵触。

第八十八条 法律的效力高于行政法规、地方性法规、规章。

行政法规的效力高于地方性法规、规章。

第八十九条 地方性法规的效力高于本级和下级地方政府规章。

省、自治区的人民政府制定的规章的效力高于本行政区域内的设区的市、自治州的人民政府制定的规章。

第九十条 自治条例和单行条例依法对法律、行政法规、地方性法规作变通规定的，在本自治地方适用自治条例和单行条例的规定。

经济特区法规根据授权对法律、行政法规、地方性法规作变通规定的，在本经济特区适用经济特区法规的规定。

第九十一条 部门规章之间、部门规章与地方政府规章之间具有同等效力，在各自的权限范围内施行。

第九十二条　同一机关制定的法律、行政法规、地方性法规、自治条例和单行条例、规章，特别规定与一般规定不一致的，适用特别规定；新的规定与旧的规定不一致的，适用新的规定。

第九十三条　法律、行政法规、地方性法规、自治条例和单行条例、规章不溯及既往，但为了更好地保护公民、法人和其他组织的权利和利益而作的特别规定除外。

第九十四条　法律之间对同一事项的新的一般规定与旧的特别规定不一致，不能确定如何适用时，由全国人民代表大会常务委员会裁决。

行政法规之间对同一事项的新的一般规定与旧的特别规定不一致，不能确定如何适用时，由国务院裁决。

第九十五条　地方性法规、规章之间不一致时，由有关机关依照下列规定的权限作出裁决：

（一）同一机关制定的新的一般规定与旧的特别规定不一致时，由制定机关裁决；

（二）地方性法规与部门规章之间对同一事项的规定不一致，不能确定如何适用时，由国务院提出意见，国务院认为应当适用地方性法规的，应当决定在该地方适用地方性法规的规定；认为应当适用部门规章的，应当提请全国人民代表大会常务委员会裁决；

（三）部门规章之间、部门规章与地方政府规章之间对同一事项的规定不一致时，由国务院裁决。

根据授权制定的法规与法律规定不一致，不能确定如何适用时，由全国人民代表大会常务委员会裁决。

第九十六条　法律、行政法规、地方性法规、自治条例和单行条例、规章有下列情形之一的，由有关机关依照本法第九十七条规定的权限予以改变或者撤销：

（一）超越权限的；

（二）下位法违反上位法规定的；

（三）规章之间对同一事项的规定不一致，经裁决应当改变或者撤销一方的规定的；

（四）规章的规定被认为不适当，应当予以改变或者撤销的；

（五）违背法定程序的。

第九十七条　改变或者撤销法律、行政法规、地方性法规、自治条例和单行条例、规章的权限是：

（一）全国人民代表大会有权改变或者撤销它的常务委员会制定的不适当的法律，有权撤销全国人民代表大会常务委员会批准的违背宪法和本法第七十五条第二款规定的自治条例和单行条例；

（二）全国人民代表大会常务委员会有权撤销同宪法和法律相抵触的行政法规，有权撤销同宪法、法律和行政法规相抵触的地方性法规，有权撤销省、自治区、直辖市的人民代表大会常务委员会批准的违背宪法和本法第七十五条第二款规定的自治条例和单行条例；

（三）国务院有权改变或者撤销不适当的部门规章和地方政府规章；

（四）省、自治区、直辖市的人民代表大会有权改变或者撤销它的常务委员会制定的和批准的不适当的地方性法规；

（五）地方人民代表大会常务委员会有权撤销本级人民政府制定的不适当的规章；

（六）省、自治区的人民政府有权改变或者撤销下一级人民政府制定的不适当的规章；

（七）授权机关有权撤销被授权机关制定的超越授权范围或者违背授权目的的法规，必要时可以撤销授权。

第六章　附　则

第一百零三条　中央军事委员会根据宪法和法律，制定军事法规。

中央军事委员会各总部、军兵种、军区、中国人民武装警察部队，可以根据法律和中央军事委员会的军事法规、决定、命令，在其权限范围内，制定军事规章。

军事法规、军事规章在武装力量内部实施。

军事法规、军事规章的制定、修改和废止办法，由中央军事委员会依照本法规定的原则规定。

第一百零四条　最高人民法院、最高人民检察院作出的属于审判、检察工作中具体应用法律的解释，应当主要针对具体的法律条文，并符合立法的目的、原则和原意。遇有本法第四十五条第二款规定情况的，应当向全国人民代表大会常务委员会提出法律解释的要求或者提出制定、修改有关法律的议案。

最高人民法院、最高人民检察院作出的属于审判、检察工作中具体应用法律的解释，应当自公布之日起三十日内报全国人民代表大会常务委员会备案。

最高人民法院、最高人民检察院以外的审判机关和检察机关，不得作出具体应用法律的解释。

中华人民共和国合同法（节选）

（1999年3月15日第九届全国人民代表大会第二次会议通过 1999年3月15日中华人民共和国主席令第十五号公布 自1999年10月1日起施行）

总　则

第一章　一般规定

第一条　为了保护合同当事人的合法权益，维护社会经济秩序，促进社会主义现代化建设，制定本法。

第二条　本法所称合同是平等主体的自然人、法人、其他组织之间设立、变更、终止民事权利义务关系的协议。

婚姻、收养、监护等有关身份关系的协议，适用其他法律的规定。

第二章　合同的订立

第九条　当事人订立合同，应当具有相应的民事权利能力和民事行为能力。

当事人依法可以委托代理人订立合同。

第十条　当事人订立合同，有书面形式、口头形式和其他形式。

法律、行政法规规定采用书面形式的，应当采用书面形式。当事人约定采用书面形式的，应当采用书面形式。

第十一条　书面形式是指合同书、信件和数据电文（包括电报、电传、传真、电子数据交换和电子邮件）等可以有形地表现所载内容的形式。

第十二条　合同的内容由当事人约定，一般包括以下条款：

（一）当事人的名称或者姓名和住所；

（二）标的；

（三）数量；

（四）质量；

（五）价款或者报酬；

（六）履行期限、地点和方式；

（七）违约责任；

（八）解决争议的方法。

当事人可以参照各类合同的示范文本订立合同。

第十三条 当事人订立合同，采取要约、承诺方式。

第十四条 要约是希望和他人订立合同的意思表示，该意思表示应当符合下列规定：

（一）内容具体确定；

（二）表明经受要约人承诺，要约人即受该意思表示约束。

第十五条 要约邀请是希望他人向自己发出要约的意思表示。寄送的价目表、拍卖公告、招标公告、招股说明书、商业广告等为要约邀请。

商业广告的内容符合要约规定的，视为要约。

第十六条 要约到达受要约人时生效。

采用数据电文形式订立合同，收件人指定特定系统接收数据电文的，该数据电文进入该特定系统的时间，视为到达时间；未指定特定系统的，该数据电文进入收件人的任何系统的首次时间，视为到达时间。

第十七条 要约可以撤回。撤回要约的通知应当在要约到达受要约人之前或者与要约同时到达受要约人。

第十八条 要约可以撤销。撤销要约的通知应当在受要约人发出承诺通知之前到达受要约人。

第十九条 有下列情形之一的，要约不得撤销：

（一）要约人确定了承诺期限或者以其他形式明示要约不可撤销；

（二）受要约人有理由认为要约是不可撤销的，并已经为履行合同作了准备工作。

第二十条 有下列情形之一的，要约失效：

（一）拒绝要约的通知到达要约人；

（二）要约人依法撤销要约；

（三）承诺期限届满，受要约人未作出承诺；

（四）受要约人对要约的内容作出实质性变更。

第二十一条 承诺是受要约人同意要约的意思表示。

第二十二条 承诺应当以通知的方式作出，但根据交易习惯或者要约表明可以通过行为作出承诺的除外。

第二十三条　承诺应当在要约确定的期限内到达要约人。

要约没有确定承诺期限的，承诺应当依照下列规定到达：

（一）要约以对话方式作出的，应当即时作出承诺，但当事人另有约定的除外；

（二）要约以非对话方式作出的，承诺应当在合理期限内到达。

第二十四条　要约以信件或者电报作出的，承诺期限自信件载明的日期或者电报交发之日开始计算。信件未载明日期的，自投寄该信件的邮戳日期开始计算。要约以电话、传真等快速通讯方式作出的，承诺期限自要约到达受要约人时开始计算。

第二十五条　承诺生效时合同成立。

第二十六条　承诺通知到达要约人时生效。承诺不需要通知的，根据交易习惯或者要约的要求作出承诺的行为时生效。

采用数据电文形式订立合同的，承诺到达的时间适用本法第十六条第二款的规定。

第二十七条　承诺可以撤回。撤回承诺的通知应当在承诺通知到达要约人之前或者与承诺通知同时到达要约人。

第二十八条　受要约人超过承诺期限发出承诺的，除要约人及时通知受要约人该承诺有效的以外，为新要约。

第二十九条　受要约人在承诺期限内发出承诺，按照通常情形能够及时到达要约人，但因其他原因承诺到达要约人时超过承诺期限的，除要约人及时通知受要约人因承诺超过期限不接受该承诺的以外，该承诺有效。

第三十条　承诺的内容应当与要约的内容一致。受要约人对要约的内容作出实质性变更的，为新要约。有关合同标的、数量、质量、价款或者报酬、履行期限、履行地点和方式、违约责任和解决争议方法等的变更，是对要约内容的实质性变更。

第三十二条　当事人采用合同书形式订立合同的，自双方当事人签字或者盖章时合同成立。

第三十三条　当事人采用信件、数据电文等形式订立合同的，可以在合同成立之前要求签订确认书。签订确认书时合同成立。

第三十四条　承诺生效的地点为合同成立的地点。

采用数据电文形式订立合同的，收件人的主营业地为合同成立的地点；没有主营业地的，其经常居住地为合同成立的地点。当事人另有约定的，按照其约定。

第三十五条　当事人采用合同书形式订立合同的，双方当事人签字或者盖章的地点为合同成立的地点。

第三十六条　法律、行政法规规定或者当事人约定采用书面形式订立合同，当事人未采用书面形式但一方已经履行主要义务，对方接受的，该合同成立。

第三十七条　采用合同书形式订立合同，在签字或者盖章之前，当事人一方已经履行主要义务，对方接受的，该合同成立。

第四十二条 当事人在订立合同过程中有下列情形之一，给对方造成损失的，应当承担损害赔偿责任：

（一）假借订立合同，恶意进行磋商；

（二）故意隐瞒与订立合同有关的重要事实或者提供虚假情况；

（三）有其他违背诚实信用原则的行为。

第三章 合同的效力

第四十四条 依法成立的合同，自成立时生效。

法律、行政法规规定应当办理批准、登记等手续生效的，依照其规定。

第四十五条 当事人对合同的效力可以约定附条件。附生效条件的合同，自条件成就时生效。附解除条件的合同，自条件成就时失效。

当事人为自己的利益不正当地阻止条件成就的，视为条件已成就；不正当地促成条件成就的，视为条件不成就。

第四十六条 当事人对合同的效力可以约定附期限。附生效期限的合同，自期限届至时生效。附终止期限的合同，自期限届满时失效。

第四十八条 行为人没有代理权、超越代理权或者代理权终止后以被代理人名义订立的合同，未经被代理人追认，对被代理人不发生效力，由行为人承担责任。

相对人可以催告被代理人在一个月内予以追认。被代理人未作表示的，视为拒绝追认。合同被追认之前，善意相对人有撤销的权利。撤销应当以通知的方式作出。

第四十九条 行为人没有代理权、超越代理权或者代理权终止后以被代理人名义订立合同，相对人有理由相信行为人有代理权的，该代理行为有效。

第五十一条 无处分权的人处分他人财产，经权利人追认或者无处分权的人订立合同后取得处分权的，该合同有效。

第五十二条 有下列情形之一的，合同无效：

（一）一方以欺诈、胁迫的手段订立合同，损害国家利益；

（二）恶意串通，损害国家、集体或者第三人利益；

（三）以合法形式掩盖非法目的；

（四）损害社会公共利益；

（五）违反法律、行政法规的强制性规定。

第五十三条 合同中的下列免责条款无效：

（一）造成对方人身伤害的；

（二）因故意或者重大过失造成对方财产损失的。

第五十四条　下列合同，当事人一方有权请求人民法院或者仲裁机构变更或者撤销：

（一）因重大误解订立的；

（二）在订立合同时显失公平的。

一方以欺诈、胁迫的手段或者乘人之危，使对方在违背真实意思的情况下订立的合同，受损害方有权请求人民法院或者仲裁机构变更或者撤销。

当事人请求变更的，人民法院或者仲裁机构不得撤销。

第五十六条　无效的合同或者被撤销的合同自始没有法律约束力。合同部分无效，不影响其他部分效力的，其他部分仍然有效。

第四章　合同的履行

第六十六条　当事人互负债务，没有先后履行顺序的，应当同时履行。一方在对方履行之前有权拒绝其履行要求。一方在对方履行债务不符合约定时，有权拒绝其相应的履行要求。

第六十七条　当事人互负债务，有先后履行顺序，先履行一方未履行的，后履行一方有权拒绝其履行要求。先履行一方履行债务不符合约定的，后履行一方有权拒绝其相应的履行要求。

第六十八条　应当先履行债务的当事人，有确切证据证明对方有下列情形之一的，可以中止履行：

（一）经营状况严重恶化；

（二）转移财产、抽逃资金，以逃避债务；

（三）丧失商业信誉；

（四）有丧失或者可能丧失履行债务能力的其他情形。

当事人没有确切证据中止履行的，应当承担违约责任。

第七十六条　合同生效后，当事人不得因姓名、名称的变更或者法定代表人、负责人、承办人的变动而不履行合同义务。

第五章　合同的变更和转让

第七十七条　当事人协商一致，可以变更合同。

法律、行政法规规定变更合同应当办理批准、登记等手续的，依照其规定。

第七十八条　当事人对合同变更的内容约定不明确的，推定为未变更。

第六章　合同的权利义务终止

第九十一条　有下列情形之一的，合同的权利义务终止：

（一）债务已经按照约定履行；

（二）合同解除；

（三）债务相互抵销；

（四）债务人依法将标的物提存；

（五）债权人免除债务；

（六）债权债务同归于一人；

（七）法律规定或者当事人约定终止的其他情形。

第九十二条　合同的权利义务终止后，当事人应当遵循诚实信用原则，根据交易习惯履行通知、协助、保密等义务。

第九十三条　当事人协商一致，可以解除合同。

当事人可以约定一方解除合同的条件。解除合同的条件成就时，解除权人可以解除合同。

第九十四条　有下列情形之一的，当事人可以解除合同：

（一）因不可抗力致使不能实现合同目的；

（二）在履行期限届满之前，当事人一方明确表示或者以自己的行为表明不履行主要债务；

（三）当事人一方迟延履行主要债务，经催告后在合理期限内仍未履行；

（四）当事人一方迟延履行债务或者有其他违约行为致使不能实现合同目的；

（五）法律规定的其他情形。

第九十五条　法律规定或者当事人约定解除权行使期限，期限届满当事人不行使的，该权利消灭。

法律没有规定或者当事人没有约定解除权行使期限，经对方催告后在合理期限内不行使的，该权利消灭。

第九十六条　当事人一方依照本法第九十三条第二款、第九十四条的规定主张解除合同的，应当通知对方。合同自通知到达对方时解除。对方有异议的，可以请求人民法院或者仲裁机构确认解除合同的效力。

法律、行政法规规定解除合同应当办理批准、登记等手续的，依照其规定。

第九十七条　合同解除后，尚未履行的，终止履行；已经履行的，根据履行情况和合同性质，当事人可以要求恢复原状、采取其他补救措施、并有权要求赔偿损失。

第七章　违约责任

第一百零七条　当事人一方不履行合同义务或者履行合同义务不符合约定的，应当承担继续履行、采取补救措施或者赔偿损失等违约责任。

第一百零八条　当事人一方明确表示或者以自己的行为表明不履行合同义务的，对方可以在履行期限届满之前要求其承担违约责任。

第一百零九条　当事人一方未支付价款或者报酬的，对方可以要求其支付价款或者报酬。

第一百一十条　当事人一方不履行非金钱债务或者履行非金钱债务不符合约定的，对方可以要求履行，但有下列情形之一的除外：

（一）法律上或者事实上不能履行；

（二）债务的标的不适于强制履行或者履行费用过高；

（三）债权人在合理期限内未要求履行。

第一百一十一条　质量不符合约定的，应当按照当事人的约定承担违约责任。对违约责任没有约定或者约定不明确，依照本法第六十一条的规定仍不能确定的，受损害方根据标的的性质以及损失的大小，可以合理选择要求对方承担修理、更换、重作、退货、减少价款或者报酬等违约责任。

第一百一十二条　当事人一方不履行合同义务或者履行合同义务不符合约定的，在履行义务或者采取补救措施后，对方还有其他损失的，应当赔偿损失。

第一百一十三条　当事人一方不履行合同义务或者履行合同义务不符合约定，给对方造成损失的，损失赔偿额应当相当于因违约所造成的损失，包括合同履行后可以获得的利益，但不得超过违反合同一方订立合同时预见到或者应当预见到的因违反合同可能造成的损失。

经营者对消费者提供商品或者服务有欺诈行为的，依照《中华人民共和国消费者权益保护法》的规定承担损害赔偿责任。

第一百一十四条　当事人可以约定一方违约时应当根据违约情况向对方支付一定数额的违约金，也可以约定因违约产生的损失赔偿额的计算方法。

约定的违约金低于造成的损失的，当事人可以请求人民法院或者仲裁机构予以增加；约定的违约金过分高于造成的损失的，当事人可以请求人民法院或者仲裁机构予以适当减少。

当事人就迟延履行约定违约金的，违约方支付违约金后，还应当履行债务。

第一百一十五条　当事人可以依照《中华人民共和国担保法》约定一方向对方给付定金作为债权的担保。债务人履行债务后，定金应当抵作价款或者收回。给付定金的一方不履行约定的债务的，无权要求返还定金；收受定金的一方不履行约定的债务的，应当双倍返还定金。

第一百一十六条　当事人既约定违约金，又约定定金的，一方违约时，对方可以选择适用违约金或者定金条款。

第一百一十七条 因不可抗力不能履行合同的，根据不可抗力的影响，部分或者全部免除责任，但法律另有规定的除外。当事人迟延履行后发生不可抗力的，不能免除责任。

本法所称不可抗力，是指不能预见、不能避免并不能克服的客观情况。

第一百二十条 当事人双方都违反合同的，应当各自承担相应的责任。

第一百二十二条 因当事人一方的违约行为，侵害对方人身、财产权益的，受损害方有权选择依照本法要求其承担违约责任或者依照其他法律要求其承担侵权责任。

第八章 其他规定

第一百二十八条 当事人可以通过和解或者调解解决合同争议。

当事人不愿和解、调解或者和解、调解不成的，可以根据仲裁协议向仲裁机构申请仲裁。涉外合同的当事人可以根据仲裁协议向中国仲裁机构或者其他仲裁机构申请仲裁。当事人没有订立仲裁协议或者仲裁协议无效的，可以向人民法院起诉。当事人应当履行发生法律效力的判决、仲裁裁决、调解书；拒不履行的，对方可以请求人民法院执行。

第一百二十九条 因国际货物买卖合同和技术进出口合同争议提起诉讼或者申请仲裁的期限为四年，自当事人知道或者应当知道其权利受到侵害之日起计算。因其他合同争议提起诉讼或者申请仲裁的期限，依照有关法律的规定。

分 则

第九章 买卖合同

第一百三十条 买卖合同是出卖人转移标的物的所有权于买受人，买受人支付价款的合同。

第一百三十一条 买卖合同的内容除依照本法第十二条的规定以外，还可以包括包装方式、检验标准和方法、结算方式、合同使用的文字及其效力等条款。

第一百三十二条 出卖的标的物，应当属于出卖人所有或者出卖人有权处分。

法律、行政法规禁止或者限制转让的标的物，依照其规定。

第一百三十五条 出卖人应当履行向买受人交付标的物或者交付提取标的物的单证，并转移标的物所有权的义务。

第一百四十二条 标的物毁损、灭失的风险，在标的物交付之前由出卖人承担，交付之后由买受人承担，但法律另有规定或者当事人另有约定的除外。

第一百五十五条　出卖人交付的标的物不符合质量要求的，买受人可以依照本法第一百一十一条的规定要求承担违约责任。

第一百七十二条　招标投标买卖的当事人的权利和义务以及招标投标程序等，依照有关法律、行政法规的规定。

第二十一章　委托合同

第三百九十六条　委托合同是委托人和受托人约定，由受托人处理委托人事务的合同。

第三百九十七条　委托人可以特别委托受托人处理一项或者数项事务，也可以概括委托受托人处理一切事务。

第三百九十八条　委托人应当预付处理委托事务的费用。受托人为处理委托事务垫付的必要费用，委托人应当偿还该费用及其利息。

第三百九十九条　受托人应当按照委托人的指示处理委托事务。需要变更委托人指示的，应当经委托人同意；因情况紧急，难以和委托人取得联系的，受托人应当妥善处理委托事务，但事后应当将该情况及时报告委托人。

第四百条　受托人应当亲自处理委托事务。经委托人同意，受托人可以转委托。转委托经同意的，委托人可以就委托事务直接指示转委托的第三人，受托人仅就第三人的选任及其对第三人的指示承担责任。转委托未经同意的，受托人应当对转委托的第三人的行为承担责任，但在紧急情况下受托人为维护委托人的利益需要转委托的除外。

第四百一十条　委托人或者受托人可以随时解除委托合同。因解除合同给对方造成损失的，除不可归责于该当事人的事由以外，应当赔偿损失。

第二十二章　行纪合同

第四百一十四条　行纪合同是行纪人以自己的名义为委托人从事贸易活动，委托人支付报酬的合同。

第四百一十五条　行纪人处理委托事务支出的费用，由行纪人负担，但当事人另有约定的除外。

第二十三章　居间合同

第四百二十四条　居间合同是居间人向委托人报告订立合同的机会或者提供订立合同的媒介服务，委托人支付报酬的合同。

第四百二十五条　居间人应当就有关订立合同的事项向委托人如实报告。

居间人故意隐瞒与订立合同有关的重要事实或者提供虚假情况，损害委托人利益的，不得要求支付报酬并应当承担损害赔偿责任。

第四百二十六条　居间人促成合同成立后，委托人应当按照约定支付报酬。对居间人的报酬没有约定或者约定不明确，依照本法第六十一条的规定仍不能确定的，根据居间人的劳务合理确定。因居间人提供订立合同的媒介服务而促成合同成立的，由该合同的当事人平均负担居间人的报酬。

居间人促成合同成立的，居间活动的费用，由居间人负担。

中华人民共和国工会法（节选）

（1992年4月3日第七届全国人民代表大会第五次会议通过　1992年4月3日中华人民共和国主席令第五十七号公布　根据2001年10月27日第九届全国人民代表大会常务委员会第二十四次会议《关于修改〈中华人民共和国工会法〉的决定》第一次修正　根据2009年8月27日第十一届全国人民代表大会常务委员会第十次会议《关于修改部分法律的决定》第二次修正）

第一章　总　则

第二条　工会是职工自愿结合的工人阶级的群众组织。

中华全国总工会及其各工会组织代表职工的利益，依法维护职工的合法权益。

第三条　在中国境内的企业、事业单位、机关中以工资收入为主要生活来源的体力劳动者和脑力劳动者，不分民族、种族、性别、职业、宗教信仰、教育程度，都有依法参加和组织工会的权利。任何组织和个人不得阻挠和限制。

第六条　维护职工合法权益是工会的基本职责。工会在维护全国人民总体利益的同时，代表和维护职工的合法权益。

工会通过平等协商和集体合同制度，协调劳动关系，维护企业职工劳动权益。

工会依照法律规定通过职工代表大会或者其他形式，组织职工参与本单位的民主决策、民主管理和民主监督。

工会必须密切联系职工，听取和反映职工的意见和要求，关心职工的生活，帮助职工解决困难，全心全意为职工服务。

第二章　工会组织

第九条　工会各级组织按照民主集中制原则建立。

各级工会委员会由会员大会或者会员代表大会民主选举产生。企业主要负责人的近亲属不得作为本企业基层工会委员会成员的人选。

各级工会委员会向同级会员大会或者会员代表大会负责并报告工作，接受其监督。

工会会员大会或者会员代表大会有权撤换或者罢免其所选举的代表或者工会委员会组成人员。

上级工会组织领导下级工会组织。

第十条 企业、事业单位、机关有会员二十五人以上的，应当建立基层工会委员会；不足二十五人的，可以单独建立基层工会委员会，也可以由两个以上单位的会员联合建立基层工会委员会，也可以选举组织员一人，组织会员开展活动。女职工人数较多的，可以建立工会女职工委员会，在同级工会领导下开展工作；女职工人数较少的，可以在工会委员会中设女职工委员。

企业职工较多的乡镇、城市街道，可以建立基层工会的联合会。

县级以上地方建立地方各级总工会。

同一行业或者性质相近的几个行业，可以根据需要建立全国的或者地方的产业工会。

全国建立统一的中华全国总工会。

第十三条 职工二百人以上的企业、事业单位的工会，可以设专职工会主席。工会专职工作人员的人数由工会与企业、事业单位协商确定。

第三章 工会的权利和义务

第十九条 企业、事业单位违反职工代表大会制度和其他民主管理制度，工会有权要求纠正，保障职工依法行使民主管理的权利。

法律、法规规定应当提交职工大会或者职工代表大会审议、通过、决定的事项，企业、事业单位应当依法办理。

第二十条 工会帮助、指导职工与企业以及实行企业化管理的事业单位签订劳动合同。

工会代表职工与企业以及实行企业化管理的事业单位进行平等协商，签订集体合同。集体合同草案应当提交职工代表大会或者全体职工讨论通过。

工会签订集体合同，上级工会应当给予支持和帮助。

企业违反集体合同，侵犯职工劳动权益的，工会可以依法要求企业承担责任；因履行集体合同发生争议，经协商解决不成的，工会可以向劳动争议仲裁机构提请仲裁，仲裁机构不予受理或者对仲裁裁决不服的，可以向人民法院提起诉讼。

第二十一条 企业、事业单位处分职工，工会认为不适当的，有权提出意见。

企业单方面解除职工劳动合同时，应当事先将理由通知工会，工会认为企业违反法律、法规和有关合同，要求重新研究处理时，企业应当研究工会的意见，并将处理结果书面通知工会。

职工认为企业侵犯其劳动权益而申请劳动争议仲裁或者向人民法院提起诉讼的，工会应当给予支持和帮助。

第二十二条　企业、事业单位违反劳动法律、法规规定，有下列侵犯职工劳动权益情形，工会应当代表职工与企业、事业单位交涉，要求企业、事业单位采取措施予以改正；企业、事业单位应当予以研究处理，并向工会作出答复；企业、事业单位拒不改正的，工会可以请求当地人民政府依法作出处理：

（一）克扣职工工资的；

（二）不提供劳动安全卫生条件的；

（三）随意延长劳动时间的；

（四）侵犯女职工和未成年工特殊权益的；

（五）其他严重侵犯职工劳动权益的。

第二十八条　工会参加企业的劳动争议调解工作。

地方劳动争议仲裁组织应当有同级工会代表参加。

第二十九条　县级以上各级总工会可以为所属工会和职工提供法律服务。

第五章　工会的经费和财产

第四十二条　工会经费的来源：

（一）工会会员缴纳的会费；

（二）建立工会组织的企业、事业单位、机关按每月全部职工工资总额的百分之二向工会拨缴的经费；

（三）工会所属的企业、事业单位上缴的收入；

（四）人民政府的补助；

（五）其他收入。

前款第二项规定的企业、事业单位拨缴的经费在税前列支。

工会经费主要用于为职工服务和工会活动。经费使用的具体办法由中华全国总工会制定。

第四十三条　企业、事业单位无正当理由拖延或者拒不拨缴工会经费，基层工会或者上级工会可以向当地人民法院申请支付令；拒不执行支付令的，工会可以依法申请人民法院强制执行。

第四十四条　工会应当根据经费独立原则，建立预算、决算和经费审查监督制度。

各级工会建立经费审查委员会。

各级工会经费收支情况应当由同级工会经费审查委员会审查，并且定期向会员大会或者会员代表大会报告，接受监督。工会会员大会或者会员代表大会有权对经费使用情况提出意见。

工会经费的使用应当依法接受国家的监督。

中华人民共和国侵权责任法（节选）

（2009 年 12 月 26 日第十一届全国人民代表大会常务委员会第十二次会议通过）

第一章　一般规定

第二条　侵害民事权益，应当依照本法承担侵权责任。

本法所称民事权益，包括生命权、健康权、姓名权、名誉权、荣誉权、肖像权、隐私权、婚姻自主权、监护权、所有权、用益物权、担保物权、著作权、专利权、商标专用权、发现权、股权、继承权等人身、财产权益。

第二章　责任构成和责任方式

第十五条　承担侵权责任的方式主要有：

（一）停止侵害；

（二）排除妨碍；

（三）消除危险；

（四）返还财产；

（五）恢复原状；

（六）赔偿损失；

（七）赔礼道歉；

（八）消除影响、恢复名誉。

以上承担侵权责任的方式，可以单独适用，也可以合并适用。

第十六条　侵害他人造成人身损害的，应当赔偿医疗费、护理费、交通费等为治疗和康复支出的合理费用，以及因误工减少的收入。造成残疾的，还应当赔偿残疾生活辅助具费和残疾赔偿金。造成死亡的，还应当赔偿丧葬费和死亡赔偿金。

第四章　关于责任主体的特殊规定

第三十四条　用人单位的工作人员因执行工作任务造成他人损害的，由用人单位承担侵权责任。

劳务派遣期间，被派遣的工作人员因执行工作任务造成他人损害的，由接受劳务派遣的用工单位承担侵权责任；劳务派遣单位有过错的，承担相应的补充责任。

最高人民法院关于审理人身损害赔偿案件适用法律若干问题的解释（节选）

（2003年12月4日由最高人民法院审判委员会第1299次会议通过。现予公布，自2004年5月1日起施行。）

为正确审理人身损害赔偿案件，依法保护当事人的合法权益，根据《中华人民共和国民法通则》（以下简称民法通则）、《中华人民共和国民事诉讼法》（以下简称民事诉讼法）等有关法律规定，结合审判实践，就有关适用法律的问题作如下解释：

第一条 因生命、健康、身体遭受侵害，赔偿权利人起诉请求赔偿义务人赔偿财产损失和精神损害的，人民法院应予受理。

本条所称“赔偿权利人”，是指因侵权行为或者其他致害原因直接遭受人身损害的受害人、依法由受害人承担扶养义务的被扶养人以及死亡受害人的近亲属。

本条所称“赔偿义务人”，是指因自己或者他人的侵权行为以及其他致害原因依法应当承担民事责任的自然人、法人或者其他组织。

第二条 受害人对同一损害的发生或者扩大有故意、过失的，依照民法通则第一百三十一条的规定，可以减轻或者免除赔偿义务人的赔偿责任。但侵权人因故意或者重大过失致人损害，受害人只有一般过失的，不减轻赔偿义务人的赔偿责任。

适用民法通则第一百零六条第三款规定确定赔偿义务人的赔偿责任时，受害人有重大过失的，可以减轻赔偿义务人的赔偿责任。

第三条 二人以上共同故意或者共同过失致人损害，或者虽无共同故意、共同过失，但其侵害行为直接结合发生同一损害后果的，构成共同侵权，应当依照民法通则第一百三十条规定承担连带责任。

二人以上没有共同故意或者共同过失，但其分别实施的数个行为间接结合发生同一损害后果的，应当根据过失大小或者原因力比例各自承担相应的赔偿责任。

第四条 二人以上共同实施危及他人人身安全的行为并造成损害后果，不能确定实际侵害行为人的，应当依照民法通则第一百三十条规定承担连带责任。共同危险行为人能够证明损害后果不是由其行为造成的，不承担赔偿责任。

第六条　从事住宿、餐饮、娱乐等经营活动或者其他社会活动的自然人、法人、其他组织，未尽合理限度范围内的安全保障义务致使他人遭受人身损害，赔偿权利人请求其承担相应赔偿责任的，人民法院应予支持。

因第三人侵权导致损害结果发生的，由实施侵权行为的第三人承担赔偿责任。安全保障义务人有过错的，应当在其能够防止或者制止损害的范围内承担相应的补充赔偿责任。安全保障义务人承担责任后，可以向第三人追偿。赔偿权利人起诉安全保障义务人的，应当将第三人作为共同被告，但第三人不能确定的除外。

第七条　对未成年人依法负有教育、管理、保护义务的学校、幼儿园或者其他教育机构，未尽职责范围内的相关义务致使未成年人遭受人身损害，或者未成年人致他人人身损害的，应当承担与其过错相应的赔偿责任。

第三人侵权致未成年人遭受人身损害的，应当承担赔偿责任。学校、幼儿园等教育机构有过错的，应当承担相应的补充赔偿责任。

第八条　法人或者其他组织的法定代表人、负责人以及工作人员，在执行职务中致人损害的，依照民法通则第一百二十一条的规定，由该法人或者其他组织承担民事责任。上述人员实施与职务无关的行为致人损害的，应当由行为人承担赔偿责任。

属于《国家赔偿法》赔偿事由的，依照《国家赔偿法》的规定处理。

第九条　雇员在从事雇佣活动中致人损害的，雇主应当承担赔偿责任；雇员因故意或者重大过失致人损害的，应当与雇主承担连带赔偿责任。雇主承担连带赔偿责任的，可以向雇员追偿。

前款所称“从事雇佣活动”，是指从事雇主授权或者指示范围内的生产经营活动或者其他劳务活动。雇员的行为超出授权范围，但其表现形式是履行职务或者与履行职务有内在联系的，应当认定为“从事雇佣活动”。

第十七条　受害人遭受人身损害，因就医治疗支出的各项费用以及因误工减少的收入，包括医疗费、误工费、护理费、交通费、住宿费、住院伙食补助费、必要的营养费，赔偿义务人应当予以赔偿。

受害人因伤致残的，其因增加生活上需要所支出的必要费用以及因丧失劳动能力导致的收入损失，包括残疾赔偿金、残疾辅助器具费、被扶养人生活费，以及因康复护理、继续治疗实际发生的必要的康复费、护理费、后续治疗费，赔偿义务人也应当予以赔偿。

受害人死亡的，赔偿义务人除应当根据抢救治疗情况赔偿本条第一款规定的相关费用外，还应当赔偿丧葬费、被扶养人生活费、死亡补偿费以及受害人亲属办理丧葬事宜支出的交通费、住宿费和误工损失等其他合理费用。

第十八条 受害人或者死者近亲属遭受精神损害，赔偿权利人向人民法院请求赔偿精神损害抚慰金的，适用《最高人民法院关于确定民事侵权精神损害赔偿责任若干问题的解释》予以确定。

精神损害抚慰金的请求权，不得让与或者继承。但赔偿义务人已经以书面方式承诺给予金钱赔偿，或者赔偿权利人已经向人民法院起诉的除外。

第二十五条 残疾赔偿金根据受害人丧失劳动能力程度或者伤残等级，按照受诉法院所在地上一年度城镇居民人均可支配收入或者农村居民人均纯收入标准，自定残之日起按二十年计算。但六十周岁以上的，年龄每增加一岁减少一年；七十五周岁以上的，按五年计算。

受害人因伤致残但实际收入没有减少，或者伤残等级较轻但造成职业妨害严重影响其劳动就业的，可以对残疾赔偿金作相应调整。

第二十九条 死亡赔偿金按照受诉法院所在地上一年度城镇居民人均可支配收入或者农村居民人均纯收入标准，按二十年计算。但六十周岁以上的，年龄每增加一岁减少一年；七十五周岁以上的，按五年计算。

中华人民共和国劳动法

（1994 年 7 月 5 日第八届全国人民代表大会常务委员会第八次会议通过　根据 2009 年 8 月 27 日第十一届全国人民代表大会常务委员会第十次会议通过的《全国人民代表大会常务委员会关于修改部分法律的决定》修正　根据 2018 年 12 月 29 日第十三届全国人民代表大会常务委员会第七次会议通过的《全国人民代表大会常务委员会关于修改〈中华人民共和国劳动法〉等七部法律的决定》第二次修正）

第一章　总　则

第一条　为了保护劳动者的合法权益，调整劳动关系，建立和维护适应社会主义市场经济的劳动制度，促进经济发展和社会进步，根据宪法，制定本法。

第二条　在中华人民共和国境内的企业、个体经济组织（以下统称用人单位）和与之形成劳动关系的劳动者，适用本法。

国家机关、事业组织、社会团体和与之建立劳动合同关系的劳动者，依照本法执行。

第三条　劳动者享有平等就业和选择职业的权利、取得劳动报酬的权利、休息休假的权利、获得劳动安全卫生保护的权利、接受职业技能培训的权利、享受社会保险和福利的权利、提请劳动争议处理的权利以及法律规定的其他劳动权利。

劳动者应当完成劳动任务，提高职业技能，执行劳动安全卫生规程，遵守劳动纪律和职业道德。

第四条　用人单位应当依法建立和完善规章制度，保障劳动者享有劳动权利和履行劳动义务。

第五条　国家采取各种措施，促进劳动就业，发展职业教育，制定劳动标准，调节社会收入，完善社会保险，协调劳动关系，逐步提高劳动者的生活水平。

第六条　国家提倡劳动者参加社会义务劳动，开展劳动竞赛和合理化建议活动，鼓励和保护劳动者进行科学研究、技术革新和发明创造，表彰和奖励劳动模范和先进工作者。

第七条　劳动者有权依法参加和组织工会。

工会代表和维护劳动者的合法权益，依法独立自主地开展活动。

第八条 劳动者依照法律规定，通过职工大会、职工代表大会或者其他形式，参与民主管理或者就保护劳动者合法权益与用人单位进行平等协商。

第九条 国务院劳动行政部门主管全国劳动工作。

县级以上地方人民政府劳动行政部门主管本行政区域内的劳动工作。

第二章 促进就业

第十条 国家通过促进经济和社会发展，创造就业条件，扩大就业机会。

国家鼓励企业、事业组织、社会团体在法律、行政法规规定的范围内兴办产业或者拓展经营，增加就业。

国家支持劳动者自愿组织起来就业和从事个体经营实现就业。

第十一条 地方各级人民政府应当采取措施，发展多种类型的职业介绍机构，提供就业服务。

第十二条 劳动者就业，不因民族、种族、性别、宗教信仰不同而受歧视。

第十三条 妇女享有与男子平等的就业权利。在录用职工时，除国家规定的不适合妇女的工种或者岗位外，不得以性别为由拒绝录用妇女或者提高对妇女的录用标准。

第十四条 残疾人、少数民族人员、退出现役的军人的就业，法律、法规有特别规定的，从其规定。

第十五条 禁止用人单位招用未满十六周岁的未成年人。文艺、体育和特种工艺单位招用未满十六周岁的未成年人，必须遵守国家有关规定，并保障其接受义务教育的权利。

第三章 劳动合同和集体合同

第十六条 劳动合同是劳动者与用人单位确立劳动关系、明确双方权利和义务的协议。

建立劳动关系应当订立劳动合同。

第十七条 订立和变更劳动合同，应当遵循平等自愿、协商一致的原则，不得违反法律、行政法规的规定。

劳动合同依法订立即具有法律约束力，当事人必须履行劳动合同规定的义务。

第十八条 下列劳动合同无效：

（一）违反法律、行政法规的劳动合同；

（二）采取欺诈、威胁等手段订立的劳动合同。

无效的劳动合同，从订立的时候起，就没有法律约束力。确认劳动合同部分无效的，如果不影响其余部分的效力，其余部分仍然有效。劳动合同的无效，由劳动争议仲裁委员会或者人民法院确认。

第十九条　劳动合同应当以书面形式订立，并具备以下条款：

（一）劳动合同期限；

（二）工作内容；

（三）劳动保护和劳动条件；

（四）劳动报酬；

（五）劳动纪律；

（六）劳动合同终止的条件；

（七）违反劳动合同的责任。

劳动合同除前款规定的必备条款外，当事人可以协商约定其他内容。

第二十条　劳动合同的期限分为有固定期限、无固定期限和以完成一定的工作为期限。

劳动者在同一用人单位连续工作满十年以上，当事人双方同意续延劳动合同的，如果劳动者提出订立无固定期限的劳动合同，应当订立无固定期限的劳动合同。

第二十一条　劳动合同可以约定试用期。试用期最长不得超过六个月。

第二十二条　劳动合同当事人可以在劳动合同中约定保守用人单位商业秘密的有关事项。

第二十三条　劳动合同期满或者当事人约定的劳动合同终止条件出现，劳动合同即行终止。

第二十四条　经劳动合同当事人协商一致，劳动合同可以解除。

第二十五条　劳动者有下列情形之一的，用人单位可以解除劳动合同：

（一）在试用期间被证明不符合录用条件的；

（二）严重违反劳动纪律或者用人单位规章制度的；

（三）严重失职，营私舞弊，对用人单位利益造成重大损害的；

（四）被依法追究刑事责任的。

第二十六条　有下列情形之一的，用人单位可以解除劳动合同，但是应当提前三十日以书面形式通知劳动者本人：

（一）劳动者患病或者非因工负伤，医疗期满后，不能从事原工作也不能从事由用人单位另行安排的工作的；

（二）劳动者不能胜任工作，经过培训或者调整工作岗位，仍不能胜任工作的；

（三）劳动合同订立时所依据的客观情况发生重大变化，致使原劳动合同无法履行，经当事人协商不能就变更劳动合同达成协议的。

第二十七条 用人单位濒临破产进行法定整顿期间或者生产经营状况发生严重困难，确需裁减人员的，应当提前三十日向工会或者全体职工说明情况，听取工会或者职工的意见，经向劳动行政部门报告后，可以裁减人员。

用人单位依据本条规定裁减人员，在六个月内录用人员的，应当优先录用被裁减的人员。

第二十八条 用人单位依据本法第二十四条、第二十六条、第二十七条的规定解除劳动合同的，应当依照国家有关规定给予经济补偿。

第二十九条 劳动者有下列情形之一的，用人单位不得依据本法第二十六条、第二十七条的规定解除劳动合同：

（一）患职业病或者因工负伤并被确认丧失或者部分丧失劳动能力的；

（二）患病或者负伤，在规定的医疗期内的；

（三）女职工在孕期、产期、哺乳期内的；

（四）法律、行政法规规定的其他情形。

第三十条 用人单位解除劳动合同，工会认为不适当的，有权提出意见。如果用人单位违反法律、法规或者劳动合同，工会有权要求重新处理；劳动者申请仲裁或者提起诉讼的，工会应当依法给予支持和帮助。

第三十一条 劳动者解除劳动合同，应当提前三十日以书面形式通知用人单位。

第三十二条 有下列情形之一的，劳动者可以随时通知用人单位解除劳动合同：

（一）在试用期内的；

（二）用人单位以暴力、威胁或者非法限制人身自由的手段强迫劳动的；

（三）用人单位未按照劳动合同约定支付劳动报酬或者提供劳动条件的。

第三十三条 企业职工一方与企业可以就劳动报酬、工作时间、休息休假、劳动安全卫生、保险福利等事项，签订集体合同。集体合同草案应当提交职工代表大会或者全体职工讨论通过。

集体合同由工会代表职工与企业签订；没有建立工会的企业，由职工推举的代表与企业签订。

第三十四条 集体合同签订后应当报送劳动行政部门；劳动行政部门自收到集体合同文本之日起十五日内未提出异议的，集体合同即行生效。

第三十五条 依法签订的集体合同对企业和企业全体职工具有约束力。职工个人与企业订立的劳动合同中劳动条件和劳动报酬等标准不得低于集体合同的规定。

第四章　工作时间和休息休假

第三十六条 国家实行劳动者每日工作时间不超过八小时、平均每周工作时间不超过四十四小时的工时制度。

第三十七条　对实行计件工作的劳动者，用人单位应当根据本法第三十六条规定的工时制度合理确定其劳动定额和计件报酬标准。

第三十八条　用人单位应当保证劳动者每周至少休息一日。

第三十九条　企业因生产特点不能实行本法第三十六条、第三十八条规定的，经劳动行政部门批准，可以实行其他工作和休息办法。

第四十条　用人单位在下列节日期间应当依法安排劳动者休假：

（一）元旦；

（二）春节；

（三）国际劳动节；

（四）国庆节；

（五）法律、法规规定的其他休假节日。

第四十一条　用人单位由于生产经营需要，经与工会和劳动者协商后可以延长工作时间，一般每日不得超过一小时；因特殊原因需要延长工作时间的，在保障劳动者身体健康的条件下延长工作时间每日不得超过三小时，但是每月不得超过三十六小时。

第四十二条　有下列情形之一的，延长工作时间不受本法第四十一条规定的限制：

（一）发生自然灾害、事故或者因其他原因，威胁劳动者生命健康和财产安全，需要紧急处理的；

（二）生产设备、交通运输线路、公共设施发生故障，影响生产和公众利益，必须及时抢修的；

（三）法律、行政法规规定的其他情形。

第四十三条　用人单位不得违反本法规定延长劳动者的工作时间。

第四十四条　有下列情形之一的，用人单位应当按照下列标准支付高于劳动者正常工作时间工资的工资报酬：

（一）安排劳动者延长工作时间的，支付不低于工资的百分之一百五十的工资报酬；

（二）休息日安排劳动者工作又不能安排补休的，支付不低于工资的百分之二百的工资报酬；

（三）法定休假日安排劳动者工作的，支付不低于工资的百分之三百的工资报酬。

第四十五条　国家实行带薪年休假制度。劳动者连续工作一年以上的，享受带薪年休假。具体办法由国务院规定。

第五章　工　资

第四十六条　工资分配应当遵循按劳分配原则，实行同工同酬。工资水平在经济发展的基础上逐步提高。国家对工资总量实行宏观调控。

第四十七条　用人单位根据本单位的生产经营特点和经济效益，依法自主确定本单位的工资分配方式和工资水平。

第四十八条　国家实行最低工资保障制度。最低工资的具体标准由省、自治区、直辖市人民政府规定，报国务院备案。

用人单位支付劳动者的工资不得低于当地最低工资标准。

第四十九条　确定和调整最低工资标准应当综合参考下列因素：

（一）劳动者本人及平均赡养人口的最低生活费用；

（二）社会平均工资水平；

（三）劳动生产率；

（四）就业状况；

（五）地区之间经济发展水平的差异。

第五十条　工资应当以货币形式按月支付给劳动者本人。不得克扣或者无故拖欠劳动者的工资。

第五十一条　劳动者在法定休假日和婚丧假期间以及依法参加社会活动期间，用人单位应当依法支付工资。

第六章　劳动安全卫生

第五十二条　用人单位必须建立、健全劳动安全卫生制度，严格执行国家劳动安全卫生规程和标准，对劳动者进行劳动安全卫生教育，防止劳动过程中的事故，减少职业危害。

第五十三条　劳动安全卫生设施必须符合国家规定的标准。

新建、改建、扩建工程的劳动安全卫生设施必须与主体工程同时设计、同时施工、同时投入生产和使用。

第五十四条　用人单位必须为劳动者提供符合国家规定的劳动安全卫生条件和必要的劳动防护用品，对从事有职业危害作业的劳动者应当定期进行健康检查。

第五十五条　从事特种作业的劳动者必须经过专门培训并取得特种作业资格。

第五十六条　劳动者在劳动过程中必须严格遵守安全操作规程。劳动者对用人单位管理人员违章指挥、强令冒险作业，有权拒绝执行；对危害生命安全和身体健康的行为，有权提出批评、检举和控告。

第五十七条　国家建立伤亡事故和职业病统计报告和处理制度。县级以上各级人民政府劳动行政部门、有关部门和用人单位应当依法对劳动者在劳动过程中发生的伤亡事故和劳动者的职业病状况，进行统计、报告和处理。

第七章　女职工和未成年工特殊保护

第五十八条　国家对女职工和未成年工实行特殊劳动保护。

未成年工是指年满十六周岁未满十八周岁的劳动者。

第五十九条　禁止安排女职工从事矿山井下、国家规定的第四级体力劳动强度的劳动和其他禁忌从事的劳动。

第六十条　不得安排女职工在经期从事高处、低温、冷水作业和国家规定的第三级体力劳动强度的劳动。

第六十一条　不得安排女职工在怀孕期间从事国家规定的第三级体力劳动强度的劳动和孕期禁忌从事的劳动。对怀孕七个月以上的女职工，不得安排其延长工作时间和夜班劳动。

第六十二条　女职工生育享受不少于九十天的产假。

第六十三条　不得安排女职工在哺乳未满一周岁的婴儿期间从事国家规定的第三级体力劳动强度的劳动和哺乳期禁忌从事的其他劳动，不得安排其延长工作时间和夜班劳动。

第六十四条　不得安排未成年工从事矿山井下、有毒有害、国家规定的第四级体力劳动强度的劳动和其他禁忌从事的劳动。

第六十五条　用人单位应当对未成年工定期进行健康检查。

第八章　职业培训

第六十六条　国家通过各种途径，采取各种措施，发展职业培训事业，开发劳动者的职业技能，提高劳动者素质，增强劳动者的就业能力和工作能力。

第六十七条　各级人民政府应当把发展职业培训纳入社会经济发展的规划，鼓励和支持有条件的企业、事业组织、社会团体和个人进行各种形式的职业培训。

第六十八条　用人单位应当建立职业培训制度，按照国家规定提取和使用职业培训经费，根据本单位实际，有计划地对劳动者进行职业培训。

从事技术工种的劳动者，上岗前必须经过培训。

第六十九条　国家确定职业分类，对规定的职业制定职业技能标准，实行职业资格证书制度，由经备案的考核鉴定机构负责对劳动者实施职业技能考核鉴定。

第九章　社会保险和福利

第七十条　国家发展社会保险事业，建立社会保险制度，设立社会保险基金，使劳动者在年老、患病、工伤、失业、生育等情况下获得帮助和补偿。

第七十一条　社会保险水平应当与社会经济发展水平和社会承受能力相适应。

第七十二条　社会保险基金按照保险类型确定资金来源，逐步实行社会统筹。用人单位和劳动者必须依法参加社会保险，缴纳社会保险费。

第七十三条　劳动者在下列情形下，依法享受社会保险待遇：

（一）退休；

（二）患病、负伤；

（三）因工伤残或者患职业病；

（四）失业；

（五）生育。

劳动者死亡后，其遗属依法享受遗属津贴。

劳动者享受社会保险待遇的条件和标准由法律、法规规定。

劳动者享受的社会保险金必须按时足额支付。

第七十四条　社会保险基金经办机构依照法律规定收支、管理和运营社会保险基金，并负有使社会保险基金保值增值的责任。

社会保险基金监督机构依照法律规定，对社会保险基金的收支、管理和运营实施监督。

社会保险基金经办机构和社会保险基金监督机构的设立和职能由法律规定。

任何组织和个人不得挪用社会保险基金。

第七十五条　国家鼓励用人单位根据本单位实际情况为劳动者建立补充保险。

国家提倡劳动者个人进行储蓄性保险。

第七十六条　国家发展社会福利事业，兴建公共福利设施，为劳动者休息、休养和疗养提供条件。

用人单位应当创造条件，改善集体福利，提高劳动者的福利待遇。

第十章　劳动争议

第七十七条　用人单位与劳动者发生劳动争议，当事人可以依法申请调解、仲裁、提起诉讼，也可以协商解决。

调解原则适用于仲裁和诉讼程序。

第七十八条　解决劳动争议，应当根据合法、公正、及时处理的原则，依法维护劳动争议当事人的合法权益。

第七十九条　劳动争议发生后，当事人可以向本单位劳动争议调解委员会申请调解；调解不成，当事人一方要求仲裁的，可以向劳动争议仲裁委员会申请仲裁。当事人一方也可以直接向劳动争议仲裁委员会申请仲裁。对仲裁裁决不服的，可以向人民法院提起诉讼。

第八十条　在用人单位内，可以设立劳动争议调解委员会。劳动争议调解委员会由职工代表、用人单位代表和工会代表组成。劳动争议调解委员会主任由工会代表担任。

劳动争议经调解达成协议的，当事人应当履行。

第八十一条　劳动争议仲裁委员会由劳动行政部门代表、同级工会代表、用人单位方面的代表组成。劳动争议仲裁委员会主任由劳动行政部门代表担任。

第八十二条　提出仲裁要求的一方应当自劳动争议发生之日起六十日内向劳动争议仲裁委员会提出书面申请。仲裁裁决一般应在收到仲裁申请的六十日内作出。对仲裁裁决无异议的，当事人必须履行。

第八十三条　劳动争议当事人对仲裁裁决不服的，可以自收到仲裁裁决书之日起十五日内向人民法院提起诉讼。一方当事人在法定期限内不起诉又不履行仲裁裁决的，另一方当事人可以申请人民法院强制执行。

第八十四条　因签订集体合同发生争议，当事人协商解决不成的，当地人民政府劳动行政部门可以组织有关各方协调处理。

因履行集体合同发生争议，当事人协商解决不成的，可以向劳动争议仲裁委员会申请仲裁；对仲裁裁决不服的，可以自收到仲裁裁决书之日起十五日内向人民法院提起诉讼。

第十一章　监督检查

第八十五条　县级以上各级人民政府劳动行政部门依法对用人单位遵守劳动法律、法规的情况进行监督检查，对违反劳动法律、法规的行为有权制止，并责令改正。

第八十六条　县级以上各级人民政府劳动行政部门监督检查人员执行公务，有权进入用人单位了解执行劳动法律、法规的情况，查阅必要的资料，并对劳动场所进行检查。

县级以上各级人民政府劳动行政部门监督检查人员执行公务，必须出示证件，秉公执法并遵守有关规定。

第八十七条　县级以上各级人民政府有关部门在各自职责范围内，对用人单位遵守劳动法律、法规的情况进行监督。

第八十八条　各级工会依法维护劳动者的合法权益，对用人单位遵守劳动法律、法规的情况进行监督。

任何组织和个人对于违反劳动法律、法规的行为有权检举和控告。

第十二章　法律责任

第八十九条　用人单位制定的劳动规章制度违反法律、法规规定的，由劳动行政部门给予警告，责令改正；对劳动者造成损害的，应当承担赔偿责任。

第九十条　用人单位违反本法规定，延长劳动者工作时间的，由劳动行政部门给予警告，责令改正，并可以处以罚款。

第九十一条　用人单位有下列侵害劳动者合法权益情形之一的，由劳动行政部门责令支付劳动者的工资报酬、经济补偿，并可以责令支付赔偿金：

（一）克扣或者无故拖欠劳动者工资的；

（二）拒不支付劳动者延长工作时间工资报酬的；

（三）低于当地最低工资标准支付劳动者工资的；

（四）解除劳动合同后，未依照本法规定给予劳动者经济补偿的。

第九十二条　用人单位的劳动安全设施和劳动卫生条件不符合国家规定或者未向劳动者提供必要的劳动防护用品和劳动保护设施的，由劳动行政部门或者有关部门责令改正，可以处以罚款；情节严重的，提请县级以上人民政府决定责令停产整顿；对事故隐患不采取措施，致使发生重大事故，造成劳动者生命和财产损失的，对责任人员依照刑法有关规定追究刑事责任。

第九十三条　用人单位强令劳动者违章冒险作业，发生重大伤亡事故，造成严重后果的，对责任人员依法追究刑事责任。

第九十四条　用人单位非法招用未满十六周岁的未成年人的，由劳动行政部门责令改正，处以罚款；情节严重的，由市场监督管理部门吊销营业执照。

第九十五条　用人单位违反本法对女职工和未成年工的保护规定，侵害其合法权益的，由劳动行政部门责令改正，处以罚款；对女职工或者未成年工造成损害的，应当承担赔偿责任。

第九十六条　用人单位有下列行为之一，由公安机关对责任人员处以十五日以下拘留、罚款或者警告；构成犯罪的，对责任人员依法追究刑事责任：

（一）以暴力、威胁或者非法限制人身自由的手段强迫劳动的；

（二）侮辱、体罚、殴打、非法搜查和拘禁劳动者的。

第九十七条　由于用人单位的原因订立的无效合同，对劳动者造成损害的，应当承担赔偿责任。

第九十八条　用人单位违反本法规定的条件解除劳动合同或者故意拖延不订立劳动合同

的，由劳动行政部门责令改正；对劳动者造成损害的，应当承担赔偿责任。

第九十九条　用人单位招用尚未解除劳动合同的劳动者，对原用人单位造成经济损失的，该用人单位应当依法承担连带赔偿责任。

第一百条　用人单位无故不缴纳社会保险费的，由劳动行政部门责令其限期缴纳；逾期不缴的，可以加收滞纳金。

第一百零一条　用人单位无理阻挠劳动行政部门、有关部门及其工作人员行使监督检查权，打击报复举报人员的，由劳动行政部门或者有关部门处以罚款；构成犯罪的，对责任人员依法追究刑事责任。

第一百零二条　劳动者违反本法规定的条件解除劳动合同或者违反劳动合同中约定的保密事项，对用人单位造成经济损失的，应当依法承担赔偿责任。

第一百零三条　劳动行政部门或者有关部门的工作人员滥用职权、玩忽职守、徇私舞弊，构成犯罪的，依法追究刑事责任；不构成犯罪的，给予行政处分。

第一百零四条　国家工作人员和社会保险基金经办机构的工作人员挪用社会保险基金，构成犯罪的，依法追究刑事责任。

第一百零五条　违反本法规定侵害劳动者合法权益，其他法律、行政法规已规定处罚的，依照该法律、行政法规的规定处罚。

第十三章　附　则

第一百零六条　省、自治区、直辖市人民政府根据本法和本地区的实际情况，规定劳动合同制度的实施步骤，报国务院备案。

第一百零七条　本法自 1995 年 1 月 1 日起施行。

中华人民共和国劳动合同法

（2007年6月29日第十届全国人民代表大会常务委员会第二十八次会议通过 根据2012年12月28日《全国人民代表大会常务委员会关于修改〈中华人民共和国劳动合同法〉的决定》修订）

第一章 总 则

第一条 为了完善劳动合同制度，明确劳动合同双方当事人的权利和义务，保护劳动者的合法权益，构建和发展和谐稳定的劳动关系，制定本法。

第二条 中华人民共和国境内的企业、个体经济组织、民办非企业单位等组织（以下称用人单位）与劳动者建立劳动关系，订立、履行、变更、解除或者终止劳动合同，适用本法。

国家机关、事业单位、社会团体和与其建立劳动关系的劳动者，订立、履行、变更、解除或者终止劳动合同，依照本法执行。

第三条 订立劳动合同，应当遵循合法、公平、平等自愿、协商一致、诚实信用的原则。

依法订立的劳动合同具有约束力，用人单位与劳动者应当履行劳动合同约定的义务。

第四条 用人单位应当依法建立和完善劳动规章制度，保障劳动者享有劳动权利、履行劳动义务。

用人单位在制定、修改或者决定有关劳动报酬、工作时间、休息休假、劳动安全卫生、保险福利、职工培训、劳动纪律以及劳动定额管理等直接涉及劳动者切身利益的规章制度或者重大事项时，应当经职工代表大会或者全体职工讨论，提出方案和意见，与工会或者职工代表平等协商确定。

在规章制度和重大事项决定实施过程中，工会或者职工认为不适当的，有权向用人单位提出，通过协商予以修改完善。

用人单位应当将直接涉及劳动者切身利益的规章制度和重大事项决定公示，或者告知劳动者。

第五条 县级以上人民政府劳动行政部门会同工会和企业方面代表，建立健全协调劳动关系三方机制，共同研究解决有关劳动关系的重大问题。

第六条　工会应当帮助、指导劳动者与用人单位依法订立和履行劳动合同，并与用人单位建立集体协商机制，维护劳动者的合法权益。

第二章　劳动合同的订立

第七条　用人单位自用工之日起即与劳动者建立劳动关系。用人单位应当建立职工名册备查。

第八条　用人单位招用劳动者时，应当如实告知劳动者工作内容、工作条件、工作地点、职业危害、安全生产状况、劳动报酬，以及劳动者要求了解的其他情况；用人单位有权了解劳动者与劳动合同直接相关的基本情况，劳动者应当如实说明。

第九条　用人单位招用劳动者，不得扣押劳动者的居民身份证和其他证件，不得要求劳动者提供担保或者以其他名义向劳动者收取财物。

第十条　建立劳动关系，应当订立书面劳动合同。

已建立劳动关系，未同时订立书面劳动合同的，应当自用工之日起一个月内订立书面劳动合同。

用人单位与劳动者在用工前订立劳动合同的，劳动关系自用工之日起建立。

第十一条　用人单位未在用工的同时订立书面劳动合同，与劳动者约定的劳动报酬不明确的，新招用的劳动者的劳动报酬按照集体合同规定的标准执行；没有集体合同或者集体合同未规定的，实行同工同酬。

第十二条　劳动合同分为固定期限劳动合同、无固定期限劳动合同和以完成一定工作任务为期限的劳动合同。

第十三条　固定期限劳动合同，是指用人单位与劳动者约定合同终止时间的劳动合同。

用人单位与劳动者协商一致，可以订立固定期限劳动合同。

第十四条　无固定期限劳动合同，是指用人单位与劳动者约定无确定终止时间的劳动合同。

用人单位与劳动者协商一致，可以订立无固定期限劳动合同。有下列情形之一，劳动者提出或者同意续订、订立劳动合同的，除劳动者提出订立固定期限劳动合同外，应当订立无固定期限劳动合同：

（一）劳动者在该用人单位连续工作满十年的；

（二）用人单位初次实行劳动合同制度或者国有企业改制重新订立劳动合同时，劳动者在该用人单位连续工作满十年且距法定退休年龄不足十年的；

（三）连续订立二次固定期限劳动合同，且劳动者没有本法第三十九条和第四十条第一项、第二项规定的情形，续订劳动合同的。

用人单位自用工之日起满一年不与劳动者订立书面劳动合同的，视为用人单位与劳动者已订立无固定期限劳动合同。

第十五条 以完成一定工作任务为期限的劳动合同，是指用人单位与劳动者约定以某项工作的完成为合同期限的劳动合同。

用人单位与劳动者协商一致，可以订立以完成一定工作任务为期限的劳动合同。

第十六条 劳动合同由用人单位与劳动者协商一致，并经用人单位与劳动者在劳动合同文本上签字或者盖章生效。

劳动合同文本由用人单位和劳动者各执一份。

第十七条 劳动合同应当具备以下条款：

（一）用人单位的名称、住所和法定代表人或者主要负责人；

（二）劳动者的姓名、住址和居民身份证或者其他有效身份证件号码；

（三）劳动合同期限；

（四）工作内容和工作地点；

（五）工作时间和休息休假；

（六）劳动报酬；

（七）社会保险；

（八）劳动保护、劳动条件和职业危害防护；

（九）法律、法规规定应当纳入劳动合同的其他事项。

劳动合同除前款规定的必备条款外，用人单位与劳动者可以约定试用期、培训、保守秘密、补充保险和福利待遇等其他事项。

第十八条 劳动合同对劳动报酬和劳动条件等标准约定不明确，引发争议的，用人单位与劳动者可以重新协商；协商不成的，适用集体合同规定；没有集体合同或者集体合同未规定劳动报酬的，实行同工同酬；没有集体合同或者集体合同未规定劳动条件等标准的，适用国家有关规定。

第十九条 劳动合同期限三个月以上不满一年的，试用期不得超过一个月；劳动合同期限一年以上不满三年的，试用期不得超过二个月；三年以上固定期限和无固定期限的劳动合同，试用期不得超过六个月。

同一用人单位与同一劳动者只能约定一次试用期。

以完成一定工作任务为期限的劳动合同或者劳动合同期限不满三个月的，不得约定试用期。

试用期包含在劳动合同期限内。劳动合同仅约定试用期的，试用期不成立，该期限为劳动合同期限。

第二十条　劳动者在试用期的工资不得低于本单位相同岗位最低档工资或者劳动合同约定工资的百分之八十，并不得低于用人单位所在地的最低工资标准。

第二十一条　在试用期中，除劳动者有本法第三十九条和第四十条第一项、第二项规定的情形外，用人单位不得解除劳动合同。用人单位在试用期解除劳动合同的，应当向劳动者说明理由。

第二十二条　用人单位为劳动者提供专项培训费用，对其进行专业技术培训的，可以与该劳动者订立协议，约定服务期。

劳动者违反服务期约定的，应当按照约定向用人单位支付违约金。违约金的数额不得超过用人单位提供的培训费用。用人单位要求劳动者支付的违约金不得超过服务期尚未履行部分所应分摊的培训费用。

用人单位与劳动者约定服务期的，不影响按照正常的工资调整机制提高劳动者在服务期期间的劳动报酬。

第二十三条　用人单位与劳动者可以在劳动合同中约定保守用人单位的商业秘密和与知识产权相关的保密事项。

对负有保密义务的劳动者，用人单位可以在劳动合同或者保密协议中与劳动者约定竞业限制条款，并约定在解除或者终止劳动合同后，在竞业限制期限内按月给予劳动者经济补偿。劳动者违反竞业限制约定的，应当按照约定向用人单位支付违约金。

第二十四条　竞业限制的人员限于用人单位的高级管理人员、高级技术人员和其他负有保密义务的人员。竞业限制的范围、地域、期限由用人单位与劳动者约定，竞业限制的约定不得违反法律、法规的规定。

在解除或者终止劳动合同后，前款规定的人员到与本单位生产或者经营同类产品、从事同类业务的有竞争关系的其他用人单位，或者自己开业生产或者经营同类产品、从事同类业务的竞业限制期限，不得超过二年。

第二十五条　除本法第二十二条和第二十三条规定的情形外，用人单位不得与劳动者约定由劳动者承担违约金。

第二十六条　下列劳动合同无效或者部分无效：

（一）以欺诈、胁迫的手段或者乘人之危，使对方在违背真实意思的情况下订立或者变更劳动合同的；

（二）用人单位免除自己的法定责任、排除劳动者权利的；

（三）违反法律、行政法规强制性规定的。

对劳动合同的无效或者部分无效有争议的，由劳动争议仲裁机构或者人民法院确认。

第二十七条 劳动合同部分无效，不影响其他部分效力的，其他部分仍然有效。

第二十八条 劳动合同被确认无效，劳动者已付出劳动的，用人单位应当向劳动者支付劳动报酬。劳动报酬的数额，参照本单位相同或者相近岗位劳动者的劳动报酬确定。

第三章 劳动合同的履行和变更

第二十九条 用人单位与劳动者应当按照劳动合同的约定，全面履行各自的义务。

第三十条 用人单位应当按照劳动合同约定和国家规定，向劳动者及时足额支付劳动报酬。

用人单位拖欠或者未足额支付劳动报酬的，劳动者可以依法向当地人民法院申请支付令，人民法院应当依法发出支付令。

第三十一条 用人单位应当严格执行劳动定额标准，不得强迫或者变相强迫劳动者加班。用人单位安排加班的，应当按照国家有关规定向劳动者支付加班费。

第三十二条 劳动者拒绝用人单位管理人员违章指挥、强令冒险作业的，不视为违反劳动合同。

劳动者对危害生命安全和身体健康的劳动条件，有权对用人单位提出批评、检举和控告。

第三十三条 用人单位变更名称、法定代表人、主要负责人或者投资人等事项，不影响劳动合同的履行。

第三十四条 用人单位发生合并或者分立等情况，原劳动合同继续有效，劳动合同由承继其权利和义务的用人单位继续履行。

第三十五条 用人单位与劳动者协商一致，可以变更劳动合同约定的内容。变更劳动合同，应当采用书面形式。

变更后的劳动合同文本由用人单位和劳动者各执一份。

第四章 劳动合同的解除和终止

第三十六条 用人单位与劳动者协商一致，可以解除劳动合同。

第三十七条 劳动者提前三十日以书面形式通知用人单位，可以解除劳动合同。劳动者在试用期内提前三日通知用人单位，可以解除劳动合同。

第三十八条 用人单位有下列情形之一的，劳动者可以解除劳动合同：

（一）未按照劳动合同约定提供劳动保护或者劳动条件的；

（二）未及时足额支付劳动报酬的；

（三）未依法为劳动者缴纳社会保险费的；

（四）用人单位的规章制度违反法律、法规的规定，损害劳动者权益的；

（五）因本法第二十六条第一款规定的情形致使劳动合同无效的；

（六）法律行政法规规定劳动者可以解除劳动合同的其他情形。

用人单位以暴力、威胁或者非法限制人身自由的手段强迫劳动者劳动的，或者用人单位违章指挥、强令冒险作业危及劳动者人身安全的，劳动者可以立即解除劳动合同，不需事先告知用人单位。

第三十九条　劳动者有下列情形之一的，用人单位可以解除劳动合同：

（一）在试用期间被证明不符合录用条件的；

（二）严重违反用人单位的规章制度的；

（三）严重失职，营私舞弊，给用人单位造成重大损害的；

（四）劳动者同时与其他用人单位建立劳动关系，对完成本单位的工作任务造成严重影响，或者经用人单位提出，拒不改正的；

（五）因本法第二十六条第一款第一项规定的情形致使劳动合同无效的；

（六）被依法追究刑事责任的。

第四十条　有下列情形之一的，用人单位提前三十日以书面形式通知劳动者本人或者额外支付劳动者一个月工资后，可以解除劳动合同：

（一）劳动者患病或者非因工负伤，在规定的医疗期满后不能从事原工作，也不能从事由用人单位另行安排的工作的；

（二）劳动者不能胜任工作，经过培训或者调整工作岗位，仍不能胜任工作的；

（三）劳动合同订立时所依据的客观情况发生重大变化，致使劳动合同无法履行，经用人单位与劳动者协商，未能就变更劳动合同内容达成协议的。

第四十一条　有下列情形之一，需要裁减人员二十人以上或者裁减不足二十人但占企业职工总数百分之十以上的，用人单位提前三十日向工会或者全体职工说明情况，听取工会或者职工的意见后，裁减人员方案经向劳动行政部门报告，可以裁减人员：

（一）依照企业破产法规定进行重整的；

（二）生产经营发生严重困难的；

（三）企业转产、重大技术革新或者经营方式调整，经变更劳动合同后，仍需裁减人员的；

（四）其他因劳动合同订立时所依据的客观经济情况发生重大变化，致使劳动合同无法履行的。

裁减人员时，应当优先留用下列人员：

（一）与本单位订立较长期限的固定期限劳动合同的；

（二）与本单位订立无固定期限劳动合同的；

（三）家庭无其他就业人员，有需要扶养的老人或者未成年人的。

用人单位依照本条第一款规定裁减人员，在六个月内重新招用人员的，应当通知被裁减的人员，并在同等条件下优先招用被裁减的人员。

第四十二条 劳动者有下列情形之一的，用人单位不得依照本法第四十条、第四十一条的规定解除劳动合同：

（一）从事接触职业病危害作业的劳动者未进行离岗前职业健康检查，或者疑似职业病病人在诊断或者医学观察期间的；

（二）在本单位患职业病或者因工负伤并被确认丧失或者部分丧失劳动能力的；

（三）患病或者非因工负伤，在规定的医疗期内的；

（四）女职工在孕期、产期、哺乳期的；

（五）在本单位连续工作满十五年，且距法定退休年龄不足五年的；

（六）法律、行政法规规定的其他情形。

第四十三条 用人单位单方解除劳动合同，应当事先将理由通知工会。用人单位违反法律、行政法规规定或者劳动合同约定的，工会有权要求用人单位纠正。用人单位应当研究工会的意见，并将处理结果书面通知工会。

第四十四条 有下列情形之一的，劳动合同终止：

（一）劳动合同期满的；

（二）劳动者开始依法享受基本养老保险待遇的；

（三）劳动者死亡，或者被人民法院宣告死亡或者宣告失踪的；

（四）用人单位被依法宣告破产的；

（五）用人单位被吊销营业执照、责令关闭、撤销或者用人单位决定提前解散的；

（六）法律、行政法规规定的其他情形。

第四十五条 劳动合同期满，有本法第四十二条规定情形之一的，劳动合同应当续延至相应的情形消失时终止。但是，本法第四十二条第二项规定丧失或者部分丧失劳动能力劳动者的劳动合同的终止，按照国家有关工伤保险的规定执行。

第四十六条 有下列情形之一的，用人单位应当向劳动者支付经济补偿：

（一）劳动者依照本法第三十八条规定解除劳动合同的；

（二）用人单位依照本法第三十六条规定向劳动者提出解除劳动合同并与劳动者协商一致解除劳动合同的；

（三）用人单位依照本法第四十条规定解除劳动合同的；

（四）用人单位依照本法第四十一条规定解除劳动合同的；

（五）除用人单位维持或者提高劳动合同约定条件续订劳动合同，劳动者不同意续订的情形外，依照本法第四十四条第一项规定终止固定期限劳动合同的；

（六）依照本法第四十四条第四项、第五项规定终止劳动合同的；

（七）法律、行政法规规定的其他情形。

第四十七条　经济补偿按劳动者在本单位工作的年限，每满一年支付一个月工资的标准向劳动者支付。六个月以上不满一年的，按一年计算；不满六个月的，向劳动者支付半个月工资的经济补偿。

劳动者月工资高于用人单位所在直辖市、设区的市级人民政府公布的本地区上年度职工月平均工资三倍的，向其支付经济补偿的标准按职工月平均工资三倍的数额支付，向其支付经济补偿的年限最高不超过十二年。

本条所称月工资是指劳动者在劳动合同解除或者终止前十二个月的平均工资。

第四十八条　用人单位违反本法规定解除或者终止劳动合同，劳动者要求继续履行劳动合同的，用人单位应当继续履行；劳动者不要求继续履行劳动合同或者劳动合同已经不能继续履行的，用人单位应当依照本法第八十七条规定支付赔偿金。

第四十九条　国家采取措施，建立健全劳动者社会保险关系跨地区转移接续制度。

第五十条　用人单位应当在解除或者终止劳动合同时出具解除或者终止劳动合同的证明，并在十五日内为劳动者办理档案和社会保险关系转移手续。

劳动者应当按照双方约定，办理工作交接。用人单位依照本法有关规定应当向劳动者支付经济补偿的，在办结工作交接时支付。

用人单位对已经解除或者终止的劳动合同的文本，至少保存二年备查。

第五章　特别规定

第一节　集体合同

第五十一条　企业职工一方与用人单位通过平等协商，可以就劳动报酬、工作时间、休息休假、劳动安全卫生、保险福利等事项订立集体合同。集体合同草案应当提交职工代表大会或者全体职工讨论通过。

集体合同由工会代表企业职工一方与用人单位订立；尚未建立工会的用人单位，由上级工会指导劳动者推举的代表与用人单位订立。

第五十二条　企业职工一方与用人单位可以订立劳动安全卫生、女职工权益保护、工资调整机制等专项集体合同。

第五十三条 在县级以下区域内，建筑业、采矿业、餐饮服务业等行业可以由工会与企业方面代表订立行业性集体合同，或者订立区域性集体合同。

第五十四条 集体合同订立后，应当报送劳动行政部门；劳动行政部门自收到集体合同文本之日起十五日内未提出异议的，集体合同即行生效。

依法订立的集体合同对用人单位和劳动者具有约束力。行业性、区域性集体合同对当地本行业、本区域的用人单位和劳动者具有约束力。

第五十五条 集体合同中劳动报酬和劳动条件等标准不得低于当地人民政府规定的最低标准；用人单位与劳动者订立的劳动合同中劳动报酬和劳动条件等标准不得低于集体合同规定的标准。

第五十六条 用人单位违反集体合同，侵犯职工劳动权益的，工会可以依法要求用人单位承担责任；因履行集体合同发生争议，经协商解决不成的，工会可以依法申请仲裁、提起诉讼。

第二节 劳务派遣

第五十七条 经营劳务派遣业务应当具备下列条件：

（一）注册资本不得少于人民币二百万元；

（二）有与开展业务相适应的固定的经营场所和设施；

（三）有符合法律、行政法规规定的劳务派遣管理制度；

（四）法律、行政法规规定的其他条件。

经营劳务派遣业务，应当向劳动行政部门依法申请行政许可；经许可的，依法办理相应的公司登记。未经许可，任何单位和个人不得经营劳务派遣业务。

第五十八条 劳务派遣单位是本法所称用人单位，应当履行用人单位对劳动者的义务。劳务派遣单位与被派遣劳动者订立的劳动合同，除应当载明本法第十七条规定的事项外，还应当载明被派遣劳动者的用工单位以及派遣期限、工作岗位等情况。

劳务派遣单位应当与被派遣劳动者订立二年以上的固定期限劳动合同，按月支付劳动报酬；被派遣劳动者在无工作期间，劳务派遣单位应当按照所在地人民政府规定的最低工资标准，向其按月支付报酬。

第五十九条 劳务派遣单位派遣劳动者应当与接受以劳务派遣形式用工的单位（以下称用工单位）订立劳务派遣协议。劳务派遣协议应当约定派遣岗位和人员数量、派遣期限、劳动报酬和社会保险费的数额与支付方式以及违反协议的责任。

用工单位应当根据工作岗位的实际需要与劳务派遣单位确定派遣期限，不得将连续用工期限分割订立数个短期劳务派遣协议。

第六十条 劳务派遣单位应当将劳务派遣协议的内容告知被派遣劳动者。

劳务派遣单位不得克扣用工单位按照劳务派遣协议支付给被派遣劳动者的劳动报酬。

劳务派遣单位和用工单位不得向被派遣劳动者收取费用。

第六十一条 劳务派遣单位跨地区派遣劳动者的，被派遣劳动者享有的劳动报酬和劳动条件，按照用工单位所在地的标准执行。

第六十二条 用工单位应当履行下列义务：

（一）执行国家劳动标准，提供相应的劳动条件和劳动保护；

（二）告知被派遣劳动者的工作要求和劳动报酬；

（三）支付加班费、绩效奖金，提供与工作岗位相关的福利待遇；

（四）对在岗被派遣劳动者进行工作岗位所必需的培训；

（五）连续用工的，实行正常的工资调整机制。

用工单位不得将被派遣劳动者再派遣到其他用人单位。

第六十三条 被派遣劳动者享有与用工单位的劳动者同工同酬的权利。用工单位应当按照同工同酬原则，对被派遣劳动者与本单位同类岗位的劳动者实行相同的劳动报酬分配办法。用工单位无同类岗位劳动者的，参照用工单位所在地相同或者相近岗位劳动者的劳动报酬确定。

劳务派遣单位与被派遣劳动者订立的劳动合同和与用工单位订立的劳务派遣协议，载明或者约定的向被派遣劳动者支付的劳动报酬应当符合前款规定。

第六十四条 被派遣劳动者有权在劳务派遣单位或者用工单位依法参加或者组织工会，维护自身的合法权益。

第六十五条 被派遣劳动者可以依照本法第三十六条、第三十八规定与劳务派遣单位解除劳动合同。

被派遣劳动者有本法第三十九条和第四十条第一项、第二项规定情形的，用工单位可以将劳动者退回劳务派遣单位，劳务派遣单位依照本法有关规定，可以与劳动者解除劳动合同。

第六十六条 劳动合同用工是我国的企业基本用工形式。劳务派遣用工是补充形式，只能在临时性、辅助性或者替代性的工作岗位上实施。

第六十七条 用人单位不得设立劳务派遣单位向本单位或者所属单位派遣劳动者。

第三节 非全日制用工

第六十八条 非全日制用工，是指以小时计酬为主，劳动者在同一用人单位一般平均每日工作时间不超过四小时，每周工作时间累计不超过二十四小时的用工形式。

第六十九条 非全日制用工双方当事人可以订立口头协议。

从事非全日制用工的劳动者可以与一个或者一个以上用人单位订立劳动合同；但是，后订立的劳动合同不得影响先订立的劳动合同的履行。

第七十条 非全日制用工双方当事人不得约定试用期。

第七十一条 非全日制用工双方当事人任何一方都可以随时通知对方终止用工。终止用工，用人单位不向劳动者支付经济补偿。

第七十二条 非全日制用工小时计酬标准不得低于用人单位所在地人民政府规定的最低小时工资标准。

非全日制用工劳动报酬结算支付周期最长不得超过十五日。

第六章 监督检查

第七十三条 国务院劳动行政部门负责全国劳动合同制度实施的监督管理。

县级以上地方人民政府劳动行政部门负责本行政区域内劳动合同制度实施的监督管理。

县级以上各级人民政府劳动行政部门在劳动合同制度实施的监督管理工作中，应当听取工会、企业方面代表以及有关行业主管部门的意见。

第七十四条 县级以上地方人民政府劳动行政部门依法对下列实施劳动合同制度的情况进行监督检查：

（一）用人单位制定直接涉及劳动者切身利益的规章制度及其执行的情况；

（二）用人单位与劳动者订立和解除劳动合同的情况；

（三）劳务派遣单位和用工单位遵守劳务派遣有关规定的情况；

（四）用人单位遵守国家关于劳动者工作时间和休息休假规定的情况；

（五）用人单位支付劳动合同约定的劳动报酬和执行最低工资标准的情况；

（六）用人单位参加各项社会保险和缴纳社会保险费的情况；

（七）法律、法规规定的其他劳动监察事项。

第七十五条 县级以上地方人民政府劳动行政部门实施监督检查时，有权查阅与劳动合同、集体合同有关的材料，有权对劳动场所进行实地检查，用人单位和劳动者都应当如实提供有关情况和材料。

劳动行政部门的工作人员进行监督检查，应当出示证件，依法行使职权，文明执法。

第七十六条 县级以上人民政府建设、卫生、安全生产监督管理等有关主管部门在各自职责范围内，对用人单位执行劳动合同制度的情况进行监督管理。

第七十七条 劳动者合法权益受到侵害的，有权要求有关部门依法处理，或者依法申请仲裁、提起诉讼。

第七十八条 工会依法维护劳动者的合法权益，对用人单位履行劳动合同、集体合同的情况进行监督。用人单位违反劳动法律、法规和劳动合同、集体合同的，工会有权提出意见或者要求纠正；劳动者申请仲裁、提起诉讼的，工会依法给予支持和帮助。

第七十九条　任何组织或者个人对违反本法的行为都有权举报，县级以上人民政府劳动行政部门应当及时核实、处理，并对举报有功人员给予奖励。

第七章　法律责任

第八十条　用人单位直接涉及劳动者切身利益的规章制度违反法律、法规规定的，由劳动行政部门责令改正，给予警告；给劳动者造成损害的，应当承担赔偿责任。

第八十一条　用人单位提供的劳动合同文本未载明本法规定的劳动合同必备条款或者用人单位未将劳动合同文本交付劳动者的，由劳动行政部门责令改正；给劳动者造成损害的，应当承担赔偿责任。

第八十二条　用人单位自用工之日起超过一个月不满一年未与劳动者订立书面劳动合同的，应当向劳动者每月支付二倍的工资。

用人单位违反本法规定不与劳动者订立无固定期限劳动合同的，自应当订立无固定期限劳动合同之日起向劳动者每月支付二倍的工资。

第八十三条　用人单位违反本法规定与劳动者约定试用期的，由劳动行政部门责令改正；违法约定的试用期已经履行的，由用人单位以劳动者试用期满月工资为标准，按已经履行的超过法定试用期的期间向劳动者支付赔偿金。

第八十四条　用人单位违反本法规定，扣押劳动者居民身份证等证件的，由劳动行政部门责令限期退还劳动者本人，并依照有关法律规定给予处罚。

用人单位违反本法规定，以担保或者其他名义向劳动者收取财物的，由劳动行政部门责令限期退还劳动者本人，并以每人五百元以上二千元以下的标准处以罚款；给劳动者造成损害的，应当承担赔偿责任。

劳动者依法解除或者终止劳动合同，用人单位扣押劳动者档案或者其他物品的，依照前款规定处罚。

第八十五条　用人单位有下列情形之一的，由劳动行政部门责令限期支付劳动报酬、加班费或者经济补偿；劳动报酬低于当地最低工资标准的，应当支付其差额部分；逾期不支付的，责令用人单位按应付金额百分之五十以上百分之一百以下的标准向劳动者加付赔偿金：

（一）未按照劳动合同的约定或者国家规定及时足额支付劳动者劳动报酬的；

（二）低于当地最低工资标准支付劳动者工资的；

（三）安排加班不支付加班费的；

（四）解除或者终止劳动合同，未依照本法规定向劳动者支付经济补偿的。

第八十六条　劳动合同依照本法第二十六条规定被确认无效，给对方造成损害的，有过错的一方应当承担赔偿责任。

第八十七条 用人单位违反本法规定解除或者终止劳动合同的，应当依照本法第四十七条规定的经济补偿标准的二倍向劳动者支付赔偿金。

第八十八条 用人单位有下列情形之一的，依法给予行政处罚；构成犯罪的，依法追究刑事责任；给劳动者造成损害的，应当承担赔偿责任：

（一）以暴力、威胁或者非法限制人身自由的手段强迫劳动的；

（二）违章指挥或者强令冒险作业危及劳动者人身安全的；

（三）侮辱、体罚、殴打、非法搜查或者拘禁劳动者的；

（四）劳动条件恶劣、环境污染严重，给劳动者身心健康造成严重损害的。

第八十九条 用人单位违反本法规定未向劳动者出具解除或者终止劳动合同的书面证明，由劳动行政部门责令改正；给劳动者造成损害的，应当承担赔偿责任。

第九十条 劳动者违反本法规定解除劳动合同，或者违反劳动合同中约定的保密义务或者竞业限制，给用人单位造成损失的，应当承担赔偿责任。

第九十一条 用人单位招用与其他用人单位尚未解除或者终止劳动合同的劳动者，给其他用人单位造成损失的，应当承担连带赔偿责任。

第九十二条 违反本法规定，未经许可，擅自经营劳务派遣业务的，由劳动行政部门责令停止违法行为，没收违法所得，并处违法所得一倍以上五倍以下的罚款；没有违法所得的，可以处五万元以下的罚款。

劳务派遣单位、用工单位违反本法有关劳务派遣规定的，由劳动行政部门责令限期改正；逾期不改正的，以每人五千元以上一万元以下的标准处以罚款，对劳务派遣单位，吊销其劳务派遣业务经营许可证。用工单位给被派遣劳动者造成损害的，劳务派遣单位与用工单位承担连带赔偿责任。

第九十三条 对不具备合法经营资格的用人单位的违法犯罪行为，依法追究法律责任；劳动者已经付出劳动的，该单位或者其出资人应当依照本法有关规定向劳动者支付劳动报酬、经济补偿、赔偿金；给劳动者造成损害的，应当承担赔偿责任。

第九十四条 个人承包经营违反本法规定招用劳动者，给劳动者造成损害的，发包的组织与个人承包经营者承担连带赔偿责任。

第九十五条 劳动行政部门和其他有关主管部门及其工作人员玩忽职守、不履行法定职责，或者违法行使职权，给劳动者或者用人单位造成损害的，应当承担赔偿责任；对直接负责的主管人员和其他直接责任人员，依法给予行政处分；构成犯罪的，依法追究刑事责任。

第八章　附　则

第九十六条　事业单位与实行聘用制的工作人员订立、履行、变更、解除或者终止劳动合同，法律、行政法规或者国务院另有规定的，依照其规定；未作规定的，依照本法有关规定执行。

第九十七条　本法施行前已依法订立且在本法施行之日存续的劳动合同，继续履行；本法第十四条第二款第三项规定连续订立固定期限劳动合同的次数，自本法施行后续订固定期限劳动合同时开始计算。

本法施行前已建立劳动关系，尚未订立书面劳动合同的，应当自本法施行之日起一个月内订立。

本法施行之日存续的劳动合同在本法施行后解除或者终止，依照本法第四十六条规定应当支付经济补偿的，经济补偿年限自本法施行之日起计算；本法施行前按照当时有关规定，用人单位应当向劳动者支付经济补偿的，按照当时有关规定执行。

第九十八条　本法自 2008 年 1 月 1 日起施行。

中华人民共和国公司法（节选）

（1993年12月29日第八届全国人民代表大会常务委员会第五次会议通过 根据1999年12月25日第九届全国人民代表大会常务委员会第十三次会议《关于修改〈中华人民共和国公司法〉的决定》第一次修正 根据2004年8月28日第十届全国人民代表大会常务委员会第十一次会议《关于修改〈中华人民共和国公司法〉的决定》第二次修正 2005年10月27日第十届全国人民代表大会常务委员会第十八次会议修订 根据2013年12月28日第十二届全国人民代表大会常务委员会第六次会议《关于修改〈中华人民共和国海洋环境保护法〉等七部法律的决定》第三次修正 根据2018年10月26日第十三届全国人民代表大会常务委员会第六次会议《关于修改〈中华人民共和国公司法〉的决定》第四次修正）

第一章 总 则

第二条 本法所称公司是指依照本法在中国境内设立的有限责任公司和股份有限公司。

第三条 公司是企业法人，有独立的法人财产，享有法人财产权。公司以其全部财产对公司的债务承担责任。

有限责任公司的股东以其认缴的出资额为限对公司承担责任；股份有限公司的股东以其认购的股份为限对公司承担责任。

第四条 公司股东依法享有资产收益、参与重大决策和选择管理者等权利。

第六条 设立公司，应当依法向公司登记机关申请设立登记。符合本法规定的设立条件的，由公司登记机关分别登记为有限责任公司或者股份有限公司；不符合本法规定的设立条件的，不得登记为有限责任公司或者股份有限公司。

法律、行政法规规定设立公司必须报经批准的，应当在公司登记前依法办理批准手续。

公众可以向公司登记机关申请查询公司登记事项，公司登记机关应当提供查询服务。

第七条 依法设立的公司，由公司登记机关发给公司营业执照。公司营业执照签发日期为公司成立日期。

公司营业执照应当载明公司的名称、住所、注册资本、经营范围、法定代表人姓名等事项。

公司营业执照记载的事项发生变更的，公司应当依法办理变更登记，由公司登记机关换发营业执照。

第八条　依照本法设立的有限责任公司，必须在公司名称中标明有限责任公司或者有限公司字样。

依照本法设立的股份有限公司，必须在公司名称中标明股份有限公司或者股份公司字样。

第九条　有限责任公司变更为股份有限公司，应当符合本法规定的股份有限公司的条件。股份有限公司变更为有限责任公司，应当符合本法规定的有限责任公司的条件。

有限责任公司变更为股份有限公司的，或者股份有限公司变更为有限责任公司的，公司变更前的债权、债务由变更后的公司承继。

第十七条　公司必须保护职工的合法权益，依法与职工签订劳动合同，参加社会保险，加强劳动保护，实现安全生产。

公司应当采用多种形式，加强公司职工的职业教育和岗位培训，提高职工素质。

第十八条　公司职工依照《中华人民共和国工会法》组织工会，开展工会活动，维护职工合法权益。公司应当为本公司工会提供必要的活动条件。公司工会代表职工就职工的劳动报酬、工作时间、福利、保险和劳动安全卫生等事项依法与公司签订集体合同。

公司依照宪法和有关法律的规定，通过职工代表大会或者其他形式，实行民主管理。

公司研究决定改制以及经营方面的重大问题、制定重要的规章制度时，应当听取公司工会的意见，并通过职工代表大会或者其他形式听取职工的意见和建议。

第二章　有限责任公司的设立和组织机构

第一节　设　立

第二十三条　设立有限责任公司，应当具备下列条件：

（一）股东符合法定人数；

（二）有符合公司章程规定的全体股东认缴的出资额；

（三）股东共同制定公司章程；

（四）有公司名称，建立符合有限责任公司要求的组织机构；

（五）有公司住所。

第二十四条　有限责任公司由五十个以下股东出资设立。

第二十五条　有限责任公司章程应当载明下列事项：

（一）公司名称和住所；

（二）公司经营范围；

（三）公司注册资本；

（四）股东的姓名或者名称；

（五）股东的出资方式、出资额和出资时间；

（六）公司的机构及其产生办法、职权、议事规则；

（七）公司法定代表人；

（八）股东会会议认为需要规定的其他事项。

股东应当在公司章程上签名、盖章。

第三节　一人有限责任公司的特别规定

第五十七条　一人有限责任公司的设立和组织机构，适用本节规定；本节没有规定的，适用本章第一节、第二节的规定。

本法所称一人有限责任公司，是指只有一个自然人股东或者一个法人股东的有限责任公司。

第五十八条　一个自然人只能投资设立一个一人有限责任公司。该一人有限责任公司不能投资设立新的一人有限责任公司。

第六十三条　一人有限责任公司的股东不能证明公司财产独立于股东自己的财产的，应当对公司债务承担连带责任。

第三章　有限责任公司的股权转让

第七十一条　有限责任公司的股东之间可以相互转让其全部或者部分股权。股东向股东以外的人转让股权，应当经其他股东过半数同意。股东应就其股权转让事项书面通知其他股东征求同意，其他股东自接到书面通知之日起满三十日未答复的，视为同意转让。其他股东半数以上不同意转让的，不同意的股东应当购买该转让的股权；不购买的，视为同意转让。

经股东同意转让的股权，在同等条件下，其他股东有优先购买权。两个以上股东主张行使优先购买权的，协商确定各自的购买比例；协商不成的，按照转让时各自的出资比例行使优先购买权。

公司章程对股权转让另有规定的，从其规定。

第四章　股份有限公司的设立和组织机构

第一节　设　立

第七十六条　设立股份有限公司，应当具备下列条件：

（一）发起人符合法定人数；

（二）有符合公司章程规定的全体发起人认购的股本总额或者募集的实收股本总额；

（三）股份发行、筹办事项符合法律规定；

（四）发起人制订公司章程，采用募集方式设立的经创立大会通过；

（五）有公司名称，建立符合股份有限公司要求的组织机构；

（六）有公司住所。

第七十七条　股份有限公司的设立，可以采取发起设立或者募集设立的方式。

发起设立，是指由发起人认购公司应发行的全部股份而设立公司。

募集设立，是指由发起人认购公司应发行股份的一部分，其余股份向社会公开募集或者向特定对象募集而设立公司。

第八十一条　股份有限公司章程应当载明下列事项：

（一）公司名称和住所；

（二）公司经营范围；

（三）公司设立方式；

（四）公司股份总数、每股金额和注册资本；

（五）发起人的姓名或者名称、认购的股份数、出资方式和出资时间；

（六）董事会的组成、职权和议事规则；

（七）公司法定代表人；

（八）监事会的组成、职权和议事规则；

（九）公司利润分配办法；

（十）公司的解散事由与清算办法；

（十一）公司的通知和公告办法；

（十二）股东大会会议认为需要规定的其他事项。

第九章　公司合并、分立、增资、减资

第一百七十二条　公司合并可以采取吸收合并或者新设合并。

一个公司吸收其他公司为吸收合并，被吸收的公司解散。两个以上公司合并设立一个新的公司为新设合并，合并各方解散。

第一百七十三条 公司合并，应当由合并各方签订合并协议，并编制资产负债表及财产清单。公司应当自作出合并决议之日起十日内通知债权人，并于三十日内在报纸上公告。债权人自接到通知书之日起三十日内，未接到通知书的自公告之日起四十五日内，可以要求公司清偿债务或者提供相应的担保。

第一百七十四条 公司合并时，合并各方的债权、债务，应当由合并后存续的公司或者新设的公司承继。

第一百七十五条 公司分立，其财产作相应的分割。

公司分立，应当编制资产负债表及财产清单。公司应当自作出分立决议之日起十日内通知债权人，并于三十日内在报纸上公告。

第一百七十六条 公司分立前的债务由分立后的公司承担连带责任。但是，公司在分立前与债权人就债务清偿达成的书面协议另有约定的除外。

第一百七十九条 公司合并或者分立，登记事项发生变更的，应当依法向公司登记机关办理变更登记；公司解散的，应当依法办理公司注销登记；设立新公司的，应当依法办理公司设立登记。

公司增加或者减少注册资本，应当依法向公司登记机关办理变更登记。

第十章　公司解散和清算

第一百八十条 公司因下列原因解散：

（一）公司章程规定的营业期限届满或者公司章程规定的其他解散事由出现；

（二）股东会或者股东大会决议解散；

（三）因公司合并或者分立需要解散；

（四）依法被吊销营业执照、责令关闭或者被撤销；

（五）人民法院依照本法第一百八十二条的规定予以解散。

第一百八十一条 公司有本法第一百八十条第（一）项情形的，可以通过修改公司章程而存续。

依照前款规定修改公司章程，有限责任公司须经持有三分之二以上表决权的股东通过，股份有限公司须经出席股东大会会议的股东所持表决权的三分之二以上通过。

第一百八十二条 公司经营管理发生严重困难，继续存续会使股东利益受到重大损失，通过其他途径不能解决的，持有公司全部股东表决权百分之十以上的股东，可以请求人民法院解散公司。

第一百八十三条　公司因本法第一百八十条第（一）项、第（二）项、第（四）项、第（五）项规定而解散的，应当在解散事由出现之日起十五日内成立清算组，开始清算。有限责任公司的清算组由股东组成，股份有限公司的清算组由董事或者股东大会确定的人员组成。逾期不成立清算组进行清算的，债权人可以申请人民法院指定有关人员组成清算组进行清算。人民法院应当受理该申请，并及时组织清算组进行清算。

第一百九十条　公司被依法宣告破产的，依照有关企业破产的法律实施破产清算。

第十二章　法律责任

第一百九十八条　违反本法规定，虚报注册资本、提交虚假材料或者采取其他欺诈手段隐瞒重要事实取得公司登记的，由公司登记机关责令改正，对虚报注册资本的公司，处以虚报注册资本金额百分之五以上百分之十五以下的罚款；对提交虚假材料或者采取其他欺诈手段隐瞒重要事实的公司，处以五万元以上五十万元以下的罚款；情节严重的，撤销公司登记或者吊销营业执照。

第一百九十九条　公司的发起人、股东虚假出资，未交付或者未按期交付作为出资的货币或者非货币财产的，由公司登记机关责令改正，处以虚假出资金额百分之五以上百分之十五以下的罚款。

第二百条　公司的发起人、股东在公司成立后，抽逃其出资的，由公司登记机关责令改正，处以所抽逃出资金额百分之五以上百分之十五以下的罚款。

中华人民共和国广告法

（1994年10月27日第八届全国人民代表大会常务委员会第十次会议通过　2015年4月24日第十二届全国人民代表大会常务委员会第十四次会议修订　根据2018年10月26日第十三届全国人民代表大会常务委员会第六次会议《关于修改〈中华人民共和国野生动物保护法〉等十五部法律的决定》修正）

第一章　总　则

第一条　为了规范广告活动，保护消费者的合法权益，促进广告业的健康发展，维护社会经济秩序，制定本法。

第二条　在中华人民共和国境内，商品经营者或者服务提供者通过一定媒介和形式直接或者间接地介绍自己所推销的商品或者服务的商业广告活动，适用本法。

本法所称广告主，是指为推销商品或者服务，自行或者委托他人设计、制作、发布广告的自然人、法人或者其他组织。

本法所称广告经营者，是指接受委托提供广告设计、制作、代理服务的自然人、法人或者其他组织。

本法所称广告发布者，是指为广告主或者广告主委托的广告经营者发布广告的自然人、法人或者其他组织。

本法所称广告代言人，是指广告主以外的，在广告中以自己的名义或者形象对商品、服务做推荐、证明的自然人、法人或者其他组织。

第三条　广告应当真实、合法，以健康的表现形式表达广告内容，符合社会主义精神文明建设和弘扬中华民族优秀传统文化的要求。

第四条　广告不得含有虚假或者引人误解的内容，不得欺骗、误导消费者。

广告主应当对广告内容的真实性负责。

第五条　广告主、广告经营者、广告发布者从事广告活动，应当遵守法律、法规，诚实信用，公平竞争。

第六条　国务院市场监督管理部门主管全国的广告监督管理工作，国务院有关部门在各自的职责范围内负责广告管理相关工作。

县级以上地方市场监督管理部门主管本行政区域的广告监督管理工作，县级以上地方人民政府有关部门在各自的职责范围内负责广告管理相关工作。

第七条　广告行业组织依照法律、法规和章程的规定，制定行业规范，加强行业自律，促进行业发展，引导会员依法从事广告活动，推动广告行业诚信建设。

第二章　广告内容准则

第八条　广告中对商品的性能、功能、产地、用途、质量、成分、价格、生产者、有效期限、允诺等或者对服务的内容、提供者、形式、质量、价格、允诺等有表示的，应当准确、清楚、明白。

广告中表明推销的商品或者服务附带赠送的，应当明示所附带赠送商品或者服务的品种、规格、数量、期限和方式。

法律、行政法规规定广告中应当明示的内容，应当显著、清晰表示。

第九条　广告不得有下列情形：

（一）使用或者变相使用中华人民共和国的国旗、国歌、国徽，军旗、军歌、军徽；

（二）使用或者变相使用国家机关、国家机关工作人员的名义或者形象；

（三）使用“国家级”“最高级”“最佳”等用语；

（四）损害国家的尊严或者利益，泄露国家秘密；

（五）妨碍社会安定，损害社会公共利益；

（六）危害人身、财产安全，泄露个人隐私；

（七）妨碍社会公共秩序或者违背社会良好风尚；

（八）含有淫秽、色情、赌博、迷信、恐怖、暴力的内容；

（九）含有民族、种族、宗教、性别歧视的内容；

（十）妨碍环境、自然资源或者文化遗产保护；

（十一）法律、行政法规规定禁止的其他情形。

第十条　广告不得损害未成年人和残疾人的身心健康。

第十一条　广告内容涉及的事项需要取得行政许可的，应当与许可的内容相符合。

广告使用数据、统计资料、调查结果、文摘、引用语等引证内容的，应当真实、准确，并表明出处。引证内容有适用范围和有效期限的，应当明确表示。

第十二条　广告中涉及专利产品或者专利方法的，应当标明专利号和专利种类。

未取得专利权的，不得在广告中谎称取得专利权。

禁止使用未授予专利权的专利申请和已经终止、撤销、无效的专利作广告。

第十三条 广告不得贬低其他生产经营者的商品或者服务。

第十四条 广告应当具有可识别性，能够使消费者辨明其为广告。

大众传播媒介不得以新闻报道形式变相发布广告。通过大众传播媒介发布的广告应当显著标明“广告”，与其他非广告信息相区别，不得使消费者产生误解。

广播电台、电视台发布广告，应当遵守国务院有关部门关于时长、方式的规定，并应当对广告时长作出明显提示。

第十五条 麻醉药品、精神药品、医疗用毒性药品、放射性药品等特殊药品，药品类易制毒化学品，以及戒毒治疗的药品、医疗器械和治疗方法，不得作广告。

前款规定以外的处方药，只能在国务院卫生行政部门和国务院药品监督管理部门共同指定的医学、药学专业刊物上作广告。

第十六条 医疗、药品、医疗器械广告不得含有下列内容：

（一）表示功效、安全性的断言或者保证；

（二）说明治愈率或者有效率；

（三）与其他药品、医疗器械的功效和安全性或者其他医疗机构比较；

（四）利用广告代言人作推荐、证明；

（五）法律、行政法规规定禁止的其他内容。

药品广告的内容不得与国务院药品监督管理部门批准的说明书不一致，并应当显著标明禁忌、不良反应。处方药广告应当显著标明“本广告仅供医学药学专业人士阅读”，非处方药广告应当显著标明“请按药品说明书或者在药师指导下购买和使用”。

推荐给个人自用的医疗器械的广告，应当显著标明“请仔细阅读产品说明书或者在医务人员的指导下购买和使用”。医疗器械产品注册证明文件中有禁忌内容、注意事项的，广告中应当显著标明“禁忌内容或者注意事项详见说明书”。

第十七条 除医疗、药品、医疗器械广告外，禁止其他任何广告涉及疾病治疗功能，并不得使用医疗用语或者易使推销的商品与药品、医疗器械相混淆的用语。

第十八条 保健食品广告不得含有下列内容：

（一）表示功效、安全性的断言或者保证；

（二）涉及疾病预防、治疗功能；

（三）声称或者暗示广告商品为保障健康所必需；

（四）与药品、其他保健食品进行比较；

（五）利用广告代言人作推荐、证明；

（六）法律、行政法规规定禁止的其他内容。

保健食品广告应当显著标明“本品不能代替药物”。

第十九条　广播电台、电视台、报刊音像出版单位、互联网信息服务提供者不得以介绍健康、养生知识等形式变相发布医疗、药品、医疗器械、保健食品广告。

第二十条　禁止在大众传播媒介或者公共场所发布声称全部或者部分替代母乳的婴儿乳制品、饮料和其他食品广告。

第二十一条　农药、兽药、饲料和饲料添加剂广告不得含有下列内容：

（一）表示功效、安全性的断言或者保证；

（二）利用科研单位、学术机构、技术推广机构、行业协会或者专业人士、用户的名义或者形象作推荐、证明；

（三）说明有效率；

（四）违反安全使用规程的文字、语言或者画面；

（五）法律、行政法规规定禁止的其他内容。

第二十二条　禁止在大众传播媒介或者公共场所、公共交通工具、户外发布烟草广告。禁止向未成年人发送任何形式的烟草广告。

禁止利用其他商品或者服务的广告、公益广告，宣传烟草制品名称、商标、包装、装潢以及类似内容。

烟草制品生产者或者销售者发布的迁址、更名、招聘等启事中，不得含有烟草制品名称、商标、包装、装潢以及类似内容。

第二十三条　酒类广告不得含有下列内容：

（一）诱导、怂恿饮酒或者宣传无节制饮酒；

（二）出现饮酒的动作；

（三）表现驾驶车、船、飞机等活动；

（四）明示或者暗示饮酒有消除紧张和焦虑、增加体力等功效。

第二十四条　教育、培训广告不得含有下列内容：

（一）对升学、通过考试、获得学位学历或者合格证书，或者对教育、培训的效果作出明示或者暗示的保证性承诺；

（二）明示或者暗示有相关考试机构或者其工作人员、考试命题人员参与教育、培训；

（三）利用科研单位、学术机构、教育机构、行业协会、专业人士、受益者的名义或者形象作推荐、证明。

第二十五条　招商等有投资回报预期的商品或者服务广告，应当对可能存在的风险以及风险责任承担有合理提示或者警示，并不得含有下列内容：

（一）对未来效果、收益或者与其相关的情况作出保证性承诺，明示或者暗示保本、无风险或者保收益等，国家另有规定的除外；

（二）利用学术机构、行业协会、专业人士、受益者的名义或者形象作推荐、证明。

第二十六条 房地产广告，房源信息应当真实，面积应当表明为建筑面积或者套内建筑面积，并不得含有下列内容：

（一）升值或者投资回报的承诺；

（二）以项目到达某一具体参照物的所需时间表示项目位置；

（三）违反国家有关价格管理的规定；

（四）对规划或者建设中的交通、商业、文化教育设施以及其他市政条件作误导宣传。

第二十七条 农作物种子、林木种子、草种子、种畜禽、水产苗种和种养殖广告关于品种名称、生产性能、生长量或者产量、品质、抗性、特殊使用价值、经济价值、适宜种植或者养殖的范围和条件等方面的表述应当真实、清楚、明白，并不得含有下列内容：

（一）作科学上无法验证的断言；

（二）表示功效的断言或者保证；

（三）对经济效益进行分析、预测或者作保证性承诺；

（四）利用科研单位、学术机构、技术推广机构、行业协会或者专业人士、用户的名义或者形象作推荐、证明。

第二十八条 广告以虚假或者引人误解的内容欺骗、误导消费者的，构成虚假广告。

广告有下列情形之一的，为虚假广告：

（一）商品或者服务不存在的；

（二）商品的性能、功能、产地、用途、质量、规格、成分、价格、生产者、有效期限、销售状况、曾获荣誉等信息，或者服务的内容、提供者、形式、质量、价格、销售状况、曾获荣誉等信息，以及与商品或者服务有关的允诺等信息与实际情况不符，对购买行为有实质性影响的；

（三）使用虚构、伪造或者无法验证的科研成果、统计资料、调查结果、文摘、引用语等信息作证明材料的；

（四）虚构使用商品或者接受服务的效果的；

（五）以虚假或者引人误解的内容欺骗、误导消费者的其他情形。

第三章　广告行为规范

第二十九条 广播电台、电视台、报刊出版单位从事广告发布业务的，应当设有专门从事广告业务的机构，配备必要的人员，具有与发布广告相适应的场所、设备，并向县级以上地方市场监督管理部门办理广告发布登记。

第三十条　广告主、广告经营者、广告发布者之间在广告活动中应当依法订立书面合同。

第三十一条　广告主、广告经营者、广告发布者不得在广告活动中进行任何形式的不正当竞争。

第三十二条　广告主委托设计、制作、发布广告，应当委托具有合法经营资格的广告经营者、广告发布者。

第三十三条　广告主或者广告经营者在广告中使用他人名义或者形象的，应当事先取得其书面同意；使用无民事行为能力人、限制民事行为能力人的名义或者形象的，应当事先取得其监护人的书面同意。

第三十四条　广告经营者、广告发布者应当按照国家有关规定，建立、健全广告业务的承接登记、审核、档案管理制度。

广告经营者、广告发布者依据法律、行政法规查验有关证明文件，核对广告内容。对内容不符或者证明文件不全的广告，广告经营者不得提供设计、制作、代理服务，广告发布者不得发布。

第三十五条　广告经营者、广告发布者应当公布其收费标准和收费办法。

第三十六条　广告发布者向广告主、广告经营者提供的覆盖率、收视率、点击率、发行量等资料应当真实。

第三十七条　法律、行政法规规定禁止生产、销售的产品或者提供的服务，以及禁止发布广告的商品或者服务，任何单位或者个人不得设计、制作、代理、发布广告。

第三十八条　广告代言人在广告中对商品、服务作推荐、证明，应当依据事实，符合本法和有关法律、行政法规规定，并不得为其未使用过的商品或者未接受过的服务作推荐、证明。

不得利用不满十周岁的未成年人作为广告代言人。

对在虚假广告中作推荐、证明受到行政处罚未满三年的自然人、法人或者其他组织，不得利用其作为广告代言人。

第三十九条　不得在中小学校、幼儿园内开展广告活动，不得利用中小学生和幼儿的教材、教辅材料、练习册、文具、教具、校服、校车等发布或者变相发布广告，但公益广告除外。

第四十条　在针对未成年人的大众传播媒介上不得发布医疗、药品、保健食品、医疗器械、化妆品、酒类、美容广告，以及不利于未成年人身心健康的网络游戏广告。

针对不满十四周岁的未成年人的商品或者服务的广告不得含有下列内容：

（一）劝诱其要求家长购买广告商品或者服务；

（二）可能引发其模仿不安全行为。

第四十一条　县级以上地方人民政府应当组织有关部门加强对利用户外场所、空间、设施等发布户外广告的监督管理，制定户外广告设置规划和安全要求。

户外广告的管理办法，由地方性法规、地方政府规章规定。

第四十二条 有下列情形之一的，不得设置户外广告：

（一）利用交通安全设施、交通标志的；

（二）影响市政公共设施、交通安全设施、交通标志、消防设施、消防安全标志使用的；

（三）妨碍生产或者人民生活，损害市容市貌的；

（四）在国家机关、文物保护单位、风景名胜区等的建筑控制地带，或者县级以上地方人民政府禁止设置户外广告的区域设置的。

第四十三条 任何单位或者个人未经当事人同意或者请求，不得向其住宅、交通工具等发送广告，也不得以电子信息方式向其发送广告。

以电子信息方式发送广告的，应当明示发送者的真实身份和联系方式，并向接收者提供拒绝继续接收的方式。

第四十四条 利用互联网从事广告活动，适用本法的各项规定。

利用互联网发布、发送广告，不得影响用户正常使用网络。在互联网页面以弹出等形式发布的广告，应当显著标明关闭标志，确保一键关闭。

第四十五条 公共场所的管理者或者电信业务经营者、互联网信息服务提供者对其明知或者应知的利用其场所或者信息传输、发布平台发送、发布违法广告的，应当予以制止。

第四章 监督管理

第四十六条 发布医疗、药品、医疗器械、农药、兽药和保健食品广告，以及法律、行政法规规定应当进行审查的其他广告，应当在发布前由有关部门（以下称广告审查机关）对广告内容进行审查；未经审查，不得发布。

第四十七条 广告主申请广告审查，应当依照法律、行政法规向广告审查机关提交有关证明文件。

广告审查机关应当依照法律、行政法规规定作出审查决定，并应当将审查批准文件抄送同级市场监督管理部门。广告审查机关应当及时向社会公布批准的广告。

第四十八条 任何单位或者个人不得伪造、变造或者转让广告审查批准文件。

第四十九条 市场监督管理部门履行广告监督管理职责，可以行使下列职权：

（一）对涉嫌从事违法广告活动的场所实施现场检查；

（二）询问涉嫌违法当事人或者其法定代表人、主要负责人和其他有关人员，对有关单位或者个人进行调查；

（三）要求涉嫌违法当事人限期提供有关证明文件；

（四）查阅、复制与涉嫌违法广告有关的合同、票据、账簿、广告作品和其他有关资料；

（五）查封、扣押与涉嫌违法广告直接相关的广告物品、经营工具、设备等财物；

（六）责令暂停发布可能造成严重后果的涉嫌违法广告；

（七）法律、行政法规规定的其他职权。

市场监督管理部门应当建立健全广告监测制度，完善监测措施，及时发现和依法查处违法广告行为。

第五十条　国务院市场监督管理部门会同国务院有关部门，制定大众传播媒介广告发布行为规范。

第五十一条　市场监督管理部门依照本法规定行使职权，当事人应当协助、配合，不得拒绝、阻挠。

第五十二条　市场监督管理部门和有关部门及其工作人员对其在广告监督管理活动中知悉的商业秘密负有保密义务。

第五十三条　任何单位或者个人有权向市场监督管理部门和有关部门投诉、举报违反本法的行为。市场监督管理部门和有关部门应当向社会公开受理投诉、举报的电话、信箱或者电子邮件地址，接到投诉、举报的部门应当自收到投诉之日起七个工作日内，予以处理并告知投诉、举报人。

市场监督管理部门和有关部门不依法履行职责的，任何单位或者个人有权向其上级机关或者监察机关举报。接到举报的机关应当依法作出处理，并将处理结果及时告知举报人。

有关部门应当为投诉、举报人保密。

第五十四条　消费者协会和其他消费者组织对违反本法规定，发布虚假广告侵害消费者合法权益，以及其他损害社会公共利益的行为，依法进行社会监督。

第五章　法律责任

第五十五条　违反本法规定，发布虚假广告的，由市场监督管理部门责令停止发布广告，责令广告主在相应范围内消除影响，处广告费用三倍以上五倍以下的罚款，广告费用无法计算或者明显偏低的，处二十万元以上一百万元以下的罚款；两年内有三次以上违法行为或者有其他严重情节的，处广告费用五倍以上十倍以下的罚款，广告费用无法计算或者明显偏低的，处一百万元以上二百万元以下的罚款，可以吊销营业执照，并由广告审查机关撤销广告审查批准文件、一年内不受理其广告审查申请。

医疗机构有前款规定违法行为，情节严重的，除由市场监督管理部门依照本法处罚外，卫生行政部门可以吊销诊疗科目或者吊销医疗机构执业许可证。

广告经营者、广告发布者明知或者应知广告虚假仍设计、制作、代理、发布的，由市场监督管理部门没收广告费用，并处广告费用三倍以上五倍以下的罚款，广告费用无法计算或者明显偏低的，处二十万元以上一百万元以下的罚款；两年内有三次以上违法行为或者有其他严重情节的，处广告费用五倍以上十倍以下的罚款，广告费用无法计算或者明显偏低的，处一百万元以上二百万元以下的罚款，并可以由有关部门暂停广告发布业务、吊销营业执照、吊销广告发布登记证件。

广告主、广告经营者、广告发布者有本条第一款、第三款规定行为，构成犯罪的，依法追究刑事责任。

第五十六条 违反本法规定，发布虚假广告，欺骗、误导消费者，使购买商品或者接受服务的消费者的合法权益受到损害的，由广告主依法承担民事责任。广告经营者、广告发布者不能提供广告主的真实名称、地址和有效联系方式的，消费者可以要求广告经营者、广告发布者先行赔偿。

关系消费者生命健康的商品或者服务的虚假广告，造成消费者损害的，其广告经营者、广告发布者、广告代言人应当与广告主承担连带责任。

前款规定以外的商品或者服务的虚假广告，造成消费者损害的，其广告经营者、广告发布者、广告代言人，明知或者应知广告虚假仍设计、制作、代理、发布或者作推荐、证明的，应当与广告主承担连带责任。

第五十七条 有下列行为之一的，由市场监督管理部门责令停止发布广告，对广告主处二十万元以上一百万元以下的罚款，情节严重的，并可以吊销营业执照，由广告审查机关撤销广告审查批准文件、一年内不受理其广告审查申请；对广告经营者、广告发布者，由市场监督管理部门没收广告费用，处二十万元以上一百万元以下的罚款，情节严重的，并可以吊销营业执照、吊销广告发布登记证件：

（一）发布有本法第九条、第十条规定的禁止情形的广告的；

（二）违反本法第十五条规定发布处方药广告、药品类易制毒化学品广告、戒毒治疗的医疗器械和治疗方法广告的；

（三）违反本法第二十条规定，发布声称全部或者部分替代母乳的婴儿乳制品、饮料和其他食品广告的；

（四）违反本法第二十二条规定发布烟草广告的；

（五）违反本法第三十七条规定，利用广告推销禁止生产、销售的产品或者提供的服务，或者禁止发布广告的商品或者服务的；

（六）违反本法第四十条第一款规定，在针对未成年人的大众传播媒介上发布医疗、药品、保健食品、医疗器械、化妆品、酒类、美容广告，以及不利于未成年人身心健康的网络游戏广告的。

第五十八条　有下列行为之一的，由市场监督管理部门责令停止发布广告，责令广告主在相应范围内消除影响，处广告费用一倍以上三倍以下的罚款，广告费用无法计算或者明显偏低的，处十万元以上二十万元以下的罚款；情节严重的，处广告费用三倍以上五倍以下的罚款，广告费用无法计算或者明显偏低的，处二十万元以上一百万元以下的罚款，可以吊销营业执照，并由广告审查机关撤销广告审查批准文件、一年内不受理其广告审查申请：

（一）违反本法第十六条规定发布医疗、药品、医疗器械广告的；

（二）违反本法第十七条规定，在广告中涉及疾病治疗功能，以及使用医疗用语或者易使推销的商品与药品、医疗器械相混淆的用语的；

（三）违反本法第十八条规定发布保健食品广告的；

（四）违反本法第二十一条规定发布农药、兽药、饲料和饲料添加剂广告的；

（五）违反本法第二十三条规定发布酒类广告的；

（六）违反本法第二十四条规定发布教育、培训广告的；

（七）违反本法第二十五条规定发布招商等有投资回报预期的商品或者服务广告的；

（八）违反本法第二十六条规定发布房地产广告的；

（九）违反本法第二十七条规定发布农作物种子、林木种子、草种子、种畜禽、水产苗种和种养殖广告的；

（十）违反本法第三十八条第二款规定，利用不满十周岁的未成年人作为广告代言人的；

（十一）违反本法第三十八条第三款规定，利用自然人、法人或者其他组织作为广告代言人的；

（十二）违反本法第三十九条规定，在中小学校、幼儿园内或者利用与中小学生、幼儿有关的物品发布广告的；

（十三）违反本法第四十条第二款规定，发布针对不满十四周岁的未成年人的商品或者服务的广告的；

（十四）违反本法第四十六条规定，未经审查发布广告的。

医疗机构有前款规定违法行为，情节严重的，除由市场监督管理部门依照本法处罚外，卫生行政部门可以吊销诊疗科目或者吊销医疗机构执业许可证。

广告经营者、广告发布者明知或者应知有本条第一款规定违法行为仍设计、制作、代理、发布的，由市场监督管理部门没收广告费用，并处广告费用一倍以上三倍以下的罚款，广告费用无法计算或者明显偏低的，处十万元以上二十万元以下的罚款；情节严重的，处广告费用三倍以上五倍以下的罚款，广告费用无法计算或者明显偏低的，处二十万元以上一百万元以下的罚款，并可以由有关部门暂停广告发布业务、吊销营业执照、吊销广告发布登记证件。

第五十九条 有下列行为之一的，由市场监督管理部门责令停止发布广告，对广告主处十万元以下的罚款：

（一）广告内容违反本法第八条规定的；

（二）广告引证内容违反本法第十一条规定的；

（三）涉及专利的广告违反本法第十二条规定的；

（四）违反本法第十三条规定，广告贬低其他生产经营者的商品或者服务的。

广告经营者、广告发布者明知或者应知有前款规定违法行为仍设计、制作、代理、发布的，由市场监督管理部门处十万元以下的罚款。

广告违反本法第十四条规定，不具有可识别性的，或者违反本法第十九条规定，变相发布医疗、药品、医疗器械、保健食品广告的，由市场监督管理部门责令改正，对广告发布者处十万元以下的罚款。

第六十条 违反本法第二十九条规定，广播电台、电视台、报刊出版单位未办理广告发布登记，擅自从事广告发布业务的，由市场监督管理部门责令改正，没收违法所得，违法所得一万元以上的，并处违法所得一倍以上三倍以下的罚款；违法所得不足一万元的，并处五千元以上三万元以下的罚款。

第六十一条 违反本法第三十四条规定，广告经营者、广告发布者未按照国家有关规定建立、健全广告业务管理制度的，或者未对广告内容进行核对的，由市场监督管理部门责令改正，可以处五万元以下的罚款。

违反本法第三十五条规定，广告经营者、广告发布者未公布其收费标准和收费办法的，由价格主管部门责令改正，可以处五万元以下的罚款。

第六十二条 广告代言人有下列情形之一的，由市场监督管理部门没收违法所得，并处违法所得一倍以上二倍以下的罚款：

（一）违反本法第十六条第一款第四项规定，在医疗、药品、医疗器械广告中作推荐、证明的；

（二）违反本法第十八条第一款第五项规定，在保健食品广告中作推荐、证明的；

（三）违反本法第三十八条第一款规定，为其未使用过的商品或者未接受过的服务作推荐、证明的；

（四）明知或者应知广告虚假仍在广告中对商品、服务作推荐、证明的。

第六十三条 违反本法第四十三条规定发送广告的，由有关部门责令停止违法行为，对广告主处五千元以上三万元以下的罚款。

违反本法第四十四条第二款规定，利用互联网发布广告，未显著标明关闭标志，确保一键关闭的，由市场监督管理部门责令改正，对广告主处五千元以上三万元以下的罚款。

第六十四条　违反本法第四十五条规定，公共场所的管理者和电信业务经营者、互联网信息服务提供者，明知或者应知广告活动违法不予制止的，由市场监督管理部门没收违法所得，违法所得五万元以上的，并处违法所得一倍以上三倍以下的罚款，违法所得不足五万元的，并处一万元以上五万元以下的罚款；情节严重的，由有关部门依法停止相关业务。

第六十五条　违反本法规定，隐瞒真实情况或者提供虚假材料申请广告审查的，广告审查机关不予受理或者不予批准，予以警告，一年内不受理该申请人的广告审查申请；以欺骗、贿赂等不正当手段取得广告审查批准的，广告审查机关予以撤销，处十万元以上二十万元以下的罚款，三年内不受理该申请人的广告审查申请。

第六十六条　违反本法规定，伪造、变造或者转让广告审查批准文件的，由市场监督管理部门没收违法所得，并处一万元以上十万元以下的罚款。

第六十七条　有本法规定的违法行为的，由市场监督管理部门记入信用档案，并依照有关法律、行政法规规定予以公示。

第六十八条　广播电台、电视台、报刊音像出版单位发布违法广告，或者以新闻报道形式变相发布广告，或者以介绍健康、养生知识等形式变相发布医疗、药品、医疗器械、保健食品广告，市场监督管理部门依照本法给予处罚的，应当通报新闻出版、广播电视主管部门以及其他有关部门。新闻出版、广播电视主管部门以及其他有关部门应当依法对负有责任的主管人员和直接责任人员给予处分；情节严重的，并可以暂停媒体的广告发布业务。

新闻出版、广播电视主管部门以及其他有关部门未依照前款规定对广播电台、电视台、报刊音像出版单位进行处理的，对负有责任的主管人员和直接责任人员，依法给予处分。

第六十九条　广告主、广告经营者、广告发布者违反本法规定，有下列侵权行为之一的，依法承担民事责任：

（一）在广告中损害未成年人或者残疾人的身心健康的；

（二）假冒他人专利的；

（三）贬低其他生产经营者的商品、服务的；

（四）在广告中未经同意使用他人名义或者形象的；

（五）其他侵犯他人合法民事权益的。

第七十条　因发布虚假广告，或者有其他本法规定的违法行为，被吊销营业执照的公司、企业的法定代表人，对违法行为负有个人责任的，自该公司、企业被吊销营业执照之日起三年内不得担任公司、企业的董事、监事、高级管理人员。

第七十一条　违反本法规定，拒绝、阻挠市场监督管理部门监督检查，或者有其他构成违反治安管理行为的，依法给予治安管理处罚；构成犯罪的，依法追究刑事责任。

第七十二条　广告审查机关对违法的广告内容作出审查批准决定的，对负有责任的主管人员和直接责任人员，由任免机关或者监察机关依法给予处分；构成犯罪的，依法追究刑事责任。

第七十三条 市场监督管理部门对在履行广告监测职责中发现的违法广告行为或者对经投诉、举报的违法广告行为，不依法予以查处的，对负有责任的主管人员和直接责任人员，依法给予处分。

市场监督管理部门和负责广告管理相关工作的有关部门的工作人员玩忽职守、滥用职权、徇私舞弊的，依法给予处分。

有前两款行为，构成犯罪的，依法追究刑事责任。

第六章 附 则

第七十四条 国家鼓励、支持开展公益广告宣传活动，传播社会主义核心价值观，倡导文明风尚。

大众传播媒介有义务发布公益广告。广播电台、电视台、报刊出版单位应当按照规定的版面、时段、时长发布公益广告。公益广告的管理办法，由国务院市场监督管理部门会同有关部门制定。

第七十五条 本法自 2015 年 9 月 1 日起施行。

中华人民共和国仲裁法（节选）

（1994 年 8 月 31 日第八届全国人民代表大会常务委员会第九次会议通过　根据 2009 年 8 月 27 日第十一届全国人民代表大会常务委员会第十次会议《关于修改部分法律的决定》第一次修正　根据 2017 年 9 月 1 日第十二届全国人民代表大会常务委员会第二十九次会议《关于修改〈中华人民共和国法官法〉等八部法律的决定》第二次修正）

第一章　总　则

第一条　为保证公正、及时地仲裁经济纠纷，保护当事人的合法权益，保障社会主义市场经济健康发展，制定本法。

第二条　平等主体的公民、法人和其他组织之间发生的合同纠纷和其他财产权益纠纷，可以仲裁。

第三条　下列纠纷不能仲裁：

（一）婚姻、收养、监护、扶养、继承纠纷；

（二）依法应当由行政机关处理的行政争议。

第四条　当事人采用仲裁方式解决纠纷，应当双方自愿，达成仲裁协议。没有仲裁协议，一方申请仲裁的，仲裁委员会不予受理。

第五条　当事人达成仲裁协议，一方向人民法院起诉的，人民法院不予受理，但仲裁协议无效的除外。

第六条　仲裁委员会应当由当事人协议选定。

仲裁不实行级别管辖和地域管辖。

第九条　仲裁实行一裁终局的制度。裁决作出后，当事人就同一纠纷再申请仲裁或者向人民法院起诉的，仲裁委员会或者人民法院不予受理。

裁决被人民法院依法裁定撤销或者不予执行的，当事人就该纠纷可以根据双方重新达成的仲裁协议申请仲裁，也可以向人民法院起诉。

第三章　仲裁协议

第十六条　仲裁协议包括合同中订立的仲裁条款和以其他书面方式在纠纷发生前或者纠纷发生后达成的请求仲裁的协议。

仲裁协议应当具有下列内容：

（一）请求仲裁的意思表示；

（二）仲裁事项；

（三）选定的仲裁委员会。

第十七条　有下列情形之一的，仲裁协议无效：

（一）约定的仲裁事项超出法律规定的仲裁范围的；

（二）无民事行为能力人或者限制民事行为能力人订立的仲裁协议；

（三）一方采取胁迫手段，迫使对方订立仲裁协议的。

第十八条　仲裁协议对仲裁事项或者仲裁委员会没有约定或者约定不明确的，当事人可以补充协议；达不成补充协议的，仲裁协议无效。

第十九条　仲裁协议独立存在，合同的变更、解除、终止或者无效，不影响仲裁协议的效力。

仲裁庭有权确认合同的效力。

第二十条　当事人对仲裁协议的效力有异议的，可以请求仲裁委员会作出决定或者请求人民法院作出裁定。一方请求仲裁委员会作出决定，另一方请求人民法院作出裁定的，由人民法院裁定。

当事人对仲裁协议的效力有异议，应当在仲裁庭首次开庭前提出。

第四章　仲裁程序

第一节　申请和受理

第二十一条　当事人申请仲裁应当符合下列条件：

（一）有仲裁协议；

（二）有具体的仲裁请求和事实、理由；

（三）属于仲裁委员会的受理范围。

第二十二条　当事人申请仲裁，应当向仲裁委员会递交仲裁协议、仲裁申请书及副本。

第二十三条　仲裁申请书应当载明下列事项：

（一）当事人的姓名、性别、年龄、职业、工作单位和住所，法人或者其他组织的名称、住所和法定代表人或者主要负责人的姓名、职务；

（二）仲裁请求和所根据的事实、理由；

（三）证据和证据来源、证人姓名和住所。

第二十四条　仲裁委员会收到仲裁申请书之日起五日内，认为符合受理条件的，应当受理，并通知当事人；认为不符合受理条件的，应当书面通知当事人不予受理，并说明理由。

第二十五条　仲裁委员会受理仲裁申请后，应当在仲裁规则规定的期限内将仲裁规则和仲裁员名册送达申请人，并将仲裁申请书副本和仲裁规则、仲裁员名册送达被申请人。

被申请人收到仲裁申请书副本后，应当在仲裁规则规定的期限内向仲裁委员会提交答辩书。仲裁委员会收到答辩书后，应当在仲裁规则规定的期限内将答辩书副本送达申请人。被申请人未提交答辩书的，不影响仲裁程序的进行。

第二十六条　当事人达成仲裁协议，一方向人民法院起诉未声明有仲裁协议，人民法院受理后，另一方在首次开庭前提交仲裁协议的，人民法院应当驳回起诉，但仲裁协议无效的除外；另一方在首次开庭前未对人民法院受理该案提出异议的，视为放弃仲裁协议，人民法院应当继续审理。

第二十七条　申请人可以放弃或者变更仲裁请求。被申请人可以承认或者反驳仲裁请求，有权提出反请求。

第三节　开庭和裁决

第三十九条　仲裁应当开庭进行。当事人协议不开庭的，仲裁庭可以根据仲裁申请书、答辩书以及其他材料作出裁决。

第四十条　仲裁不公开进行。当事人协议公开的，可以公开进行，但涉及国家秘密的除外。

第四十九条　当事人申请仲裁后，可以自行和解。达成和解协议的，可以请求仲裁庭根据和解协议作出裁决书，也可以撤回仲裁申请。

第五十条　当事人达成和解协议，撤回仲裁申请后反悔的，可以根据仲裁协议申请仲裁。

第五十一条　仲裁庭在作出裁决前，可以先行调解。当事人自愿调解的，仲裁庭应当调解。调解不成的，应当及时作出裁决。

调解达成协议的，仲裁庭应当制作调解书或者根据协议的结果制作裁决书。调解书与裁决书具有同等法律效力。

第五章　申请撤销裁决

第五十八条　当事人提出证据证明裁决有下列情形之一的，可以向仲裁委员会所在地的中级人民法院申请撤销裁决：

（一）没有仲裁协议的；

（二）裁决的事项不属于仲裁协议的范围或者仲裁委员会无权仲裁的；

（三）仲裁庭的组成或者仲裁的程序违反法定程序的；

（四）裁决所根据的证据是伪造的；

（五）对方当事人隐瞒了足以影响公正裁决的证据的；

（六）仲裁员在仲裁该案时有索贿受贿，徇私舞弊，枉法裁决行为的。

人民法院经组成合议庭审查核实裁决有前款规定情形之一的，应当裁定撤销。

人民法院认定该裁决违背社会公共利益的，应当裁定撤销。

第六十一条 人民法院受理撤销裁决的申请后，认为可以由仲裁庭重新仲裁的，通知仲裁庭在一定期限内重新仲裁，并裁定中止撤销程序。仲裁庭拒绝重新仲裁的，人民法院应当裁定恢复撤销程序。

第六章 执 行

第六十二条 当事人应当履行裁决。一方当事人不履行的，另一方当事人可以依照民事诉讼法的有关规定向人民法院申请执行。受申请的人民法院应当执行。

第六十四条 一方当事人申请执行裁决，另一方当事人申请撤销裁决的，人民法院应当裁定中止执行。

人民法院裁定撤销裁决的，应当裁定终结执行。撤销裁决的申请被裁定驳回的，人民法院应当裁定恢复执行。

反兴奋剂条例

（2004 年 1 月 13 日中华人民共和国国务院令第 398 号公布　根据 2011 年 1 月 8 日《国务院关于废止和修改部分行政法规的决定》第一次修订　根据 2014 年 7 月 29 日《国务院关于修改部分行政法规的决定》第二次修订　根据 2018 年 9 月 18 日《国务院关于修改部分行政法规的决定》修正）

第一章　总　则

第一条　为了防止在体育运动中使用兴奋剂，保护体育运动参加者的身心健康，维护体育竞赛的公平竞争，根据《中华人民共和国体育法》和其他有关法律，制定本条例。

第二条　本条例所称兴奋剂，是指兴奋剂目录所列的禁用物质等。兴奋剂目录由国务院体育主管部门会同国务院药品监督管理部门、国务院卫生主管部门、国务院商务主管部门和海关总署制定、调整并公布。

第三条　国家提倡健康、文明的体育运动，加强反兴奋剂的宣传、教育和监督管理，坚持严格禁止、严格检查、严肃处理的反兴奋剂工作方针，禁止使用兴奋剂。

任何单位和个人不得向体育运动参加者提供或者变相提供兴奋剂。

第四条　国务院体育主管部门负责并组织全国的反兴奋剂工作。

县级以上人民政府负责药品监督管理的部门和卫生、教育等有关部门，在各自职责范围内依照本条例和有关法律、行政法规的规定负责反兴奋剂工作。

第五条　县级以上人民政府体育主管部门，应当加强反兴奋剂宣传、教育工作，提高体育运动参加者和公众的反兴奋剂意识。

广播电台、电视台、报刊媒体以及互联网信息服务提供者应当开展反兴奋剂的宣传。

第六条　任何单位和个人发现违反本条例规定行为的，有权向体育主管部门和其他有关部门举报。

第二章　兴奋剂管理

第七条　国家对兴奋剂目录所列禁用物质实行严格管理，任何单位和个人不得非法生产、销售、进出口。

第八条　生产兴奋剂目录所列蛋白同化制剂、肽类激素（以下简称蛋白同化制剂、肽类激素），应当依照《中华人民共和国药品管理法》（以下简称药品管理法）的规定取得《药品生产许可证》、药品批准文号。

生产企业应当记录蛋白同化制剂、肽类激素的生产、销售和库存情况，并保存记录至超过蛋白同化制剂、肽类激素有效期 2 年。

第九条　依照药品管理法的规定取得《药品经营许可证》的药品批发企业，具备下列条件，并经省、自治区、直辖市人民政府药品监督管理部门批准，方可经营蛋白同化制剂、肽类激素：

（一）有专门的管理人员；

（二）有专储仓库或者专储药柜；

（三）有专门的验收、检查、保管、销售和出入库登记制度；

（四）法律、行政法规规定的其他条件。

蛋白同化制剂、肽类激素的验收、检查、保管、销售和出入库登记记录应当保存至超过蛋白同化制剂、肽类激素有效期 2 年。

第十条　除胰岛素外，药品零售企业不得经营蛋白同化制剂或者其他肽类激素。

第十一条　进口蛋白同化制剂、肽类激素，除依照药品管理法及其实施条例的规定取得国务院药品监督管理部门发给的进口药品注册证书外，还应当取得省、自治区、直辖市人民政府药品监督管理部门颁发的进口准许证。

申请进口蛋白同化制剂、肽类激素，应当说明其用途。省、自治区、直辖市人民政府药品监督管理部门应当自收到申请之日起 15 个工作日内作出决定；对用途合法的，应当予以批准，发给进口准许证。海关凭进口准许证放行。

第十二条　申请出口蛋白同化制剂、肽类激素，应当说明供应对象并提交进口国政府主管部门的相关证明文件等资料。省、自治区、直辖市人民政府药品监督管理部门应当自收到申请之日起 15 个工作日内作出决定；提交进口国政府主管部门的相关证明文件等资料的，应当予以批准，发给出口准许证。海关凭出口准许证放行。

第十三条　境内企业接受境外企业委托生产蛋白同化制剂、肽类激素，应当签订书面委托生产合同，并将委托生产合同报省、自治区、直辖市人民政府药品监督管理部门备案。委托生产合同应当载明委托企业的国籍、委托生产的蛋白同化制剂或者肽类激素的品种、数量、生产日期等内容。

境内企业接受境外企业委托生产的蛋白同化制剂、肽类激素不得在境内销售。

第十四条　蛋白同化制剂、肽类激素的生产企业只能向医疗机构、符合本条例第九条规定的药品批发企业和其他同类生产企业供应蛋白同化制剂、肽类激素。

蛋白同化制剂、肽类激素的批发企业只能向医疗机构、蛋白同化制剂、肽类激素的生产企业和其他同类批发企业供应蛋白同化制剂、肽类激素。

蛋白同化制剂、肽类激素的进口单位只能向蛋白同化制剂、肽类激素的生产企业、医疗机构和符合本条例第九条规定的药品批发企业供应蛋白同化制剂、肽类激素。

肽类激素中的胰岛素除依照本条第一款、第二款、第三款的规定供应外，还可以向药品零售企业供应。

第十五条　医疗机构只能凭依法享有处方权的执业医师开具的处方向患者提供蛋白同化制剂、肽类激素。处方应当保存 2 年。

第十六条　兴奋剂目录所列禁用物质属于麻醉药品、精神药品、医疗用毒性药品和易制毒化学品的，其生产、销售、进口、运输和使用，依照药品管理法和有关行政法规的规定实行特殊管理。

蛋白同化制剂、肽类激素和前款规定以外的兴奋剂目录所列其他禁用物质，实行处方药管理。

第十七条　药品、食品中含有兴奋剂目录所列禁用物质的，生产企业应当在包装标识或者产品说明书上用中文注明“运动员慎用”字样。

第三章　反兴奋剂义务

第十八条　实施运动员注册管理的体育社会团体（以下简称体育社会团体）应当加强对在本体育社会团体注册的运动员和教练、领队、队医等运动员辅助人员的监督管理和反兴奋剂的教育、培训。

运动员管理单位应当加强对其所属的运动员和运动员辅助人员的监督管理和反兴奋剂的教育、培训。

第十九条　体育社会团体、运动员管理单位和其他单位，不得向运动员提供兴奋剂，不得组织、强迫、欺骗运动员在体育运动中使用兴奋剂。

科研单位不得为使用兴奋剂或者逃避兴奋剂检查提供技术支持。

第二十条　运动员管理单位应当为其所属运动员约定医疗机构，指导运动员因医疗目的合理使用药物；应当记录并按照兴奋剂检查规则的规定向相关体育社会团体提供其所属运动员的医疗信息和药物使用情况。

第二十一条 体育社会团体、运动员管理单位，应当按照兴奋剂检查规则的规定提供运动员名单和每名运动员的教练、所从事的运动项目以及运动成绩等相关信息，并为兴奋剂检查提供便利。

第二十二条 全国性体育社会团体应当对在本体育社会团体注册的成员的下列行为规定处理措施和处理程序：

（一）运动员使用兴奋剂的；

（二）运动员辅助人员、运动员管理单位向运动员提供兴奋剂的；

（三）运动员、运动员辅助人员、运动员管理单位拒绝、阻挠兴奋剂检查的。

前款所指的处理程序还应当规定当事人的抗辩权和申诉权。全国性体育社会团体应当将处理措施和处理程序报国务院体育主管部门备案。

第二十三条 运动员辅助人员应当教育、提示运动员不得使用兴奋剂，并向运动员提供有关反兴奋剂规则的咨询。

运动员辅助人员不得向运动员提供兴奋剂，不得组织、强迫、欺骗、教唆、协助运动员在体育运动中使用兴奋剂，不得阻挠兴奋剂检查，不得实施影响采样结果的行为。

运动员发现运动员辅助人员违反前款规定的，有权检举、控告。

第二十四条 运动员不得在体育运动中使用兴奋剂。

第二十五条 在体育社会团体注册的运动员、运动员辅助人员凭依法享有处方权的执业医师开具的处方，方可持有含有兴奋剂目录所列禁用物质的药品。

在体育社会团体注册的运动员接受医疗诊断时，应当按照兴奋剂检查规则的规定向医师说明其运动员身份。医师对其使用药品时，应当首先选择不含兴奋剂目录所列禁用物质的药品；确需使用含有这类禁用物质的药品的，应当告知其药品性质和使用后果。

第二十六条 在全国性体育社会团体注册的运动员，因医疗目的确需使用含有兴奋剂目录所列禁用物质的药品的，应当按照兴奋剂检查规则的规定申请核准后方可使用。

第二十七条 运动员应当接受兴奋剂检查，不得实施影响采样结果的行为。

第二十八条 在全国性体育社会团体注册的运动员离开运动员驻地的，应当按照兴奋剂检查规则的规定报告。

第二十九条 实施中等及中等以上教育的学校和其他教育机构应当加强反兴奋剂教育，提高学生的反兴奋剂意识，并采取措施防止在学校体育活动中使用兴奋剂；发现学生使用兴奋剂，应当予以制止。

体育专业教育应当包括反兴奋剂的教学内容。

第三十条 体育健身活动经营单位及其专业指导人员，不得向体育健身活动参加者提供含有禁用物质的药品、食品。

第四章　兴奋剂检查与检测

第三十一条　国务院体育主管部门应当制定兴奋剂检查规则和兴奋剂检查计划并组织实施。

第三十二条　国务院体育主管部门应当根据兴奋剂检查计划，决定对全国性体育竞赛的参赛运动员实施赛内兴奋剂检查；并可以决定对省级体育竞赛的参赛运动员实施赛内兴奋剂检查。

其他体育竞赛需要进行赛内兴奋剂检查的，由竞赛组织者决定。

第三十三条　国务院体育主管部门应当根据兴奋剂检查计划，决定对在全国性体育社会团体注册的运动员实施赛外兴奋剂检查。

第三十四条　兴奋剂检查工作人员（以下简称检查人员）应当按照兴奋剂检查规则实施兴奋剂检查。

第三十五条　实施兴奋剂检查，应当有 2 名以上检查人员参加。检查人员履行兴奋剂检查职责时，应当出示兴奋剂检查证件；向运动员采集受检样本时，还应当出示按照兴奋剂检查规则签发的一次性兴奋剂检查授权书。

检查人员履行兴奋剂检查职责时，有权进入体育训练场所、体育竞赛场所和运动员驻地。有关单位和人员应当对检查人员履行兴奋剂检查职责予以配合，不得拒绝、阻挠。

第三十六条　受检样本由国务院体育主管部门确定的符合兴奋剂检测条件的检测机构检测。

兴奋剂检测机构及其工作人员，应当按照兴奋剂检查规则规定的范围和标准对受检样本进行检测。

第五章　法律责任

第三十七条　体育主管部门和其他行政机关及其工作人员不履行职责，或者包庇、纵容非法使用、提供兴奋剂，或者有其他违反本条例行为的，对负有责任的主管人员和其他直接责任人员，依法给予行政处分；构成犯罪的，依法追究刑事责任。

第三十八条　违反本条例规定，有下列行为之一的，由县级以上人民政府负责药品监督管理的部门按照国务院药品监督管理部门规定的职责分工，没收非法生产、经营的蛋白同化制剂、肽类激素和违法所得，并处违法生产、经营药品货值金额 2 倍以上 5 倍以下的罚款；情节严重的，由发证机关吊销《药品生产许可证》《药品经营许可证》；构成犯罪的，依法追究刑事责任：

（一）生产企业擅自生产蛋白同化制剂、肽类激素，或者未按照本条例规定渠道供应蛋白同化制剂、肽类激素的；

（二）药品批发企业擅自经营蛋白同化制剂、肽类激素，或者未按照本条例规定渠道供应蛋白同化制剂、肽类激素的；

（三）药品零售企业擅自经营蛋白同化制剂、肽类激素的。

第三十九条 体育社会团体、运动员管理单位向运动员提供兴奋剂或者组织、强迫、欺骗运动员在体育运动中使用兴奋剂的，由国务院体育主管部门或者省、自治区、直辖市人民政府体育主管部门收缴非法持有的兴奋剂；负有责任的主管人员和其他直接责任人员 4 年内不得从事体育管理工作和运动员辅助工作；情节严重的，终身不得从事体育管理工作和运动员辅助工作；造成运动员人身损害的，依法承担民事赔偿责任；构成犯罪的，依法追究刑事责任。

体育社会团体、运动员管理单位未履行本条例规定的其他义务的，由国务院体育主管部门或者省、自治区、直辖市人民政府体育主管部门责令改正；造成严重后果的，负有责任的主管人员和其他直接责任人员 2 年内不得从事体育管理工作和运动员辅助工作。

第四十条 运动员辅助人员组织、强迫、欺骗、教唆运动员在体育运动中使用兴奋剂的，由国务院体育主管部门或者省、自治区、直辖市人民政府体育主管部门收缴非法持有的兴奋剂；4 年内不得从事运动员辅助工作和体育管理工作；情节严重的，终身不得从事运动员辅助工作和体育管理工作；造成运动员人身损害的，依法承担民事赔偿责任；构成犯罪的，依法追究刑事责任。

运动员辅助人员向运动员提供兴奋剂，或者协助运动员在体育运动中使用兴奋剂，或者实施影响采样结果行为的，由国务院体育主管部门或者省、自治区、直辖市人民政府体育主管部门收缴非法持有的兴奋剂；2 年内不得从事运动员辅助工作和体育管理工作；情节严重的，终身不得从事运动员辅助工作和体育管理工作；造成运动员人身损害的，依法承担民事赔偿责任；构成犯罪的，依法追究刑事责任。

第四十一条 运动员辅助人员非法持有兴奋剂的，由国务院体育主管部门或者省、自治区、直辖市人民政府体育主管部门收缴非法持有的兴奋剂；情节严重的，2 年内不得从事运动员辅助工作。

第四十二条 体育社会团体、运动员管理单位违反本条例规定，负有责任的主管人员和其他直接责任人员属于国家工作人员的，还应当依法给予撤职、开除的行政处分。

运动员辅助人员违反本条例规定，属于国家工作人员的，还应当依法给予撤职、开除的行政处分。

第四十三条 按照本条例第三十九条、第四十条、第四十一条规定作出的处理决定应当公开，公众有权查阅。

第四十四条　医师未按照本条例的规定使用药品，或者未履行告知义务的，由县级以上人民政府卫生主管部门给予警告；造成严重后果的，责令暂停 6 个月以上 1 年以下执业活动。

第四十五条　体育健身活动经营单位向体育健身活动参加者提供含有禁用物质的药品、食品的，由负责药品监督管理的部门、食品安全监督管理部门依照药品管理法、《中华人民共和国食品安全法》和有关行政法规的规定予以处罚。

第四十六条　运动员违反本条例规定的，由有关体育社会团体、运动员管理单位、竞赛组织者作出取消参赛资格、取消比赛成绩或者禁赛的处理。

运动员因受到前款规定的处理不服的，可以向体育仲裁机构申请仲裁。

第六章　附　则

第四十七条　本条例自 2004 年 3 月 1 日起施行。

学校体育工作条例

（1990年2月20日国务院批准　1990年3月12日国家教育委员会令第8号、国家体育运动委员会令第11号发布　根据2017年3月1日《国务院关于修改和废止部分行政法规的决定》修订）

第一章　总　则

第一条　为保证学校体育工作的正常开展，促进学生身心的健康成长，制定本条例。

第二条　学校体育工作是指普通中小学校、农业中学、职业中学、中等专业学校、普通高等学校的体育课教学、课外体育活动、课余体育训练和体育竞赛。

第三条　学校体育工作的基本任务是：增进学生身心健康、增强学生体质；使学生掌握体育基本知识，培养学生体育运动能力和习惯；提高学生运动技术水平，为国家培养体育后备人才；对学生进行品德教育，增强组织纪律性，培养学生的勇敢、顽强、进取精神。

第四条　学校体育工作应当坚持普及与提高相结合、体育锻炼与安全卫生相结合的原则，积极开展多种形式的强身健体活动，重视继承和发扬民族传统体育，注意吸取国外学校体育的有益经验，积极开展体育科学研究工作。

第五条　学校体育工作应当面向全体学生，积极推行国家体育锻炼标准。

第六条　学校体育工作在教育行政部门领导下，由学校组织实施，并接受体育行政部门的指导。

第二章　体育课教学

第七条　学校应当根据教育行政部门的规定，组织实施体育课教学活动。

普通中小学校、农业中学、职业中学、中等专业学校各年级和普通高等学校的一、二年级必须开设体育课。普通高等学校对三年级以上学生开设体育选修课。

第八条　体育课教学应当遵循学生身心发展的规律，教学内容应当符合教学大纲的要求，符合学生年龄、性别特点和所在地区地理、气候条件。

体育课的教学形式应当灵活多样，不断改进教学方法，改善教学条件，提高教学质量。

第九条　体育课是学生毕业、升学考试科目。学生因病、残免修体育课或者免除体育课考试的，必须持医院证明，经学校体育教研室（组）审核同意，并报学校教务部门备案，记入学生健康档案。

第三章　课外体育活动

第十条　开展课外体育活动应当从实际情况出发，因地制宜，生动活泼。

普通中小学校、农业中学、职业中学每天应当安排课间操，每周安排 3 次以上课外体育活动，保证学生每天有 1 小时体育活动的时间（含体育课）。

中等专业学校、普通高等学校除安排有体育课、劳动课的当天外，每天应当组织学生开展各种课外体育活动。

第十一条　学校应当在学生中认真推行国家体育锻炼标准的达标活动和等级运动员制度。

学校可根据条件有计划地组织学生远足、野营和举办夏（冬）令营等多种形式的体育活动。

第四章　课余体育训练与竞赛

第十二条　学校应当在体育课教学和课外体育活动的基础上，开展多种形式的课余体育训练，提高学生的运动技术水平。有条件的普通中小学校、农业中学、职业中学、中等专业学校经省级教育行政部门批准，普通高等学校经国家教育委员会批准，可以开展培养优秀体育后备人才的训练。

第十三条　学校对参加课余体育训练的学生，应当安排好文化课学习，加强思想品德教育，并注意改善他们的营养。普通高等学校对运动水平较高、具有培养前途的学生，报国家教育委员会批准，可适当延长学习年限。

第十四条　学校体育竞赛贯彻小型多样、单项分散、基层为主、勤俭节约的原则。学校每学年至少举行一次以田径项目为主的全校性运动会。

第十五条　全国中学生运动会每 3 年举行一次，全国大学生运动会每 4 年举行一次。特殊情况下，经国家教育委员会批准可提前或者延期举行。

国家教育委员会根据需要，可以安排学生参加国际学生体育竞赛。

第十六条　学校体育竞赛应当执行国家有关的体育竞赛制度和规定，树立良好的赛风。

第五章　体育教师

第十七条　体育教师应当热爱学校体育工作，具有良好的思想品德、文化素养，掌握体育教育的理论和教学方法。

第十八条　学校应当在各级教育行政部门核定的教师总编制数内，按照教学计划中体育课授课时数所占的比例和开展课余体育活动的需要配备体育教师。除普通小学外，学校应当根据学校女生数量配备一定比例的女体育教师。承担培养优秀体育后备人才训练任务的学校，体育教师的配备应当相应增加。

第十九条　各级教育行政部门和学校应当有计划地安排体育教师进修培训。对体育教师的职务聘任、工资待遇应当与其他任课教师同等对待。按照国家有关规定，有关部门应当妥善解决体育教师的工作服装和粮食定量。

体育教师组织课间操（早操）、课外体育活动和课余训练、体育竞赛应当计算工作量。

学校对妊娠、产后的女体育教师，应当依照《女职工劳动保护规定》给予相应的照顾。

第六章　场地、器材、设备和经费

第二十条　学校的上级主管部门和学校应当按照国家或者地方制订的各类学校体育场地、器材、设备标准，有计划地逐步配齐。学校体育器材应当纳入教学仪器供应计划。新建、改建学校必须按照有关场地、器材的规定进行规划、设计和建设。

在学校比较密集的城镇地区，逐步建立中小学体育活动中心，并纳入城市建设规划。社会的体育场（馆）和体育设施应当安排一定时间免费向学生开放。

第二十一条　学校应当制定体育场地、器材、设备的管理维修制度，并由专人负责管理。

任何单位或者个人不得侵占、破坏学校体育场地或者破坏体育器材、设备。

第二十二条　各级教育行政部门和学校应当根据学校体育工作的实际需要，把学校体育经费纳入核定的年度教育经费预算内，予以妥善安排。

地方各级人民政府在安排年度学校教育经费时，应当安排一定数额的体育经费，以保证学校体育工作的开展。

国家和地方各级体育行政部门在经费上应当尽可能对学校体育工作给予支持。

国家鼓励各种社会力量以及个人自愿捐资支援学校体育工作。

第七章　组织机构和管理

第二十三条　各级教育行政部门应当健全学校体育管理机构，加强对学校体育工作的指导和检查。

学校体育工作应当作为考核学校工作的一项基本内容。普通中小学校的体育工作应当列入督导计划。

第二十四条　学校应当由一位副校（院）长主管体育工作，在制定计划、总结工作、评选先进时，应当把体育工作列为重要内容。

第二十五条　普通高等学校、中等专业学校和规模较大的普通中学，可以建立相应的体育管理部门，配备专职干部和管理人员。

班主任、辅导员应当把学校体育工作作为一项工作内容，教育和督促学生积极参加体育活动。学校的卫生部门应当与体育管理部门互相配合，搞好体育卫生工作。总务部门应当搞好学校体育工作的后勤保障。

学校应当充分发挥共青团、少先队、学生会以及大、中学生体育协会等组织在学校体育工作中的作用。

第八章　奖励与处罚

第二十六条　对在学校体育工作中成绩显著的单位和个人，各级教育、体育行政部门或者学校应当给予表彰、奖励。

第二十七条　对违反本条例，有下列行为之一的单位或者个人，由当地教育行政部门令其限期改正，并视情节轻重对直接责任人员给予批评教育或者行政处分：

（一）不按规定开设或者随意停止体育课的；

（二）未保证学生每天 1 小时体育活动时间（含体育课）的；

（三）在体育竞赛中违反纪律、弄虚作假的；

（四）不按国家规定解决体育教师工作服装、粮食定量的。

第二十八条　对违反本条例，侵占、破坏学校体育场地、器材、设备的单位或者个人，由当地人民政府或者教育行政部门令其限期清退和修复场地、赔偿或者修复器材、设备。

第九章　附　则

第二十九条　高等体育院校和普通高等学校的体育专业的体育工作不适用本条例。

技工学校、工读学校、特殊教育学校、成人学校的学校体育工作参照本条例执行。

第三十条　国家教育委员会、国家体育运动委员会可根据本条例制定实施办法。

第三十一条　本条例自发布之日起施行。原教育部、国家体育运动委员会 1979 年 10 月 5 日发布的《高等学校体育工作暂行规定（试行草案）》和《中、小学体育工作暂行规定（试行草案）》同时废止。

公共文化体育设施条例

（《公共文化体育设施条例》已经2003年6月18日国务院第12次常务会议通过，现予公布，自2003年8月1日起施行。）

第一章　总　则

第一条　为了促进公共文化体育设施的建设，加强对公共文化体育设施的管理和保护，充分发挥公共文化体育设施的功能，繁荣文化体育事业，满足人民群众开展文化体育活动的基本需求，制定本条例。

第二条　本条例所称公共文化体育设施，是指由各级人民政府举办或者社会力量举办的，向公众开放用于开展文化体育活动的公益性的图书馆、博物馆、纪念馆、美术馆、文化馆（站）、体育场（馆）、青少年宫、工人文化宫等的建筑物、场地和设备。

本条例所称公共文化体育设施管理单位，是指负责公共文化体育设施的维护，为公众开展文化体育活动提供服务的社会公共文化体育机构。

第三条　公共文化体育设施管理单位必须坚持为人民服务、为社会主义服务的方向，充分利用公共文化体育设施，传播有益于提高民族素质、有益于经济发展和社会进步的科学技术和文化知识，开展文明、健康的文化体育活动。

任何单位和个人不得利用公共文化体育设施从事危害公共利益的活动。

第四条　国家有计划地建设公共文化体育设施。对少数民族地区、边远贫困地区和农村地区的公共文化体育设施的建设予以扶持。

第五条　各级人民政府举办的公共文化体育设施的建设、维修、管理资金，应当列入本级人民政府基本建设投资计划和财政预算。

第六条　国家鼓励企业、事业单位、社会团体和个人等社会力量举办公共文化体育设施。

国家鼓励通过自愿捐赠等方式建立公共文化体育设施社会基金，并鼓励依法向人民政府、社会公益性机构或者公共文化体育设施管理单位捐赠财产。捐赠人可以按照税法的有关规定享受优惠。

国家鼓励机关、学校等单位内部的文化体育设施向公众开放。

第七条 国务院文化行政主管部门、体育行政主管部门依据国务院规定的职责负责全国的公共文化体育设施的监督管理。

县级以上地方人民政府文化行政主管部门、体育行政主管部门依据本级人民政府规定的职责，负责本行政区域内的公共文化体育设施的监督管理。

第八条 对在公共文化体育设施的建设、管理和保护工作中做出突出贡献的单位和个人，由县级以上地方人民政府或者有关部门给予奖励。

第二章 规划和建设

第九条 国务院发展和改革行政主管部门应当会同国务院文化行政主管部门、体育行政主管部门，将全国公共文化体育设施的建设纳入国民经济和社会发展计划。

县级以上地方人民政府应当将本行政区域内的公共文化体育设施的建设纳入当地国民经济和社会发展计划。

第十条 公共文化体育设施的数量、种类、规模以及布局，应当根据国民经济和社会发展水平、人口结构、环境条件以及文化体育事业发展的需要，统筹兼顾，优化配置，并符合国家关于城乡公共文化体育设施用地定额指标的规定。

公共文化体育设施用地定额指标，由国务院土地行政主管部门、建设行政主管部门分别会同国务院文化行政主管部门、体育行政主管部门制定。

第十一条 公共文化体育设施的建设选址，应当符合人口集中、交通便利的原则。

第十二条 公共文化体育设施的设计，应当符合实用、安全、科学、美观等要求，并采取无障碍措施，方便残疾人使用。具体设计规范由国务院建设行政主管部门会同国务院文化行政主管部门、体育行政主管部门制定。

第十三条 建设公共文化体育设施使用国有土地的，经依法批准可以以划拨方式取得。

第十四条 公共文化体育设施的建设预留地，由县级以上地方人民政府土地行政主管部门、城乡规划行政主管部门按照国家有关用地定额指标，纳入土地利用总体规划和城乡规划，并依照法定程序审批。任何单位或者个人不得侵占公共文化体育设施建设预留地或者改变其用途。

因特殊情况需要调整公共文化体育设施建设预留地的，应当依法调整城乡规划，并依照前款规定重新确定建设预留地。重新确定的公共文化体育设施建设预留地不得少于原有面积。

第十五条 新建、改建、扩建居民住宅区，应当按照国家有关规定规划和建设相应的文化体育设施。

居民住宅区配套建设的文化体育设施，应当与居民住宅区的主体工程同时设计、同时施工、同时投入使用。任何单位或者个人不得擅自改变文化体育设施的建设项目和功能，不得缩小其建设规模和降低其用地指标。

第三章　使用和服务

第十六条　公共文化体育设施管理单位应当完善服务条件，建立、健全服务规范，开展与公共文化体育设施功能、特点相适应的服务，保障公共文化体育设施用于开展文明、健康的文化体育活动。

第十七条　公共文化体育设施应当根据其功能、特点向公众开放，开放时间应当与当地公众的工作时间、学习时间适当错开。

公共文化体育设施的开放时间，不得少于省、自治区、直辖市规定的最低时限。国家法定节假日和学校寒暑假期间，应当适当延长开放时间。

学校寒暑假期间，公共文化体育设施管理单位应当增设适合学生特点的文化体育活动。

第十八条　公共文化体育设施管理单位应当向公众公示其服务内容和开放时间。公共文化体育设施因维修等原因需要暂时停止开放的，应当提前 7 日向公众公示。

第十九条　公共文化体育设施管理单位应当在醒目位置标明设施的使用方法和注意事项。

第二十条　公共文化体育设施管理单位提供服务可以适当收取费用，收费项目和标准应当经县级以上人民政府有关部门批准。

第二十一条　需要收取费用的公共文化体育设施管理单位，应当根据设施的功能、特点对学生、老年人、残疾人等免费或者优惠开放，具体办法由省、自治区、直辖市制定。

第二十二条　公共文化设施管理单位可以将设施出租用于举办文物展览、美术展览、艺术培训等文化活动。

公共体育设施管理单位不得将设施的主体部分用于非体育活动。但是，因举办公益性活动或者大型文化活动等特殊情况临时出租的除外。临时出租时间一般不得超过 10 日；租用期满，租用者应当恢复原状，不得影响该设施的功能、用途。

第二十三条　公众在使用公共文化体育设施时，应当遵守公共秩序，爱护公共文化体育设施。任何单位或者个人不得损坏公共文化体育设施。

第四章　管理和保护

第二十四条　公共文化体育设施管理单位应当将公共文化体育设施的名称、地址、服务项目等内容报所在地县级人民政府文化行政主管部门、体育行政主管部门备案。

县级人民政府文化行政主管部门、体育行政主管部门应当向公众公布公共文化体育设施名录。

第二十五条　公共文化体育设施管理单位应当建立、健全安全管理制度，依法配备安全保护设施、人员，保证公共文化体育设施的完好，确保公众安全。

公共体育设施内设置的专业性强、技术要求高的体育项目，应当符合国家规定的安全服务技术要求。

第二十六条　公共文化体育设施管理单位的各项收入，应当用于公共文化体育设施的维护、管理和事业发展，不得挪作他用。

文化行政主管部门、体育行政主管部门、财政部门和其他有关部门，应当依法加强对公共文化体育设施管理单位收支的监督管理。

第二十七条　因城乡建设确需拆除公共文化体育设施或者改变其功能、用途的，有关地方人民政府在作出决定前，应当组织专家论证，并征得上一级人民政府文化行政主管部门、体育行政主管部门同意，报上一级人民政府批准。

涉及大型公共文化体育设施的，上一级人民政府在批准前，应当举行听证会，听取公众意见。

经批准拆除公共文化体育设施或者改变其功能、用途的，应当依照国家有关法律、行政法规的规定择地重建。重新建设的公共文化体育设施，应当符合规划要求，一般不得小于原有规模。迁建工作应当坚持先建设后拆除或者建设拆除同时进行的原则。迁建所需费用由造成迁建的单位承担。

第五章　法律责任

第二十八条　文化、体育、城乡规划、建设、土地等有关行政主管部门及其工作人员，不依法履行职责或者发现违法行为不予依法查处的，对负有责任的主管人员和其他直接责任人员，依法给予行政处分；构成犯罪的，依法追究刑事责任。

第二十九条　侵占公共文化体育设施建设预留地或者改变其用途的，由土地行政主管部门、城乡规划行政主管部门依据各自职责责令限期改正；逾期不改正的，由作出决定的机关依法申请人民法院强制执行。

第三十条　公共文化体育设施管理单位有下列行为之一的，由文化行政主管部门、体育行政主管部门依据各自职责责令限期改正；造成严重后果的，对负有责任的主管人员和其他直接责任人员，依法给予行政处分：

（一）未按照规定的最低时限对公众开放的；

（二）未公示其服务项目、开放时间等事项的；

（三）未在醒目位置标明设施的使用方法或者注意事项的；

（四）未建立、健全公共文化体育设施的安全管理制度的；

（五）未将公共文化体育设施的名称、地址、服务项目等内容报文化行政主管部门、体育行政主管部门备案的。

第三十一条　公共文化体育设施管理单位，有下列行为之一的，由文化行政主管部门、体育行政主管部门依据各自职责责令限期改正，没收违法所得，违法所得5 0 0 0元以上的，并处违法所得2倍以上5倍以下的罚款；没有违法所得或者违法所得5 0 0 0元以下的，可以处1万元以下的罚款；对负有责任的主管人员和其他直接责任人员，依法给予行政处分：

（一）开展与公共文化体育设施功能、用途不相适应的服务活动的；

（二）违反本条例规定出租公共文化体育设施的。

第三十二条　公共文化体育设施管理单位及其工作人员违反本条例规定，挪用公共文化体育设施管理单位的各项收入或者有条件维护而不履行维护义务的，由文化行政主管部门、体育行政主管部门依据各自职责责令限期改正；对负有责任的主管人员和其他直接责任人员，依法给予行政处分；构成犯罪的，依法追究刑事责任。

第六章　附　则

第三十三条　国家机关、学校等单位内部的文化体育设施向公众开放的，由国务院文化行政主管部门、体育行政主管部门会同有关部门依据本条例的原则另行制定管理办法。

第三十四条　本条例自2003年8月1日起施行。

中华人民共和国职业分类大典（节选）

工种代码	工种名称
4130401	社会体育指导员
4130402	体育场馆管理员

社会团体登记管理条例

（1998 年 10 月 25 日中华人民共和国国务院令第 250 号发布　根据 2016 年 2 月 6 日《国务院关于修改部分行政法规的决定》修订）

第一章　总　则

第一条　为了保障公民的结社自由，维护社会团体的合法权益，加强对社会团体的登记管理，促进社会主义物质文明、精神文明建设，制定本条例。

第二条　本条例所称社会团体，是指中国公民自愿组成，为实现会员共同意愿，按照其章程开展活动的非营利性社会组织。

国家机关以外的组织可以作为单位会员加入社会团体。

第三条　成立社会团体，应当经其业务主管单位审查同意，并依照本条例的规定进行登记。

社会团体应当具备法人条件。

下列团体不属于本条例规定登记的范围：

（一）参加中国人民政治协商会议的人民团体；

（二）由国务院机构编制管理机关核定，并经国务院批准免于登记的团体；

（三）机关、团体、企业事业单位内部经本单位批准成立、在本单位内部活动的团体。

第四条　社会团体必须遵守宪法、法律、法规和国家政策，不得反对宪法确定的基本原则，不得危害国家的统一、安全和民族的团结，不得损害国家利益、社会公共利益以及其他组织和公民的合法权益，不得违背社会道德风尚。

社会团体不得从事营利性经营活动。

第五条　国家保护社会团体依照法律、法规及其章程开展活动，任何组织和个人不得非法干涉。

第六条　国务院民政部门和县级以上地方各级人民政府民政部门是本级人民政府的社会团体登记管理机关（以下简称登记管理机关）。

国务院有关部门和县级以上地方各级人民政府有关部门、国务院或者县级以上地方各级人民政府授权的组织，是有关行业、学科或者业务范围内社会团体的业务主管单位（以下简称业务主管单位）。

法律、行政法规对社会团体的监督管理另有规定的，依照有关法律、行政法规的规定执行。

第二章　管　辖

第七条　全国性的社会团体，由国务院的登记管理机关负责登记管理；地方性的社会团体，由所在地人民政府的登记管理机关负责登记管理；跨行政区域的社会团体，由所跨行政区域的共同上一级人民政府的登记管理机关负责登记管理。

第八条　登记管理机关、业务主管单位与其管辖的社会团体的住所不在一地的，可以委托社会团体住所地的登记管理机关、业务主管单位负责委托范围内的监督管理工作。

第三章　成立登记

第九条　申请成立社会团体，应当经其业务主管单位审查同意，由发起人向登记管理机关申请登记。

筹备期间不得开展筹备以外的活动。

第十条　成立社会团体，应当具备下列条件：

（一）有 50 个以上的个人会员或者 30 个以上的单位会员；个人会员、单位会员混合组成的，会员总数不得少于 50 个；

（二）有规范的名称和相应的组织机构；

（三）有固定的住所；

（四）有与其业务活动相适应的专职工作人员；

（五）有合法的资产和经费来源，全国性的社会团体有 10 万元以上活动资金，地方性的社会团体和跨行政区域的社会团体有 3 万元以上活动资金；

（六）有独立承担民事责任的能力。

社会团体的名称应当符合法律、法规的规定，不得违背社会道德风尚。社会团体的名称应当与其业务范围、成员分布、活动地域相一致，准确反映其特征。全国性的社会团体的名称冠以“中国”“全国”“中华”等字样的，应当按照国家有关规定经过批准，地方性的社会团体的名称不得冠以“中国”“全国”“中华”等字样。

第十一条　申请登记社会团体，发起人应当向登记管理机关提交下列文件：

（一）登记申请书；

（二）业务主管单位的批准文件；

（三）验资报告、场所使用权证明；

（四）发起人和拟任负责人的基本情况、身份证明；

（五）章程草案。

第十二条 登记管理机关应当自收到本条例第十一条所列全部有效文件之日起60日内，作出准予或者不予登记的决定。准予登记的，发给《社会团体法人登记证书》；不予登记的，应当向发起人说明理由。

社会团体登记事项包括：名称、住所、宗旨、业务范围、活动地域、法定代表人、活动资金和业务主管单位。

社会团体的法定代表人，不得同时担任其他社会团体的法定代表人。

第十三条 有下列情形之一的，登记管理机关不予登记：

（一）有根据证明申请登记的社会团体的宗旨、业务范围不符合本条例第四条的规定的；

（二）在同一行政区域内已有业务范围相同或者相似的社会团体，没有必要成立的；

（三）发起人、拟任负责人正在或者曾经受到剥夺政治权利的刑事处罚，或者不具有完全民事行为能力的；

（四）在申请筹备时弄虚作假的；

（五）有法律、行政法规禁止的其他情形的。

第十四条 社会团体的章程应当包括下列事项：

（一）名称、住所；

（二）宗旨、业务范围和活动地域；

（三）会员资格及其权利、义务；

（四）民主的组织管理制度，执行机构的产生程序；

（五）负责人的条件和产生、罢免的程序；

（六）资产管理和使用的原则；

（七）章程的修改程序；

（八）终止程序和终止后资产的处理；

（九）应当由章程规定的其他事项。

第十五条 依照法律规定，自批准成立之日起即具有法人资格的社会团体，应当自批准成立之日起60日内向登记管理机关提交批准文件，申领《社会团体法人登记证书》。登记管理机关自收到文件之日起30日内发给《社会团体法人登记证书》。

第十六条 社会团体凭《社会团体法人登记证书》申请刻制印章，开立银行账户。社会团体应当将印章式样和银行账号报登记管理机关备案。

第十七条 社会团体的分支机构、代表机构是社会团体的组成部分，不具有法人资格，应当按照其所属于的社会团体的章程所规定的宗旨和业务范围，在该社会团体授权的范围内开展活动、发展会员。社会团体的分支机构不得再设立分支机构。

社会团体不得设立地域性的分支机构。

第四章 变更登记、注销登记

第十八条 社会团体的登记事项需要变更的，应当自业务主管单位审查同意之日起30日内，向登记管理机关申请变更登记。

社会团体修改章程，应当自业务主管单位审查同意之日起30日内，报登记管理机关核准。

第十九条 社会团体有下列情形之一的，应当在业务主管单位审查同意后，向登记管理机关申请注销登记：

（一）完成社会团体章程规定的宗旨的；

（二）自行解散的；

（三）分立、合并的；

（四）由于其他原因终止的。

第二十条 社会团体在办理注销登记前，应当在业务主管单位及其他有关机关的指导下，成立清算组织，完成清算工作。清算期间，社会团体不得开展清算以外的活动。

第二十一条 社会团体应当自清算结束之日起15日内向登记管理机关办理注销登记。办理注销登记，应当提交法定代表人签署的注销登记申请书、业务主管单位的审查文件和清算报告书。

登记管理机关准予注销登记的，发给注销证明文件，收缴该社会团体的登记证书、印章和财务凭证。

第二十二条 社会团体处分注销后的剩余财产，按照国家有关规定办理。

第二十三条 社会团体成立、注销或者变更名称、住所、法定代表人，由登记管理机关予以公告。

第五章 监督管理

第二十四条 登记管理机关履行下列监督管理职责：

（一）负责社会团体的成立、变更、注销的登记；

（二）对社会团体实施年度检查；

（三）对社会团体违反本条例的问题进行监督检查，对社会团体违反本条例的行为给予行政处罚。

第二十五条　业务主管单位履行下列监督管理职责：

（一）负责社会团体成立登记、变更登记、注销登记前的审查；

（二）监督、指导社会团体遵守宪法、法律、法规和国家政策，依据其章程开展活动；

（三）负责社会团体年度检查的初审；

（四）协助登记管理机关和其他有关部门查处社会团体的违法行为；

（五）会同有关机关指导社会团体的清算事宜。业务主管单位履行前款规定的职责，不得向社会团体收取费用。

第二十六条　社会团体的资产来源必须合法，任何单位和个人不得侵占、私分或者挪用社会团体的资产。

社会团体的经费，以及开展章程规定的活动按照国家有关规定所取得的合法收入，必须用于章程规定的业务活动，不得在会员中分配。

社会团体接受捐赠、资助，必须符合章程规定的宗旨和业务范围，必须根据与捐赠人、资助人约定的期限、方式和合法用途使用。社会团体应当向业务主管单位报告接受、使用捐赠、资助的有关情况，并应当将有关情况以适当方式向社会公布。

社会团体专职工作人员的工资和保险福利待遇，参照国家对事业单位的有关规定执行。

第二十七条　社会团体必须执行国家规定的财务管理制度，接受财政部门的监督；资产来源属于国家拨款或者社会捐赠、资助的，还应当接受审计机关的监督。

社会团体在换届或者更换法定代表人之前，登记管理机关、业务主管单位应当组织对其进行财务审计。

第二十八条　社会团体应当于每年 3 月 31 日前向业务主管单位报送上一年度的工作报告，经业务主管单位初审同意后，于 5 月 31 日前报送登记管理机关，接受年度检查。工作报告的内容包括：本社会团体遵守法律法规和国家政策的情况、依照本条例履行登记手续的情况、按照章程开展活动的情况、人员和机构变动的情况以及财务管理的情况。

对于依照本条例第十七条的规定发给《社会团体法人登记证书》的社会团体，登记管理机关对其应当简化年度检查的内容。

第六章　罚　则

第二十九条　社会团体在申请登记时弄虚作假，骗取登记的，或者自取得《社会团体法人登记证书》之日起 1 年未开展活动的，由登记管理机关予以撤销登记。

第三十条　社会团体有下列情形之一的，由登记管理机关给予警告，责令改正，可以限期停止活动，并可以责令撤换直接负责的主管人员；情节严重的，予以撤销登记；构成犯罪的，依法追究刑事责任：

（一）涂改、出租、出借《社会团体法人登记证书》，或者出租、出借社会团体印章的；

（二）超出章程规定的宗旨和业务范围进行活动的；

（三）拒不接受或者不按照规定接受监督检查的；

（四）不按照规定办理变更登记的；

（五）违反规定设立分支机构、代表机构，或者对分支机构、代表机构疏于管理，造成严重后果的；

（六）从事营利性的经营活动的；

（七）侵占、私分、挪用社会团体资产或者所接受的捐赠、资助的；

（八）违反国家有关规定收取费用、筹集资金或者接受、使用捐赠、资助的。

前款规定的行为有违法经营额或者违法所得的，予以没收，可以并处违法经营额 1 倍以上 3 倍以下或者违法所得 3 倍以上 5 倍以下的罚款。

第三十一条 社会团体的活动违反其他法律、法规的，由有关国家机关依法处理；有关国家机关认为应当撤销登记的，由登记管理机关撤销登记。

第三十二条 筹备期间开展筹备以外的活动，或者未经登记，擅自以社会团体名义进行活动，以及被撤销登记的社会团体继续以社会团体名义进行活动的，由登记管理机关予以取缔，没收非法财产；构成犯罪的，依法追究刑事责任；尚不构成犯罪的，依法给予治安管理处罚。

第三十三条 社会团体被责令限期停止活动的，由登记管理机关封存《社会团体法人登记证书》、印章和财务凭证。

社会团体被撤销登记的，由登记管理机关收缴《社会团体法人登记证书》和印章。

第三十四条 登记管理机关、业务主管单位的工作人员滥用职权、徇私舞弊、玩忽职守构成犯罪的，依法追究刑事责任；尚不构成犯罪的，依法给予行政处分。

第七章　附　则

第三十五条 《社会团体法人登记证书》的式样由国务院民政部门制定。

对社会团体进行年度检查不得收取费用。

第三十六条 本条例施行前已经成立的社会团体，应当自本条例施行之日起 1 年内依照本条例有关规定申请重新登记。

第三十七条 本条例自发布之日起施行。1989 年 10 月 25 日国务院发布的《社会团体登记管理条例》同时废止。

第二编

国际规则

国际比赛是指不同国家的两支球队之间的比赛。任何国际赛事都应遵守一定的国际规定。在国际足球比赛之中，国际规则不可缺少。足球行业的国际规则是由国际足球联合会制定并修改，正规足球比赛必须遵守的规则。为了保证国际足球比赛的正常进行，各国足球队必须严格遵守国际规则，以确保国际赛事的顺利开展。本编对国际足球赛事的国际规则进行了归纳整理，为国际足球赛事提供良好的法律环境。

本编汇集的法律规范主要有：《国际足联章程（2012）》《国际足联行为准则（2012版）》《国际赛事管理规程》《国际足联球员身份及转会规程》《球员身份委员会和争议解决庭工作程序管理条例》《国际足联纪律准则（FDC）》《亚洲足球联合会章程》。这些足球法律规范涵盖了足球赛事的各种规则，保证了足球赛事的有序进行。这些法律规范对比赛场地、时间、地点和比赛行为等都做出了具体的规定。

国际足联章程（2012）[*]

定　义

1.“FIFA”（国际足联）：国际足球联合会。

2.“Association”（协会）：指国际足联认可的一个足球协会。除非根据上下文有别的意思，否则足协指国际足联的会员协会。

3.“League”（联赛）：各足球协会属下的国内组织。

4.“British Associations”（英国各协会）：不列颠联合王国四个足球协会，如：英格兰足总，苏格兰足球协会，威尔士足球协会及爱尔兰足球协会（北爱尔兰）。

5.“IFAB”（国际足协理事会）：国际足球协会理事会。

6.“Confederation”（洲际足联）：一组国际足联的会员协会，他们属于同一大陆（或在法律上为同一地理实体）。

7.“Congress”（代表大会）：国际足联的最高级立法机构。

8.“The Executive Committee”（执委会）：国际足联的执行机构。

9.“Member”（会员）：是国际足联会员的足球协会。

10.“Officials”（官员）：国际足联、洲足联、足球协会、俱乐部中的所有理事、委员、裁判、助理裁判、教练、训练员，以及其他负责技术、医务和行政事务的人员。

11.“Player”（球员）：各足协注册的足球运动员。

12.“Association Football”（协会足球）：受国际足联控制并根据《比赛规则》组织的比赛项目。

13.“Official Competition”（正式比赛）：国际足联或洲足联组织的代表队比赛。

注：对自然人的称谓指两个性别，任何单数名词也指复数。

[*] 本文件来自中国足球协会官方网站。

第一章　总　则

第 1 条　名称和总部

1. 国际足联是依据瑞士民法第 60 条在商业登记处登记成立的协会组织。

2. 国际足联总部位于瑞士的苏黎世，只有经代表大会通过有关决议批准才能迁移。

第 2 条　宗旨

国际足联的宗旨为：

1. 本着足球运动的团结、教育、文化和人道主义价值，特别是通过各项青少年和发展计划，促进该运动在全球的持续发展和提高。

2. 组织自己的国际比赛。

3. 制定各项规则和条款并保证其实施。

4. 采取适当措施，防止任何违反章程、规定或国际足联决定或《比赛规则》的行为，以监管各种类型的协会足球。

5. 杜绝出现任何可能危害比赛完整以及引起滥用足球的行为。

第 3 条　反对歧视和种族主义

不得对任何国家、个人或人群因其种族、性别、语言、宗教、政治观点或其他方面的任何歧视，否则将受到暂停或开除会员资格的处罚。

第 4 条　促进友好关系

1. 国际足联应：

（1）促进各会员间、各足联间、各俱乐部间、官员和球员间的友好关系。所有参与足球运动的个人和组织都应遵守章程、规则和公平竞赛原则。

（2）为人道主义目标促进社会中的友好关系。

2. 国际足联应制定必要的制度来解决会员间、足联间、俱乐部间、官员和球员间可能出现的争端。

第 5 条　球员

执委会应通过特别的规定来管理球员身份和球员转会及有关问题，特别是鼓励俱乐部对球员的培养，保护代表队的利益。

第 6 条　《足球比赛规则》

1. 所有国际足联的会员都应遵守国际足协理事会制定的《足球比赛规则》。只有国际足协理事会可以制定和修改《比赛规则》。

2. 国际足协理事会由国际足联指定的四个成员和英国四个协会组成。

3. 国际足协理事会的义务和责任包含在特别法规之中。

4. 所有国际足联的会员都应按照国际足联执委会制定的《五人制足球比赛规则》进行五人制足球比赛。

第 7 条 机构和官员的行为

1. 各机构和官员的行为必须遵守章程、规定和《国际足联道德准则》。

2. 特殊情况下国际足联执委会在与相关洲际足联磋商后可取消会员协会的执行机构，并在特定时期内由临时委员会代行职责。

第 8 条 官方语言

1. 国际足联的官方语言为英语、西班牙语、法语和德语。英语为会议纪要、信件和公告的官方语言。

2. 会员协会负责将文件翻译为本国的语言。

3. 代表大会的官方语言为英语、西班牙语、法语、德语、俄语、阿拉伯语和葡萄牙语。专业译员将负责这几种语言之间的互译。大会代表可以用母语发言，但必须确保有专业译员将自己的发言翻译成以上官方语言。

4. 国际足联的章程、章程实施细则、代表大会议事程序、国际足联的决定以及公告必须以四种官方语言出版。如果出现文本上的分歧，则以英文版为准。

第二章 会员资格

第 9 条 批准、暂停及开除会员资格

由代表大会决定是否批准、暂停或开除一个会员的会员资格。

第 10 条 会员资格的批准

1. 任何在其国家负责组织和监督各种形式的足球运动的组织都可以成为国际足联的会员。在这里，“国家”一词是指一个国际社会承认的独立政体。除了下面第 5、6 款的情况外，任何国家只能有一个会员得到承认。

2. 申请国际足联会员资格的协会必须首先是某个洲际足联两年以上的临时会员。执委会将制定有关接纳会员程序的规程。

3. 申请会员资格的协会必须向国际足联秘书处递交书面申请。

4. 会籍申请书必须附有申请协会的有法律效力的章程，章程必须包括如下条款：

（1）始终遵守国际足联及洲际足联的章程、规程和决定。

（2）遵守现行《比赛规则》。

（3）承认国际足联章程指定的体育仲裁法庭。

5. 大不列颠的四个足球协会分别为国际足联的独立会员。

6. 未独立地区的协会，经其所属国的会员协会的同意，也可要求成为国际足联的会员。

7. 本条款对现有的会员地位无影响。

第 11 条　入会申请的要求和程序

1. 代表大会应执委会要求对协会的申请做出批准或不批准的决定。申请协会应向代表大会陈述申请批准入会的理由。

2. 一旦经代表大会批准,新的会员协会将马上取得会员的权利,包括选举和被选举的权利。

第 12 条　会员协会的权利

1. 会员协会应享有以下权利：

（1）参加代表大会；

（2）提出列入代表大会议程的议案；

（3）提名国际足联主席的候选人；

（4）参加国际足联组织的比赛；

（5）参加国际足联的援助和发展计划；

（6）行使章程和其他规程所赋予的各种权利。

2. 行使以上权利必须服从本章程和适用规程的规定。

第 13 条　会员协会的义务

1. 会员协会应承担以下义务：

（1）在任何时候完全遵守国际足联章程、规程、指令和决定以及体育仲裁法庭在本章程 66 条规定的基础上对申诉做出的判决；

（2）参加国际足联组织的竞赛；

（3）交纳会费；

（4）确保其会员遵守国际足联章程、规程、指令以及国际足联机构的决定；

（5）按规定时间组织最高立法机构会议，至少两年一次；

（6）根据国际足联章程范本制定本协会章程；

（7）建立协会下属的裁判委员会；

（8）遵守《比赛规则》；

（9）独立管理自己的事务并保证不受任何第三方的影响。

（10）承担此章程和其他规程所规定的各项义务。

2. 任何会员协会违反上述义务将根据本章程规定受到制裁。

3. 违反上述第 1 款第（9）的规定也将受到制裁，即使第三方的影响并不是会员协会本身造成的。

第 14 条　暂停会员资格

1. 代表大会负责暂停会员的资格。但是对于严重违反其义务的会员，执委会可以立即暂停其会员资格。如果执委会没有取消暂停处罚，则该处罚将持续到下一届代表大会。

2. 在下一届代表大会上，该处罚决定的批准需四分之三的多数票，否则处罚自动取消。

3. 被暂停会员资格的协会将失去其会员权利。其他会员协会不得与其进行体育方面的联系。纪律委员会还可以对其实施进一步的处罚。

4. 任何会员协会如果连续四年没有参加两项或以上国际足联赛事，则暂停其在代表大会上的投票权，直至其恢复承担此义务。

第 15 条 开除会员会籍

1. 代表大会可在以下情况下开除会员协会的会籍：

（1）会员没有履行对国际足联的财务义务；或

（2）严重违反国际足联章程、规程或决定；或

（3）失去代表其国家的足球协会的地位。

2. 决定开除会员会籍必须有绝对多数有投票权的代表参加代表大会，动议则需有四分之三的多数票通过才能进入表决。

第 16 条 会员的退会

1. 会员可以退出国际足联，退出从该年的年末开始生效。退出协会必须在年末六个月以前通过挂号信通知国际足联秘书处。

2. 准备退出的会员协会必须在履行完其对国际足联和其他会员的财务义务后，退出才生效。

第 17 条 会员协会的独立性

1. 每个会员协会应独立管理本协会的事务，不受第三方的影响。

2. 会员协会的机构只能通过本协会内的选举或任命产生。协会必须在各自的章程中规定选举的程序以保证选举或任命的完全独立性。

3. 国际足联不承认未经上述第 2 款的程序产生的协会机构，包括过渡性质的机构。

4. 国际足联不承认任何未经上述第 2 款的程序产生的协会机构所做的决定。

第 18 条 各级联赛组织和其他俱乐部组织的身份

1. 各级联赛组织或任何其他俱乐部组织必须经会员协会承认并隶属于协会。协会的章程应明确这些组织的权力范围、权利和义务。这些组织的章程和规程必须报经协会批准。

2. 各会员协会应确保所属俱乐部完全独立决定自己的会员身份，不受外部机构影响且不论其采取何种组织结构。在任何情况下，如果比赛的完整性和竞争性受到威胁，会员协会应确保任何自然人或法人（包括控股公司和子公司）不得同时控制一家以上的俱乐部。

第三章 名誉主席、名誉副主席和名誉会员

第19条 名誉主席、名誉副主席和名誉会员

1. 代表大会可因前执委会成员对足球的杰出贡献而授予其名誉主席、名誉副主席或名誉会员的称号。

2. 上述名誉人选由执委会提名。

3. 名誉主席、名誉副主席或名誉会员可参加代表大会及讨论，但无投票权。

第四章 洲际足联

第20条 洲际足联

1. 国际足联承认下列由属于同一洲的协会所组成的洲际足联：

（1）南美足球联合会；

（2）亚洲足球联合会；

（3）欧洲足球联合会；

（4）非洲足联；

（5）北美、中美及加勒比海足球联合会；

（6）大洋洲足球联合会。

2. 特殊情况下，国际足联可授权某洲际足联接纳地理上属于另一大洲而又非该洲足联会员的协会为会员。但需征求所属地区洲际足联的意见。

3. 上述各洲际足联的权利和义务如下：

（1）服从和遵守国际足联的章程、规程和决定。

（2）与国际足联在各个领域合作，完成第2条中所规定的目标及组织国际比赛。

（3）根据国际比赛日程组织本大洲俱乐部之间的比赛。

（4）根据国际比赛日程安排组织本大洲的国际比赛，尤其是青少年比赛。

（5）保证未经本洲际足联和国际足联的同意和批准，不成立国际性联赛组织或相应的俱乐部或联赛组织。

（6）根据国际足联的要求，接收申请入会的协会为临时会员。此举可使有关协会能够参加洲际足联的比赛和会议。

洲际足联的章程和规程将规定临时会员协会的其他权利和义务。临时会员不得参加国际足联的决赛阶段赛事。

（7）根据本章程的规定选举或罢免国际足联副主席和其他国际足联执委。

（8）根据会员协会的提议提名国际足联执委会的一名女性执委候选人。

（9）为了足球的利益，通过召开咨询会议来积极和建设性地发展与国际足联的良好关系和合作，并通过协商会议讨论和解决与洲际足联和国际足联利益相关的事务。

（10）保证指派到国际足联机构和当选国际足联执委的代表在相互尊重、团结、公平竞赛的基础上忠实履行其职责。

（11）设立各委员会并与国际足联相对应的委员会紧密合作。

（12）在特殊情况下，征得国际足联的同意，准许另一洲际足联的会员协会（或其所属俱乐部）参加本足联举办的正式比赛。

（13）通过与国际足联的相互合作，采取必要的措施在本洲内发展足球运动（如制定发展计划、举办学习班、会议等）。

（14）建立必需的机构完成相应的任务。

（15）获得足以完成任务的基金。

4. 国际足联执委会可授权洲际足联代行其一部分职责或职权。在这种情况下，国际足联可同相应的洲际足联签订相关的协议。

5. 洲际足联的章程和规程必须提交国际足联批准。

第五章　组织结构

第 21 条　机构

1. 代表大会是国际足联的立法机构，也是最高权力机构。

2. 执委会是国际足联的执行机构。

3. 秘书处是国际足联的行政机构。

4. 常务委员会和特别委员会应履行其职责，协助国际足联执委会的工作，并向其提供建议。本章程将规定常务委员会和特别委员会的主要职责，对其组成、工作和其他职责将制定专门的规程。

第 22 条　代表大会

1. 代表大会包括常规代表大会和特别代表大会。

2. 国际足联常规代表大会每年召开一次。执委会应确定会议地点和日期。应至少提前三个月书面通知各会员协会，各会员协会应在大会开始前至少一个月收到书面开会文件，包括会议议程、主席报告、财务报告和审计报告。

3. 执委会可在任何时候召集国际足联特别代表大会。

4. 在国际足联五分之一的会员协会的书面要求下，执委会可在收到要求后的三个月内召开特别代表大会。召开特别代表大会的书面要求应明确会议议程。

5. 各会员协会应在大会开始至少两个月前收到会议日期、地点和议程的通知。特别代表大会的议程不得更改。

第 23 条　投票权、代表和观察员

1. 每个协会有一票表决权，由其代表行使。只有出席大会的会员协会有权投票。不得通过委托人或信件形式投票。

2. 大会代表必须属于其所代表的协会，并由该协会的相应机构选派。

3. 洲际足联的代表可以观察员的身份参加代表大会。

4. 任期内的执委不得担任其协会的代表。

5. 主席应根据代表大会议事程序主持大会。

第 24 条　国际足联主席、执委以及审计及合规委员会和司法机构的主席、副主席以及成员的候选人

1. 只有会员协会可提名主席候选人。提名必须有至少 5 个会员协会的支持，方为有效。会员协会必须至少在代表大会开始前四个月以书面形式通知国际足联秘书处国际足联主席候选人，并附至少五个会员协会的支持信。国际足联主席候选人最近五年的两年中，在被提名为候选人之前，应已在会员协会中为现任成员（例如，国际足联、洲际足联或足球协会中的球员或官员）。

2. 国际足联秘书处应在召开代表大会之前至少一个月通知会员协会候选人的姓名。

3. 根据其会员协会的提案，每一个洲际足联可提名一个女性执委候选人女足代表。洲际足联必须在代表大会开始前至少四个月以书面形式通知秘书处女执委的候选人。

4. 候选期间，国际足联主席候选人要遵守的条件在管理候选人的规程中规定。该规程由国际足联执委会发布。

5. 执委会可提交对于审计及合规委员会和司法机构主席、副主席和成员的提名。执委会应提前决定每个洲际足联在相关委员会中的席位的数量。提案将在代表大会开始前至少四个月以书面形式提交秘书处。程序应根据国际足联组织规程进行。

第 25 条　代表大会的议程

1. 国际足联秘书长应根据执委会和会员协会的提案制定大会议程。会员协会应在大会开始至少两个月前以书面形式向秘书处提交提议，并附有简短说明。

2. 代表大会的议程必须包括下列内容：

（1）声明代表大会的召开和组成符合国际足联章程；

（2）通过议程；

（3）主席致辞；

（4）任命五人检查会议记录；

（5）任命监票人；

（6）暂停或开除会员会籍（如有）；

（7）通过上届大会会议纪要；

（8）工作报告（包括从上次大会开始至大会时的所有活动）；

（9）审计及合规委员会的报告；

（10）提交整理和修订过的收支平衡表、收入和支出账目；

（11）通过财务报告；

（12）通过预算；

（13）接纳会员（如有）；

（14）讨论修正或通过《国际足联章程》《章程实施细则》和《代表大会议事程序》的建议（如有）；

（15）讨论会员协会和执委会根据第 1 款的规定时间提出的建议（如有）；

（16）任命独立审计公司（如有）；

（17）选举主席和 / 或女足执委并确定副主席及其他执委会成员（如有）；

（18）选举或罢免司法机构主席、副主席及成员，审计及合规委员会主席、副主席及成员；

（19）投票决定国际足联世界杯主办国（如有）。

3. 经由四分之三的与会并有投票权的代表的同意，可以更改大会的议程。

第 26 条　《国际足联章程》《章程实施细则》和《代表大会议事程序》的修订

1. 代表大会负责修订《国际足联章程》《章程实施细则》和《代表大会议事程序》。

2. 对章程修订提议必须由一个会员协会或执委会以书面形式向秘书处提出，并附有简短说明。由会员协会提出的修订提案需有至少两个会员协会的书面支持方有效。

3. 对章程修订提案进行投票，必须有代表大会绝对多数（超过一半的会员协会）的有投票权的会员协会与会才可进行。

4. 章程修订提案必须有出席大会的有投票权的代表的四分之三多数的同意方可通过。

5. 对《章程实施细则》和《代表大会标准程序》的修订提案必须由一个会员协会或执委会以书面形式向秘书处提出，并附简短说明。

6.《章程实施细则》和《代表大会议事程序》的修改若得到与会有投票权的代表的简单多数的同意即获通过。

第 27 条　选举、其他决议以及必需的多数

1. 选举投票为无记名投票。

2. 如需通过其他决议，采取举手表决或电子表决器进行。如举手表决不能明确是否获得多数通过，则以点名方式进行表决。点名按会员协会名称英文字母顺序进行。

3. 选举国际足联主席，第一轮投票必须获得与会并有投票权的会员三分之二的有效票数。第二轮及后几轮的投票必须获得简单多数（50%+1）的合法选票。如果有两名以上主席候选人，则从第二轮投票开始，依次淘汰票数最少的候选人，直至最后剩余两名候选人。

4. 代表大会选举司法机构主席、副主席、成员及审计及合规委员会主席、副主席、成员，及女性执委时，获得最多自由席位选票的候选人成功当选。

5. 代表大会选举司法机构主席、副主席、成员和审计及合规委员会主席、副主席、成员时，可进行一揽子选举。除非经十个以上会员协会的要求，选举应分开进行。

6. 除本章程有特别规定外，获得简单多数（50%+1）的合法选票的选举、投票及其他决议即产生法律效力。

7. 代表大会的议事程序将规定具体细节。

第 28 条　会议记录

1. 秘书长负责代表大会的会议纪要。

2. 大会会议纪要由代表大会指定的人员审核。

第 29 条　决议的生效日期

除非代表大会另行决定决议的生效日期，则代表大会所通过的决议在大会结束后六十天对所有会员生效。

执委会

第 30 条　主席、女性执委、副主席和执委的选举和组成

1. 国际足联执委会包括二十五名委员；一名主席，一名女性执委由代表大会选举产生；八名副主席，由各洲际足联选举并由代表大会通过，十五名执委由各洲际足联选举并由代表大会通过。

2. 主席由代表大会在世界杯后第二年选举产生，从选举他的那届代表大会结束时开始任期四年。主席可以连任。

3. 女性执委应由代表大会选举产生。任期为四年一届，从女性执委在大会选举产生结束之日起生效。

4. 副主席及其他执委会委员由各洲际足联选举，并由代表大会通过。洲际足联应对何时选出他们进入国际足联执委会的人选单做决定。在此章程生效后一年内，洲际足联在之后的代表大会上要做出此决定。在选举或再选举执委时，洲际足联可每两年选举一半的执委（如总数是单数，则是一半加一个或减一个），执委的任期为四年，从代表大会通过算起。执委可连任并再次经代表大会通过。如洲际足联修改其章程改变选举执委的年份，他们选举进入国际足联执委会的副主席和委员并由代表大会通过的任期可延长一年，但只准许延长一次。执委会委员只有代表大会可以罢免。

经通过的副主席和执委任期结束前只能由国际足联代表大会取消其职务，前提是国际足联司法机构的批准和决议。

副主席和执委在各洲际足联名额按下列比例分配：

（1）南美一名副主席，二名执委。

（2）亚洲一名副主席，三名执委。

（3）欧洲三名副主席，五名执委

（4）非洲一名副主席，三名执委。

（5）北美、中美洲及加勒比海一名副主席，二名执委。

（6）大洋洲一名副主席，一名执委。

5. 同一个会员协会不可有两个或以上成员同时为执委会委员。

6. 如果主席长期或临时不能履行职责，则任职时间最长的副主席将代表其行使职责直至下届代表大会。如有必要，下届代表大会应选举新主席。

7. 如果女性执委长期不能行使她的职责，执委会可指派另一名执委会女性执委替代直至下一届代表大会。

8. 如果副主席和执委不再能够履职，将立即由选举其的洲际足联予以替换。

第 31 条　执委会的权力

1. 除依法或根据本章程属其他机构处理的事务外，执委会有权对代表大会权限以外的所有事情做出决定。

2. 执委会应每年至少召开两次会议。

3. 如有至少十三名执委提出要求，主席即应召开执委会会议。

4. 执委会负责任命常务委员会的主席、副主席和委员，其中不包括审计与合规委员会的主席、副主席和委员。他们由代表大会选举产生。

5. 主席应起草会议议程。执委会的每个执委都有权提出会议议题。

6. 必要时，执委会可在任何时候决定成立特别委员会。

7. 执委会负责任命国际足联在国际足协理事会的代表。

8. 执委会负责根据主席的提议任命或解聘秘书长。秘书长作为当然委员应参加所有委员会的会议。

9. 执委会决定国际足联比赛决赛阶段比赛的地点、日期和各洲际足联参赛的队数。但不能决定世界杯决赛的主办国，决定世界杯主办国应该遵循第 81 条的规定由代表大会投票决定。

10. 执委会应批准国际足联内部组织规程。

主　席

第 32 条　主席

1. 主席是国际足联的法人代表。

2. 主席主要负责以下事务：

（1）通过秘书处执行代表大会和执委会通过的决议；

（2）监督秘书处的工作；

（3）国际足联与各洲际足联、各会员协会、政治机构和国际组织的关系。

3. 只有主席可以提议提名或解聘秘书长。

4. 主席应主持代表大会、执委会会议、紧急委员会会议，以及他担任主席的委员会会议。

5. 主席在执委会中拥有普通的一票，当票数相等时，主席的投票有决定权。

6. 若主席缺席或无法出席会议，则由任期最长的副主席履行主席职责。

7. 国际足联组织规程中应规定主席的其他权力。

紧急委员会

第 33 条　紧急委员会

1. 紧急委员会应处理两次执委会会议之间出现的需要立即解决的事务。紧急委员会的成员包括主席、执委会从各洲际足联挑选的一名执委。

2. 国际足联主席负责召集紧急委员会会议。如果委员会不能在合适的时间内召开会议，可通过其他联络方式做出决定，且决定立即具有法律效力。主席应将决定立即通知执委会。

3. 紧急委员会做出的所有决定都应在执委会的下次会议批准。

4. 如果主席因故不能与会，由资格最老的副主席代理行使主席职责。

5. 如果有委员不能到会，主席有权另指定一人代替。指定的人选必须是执委且与缺席的委员属于同一洲足联。

常务委员会

第 34 条　常务委员会

1. 国际足联设以下常务委员会：

（a）财务委员会；

（b）审计与合规委员会；

（c）战略委员会；

（d）国际足联世界杯组委会；

（e）国际足联联合会杯组委会；

（f）奥林匹克足球赛组委会；

（g）国际足联 U20 世界杯组委会；

（h）国际足联 U17 世界杯组委会；

（i）女足和国际足联女足世界杯委员会；

（j）国际足联 U20 女足世界杯赛组委会；

（k）国际足联 U17 女足世界杯赛组委会；

（l）五人制足球委员会；

（m）沙滩足球委员会；

（n）俱乐部足球委员会；

（o）世俱杯组委会；

（p）裁判委员会；

（q）足球委员会；

（r）运动医学委员会；

（s）发展委员会；

（t）球员身份委员会；

（u）法律事务委员会；

（v）公平竞赛与社会责任委员会；

（w）新闻委员会；

（x）会员协会委员会；

（y）市场推广和电视转播委员会；

（z）场馆和安保委员会。

2. 常务委员会的主席和副主席可以由执委会执委担任，其中不包括审计与合规委员会的主席和副主席，他们不是执委会成员。

3. 各委员会的委员由执委会根据会员协会、国际足联主席或各洲际足联的推荐任命。常务委员会由具备所需知识、能力和专业经验的成员构成。审计和合规外援会的主席、副主席和委员由代表大会选举。各常务委员会的主席、副主席和委员的任期为四年。委员会成员可连任或再次任命，同时也可以在任何时候解除他们的职务。审计和合规委员会的主席、副主席和委员只能由代表大会解除职务。

4. 常务委员会的组成详细职责和权力由国际足联的组织规程规定。

5. 委员会的主席是其委员会的代表，负责按照国际足联的组织规程的规定进行本委员会的工作。

6. 各委员会可根据需要设办公室或附属委员会处理紧急事务。

7. 各委员会可向执委会提出修订其规程的提议。

第 35 条　财务委员会

财务委员会应监控财务管理并就财务事务和资产管理向执委会提供建议。财务委员会应分析秘书处准备的预算、财务报告以及决算，并提交执委会批准。

第 36 条　审计与合规委员会

1. 审计与合规委员会应确保财务账目的完整和可靠性，并对财务报告、决算以及外部审计机构的报告进行审查。

2. 审计与合规委员会建议和协助执委会监督国际足联财务与合规事宜并且监管组织规程问题。

3. 在补助与福利方面，审计与合规委员会解释国际足联所有补助和福利政策，并决定主席、执委会执委、秘书长以及常委会独立成员的补助和福利。

4. 国际足联的组织规程规定审计与合规委员会的责任、内部机制以及其他程序问题。

5. 审计与合规委员会的主席、副主席以及成员应该由四年期代表大会选举产生并且只能由代表大会解除他们的职务。

6. 审计与合规委员会的主席和副主席资格还应符合独立性的条件（参见本章程的定义）。

第 37 条　战略委员会

战略委员会应负责足球的全球策略以及足球运动的政治、经济和社会地位。

第 38 条　国际足联世界杯组委会

国际足联世界杯组委会应根据世界杯相应比赛规程、要求和与组织协会的协议规定，负责组织国际足联世界杯。

第 39 条　国际足联洲际杯组委会

国际足联洲际杯组委会应根据相应比赛规程、要求和与组织协会的协议规定，负责组织国际足联洲际杯。

第 40 条　奥林匹克足球赛组委会

奥林匹克足球赛组委会应根据相应比赛规程和奥林匹克宪章的规定，负责组织奥林匹克足球赛。

第 41 条　国际足联 U20 青年世界杯赛组委会

国际足联 U20 青年世界杯赛组委会应根据相应比赛规程、要求和与组织协会的协议规定，负责组织国际足联 U20 青年世界杯赛。

第 42 条　国际足联 U17 青年世界杯赛组委会

国际足联 U17 青年世界杯赛组委会应根据相应比赛规程、要求和与组织协会的协议规定，负责组织国际足联 U20 青年世界杯赛。

第 43 条　女足和国际足联女足世界杯赛事委员会

女足和国际足联女足世界杯赛事委员会应根据相应比赛规程、要求和与组织协会的协议规定，负责组织国际足联女足世界杯，并处理同女足有关的一般事务。

第44条　国际足联U20女足世界杯赛组委会

国际足联U20女足世界杯赛组委会应根据相应比赛规程、要求和与组织协会的协议规定，负责组织国际足联U20女足世界杯赛。

第45条　国际足联U17女足世界杯赛组委会

国际足联U17女足世界杯赛组委会应根据相应比赛规程、要求和与组织协会的协议规定，负责组织国际足联U17女足世界杯赛。

第46条　五人制足球委员会

五人制足球委员会应根据比赛规程、要求以及组织协会的协议规定，负责组织国际足联五人制足球世界杯并处理关于五人制足球的日常事务。

第47条　沙滩足球委员会

沙滩足球委员会应根据比赛规程、要求以及组织协会的协议规定，负责组织国际足联沙滩足球世界杯并处理关于沙滩足球的日常事务。

第48条　国际足联世俱杯组委会

国际足联世俱杯组委会根据比赛规程、办赛要求以及组织协会的协议举办国际足联世俱杯赛事。

第48条　裁判委员会

裁判委员会应执行和解释比赛规则，并向执委会提出修订比赛规则的提议。该委员会还应指派主裁判和助理裁判执法国际足联组织的赛事。

第50条　足球委员会

足球委员会应处理足球运动的一般事务，但主要是处理组织结构问题以及国际足联、俱乐部、联赛、会员协会和洲际足联之间的关系。

第51条　医务委员会

医务委员会应主要处理足球运动中所有的医务方面的事务。

第52条　发展委员会

发展委员会主要负责国际足联的全球发展项目，负责策划和提出合理的发展策略，研究这些策略，并且分析和监管国际足联提供给协会成员和洲际足联的资助。

第53条　球员身份委员会

1. 球员身份委员会应制定球员身份和转会规程并监控该规程的执行情况，以及确定参加国际足联各项赛事的球员的身份。该委员会的裁决权由球员身份和转会规程的规定确定。

2. 球员身份委员会还应按照球员身份和转会规程的规定、球员身份委员会及争议解决庭工作程序规则负责争端解决庭的工作。

第 54 条　法律事务委员会

法律事务委员会应分析同足球有关的基本法律事务以及国际足联、各洲际足联以及会员协会章程和规程的演变发展。

第 55 条　道德和公平竞赛委员会

道德和公平竞赛委员会应处理全世界同足球公平竞赛有关的事务，监管公平竞赛的执行并支持和监督所有参加足球运动的人的行为。

第 56 条　公平竞赛和社会责任委员会

公平竞赛和社会责任委员会应处理足球公平竞赛事务，提升公平竞争观念，坚决反对世界范围内的种族歧视。同时它也应处理国际足联和它组织的活动中的一些社会责任和环境保护事宜。

第 57 条　新闻委员会

新闻委员会应负责国际足联赛事中新闻媒体的工作条件以及同国际新闻组织保持关系。

第 58 条　会员协会委员会

会员协会委员会应处理国际足联同会员协会之间的关系以及会员协会对国际足联章程的执行情况，并就双方达到最佳的合作提出建议。该委员会还应监控国际足联、各洲际足联和会员协会章程和规程的发展演变。

第 59 条　市场推广和电视委员会

市场推广和电视委员会应就起草和执行国际足联同其市场推广 / 电视转播伙伴的合同向执委会提出建议，并分析现有的市场推广和电视转播策略。

第 60 条　场馆和安保委员会

场馆和安保委员会负责对发展和执行现代体育场馆安保理念和标准提出建议。场馆和安保委员会负责制定国际足联安全规程并监管该规程的执行情况。同时它也监管场馆和安保方面的相关发展情况。

第六章　法律机构及纪律处罚措施

第 61 条　法律机构

1. 国际足联的法律机构为：

（1）纪律委员会；

（2）道德委员会；

（3）申诉委员会。

2. 法律机构应该由一名主席，一名副主席和规定数目的其他成员组成。法律机构的组成应该考虑到所有会员协会并遵循民主原则分配职位。

3. 法律机构的成员都应该具备其职责所需要的知识、能力和专业经验。法律机构的主席和副主席都应具备从业律师资格，任期4年。尽管这一机构中的成员只可能由代表大会解除他们的职务，但是在任何时候他们都可能连任或被解除职务。

4. 道德委员会的两个分庭的主席和副主席还需符合特殊的独立性条件（参见国际足联代表大会议事程序）。

5. 司法机构的主席、副主席和其他成员应由代表大会选举，不得为执委会或常务委员会的成员。得到自由席位选票最多的候选人当选。

6. 司法机构的责任和作用按《国际足联纪律准则》和《国际足联道德准则》规定执行。

7. 某些委员会的决策权力不受此影响。

第62条　纪律委员会

1. 纪律委员会职责由《国际足联纪律准则》规定。委员会必须在有至少三名委员出席的情况下才能做出决定。在特定情况下，主席可独自做出裁决。

2. 纪律委员会可以依据本章程和《国际足联纪律准则》的规定对会员协会、俱乐部、官员、球员、比赛以及球员经纪人做出处罚。

3. 对于暂停和开除会员协会会员资格的处罚，本规定服从于代表大会和执委会的处罚权力。

4. 执委会负责制定《国际足联纪律准则》。

第63条　道德委员会

1. 道德委员会依据国际足联执委会制定的《国际足联道德准则》进行工作。委员会分为调查庭和裁决庭。调查庭必须在至少三个成员出席的情况下才可做出决定。主席在特定情况下可以单独做出决定。

2. 道德委员会向官员、运动员以及比赛和球员经纪人做出《国际足联章程》《国际足联道德准则》以及《国际足联纪律准则》规定的处罚。

3. 执委会负责制定《国际足联道德准则》。

4. 道德委员会的调查庭应对审计与合规委员会的主席、副主席、委员和法律机构的委员进行道德调查，并应准备一份相应的调查报告，并至少于代表大会前一个月提交给会员协会。

5. 道德委员会的调查庭应至少一年一次检查审计与合规委员会的主席和副主席是否符合秉公执法的要求。

6. 审计与合规委员会应对上述两个道德委员会的分支机构的主席、副主席或委员职位的候选人或者在位的主席、副主席或委员进行诚信审查。

7. 关于道德调查的程序（本文的 4 到 6 段）在国际足联的组织规程中进行规定。

第 64 条　申诉委员会

1. 申诉委员会依据国际足联执委会制定的《国际足联纪律委员会》和《国际足联道德准则》进行工作。委员会必须在有至少三名委员出席的情况下才能做出决定。在特定情况下，主席可自行做出决定。

2. 申诉委员会负责听取对纪律委员会和道德委员会所做决定的申诉。前提是这些决定按相应的国际足联规程未宣布为最终决定。

3. 申诉委员会的决定是终审决定，有关各方必须执行。诉至体育仲裁法庭的申诉除外。

第 65 条　纪律处罚

纪律处罚主要有以下几种：

1. 对于自然人和法人：

（1）警告；

（2）通报；

（3）罚款；

（4）收回奖励。

2. 对于自然人：

（1）警告；

（2）开除；

（3）禁赛；

（4）禁止进入更衣室和 / 或禁止在替补席就座；

（5）禁止进入球场；

（6）禁止参加任何与足球有关的活动；

（7）社会工作。

3. 对于法人：

（1）禁止转会；

（2）无观众比赛；

（3）在中立场地比赛；

（4）禁止在某场地比赛；

（5）某场比赛结果无效；

（6）开除；

（7）罚款；

（8）罚分；

（9）降级；

（10）重新比赛。

第 66 条　体育仲裁法庭

1. 国际足联认可总部在洛桑（瑞士）的独立的体育仲裁法庭负责解决任何国际足联、会员协会、各洲际足联、联赛、俱乐部、球员、官员以及执证球员和赛事经纪人之间的纠纷。

2. 体育仲裁法庭的体育仲裁条例决定仲裁的程序。体育仲裁法庭应主要依据国际足联的各项规程以及瑞士法律工作。

第 67 条　体育仲裁法庭的权限

1. 对国际足联尤其是法律机构的最后决定和对洲际足联、会员协会和联赛组织的最终决定的申诉必须在决定的通知发出后 21 天内向体育仲裁法庭提出。

2. 如内部解决办法都无效，才能向体育仲裁法庭提出申诉。

3. 但是体育仲裁法庭不处理以下有关的申诉：

（1）违反足球规则的申诉；

（2）不超过 4 场比赛或 3 个月的比赛的停赛的申诉（有关兴奋剂的决定除外）；

（3）按协会或洲际足联规定应向独立的、专门的仲裁庭提出的对决定的申诉。

4. 申诉不影响停赛的执行，但国际足联的相应机构或体育仲裁法庭可指示申诉时不执行停赛。

5. 国际足联有权向体育仲裁法庭对洲际足联、会员协会和联赛组织按上述第 1 款和第 2 款做出的所有内部最后有约束力的有关兴奋剂的决定提出申诉。

6. 世界反兴奋剂机构（WADA）有权对国际足联、洲际足联、会员协会和联赛组织按上述第 1 款和第 2 款做出的所有内部最后有约束力的有关兴奋剂的决定向体育仲裁法庭提出申诉。

7. 洲际足联、会员协会和联赛组织做出的所有内部最后有约束力的有关兴奋剂的决定应由做出决定的机构立即送到国际足联和国际反兴奋剂组织。国际足联或体育仲裁法庭收到用国际足联官方语言书写的内部最后有约束力的决定后，即可提出申诉。

第 68 条　义务

1. 各洲际足联、会员协会和联赛组织应承认体育仲裁法庭为独立的司法权力机构，并确保其会员、下属球员和官员遵守体育仲裁法庭做出的决议。此规定同样适用于执证比赛和球员经纪人。

2. 除非国际足联规程特别规定，任何事务不得求助于普通法庭。禁止向民事法庭寻求任何形式的处理（包括临时措施）。

3. 各会员协会应在其章程或规程中加入一个条款，规定：除国际足联规程或有约束力的法律条文具体规定的事务，其协会内部或影响到联赛组织、联赛成员、俱乐部、俱乐部会员、球员、官员和其他协会的官员的争端不得诉诸普通法庭。除了不向普通法庭申诉的条款，还要制定仲裁的条款。要求所有有关争端都应提交协会或洲际足联规程承认的独立的、专门的仲裁机构或体育仲裁法庭裁决。

会员协会应确保在内部执行这一规定。如需要，可作为义务强制会员执行。会员协会需对不执行此义务的有关方面进行制裁，对制裁的申诉也要按规定提交仲裁法庭，而不得提交普通法庭。

第八章　服从国际足联的决定

第69条　原则

1. 各洲际足联、会员协会和联赛组织应完全服从国际足联相关机构根据本章程做出的最终决定，不得上诉。

2. 各洲际足联、会员协会和联赛组织应采取一切必要的措施保证其会员、球员和官员遵守上述决定。

3. 以上规定同样适用于执证比赛和球员经纪人。

第70条　处罚

违反以上规定将根据《国际足联纪律准则》受到处罚。

第九章　秘书处

第71条　秘书处

秘书处应在秘书长的领导下完成国际足联的行政工作。

第72条　秘书长

1. 秘书长是国际足联秘书处首席执行官。

2. 秘书长为依法聘用，有合同约束。

3. 秘书长负责：

（1）按照主席的指令执行代表大会和执委会做出的决议；

（2）管理和妥善保管国际足联的账户；

（3）撰写代表大会、执委会、委员会、紧急委员会、常务委员会和特别委员会会议的纪要；

（4）国际足联的信件来往；

（5）国际足联和洲际足联，会员协会和委员会的关系；

（6）秘书处的组织；

（7）任命和解聘秘书处的工作人员；

（8）如有关规程未予规定相应负责部门，可代表国际足联签署某委员会决议。

4. 主席应根据秘书长的提议任命秘书处的管理人员（各部门主任）。

第十章　财　务

第 73 条　财政期

1. 国际足联的财政期为四年，从国际足联世界杯决赛次年的一月一日算起。

2. 对国际足联的收入和支出应进行管理，以在财政期结束时达到总体收支平衡。通过增加储备以确保国际足联完成未来的职责。

3. 秘书长负责在 12 月 31 日做出国际足联及其各附属机构的年度财务报表和决算。

第 74 条　审计公司

审计公司应对财务委员会通过的账务进行审计并向代表大会提交报告。审计公司的聘期为四年，到期可续约。

第 75 条　会费

1. 每个会员协会应于每年的一月一日前交纳会费。新会员第一年的会费应在其成为会员的那届代表大会结束后 30 天内支付。

2. 会费的数额每四年由代表大会根据执委会的建议更新。每个会员协会的会费相同，且最高不得超过 1 000 美元。

第 76 条　欠费

国际足联可以从会员协会的账户中扣款抵消欠费。

第 77 条　税费

1. 每一场“A”级代表队之间的国际比赛，会员协会需向国际足联缴纳一定的税费。奥运会的足球比赛也是国际比赛。税费的数额以《国际比赛规程》中关于国际比赛的规定为依据，并根据比赛的总收入由举行比赛的国家的会员协会支付。

2. 国际足联可根据《国际比赛规程》中关于国际比赛的规定收取临时组建队伍之间国际比赛的税费。

3. 根据自己的章程和规程，洲际足联也有权在国际足联税费之外征收自己的税费。

4. 会员可根据自己的章程和规程的规定自行规定在自己辖区内的税费。

第十一章　比赛和赛事的权利

第 78 条　权利

1. 国际足联、其会员协会以及各洲际足联为由其管辖的各项比赛和赛事的所有权利的原始所有者，且不受任何内容、时间、地点和法律的限制。这些权利包括各种财务权利，视、听和广播录制、复制和播放版权，多媒体版权，市场开发和推广权利以及无形资产权如会徽及其他版权法规定的权利。

2. 执委会应决定如何使用这些权利以及将其使用到何种程度并制定特别的规定。执委会还应自行决定是否独自使用此权利或同第三方合作或完全通过第三方行使这些权利。

第 79 条　授权

1. 国际足联、其会员协会以及各洲际足联独家负责对其各自管辖范围内的足球比赛和赛事的图像、声音和其他方式的资料的分配给予授权，且不受内容、时间、地点、技术和法律方面的限制。

2. 执委会应制定授权的有关规定。

第十二章　竞　赛

（一）国际足联决赛阶段比赛

第 80 条　地点

1. 执委会负责决定国际足联赛事决赛阶段比赛的地点。作为规定，不得在同一大洲连续举办两届赛事，执委会负责制定相应的指南。

2. 国际足联世界杯规程将明确相当一部分总收入将用于发展目的。

（二）国际比赛和赛事

第 81 条　国际比赛日历

执委会应与各洲际足联协商后，制定国际足联比赛日历。各洲际足联，会员协会及联赛组织都应遵守此比赛日历安排。

第 82 条　国际比赛和赛事

1. 执委会负责制定会员协会代表队之间、联赛组织间和 / 或俱乐部间的国际比赛和赛事的规定。未根据《国际足联国际比赛管理规程》经国际足联、洲际足联和 / 或会员协会的允许不得举行任何比赛或赛事。

2. 执委会可以制定进一步的有关此类比赛和赛事的规定。

3.《国际足联国际比赛管理规程》中未提及的授权比赛的条件由国际足联决定。

4. 尽管《国际足联国际比赛管理规程》规定了批准比赛的权威机构，国际足联仍在批准国际比赛方面有最终发言权。

第 83 条 关系

1. 未经国际足联批准，洲际足联的所属会员或临时会员的球员和球队不得与非洲际足联会员或临时会员的球员或球队进行比赛或进行足球联系。

2. 会员协会及其俱乐部未经其他会员协会的批准不得在其他会员境内比赛。

第 84 条 批准

除了特殊情况，任何会员协会下属的协会，联赛组织或俱乐部不得属于另一个会员协会或在另一个协会辖区内参加比赛。如有此情况，必须经双方协会、有关洲际足联和国际足联批准方可进行。

第十三章　最终条款

第 85 条 不可预见的意外情况和不可抗力

执委会对任何本章程未规定的事务或不可抗力的情况有最终决定权。

第 86 条 解散

如果国际足联解散，其资产将移交给其总部所在国的最高法院。该最高法院将按“托管资产”对这些资产进行托管，直到国际足联重新建立。

第 87 条 章程的执行

本章程于 2012 年 5 月 25 日在布达佩斯的国际足联代表大会通过，自 2012 年 7 月 25 日起生效。

2013 年国际足联代表大会将首次选举司法机构、审计与合规委员会和女足执委。在 2012 年的国际足联大会上，即 2013 年大会前，执委会应该向大会提交其推荐的担任审计与合规委员会和道德委员会两个分支机构的人员名单予以批准。如果被提名的人员没有通过大会的批准，或在 2013 年前任职期间辞职，执委会应任命替代人选。在 2013 年大会选举时，现任主席第一个一年的任期不计算。2013 年代表大会之前，均由执委会负责任命审计与合规委员会副主席及委员、道德委员会两个分支机构的副主席及委员、纪律委员会和申诉委员的主席、副主席及委员和女足执委。

2012 年 5 月 25 日于布达佩斯

国际足联执委会

主席：约瑟夫・布拉特　秘书长：杰罗米・瓦尔克

国际足联行为准则（2012版）[*]

1. 目　标

遵守《国际足联行为准则》中所制定的条例对国际足联及其发展目标而言至关重要，尤其是为了长期维护和改良足球这项运动，并在全球范围内对其统一，教育、文化及人文价值在青少年和发展项目中进行推广。此外，遵守这些条例还能防止一切可破坏足球比赛诚信的手段和行为。

2. 适用范围

该行为准则适用于国际足联大家庭，即：

– 官员：官员指足球领域所有类型的官员，如委员会成员、裁判员和助理裁判员、教练员、训练员及各种技术官员，队医和国际足联、洲际足联、会员协会、联赛及俱乐部。

– 国际足联雇员。

– 运动员。

– 会员协会、协会成员、比赛官员、球员经纪人（代理人）、比赛经纪人，在国际足联章程中所定义的。

3. 十一条核心条款行为举止要求

作为每一个大家庭成员，我们在任何时候都应遵循：

[*]　本文件来自中国足球协会官方网站。

3.1 正直和道德行为

在任何情况下，我们都应言行正直，讲道德，保持国际足联和自身目标至高无上的诚信声望。

3.2 尊重与自尊

我们应当尊重他人并保护他人的自尊、隐私和个体权力。

3.3 对歧视和侵扰零容忍

我们保护多元文化，不歧视包括种族、种族地位、出身、肤色、国籍、宗教、年龄、性别、语言、体貌、性取向、政治观点、契约等上述提及或其他方面的任何言语及行为侵扰。

3.4 公平竞赛

我们认为公平竞赛的重要性引领我们任何时候的行为和决定。

3.5 服从法律、规则及规程

我们遵守所有适用法律以及相关国内法规、规程，包括尊重各方利益。

3.6 避免利益冲突

我们永保对国际足联和其目标的最高关注，避免任何利益冲突是每名大家庭成员的个人责任。

3.7 透明与服从

我们追求透明并力求维护一个良好的确认与平衡的承诺文化。

3.8 社会与环境责任

我们确保实现我们严肃的社会和环境责任。我们希望通过足球促进积极的社会变化，并致力于降低我们所有活动对环境造成的负面影响，并延伸我们的影响范围。

3.9 与禁药和兴奋剂做斗争

我们想在体育中扮演与禁药和兴奋剂做斗争的先锋。我们严格地抵制使用禁药及兴奋剂。

3.10 对贿赂和腐败零容忍

我们抵制和谴责所有形式的贿赂和腐败。

3.11 不赌球和操控比赛

我们不参与任何与足球相关的赌博，不容忍任何形式的操控比赛及非法影响比赛结果。

4. 施　行

该行为准则在 2012 年 5 月 25 日在国际足联布达佩斯代表大会上通过，于当年 7 月 25 日施行。

2012 年 5 月 25 日，布达佩斯

国际足联执委会

主席：布拉特，秘书长：瓦尔克

国际赛事管理规程 [*]

I. 总　则

根据《国际足联章程》第 73、78、79 和 80 条规定，执委会批准下列规程：

第一条　目标

本规程依据《国际足联章程》第 79 条第 1 款的规定，对组织的相关比赛或赛事所涉及的授权、通知和其他要求进行规定。此规定主要是针对不同会员协会所属球队之间的比赛或赛事；同一会员协会所属球队在第三国进行的比赛或赛事；以及参赛球员或运动队不隶属于会员协会或各洲足联临时会员协会的比赛或赛事。

第二条　适用范围

1. 本规程适用于所有国际比赛。

2. 本规程对男子、女子足球、五人制足球以及沙滩足球具有同等效力。

第三条　定义

本规程中提到的术语具体定义如下：

俱乐部队：代表俱乐部参赛的球队，该俱乐部直接或间接隶属于某会员协会。

洲足联：被国际足联认可的属于同一个大洲（或地理上的同一个区域）会员协会组成的团体组织。

国际比赛：是指不同会员协会所属的两支球队之间的比赛（两个会员协会代表队之间、两个俱乐部队之间、两个临时组成的球队之间、一个会员协会代表队与一个俱乐部队之间、一个会员协会代表队或俱乐部队与一个临时组成的球队之间）。任何赛事中如有一场比赛为国际比赛则应遵守本规程。同一会员协会所属的两支球队在第三国举行的比赛也被认定为国际比赛或国际赛事。

国际“A”级比赛：两个会员协会间安排的比赛，且各自派出国家队（国家一队）参加比赛。

[*]　本文件来自国家体育总局官方网站。

会员协会：由国际足联代表大会通过并承认为会员的协会。

代表队：代表会员协会的球队（男子或女子）。

临时组成的球队；参赛队球员由不属于同一个俱乐部或会员协会的球员组成，和（或）由已不再在某一会员协会注册的退役职业球员或业余球员组成。

第三国：在一个会员协会领土内举行的比赛或赛事，而任何一支参赛队都不隶属于该会员协会。

性别与单复数：本规程术语中的球队泛指男女性别，不分单复数。

第四条 一般规定

1. 国际比赛只能由国际足联、各洲足联或会员协会根据此规程批准。

2. 比赛举行所在地的会员协会负责所有沟通事务及办理相关审批手续（参赛队所属会员协会、洲足联和国际足联所需要的批准文件）。

3. 各参赛队在参加国际比赛时应在赛前核查所需的批准文件是否已由相关部门根据本规程签发。

4. 任何在一个会员协会其领土内安排和举行的比赛，比赛举办地的会员协会应通知相关参赛队所属会员协会、洲足联和国际足联（如有需要）比赛是否已得到相应的批准。

5. A 级代表队（国家一队）的比赛每天只能进行一场。

第五条 国际比赛或赛事的名称

1. 国际比赛和赛事的名称不得提及国际足联、洲足联或会员协会任何已有赛事的官方名称。

2. 国际比赛或赛事使用的名称可体现参赛队所属会员协会的国家或地区的适当的政治性或地理描述，且该会员协会对该国家或地区拥有唯一的控制或管辖权。

3. 国际足联和各洲足联保留批准所有赛事的名称的权利。

第六条 会员协会职则

1. 会员协会可以制定自己的国际比赛管理规程，但必须完全遵守本规程及各洲足联的相关规程。

2. 会员协会必须确保自己的会员遵守本规程、各洲足联相关规程以及会员协会的相关规程。

3. 国际比赛举办地的会员协会负责确保遵守适用的相关规程。如有要求，需确保获得国际足联、各洲足联和其他相关会员协会的批准和授权。

4. 会员协会必须回复来自参赛会员协会、洲足联或国际足联发出的与参赛代表队或所属俱乐部有关的书面授权申请。

5. 国际“A”级比赛举办地的会员协会应负责收取所有适用规定的税费并及时将正确的数额转给国际足联和 / 或相关洲足联。该会员协会还应负责按要求填写国际比赛财务报表并及时提交给国际足联、洲足联和相关会员协会。

第七条　批准

1. 所有国际比赛必须获得参赛队所属的会员协会和比赛举办地会员协会的批准许可。临时组成的球队参加的比赛必须获得球员所属会员协会的批准许可。

2. 任何涉及 A 级代表队（国家一队）或临时组成的球队需要获得两个或两个以上洲足联的批准许可的比赛，也需获得国际足联的批准许可。

3. 涉及临时组成的球队的比赛，在没有获得国际足联、相关洲足联和会员协会批准的情况下不得进行比赛，且只能在特殊情况下才给予此类比赛的批准。

4. 国际足联的批准许可或否决都由国际足联秘书处发出，且为最终决定，必须遵守。

5. 国际足联、洲足联和会员协会不承担因批准授权赛事而出现的任何法律赔偿。

Ⅱ. 国际比赛

第八条　1 级国际比赛

1. 本规程中所指的 1 级国际比赛，是指参赛队之一为 A 级代表队（国家一队）、临时组成的球队或参加某会员协会最高两级联赛的俱乐部队。

2.1 级国际比赛所需的主要批准条件见附件 A。

第九条　2 级国际比赛

1. 本规程所指的 2 级国际比赛，是指除了非 A 级代表队（国家一队）参加的比赛和非 1 级国际比赛外的所有国际比赛。

2.2 级国际比赛所需的主要批准条件见附件 B。

第十条　3 级国际比赛

1. 本规程所指的 3 级国际比赛，是指除了非 1 级和非 2 级国际比赛外的所有国际比赛。

2.3 级国际比赛的批准程序由相关洲足联规程规定。

Ⅲ. 程　序

第十一条　会员协会申请程序

1. 每个会员协会必须确保其会员在申请参加国际比赛或赛事时要遵守以下最低要求：

a）填写申请表；

b）提交申请时需包含申请的日期。申请提交日期必须尽早以确保有充足时间向国际足联、相关洲足联和会员协会提交批准许可申请；

c）缴纳申请费（如有），以及其他要求；

d）如违反本规程和（或）未遵守会员协会的申请要求将可能受到处罚。

2. 举办国际比赛或赛事的申请表格应至少包含以下信息：

a）负责推广和举办国际比赛或赛事的有关机构的名称，如会员协会、会员协会所属联赛或俱乐部，及国际足联赛事代理经纪；

b）按照本规程第五条规定所确定的国际比赛或赛事的名称；

c）参加国际比赛或赛事的球队名单；

d）国际比赛或赛事的举办日期；

e）指派的国际足联国际级裁判员的姓名和国籍；

f）国际比赛或赛事的规程，包括以下内容：

Ⅰ）竞赛办法和赛程（如果不止一场比赛）；

Ⅱ）裁判规定；

Ⅲ）纪律处罚程序；

Ⅳ）确认严格遵守《足球竞赛规则》；

Ⅴ）球员资格规定及其他；

Ⅵ）反兴奋剂措施（如适用）；

g）体育场允许使用证明并确保符合国际足联足球体育场标准，即符合国际足联制定的相关技术标准并达到可使用的程度。

h）球员安保措施，包括医务急救方案；

i）赛事保证金或其他经费安全措施，以确保经费的执行，如支付裁判员酬金等；

j）如果比赛为公开比赛，应提供相应安保计划，其中包括票务计划，并都应遵守国际足联安保规程（如果适用）；

k）参赛队比赛服颜色以及有关球衣广告内容的禁用注意的事项，可参考国际足联装备规程；

l）国际比赛或赛事的国际电视转播确认函（如有）；

m）遵守本规程的证明；

n）国内法律相关规定和要求。

3. 参加在另一个会员协会所辖区域内举办的国际比赛或赛事的申请表格应至少包含以下信息：

a）举办国际比赛或赛事所在辖区的会员协会名称；

b）负责推广和策划国际比赛或赛事的有关机构名称；

c）参加国际比赛或赛事的球队名称；

d）国际比赛或赛事的比赛日期；

e）基本竞赛规则，包括：

Ⅰ）如不止一场比赛，则需提供竞赛办法；

Ⅱ）纪律处罚程序；

Ⅲ）球员资格规定及其他；

Ⅳ）反兴奋剂措施（如适用）；

f）提供每个参赛代表团的团长姓名和联系方式，以及提供负责队伍行程的会员协会联络人姓名和联系方式；

g）必要的旅行证件；

h）如果是青少年赛事，需要提供家长的许可书及其他相关证明；

i）其他国内法律的要求和规定。

4. 举办国际比赛或赛事的会员协会可以要求同负责推广和策划比赛的有关机构签订一个书面协议。

第十二条　国际足联和洲足联的批准许可

1. 报送国际足联批准的国际比赛或赛事的许可申请，应在该比赛日之前至少两个月由举办地的会员协会向国际足联提出。申请必须填写国际足联正式申请表格并提交所有相关文件材料。国际足联只受理表格填写与材料完全的申请。对于未按时提交的申请和 / 或材料不完全的申请，国际足联可能拒绝批准或征收额外的费用。国际足联也可能自行决定更换被指派的裁判。

2. 报送洲足联批准的国际比赛或赛事的许可申请，应在该比赛日之前至少两个月由举办地的会员协会向洲足联提出。申请必须填写洲足联正式申请表格并提交所有相关文件材料。洲足联只会受理表格填写与材料完全的申请。对于未按时提交的申请和 / 或材料不完全的申请，洲足联可能拒绝批准或征收额外的费用。洲足联也可能自行决定更换被指派的裁判。

3. 同时向国际足联和洲足联报送的国际比赛或赛事的许可申请，应在该比赛日前至少两个月由举办地的会员协会首先向洲足联提出。洲足联应在接到申请两周内完成批准并将材料提交给国际足联进行批准。

Ⅳ. 国际“A”级赛的通知、报告与注册

第十三条　通知

1. 任何国际“A”级比赛都应由举办赛事的会员协会在确定比赛举办后的 14 天内通知国际足联秘书处，包括友谊赛、各种赛事以及综合性运动会中的足球比赛。不管出现何种情况，该通知必须不晚于比赛日前 48 小时上报国际足联。

2. 没有进行申报的相关会员协会及参赛球队都将根据本规程受到纪律处罚。

第十四条 报告

承办比赛的会员协会应在每场国际“A”级比赛举行后15天内填写官方表格向国际足联秘书处上报比赛官方报告，包括比赛结果、执法主裁判和助理裁判的全名、每支参赛队的球员和替补球员的全名和身份。该表格需完整填写并签字确认。

第十五条 注册和对国际足联排名的影响

1. 每场国际“A”级比赛的结果将记录到国际足联定期更新的列表中。这些比赛的比分将用于更新国际足联排名。

2. 但是对于两个会员协会之间的国际比赛，如果一方在赛前至少48小时通知国际足联及另一方，则该比赛结果可以不记录到官方列表中。根据国际足联章程第73条第1款和本规程规定，在这种情况下应该缴纳的国际A级比赛税费仍应照常缴纳。

V. 税　费

第十六条 税费

1. 国际足联税费：

a）每场国际A级比赛会员协会都应向国际足联缴纳税费，包括奥运会足球项目的所有比赛。

b）税费由比赛举办国的会员协会缴纳。

c）向国际足联缴纳的税费应相当于总收入（球票销售、广告权益、电视和广播转播权益收入以及录影和摄像权益等）的2%。

d）唯一可以在总收入中减免的部分是实际支付给国家的和地方的税收（但不应包括银行收费或汇率兑换费用），以及租用体育场的相关费用。可减免的部分不得超过总收入的30%。

e）隶属于各洲足联的会员协会应遵守本条中的c）款的规定，但以下情况除外：

Ⅰ）隶属于同一洲足联的两个会员协会在该洲足联的领土上举行的协会之间国际比赛，缴纳给国际足联的税费为1%，另外1%税费直接缴纳给相应洲足联；

Ⅱ）隶属于两个不同洲足联的会员协会在其中一个洲足联的领土上举行的协会之间国际比赛，所有税费应缴纳给国际足联，再由国际足联向两个洲足联各返还0.5%税费；

Ⅲ）隶属于两个不同洲足联的会员协会在第三方洲足联领土上举行的国际比赛，缴纳给国际足联的税费为1%，另外1%直接缴纳给比赛地所属的洲足联。

2. 洲足联税费：

a）各洲足联可根据其章程和规程征收独立于国际足联之外的洲足联税费。

b）各洲足联应公布适用于国际比赛的收费标准以及缴纳税费的程序与时间。

3. 会员协会税费

a）各会员协会可根据其章程和规程征收独立于国际足联和洲足联之外的会员协会税费。

b）会员协会应公布适用于国际比赛的收费标准以及缴纳税费的程序和时间。

4. 缴纳所有税费是参赛球队的义务。

第十七条　财务报表

1. 对于需要缴纳税费的每场国际比赛，举办比赛的会员协会应准备详细的账目表。

2. 该账目表应包括赛事所有方面收入的数额，以及从其中扣除的税费和相关经费的数额。

3. 账目表和应缴纳给国际足联、所有有关会员协会和洲足联的相关税费应在比赛日后 60 天内提交和缴纳。

4. 未遵守本条所要求事项，将根据本规程、国际足联纪律准则以及国际足联章程进行处罚。

第十八条　最少税费

1. 无论比赛财务收入结果如何，应缴纳给国际足联至少 400 美元的税费。

2. 各洲足联和会员协会可独立于国际足联制定其各自最少税费收取标准。

Ⅵ. 处罚 / Ⅶ. 最后条款

第十九条　处罚

1. 任何违反本规程的行为都将根据国际足联纪律准则受到处罚。

2. 如果一场国际比赛未经批准在某会员协会辖区内举行，则该会员协会将依照相关洲足联的纪律处罚规程以及国际足联的纪律处罚规程（如需要）被处罚。另外，参赛球队及其所属的会员协会也将依照相关洲足联的纪律处罚规程以及国际足联的纪律处罚规程（如需要）被处罚。

第二十条　官方语言

1. 本规程用国际足联四种官方语言发布（英语、法语、西班牙语以及德语）。

2. 如四种语言版本之间出现任何冲突，以英语版本为准。

第二十一条　通过与执行

本规程由国际足联执委会于 2011 年 3 月 3 日通过，2011 年 8 月 1 日生效。

附件：概述和批准授权的程序

附件A 1级国际比赛

球队类型			需国际足联批准许可	需通知国际足联	需比赛举办地洲足联批准	需所属洲足联批准	需球队所属会员协会批准	需比赛举办地会员协会批准
一队代表队	A 队代表队 A 队代表队（室内五人制） A 队代表队（沙滩足球）	属于同一洲足联的情况	X	X		X	X	
		属于不同洲足联的情况	X		X	X	X	X
会员协会下属最高两级别联赛中的参赛俱乐部队	属于同一洲足联的情况（比赛 / 赛事）	如果预定的比赛日与国际足联比赛日或相关洲足联比赛日发生冲突（包括规定的球员放行期）		X	X		X	X
		任何其他日期		X	洲足联规程规定		X	X
	属于不同洲足联的情况（比赛 / 赛事）	任何日期		X	X	X	X	X
临时组成的球队	属于同一洲足联的情况（比赛 / 赛事）	任何日期	X		X		X	X
	属于不同洲足联的情况（比赛 / 赛事）	任何日期	X		X	X	X	X

注释：
洲足联规程规定：比赛是否需要洲足联批准许可和通知洲足联，由洲足联的规程规定。
属于同一洲足联的情况：所有参赛队都属于同一洲足联，且比赛在该洲足联领土内举行的情况。
属于不同洲足联情况：如果参赛球队属于不同洲足联，或比赛（赛事）在另一个洲足联领土内举行，则比赛或赛事举行所在地的洲足联拥有最终决定权，但在此决定做出之前其他相关洲足联有“否决权”。

附件B 2级国际比赛

球队类型			需国际足联批准许可	需通知国际足联	需比赛举办地洲足联批准	需所属洲足联批准	需球队所属会员协会批准	需比赛举办地会员协会批准
其他代表队	U20 代表队 U17 代表队 其他任何代表队	属于同一洲足联的情况		X	洲足联规程规定	洲足联规程规定	X	X
		属于不同洲足联的情况		X	X	X	X	X
职业俱乐部（非顶级联赛俱乐部）	属于同一洲足联的情况（比赛 / 赛事）	如果预定比赛日与国际足联比赛日或相关洲足联比赛日冲突（包括规定的球员放行期）		X	X		X	X
		任何其他日期		X	洲足联规程规定		X	X
	属于不同洲足联的情况（比赛 / 赛事）	任何日期		X	X	X	X	X

注释：
洲足联规程规定：比赛是否需要洲足联批准许可和通知洲足联，由洲足联的规程规定。
属于同一洲足联的情况：所有参赛队都属于同一洲足联，且比赛在该洲足联领土内举行的情况。
属于不同洲足联的情况：如果参赛球队属于不同洲足联，或比赛（赛事）在另一个洲足联领土内举行，则比赛或赛事举行所在地的洲足联应拥有最终的决定权，但在此决定作出之前其他相关洲足联有“否决权”。

国际足联球员身份及转会规程 [*]

国际足联

主席：Joseph S. Blatter

秘书长：Jérôme Valcke

地址：FIFA

FIFA-Strasse 20

P.O. Box

8044 Zurich

Switzerland

电话：+41-（0）43-222 7777

传真：+41-（0）43-222 7878

网址：www.FIFA.com

根据2003年10月19日修订的《国际足联章程》第5条，国际足联执行委员会颁发以下规程和附件，附件为正文的组成部分。

为了更好地理解规程，以下是相关术语的定义：

1. 原协会：原俱乐部所属协会。

2. 原俱乐部：球员离开的俱乐部。

3. 新协会：新俱乐部所属协会。

4. 新俱乐部：球员加入的俱乐部。

5. 官方比赛：在有组织的足球赛事框架下进行的比赛，例如国家联赛、杯赛以及俱乐部国际锦标赛等，但不包括友谊赛和测试赛。

6. 有组织的足球赛事：由国际足联、洲际足联、相关协会主办或授权的足球赛事。

---

[*] 本文件来自中国足球协会官方网站。

7. 保护期：职业球员 28 周岁赛季之前所签订的合同生效日起的连续 3 个赛季或 3 年；或职业球员在 28 周岁赛季之后所签订的合同生效之日起的连续 2 个赛季或 2 年。

8. 注册期：相关协会根据第 6 条所确定的时期。

9. 赛季：从国家相关联赛第一场官方比赛开始到最后一场官方比赛结束的时期。

10. 培训补偿：根据附件四为青少年球员发展所支付的金额。

11. 未成年球员：未满 18 周岁的球员。

12. 足校：通过提供所需训练设施和条件，以培训球员为主要的、长期的目标的独立法人实体或组织。包括但不限于拥有足球训练中心、足球营、足球课堂等。

13. 转会匹配系统（TMS）：一个以简化球员国际转会程序，以及提高信息流动的透明度为首要目的，以网络操作为基础的数据信息系统。

14. 第三方：非涉及转会的双方俱乐部，也非球员之前注册的俱乐部的一方。

注：条款中所指的自然人包括男性和女性。所有单数术语的解释也适用于复数，反之亦然。

1 范　围

1. 本规程规定了全球范围内球员参与足球比赛的身份以及在隶属于不同协会俱乐部间转会的相关事宜。

2. 同一个协会俱乐部间的球员转会由该协会遵照下列第 1 条第 3 款的规定制定专门规程予以管理。该协会的规程必须经国际足联批准。该规程必须规定处理俱乐部和球员之间争议的规则，也必须制定在培训青少年球员方面投入经费的俱乐部的奖励机制。

3. a）各协会必须遵守本规程中的第 2~8、10、11、12bis、18、18bis、18ter、19、19bis 各条，并将其逐字引入本协会的规程。

b）各协会的规程中都必须写明保护合同稳定性的适当措施，遵守国家法律和劳资协议，且必须特别考虑以下原则：

第 13 条：必须遵守合同的原则；

第 14 条：正当理由单方面可终止合同而不追究责任的原则；

第 15 条：职业球员可以以正当体育理由终止合同的原则；

第 16 条：不能在赛季中终止合同的原则；

第 17 条第 1、2 款：无正当理由终止合同需要支付赔偿，且赔偿可在合同中予以规定的原则；

第 17 条第 3 款至第 5 款：无正当理由终止合同的一方需受到纪律处罚的原则。

4. 根据附件一的条款，本规程还规定放行球员回国参加国家队比赛资格的问题。这些条款适用于所有协会及俱乐部。

2 球员身份：业余球员与职业球员

1. 参与有组织的足球赛事的球员分为职业球员和业余球员。

2. 职业球员是指与俱乐部签订了书面合同，且从事足球活动得到的收入大于其足球活动实际支出的球员。其他则为业余球员。

3 重新获得业余球员身份

1. 职业球员只能在其以职业球员身份参加的最后一场比赛 30 天后，方可重新注册为业余球员。

2. 重新注册为业余球员时，不能获得任何补偿。但是，在 30 个月内再次转会成为职业球员时，新俱乐部要根据第 20 条支付培训补偿。

4 终止足球活动

1. 职业球员在其合同期满时退役，或业余球员终止其足球活动后的 30 个月内仍应在其最后效力的俱乐部所属协会注册。

2. 终止足球活动的日期从该球员代表俱乐部参与的最后一场官方比赛开始计算。

5 注 册

1. 根据第 2 条，球员必须在某一足球协会中注册为某一俱乐部效力的职业球员或业余球员。只有已注册的球员方有资格参加有组织的足球赛事。球员一经注册，即表明其同意遵守国际足联、洲际足联及协会的各种章程和规则。

2. 球员一次只能在一家俱乐部注册。

3. 在同一赛季中，球员最多只能注册为三家俱乐部的球员，且只能代表其中两家俱乐部参加官方比赛。若球员转会前后的两家俱乐部所属协会的赛季交叉（即其中一家俱乐部所属的赛季为跨年度），则该球员也可代表第三家俱乐部参加当赛季的官方比赛。前提是该球员应当遵守与前两个单位的合同约定，同时应当遵守有关注册期（第 6 条）及最短合同期限（第

18 条第 2 款）的规定。

4. 任何情况下，竞赛必须以诚信为本。尤其是一名球员不能在同一个赛季为多于两家俱乐部在同一个全国锦标赛或杯赛效力。

6　注册期

1. 球员只能在所在协会规定的每年 2 次注册期的任一注册期间内注册。职业球员的合同在某一注册期截止日前已到期的情况除外。在充分考虑相关竞赛的整体性后，各协会可以同意该职业球员在注册期之外进行注册。为了避免滥用权力，国际足联将根据第 22 条对因正当理由终止的合同采取临时措施。

2. 第一次注册期应在赛季结束后开始，并于新赛季开始前截止。整个跨度不应超过 12 周。第二次注册期通常在赛季中期开始，跨度不超过 4 周。各协会应提前 12 个月将两次注册期日程输入到转会匹配系统（TMS）（请参见附录三第 5.1 条第 1 款）。如果未及时上报国际足联，国际足联将代为确定注册期。俱乐部在注册期内递交有效申请给相关协会后，球员方可注册成功。第 6 条第 1 款的特例除外。

3. 有关注册期的条例不适用于仅有业余球员参加的比赛。为了比赛的公正完整，相关协会应规定专门的日期注册这类比赛的球员。

7　球员参赛证

球员在某个协会注册后，该协会须向俱乐部发放球员参赛证。参赛证上写明该球员的详细资料，包括球员在 12 岁后所属的所有俱乐部名称。如果球员出生月份在两个赛季之间，则应标明其生日后的那个赛季他加入的俱乐部名称。

8　注册申请

职业球员申请注册时必须一并提交球员合同的复印件。有关决策层有权要求球员提交补充合同或者任何附加协议。

9 国际转会证明

1. 某个协会中的球员要在新协会注册时，只有当后者收到原协会的国际转会证明（以下简称 ITC）后方可办理。ITC 的签发应该免费且无条件和时间限制。任何附加条款均无效。协会要将其签发的 ITC 传真一份给国际足联。有关签发 ITC 的办理程序详见本规程附件三第 8 条和附件三（a）。

2. 禁止协会以允许球员参与测试赛为由要求签发 ITC。

3. 新协会在收到 ITC 后，应该将球员注册为职业球员的事宜书面通知在球员 12 岁和 23 岁之间（请参考第 7 条 – 球员参赛证）训练和教育球员的俱乐部协会。

4. 10 岁以下的球员转会不需出具 ITC。

10 职业球员租借

1. 职业球员可以租借到另一俱乐部，条件是球员与俱乐部之间必须签订书面协议。球员转会的规定同样适用于球员租借，包括培训补偿和联合机制补偿的规定。

2. 根据第 5 条第 3 款，最短租借期为两次注册期之间的时间间隔。

3. 租借球员的俱乐部不能在未经租出球员俱乐部和球员本人书面同意的情况下将球员转会至第三方俱乐部。

11 未注册的球员

未经注册的球员代表某个俱乐部参加官方赛事均被视为违规。除了纠正上述出场所带来的体育后果外，该球员或 / 和所代表俱乐部均应受到制裁，实施制裁的权力原则上属于所在协会或赛事主办方。

12 纪律处罚的执行

1. 任何达到 4 场比赛或 3 个月的纪律处罚，如果在球员转会前原协会没有全部执行完，则球员所注册的新协会应在国内层面继续执行。原协会应在签发 ITC 时通过 TMS（球员注册为职业球员时）或书面（球员注册为业余球员时）通知新协会任何没有被全部执行的纪律处罚。

2. 任何没有全部执行完的超过 4 场比赛或 3 个月的纪律处罚，只有在国际足联纪律委员会将该处罚范围扩展到全球有效后，球员所注册的新协会才需要执行。另外，原协会应在签发 ITC 时通过 TMS（球员注册为职业球员时）或书面（球员注册为业余球员时）通知新协会任何上述待定的纪律处罚。

12bis　逾期应付款

1. 根据与职业球员签署的合同和转会协议的条款规定，俱乐部被要求遵守有关球员和其他俱乐部的财务义务。

2. 任何俱乐部被发现在没有初步的合同基础上延迟付款超过 30 天可能会根据下述第 4 款接受处罚。

3. 从本条的意义上讲，若一俱乐部被认为有逾期应付款，债权方（球员或俱乐部）必须书面置债务俱乐部于缺省状态，给予债务俱乐部至少十日的最后期限使债务俱乐部依从其财务义务。

4. 在他们相应的管辖范围内（第 22 条连同第 23、24 条），球员身份委员会、争议解决庭、独审法官或 DRC 裁决可能会施加如下处罚：

a）警告；

b）严重警告；

c）罚款；

d）在完整以及连续的一个或两个注册期内禁止注册任何国内或国际的新球员；

5. 第 4 款提及的处罚可累积施加。

6. 重复违反被认作情节加重，可能会带来更严重的处罚。

7. 根据上述第 4d 款的注册禁令的执行可能被暂停。通过暂停注册禁令，决定机构可以向受制裁的俱乐部实行六个月至两年的处罚延期。

8. 如果受益于注册禁令暂停的俱乐部在延期内再次违规，暂停自动解除且执行注册禁令；并与新违规的禁令累加。

9. 在合同关系单方终止的情况下，本条的内容无损于第 17 条相关的进一步措施的应用。

13　遵守合同

职业球员与俱乐部之间所签订的合同只可在合同期满或双方同意的情况下终止。

14 以正当理由终止合同

1. 合同双方的任意一方都可以正当理由终止合同，不予追究责任（支付补偿费或给予纪律处罚）。

2. 任何一方采取了旨在迫使另一方终止或变更合同条款的不当行为将使另一方（球员或俱乐部）有权以正当理由终止合同。

14bis 以未支付工资的正当理由终止合同

1. 若俱乐部非法逾期未支付球员至少 2 个月的工资，则球员在书面通知俱乐部违约行为并给予债务人俱乐部至少 15 天期限完成财务义务的情况下，可以正当理由终止合同。在本条款实施时已存在的合同中的替代条款，可予以考虑。

2. 若球员工资不是按月薪支付，则可按照 2 个月的相应比例进行考虑。拖延支付的款项等价于至少 2 个月工资的情况，也可被视为球员终止合同的正当理由，前提是球员按照上述第一款的要求进行了终止通知。

3. 雇主与雇员之间根据国家法律在国内层面达成的有效的劳资协议可与上述第一款和第二款的原则不同。应以前述劳资协议为准。

15 以正当体育理由终止合同

若一名成熟的职业球员在一个赛季中代表其俱乐部的比赛少于该俱乐部参与的官方比赛的 10%，则球员可以提前终止合同，此为正当体育理由。这种情况下需充分考虑球员的实际情况。正当体育理由的情况应区别对待。球员以正当体育理由提前终止合同不受体育处罚，但可涉及经济赔偿。球员只能在其所注册俱乐部该赛季最后一场官方比赛结束 15 天后依据正当体育理由终止合同。

16 赛季中终止合同的限制

赛季期间不得单方面终止合同。

17　无正当理由终止合同的后果

以下条例适用于无正当理由终止合同的情况：

1. 除非合同中另有说明，否则在任何情况下违约方都要支付赔偿金。根据第 20 条和附件四有关培训补偿的规定，除非合同中另有说明，违约赔偿金应依据国家法律、体育性质以及下列客观标准确定。这些标准包括：球员在现有合同和/或在新合同中的薪酬及其他福利、现有合同的剩余时间（最多不超过 5 年）、由前俱乐部支付或承担的费用（均摊到合同年限中）以及违约是否发生在保护期内。

上述原则中，支付给球员的赔偿金应按下列要求计算：

i. 在球员原合同终止且没有签订新合同的情况下，赔偿金应等同于原提前终止合同的剩余价值；

ii. 在球员签订了新合同的情况下，新合同中与原提前终止合同剩余时间相一致的部分价值应被扣除（Mitigated Compensation 减轻赔偿）。另外，若由于未支付款项导致合同提前终止，除了减轻赔偿，球员还应获得等同于 3 个月工资的额外赔偿。在极特殊情况下，额外赔偿最多可提高到 6 个月工资数额。但总的赔偿金数额不得超过原提前终止合同的剩余价值。

iii. 雇主与雇员之间根据国家法律在国内层面达成的有效的劳资协议可与上述第一款和第二款的原则不同。应以前述劳资协议为准。

2. 赔偿权利不可转让给第三方。若球员被要求支付赔偿金，则赔偿金额须由球员和新俱乐部共同承担。各自分担数额可由合同约定，或各方达成一致。

3. 在保护期内违约的球员，除支付赔偿金外，还将受到体育处罚，即禁止其在 4 个月内参加任何官方比赛，情节严重者可禁赛 6 个月。禁赛处罚在球员接到相关通知后即生效。在当前赛季的最后一场正式比赛与下一赛季的第一场正式比赛之间的这段时间内，禁赛处罚继续有效，这两种情况下均包括杯赛及俱乐部国际锦标赛。但是，如果球员是其有权代表的协会代表队的既定成员，而该协会在此期间参加了国际锦标赛的决赛，则该体育处罚不适用。在保护期外，球员无正当理由单方面违约可不受禁赛处罚。但在保护期外，球员没有在其所效力的俱乐部该赛季最后一场比赛（包括杯赛）之后 15 天内通知俱乐部终止合同的球员将受到纪律处罚。续签合同后保护期将重新开始计算。

4. 在保护期内违约或诱导违约的俱乐部，除支付赔偿金外，还将受到体育处罚。任何与无正当理由终止合同的职业球员签约的俱乐部将被视为诱导职业球员违约。俱乐部将被惩罚在完整以及连续的两个注册期不能注册任何国内或国际的新球员。俱乐部只有在相关体育处罚在下一个注册期开始前已经全部执行完毕的情况下，才能注册国内或国际的新球员。特别是不可使用本规定第 6 条第 1 款中的特例和临时措施提前注册球员。

5. 受《国际足联章程》及有关规程管辖的任何个人为促成转会而诱导球员和俱乐部违约，都将受到制裁。

18 职业球员和俱乐部间合同的特殊条款

1. 若中间人参与合同谈判，在合同中须注明其名字。

2. 合同最短期限应从生效日期到一个赛季结束，最长期限为 5 年。任何超过此期限的合同必须符合国家法律。未达 18 岁的球员签订的职业球员合同不得超过 3 年，否则不予承认。

3. 有意与球员签约的俱乐部，在书面通知球员现所在俱乐部后方可与该球员谈合同。任何球员只有在现合同过期，或合同将在 6 个月内到期时方可与新俱乐部签订合同。任何违背这条规则的行为都将受到相应制裁。

4. 合同的有效性不受体检结果或是否获得工作许可的影响。

5. 若球员在同一时期签署 1 份以上合同，见第四章之规定。

6. 合同条款中给予俱乐部在应付款项到期后，额外的时间（俗称宽限期）支付职业球员款项的条款不予认可。雇主与雇员之间根据国家法律在国内层面达成的有效的劳资协议中包含的宽限期仍具有法律约束力。在本条款实施时已存在的合同，不受本禁令的影响。

18bis 第三方对俱乐部的影响

1. 任何俱乐部不得与其他俱乐部或第三方签署能够影响雇佣和转会相关事宜的独立性、政策及球队表现的合同。

2. 如有违反，国际足联纪律委员会将对俱乐部实施纪律措施。

18ter 第三方拥有球员经济权益

1. 如果第三方要求参与（部分或全部）球员今后在俱乐部间转会的补偿机制，或拥有球员今后转会或转会补偿的任何权利，俱乐部或球员不得与这类第三方签订任何协议。

2. 上述第一款的禁令自 2015 年 5 月 1 日起生效。

3. 如有上述第一款禁止的情况，但合同早于 2015 年 5 月 1 日前签订，可延续至合同截止，但不得续签。

4. 有上述第一款禁止的情况，签署于 2015 年 1 月 1 日至 4 月 30 日之间的合同期不得在生效后超过一年。

5. 至 2015 年 4 月底，所有与上述第一款不符的合同必须在 TMS 系统登记。有关俱乐部必须上传合同全文，包括附件及修订，且要提供第三方的详细情况、球员全名及合同期。

6. 国际足联纪律委员会将对违反此条规定的俱乐部和球员施以纪律处罚。

19　未成年球员保护

1. 只有 18 周岁以上的球员方可进行国际转会。

2. 以下三种情况除外：

a）球员的父母因为与足球无关的原因搬迁到新俱乐部所在国家；或者

b）转会在欧盟（EU）内或欧洲经济区域（EEA）内，球员在 16 至 18 岁之间，且新俱乐部必须履行以下义务：

i. 为球员提供国内最高水平的足球教育或训练。

ii. 除提供足球教育或训练外，还须保证球员接受文化教育，或职业技能培训，使其在结束职业足球生涯后仍可从事其他非足球工作。

iii. 提供所有必要安排确保球员受到尽可能最好的照顾（包括提供当地家庭或俱乐部里的最好的住宿条件，在俱乐部安排辅导员等）。

iv. 这样的球员一经注册，俱乐部须向有关协会提供其遵守了以上义务的证明。

c）球员住在离国境不到 50 公里的地方，而球员希望注册的毗邻协会属下的俱乐部也距离边境线 50 公里内。球员的住所和俱乐部的所在地之间的最远距离为 100 公里。这种情况下，球员必须继续住在家里，且有关的两个协会必须明确同意。

3. 此条例同样适用于未曾在任何俱乐部注册过、且首次在非国籍国家注册的球员。

4. 所有根据第 2 款进行的国际转会以及根据第 3 款进行的首次注册都必须经过由球员身份委员会任命的下设委员会批准方可进行。获得批准的申请需由希望注册该名球员的协会提出。应给原协会提出意见的机会。有关协会必须在获得下设委员会的批准后，才能进行国际转会证明和 / 或首次注册的申请。任何违反本条款的行为都将由纪律委员会依据《国际足联纪律准则》进行处罚。另外，未经下设委员会批准，为未成年运动员签发国际转会证明的原协会以及与未成年运动员就转会达成协议的俱乐部均将受到处罚。

5. 有关为了青少年首次注册和国际转会而向下设委员会提交申请的程序包含在本规程的附件二中。

19bis 注册和报告在足校里的未成年球员

1. 具有法律和财务权经营足校的俱乐部，必须向其所属协会报告在其足校受教育的未成年球员。

2. 各协会必须保证，在法律和财务上不隶属于任何俱乐部的足校：

a）有自己的俱乐部并参加全国比赛；所有球员都应被报告给属地的会员协会，或注册在自己的俱乐部；或

b）所有以培训为目的加入足校的未成年球员均被报告给属地协会。

3. 各协会应该存有俱乐部或足校报告的未成年球员的姓名及出生日期。

4. 通过报告制度，保证足校和球员按照国际足联章程从事足球活动，并遵守和推动有组织的足球的道德原则。

5. 任何违反本条款的行为都将由国际足联纪律委员会依据《国际足联纪律准则》进行处罚。

6. 第 19 条同样适用于非本国国籍未成年球员的报告。

20 培训补偿

培训补偿应支付给培训过球员的俱乐部，当:（1）球员首次以职业球员身份签订合同时;（2）球员在 23 岁生日赛季结束前每一次转会时。无论在合同期间或合同结束时转会，新俱乐部都有支付培训补偿的义务。有关培训补偿的规定见本规程的附件四。

21 联合机制补偿

如果职业球员在合同到期前转会，所有培训过该球员的俱乐部，均可从其因转会而支付给原俱乐部的补偿费中，获得相应的比例的联合机制补偿。有关联合机制补偿的规定见本规程的附件五。

22 国际足联的权力

无损于任何球员或俱乐部由于劳动关系争议到地方法庭寻求赔偿的权利，国际足联应有权听证以下争议：

a）球员和俱乐部之间合同期限的争议（第 13~18 条），一方要求发出 ITC，而另一方表示反对，特别是涉及 ITC、纪律制裁或违约赔偿引起的争议。

b）俱乐部和球员之间的国际劳资争议，上述当事人可书面明确选择由协会和 / 或劳资工资协议的框架下成立的国家级的独立仲裁法庭裁决，任何这样的裁决条款必须直接包含在合同中或包含在当事人适用的劳资工资协议中。该国家级的独立仲裁法庭必须保证公平的诉讼程序并遵循球员和俱乐部在仲裁庭有相同的代表人数的原则。

c）俱乐部或协会与教练间的国际劳资争议，除非有国家级的独立仲裁法庭以确保诉讼过程的公平性。

d）分属不同协会的俱乐部之间有关训练赔偿（第 20 条）和联合机制补偿（第 21 条）的纠纷。

e）若球员转会前后两个俱乐部属于不同的协会，国际足联有权解决隶属于同一个协会的两个俱乐部之间关于联合机制补偿（第 21 条）的争议。

f）不属于上述 a、d、e 涉及的情况的所有隶属于不同协会的两个俱乐部之间的争议。

23　球员身份委员会

1. 球员身份委员会应根据第 24 条，对本规程 22c 和 f 所提到的情况，以及执行本规程所引起的所有争议进行裁定。

2. 球员身份委员会无权听证任何涉及中间人的合同争议。

若不确定球员身份委员会或争议解决庭的职权范围，由球员身份委员会主席决定负责处理的机构。

3. 球员身份委员会进行裁定时，必须至少有包括球员身份委员会主席或副主席等 3 人在场，除非属于由独审法官裁定的情况。在紧急或事实清楚或不会引起法律问题或在与国际证明相关的球员临时注册的决定 [根据附件三、第 8 条和附件三（a）] 的情况下，主席可以自己或指派委员会内某一成员单独（一名法官）进行裁决。在处理过程中，应给予各方一次被听证的机会。由独审法官或球员身份委员会所做的裁定，可上诉至体育仲裁法庭（CAS）。

24　争议解决庭（DRC）

1. 争议解决庭（DRC）将依据第 22 条 a、b、d、e 项对除 ITC 签发外的任何争议进行裁定。

2. 争议解决庭（DRC）做出裁定时需要有包括主席或副主席在内至少 3 名成员在场，除非属于由一名 DRC 法官裁定的情况。DRC 的成员将为俱乐部和球员分别指定一名其 DRC 法官，DRC 法官有权裁定以下情况的案件：

i. 诉讼费不超过 100,000 瑞士法郎的所有争议；

ii. 有关培训补偿计算的争议（无复杂的事实或法律问题，或者 DRC 已建立清晰的法律条款）；

iii. 有关联合分担金额的计算的争议（无复杂的事实或法律问题，或者 DRC 已建立清晰的法律条款）；

与第 ii 和 iii 点相关的争议也可由主席或副主席作为独审法官裁定。

DRC 法官，或 DRC 主席或副主席（根据具体情况）必须向争议解决庭提交涉及基本问题的案件。除可由独审 DRC 法官裁定的案件，法庭将由相等数量的俱乐部和球员代表组成。在处理过程中，应给予各方一次被听证的机会。对于争议解决庭（DRC）或 DRC 法官做出的裁定，可上诉至体育仲裁法庭（CAS）。

24bis 款项决定的执行

1. 当要求合同一方（俱乐部或球员）支付给另一方（俱乐部或球员）一笔费用（未支付款项或赔偿）时，球员身份委员会、争议解决庭（DRC）、独审法官或 DRC 法官（如果有案例适用）应也可决定未能在适当时间支付相应款项的后果。

2. 相应后果应包含在裁决中，如以下内容：

对于俱乐部：禁止注册任何（无论国内或国际）新球员直到应付款项被支付完毕。禁止注册的最长期限（包括可能的体育处罚）为 3 个完整连续的注册期。

对于球员：限制参加正式比赛直到应付款项被支付完毕。限制参加正式比赛的最长期限（包括可能的体育处罚）为 6 个月。

3. 应付款项一旦被支付，禁止或限制的处罚将在被完全执行完毕之前被撤销。

4. 在相关裁决最终生效并具有约束力后，以及债权人给债务人提供付款银行详细信息的 45 天内仍未支付应付款项的，禁止或限制的处罚将被采用。

25 程序指南

1. 通常情况下，独审法官和 DRC 法官应在接到有效申请后 30 天内裁决，球员身份委员会或争议解决庭在 60 天内裁决。诉讼程序受球员身份委员会及争议解决庭程序规则的约束。

2. 有关培训补偿和联合机制补偿的争议，球员身份委员会包括独审法官裁决以及 DRC 包括 DRC 法官裁决的最高费用为 25,000 瑞士法郎，费用通常由败诉方支付。费用分配将写进裁决书。俱乐部和球员之间有关保持合同稳定性的争议，以及国际范围内俱乐部和球员之间与雇佣相关的争议，诉诸 DRC 以及 DRC 法官的诉讼程序免费。

3. 除非另有规定，有关违反此规程的处罚程序，应遵循《国际足联纪律准则》的规定。

4. 若有根据认为案件涉及纪律问题，依据《国际足联纪律准则》，球员身份委员会、争议解决庭、独审法官或 DRC 法官（视情况）应向纪律委员会提交卷宗并申请根据《国际足联纪律准则》开始纪律程序。

5. 若事件在发生 2 年之后才被提出异议，即使在本规程管辖范围，球员身份委员会、争议解决庭、独审法官或 DRC 法官（视情况）也不受理此案件。每个案件的时限应据此具体检查。

6. 球员身份委员会、争议解决庭、独审法官或 DRC 法官（视情况）在依据本规程做出裁定时，应考虑到所有相关安排、国家级的法律和 / 或劳资双方的工资协议以及足球项目的特点。

7. 施行本规程所引起的争议的详细解决程序将在球员身份委员会及争议解决庭程序规则中有进一步说明。

26　过渡措施

1. 任何在本规程生效前提交给国际足联的案件，应根据之前的规程进行审定。

2. 通常情况下，其他所有案件都应根据本规程审定，以下情况除外：

a）有关培训赔偿费的争议；

b）有关联合机制补偿的争议；

c）2001 年 9 月 1 日前所签合同中的劳动争议。

不适用于上述情况的案件应该根据签约时或产生争议时有效的规程裁定。

3. 会员协会应根据第 1 条修订各自的规程，并提交国际足联批准。各成员协会应执行第 1 条第 3 款 a）的规定。

27　未尽事宜

任何在本规程中未尽事宜及不可抗力案件将由国际足联执委会裁决，其裁决为最终裁决。

28　官方语言

如对本规程英语、法语、西班牙语或德语文本的翻译有歧异，以英语文本为准。

29 生　效

本规程于由国际足联执委会分别于2015年9月24日和25日通过，于2015年10月1日开始执行。

附件一：放行球员回国参加国家队比赛

1 总　则

1. 如果球员被其国籍所在协会召回参加国家队比赛，其所属俱乐部必须放行。球员和俱乐部之间任何与此规定相反的协议无效。

2. 对所有列入国际竞赛日历的国际窗口（参见下列第3、4款）以及国际足联世界杯决赛、国际足联联合会杯、洲际足联"A"级代表队参加的锦标赛，本条第1款规定之放行球员必须遵守。

3. 在与相关方咨询后，国际足联发布了四至八年的国际竞赛日历，其中包括相关时期的所有国际窗口（参见下列第4款）。在发布国际竞赛日历后，仅可添加国际足联世界杯决赛、国际足联洲际杯以及洲际足联"A"级代表队参加的锦标赛。

4. 国际窗口是指代表队活动预留的从第一周周一至第二周周二的连续的九天，在国际窗口期间，每支代表队最多可以进行两场比赛，不管是国际比赛的资格赛或友谊赛。相关比赛可安排在国际窗口期间从周三开始的任意一天，只要两场比赛之间间隔至少两日（周四/周日或周六/周二）。

5. 代表队在一个国际窗口期内应在一个洲际足联内进行两场比赛，跨洲际的淘汰赛阶段比赛除外。若两场比赛中至少有一场比赛是友谊赛，只要两个比赛场地的距离在两个时区及五个小时航程内（依照航空公司官方航班时间表），则可以在两个洲际足联内进行。

6. 在国际窗口外或在上述第2款国际竞赛日历的比赛外，放行球员不是必须的。每年放行同一球员参加超过一项"A"级代表队决赛比赛不是必须的。国际足联纪律委员会可仅就国际足联洲际杯设立本规则的例外情况。

7. 在国际窗口期内，应不晚于周一早上放行球员，以及不晚于国际窗口结束的周三早上允许球员返回俱乐部。对于第2、3款的决赛比赛，最迟于决赛比赛开始前一周的周一早上放行球员，并于该队该项赛事的最后一场比赛的第二天早上允许球员返回俱乐部。

8. 俱乐部和所属协会可以协商确定更长的放行时间。

9. 依据此条款被召回的球员必须在比赛结束24小时内返回俱乐部。如果比赛在不同于球员所属俱乐部注册的洲际足联举行，归队期限可延长至48小时内。球员在比赛日前10天书面告知俱乐部其归队日程。会员协会应确保球员在比赛后按时返回俱乐部。

10. 如球员没有按照上述条款在规定期限内返回俱乐部，国际足联纪律委员会有权决定该球员下次被所属会员协会召回的期限可被缩短，具体规定如下：

a）国际窗口：2天；

b）国际比赛决赛：5天。

11. 如果会员协会不断违反上述条款，则国际足联球员身份委员会可采取下列制裁措施，包括但不仅限于：

a）罚款；

b）缩短放行期限；

c）禁止在以后的比赛中召回球员。

1bis 女子足球的原则

1. 如果球员被其国籍所在协会召回参加国家队比赛，其所属俱乐部必须放行。球员和俱乐部之间任何与此规定相反的协议无效。

2. 对所有列入国际竞赛日历的女足国际窗口比赛（参见下列第3、4款）以及国际足联女足世界杯决赛阶段、奥运会女足比赛、洲际足联"A"级代表队参加的锦标赛及各洲际足联组织的奥运会女足比赛预选赛决赛阶段，本条第1款规定之放行球员必须遵守(最长12天)。

3. 在与相关方咨询后，国际足联发布了二至四年的国际女足竞赛日历，其中包括相关时期的所有国际窗口（参见下列第4款）。在发布国际竞赛日历后，仅可添加国际足联女足世界杯决赛阶段、奥运会女足比赛、洲际足联"A"级代表队参加的锦标赛及各洲际足联组织的奥运会女足比赛预选赛决赛阶段。

4. 国际窗口包括三类：

a）Ⅰ类是指代表队活动预留的从第一周周一至第二周周二的连续的九天。在Ⅰ类国际窗口期间，每支代表队最多可以进行两场比赛，不管是国际比赛的资格赛或友谊赛。相关比赛可安排在国际窗口期间从周三开始的任意一天，只要两场比赛之间间隔至少两日（周四/周日或周六/周二）。

b）Ⅱ类是指洲际足联锦标赛资格赛预留的从第一周周一至第二周周二的连续的九天。在Ⅱ类国际窗口期间，每支代表队最多可以进行三场比赛。

c）Ⅲ类是指每年2/3月为代表队友谊赛预留的从第一周周一至第二周周三的连续的十天。在Ⅲ类国际窗口期间，每支代表队最多可以进行四场比赛。

5. 在国际窗口外或在上述第2款国际竞赛日历的比赛外，放行球员不是必须的。

6. 在国际窗口期内，应不晚于周一早上放行球员，以及不晚于国际窗口结束的周三早上

（第Ⅰ类和第Ⅱ类）或周四早上（第Ⅲ类）允许球员返回俱乐部。对于各洲际足联组织的奥运会女足比赛预选赛决赛阶段，最迟于决赛比赛开始前一周的周一早上放行球员，并于该队该项赛事的最后一场比赛的第二天早上允许球员返回俱乐部。对于第 2、3 款的决赛比赛，最迟于该比赛开始前 14 天放行球员，并于该队该项赛事的最后一场比赛的第二天早上允许球员返回俱乐部。

7. 俱乐部和所属协会可以协商确定更长的放行时间。

8. 依据此条款被召回的球员必须在比赛结束 24 小时内返回俱乐部。如果比赛在不同于球员所属俱乐部注册的洲际足联举行，归队期限可延长至 48 小时内。球员在比赛日前 10 天书面告知俱乐部其归队日程。会员协会应确保球员在比赛后按时返回俱乐部。

9. 如球员没有按照上述条款在规定期限内返回俱乐部，则国际足联纪律委员会有权决定该球员下次被所属会员协会召回的期限将可被缩短，具体规定如下：

a）国际窗口比赛：缩短 2 天；

b）国际锦标赛资格赛：缩短 5 天。

10. 如果会员协会不断违反上述条款，则国际足联球员身份委员会可采取下列制裁措施，包括但不仅限于：

a）罚款；

b）缩短放行期限；

c）禁止在以后的比赛中召回球员。

2 财务规定及保险

1. 依据此附件放行球员的俱乐部无权要求任何经济赔偿。

2. 召回球员的会员协会应负担球员因被召回所发生的所有旅行费用。

3. 球员所注册俱乐部应负责球员整个被召回期间的伤病保险和意外事故保险。保险还必须包括球员在被召回参加的国际比赛中的受伤保险。

4. 如果一名十一人制职业男子球员在被召回参加国家 A 队比赛期间因意外身体受伤并暂时失去行为能力，则该球员所注册的俱乐部可从国际足联获得补偿。有关补偿的条款和条件，包括损失处理程序都在技术公告 – 俱乐部保护计划中列明。

3 球员召回

1. 通常情况下，任何在俱乐部注册的球员均有义务在其协会召其参加国家队比赛时回国参赛。

2. 会员协会如果要征召球员参赛，应在代表队活动的国际窗口第 1 天的前 15 天书面通知该球员（参见附件一第 1 条第 4 款）。如果是要求其参加国际比赛决赛，则需要在相关放行期前 15 天书面通知该球员（参见附件一第 1 条第 7 款）。同时，会员协会也要书面通知该球员所属的俱乐部。俱乐部必须在随后的 6 天内确认对于该球员的放行。

3. 只有在下列两种情况时，会员协会才可向国际足联求助使其在海外效力球员得到放行：

a）球员注册所在会员协会干预未成功。

b）求助必须于要求球员参赛之日前至少 5 天向国际足联提出。

4　球员伤病

因伤病原因不能应召的球员，如召回的会员协会要求，球员应接受该协会指定医生对其进行体检。如球员希望，体检也可在球员注册的会员协会的所在地进行。

5　比赛限制

除非经相关会员协会同意，否则球员被召回期间或依据此附件应被召回期间，不得为其注册俱乐部比赛。不论何种原因，若被征召球员不愿或不能应召参赛，不得为注册俱乐部比赛的期限将延长至 5 天。

6　纪律措施

1. 对违反本附件任何规定的行为将被实施纪律处罚。

2. 如果俱乐部无视此附件之规定，拒绝放行球员或对召回不予理睬，则国际足联球员身份委员会将进一步要求其俱乐部所属协会宣布该球员参加的所有俱乐部比赛为对方获胜。其俱乐部所得分数均无效。任何以杯赛赛制进行的比赛不论比分如何均为对方获胜。

3. 如果球员被召回比赛后超过一次没有按时返回俱乐部，国际足联球员身份委员会可应俱乐部要求，对球员或会员协会进行额外处罚。

附件二：未成年球员申请首次注册及国际转会的管理程序（第 19 条第 4 款）

1　原　则

1. 所有依据第 19 条第 3 款提出的未成年球员首次注册申请，或者依据第 19 条第 2 款进行的未成年球员的国际转会，均须提交到 TMS 中并由 TMS 进行管理。

2. 除非下文另有明确规定，否则申请过程中将采用《球员身份委员会和争议解决庭工作程序管理条例》，根据电脑程序的结果可能会有少许偏差。

2 会员协会的职责

1. 所有会员协会应定期（至少三天一次）检查 TMS 中的“未成年球员”标签，并特别注意任何有关声明的查询或请求。

2. 若因违反上述第 1 款而造成任何程序上的不利，会员协会需负全部责任。

3 下设委员会的构成

1. 球员身份委员会所指定的下设委员会应由球员身份委员会主席和副主席以及九名成员组成。

2. 在紧急情况下，总体而言，下设委员会的所有成员均可作为独审法官进行裁决。然而，下设委员会也可由三名或超过三名成员进行裁决。

4 行为规范

1. 参与各方均应诚信行事。

2. 参与各方均应向下设委员会报告实情。任何被发现向下设委员会提供不真实或虚假数据，或以非法目的滥用 TMS 申请程序的协会或俱乐部都将受到处罚。任何违规行为，例如伪造文件，都将由国际足联纪律委员会依据《国际足联纪律准则》进行处罚。

3. 下设委员会可以采取一切必要的措施保证上述行为规范的执行。

4. 国际足联 TMS GmbH 将在现有附件下对各方的职责进行调查。各方均有义务合作构建真相。特别是，各方应在合理的通知下，回应国际足联 TMS GmbH 索要的其所持有的任何文件、信息或其他材料。另外，各方也应回应其虽没拥有但有义务获得的文件、信息或其他材料的取得和准备。不回应国际足联 TMS GmbH 的索要将导致国际足联纪律委员会的处罚。

5 开始行动与提交文件

1. 关于批准首次注册（第 19 条第 3 款）或国际转会（第 19 条第 2 款）的申请须由相关协会在 TMS 中输入。其他任何申请方式均不予考虑。

2. 根据个案的具体细节，提交申请的协会还必须在 TMS 中输入下列文件：

——身份和国籍证明 - 球员；

——身份和国籍证明 - 球员父母；

——出生日期证明（出生证）- 球员；

——雇佣合同 - 球员；

——雇佣合同 - 球员父母；

——工作许可证 - 球员；

——工作许可证 - 球员父母；

——居住证明 - 球员；

——居住证明 - 球员父母；

——文化教育证明；

——足球教育证明；

——住宿 / 护理证明；

——父母授权；

——距离证明：50 公里规则；

——对方协会同意证明。

3. 如有任何强制性文件未提交，或者未按下述第 7 条提交翻译或官方确认，将在 TMS 中相应地通知申请人。只有提交了所有强制性文件，或者按照下述第 7 条正确提交了所有必要的翻译和官方确认，申请才会予以处理。

4. 申请人还需在申请时提交其他任何必要的文件。下设委员会可能会随时要求申请人提交其他文件。

6 声明及未提交声明

1. 如果是申请批准国际转会，原协会将被允许访问 TMS 中所有的非保密文件，并被邀请在七天内通过 TMS 提交一份声明。

2. 原协会还可以通过 TMS 提交其他相关文件。

3. 如果原协会未提交声明，下设委员会将根据现有文件做出决定。

7 文件的语言

如果文件所使用的语言不属于国际足联规定的四种官方语言，协会还应提交这四种官方语言之一的翻译版本，或者提交相关协会使用这四种官方语言之一就各文件所述事实进行的官方确认。否则，根据上述第 5 条第 3 款，下设委员会可能不予考虑该文件。

8 截止日期

1. 截止日期将通过 TMS 依法确定。

2. 所有提交必须按照相关协会的时区在截止日期之前输入 TMS。

9 决定的通知及法律救济

1. 下设委员会的决定将通过 TMS 依法通知各有关协会。一旦决定上传至 TMS，即视为完成通知。此类决定通知具有法律效力。

2. 决定的结果将通知各有关协会。同时还将通知各有关协会，自发出通知后的十天内，他们可以以书面形式通过 TMS 请求给出决定的理由，否则，决定将成为最终决定并具有法律效力。如果某一协会请求给出决定的理由，裁决决定将以完全书面形式通知各有关协会。提出上诉的时限自通知裁决决定开始。

附件三：转会匹配系统

1 范　围

1. 转会匹配系统（TMS；参见“定义”部分的第 13 条）旨在确保特定足球机构拥有更详细的信息来决定国际球员转会事宜。这样将提高个人交易的透明度，从而提高整个转会系统的可信度和地位。

2.TMS 旨在清楚地区分与国际球员转会有关的不同付款。所有此类付款必须输入该系统，因为这是保证透明的唯一途径，以跟踪围绕这些转会的资金去向。同时，该系统还要求各有关协会确保转会者确系真实球员，而不是为了洗钱等非法行为而虚构的球员。

3.TMS 有助于保护未成年球员。如果未成年球员首次作为国际球员注册或者涉及国际转会，必须获得由球员身份委员会指定的下设委员会的批准（请参见第 19 条第 4 款）。希望根据第 19 条第 2 和 3 款为该未成年球员注册的协会提出的批准请求以及随后的裁定流程必须通过 TMS 进行（请参见附件二）。

4. 在本文附件的范围内（特别是第 1 条第 5 款），TMS 是索要和发送 ITC 的手段。

5. 所有参加十一人制足球比赛的职业男球员的国际转会都必须使用 TMS，未使用 TMS 为此类球员进行的任何注册均被视为无效。在本文附件的以下条款中，术语“球员”专指参加十一人制足球比赛的男球员。术语“国际转会”专指 × × 不同协会间球员的转会。

6. 当一名球员被新协会注册成职业球员时（请参见第 2 条第 2 款），该国际转会都需要录入 TMS 中。

2 系　统

1. TMS 为各协会和俱乐部提供了一个基于网络的数据信息系统，用于管理和监控国际转会。

2. 根据转会的类型，必须输入相应的各种信息。

3. 在没有转会协议的国际转会的情况下，新俱乐部必须在 TMS 中提交规定的信息并上传与转会有关的某些文件。该程序将转给协会进行电子 ITC 处理（请参见下面的第 8 条）。

4. 在有转会协议的国际转会的情况下，涉及的双方俱乐部必须分别在 TMS 中提交规定的信息，如果适用，协议一旦签订就需要在 TMS 中上传与转会有关的相关文件。

5. 如果属于本条上一款的情况，达成俱乐部级别的协议后，该程序才会转给协会进行电子 ITC 处理（请参见下面的第 8 条）。

3 用　户

1. 所有用户均应诚信行事。

2. 所有用户均应定期（一天一次）查看 TMS，并特别注意任何有关声明的查询或请求。

3. 用户有责任确保他们拥有履行义务所需要的所有设备。

3.1 俱乐部

（1）俱乐部负责在 TMS 中输入和确认转会类型，如果适用，还负责确保所要求的信息相互匹配。包括上传所要求的文件。

（2）俱乐部负责确保他们拥有履行义务所需要的培训和知识。对此，俱乐部应指定接受过 TMS 操作培训的人作为 TMS 负责人，并且如果需要，在俱乐部更换 TMS 负责人时培训接替者，以保证俱乐部始终有履行 TMS 职责的人。TMS 管理员及相关热线可以协助他们处理所有技术问题。另外，本附件第 5.3 条也适用于此。

3.2 协会

（1）协会负责维护其赛季和注册详细信息，及其俱乐部的赛季和注册信息（特别是与培训补偿有关的俱乐部类型划分）。此外，他们还负责处理电子 ITC（请参见下面的第 8 节），如果适用，还负责确认球员从其协会退出注册。

（2）协会负责确保他们拥有履行义务所需要的培训和知识。对此，协会应指定一名接受过 TMS 操作培训的 TMS 负责人以及至少一名额外使用者。如果需要，在协会更换 TMS 负责人时培训接替者，以保证协会始终有履行 TMS 职责的人。TMS 管理员及相关热线可以协助他们处理所有技术问题。

3.3 国际足联总秘书处

国际足联总秘书处的各个主管部门负责：

a）输入相关体育处罚措施，管理对违规处理措施可能产生的异议；

b）输入相关的纪律处罚措施；

c）输入协会停赛措施。

3.4 机密和访问

（1）协会和俱乐部应保证对所有通过访问 TMS 获得的数据严格保密，并且采取一切合理的措施以及最高的谨慎态度以保证全天候的完全保密。此外，协会和俱乐部只在以完成跟球员直接有关交易的目的时使用保密信息。

（2）协会和俱乐部应保证只有被授权的使用者才能访问 TMS。此外，协会和俱乐部将以可能的最高谨慎态度选择、指导和管理被授权的使用者。

4 俱乐部的义务

1. 俱乐部必须使用 TMS 进行球员国际转会。

2. 如果适用，俱乐部必须在签发转会操作时提供以下强制性数据：

——指明转会类型（转入球员或转出球员）。

——指明转会是永久还是租借。

——指明与原俱乐部是否有转会协议。

——指明转会是否涉及交换球员。

——如果是与租借操作有关，则需要指明：

- 是租借返回，或
- 是租借延期，或
- 租借变转会。

——球员姓名、国籍和出生日期。

——球员原俱乐部。

——球员原协会。

——转会协议日期。

——租借协议的起止日期。

——俱乐部中间人姓名和佣金。

——球员与原俱乐部合同的起止日期。

——球员与原俱乐部合同终止的原因。

——球员与新俱乐部合同的起止日期。

——球员与新俱乐部合同中规定的固定薪酬。

——球员中间人的姓名。

——指明转会是否与下列付款有关：

- 固定的转会费，包括分期付款，如果有；
- 任何执行球员与原俱乐部关于终止相关合同而进行补偿的条款的费用；
- 有条件的转会费，包括条件细节；

·联合机制补偿；

·培训补偿。

——付款的货币。

——上述付款的数额、付款日期和收款人。

——本俱乐部的银行信息（银行名称或银行代码、IBAN 账号、银行地址、开户人）。

——第三方支付和影响的声明。

3. 俱乐部还有责任上传支持录入 TMS 系统中的信息的必要文件（请参见附件三第 8.2 条第 1 款），并确认相关操作。

4. 同时，如果有匹配异常的情况，俱乐部需要与其他涉及俱乐部一起解决。

5. 只有当俱乐部根据本条上一款履行义务后，才能开始与 ITC 索要有关的程序（请参见附件三第 8.2 条第 1 款）。

6. 俱乐部必须在 TMS 中上报所有款项的支付。包括在没有转会协议的情况下，球员新俱乐部根据球员与原俱乐部合同中的条款支付给原俱乐部的款项。如填报已执行付款，付款的俱乐部必须将转账票据上传至 TMS。

5 协会的义务

协会必须使用 TMS 进行球员国际转会。

5.1 主数据

（1）注册期和赛季的开始日期与结束日期必须在开始生效前至少 12 个月提供。特殊情况下，协会可以在其注册期开始之前修改日期。注册期开始后，不能再修改日期。注册期必须始终符合第 6 条第 2 款的规定。

（2）协会应保证俱乐部地址、电话、电子邮件和培训类别（请参见附件四第 4 条）信息的及时更新。

5.2 与转会有关的信息

（1）输入转会说明时，俱乐部应指定涉及的球员（请参见附件三第 4 条第 2 款）。TMS 中包含许多曾参加过国际足联锦标赛的球员的详细信息。如果 TMS 中没有所涉及球员的详细信息，俱乐部应在输入转会说明时输入这些信息。只有当这些球员的详细信息由原协会验证、有需要修改和确认后，才能开始与 ITC 索要有关的程序（请参见附件三第 8.2 条第 1 款）。如果球员的身份信息不能根据现有注册信息全部确认，原协会可以拒绝该球员。球员身份信息的确认不应有延误。

（2）与 ITC 索要有关的程序（请参见附件三第 8.2 条第 2 款）将由新协会在适当的时间进行。

（3）与响应 ITC 索要及球员退会有关的程序（请参见附件三第 8.2 条第 3 款和第 4 款）将由原协会在适当的时间进行。

（4）如果 ITC 索要被接受，新协会应输入并确认球员的注册日期（请参见附件三第 8.2 条第 1 款）。

（5）如果 ITC 索要被拒绝（请参见附件三第 8.2 条第 7 款），新协会应根据情况接受拒绝或提出抗议。

（6）如果属于临时注册（请参见附件三第 8.2 条第 6 款）或者在新协会对拒绝提出抗议后临时注册获得独审法官授权（请参见第 23 条第 3 款），新协会必须输入并确认注册信息。

5.3 俱乐部培训

为了确保所有所属的俱乐部能够履行本附件规定的义务，相关协会必须进行日常培训。

6 国际足联总秘书处的作用

1. 一经请求，相关部门将着手处理任何验证异常情况，如果需要，则将该事宜转交给负责的决策机构，即由球员身份委员会、独审法官或 DRC 或一名 DRC 法官（根据情况而定）做出决定，此规定不包括所谓的“球员确认”，球员确认需由相关的协会处理（请参见附件三第 5.2 条第 1 款）。

2. 一经请求，相关部门将着手处理任何有效性警告，如果需要，则将该事宜转交给负责的决策机构。

3. 在与本规程的应用有关的程序的范围内，国际足联可以使用 TMS 生成的或其中包含的，或者国际足联 TMS GmbH 通过其调查权力（请参见附件三第 7 条第 4 款）获得的文件或证据，以正确评估出现的问题。

4. 与 TMS 有关的体育处罚措施将由主管部门输入 TMS。

5. 与 TMS 有关的纪律处罚措施将由主管部门输入 TMS。

6. 与 TMS 有关的协会处罚措施将由主管部门输入 TMS。

7 国际足联 TMS GmbH 的作用

1. 国际足联 TMS GmbH 负责确保系统的可用性和访问。此外，国际足联 TMS GmbH 负责管理用户接入和定义被授权用户的标准。

2. 为了保证所有协会能够履行本附件规定的义务，国际足联 TMS GmbH 负责为会员协会提供日常培训和支持。

3. 为了履行这些职责，国际足联 TMS GmbH 设有合格的 TMS 管理员。

4. 为了保证俱乐部和协会能够履行本附件规定的义务，国际足联 TMS GmbH 应调查与国际转会有关的事务。所有各方应通力协作确定事实真相。特别是，对于各方掌握的任何文件、信息或其他任何性质的资料，在收到合理通知后，他们应遵循对这些信息的要求。此外，对于各方虽不掌握但有权获取的文件、信息或其他任何性质的资料，他们应遵循有关获取和提供这些信息的规定。违反国际足联 TMS GmbH 的这些要求可能会受到国际足联纪律委员会的处罚。

8 有关职业球员在协会间转会的管理程序

8.1 原则

（1）任何在一个协会的所属俱乐部注册的职业球员，只有在原协会根据本附件规定签发了 ITC 并在新协会确认签收 ITC 后，方可注册在不同协会所属俱乐部。ITC 只能通过 TMS 签发。任何其他形式的 ITC 均不予承认。

（2）ITC 索要最迟必须在新协会的注册期间的最后一天通过 TMS 提交。

（3）签发 ITC 的原协会还必须上传该球员的护照副本（请参见第 7 条），以便转发给新协会。

（4）当原协会签发 ITC 给新协会时，必须上载球员与纪律处罚相关的有关文件，以及该处罚扩展到全世界范围的有关文件（如有）。

8.2 为职业球员签发 ITC

（1）供新协会请求 ITC 的所有数据，均应在该协会设定的某个注册期间（请参见附件三第 4 条第 4 款），由希望为该球员注册的俱乐部输入 TMS 并得到确认和匹配。输入相关数据时，根据选定说明的类型，新俱乐部应至少将以下文件上传至 TMS：

——新俱乐部与职业球员签订的合同副本；

——新俱乐部与原俱乐部签订的转会 / 租借合同副本，如果适用；

——球员身份、国籍和出生日期证明的副本，如护照或身份证；

——球员上一份合同结束日期和终止原因的证明。

文件必须以国际足联 TMS GmbH 要求的格式上传。

如果明确要求，对于未使用国际足联规定的四种官方语言之一（英语、法语、德语和西班牙语）的文件，或明确定义摘录的，必须与使用四种官方语言之一的翻译件一起上传到 TMS。否则，相关文件可能会不予考虑。

在新协会在 TMS 中签收 ITC 并且输入和确认球员注册日期之前，该职业球员无权代表新俱乐部参加官方比赛（请参见附件三第 5.2 条第 4 款）。

（2）一旦收到系统通知指出转会说明正在等待 ITC 索要，新协会应立即请求原协会通过 TMS 为该职业球员签发 ITC（“ITC 索要”）。

（3）收到 ITC 索要后，原协会应立即请求原俱乐部以及职业球员本人确认其合同已经到期，不管是双方同意提前终止还是存在合同争议。

（4）在 ITC 索要后的七天内，原协会应使用 TMS 中的相应选项完成下列操作之一：

a）有利于新协会的 ITC 并输入该球员退出注册的日期；或者

b）ITC 索要并在 TMS 中指明拒绝的原因，由于原俱乐部与该职业球员之间的合同尚未到期或者双方未达成提前终止的协议，所以不能签发 ITC。

（5）当 ITC 被签发后，新协会应确认收到，并在 TMS 中完成相关的球员注册信息。

（6）如果新协会在发出 ITC 索要后的 15 天内未收到响应，应立即按照临时原则向新俱乐部注册该职业球员（“临时注册”）。新协会应在 TMS 中完成相关的球员注册信息（请参见附件三第 5.2 条第 6 款）。在发出 ITC 索要一年后，该临时注册将变成永久注册。如果在这一年期间，原协会提供了当初未答复“ITC 索要”的正当理由，则球员身份委员会可以撤销此临时注册。

（7）如果原俱乐部与职业球员之间出现附件三第 8.2 条第 4 款 b）中规定的合同争议，原协会则不能发送 ITC。这种情况下，在新协会的要求下，国际足联可在例外情况下采取临时措施。如果主管机构批准了临时注册（请参见第 23 条第 3 款），新协会应在 TMS 中完成相关球员的注册信息（请参见附件三第 5.2 条第 6 款）。此外，该职业球员、原俱乐部和 / 或新俱乐部有权根据第 22 条向国际足联提出索赔。国际足联应在 60 天内做出有关 ITC 的签发和体育处罚方面的决定。在任何情况下，有关体育处罚措施的决定均应在发送 ITC 之前进行。ITC 的发送对违约赔偿没有任何影响。

8.3 职业球员租借

（1）上述规定也适用于职业球员从一个协会的所属俱乐部租借给另一个协会的所属俱乐部，如果适用，也同样适用于租借返回其原俱乐部。

（2）按照租借原则申请为职业球员注册时，新俱乐部应将与原俱乐部达成的租借协议的副本，可能情况下，还应由球员签名，上传至 TMS（请参见附件三第 8.2 条第 1 款）。租借协议的条款也应体现在 TMS 中。

（3）租借延期以及租借变永久的转会也应在合适的时间输入 TMS。

9 处　罚

9.1 一般规定

（1）违反本附件规定的任何协会或俱乐部都可能受到处罚。

（2）任何协会或俱乐部，一旦被发现在系统中输入不实或虚假数据或者将 TMS 用于非法目的，也可能会受到处罚。

（3）各协会和俱乐部应对其 TMS 负责人的行为和输入的信息负责。

9.2 职权范围

（1）国际足联纪律委员会负责依据《国际足联纪律准则》采取处罚措施。

（2）处罚流程可由国际足联自行启动，也可在任何相关方的请求下启动，包括国际足联 TMS GmbH。

（3）国际足联 TMS GmbH 也可以依据其自身管辖权职责在国际足联纪律委员会授权对于明确的具体的违规行为启动处罚流程。

9.3 对协会的处罚

具体而言，违反本附件规定的协会将依据《国际足联纪律准则》受到以下处罚：

——警告或严重警告；

——罚款；

——禁赛；

——归还奖品。

这些处罚措施可以单独进行，也可以并罚。

9.4 对俱乐部的处罚

具体而言，违反本附件规定的俱乐部将依据《国际足联纪律准则》受到以下处罚：

——警告或严重谴责；

——罚款；

——取消比赛成绩；

——按弃权判负；

——禁赛；

——扣分；

——降级；

——禁止转会；

——归还奖品。

这些处罚措施可以单独进行，也可以并罚。

10. 时间期限

关于国际足联 TMS GmbH 的诉讼和调查，电子通知将按照 TMS 中提供的有效联络人地址通过 TMS 或电子邮件形式送达，并可依此设立时间期限。为避免疑义，此期限不适用于国际足联纪律委员会上的诉讼。

附件三（a）：关于球员在不同协会间在 TMS 外转会的管理程序

1 范 围

本附件适用于所有球员的国际转会程序，本规程附件三中的情况除外。具体而言，包括参加十一人制足球比赛的业余男球员、所有女球员以及所有五人制足球比赛球员。

2 原 则

1. 注册为某会员协会所属俱乐部的球员，没有资格为属于其他会员协会的俱乐部踢球，除非新协会收到由原协会依据本附件签发的国际转会证明（ITC）。ITC 应使用国际足联提供的特别格式或其他内容相同的格式。

2.ITC 索要最迟必须在新协会的注册期间的最后一天通过 TMS 提交。

3. 签发 ITC 的协会还应附上该球员的护照副本。

3 为职业球员签发 ITC

1. 所有职业球员的注册申请必须由新俱乐部在规定的注册期内提交给新协会，并附上新合同的复印件。同时，新俱乐部与原俱乐部签订的转会合同副本也应提供给新协会（如果适用）。新协会在没有收到原协会签发的 ITC 前，该职业球员不能代表新俱乐部参加任何官方比赛。

2. 一经收到申请，新协会应立即要求原协会签发职业球员国际转会证明（“ITC 索要”）。收到未经索要即从其他协会发来的 ITC，新协会不得为该职业球员在相关俱乐部注册。

3. 一经收到“ITC 索要”，原协会应立即要求原俱乐部和该球员确认合同是否到期，或是否同意提前解除合同，或是否存在合同争议。

4. 在收到“ITC 索要”7 天之内，球员所在原协会应：

a）签发 ITC 给新协会；或者

b）通知新协会，由于原俱乐部与球员合同未到期或双方就合同终止未达成一致意见，无法签发 ITC。

5. 如果新协会在发出 ITC 索要后的 30 天内未收到响应，应立即按照临时原则向新俱乐部注册该职业球员（“临时注册”）。在发出 ITC 索要一年后，该临时注册将变成永久注册。如果在这一年期间，原协会提供了当初未答复“ITC 索要”的正当理由，则球员身份委员会可以撤销此临时注册。如果原协会给出有效理由，说明其为何未对 ITC 索要做出回应，那么球员身份委员会可以撤销临时注册。

6. 如果原俱乐部与职业球员之间就合同问题存在争议，则原协会不应签发 ITC。该职业球员、原俱乐部和 / 或新俱乐部有权根据第 22 条向国际足联提出索赔。国际足联应在 60 天内做出有关 ITC 的签发和体育处罚方面的决定。在任何情况下，有关体育处罚措施的决定均应在发送 ITC 之前进行。ITC 的发送对违约赔偿没有任何影响。该职业球员、原俱乐部和 / 或新俱乐部应根据第 22 条向国际足联陈述情况，任何情况下，纪律处罚都应在签发 ITC 之前进行。ITC 的签发不影响违约赔偿。国际足联对意外情况可采取临时措施。

7. 新协会可依据 ITC 传真件准许球员临时比赛资格，直到正在进行中的赛季结束。如果届时仍未收到 ITC 原件，则应认为球员资格已确认。

8. 上述规程和程序同样适用于转会新俱乐部后取得业余身份的职业球员。

4 为业余球员签发 ITC

1. 所有业余球员的注册申请必须由新俱乐部在新协会规定注册期内提交给新协会。

2. 一经收到申请，新协会应立即要求原协会为球员签发国际转会证明（“ITC 索要”）。

3. 原协会应在收到“ITC 索要”7 天内向新协会签发 ITC。

4. 如果新协会在发出 ITC 索要后的 30 天内未收到响应，应立即按照临时原则向新俱乐部注册该业余球员（“临时注册”）。在发出 ITC 索要一年后，该临时注册将变成永久注册。如果在这一年期间，原协会提供了当初未答复“ITC 索要”的正当理由，则球员身份委员会可以撤销此临时注册。如果原协会给出有效理由，说明其为何未对 ITC 索要做出回应，那么球员身份委员会可以撤销临时注册。

5. 上述规程和程序同样适用于转会新俱乐部后取得职业身份的业余球员。

5 球员租借

1. 上述规程同样适用于不同会员协会俱乐部间职业球员的租借。

2. 租借协议应和“ITC 索要”一起发出。

3. 租借期满后，ITC 应按要求归还给借出球员的原俱乐部所在会员协会。

附件四：培训补偿

1 目 的

1. 通常情况下，12 周岁至 23 周岁期间为球员接受培训和教育的时期。在球员 21 周岁之前培训过他的俱乐部和 / 或培训单位均可获得培训补偿。如果有证据证明球员在 21 周岁之前就停止了训练活动，其培训补偿的计算从其 12 周岁时开始至其停止训练活动时结束。

2. 培训补偿的支付不影响违约赔偿责任的承担。

2 培训补偿的支付

1. 以下情况需要支付培训补偿：

i. 球员首次注册为职业球员时；或

ii. 职业球员在23周岁生日赛季结束前在隶属于不同会员协会的俱乐部之间进行每一次转会时（无论合同是否到期）。

在球员23周岁生日赛季结束前。

2. 以下情况不需要支付培训补偿：

i. 原俱乐部无正当理由与球员解除合同的（在不影响之前的俱乐部的权益的情况下）；或

ii. 球员转会到第四级俱乐部的；或

iii. 职业球员转会后获得业余球员身份的。

3 支付培训补偿的责任

1. 球员首次注册为职业球员时，其新注册俱乐部有责任在30天内向所有该球员12周岁生日赛季以后曾经参与培训的单位（依据球员参赛证上提供的注册记录）支付培训补偿。支付金额应根据该球员在各单位不同的培训年数按比例计算。此后职业球员在23周岁生日赛季结束前进行的每一次转会，培训补偿只需依据有效培训年数支付给当次转会前该球员所注册的最后一家俱乐部。

2. 上述两种情况中，培训补偿均需在职业球员在新协会注册后30天内支付。

3. 若有证据证明职业球员注册和培训过他的某一家俱乐部放弃参加有组织的足球比赛和/或因为破产、清算、解散或失去联系而不再存在，则相关协会有代替该俱乐部接收培训补偿的权利。该培训补偿将为协会青少年足球发展项目而保留。

4 培训费用

1. 为计算培训补偿，会员协会应依据培训球员的投资情况将其所属会员俱乐部分成四个等级。培训费用按每个等级制定，相当于一名球员接受一年训练所需费用乘以一个平均“球员系数”，该系数为产生一名职业球员与所需要接受培训的球员人数之比。

2. 有关培训费用，请登录国际足联网站（www.FIFA.com）查询各洲际足联及国际足联会员协会对所属俱乐部的等级类别以及培训费用标准。每日历年更新一次。协会应及时更新在TMS中输入的有关其俱乐部培训类别的数据（请参见附件三第5.1条第2款）。

5 培训补偿的计算

1. 通常情况下，在依据球员原俱乐部标准计算培训补偿时，需要参考如果新俱乐部自己培养该球员的所需花费。

2. 球员首次注册为职业球员时，培训补偿为新俱乐部培训费用乘以球员 12 周岁至 21 周岁期间在原俱乐部和 / 或培训单位的培训年数。此后的每次转会，培训补偿均按照新俱乐部培训费用乘以球员在原俱乐部的培训年数计算。

3. 为避免过高设定年轻球员的培训补偿，球员从 12 周岁生日至 15 周岁生日（即 4 个赛季）的培训费用将依据第 4 等级俱乐部的标准计算。

4. 争议解决庭可以复审因培训补偿金额问题引起的争议，并有权对明显不合理的金额进行调整。

6 对欧盟（EU）/ 欧洲经济区（EEA）的特殊规定

1. 在 EU 或 EEA 内转会的球员，其培训补偿金额应根据以下不同情况计算：

a）如果球员从较低级俱乐部转会到较高级俱乐部，则补偿金额按两家俱乐部培训费用的平均数计算；

b）如果球员从较高级俱乐部转会到较低级俱乐部，则补偿金额依据较低级俱乐部培训费用计算。

2. 在 EU 或 EEA 内转会，如果能够证明球员在其 21 周岁生日赛季之前结束了训练，则其最后的训练赛季可能出现在 21 周岁生日之前。

3. 如果原俱乐部无法提供球员合同，除非出具正当理由的说明，否则不能获得培训补偿。原俱乐部必须在球员当前合同期满前至少 60 天以挂号信的方式书面提供新合同给该球员。该合同与当前合同应至少条件相同。本条款不对球员原俱乐部索要培养补偿的权利产生任何影响。

7 处罚措施

国际足联纪律委员会有权对不履行本附件所述义务的俱乐部或球员进行处罚。

附件五：联合机制

1 联合机制补偿

职业球员在合同到期前转会时，新俱乐部需要将支付给原俱乐部的扣除培训补偿后的其他补偿的 5% 拿出作为联合机制补偿分配给曾经参与培训和教育该球员的俱乐部。联合机制补偿应按球员从 12 周岁生日赛季到 23 周岁生日赛季期间在相关俱乐部的注册年数（不足一年按相应比例计算）计算，如下：

——12 周岁生日赛季：5%（即总补偿费的 0.25%）；
——13 周岁生日赛季：5%（即总补偿费的 0.25%）；
——14 周岁生日赛季：5%（即总补偿费的 0.25%）；
——15 周岁生日赛季：5%（即总补偿费的 0.25%）；
——16 周岁生日赛季：10%（即总补偿费的 0.5%）；
——17 周岁生日赛季：10%（即总补偿费的 0.5%）；
——18 周岁生日赛季：10%（即总补偿费的 0.5%）；
——19 周岁生日赛季：10%（即总补偿费的 0.5%）；
——20 周岁生日赛季：10%（即总补偿费的 0.5%）；
——21 周岁生日赛季：10%（即总补偿费的 0.5%）；
——22 周岁生日赛季：10%（即总补偿费的 0.5%）；
——23 周岁生日赛季：10%（即总补偿费的 0.5%）。

2 支付程序

1. 新俱乐部应按照上述规定在球员注册后 30 天内向各培训俱乐部支付联合机制补偿，如有附加款项，则在附加款项支付后 30 天内支付。

2. 新俱乐部负责计算联合机制补偿的分摊金额，并依据球员参赛证上提供的注册记录分配这笔费用。如有需要，球员应协助新俱乐部履行此义务。

3. 若有证据证明职业球员注册和培训过他的某一家俱乐部放弃参加有组织的足球比赛和 / 或因为破产、清算、解散或失去联系而不再存在，则相关协会有代替该俱乐部收取联合机制补偿分摊金额的权利。该联合机制补偿将为协会青少年足球发展项目而保留。

4. 国际足联纪律委员会有权对不履行本附件所述义务的俱乐部进行处罚。

附件六：与培训补偿（第 20 条）和联合机制补偿（第 21 条） 相关的索赔程序

1 原　则

1. 与第 20 条培训补偿和第 21 条联合机制补偿有关的所有申诉，必须通过国际足联转会匹配系统 （TMS）提交和管理。该类申诉须由持有 TMS 账户的职业俱乐部录入 TMS 系统，若涉及的职业俱乐部或业余俱乐部没有 TMS 账户则由相关协会录入。

2. 除非以下规定另有说明，球员身份委员会及争议解决庭程序管理规定应适用于申诉程序，由于计算机操作可能会产生细微的偏差。

2 俱乐部和会员协会的责任

1. 所有职业俱乐部和会员协会应至少每隔三天定期对 TMS 上的“申诉”标签进行检查，并应特别留意是否有任何请愿声明或请求声明。

2. 职业俱乐部和会员协会将对任何因未遵守上述第 1 款规定而可能产生的程序上的缺陷负全部责任。

3 小组委员会的构成

由争议解决庭任命的小组委员会应由争议解决庭的成员组成，且原则上该小组委员会的每一位成员均应能够作为独任法官进行裁决。

4 诉讼期间的行为

1. 诉讼中涉及的所有相关方均应秉诚行事。

2. 诉讼中涉及的所有相关方均有义务向小组委员会如实汇报。将对任何向小组委员会提供不实或虚假数据，或因非法目的而滥用 TMS 申请程序的协会或俱乐部实施制裁。任何违规行为（如伪造文书）都将根据《国际足联纪律处罚条例》受到国际足联纪律委员会的制裁。

3. 小组委员会可采取一切可供使用的手段以确保该等行为准则得以遵守。

4. 国际足联转会匹配系统股份有限公司（FIFA TMS GmbH）应对与当前附件规定的各方义务相关的事项进行调查。各方必须配合以验证事实。在适当通知的前提下，各方尤其应遵守对任何文件、信息或其他任何性质材料的要求。此外，各方应取得并提供其并未拥有但有权获得的文件、信息或其他任何性质材料。国际足联纪律委员会可对未遵守 FIFA TMS GmbH 此类要求的行为施加处罚。

5 提起诉讼及提交与培训补偿申诉有关的文件

1. 培训补偿申诉（第 20 条及附件四）应由有关当事人根据上述第 1.1 条的规定录入 TMS 系统。根据前述规定，以任何其他方式提交的申请将不予受理。

2. 根据所涉申诉的详细信息，申诉人还应亲自或（在没有 TMS 账号的情况下）通过其协会在 TMS 系统中强制性地录入以下列表中的特定文件。

——各方的姓名；

——关于案情的详细陈述及申诉理由；

——申诉金额；

——被告的分类（一类、二类、三类、四类）；

——申诉人所在会员协会在球员于申诉俱乐部注册期间对其赛季起始日期和结束日期（如 7 月 1 日至次年 6 月 30 日）的正式确认；

——完整的职业经历 [包括在相关协会的所有球员护照（请参照第 7 条）]，包括该球员的出生日期及其自年满十二周岁所经历赛季直至在被申诉俱乐部注册之日所注册过的所有俱乐部（任何可能存在的中断期也应考虑在内），同时还需指明该球员在所有俱乐部（业余或职业）的身份；

——球员首次注册为职业球员（如适用）的具体日期（年 / 月 / 日）有关信息；

——导致申诉之转会的具体日期（年 / 月 / 日）有关信息（适用于该申诉是因某职业球员一次连续转会而起的情况）；

——已支付费用预付款或无须支付预付款的凭证；

——申诉人会员协会关于申诉俱乐部分类的正式确认（适用于该球员正迁往欧盟 / 欧经区领域内的情况，请参照附件四第 6 条）；

——与附件四第 6 条第 3 款有关的文件证明（适用于该球员正迁往欧盟 / 欧经区领域内的情况，请参照附件四第 6 条）；

——与附件四第 3 条第 3 款有关的文件证明（适用于申诉人为协会的情况）；

——授权委托书（如适用）。

3. 如未提交某强制性文件，或未按照以下第 8 条规定提交翻译件，则申请人会在 TMS 系统上获告知有关详情。仅当所有强制性文件已提交，或所有必要的翻译件也已按照以下第 8 条正确提交后，方可处理申诉。

4. 申诉人也可将任何其认为必要的其他文件与申诉一同提交。小组委员会可随时向申诉人要求提交其他文件。

5. 业余俱乐部的申诉应由相关协会提交。

6 提起诉讼及提交与联合机制补偿申诉有关的文件

1. 联合机制补偿申诉（第 21 条及附件五）应由有关当事人根据上述第 1.1 条的规定录入 TMS 系统，根据前述规定以任何其他方式提交的申请将不予受理。

2. 根据所涉诉求的详细信息，申诉人还应亲自或（在没有 TMS 账号的情况下）通过其协会在 TMS 系统中强制性地录入以下特定文件。

——各方的姓名；

——关于案情的详细陈述及申诉理由；

——导致申诉之转会的具体日期（年 / 月 / 日）有关信息；

——导致申诉之转会涉及俱乐部的有关信息；

——所诉联合机制补偿的百分比；

——申诉人所在会员协会在球员于申诉俱乐部注册期间对其赛季起始日期和结束日期

（如 7 月 1 日至次年 6 月 30 日）的正式确认；

——相关协会就球员在申诉俱乐部具体的注册日期出具的书面确认，如从某日期（年 / 月 / 日）起至某日期（年 / 月 / 日）止（任何可能存在的中断期也应考虑在内），包括球员的出生日期，同时也应指明该球员在申诉俱乐部的身份（业余或职业的）；

——所知的该球员转入新俱乐部的涉及金额（如已知）或一份表明该金额目前为未知的声明；

——已支付费用预付款或无须支付预付款的凭证；

——与附件五第 3 条第 3 款有关的文件证明（适用于申诉人为协会的情况）；

——授权委托书（如适用）。

3. 如未提交某强制性文件，或未按照以下第 8 条规定提交翻译件，则申请人会在 TMS 系统上获告知有关详情。仅当所有强制性文件已提交，或所有必要的翻译件也已按照以下第 8 条正确提交后，方可处理申诉。

4. 申诉人也可将任何其认为必要的其他文件与申诉一同提交。小组委员会可随时向申诉人要求提交其他文件。

5. 业余俱乐部的申诉应由相关协会提交。

7　通知被告相关诉讼

1. 如果所有强制性文件均已提交（参照上文第 5 条和第 6 条），且没有不受理申诉的理由，则该申诉（包括所有文件）应通过 TMS 系统送达被申诉人。自申诉通过 TMS 系统送达之日起，被告应于 20 日内在 TMS 系统上传其应诉声明（包括所有附件，如有）。被告还将被授予访问 TMS 上所有存档文件的权限。对该等文件及其内容必须作必要的保密处理，且仅可在相关程序范围内使用。小组委员会可随时要求被告提交其他文件。

2. 仅在特殊情况下才会发生第二轮函件交换。如适用，第二轮函件交换也应该通过 TMS 系统处理。

3. 如 20 日内未没有收到应诉声明，则可根据已存档的文件作出裁决。

8　文件语言

所有文件均应提交原件，及（如适用）翻译成国际足联四种官方语言之一的翻译件。未能按此要求提交的，小组委员会可对此文件不予理会。

9　截止日期

1. 应通过 TMS 系统设置合法的截止日期。

2. 所有提交的资料必须在相关协会所在时区的截止日期内输入 TMS 系统。

10 裁决通知及法律补救

1. 所有相关方都应通过 TMS 系统合法地收到小组委员会的裁决通知，无论是直接通知还是通过其所在协会通知。一旦裁决上传至 TMS 系统，则将视为通知完成。此类裁决的通知具有法律约束力。

2. 相关方应收到裁决结果的通知，无论是直接通知还是通过其所在协会通知。同时，应通知各方，自收到通知起 10 日内，可通过 TMS 系统对裁决依据提出书面请求，未能按此要求做的，将导致该裁决变为最终裁决且具有法律约束力，同时视为各方已放弃提出上诉的权利。如有一方对裁决依据提出请求，则该裁决依据将通过 TMS 以书面的形式被完整地通知各方，无论是直接通知还是通过其所在协会通知。提出上诉的期限自收到该裁决依据的通知之日算起。

附件七：五人制足球球员身份及转会规程

本附录定义如下：

1. 五人制足球比赛按照由国际足联与国际足球协会理事会下属委员会共同制定的《五人制足球比赛规则》进行。

2. 十一人制足球比赛按照国际足球协会理事会颁布的《足球比赛规则》进行。

3. 根据 2003 年 10 月 19 日颁布的《国际足联章程》第 5 条规定，国际足联制定了《球员身份及转会规程》。

4. 前协会：指前俱乐部所属的协会。

5. 前俱乐部：指球员离开的俱乐部。

6. 新协会：指新俱乐部所属的协会。

7. 新俱乐部：指球员新加入的俱乐部。

8. 官方比赛：指有组织的足球赛事，如国内联赛、国内杯赛和国际俱乐部锦标赛，但不包括友谊赛和测试赛。

9. 有组织的赛事：指国际足联、联合会和协会认可或授权组织的协会足球和五人制足球比赛。

10. 保护期：指三个完整的赛季或三年，无论何者在先，在合同生效后，如果该合同在职业球员 28 周岁前终止；或指两个完整的赛季或两年，无论何者在先，在合同生效后，如果该合同在职业球员 28 周岁后终止。

11. 注册期：指相关协会按照《球员身份及转会规程》第 6 条规定而锁定的一段时间。

12. 赛季：指相关国内联赛首场官方比赛开始至联赛最后一场官方比赛的一段时间。

上述说明亦可参照《国际足联章程》的定义部分。

注：文中所指自然人适用于男性及女性，任何单数形式也适用于复数形式，反之亦然。

1 原　则

本规程是国际足联《球员身份及转会规程》不可分割的一部分，为其附录七。

2 范　围

1.《五人制足球球员身份及转会规程》在全球范围内广泛适用于五人制球员身份、球员参加有组织的赛事资格以及如何在分属不同协会的俱乐部之间进行转会等事宜。

2.《球员身份及转会规程》完全适用于五人制足球球员，除非本附录七中明确指出仅适用于五人制足球的相关条款。

3. 根据《球员身份及转会规程》第 1 条规定，五人制足球球员如在同属一个协会的两个俱乐部之间转会，将按照该协会相关条款进行转会。

4.《球员身份及转会规程》中第 2~8 条以及第 10、11、18 条适用于国内五人制足球比赛，应不作修改地加入各个协会规程之中。

5. 各个协会应在各自规程中加入相关条款，以维护合同的稳定性，尊重相关国家的法律法规和集体谈判协议。特别需要注意《球员身份及转会规程》第 1 条第 3 款 b 项的规定。

3 协会球队球员的解约及资格

1.《球员身份及转会规程》附录一和附录二条款适用于协会球队球员的解约以及为协会球队效力的资格。

2. 无论是五人制足球还是十一人制足球，一名球员只能代表一个协会参赛。如果一名球员已经代表某个协会参加了任何一个级别的五人制足球比赛或足球比赛，则该球员无资格代表其他协会参加国际赛事。除非有符合《国际足联章程适用管理规则》第 15 条第 3~5 款的例外情况。

4 注　册

1. 根据《球员身份及转会规程》第 2 条，无论是业余球员还是职业球员，五人制足球球员必须先在协会注册后再为俱乐部效力。球员只有在注册之后方有资格参加有组织的赛事。通过注册，球员同意遵守国际足联 . 联合会和协会的各项规定。

2. 任何球员一次只能注册一支五人制足球俱乐部。当然，球员还可同时注册一支十一人制足球俱乐部，且五人制足球俱乐部和十一人制足球俱乐部无需同属一个协会。

3. 在当年 6 月 1 日至次年 6 月 30 日的一段时间内，球员最多可注册三支五人制足球俱乐部。但在此期间，球员仅有代表两支俱乐部参加官方赛事的资格。在当年 6 月 1 日至次年 6 月 30 日的这段时间内，关于该球员可注册十一人制足球俱乐部的次数，参见《球员身份及转会规程》第 5 条第 3 款。

5 国际五人制足球转会证明

1. 五人制足球球员在一个协会注册之后，如果想转会至新的俱乐部并在新协会进行注册，则新协会必须得到前协会开出的国际五人制足球转会证明（以下简称 IFTC）。IFTC 应无条件免费开出，并且没有时间限制。如有违反，则视为无效。开出 IFTC 的协会应同时给国际足联寄送一份副本。十一人制足球的国际转会证明（以下简称 ITC）行政流程同上。具体步骤参见《球员身份及转会规程》附录 3。IFTC 与十一人制足球的 ITC 必须严格区分开。

2. 12 周岁以下球员无须 IFTC。

6 停赛纪律处罚

1. 球员因违反五人制足球比赛或与比赛相关的规定而受到比赛场次的停赛处罚（见《国际足联纪律准则》第 20 条第 1~2 款），该处罚仅限于该球员代表其五人制足球俱乐部的参赛场次。同理，若球员因违反十一人制足球比赛规定而受到比赛场次的停赛处罚，则该处罚仅限于其代表十一人制足球俱乐部的参赛场次。

2. 球员受到时间方面的停赛处罚，无论处罚来自五人制足球还是十一人制足球，则该处罚共同适用于该球员参加的五人制足球比赛和十一人制足球比赛。

3. 如球员受到时间方面的停赛处罚，且球员所在的五人制足球俱乐部和十一人制足球俱乐部分属不同的协会，则涉事协会负责通知球员注册的另一个协会该停赛处罚。

4. 球员注册的新协会必须接受球员在转会前的任何停赛纪律处罚。前协会在开出 IFTC 的同时有责任书面通知新协会所有涉及该转会球员的纪律处罚。

7 尊重合同

1. 十一人制足球俱乐部签约在身的职业球员若与另一支五人制足球俱乐部签订第二份职业合同，前提条件是该球员获得其已签约的十一人制足球俱乐部的书面同意书。五人制足球俱乐部签约在身的职业球员若与另一支十一人制足球俱乐部签订第二份职业合同，前提条件是该球员获得其已签约的五人制足球俱乐部的书面同意书。

2.《球员身份及转会规程》第 13~18 条适用于维护合同的稳定性。

8 保护未成年人

球员进行国际转会的先决条件是年满 18 周岁。如有特殊情况，可参照《球员身份及转会规程》第 19 条规定。

9 培训补偿

《球员身份及转会规程》第 20 条和附录四关于培训补偿的条款并不适用于球员在五人制足球俱乐部间的转会。

10 联合机制

《球员身份及转会规程》第 21 条和附录五关于联合机制的条款并不适用于球员在五人制足球俱乐部间的转会。

11 国际足联资格

1. 凡与雇佣相关的争议上诉，五人制足球球员或俱乐部的权利应得到公平公正地保护。根据《球员身份及转会规程》第 22 条，争议在送达民事法庭之前，国际足联有资格处理该争议。

2. 根据《球员身份及转会规程》第 23 条，应由球员身份委员会或独任法官对所有争议进行裁决。

3. 根据《球员身份及转会规程》第 24 条，由争议解决庭或争议解决庭法官处理争议。

4. 如上述各方均未能对争议作出裁决，则争议可上诉至国际体育仲裁法庭（CAS）。

12 未尽事宜

本规程中如有任何未尽事宜，将按照《球员身份及转会规程》执行。

13 官方语言

本规程有英文、法文、西班牙文或德文版本，如各版本间有异议，以英文版为准。

球员身份委员会和争议解决庭工作程序管理条例[*]

I. 总　则

根据《国际足联章程》第一部分第三十一条出台了以下《球员身份委员会和争议解决庭工作程序管理条例》。

1 本条例适用范围

1. 球员身份委员会和纠纷解决委员的工作程序应依照这些条例。

2. 如果与《国际足联章程》或者其他国际足联规章制度中的条款有分歧，本条例不享有优先权。

2 执法依据

在审理和裁决中，球员身份委员会和争议解决庭应遵守《国际足联章程》和其他的规章，并考虑当事方国家层面所有相关的协定、法律和 / 或者劳资协定，以及竞技运动的特殊性。

3 审判权

1. 球员身份委员会和争议解决庭应特别依据《球员身份与转会规程》的 22-24 条款来检查自己的管辖权限。如果出现不明确的情况，应由球员身份委员会主席决定由哪个机构负责。

2.《球员身份和转会规程》中第三部分 23 款和第二部分 24 款规定了球员身份委员会单独裁决和争议解决庭裁决的身份和管辖权。

3. 由单独裁决或者争议解决庭裁决的诉讼程序不仅要遵守其他条例，还要遵守本条例的要求。

[*] 本文件来自中国足球协会。

4 成员组成

球员身份委员会和争议解决庭的主席、副主席和委员应由国际足联执委会选定。争议解决庭有 24 个委员，其中球员和俱乐部的代表人数相同。委员应根据球员协会和俱乐部或者联盟的建议来指定。

5 一般程序规则

1. 球员身份委员会和争议解决庭应按照程序规则履行和监督诉讼程序。

2. 参与法律程序和裁决过程的所有人员须公正执法。

3. 涉案人 / 方有义务向球员身份委员会和争议解决庭讲述实情。

4. 只有在诉讼理由合法的情况下，球员身份委员会和争议解决庭方会处理该诉讼案件。

5. 球员身份委员会和争议解决庭应对案情做出最好的判定。诉讼中涉及的所有人员应遵守《国际足联章程》助力断案。

6. 球员身份委员会和争议解决庭应以应有的速度履行被赋予的职责。

7. 球员身份委员会和纠纷解决委员的委员在同一案件的审理中应负有相同的职能。他们应约束自身不给其他机构和委员会施加影响，并且应对行使职能过程中他们关注到的和在裁决中没有提及的一切信息严格保密。他们要特别履行保密的职责。

9. 诉讼方和被诉讼方应被赋予被倾听的权力，提供证据的权力，要求对裁决证据进行检查的权力，接触文件的权力和获悉裁决理由的权力。

6 涉案方

1. 涉案方是指国际足联成员，俱乐部，球员，教练或者有从业资质的赛事和球员代理人。

2. 涉案方可指定一个代表。代表须出示一份书面委托书。如果某一方被要求亲自到场，该方则应听从传唤。

3. 接到诉讼请求后，应寄给请求启动诉讼程序的各方书面确认信函。须及时通知受诉讼程序影响的各方。

7 回避和质疑

1. 如果案件涉及球员身份委员会和争议解决庭的某（些）委员的个人和 / 或者直接利益，该（这些）委员不能参与案件的审理。他 / 她（他们）应在足够的时间内公开其回避的原因。

2. 如果有合法的理由怀疑球员身份委员和争议解决庭的委员秉公执法和公正审理的能力，当事方可提出质疑。质疑理由公开后 5 日内质疑方应提出质疑，否则将丧失提出质疑的权力。

质疑的动议应是被证实了的，而且如有可能应有证据的支持。如果被质疑的委员不接受对他的指控，球员身份委员会或者纠纷解决委员应在该委员不在场的情况下对质疑作出裁决。

3. 如果质疑的结果使球员身份委员会和纠纷解决委员不再能够行使审理职能，国际足联执委会应对质疑作出裁决，而且如有必要，可任命一个临时委员会审理案件。

Ⅱ. 程序规章

8 诉讼形式

一般来讲，诉讼应以书面形式进行。

9 诉状和陈述

1. 诉状可使用国际足联 4 种官方语言中的任何一种语言，并由国际足联秘书处提交。诉状和陈述应包括以下内容：

a）起诉方的名字和住址；

b）合法代表的姓名和地址，如果可以，还需附一份委托书；

c）动议或者要求；

d）陈述案情，提出诉讼的理由以及证据的细节；

e）与纠纷有关的文件，如合同和之前与案件相关的往来信函的原件，而且如果可以，译成国际足联 4 种官方语言中的任何一种（作为证据）；

f）案件涉及的其他自然人和法人的姓名和住址；

g）在经济纠纷范围内的纠纷的数额；

h）提交给球员身份委员会或者单独裁决的，或者任何与有关训练补偿和连带赔偿金的纠纷相关的诉讼的诉讼费预付证明（参照第 17 款）；

i）日期和有效签字。

2. 不能满足上述要求的诉状将被退回修改，并附寄一份如果不符合要求诉状将不被处理的警告。诉状内容不当或者不属于调解范围的将被立即驳回。

3. 如果没有不予审理的理由，应将诉状寄给被诉讼方，并通知其申辩或者回复的时间期限。如果有效期内没有收到被诉讼方的申辩或者回复，将根据已有的档案材料做出裁决。只有在特殊情况下才进行第二次信函沟通。

10 地　点

球员身份委员会（包括单独裁决）和争议解决庭（包括争议解决庭的裁决）审理的诉讼案应在瑞士苏黎世的国际足联总部进行，也可例外。

11. 口头听证

1. 如果情况似乎属实，可传唤双方出席口头听证。由主席指定一人做听证会的记录。诉讼和被诉讼方、证人和专家要在各自的证词上签字。

2. 在及时提出要求的情况下，国际足联会提供一名口译人员。口译人员的费用由提出要求的一方承担。

12 取　证

1. 证据包括诉讼方和被诉讼方的证词，证人证词，文件，专家报告和所有其他相关的证据。

2. 听证会上只需要与案件相关的事实。

3. 提出要求使用所谓事实的一方应承担举证的义务。

4. 球员身份委员会和争议解决庭也可以考虑各方没有提交的证据。

5. 如果对提交的证据的听证费用较高，可根据规定期限内支付预付费用的那一方的情况而定。

6. 根据诉讼过程中双方的行为，尤其是不能履行亲自到场的传唤，拒绝回答问题和不能提供要求的证据，证据可被自由裁量。

13 来自国际足联的建议

1. 对于案情不复杂且没有法律纠纷的训练补偿和连带赔偿金的纠纷，或者根据争议解决庭已有的明文规定就可以解决的案子，国际足联管理部门（即球员身份和管理部）可就案件涉及的赔偿金额和计算方式不带任何偏见地向双方提出书面建议。同时通知涉案各方在接到国际足联建议 15 日内可以以书面形式向有关机构提出正式裁决的要求，15 日内不提出要求，则被认为接受了国际足联的建议，该建议则对涉案各方均有约束力。

2. 如果一方提出要求进行正式裁决，则按本条例中的条款进行诉讼。

14 裁　决

1. 球员身份委员会和争议解决庭协商之后通过不记名“简单多数票决”的方式进行裁决。出席的所有委员和主席各有一票，不允许投弃权票。如果出现平局，主席投决定票。裁决也可采取通函来往的方式。

2. 裁决应以书面形式传达。紧急情况下，可以先传达裁决的结果。在这种情况下，下面第 15 款例外，要在裁决结果通知后的 20 日内传达裁决理由。对裁决结果进行申诉的期限从向各方传达裁决理由之日起开始计算。

3. 国际足联秘书长有权代表并以球员身份委员会和纠纷解决委员的名义宣布裁决。

4. 书面裁决应至少包括以下内容：

a）裁决日期（对于采取通函方式进行的裁决，要有通函过程结束的日期）；

b）涉案各方及各代表的名字；

c）裁决机构参加裁决过程的委员的名字；

d）涉案方提出的要求和 / 或者动议；

e）案件简单的描述；

f）裁决理由；

g）证据评估结果；

h）裁决结果。

5. 裁决中明显的错误可由做出裁决的机构依据自己的职权或者通过申请给予纠正。

6. 宣告裁决中的错误不应给任何涉案方带来不利。

15 无解释裁决

1. 球员身份委员会、争议解决庭、独任庭和争议解决庭庭审可以决定传达裁决时只传达裁决的结果，不传达裁决的理由。同时应通知涉案各方可在接到裁决结果之日起的 10 日内以书面形式提出获悉裁决理由的要求，否则该裁决将成为最终的、有约束力的裁决，且视有关各方放弃上诉权利。

2. 如果一方要求提供裁决结果的理由，那么完整的、书面的、附带裁决理由的裁决书将传达给各方。申诉的期限从接到这份带有裁决理由的裁决之日起开始计算。

3. 如果涉案方不要求提供裁决理由，应有一份简短的裁决说明存档。

4. 导致比赛和从业制裁的裁决必须附带裁决理由传达给涉案各方。

16 期　限

1. 必须在本条例或者作出裁决的机构所规定的期限内进行诉讼。

2. 期限截止在规定时间的最后一日的午夜。

3. 书面诉状和费用必须在规定时间内的最后一天之前送到指定地点，或者在指定银行的分行交付费用，或者在指定的邮局寄出诉状。电子邮件形式提交的诉状无法律效应，而相比之下，传真形式提交的诉状具有法律效应。

4. 如果期限内提交的诉状和起诉费寄给了国际足联不处理这类案子的部门，但又被及时转送到正确的部门，依据程序，该诉状和起诉费有效。

5. 寄送人应提供符合期限的证明。

6. 如果本条例没有明确说明不符合期限的后果，球员身份委员会或者纠纷解决委员应给予裁决。本条例仅就诉讼的合法程序方面提出警告。

7. 计算期限时不应将设定期限的那一天或费用支付起始日计算在内。

8. 期限不应包括 12 月 20 日到 1 月 5 日（包括 1 月 5 日），以及国际足联常规及特别代表大会之前和之后的 5 日。国际足联世界杯（决赛）期间不应计算在期限内。

9. 如果期限的截止日期在提交或者接收文件方所在国是法定假日或者非工作日，期限截止向后顺延一日。

10. 根据规章制度制定的期限不可以延长。如果被证实的起诉在期限截止日之前提交的，可以适当考虑诉讼进行的速度，将球员身份委员会和争议解决庭制定的期限延长。

11. 由球员身份委员会和争议解决庭制定的期限通常应不少于 10 天，不多于 20 天。对于紧急案件，期限可缩短至 24 小时。

12. 如果一方或者代表不是因为自己的缘故造成无法遵守规定的期限，则在相应障碍消除后三天内通过可证实的请求，可以重新确定新的规定期限。

13. 提出诉讼的期限应一贯从接到全文版本的裁决之日算起。

17 预付款

球员身份委员会和独任庭审处理的诉讼（与球员临时注册相关的诉讼除外）以及争议解决庭处理的与训练补偿和连带赔偿金有关的诉讼应提交预付款（参见第 18 条）。

争议解决庭处理的与训练补偿和连带赔偿金有关的诉讼案的金额如果不超过 50，000 瑞士法郎，不应提交预付款。

提交诉讼或者反诉讼的诉状时诉讼方或者反诉讼方应支付预付款。

预付款根据下面的纠纷数额计算：

纠纷数额	预付款
50,000 瑞士法郎	1,000 瑞士法郎
100,000 瑞士法郎	2,000 瑞士法郎
150,000 瑞士法郎	3,000 瑞士法郎
200,000 瑞士法郎	4,000 瑞士法郎
2000,001 瑞士法郎起	5,000 瑞士法郎

预付款须打入下面的银行账户，并明确说明纠纷案涉及的各方。

苏黎世瑞士联合银行

账号：366.677.01U（国际足联球员身份）

结算号：230

国际银行账号：CH27 0023 0230 3666 7701U

全球同业银行金融电信界：UBSWCHZH80A

5. 如果一方在提交诉讼状或者反诉讼状的时候没能提交预付款，国际足联行政管理部门应允许该方在10日内支付预付款，并告之不能在10日内支付预付款将导致诉讼或者反诉讼不被听审。

6. 按照本条前面款项中描述的要求而支付的预付款，在根据地18条就费用进行裁决中应给予适当考虑。

7. 如果涉案各方均接受国际足联行政管理部门建议的赔偿金额和计算方式（参见13款），训练补偿和连带赔偿金纠纷的预付款应偿还给付费方。

18 费　用

1. 球员身份委员会和独任庭审处理的（与球员临时注册相关的诉讼除外）以及争议解决庭处理的与训练补偿和连带赔偿金案件所收取的最高费用为25，000瑞士法郎。承担费用情况应考虑诉讼案中获胜方成功的程度。特殊情况下费用可由国际足联承担。如果一方因其个人行为产生了不必要的费用，费用自理，与诉讼结果无关。

2. 争议解决庭处理的俱乐部和球员之间关于保持合同稳定性以及俱乐部和球员之间关于国际雇佣的纠纷案件不收取任何费用。

3. 如果一方决定一旦裁决结果已经公布则不要求提供裁决理由（参见15款），则无需缴纳诉讼费。

4. 球员身份委员会和争议解决庭处理的诉讼案无程序性补偿。

19 通知裁决

1. 裁决应直接送达涉案方，还要寄给相关协会一份裁决。

2. 涉案方接到裁决的那一刻（至少以传真形式），则裁决通知程序结束。通知到代表就等于通知到涉案方。

3. 传真送达的裁决应具有法律约束力。或者，挂号信或者速递送达的裁决也应有法律约束力。

20 公布裁决

如果是一般利益的裁决，可由秘书处按照球员身份委员会或者争议解决庭决定的形式公布，并且如果可以，将其压缩成媒体发布采用的简明扼要的形式。在进行对外发布时应保持相应的克制。如果在涉案一方足够理由的要求下，裁决的部分内容不应对外公开。

Ⅲ. 最后条款

21 本条例的执行

本条例由国际足联执委会于 2012 年 9 月 27 日通过，2012 年 12 月 1 日开始执行。

本条例适用于其执行之日及之后提交给国际足联的诉讼案。

本条例取代 2008 年 5 月 27 日颁布的球员身份委员会和争议解决庭管理条例。后者应适用于本条例生效之前提交给国际足联的案件。

苏黎世，2012 年 9 月 27 日

呈予国际足联执委会

主席：秘书长：

Joseph S. Blatter　　　Jerome Valcke

附录 A

诉讼费

本条例收取的诉讼费参照：

纠纷数额	诉讼费
50,000 瑞士法郎	5,000 瑞士法郎
100,000 瑞士法郎	10,000 瑞士法郎
150,00 瑞士法郎	15,000 瑞士法郎
200,000 瑞士法郎	20,000 瑞士法郎
2000,001 瑞士法郎起	25,000 瑞士法郎

国际足联纪律准则（FDC）[*]

2008年12月20日

序　篇

专门针对《国际足联章程》第57条第4款，国际足联执委会规定了本准则。

第1条　目的

本准则描述了对国际足联规程的犯规情况，制定了处罚规定，规范了职权机构的组织和功能，以及这些机构应遵循的程序。

第2条　适用范围：独立法规

本准则适用于国际足联组织的任何一场比赛。在此范围之外，在比赛官员受到伤害、违反国际足联宪章，尤其是在踢假球、腐败现象和使用兴奋剂的情况下，本准则也适用。

第3条　适用范围：自然人和法人

以下人员、组织应服从本准则：

——协会；

——协会成员，尤其是俱乐部；

——官员；

——运动员；

——比赛官员；

——国际足联授权的比赛或球员经纪人；

——任何获得国际足联授权，特别是关于由国际足联组织的比赛、竞赛或其他活动；

——观众。

第4条　适用范围：时间

本准则适用于其生效后发生的各种事实。如果对事实的当事人同样有利或更有利，而且

[*]　本文件来自中国足球协会官方网站。

国际足联法律机构在本准则生效后对这些事实进行判定，则此准则也适用于以前发生的事实。本准则生效后立即适用。

第5条　定义

1. 赛后：裁判员终场哨响和球队从体育场离开之间的时间。

2. 赛前：球队到达体育场和裁判员鸣哨开球之间的时间。

3. 国际比赛：属于不同代表协会的两个球队间的比赛（俱乐部间、一个俱乐部和一个代表队、或两个代表队之间）。

4. 友谊赛：由足球组织、俱乐部或其他人组织的、为该活动而选择的、有可能是不同性质的球队间的比赛；比分只在该场比赛或该项赛事中有效。如果是代表队间的比赛，仅对国际足联排名有效。

5. 正式比赛：由一个足球组织主办的其所辖范围内所有球队或俱乐部的比赛；除非比赛规程另有规定，其比分将决定参加其他比赛的权利。

6. 官员：除运动员外，在协会或俱乐部从事与足球有关活动的任何人，无论其职位、所从事活动类别（管理、运动或其他）以及从事该活动的时间长短。尤其指领队、教练员、队医。

7. 比赛官员：裁判员、助理裁判员、第四官员、比赛监督、裁判监督、安全官员、以及国际足联指派的和比赛有关的其他任何人员。

8. 国际足联规程：国际足球协会理事会颁布的比赛规则和国际足联章程、规定、指令以及通知。

第6条　用词的性和数

不论如何措辞和表达，本准则所有条款均适用于男性和女性，所有单数均为复数，反之亦然。

第一篇　独立法规

第一章　通　则

第一部分　处罚条件

第7条　有过失

1. 除非另有规定，无论故意或过失违规，都将进行处罚。

2. 特殊情况下，虽然没有发生违规，出于安全原因，比赛可能要在没有观众的情况下，或在中立国进行，或禁止在某个体育场比赛。

第8条　有犯规意图

1. 企图的行为也应受到处罚。

2. 在企图的情况下，法律机构应根据实际违规予以减轻处罚。可以根据情况适当减轻尺度；但不得低于罚款的最低限度（见第15条第2款）。

第9条 参与违规

1. 任何人故意参与违规行为，无论是煽动者还是同犯，都将受到处罚。

2. 法律机构将视情况根据参与的程度减轻处罚。但不得低于罚款的最低限度（见第15条第2款）。

第二部分 各种处罚

第10条 对自然人和法人的一般处罚

以下处罚对自然人和法人都适用：

a）警告；

b）通报；

c）罚款；

d）收回奖项。

第11条 适用于自然人的处罚

以下处罚仅适用于自然人：

a）黄牌警告；

b）驱逐出场；

c）禁赛；

d）禁止进入运动员休息室和/或替补席；

e）禁止进入体育场；

f）禁止从事任何与足球有关的活动。

第12条 适用于法人的处罚

以下处罚仅适用于法人：

a）禁止转会；

b）进行无观众比赛；

c）在中立场地进行比赛；

d）禁止在某一特定体育场比赛；

e）取消比赛结果；

e）禁赛；

f）降级；

g）扣分；

h）罚款。

第 13 条　警告

警告是对纪律规定内容的一种提醒，如再出现违规行为，将进行处罚。

第 14 条　通报

通报是对违规者进行的正式书面通知。

第 15 条　罚款

1. 罚款以瑞士法郎或美元进行。应用同一种货币缴纳。

2. 罚款不应低于 300 瑞士法郎（年龄组比赛不低于 200 瑞士法郎），不得高于 1,000,000 瑞士法郎。

3. 进行处罚的机构决定交付罚款的期限和时间。如果是停赛追加罚款，应在停赛结束前交付罚款。

4. 协会和代表队队员及官员共同承担对代表队队员和官员的罚款。本规定同样适用于俱乐部和他们的运动员及官员。一个自然人离开俱乐部或协会并不能取消这种共同义务。

第 16 条　收回奖项

被要求退回奖项的人应退回获得的所有利益，尤其是钱和象征物（奖牌、奖杯等）。

第 17 条　黄牌警告

1. 黄牌警告是比赛过程中裁判员对运动员非严重性质的不道德行为进行的警告（参见比赛规则第 12 条）。

2. 同一场比赛中被出示两张黄牌将被驱逐出场（间接红牌），同时，自动停止下一场比赛（参见第 18 条第 4 款）。导致红牌的两张黄牌被取消。

3. 如果队员在同一国际足联赛事的不同的两场比赛中各得一张黄牌，自动停赛该赛事的下一场比赛。纪律委员会可在某赛事开始前制定这一规定的特别条款，一旦决定则不得更改。

4. 如果被放弃的比赛将重赛，取消已得的黄牌警告。如果不重新进行，造成比赛被放弃的球队的黄牌维持不变；如果两队都有责任，所有的黄牌都维持不变。

5. 比赛中出示的黄牌并收取罚款后，不予撤销。

6. 如果球员出现比赛规则第 12 条中规定的严重非体育行为，他在同场比赛中收到的黄牌将继续计入。

第 18 条　驱逐出场

1. 驱逐出场是在比赛过程中裁判员罚令某人离开比赛场地及其周围地区，包括替补席。被驱逐出场的人可以到看台上，除非他被禁止入场。

2. 驱逐出场以对运动员出示红牌的形式出现。如果处罚的是比赛规则中第 12 条规定的不道德行为，则该红牌是直接红牌；如果是累计两张黄牌则是间接红牌。

3. 被罚出场的官员可以给替补席上替代他的人指导。但应保证不影响观众或扰乱比赛的正常进行。

4. 即使比赛被取消和 / 或放弃，判罚的驱逐出场也自然导致停止下一场比赛。纪律委员会可以延长停赛的期限。

第 19 条　停赛

1. 停赛是禁止参与下一场比赛或下一项赛事或禁止进入比赛场地周边地区。

2. 依据第一条被停赛的官员将依据第 20 条自动被禁止进入更衣室。

3. 停赛以比赛场次、天数或月的形式出现。除非另有规定，停赛不得超过 24 场比赛或两（2）年。

4. 如果停赛以比赛场次的形式进行，只有真正进行了的比赛才可以计入禁停场次。如果比赛被放弃、取消或最终比赛被终止，只有不是被停赛运动员所在球队导致比赛的放弃、取消或终止的情况下，才可以认为已经进行了停赛。

5. 如果球员以非合法身份参加的比赛被追加处罚则认为禁赛处罚未能执行。此项同样适用于以非合法身份参加比赛的球员。

6. 如果停赛追加罚款，停赛要延续至罚款完全付清为止。

第 20 条　禁止进入运动员休息室和 / 或替补席

禁止进入运动员休息室和 / 或替补席，是指剥夺被处罚人进入球队休息室和 / 或比赛场地周边地区，尤其是坐在替补席上的权利。

第 21 条　禁止进入体育场

禁止进入体育场指禁止被处罚人进入一个或几个体育场的范围之内。

第 22 条　禁止从事任何与足球有关的活动

禁止个人从事任何与足球有关的活动（管理、比赛或其他）。

第 23 条　禁止转会

禁止转会的处罚使俱乐部在处罚期不得注册任何队员。

第 24 条　进行无观众比赛

进行无观众比赛是要求协会和俱乐部的某一场比赛在没有观众的情况下进行。

第 25 条　在中立场地进行比赛

在中立场地进行比赛是要求协会和俱乐部的某一场比赛在另外一个国家或同一个国家的另一个地区进行。

第 26 条　禁止在某一体育场比赛

禁止在某一特定体育场比赛，是剥夺协会和俱乐部球队在某一体育场比赛的权利。

第 27 条　比赛结果作废

比赛结果作废是指比赛场上的结果无效。

第 28 条　禁赛

禁赛是剥夺协会或俱乐部参加当前和 / 或未来某项赛事的权利。

第 29 条 降级

俱乐部可被降至下一个级别。

第 30 条 扣分

俱乐部在当前赛事中已获得的积分可被扣除。

第 31 条 失去比赛资格

1. 被处罚失去比赛资格的球队计为 0 : 3 输掉比赛。

2. 如果净胜球超过 0 : 3，则以高分记录。

第 31 条 副款重赛

因不可抗力的因素之外的原因未能进行或未能完整进行的比赛可进行重赛，但基于球队行为或协会行为责任的基础。

第三部分 一般规定

第 32 条 合并处罚

除非另有规定，本准则中通则和特殊部分中的处罚是可以合并的。

第 33 条 部分延迟处罚

1. 处罚的机构在宣布停赛（参见第 19 条）、禁止进入运动员休息室和 / 或替补席（见第 20 条），禁止参与足球活动（见第 22 条），进行无观众比赛（参加第 24 条），在中立场地进行比赛（参加第 25 条），或禁止在某一体育场比赛（参见第 26 条）时可考虑是否可能延迟执行部分处罚。

2. 只有当处罚的期限不超过六（6）场比赛或六（6）个月，而且情况尤其是被处罚人以前的记录允许时，才可以进行部分延迟。

3. 处罚机构决定处罚的哪一部分可以延迟。任何情况下，至少要执行一半的处罚。

4. 通过延期执行处罚，处罚机构给予被处罚人六（6）个月到两（2）年的察看期。

5. 如果被暂缓处罚的人在察看期内再次违规，暂缓自动解除并进行处罚，并累加在新的处罚之上。

6. 可在某些情况下实施特殊条款。如果涉及违反反兴奋剂规定，此条款不适用。

第 34 条 时间处罚：时间界限的计算

赛季期间或之间的休息期不包括在时间处罚内。

第 35 条 联合处罚

1. 黄牌警告、驱逐出场和禁赛都记录在国际足联的中央处理系统中。纪律委员会秘书处以书面形式确认并通知有关协会或俱乐部。如为决赛阶段的比赛，将书面通知团长。

2. 通知仅为形式，处罚（黄牌警告、驱逐出场、自动停赛）一经确认立即生效进行下一场的停赛，即使有关协会、俱乐部或团长之后才收到确认函的通知。

3. 为确保中央记录系统运转正常，各洲际联合会应将本联合会比赛中的处罚通知国际足联，以便累计到国际足联的比赛和其他比赛当中（参见第 38 条第 2 款）。

第四部分 累计、取消黄牌和停赛

第 36 条 累计黄牌

1. 在一项赛事中的黄牌警告不累计到下一项赛事当中。

2. 但是，同一项赛事的黄牌将累计到下一轮比赛当中。纪律委员会在赛事开始前可以做出不同的规定。本规定服从第 37 条。

第 37 条 取消黄牌

1. 在洲际联合会的要求下，纪律委员会可以取消尚未导致停赛的黄牌警告，以取得首轮比赛中比赛场次不同、或其他特殊情况下各队之间的平衡。

2. 任何情况下，纪律委员会在一项赛事中仅可以这样做一次。

3. 纪律委员会的决定是最终的。

第 38 条 累计停赛

1. 作为一般规定，任何（运动员或其他人的）停赛在同一项赛事中都累计到下一轮。

2. 在某一项赛事外（单独的比赛）运动员被处罚的停赛或在同一项赛事中没执行的停赛（被淘汰或该赛事的最后一场比赛）将按以下规定累计：

a）国际足联世界杯：计入该代表队的下一场正式比赛当中；

b）有年龄限制的比赛：计入该代表队的下一场正式比赛当中，无论是何种类型的比赛（是否有年龄限制）；

c）国际足联联合会杯：计入该代表队的下一场正式比赛当中；

d）国际足联俱乐部世锦赛：计入洲际足联的俱乐部比赛；

e）各洲际足联进入国际足联俱乐部世锦赛的俱乐部资格赛：计入该世锦赛；

f）根据某种标准（文化、地域、历史等）被选中的球队的比赛：如果这些赛事的规程以国际足联的纪律处罚规定为依据，则停赛计入该队的下一场正式比赛当中；

g）友谊赛：计入该代表队的下一场友谊比赛当中。

3. 东道主的队伍因无需进行预赛而直接进入决赛阶段，而其下一场比赛即为决赛阶段的首场比赛，则根据上述第 2 款进行的停赛在其下一次友谊赛中执行。

4. 在同一项比赛不同场次的几张黄牌累计导致的禁赛不计入其他赛事。

5. 第 2 款也同样适用于对非运动员所进行的停赛处罚。

第五部分　确定处罚

第 39 条　一般规定

1. 处罚机构决定处罚的范围和期限。

2. 处罚可以限制在某一个地域范围内一个或几个类别的比赛和赛事中。

3. 除非另有规定，处罚的期限应有明确规定。

4. 决定处罚时，法律机构将考虑与案情有关的所有情况以及违规的严重程度。

第 40 条　重复犯规

1. 除非另有规定，对于重复犯规，法律机构可加重处罚。

2. 本规定服从于有关重复使用兴奋剂的特殊规定。

第 41 条　多种违规

1. 如果对某人由于其一项或多项犯规而处以多项罚款，处罚机构可依据其中最严重犯规的量刑给予罚款，或将最重罚款加重，最多不超过 50%。

2. 多场次相同类型（两场以上停赛、两场以上禁止进入体育场）的犯规可以采用相同的手段。

3. 按照第 1 款执行罚款时，可不受本规定第 15 条第 2 款罚款上限的约束。

第六部分　时效期

第 42 条　期限

1. 场上违规行为两（2）年后将不予追究。作为一般规定，其他违规行为十（10）年后将不予追究。

2. 违反兴奋剂的规定八（8）年后可以不追究。

3. 对腐败的处罚（参见第 62 条）没有时间期限。

第 43 条　处罚时效期的开始

实效期按以下方式计：

a）从受处罚人违规行为当日开始；

b）如果违规行为重复发生，从最近一次违规当日开始；

c）如果违规行为持续一段时间，则从违规结束之日开始。

第 44 条　中断

如果纪律委员会在处罚时效期到期前开始处理，则不再考虑时效期。

第 45 条　执行处罚的时效期

1. 处罚的时间限制是五（5）年。

2. 处罚期限从决议开始生效之日开始起算。

第二章　特殊部分

第一部分　违反比赛规则

第 46 条　轻微违规

运动员有以下违规行为将被警告（参见竞赛规则第 12 章和以上第 17 条）：

a）非体育道德行为；

b）用语言或行为表示不满；

c）反复违反比赛规则；

d）延误比赛重新开始；

e）角球或任意球或发球时不遵守规定的距离；

f）未得到裁判员许可进入或重新进入比赛场地；

g）未得到裁判员许可故意离开比赛场地。

第 47 条　严重违规

运动员有以下违规行为之一将被罚令出场（参见竞赛规则第 12 章和以上第 18 条）：

a）严重犯规；

b）暴力行为；

c）向对手或其他任何人吐口水；

d）通过故意手球阻挡对方进球或明显进球机会（守门员在其禁区内的情况除外）；

e）通过可判任意球或点球的犯规阻止对方明显的进球机会；

f）有侵犯、侮辱或辱骂言辞或行为；

g）同一场比赛中第二张黄牌（参见第 17 条第 2 款）。

第二部分　比赛中的混乱

第 48 条　对队员和他人的不当行为

1. 根据第 18 条第 4 款给予自动停赛。任何被处以直接红牌者的以下行为将被处以：

a）阻止对方明显的进球机会（特别是故意手球），处以一场停赛；

b）严重犯规（特别是野蛮用力）至少停赛一场；

c）对对手或他人（比赛官员除外）的不正当行为至少停赛一场（第 53，54 和 57~60 条规定的除外）；

d）攻击（肘击、拧、踢等）对手或他人（比赛官员除外）处以至少停赛两场；

e）向对手或他人（比赛官员除外）吐口水至少停赛六（6）场。

2. 上述情况均可以追加罚款。

3. 保留根据本准则第 77a）条处罚的权力。

第 49 条　对官员的不当行为

1. 如果违规的受害者是比赛官员，根据第 18 条第 4 款给予自动停赛（直接红牌），除此之外还应施以以下处罚：

a）对比赛官员的非体育道德行为处以至少四（4）场停赛（第 53，54 和 57~60 条规定的除外）；

b）攻击比赛官员（肘击、拧、踢等）处以至少六（6）个月的停赛；

c）向比赛官员吐口水至少停赛十二（12）个月；

2. 上述情况均可以追加罚款。

3. 保留根据第 77a）条处罚的权力。

第 50 条　打架

1. 参与打架将至少被停赛六（6）场。

2. 阻止打架，保护他人或分开打架者将不受处罚。

第 51 条　无法认定滋事者

如果无法认定滋事者，处罚机构将处罚滋事者所属的俱乐部或协会。

第 52 条　队伍不当行为

如果队伍行为不当，将处罚其俱乐部或协会，特别是：

a）同一场比赛中至少五（5）名成员被裁判处罚（黄牌或红牌）；

b）数名队员或官员运动员一起威胁或骚扰比赛官员或他人将被处以至少 10,000 瑞士法郎的罚金。还将视犯规严重程度作进一步处罚。

第 53 条　挑起敌意和暴力

1. 运动员或官员公开煽动他人的敌意和暴力将被处罚停赛至少十二（12）个月并罚款至少 5,000 瑞士法郎。

2. 严重情况下，尤其利用大众传媒（例如报纸杂志、广播或电视）或于比赛日在体育场内或其周边地区违规，将至少罚款 20,000 瑞士法郎。

第 54 条　挑衅公众

任何人在比赛过程中挑衅公众将被禁赛两（2）场，并处以最少 5,000 瑞士法郎的罚款。

第 55 条　比赛资格

1. 如果有队员不具备比赛资格而参加了正式比赛，其所在球队将被罚比赛作废（参见第 31 条）并支付至少 6,000 瑞士法郎的罚款。

2. 如果有队员不具备比赛资格而参加了友谊比赛，其所在球队将被罚比赛作废并支付至少 4,000 瑞士法郎的罚款。

第 56 条　放弃比赛

1. 如果球队拒绝比赛或拒绝继续已经开始的比赛，将被处罚款至少 10,000 瑞士法郎，并且原则上被罚比赛作废（参见第 31 条）。

2. 严重情况下，该球队也将被取消该赛事的比赛资格。

第三部分　攻击性和种族主义行为

第 57 条　攻击性行为和公平竞赛

任何人以任何形式，尤其是用冒犯性动作或语言侮辱别人，或违反公平竞赛原则，或以任何形式的非体育道德行为将被处罚（参见第 10 条）。

第 58 条　种族主义

1. a）任何人以中伤别人的方式对种族、肤色、语言、宗教或伦理等方面公开贬损、歧视或诽谤某人或某些人，将被处以至少五（5）场停赛。此外，还将处以禁止进入体育场和至少 20,000 瑞士法郎的罚款。如果违规者是官员，将至少罚款 30,000 瑞士法郎。

b）如果同一俱乐部或协会的数人（官员或队员）同时触犯上述第 1.a）或还伴有其他恶劣情况，第一次犯规扣除该队 3 分，第二次犯规扣除该队 6 分。再犯将被降级。如果比赛不涉及积分，将罚停赛该赛事。

2. a）球队的任何观众有此类犯规（第 1.a）款）将罚该俱乐部或协会至少 30,000 美金，无论其行为是否为过失或被夸大。

b）严重情况将追加处罚，例如无观众比赛、比赛作废、扣分或失去比赛资格。

3. 如果观众犯有上述（第 1.a）款）的行为将处以至少两年不得进入体育场。

第四部分　威　胁

第 59 条　恐吓

任何人恐吓威胁比赛官员将被处以至少 3,000 瑞士法郎的罚款和停赛。这些处罚不在第 32 条规定之内，将不和其他处罚合并。

第 60 条　施加压力

任何人用暴力或恐吓来逼迫比赛官员采取某些行为或用其他手段阻止比赛官员的正常决定，将被处以至少 3,000 瑞士法郎的罚款及停赛。这些处罚不在第 32 条规定之内，将不和其他处罚合并。

第五部分　制假造假

第 61 条　法律

1. 任何人在和足球有关的活动中仿造文件，或假造权威文件，或使用假文件欺骗他人，将受到罚款处罚。

2. 如果违规者是球员，法律机构将禁止其从事任何与足球有关的活动至少六（6）个月。

3. 如果违规者是官员、球员经纪人或比赛经纪人，违规者将被禁止参与任何与足球相关的活动至少十二（12）个月。

4. 协会将会被认定对其官员或球员造成的侵害负责。该协会将被处以禁赛并加罚款的处罚。

5. 俱乐部将会被认定对其官员或球员造成的侵害负责。该俱乐部将被处以禁赛并加罚款的处罚。

第六部分　腐　败

第 62 条

1. 任何人代表自己或第三方向国际足联有关机构、比赛官员、运动员或官员提供、许诺或给与不正当利益，企图促使其违反国际足联规定，将受到以下处罚：

a）至少 10,000 瑞士法郎的罚款；

b）禁止从事任何与足球有关的活动，以及

c）禁止进入任何体育场。

2. 被动腐败（索要、被许诺或接受不正当利益）将被处以同样的处罚。

3. 严重情况下以及惯犯，处以终身 b）项处罚。

4. 任何情况下，法律机构将没收有关非法所得。这些财产将用于足球发展项目。

第七部分　兴奋剂

第 63 条　定义

禁止使用兴奋剂。使用兴奋剂和反兴奋剂的规定参见国际足联反兴奋剂规程。兴奋剂方面的违规将按国际足联兴奋剂规程和国际足联纪律准则的规定予以处罚。

第八部分　不遵守决定

第 64 条

1. 任何人不遵守国际足联的机构、委员会、临时机构或体育仲裁法庭（经济处罚决定）的决定，没能全部或部分向他人（例如运动员、教练员或俱乐部）支付款项，或任何不服从国际足联或体育仲裁法庭的机构、委员会、临时机构做出的决定（非经济处罚决定）者，将处以以下：

a）因未能执行决议被处以罚款；

b）国际足联法务部门给出最终的时间期限解决债务或执行非资金方面的处罚；

c）（仅限俱乐部），如果在最后时间期限内未执行决议，将受到警告、扣分或降级处分，也可禁止转会；

d）（仅限协会），如在最后时间期限内未能执行决议，将会被警告进一步纪律处罚将被执行。国际足联将可能对其进行禁赛处罚。

2. 如果该俱乐部无视最终时间期限，将要求有关协会实施上述措施。

3. 如果扣分，应适合于所欠的款额数量。

4. 禁止参加足球有关活动的处罚也适用于自然人。

5. 任何根据本条通过的决议，如有申述，直接送达体育仲裁法庭。

6. 任何由获得国际足联认可的仲裁法庭或国家争端调解厅（NDRC）发出的针对俱乐部的涉及资金或非资金的处罚决议，应由决议主体协会依据本款原则予以执行；

7. 任何由获得国际足联认可的仲裁法庭或国家争端调解厅（NDRC）发出的针对自然人的涉及资金或非资金的处罚决议，应由决议主体协会依据本款原则予以执行；如果自然人与新俱乐部签约，且需在另外的协会进行注册（或以教练身份签约），则处罚决议由新的协会依据本款原则予以执行。

第九部分　协会及俱乐部的责任

第 65 条　组织比赛

组织比赛的协会应：

a）评估比赛的风险程度并通知国际足联那些高风险的问题；

b）遵守并执行现有的安全规定（国际足联规程，国家法律、国际协议），在赛前、赛中、赛后和出现事故时，执行所有安全预防措施；

c）保证比赛官员、客队的官员和队员到访期间的安全；

d）保持与地方当局的联系并积极有效地与其合作；

e）保证体育场内和周边秩序井然，保证比赛正常进行。

第 66 条　未履行义务

1. 凡未履行上述第 65 条的责任的协会将受处罚。

2. 如违规情况严重，可追加处罚，如停赛体育场（参见第 26 条）或指令球队在中立场地进行比赛（参见第 25 条）。

3. 保留因安全原因执行某种制裁的权力，即使没有任何违规。

第 67 条　为观众行为负责

1. 观众的不当行为由主办协会或主办俱乐部负责，将根据情况予以处罚，无论是否有过失或是否误报。视受妨碍程度将加重处罚。

2. 无论是否有过失或是否误报，客队观众的不当行为由客队协会或俱乐部负责，将根据情况予以处罚，并视妨碍比赛程度加重处罚。除非有证据证实，占据客队看台球迷的不当行为由客队协会或客队俱乐部负责。

3. 不当行为包括对人和物的暴力、放出易燃装置、投掷弹头、用任何形式展示侮辱和政治性标语、口吐脏言或声响、冲进场地等。

4. 上述第 1、2 条指出的责任方在中立场地进行的比赛同样适用，特别是决赛阶段的比赛。

第 68 条　其他义务

协会还应：

a）在有年龄限制的比赛中，积极检查运动员出示的身份卡上的年龄是否真实。

b）确保协会或俱乐部自身管理机构没有违法乱纪的人员（尤其是使用兴奋剂、腐败、造假等）或在过去的 5 年内有过此类行为的。

第十部分　非法操纵比赛结果

第 69 条

1. 任何人企图以不符合体育道德的方式影响比赛结果将被停赛或停止足球有关活动并罚款至少 15，000 瑞士法郎。严重的情况下，将处以终身禁止从事与足球有关的活动。

2. 若队员或官员如上述第 1 条所述非法影响比赛结果，将对其所属的协会或俱乐部处以罚款。严重的情况下，将追加停止比赛，扣分和降级，退回奖项。

第二篇　组织和程序

第一章　组织机构

第一部分　国际足联、协会、洲际足联和其他组织的权限

第 70 条　一般规定

1. 关于非国际足联组织的比赛和赛事（参见第 2 条），因文化、地域、历史或其他原因组织比赛的协会、洲际足联和体育组织应负责在他们组织的比赛中实施对违规的处罚。如果有要求，他们的处罚可扩大到世界范围（参见第 136 条）。

2. 如果协会、洲际足联和其他体育组织没能对有关违规进行处罚或没能根据基本的法律

原则进行处罚，国际足联法律机构保留对严重违反国际足联章程的行为（参见第2条最后部分）进行处罚的权利。

3. 协会、洲际足联和其他体育组织应向国际足联法律机构报告任何严重违反国际足联宗旨的行为（参见第2条最后部分）。

第71条　两个代表队间的友谊赛

1. 在不同协会代表队之间的友谊赛中的任何纪律行为应由受处罚队员所在的协会负责。然而，严重情况下，国际足联纪律委员会可能干预。

2. 有关协会应向国际足联通告所进行的处罚。

3. 国际足联确保所进行的处罚符合本准则。

第二部分　职权机构

第72条　裁判员

1. 在比赛过程中，纪律判决由裁判员做出。

2. 这些判决是最终的。

3. 在某些情况下，可能由法律机构进行判决（参见第77条）。

第73条　法律机构

国际足联的执法机构是纪律委员会、申诉委员会和道德委员会。

第74条　体育仲裁法庭（CAS）

申诉委员会通过的某些决定可以到体育仲裁法庭进行申诉（参见《国际足联章程》第63条和以下第128条）。

第75条　国际足联医务委员会

根据国际足联反兴奋剂规程，国际足联医务委员会或其所辖其他机构，负责执行兴奋剂检测、分析样本并检查医疗证明。

第三部分　纪律委员会

第76条　一般权限

纪律委员会授权对不归任何其他机构负责的违反国际足联规定的行为进行处罚。

第77条　特殊权限

纪律委员会负责：

a）对逃过比赛官员注意的严重违规行为进行处罚；

b）纠正裁判员明显的错误判罚；

c）延长红牌罚出场导致的自动停赛的期限（参见第18条第4款）；

d）宣布追加处罚，例如罚款。

第 78 条　主席单独执法的权限

1. 纪律委员会主席可以单独进行以下判决：

a）对某人进行最多三（3）场比赛或最多为期两（2）个月的停赛；

b）处以 10,000 瑞士法郎以内的罚款；

c）延长因红牌引起的自动停赛处罚（参见第 136 条）；

d）解决因对纪律委员会成员不满而引发的争议；

e）宣布、改变和取消有关临时处罚（参见第 129 条）。

2. 当纪律委员会在决赛过程中遇到这种情况，主席可决定由委员会做出以上第 1 条所提到的决议。

第四部分　申诉委员会

第 79 条　权限

纪律委员会的决议，如果根据国际足联规程规定不属于终审、又不归其他机构判决，可上诉至申诉委员会处理。

第 80 条　主席单独执法的权限

1. 申诉委员会主席可以单独就以下情况做决定：

a）对于延长处罚的判决（参见第 141 条）的申诉；

b）解决因反对申诉委员会成员而导致的争议；

c）对纪律委员会主席通过的临时决议的申诉进行处理；

d）宣布、改变和取消有关临时处罚（参见第 129 条）。

2. 当申诉委员会在决赛过程中遇到上述情况，主席可决定由委员会做出以上第 1 条所提到的决议。

第五部分　法律机构的常规

第 81 条　组成

1. 执委会负责指定纪律委员会和申诉委员会成员，任期八（8）年。人数由执委会根据需要确定。

2. 执委会从成员中任命各委员会的主席，同样任期八（8）年。

3. 各委员会召集全体会议，由简单多数成员投票选举两名副主席，同样任期八（8）年。候选人不得投票。

4. 最好每个委员会的主席中（主席或副主席）至少有一人定居在国际足联总部所在国家。

5. 两个委员会的主席均应有法律资质。

第 82 条　会议

1. 如果有三（3）名成员出席，委员会会议即为有效。

2. 秘书处应根据主席的指示，召集必要的人员出席会议。主席应尽可能保证每次会议各洲际足联有相同的代表人数。

3. 必要的人员将被召集在国际足联世界杯和其他同国际足联赛事期间组成纪律委员会工作。

第 83 条　主席

1. 主席负责主持会议并执行本准则授予他的权利。

2. 如果主席无法出席，由副主席代理其职。如果副主席也无法出席，由最长任期的成员代理其职。

第 84 条　秘书处

1. 国际足联在国际足联总部为法律机构提供秘书处和必要的工作人员。

2. 总秘书处指定秘书。

3. 秘书负责行政工作，记录会议纪要和会议决议。

4. 秘书负责文件档案。通过的决议和相关文件应保留至少十（10）年。

第 85 条　独立性

1. 国际足联法律机构完全独立地通过他们的决议；特别是不受任何其他机构的影响。

2. 国际足联的成员在法律机构进行商议时不得停留在其会议室，除非需要他们出席。

第 86 条　职责的不兼容性

执法机构的成员不得兼任执委会或国际足联常务委员会的任职。

第 87 条　回避

1. 如果有严肃的事实质疑其公正性，国际足联执法机构成员应回避。

2. 回避适用于以下情况：

a）事情的结果与相关成员有直接关系；

b）他与某一方有关；

c）他和某一方（协会、俱乐部、官员、运动员等）具有相同的国籍；

d）他已经在不同情况下处理过该事件。

3. 有以上回避理由的成员应立即通知主席。各方如对成员的公正性有质疑，也可提出意见。

4. 如有争议，则由主席决议。

5. 如主席提议回避的成员参与了决议过程，决议无效。

第 88 条　机密性

1. 法律机构成员应确保在他们行使职权过程保守一切秘密（案情，商议内容和做出的决议）。

2. 只有已通知本人的决议内容可以公开。

第 89 条　免除责任

除非有严重的不当行为，国际足联执法机构和秘书处都不为任何与纪律程序有关的行为和疏忽负责。

第二章　程　序

第一部分　一般规定

第一节　时间界限

第 90 条　计算

1. 协会应遵守的时间期限应从他们收到有关法律文件之日开始。

2. 如果没有将文件同样送给当事人或只将文件送给了其法律代表，其他人员应遵守的时间期限应从协会收到有关文件四（4）天后开始，协会负责传达文件。如果文件也送给了当事人或只送给了其法律代表，时间期限从文件送达之日算起。

3. 如果时间期限最后一天碰巧是按文件要求应遵守时间期限者所在国家的公共假日，则该时间期限将在公共假日之后的当天截止。

4. 任何情况下，将按“瑞士行为准则”进行时间期限的计算。

第 91 条　遵守

1. 只有在时间期限内按要求执行，才算遵守了期限。

2. 有关文件应在时间期限最后一天午夜前寄给有关机构或其在瑞士邮局的地址。

3. 如果以传真发送文件，有关文件在时间期限最后一天到达有关机构并且原件在五（5）日内到达，即算遵守时间限制。

4. 不允许发送电子邮件来遵守时间限制。

5. 如有申诉，只有需要的保证金（参见第 123 条）在时间期限的最后一天午夜前完全汇至国际足联账户，才被认为按时支付了保证金。

第 92 条　中断

1. 时间限制在以下情况中断：

a） 12 月 20 日至 1 月 5 日期间；

b） 国际足联大会开始前两（2）天至结束后两（2）天期间。

2 可根据情况另行规定。

第 93 条　延长

1. 主席指定的时间期限可以根据要求延长。但本准则中确定的时间限制不可以延长。

2. 时间界限的延长不得超过两次，只有在特殊情况下才可以第二次延长。

3. 如果主席拒绝延长时间限制，申请者将被再准予两（2）天时间，紧急情况下，可由主席口头通知申请者不予延长的决定。

第二节　被听证的权利

第 94 条　内容

1. 在任何决议被通过前，应举行各方听证会。

2. 尤其是，他们可以：

a）查阅文件；

b）根据事实和法律进行辩论；

c）要求提供证据；

d）参与取证过程；

e）获得合理的决议。

3. 可根据情况另行规定。

第 95 条　限制

1. 特殊情况下可不予听证。例如需要保密和程序的需要。

2. 可根据情况另行规定。

第三节　证　据

第 96 条　各种类型的证据

1. 各种类型的证据都可以提供。

2. 有损人格或不成立的证据不予考虑。

3. 符合证据的内容有：裁判员、助理裁判员、比赛监督和裁判监督的报告，有关方和证人的声明、物证、专家意见和录音录像等。

第 97 条　对证据的判断

1. 法律机构有权对证据进行判断。

2. 他们可特别考虑有关各方在审理过程中的态度，尤其是与法律机构和秘书处配合的态度。（参见第 110 条）

3. 他们根据个人的判断做出决定。

第 98 条　比赛官员的报告

1. 比赛官员的报告中包含的事实被认为是准确的。

2. 可以出具这些报告内容不准确的证据。

3. 如果不同比赛官员的报告不一致且无法求得一致，比赛场上发生的事件以裁判员的报告为准；比赛场外发生的事件以比赛监督的报告为准。

第 99 条　举证责任

1. 对纪律犯规的举证责任在国际足联。

2. 在使用兴奋剂的情况下，举证责任在当事人。

第四节　代表和协助

第 100 条

1. 有关各方可以安排自己的法律代表。

2. 如果没有要求他们亲自到场，他们也可以派代表。

3. 各方可以自由选择他们自己的代表和法律代表。

第五节　诉讼程序中使用的语言

第 101 条

1. 在审理过程中使用的语言是国际足联四种官方语言（英语、法语、西班牙语和德语）。审理机构和有关各方可以选择四种语言中任何一种。

2. 如果必要，国际足联可以使用译员服务。

3. 决议将以有关协会或当事人所属协会使用的语言之一通过。可能情况下，将尽力使用其协会的第一语言。

4. 如果决议使用的语言不是当事人的母语，当事人所属协会负责翻译。

第六节　通知决议

第 102 条　收件人

1. 决议将通知到所有各方。

2. 给运动员、俱乐部和官员的决议和文件将发给有关协会，由其将文件转发给有关各方。在文件没有同时发给有关方或者专门发给了有关方的情况下，文件发送给协会四（4）天后即视为送达收件人（参见第 90 条）。

第 103 条　形式

1. 以传真和挂号信的形式发出的通知均有效。

2. 不允许使用电子邮件发送通知。

第七节　其　他

第 104 条　明显错误

法律机构可随时更正任何计算或其他明显的错误。

第 105 条　花费和支出

1. 花费和支出应由未胜诉的一方支付。

2. 如果没有败诉方，则由国际足联承担。

3. 如果认为合理，可由各方分担。

4. 由判决的机构决定费用和支出如何分配。数额由主席决定，对此不得提起申诉。

5. 主席可以做出特别决议减免费用。

6. 纪律和申诉委员会调查过程中不接受程序补偿。

第 106 条　决议的施行

一旦通知，决议立即生效。

第 107 条　终止诉讼

以下情况可以终止程序：

a）有关方达成了协议；

b）一方宣布破产；

c）缺乏事实根据。

第二部分　纪律委员会

第一节　诉讼和调查的开始

第 108 条　诉讼的开始

1. 违反纪律将被自动起诉。

2. 任何个人或机构都可以向执法机构举报其认为不符合国际足联规定的行为。投诉必须以书面的形式。

3. 比赛官员有义务报告他们注意到的违规行为。

第 109 条　调查

秘书处在主席的指导下根据职权进行必要的前期调查工作。

第 110 条　配合

1. 有关各方有义务配合调查。尤其是，他们应该按法律机构的要求提供情况信息。

2. 必要时，秘书处将核实各方提供的情况。

3. 如果拖延回应，法律机构主席在进行警告后，可以对其处以 10,000 瑞士法郎以内的罚款。

4. 如果有关方面无视期限不予合作，法律机构将根据已有的材料做出决议。

第二节　口头陈述、审议、决议

第 111 条　口头陈述：原则

1. 一般情况下，不进行听证。由纪律委员会根据卷宗的内容做决定。

2. 如果一方提出听证，法律机构可以安排听证，所有各方都应到场。

3. 听证均不公开进行。

第 112 条　口头陈述：程序

1. 主席负责确定听证的顺序。

2. 听证结束后，主席允许被审议人进行最后的陈述。

3. 有关各方面的最终陈述后听证即结束。

第 113 条　审议

1. 纪律委员会进行不公开审议。

2. 如果有听证，应立即进行审议。

3. 除非在特殊情况下，审议应不间断完成。

4. 主席决定对不同问题进行商议的顺序。

5. 出席人员按照主席规定的顺序陈述自己的观点。主席总是最后发言。

6. 委员会秘书只有提出建议的权利。

第 114 条　通过决议

1. 出席成员的简单多数通过决议即为通过。

2. 在场的每一名成员都应投票。

3. 如果票数相同，主席投决定票。

第 115 条　决议的形式和内容

1. 除下列第 116 条的情况外，决议包括：

a）委员会人员；

b）有关各方的名称；

c）事实概要；

d）决议的依据；

e）决议依据的条款；

f）决议内容；

g）申诉渠道通知。

2. 决议由委员会秘书签署。

第 116 条　不附带依据的决议

1. 法律机构可决定只通知决议的内容而不通知做出决议的依据。同时通知有关各方，他们可在收到决议十（10）天后书面要求给出决议的依据，否则决议即生效。

2. 如果有人要求给出决议的依据，将以书面形式把决议及其依据送达所有有关方。如可上诉，上诉期从收到该决议及其依据之日开始。

3. 如果无人要求给出决议的依据，卷宗内将会做一简要解释。

第三节 纪律委员会主席单独决议的权限

第 117 条

纪律委员会的规定同样适用纪律委员会主席单独决议的诉讼。

第三部分 申诉委员会

第 118 条 可申诉的决议

对纪律委员会做出的任何决议都可以向申诉委员会提起申诉，但以下处罚除外：

a）警告；

b）通报；

c）三（3）场比赛或两（2）个月以内的停赛；

d）对协会或俱乐部 15,000 瑞士法郎或其他情况 7,500 瑞士法郎以内的罚款；

e）根据本准则第 64 条做出的决议。

第 119 条 申诉的资格

1. 任何在一审程序中出现并受法律保护有权要求更改或取消决议者，可向申诉委员会提起申诉。

2. 协会可以对处罚其运动员、官员或成员的决议进行申诉，前提是征得了这些人员的书面同意。

第 120 条 申诉的时间期限

1. 申诉方应在收到决议三（3）日内以书面形式向国际足联申诉委员会提起申诉意愿。

2. 申诉的理由可在此后七（7）日期限内以书面形式提出，时间期限从前面的三（3）天截止后开始。

3. 申诉意愿声明应直接发送国际足联。但申诉书应通过协会发送国际足联。

4. 未满足上述要求者，申诉不予受理。

5. 收到申诉的协会应立即转送给国际足联。

第 121 条 投诉理由

申诉方可对事实陈述不准确和法律条款引用不当提出反对。

第 122 条 申诉状

1. 申诉方提交的申诉状应一式三份。

2. 申诉状应包括反对意见、理由和证据并由申诉人或其代表签字（第 119 条第 2 款）。

第 123 条 保证金

1. 申诉方应在七（7）天的时间限制截至前将 3,000 瑞士法郎的保证金汇入国际足联银行账户，以使申诉正式生效。

2. 未满足此条件者的申诉不予受理。

3. 如果申诉人胜诉，该保证金将退回申诉人。申诉人败诉，有关花费和支出将从该保证金中扣除。剩余款项将退回给申诉人。如果预付款项不足，将要求申诉人补足差额。

4. 如果申诉被认为是不当，保证金不退回且追加支付所有花费和支出。

第 124 条　申诉的作用

1. 申诉的结果是申诉委员会对案件再审议。

2. 申诉不影响执行原有纪律处罚，支付罚款的情况除外。

第 125 条　诉讼的结果

1. 诉讼程序中的结果根据本准则的规定执行。

2. 决议由秘书签字。

3. 决议的修改不一定有利于申诉方。

第 126 条　诉讼程序的延续

1. 原则上，申诉委员会是最后的执法机构。

2. 符合第 128 条规定者，可保留向体育仲裁法庭提起诉讼的权利。

第 127 条　申诉委员会主席独立判决的诉讼

对申诉委员会的规定同样适用于委员会主席单独进行决议的情况。

第四部分　体育仲裁法庭（CAS）

第 128 条

国际足联的章程规定了可以提交给体育仲裁法庭的决议。

第五部分　特别程序

第一节　临时措施

第 129 条　原则

1. 如果有违规行为而对于主要问题的决议又不能提早决定，法律机构主席在紧急情况下可以临时更改或废除某一处罚。

2. 同样情况下，尤其为保证与某一正在执行的处罚一致，主席可以独立采取其他临时制裁。

3. 他可根据其职责的要求采取措施。

第 130 条　程序

1. 主席应依据当时现有的证据做出决议。

2. 他没有义务对有关方面进行听证。

第 131 条　决议

1. 主席立即宣布他的决议。

2. 决议可立即执行。

第 132 条　期限

1. 临时措施的有效期限不得超过 30 天。

2. 这一期限只可以延长一次，20 天。

3. 如果已宣布了临时处罚，其期限将在最终处罚中予以抵消。

第 133 条　申诉

1. 对临时措施决议的申诉可以向申诉委员会主席提出。

2. 提起申诉的时间期限是决议通告后两（2）天内。

3. 申诉书应在同样的时间期限内直接传真给国际足联。

4. 申诉不可产生临时效果。

第 134 条　申诉的批准

受理申诉的条件是，导致申诉的决议中的事实陈述有误或者违反了法律。

第二节　紧急情况

第 135 条

1. 如果情况需要，秘书处将通过电话会议、电视会议或其他类似方法安排商议并做出决议。

2. 这种情况下，第 111 条第 2 款将不再适用。

3. 秘书和正常的会议一样进行会议纪要。

第三节　扩大处罚至全球范围

第 136 条　提出要求

1. 如果违规情节严重，尤其是包括但不限于滥用兴奋剂（见第 63 条），操纵比赛结果（见第 69 条），对比赛官员的不当行为（见第 49 条），制假造假（见第 61 条），或违反有关年龄限制的规定（见第 68 条 a），协会、洲际联合会和其他组织体育活动的组织可要求国际足联扩大已进行的处罚以使其具有全球效应。

2. 国际足联可自动采纳其他国际体育组织、国家反兴奋剂组织、或其他国家机构根据基本的法律原则做出的合法制裁，并且原则上在满足条件的情况下，将制裁扩大到全球范围。

3. 要求全球制裁的申请应以书面形式提出，并附决议副本，写明受处罚人的姓名、和其相关的俱乐部及协会的名称。

4. 如果国际足联法律机构发现协会，洲际联合会和其他体育组织没有提出要求扩大处罚至全球，国际足联处罚机构将自行做出决议。

第 137 条　条件

批准扩大处罚的条件如下：

对涉案人员的取证过程正当合法；

涉案人员有为自己申辩的机会；

决议的通知程序合法；

决议符合国际足联规程；

扩大处罚与社会准则和公认的行为标准没有冲突。

第 138 条　程序

1. 通常情况下，主席不需协商或是听证，仅凭卷宗既可做出决议。

2. 特别情况下，他可以传唤有关各方。

第 139 条　决议

1. 主席仅限于确认符合第 137 条规定的有关条件。他不可以评论决议的实质内容。

2. 他可以同意或拒绝扩大处罚的请求。

第 140 条　作用

1. 协会或洲际联合会通过的处罚在国际足联各会员协会具有同样的效力，如同他们自己通过了同样的处罚。

2. 如果非法律意义上的终审判决，扩大至全球的处罚仅以当前处罚为依据。

第 141 条　申诉

1. 根据第 139 条通过的扩大处罚的决议可以根据第 119 条和本条第 2 款进行申诉。

2. 申诉的理由仅限于第 136 和 137 条的情况。对原始决议内容提出异议将不予受理。

第四节　重新审核

第 142 条

1. 如果具有法律效力的决议已经做出，但一方发现处罚机构所未知的事实或证实手段，可以要求处罚机构复议该决定。

2. 复议的要求应于发现某事实或证实手段十（10）日内提出。

3. 要求复议的期限在决议执行后的一年内有效。

末 篇

第 143 条 官方语言

1. 本准则以国际足联四种官方语言（英语、法语、西班牙语、德语）写就。

2. 以上四种文字如有分歧，以英语版本为准。

第 144 条 本准则的范围、遗漏、习惯、宗旨及法律体系

1. 本准则条款及内容所指的各个方面，以本准则的规定为准。

2. 如本准则有任何遗漏之处，法律机构将根据各协会的惯例、或在没有惯例的情况下根据他们作为立法者所做出的规定进行决定。

3. 在整个执行过程中，国际足联执法机构将遵循体育宗旨和法律体系的惯例做出决定。

第 145 条 具体纪律规则

国际足联赛事进行过程中将可能引入具体纪律规则。此类规则应最迟在该项赛事的首场比赛开始前向所有参赛成员协会／俱乐部进行通报。

第 146 条 协会的纪律准则

1. 协会必须调整自己的条款使之符合本准则的规定，达到统一纪律处罚的目的。

2. 协会，无一例外，应将下列强制条款写入用于本协会内的自身的纪律准则：第 33.6 条、第 42.2 条、第 58 条、第 63 条、第 99.2 条、第 102.3 条。但根据第 145.3 条，协会可在第 58 条中规定的罚款方面有一定的自由度。

3. 为达到统一纪律处罚的目的，协会还应将下列条款写入本协会的纪律准则：第 1~34 条、第 39~57 条、第 59~62 条、第 64~72 条、第 75~77 条、第 85~90 条、第 94~98 条、第 99.1 条、第 100 条、第 102.1 和 102.2 条、第 103~108 条、第 110 条、第 115 条、第 129~132 条、第 136~137 条、第 142 条和第 144 条。但写的方式和用词由协会自定。协会必须保证严格结合本准则提及的犯规及相应的制裁，并坚持总的原则。

4. 上述第 1、2 款未提到的条款可不写进协会的准则，但鉴于其必要性，建议考虑。

5. 违反本条规定的协会将被课以罚款。更多的严重违反将受进一步的处罚，包括停赛目前和今后的比赛（参见第 28 条）。

第 147 条 采纳和实施

1. 国际足联执行委员会于 2011 年 5 月 30 日通过本准则。

2. 本准则于 2011 年 8 月 1 日生效。

苏黎世，2011 年 5 月 30 日

国际足联执委会代表

主席：约瑟夫・S. 布拉特　秘书长：杰罗姆・瓦尔克

亚洲足球联合会章程 [*]

除非文章本身需要，否则在翻译章程、规则或议事规则时将用如下缩写：

1.“联合会”指“亚洲足球联合会”或“亚足联”。

2.“国际足联”指“国际足球联合会”。

3.“会员”指隶属于国际足联的国家足球协会。

4.“国家协会”指一国或一个地区内管理足球的组织。

5.“代表大会”指亚足联的最高立法和管理机构。

6." 执委会 " 指依据章程而建立的亚足联委员会。

7.“委员会”指执委会任命的亚足联所有的委员会。

8.“官员”指所有委员会委员、办公室工作人员；亚中联、国家足协、联赛或俱乐部的领导、教练、训练员、比赛监督、技术和医务官员、管理人员。

9.“协会足球”指按足球比赛规则进行，受国际足联控制的足球比赛。

10.“章程”指代表大会或特别代表大会制定的规程。

11. 所指“规则、规程和议事规则”均为执委会制定。

第一条　名称、会员、总部、语言

1.1 名称：本组织的名称为“亚洲足球联合会”。

1.2 亚足联会籍：亚足联会员为国际足联会员，并由代表大会接受的亚洲国家协会。

1.3 总部：亚足联的总部位于马来西亚吉隆坡。非经执委会决定，不得移地。

1.4 正式语言：亚足联的正式语言为英语和阿拉伯语。

1.5 解释：如有异议，以英文版本为准。

第二条　亚足联的宗旨

2.1 促进：促进亚洲足球的发展。

2.2 友好关系：建立会员，洲际足联，国际足联及其他组织相互之间的友谊关系。

---

[*] 本文件来自中国足球协会。

2.3 控制和遵守：控制所有足球活动并保证其严格遵守足球比赛规则及国际足联、亚足联的章程、规则、规程和议事规则。

2.4 制止错误的比赛方法，纠正陋习。

2.5 处理队员、官员、俱乐部、会员洲际联合会、国际足联及其他组织之间的分歧和争执。

2.6 确保不因种族、宗教原因歧视任何国家或个人。

2.7 集资并购买或者拥有不动产、设备或相应的产业。

第三条 亚足联的会籍

3.1 凡隶属国际足联的亚洲国家协会均中申请亚足联会籍。

3.2 每个国家或地区只允许有一个会员协会。

3.3 凡申请亚足联会籍的足球轩会应用规定的表格向亚足联递交书面申请。

3.4 会籍有正式、临时和候补三种。

3.5“临时会籍”由执委会批准。

3.6 除 3.9 款列举的情况外，“正式会籍”只能由代表大会批准。

3.7“候补会籍”由国际足联执委会或亚足联执委会批准，仅限于非国际足联会员的国家，有一定时限。

3.8“临时会员”和“候补会员”享有正式会员的一切权利，但无在代表大会或特别代表大会上的投票权，也不得担任职务。

3.9 亚足联将根据国际足联章程，在有关各方同意的情况下，批准“候补”或“正式”会籍。

第四条 亚足联会员协会的职责所有亚足联的会员协会都应当：

4.1 及时将其协会领导人和地址的变动情况通知国际足联和亚足联。

4.2 及时将其协会章程中所有新修正及删改的条款告知国际足联和亚足联。

4.3 尊重并遵守国际足联、亚足联和各会员协会实施的各类停赛。

4.4 彼此承认对方为其各自国家或者地区的唯一的足球管理组织。

4.5 不得未经国际足联、亚足联同意摩托车自成立地区协会或联合会。

4.6 随时遵守国际足联、亚足联章程、规则、规程和议事规则。

第五条 争议

5.1 任何会员协会、俱乐部、官员或队员均不得将其与国际足联、亚足联或其他会员协会，俱乐部，官员工队员的争执诉诸法庭，而应当将上述争执呈交由大家共同确定的仲裁法庭予以裁决。

5.2 各会员和俱乐部应根据第 5.1 款的规定，在各自的章程中制定相应的条款，规定其官员和队员能将争议呈交执委会或有关仲裁机构予以裁决，而不得诉诸法庭。

5.3 即使一国法律允许对国际足联、亚足联、会员协会或俱乐部的执委会或仲裁机构的决定提出异议，有关会员，俱乐部、官员和队员也不得将上述决定诉至民事法庭。

5.4 亚足联、各会员协会和俱乐部必须采取一切可能的措施保证上述第 5.3 款的内容得到遵守并使各会员协会、俱乐部、官员和队员明了违反该规定的后果。

5.5 如有关协会和俱乐部双方或多方不能就选择同一仲裁机构达成一致，执委会则有权选定仲裁机构。执委会的决定为最终决定，对有关协会和俱乐部具有约束力。

5.6 国际足联、亚足联或仲裁法庭就提交给他们仲裁的争议所做的任何决定均为最终决定并对所有有关方具约束力。

5.7 若违背本规定，将按本章程第 6 条予以处罚。

第六条　处罚

6.1 亚足联将对违背其章程、规则、规程和议事规则的会员协会，俱乐部、官员和队员予以下列处罚：A. 警告，B. 批评，C. 罚款，D. 停赛，E. 开除。

6.2 代表大会可实施第 6.1 款所列举的所有处罚。只有代表大会或特别代表大会有权做出开除会籍的判决。代表大会判定的罚款数额不得超过 2 万美元。

6.3 执委会也有权实施第 6.1 款列举的处罚，但无权做出开除会籍的决定。暂停会籍将有效至下一届代表大会或特别代表大会，将决定是否延期或取消处罚，执委会判定的罚款数额不得超过 1 万美元。

6.4 纪律委员会可以给予第 6.1 款列举的处罚，但无权停止会籍或开除会籍。纪律委员会判定的罚款数额不得超过 8,000 美元。

6.5 队员身份委员会可就违背队员身份或转会规定处以第 6.1 款列举的所有处罚。该委员会判定的罚款数额不得超过 8,000 美元。

第七条　退会

7.1 凡要求退出亚足联的会员应将其要求用挂号信通知亚足联。

7.2 执委会收到上述退会要求后 90 天内未收到撤回的要求，该会员协会即告退出亚足联，会籍随之停止。

7.3 收到要求退会的通知后，执委会应采取一切必要措施保证该会员协会向亚足联及其会员协会履行了其应应的财务和其他职责。

第八条　暂停 / 开除

8.1 下列情况的会员协会将被开除出亚足联：

（1）在代表大会投票；

（2）与其他协会从事足球活动；

（3）享受亚足联的特权。

第九条　立法、执法、行政机构

9.1 代表大会为亚足联的立法机构和最高权威。

9.2 执委会为亚足联的执行机构。

9.3 秘书处为亚足联的行政机构。

9.4 常务委员会和特别委员会为亚足联处理专门事务的协助机构。

第十条 代表大会

10.1 组成

10.1.1 代表大会每两年召开一次，组成如下：

（1）主席；

（2）副主席4名；

（3）名誉司库；

（4）国际足联执委会亚足联代表；

（5）每个会员协会两名代表。

10.2 代表大会会议通知

10.2.1 除非执委会另有决定，代表大会的会议通知应在代表大会召开前90天用挂号信发出。

10.2.2 秘书长应在代表大会召开前30天用挂号信向各会员协会发出：

（1）代表大会议程；

（2）秘书长报告；

（3）财务收支表和审计报告；

（4）竞选候选人名单；

（5）对章程的修正和更改的建议；

（6）其他由会员协会或执委会提出的需要考虑的事。

10.2.3 亚足联执委会候选人应用规定的表格由会员协会提名，并得到另一个会员协会的附议。提名应在代表大会召开前60天提交执委会。

10.2.4 每个会员协会只能提名或附议一名执委候选人。

10.2.5 所有章程修改建立和问题应代表大会召开前60天报秘书处。

10.2.6 紧急情况下，如果得到代表大会四分之三票数的认可，代表大会可以审议截止日期之后提交的事宜。

10.3 代表和投票

10.3.1 每个会员协会计有一票，可派两名代表参加代表大会。

10.3.2 出席代表大会的代表名单至少在代表大会召开前7天提交秘书处，并注明投票人。

10.3.3 每个代表只能代表一个会员协会。

10.3.4 出席代表大会的代表应是所代表协会的名副其实的官员，并是本国正式公民。

10.3.5 两年中未参加两次以上亚足联比赛的会员协会无资格投票。

10.3.6 执委会可自行邀请某人或某些人出席代表大会，但不参加投票。

10.4 代表大会议程

10.4.1 代表大会的议程包括：

（1）主席致辞；

（2）任命三名核对正式会义记录的核对人；

（3）任命三名选票监票人；

（4）确认上届代表大会的会议记录；

（5）秘书长作截止本届代表大会的工作报告；

（6）各委员会报告；

（7）审议通过财务和审计报告；

（8）审议通过今后四年的预算；

（9）修改章程的建议；

（10）适时选举下列职位：A. 亚足联主席，B. 国际足联副主席，C. 亚足联副主席 4 名，E. 国际足联执委，F. 亚足联执委 9 名；

（11）任命审计员；

（12）考虑接纳、停止、开除会员协会或退会；

（13）考虑会员协会提出的问题的执委会建议的其他事宜。

10.4.2 只有获在场会员协会四分之二票数的通过，才能修改议程。

第十一条　特别代表大会

11.1 在下列情况下可以召开特别代表大会：

（1）执委会以为必要的时候；

（2）主席一职自选举以来已空缺一年；

（3）收到三分之一以上会员协会的书面要求后 60 天内。

11.2 特别代表大会召开的日期和地点由紧急委员会或执委会确定，并至少提前 30 天通知会员协会

11.3 特别代表大会只讨论导致召开大会的事宜。

11.4 特别代表大会的工作程序与常规代表大会的程序一致。

第十二条　修改章程

12.1 只有代表大会可以修改章程。

12.2 修改章程的建议可由一个协会提出，两个协会附议，或由执委会提出。

12.3 考虑修改章程的建议时，参加代表大会的代表的有效票数应超过简单多数。

12.4 只有获在场四分之三票数通过，修改章程的建议才能被采纳。

12.5 如代表大会无特殊规定，代表大会所做的决议从开会之日起 30 天内生效，对亚足联和各会员协会均具有法律效力。

第十三条 投票程序

13.1 代表大会选举亚足联负责人采用不记名投票，不允许通过信函或委托投票。

13.2 其他事宜如无特殊规定，均举手表决。

13.3 一般情况下，执委员和其他委员会也采用举手表决。

13.4 每一个当选的委员会委员在各种会议上均有投票权，如投票结果票数相等，主席的一票决定票数。

13.5 选举亚足联主席的票数在第一轮投票中即应超过三分之二多数。在后几轮投票中，票数也必须超过半数。从第二轮投票开始，如果有两个以上候选人竞选，每一轮投票后得票最少的候选人即被淘汰，直到剩下最两名候选人。

第十四条 执委会

14.1 组成

14.1.1 执委会由下列人员组成：

（1）亚足联主席；

（2）国际足联副主席；

（3）4 位亚足联副主席；

（4）名誉司库；

（5）亚足联在国际足联执委会的代表；

（6）9 名当选的执委任副主席年限最长者为第一副主席。

14.1.2 亚足联主席 4 位副主席，名誉司库和亚足联在国际足联执委会的代表所代表的会员协会无资格再竞选亚足联执委。

14.1.3 亚足联执委的任期为 4 年，并可竞选连任。

14.1.4 在亚足联主席职位出现空缺的时候由第一副主席代行其职至根据上述 11.1（2）款召开代表大会时。

14.2 权力和职责

14.2.1 执委会的职责如下：

（1）贯彻落实亚足联的宗旨；

（2）制定亚足联的规则、规程、议事规则和指令；

（3）任命下列委员会的主席，副主席和委员：A. 竞赛委员会，B. 咨询委员会，C. 纪律和公平竞赛委员会，D. 紧急委员会，E. 财务委员会，F. 新闻委员会，G. 医务委员会，H. 队员身份委员会，I. 裁判委员会，J. 规则委员会，K. 安保委员会，L. 技术委员会，M. 女子委员会及根据情况任命其他类似的委员会；

（4）在下届代表大会召开之前任命填补除执委会以外的委员会中的任何空缺；

（5）确定常规代表大会和特别代表大会的日期和地点；

（6）通过并将下列提交代表大会。A. 秘书长和各委员会的工作报告，B. 财务和审计报告，C. 今后 4 年的预算，D. 修改章程的建议，E. 所有质疑；

（7）每年至少召开一次执委会会议，或收到 10 个以上执委的书面要求后 30 天内召开执委会。

第十五条　会议通知 / 法定人数

15.1 委员会会议至迟不得晚于会前 15 天通知。紧急委员会的召开由亚足联主席决定。

15.2 代表大会和特别代表大会的法定人数应不少于所有会员的二分之一。

15.3 如果不够法定人数，代表大会或特别代表大会可以推迟 24 小时。推迟后的法定人数应不少于 12 个会员协会。

第十六条　委员会

16.1 竞赛委员会

16.1.1 竞赛委员会由 1 名主席、6 名委员组成。

16.1.2 职责如下：

（1）代表亚足联组织和管理比赛，包括决定有关比赛的事宜；

（2）安排比赛的分组、地点、日期或将此授权给任何会员协会和委员会；

（3）任命比赛官员；

（4）向执委会提出修改比赛规则、规程和指令的建议；

（5）向秘书处提交比赛报告。

16.2 咨询委员

16.2.1 咨询委员会的主席由亚足联主席担任，由两位亚足联副主席，两位亚足联的国际足联执委，名誉司库和另一名亚足联执委组成。

16.2.2 职责如下：

（1）讨论与其他洲际联合会和国际足联共同感兴趣的事宜；

（2）就与亚足联有关的事宜与国际体联等类似的组织联络沟通。

16.3 纪律和公平竞赛委员会

16.3.1 纪律的公平竞赛委员会由 1 名主席、6 名委员组成。

16.3.2 包括主席在内的各委员，如在该委员会议事程序中涉及其国家协会、俱乐部、官员或队员，应回避。

16.3.3 职责如下：

（1）对国家协会、俱乐部、官员或队员违反章程，规则、规程、议事规则和指令或违反亚足联的决议，或讳反足球比赛规则的精神或内容的任何行为进行调查，质询并采取相应的处罚措施；

（2）执行诸如警告、批评、罚款或停赛等形式的纪律处罚措施；

（3）确定所属会员协会所采取的纪律惩罚措施是否恰当及合乎国际足联的《纪律处罚措施备忘录》的条例，并就此提出建议；

（4）任命亚足联比赛的纪律委员会成员；

（5）特殊情况下，纪律委员会可通过信函或电话的方式做出决定；

（6）除违反足球比赛规则的精神和内容的情况外，纪律委员会的所有决议均可在 15 天内向执委会申诉；

（7）如执委会无反对意见，纪律委员会的一切决议均有效；

（8）在所有比赛和足球活动中广泛宣传公平竞赛的观念和价值；

（9）采取一切步骤和措施鼓励和保证所属会员协会开展公平竞赛活动；

（10）向会员协会推荐各种推广和奖励公平竞赛活动的方式方法。

16.4 紧急委员会

16.4.1 紧急委员会的主席为亚足联主席，由亚足联第一副主席、两名亚足联的国际足联执委及另三名亚足联执委组成。

16.4.2 紧急委员会负责处理所有需紧急决定的事宜。

16.4.3 应召开专门紧急委员会会议处理的有关事宜。特殊情况下，可通过函件或电话的方式处理问题。紧急委员会的所有决议为最终决议，除非亚足联执委会做出不同的决议。

16.4.4 紧急委员会的职位出现空缺由亚足联主席任命填补。

16.5 财务委员会

16.5.1 财务委员会由主席、名誉司库和另三名亚足联执委组成。

16.5.2 职责如下：

（1）在执委会的领导下，管理亚足联的财务事宜；

（2）就亚足联所有资产的管理向执委会提出建议；

（3）为执委会制定年度预算；

（4）为执委会批准的所有活动制定预算；

（5）确定和建议亚足联指定官员的差旅费和酬金的标准；

（6）确定向执委会建议秘书长及秘书处工作人员的酬金。

16.6 新闻委员会

16.6.1 新闻委员会由 1 名主席、6 名委员组成。

16.6.2 职责如下：

（1）在所有国家的宣传媒体中最大限度地宣传亚足联的所有活动及树立亚洲足球的良好形象；

（2）通过相应的协会与各国报纸、电视和广播建立联系；

（3）帮助各协会，尤其在其组织经赛和学习班时，建立与新闻宣传媒体良好而有效的关系；

（4）不定期地为新闻媒体举办研讨班；

（5）根据情况发行刊物以便通过媒体达到最大限度的宣传的目的；

（6）建立与国际新闻组织的联系并与之合作；

（7）执行执委会交给的其他任务或职责。

16.7 医务委员会

16.7.1 医务委员会由一名主席和数名委员组成。委员为医务专家，人数根据需要而定。

16.7.2 职责如下：

（1）就与比赛有关的医疗事宜向执委会提出建议；

（2）应用和开发生理、医疗监控，训练理论、心理、卫生学及其他相关领域的知识和经验；

（3）为队员制定医务备忘录；

（4）为教练员制定有关队员身体训练，小伤病的治疗及其他有关事宜的备忘录；

（5）制定有关食物、营养等方面的备忘录；

（6）提供有关酒精、尼古丁、兴奋剂等方面的备忘录；

（7）提供国际比赛中医疗服务的信息；

（8）根据情况负责对队员的兴奋剂检测；

（9）组织专家参加亚足联组织的训练班和会议。

16.8 队员身份委员会

16.8.1 队员身份委员会包括 1 名主席、4 名委员。

16.8.2 职责如下：

（1）处理所有有关队员身份的问题；

（2）就章程和规程中队员的资格，身份或转会的解释向执委会提出建议；

（3）保证国际足联有关队员身份方面的规定得到遵守；

（4）决定参加各级国际比赛的队员的身份；

（5）调查根据规定提交亚足联和国际足联的有争议的转会情况并做决定；

（6）该委员会可对国家协会，俱乐部，官员或队员实施下列处罚：A. 警告， B. 批评，

C. 罚款， D. 停赛。

16.8.3 原则上，该委员会处理通过会员协会递交的案件。

16.8.4 教练员归类为队员。

16.8.5 对委员会的决议有异议，可在 15 天内向执委会申诉。

16.8.6 除非亚足联有异议，队员身份委员会的决议有效。

16.9 裁判委员会

16.9.1 裁判委员会由 1 名主席、6 名委员组成。

16.9.2 职责如下：

（1）建立裁判工作的统一尺度及确保实施足球比赛规则；

（2）对足球比赛规则提出修改建议；

（3）为会员协会每年上报的国际裁判立档；

（4）为会员协会组织裁判及裁判讲师学习班；

（5）任命专家讲课小组主持亚足联和会员协会组织的学习班和研讨会；

（6）编辑和出版备忘录、书籍和小册子，为亚足联图书馆制作影片和其他影视资料；

（7）指定亚足联比赛的官员和裁判。

16.10 规则委员会

16.10.1 规则委员会由 1 名主席、4 名委员组成。

16.10.2 该委员会根据执委会的要求负责起草亚足联章程、规则、规程、议事规则等类似规定。

16.11 安保委员会

16.11.1 安保委员会由 1 名主席、4 名委员组成。

16.11.2 职责如下：

（1）保证所有体育场为队员、官员和观众提供完善的安保措施；

（2）检查体育场内及附近的安全措施的每一个方面；

（3）研究足球比赛中一切可能改进安保的方法并加以推广；

（4）调查报告给亚足联足球比赛中缺乏安保措施的事例；

（5）建议关闭安保措施达不到要求的体育场。

16.12 技术委员会

16.12.1 技术委员会由 1 名主席、6 名委员组成。

16.12.2 职责如下：

（1）为讲师、教练员和管理人员组织学习班、研讨会和会议；

（2）充实足球训练的知识，改善教练方法；

（3）帮助会员协会建立国家级的教练规划并提供建议；
（4）通过调查和讨论确定会员协会的技术需要；
（5）为会员协会协调所有技术和发展活动；
（6）协调国际足联和亚足联之间的所有技术事宜；
（7）为会员协会编辑出版训练、教练和比赛的材料和报告；
（8）按执委会的要求，负责开展其他有关项目。
16.13 女子委员会
16.13.1 女子委员会由 1 名主席、6 名委员组成。
16.13.2 职责如下：
（1）协助发展和普及女子足球；
（2）协助组织女子足球比赛；
（3）按执委会或国际足联的要求，承担其他有关任务。

第十七条　亚足联主席

17.1 亚足联主席是亚足联的全权法人代表。
17.2 亚足联主席是负责主持代表大会，特别代表大会及执委会会议。
17.3 亚足联主席是所有委员会的当然委员，但无投票权。

第十八条　亚足联秘书长

18.1 亚足联秘书长是亚足联秘书处负责人，并在执委会领导下工作。
18.2 秘书长的职责如下：
（1）负责管理秘书处；
（2）负责任命和处罚秘书处的所有工作人员；
（3）协助并参加代表大会，执委会和委员会的会议；
（4）负责所有会议的会议记录；
（5）负责亚足联的所有出版物；
（6）负责亚足联的所有对外联络；
（7）为宣传亚足联的宗旨与国际足联，洲际足联或其他组织交往。
18.3 如秘书长缺席，由执委会任命一名代理秘书长负责。
18.4 亚足联秘书长是所有委员会的当然委员，但无投票权。

第十九条　亚足联名誉司库

19.1 亚足联名誉司库负责：
（1）与主席和秘书长共同管理亚足联的所有账目；
（2）制定财务收支报告提交财务委员会；

（3）审议并批准付款要求。

第二十条 名誉职位及杰出贡献奖

20.1 代表大会根据执委会的推荐，可将下列名誉职务授予为亚足联做出突出贡献的个人：

（1）亚足联名誉主席；

（2）亚足联名誉副主席；

（3）亚足联名誉会员。

20.2 名誉官员可以出席及参加代表大会和委员会会议，但无投票权。

20.3 “杰出贡献奖”由执委会授予为足球和亚足联做出了突出贡献的个人。

第二十一条 财务

21.1 财务周期

21.1.1 亚足联的财务周期为 4 年，开始于亚洲杯决赛之前，从 1 月 1 日算起。

21.2 年度收支平衡表

21.2.1 中期收支平衡表每年 12 月 31 日做出。

21.3 审计 / 账目

21.3.1 由代表大会任命一家审计公司担任 4 年的审计。

21.3.2 有关账目在提交执委会和代表大会之前由审计查和核实。

21.3.3 审计报告需提交执委会和代表大会。

21.4 会费

21.4.1 每个 1 月 1 日前会员协会交纳会费。

21.4.2 会费的数额由执委会不定期地决定，并经代表大会批准。

21.4.3 未按第 21.4.1 款交纳会费的会员协会的会籍将自动停止，直到交齐会费为止。

21.5 税收

21.5.1 会员协会的国际比赛要向亚足联纳税。税额由执委会不定期地决定并列入亚足联的规程。

第二十二条 解散

22.1 如经四分之三以上的有效票数通过，亚足联即告解散。

22.2 亚足联解散后，在重新组建前，其所有基金和资产将委托给秘书处所在国的有关当局。

第二十三条 其他事宜

23.1 凡本章程未尽事宜或因不可抗拒情况，均由执委会予以解决，除非代表大会另有决议。

23.2 在解释章程、规程、议事规则方面若有异议，以英文版本为准。

第二十四条 章程生效

24.1 本章程于 1993 年 4 月 29 日在新加坡经特别代表大会通过，并根据第 12.5 款的规定于 1994 年 5 月 29 日取代原章程生效。

第三编

行业综合规范

足球是全球最受欢迎的运动项目之一，足球行业则是当今世界较大的单项体育产业，市场规模庞大。发展和振兴足球行业，对提高国民身体素质、丰富文化生活、弘扬爱国主义和集体主义精神、培育体育文化、发展体育产业、实现体育强国梦具有重要意义，对经济、社会、文化建设也具有积极的促进作用。通过一系列法律规范的出台，我国足球运动得到了一定的发展，具备了一定的基础，但总体看仍然存在许多问题，如：发展理念滞后、体制机制落后、法治水平偏低等，难以满足社会日益增长的足球运动需求。因此，我国足球行业亟须建立规范有效的足球法治体系，营造一个健康、公平、可持续发展的行业环境。

本编汇集的法律规范主要有：《中国足球中长期发展规划（2016—2050年）》《中国足球改革发展总体方案》《中国足球协会章程》《国家体育总局、教育部关于加强全国青少年校园足球工作的意见》。这些规范中有近期至2020年、中期至2030年、远期展望至2050年的中长期发展规划，足球行业改革发展总体方案，足协章程，加强全国青少年校园足球工作的意见等。从总体上看，其指引了足球行业的发展方向，明确了足球行业的发展目标，保障了足球行业健康、有序地发展。

中国足球中长期发展规划（2016—2050 年）

发改社会〔2016〕780 号

改革开放以来，我国经济社会快速发展，人民生活水平显著提高，群众对体育健身需求日益增长。当前，我国正处于全面建成小康社会的关键时期，振兴和发展足球是全国人民的热切期盼，关系到群众身心健康和优秀文化培育，对于建设体育强国、促进经济社会发展、实现中华民族伟大复兴的中国梦具有重要意义。为贯彻落实《国务院关于加快发展体育产业促进体育消费的若干意见》和《中国足球改革发展总体方案》等文件精神，促进中国足球持续健康发展，经国务院同意，制定本规划。规划近期至 2020 年，中期至 2030 年，远期展望至 2050 年。

一、发展基础

——足球运动逐步发展。目前，我国经常参加足球运动的人数达到一定规模，球迷人数过亿。校园足球初步普及，联赛体系逐渐形成，每年比赛超过 10 万场。社会足球初具氛围，各级足协、企事业单位和社会各界积极开展足球活动，每年举办 2 万余场业余足球比赛。职业足球稳步发展，职业俱乐部达到 52 个，已初步建立起中超、中甲、中乙为主体的职业联赛框架。

——足球产业初具规模。经过多年发展，我国足球产业规模逐步扩大，产业链不断拓展，带动作用日趋增强。足球运动的群众关注度不断提高。近十年，中超足球联赛场均观赛规模达到 1.5 万人次。

——国际交流日益增强。足球国际活动明显增加，成为体育外交的重要组成部分，国际化程度日益提高。国内运动员、教练员和裁判员赴外学习、训练、参赛明显增多，引进外籍教练员和运动员的水平明显提升。国内俱乐部与国际高水平俱乐部形成合作机制。

尽管我国足球发展取得了一些进展，具备了一定的基础，但总体看仍然存在许多问题：发展理念滞后，对足球价值和发展规律认识不足，急功近利的思想较为严重；体制机制落后，政社不分、管办不分、事企不分的问题依然存在；法治水平偏低，行风不正、竞赛秩序较乱，缺乏有效监管；足球基础薄弱，人才短缺、设施不足，难以满足社会日益增长的足球运动需求。

二、总体思路

（一）指导思想。

全面贯彻党的十八大和十八届三中、四中、五中全会精神，深入学习贯彻习近平总书记系列重要讲话精神，推动落实“四个全面”战略布局，树立现代足球运动理念，遵循足球运动发展规律，以服务于人的全面发展为宗旨，以改革创新为动力，以足球普及为导向，持续用力，久久为功，扎扎实实筑牢足球发展的制度基础、人才基础、设施基础、社会基础，不断提升足球运动的规模和质量，不断增强全民族的身体素质和健康水平，走出一条适合中国实际的足球发展路子，努力实现“足球崛起梦、体育强国梦、民族复兴梦”。

（二）战略定位。

——全民健身的重要事业。足球是一项深受广大人民群众喜爱的体育运动。振兴和发展足球，可以提高全民健身参与程度，增强群众身体素质，是提高全民族身心健康水平的重要支撑。

——国民经济的重要产业。足球产业是朝阳产业、绿色产业，在转方式、调结构、促发展中扮演着重要角色。振兴和发展足球，可以扩大消费，拉动体育产业及相关产业发展，形成新的经济增长点。

——体育强国的重要基石。足球是具有广泛影响力的世界性运动。振兴和发展足球，可以促进体育运动全面发展，托起中国体育强国梦，绘就民族伟大复兴的蓝图。

——民族精神的重要载体。足球运动具有重要的育人功能，有利于弘扬社会主义核心价值观。振兴和发展足球，可以构建有中国特色的足球文化，激励人们顽强奋斗精神，促进人的全面发展，提升中华民族的凝聚力和自豪感。

（三）发展原则。

——坚持遵循规律，持续发展。遵循足球发展规律，科学谋划，以人为本，从娃娃抓起，从基层抓起，从基础抓起，有序推进，持之以恒。

——坚持改革引领，创新发展。充分发挥足球对我国体育发展和改革的引领作用，以改革体制机制为突破口，转变足球发展方式，积极探索足球发展的新路径，提升足球运动的活力和水平。

——坚持依法治理，规范发展。把足球发展纳入法治化轨道，全面提升法治观念和法治水平，创造平等参与、公平竞争的发展环境，构建依法、依规、依章的治理体系。

——坚持包容共享，开放发展。充分调动全社会的积极性和创造力，营造重视足球、支持足球、参与足球的良好氛围。提高对内对外开放水平，在合作共赢中谋发展。

三、发展目标

（一）近期目标（2016—2020 年）。

努力实现中国足球保基本、强基层、打基础的发展目标。

保基本：人民群众对足球运动的需求得到基本满足，开展足球活动的场地、时间、经费得到基本保障，全社会关心和支持足球发展的良好氛围基本形成。

强基层：校园足球加快发展，全国特色足球学校达到 2 万所，中小学生经常参加足球运动人数超过 3000 万人。社会足球发展基础不断夯实，基层足球组织蓬勃发展，基层足球活动广泛开展。全社会经常参加足球运动的人数超过 5000 万人。

打基础：中国特色的足球管理体制机制初步建立，政策法规初具框架，行业标准和规范趋于完善，竞赛和培训体系科学合理，足球事业和产业协调发展的格局基本形成。全国足球场地数量超过 7 万块，使每万人拥有 0.5—0.7 块足球场地。

（二）中期目标（2021—2030 年）。

奋力实现中国足球动力更足、活力更强、影响力更大，跻身世界强队的发展目标。

动力更足：管理体制科学顺畅，法律法规完善健全，多元投入持续稳定，足球人口基础坚实。每万人拥有 1 块足球场地。

活力更强：校园足球、社会足球、职业足球体系有效运行，各类市场主体踊跃参与，足球产业规模有较大提高，成为体育产业的重要引擎。

影响力更大：职业联赛组织和竞赛水平达到亚洲一流，国家男足跻身亚洲前列，女足重返世界一流强队行列，体育大国形象得到进一步提升。

（三）远期目标（2031—2050 年）。

全力实现足球一流强国的目标，中国足球实现全面发展，共圆中华儿女的足球梦想，为世界足球运动作出应有贡献。

四、主要任务

（一）构建制度体系。

科学构建中国特色足球管理体制。搭建政府统筹推进、部门分工负责、社会广泛参与的管理框架。政府的主要职责是提供公共服务，营造市场环境，加强监督管理。体育行政部门加强对足球改革发展的政策研究和宏观指导，促进各职能部门协同配合。教育行政部门履行好校园足球主管责任，积极推动校园足球发展。中国足球协会主要负责统一组织、管理和指导全国足球运动发展，推动足球运动普及和提高。

健全完善足球可持续发展机制。激发市场活力，充分调动社会力量参与足球发展的积极性，实现足球运动经济效益和社会效益良性循环。打破利益藩篱，创造公平竞争环境，促进资源优化配置。

专栏1 “十三五”足球体制改革攻坚工程

深化足球协会管理体制改革，调整改革中国足球协会，完善中国足球协会内部管理机制，健全协会管理体系，逐步建立体制完善、结构合理、职责明确、规章健全、监管完善的协会管理体制，形成协会依法自主管理、科学民主决策的新机制。地方、行业足球协会参照中国足球协会调整组建。建立具有独立社团法人资格的职业联赛管理机构，负责组织和管理职业联赛。完善俱乐部法人治理结构，加快现代企业制度建设，推动俱乐部的地域化和名称的非企业化。

建立规范有效的足球法治体系。完善国家相关法律法规和足球行业规范规则。推进标准化和规范化建设。健全监督、执法和仲裁机制，加强足球组织、俱乐部、从业人员诚信守则自律，严肃赛风赛纪，依法严厉查处打击足球领域的违法犯罪行为。完善足球赛事和活动安保服务标准，积极推进安保服务规范化、社会化。

（二）培养人才队伍。

大幅增加青少年足球参与规模。加强校园足球建设，把足球列入体育课教学内容，发展足球社团，培养足球兴趣，开展足球竞赛活动，不断培育足球爱好者和足球人才。增强学生、家长对足球的认同感，支持学生课余、校外参加足球活动。以市场化、社会化为导向，构建多渠道、多形式人才发现和培养机制，不断增加足球人才后备力量。

专栏2 “十三五”校园足球普及行动

深化足球教学改革，形成内容丰富、形式多样、因材施教的青少年校园足球教学体系。制定校园足球教学训练指南，开发校园足球网络课程并免费开放。将校园足球骨干教师纳入中小学幼儿园教师国家级培训计划等培训项目，对5万名专兼职足球师资进行培训。建立健全校园足球竞赛体系，实施全国校园足球四级联赛制度。完善考试招生政策，激励学生长期积极参加足球学习和训练。支持建设一批校园足球特色学校和试点县。

显著扩大教练员、裁判员队伍。提高体育教师的足球教学水平，发展足球专业教师队伍，培养学校足球教练员、裁判员。加强职业教练员、裁判员队伍建设，不断完善教练员、裁判员培训体系。构建社区足球指导服务体系，提高社会体育指导员的技能水平，有条件的地区探索设立社区足球指导员专门岗位，鼓励专业教练员、裁判员服务城乡社区和校园。

建立职业运动员良性发展机制。逐步增加注册球员，优化发现和选拔机制，让技术过硬、素养较高的优秀足球运动员脱颖而出。坚持运动技能和文化教育相结合，加大多技能培养培训力度，拓宽退役运动员发展空间，打通向教练员、裁判员、社会体育指导员、企事业单位和足球协会管理人员的转岗就业渠道。

培养复合型产业人才。面向市场需求，通过高等院校、科研院所、中职教育、职业培训和继续教育等多种形式，培养足球行业人才。重点发展经营管理、资本运作、营销推广、研发设计、中介服务、文化创意等专业人才队伍。加强足球产业人才的国际合作与交流。

专栏 3 “十三五”专业化人才培养计划

提高高等院校体育类专业招收足球专项学生的比重，鼓励吸引其他专业学生选修足球方向，依托具备条件的本科院校设立足球学院，积极在中等职业学校开设足球专业。鼓励社会力量举办足球培训机构。加快培养足球职业教练员和社区足球指导员，轮训人数逐年增加，2020 年达到 1 万人次。健全足球裁判员培养体系，注册裁判员总量在现有基础上翻一番。

（三）建设场地设施。

科学规划足球场地设施发展。扩大足球场地供给，优化类型结构，提高设施质量，不断满足全社会足球运动发展需求。根据人口规模、自然条件、经济发展水平，逐步配置完善足球场地设施。制定各类足球场地建设指南。创新足球场地设施管理方式，促进场地设施集约高效利用。

加大校园足球运动场地建设力度。每个中小学足球特色学校均建有 1 块以上足球场地，有条件的高等院校均建有 1 块以上标准足球场地，其他学校创造条件建设适宜的足球场地。提高学校足球场地利用率，加快形成校园场地与社会场地开放共享机制。

推进社区配建足球运动场地。在城市建设和新农村建设规划中统筹考虑社区足球场地建设。鼓励建设小型化、多样化的足球场地，方便城乡居民就近参与足球运动。

专栏 4 “十三五”足球场地设施重点建设工程

全国修缮、改造和新建 6 万块足球场地，使每万人拥有 0.5—0.7 块足球场地，其中校园足球场地 4 万块，社会足球场地 2 万块。除少数山区外，每个县级行政区域至少建有 2 个社会标准足球场地，有条件的城市新建居住区应建有 1 块 5 人制以上的足球场地，老旧居住区也要创造条件改造建设小型多样的场地设施。

（四）丰富赛事活动。

广泛开展校园足球活动。开展以强身健体和快乐参与为导向的校园足球比赛。以增强学生体质和意志品质、普及足球知识和技能、培养足球兴趣爱好为目的，举办多种形式的校园足球活动。逐步健全高校、高中、初中、小学校园足球四级赛事，科学、合理、适度组织竞赛活动。

优化职业联赛结构。改进职业联赛框架布局，形成中超、中甲、中乙参赛球队数量递增的联赛结构，稳定扩大中甲、中乙联赛队伍规模，提升职业联赛竞赛质量。推进职业联赛管理现代化，不断提升联赛运行管理水平，推动职业俱乐部建立现代治理结构。

支持社会足球赛事活动。鼓励因地制宜、多种形式组建社区足球队、社区足球协会和区域性非职业足球联盟，注重家庭参与，丰富社会足球比赛形式。注重区域等级赛事、青少年赛事、校园足球赛事的有机衔接，逐步实现竞赛结构的科学化。支持党政机关、企事业单位、人民团体、基层部队开展常态化的内部竞赛活动。加强对社会足球的宣传推广。

专栏5 “十三五”职业联赛提升计划

基本建立体系完整、布局合理的职业足球联赛架构，科学设定参赛队伍数量，形成中超、中甲、中乙联赛合理的规模结构。严格准入、规范管理职业足球俱乐部，加强行业自律。加强职业俱乐部梯队建设，扩大职业联赛影响力。提升中超联赛品牌价值，使场均观赛人次达到世界前列。

专栏6 “十三五”社会足球培育行动

在全国基础较好的50个城市，建立分级制度的城市业余足球体系。在全国100个城市建立草根球队广泛参与的城市业余足球杯赛体系，并形成年度城市赛—大区赛—全国总决赛的业余足球竞赛框架。积极支持、鼓励行业、企业、人民团体、社区等社会各界举办业余足球活动，并将他们的比赛与城市足球联赛、杯赛体系相衔接。逐步构建社会足球发展体系，做好社会足球活动的宣传推广，营造广泛参与的社会氛围。

（五）壮大足球产业。

大力发展足球服务业。积极发展高水平的足球赛事，推动电视转播、媒体广告、网络服务、大众娱乐等相关产业发展。大力开拓足球场馆运营、足球培训、足球中介代理机构等服务市场。加快发展足球金融保险服务业。积极研究推进发行以中国足球职业联赛为竞猜对象的足球彩票。

做大做强足球用品制造业。大力发展足球制品、运动服装、器材设施、纪念品的研发设计、生产制造和销售推广，打造若干龙头企业和国际品牌。

专栏7 “十三五”优秀足球企业培育行动

培养2—3家亚洲一流、世界知名的足球俱乐部，打造中国足球品牌，扩大世界影响力，推动和培育具备条件的足球俱乐部上市。支持企业加大研发设计投入力度，培育形成一批自主创新能力强、产品科技含量高、具备国际知名度的足球用品制造企业。扶持发展一批成长型足球小微企业，支持其进入各类创业平台和孵化基地，提供足球运营、足球培训、足球网络媒体和社区平台等服务。鼓励组建由制造企业、服务供应商、职业俱乐部等组成的足球产业联盟。

促进足球产业与相关产业融合发展。加快足球产业与旅游业、建筑业、文化创意、餐饮酒店、健康养生等行业的互动发展，催生足球运动新业态。

专栏8 “十三五”“足球＋互联网”创新行动

推动互联网技术与足球产业深度融合，重点引入移动互联网、电子商务、大数据等新技术和新业态，促进足球产业多点创新。积极利用互联网平台，形成多元参与、有效竞争的赛事转播格局（奥运会、亚运会、世界杯足球赛除外），为广大球迷提供丰富的转播形式和多样选择。支持开发足球类手机应用程序、互联网和手机足球游戏、足球题材动漫和影视作品。

（六）培育足球文化。

传承中华民族的传统文化，树立健康、快乐、进取的足球理念，充分发挥足球在强身健体、立德树人方面的积极作用，让参与足球成为健康生活的重要方式。大力弘扬拼搏进取、团结协作、快乐分享的体育精神。加强诚信体系建设。积极倡导尊重规则、尊重对手、尊重观众的行为规范，不断增强足球运动的集体荣誉感和民族自豪感。注重发挥新媒体作用和足球志愿者奉献、友爱、互助、进步的精神，努力培育文明参赛、文明观赛的良好氛围，使足球运动成为传播正能量的重要载体。

（七）促进足球开放。

实施海外人才引进计划，吸引高水平的足球人才来华工作，完善出入境、居留、医疗、子女教育等相关政策。积极引入境外资本，优化本土俱乐部等足球企业的股权结构，提高运营管理水平和多元化盈利能力。拓展足球对外交流渠道，鼓励各类主体举办形式多样的国际足球交流活动。鼓励足球各类专业人才赴国外学习、培训，支持更多的优秀专业人才赴国际组织工作。

五、配套政策和保障措施

（一）财政和金融政策。

完善公共财政对足球事业发展的投入机制，通过政府购买服务等多种方式加大支持足球运动发展的力度。要加大投入，安排投资支持基础性、公益性足球场地设施建设。鼓励金融机构在风险可控、商业可持续的基础上拓展足球领域金融服务新业务。拓宽足球产业投融资渠道，支持符合条件的足球用品、赛事服务等企业进入资本市场或发行债券。鼓励企业、社会资本单独或合作设立足球发展基金。采取直接投资、贷款贴息、补贴补助、后期奖励等方式，支持足球事业发展。引导保险公司根据足球运动特点开发职业球员伤残保险、校园足球和社会足球人身意外伤害保险、足球场地设施财产保险等多样化的保险产品，鼓励企事业单位、学校、个人购买运动伤害类保险。

（二）规划和土地政策。

将足球场地设施建设纳入城乡规划、土地利用总体规划和年度用地计划，在配建体育设施中予以保障。鼓励新建居住区和社区配套建设足球场地，支持老城区与已建成居住区改造现有设施、增加足球活动空间。可利用有条件的公园绿地、城乡空置场所等设置足球场地。对单独成宗、依法应当有偿使用的新建足球场地设施项目用地，供地计划公布后只有一个意向用地者的，可采取协议方式供应。在其他项目中配套建设足球场地设施的，可将建设要求纳入供地条件。利用以划拨方式取得的存量房产和原有土地兴办足球场地设施，土地用途和使用权人可暂不变更，连续运营1年以上、符合《划拨用地目录》的，可以划拨方式办理用地手续；不符合的，可采取协议出让方式办理用地手续。严禁改变足球场地设施用地的土地用途，对于不符合城市规划擅自改变土地用途的，应由政府收回，重新安排使用。

（三）税费和价格政策。

足球场馆自用的房产和土地，可按有关规定享受有关房产税和城镇土地使用税优惠。足球领域的社会组织，经认定取得非营利组织企业所得税免税优惠资格的，依法享受相关优惠政策。足球俱乐部及相关企业发生的符合条件的广告费支出，符合税法规定的可在税前扣除。鼓励企业和社会力量捐赠足球运动服装和器材装备，支持校园足球和社会足球发展，对符合税收法律法规规定条件的捐赠，按照相关规定在计算应纳税所得额时扣除。足球场地设施的水、电、气、热价格按不高于一般工业标准执行。

（四）人才和就业政策。

建立和规范运动员、教练员、裁判员等人才注册制度，理顺球员培养补偿和转会机制，推动与国际通行规则相接轨。加大足球从业人员培训力度，将校园足球教师、社会足球指导员、足球教练员的专业技能培训，按规定纳入教师培训、全民健身、技能人才培养、就业培训等专项范围。鼓励社区、企业等设立相应岗位，吸引退役运动员、教练员从事社会足球指导工作。通过购买服务、特聘教师等方式，聘请退役运动员、教练员参与校园足球发展。通过职业培训和创业培训，支持退役运动员从事足球相关产业工作。

（五）组织实施和监测评估。

各地要积极贯彻落实本规划，建立由政府牵头，相关行政部门、足协等社会团体共同参与的足球发展工作机制，切实加强组织领导和沟通协调。要加快制定本地足球发展规划或实施方案，建立动态跟踪监测和考核评估机制，确保责任落实到位、建设任务顺利推进、规划目标如期实现。发展改革委、国务院足球改革发展部际联席会议办公室（中国足球协会）、体育总局、教育部等负责本规划的监督检查。

中国足球改革发展总体方案

党的十八大以来，以习近平同志为核心的党中央把振兴足球作为发展体育运动、建设体育强国的重要任务摆上日程。习近平总书记多次指示要下决心把我国足球事业搞上去，李克强总理高度重视足球等体育事业和体育产业工作，国务院多次专题研究部署，我国足球改革发展迎来了前所未有的大好机遇。

足球运动具有广泛的社会影响，深受广大群众喜爱。发展和振兴足球，对提高国民身体素质、丰富文化生活、弘扬爱国主义集体主义精神、培育体育文化、发展体育产业、实现体育强国梦具有重要意义，对经济、社会、文化建设也具有积极促进作用。我国足球曾在亚洲取得良好成绩，从 20 世纪 90 年代初期开始探索发展职业足球，改革一度带来活力，但由于对足球的价值和规律认识不足，急功近利的思想行为严重，组织管理体制落后，人才匮乏，监管缺失，导致足球发展的社会基础薄弱，行业风气和竞赛秩序混乱，运动成绩持续下滑。

2009 年以来，通过以打击假赌黑为重点的治理整顿、发展校园足球等举措，足球事业趋势向好，迎来一个新的高潮。但相对于迅速发展的世界和亚洲足球，我国足球仍全方位落后。振兴足球是建设体育强国的必然要求，也是人民群众的热切期盼。坚定不移地推进改革、振兴足球，并以此为突破口深化体育管理体制改革，是体育战线贯彻落实党的十八大和十八届二中、三中、四中全会精神，顺应人民群众新期待，提升中国体育大国形象，实现体育强国梦的实际行动。为贯彻落实党中央、国务院决策部署，特制定本方案。

一、总体要求

（一）指导思想。以邓小平理论、“三个代表”重要思想、科学发展观为指导，全面贯彻落实党的十八大和十八届二中、三中、四中全会精神，深入学习贯彻习近平总书记系列重要讲话精神，把足球改革发展作为建设体育强国的重要举措，坚持问题导向，改革创新体制，遵循足球发展规律，弘扬中华体育精神，加强思想作风和队伍建设，努力建立专业高效、系统完备、民主开放、运转灵活、法制健全、保障有力的体制机制，推动我国足球事业不断迈上新台阶。

（二）基本原则。

——立足国情与借鉴国际经验相结合。从我国足球实际出发，学习借鉴足球发达国家经验，走出一条中国特色足球改革发展新路，全面实现足球的社会价值和功能。

——着眼长远与夯实基础相结合。加强顶层设计，注重战略实施；夯实足球发展的人口基础、设施基础、管理基础、文化基础，持续用力，久久为功。

——创新重建与问题治理相结合。解放思想，转变观念，优化要素组合，创新发展平台；尊重规律，处理好当前与长远、重点与一般、规模与效益等关系，加强科学治理，破解发展难题。

——举国体制与市场机制相结合。发挥社会主义制度优势，整合资源，形成合力；充分发挥市场机制作用，激发活力，创造公平诚信环境，鼓励保护平等竞争。

——发展足球运动与推动全民健身相结合。实现普及与提高、群众足球与竞技足球互相促进，推动足球运动协调发展、全面进步，推动全民健身，增强人民体质。

（三）主要目标。把发展足球运动纳入经济社会发展规划，实行“三步走”战略。

——近期目标：改善足球发展的环境和氛围，理顺足球管理体制，制定足球中长期发展规划，创新中国特色足球管理模式，形成足球事业与足球产业协调发展的格局。

——中期目标：青少年足球人口大幅增加，职业联赛组织和竞赛水平达到亚洲一流，国家男足跻身亚洲前列，女足重返世界一流强队行列。

——远期目标：中国足球实现全面发展，足球成为群众普遍参与的体育运动，全社会形成健康的足球文化；职业联赛组织和竞赛水平进入世界先进行列；积极申办国际足联男足世界杯；国家男足国际竞争力显著提升，进入世界强队行列。

二、调整改革中国足球协会

（四）明确定位和职能。中国足球协会作为具有公益性和广泛代表性、专业性、权威性的全国足球运动领域的社团法人，是代表我国参加国际足球组织的唯一合法机构，主要负责团结联系全国足球力量，推广足球运动，培养足球人才，制定行业标准，发展完善职业联赛体系，建设管理国家足球队。

（五）调整组建中国足球协会。按照政社分开、权责明确、依法自治的原则调整组建中国足球协会，改变中国足球协会与体育总局足球运动管理中心两块牌子、一套人马的组织构架。中国足球协会与体育总局脱钩，在内部机构设置、工作计划制定、财务和薪酬管理、人事管理、国际专业交流等方面拥有自主权。

（六）优化领导机构。中国足球协会不设行政级别，其领导机构的组成应当体现广泛代表性和专业性，由国务院体育行政部门代表、地方及行业足球协会代表、职业联赛组织代表、知名足球专业人士、社会人士和专家代表等组成。

（七）健全内部管理机制。完善中国足球协会内部治理结构、权力运行程序和工作规则，建立决策权、执行权、监督权既相互制约又相互协调的机制。加强自身建设，广纳贤才，吸收足球、体育管理、经济、法律、国际专业交流等领域优秀人才充实工作队伍，提高人员素质；加强行业自律，着力解决足球领域存在的问题；增强服务意识，克服行政化倾向。中国足球协会按照社团法人机制运行，实行财务公开，接受审计和监督。

（八）健全协会管理体系。中国足球协会会员应当体现地域覆盖性和行业广泛性。地方、行业足球协会参照中国足球协会管理体制调整组建，按照中国足球协会章程以会员名义加入中国足球协会，接受中国足球协会行业指导和管理。地方、行业足球协会担负本地区、本行业的会员组织建设、竞赛、培训、各类足球活动开展、宣传等职责。经过努力，逐步形成覆盖全国、组织完备、管理高效、协作有力、适应现代足球管理运营需要的协会管理体系。

（九）加强党的领导。健全各级足球协会党的组织机构，按照党管干部原则和人才政策，加强协会思想政治工作和干部日常管理。中国足球协会设立党委，由体育总局党组领导。

三、改革完善职业足球俱乐部建设和运营模式

（十）促进俱乐部健康稳定发展。严格准入，规范管理职业足球俱乐部，充分发挥其在职业联赛中的主体地位和重要作用。俱乐部应当注重自身建设，健全规章制度，加强自律管理，遵守行业规则，积极承担社会责任，接受社会监督。鼓励地方政府创造条件，引导一批优秀俱乐部相对稳定在足球基础好、足球发展代表性和示范性强的城市，避免俱乐部随投资者变更而在城市间频繁迁转、缺乏稳定依托的现象，积极培育稳定的球迷群体和城市足球文化。

（十一）优化俱乐部股权结构。实行政府、企业、个人多元投资，鼓励俱乐部所在地政府以足球场馆等资源投资入股，形成合理的投资来源结构，推动实现俱乐部的地域化，鼓励具备条件的俱乐部逐步实现名称的非企业化。完善俱乐部法人治理结构，加快现代企业制度建设，立足长远，系统规划，努力打造百年俱乐部。

（十二）推动俱乐部形成合理的人才结构。制定俱乐部人才引进和薪酬管理规范，探索实行球队和球员薪金总额管理，有效防止球员身价虚高、无序竞争等问题。研究引进高水平外援名额限制等相关政策及决策机制，处理好外援引进与本土球员培养的关系。加强俱乐部劳动合同管理，严厉查处“阴阳合同”等违法行为，及时纠正欠薪行为。调整俱乐部运动员转会手续费政策，减轻俱乐部负担。

四、改进完善足球竞赛体系和职业联赛体制

（十三）加强竞赛体系设计。完善竞赛结构，扩大竞赛规模，增加竞赛种类，逐步形成赛制稳定、等级分明、衔接有序、遍及城乡的竞赛格局。尤其要注重职业联赛、区域等级赛事、青少年等级赛事、校园足球赛事的有机衔接，实现竞赛结构科学化。逐步建立健全青少年联赛体系。积极倡导和组织行业、社区、企业、部队、中老年、五人制、沙滩足球等赛事。

（十四）调整组建职业联赛理事会。建立具有独立社团法人资格的职业联赛理事会，负责组织和管理职业联赛，合理构建中超、中甲、中乙联赛体系。中国足球协会从基本政策制度、俱乐部准入审查、纪律和仲裁、重大事项决定等方面对理事会进行监管，派代表到理事会任职。理事会派代表到中国足球协会任职，参与有关问题的讨论和决策。

（十五）完善竞赛奖励制度。制定符合足球项目特点、有别于其他体育项目的奖励标准。

（十六）维护竞赛秩序。坚持公平竞赛，树立良好赛风。赛事组织机构和体育行政部门会同公安机关加强管理，各司其职，完善安全保障措施。公安机关负责加强对足球赛事安全秩序的监管，组织开展对比赛现场及周边地区的治安秩序管理维护工作，依法打击违法犯罪活动。引导球迷文明观赛，遵纪守法。

（十七）加强行业管理。完善裁判员公正执法、教练员和运动员遵纪守法的约束机制。严格防范、严厉查处足球行业违规违纪行为，完善纪律处罚、行业救济制度和机制。足球管理部门与公检法等方面加强协作，建立健全违法举报机制和紧密衔接的合作机制，有效防范、及时侦破、坚决打击假赌黑等违法犯罪行为。

（十八）促进国际赛事交流。推动中国足球积极参加国际足球赛事，增进交流，提高水平。研究并推动申办国际足联男足世界杯相关工作。

五、改革推进校园足球发展

（十九）发挥足球育人功能。深化学校体育改革、培养全面发展人才，把校园足球作为扩大足球人口规模、夯实足球人才根基、提高学生综合素质、促进青少年健康成长的基础性工程，增强家长、社会的认同和支持，让更多青少年学生热爱足球、享受足球，使参与足球运动成为体验、适应社会规则和道德规范的有效途径。

（二十）推进校园足球普及。各地中小学把足球列入体育课教学内容，加大学时比重。以扶持特色带动普及，对基础较好、积极性较高的中小学重点扶持，全国中小学校园足球特色学校在现有5000多所基础上，2020年达到2万所，2025年达到5万所，其中开展女子足球的学校占一定比例。完善保险机制，推进政府购买服务，提升校园足球安全保障水平，解

除学生、家长和学校的后顾之忧。

（二十一）促进文化学习与足球技能共同发展。加强足球特长生文化课教学管理，完善考试招生政策，激励学生长期积极参加足球学习和训练。允许足球特长生在升学录取时在一定范围内合理流动，获得良好的特长发展环境。

（二十二）促进青少年足球人才规模化成长。推动成立大中小学校园足球队，抓紧完善常态化、纵横贯通的大学、高中、初中、小学四级足球竞赛体系，探索将高校足球竞赛成绩纳入高校体育工作考核评价体系。

（二十三）扩充师资队伍。通过培训现有专、兼职足球教师和招录等多种方式，提高教学教练水平，鼓励引进海外高水平足球教练。到2020年，完成对5万名校园足球专、兼职足球教师的一轮培训。完善政策措施，加强专业教育，为退役运动员转岗为体育教师创造条件。

六、普及发展社会足球

（二十四）推动足球运动普及。坚持以人为本，推动社会足球加快发展，不断扩大足球人口规模。鼓励机关、事业单位、人民团体、部队和企业组建或联合组建足球队，开展丰富多彩的社会足球活动。注重从经费、场地、时间、竞赛、教练指导等方面支持社会足球发展。工会、共青团、妇联等人民团体发挥各自优势，推进社会足球发展。

（二十五）推动社会足球与职业足球互促共进。通过社会足球人口不断增加、水平不断提高，为职业足球发展奠定扎实的群众基础和人才基础。通过加快发展职业足球，促进社会足球的普及和提高。

七、改进足球专业人才培养发展方式

（二十六）拓展足球运动员成长渠道和空间。加大培养力度，完善选用机制，多渠道造就优秀足球运动员。增强校园足球、社会足球的人才培养意识，拓宽职业足球选人视野，畅通优秀苗子从校园足球、社会足球到职业足球的成长通道。搞好体教结合，加强文化教育、意志锤炼和人格熏陶，促进足球运动员全面发展。鼓励足球俱乐部、企业和其他社会力量选派职业球员、青少年球员到足球发达国家接受培训，并力争跻身国外高水平职业联赛。

（二十七）加强足球专业人才培训。按照分级、分类管理的原则，构建国家、区域、行业、专业机构、社会力量等多级、多元的培训组织结构，加强对足球教练员、裁判员、讲师等专业人才的培训。充分发挥体育院校、体育科研院所在足球理论研究和足球专业人才培训中的作用。加强国际交流，引入一批高水平外籍讲师对我国教练员、裁判员、讲师实施规模化培训。

（二十八）加强足球管理人才培训。壮大各级足球协会、俱乐部等组织的专业力量，提升人员素质和工作水平。造就一支适应现代足球管理需要的专业化、国际化的管理队伍。

（二十九）设立足球专业学院和学校。适应足球人才培养需要，依托具备条件的本科院校设立足球学院，积极探索建立文化教育与足球运动紧密融合的新型足球学校。

（三十）做好足球运动员转岗就业工作。统筹市场机制和政策引导，为足球运动员再就业再发展搭建平台，支持其经过必要培训和考核，担任足球教练员、裁判员、讲师，或到企事业单位和部队成为群众足球活动的骨干，或进入足球协会、足球俱乐部从事足球管理和服务工作。

八、推进国家足球队改革发展

（三十一）精心打造国家队。发挥制度优势，强化组织领导，增强国家荣誉感和社会责任感，弘扬中华体育精神，打造技艺精湛、作风顽强、能打硬仗、为国争光的国家足球队，以优异表现振奋人民群众信心、激发青少年热情、促进全国足球发展。加大改革力度，形成符合球员身心特征和当代足球发展趋势的技术路线，稳步提升国家队水平。

（三十二）完善队员选拔机制。坚持立足当前、着眼接续，坚持技术和作风并重，坚持公开、平等、竞争，优先选拔为国效力愿望强烈、意志品质一流的优秀球员进入国家队。国家队球员从各职业俱乐部征调，通过动态选拔机制，使任何时候组建的国家队都能成为当时参赛状态、技战术能力、协作配合最好的团队。加强国家队后备人才储备，完善青少年足球人才发现与选拔机制，对拔尖青少年球员建立数据库并长期跟踪，动态调整备选队员名单。

（三十三）提高服务保障能力。加强对国家队经费投入、奖励政策、基地建设、后勤服务、情报信息等方面的保障，提高服务水平。新建 2 个国家足球训练基地，满足国家队不同季节的比赛和训练需要。聘请境内外高水平专业人才，深入开展足球理论、技战术、医疗康复、团队管理等研究，发挥科研对国家队的指导支撑作用。

（三十四）加强教练团队建设。建立严格规范的国家队教练及管理团队遴选、考核评价机制，加强合同管理。实行主教练负责制，对教练员团队和管理服务团队实行任期目标考核，做到责任与权益明确、激励与约束到位。

（三十五）统筹国家队与俱乐部需求。科学制定符合我国国情和职业足球规律的国家队工作规划及管理体系。完善国家队同职业联赛及其他各层级联赛协调制度，综合把握国家队赛事周期和国内赛事安排。俱乐部应当以大局为重，全力支持配合国家队建设。

九、加强足球场地建设管理

（三十六）扩大足球场地数量。研究制定全国足球场地建设规划。把兴建足球场纳入城镇化和新农村建设总体规划，明确刚性要求，由各级政府组织实施。因地制宜建设足球场，充分利用城市和乡村的荒地、闲置地、公园、林带、屋顶、人防工程等，建设一大批简易实用的非标准足球场。创造条件满足校园足球活动的场地要求。

（三十七）对足球场地建设予以政策扶持。对社会资本投入足球场地建设，应当落实土地、税收、金融等方面的优惠政策。

（三十八）提高场地设施运营能力和综合效益。按照管办分离和非营利性原则，通过委托授权、购买服务等方式，招标选择专业的社会组织或企业负责管理运营公共足球场，促进公共足球场低价或免费向社会开放。推动学校足球场在课外时间低价或免费向社会开放，建立学校和社会对场地的共享机制。

十、完善投入机制

（三十九）加大财政投入。各级政府应当加大对足球的投入，根据事权划分主要用于场地建设、校园足球、青少年足球、女子足球、国家队建设、教学科研等方面。体育、教育等部门在安排相关经费时，应当对足球改革发展给予倾斜。

（四十）成立中国足球发展基金会。基金会作为非营利性法人，依法开展募捐、接受捐赠并资助足球公益活动。鼓励各类企事业单位、社会力量和个人捐赠，捐赠资金可依法在计算企业所得税、个人所得税应纳税所得额时扣除。基金会按章程管理运行，依照有关法规加强信息公开，接受社会监督。

（四十一）加大彩票公益金支持足球发展的力度。每年从中央集中彩票公益金中安排一定资金，资助中国足球发展基金会，专项用于支持青少年足球人才培养和足球公益活动。积极研究推进发行以中国足球职业联赛为竞猜对象的足球彩票。

（四十二）加强足球产业开发。加大足球无形资产开发和保护力度，通过打造赛事品牌、开发足球附属产品、培育足球服务市场、探索足球产业与相关产业的融合发展，构建全方位、全过程足球产业链，不断增加足球产业收益，形成多种经济成分共同兴办足球产业的格局。

（四十三）加大中国足球协会市场开发力度。不断增加联赛、杯赛、国家队等的市场开发收益。加快理顺与下属商务公司的关系，按照现代企业制度改造下属公司，使其逐步成为真正的市场主体，同时引入新的竞争主体，建立面向市场、平等竞争的格局。

（四十四）建立足球赛事电视转播权市场竞争机制。创新机制，实现足球赛事电视转播权有序竞争。改革足球赛事转播权收益分配机制，确保赛事主办方和参赛主体成为主要受益者。创新足球赛事转播和推广运营方式，探索传统媒体和新媒体在足球领域融合发展的实现形式，增加新媒体市场收入。

（四十五）鼓励社会力量发展足球。引导有实力的知名企业和个人投资职业足球俱乐部、赞助足球赛事和公益项目，发挥支持足球事业的示范和带动作用，拓宽俱乐部和足球发展资金来源渠道。

十一、加强对足球工作的领导

（四十六）建立足球改革发展部际联席会议制度。为持续推动足球改革发展，确保本方案落实，建立足球改革发展部际联席会议制度。体育总局应当加强对足球改革发展的政策研究和宏观指导。教育部应当履行好校园足球主管责任。各方面应当各司其职、各负其责、各尽其力、协同配合，共同推动足球改革发展。

（四十七）把足球工作纳入重要工作日程。各地把足球改革发展纳入重要议事日程，解放思想，明确目标，狠抓落实，整合资源，统筹力量，大胆探索，形成特色。地方各级体育行政部门负责支持当地足球协会工作，推动本地区足球发展。

（四十八）加强足球行业作风和法治建设。加强足球领域的思想品德教育和职业道德教育，强化运动队伍精神作风和意志品质的锤炼，培养爱国奉献、坚忍不拔、团结拼搏的作风，努力形成激励中国足球发展振兴、有益于社会和谐进步的精神力量。适应足球发展需要和行业特点，完善国家相关法律法规和足球行业规范规则，打牢足球治理的制度基础。形成预防与惩处并重的足球法治教育体系、执法和监督体系，建立公正透明的法治环境。

（四十九）营造良好舆论环境。宣传引导群众客观认识足球现状，建立合理预期，理性看待输赢。创新足球宣传方式，强化涉足球新闻管理和舆论引导工作，最大限度凝聚足球改革发展共识。

（五十）发挥典型带动作用。选择一批足球基础好、发展足球条件好、工作积极性高的地方和城市，加强扶持和指导，总结推广足球改革发展的典型经验，以点带面，推动提高。

中国足球协会章程

定　义

国际足联：国际足球联合会。

亚足联：亚洲足球联合会。

中国足协：中国足球协会。

洲际足球联合会：地处同一大陆或地理区域，且得到国际足联认可的各会员协会的集体组织。

国家（地区）协会：得到国际足联认可的足球协会。除非文中有明显不同含义，国家（地区）协会是国际足联和亚足联的会员。

国际足球理事会：负责批准和修改《足球竞赛规则》的国际组织。

会员大会：中国足协的最高权力机构。

执委会：执行委员会，中国足协会员大会的执行机构。

特别会员大会：为履行特殊职责，在必要情况下，由执委会提议而临时召开的会员大会。

会员：由会员大会批准加入，具有中国足协会员资格的地方足球协会、行业足球协会和其他组织。

俱乐部：在中国足协会员注册，遵守国际足联、亚足联和中国足协及其所属会员的章程、规程、规定和决议，参加中国足协主办的比赛，具有独立法人资格的组织。

官员：所有在中国足协、中国足协会员及俱乐部中负责竞赛、技术、医务、新闻、商务及行政事务的管理人员，委员，裁判、助理裁判，教练，培训人员及其他负责人员（球员除外）。

球员：在中国足协或中国足协会员注册的运动员。

自然人：本会管辖范围内的足球从业人员。

法人：本会管辖范围内具有独立法人资格的足球组织。

体育仲裁法庭：位于瑞士洛桑的国际体育仲裁法庭。

第一章　总　则

第一条　名称与住所

（一）本会的正式名称为：中国足球协会，简称为：中国足协。英文名称为：Chinese Football Association，英文缩写为：CFA。

（二）本会住所设在北京市。

（三）本会的简称、会旗、会徽等已在国家社团登记管理机关备案。

第二条　依据

本章程依据《中华人民共和国民法总则》《中华人民共和国体育法》《社会团体登记管理条例》《国际足球联合会章程》以及《亚洲足球联合会章程》的有关规定制定。

第三条　性质

（一）本会由中华人民共和国从事足球运动的组织自愿结成，是具有公益性和广泛代表性、专业性、权威性的全国足球运动领域的非营利性、体育类社团法人，是代表我国参加国际足球组织的唯一合法机构，是唯一代表中国的国际足球联合会会员和亚洲足球联合会会员。

（二）本会是团结全国足球组织和个人共同发展足球事业、具有公益性质的社会组织，根据法律授权和政府委托管理全国足球事务，依法自主开展活动。

（三）本会是中华全国体育总会和中国奥委会的单位会员，遵守中华全国体育总会与中国奥委会的章程及有关规定。接受行业管理部门和登记管理机关的业务指导与监督管理。

第四条　宗旨、业务范围及义务

（一）宗旨

1. 坚持中国共产党的全面领导，根据中国共产党章程的规定，设立中国共产党的组织，开展党的活动，为党组织的活动提供必要条件。本会设立党委，由体育总局党组领导。本会党委发挥政治核心作用，履行党风廉政建设主体责任，按照党管干部原则和人才政策，加强本会思想政治工作和干部日常管理，全面从严治党。遵守党的章程和党内其他法规，执行党的路线、方针、政策和决议，落实管党治党政治责任，督促党员干部不忘初心、牢记使命，践行忠诚、干净、担当。本会纪委是党内监督专责机关，履行监督、执纪、问责职责。

2. 认真贯彻落实《中国足球改革发展总体方案》，广泛开展足球运动，实现普及与提高、群众足球与竞技足球互相促进，通过足球促进人的全面发展和社会文明进步。

3. 倡导公平竞赛，弘扬体育精神，充分发挥和全面实现足球的教育功能和社会价值。

4. 完善中国足球管理体制和运行机制，提高足球管理水平，探索中国特色足球改革发展道路。

5. 夯实足球发展的人口基础、设施基础、管理基础、文化基础，团结全国足球从业人员，大力发展足球事业。

6. 整合资源，形成合力，充分发挥市场机制作用，激发活力，创造公平诚信环境，鼓励保护平等竞争。

7. 参加国际足联和亚足联的正式比赛和活动，促进国际交流和合作，增进与各国家和地区足球协会、俱乐部及运动员之间的友谊。

8. 加强会员、俱乐部以及足球从业人员之间的联系与交流，服务本会会员，维护会员合法权益，帮助、扶持会员发展足球运动。

9. 倡导维护足球比赛完整性。反对腐败、使用兴奋剂、操纵比赛等损害比赛和足球从业者利益的行为。

（二）业务范围

1. 全面负责足球项目的管理；研究制定足球发展的方针政策、规划、计划和行业标准。

2. 指导、促进本会会员建设和开展工作，加大对会员协会的扶持力度，进一步壮大其自身运营能力，形成覆盖全国、组织完备、管理高效、协作有力、适应现代足球管理运营需要的协会管理体系。

3. 管理各类全国性足球竞赛，制定竞赛制度、竞赛计划和规程并组织实施。

4. 负责足球专业人才的培养，构建足球技术发展的理论体系。

5. 普及发展社会足球，不断扩大足球人口规模。

6. 构建青少年后备人才培养体系；推动和发展校园足球运动。

7. 促进俱乐部健康稳定发展。严格准入，规范管理职业足球俱乐部，充分发挥其在职业联赛中的主体地位和重要作用。

8. 组织管理各级国家队。增强国家荣誉感和社会责任感，打造能征善战、作风优良的国家足球队。

9. 推进足球文化建设；促进足球产业的发展；制定足球场地设施和器材的标准。

10. 开展国际组织、国家和地区间的交流和技术合作，制定对外活动计划并组织实施；广泛联系和团结社会各界人士，充分发挥桥梁和纽带作用。

11. 与会员合作并按章程监督管理在本会辖区内组织的各级各类国际比赛。

12. 对违反国际足联、亚足联及本会的章程、《足球竞赛规则》和有关规定，以及有损于足球比赛的行为进行监管及处罚。

以上业务范围中属于法律法规或部门规章规定须经批准的事项，依法经批准后开展。

（三）义务

本会及本会会员，包括足球俱乐部、球员和官员承诺并履行如下义务：

1. 遵守中华人民共和国宪法、法律、法规和国家政策，践行社会主义核心价值观，遵守社会道德风尚。

2. 遵守国际足联和亚足联章程及有关规定。

3. 承认并遵守国际足球理事会制定和修改的《足球竞赛规则》。

4. 遵守公平竞赛原则和体育道德风尚。

5. 服从国际体育仲裁法庭、国际足联和亚足联的终审裁决。

第五条 反对歧视

（一）本会反对任何偏见。

（二）本会会员不得以种族、性别、宗教、语言、政治和其他任何原因歧视任何国家、地区、会员组织和个人，否则将受到暂停或开除会员资格的处罚。

第六条 球员

（一）本会根据国际足联的有关规定，制定球员身份与转会的规则，对球员身份进行管理。

（二）球员根据本会的规定进行注册。

第七条 足球竞赛规则

（一）本会及本会会员执行国际足球理事会现行有效的《足球竞赛规则》。

（二）本会及会员执行国际足联现行有效的《五人制足球比赛规则》和《沙滩足球比赛规则》。

第八条 行为规范

本会的所有机构和人员在活动中应当遵守国际足联、亚足联以及本会的章程和道德规范等相关规定。

第九条 语言

（一）本会的正式工作语言是汉语。

（二）本会对外联络的主要语言是英语。

（三）本会章程及一切正式文件均以中文文本为准。

第二章 会 员

第十条 会员入会、会员资格的暂停、取消和开除

（一）会员的入会、会员资格的暂停、取消和开除由会员大会决定。

（二）拥护本会章程，有加入本会意愿，符合本章程规定的条件，可申请入会。

（三）被暂停、取消或开除资格的会员，有权申诉。

（四）会员退出，或会员资格被暂停、取消，即失去其各项会员权利，但其对本会及其他会员应当承担的经济责任并不免除。

第十一条　会员入会

（一）本会会员体现地域覆盖性和行业广泛性。

下列组织可申请加入本会：

1. 省、自治区、直辖市的足球协会。

2. 地区、城市的足球协会。

3. 行业、系统的足球协会。

4. 青少年足球组织。

5. 女子足球组织。

6. 各类足球联赛（联盟）组织。

7. 会员大会同意接纳的其他组织。

（二）申请成为本会会员，应当提交以下材料：

1. 申请书。申请书须对以下事项作出承诺：

（1）遵守本会、国际足联、亚足联章程及有关规定并履行会员义务。

（2）接受本会仲裁委员会和位于瑞士洛桑的国际体育仲裁法庭的管辖。

（3）保证不将在国际足联、亚足联和本会章程规定范围内的争议诉至法院，国际足联、亚足联和本会章程另有规定的除外。

2. 合法有效的章程和各项规定。

3. 主要负责人名单。

4. 合法成立、具有法人资格的证明材料。

5. 组织机构及其管辖范围内的设施和足球组织的详细信息。

（三）会员自获得会员资格之日起，应在30日内缴纳当年的会费。

第十二条　入会审批程序

（一）本会接到入会申请，由执委会根据本会关于会员准入审核的有关规定进行审查后，交会员大会审议。

（二）会员大会对执委会的建议有决定权，如执委会建议不同意入会申请，申请人有权向会员大会陈述其申请理由。

（三）经会员大会同意，申请人即获得会员资格，颁发会员证，并予以公告。

第十三条　会员权利

（一）参加会员大会的权利。

（二）选举权、被选举权和表决权。

（三）提名本会执委会成员和分支机构候选人的权利。

（四）参加本会组织的有关比赛和活动的权利。

（五）获得本会官方信息和服务的优先权。

（六）参加本会援助和发展计划的权利。

（七）对本会工作提出批评、建议和监督的权利。

（八）推荐会员。

（九）自愿入会和退会的权利。

（十）本会规定的其他权利。

行使上述各项权利应当符合本章程及相关规定。

第十四条 会员义务

（一）遵守并确保本会范围内的足球组织和足球从业人员遵守本会章程、规程、决议和决定，积极参加本会组织的各项竞赛和活动，维护本会合法权益。

在所辖范围内，依据本章程及本会相关规章制度和发展规划，独立开展足球工作并承担责任：

1. 普及足球运动，扩大足球人口。

2. 负责所辖范围内团体会员和个人会员的注册、管理，加强足球专业人才培养。

3. 在本会范围内对职业足球俱乐部、业余足球俱乐部及足球从业人员进行注册、管理、监督和处罚。

4. 开展青少年和女子足球运动，与教育部门合作开展校园足球活动。

5. 维护俱乐部权益，支持俱乐部工作，为加强俱乐部组织、思想和业务建设提供服务。

（二）遵守国际足球理事会制订的《足球竞赛规则》，在章程中明确规定其会员应遵守公平竞赛原则和体育道德。

（三）承认并接受本会仲裁委员会和国际足联争议解决机构对行业内纠纷的管辖权，并在其章程中载明。

（四）向本会报告其章程的修改和主要负责人的变更。

（五）未经本会许可，不组织或参加国际友谊比赛，不与被暂停会员资格的会员或本会不予承认的足球组织进行任何足球交往。不得和非本会会员的组织（个人）、遭到停赛或开除处罚的会员（个人）进行正式足球比赛。

（六）完成本会指派的各项任务，向本会反映情况，提供有关材料。

（七）依照本会的注册管理制度按时注册并足额缴纳会费。

（八）承担由国际足联、亚足联和本会章程所产生的各项义务。

任何会员不履行上述义务，本会有权根据相关规定进行处罚。

第十五条 暂停会员资格

（一）对出现下述情况的会员，会员大会有权决定暂停其会员资格，执委会有权决定临时暂停其会员资格：

1. 2 年内不参加本会的活动。

2. 不按时在本会进行年度注册。

3. 不向本会支付应缴纳的会费或其他款项。

4. 严重违反本会章程及有关规定，经提醒后仍不给予改正。

（二）在紧急情况下，执委会有权做出临时暂停会员资格的处罚决定，并立即生效。如执委会未解除该处罚，则处罚有效期持续到下次会员大会召开时结束。

（三）会员大会对执委会的临时暂停会员资格处罚进行表决，在与会会员的半数票数同意后，处罚生效。如果未能获得全体会员的半数票数同意，则处罚自动被取消。

（四）暂停会员资格的时间最长为 2 年。被暂停会员资格的会员在处罚期内不再享有会员权利，其他会员不得与被暂停会员资格的会员代表队进行正式足球比赛。

第十六条　取消会员资格

（一）已被暂停会员资格的会员，在处罚期内仍未对违纪行为进行改正的，会员大会有权决定取消其会员资格。

（二）取消会员资格，由执委会提出并列入会员大会的议程。

（三）取消会员资格，应当获得 3/4 以上与会会员同意。

第十七条　开除会员资格

（一）会员严重违反本会或国际足联、亚足联章程和有关规定，会员大会有权决定开除其会员资格。

（二）开除会员资格的程序与取消会员资格程序相同。

第十八条　会员退出

（一）会员要求退出，应先解决与本会及其他会员之间的财务问题后，至少提前 6 个月以书面形式通知本会，退会方可成立。

（二）会员未按时在本会注册，或被撤销（注销）登记，视为自动退出。

第十九条　省（市）足球协会、联赛（联盟）组织、俱乐部、其他组织

本会从基本政策制度、准入审查、纪律和仲裁、重大事项决定等方面对注册范围内的非会员各级足球协会、联赛（联盟）组织、俱乐部、其他组织进行监督。

（一）上述各组织应遵守：

1. 在本会章程规定的权利、义务和工作范围内开展工作。

2. 在本会管辖范围内，只有本会有权组织全国性最高级别足球赛事。

（二）上述各组织依法自行开展足球活动，不受其他外部因素阻碍和制约。

（三）禁止关联关系。同一自然人或法人（包括公司股东及其下属子公司）不得同时控制两个以上的俱乐部或足球组织。

第三章　组织机构

第一节　会员大会

第二十条　会员大会是本会的最高权力机构，其职权是：

（一）制定和修改本会章程。

（二）选举和罢免本会主席、副主席和执委。

（三）审议工作报告。

（四）审议中长期发展规划和专项报告。

（五）审议上一年度财务报告和下一年度财务计划和预算。

（六）根据执委会的建议指定审计机构，对本会进行财务审计。

（七）制定会费标准。

（八）吸收会员入会；暂停和取消、开除会员资格。

（九）决定本会分支机构、办事机构和其他所属机构的设立、变更和终止。

（十）决定本会法律机构的负责人人选。

（十一）决定本会的更名和终止事宜。

（十二）决定其他重大事宜。

第二十一条　会员大会的组成

（一）会员大会每届 4 年。会员大会定期召开，至少每年召开一次。会员应选派代表参加会员大会。

（二）会员大会由主席主持。如主席因故无法主持，由主席指定的副主席或由执委会推选一名执委会成员按程序主持。

第二十二条会员大会的表决权

（一）每个会员只有一票表决权。

（二）会员应指定一名代表行使表决权。会员的代表名单，应于会员大会召开 15 日之前书面提交秘书处。

（三）会员直接出席会议才能行使表决权。会员不得以信函或其他委托方式投票。

（四）执委会成员和担任本会荣誉职务的人员，列席会员大会，参与会议讨论，无表决权。

（五）职业足球俱乐部可列席会员大会。列席代表可参与有关议题的讨论，无表决权。

第二十三条　会员大会的召集

（一）会员大会由执委会召集。

（二）会议时间、地点及主要内容由执委会确定，并于大会召开 30 日前书面通知会员。如因特殊情况，会前通知时间不足 30 日，执委会应进行说明。

（三）会员大会的正式开会通知应于会议召开 15 日前发出，大会议程等文件随同通知发出。

第二十四条　会员大会的提案

（一）本会会员或执委会成员有权提出会员大会提案。提案应以书面形式提交秘书处，提案截止日为当年会员大会召开 15 日前。

（二）提案由执委会列入会员大会议程。

第二十五条　会员大会召开的法定人数

（一）会员大会应有 2/3 以上的会员出席方能召开。

（二）如到会代表不足法定人数，应在 2 日内再次召开会员大会，原定议程不变；如到会代表人数仍然不足法定人数，可以直接召开会员大会，但到会代表人数应超过全体会员半数以上。

第二十六条　会员大会的决议

（一）除另有规定外，会员大会的决议，应获得与会会员超过半数通过方能生效。

（二）会员大会的决议表决方式，可采用无记名投票或举手（举牌）表决。

第二十七条　选举

（一）选举根据《中国足协选举准则》的规定进行。选举为无记名投票。

（二）选举按如下方式进行：

1. 主席选举应获得与会会员超过半数票数通过。如有 2 个以上主席候选人，按照每轮投票淘汰得票最少候选人方式进行，直至产生最终的 2 名候选人。

2. 副主席、执委选举，获得票数多者当选，当选得票数不得低于出席会议会员的一半。

第二十八条　罢免

（一）本会会员可以提出罢免提案，由执委会审核后列入大会议程，大会讨论并作出决定。

（二）被罢免者有辩护权和申诉权。

（三）罢免提案应采取无记名投票方式进行表决，获得与会会员超过半数票同意即可通过。

（四）罢免提案一经通过，立即生效，被罢免者丧失原有职权。

第二十九条　修改章程

（一）执委会或 5 个以上会员联名，有权提出修改章程的提案，提案应附修改说明，以书面形式提交秘书处。

（二）章程的修改案由执委会提交会员大会审议。

（三）章程修改，应经与会会员的 2/3 投票赞成后通过。

（四）本会修改的章程，应符合国家有关法律法规的规定。

第三十条　特别会员大会

（一）接到1/3以上会员书面要求或执委会认为必要时，应在3个月内举行特别会员大会。该书面要求应写明需要讨论的议题。

（二）特别会员大会召开的时间、地点及内容，应于15日前通知会员。如因特殊情况，会前通知时间不足15日，执委会应进行说明。

（三）特别会员大会只讨论列入正式议程的事项。

第三十一条　会员大会议程

（一）会员大会议程包括：

1. 点名。

2. 主席致辞。

3. 通过议程。

4. 指定监票人。

5. 通过或修改章程、章程实施细则和会员大会议事程序等。

6. 选举或罢免主席、副主席和执委人选。

7. 通过工作报告。

8. 通过发展规划或专项工作报告。

9. 通过上一年度的财务报告和下一年度的财务计划及预算。

10. 确定会费相关事宜。

11. 决定吸纳、暂停、取消或开除会员资格。

12. 决定本会的终止事宜。

13. 其他事项。

上述第5—13项议程由本会根据会议议题确定。

（二）经与会会员半数投票通过，可修改会员大会议程。

（三）会员大会不讨论未列入议程的议题。

第三十二条　会议纪要

秘书处负责会员大会会议纪要并存档。

第三十三条　生效日期

除非另有规定，大会做出的决定立即生效。

第二节　执委会

第三十四条　执委会是会员大会的执行机构，在会员大会闭会期间，依据本章程和《中国足球协会执委会工作规则》，领导本会开展工作，对会员大会负责。

执委会每届 4 年。因特殊情况需延期换届的，须经会员大会讨论通过，并符合国家有关法律法规要求后可延期换届，延期换届最长不超过 1 年。

（一）执委会体现广泛代表性和专业性，由国务院体育行政部门代表、地方及行业足球协会代表、职业联赛组织代表、知名足球专业人士、社会人士和专家代表等组成。执委会人数最多不得超过 39 人，成员包括：

主席、副主席、执委（含秘书长）。

（二）来自同一会员的执委会成员原则上不得超过 1 名，知名足球人士、社会人士、专家代表不受此限制。

（三）执委会成员每届任期 4 年，可连选连任，任期起止时间应在任命文件中载明。

（四）执委会成员不得同时担任本会纪律、仲裁或道德与公平竞赛委员会的成员。

（五）执委会成员空缺在 50% 以内时，由执委会指定临时执委，直到下一次会员大会时选举产生。

（六）执委会成员空缺超过 50% 时，应召开特别会员大会，补选剩余任期内空缺的执委会成员。

（七）执委会成员空缺是指执委会成员因工作或者其他原因主动辞去职务、去世或连续 3 次不参加执委会等情况。

第三十五条　执委会职责

（一）执行会员大会的决议；

（二）领导各级机构开展工作；

（三）审议并向会员大会提交执委会成员名单；

（四）决定和筹备召开会员大会和特别会员大会；

（五）起草工作报告；

（六）审议须提交会员大会的计划、规划、报告、议案等，并向会员大会提出建议；

（七）决定分支机构负责人和成员，其中法律机构负责人由会员大会决定；

（八）对本会执委会成员作出暂停职务决定，执委会的暂停决定期限为 3 个月以内；

（九）向会员大会推荐审计机构；

（十）根据主席提议，决定或罢免秘书长；

（十一）保证章程得以有效实施；

（十二）起草提交会员大会审议的章程修改草案，制定和批准分支机构的管理规定或工作规范；

（十三）临时暂停会员资格；

（十四）设立、组织和取消全国性的正式比赛；

（十五）决定授予本会荣誉职务人员；

（十六）执委会有权对会员大会权限以外的所有事务做出决定，但根据本章程规定需要由特定机构处理的事务除外。

第三十六条 执委会成员任职资格

（一）具有良好品德，热爱足球事业；

（二）在足球或相关业务领域内有较大影响；

（三）最高任职年龄不超过 70 周岁；

（四）具有正常履行职责的身体条件；

（五）未被剥夺政治权利，且未受过刑事处罚；

（六）具有完全民事行为能力。

第三十七条 执委会成员产生程序

执委会成员候选人由本会会员或执委会成员提名，候选人名单由执委会向会员大会提交。

第三十八条 执委会会议

（一）执委会每年至少召开 1 次会议。执委会会议应有 2/3 以上成员出席方能召开。如主席认为有必要或有超过半数执委会成员提议，可召开会议。

（二）主席负责确定执委会会议议程和会议时间、地点。执委会成员如有提案，应当提前 15 日提交秘书处。会议议程应至少提前 7 日通知执委会成员。

（三）执委会会议可邀请第三方列席，但第三方无表决权。

（四）执委会可决定与决议事项有利害关系的执委会成员是否回避。

（五）执委会会议决议应经与会执委会成员超过半数表决通过方能生效。执委会成员直接出席会议才能行使表决权，不得以信函或委托代理方式投票。

（六）在执委会投票表决时，如遇票数相等，主席有最终决定权。

（七）执委会可聘请有关专家提供咨询和服务。

（八）执委会各项决定应当形成书面文件。

（九）除非另有规定，执委会的决议立即生效。

第三节 负责人

第三十九条 本会负责人包括主席 1 名，副主席 3—5 名，秘书长 1 名。

负责人人数不得超过执委会的 1/3。

第四十条 本会负责人应当具备下列条件：

（一）坚持中国共产党领导，拥护中国特色社会主义，坚决执行党的路线、方针、政策，具备良好的政治素质；

（二）遵纪守法，勤勉尽职，个人社会信用记录良好；

（三）具备相应的专业知识、经验和能力，熟悉行业情况，在本会业务领域有较大影响；

（四）身体健康，能正常履行职责，年龄不超过70周岁，秘书长为专职；

（五）具有完全民事行为能力；

（六）能够忠实、勤勉履行职责，维护本会和会员的合法权益；

（七）无法律法规、国家政策规定不得担任的其他情形。

第四十一条　本会负责人任期与执委会相同，连任不超过2届。

第四十二条　主席职责

（一）主持会员大会、执委会会议。主席可授权副主席主持会议。

（二）领导、监督秘书长和秘书处工作。

（三）向执委会提名秘书长和各分支机构主要负责人。

（四）检查会员大会、执委会决议落实情况。

（五）领导执委会的工作。

（六）发展本会与国际足联、亚足联及其会员、有关政府机构和国际组织的友好关系。

（七）如主席因故不能履行职责时，由副主席代理其职务，代理期限至主席恢复履行职责能力或下一次会员大会选举出新的主席为止。

第四十三条　主席的选举

主席候选人由会员或执委会成员提名，由执委会提交会员大会表决通过。

第四十四条　法定代表人

（一）主席为本会法定代表人。因特殊情况，经主席推荐、执委会同意，在符合国家有关法律法规要求的前提下，可以由副主席担任法定代表人。法定代表人有权代表本会签署有关重要文件。

（二）本会法定代表人不得兼任其他社会团体的法定代表人。

第四十五条　副主席、秘书长协助主席开展工作。秘书长由主席提议，经执委会表决通过。秘书长行使下列职责：

（一）主持秘书处的日常工作；

（二）聘任秘书处的专职工作人员，向主席提议秘书处管理层人选；

（三）统筹安排会员大会、执委会、分支机构的会议；

（四）参加会员大会、执委会、分支机构会议；

（五）落实会员大会、执委会、分支机构的决议；

（六）妥善管理本会账务；

（七）负责本会的通信往来；

（八）负责处理对外关系，协调各分支机构工作。

第四十六条 主席办公会议制度

主席办公会议是指在执委会闭会期间，由主席召集，决定本会日常重要工作的机制。

主席办公会议依据《中国足球协会主席办公会议规则》召开并工作。

第四节 荣誉职务

第四十七条 名誉主席、名誉顾问、顾问与荣誉会员

（一）本会执委会可决定聘请对中国足球事业有突出贡献的人士为本会名誉主席、名誉顾问、顾问或荣誉会员。

（二）以上荣誉职务人员受邀列席会员大会。

第五节 专项委员会和特设委员会

第四十八条 专项委员会

（一）专项委员会是本会分支机构。在授权范围内依工作规范协助执委会处理本会专项事务。

（二）本会设道德与公平竞赛委员会、纪律委员会、仲裁委员会及其他专项委员会。

（三）除道德与公平竞赛委员会、纪律委员会和仲裁委员会外，其他专项委员会的主任应由执委会的成员担任。各专项委员会设主任 1 人，副主任及委员若干人，执行秘书 1 人。每届任期 4 年，可连选连任。

第四十九条 专项委员会的职责

（一）执委会制定《专项委员会规范总则》（以下简称《规范总则》），对专项委员会的设立原则、成员条件、工作机制等作出规定。

（二）专项委员会负责本专项领域内中长期发展规划、年度工作计划、经费预决算等工作。专项委员会根据《规范总则》制定本专项领域的工作细则或管理规定，经执委会批准后实施。

（三）专项委员会主任负责本委员会工作，根据本会授权处理相关业务，并向执委会定期汇报工作。

（四）专项委员会主任负责与本会秘书处共同确定本委员会会议日程，确保各项任务的完成。

第五十条 特设委员会

执委会在必要时可以临时设立特设委员会，作为本会分支机构，处理特殊任务。执委会制定其工作规范和职责，特设委员会向执委会负责。

第四章　法律机构

第五十一条　本会建立预防与惩处并重的足球行业法治教育体系、执法和监督体系。

第五十二条　纪律委员会、道德与公平竞赛委员会、仲裁委员会

（一）纪律委员会、道德与公平竞赛委员会、仲裁委员会是本会的纪律、道德、争议解决机构，为本会的分支机构。

（二）纪律委员会、道德与公平竞赛委员会、仲裁委员会的职责由委员会工作规范规定。

（三）纪律委员会、道德与公平竞赛委员会、仲裁委员会的成员不得同时担任本会其他机构职务。三个委员会分别由主任一名、副主任及委员若干人组成。主任及多数委员应拥有法律职业资格。

（四）执委会负责制定三个委员会的工作规则和准则。

第五十三条　纪律罚则

依据国际足联、亚足联有关规定，本会制定纪律处罚种类如下：

（一）对自然人和法人的纪律处罚种类

1. 通报批评。

2. 警告。

3. 罚款。

4. 退回奖项。

5. 禁止转会。

6. 取消注册资格。

7. 禁止从事任何与足球有关的活动。

8. 中国足球协会规定的其他处罚。

（二）对自然人的其他纪律处罚种类

1. 警告（黄牌）。

2. 罚令出场。

3. 停赛。

4. 禁止进入运动员休息室和 / 或替补席。

5. 禁止进入体育场（馆）。

6. 参加社会公益活动。

（三）对法人的其他纪律处罚种类

1. 进行无观众的比赛。

2. 在中立场地进行比赛。

3. 禁止在某体育场（馆）比赛。

4. 取消比赛结果。

5. 比分作废。

6. 扣分。

7. 取消比赛资格。

8. 降级。

9. 减少转会名额。

10. 暂停引进外籍球员。

11. 重赛。

（四）制定和执行上述纪律处罚，不得违反中华人民共和国有关法律规定。

第五十四条 争议管辖权

（一）除本章程和国际足联另有规定外，本会及本会管辖范围内的足球组织和足球从业人员不得将争议诉诸法院。有关争议应提交本会或国际足联的有关机构解决。

（二）争议各方或争议事项属于本会管辖范围内的为国内争议，本会有管辖权。其他争议为国际争议，国际足联有管辖权。

第五十五条 体育仲裁法庭

（一）根据国际足联章程，任何对国际足联做出的最终的、具有约束力的裁决上诉，应当向位于瑞士洛桑的体育仲裁法庭提出，但下列情形除外：由协会或洲际足联独立、合理组成的仲裁机构做出的裁定，或违反《足球竞赛规则》的裁定，或 4 场以下、3 个月以内的禁赛处罚的裁定。

（二）在不违反我国有关法律法规的前提下，本会及本会管辖范围内的足球组织和足球从业人员均应服从国际足联相关机构或体育仲裁法庭做出的所有终审决定。

第五章　办事机构

第五十六条 秘书处

（一）秘书处是本会常设办事机构。

（二）秘书处职责

1. 执行会员大会、执委会的决议。

2. 执行专项委员会的决议。

3. 处理本会日常行政事务。

4. 筹备会员大会、执委会及分支机构会议等。

5. 形成会员大会、执委会和分支机构的会议纪要。

6. 负责本会各类文件的整理存档。

第六章　赛事及权利

第五十七条　赛事权利

（一）根据《中华人民共和国体育法》和《国际足联章程》规定，本会作为中国足球运动的管理机构，是本会管辖的各项赛事、活动所产生的所有权利的最初所有者。这些权利包括但不限于各种赛事权利、知识产权、市场开发和推广权利以及财务权利等。

（二）本会可根据需要以单独、合作或授权等方式行使上述权利。

（三）本会保障和维护中国足协及会员组织比赛所产生的商务资源权利。

（四）本会保障和维护俱乐部自身拥有及参加比赛时所产生的商务资源权利。

（五）本会及其会员有权在其管辖范围内，授权传播涉及足球比赛、足球活动的图像、声音及其他数据。

第五十八条　比赛管理

（一）本会对在其管辖范围内进行的足球比赛实行注册管理。

（二）全国各级正式比赛、国家队参加的公开比赛、由国际足联或亚足联委托本会承办的比赛，由本会直接管理。

（三）本会会员所辖区内各俱乐部（队）之间的比赛、不同会员俱乐部（队）之间的双边及多边比赛、跨国家或地区俱乐部（队）之间的双边及多边比赛，由会员管理。

第五十九条　比赛申报

（一）凡属《国际足联章程》《亚足联章程》及相关规定应当申报的比赛，由本会申报。

（二）在会员管辖范围内，由会员主办的分属不同会员的职业俱乐部双边及多边成年比赛，或有其他国家或地区代表队或俱乐部（队）参加的比赛，应当按照本章程及本会赛事管理有关规定向本会申请报批或备案。

第六十条　赛事管理费

（一）按照国际足联、亚足联有关规定，在本会管辖范围内举办的国际性或跨地区赛事应缴纳赛事管理费。

（二）如本会与会员、俱乐部签有办赛协议，赛事管理费以协议约定为准。

第六十一条　国际比赛

（一）国际足联独家享有组织国际足联各会员队伍之间、职业联盟、俱乐部之间的国际比赛的权利。未经国际足联执委会批准不得进行任何国际比赛。此外，根据国际足联规定，国际比赛在必要时还需获得有关洲际足联的许可。

（二）本会及会员、注册俱乐部应当服从国际足联、亚足联竞赛日程安排。

第六十二条 国际交往

（一）未经国际足联批准，本会及本会辖区内俱乐部不与非国际足联会员或洲际足联临时会员及其俱乐部进行足球比赛和交往。

（二）除特别情况外，未经中国足协、有关足协及国际足联的批准，本会辖区内的任何俱乐部不得加入该足协或参加该足协辖区内的比赛。

（三）未经本会批准，本会会员及本会辖区内俱乐部不得成立跨地区联赛组织或俱乐部联合体。

第七章 资产管理、使用原则

第六十三条 财政年度

本会财政年度为每年 1 月 1 日至当年度的 12 月 31 日。

第六十四条 经费来源

（一）会费。

（二）注册费。

（三）在核准的业务范围内开展活动和服务的收入。

（四）比赛收入。

（五）捐赠。

（六）财政补助。

（七）国际组织专项补助。

（八）利息。

（九）其他合法收入。

第六十五条 经费开支

（一）支出

1. 年度预算中规定的支出。

2. 会员大会批准的其他支出。

3. 执委会因履行职权产生的支出。

4. 为更好地实现本会目标产生的其他支出。

（二）本会经费应当用于本章程规定的业务范围和事业的发展，不得在会员中分配。

第六十六条 财务管理

（一）本会执行《民间非营利组织会计制度》，建立严格的财务管理制度，保证会计资料合法、真实、准确、完整。

（二）本会配备具有专业资格的会计人员。会计不得兼任出纳。会计人员应当进行会计核算，实行会计监督。会计人员调动工作或离职时，应当办清交接手续。

第六十七条　资产管理

（一）本会的资产管理应执行国家规定的财务管理制度，接受会员大会和财政部门的监督。资产来源属于财政拨款或者社会捐赠、资助的，应当接受审计机关的审计和社会监督。

（二）本会重大资产配置、处置须经过会员大会或者执委会审议。

（三）本会的全部资产及其增值为本会所有，任何组织和个人不得侵占、私分和挪用。

第六十八条　审计

（一）由独立的审计机构负责对本会进行财务审计。

（二）本会换届或更换法定代表人之前应进行财务审计。法定代表人在任期间，本会发生违反《社会团体登记管理条例》或本章程的行为，法定代表人应当承担相关责任。因法定代表人失职，导致本会发生违法行为或本会财产损失的，法定代表人应当承担个人责任。

第六十九条　会费

（一）会费标准由执委会提出建议，经会员大会表决通过。各会员缴费数额相同。

（二）本会会员应在每年 1 月 31 日前按标准缴纳当年会费，新会员按照本章程第十一条的规定执行。

第八章　信息公开与信用承诺

第七十条　本会依据有关政策法规，履行信息公开义务，建立信息公开制度，及时向会员公开年度工作报告、第三方机构出具的报告、会费收支情况以及经执委会研究认为有必要公开的其他信息，及时向社会公开登记事项、章程、组织机构、接受捐赠、信用承诺、政府转移或委托事项、可提供服务事项及运行情况等信息。

本会建立新闻发言人制度，就本组织的重要活动、重大事件或热点问题，通过定期或不定期举行新闻发布会、吹风会、接受采访等形式主动回应社会关切。新闻发布内容应由本会法定代表人或主要负责人审定，确保正确的舆论导向。

第七十一条　本会建立年度报告制度，年度报告内容及时向社会公开，接受公众监督。

第七十二条　本会重点围绕服务内容、服务方式、服务对象和收费标准等建立信用承诺制度，并向社会公开信用承诺内容。

第九章　终止程序及终止后的财产处理

第七十三条　本会终止动议由执委会提出，报会员大会表决通过。

第七十四条　本会终止前，应当依法成立清算组织，清理债权债务，处理善后事宜。清算期间，不开展清算以外的活动。

第七十五条　本会经登记管理机关办理注销登记手续后即为终止。

本会终止后的剩余财产，在党建领导机关和登记管理机关的监督下，按照国家有关规定，用于发展与本会宗旨相关的事业，或者捐赠给宗旨相近的社会组织，用于发展足球事业。

第十章　附　则

第七十六条　本章程规定的数字，“以上”“以下”“提前”包含本数，“超过”“不足”不包含本数。

第七十七条　本章程经 2019 年 8 月 22 日本会第十一届会员大会第一次会议表决通过。

第七十八条　本章程的解释权属于本会的执委会。本章程未尽事宜，由执委会做出决定。

本章程自登记管理机关核准之日起生效。

国家体育总局、教育部
关于加强全国青少年校园足球工作的意见

各省、自治区、直辖市体育局、教育厅（教委），新疆生产建设兵团体育局、教育局：

为进一步贯彻落实《中共中央国务院关于加强青少年体育增强青少年体质的意见》（中发〔2007〕7号）和《国家中长期教育改革和发展规划纲要（2010—2020年）》，切实提高全国青少年校园足球活动（以下简称“校园足球”）的质量和水平，促进青少年学生健康成长，现提出如下意见：

一、高度重视校园足球工作。足球是深受广大青少年喜爱的体育项目，对于青少年健康成长具有独特的综合教育功能。青少年是全民健身的重要群体，青少年足球是足球运动的基础和源泉。广泛开展青少年校园足球活动有利于增强青少年学生体质，提升青少年体育公共服务水平。各地、各部门要高度重视，切实抓紧抓好校园足球活动。

二、加强对校园足球的组织领导。各级体育、教育行政部门和相关机构要通力合作，成立校园足球工作领导小组，下设办公室，负责指导、部署和协调本地校园足球工作。各级体育、教育部门要将开展校园足球活动纳入工作计划，明确工作职责，建立分工合理、运行规范、监督有效的管理体制和运行机制。各定点学校校长是开展校园足球工作的第一责任人，要采取有效措施，确保校园足球活动正常开展。

三、加大校园足球投入力度。要统筹校园足球经费投入，切实保障校园足球经费。各级教育部门要优化支出结构，积极增加校园足球经费并确保定点学校校园足球工作的支出。各级体育部门要从体育彩票公益金中拨出专款用于校园足球工作。加强校园足球经费的管理，确保专款专用。鼓励定点学校依法创建青少年足球俱乐部，引导企事业单位、社会团体和个人通过多种形式捐赠和赞助。

四、加强场地设施建设和利用。各地要在公共体育服务体系的规划建设中优先建设小型多样的足球场地设施并对学校足球场地的建设和开放给予扶持。各级教育、体育部门要拓宽足球场地建设和运行资金的投入渠道，采取有效措施提高各类足球场地设施利用率和开放率。各校园足球布局城市要在推动学校体育设施和器材达到国家标准的工作中优先考虑足球项目。

五、建立健全校园足球评价机制。研究制定全国青少年校园足球工作评估实施办法。根据评估结果对布局城市和定点学校实行动态管理，对校园足球工作中的先进单位和个人进行表彰奖励。

六、加快建立布局合理的全国校园足球组织网络。利用各种资源大力建设国家、省、市（县）三级校园足球活动培训基地及青少年足球训练网点。各级教育部门在体育部门的支持下加快推动各级学生足球协会建设。引导鼓励足球学校、体育运动学校和足球职业俱乐部发挥资源优势，与校园足球定点学校共建足球后备人才培训基地。

七、重点办好一批开展足球项目的体校和足球学校。加强足球专业技术人才和管理人才培养。支持职业学校开展校园足球活动，扶持开展足球项目的中等体育运动学校和足球学校创建“中等职业教育足球特色学校”。

八、加快建立并完善大中小学相互衔接的校园足球四级联赛体系。要把校园足球联赛列入当地的体育竞赛计划，教育、体育部门共同组织实施。体育部门要把校园足球联赛列入授予运动员技术等级的竞赛计划。有条件的布局城市要开展高中和大学足球联赛。鼓励定点学校举办校内班级、年级比赛。鼓励校园足球联赛承办单位、参赛队伍通过多种方式争取社会各界的支持和赞助。

九、推动学校足球教育。各级教育部门要因地制宜，逐步推进拥有足球场地的学校开展足球运动和相关教育活动。定点学校要积极创造条件，开设足球选修课程。鼓励定点学校开发足球校本课程。全校不少于 50% 的学生参与足球活动并掌握相应的足球基本知识和技能。

十、加强学校足球文化建设。要面向全体学生开展形式多样的足球活动，培养学生足球兴趣。定点学校要认真执行学生每周两小时足球活动计划。有计划地组织参加足球夏（冬）令营，举办校园足球文化节、文化周等活动，促进建立足球社团或足球兴趣小组，定期举行学校与家庭、社区的足球交流活动。

十一、广泛整合社会资源。充分发挥共青团、妇联等组织的资源和优势，依托青少年活动中心、少年宫、妇女儿童中心和其他校外教育机构积极开展多种形式的足球活动。有计划地组织足球明星和精英教练走进校园开展足球交流活动。引导、鼓励社会团体和个人为学校足球活动提供志愿服务。

十二、扶持学校女子足球发展。逐步扩大定点学校女足队伍规模，要有计划、有重点地大力培养优秀年轻的女足教练员和裁判员，为参与女子足球运动的青少年提供帮助和服务。

十三、加强校园足球师资队伍建设。各级教育部门加快教师结构调整，制定并落实配齐专职体育教师计划，多渠道配备好足球教师。各校园足球布局城市要根据定点学校足球工作需要，努力建设 1 支专兼结合的教师队伍，争取 3 至 5 年逐步落实每 1 所定点学校中至少有 1 名足球专业教师。建立健全足球教师培养培训体系，创建一批全国青少年校园足球师资培养培训基地。探索制定鼓励退役足球运动员从事校园足球工作的政策措施，抓好体育教师等级教练员培训工作，不断提高足球师资专业水平。

十四、各级教育部门要采取措施鼓励教师参与开展校园足球活动。要保障足球教师在职务评聘、福利待遇、评优表彰等方面与其他学科教师同等待遇。教师组织课外足球活动、课余足球训练、竞赛应当计算工作量。参加校园足球相关培训的教师，经培训考核合格后颁发培训证书，并按相应学时计入教师继续教育学时。

十五、完善校园足球定点学校招生考试政策。完善小学、初中、高中、大学的足球特长生招生政策，制定足球后备人才认定标准及升学管理制度，进一步扩大招收高水平足球运动员的高校数量，畅通足球特长生培养输送渠道，逐步理顺以高等学校为“龙头”的大中小学“一条龙”足球梯队建设和运行机制。允许各定点学校按规定招收足球特长生。

十六、加强校园足球科研工作。建立校园足球科研项目申报制度，注重研究成果的转化和实际应用。编写全国青少年校园足球活动指导手册。体育部门要在选材测试、教学训练、营养指导、训练恢复等方面为定点学校提供技术支持和帮助。

十七、充分利用现代信息技术，建设基于互联网的校园足球便捷服务平台。加快建设完善教育、体育部门信息共享的学生运动员注册系统、信息管理系统，畅通信息报送渠道，全面、准确地掌握本地区校园足球参与人员、训练、竞赛、评估检查等信息，并及时、准确地逐级上报。定期对上述信息进行研究分析，为校园足球工作决策提供服务。

十八、建立完善校园足球活动安全保障体系。各地各有关部门要建立健全政府主导、社会参与的校园足球风险管理机制。形成包括安全教育培训、活动过程管理、保险赔付的校园足球风险管理制度。各地要制定完善青少年校内外足球活动和竞赛的安全管理制度，明确管理责任人，落实安全责任制，建立校园足球活动意外伤害的应急管理机制。加强足球场地、设施的维护管理，及时消除安全隐患。

十九、加强国际交流与合作。坚持“走出去”与“引进来”相结合，扶持更多的定点学校参与国际青少年足球交流活动，学习先进的管理模式和训练方法，选拔品学兼优、有发展潜力的足球苗子到国外接受培训。

二十、营造校园足球开展良好环境。各地各有关部门要采取多种形式，通过多种途径认真宣传开展校园足球活动的重要意义和政策要求，宣传校园足球工作的先进经验和各类优秀校园足球人才的先进事迹，引导广大青少年、各级各类学校和全社会关心支持校园足球，在全社会营造有利于校园足球发展的良好氛围。

国家体育总局　教育部

2013 年 2 月 18 日

第四编

竞赛管理

体育赛事，一般指比较有规模、有级别的正规比赛；而有关竞赛管理的规定在体育赛事中发挥着至关重要的作用。为贯彻党的十九大精神，促进中国足球协会及各级会员协会足球联赛的建立与规范运行，弘扬积极健康的足球文化，扩大足球人口，培养广大足球人群定期参加足球健身的习惯，本编通过国家体育总局及中国足球协会制定的一系列规范性法律文件来介绍了全国综合性和单项体育比赛的管理规定。

本编汇集的规范性法律文件主要有：《体育赛事管理办法》《体育总局关于推进体育赛事审批制度改革的若干意见》《营业性演出管理条例》《中国足球协会职业联赛理事会工作规范》《中国足球协会业余联赛规范管理办法（试行）》《中国足球协会业余联赛评级管理办法（试行）》《中国足球协会 12 岁及以下少年足球赛事组织指导办法》等。这些规范性法律文件有助于充分调动社会多方面的积极性，建立办赛主体多元化的体育赛事体系，发挥体育赛事的积极作用，宣传、推广全民健身，发现和培养高水平竞技人才，繁荣体育竞赛市场，促进体育产业发展。

体育赛事管理办法

第一章 总 则

第一条 为进一步加强和规范全国体育赛事的管理工作，根据《中华人民共和国体育法》制定本办法。

第二条 本办法所称的体育赛事是指已在我国（不包括香港、澳门特别行政区）正式开展的体育运动项目的全国综合性和单项体育比赛。

第三条 在我国举办的国际综合性运动会、国际单项体育赛事的组织管理按照相应国际体育组织的有关规定执行。

第四条 举办体育赛事遵循谁主办谁负责的原则，实行分级分类管理。

国家体育总局（以下简称体育总局）负责对在我国举办的全国性体育赛事的监管。全国单项体育协会（以下简称全国单项协会）负责本项目全国性体育赛事的具体监管。各省（区、市）政府体育主管部门或地方单项体育协会（以下简称地方单项协会）以及全国行业体育协会负责对本地区、本行业的相关体育赛事的具体监管。

第二章 体育赛事分类

第五条 全国性体育赛事：

（一）体育总局主办的全国综合性运动会，包括全国运动会、全国冬季运动会、全国青年运动会；

（二）全国单项协会主办的全国性单项体育赛事，包括但不限于《全国性单项体育协会竞技体育重要赛事名录》（以下简称《赛事名录》）内所列举的竞赛；

（三）全国单项协会主办的涉及国家安全、政治、军事外交等方面的特殊项目赛事：即健身气功和航空项目的全国性和跨省、区、市的体育赛事；

（四）全国性行业体育协会主办的相关体育赛事。

第六条 地方性体育赛事：地方政府体育主管部门或地方单项协会主办的综合性或单项体育赛事。

第七条　我国举办的国际性体育赛事：

（一）A 类赛事：由国际体育组织主办的综合性和单项体育赛事；由体育总局主办或参与主办的重要国际体育赛事；由体育总局相关单位或所属全国单项协会主办的跨省（区、市）的国际体育赛事，以及举办涉及海域、空域及地面敏感区域等特殊领域的国际体育赛事；

（二）B 类赛事：由体育总局相关单位或所属全国单项协会主导，与地方共同主办或交由地方承办的国际体育赛事；

（三）C 类赛事：地方自行举办的国际体育赛事；由地方主导，体育总局相关单位或所属全国单项协会参与主办、协办的国际体育赛事。

第三章　国内体育赛事申办

第八条　申办由体育总局主办的全国运动会、全国冬季运动会和全国青年运动会，由申办地省、自治区、直辖市人民政府按照现行的审批程序执行，报国务院批准举办。

第九条　全国单项协会主办的《赛事名录》内所列举的体育赛事，由主办单位自行确定承办单位和举办地点。

第十条　全国单项协会举办的特殊运动项目体育竞赛按照现行程序办理相关手续。

第十一条　商业性、群众性体育赛事取消审批，合法的法律主体（包括全国单项协会）均可依法组织和举办，自行确定或协商确定举办地点。

第四章　国际体育赛事申办

第十二条　申办 A 类国际体育赛事，需列入体育总局年度外事活动计划，按照现行规定和审批权限报体育总局或国务院审批。

第十三条　申办 B 类国际体育赛事，需列入体育总局外事活动计划，原则上由承办地有外事审批权的地方人民政府或有关部门审批。

第十四条　申办 C 类国际体育赛事，实行报备制，由地方有外事审批权的地方人民政府或有关部门审批。

第五章　体育赛事名称使用

第十五条　体育赛事的名称应当与实际内容一致。

第十六条 全国单项协会主办或作为主办单位之一的体育赛事，其名称可以使用“中国”“全国”“国家”“中华”字样或具有类似含义的词汇。未经相关部门确认，其他体育赛事不得冠以“中国”“全国”“国家”“中华”字样或具有类似含义的词汇。

第十七条 未经相应的国际体育组织确认，体育赛事名称不得冠以“世界”“亚洲”字样或具有类似含义的词汇。

第六章 体育赛事组织工作规范

第十八条 全国综合性运动会竞赛组织工作按照体育总局制定的全国综合性运动会组织管理工作办法和相关规定实施。

第十九条 《赛事名录》内所列举的体育赛事，执行以下规定：

（一）执行本运动项目正式的国际规则和裁判法，以及全国单项协会的竞赛规则和规程，遵循公开、公正、公平的竞赛原则。

（二）执行体育总局和全国单项协会制定的裁判员选派监督管理规定和赛风赛纪的工作要求。

（三）执行体育总局和全国单项协会制定的竞赛经费使用的相关规定。

（四）执行国家的《反兴奋剂条例》，接受和配合国家反兴奋剂机构的检查工作。

（五）接受竞赛承办地人民政府相应主管部门的监管。

第七章 体育赛事赛区工作管理

第二十条 全国综合性运动会赛区组织工作按照体育总局制定的综合性运动会组织管理办法实施。

第二十一条 举办全国单项体育赛事，应当成立体育赛事赛区组织委员会（以下简称赛区组委会）和裁判、技术、仲裁、安全等有关专业机构，负责竞赛的筹备、组织和安全等工作。组委会成员中应当包括但不限于赛区当地政府或体育主管部门的代表。

第二十二条 赛区组委会应按照体育总局和全国单项协会制定的裁判员选派监督管理办法对参与赛事工作的裁判员、辅助人员、赛区工作人员等进行监督管理。

第二十三条 赛区组委会应按照本项目竞赛规则、规程规定提供符合竞赛规则规定的竞赛场地（馆）和竞赛器材，制定赛区参赛指南、技术手册，制作竞赛秩序册、成绩册等。

第二十四条 为确保比赛顺利进行，赛区组委会应制定竞赛组织和安全工作等相关预案，并采取有效措施应对突发事件。

第八章　体育赛事赛区处分

第二十五条　承办《赛事名录》内和全国单项协会主办的其他体育赛事，如发生违规事件，全国单项协会应对赛区做出处分。对违规赛区的处分分为：警告，通报批评，取消申办、承办全国性体育赛事 2~3 年的资格。

第二十六条　发生以下情节，全国单项协会应当对赛区做出警告处分：对未能提供符合竞赛规则规定的场地（馆）、竞赛器材的；赛区组委会和有关专业机构不健全的；赛事组织和安全工作方案不完善的。

第二十七条　发生以下情节，全国单项协会应当对赛区做出通报批评处分：受到警告处分，拒绝整改或未能进行整改的；竞赛组织工作违背公开、公正、公平的竞赛原则，存在虚假比赛和违背体育精神的行为的；发生影响社会和公共安全以及体育赛事安全事件，造成较大社会影响的。

第二十八条　发生以下情节，全国单项协会应当对赛区做出取消申办、承办全国性体育竞赛 2~3 年资格的处分：因赛事组织和安全等工作疏漏，导致赛场比赛秩序严重混乱不能正常进行比赛的；发生危害社会和公共安全以及体育赛事安全事件，造成严重社会影响的。

第二十九条　全国单项协会在其体育赛事的竞赛组织和赛区管理工作中发生以上问题的，体育总局将依照有关规定对其进行处分。

第九章　附　则

第三十条　全国单项协会和全国性行业体育协会可依据有关法律、法规和本办法制定本项目、本行业的体育赛事管理办法，以及商业性、群众性体育赛事监管的实施办法或实施细则。

第三十一条　开展职业联赛的全国单项协会可参照本《办法》自行制定职业联赛的管理办法或实施细则。

第三十二条　地方综合性运动会和单项体育赛事的管理，以及商业性、群众性体育赛事的监管，由各省（区、市）政府体育主管部门或地方单项协会依据地方法律、法规和参照本办法研究确定。

第三十三条　本办法自 2016 年 3 月 1 日起施行。

体育总局关于推进体育赛事审批制度改革的若干意见（节选）

一、总体要求

（一）指导思想

以党中央、国务院深化行政审批制度改革精神为指导，以转变政府职能为核心，正确处理政府与市场的关系，充分认识体育赛事在体育事业中的作用，完善体育赛事管理制度，加强事中事后监管。

（二）基本原则

取消审批，依法管理。除全国综合性运动会和少数特殊项目赛事外，包括商业性和群众性体育赛事在内的全国性体育赛事审批一律取消。完善事中事后监管措施，加强体育赛事服务，切实防范办赛风险。

禁止巧立名目违法违规收费。坚决禁止利用确定赛事承办单位之机收取任何名目的费用，让市场主体依法依规举办赛事，激活体育市场。

创新管理模式。对各类体育赛事统筹考虑、通盘研究，根据赛事规模、组织形式等方面的特点，采取不同的管理模式。编制《全国性单项体育协会竞技体育重要赛事名录》（以下简称《赛事名录》），促进管理规范化。

加强信息公开。主动回应社会关切，及时、准确地公开体育赛事审批制度改革精神及具体措施，《赛事名录》及其调整情况，全国性单项体育协会提供服务及收费情况等，广泛接受社会监督。

（三）主要目标

全面推进体育赛事审批制度改革，打破社会力量组织、承办体育赛事的制度壁垒。规范全国性单项体育协会的服务收费，破除利益固化的藩篱。充分调动社会多方面的积极性，建立办赛主体多元化的体育赛事体系。发挥体育赛事的积极作用，宣传推广全民健身，发现和培养高水平竞技人才，繁荣体育竞赛市场，促进体育产业发展。

二、全国性体育赛事管理

（四）全国综合性运动会。全国运动会、全国冬季运动会、全国青年运动会，以及由中央国家机关有关部门牵头主办的全国综合性运动会，仍然由国务院批准举办，按照现行的审批程序执行。

（五）《赛事名录》内的赛事。《赛事名录》只限于全国性单项体育协会主办的竞技体育重要赛事，主要是以专业运动员为参赛主体的国内最高竞技水平的体育赛事，既不包含商业性和群众性体育赛事，也不是各单项体育协会竞技体育的全部赛事。《赛事名录》内的赛事由全国性单项体育协会主办，一律无需体育总局及其各厅司局、直属单位审批，主办单位可以自主确定或协商确定举办地点，且不得以此为由收取任何费用。

（六）《赛事名录》外的赛事。此类赛事既包括商业性和群众性体育赛事，也包括公益性赛事中的部分赛事。体育总局及其各厅司局、直属单位针对此类赛事的审批，一律取消。合法的法律主体（包括全国性单项体育协会）均可以依法组织和承办此类赛事，主办单位自行确定或协商确定举办地点。对于此类体育赛事，体育总局一如既往地给予支持和鼓励，全国性单项体育协会更多地从技术、规则等方面进行指导和服务。

（七）特殊项目赛事。对于涉及国家安全、政治、军事、外交等方面的特殊体育项目赛事，不论是否列入《赛事名录》，均继续执行国家和有关主管部门的规定，按程序办理相关手续。其中，举办全国性、跨省（区、市）的健身气功活动的审批和举办国际性或全国性航空体育竞赛活动审批，按照《国务院各部门行政审批事项汇总清单》（http：//spgk.scopsr.gov.cn/）明示的《健身气功管理办法》（国家体育总局令第 9 号）和《全国航空体育竞赛活动管理办法》（航管字〔2012〕345 号）办理。

（八）赛事经费。体育总局依据政策和补贴标准，对《赛事名录》内的赛事和《赛事名录》外的部分赛事给予经费补贴，并欢迎和支持地方人民政府给予体育赛事地方财政补贴。各类体育赛事，均可由主办单位和承办单位协商，订立合同，合作进行市场开发，筹措赛事经费。所签上述合同，尤其是赛事主办单位的分成比例、名目等，应公平、公正、合理、合法，维护赛事主办单位和承办单位双方的合法权益。

三、在我国举办的国际体育赛事管理

（九）国际赛事分类管理。按照行政审批制度改革精神，我国外事管理法律、法规、制度以及国际体育组织的管理规定，在华举办的国际体育赛事分三类管理，事先按程序办理手续。A 类国际体育赛事，需列入体育总局年度外事活动计划，按照现行规定和审批权限，报体育总局或报国务院审批；B 类国际体育赛事，需列入体育总局年度外事活动计划，原则上由承办地有外事审批权的地方人民政府或有关部门审批；C 类国际体育赛事，实行报备制，作为地方外事活动由地方有外事审批权的地方人民政府或有关部门审批。

四、相关要求

（十）鼓励社会力量办赛。进一步优化市场环境，完善政策措施，积极引导规范各类体育赛事的市场化运作，支持各类市场主体依法组织、承办体育赛事。

（十一）提供技术指导和服务。全国性单项体育协会应当建立健全赛事指导、服务制度以及收费标准，并向社会公布。组织、承办体育赛事的市场主体可以按照相关制度从全国性单项体育协会获取技术、规则、器材等方面的指导和服务。全国性单项体育协会根据其在体育赛事中提供的服务，依法合规地收取相应费用。但是，全国性单项体育协会不得强制提供服务，不得滥用垄断地位收取高额费用，不得只收费、不服务，不得高收费、少服务，不得利用不公平的合同条款收费，不得提出不合理或不合法的收费名目，不得以市场开发分成或任何借口违法违规地收取费用。

（十二）规范赛事名称。体育赛事的名称必须与实际内容相一致。全国性单项体育协会主办或作为主办单位之一的体育赛事，其名称可以使用“中国”“全国”“国家”“中华”字样或具有类似含义的词汇。未经相关部门确认，其他体育赛事名称不得使用以上字样或具有类似含义的词汇。未经相应的国际体育组织确认，体育赛事名称不得冠以“世界”“亚洲”字样或具有类似含义的词汇。赛事主办单位、承办单位应增强权利保护意识，主动办理商标、专利、著作权等知识产权手续，积极通过合法手段保护赛事名称、赛事品牌，避免同名赛事。

（十三）人事及其他制度。运动员、教练员和相关人员的津贴、奖金、待遇、技术职务等，所依据的赛事不限于《赛事名录》确定的重要赛事，多年来形成的其他机制、事务，均按照现行法律法规、全国性单项体育协会制度和今后的改革措施执行。

（十四）明确责任。体育总局各部门、各运动项目管理中心、各全国性单项体育协会坚决贯彻国务院行政审批制度改革要求，不得对已经取消和下放的审批项目以其他名目搞变相审批，坚决杜绝随意新设、边减边增、明减暗增、明放暗收等现象，严格禁止各厅司局、直属单位针对赛事出具或印发含有同意、支持、批准、许可、授权、备案意义的文件以及其他不符合本意见精神的涉及赛事审批的文件（在华举办的涉外赛事除外）。对违反规定的，将严肃追究相关单位和部门及相关人员责任。

（十五）业务手续。《赛事名录》内外的各项体育赛事，凡需要占用资源（例如，道路、无线电频率等），或使用特殊设备（例如，业余无线电台等），或涉及其他业务手续时，由赛事主办单位、承办单位直接同政府相关主管部门（例如，工商、税务、公安、交通、无线电管理等）联系，依照法律法规办理。举办体育赛事所涉及的法律责任，由赛事主办单位、承办单位依法承担。

（十六）加强宣传。体育总局各部门、各运动项目管理中心、各全国性单项体育协会要加强对体育赛事审批制度改革精神的宣传，通过文件、座谈、网络等多种适当方式向社会广泛宣传，引起社会关注，让体育赛事的组织者、承办者、参与者知晓权利和义务，促进体育赛事依法蓬勃开展。

（十七）完善配套制度。认真落实《体育法》第 31 条的规定“全国单项体育竞赛由该项运动的全国性协会负责管理”。体育总局将按照国务院清理非行政许可审批要求，结合本意见和实际工作情况，加快全国综合性和单项体育赛事管理制度改革，抓紧修改《全国体育竞赛管理办法（试行）》，完善体育赛事审批制度改革配套制度，加强对体育赛事的事中事后监管，督促全国性单项体育协会认真落实《体育法》有关全国单项体育竞赛的规定。在《全国体育竞赛管理办法（试行）》修改完成前，涉及体育赛事审批制度的业务，按照本意见执行。

（十八）地方体育赛事审批制度改革。各地方体育行政部门要按照国务院行政审批制度改革精神要求，根据本意见和当地政府的有关要求，结合各地体育赛事管理实际情况，取消商业性和群众性体育赛事审批，做好地方性体育赛事管理工作。

（十九）重大事项报告。体育总局各部门、各运动项目管理中心和各地方体育行政部门在执行本意见过程中，应及时总结经验，汲取教训，遇有重大事项迅速向体育总局报告。

附件：体育总局关于印发《全国性单项体育协会竞技体育重要赛事名录》的通知（略）

体育总局

2014 年 12 月 24 日

营业性演出管理条例

（2005年7月7日中华人民共和国国务院令第439号公布　根据2008年7月22日《国务院关于修改〈营业性演出管理条例〉的决定》第一次修订　根据2013年7月18日《国务院关于废止和修改部分行政法规的决定》第二次修订　根据2016年2月6日《国务院关于修改部分行政法规的决定》第三次修订）

第一章　总　则

第一条　为了加强对营业性演出的管理，促进文化产业的发展，繁荣社会主义文艺事业，满足人民群众文化生活的需要，促进社会主义精神文明建设，制定本条例。

第二条　本条例所称营业性演出，是指以营利为目的为公众举办的现场文艺表演活动。

第三条　营业性演出必须坚持为人民服务、为社会主义服务的方向，把社会效益放在首位、实现社会效益和经济效益的统一，丰富人民群众的文化生活。

第四条　国家鼓励文艺表演团体、演员创作和演出思想性艺术性统一、体现民族优秀文化传统、受人民群众欢迎的优秀节目，鼓励到农村、工矿企业演出和为少年儿童提供免费或者优惠的演出。

第五条　国务院文化主管部门主管全国营业性演出的监督管理工作。国务院公安部门、工商行政管理部门在各自职责范围内，主管营业性演出的监督管理工作。

县级以上地方人民政府文化主管部门负责本行政区域内营业性演出的监督管理工作。县级以上地方人民政府公安部门、工商行政管理部门在各自职责范围内，负责本行政区域内营业性演出的监督管理工作。

第二章　营业性演出经营主体的设立

第六条　文艺表演团体申请从事营业性演出活动，应当有与其业务相适应的专职演员和器材设备，并向县级人民政府文化主管部门提出申请；演出经纪机构申请从事营业性演出经营活动，应当有3名以上专职演出经纪人员和与其业务相适应的资金，并向省、自治区、直辖市人民政府文化主管部门提出申请。文化主管部门应当自受理申请之日起20日内作出决定。批准的，颁发营业性演出许可证；不批准的，应当书面通知申请人并说明理由。

第七条　设立演出场所经营单位，应当依法到工商行政管理部门办理注册登记，领取营业执照，并依照有关消防、卫生管理等法律、行政法规的规定办理审批手续。

演出场所经营单位应当自领取营业执照之日起20日内向所在地县级人民政府文化主管部门备案。

第八条　文艺表演团体变更名称、住所、法定代表人或者主要负责人、营业性演出经营项目，应当向原发证机关申请换发营业性演出许可证，并依法到工商行政管理部门办理变更登记。

演出场所经营单位变更名称、住所、法定代表人或者主要负责人，应当依法到工商行政管理部门办理变更登记，并向原备案机关重新备案。

第九条　以从事营业性演出为职业的个体演员（以下简称个体演员）和以从事营业性演出的居间、代理活动为职业的个体演出经纪人（以下简称个体演出经纪人），应当依法到工商行政管理部门办理注册登记，领取营业执照。

个体演员、个体演出经纪人应当自领取营业执照之日起20日内向所在地县级人民政府文化主管部门备案。

第十条　外国投资者可以与中国投资者依法设立中外合资经营、中外合作经营的演出经纪机构、演出场所经营单位；不得设立中外合资经营、中外合作经营、外资经营的文艺表演团体，不得设立外资经营的演出经纪机构、演出场所经营单位。

设立中外合资经营的演出经纪机构、演出场所经营单位，中国合营者的投资比例应当不低于51%；设立中外合作经营的演出经纪机构、演出场所经营单位，中国合作者应当拥有经营主导权。

设立中外合资经营、中外合作经营的演出经纪机构、演出场所经营单位，应当依照有关外商投资的法律、法规的规定办理审批手续。

中外合资经营、中外合作经营的演出经纪机构申请从事营业性演出经营活动，中外合资经营、中外合作经营的演出场所经营单位申请从事演出场所经营活动，应当通过省、自治区、直辖市人民政府文化主管部门向国务院文化主管部门提出申请；省、自治区、直辖市人民政府文化主管部门应当自收到申请之日起20日内出具审查意见报国务院文化主管部门审批。国务院文化主管部门应当自收到省、自治区、直辖市人民政府文化主管部门的审查意见之日起20日内作出决定。批准的，颁发营业性演出许可证；不批准的，应当书面通知申请人并说明理由。

第十一条　香港特别行政区、澳门特别行政区的投资者可以在内地投资设立合资、合作、独资经营的演出经纪机构、演出场所经营单位；香港特别行政区、澳门特别行政区的演出经纪机构可以在内地设立分支机构。

台湾地区的投资者可以在内地投资设立合资、合作经营的演出经纪机构、演出场所经营单位，但内地合营者的投资比例应当不低于51%，内地合作者应当拥有经营主导权；不得设立合资、合作、独资经营的文艺表演团体和独资经营的演出经纪机构、演出场所经营单位。

依照本条规定设立的演出经纪机构申请从事营业性演出经营活动，依照本条规定设立的演出场所经营单位申请从事演出场所经营活动，应当向省、自治区、直辖市人民政府文化主管部门提出申请。省、自治区、直辖市人民政府文化主管部门应当自收到申请之日起20日内作出决定。批准的，颁发营业性演出许可证；不批准的，应当书面通知申请人并说明理由。

依照本条规定设立演出经纪机构、演出场所经营单位的，还应当遵守我国其他法律、法规的规定。

第三章　营业性演出规范

第十二条　文艺表演团体、个体演员可以自行举办营业性演出，也可以参加营业性组台演出。

营业性组台演出应当由演出经纪机构举办；但是，演出场所经营单位可以在本单位经营的场所内举办营业性组台演出。

演出经纪机构可以从事营业性演出的居间、代理、行纪活动；个体演出经纪人只能从事营业性演出的居间、代理活动。

第十三条　举办营业性演出，应当向演出所在地县级人民政府文化主管部门提出申请。县级人民政府文化主管部门应当自受理申请之日起3日内作出决定。对符合本条例第二十五条规定的，发给批准文件；对不符合本条例第二十五条规定的，不予批准，书面通知申请人并说明理由。

第十四条　除演出经纪机构外，其他任何单位或者个人不得举办外国的或者香港特别行政区、澳门特别行政区、台湾地区的文艺表演团体、个人参加的营业性演出。但是，文艺表演团体自行举办营业性演出，可以邀请外国的或者香港特别行政区、澳门特别行政区、台湾地区的文艺表演团体、个人参加。

举办外国的或者香港特别行政区、澳门特别行政区、台湾地区的文艺表演团体、个人参加的营业性演出，应当符合下列条件：

（一）有与其举办的营业性演出相适应的资金；

（二）有2年以上举办营业性演出的经历；

（三）举办营业性演出前 2 年内无违反本条例规定的记录。

第十五条 举办外国的文艺表演团体、个人参加的营业性演出，演出举办单位应当向演出所在地省、自治区、直辖市人民政府文化主管部门提出申请。

举办香港特别行政区、澳门特别行政区的文艺表演团体、个人参加的营业性演出，演出举办单位应当向演出所在地省、自治区、直辖市人民政府文化主管部门提出申请；举办台湾地区的文艺表演团体、个人参加的营业性演出，演出举办单位应当向国务院文化主管部门会同国务院有关部门规定的审批机关提出申请。

国务院文化主管部门或者省、自治区、直辖市人民政府文化主管部门应当自受理申请之日起 20 日内作出决定。对符合本条例第二十五条规定的，发给批准文件；对不符合本条例第二十五条规定的，不予批准，书面通知申请人并说明理由。

第十六条 申请举办营业性演出，提交的申请材料应当包括下列内容：

（一）演出名称、演出举办单位和参加演出的文艺表演团体、演员；

（二）演出时间、地点、场次；

（三）节目及其视听资料。

申请举办营业性组台演出，还应当提交文艺表演团体、演员同意参加演出的书面函件。

营业性演出需要变更申请材料所列事项的，应当分别依照本条例第十三条、第十五条规定重新报批。

第十七条 演出场所经营单位提供演出场地，应当核验演出举办单位取得的批准文件；不得为未经批准的营业性演出提供演出场地。

第十八条 演出场所经营单位应当确保演出场所的建筑、设施符合国家安全标准和消防安全规范，定期检查消防安全设施状况，并及时维护、更新。

演出场所经营单位应当制定安全保卫工作方案和灭火、应急疏散预案。

演出举办单位在演出场所进行营业性演出，应当核验演出场所经营单位的消防安全设施检查记录、安全保卫工作方案和灭火、应急疏散预案，并与演出场所经营单位就演出活动中突发安全事件的防范、处理等事项签订安全责任协议。

第十九条 在公共场所举办营业性演出，演出举办单位应当依照有关安全、消防的法律、行政法规和国家有关规定办理审批手续，并制定安全保卫工作方案和灭火、应急疏散预案。演出场所应当配备应急广播、照明设施，在安全出入口设置明显标识，保证安全出入口畅通；需要临时搭建舞台、看台的，演出举办单位应当按照国家有关安全标准搭建舞台、看台，确保安全。

第二十条 审批临时搭建舞台、看台的营业性演出时，文化主管部门应当核验演出举办单位的下列文件：

（一）依法验收后取得的演出场所合格证明；

（二）安全保卫工作方案和灭火、应急疏散预案；

（三）依法取得的安全、消防批准文件。

第二十一条 演出场所容纳的观众数量应当报公安部门核准；观众区域与缓冲区域应当由公安部门划定，缓冲区域应当有明显标识。

演出举办单位应当按照公安部门核准的观众数量、划定的观众区域印制和出售门票。

验票时，发现进入演出场所的观众达到核准数量仍有观众等待入场的，应当立即终止验票并同时向演出所在地县级人民政府公安部门报告；发现观众持有观众区域以外的门票或者假票的，应当拒绝其入场并同时向演出所在地县级人民政府公安部门报告。

第二十二条 任何人不得携带传染病病原体和爆炸性、易燃性、放射性、腐蚀性等危险物质或者非法携带枪支、弹药、管制器具进入营业性演出现场。

演出场所经营单位应当根据公安部门的要求，配备安全检查设施，并对进入营业性演出现场的观众进行必要的安全检查；观众不接受安全检查或者有前款禁止行为的，演出场所经营单位有权拒绝其进入。

第二十三条 演出举办单位应当组织人员落实营业性演出时的安全、消防措施，维护营业性演出现场秩序。

演出举办单位和演出场所经营单位发现营业性演出现场秩序混乱，应当立即采取措施并同时向演出所在地县级人民政府公安部门报告。

第二十四条 演出举办单位不得以政府或者政府部门的名义举办营业性演出。

营业性演出不得冠以“中国”“中华”“全国”“国际”等字样。

营业性演出广告内容必须真实、合法，不得误导、欺骗公众。

第二十五条 营业性演出不得有下列情形：

（一）反对宪法确定的基本原则的；

（二）危害国家统一、主权和领土完整，危害国家安全，或者损害国家荣誉和利益的；

（三）煽动民族仇恨、民族歧视，侵害民族风俗习惯，伤害民族感情，破坏民族团结，违反宗教政策的；

（四）扰乱社会秩序，破坏社会稳定的；

（五）危害社会公德或者民族优秀文化传统的；

（六）宣扬淫秽、色情、邪教、迷信或者渲染暴力的；

（七）侮辱或者诽谤他人，侵害他人合法权益的；

（八）表演方式恐怖、残忍，摧残演员身心健康的；

（九）利用人体缺陷或者以展示人体变异等方式招徕观众的；

（十）法律、行政法规禁止的其他情形。

第二十六条　演出场所经营单位、演出举办单位发现营业性演出有本条例第二十五条禁止情形的，应当立即采取措施予以制止并同时向演出所在地县级人民政府文化主管部门、公安部门报告。

第二十七条　参加营业性演出的文艺表演团体、主要演员或者主要节目内容等发生变更的，演出举办单位应当及时告知观众并说明理由。观众有权退票。

演出过程中，除因不可抗力不能演出的外，演出举办单位不得中止或者停止演出，演员不得退出演出。

第二十八条　演员不得以假唱欺骗观众，演出举办单位不得组织演员假唱。任何单位或者个人不得为假唱提供条件。

演出举办单位应当派专人对演出进行监督，防止假唱行为的发生。

第二十九条　营业性演出经营主体应当对其营业性演出的经营收入依法纳税。

演出举办单位在支付演员、职员的演出报酬时应当依法履行税款代扣代缴义务。

第三十条　募捐义演的演出收入，除必要的成本开支外，必须全部交付受捐单位；演出举办单位、参加演出的文艺表演团体和演员、职员，不得获取经济利益。

第三十一条　任何单位或者个人不得伪造、变造、出租、出借或者买卖营业性演出许可证、批准文件或者营业执照，不得伪造、变造营业性演出门票或者倒卖伪造、变造的营业性演出门票。

第四章　监督管理

第三十二条　除文化主管部门依照国家有关规定对体现民族特色和国家水准的演出给予补助外，各级人民政府和政府部门不得资助、赞助或者变相资助、赞助营业性演出，不得用公款购买营业性演出门票用于个人消费。

第三十三条　文化主管部门应当加强对营业性演出的监督管理。

演出所在地县级人民政府文化主管部门对外国的或者香港特别行政区、澳门特别行政区、台湾地区的文艺表演团体、个人参加的营业性演出和临时搭建舞台、看台的营业性演出，应当进行实地检查；对其他营业性演出，应当进行实地抽样检查。

第三十四条　县级以上地方人民政府文化主管部门应当充分发挥文化执法机构的作用，并可以聘请社会义务监督员对营业性演出进行监督。

任何单位或者个人可以采取电话、手机短信等方式举报违反本条例规定的行为。县级以上地方人民政府文化主管部门应当向社会公布举报电话，并保证随时有人接听。

县级以上地方人民政府文化主管部门接到社会义务监督员的报告或者公众的举报，应当作出记录，立即赶赴现场进行调查、处理，并自处理完毕之日起 7 日内公布结果。

县级以上地方人民政府文化主管部门对作出突出贡献的社会义务监督员应当给予表彰；公众举报经调查核实的，应当对举报人给予奖励。

第三十五条 文化主管部门应当建立营业性演出经营主体的经营活动信用监管制度，建立健全信用约束机制，并及时公布行政处罚信息。

第三十六条 公安部门对其依照有关法律、行政法规和国家有关规定批准的营业性演出，应当在演出举办前对营业性演出现场的安全状况进行实地检查；发现安全隐患的，在消除安全隐患后方可允许进行营业性演出。

公安部门可以对进入营业性演出现场的观众进行必要的安全检查；发现观众有本条例第二十二条第一款禁止行为的，在消除安全隐患后方可允许其进入。

公安部门可以组织警力协助演出举办单位维持营业性演出现场秩序。

第三十七条 公安部门接到观众达到核准数量仍有观众等待入场或者演出秩序混乱的报告后，应当立即组织采取措施消除安全隐患。

第三十八条 承担现场管理检查任务的公安部门和文化主管部门的工作人员进入营业性演出现场，应当出示值勤证件。

第三十九条 文化主管部门依法对营业性演出进行监督检查时，应当将监督检查的情况和处理结果予以记录，由监督检查人员签字后归档。公众有权查阅监督检查记录。

第四十条 文化主管部门、公安部门和其他有关部门及其工作人员不得向演出举办单位、演出场所经营单位索取演出门票。

第四十一条 国务院文化主管部门和省、自治区、直辖市人民政府文化主管部门，对在农村、工矿企业进行演出以及为少年儿童提供免费或者优惠演出表现突出的文艺表演团体、演员，应当给予表彰，并采取多种形式予以宣传。

国务院文化主管部门对适合在农村、工矿企业演出的节目，可以在依法取得著作权人许可后，提供给文艺表演团体、演员在农村、工矿企业演出时使用。

文化主管部门实施文艺评奖，应当适当考虑参评对象在农村、工矿企业的演出场次。

县级以上地方人民政府应当对在农村、工矿企业演出的文艺表演团体、演员给予支持。

第四十二条 演出行业协会应当依照章程的规定，制定行业自律规范，指导、监督会员的经营活动，促进公平竞争。

第五章　法律责任

第四十三条　有下列行为之一的，由县级人民政府文化主管部门予以取缔，没收演出器材和违法所得，并处违法所得8倍以上10倍以下的罚款；没有违法所得或者违法所得不足1万元的，并处5万元以上10万元以下的罚款；构成犯罪的，依法追究刑事责任：

（一）违反本条例第六条、第十条、第十一条规定，擅自从事营业性演出经营活动的；

（二）违反本条例第十二条、第十四条规定，超范围从事营业性演出经营活动的；

（三）违反本条例第八条第一款规定，变更营业性演出经营项目未向原发证机关申请换发营业性演出许可证的。

违反本条例第七条、第九条规定，擅自设立演出场所经营单位或者擅自从事营业性演出经营活动的，由工商行政管理部门依法予以取缔、处罚；构成犯罪的，依法追究刑事责任。

第四十四条　违反本条例第十三条、第十五条规定，未经批准举办营业性演出的，由县级人民政府文化主管部门责令停止演出，没收违法所得，并处违法所得8倍以上10倍以下的罚款；没有违法所得或者违法所得不足1万元的，并处5万元以上10万元以下的罚款；情节严重的，由原发证机关吊销营业性演出许可证。

违反本条例第十六条第三款规定，变更演出举办单位、参加演出的文艺表演团体、演员或者节目未重新报批的，依照前款规定处罚；变更演出的名称、时间、地点、场次未重新报批的，由县级人民政府文化主管部门责令改正，给予警告，可以并处3万元以下的罚款。

演出场所经营单位为未经批准的营业性演出提供场地的，由县级人民政府文化主管部门责令改正，没收违法所得，并处违法所得3倍以上5倍以下的罚款；没有违法所得或者违法所得不足1万元的，并处3万元以上5万元以下的罚款。

第四十五条　违反本条例第三十一条规定，伪造、变造、出租、出借、买卖营业性演出许可证、批准文件，或者以非法手段取得营业性演出许可证、批准文件的，由县级人民政府文化主管部门没收违法所得，并处违法所得8倍以上10倍以下的罚款；没有违法所得或者违法所得不足1万元的，并处5万元以上10万元以下的罚款；对原取得的营业性演出许可证、批准文件，予以吊销、撤销；构成犯罪的，依法追究刑事责任。

第四十六条　营业性演出有本条例第二十五条禁止情形的，由县级人民政府文化主管部门责令停止演出，没收违法所得，并处违法所得8倍以上10倍以下的罚款；没有违法所得或者违法所得不足1万元的，并处5万元以上10万元以下的罚款；情节严重的，由原发证机关吊销营业性演出许可证；违反治安管理规定的，由公安部门依法予以处罚；构成犯罪的，依法追究刑事责任。

演出场所经营单位、演出举办单位发现营业性演出有本条例第二十五条禁止情形未采取措施予以制止的，由县级人民政府文化主管部门、公安部门依据法定职权给予警告，并处5

万元以上 10 万元以下的罚款；未依照本条例第二十六条规定报告的，由县级人民政府文化主管部门、公安部门依据法定职权给予警告，并处 5000 元以上 1 万元以下的罚款。

第四十七条 有下列行为之一的，对演出举办单位、文艺表演团体、演员，由国务院文化主管部门或者省、自治区、直辖市人民政府文化主管部门向社会公布；演出举办单位、文艺表演团体在 2 年内再次被公布的，由原发证机关吊销营业性演出许可证；个体演员在 2 年内再次被公布的，由工商行政管理部门吊销营业执照：

（一）非因不可抗力中止、停止或者退出演出的；

（二）文艺表演团体、主要演员或者主要节目内容等发生变更未及时告知观众的；

（三）以假唱欺骗观众的；

（四）为演员假唱提供条件的。

有前款第（一）项、第（二）项和第（三）项所列行为之一的，观众有权在退场后依照有关消费者权益保护的法律规定要求演出举办单位赔偿损失；演出举办单位可以依法向负有责任的文艺表演团体、演员追偿。

有本条第一款第（一）项、第（二）项和第（三）项所列行为之一的，由县级人民政府文化主管部门处 5 万元以上 10 万元以下的罚款；有本条第一款第（四）项所列行为的，由县级人民政府文化主管部门处 5000 元以上 1 万元以下的罚款。

第四十八条 以政府或者政府部门的名义举办营业性演出，或者营业性演出冠以“中国”“中华”“全国”“国际”等字样的，由县级人民政府文化主管部门责令改正，没收违法所得，并处违法所得 3 倍以上 5 倍以下的罚款；没有违法所得或者违法所得不足 1 万元的，并处 3 万元以上 5 万元以下的罚款；拒不改正或者造成严重后果的，由原发证机关吊销营业性演出许可证。

营业性演出广告的内容误导、欺骗公众或者含有其他违法内容的，由工商行政管理部门责令停止发布，并依法予以处罚。

第四十九条 演出举办单位或者其法定代表人、主要负责人及其他直接责任人员在募捐义演中获取经济利益的，由县级以上人民政府文化主管部门依据各自职权责令其退回并交付受捐单位；构成犯罪的，依法追究刑事责任；尚不构成犯罪的，由县级以上人民政府文化主管部门依据各自职权处违法所得 3 倍以上 5 倍以下的罚款，并由国务院文化主管部门或者省、自治区、直辖市人民政府文化主管部门向社会公布违法行为人的名称或者姓名，直至由原发证机关吊销演出举办单位的营业性演出许可证。

文艺表演团体或者演员、职员在募捐义演中获取经济利益的，由县级以上人民政府文化主管部门依据各自职权责令其退回并交付受捐单位。

第五十条 违反本条例第八条第一款规定，变更名称、住所、法定代表人或者主要负责人未向原发证机关申请换发营业性演出许可证的，由县级人民政府文化主管部门责令改正，给予警告，并处 1 万元以上 3 万元以下的罚款。

违反本条例第七条第二款、第八条第二款、第九条第二款规定，未办理备案手续的，由县级人民政府文化主管部门责令改正，给予警告，并处 5000 元以上 1 万元以下的罚款。

第五十一条 有下列行为之一的，由公安部门或者公安消防机构依据法定职权依法予以处罚；构成犯罪的，依法追究刑事责任：

（一）违反本条例安全、消防管理规定的；

（二）伪造、变造营业性演出门票或者倒卖伪造、变造的营业性演出门票的。

演出举办单位印制、出售超过核准观众数量的或者观众区域以外的营业性演出门票的，由县级以上人民政府公安部门依据各自职权责令改正，没收违法所得，并处违法所得 3 倍以上 5 倍以下的罚款；没有违法所得或者违法所得不足 1 万元的，并处 3 万元以上 5 万元以下的罚款；造成严重后果的，由原发证机关吊销营业性演出许可证；构成犯罪的，依法追究刑事责任。

第五十二条 演出场所经营单位、个体演出经纪人、个体演员违反本条例规定，情节严重的，由县级以上人民政府文化主管部门依据各自职权责令其停止营业性演出经营活动，并通知工商行政管理部门，由工商行政管理部门依法吊销营业执照。其中，演出场所经营单位有其他经营业务的，由工商行政管理部门责令其办理变更登记，逾期不办理的，吊销营业执照。

第五十三条 因违反本条例规定被文化主管部门吊销营业性演出许可证，或者被工商行政管理部门吊销营业执照或者责令变更登记的，自受到行政处罚之日起，当事人为单位的，其法定代表人、主要负责人 5 年内不得担任文艺表演团体、演出经纪机构或者演出场所经营单位的法定代表人、主要负责人；当事人为个人的，个体演员 1 年内不得从事营业性演出，个体演出经纪人 5 年内不得从事营业性演出的居间、代理活动。

因营业性演出有本条例第二十五条禁止情形被文化主管部门吊销营业性演出许可证，或者被工商行政管理部门吊销营业执照或者责令变更登记的，不得再次从事营业性演出或者营业性演出的居间、代理、行纪活动。

因违反本条例规定 2 年内 2 次受到行政处罚又有应受本条例处罚的违法行为的，应当从重处罚。

第五十四条 各级人民政府或者政府部门非法资助、赞助，或者非法变相资助、赞助营业性演出，或者用公款购买营业性演出门票用于个人消费的，依照有关财政违法行为处罚处分的行政法规的规定责令改正。对单位给予警告或者通报批评。对直接负责的主管人员和其他直接责任人员给予记大过处分；情节较重的，给予降级或者撤职处分；情节严重的，给予开除处分。

第五十五条 文化主管部门、公安部门、工商行政管理部门的工作人员滥用职权、玩忽职守、徇私舞弊或者未依照本条例规定履行职责的，依法给予行政处分；构成犯罪的，依法追究刑事责任。

第六章 附 则

第五十六条 民间游散艺人的营业性演出，省、自治区、直辖市人民政府可以参照本条例的规定制定具体管理办法。

第五十七条 本条例自 2005 年 9 月 1 日起施行。1997 年 8 月 11 日国务院发布的《营业性演出管理条例》同时废止。

中国足球协会职业联赛理事会工作规范

第一章 总 则

第一条 中国足球协会（以下简称中国足协）依据《中华人民共和国体育法》《国际足球联合会章程》《中国足球协会章程》的有关规定。依照宏观管理、管办分离的原则，设立中国足球协会职业联赛理事会（以下简称理事会）。

第二条 中国足球协会职业联赛包括中国足球协会超级联赛和中国足球协会甲级联赛。

中国足球协会超级联赛的中文简称为：中超联赛（以下使用简称）。英文全称为：CHINA FOOTBALL ASSOCIATION SUPER LEAGUE，英文简称为：CSL。

中国足球协会甲级联赛的中文简称为：中甲联赛（以下使用简称）。英文全称为CHINALEAGUE，英文简称CL。

第三条 理事会是中国足协特设的专项委员会之一，在中国足协的领导和授权下管理职业联赛。理事会地址在北京市崇文区夕照寺街东玖大厦A座。

第四条 为规范理事会的组织和工作，依据《中国足球协会章程》的有关规定，制定本工作规范。

第五条 中国足协对理事会的管理包括：

（一）确定理事会的下列事项：

1. 中超、中甲联赛的名称、参赛队数、升降级制度；

2. 理事会的组织形式、联赛商务资源的开发与经营制度。

（二）审核批准下列事项：

1. 理事会工作规范；

2. 职业俱乐部准入、审查和退出制度；

3. 中超、中甲联赛规程、竞赛日程；

4. 中超、中甲联赛资源管理运作方案；

5. 中超、中甲联赛会标、会旗、会歌、吉祥物等；

6. 中超、中甲联赛发展规划。

（三）推荐一名中国足协副主席担任理事会主席。

（四）提名执行局局长人选。

（五）参赛俱乐部保证支持各级国家足球队和参加中国足协主办的比赛。

第六条 中国足协授权理事会负责下列事务：

（一）中超、中甲联赛各项事务。

（二）中超、中甲俱乐部参赛准入条件及资格审核。

（三）统筹职业联赛资源。

第七条 理事会的宗旨：

（一）遵守国家法律、法规及各项政策，遵守《中国足协章程》及相关规定。

（二）在中国足协授权范围内，以共同协商、民主决策的方式，管理中超、中甲联赛及相关事务。

（三）学习借鉴国际足球发展的成功经验，结合我国的实际，与时俱进，开拓创新，规范和发展理事会、中超联赛、中甲联赛、中超（中甲）俱乐部、联赛市场、联赛文化、规章制度建设，提高我国足球竞技水平，创建亚洲乃至世界一流的职业足球联赛。

（四）融于民众、融于社会、融于国民经济的发展，不断满足人民群众对足球运动日益增长的物质和文化需要。

（五）加强与各国家或地区的职业足球联赛组织和职业足球俱乐部的交流与合作，融入国际足球大家庭，为我国、亚洲和世界足球运动发展做出应有的贡献。

第二章 理事会成员

第八条 参加中超、中甲联赛的俱乐部及受理这些俱乐部进行注册管理的中国足协会员协会为理事会成员单位。

（一）以俱乐部身份加入理事会的成员单位，简称“俱乐部成员”。

（二）以中国足协会员协会身份加入理事会的成员，简称“协会成员”。

第九条 加入理事会的条件和程序：

（一）条件：

1. 俱乐部成员入会条件：

（1）俱乐部在中国足协及其会员协会注册；

（2）俱乐部符合《中国足球协会职业联赛俱乐部准入条件和审查办法》；

（3）俱乐部球队的成绩符合参加中超、中甲联赛资格。

2. 协会成员入会条件：

（1）属中国足协会员协会（在中国足协注册的省、市、自治区、足球重点城市或地区、行业的足球协会）；

（2）该中国足协会员协会有参加中超、中甲联赛的俱乐部注册。

（二）程序：

1. 俱乐部成员程序：

（1）俱乐部向理事会书面提出入会申请；

（2）理事会依照入会条件，对俱乐部进行检查评定；

（3）经理事会审核并报中国足协批准；

（4）依照规定的日期，在中国足协会员协会注册后，到理事会和中国足协相关部门办理注册手续，缴纳会费，成为本理事会成员。

2. 协会成员程序：

符合第二章第九条条件的中国足协会员协会，自然成为本理事会成员。

第十条　会员的年度审核、注册：

（一）俱乐部成员在每年注册前，按照《中国足协职业联赛俱乐部准入条件和审查办法》接受理事会及中国足协年度审核。

（二）审核合格的俱乐部在规定时间内向理事会和中国足协相关部门进行年度注册，交纳会费。

（三）俱乐部成员审核、注册的具体办法依据中国足协相关规定执行。

（四）协会成员在中国足协进行年度审核和注册。

第十一条　俱乐部成员因进行产权转让或资产重组等，转化为新的俱乐部时，其成员资格在下列情况下，可以继承或不可以继承：

（一）俱乐部成员产权转让或重组符合理事会的相关规定，经专门小组审核并报理事会会议或执委会批准后，新的俱乐部可以继承成员资格。

（二）成员产权转让或重组不符合理事会的相关规定，未经专门小组审核并报理事会会议或执委会批准，新的俱乐部不能继承成员资格。

（三）新的俱乐部可以继承成员资格时，相应的协会成员保留成员资格；新的俱乐部不能继承成员资格时，相应的协会成员自然失去成员资格。

俱乐部产权转让或重组依据中国足协相关规定执行。

第十二条　成员享有下列权利：

（一）俱乐部成员及协会成员单位，均可选派一名代表作为理事会委员，参加理事会会议。

（二）俱乐部成员参加中超、中甲联赛，中国足协会员协会负责赛区工作。

（三）俱乐部成员、协会成员均可按照规定的比例获得中超、中甲联赛收入的分配。

（四）参加理事会组织的其他比赛和活动。

（五）本工作规范规定的其他权利。

第十三条 成员承担下列义务：

（一）承认并遵守中国足协章程和本工作规范。

（二）遵守并执行理事会决议、执委会决议及各项规章制度和有关规定。

（三）积极参加理事会组织的各项比赛和活动，包括指定活动和公益性活动。

（四）自觉维护理事会、中超、中甲联赛声誉，不得通过各种方式、途径对外发布有负面影响的言论及批评中国足协、理事会、执委会及成员。

（五）俱乐部成员单位支持各级国家足球队参加国际比赛和集训，参加中国足协主办的比赛。

（六）本工作规范规定的其他义务。

第十四条 会员出现下列情况之一，经理事会执委会批准，将受到警告处分：

（一）成员违背本工作规范及其他有关规定，对中超联赛、中甲联赛、理事会、中国足协造成损害。

（二）俱乐部成员不符合《中国足协职业联赛俱乐部准入条件和审查办法》或财务制度的相关要求，或财务状况出现严重亏损。

（三）协会成员在俱乐部注册管理、赛区管理中出现严重失误。

（四）其他被认为应予处罚的行为。

第十五条 成员出现下列情况之一，经理事会会议通过并报中国足协主席会议批准后，将受到取消理事会成员资格的处分：

（一）成员严重违反本工作规范及其他有关规定，对中超联赛、中甲联赛、理事会、中国足协造成严重损害。

（二）俱乐部成员严重不符合《中国足球协会职业联赛俱乐部准入条件和审查办法》或财务制度的要求。

（三）俱乐部成员产权转让或重组时，不符合相关规定。

（四）其他被认为应予处罚的严重违规、违纪、违法行为。

第十六条 成员出现下列情况之一，自然失去成员资格：

（一）俱乐部解体或破产。

（二）自愿退会。

（三）球队降级到乙级联赛。

（四）被取消注册资格。

（五）在协会成员负责注册管理的俱乐部出现上述情况。

第十七条　受到处分的成员可以并只能向中国足协仲裁委员会提出申诉。中国足协仲裁委员会做出的裁决为最终裁决。在申诉期间，暂不执行对成员的处分。

第十八条　无论何种原因，凡自动退会或被取消资格的成员业已缴纳的会费、提供的赞助、捐助的物品，理事会不再退还。

理事会保留追诉因成员自动退会或被取消资格而给联赛造成损失的权利。

第三章　理事会职责及管理

第一节　理事会

第十九条　理事会由中国足协选派的委员（以下简称中国足协委员）、俱乐部成员选派的委员（以下简称俱乐部委员）、协会成员选派的委员（以下简称协会委员）、特邀专家委员（以下简称专家委员）组成。其中：

中国足协委员 3 名，由中国足协副主席及相关人员担任。

俱乐部委员由参加中超、中甲联赛的职业俱乐部构成，每俱乐部选派一名委员，该委员由俱乐部董事长、总经理或由董事会授权的其他人员担任。

会员协会委员由参加中超、中甲联赛的地方会员协会组成，同一协会成员注册多家中超、中甲俱乐部时，只能选派一名委员。该委员由会员协会秘书长或负责人担任。

专家委员四名，聘请法律、经济、媒体、社会领域的专家担任。

全体委员名单应予以公布。

第二十条　理事会会议是理事会的最高权力机构。

理事会会议行使下列职责：

（一）审议批准理事会工作规范。

（二）选举职业联赛执委会委员。

（三）审议批准理事会工作报告。

（四）审议批准理事会预算和决算报告。

（五）审议批准职业联赛组织管理办法、中超、中甲联赛规程。

（六）审议批准中超、中甲资源商务运作方案。

（七）审议批准理事会及中超、中甲联赛的其他重要议案。

（八）审议批准接受新成员或取消成员资格的议案。

（九）审议批准解散理事会的议案。

（十）本理事会工作规范赋予的其他职责。

第二十一条 理事会会议每年举行一次，时间在上一赛季结束之后和下一赛季开始之前。必要时，可由执委会提议召开临时理事会会议或专题工作会议。五名或五名以上委员联名向执委会提议，经执委会同意，可以召开临时理事会会议或专题工作会议。理事会会议、临时理事会会议由理事会主席主持。

第二十二条 召开理事会会议应提前十五天，将会议日期、地点、议题等书面通知所有委员，并提前十天将列入议程审议的议案送达所有委员。召开临时理事会会议应提前七天（特殊情况可为三天），书面通知所有成员。

第二十三条 理事会会议的议案由执委会提出。五名或五名以上委员可以联名提出议案，但必须在会议召开日期的十五天前提交给执行局局长，由执行局局长呈交执委会。委员联名提交的议案是否列入会议工程进行审议，由执委会确定。

临时理事会会议不受理既定内容外的其他议案。

第二十四条 在理事会会议和临时理事会会议表决时，每名委员拥有一票表决权。

第二十五条 出席理事会会议的委员达到委员总数的三分之二时，可以举行会议并进行表决。委员因故不能出席时，可书面委托其他人员代表，该书面委托经理事会主席签字认可后，代表人可以出席会议并参加表决。

如出席理事会会议的委员未达到委员总数的三分之二时，应在十四天内再次召开会议，并提前七天，将会议日期、地点、议题等书面通知所有委员。出席该次会议的委员无论是否达到委员总数的三分之二，均可举行会议并进行表决。

第二十六条 表决的方式为举手表决和投票表决两种，表决方式的选择由执委会确定。

第二十七条 批准解散本理事会的决议案、批准取消成员资格的决议案，须经出席会议的委员（包括经认可的受委托代表）全体表决通过。

批准理事会工作规范、理事会工作报告、理事会预决算报告、选举执委会委员，批准其他事项或通过其他决议，须经出席会议的委员（包括经认可的受委托代表）三分之二以上表决通过。

第二十八条 决议通过后，在决议文件上载明通过的时间、地点、参加会议的委员数、通过的票数，并由参加会议的所有委员（包括经认可的受委托代表）签名。

第二十九条 修改本工作规范的决议、接纳或取消成员资格的决议、解散本理事会的决议，在理事会会议通过后，报经中国足协主席会议批准后生效。

其他决议在理事会会议表决通过后，即可生效。

第二节 理事会主席

第三十条 理事会设主席一名，由中国足协推荐一名副主席任职。主席每届任期为四年，经推荐和批准可以连任。

在任职期间，因各种原因不能继续任职时，由中国足协另行推荐一名副主席为代理主席，经通报下次理事会会议正式任职，代理主席职能与主席职能相同。

第三十一条　主席职责：

（一）主持理事会会议、临时理事会会议、执委会会议。

（二）理事会会议闭会期间，依照理事会工作规范和理事会会议决议，全面负责理事会工作和中超、中甲联赛工作。

（三）本工作规范赋予的其他职责。

第三节　理事会执委会

第三十二条　理事会设立执委会，执委会由 19 人组成。其中，中国足协代表 3 名、地方协会代表 4 名、中超俱乐部代表 5 名、中甲俱乐部代表 2 名、中超公司代表 1 名，特邀专家代表 4 名。

俱乐部成员委员由全体俱乐部委员选举产生，协会成员委员由全体协会委员选举产生。委员每届任期四年，可连选连任。委员因相关俱乐部降级或者取消注册资格等而自然免职，并补选出新的委员。

第三十三条　执委会行使下列职责：

（一）在理事会会议闭会期间，依照本工作规范和理事会会议决议，处理理事会及中超、中甲联赛的必要或紧急事务。审议批准中超俱乐部工作联席会、中甲俱乐部工作联席会的决议。

（二）决定向理事会会议提出的议案。

（三）决定召开理事会临时会议。

（四）决定设立临时或专门工作机构承担必要的职责。

（五）审议批准执行局局长任职。

（六）决定执行局提交的人事计划及财务经费预算等方案。

（七）本工作规范赋予的其他职责。

第三十四条　执委会会议定期和不定期举行。定期会议每年四次。不定期会议根据需要举行，可由理事会主席或三名委员提出。对于特殊的紧急事项，执委会可采取通讯方式作出决策，由委员以传真方式进行表决，但该委员应当在传真同时将决策意见以书面形式通过邮寄方式提交至执委会。

执委会由理事会主席主持，主席因故缺席时，由主席指定的委员主持。

第三十五条　召开执委会会议的定期会议应提前十五天，不定期会议应提前五天（特殊情况可为两天），将会议日期、地点、议题等书面通知所有委员。

第三十六条　执委会会议在有十二名或十二名以上委员出席会议时，可以表决议案。表决以举手表决的方式进行，每名委员有一票表决权。有二分之一以上出席会议的委员同意后，可以通过相关决议。一般事项应以超过半数通过，重大事项应以超过三分之二通过。

第三十七条 执委会会议通过决议后，应在决议文件上载明通过的时间、地点、参加会议的委员人数、通过的票数，由出席会议的委员签名，不同意的委员应注明意见。

第三十八条 执委会委员中，中国足协为 3 人。理事会成员直接进入执委会。中超、中甲俱乐部所在地会员协会为 4 人。由理事会的会员协会代表通过会议投票产生。中超俱乐部为 5 人。由理事会的中超俱乐部代表通过会议投票产生。中甲俱乐部为 2 人。由理事会的中甲俱乐部代表通过会议投票产生。中超公司为 1 人。中超公司理事会成员直接进入执委会。特邀专家代表为 4 人。理事会专家成员直接进入执委会。

第三十九条 执委会委员的资格如因推荐选派单位更换理事会代表或者该委员不再隶属推荐选派单位的，该执委会委员身份自动丧失。递补的执委委员将根据本工作规范中的相关规定及程序进行补选。

执委会委员应亲自参加会议，因特殊原因不能参会，可书面授权委托本单位其他人代行委员职权，但每年累计两次不亲自参会者，将自动丧失执委会委员资格，将根据本工作规范中的相关规定及程序进行补选。

中超、中甲联赛的委员名额固定不变。因中超、中甲联赛升降级制度而产生相关俱乐部及地方会员协会的每年自然更迭，该执委会委员身份自动丧失。递补的执委委员将根据本工作规范中的相关规定及程序进行补选。

第四十条 在理事会和执委会中，专家委员与其他委员享有同等权利，包括提案权、会议发言权、投票及表决权等。

第四十一条 专家委员任期与理事会和执委会其他委员任期相同，任期结束后身份自动终止，理事会可决定是否继续聘任或重新聘任其他人选。

第四十二条 专家委员在任期内如因个人原因可随时提出辞去专家委员身份，理事会根据相关办法另行聘任其他人选。

第四十三条 委员如有被追究刑事责任或者丧失行为能力等情况将自动失去相应资格。

第四章 理事会工作机构及管理

第四十四条 理事会下设执行局及赛区委员会作为办公机构。

第一节 执行局

第四十五条 执行局为理事会执委会下设日常办公机构，执行局负责执行和落实理事会及执委会的决议。设置下列部门并承担相应职能：

（一）竞赛部：资格审核、注册年检、规程赛程、竞赛组织、文件资料管理、成绩公布、对外联络、安全秩序、球迷工作、赛区协调、违纪报告、比赛调研、交流研讨、技术信息、技术手册、组织相关的专项工作联席会。

（二）媒体公关部：文化宣传、新闻管理、网站会刊、大型宣传活动、组织相关的专项工作联席会。

（三）联赛发展部：联赛发展调研、联赛资源开发与管理、商务授权、商务协调、组织相关的专项工作联席会。

各部门的设置及职能安排可根据工作需要由执委会批准进行适当调整。

第四十六条　执行局局长由中国足协提名，理事会执委会审议通过并任命。执行局局长每届任期为四年，经推荐和批准后可以连任。

在任职期间，因各种原因不能继续任职时，由理事会主席另行推荐一人为代理执行局局长，经理事会执委会审议通过并任命。代理执行局局长职能与执行局局长职能相同。

第四十七条　执行局局长职责：

（一）协助主席负责处理执行局的日常工作；

（二）本工作规范赋予的其他职责。

第四十八条　执行局的工作人员由理事会委托相关机构进行聘任。工作人员将从中国足协推荐人员、成员推荐人员、社会人员中公开招聘、择优选拔，由执行局局长报理事会主席批准后聘用。

第二节　理事会赛区委员会

第四十九条　理事会委员会在各俱乐部队主场城市设立中超、中甲联赛赛区委员会。赛区委员会由当地中国足协会员协会或其指定的足球管理机构负责组建。赛区委员会接受理事会的管理并对理事会负责。

第五十条　赛区委员会设立以下工作机构，承担相应职能：

（一）竞赛组：由会员协会或其指定足球管理机构人员、体育场负责人组成。按照联赛规程和竞赛管理文件，负责赛前联席会准备、赛场准备、竞赛组织、赛场管理、报表发送等工作；负责按照竞赛规程的规定保障客队赛前训练安排；负责与新闻组合作协调电视转播工作和新闻记者的工作安排。

（二）安保组：由公安部门、会员协会或其指定足球管理机构人员组成。按照公安部有关文件和联赛安全秩序管理的规定，负责赛区和赛场的安全秩序管理，并保障比赛监督、裁判员、客队在赛区的安全，保障观众的安全；负责证件管理。

（三）球迷组：由会员协会、俱乐部或其指定足球管理机构人员、球迷组织领导者组成。按照当地公安部门有关文件和联赛安全秩序管理的规定，采取措施引导观众文明观赛事、理智对输赢负责与当地球迷组织进行沟通，对球迷组织的使用的焰火、旗帜等物品进行管理负责对赛场上使用的标语、横幅等进行管理。

（四）新闻组：由会员协会或其指定足球管理机构人员组成。按照联赛新闻工作管理规定，负责新闻采访证件管理；负责文字、摄影、摄像记者席位管理；负责赛前、赛后新闻发布会组织和管理负责与竞赛组合作协调电视转播工作。

（五）场地组：由会员协会或其指定足球管理机构人员、球场草坪维护人员组成。按照联赛体育场规定的相关要求，对比赛场地的草坪质量进行管理和维护与竞赛组、接待组配合，完成赛期主、客队对场地的适应性训练负责比赛中场休息时，对场地的整理工作负责比赛球门、角旗、角旗杆等比赛用具的管理，完成场内划线工作，达到正式比赛要求。

（六）接待组：由会员协会或其指定足球管理机构人员组成。按照联赛的规定和标准，负责比赛监督、裁判员等在赛区工作期间的食宿、交通安排和接待负责协调客队在赛区的食宿、交通、训练、比赛等事宜。

（七）技术组：由会员协会或其指定足球管理机构选派人员组成。按照联赛技术调研和信息发布工作的规定，负责联赛的技术统计和调研工作；负责比赛信息的即时发布和技术统计资料的发布负责撰写主场俱乐部球队的技术报告。

第三节　理事会相关委员会工作组

第五十一条　按照中国足协相关委员会的设立和分工，在理事会下属机构中设置相关委员会工作组并承担相应职能：

（一）纪律委员会工作组：按照中国足协纪律委员会工作的要求，收集联赛中各类违反《中国足协纪律准则及处罚办法》行为的证据，按照《中国足协纪律准则及处罚办法》的规定对违规违纪的俱乐部、运动员、教练员等进行初步的纪律处罚，并报中国足协纪律委员会批准组织并召开陈述会等，听取各方当事人意见，保障其合法权利。

（二）裁判委员会工作组：按照中国足协裁判委员会的规定，负责裁判队伍的组织建设、思想建设和作风建设；并按照中国足协裁判委员会制定的足球裁判工作管理法规、制度，指导并开展职业联赛裁判工作；对各类裁判人员进行培训，提高裁判人员的整体素质和水平；进行职业联赛裁判员和裁判监督的选派工作；对违反相关规定的裁判员按照规定进行内部处罚，并报中国足协裁判委员会批准；配合中国足协裁判委员会加强对年轻裁判员的培养，开展国内外优秀裁判员的交流。

（三）医学委员会工作组：按照中国足协医学委员会的规定，研究运动员伤病机理和防治办法；研究足球运动员身体机能状况和体能训练方法、理论协助国际足联、亚足联以及中国足协医学委员会完成医学研究任务，加强国际间足球组织医学合作对参加职业联赛的俱乐部队医、理疗师等人员进行医疗培训和指导；对俱乐部的运动员进行兴奋剂检测，对违反兴奋剂管理规定的运动员提出处罚意见，报中国足协医学委员会批准。

第五章　专项工作联席会工作职责及管理

第五十二条　为落实和推动理事会、中超、中甲联赛、会员各项工作，制定各类工作联席会议制度。工作联席会根据需要召开，由执行局局长报理事会主席批准。由执行局相关部门筹备和组织。会议后 7 日内应向执委会提交会议纪要或报告，经审核批准后发至所有委员。

第五十三条工作联席会包括：

（一）协会委员工作联席会各协会委员参加，研究、讨论、协调、交流注册及赛区管理等各项工作，在授权范围内可做出相关决议。

（二）赛区专项工作（竞赛、调研、安保、新闻、球迷等）联席会赛区相关工作负责人参加，分别讨论、交流和协调相关各项工作。

（三）中超俱乐部工作联席会和中甲俱乐部工作联席会各俱乐部委员参加，研究、讨论、协调、交流本级联赛的各项工作和事务，在权限范围内对本级联赛做出相关决议。

（四）俱乐部专项工作（经营、财务、技术、球迷等）联席会俱乐部相关工作负责人参加，讨论、交流和协调相关各项工作。

（五）必要时，经理事会主席批准，可设立和召开其他专项工作联席会。

第六章　财　务

第五十四条　理事会经费来源：

（一）中国足协；

（二）其他。

第五十五条　执行理事会会议批准的预算报告，在会计年度结束时，制作财务会计报告，接受法定审计机构的审计，向理事会会议报告决算情况。财务会计报告及审计报告置备于执行局供委员查阅。

第七章　解　散

第五十六条　理事会解散时，须清产核资，然后偿还债务，所余资产捐助中国足协或由中国足协建立专门基金。

第八章　附　则

第五十七条　本工作规范规定另行制定的文件，与本工作规范具同等约束力。

第五十八条　本工作规范需要修改时，经理事会会议通过，报中国足协主席会议批准后生效。

2012 年 3 月 2 日通过

2015 年 2 月 27 日批准修订

中国足球协会业余联赛规范管理办法（试行）

第一条　目的和意义

为贯彻党的十九大精神，落实《中国足球改革发展总体方案》和《2020行动计划》，树牢“四个意识”，坚定“四个自信”，促进中国足协各级会员协会业余足球联赛的建立与规范运行，完善业余足球俱乐部自身建设，弘扬积极健康足球文化，扩大足球人口，培养广大足球人群定期参加足球健身习惯，中国足协特制订本管理办法（以后简称“本办法”）。

第二条　适用范围

本办法适用于中国足协及其会员协会举办的各级业余足球联赛。赛事的组织人员、运动员、教练员、裁判员等均应遵守本办法。

第三条　业余联赛管理层级

目前从管理架构上，基本分三个管理层级，分别是：

（一）中国足球协会会员协会冠军联赛（中冠联赛）直接由中国足协主办，由各会员协会业余联赛优胜者参加的全国范围最高层级的业余联赛。

（二）中国足协会员协会业余联赛（省市级业余联赛）由会员协会主办，中国足协给予政策支持和业务指导。

（三）中国足协会员协会二级业余联赛（市区级业余联赛）由二级会员协会主办，会员协会给予政策支持和业务指导。

第四条　组织机构和管理职责

（一）中国足协专门成立业余足球管理部门，对于中冠联赛进行管理，并对各会员协会业余联赛进行指导和监管。

（二）中国足协会员协会也需成立业余联赛管理部门，管理本层级业余联赛，并对于下属会员协会业余联赛进行指导和监管。

（三）中国足协会员协会应要求二级会员协会成立业余联赛管理部门（或小组），管理本层级业余联赛。

第五条　管理制度及文件

各级足协应参照本办法制订本地区相应业余联赛管理办法，规范管理所属会员协会业余联赛。业余联赛基础文件包括规程、规则、赛程、报名参赛通知、竞赛手册、秩序册等。

第六条 业余联赛参赛队数及划分

各层级的业余联赛，最少参赛队伍为 8 支，最多一般不超过 16 支，可为单循环或双循环。参赛队伍的竞技水平应较为接近，否则出现大比分差场次过多会影响联赛平衡和队伍参赛意愿。如队数较多，可按竞技水平、区域划分为若干个联赛。

第七条 业余联赛赛制

各级业余联赛原则上要以循环赛制为主，淘汰赛制为辅，具体为：

（一）中冠联赛以分阶段的主客场小组循环赛、大组循环赛和排位赛为主。

（二）省市级业余联赛条件成熟，应以主客场循环赛制为主。受限于交通不便、经费紧张等因素的省份，则应把重心放到市区级业余联赛，要求至少 4 个市区级业余联赛，每个联赛实行 8-16 队的循环赛制，则省级联赛可以采用集中赛会制或淘汰赛制。

（三）地市级业余联赛应以 8~16 队参加的循环赛制为主，淘汰赛为辅。

第八条 业余联赛跨度和周期

各级业余联赛的跨度应至少 4 个月，建议达到 6 个月以上，每周或每两周一赛，场地使用可以为主客场，也可以是公用场地，每年每队参加的联赛轮数在 14 轮到 30 轮之间，比赛时间应尽量安排在周末或周中的业余时间，培养足球人群定期运动健身习惯。

第九条 业余俱乐部及注册

各级足协应鼓励业余联赛参赛队伍组建业余足球俱乐部，保证业余足球活动长期、规范、有序、稳定进行，建议省市级业余联赛完全由工商或民政注册的业余俱乐部参赛。各级足协应对业余俱乐部、运动员进行注册管理，运动员转会需要按照注册管理规定办理。

第十条 业余联赛竞赛编排

协会应完善赛事组织规定和科学合理竞赛编排（包括本地区各项赛事统一规划），针对参赛队伍实力的强弱进行合理的竞赛安排，对有可能产生问题的环节进行分析和研究，并制定防范措施和预案。联赛循环赛制最后 1、2 轮原则上关系到影响升降级、冠军争夺、出线权等重要比赛，应安排相关场次同时进行。

第十一条 场地设施保障

比赛场地要符合足球竞赛规则的基本要求。基础设施器材比如足球、替补席、四官席、换人牌、裁判手旗、记分牌、赛风赛纪摄像机等，应配备齐全，条件许可时应配备至少 2 间运动员休息室、裁判员休息室和竞赛办公室等功能房。

第十二条 竞赛倒计时程序及入场式

各级业余联赛应按照中国足协要求逐步规范办赛，省市级业余联赛应执行竞赛倒计时程序及入场式，鼓励在有条件的地市级业余联赛执行竞赛倒计时程序及入场式。根据竞赛要求，配备足够的旗手、捡球员等工作人员。

第十三条　安保措施

赛区应使用硬隔离或软隔离，并配备安保人员来确保竞赛区域不被外界干扰。应根据比赛的激烈程度，适时调整赛场安保人员人数。对于重要关键比赛（单场）的安保人员配备，竞赛区域至少配备安保人员 10 人，公安人员 1~2 人。观众席需要对主队与客队观众进行隔离设置，并按照观众人数配备相应数量安保人员。

第十四条　保险及医务保障

整个赛事应主动投保赛事责任险，规避办赛与参赛人员伤病对于组委会的风险。赛区必须提供至少一辆配备齐全的救护车，足够的医疗人员及急救设备，每个场地至少配备一副担架及担架员。

第十五条　业余联赛备案

业余联赛组织方应在联赛开始前到上级足协备案（至少提前 20 天），并在当地公安机关进行备案。备案内容包括赛事名称、主办方、规程、赛程、参赛队伍规模等信息。未备案的赛事，会员足协不得组织或授权赛事主办方进行相关赛事，不得委派比赛官员参与赛事。中国足协和会员足协对未在当地公安机关备案的赛事成绩不予承认。

第十六条　赛区接待

在赛区参赛队、裁判人员等的接待与服务上，各承办赛区东道主应遵循公平竞赛原则，对等接待，按标准接待，杜绝使用非体育道德行为来追求自身利益。禁止俱乐部和比赛官员在比赛范围外接触。

第十七条　业余联赛纪律检察与仲裁

赛事主办方应成立纪律委员会和仲裁委员会，并制定纪律委员会工作办法和仲裁委员会工作办法，明确对违纪行为进行处罚的依据和程序，确保处罚的公开、公正、及时，并保障参赛队及其人员的申诉权利。赛事主办单位应成立赛风赛纪工作巡查组，深入各赛区进行巡视，监督赛事的组织工作。

第十八条　观众组织管理

业余联赛必不可少需要现场观众的加油和支持，各参赛队伍（特别是业余俱乐部）应加强自身足球文化建设，吸引当地民众对球队的支持。同时作为办赛方，需要认真组织管理好观众，创造热烈积极健康的观赛氛围。参赛俱乐部需要对本队球迷行为负责任。办赛方需运用硬隔离或软隔离加安保人员，防止观众进入竞赛区域干扰比赛进行。对于个别行为过激的观众，应不允许进入观众席，必要时寻求治安手段处理。

第十九条　裁判员选拔与指派管理

各级足协应建立严格的培训、考核、选派、管理、监督和处罚制度，进行有针对性的裁判员培训及教育，提高执法能力，同时建立选派机制、赛场监督和赛后评估的相应制度。赛区应对每场比赛的激烈程度进行预判，选派能胜任工作的裁判员等比赛官员和工作人员。

第二十条 赛风赛纪教育和管理

赛前应重点做好全员宣讲，预判比赛形势与防范可能出现的异常情况，明确参赛队责任主体。赛中要做好组织管理和违纪取证工作。赛后要做好对违规事件的及时处理，保持高压态势。中国足协将建立违反赛风赛纪的单位及人员“黑名单”制度，对于重大恶性违规行为，被中国足协或中国足协会员协会处罚的相关人员或集体，将进行全国范围内的延伸处罚。

第二十一条 业余联赛宣传与推广

业余联赛的宣传与推广非常重要，不仅可以营造积极健康的业余足球文化，讲述足球人群身边的故事，吸引更多的潜在足球人口加入到各级业余联赛之中，并能借助业余联赛品牌的提升获得良好的招商机会。各级业余联赛、参赛俱乐部（球队）应设立媒体官方账号，主动搜集足球人群身边的故事，寻求网络、电视、平面媒体的报道。

第二十二条 业余联赛商务开发

业余联赛商务开发组织方应充分利用赛事资源的品牌效应，做好商务开发，制订好装备规程，明确广告板、背景板等商务权益，维护赞助商权益，实现多方共赢的局面。

第二十三条 施行

本办法自中国足协批准之日起试行。

中国足球协会业余联赛评级管理办法（试行）

第一条　目的和意义

为贯彻党的十九大精神，落实《中国足球改革发展总体方案》和《2020行动计划》，树牢“四个意识”，坚定“四个自信”，中国足协运用评级制度来管理业余联赛，促进各级会员协会业余足球联赛的建立与规范运行，完善业余足球俱乐部自身建设，弘扬积极健康足球文化，扩大足球人口，培养广大足球人群定期参加足球健身习惯，中国足协特制订本管理办法（以后简称“本办法”）。

第二条　适用范围

本办法适用于中国足协对各会员协会业余联赛的评级。中国足协会员协会应参照本办法对二级会员协会进行评级管理。

第三条　业余联赛评级与分数

中国足协对会员协会业余联赛进行评级制度，按照不同评级项目的总分，评分对应的级别85分以上评为中国足协5星级业余联赛，75分以上评为中国足协4星级业余联赛，65分以上评为中国足协3星级业余联赛，55分以上评为中国足协2星级业余联赛，55分以下不予评级。

第四条　业余联赛评级项目

（一）组织体系（组织机构、工作人员数量、本级和下级联赛赛制质量和队伍数量、俱乐部比率）。

（二）管理制度及文件（规程、规则、竞赛通知、秩序册等规范管理文件）。

（三）竞赛组织水平（竞赛倒计时组织水平、竞赛管理系统、场地设施条件、裁判员水平、医疗保障、意外伤害保险、安保服务、联赛备案及赛程稳定度、赛风赛纪情况）。

（四）联赛平衡性和技术水平（联赛比分接近场次比率，参加中冠队伍平均积分，参加中冠队伍数量）。

（五）观众数量（场均观众人数）。

（六）宣传推广情况（电视直播收视率或网络直播点击率、赛季媒体累计篇数、赛季专题节目制作数量、参赛队伍官方宣传账号活跃度及受众群体数量、参赛队文化建设）。

（七）政府支持力度和商务开发水平（政府政策支持、政府经费支持、商务开发收入数额）。

具体各项目分值，另见评分表。

第五条 业余联赛监管形式

中国足球协会将综合分级考核推荐、第三方评估、实地抽查调研、网上调查、访谈等方式，组织评议小组对各会员协会业余联赛的运营情况进行周期综合监测、评估和动态管理。

第六条 业余联赛评级与奖励

中国足球协会将根据周期监测情况，每年对会员协会业余联赛进行评级，并面向社会公布相关信息，奖励先进。中国足协将根据各会员协会业余联赛年度评级来确认参加第二年中冠联赛名额，具体如下：5 星级联赛将获得最多 4 个中冠联赛参赛名额，4 星级联赛将获得最多 3 个中冠联赛参赛名额，3 星级联赛将获得最多 2 个中冠联赛参赛名额，2 星级联赛将获得最多 1 个中冠联赛参赛名额。

各会员协会也应根据本办法，对下级足协业余联赛进行评级与奖励管理。

第七条 施行

本办法经中国足协批准之日起试行。本评级管理办法的具体评分项目和评分标准见《中国足协会员协会业余联赛评级评估表》（略）。

中国足球协会 12 岁及以下少年足球赛事组织指导办法

第一章　总　则

第一条　根据国家体育总局《关于推进体育赛事审批制度改革的若干意见》《关于进一步加强体育赛事活动监督管理的意见》《关于进一步规范体育赛场行为的若干意见》以及《中国足协关于进一步加强国际足球比赛组织与参赛报备管理工作的通知》等相关赛事组织管理制度文件的精神，为引导和规范 12 岁及以下少年足球赛事的组织与管理，并符合少年球员的身心发育特点，特制订本指导办法。

第二条　中国足球协会（以下简称：中国足协）鼓励与支持中国足协会员协会（以下简称：会员协会），地方体育、教育行政部门，各类社会组织、企事业单位等举办 12 岁及以下少年足球赛事，以丰富青少年足球赛事体系，推动青少年足球运动的广泛开展。

第三条　中国足协原则上不集中举办 12 岁及以下各年龄段全国性比赛，也不作为此类赛事的主办单位或共同主办单位。中国足协将根据赛事主办单位的相关申请及所提供的赛事组织方案、组织能力水平、赛事影响力、参与机构等，研究确定是否作为赛事的“指导单位”或“支持单位”。

第四条　根据国家体育总局的相关规定，未经国家体育总局或中国足协批准，各地举办的 12 岁及以下少年足球赛事，不得以“中国”“全国”“国家”“中华”“中国足球协会”“中国足协”等字样或具有类似含义的词汇对赛事进行冠名（由全国性青少年体育组织举办的赛事例外）。

第五条　根据《中国足球协会章程》，在会员协会属地区域举办的各类足球赛事，由会员协会负责管理与指导开展。会员协会应加强对本区域举办的各类足球赛事的监管，包括赛前、赛中和赛后；加强指导与服务，但不得对群众性和商业性的赛事活动实行带有准入性质的强制认证、审批或变相审批。

第六条　涉及举办跨省的区域性 12 岁及以下少年足球赛事，赛事主办单位应不晚于赛前 2 个月向中国足协提交赛事申请、相关备案材料；备案材料应通过会员协会确认并提交，包括赛事所在地会员协会同意办赛的批复、参赛单位的确认函、比赛场地可使用证明、竞赛规程等附件。举办跨省的校园足球12岁及以下赛事应符合教育部办公厅《关于面向中小学生的全国性竞赛活动管理办法（试行）》的相关要求。

第七条　举办国际性赛事，应严格按照《国际足联国际赛事管理规程》的相关规定，并参照《中国足协关于进一步加强国际足球比赛组织与参赛报备管理工作的通知》的相关要求与程序，按时向中国足协提交赛事相关备案材料。

第八条　由中国足协作为指导单位或支持单位的赛事，主办单位应定期向中国足协和所在省市的会员协会报告赛事筹备进展情况。

第二章　技术规程

第九条　12岁及以下少年足球赛事组织设计的基本原则

12岁及以下年龄段涵盖了幼儿园、小学的各个阶段，是少年儿童成长发育的特殊时期，也是孩子们对足球项目由接触到喜爱，并通过参加足球活动促进身心全面发展的重要时期。同时，从优秀青少年足球人才培养与衔接的角度出发，在设计与组织比赛过程中，要力求使比赛、训练和文化学习有机结合，以促进其综合能力的全面提高。本指导办法兼顾了青少年足球普及活动与足球人才的可持续培养与发展。

组织12岁及以下少年足球比赛，应遵循以下基本原则：

（一）注重比赛的经常性，提倡周末联赛制赛事。

（二）确保比赛的安全性，规避各类安全隐患。

（三）保障比赛的趣味性，使球员乐于参赛、享受过程。

（四）合理设计规程，让球员有更多的触球机会、得分机会。

（五）重视赛场管理，减少比赛中断和对球员发挥的限制。

（六）严格规范参赛教练员及官员的管理。

（七）重视比赛的教育价值，努力营造健康向上的足球文化。

第十条　比赛场地规格、参赛人数

（一）7至12岁比赛原则上参照国际足联最新审定的《足球竞赛规则》的基本精神，其中五人制比赛参照五人制规则，八人制比赛的补充内容见第七章。

（二）6岁及以下更小年龄段不建议集中举办大型区域性赛事，主要推荐采用二人制比赛（游戏）的形式。

第十一条　12岁及以下少年足球赛事，男、女球员可单独组队也可以混合组队。

第十二条　中国足协鼓励各地积极建立并组织城市内的周末主客场双循环制赛事。

第三章　参赛注册

第十三条　运动员注册

参赛年龄达到 8 岁及以上的球员，应按照中国足协注册、转会等有关规定，完成在会员协会的年度注册并在中国足协备案。

第十四条　所有报名参赛球队应与主办单位签署《参赛承诺书》（见附件 1）。

第十五条　所有报名运动员赛前应进行体检，体检合格方可参赛。所有参赛球员均需购买相应保险。

第十六条　运动员报名

（一）符合《中国足球协会注册管理规定》中注册年龄要求的运动员应在会员协会完成年度注册后，方可进行参赛报名。

（二）报名参赛运动员应符合相关赛事规程中的出生年龄规定，出生日期范围通常为 1 月 1 日至 12 月 31 日，球员年龄的确认以公安部门核发的居民身份证或户口簿标明的年龄为准。

（三）所有报名运动员的监护人应与球队签署《参赛承诺书》，承诺被监护人身体健康状况良好。

第十七条　教练员报名资格

（一）所有报名参赛教练员应持有中国足协 D 级或以上级别教练员证书，并在中国足协及会员协会完成年度注册。

（二）所有报名参赛教练员及官员应与球队签署《参赛承诺书》，承诺本人身体健康状况良好，并确认已办理意外伤害保险。

第四章　参赛报名

第十八条　报名时间和部门

（一）报名时间：各队应在报名通知规定时间内提交报名文件，逾期报名主办单位可不予受理。

（二）报名受理：赛事主办单位指定部门。

第十九条　报名表有关要求

（一）各赛事主办单位可参照中国足协提供的《12 岁及以下少年足球赛事报名表》（样表见附件 2）制作赛事的球队报名表。

（二）报名表须填写球队全称、简称（6 字以内、含 6 字）。

（三）球队报名表中须填写两套以上（至少两套）深浅、颜色明显不同的比赛服。

（四）每队报名官员可包括：领队、主教练、助理教练、队医、管理等，各类官员数量以赛事下发的规程为准（官员信息表样表见附件 3），运动员报名人数不设上限，但每队报名并前往赛区人数：八人制不少于 16 名，五人制不少于 14 名；八人制和五人制报名球员中，守门员不少于 2 名。

（五）运动员报名表、信息表（球员信息表样表见附件 4）中的参赛号码须由 1 号开始连续排列，不得重号，不得超过 99 号。运动员报名号码在全年比赛中有效，不得更改。后期补报的运动员参赛号码，须在球队已有号码之后延续排列，不得使用本年度赛事已被本队其他运动员使用过的号码。

（六）球队报名表单位确认：

1. 球队所属单位盖章；

2. 出具本队所报运动员、官员健康状况良好、适合参赛的书面证明并盖章；

3. 所属会员协会盖章，审核并确认球队所报运动员、官员已注册，并符合参赛资格和报名条件。

第五章　赛区报到

第二十条　参赛球队及竞赛官员应严格遵守赛事规定的时间报到和离会。

第二十一条　球队报到相关要求

（一）球队应按规定报名人数组队并到赛区报到，报到时携带所有人员相关证件。

（二）向组委会报告球队报到情况、交验所有参赛运动员的资格证件、全面了解赛区组织工作安排、领取参赛证件卡。参赛证件卡的基本信息应包括：队名、姓名、性别、出生日期、民族、学籍、注册号码及本人免冠近照等。

（三）各队领队或主教练无条件参加赛前联席会，全面了解赛事安排、要求以及赛风赛纪规定。对于不参加赛前联席会的领队或主教练，组委会有权进行处罚。

（四）球队报到时须按照组委会通知的相关费用标准、编内报名人数提前缴纳相应费用或保证金（球队超编人员费用自理），并按组委会要求按时办理结账事宜。

（五）球队应做好前往观赛的本队队员家长、亲属以及随队球迷的管理工作，遵守并维护赛区管理规定及公共文明道德。对于球员家长、亲属或随队球迷出现的违规行为，组委会可追究球队的连带责任。

第六章　竞赛办法及规则

第二十二条　竞赛组织及安排

（一）主办单位在筹备赛事阶段，应本着公平竞赛、锻炼球员的原则，对所有参赛球队的水平进行评估，并根据基本水平进行合理地分档，规范抽签，科学编排赛程，妥善安排球队的赛前、赛中训练。

（二）赛会制比赛的整个赛程安排应充分考虑比赛强度和球员身心恢复等因素，不得超负荷安排赛事。

（三）竞赛日程安排应充分考虑天气、光线等因素，应选择适当时段安排比赛，防止因雷电、冰雹、高温、极寒等恶劣天气对球员造成伤害。

第二十三条　比赛场地

12 岁及以下少年足球赛事应在符合要求的天然草坪球场、人工草坪球场、混合草坪球场、木地板球场、塑胶球场、平整优质的土质球场等场地进行。

第二十四条　比赛足球：原则上使用 4 号足球（6 岁及以下可用 3 号足球），推荐用球的相关指标参见表 1：

表 1　12 岁及以下少年足球赛事用球相关指标

推荐用球的型号、大小及质量		3 号球	4 号轻型球	4 号常规球
周长（单位：毫米）	最小	600mm	635mm	635mm
	最大	620mm	660mm	660mm
质量（单位：克）	最小	280g	290g	350g
	最大	310g	320g	390g

第二十五条　比赛时间

（一）八人制比赛原则上可分为上、下半场或三节进行。

1. 上、下半场制：半场时间 20 至 30 分钟（可根据年龄调整），中场休息不超过 10 分钟。

2. 三节制：每节　15 至 20 分钟，中场休息不超过 7 分钟。采用三节制比赛时，从第三节开始两队互换场地。

（二）五人制比赛（含守门员）、四人制比赛（无守门员），全场比赛时间分为上、下半场进行，上、半场不超过 20 分钟，中场休息不超过 10 分钟。

第七章 八人制比赛竞赛办法及规则要点

第二十六条 比赛场地

（一）比赛场地、球门、替补席、场地周边环境应符合安全要求。场地应划线清晰，球门应安装球网，球队替补席、第四官员席应安装遮阳防雨设施。赛场附近合理位置应配备医疗救护人员及设备。

（二）比赛场地规格

1. 场地尺寸：长 58m~68m，宽 40m~50m（相当于十一人制足球标准场地的一半）。

2. 场地划线：

（1）罚球区长 10m（从两球门柱内侧向两角旗方向延伸的距离，以及从该点与球门线交叉点向场内延伸的距离）；

（2）点球点距门线 8m；

（3）大禁区弧半径 7m；

（4）球门区长 4m（从两球门柱内侧向两角旗方向延伸的距离，以及从该点与球门线交叉点向场内延伸的距离）；

（5）中圈半径 7m；

（6）技术区域 6m（中线两侧各 3m）。

3. 球门：

球门尺寸为 5m × 2m；若没有符合此标准的球门，组委会可在征求裁判组和参赛队的意见基础上，用其他规格的球门替代。球门应符合安全要求，防止球员受伤。

4. 技术区域：

替补席一侧的边线处设置 6m 的技术区域（中线两侧各 3m）。

第二十七条 每场比赛人数

（一）首发 8 人（含守门员 1 人）、替补 8 人。

1. 比赛日报名单的参赛人数应在 16 人以内；

2. 如一方不满 6 人，比赛不能进行；

3. 若一方不满 8 人，两队可在主裁判主持下进行协商，确定是否继续比赛；

4. 换人次数、换人数量可放宽，为更多球员提供锻炼机会；

5. 换下场的运动员可再次被替换上场。

（二）场上球员的换人程序

1. 替换下场的球员从替补区离场；

2. 下场球员离场后，替换上场的球员从替补区进入球场；

3. 换人在死球状态下进行并经裁判员许可。

（三）守门员的换人程序

1. 当死球时，通知主裁判，得到许可后方可进行；

2. 替换下场的守门员从中线处走出球场；

3. 替换上场的守门员从中线处进入球场。

第二十八条　比赛装备

（一）两队应穿着不同颜色的比赛服。

（二）若两队的比赛服颜色区分不明显，可用其他颜色分队背心加以区别。

（三）若两队守门员比赛服颜色相同且无法更换时，经主裁判同意后，两球队守门员服装颜色可相同。

（四）比赛服应印号码，号码位置、大小适当，号码颜色与球衣颜色区分明显。

（五）运动员需根据场地类型选择足球鞋种类。

（六）上场比赛的球员必须佩戴护腿板。

（七）赛前或赛中换人前，应由裁判员检查准备上场球员的比赛装备。

（八）经主裁判允许，球员可佩戴运动眼镜。

第二十九条　比赛裁判

原则上包括 1 名主裁判、2 名助理裁判（经组委会与各队沟通，对裁判数量可进行适当调整）。

第三十条　其他相关规则

（一）开球方式：上、下半场或三节制比赛，每段的开球及进球后重新开球均在中点进行。

（二）犯规：有球员被罚下时，球队可补充其他球员上场。

（三）暂时罚离机制：在少年比赛中，可适当运用对犯规队员采取暂时罚离场地进入受罚区（席）的处罚形式，罚离时间 2 分钟。

（四）任意球：对方球员须离球 7m 以上。

（五）界外球：双手掷界外球，对方球员距离掷界外球地点须在 2m 以上。

（六）角球：对方球员须距离角球弧 7m 以上。

（七）越位：比赛有越位犯规。

（八）点球决胜：

1. 加时赛：不设加时赛；

2. 点球决胜：两队各派 5 人轮番罚球，如果 5 轮过后得分一致，换人进行相同次数的点球，直至分出胜负；球队罚球顺序由主裁判掷币确定。

（九）赛前、赛后执行握手礼仪。

第三十一条　替补席管理

（一）技术区最多设置 14 个席位，可容纳 8 名替补运动员及 5 名球队官员（外教可多报 1 名翻译）就座。除上述人员外，比赛期间其他人员不得在技区停留。技术区人员严禁吸烟，不得使用电子设备影响、干扰比赛。每队只允许 1 人在技术区域站立指挥（外教可多 1 名翻译），其他人员须在替补席就座。

（二）替补运动员在比赛时间内做准备活动，须身着与双方比赛服颜色有明显区别的服装，在指定的区域内进行无球热身。

（三）因严重违规违纪被裁判员罚令出场的运动员及官员不得继续在替补席就座，须立即按主裁判要求离开技术区到指定地点。上述人员如无纪律委员会的追加处罚，均自然停止参加下一场（轮）比赛。

第八章　小场地比赛规则要点

第三十二条　五人制比赛

五人制比赛原则上参照最新版《国际足联五人制竞赛规则》的精神执行。

第三十三条　四人制比赛

（一）比赛场地

1. 场地尺寸：长 32~38m，宽 14~20m；

2. 球门尺寸：宽 3m、高 1.5m，若没有符合此标准的球门，组委会可在征求裁判组和参赛队的意见基础上，用其他规格的球门替代；不建议采用尺寸过小的球门。球门应确保符合安全要求。

3. 场地中线的中心位置为球场中点，从球门门框平面中点往球场中点直线移动 4m 处为点球点。

4. 若在十一人制场地内组织四人制的比赛，场地区域划分可参见附件 6。

（二）规则要点

1. 不设守门员；

2. 上、下半场比赛各 10~15 分钟，中场休息约 7 分钟，可适当补时；

3. 开球：在球场中点开球；

4. 比赛无越位犯规；

5. 犯规与不正当行为：

（1）手球（不分主动与被动）；

（2）踢人、推人等违规行为；

（3）不文明言行；

（4）裁判员依据犯规位置判罚。守方在本方半场内犯规，判对方罚点球；在对方半场内犯规，判对方在犯规地点罚直接任意球。

6. 界外球：在出界地点由另一方用脚发界外球；

7. 角球：球触及防守方队员出底线，由对方发角球；

8. 点球：在点球点罚球，守方可选 1 名临时守门员，可用手触球；除罚球队员和临时守门员外，其他队员应距离罚球点、本方球门 3m 以上。点球进球，由守方在中点重新开球；点球未进，无论球出界与否，均由守方发后场球重新恢复比赛；

9. 在比赛开球、界外球、任意球、角球时，对手均须离球 3m 以上；

10. 换人：每队换人次数不限，换人时无需经过裁判允许，可直接在换人区进行替换，先下后上，换下场的运动员可再次被替换上场；

11. 赛前、赛后执行握手礼仪。

第三十四条　二人制比赛（游戏）

二人制比赛对小年龄组儿童的基本运动能力、足球基本技能的形成和发展以及对战术意识的启蒙都很有帮助。

（一）规则要点

1. 二人制比赛（游戏）适用于 6 岁及以下儿童；

2. 比赛推荐使用 3 号球；

3. 推荐场地大小：18m × 12.5m，可适当调整场地大小；

4. 推荐球门尺寸：3m × 1.5m，可适当调整球门尺寸，但不建议采用尺寸过小的球门。球门应确保符合安全要求；

5. 比赛分为两节，半场 3 分钟，下半场交换场地。每名队员每天参加不超过 6 场比赛；

6. 比赛不设队伍排名；

7. 比赛不设红、黄牌；

8. 换人不受限制；

9. 无越位犯规；

10. 赛前、赛后执行握手礼仪；

11. 中点开球：不允许直接射门，可直接带球前进，也可传球；

12. 任意球：不允许直接射门，可直接带球前进，也可传球。守方队员需离罚球点 3 m 以上；

13. 角球：不设角球，球出底线后由守方发后场球；

14. 点球：不设点球；

15. 边线球：在出界地点用脚发边线球，可直接带球也可传球，不能直接射门，防守方需离球3 m以上；

16. 不得穿带有硬质鞋钉的球鞋。

各类赛事主要参照指标参见表2：

表2　12岁及以下各类赛事主要参照指标

<table>
<tr><th>比赛形式</th><th>二人制</th><th>四人制</th><th>五人制</th><th>八人制</th></tr>
<tr><td>年龄段</td><td>6岁及以下</td><td colspan="2">7~10岁</td><td>11~12岁</td></tr>
<tr><td>比赛时间</td><td>3'×2</td><td>10'~15'×2</td><td>20'×2</td><td>20'~30'×2
15'~20'×3</td></tr>
<tr><td>每日比赛场次</td><td>≤6</td><td colspan="3">≤2</td></tr>
<tr><td>场地尺寸</td><td>18 m×12.5m</td><td>长：32m~38 m
宽：14m~ 20m</td><td>长：25m~42m
宽：16m~25m</td><td>长：58 m~68 m
宽：40m~50m</td></tr>
<tr><td>球门尺寸</td><td>3m×1.5m</td><td>3m×1.5m</td><td>3m×2m</td><td>5m×2m</td></tr>
<tr><td>比赛用球</td><td>3号</td><td>4号或4号轻型</td><td colspan="2">4号</td></tr>
<tr><td>守门员</td><td colspan="2" rowspan="2">无</td><td colspan="2">有</td></tr>
<tr><td>越位</td><td>无</td><td>有</td></tr>
<tr><td>界外球</td><td colspan="3">脚踢</td><td>手抛</td></tr>
<tr><td>裁判人数</td><td>0~1</td><td>1</td><td>1~2</td><td>1~3</td></tr>
<tr><td>犯规处罚</td><td>无红、黄牌</td><td>队员被出示红牌后应立即离场，替补员可随即被换上场。</td><td colspan="2">队员被出示红牌后应立即离场，更换的替补队员两分后方可上场；队员被出示黄牌可酌情使用暂时罚离机制。</td></tr>
<tr><td>点球</td><td>无</td><td colspan="3">有</td></tr>
<tr><td>任意球</td><td>间接任意球，可以直接带球或传球，守方离球≥3m。</td><td>直接任意球，守方离球≥3m。</td><td>直接任意球，守方离球≥5m。</td><td>直接任意球，守方离球≥7m。</td></tr>
<tr><td>换人</td><td colspan="3">不限</td><td>换下球员可再次替换上场，原则上不限换人次数；换人应经裁判允许。</td></tr>
</table>

第九章　纪律、仲裁、红黄牌、计分积分

第三十五条　纪律与仲裁机构的设立

（一）各类赛事组委会应设立纪律委员会或工作组，全权负责本赛事纪律准则的执行。

（二）各类赛事组委会应设立仲裁委员会或工作组，全权负责本赛事球员资格、相关纠纷的裁定。

（三）若上述机构对疑难问题无法处理，应以书面形式逐级向上反映，及时解决。

（四）各类赛事应高度重视对球队官员的严格管理和纪律约束，对于违反赛风赛纪的球队官员应给予严肃处理。

（五）对于违反赛风赛纪情节严重的行为，赛区须及时将违纪报告报送到所在省市会员协会和中国足协纪律委员会，涉及校园足球赛事应报送到省市校足办，以做出严肃处理。

（六）6 岁及以下小年龄组的足球比赛（游戏）可不设纪律、仲裁机构。

第三十六条　红黄牌停赛及纪律处罚

（一）赛事的不同场次比赛中，一名运动员累计被出示两张黄牌将自然停赛一场；该运动员恢复比赛后黄牌重新累计。

（二）红牌停赛

在比赛中一名运动员被出示红牌时立即被罚令出场，并自然停赛一场；在同一场比赛中，一名运动员被连续出示两张黄牌时，将被出示红牌罚令出场并自然停赛一场；该红牌记录为（1+1），两张黄牌不再记录。在同一场比赛中，一名运动员先被出示一张黄牌，随后又被直接出示一张红牌时，立即被罚令出场，并自然停赛一场，黄牌依然被记录。

（三）未完成的停赛处罚和纪律处罚，应带到赛事的下一阶段继续执行。

第三十七条　计分和决定名次

（一）循环赛比赛

1. 在循环赛比赛中，每队胜一场得 3 分，平一场得 1 分，负一场得 0 分；

2. 在循环赛比赛中，鼓励每场决出胜负（在下半场规定时间结束后踢成平局，应直接罚球点球决出胜负）；无论在规定时间内取胜还是互罚球点球决胜，胜队得 3 分，负队得 0 分；

3. 在所有组别循环赛的全部比赛结束后，积分多的球队名次列前。如两队或两队以上积分相等，则依次按照相互之间比赛的积分、净胜球、进球数，相关全部比赛的净胜球数排列名次，多者名次列前。如仍相等，可依次比对纪律处罚、红牌、黄牌数量，少者名次列前；仍相等，将以抽签决定名次。

（二）在淘汰赛阶段，双方在常规时间踢成平局，不加时，直接以互罚球点球方式决出胜负。

（三）在小年龄组比赛中，主办单位应淡化比分及名次结果，重视培养球员专注于比赛

过程、享受比赛的良好习惯。

第三十八条 弃权和退出比赛的处理

（一）除不可抗力的因素外，球队因自身原因，在规定的开赛时间过后 5 分钟仍不能参赛，判该队弃权，记 0 ： 3 负于对方。

（二）在已完成报名、组委会已做好竞赛编排的情况下，球队无论以何种理由不参赛、退赛及罢赛，都将受到相应的纪律处罚；对情节严重的，赛区组委会还可通过会员协会向中国足协纪律委员会报告情况，中国足协将对违规参赛单位及主要责任人进行严厉处罚。

（三）如某支球队中途退赛，其已完成或尚未进行的比赛均判 0：3 负，与之比赛的球队被判罚的红黄牌及相关纪律处罚依然有效。

第三十九条 其他规定

（一）各类赛事赛区组委会应遵守中国足协和赛区组委会制定的各项制度和纪律规定，若赛区组委会的规定与中国足协相应规定发生冲突时，参赛单位可逐级以书面形式向上反映情况，赛区组委会应及时调整与纠正。

（二）遵守赛区协调员（如设立）、比赛监督、裁判长在赛前联席会上提出的相关要求与规定。

第十章 奖 励

第四十条 奖项设立及要求

（一）奖项设立的主要目的是鼓励优秀的集体和个人，提倡物质奖励和精神奖励相结合。在赛事组委会的奖项评选和球队的奖项推荐过程中，都应对严重违规违纪的集体和个人一票否决。

（二）奖项可包括：球队名次奖、最佳射手奖、最佳球员奖、最佳守门员奖、公平竞赛奖、最佳阵容奖、优秀裁判员奖、优秀教练员奖等；另外，组委会可以鼓励小球员为目的，设立技术能力、战术意识进步等奖项。

（三）奖杯、证书的设计与制作应严格按赛事名称、竞赛规程要求执行，不应随意变更。

（四）由中国足协作为指导单位或支持单位的 12 岁及以下少年足球赛事，主办单位应将奖项设立情况及奖杯、证书制作的样式提前报中国足协审核。

第十一章 中国足协作为指导单位或支持单位的赛事

第四十一条 由中国足协作为指导单位或支持单位的赛事，中国足协将对赛事如下方面工作提供支持与协助：

（一）对主办单位在制定竞赛规程、竞赛日程等方面提供技术性支持与帮助。

（二）在主办单位选派赛区协调员（如设立）、比赛监督、裁判监督（裁判长）或裁判员等方面提供协调与支持。

（三）在主办单位对于重大违规违纪事件的处理与处罚等方面提供协调与支持。

（四）协调中国足协领导及中国足协相关职能部门领导参加赛事的发布会、开幕式、闭幕式等活动。

第四十二条　赛区组委会的相关义务

由中国足协作为指导单位或支持单位的赛事，赛区组委会应高度重视赛事的组织工作，并应尽到如下方面职责及义务：

（一）严格落实好参赛球队、裁判员及其他竞赛官员的食宿及交通安排。

（二）全方位落实好比赛场地及相关竞赛设施的维护和保障，确保比赛期间处于良好状态。

（三）严格落实好安保及医疗救护等方面工作。

（四）严格按照公平竞赛原则，落实好赛程安排与实施，定期公布赛区工作情况；在赛后一周内应向中国足协上报赛事总结及技术资料（包括：秩序册、成绩表、红黄牌记录、进球记录、纪律处罚通知、比赛录像等），全部资料包括纸质版和电子版。

（五）严格按照有关规定落实外请竞赛官员的工作酬金事宜。

（六）协调落实中国足协相关人员前往赛区调研及观摩等事宜。

第十二章　财　务

第四十三条　财务费用组成

（一）赛区竞赛组织工作经费，主要包括场地、接待、交通、安保、医疗救护、竞赛文件印制等费用。

（二）竞赛官员、技术调研员、裁判员的交通费、食宿费和工作酬金。

（三）赛区组委会工作人员的工作酬金。

赛区核付上述人员所发生的费用，均以向赛区下发的选派通知为依据。

第四十四条　赛区竞赛官员工作酬金

（一）酬金档次分类：

类别 1：总协调员（如设立）、比赛监督、裁判长、裁判员；

类别 2：组委会各部门负责人及工作人员。

（二）时间计算：原则上从赛前 2 天起算，赛后 1 天截止。

（三）应根据赛事规格、财务预算，合规、合理发放工作酬金。

第四十五条 所支付工作酬金应按国家及地方有关税务规定和标准缴纳个人所得税；税款由承办赛区及时向当地有关税务部门集中缴纳。

第四十六条 外埠竞赛官员食宿及交通

赛区组委会应为外埠竞赛官员、裁判人员提供安全、卫生的食宿条件，并按相关规定为外埠竞赛官员解决交通费用报销等事宜。

第四十七条 各主办单位应与承办赛区、会员协会及其他相关机构签署赛事承办协议，就各方的权利义务、重要事项、财务支付等有关方面予以明确，并确保承办赛区按照协议要求执行，保障赛事顺利运行。

第四十八条 关于球队交费

赛事组委会应合理制定参赛球队自交费用标准，包括餐饮、住宿、室内交通、饮用水等，并应以正式补充通知的形式至少提前两周告知参赛队伍。

第四十九条 关于超编事宜

（一）承办赛区应根据本地情况合理提出参赛队超编人员收费标准并提前告知。

（二）赛区应严格按通知标准收取球队超编人员费用，并应向交费单位出具正式财务票据。

（三）涉及规定交费项目之外的其他服务及费用，可由赛区与参赛队协商解决。

第五十条 赛事保证金

主办单位为确保参赛队报名后能按时参赛、不退赛、遵守赛风赛纪，可在报名时向球队收取适当金额的参赛保证金，并应在赛事正式通知中提前告知；保证金应在球队参赛结束后及时退还。主办单位不得对球员红、黄牌犯规采取从保证金中罚款的做法。

第五十一条 中国足协提倡节俭办赛。各主办单位可根据赛事规格和规模、经费状况及相关规定等，妥善合规处理财务问题。主办方应做好赛事经费的预算管理，建议用于竞赛费用不得低于赛事总经费的 50%，尤其是有效降低和节约开、闭幕式费用。另外，中国足协鼓励各地积极组织青少年足球赛事志愿者服务，培养赛事组织工作后备人才，积极宣传足球文化。

第十三章　其他方面要求

第五十二条 赛前、赛中训练

承办赛区应向参赛队提供赛前、间歇日训练场地及附属训练设施的服务。

第五十三条　交通服务

为保障赛事顺利、安全，赛区组委会应高度重视交通服务。

（一）参赛球队抵达赛区后，城市内机场、火车站、汽车站与赛区运动员驻地间的交通接送，以及比赛、训练日往返于运动员驻地和场地之间的交通车辆，原则上由赛区统一安排。

（二）赛区组委会应要求受委托的交通部门重视对车辆的安全检查和驾驶员的安全教育。

第五十四条　安保、医疗、食品卫生

（一）安保

各类少年赛事承办单位应高度重视安保工作，赛事组委会应设立安保部门，明确职责，全力保障赛场、驻地及赛事有关区域的安防工作，确保参赛球员、官员及比赛观众的人身安全。

比赛进行期间，应加强对家长、亲属及球迷的管理，主队和客队球迷应进行分离。对于开放式赛场，应设置竞赛管理区域，禁止闲杂人员进入该区域，保证比赛规范有序。

（二）医疗救护

主办单位或承办赛区应确保每场比赛中，应配有由医疗机构派出的救护车、医疗人员及急救设备在赛场相应区域待命；每场比赛至少配备一副担架及两名担架员。

（三）食品卫生

主办单位、承办赛区应高度重视食品安全。在集中接待球队的酒店或驻地应定期对食品卫生安全进行检查，确保达标。

（四）饮用水

组委会在比赛日应为每个参赛队统一提供数量适宜的饮用水，种类以 500 毫升瓶装纯净水或矿泉水为宜。

凡出现赛事组织、食宿安排严重不达标的问题，球队应通过正常渠道，以书面形式向赛区的上级有关单位反映问题，求得及时、妥善解决。

第五十五条　新闻宣传

各类赛事主办单位、承办赛区应重视新闻宣传工作，宣传推广青少年足球和健康足球文化，弘扬主旋律、正能量，妥善处置突发事件，防止恶意炒作。

（一）应积极邀请媒体参与赛事报道，为媒体人员提供服务。

（二）比赛时应做好赛场媒体人员的管理。

第五十六条　比赛录像、秩序册、成绩册

（一）赛区组委会应安排摄像人员为每场比赛录像，保存全部比赛场次录像资料；赛事期间应为各参赛队（涉及本队的比赛）及裁判组（全部比赛）提供比赛录像。

（二）赛区组委会应负责竞赛文件、表格、秩序册及成绩册的印制，并及时向每支参赛队发放。

第五十七条 商务

赛区主办方在遵循赛事协议相关商务条款规定的前提下，可自行对赛事进行商务开发。商务开发的项目及内容应符合有关方面的规定。赛事主办方可在保证竞赛正常进行的前提下，加强与赛事赞助商的合作，认真履行协议，保障各方权益。

第五十八条 赛区组委会应按照相关要求在比赛场地布设赛事横幅及广告板。广告设施应安全，赛事宣传横幅内容应规范、文明、健康。

第十四章 附 则

第五十九条 如赛区出现严重的赛场事故、违规违纪问题，中国足协将保留对赛事主办方、主责单位或主要责任人采取进一步处罚的权力，并将根据问题后果将相关机构与人员列入全国足球行业黑名单。

第六十条 本指导办法由中国足协负责解释。

附件：1.《参赛承诺书》（参考模板）

2.《12 岁及以下少年足球赛事球队报名信息表》（样表）

3.《12 岁及以下少年足球赛事参赛官员信息表》（样表）

4.《12 岁及以下少年足球赛事参赛球员信息表》（样表）

5.《12 岁及以下少年足球赛事参赛球队合影照片》（样表）

6.《在十一人制场地上进行四人制比赛，场地区域划分示意图》

附件 1

参赛承诺书
（参考模板）

我单位正式报名参加___________的比赛并在此郑重承诺：

（一）自觉遵守竞赛规程及其他相关规定，按照组委会赛程安排，将以诚信和公平竞赛的态度，全力以赴参加所有段和场次的比赛。

（二）本队所有参赛人员处于良好的健康状态，并将在比赛期与赛事组委会密切配合，做好球的管理，自觉保所有人员的健康与安全。

（三）本队若有人员出现违反赛赛纪的，将自愿接受赛事组委会和中国足协的处罚。

（四）对于赛区出现的，本队将通过正常渠道反映情况，以求妥善解决。

参赛单位负责人签名：　　　　　日期：　　年　　月　　日

会员协会秘书长或所
属省（市）级校足办
领导签字：　　　　　　　　　　日期：　　年　　月　　日

参赛单位公章：　　　　　　　　　　所属会员协会公章或
　　　　　　　　　　　　　　　　　所属省（市）级校足办公章：

年　　月　　日　　　　　　　　　　　　年　　月　　日

附件 2

12 岁及以下少年足球赛事球队报名信息表

（样表）

<table>
<tr><td colspan="7">赛事全称：</td><td colspan="6">球队领队：</td></tr>
<tr><td colspan="7">球队全称：</td><td colspan="6">球简称（6 字内）：</td></tr>
<tr><td colspan="3">球队联系人：</td><td colspan="4">联系电话：</td><td colspan="3">主教练姓名</td><td colspan="3">教练等级：</td></tr>
<tr><td colspan="3">助理教练：
教练等级：</td><td colspan="4">助理教练：
教练等级：</td><td colspan="3">助理教练：
教练等级：</td><td colspan="3">队医：</td></tr>
<tr><td colspan="3">翻译：</td><td colspan="5">球队管理：</td><td colspan="5">其他官员（1.　　　）（2.　　　）</td></tr>
<tr><td rowspan="2">服装色</td><td colspan="3">队员（第一套）</td><td colspan="3">守门员（第一套）</td><td colspan="3">队员（第二套）</td><td colspan="3">守门员（第二套）</td></tr>
<tr><td></td><td></td><td></td><td></td><td></td><td></td><td></td><td></td><td></td><td></td><td></td><td></td></tr>
</table>

序号	球衣号码	姓名	身份证号 / 参赛证号	备注	序号	球衣号码	姓名	身份证号 / 参赛证号	备注
1					15				
2					16				
3					17				
4					18				
5					19				
6					20				
7					21				
8					22				
9					23				
10					24				
11					25				
12					26				
13					27				
14					28				

注：1. 球员排序应严格按球衣号码数字由小到大进行排列；

2. 备注栏应标明报名球员位置及职务，如：守门员：G K；队长：C；后卫：DE；中场：MF；前锋：FO。

参赛单位盖章：　　　　医务章：　　　　所属协会 / 校足办盖章：

申报时间　　　　审核时间　　　　审核时间

年　月　日　　　　年　月　日　　　　年　月　日

附件 3

12 岁及以下少年足球赛事参赛官员信息表

（样表）

照片	照片	照片	照片
姓名：	姓名：	姓名：	姓名：
球队职务：领队	球队职务：主教练员	球队职务：队医	球队职务：翻译
单位职务：	教练等级：	医务等级：	语种：
身份证号	身份证号	身份证号	身份证号

照片	照片	照片	照片
姓名：	姓名：	姓名：	姓名：
球队职务：	球队职务：	球队职务：	球队职务：
单位职务：	教练等级：	医务等级：	
身份证号	身份证号	身份证号	身份证号

注：教练员等级应按如下类别填报：
1. 职业级；2. A 级；3. B 级；4. C 级；5. D 级。

附件 4

12 岁及以下少年足球赛事参赛球员信息表

（样表）

照片	照片	照片	照片
姓名：	姓名：	姓名：	姓名：
比赛服号码：	比赛服号码：	比赛服号码：	比赛服号码：
参赛证号：	参赛证号：	参赛证号：	参赛证号：
学籍卡号：	学籍卡号：	学籍卡号：	学籍卡号：
身份证号	身份证号	身份证号	身份证号

附件 5

12 岁及以下少年足球赛事参赛球队合影照片

（样表）

（电子版照片总体按框内幅面拍照或裁剪）

相关要求：

（一）球队报名的合影照片应为当年或近期的球队合影，报名球员及官员应体现在合影照片中。

（二）合影时全体球员应着球队第一套（主场队服）队服或套服拍摄；官员也应统一着装。

（三）摄影地点背景应优先选在本队主场赛场地或常规训练场地。

（四）拍摄现场可摆放球队赞助商广告。

（五）拍摄现场不宜摆放宣传口号类标语。

附件 6

在十一人制场地上进行四人制比赛，场地区域划分参考示意图

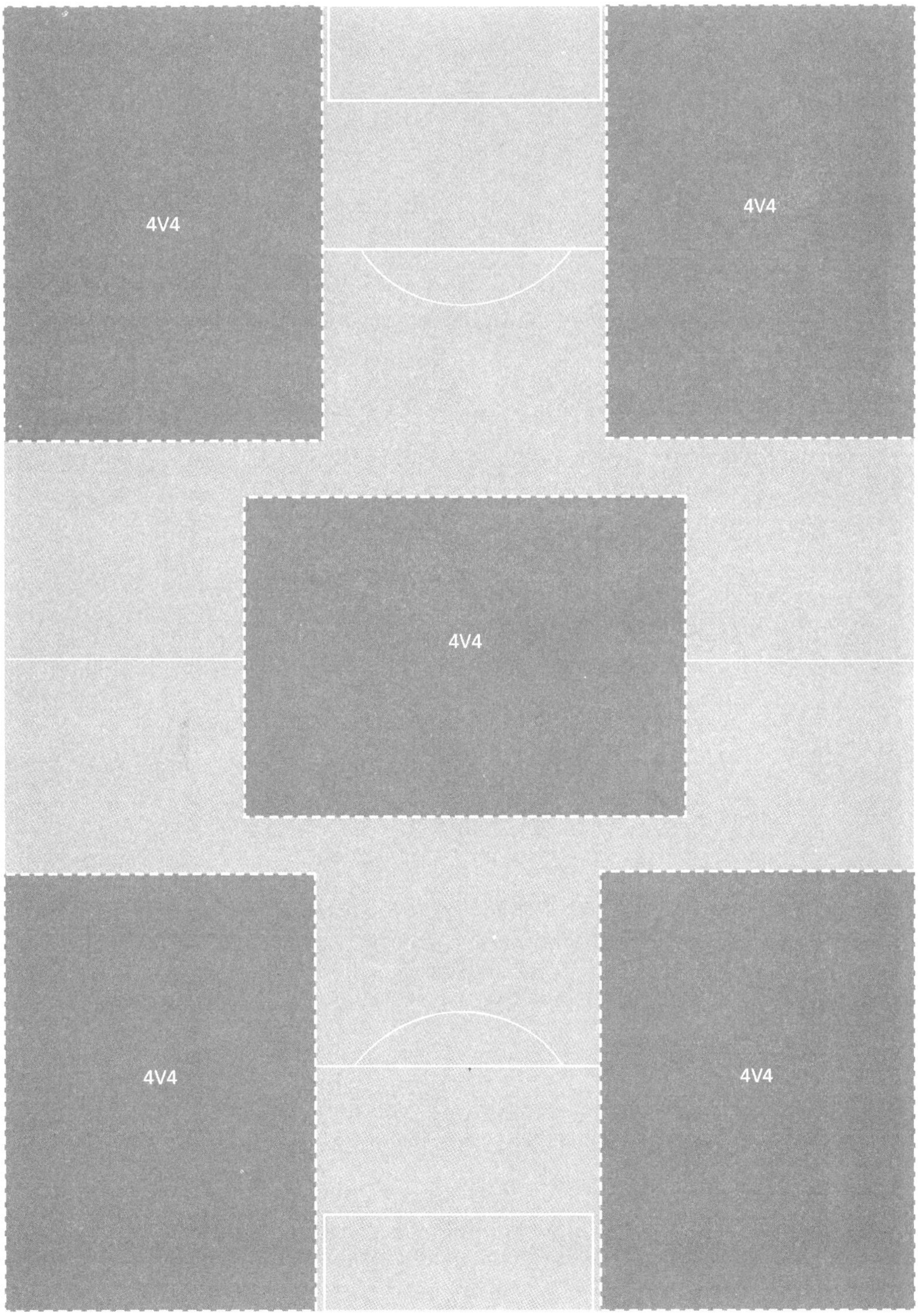

第五编

赛区管理

赛区是指大型比赛所划分的比赛区域。大型比赛属于大型群众性活动之一，是指法人或者其他组织面向社会公众举办的每场次预计参加人数达到一定量级的活动。主要特点是规模大、参加人员多、协调难度大等。为了更好地比赛、观赛，对赛区进行严格管理是很有必要的。为了保证足球赛事能够正常进行，必须严格赛区管理，文明观赛，保障观众人身财产安全。本编对足球比赛中赛区管理的重要事项进行了详细的介绍，为足球比赛赛区的安全和文明的观赛环境给出了良好的指导意见。

本编中汇集的法律规范主要有：《大型群众性活动安全管理条例》《国务院办公厅关于提倡文明赛风维护足球比赛秩序的通知》《体育场馆运营管理办法》《加强全国足球比赛安全管理工作的规定（试行）》《全国足球赛区安全秩序规定》《关于规范中国足球协会职业联赛赛场旗帜、横幅、标语等管理的通知》《中国足球协会超级联赛新闻组织运行手册》《中国足球协会乙级联赛保证金管理办法》《中国足球协会乙级联赛体育场管理规定》。这些法律规范涵盖了对比赛、观赛等阶段各个角色的管理规范，例如：对观众的安全管理、对场外横幅标语的管理、对新闻运行的管理、对比赛场馆的管理等，以保证足球赛事能够有序地进行。

大型群众性活动安全管理条例

第一章　总　则

第一条　为了加强对大型群众性活动的安全管理，保护公民生命和财产安全，维护社会治安秩序和公共安全，制定本条例。

第二条　本条例所称大型群众性活动，是指法人或者其他组织面向社会公众举办的每场次预计参加人数达到1000人以上的下列活动：

（一）体育比赛活动；

（二）演唱会、音乐会等文艺演出活动；

（三）展览、展销等活动；

（四）游园、灯会、庙会、花会、焰火晚会等活动；

（五）人才招聘会、现场开奖的彩票销售等活动。

影剧院、音乐厅、公园、娱乐场所等在其日常业务范围内举办的活动，不适用本条例的规定。

第三条　大型群众性活动的安全管理应当遵循安全第一、预防为主的方针，坚持承办者负责、政府监管的原则。

第四条　县级以上人民政府公安机关负责大型群众性活动的安全管理工作。

县级以上人民政府其他有关主管部门按照各自的职责，负责大型群众性活动的有关安全工作。

第二章　安全责任

第五条　大型群众性活动的承办者（以下简称承办者）对其承办活动的安全负责，承办者的主要负责人为大型群众性活动的安全责任人。

第六条　举办大型群众性活动，承办者应当制订大型群众性活动安全工作方案。

大型群众性活动安全工作方案包括下列内容：

（一）活动的时间、地点、内容及组织方式；

（二）安全工作人员的数量、任务分配和识别标志；

（三）活动场所消防安全措施；

（四）活动场所可容纳的人员数量以及活动预计参加人数；

（五）治安缓冲区域的设定及其标识；

（六）入场人员的票证查验和安全检查措施；

（七）车辆停放、疏导措施；

（八）现场秩序维护、人员疏导措施；

（九）应急救援预案。

第七条　承办者具体负责下列安全事项：

（一）落实大型群众性活动安全工作方案和安全责任制度，明确安全措施、安全工作人员岗位职责，开展大型群众性活动安全宣传教育；

（二）保障临时搭建的设施、建筑物的安全，消除安全隐患；

（三）按照负责许可的公安机关的要求，配备必要的安全检查设备，对参加大型群众性活动的人员进行安全检查，对拒不接受安全检查的，承办者有权拒绝其进入；

（四）按照核准的活动场所容纳人员数量、划定的区域发放或者出售门票；

（五）落实医疗救护、灭火、应急疏散等应急救援措施并组织演练；

（六）对妨碍大型群众性活动安全的行为及时予以制止，发现违法犯罪行为及时向公安机关报告；

（七）配备与大型群众性活动安全工作需要相适应的专业保安人员以及其他安全工作人员；

（八）为大型群众性活动的安全工作提供必要的保障。

第八条　大型群众性活动的场所管理者具体负责下列安全事项：

（一）保障活动场所、设施符合国家安全标准和安全规定；

（二）保障疏散通道、安全出口、消防车通道、应急广播、应急照明、疏散指示标志符合法律、法规、技术标准的规定；

（三）保障监控设备和消防设施、器材配置齐全、完好有效；

（四）提供必要的停车场地，并维护安全秩序。

第九条　参加大型群众性活动的人员应当遵守下列规定：

（一）遵守法律、法规和社会公德，不得妨碍社会治安、影响社会秩序；

（二）遵守大型群众性活动场所治安、消防等管理制度，接受安全检查，不得携带爆炸性、易燃性、放射性、毒害性、腐蚀性等危险物质或者非法携带枪支、弹药、管制器具；

（三）服从安全管理，不得展示侮辱性标语、条幅等物品，不得围攻裁判员、运动员或者其他工作人员，不得投掷杂物。

第十条 公安机关应当履行下列职责：

（一）审核承办者提交的大型群众性活动申请材料，实施安全许可；

（二）制订大型群众性活动安全监督方案和突发事件处置预案；

（三）指导对安全工作人员的教育培训；

（四）在大型群众性活动举办前，对活动场所组织安全检查，发现安全隐患及时责令改正；

（五）在大型群众性活动举办过程中，对安全工作的落实情况实施监督检查，发现安全隐患及时责令改正；

（六）依法查处大型群众性活动中的违法犯罪行为，处置危害公共安全的突发事件。

第三章 安全管理

第十一条 公安机关对大型群众性活动实行安全许可制度。《营业性演出管理条例》对演出活动的安全管理另有规定的，从其规定。

举办大型群众性活动应当符合下列条件：

（一）承办者是依照法定程序成立的法人或者其他组织；

（二）大型群众性活动的内容不得违反宪法、法律、法规的规定，不得违反社会公德；

（三）具有符合本条例规定的安全工作方案，安全责任明确、措施有效；

（四）活动场所、设施符合安全要求。

第十二条 大型群众性活动的预计参加人数在1000人以上5000人以下的，由活动所在地县级人民政府公安机关实施安全许可；预计参加人数在5000人以上的，由活动所在地设区的市级人民政府公安机关或者直辖市人民政府公安机关实施安全许可；跨省、自治区、直辖市举办大型群众性活动的，由国务院公安部门实施安全许可。

第十三条 承办者应当在活动举办日的20日前提出安全许可申请，申请时，应当提交下列材料：

（一）承办者合法成立的证明以及安全责任人的身份证明；

（二）大型群众性活动方案及其说明，2个或者2个以上承办者共同承办大型群众性活动的，还应当提交联合承办的协议；

（三）大型群众性活动安全工作方案；

（四）活动场所管理者同意提供活动场所的证明。

依照法律、行政法规的规定，有关主管部门对大型群众性活动的承办者有资质、资格要求的，还应当提交有关资质、资格证明。

第十四条 公安机关收到申请材料应当依法做出受理或者不予受理的决定。对受理的申请，应当自受理之日起 7 日内进行审查，对活动场所进行查验，对符合安全条件的，做出许可的决定；对不符合安全条件的，做出不予许可的决定，并书面说明理由。

第十五条 对经安全许可的大型群众性活动，承办者不得擅自变更活动的时间、地点、内容或者扩大大型群众性活动的举办规模。

承办者变更大型群众性活动时间的，应当在原定举办活动时间之前向做出许可决定的公安机关申请变更，经公安机关同意方可变更。

承办者变更大型群众性活动地点、内容以及扩大大型群众性活动举办规模的，应当依照本条例的规定重新申请安全许可。

承办者取消举办大型群众性活动的，应当在原定举办活动时间之前书面告知做出安全许可决定的公安机关，并交回公安机关颁发的准予举办大型群众性活动的安全许可证件。

第十六条 对经安全许可的大型群众性活动，公安机关根据安全需要组织相应警力，维持活动现场周边的治安、交通秩序，预防和处置突发治安事件，查处违法犯罪活动。

第十七条 在大型群众性活动现场负责执行安全管理任务的公安机关工作人员，凭值勤证件进入大型群众性活动现场，依法履行安全管理职责。

公安机关和其他有关主管部门及其工作人员不得向承办者索取门票。

第十八条 承办者发现进入活动场所的人员达到核准数量时，应当立即停止验票；发现持有划定区域以外的门票或者持假票的人员，应当拒绝其入场并向活动现场的公安机关工作人员报告。

第十九条 在大型群众性活动举办过程中发生公共安全事故、治安案件的，安全责任人应当立即启动应急救援预案，并立即报告公安机关。

第四章 法律责任

第二十条 承办者擅自变更大型群众性活动的时间、地点、内容或者擅自扩大大型群众性活动的举办规模的，由公安机关处 1 万元以上 5 万元以下罚款；有违法所得的，没收违法所得。

未经公安机关安全许可的大型群众性活动由公安机关予以取缔，对承办者处 10 万元以上30万元以下罚款。

第二十一条 承办者或者大型群众性活动场所管理者违反本条例规定致使发生重大伤亡事故、治安案件或者造成其他严重后果构成犯罪的，依法追究刑事责任；尚不构成犯罪的，对安全责任人和其他直接责任人员依法给予处分、治安管理处罚，对单位处1万元以上5万元以下罚款。

第二十二条 在大型群众性活动举办过程中发生公共安全事故，安全责任人不立即启动应急救援预案或者不立即向公安机关报告的，由公安机关对安全责任人和其他直接责任人员处5000元以上5万元以下罚款。

第二十三条 参加大型群众性活动的人员有违反本条例第九条规定行为的，由公安机关给予批评教育；有危害社会治安秩序、威胁公共安全行为的，公安机关可以将其强行带离现场，依法给予治安管理处罚；构成犯罪的，依法追究刑事责任。

第二十四条 有关主管部门的工作人员和直接负责的主管人员在履行大型群众性活动安全管理职责中，有滥用职权、玩忽职守、徇私舞弊行为的，依法给予处分；构成犯罪的，依法追究刑事责任。

第五章　附　则

第二十五条 县级以上各级人民政府、国务院部门直接举办的大型群众性活动的安全保卫工作，由举办活动的人民政府、国务院部门负责，不实行安全许可制度，但应当按照本条例的有关规定，责成或者会同有关公安机关制订更加严格的安全保卫工作方案，并组织实施。

第二十六条 本条例自2007年10月1日起施行。

国务院办公厅关于提倡文明赛风维护足球比赛秩序的通知

各省、自治区、直辖市人民政府，国务院有关部门：

自1994年建立全国足球甲级队联赛制以来，我国足球的社会化、产业化步伐加快，关心、观看足球比赛的人数不断增多，足球比赛已经成为广大人民群众文化生活的组成部分、城市社会主义精神文明建设的窗口。从总体上看，足球联赛发展是健康的。但在联赛过程中，少数球迷闹事的事件在一些地区时有发生。自1994年至今，中国足球协会处罚的违反“赛区安全秩序规定”的事件共有42起，仅今年上半年就已处罚8起。这些事件的发生，扰乱了社会治安秩序，影响社会稳定。为切实加强甲级队联赛的管理，提倡文明赛风，维护足球比赛秩序和社会稳定，经国务院同意，现就有关问题通知如下：

一、提高认识，切实加强对足球比赛的组织领导。各有关省、自治区、直辖市及赛区地方人民政府，要从贯彻江泽民同志“三个代表”重要思想的高度，提高对维护足球比赛秩序重要性的认识。要进一步增强政治意识、大局意识和责任意识，本着对党、对人民高度负责的精神，做好本地区赛事组织工作。对少数球迷闹事予以充分重视，作为维护社会稳定的大事来抓，把提倡文明赛风，维护赛场正常秩序作为精神文明建设的重要内容。要认真总结经验并汲取近几年特别是今年西安、重庆两地发生少数球迷闹事的教训，认真防止类似事件的发生。

二、严密组织，严格管理。各有关省、自治区、直辖市及有关地方人民政府要督促各赛区组委会严格工作程序，健全规章制度，认真做好赛事组织、安全保卫、新闻宣传工作。要周密部署，分工负责，责任到人。要制定防范、处置各种突发事件、恶性事件的预案，做到信息灵通，防范在前。在发生少数球迷闹事时，要依法果断处理、迅速制止。

要坚持纠正管理松弛、处罚不严的倾向，及时解决联赛中出现的问题。体育部门要认真做好组织和管理工作。要进一步改进裁判员的培训、选派、监督和管理工作，不断提高其业务水平和职业道德素质。裁判员必须公正、严格执法。在比赛中，任何组织和个人不得干扰和妨碍裁判员的执法工作。教练员、运动员要树立良好的体育道德风尚，在比赛中发扬顽强拼搏精神，自觉服从裁判员的判罚，对裁判员判罚有异议要按照规定和程序提出，以保证比赛正常进行。对裁判员、足球俱乐部、教练员、运动员要严格管理，对联赛中的违规违纪问题以及腐败行为，要及时严肃查处，绝不姑息，坚决防止和纠正行业不正之风。

公安机关要坚决贯彻执行《群众性文化体育活动治安管理办法》，进一步加强安全保卫措施。要加强赛场内外的安全监督检查，督促有关部门落实各项安全管理措施，对不安全因素较多的地区和重要场次的比赛要加强警力，防患于未然。要采取果断有效的措施，坚决打击少数有意滋事、带头闹事的违法犯罪分子，妥善处置各种突发事件、恶性事件，严禁各类赌球活动，维护赛场治安秩序，保护广大人民群众的安全。对不安全隐患较多、球迷闹事问题突出的赛区，由中国足球协会和公安机关对该赛区提出警告，直至取消其赛区资格。

三、坚持正确舆论导向。足球宣传工作是党的宣传工作的重要组成部分，要加强领导、监督和管理。足球宣传要客观、准确，坚持正面宣传为主，坚决反对和杜绝虚假新闻的制作与传播，坚决制止地方主义倾向和不负责任的宣传报道风气。对于带有明显导向错误的新闻工作者要根据有关规定给予严肃查处。从事足球宣传的新闻工作者要努力提高自身素质和职业道德，以对社会负责、对体育事业负责的精神，做好足球的宣传报道工作。

四、提倡文明赛风。有关地方人民政府、有关部门，各足球俱乐部、运动员、教练员要树立正确的足球比赛胜负观，“胜不骄、败不馁”，坚决克服“只能胜、不能输”的浮躁情绪和急功近利思想，不要把一场足球比赛的胜负、一支足球队伍的升降与所在地区或城市荣辱联系在一起。运动员良好的体育风貌和高尚的职业道德是有关地区或城市社会主义精神文明建设的重要标志之一。对待足球比赛既要提倡顽强拼搏、积极进取，又要正确对待比赛的胜负。

五、做好观众教育和组织工作。要充分利用广播、影视、报刊等大众传媒，教育广大观众以文明的语言、文明的举止观看比赛，提倡文明观看球赛的风气。特别要教育球迷自觉遵守赛场纪律，做文明观众。要加强对球迷组织的管理和引导。较多的球迷到异地看球，应按规定报批，球迷所在地有关部门要加强组织管理。严格禁止组织中、小学生到赛场当啦啦队。

六、其他赛事的组织管理要参照本《通知》精神进行。

国务院办公厅

2000 年 7 月 12 日

体育场馆运营管理办法

第一章　总　则

第一条　为规范体育场馆运营管理，充分发挥体育场馆的体育服务功能，更好满足人民群众开展体育活动的需求，促进体育产业和体育事业协调发展，根据《中华人民共和国体育法》《公共文化体育设施条例》以及《事业单位国有资产管理暂行办法》等相关法律法规，制定本办法。

第二条　本办法适用于体育系统各级各类体育场馆。

本办法所称体育场馆运营单位，是指具有体育场馆整体经营权，负责场馆和设施的运营、管理和维护，为公众开展体育活动提供服务的机构。

第三条　体育场馆应当在坚持公益属性和体育服务功能，保障运动队训练、体育赛事活动、全民健身等体育事业任务的前提下，按照市场化和规范化运营原则，充分挖掘场馆资源，开展多种形式的经营和服务，发展体育及相关产业，提高综合利用水平，促进社会效益和经济效益相统一。

第四条　县级以上各级体育主管部门负责本级体育场馆运营的监督和管理。

上级体育主管部门负责对下级体育主管部门体育场馆运营监督管理工作开展指导和检查。

第二章　运营内容与方式

第五条　体育场馆应当按照以体为本、多元经营的要求，突出体育功能，强化公共服务，拓宽服务领域，提高服务水平，全面提升运营效能。

鼓励有条件的体育场馆发展体育旅游、体育会展、体育商贸、康体休闲、文化演艺等多元业态，建设体育服务综合体和体育产业集群。

第六条　体育场馆应当结合当地经济社会发展水平、城市发展需要、消费特点和趋势，统筹规划运营定位、服务项目和经营内容，提高综合服务功能。

鼓励体育场馆根据运营实际需要，充分利用场馆闲置空间，依照国家有关标准和规范，合理开展适用性改造，完善场地和服务设施。

第七条 体育场馆应当建立适合自身特点、符合行业发展规律、与地方经济社会发展水平相适应、能够充分发挥场馆效能的运营模式。

积极推进场馆管理体制改革和运营机制创新，推动场馆所有权和经营权两权分离，引入和运用现代企业制度，激发场馆活力。

鼓励采取参股、合作、委托等方式，引入企业、社会组织等多种主体，以混合所有制等形式参与场馆运营。鼓励有条件的场馆通过连锁等模式扩大品牌输出、管理输出和资本输出，提升规模化、专业化、社会化运营水平。

第八条 体育场馆应当以体育本体经营为主，做好专业技术服务，开展场地开放、健身服务、竞赛表演、体育培训、运动指导、健康管理等体育经营服务。

第九条 训练场馆和专业性较强的场馆在保障专业训练、比赛等任务的前提下积极创造条件对社会开放。

除上述场馆之外的其他体育场馆每周开放时间一般不少于 35 小时，全年开放时间一般不少于 330 天。国家法定节假日、全民健身日和学校寒暑假期间，每天开放时间不得少于 8 小时。

因场馆类型、气候条件、承担专业训练和竞赛任务等原因，不能按照本办法规定对外开放的，可由省级体育主管部门视具体情况自行制定开放时间要求，向公众公示。

第十条 体育场馆应当突出体育赛事和群体活动的承载功能，全年举办的活动中非体育类活动次数不得超过总活动次数的 40%。

鼓励有条件的体育场馆举办具有自主品牌的群众性体育赛事，承接职业联赛，引进国内外知名体育赛事。

第十一条 体育场馆应当完善配套服务，优化消费环境，提供与健身、竞赛、培训等功能相适应的商业服务，不得经营含有奢侈和低俗内容的商品和服务。

场馆主体部分，包括场地和看台等，除进行广告等无形资产开发外，不得占用进行商业开发。

场馆主体部分附属设施，包括除主体部分以外的室内附属用房等，可在不影响设施原有功能的前提下，适度进行商业开发。

场馆配套设施，包括按规划建设的、与体育场馆或场馆群相配套的室内外非体育设施和用房，可结合城市发展需要，根据规划和功能定位进行多元开发。

第十二条 鼓励体育场馆充分挖掘利用资源，采用多种方式加强无形资产开发，扩大无形资产价值和经营效益。涉及冠名、广告等无形资产开发的，应当符合工商、市容、广告、安全等相关规定，禁止发布和变相发布国家工商和广告法律法规中明确禁止的广告内容。

第十三条 体育场馆应当加强品牌建设，拓宽营销渠道，宣传普及健身知识，引入新型消费和服务模式，培育健身消费市场。

体育场馆应当健全信息服务系统，建立客户维护体系，有条件的场馆可建立网络服务平台，提供多样化、人性化服务，提升客户体验。

第十四条 利用体育场馆经营高危险性体育项目的，应当依法办理审批手续，严格按照项目开放标准和要求开展经营活动。

第三章 经营管理

第十五条 体育场馆运营单位应当完善法人治理结构，建立科学决策机制，对重大事项决策、重要干部任免、重大项目安排和大额度资金使用事项应当实行集体决策。

体育场馆运营单位应当结合运营需要，配备专业运营团队，合理设置内设部门和岗位，完善运行管理体系，健全管理制度，建立激励约束和绩效考核机制。

第十六条 体育场馆运营单位应当加强人才培养和引进，完善员工培训体系，建立符合场馆发展需要的人才队伍。

体育场馆运营单位应当依法规范用工，相关专业技术人员必须持证上岗。

第十七条 体育场馆运营单位应当制定服务规范，明确服务标准和流程，配备专职服务人员，提供专业化、标准化、规范化服务。

体育场馆运营单位应当开展顾客服务满意度评价，及时改进和提高服务水平。鼓励体育场馆运营单位参与服务质量认证。

体育场馆运营单位应当做好基础信息统计，加强健身人群、培训人数等数据统计和分析，动态调整经营策略和服务方式。

第十八条 体育场馆运营单位应当保证场馆及设施符合消防、卫生、安全、环保等要求，配备安全保护设施和人员，在醒目位置标明设施的使用方法和注意事项，确保场馆设施安全正常使用。

体育场馆运营单位应当完善安全管理制度，健全应急救护措施和突发公共事件预防预警及应急处置预案，定期开展安全检查、培训和演习。

体育场馆运营单位应当投保有关责任保险，提供意外伤害险购买服务并尽到提示购买义务。

第十九条 体育场馆所属房产出租、出借的，经营内容应当符合本办法规定和场馆运营规划，不得出租、出借给存在社会负面影响、易损害体育场馆社会形象的经营业态，且须符合国家和当地的相关规定。

体育场馆主体部分因举办公益性活动或者大型文化活动等特殊情况临时出租的，时间单次一般不得超过 10 日；出租期间，不得进行改变功能的改造。租用期满应立即恢复原状，不得影响该场馆的功能、用途。

第二十条 体育场馆开展无形资产开发、房屋出租等经营，应引入第三方评估，并采用公开招标或竞争性谈判等方式确定合作对象和价格等内容。

体育场馆运营单位应当加强合同管理，规范合同签订、履行、变更和终止，相关协议涉及到本办法有明确规定事项的，需在合同中约定。

体育场馆运营单位应当加强合同履行监管，及时制止擅自变更经营业态、擅自转租等行为，必要时按法定程序中止或解除合同。

第二十一条 体育场馆运营单位应当将运营经费纳入预算管理，并严格遵守国家相关财务规范，健全财务管理制度和体系，规范预算、收支和专项资金使用。

第二十二条 体育场馆运营单位应加强能源管理，采取节能措施，降低单位能耗，节约运营成本。

鼓励体育场馆运营单位引入环卫、安保、工程、绿化等专业服务机构，提升场馆区域范围内物业管理和服务的专业化水平。

鼓励有条件的场馆配备全面视频监控，实行动态管理，场地等重要场所监控录像保留时间不低于 30 日。

第二十三条 体育场馆运营单位应当公示服务内容、开放时间、收费项目和价格、免费或低收费开放措施等内容。除不可抗力外，因维修、保养、安全、训练、赛事等原因，不能向社会开放或调整开放时间的，应当提前 7 日向公众公示。

第四章　监督管理

第二十四条 体育主管部门应当加强对体育场馆运营管理工作的监督，建立健全科学合理的体育场馆运营监督管理责任制，并将工作监督和管理责任落实到具体部门；加大对体育场馆运营管理工作的指导力度，提供必要的培训等服务。

第二十五条 体育主管部门应当建立健全财政资金补贴体育场馆开放服务的长效机制和政府购买公共体育服务的具体办法，保障体育场馆正常运行。

体育主管部门应当制定本级体育场馆运营目标和公共服务规范，开展运营目标考核和综合评价，并将运营目标完成情况和综合评价结果与预算资金安排、财政补贴或奖励、政府购买公共服务等经费安排、人员考核与晋升等挂钩。

第二十六条 体育场馆运营单位利用国有资产对外投资、出租和出借的，应当从经济效益、经营业态、形象信誉、安全风险等方面进行必要的可行性论证，并按照国家和当地国有资产管理规定，根据资产总额的相应权限要求进行报批或备案。

第二十七条 体育场馆运营单位应当将场馆的名称、地址、服务项目等内容报本级体育主管部门备案，并于下一年度1月31日前向本级体育主管部门报告以下事项：

（一）场馆设施总体使用情况；

（二）主要经营内容和服务项目调整情况；

（三）对外开放时间及免费或低收费开放情况；

（四）体育赛事活动及非体育类活动举办情况；

（五）商业经营开发情况；

（六）场馆无形资产开发情况。

第五章 附 则

第二十八条 鼓励建立体育场馆社会组织，发挥行业组织在制定行业标准、强化行业自律、维护行业权益方面的作用。

第二十九条 本办法自2015年2月1日起施行。

加强全国足球比赛安全管理工作的规定（试行）

第一条 为加强和规范全国足球比赛的安全管理工作，维护赛场秩序，保障比赛安全有序进行，根据《大型群众性活动安全管理条例》等有关规定，制定本规定。

第二条 本规定所指足球比赛是中超联赛、足协杯赛、中甲、中乙联赛及五人制足球比赛、沙滩足球比赛和女子足球联赛。

国家队、国奥队参加的国际间比赛和俱乐部参加的亚冠联赛以及商业足球比赛等其他赛事的安全管理工作，参照本规定执行。

第三条 足球比赛的安全工作实行“谁主管谁负责，谁承办谁负责”的原则。全国足球比赛的安全工作由国家体育总局足球运动管理中心负责，各赛区足球比赛的安全工作由赛区体育行政主管部门负责。国家体育总局有关部门应当加强对足球比赛安全工作的协调指导。

第四条 各赛区体育行政主管部门应当积极争取当地政府的支持，主动协调有关部门成立赛区委员会，完善竞赛组织，健全规章制度，严格工作程序，统筹组织赛场安全设施建设、赛场周遍环境整治、城市运行保障、球迷管理、赛场秩序维护、社会舆论引导等赛事安全管理工作，建立赛事期间紧急状态下协同应急处置机制，及时解决可能影响比赛秩序和社会稳定的问题。

第五条 公安部治安管理局对全国足球比赛的安全工作实施监督指导，各赛区公安机关在上级公安机关的指导下对本赛区足球比赛安全工作实施监督管理，依法查处扰乱比赛秩序到违法犯罪行为，维护赛场及周遍地区治安秩序。

第六条 国家体育总局足球运动管理中心应当会同公安部治安管理局制定相关赛场安全工作的规定和要求，加强安全管理并组织监督指导；赛区体育行政主管部门应当会同当地公安机关按照赛场安全工作规定和要求，具体组织实施监督检查。

第七条 赛区体育行政主管部门在取得政府或者行业主管部门批准举办足球比赛的文件后，应当按照《大型群众性活动安全管理条例》的有关规定，将下列材料提交赛区公安机关审批：

（一）本赛区比赛安排和说明；

（二）安全工作方案（附赛事相关职能部门架构及人员联络表）；

（三）球迷组织管理方案；

（四）与比赛场馆签订的协议及验收检查报告；

（五）票证安排方案及样本；

（六）其他需要提交的文件、材料。

第八条　赛区公安机关应当对提交的材料进行审查，并对比赛场馆进行实地查验，对符合安全条件的，作出许可举办比赛的决定；对不符合安全条件的，作出不予许可举办比赛的决定，书面告知赛区体育行政主管部门，并报告上级公安机关。

赛区存在严重安全隐患或者比赛期间安全形式复杂，赛区体育行政主管部门或者公安机关建议更改比赛日期或者比赛场地的，由省级体育行政主管部门、公安机关报国家体育总局足球运动管理中心和公安部治安管理局同意后，再由赛区公安机关作出相关许可决定。

第九条　足球比赛使用的场馆应当在执行《全球足球联赛体育场设施和安全规定》的基础上，进一步完善观众席和各出入口的视频监控、硬质隔离等安全设施，提升赛场硬件设施的安全水平。

（一）比赛场馆场地、看台、通道、门区以及安检等公共区域应当安装视频监控系统，监控范围做到无死角、全覆盖，视频监控图像信号应当传输至场馆监控办公室和安保指挥部。视频监控系统应当建设后台存储平台，确保监控图象至少保存 30 日。

（二）比赛场馆应当在运动员、裁判员出入口建设可伸缩的罩棚，罩棚使用的材料应当具备防砍砸功能，用以保护运动员、教练员、裁判员安全退场。

（三）赛区委员会应当根据赛区场地实际情况，在比赛场馆设置隔离护网或者硬质隔离设施，防止观众向场地内投掷杂物、翻越看台进入场地。隔离设施不得影响人员快速疏散。

（四）赛前应当请有关部门对比赛场馆建筑结构、疏散条件、广播系统、照明设施、看台隔离栏杆、停车设施等各项安全设施进行全面严格检查，确保符合国家建筑规范要求，出入通道畅通，消防、照明等设施完备有效。同一赛区应当优先选用安全设施相对完备的场馆作为比赛场地。

（五）赛区体育行政主管部门应当会同比赛场馆管理者组织内部保卫人员或者工作人员在每场比赛前对场地设施和建筑内营业场所进行全面自检，对发现的安全隐患应当立即整改。自检和整改情况应当随赛事审核材料书面报赛区公安机关。

（六）赛区公安机关应当在每场比赛前对比赛场馆组织进行安全检查，发现安全隐患及时责令改正，并对整改情况进行跟踪检查。

第十条　赛区体育行政主管部门应当积极推进赛区安全保卫社会化管理，督促足球俱乐部加大安全保卫投入，提供赛事各项安全保障，在公安机关的指导下，根据比赛规模、风险程度等配备与安全保卫工作相适应的专业保安员，在现场公安民警的指挥、调动下开展安保工作。

赛区体育行政主管部门应当协调有关方面租用或者购置必要的票证查验和安检设备，对入场观众、物品、车辆和有关人员组织进行票证查验和安全检查，做好赛场内部和出入口秩序维护工作。

公安机关负责对票证查验和入场按检工作进行监督指导。根据安全需要，公安机关可以直接组织对进入比赛场馆的人员、物品和车辆进行安全检查。

第十一条 赛区体育行政主管部门应当积极创造条件，建立健全相关标准，提高票证防伪、查验水平。赛区公安机关应当监督、指导球票发售工作，核定每场比赛的安全容量。售（发）票数量，不得超过总座位数量的80%。

第十二条 赛区体育行政主管部门、公安机关应当提请赛区委员会根据本赛区安全情况，制定赛场禁限带物品要求和清单，赛区体育行政主管部门应当责成足球俱乐部在售（发）票时向社会公告，并在入场票证上注明。

第十三条 赛区公安机关应当组织开展对比赛现场及周遍地区的治安秩序管理维护工作，依法打击违法犯罪活动，会同有关部门妥善处理赛场内外可能发生的治安问题和突发事件。

（一）对呼喊挑逗性口号或者使用挑逗性肢体语言等一般性扰序行为，在不影响比赛正常进行的前提下，由场内工作人员第一时间出面劝阻、制止。对不听劝阻、可能导致现场秩序混乱或者造成比赛中断的，场内安保人员应当迅速将其劝离现场并进行批评教育。

（二）对在赛场内展示有不良内容的标语、横幅的，由场内工作人员第一时间出面劝阻、制止。对在赛场内展示有违反国家法律法规、影响民族团结等内容的标语、横幅或者散发传单等非法宣传品，以及使用激光发射装置向场内照射影响比赛的，场内安保人员应当立即制止，依法予以处置。

（三）对在比赛进行中，向场内投掷杂物、袭击比赛运动员、教练员、随队官员、裁判员以及在场内寻衅滋事、打架斗殴或者燃放烟花爆竹等严重干扰比赛正常进行的行为，场内安保人员应当及时固定证据，将肇事人员迅速带离现场并依法处置。

（四）对场内比赛双方运动员、教练员、随队官员发生语言和肢体冲突等行为的，首先由赛区体育行政部门进行调解；如冲突扩大或者赛区体育行政主管部门请求协助，公安机关可以调派警力对冲突双方进行分离。

（五）对在场外发生围攻球队、斗殴、打砸车辆等严重扰序行为的，公安机关应当迅速制止，对带头煽动闹事人员，及时固定证据，依法予以处理。对扰乱比赛秩序，受到公安机关治安拘留处罚的人员，可以同时责令其12个月内不得进入赛场观看同类比赛。

第十四条 赛区体育行政主管部门应当协调赛区委员会相关部门在赛前做好宣传引导工作，在赛场发生治安问题时引导媒体客观、公正地进行采访报道，创造良好的舆论氛围。

第十五条　赛区体育行政主管部门应当加强对球迷团体的管理，协调组织足球俱乐部成立专门的球迷管理组织机构，定期组织开展足球知识培训、观赛安全教育等方面的活动，引导广大球迷文明观赛。可以通过对备案的球迷团体进行评级，并采取分级管理的措施，对倡导文明观赛的球迷团体予以支持，引导球迷团体加强自我管理。

第十六条　对球迷团体赴异地观赛的，主客队赛区体育行政主管部门应当做好组织协调工作。主队赛区公安机关可以根据安保工作实际需要，商请客队赛区公安机关派员赴比赛地协助开展工作。

第十七条　对比赛过程中发生安全问题的赛区，以及因运动员、教练员及随队官员的不理智行为，引起观众不满，造成秩序混乱，引发赛场安全问题的俱乐部，根据《全国足球赛区安全秩序规定》和《中国足球协会纪律准则及处罚办法》，按情节轻重给予通报批评、警告、罚款、无观众比赛、禁止在某体育场馆比赛、在中立场地进行比赛、扣分等处罚；造成严重后果的，取消主场比赛资格。

未列入前款规定的其他扰乱赛事安全秩序的行为，参照前款规定予以处罚。

第十八条　赛区体育行政主管部门、公安机关可以结合本赛区实际，根据本规定制定本赛区的具体规定。

第十九条　本规定自印发之日起施行。

全国足球赛区安全秩序规定

第一章　总　则

第一条　为加强全国足球比赛赛区的管理，维护赛场安全秩序，保障足球比赛安全有序进行，依据公安部最新下发的《中华人民共和国治安管理处罚法》，中国足球协会和公安部治安管理局联合下发的《全国足球联赛体育场设施和安全规范》和中国足球协会的有关规定制定本规定。

第二条　本规定所指的足球比赛赛区是指由中国足球协会主办、地方会员协会承办的全国各级各类成年和青少年男、女足球比赛及各种国际足球比赛的赛区。

第二章　对赛区安全秩序的基本要求

第三条　各赛区委员会成立安全保卫组，在中国足球协会各相关委员会的指导和赛区委员会的领导下，负责赛区安全保卫和维持赛区秩序的工作。切实落实国务院办公厅下发的《关于做好2005年足球比赛有关工作的意见的通知》和《国务院办公厅关于提倡文明赛风维护足球比赛秩序的通知》精神，认真执行公安部和中国足球协会下发的《关于做好全国足球甲级队联赛、中国足协杯赛和女子足球超级联赛的安全保卫工作的通知》和《关于全力做好足球赛场安全防范工作的通知》的规定。

第四条　加强对观众的正面教育和宣传，建立良好的赛区秩序，促进当地的精神文明建设，维护社会安定，规范赛场秩序管理，推进改革开放和我国足球运动的健康发展。

第五条　加强对球迷组织的指导和管理，自觉遵守比赛纪律，维护赛场秩序。既要为主队加油助威，热情友好地欢迎客队，又要公正对待裁判员，冷静对待他们可能的失误，“理智对输赢”。使他们成为赛区精神文明建设的基本力量。

第六条　赛前必须请有关方面对体育场建筑结构、疏散条件、各项安全设施等进行全面严格的检查，确保建筑安全可靠、出入畅通，消防、照明等设施完备有效。

第七条　主动与公安部门密切合作，加强组织领导，制定周密的安全保卫工作方案，精心组织，严密部署，确保落实。

第八条　观众入场时要严格验票，严禁无票或持假票、废票等入场，防止出现涨台情况，确保体育场观众席的安全容量。

第九条　赛场区内不能安排军乐队、锣鼓队等。该类助威性队伍可以在观众席上安排特定位置。

第十条　无论是在赛前还是在中场休息时或比赛进行中，都要采取切实措施，严格进行入场检查，严禁观众将危险物品、各种软硬封口包装饮料、杂物及可能破坏赛场秩序的不文明、不健康甚至有侮辱或谩骂性的旗帜、标语等带上看台。

第十一条　坚决禁止观众向赛场内投掷饮料瓶、杂物及可能干扰比赛或伤及人身的任何物品。

第十二条　坚决禁止观众擅自或强行进入比赛场地。

第十三条　坚决禁止观众围堵、攻击裁判员、运动员和赛场工作人员及以上人员所乘车辆。

第十四条　坚决禁止观众之间相互攻击的暴力行为。

第十五条　外地球迷有组织的到其他赛区观看比赛，必须做出文明观赛的书面保证和承诺，经两地公安部门及两地会员协会的审核批准，并由球迷所在地区会员协会负责人、公安人员带队。赛区委员会接待和安排外地球迷观看比赛时，必须采取有效的安保和隔离措施，以确保赛场及观众席的秩序和安全。

第三章　违反本规定的处罚

第十六条　对赛区出现下列情况之一者，中国足球协会纪律委员会将予以口头警告处罚：

（一）因验票不严，看台秩序出现局部或小范围的混乱，但未造成更大影响；

（二）因入场检查不严，出现极个别观众向场地投掷饮料瓶等杂物，但尚未明显干扰比赛，也未造成伤害；

（三）极个别观众擅自翻越看台进入赛场，但被及时制止；

（四）极少数观众围堵裁判员、运动员、赛区工作人员及所乘车辆，但被及时制止。

第十七条　对赛区出现下列情况之一者，中国足球协会纪律委员会将予以通报批评：

（一）已被口头警告一次，再次出现应被口头警告的情况；

（二）因验票不严，看台出现较大混乱，但被有效制止；

（三）因入场检查不严，出现少数观众向场内投掷饮料瓶等杂物，明显干扰比赛，但未造成伤害；

（四）少数观众擅自翻越看台强行进入场地，但被及时制止；

（五）少数观众围堵、攻击裁判员、运动员、赛区工作人员及所乘车辆，但被有效制止，且未造成伤害；

（六）少数观众之间发生冲突或互相掷物攻击，但被及时制止。

第十八条 对赛区出现下列情况之一者，中国足球协会纪律委员会将予以警告处罚，并处以 1 万元以上，5 万元以下的罚款：

（一）已被通报批评一次，再次出现应被通报批评的情况；

（二）观众向场内大量投掷饮料瓶等杂物，严重干扰比赛，但未造成重要伤害；

（三）较多观众擅自翻越看台强行进入赛场，严重干扰比赛，但被有效制止；

（四）较多观众围堵、攻击裁判员、运动员、赛区工作人员及所乘车辆，但被有效制止，且未造成伤害；

（五）观众之间在较大范围发生冲突或相互掷物攻击，但被有效制止，且未造成重要伤害。

第十九条 对赛区出现下列情况之一者，中国足球协会纪律委员会将予以进行无观众比赛、禁止在某体育场（馆）比赛、在中立场地进行比赛等处罚，并处以 5 万元以上，10 万元以下的罚款：

（一）已被警告两次，再次出现应被警告的情况；

（二）观众大规模向场内投掷饮料瓶等杂物，使比赛多次中断或较长时间中断，或造成重要伤害；

（三）大量观众强行进入赛场，使比赛中断且难于继续进行；

（四）大量观众围堵、攻击裁判员、运动员、赛区工作人员及所乘车辆，较长时间未能制止，或造成伤害；

（五）观众之间在较大范围内发生冲突或相互攻击，虽然被制止，但造成重要伤害。

第二十条 对赛区出现下列情况之一者，中国足球协会纪律委员会将予以取消赛区资格的处罚，并处以 10 万元以上罚款：

（一）曾被处以进行无观众比赛、禁止在某体育场（馆）比赛、在中立场地进行比赛等处罚者，再次出现应被做出这种处罚的事件；

（二）大规模围攻裁判员、运动员、赛区工作人员及所乘车辆的暴力事件，或造成严重伤害；

（三）观众之间出现较大规模的暴力事件，或造成严重伤害；

（四）体育场建筑不安全、疏散不畅、消防不力等，引发严重事故，或造成严重伤害。

第二十一条 未被列入的其他扰乱或破坏赛区秩序和安全的行为或事件，将参照上述条款予以处罚。

第四章　附　则

第二十二条　对扰乱大型群众性体育活动秩序的个人，依照公安部最新下发的《中华人民共和国治安管理处罚法》执行。

第二十三条　本《规定》由中国足球协会负责解释。

第二十四条　本《规定》由中国足球协会主席会议批准后生效，原《全国足球赛区安全秩序规定》同时废止。

关于规范中国足球协会职业联赛赛场旗帜、横幅、标语等管理的通知

各中超、中甲、中乙联赛赛区及俱乐部：

随着各级职业联赛社会关注度和影响力的不断提升，许多赛区、俱乐部和球迷在场内以旗帜、横幅、标语等形式为载体，展示或表现对自己所喜爱球队支持的内容，渲染比赛气氛，为球队加油助威。

近期个别赛场出现了具有侮辱性、歧视性、不文明、不健康的横幅、标语，造成了不良的社会影响。

为进一步规范赛场旗帜、横幅、标语等管理，宣传赛场正能量，营造良好的赛场氛围，请各赛区、各俱乐部加强对球迷组织的管理，积极引导、严格审核，具体要求如下：

一、各赛区、参赛俱乐部应建立赛前报备审核制度，严格按照各级职业联赛的有关规定和要求，审核带入赛场的旗帜、横幅、标语等；

二、球迷组织经本俱乐部向主场赛区申报和批准后，可携带健康、文明、公益、非商业性的旗帜、横幅、标语等入场；

三、依据《全国足球赛区安全秩序规定》要求，禁止观众携带可能破坏赛场秩序的不文明、不健康甚至有侮辱歧视或谩骂性的旗帜、标语入场；

四、各俱乐部要加强对球迷组织的教育和管理，主动向赛区报备观众、球迷组织、本俱乐部拟携带、悬挂的内容载体，树立有序、文明观赛的导向，促进当地足球文化积极、健康发展；

五、各赛区要按照上述要求严格审核与检查，如在赛场内发现不符合规定的内容载体，应及时予以收缴并追究相关责任人及赛区、俱乐部责任。

随着联赛社会化、商业化程度不断提高，赛场的不文明行为将给赛区、俱乐部和联赛带来不良影响，请各赛区、俱乐部高度重视此项工作。中国足协将与各赛区、俱乐部密切配合共同维护职业联赛秩序和形象，促进中国足球职业联赛健康、稳定发展。

特此通知。

中国足球协会

2017 年 9 月 14 日

中国足球协会超级联赛新闻组织运行手册

第一章　总　则

第一条　为规范中国足球协会超级联赛新闻组织与管理，建立符合高水平的职业联赛所需要的新闻管理体系，提高中超联赛整体形象及新闻服务水平，特制定本联赛新闻组织运行手册。

第二条　联赛新闻组织与管理相关工作在中国足球协会新闻委员会框架下开展工作，接受中国足球协会媒体与公共关系部的业务指导与管理。

第三条　各相关单位请严格按照手册要求内容执行。

第二章　定　义

第四条　除非本文另有说明，所有定义的术语所具有的含义应与《2019 中国平安中超联赛新闻组织运行手册》中描述的含义相同。

内场：指体育场内除比赛场地外的整个场地区域。

比赛日：指比赛当天。

节目：指赛事的比赛、仪式或官方活动（或其中部分）的公用信号和单边信号。

公用信号：是指由中超公司指定的主转播商提供的各场比赛、仪式和官方活动的现场直播的连续的电视信号，包括但不限于中文形式的所有计时、计分、数据统计或其他电脑图形，以及为向所有持权转播商常规传送而制作的带有或不带解说的多声道音频的视频信号。

单边信号：是指由持权转播商或其代表作为公用信号补充为其独家使用而制作的不同信号。

版权公司 - 体奥动力赛事转播经理：指经中超公司授权、版权公司 - 体奥动力指派，协助赛区新闻官对主转播商、持权转播商及需要视频拍摄的非持权转播商等视频类媒体进行指导、规范和管理。版权公司 - 体奥动力赛事经理佩戴中国足球协会下发的官员和工作人员证件，在不违反《2019 中国足球协会超级联赛规程》和《2019 中国平安中超联赛新闻组织运行手册》

的情况下，在视频类媒体证件申请、视频类媒体背心发放、赛场电视转播及赛后视频类媒体采访中有等同于赛区新闻官的管理权利，可以对所有违规行为进行处理。如遇到不服从管理的媒体，在通知赛区新闻官后，禁止违规媒体进入赛场。

主转播商（HB）：指经中超公司授权，允许其进入中超联赛比赛场地，负责各场比赛公用信号的制作及必要机位或转播设备的安装，确保持权转播商能够获取、使用或开发公用信号以及转播节目。任何指定的主转播商应遵守由中超公司和版权公司 - 体奥动力赛事转播经理不时发布的所有指导、指南或规程，包括但不限于转播标准、规格或要求。主转播商的工作人员应配发有效证件，能够进入体育场或任何通行限制区内的指定区域，以作为主转播商正常履行和执行其职责及义务。所有主转播商的工作人员应始终使用其证件和由中超公司提供的任何其他认证形式，包括但不限于媒体背心或服装。

持权转播商（RTV）：指分别与中超公司和版权公司 - 体奥动力签订的转播许可协议的转播商，被授予持权转播商的权利，持权转播商应有权展示或转播部分或全部节目。所有持权转播商应通过主转播商制作的公用信号获取每场比赛的直播信号，且不得制作节目直播信号或要求其他第三方制作。所有持权转播商的工作人员应配发有效证件，能够进入体育场或任何通行限制区内的指定区域，并且应始终使用其证件和由中超公司提供的任何其他认证形式，包括但不限于媒体背心或服装。

非持权转播商（NRH）：未被中超公司或版权公司 - 体奥动力授予使用或利用转播权的任何一方，包括但不限于任何协会成员、参赛队伍、参赛队员指定的个人以及任何公司和单位等。不得进入为主转播商和持权转播商指定的体育场或任何通行限制区内的任何区域。任何想要参加或进入任何训练课、新闻发布会、赛后新闻发布会和混采区的非持权转播商，应申请由中超公司所颁发的非持权转播商通行证。非持权转播商不可申请其他形式的证件，包括媒体证。非持权转播商应遵守与赛事相关的中国足协及中超公司所有适用的规程、指导、指令和指南。若发现有任何人员违反上述规定，这些人员将被吊销证件并立即驱离体育场和 / 或其周边地区。所有违反这些规定的行动将上报到中国足协并给予处罚。

现场新闻采集（ENG）：指为主转播商或持权转播商工作，在中超公司或版权公司 - 体奥动力赛事转播经理指定的位置进行的新闻采集拍摄。所有现场新闻采集的工作人员应配发有效证件，能够进入指定区域，并且应始终使用其证件和由中超公司提供的任何其他认证形式，包括但不限于媒体背心或服装。

第三章　机构组织

第五条　职责

一、联赛组织机构下设新闻部，负责赛区新闻组织管理工作。中国足协媒体与公共关系部、中国足协中超联赛部、中超公司品牌媒介部以及各赛区、俱乐部共同配备新闻工作人员完成新闻组织管理服务工作。新闻组织管理服务工作接受中国足球协会新闻委员会的业务指导与管理监督。

二、新闻部工作职能：

（一）负责记者注册与报名以及协调境外媒体和驻京外媒的采访安排。

（二）负责新闻媒体证件、记者背心的统一制作与发放。

（三）负责赛季前与赛区新闻官、球队新闻官共同规范各赛区新闻设施。

（四）负责及时将中超联赛的相关信息通报给各个赛区。

（五）及时了解新闻组织管理运行中的问题，并予以解决。

三、赛区新闻官职责

具体职责及工作流程请参见第七章赛区新闻官职责及工作流程。

四、球队新闻官职责

俱乐部应任命一个专职的球队新闻官负责与俱乐部有关的媒体工作，球队新闻官须参加中国足协组织的相关培训并通过考核后，佩戴由中国足协颁发的球队新闻官证件进行工作。球队新闻官须与赛区新闻官合作承担中超联赛新闻组织管理与服务工作。具体工作职责请参见第八章球队新闻官工作职责及工作流程。

第四章　媒体注册与管理

第六条　注册时间

新闻媒体的注册时间为中超联赛开赛前 2 个月至开赛前 2 周。

第七条　注册方式

一、全国证件的种类为文字记者、摄影记者、主转播商、持权转播商、官方摄影、非持权转播商六种。中国足球协会媒体与公共关系部根据各赛区上一年度新闻媒体赛区采访的具体情况，将媒体采访名额分配给中超联赛各赛区；其中，发行范围覆盖全国的综合及足球专业类媒体，具有广泛影响力的网络媒体，以及各赛区主要的区域媒体可根据各地证件配额申请全国证件。各赛区新闻部门根据赛区媒体性质、影响以及申请报名情况，对媒体采访名额进行分配。

中国足球协会将在各赛区新闻官提交的媒体名单基础上进行审核确认。

二、证件的申请

（一）文字、摄影类证件

1. 符合申请全国通行媒体证件的媒体单位成员，需登录中国足球协会官方网站（http://www. thecfa.cn/）下载报名表，将相关从业资质、2 寸照片，一并以电子版的形式在所属赛区新闻部门进行报名。各赛区新闻部门将申请者的资料，同赛区注册报名汇总表压缩打包，统一以电子版形式发送至中国足球协会媒体与公关部，待报公安部审核后，转送制证中心制证。

2. 申请人员需在报名时附上国家新闻出版广电总局记者证件；未领取记者证件人员确需申请媒体证件的，必须在报名时附上本单位工作证明及最近连续两年的相关赛事报道文件，由赛区新闻部门上报至中国足球协会媒体与公共关系部，经审批后方可办理，其名额应包含在分配给赛区的注册名额内。

3. 中央级媒体统一在北京赛区办理。地方级媒体所在区域如果没有中超赛区，需向媒体所属区域的地方足协媒体部申请办理。

4. 同属一家媒体单位的报纸、杂志、网站等平台的记者共享本单位的注册名额，请自行协商后统一向媒体总部所在赛区的新闻部门提交报名申请。

（二）转播类证件

参与各类赛事信号制作或者购买了各类赛事电视转播权的转播机构，可根据具体情况申请不同赛事的主转播商、或者持权转播商证件，由赛事的版权合作伙伴 - 体奥动力负责办理。以上申请受理后，需报中国足球协会媒体与公共关系部审核后制证。

（三）非持权转播类证件

未被授予使用或利用转播权的电视、广播和视频网络记者，不能获得持权转播商证件，也不能申请全国足球比赛媒体（文字或摄影）证件，但可通过体奥动力申请非持权转播商证件（全国或地方证件），每家媒体可以为 2 位记者申请证件，名单需向中国足协报备。其中，地方证件由赛区根据体奥动力及中超公司提供的名单统一制作。媒体也可向中国足协申请单场非持权转播商证件。中国足协将视具体情况，批准有限数量的单场非持权转播商证件。

四、地方赛区通行媒体证件申请及办理流程

仅参与本地赛区足球赛事报道的地方类媒体以申请地方赛区媒体通行证件为主。为便于统一管理，赛区新闻官在确定年度赛区证件办理名单后，需向中国足协媒体与公共关系部备案。地方赛区也可根据赛事需求，设立单场赛事报道的媒体证件，供其他有单场赛事报道需求的媒体及记者申请，参与赛区的单场赛事报道，最终名单需在中国足协进行备案。

五、境外媒体统一由中超公司品牌媒介部接受其采访申请，报中国足球协会媒体与公共关系部履行相关境外媒体资质审核程序。

六、各赛区和各会员协会应在媒体注册工作中切实负起责任，根据名额数量和赛区媒体的实际情况，认真审核记者采访资格，严格把关。凡出现不遵守国家新闻出版广电总局相关规定、不遵守中国足球协会相关要求、不遵守相关赛事的新闻管理或者商务管理要求、影响干扰比赛和赛区工作等行为，以及报道内容失实或者误导公众、带来严重负面影响的情况，赛区可上报中国足协媒体与公关部，经调查属实后可收回当事记者证件，并在下一年度不予办理采访证件。

七、为维护良好的赛事报道秩序，凡申请赛事证件的媒体及转播机构成员须严格遵守中国足球协会要求及相关联赛的新闻管理和商务管理要求。

第八条 证件类型及通行区域

一、各类证件

（一）官方摄影：全场通用，仅供中超公司指定和授权的官方机构媒体人员使用（2019赛季为东方 IC）。比赛期间加穿“官方摄影”背心，所选工作位置不得在比赛场地内，不得阻碍第四官员席和替补席视野，比赛期间不得随意走动或者更换位置。

（二）摄影记者：体育场外场；比赛前领取并穿着“摄影”背心后方可进入内场球门后拍摄区域。

（三）文字记者：体育场看台指定区域（文字记者席）、新闻发布厅、混合采访区。

官方摄影证件

摄影记者证件

（四）主转播商：竞赛工作区、包括体育场周边、球员出入口；转播工作区包括转播机位、电视工作间、电视转播车、评论席、内场拍摄区域；瞬间采访区、新闻发布厅及混合采访区；赛前领取并穿着“主转播商”背心后方可进入竞赛工作区及转播工作区；入场仪式时，经许可进入球员通道及草地内。

文字记者证

主转播商证件

（五）持权转播商：限于体育场外场、转播工作区、新闻发布厅、瞬间采访区和混合采访区；赛前领取并穿着“持权转播商”背心后方可进入。

持权转播商证件

非持权转播商证件

（六）非持权转播商：未经版权方授权不能进入场地进行拍摄报道，非持权证件人员必须在比赛前，将摄像器材交由新闻管理人员保管，只能于文字记者席、指定看台或者新闻中心观看（由赛区新闻官确定）。比赛结束前 10 分钟可以取回设备，但只能直接进入新闻或混采区，赛后允许在新闻发布会、混合采访区进行拍摄报道。

二、2019 赛季的证件划分为 9 个区域，不同的媒体可以进入的区域不同（请参见下图）。媒体记者必须持有效证件进入相应区域，并正确穿戴背心。任何不佩戴证件或者使用他人证件的记者将被拒绝进入赛场，同时收回使用他人证件记者的采访证件，并在下一年度不予办理采访证件。

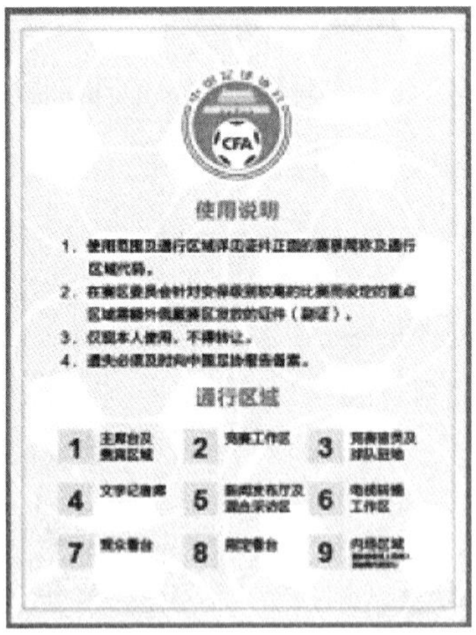

三、媒体记者在比赛进行时不得进入场地内及替补席技术区，不得随球队巴士往返赛场及官方训练场。

第九条　媒体背心

一、中超联赛记者背心分为 5 个类别：官方摄影（official）、主转播商（HB）、持权转播商（RTV）、现场新闻采集（ENG）、摄影（PHO），每个类型的记者背心以不同颜色进行区分。进入场地记者区工作的新闻媒体人员必须始终正确穿戴记者背心。

二、中超联赛记者背心由中超公司统一制作，在中超联赛开赛前发放至各赛区新闻官。各赛区新闻官负责赛前在新闻中心发放，赛后收回。

三、背心权限

（一）官方摄影（official，浅灰色）：

官方摄影背心全场通用，仅供中超公司指定和授权的官方机构媒体人员使用（2019 赛季为东方 IC）。比赛期间加穿 “官方摄影” 背心后，所选工作位置不得在比赛场地内，不得阻碍第四官员席和替补席视野，比赛期间不得随意走动或者更换位置。

入场仪式时可进入球员通道。赛后可进入赛后瞬间采访区、赛后新闻发布厅和赛后混采区拍摄。

（二）主转播商（HB，深灰色）：

主转播商背心可进入竞赛工作区包括体育场周边、球员出入口；转播工作区包括转播机位、电视工作间、电视转播车、评论席、内场拍摄区域，赛前领取并加穿 “主转播商” 背心后可进入上述内场区域，一台机器最多两名技术人员；

入场仪式时可进入球员通道和场地草坪（只有手持摄像机的操作人员才能进入草坪）。赛后可进入赛后瞬间采访区、赛后新闻发布厅和赛后混采区。比赛进行时，不得进入比赛场地及阻碍第四官员席和替补席视野的区域。

（三）持权转播商（RTV，深粉色）：

持权转播商背心可进入体育场外场、转播工作区。每场领取并加穿“持权转播商”背心后，可进入体育场内场指定区域、球门后记者拍摄区域，一台机器最多两名技术人员。

入场仪式时可在球员通道两侧及场地草坪外拍摄。赛后可进入赛后新闻发布厅和赛后混采区。任何时候不得携带摄像机和摄像摄影器材上看台。比赛进行时，不得进入场地内及替补席技术区。

（四）现场新闻采集工作人员（ENG，棕色）：

现场新闻采集背心仅限球门对应的广告板后、新闻发布厅及混合采访区。每个新闻采集位置最多只限派出一名摄像和一名出镜记者，每个转播商可有多组现场新闻采集小组。

现场新闻采集在比赛进行时，只能在场内指定位置做新闻采集，用于赛后的播出，不能进行直播，不能在场地内做采访，不得在赛前、比赛期间或赛后的任何时候进入比赛场地、球队更衣室或看台。对于任何进入禁止区域的现场新闻采集工作人员，应立即被收回其证件。

（五）摄影记者（PHO，明黄色）：

摄影记者背心仅限于体育场外场，每场比赛前领取并加穿 “摄影” 背心后，可进入体育场内场球门后指定拍摄区域。比赛进行时，不得进入场地内及替补席技术区。原则上赛后不得进入赛后新闻发布会和混合采访区。

2019赛季中超联赛赛事背心编号明细										
赛区	摄影PHO	主播HB	持权转播商RTV	现场新闻采集ENG	救护	球童	内场工作	官方摄影OFFICIAL	官方数据	赛区合计
0（中超公司）	0000-0049	0000-0059	0000-0009	0000-0009	无号	无号	无号	0000-0039	0000-0049	220
1（上海上港）	0100-0199	0100-0159	0100-0129	0100-0129	0100-0109	0100-0114	0100-0119			265
2（广州恒大淘宝）	0200-0299	0200-0259	0200-0229	0200-0229	0200-0209	0200-0214	0200-0219			265
3（山东鲁能泰山）	0300-0399	0300-0359	0300-0329	0300-0329	0300-0309	0300-0314	0300-0319			265
4（北京中赫国安）	0400-0499	0400-0459	0400-0429	0400-0429	0400-0409	0400-0414	0400-0419			265
5（江苏苏宁易购）	0500-0569	0500-0559	0500-0529	0500-0529	0500-0509	0500-0514	0500-0519			235
6（河北华夏幸福）	0600-0669	0600-0659	0600-0629	0600-0629	0600-0609	0600-0614	0600-0619			235
7（上海绿地申花）	0700-0769	0700-0759	0700-0729	0700-0729	0700-0709	0700-0714	0700-0719			235
8（北京人和）	0800-0869	0800-0859	0800-0829	0800-0829	0800-0809	0800-0814	0800-0819			235
9（天津权健）	0900-0969	0900-0959	0900-0929	0900-0929	0900-0909	0900-0914	0900-0919			235
10（广州富力）	1000-1069	1000-1059	1000-1029	1000-1029	1000-1009	1000-1014	1000-1019			235
11（大连一方）	1100-1149	1100-1159	1100-1129	1100-1129	1100-1109	1100-1114	1100-1119			215
12（河南建业）	1200-1249	1200-1259	1200-1229	1200-1229	1200-1209	1200-1214	1200-1219			215
13（重庆斯威）	1300-1349	1300-1359	1300-1329	1300-1329	1300-1309	1300-1314	1300-1319			215
14（天津泰达）	1400-1449	1400-1459	1400-1429	1400-1429	1400-1409	1400-1414	1400-1419			215
15（武汉卓尔）	1500-1559	1500-1559	1500-1529	1500-1529	1500-1509	1500-1514	1500-1519			225
16（深圳佳兆业）	1600-1659	1600-1659	1600-1629	1600-1629	1600-1609	1600-1614	1600-1619			225
总计	1160	1020	490	490	160	240	320	40	50	4000

四、背心编号

每个赛区背心数量为摄影 50~100 个，根据赛区实际情况分配，主转播商 60 个，持权转播商 50 个，现场新闻采集 30 个，所有背心采取编号管理。

（一）属于中国足协、中超公司号段的背心统一管理，如使用会提前通知相关赛区。

（二）官方摄影的工作背心由中超公司根据需要统一发放。

（三）中超公司开赛前将主转播商和持权转播商的清单发到各赛区，主转播商、持权转播商、现场新闻采集三类背心由版权合作伙伴体奥动力发放。

（四）赛季结束后，中超公司回收所有背心。

第五章　新闻设施

第十条　媒体中心（新闻工作间）

一、功能介绍：新闻中心主要向注册的文字记者、摄影记者和转播记者提供在体育场内编辑、传输他们的报道、图片和视频所需要的设施和服务，新闻记者在此区域进行登记并领取记者背心和相关证件。

二、区域设置：新闻中心应位于媒体入口附近，有清晰的指示标识。

三、设施要求：

（一）新闻中心应该在比赛前 2 小时开放，以给记者留出足够的时间来检查设备、网络等通信设施。并一直开放到比赛结束后 2 小时，以给文字记者充分的时间到混合区采访和参加新闻发布会，并返回编写新闻稿件。

（二）新闻中心须为独立的房间，面积 100 平方米大开间，70 个以上工位，布局要合理，记者可以在新闻中心自由移动而不打扰别人。

（三）每个工位要提供 2 个国内标准电源接口。

（四）配备可以收看比赛实况的电视设备，且确保每个工位都能通过电视看到比赛实况转播。

（五）设置专门的接待桌供记者赛前领取记者背心使用。

（六）设立成绩公告栏，张贴打印的出场名单、比赛统计表、新闻活动安排、新闻区域平面图及路线图等相关信息。

（七）摆放信息材料桌，摆放出场名单，赛后统计表等材料供记者自取。

（八）建议设置服务台，提供语言服务和技术支持（亚冠联赛时）。

（九）安置空调、供应饮水，简单的食品、工作间保持安静整洁。

（十）为记者提供免费的 WIFI 服务或者网络端口。

（十一）建议有条件的赛区提供一台一体机。

第十一条　新闻通道

一、功能介绍：新闻记者进入各项新闻采访区域的专门入口及通道。

二、设施要求：

（一）各个通道外有明显标识。

（二）新闻中心、新闻发布厅、文字记者席，混采区应尽量设置在相邻区域，相互之间应有较封闭和方便的专用通道往来。

（三）媒体通往新闻中心、场地摄影区、文字记者席、新闻发布会厅的通道应该同观众、贵宾、尤其是球队通道分开，不得交叉。

第十二条　新闻发布厅

一、功能介绍：新闻发布厅供比赛赛前及赛后新闻发布会使用。

二、区域设置：新闻发布厅的设置要考虑方便球员、教练员和新闻记者的进出。新闻发布厅应设置在新闻中心附近，并有专用通道引导记者进入该区域。

三、设施要求：

（一）新闻发布厅须为独立的房间，面积 150 平方米以上的开间，视线无遮挡。

（二）提供符合摄影摄像需求的照明和供电，发布会主席台区域垂直照度 1000 勒克斯。

（三）设置 70 个以上的坐席，提供 2 个以上的无线话筒供记者提问使用。

（四）在房间的一端，设置一个供教练员、球员、赛区新闻官和翻译进行新闻发布的工作平台。工作平台应高于地面 30 厘米，宽 2~3 米，设置主席台及 5~6 个座位，提供 3 个以上话筒，必须使用中超公司提供的话筒贴，并配备高质量的扩音系统。

（五）主席台后摆放中超公司规定新闻背景板。

（六）在房间的另一端，为摄像记者设置 0.6 米高，2 米宽，长度与房间宽度相同的拍摄平台，视野清楚；条件有限制的赛区可以将摄影区域靠近主席台设置，但是必须合理规划以避免摄影机阻挡文字记者视线，并设置充足的电源插孔和专业音频插孔（专业调音台和扩声设备）及至少 8 路输出的分音器。

（七）为记者提供免费的 WIFI 服务或者网络端口。

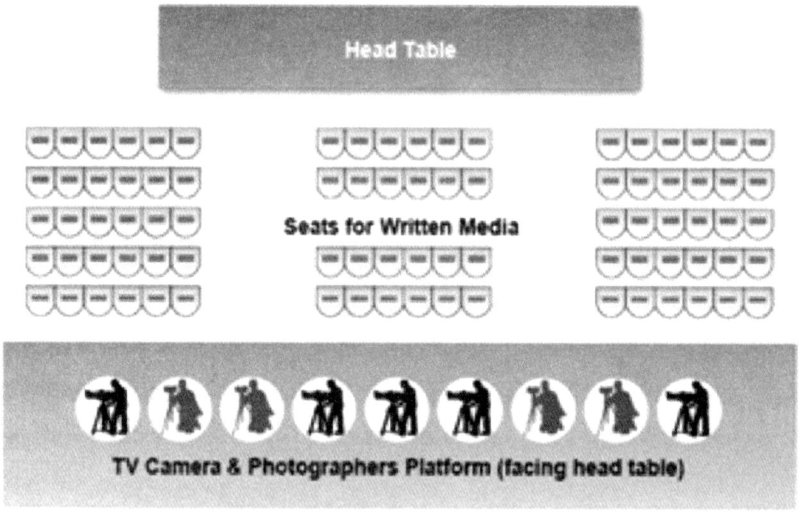

第十三条 赛后瞬间采访区域

一、功能介绍：赛后瞬间采访区用于比赛结束后主转播商立即采访球员和教练员使用，允许赛后单边采访在官方瞬采后使用此区域。

二、区域设置：此区域应设置在比赛场地中线附近，其位置由中超公司确定。

三、设施要求：

（一）以明确标志进行区分。

（二）瞬间采访区应设置在球队比赛场地中线附近，其位置由中超公司确定，并保证使用中超公司统一制作的瞬间采访背景板。

第十四条 混合采访区

一、功能介绍：混合采访区用于赛后新闻记者采访比赛球员和教练员。

二、区域设置：此区域应设置在运动队从更衣室返回球队大巴的必经路上，所有球员及教练员在离开赛场上班车前必须经过混合采访区，可接受媒体采访，但没有义务必须接受记者采访。

三、设施要求：

（一）混合采访区的面积至少为 100 平方米。

（二）新闻记者的采访区域为 30 米 ×2 米。

（三）混采区应设有三个出入口：

用于参赛球队和参赛官员从球队更衣室区域进入混采区；用于参赛球队和参赛官员从混采区离开前往球队大巴；和用于媒体出入混采区。

（四）此区域的照明和电力供应须满足摄像摄影的需要。

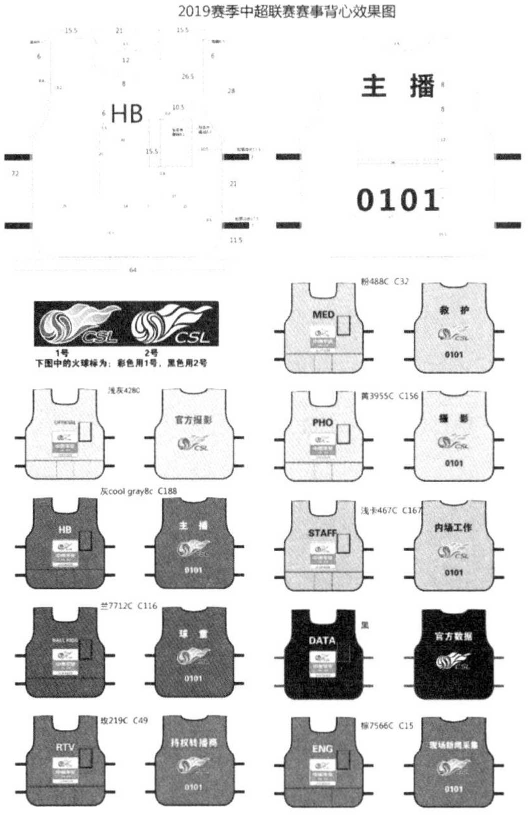

★备注：印染过程中，因材料关系，面料与所选PANTONE色卡对应颜色，有色差。

（五）媒体记者和球员之间应该用齐腰高（1 米）的栅栏隔开。混合区的设置应保证媒体记者和球员不会产生不必要的路线交叉。

（六）球队新闻官发布会后负责引领球员自由通过混合采访区。

（七）任何时候媒体记者不得进入另一侧的球员区域。

（八）为推广中超品牌和赞助商，混采区工作人员和球队新闻官须确保队员和官员在混合区采访板前接受采访。

第十五条　文字记者席

一、功能介绍：比赛期间新闻记者在看台工作的特定区域，分为带桌席、无桌席。

二、区域设置：应与球员休息室、新闻中心、新闻发布会厅和混合采访区在同一侧。并且此区域设置在主看台两侧或上方，能够看到全场、拥有较好无遮挡的视野，此区域须为独立的区域，与观众看台和主席台分开，并配备安保人员。文字记者席只允许有权限的记者进入，俱乐部不得将此位置的门票出售，其他观众也不得进入，进入此区域需应始终正确佩戴有效证件。文字记者席禁止任何媒体单位携带和使用摄影摄像器材进入和拍摄。

三、设施要求：

（一）最少设置 50 个带桌席和 30 个无桌席以上坐席，带桌席桌子规格建议为：2 米 ×0.6 米 ×0.75 米，纵深不少于 1.6 米，以便记者出入，每张桌子 3 个工位。坐席前后有足够大的空间，方便记者出入而不打扰其他人工作。

（二）每个坐席上配有笔记本电脑电源的接口，接口可置于桌面。

（三）提供免费的 WIFI 服务或者网络端口。

（四）文字记者席应能方便看到比赛场地及重要信息源，如记分牌等。

（五）文字记者席必须有顶棚覆盖或设置遮阳伞。

（六） 有条件的赛区可为每个文字记者席加装电视监视器。

第十六条 摄影记者区

一、功能介绍：摄影记者区仅供摄像、摄影记者在比赛期间工作使用。进入此区域的记者应正确佩戴证件及穿戴特定的记者背心。

二、区域设置：位于两个球门后，ENG 拍摄区和远端角旗之间，两边各 30~50 个位置。

三、设施要求：

（一）以明显的标志划定此区域。

（二）摄影记者工作区域应有电源和免费 WIFI 服务。

（三）须为记者提供一定数量的座椅，摆放在球门后面的摄影区域内。

（四）与主转播商、持权转播商进行良好沟通，确保双方都获得良好的位置。

（五）建议赛区新闻官为摄影记者准备雨伞或雨衣。

第十七条 ENG 拍摄区

一、功能介绍：ENG 拍摄区供身穿 ENG 背心的持权转播商拍摄新闻素材使用，只有佩戴持权转播商证件，且身穿 RTV 和 ENG 背心的人员方可进入。

二、区域设置：靠近主席台一侧，两个球门后从角球区到球门的位置设置 2~3 个 ENG 拍摄机位。

三、设施要求：

（一）以明显的标志划定此区域。

（二）每个机位 3 平方米，长 1.5 米，宽 2 米。

（三）此区域仅为 ENG 拍摄的区域，须有明确的标识，且配备安保进行管理，避免摄影记者占用。

（四）建议配置标准电源，免费的 WIFI 服务。

（五）须为记者提供一定数量的椅子。

第十八条 电视和广播评论席

一、功能介绍：电视和广播评论席是比赛期间电视台和广播电台进行现场评论的指定区域。此区域应至少为电视和广播设置各 4~6 个带桌坐席。

二、区域设置：评论席应设置在文字记者席或按照主转播商要求的场内较好位置。建议每场比赛至少配备四个独立电视评论席，六个独立广播评论席为最佳。

三、设施要求：

（一）评论席必须有顶棚覆盖。

（二）评论席必须用有机玻璃或其他物品与观众席隔离，保证此处不受观众影响。

（三）每个位置提供 2 个国内标准电源，2 个电话端口。

（四）为记者提供免费的 WIFI 服务或者网络端口。

（五）每个评论席长度不少于 1.8 米，配备 3 把椅子，且每个评论席之间有挡板隔开。

（六） 有条件的赛区可为每个评论席加装电视监视器。

第十九条　电视转播工作间

一、功能介绍：为主转播商准备，存放电视转播设备。

二、区域设置：独立的开间。

三、设施要求：

（一）电视转播工作间面积至少为 30 平方米。

（二）位于转播车附近。

（三）干净，带门锁，提供 4 人使用的桌椅，空调和网络，一个带锁的储物柜用于存放记者背心。

（四）提供必要的灯光、电源等办公条件。

第二十条　VR 信号制作区

一、功能介绍：VR 信号制作区是比赛期间制作和传输 VR 信号的区域。

二、区域设置：独立的开间。

三、设施要求：

（一）VR 信号制作工作区需要 6 米 ×4 米的工作间。

（二）须靠近赛事和转播车，方便采集信号及获取赛事数据。

（三）VR 信号制作设备总功率不超过 10 千瓦，需提供 220 伏特电源，且需带有网络出口以满足直播推流需要（网络由制作方自行申请，场地方协调安装）。

（四）VR 信号制作区需要比赛日前两天开始搭建工作，场地方须有专人对接设备进场。使用时间为 4 天，赛前 2 天，比赛日及赛后 1 天。

第二十一条　赛前官方训练公开采访区

一、功能介绍：媒体于赛前官方公开训练时采访使用。

二、区域设置：如果官方训练在比赛体育场进行，媒体可进入区域需与比赛日其可进入区域相同；或由赛区新闻官根据具体场地情况设置专门的新闻区域（如场边或看台）。

三、设施要求：这些区域必须得到安保控制，记者进入必须持有效证件。

第二十二条 主转播商电视制作区

一、功能介绍：为主转播商保证电视转播所需要的指定区域，包括电视转播车和卫星车的停放，固定机位和评论席。

二、区域设置：在联赛前与主转播商商定的区域，用于停放转播车和卫星车。

三、设施要求：俱乐部应与其主场体育场签订协议，要求体育场方免费向主转播商提供所须的电源和用电，并达到以下使用要求：

（一）比赛场馆转播电源配置（免费提供）。

1. 电力要求：主用电 350 千瓦，备用电 350 千瓦，要求这两路电来自不同的路由（稳定的市电或 者 UPS 电源），必须安装主备路电源切换开关，以保障主备路电源不断电转换；要求单相电电压 230 伏特 ±10% 50 赫兹，三相电电压 400 伏特 50 赫兹。

2. 用电要求：电视制作区用电要与体育场其他供电分开，电视制作区用电为独立供电。

3. 接电位置：在转播工作区 50 米范围内。

4. 接电端口：提供不少于 4 个三相五线制 125A 以上的空开。焦点比赛时根据持权转播商要求增加相应的应急电源车以保障临时增加的转播车或者卫星车用电。

5. 供电时间：赛前 10 小时至赛后 3 小时。

6. 监视器位置：提供 220 伏特单相三线制电源和安全插座。

（二）俱乐部应确保主场体育场的比赛场地灯光水平照度在 1600LUX 以上，确保体育场灯光开放至转播设备安全撤离后。

（三）俱乐部应配合赛区为主转播商提供赛场停车证 5 张，允许主转播商的车辆在比赛开始前 24 小时至比赛结束后 24 小时内免费停放于体育场内或体育场外，保证摄像机电缆的通道畅通，并确保其通行权。体育场应确保从转播设备开始搭设的全程以及撤离的全程开放相应的电梯和大门，以确保转播设备的运输。

（四）体育场应提供一个转播车工作区，转播车工作区应位于主摄影机位同侧，面积至少为 600 平方米，并按照主播台要求提供主、备用电源；转播车工作区位置，应便于主播台和持权转播商的多边和单边电视与广播转播活动以及同国际卫星的上下行传输，转播车区域应便于大型车辆出入。

（五）俱乐部应配合赛区协调至少为主转播商免费提供固定的转播机位 10 至 18 个，和桌椅、供电、网络齐备的电视评论席 4 至 6 个。俱乐部不得将转播机位占用的观众席处的球票出售，并确保转播机位不受无关人员的影响（穿行、碰撞等）。

（六）赛区应在赛后新闻发布会现场为主转播商提供赛后新闻发布会直播的机位。

（七）俱乐部应配合赛区在电视制作区安排一定数量的安保人员，以确保公用信号制作的安全。

（八）赛区应指派工作人员与版权公司 - 体奥动力赛事转播经理沟通，并协助其完成公用信号制作的各项准备工作，以确保每场比赛的公用信号制作顺利。

（九）赛区须保证每场比赛的双方上场球员和替补球员以及裁判员名单，在开赛前 60 分钟送达转播车。在上半场结束和全场结束时，将相关技术统计及时通报转播车工作人员。

（十）赛区应为主转播商提供电视转播工作间。

第二十三条　转播机位平台标准和拍摄要求

一、主机位

应避免正对太阳，在主看台上较高位置，位于中场线延长线上；机位与比赛场地近端边线地面成 27 度至 36 度的夹角，与足球场中心点形成 16 度至 20 度的夹角；机位需要对比赛场地始终有清晰、无遮挡的视野。如果看台高度无法达到主摄像机所需角度，赛区必须架设坚固的平台以达到要求。主机位平台的尺寸为 3 米 ×8 米，承重 800 公斤无晃动；并配备防护围栏和楼梯装置，护栏高度 80 厘米。

二、纵向高机位

分别位于两个球门正后方的看台较高位置，应满足摄像机从近端球门横梁上方拍摄到近端的点球点；摄像机视线与水平面形成 12 度至 15 度夹角；平台尺寸为 2.5 米 ×2.5 米，承重 300 公斤无晃动；配备三面防护围栏和楼梯装置；护栏高度 80 厘米。

三、越位机位

两个越位机位与主机位在同侧看台，可以高于主机位置，位于左右两侧大禁区线延长线上；摄像平台的尺寸为 5 米 ×2.5 米，承重 300 公斤无晃动，配备三面防护围栏和楼梯装置；护栏高 度 80 厘米。

四、中线延长线特写机位

位于第四官员席旁的中场线附近，不得遮挡第四官员和主客队替补席观赛视线；不得妨碍第四官员和替补席人员观看比赛；不得干扰助理裁判在比赛场地近端边线移动；不得影响参赛球员入场和离场；不得侵占技术区和其他球队区域。

如主转播商使用超低旋转式平台便携摄像机，且机位面对场地一侧的 180 度周边须有软质纯色保护物围挡，此机位将被设置在靠近主席台一侧的中线延长线位置，即现在第四官员席位置。调整后的机位位置与边线的垂直距离不得小于三米，第四官员席将摆放于此机位的正后方。

五、球门线后比赛场地水平机位

机位将位于广告板后面，与比赛场地两端的球门线平行。机位在此区域的准确位置和数量依各场比赛而定，将在比赛前一天确定位置。

六、斯坦尼康摄像机机位 / 手持式摄像机机位

斯坦尼康摄像机或手持式摄像机可以在比赛场地主机位同侧使用。在比赛期间，只允许一台斯坦尼康摄像机或手持式摄像机拍摄，由一名摄像和一名助手操作。机位不得侵占球队替补席前方，与角球区、边线和替补席保持安全距离；不得干扰助理裁判巡边；不能用于拍摄技术区，或者在技术区和边线之间移动；且不得阻挡第四官员和球队替补席人员观看比赛场地的视线；除非在赛后得到赛区新闻官的允许，否则任何时候不得进入比赛场地。

七、非比赛期间比赛场地斯坦尼康摄像机机位 / 手持式摄像机机位

允许最多两台斯坦尼康摄像机或手持式摄像机进入比赛场地，拍摄球员入场、球队阵容、唱国歌、与贵宾握手和抛硬币场面。

八、球员通道机位

在比赛开始和中场休息前，只允许一台手持式摄像机在球队出场和退场前进入球员通道参赛队。摄像机不得妨碍球员或官员。

九、反向摄像机

位于主席台对侧跑道的球场中线延长线上；摄像平台尺寸为 2.5 米 ×2.5 米，高 1.5 米，承重 300 公斤无晃动；配备三面防护栏和楼梯装置，护栏高度 80 厘米。

十、景观摄像机

位于球场观众席最上方，体育场最佳视角位置；摄像平台尺寸为 2.5 米 ×2.5 米，承重 300 公斤无晃动；配备三面防护栏和楼梯装置，护栏高度 80 厘米。

十一、网口摄像机

位于两球门后球网支撑绳上，或在球网后部设置不妨碍比赛的支撑架上。

十二、“蜘蛛眼 ®” 摄像机（三维索道系统）

在重点赛事中，需要搭建此特种设备。赛前两天开始搭建工作，需在场地顶部设置四个高空固定点，每个固定点的荷载拉力不少于 200 公斤。场地内每个承重点的垂直下方设置设备安置点，面积为 2 米 ×2 米。每个安置点附近电源需求为 380V、32A 的三相五线制电源接口。主操作台位于内场地面，位置要求视野开阔，面积为 3 米 ×5 米。操作台附近需设置 200V、16A 的单相三线制电源接口。

十三、单边摄像机

持权转播商经中超公司、版权方许可后，可在比赛期间在主机位平台、球门后面的指定区域、电视评论席位置（在其操作不影响任何其他方时）设置单边摄像机；或须经赛区新闻官批准，在任何其他许可位置设置机位；单边摄像机位在比赛期间不得移动。

此外，在事先与中超公司和版权公司赛事经理安排后，持权转播商可以在比赛前后将机位放置于角球区附近，用于赛前和赛后单边信号制作。

第二十四条　赛前赛后持权媒体单边注入点

一、功能介绍：持权转播商比赛前和比赛后报道和采访球员。

二、区域设置：此区域位于替补席和角球区之间的位置，在球场跑道或球场草地外侧，具体位置需根据转播车停靠位置来确定。

三、设施要求：持权媒体在报道时不能有人员走动穿行，持权记者在此报道点需穿着相应的背心。

第二十五条　转播配备设施

一、卫星新闻采集车 DSNG 设备

提供独立供电设备，并在角球区等经中超公司和版权公司 - 体奥动力指定的范围内摆放摄像机位；

二、传输设备

体育场无偿允许电视转播机构进入体育场内，并位于转播制作区铺设光纤，设立端口。

第六章　灯光标准及开关灯要求

第二十六条　各功能间及球员通道灯光标准

一、球员到达通道、球员更衣室照度最低 500LUX，建议 800LUX 及以上；

二、赛前主教练抵达采访区、混合采访区、瞬间采访区、新闻发布厅专访（采访室）最低 800LUX，建议 1000LUX 及以上，其中赛前主教练抵达采访区，混采区，瞬采区需要放置冷光灯照明；

	水平照度			照度垂直照度			光 源	
	照度	照度均匀度		照度	均匀度		色温	显色系数
	LUX	U1	U2	LUX	U1	U2	K	R
球队到达通道	≥ 500		0.5				＞ 4000	≥ 65
赛前主教练抵达采访区	≥ 800		0.5				＞ 4000	≥ 65
混合采访区（面）	≥ 800		0.5				＞ 4000	≥ 65
瞬间采访区（面）	≥ 800		0.5				＞ 4000	≥ 65
新闻发布厅（采访室）	≥ 800		0.5				＞ 4000	≥ 65
专访（采访室）	≥ 800		0.5				＞ 4000	≥ 65

续表

	水平照度			照度垂直照度			光源	
	照度	照度均匀度		照度	均匀度		色温	显色系数
	LUX	U1	U2	LUX	U1	U2	K	R
球员更衣室	≥ 500		0.5				＞ 4000	≥ 65
球员入场等候区	≥ 1000		0.5				＞ 4000	≥ 65
场地（中超联赛）	≥ 1600	0.6	0.8	≥ 1300	0.5	0.65	＞ 4000	≥ 65
场地（亚冠联赛）	≥ 2000	0.6	0.8	≥ 1800	0.5	0.65	＞ 4000	≥ 65

三、球员入场等待区最低 1000LUX；

四、比赛场地水平照度最低 1600LUX，水平照度均匀度 U1 为 0.6，U2 为 0.8；垂直照度最低 1300LUX，垂直照度均匀度 U1 为 0.5，U2 为 0.65；

五、照度均匀度 U1 为照度最小值 / 照度最大值，照度均匀度 U2 为照度最小值 / 照度平均值。

第二十七条 球场开关灯标准

一、中超联赛下午场比赛（开球时间 14：00—17：30 的任何时段）须至少提前一个小时开灯，中超联赛晚场比赛（开球时间 18：00 及以后）须至少提前一个半小时开灯；

二、雨雪天气或其他任何有可能导致球场照明不清晰的情况，须至少再提前半个小时开灯，以备主转播商调试；

三、球场灯光须在比赛结束后至少保持 20 分钟，以保证观众退场。观众完全退场后可关闭球场主灯光，但须提供一定数量的照明确保主转播商撤场及收拾设备。

第七章 媒体拍摄与采访

第二十八条 体育场内官方训练

一、根据天气和草坪情况，可在当场比赛开始前一天与开球时间相同的时间段内在体育场内进行一小时的官方训练，官方训练课必须向媒体开放。如果俱乐部希望其官方训练环节对媒体关闭，需至少将其前十五分钟训练公开。

二、各赛区新闻官需提前一天将官方训练具体时间通知中超公司和相关媒体机构人员。如果官方训练在比赛体育场进行，媒体可进入区域应与比赛期间允许进入的区域相同，进入这些区域必须佩戴有效证件且由安保维持秩序。

三、如因不可抗力等原因无法训练，赛区新闻官应及时通知球队新闻官及媒体。

第二十九条　赛前新闻发布会

一、各参赛俱乐部必须在比赛前一天参加赛区举办的赛前新闻发布会。赛前新闻发布会原则上应在主客队官方训练课前 20 分钟分别进行。

二、赛前新闻发布会的管理组织工作由赛区新闻官负责，赛区新闻官应使用发布会规范用语（见附件）。

三、各参赛球队新闻官必须确保主教练和一名主力球员出席赛前新闻发布会，球队新闻官有义务提醒主教练及参加发布会的运动员配合赛区新闻官的工作。如果主教练停赛，参赛球队应要求替补席上替代主教练的人参加新闻发布会。各球队新闻官须提前至少半个小时将参加赛前发布会的教练员和球员姓名提供给赛区新闻官。

四、如参加新闻发布会人员中有外籍人士，相关俱乐部必须提供翻译人员。

五、仅限主转播商、持权转播商和许可的非持权转播商可在新闻发布会进行视频拍摄。

第三十条　赛前主教练抵达采访

一、在球队到达后，由球队新闻官协调球队，请主教练在官方采访背景板前接受主转播商的采访，采访背景板由新闻管理人员负责摆放，并提供足够照明（冷光源照明）。

二、采访时间不得超过 90 秒，原则上要求主教练下车后先接受抵达采访再进入更衣室；主教练为外籍人士时，需提供翻译人员。

三、如果主教练停赛，参赛球队应要求替补席上替代主教练的人参加新闻发布会。

第三十一条　赛前更衣室拍摄

一、球队须提前至少 150 分钟进入更衣室进行布置，赛区须向主客队更衣室提供足量的挂钩用于悬挂球衣，俱乐部须悬挂球衣并外露号码。

二、更衣室拍摄至少在比赛前 120 分钟进行，先客队后主队，球队须确保在赛前 120 分钟时完成更衣室布置。

三、赛区新闻官和球队新闻官协助主转播商拍摄更衣室，赛区新闻官须确保在更衣室拍摄期间有助理或志愿者协助主转播商完成拍摄及维持秩序、主转播商最多可以有两个摄像进入更衣室进行拍摄。

四、官方摄影享有与主转播商同样的拍摄权利。

第三十二条　赛前更衣室及球队抵达拍摄

一、 赛区新闻官于赛前联席会确认主客队抵达时间后告知主转播商，客队须在比赛前 100 分钟到达，主队须在比赛前 90 分钟到达，双方至少间隔 10 分钟。

二、各球队新闻官须确保球队抵达的时间与联席会要求的时间一致，请提前与赛区新闻官沟通，确认路线和堵车情况。

三、球队新闻官须在球队从酒店出发时向赛区新闻官通报时间，并在即将到达球场时再次向赛区新闻官通报时间，赛区新闻官须在第一时间将出发和抵达时间转告体奥动力赛事转播经理。

四、赛区新闻官协助主转播商拍摄球队抵达，赛区新闻官须确保在球队抵达时有助理或志愿者协助主转播商完成拍摄及维持秩序。

五、如遇两个球队一起抵达赛场，赛区新闻官协调客队先下车，主队后下车，时间间隔至少 5 分钟，以保证主转播商的拍摄。

第三十三条 赛前单边现场采访

一、根据比赛需要，持权转播商在赛前 5 天提出申请，由体奥动力提前 3 天向中超公司提供本轮各场比赛赛前单边和赛后单边采访媒体名单，赛区新闻官提交联席会通知赛区安保人员协助完成。

二、持权转播商赛前采访方式分为：赛前单边报道和 SNG（由持权转播商自行配备卫星新闻素材采集车）。

三、得到确认后，由版权公司 - 体奥动力赛事转播经理协助下，在赛前热身期间，安排球场内一侧的赛前赛后持权媒体单边注入点进行赛前报道。并在得到球队教练或领队同意的情况下，可以做赛前球员采访，赛前采访的球员原则上不得为首发球员；具体采访时间为热身训练期间，赛前单边采访于开球前 15 分钟必须结束。

第三十四条 赛后瞬间采访

一、比赛期间及赛后，任何球员和教练员在没有得到赛区新闻官允许，不能在比赛场地及周边任何区域接受采访。

二、比赛结束后，任何媒体未经新闻官允许不得在场地内、通道内或周边任何区域对球队球员和官员进行采访，赛区新闻官应安排主转播商及客队的持权转播商在瞬间采访区进行采访。瞬间采访区应设置在比赛场地中场线附近由中超公司确定的位置，并保证使用中超公司统一制作的背景板和话筒标。

三、在比赛第 80 分钟，体奥动力的赛事经理将采访球员名单提交给赛区新闻官，赛区新闻官需通知球队新闻官其所选择的球员，主转播商及客队的持权转播商在未得到赛区新闻官许可的情况下，不得直接接触参赛球员和官员。

四、球队新闻官应协助主转播商安排每支球队 1 名球员或教练在赛后立即接受主转播商的采访，之后再进行谢场及其他活动（如有官方活动，由中超公司另行通知），焦点赛事可以采访每队最多 2 名球员或 1 名教练和 1 名球员。持权转播商在现场自行安排 DSNG 车辆等用于赛前、赛后报道的情况下，其有权申请赛后单边瞬采，相关规则与主转播商相同，每名球员 / 教练员的采访不超过 90 秒。

五、赛区新闻官须确保在赛后瞬采区有助理或志愿者协助体奥动力赛事转播经理完成瞬采，并保证无闲杂人员进入此区域。

六、所有工作人员，设备和受访者在赛后第一时间就位。采访时间在赛后5分钟之内开始，每个队伍每位球员90秒钟，并保证采访顺利完成。

七、除非球员伤病原因，球队不得以其他理由随意更换瞬采球员。如需更换瞬采球员，球队新闻官须与赛区新闻官和体奥动力赛事转播经理协商更换人员名单，一场比赛最多可以更换一人。未经体奥动力赛事转播经理确认，球队不能更换瞬采球员。

第三十五条　赛后单边播报及场边评论员

一、根据比赛需要，持权转播商在赛前5天提出申请，由体奥动力提前3天向中超公司提供本轮各场比赛赛后单边播报的媒体名单，赛区新闻官提交联席会通知赛区安保人员协助完成。

二、持权转播商的播报组最多由三人组成，可在角旗附近和球门线场边广告板后面单边播报，但须获得中超公司事先批准，并由中超公司指定位置。

三、比赛结束后，新闻官准许有赛后采访申请的媒体到达球场主转播商拍摄单边的摄像机前，进行赛后单边播报。

四、赛后单边播报不允许采访球员及任何官员，只能记者和嘉宾自行报道，任何受访嘉宾必须获准后，加穿“持权转播商”背心才能进入比赛场地。

五、比赛期间，1名场边评论员加上1名助理可以在球门线场边广告板后面（位于单边机位位置）的位置做现场语音报道。比赛期间，场边评论员需一直坐在座位上，不可走动。

六、热身期间和比赛期间场边评论员不得接近球队替补席或任何个人，也不得直接与任何参赛官员或参赛球员交流。

第三十六条　赛后新闻发布会

一、赛后新闻发布会必须在终场哨之后十五分钟内在体育场内指定的新闻发布会厅召开。双方俱乐部必须指派其主教练参加此新闻发布会。如果主教练停赛，参赛球队应要求替补席上替代主教练的人参加新闻发布会。如参加新闻发布会人员中有外籍人士，相关俱乐部必须提供翻译人员。赛后新闻发布会采取先客后主的顺序分别召开。

二、赛后新闻发布会向文字记者、官方摄影记者、主转播商、持权转播商和非持权转播商开放，并向主转播商及持权转播商提供进入新闻发布会的优先权，同时提供给主转播商及官方摄影记者最佳拍摄位置。

三、赛后新闻发布会的管理组织工作由赛区新闻官负责，各球队新闻官须提醒主教练及参加发布会的运动员配合赛区新闻官的工作。

四、赛区新闻官应合理控制新闻发布会的时间和问题数量，保证主客队媒体都有提问机会；赛区新闻官在赛后新闻发布会应使用规范用语（见附件），并对有争议提问进行引导。赛区新闻官确保对发布会进行录音或者录像，确保在需要时候可以提供相关的资料。

五、媒体需持有相关证件，才有权进入新闻发布厅，赛区新闻官可根据发布厅容量，允许摄影记者参加赛后新闻发布会，并做好秩序维护工作，摄影记者需在指定区域开展工作，不能使用闪光灯，不能阻挡摄像机和官方摄影的视线。

六、仅限主转播商、持权转播商和许可的非持权转播商在新闻发布会进行视频拍摄。

七、新闻发布会期间须配备助理或者志愿者在现场协助赛区新闻官维持秩序及传递话筒；主席台上除使用中超公司话筒贴的话筒外，不允许任何媒体记者将自己的话筒或者录音笔放在主席台上，只能使用发布会现场的分音器进行收音工作。

第三十七条　赛后混合采访

一、在比赛结束前 15 分钟，赛区新闻官必须协调比赛场地，在两支球队从更衣室返回球队大巴的必经之路上为媒体设立一个混合区，并方便媒体记者进入该区域，所有记者必须持证方可进入。

二、该混合区需在比赛结束后十五分钟之内进入使用状态。

三、赛区新闻官负责在赛前向球队新闻官介绍该区域功能，让其通知球员和主教练，并让队伍了解此职责。

四、所有主队、客队俱乐部的球队球员、教练员和官员在比赛新闻发布会结束后，在球队新闻官的带领下必须通过混合区，但没有义务必须接受采访。不强制球员和教练接受采访，但建议接受主要媒体采访并且优先考虑接受官方授权媒体的采访。

五、混合区向文字记者、电台记者、官方摄影、主转播商、持权转播商和非持权转播商开放，并向主转播商和持权转播商提供优先进入权和拍摄位置。该区域不对摄影记者开放。

六、混合区的设置与运行由赛区新闻官负责，赛区新闻官须确保在赛后混合采访区有助理或志愿者引导所有教练和球员通过混采区，并协助媒体记者在官方采访背景板前完成混采。球队新闻官有义务全力配合赛区新闻官。

七、仅限主转播商、持权转播商和许可的非持权转播商在混采区进行视频采访，其他媒体仅可进行录音采访，且不能直播。

第三十八条　专访

一、根据版权合作伙伴需要，由体奥动力提前 5 天向中超公司提出书面申请。体奥动力须提出具体专访名单和提纲，由球队新闻官协调球队，确定具体的专访时间和地点。

二、主转播商在规定的专访时间和地点进行专访，球队新闻官须按照主转播商要求在现场协助专访工作。各参赛球队新闻官应确保体奥动力提出的专访对象接受最多 15 分钟的专访。

三、专访位置在电视工作间或者球队新闻官指定区域进行，专访不得影响比赛的正常流程和官方采访活动，赛区提供两组冷光源照明及桌椅设施。

第八章　公用信号制作

第三十九条　公用信号制作要求

一、更衣室拍摄：球队需至少赛前 120 分钟在更衣室摆放好球员装备，并允许进入更衣室拍摄。

二、球员到达拍摄：客队提前 100 分钟，主队提前 90 分钟到达球场，球队新闻官须在球队从酒店出发和即将抵达赛场时通知赛区新闻官，赛区新闻官转告主转播商。

三、赛前主教练采访：须在采访板前完成，不超过 90 秒。

四、首发名单：赛前 60 分钟，须向主转播商提供正确的本场比赛双方首发名单。

五、赛前单边：由版权公司 - 体奥动力每轮比赛前 3 天提供本轮比赛每场比赛赛前单边需求。

六、球员通道拍摄：入场仪式前 7 分钟，主转播商斯坦尼康摄像机或手持式摄像机进入球员通道进行拍摄。

七、入场仪式国歌演奏拍摄：主转播商移动摄像机在球员进入场地过程中进行拍摄，并在国歌演奏期间进入场地内进行近距离拍摄。

八、主转播商现场导演：比赛期间须确保主转播商现场导演可以坐在第四官员席或者站立于第四官员席附近，便于及时与转播车通报换人等现场信息。

九、场地内中线机位：允许主转播商场地内中线机位与第四官员席平行，拍摄场内比赛情况。

十、球门后拍摄区：赛区须在球门后设立持权转播商独立的拍摄位置，由赛区新闻官统一管理。

十一、赛后焦点球员拍摄：赛后允许主转播商的斯坦尼康摄像机或手持式摄像机进入比赛场地，近距离拍摄重点球员。

十二、赛后官方瞬间采访：比赛第 80 分钟，主转播商现场导演将需采访的信息提交给赛区新闻官，赛区新闻官负责协助转交给双方球队新闻官，球队新闻官须协调受访球员或教练赛后第一时间到官方瞬采区进行采访。

十三、赛后单边采访：比赛结束后，持权转播商拥有一次单边采访的权利，采访时长约 1 分 30 秒，操作流程同官方瞬采；单边采访和官方瞬采同时进行，原则上要求持权转播商使用瞬采区进行采访，使用中超联赛瞬采板。

十四、赛后单边播报：版权公司 - 体奥动力每轮提前 3 天向赛区新闻官提供本轮各场比赛的赛后采访的申请媒体名单，并由赛区新闻官提交联席会通知赛区安保人员，比赛结束后，赛区新闻官准许有赛后采访申请的媒体到达球场主转播商提供的单边信号制作摄像机前，进行赛后单边信号制作。

十五、赛后新闻发布会：提供给主转播商最佳拍摄位置，配备至少 8 孔分音器，并引导文字记者和摄影记者不要遮挡主转播商拍摄镜头。

第九章　赛区新闻官具体工作职责及工作流程

第四十条　赛区新闻官具体工作职责

一、负责赛季前本赛区媒体记者的注册报名汇总。

二、负责协助媒体进入到赛前官方训练场地。

三、负责媒体通行区的设立、监督及管理。

四、负责确保新闻中心从赛前两小时开放，并一直开放到比赛结束后。

五、负责审核进入场地的媒体记者的资格。

六、负责根据有效证件发放相对应的记者背心（摄影及官方摄影）。

七、负责监督进入场地的媒体记者佩戴有效的证件及穿戴符合标准的媒体背心。

八、负责文字记者席的管理，在不同的新闻机构和媒体之间分配席位。

九、负责电视广播评论席的管理，及时处理看台记者区、电视和广播评论席出现的技术问题，提供信息服务。

十、负责向转播车、文字记者席、摄影记者区、电视广播评论席发放出场运动员名单和成绩公报。

十一、负责摄影记者区、瞬间采访区、混合采访区的管理。

十二、负责与体奥动力赛事转播经理及主转播商的联络和协调。

十三、必须参加赛前联席会，须在联席会上确认球队抵达信息、更衣室拍摄时间和双方球队的队服颜色，并在联席会后立即通知中超公司及体奥动力赛事转播经理。

十四、负责协助主转播商完成赛前更衣室拍摄，球队抵达拍摄，以及赛前主教练抵达采访。

十五、负责协助主转播商及持权转播商完成赛前赛后单边。

十六、负责比赛期间赛场上所有新闻媒体人员的管理。

十七、负责球队技术视频拍摄及俱乐部官方媒体人员拍摄的管理。

十八、协助完成赛后瞬间采访和赛后混合采访。

十九、负责赛场新闻事件跟踪工作，涉及新闻发布和舆情监控事宜。

二十、负责赛前、赛后新闻发布会的组织协调与管理并担任主持人。

二十一、协助做好境外媒体采访报道工作。

二十二、每场赛后提供本场赛事新闻管理及转播报告（见附件）。

二十三、赛区新闻官可根据比赛重要性，对有可能出现媒体数量大于新闻设施容量的情况，提前向联赛新闻部申请，采取单场媒体证件的形式，控制媒体采访。

第四十一条　赛前程序

赛区新闻官至少提前两天向中超公司及体奥动力提交主客队赛前训练时间及赛前新闻发布会时间。

第四十二条　比赛前一日的程序

一、赛区新闻官须与球队新闻官沟通任何有关赛前和比赛当日的相关媒体信息。

二、赛区新闻官须向客队新闻官介绍当地媒体业务和设施。

三、赛区新闻官确认新闻中心的设施已准备好并可以使用。

四、赛区新闻官检查新闻发布会厅和混合区的设施已建立并可以使用。

五、赛区新闻官检查电视转播有关的设施。

六、赛前官方训练时赛区新闻官检查体育场内的媒体正在按照规定进入媒体区域，并保持与安保负责人联络。

七、赛区新闻官检查新闻中心通往各个媒体区域和通道是否打开、畅通并与观众席、主席台隔离，确认有正确的标识。

八、赛区新闻官准备比赛当天的记者背心。

九、赛区新闻官组织召开赛前新闻发布会。

十、赛区新闻官确保赛前官方训练课向媒体开放至少十五分钟。

第四十三条　比赛日的工作内容及流程

一、赛前

（一）赛区新闻官确保出席赛前联席会，并在会上确认主客队大巴抵达时间后，立刻通知中超公司、体奥动力赛事转播经理。

（二）赛区新闻官至少在赛前 3 小时前抵达球场。

（三）新闻中心在开球前至少 2 小时全面开放。

（四）赛区新闻官检查新闻中心的全面运作。

（五）赛区新闻官检查所有其他新闻设施、混合区、新闻发布厅、电视摄像机位置、瞬间采访位置、摄影师场地上的座位等。

（六）赛区新闻官与主转播商检查有关电视转播所需设施。

（七）赛区新闻官确认补水暂停信息，并通知中超公司、版权公司赛事转播经理和主转播商。

（八）赛区新闻官确保赛前 2 小时开始发放记者背心，并确保按照相应的证件发放正确的背心。

（九）赛区新闻官在开球前 120 分钟协助主转播商进行更衣室拍摄。赛区新闻官协助主转播商进行球队抵达拍摄及主教练抵达采访。

二、赛前一小时

（一）赛区新闻官确保所有的媒体都在正确位置上。

（二）赛区新闻官确保摄影师、转播人员及转播机位穿着正确的背心都在球场上的正确位置。

（三）赛区新闻官确保在热身时段只有主转播商、申请单边采访的持权转播商和官方摄影可以进入边线与观众席之间的区域拍摄球队热身，其他媒体只能在球门后的摄影区拍摄。

（四）赛区新闻官至少在赛前 60 分钟向体奥动力赛事转播经理及主转播商提供比赛监督签字确认的本场比赛双方首发名单。

三、比赛进入比赛程序倒计时

（一）赛区新闻官确保球队入场前和入场时，入场通道内仅有官方摄影和主转播商外，其他媒体只能在入场通道外隔离带两侧拍摄。

（二）赛区新闻官确保球员列队唱国歌时，除主转播商外所有其他媒体记者都在草地外、隔离带后拍摄。

（三）赛区新闻官确保掷硬币选边结束后，摄影记者以及持权转播商须马上回到各自的指定工作区域，不允许停留或拍摄在替补席就座的球队官员和球员。

四、在比赛中

（一）赛区新闻官确保所有进入内场的媒体穿着相应的媒体背心都在正确位置。

（二）赛区新闻官确保新闻中心、文字记者席的正常运行。

（三）赛区新闻官确保除主转播商和官方摄影外没有任何媒体进入边线和观众席区域

五、上半场比赛后

（一）赛区新闻官确保没有摄影师或其他媒体进入比赛场地上。

（二）摄影师和持权转播商留在球门线后直到球员已退出赛场，以避免影响球员和比赛官员退场。

（三）赛区新闻官确保媒体按照要求从主席台对面的广告板后方通过。

（四）赛区新闻官确保媒体工作区域的运行正常。

六、比赛结束的前 10 分钟

（一）赛区新闻官在志愿者的协助下，确保瞬间采访和赛后单边采访准备就绪。

（二）赛区新闻官、版权公司 - 体奥动力赛事转播经理与球队新闻官共同落实瞬间采访的名单。

（三）赛区新闻官确保新闻发布会厅和混合区已经准备就绪。

七、赛后

（一）赛区新闻官确保没有未授权媒体进入比赛场地。

（二）赛区新闻官确保摄影师留在球门线后面直到所有球员和官员都退出赛场，除官方摄影师、进行瞬间采访和单边采访的转播商外，任何媒体在赛前、赛中和赛后不得在场边或场内非指定区域进行采访或拍摄。

（三）赛区新闻官确保瞬间采访于赛后5分钟开始。

（四）如有赛后单边采访，赛区新闻官协助赛后单边采访与赛后瞬采同时进行，优先保证赛后瞬采的进行。

（五）举行新闻发布会，并主持。

（六）赛区新闻官对混合采访区进行管理。

（七）赛区新闻官填写赛区新闻官报告，并传真至中超公司。

八、赛区新闻官因故不能到场完成相关比赛工作，应至少提前3天通知中超公司，并确认替代人员信息，以保证联赛赛场新闻管理工作的顺利进行。

第十章　球队新闻官工作职责及工作流程

第四十四条　球队新闻官具体工作职责

一、协助赛区新闻官做好官方训练的采访工作。

二、负责引领本队教练员、球员按时参加赛前、赛后新闻发布会。

三、协助赛区新闻官完成更衣室拍摄，并在球队酒店出发和抵达赛场时向赛区新闻官通报情况。

四、负责引领本队主教练参加赛前主教练抵达采访。

五、负责引领本队教练员、球员及时参加赛后官方瞬间采访及赛后单边采访。

六、负责引领本队教练员、球员按要求通过混合采访区。

七、负责引领本队教练员、球员接受赛后专访。八、负责安排媒体采访本队的相关需求。

九、负责管理球队技术视频拍摄人员和俱乐部媒体拍摄人员。

十、负责球队以及俱乐部的其他新闻事务。

十一、协助完成俱乐部队伍集体照和个人照拍摄。

十二、协助完成中国足协和中超公司新闻采访和宣传工作。

第四十五条　赛前程序

主客队球队新闻官至少提前两天和主场赛区新闻官确认主客队赛前训练时间及赛前新闻发布会时间，并与赛区新闻官确认随队记者和俱乐部官方媒体的事宜。

第四十六条 比赛前一日的程序

一、主客队球队新闻官须确认任何有关赛前和比赛当日的相关媒体信息。

二、客队新闻官须提前了解当地媒体业务和设施。

三、客队新闻官须提前确认酒店到球场的路线和当地堵车情况。

四、主客队球队新闻官协助赛区新闻官完成赛前官方训练课向媒体开放十五分钟的事宜。

五、主客队球队新闻官须确保主教练和一名比赛当天首发球员参加赛前新闻发布会，如果主教练停赛，由替补席上替代主教练的人参加新闻发布会。

第四十七条 比赛日的工作内容及流程

一、赛前

（一）主客队球队新闻官须确保球队在赛前150分钟开始布置更衣室，更衣室的队服须悬挂且号码冲外。

（二）主客队新闻官在开球前120分钟协助主转播商进行更衣室拍摄。主客队新闻官协助主转播商进行球队抵达拍摄及确保主教练抵达后立即接受主转播商采访。

二、比赛中

（一）主客队新闻官须确保本俱乐部的技术分析拍摄人员和官方媒体按照赛区新闻官的规定在指定位置进行拍摄，并遵从赛区新闻官的管理。

三、比赛结束的前10分钟

（一）主客队新闻官与赛区新闻官、版权公司-体奥动力赛事转播经理共同落实瞬间采访的名单。

四、赛后

（一）赛后球队新闻官陪同球员抵达瞬间采访位置。

（二）球队新闻官须确保主教练按时参加新闻发布会。

（三）球队新闻官引领球员和教练员通过混采区。

（四）如版权合作伙伴-体奥动力向中超公司提出专访需求，球队新闻官须协调球队并协助完成专访。

五、球队新闻官因故不能到场完成相关比赛工作，应至少提前3天通知中超公司，并确认替代人员信息，以保证联赛赛场新闻管理工作的顺利进行。

第十一章　公用信号制作和新闻采访工作步骤

第四十八条　具体工作步骤

<table>
<tr><th>编码</th><th>名称</th><th colspan="2">步骤概述</th><th>执行地点</th><th>执行时间</th><th>负责人员</th></tr>
<tr><td rowspan="3">M01</td><td rowspan="3">官方训练</td><td>1</td><td>确认主客队训练时间</td><td rowspan="2">赛区</td><td rowspan="2">赛前 2 天</td><td rowspan="2">赛区
新闻官</td></tr>
<tr><td>2</td><td>通知中超公司和相关媒体具体时间</td></tr>
<tr><td>3</td><td>确保媒体进入官方训练课场地</td><td>比赛场地</td><td>赛前 1 天</td><td>赛区新闻官、球队新闻官</td></tr>
<tr><td rowspan="5">M02</td><td rowspan="5">赛前新闻发布会</td><td>1</td><td>确认赛前新闻发布会时间</td><td rowspan="3">赛区</td><td rowspan="3">赛前 2 天</td><td rowspan="5">赛区
新闻官</td></tr>
<tr><td>2</td><td>通知中超公司和相关媒体新闻发布会时间</td></tr>
<tr><td>3</td><td>检查新闻发布会厅设施</td></tr>
<tr><td>4</td><td>引领主教练和球员进入新闻发布会厅</td><td rowspan="2">新闻
发布会厅</td><td>新闻发布会
开始前 5 分钟</td></tr>
<tr><td>5</td><td>召开新闻发布会</td><td>官方训练课前
20 分钟</td></tr>
<tr><td rowspan="4">M03</td><td rowspan="4">赛前更衣室拍摄和主教练抵达采访</td><td>1</td><td>确认更衣室拍摄时间及大巴抵达赛场时间</td><td rowspan="2">赛前
联席会</td><td rowspan="2">比赛日
当天上午</td><td rowspan="4">赛区
新闻官</td></tr>
<tr><td>2</td><td>通知中超公司和版权公司赛事转播经理</td></tr>
<tr><td>3</td><td>协助主转播商拍摄更衣室</td><td>更衣室</td><td>比赛前
2 小时之前</td></tr>
<tr><td>4</td><td>协助主转播商进行主教练抵达采访</td><td>球员通道</td><td>比赛前
1 小时 30 分</td></tr>
<tr><td rowspan="4">M04</td><td rowspan="4">记者
背心发放</td><td>1</td><td>注册记者赛前到新闻中心登记</td><td rowspan="4">新闻中心</td><td>赛前 2 小时到
30 分钟内</td><td rowspan="4">赛区
新闻官</td></tr>
<tr><td>2</td><td>工作人员核对记者信息，并进行登记</td><td>赛前 2 小时到
30 分钟内</td></tr>
<tr><td>3</td><td>发放记者背心</td><td>赛前 2 小时到
30 分钟内</td></tr>
<tr><td>4</td><td>收回记者背心</td><td>赛后</td></tr>
</table>

续表

编码	名称	步骤概述		执行地点	执行时间	负责人员
M05	赛后瞬间采访	1	通知球队新闻官需要进行瞬间采访的球员	赛场内	结束前 10 分钟	赛区新闻官
		2	通知球员准备接受采访		比赛结束后立刻	
		3	确保瞬采于赛后 3 分钟开始	赛后瞬间采访区	比赛结束后 3 分钟内	
		4	协助主转播商进行采访		比赛结束后 3 分钟内	
M06	赛后单边采访和播报	1	通知球队新闻官需要进行赛后单边采访的球员	赛场内	结束前 10 分钟	赛区新闻官
		2	通知球员准备接受采访		比赛结束后	
		3	协助持权转播商进行单边采访	赛后瞬间采访区	与瞬采结束同时	
M07	赛后新闻发布会	1	通知球队新闻官参加新闻发布会的顺序	赛场内	比赛结束后	赛区新闻官
		2	引领主教练和球员进入新闻发布会厅	新闻发布会厅	新闻发布会开始前	
		3	召开新闻发布会	新闻发布会厅		

第十二章　违规处理

第四十九条　对于任何可能发生的违规行为，中国足球协会、中超公司、各赛区组委会、各中超俱乐部均应及时采取措施制止或避免违规的出现。任何俱乐部及俱乐部官员、教练员、球员一旦违反本手册的规定，中国足球协会及中超公司将根据比赛监督、赛区新闻官及版权合作伙伴 - 体奥动力赛事转播经理等相关人员的报告、照片或相关视频等，在赛后第一时间核实 违规行为，并根据情节严重进行内部处罚或者上报中国足球协会纪律委员会。

第十三章　附　则

第五十条　本手册规定自中国足球协会批准之日起生效，后续修订、增加的相关规定经中国足球协会批准后，将以公函方式发送给各赛区组委会和各中超俱乐部，作为此手册的更新或补充。

第五十一条　本手册由中国足球协会负责解释、实施。

2019 年 3 月 1 日

附件一

中国足球协会超级联赛媒体管理办法

第一章　总　则

第一条　为规范中国足球协会超级联赛新闻组织与管理，建立符合高水平的职业联赛所需要的新闻管理体系，提高中超联赛整体形象及新闻服务水平，特制定本联赛媒体管理办法。

第二条　中超联赛媒体管理是在中国足球协会指导下，中国足球协会中超联赛部、中国足球协会媒体与公共关系部及中超公司共同监督，各中超赛区及版权合作伙伴 - 体奥动力协力完成。赛场媒体管理由赛区新闻官负责，版权合作伙伴 - 体奥动力赛事转播经理协助对主转播商、持权转播商及非持权转播商进行管理。

第三条　各相关单位请严格按照手册要求内容执行。

第二章　媒体管理

第四条　比赛期间的所有新闻管理、采访及电视转播由赛区新闻官负责，体奥动力赛事转播经理协助赛区新闻官对视频类媒体（主转播商、持权转播商及非持权转播商）进行管理，所有媒体必须听从赛区新闻官的指挥。如果违反本办法的任何内容，赛区新闻官有权禁止违规记者进入场地；情节严重者由赛区新闻官上报中国足协，收回媒体记者的证件，禁止参加剩余比赛的采访。

第五条　媒体分类

（一）中超联赛媒体共分为六类，分别为官方摄影记者、文字记者、摄影记者、主转播商、持权转播商以及非持权转播商。

（二）官方摄影记者为中超公司指定和授权的官方机构媒体人员使用（2019 赛季为东方 IC），须佩戴官方摄影记者证件并加穿“官方摄影”背心。比赛期间可在体育场大部分区域进行拍摄，但所选工作位置不得在比赛场地内，不得阻碍第四官员席和替补席视野，也不得随意走动或者更换位置（具体规定参见第四章）。入场仪式时可进入球员通道。赛后可进入赛后瞬间采访区、赛后新闻发布厅和赛后混采区拍摄。

（三）文字记者须佩戴文字记者证件，允许进入媒体中心、新闻发布厅（赛前和赛后新闻发布会时）、体育场看台指定区域（文字记者席）以及混合采访区。文字记者在任何时候不得进入内场。

（四）摄影记者须佩戴摄影记者证件，可进入媒体中心，比赛前领取并穿着“摄影”背心后可进 入体育场内场球门后拍摄区域（具体规定参见第四章）。摄影记者不得进入赛后新闻发布会和混采区。

（五）主转播商为中超公司和版权合作伙伴 - 体奥动力授权进行比赛公用信号制作的转

播商，须佩戴主转播商证件，赛前领取并穿着“主转播商”背心后可进入竞赛工作区包括体育场周边、球员出入口；转播工作区包括转播机位、电视工作间、电视转播车、评论席、内场拍摄区域。一台机器最多两名技术人员。

入场仪式时可进入球员通道和场地草坪（只有手持摄像机的操作人员才能进入草坪）。赛后可进入赛后瞬间采访区、赛后新闻发布厅和赛后混采区。比赛进行时，不得进入比赛场地及阻碍第四官员席和替补席视野的区域。

（六）持权转播商分别与中超公司和版权公司 - 体奥动力签订的转播许可协议的转播商，须佩戴持权转播商证件。赛前领取并穿着“持权转播商”或“新闻采集”背心可进入体育场外场、转播工作区、新闻发布厅、瞬间采访区和混合采访区（具体规定参见第五章），一台机器最多两名技术人员。

（七）非持权转播商为未被中超公司或版权公司 - 体奥动力授予使用或利用转播权的任何一方，非持权证件人员必须在比赛前，将摄像器材交由新闻管理人员保管，只能于文字记者席、指定看台或者媒体中心观看（由赛区新闻官确定）。比赛结束前 10 分钟可以取回设备，但只能直接进入新闻或混采区，赛后允许在新闻发布会、混合采访区进行拍摄报道。

第六条 媒体权限

（一）新闻发布会

1. 赛前新闻发布会（向所有注册媒体开放）

赛前新闻发布会将于赛前一天的官方训练课前 20 分钟在新闻发布厅召开。所有的注册媒体均可以参加。

2. 赛后新闻发布会（向文字记者，官方摄影、主转播商、持权转播商和非持权转播商开放）

赛后新闻发布会必须在比赛结束后 15 分钟内在体育场新闻发布厅举行。需持有相关证件，才有权限进入新闻发布厅。原则上摄影记者不能进入赛后新闻发布厅，官方摄影除外。

（二）混合采访区（向文字记者、官方摄影、主转播商、持权转播商和非持权转播商开放）

如赛区新闻官没有作特别说明，混合采访区将在每场比赛后正常开放。参赛双方的球员和官员需通过混合采访区到达球队大巴车停放处。媒体可以在混合采访区对球员和球队官员进行采访。该区域不对摄影记者开放，官方摄影除外。

（三）官方训练（向所有注册媒体开放）

球队的官方训练时间安排将由赛区新闻官通知媒体。官方训练课必须向媒体开放至少前十五分钟，十五分钟后俱乐部有权向媒体关闭。

（四）媒体中心（仅向除非持权转播商以外的所有注册媒体开放）

媒体中心在比赛日向所有注册媒体开放。

（五）文字记者席（仅向文字记者、官方摄影和持权转播商开放）

文字记者席位于特定的看台，优先向文字记者开放，在容量允许的情况下向非持权转播商开放，赛区新闻官将确保注册媒体在尽可能好的条件下报道比赛。但是，禁止任何媒体记者将摄影摄像设备带入文字记者席进行拍摄。

（六）摄影记者区（向摄影记者、官方摄影、主转播商、持权转播商和现场新闻采集开放）

位于两个球门后，进入该区域的记者须始终穿着正确的背心和佩戴证件。在未经工作人员允许的情况下，摄影记者只允许在指定区域内工作。赛前 120 分钟允许进入场地。比赛开始后，摄影记者不允许离开各自指定的工作区域。

（七）ENG 拍摄区（向持权转播商和现场新闻采集开放）

位于靠近主席台一侧，紧邻摄影记者区。此区域只有佩戴持权转播商证件，且身穿 RTV 和 ENG 背心的人员方可进入。

第三章　中超联赛摄影记者规定

第七条　所有申请参加比赛报道的摄影记者须确保所有申请流程已全部完成。

第八条　所有需要进入场内的摄影记者须佩戴正确证件及穿着摄影记者背心（摄影记者背心为明黄色、官方摄影记者背心为浅灰色）。摄影记者禁止带有明显商标标识的器材进入场内。

第九条　比赛开球前 120 分钟开始允许进入球场。球队热身时只能在球门后的摄影记者区拍摄。赛前、比赛进行时和赛后均禁止进入比赛场地内，也禁止携带拍摄设备上看台。

第十条　开赛前可在边线处拍摄球队合影，但禁止进入场内。一旦抛硬币结束后，摄影记者应分散到其各自工作位置，且不得停下来拍摄替补席上的球队官员或球员。

第十一条　比赛开始后，只允许在球门后方的广告板后进行拍摄，不能使用闪光灯拍摄。

第十二条　只有在上下半场比赛结束后可以更换拍摄场地。每个半场结束时，摄影记者应继续留在球门线后面，直到球员退出球场。在更换场地时，需从主席台对面一侧的广告牌后方通过。任何情况下都禁止在边线一侧拍摄比赛，且不得在替补席一侧的边线工作，官方摄影师除外（穿着浅灰色官方摄影的背心）。

第十三条　如果在开赛后才到达场地，请联系赛区新闻官，由赛区新闻官引入摄影记者区。

第十四条　原则上除了官方摄影以外的摄影记者不得进入赛后新闻发布会，但赛区新闻官根据每场比赛情况可临时允许进入。出席新闻发布会的摄影记者，请到发布厅指定区域就座或站在发布厅的后方，不能使用闪光灯拍摄，不能阻挡摄像机视线和记者观看主桌的视野。

第十五条　摄影记者不允许进入混合采访区（官方摄影除外）。

第十六条　官方摄影佩戴有效证件及加穿“官方摄影”背心（浅灰色）后开始工作，比赛期间可选择在体育场大部分区域进行拍摄，但工作位置不能在比赛场地内，也不得阻碍第四官员席和替补席视野。位置选定后在比赛期间不可以更换和走动。

第十七条 官方摄影可进入赛后新闻发布会及混采区，并享有拍摄位置的优先权。

第四章 中超联赛持权转播商规定

第十八条 持权媒体申请办理中超证件时，需同时提交一份承诺书，并要求媒体单位进行盖章后提交（承诺书文字内容参见附件）。所有申请参加比赛报道的持权转播商须提前向体奥动力提供本场比赛本单位入场记者名单。

第十九条 所有需要进入场内的持权记者须全程佩戴本人证件及穿着持权转播商（RTV）背心或电子新闻采集（ENG）背心（RTV 背心为粉色、ENG 背心为棕色）。

第二十条 比赛日（开球前 2 小时至比赛结束）、赛前赛后新闻发布会和官方训练禁止使用 4G 背包或手机进行直播。

第二十一条 比赛开球前 120 分钟开始允许进入球场工作区域（媒体工作间、球场内场），不经允许的情况下不得进入球员通道和更衣室。

第二十二条 球队入场前摄像工作人员应在两侧球门后广告板后方 ENG 区域拍摄球迷、球员热身等素材，球队入场前 10 分钟可到球员通道外隔离线处等待拍摄，比赛全程禁止上看台拍摄。

第二十三条 比赛日（开球前 2 小时至比赛结束）持权媒体不得私自在球场的任何区域采访工作人员、教练员和球员；赛前单边如需要采访球员应提前向体奥动力赛事经理申请，经球队新闻官沟通允许后进行，被采访球员不得是首发球员。

第二十四条 开赛前可在边线处拍摄球队合影，但禁止进入场内。一旦抛硬币结束后，持权转播商记者应分散到两侧球门后的工作位置，且不得停下来拍摄替补席上的球队官员或球员。

第二十五条 比赛开始后，只允许在球门后方的广告板后的 ENG 拍摄区进行拍摄，不得在比赛进行期间在球门后录制出镜或直播。

第二十六条 只有在上下半场比赛结束后可以更换拍摄场地。每个半场结束时，记者应继续留在球门线后面，直到球员退出球场。在更换场地时，需从主席台对面一侧的广告牌后方通过。任何情况下都禁止在边线一侧拍摄比赛，且不得在替补席一侧的边线工作。

第二十七条 如果在开赛后才到达场地，请联系体奥动力赛事经理和赛区新闻官，由其带领进入 ENG 拍摄区。

第二十八条 出席新闻发布会的持权记者，请到发布厅指定区域就座。摄像工作人员请在发布厅后方的平台上拍摄，不要在记者席侧面拍摄，也不要阻挡后方摄像机视线和记者观看主桌的视野。

第二十九条　所有收录音频必须通过新闻发布厅的分音器，不得私自将话筒或者其他录音设备放置在新闻发布厅的主席台上。

第五章　媒体管理

第三十条　中超联赛的所有媒体记者须听从场内赛事组织者和赛区新闻官的管理。版权合作伙伴——体奥动力赛事转播经理有权协助对视频类媒体进行管理。如有任何疑问，请咨询赛区新闻官。

第三十一条　媒体记者工作时须按规定佩戴证件或者穿着正确的背心，经赛区新闻管和赛事经理提醒后仍不遵守规定的人员，所在单位和个人将被予以一次书面警告。

第三十二条　任何媒体记者不得私自将自己的证件和媒体背心借给他人使用入场，违反规定者将被予以一次书面警告

第三十三条　比赛日赛前、赛中、赛后，未经许可任何媒体都不得在内场或体育场通道内进行任何球员或教练员采访。赛后采访应在混采区进行，违反规定者将被予以一次书面警告。

第三十四条　针对媒体违规行为，每赛季某个媒体接到书面警告达三次，则终止该媒体单位本赛季采访报道资格。

第六章　附　则

第三十五条　本管理办法自中国足球协会批准之日起生效，后续修订、增加的相关规定经中国足球协会批准后，将以公函方式发送给各赛区组委会和各中超俱乐部，作为此管理办法的更新或补充。

第三十六条　本管理办法由中国足球协会负责解释、实施。

附件二

新闻发布会规范用语

一、赛前新闻发布会

主持人：各位媒体朋友，上午 / 下午 / 晚上好。现在开始 2019 中国平安中超联赛第 ×× 轮 ×× 场 ×× 队与 ×× 队比赛赛前新闻发布会。先开始的是 ×× 队的新闻发布会，出席的是主教练 ××× 和队员 ×××，首先请主教练和球员谈一下球队的备战情况。

下面是媒体提问环节，有问题的记者请举手，提问前请先报出自己的媒体单位。

下面是最后 2 个问题 / 下面是最后 1 个问题。×× 队的新闻发布会到此结束，谢谢教练和队员的出席，接下来 ××（时间）是 ×× 队的新闻发布会。

二、赛后新闻发布会

主持人：各位媒体朋友，下午 / 晚上好。在刚刚进行的 2019 中国平安中超联赛第 ×× 轮 ×× 场 ×× 队与 ×× 队比赛中，×× 队（主队）以（比分）战胜 / 战平 / 负于 ×× 队（客队）。现在开始赛后新闻发布会。

先出席的是 ×× 队主教练 ×××，首先请主教练对本场比赛进行点评。

下面是媒体提问环节，有问题的记者请举手，提问前请先报出自己的媒体单位。

下面是最后 2 个问题 / 下面是最后 1 个问题。×× 队的新闻发布会到此结束，谢谢主教练的出席，接下来是 ×× 队的新闻发布会；

附件三

中超联赛赛事新闻报告表

2019中国平安中国足球协会超级联赛赛事新闻报告

基本情况（填写具体信息）			
比分及对阵	主队		
	主队		
客队			
比赛轮次			
比赛场序			
比赛日期			
体育场			
球队入场时间			
开球时间			
本场观众人数			
比赛监督			
赛区新闻官			
助理新闻官			
主队新闻官			
客队新闻官			

媒体情况（填写本场媒体数量 / 背心发放数量）			
媒体类别	国内媒体	境外媒体	总数
国内媒体			
境外媒体			
合计			
主转播商			
持权转播商			
现场新闻采集			
非持权转播商			

现场新闻运行情况（填写时间和人员，球队请填写球队名称）				
新闻项目		开始时间	结束时间	参加人员
官方训练	主队			
	客队			
赛前新闻发布会	主队			
	客队			
更衣室拍摄	主队			
	客队			
球队抵达拍摄	主队			
	客队			
主教练抵达采访	主队			
	客队			
赛后瞬间采访	主队			
	客队			
赛后新闻发布会	主队			
	客队			
赛后混合采访	主队			
	客队			

新闻设施设备运行情况（根据具体情况打勾，问题请简写）					
设施	差	一般	良好	优秀	问题
媒体中心					
新闻发布厅					
混合采访区					
文字记者席					
摄影记者区					
ENG 拍摄区					
电视和广播评论席					
电视转播工作间					
媒体通道					
球队更衣室					

赛区新闻官签字：　　　　　　　　　　提交时间：　　年　　月　　日

2019中国平安中国足球协会超级联赛赛事新闻报告

问题汇总

赛区新闻官签字：　　　　　　　　　　提交时间：　　　年　　月　　日

附件四

特殊拍摄设备规定

一、地面自带稳定器摄像机（指自特带殊稳定拍器摄摄像设机或备手规持式定摄像机）的规定

（一）拍摄参赛球队和参赛球员：入场、中场休息时和退场

1. 主转播商可以在开赛前、中场休息时和比赛结束时进入内场或球员通道指定区域拍摄参赛球队和参赛球员。

2. 主转播商斯坦尼康摄像机可在赛区新闻官的允许下，在比赛结束时进入比赛场地拍摄。

（1）在内场、球员通道和比赛场地内可使用最多一台主转播商斯坦尼康摄像机拍摄；

（2）所有主转播商斯坦尼康摄像机应配备指定摄像助理，以确保任何摄像机线缆（如有线缆）安全操作。

（二） 比赛场地通行权：赛前活动

1. 最多两台主转播商斯坦尼康摄像机可在开赛前进入比赛场地，以便对参赛球队首发阵容、唱国歌、抛硬币选边或其他中超联赛特殊仪式或演出（ “赛前活动” ）制作转播报道，但须获得赛区新闻官事先书面批准。

2. 主转播商应：

（1）在赛区新闻官提供的指定区域对赛前活动录制或制作转播报道，并且承诺采取合理措施确保其不会妨碍或其进行的任何动作不会妨碍或影响媒体（包括摄影记者）对赛前活动的观看；

（2）在赛前活动结束时立即离开比赛场地。

3. 一般而言，在比赛开始前升国旗奏国歌期间会要求主转播商拍摄参赛球队的首发阵容、参赛球员和比赛官员。

4. 对升国旗奏国歌的拍摄应符合以下要求：

（1）斯塔尼康摄像机路线是从队列头开始移动至队尾，速度要求和国歌时长密切配合；

（2）拍摄参赛球队之间以及同比赛官员之间的握手过程。

5. 主转播商可使用斯坦尼康摄像机于比赛开始前六十分钟之前在比赛场地外进行拍摄，但须获得赛区新闻官事先书面批准。

（三）比赛场地通行权：常规比赛期间

1. 在比赛进行期间，主转播商应确保沿比赛场地各半场的近端边线使用和操作的斯坦尼康摄像机遵守以下要求：

（1）比赛进行期间，最多使用一台主转播商的斯坦尼康摄像机拍摄；

（2）不会干扰比赛，不会干扰参赛球员或比赛官员的活动，包括但不限于场上裁判和

助理裁判；

（3）不得用于拍摄技术区，或者调整机位在技术区和边线之间移动；

（4）操作时与边线和球队替补席保持安全距离，并且不得阻碍第四官员和球队替补席对比赛场地的视线；

（5）操作时与角球区保持安全距离，并且确保不会妨碍任何发角球球员的移动；

（6）始终配备一名助理（每台斯坦尼康摄像机），并且如安装机位也有需要，配备一名线缆装配人员（每台斯坦尼康摄像机），这些人员职责是操作摄像机并确保摄像机周围一切安全。

（四）比赛场地进入：比赛结束时

1. 只要不会干扰参赛球员或比赛官员在比赛场地上活动，允许最多两台斯坦尼康摄像机在比赛结束时进入比赛场地接近参赛球员拍摄，以便捕捉比赛结束时的球员表情，且若相关，可跟随参赛球队绕场致谢活动。

2. 主转播商不得在比赛结束时对参赛球员或比赛官员进行任何采访，且此时进行的任何拍摄应只包含参赛球员或比赛官员在比赛场地上的活动。

3. 操作斯坦尼康摄像机时，主转播商应通过以下方式保护参赛球员、比赛官员和电视制作人员的安全：

（1）拍摄期间仅限使用装在摄像机上的麦克风；

（2）只有各场比赛终场哨响后并且得到赛区新闻官和版权公司赛事转播经理确认后，才能在比赛场地上使用斯坦尼康摄像机；

（3）操作斯坦尼康摄像机时有助理陪同，助理应负责充当摄像机操作员的耳目以及负责摄像机线缆布置以确保周围人员安全。陪同一台摄像机操作员进入比赛场地的助理不得超过一人；

（4）遵守中超公司提出的任何特殊指示，以确保斯坦尼康摄像机在任何时候都不会引发安全或安保问题。在赛前、赛中或赛后的任何时候，如果接到赛区新闻官指示离开内场，斯坦尼康摄像机工作人员均应立即离开内场。

4. 依据与中超公司商定的安排且根据其指示，在联赛结束后的颁奖仪式期间，最多两台斯坦尼康摄像机可以进入比赛场地。

（五）比赛日前 1 天：官方训练

1. 主转播商可使用斯坦尼康摄像机选择进行比赛日前一天如下报道：拍摄参赛球队抵达、比赛场地检查和官方训练。

2. 主转播商不应在拍摄任何比赛日前一天报道期间进行任何采访，但在指定混采区内除外。

（六）斯坦尼康摄像机操作人员数量

1. 如有技术必要，操作主转播商斯坦尼康摄像机的两组工作人员组成应为每台摄像机最多两人（摄像师和线缆装配工）。

2. 工作人员应遵守中超公司就赛事转播报道权限和制作的所有相关指导和规程。

二、球门内摄像机

主转播商应负责所有球门内摄像机的管理，包括但不限于这类摄像机在赛事全程的安装、操作和维护。

（一）主转播商应确保球门内摄像机符合以下要求：

1. 放置于球网后面的顶角处；

2. 安装到球网的支撑结构（例如绳索、网柱）上或安装在单独的柱子或三角架结构上，但其放置的方式不要影响比赛期间足球的飞行或参赛球员和比赛官员在比赛期间的活动或安全；

3. 用独立套盒或外壳封装，并与地面和球网后方牵拉线相连；

4. 一旦比赛开始后无需任何调整。中场休息时可能需要进场对这些摄像机进行维护；

5. 安装时不带任何麦克风。

三、比赛场边摄像机

（一）相对于球队替补席和第四官员席的比赛场地中央位置

1. 由于比赛场地水平机位靠近球队替补席和第四官员席，因此准确放置对于比赛转播至关重要。主转播商应确保位于指定技术区的所有人员均能获得比赛场地清晰开阔的视野。

2. 主转播商应确保比赛场地中央机位满足以下要求：

（1）位于第四官员席一侧；

（2）不得妨碍或干扰参赛官员和参赛球员观看比赛场地；

（3）不得干扰助理裁判在比赛场地近端边线移动；

（4）不得影响参赛球员入场 / 离场，不得侵占为比赛官员指定的任何技术区域；

（5）不得侵占任何为球队官方代表团和比赛官员指定的任何区域。

3. 除以上规定外，比赛场边机位的任何其他放置位置均应获得中超公司事先书面批准。

四、“蜘蛛眼 ®”摄像机（三维索道摄像系统）

主转播商应确保所有 “蜘蛛眼 ®” 机位的操作和管理。以下条件应适用于比赛日和比赛日前一天对 “蜘蛛眼 ®” 机位的使用。

（一）通则

1. 所有空中机位系统的底座、电线和缆绳的安装应按照由版权公司提交给中超公司并经中超公司书面批准的计划进行。

2. 一经相关机构批准后，“蜘蛛眼 ®” 机位的安装和功能系统不得更改或修动。

3. 机位的安装应获得相关安全部门和体育场管理部门的批准和确认。

（二）比赛日和比赛日前一天官方训练的报道

1. 主转播商应确保：

（1）“蜘蛛眼 ®” 摄像机的最低工作高度为：（i）所有比赛的比赛场地上方二十一米；（ii）比赛日前一天官方训练场地上方十米，以避免对进行的比赛和训练产生干扰；

（2）摄像机可在比赛期间位于比赛场地外离地面五米高的位置；

（3）摄像机应位于足球解围范围以外（边线）；

（4）在比赛日或比赛日前一天官方训练的补水暂停期间，“蜘蛛眼 ®” 摄像机可以在比赛场地内外上方五米处工作。

（三）赛前、中场休息、赛后

1. 主转播商在使用 “蜘蛛眼 ®” 机位拍摄看台或比赛场地周围时，其工作高度应不低于五米，而在热身、中场休息和赛后报道时，其工作高度应不低于五米。

2. 要满足观众、仪式和安保的要求，需要具体进行协调。

（四）罚球点球

主转播商可在比赛场地上方至少五米高度操作蜘蛛摄像机，跟随拍摄参赛球员在罚球前从中圈走到罚球点摆放球的过程。

（五）任意球

主转播商的“蜘蛛眼 ®”摄像机可在比赛场地上至少五米高度进行拍摄球员发球前的准备过程，并保证在球发出之前上升至比赛场地上方二十一米高度。

五、球员通道摄像机

（一）主转播商应负责所使用的任何球员通道机位的操作和转播报道。球员通道机位应包括拍摄两支参赛球队的参赛球员在开赛、中场休息和全场比赛时在进入和离开比赛场地前在球员通道集合的过程。

（二）任何遥控机位和相应麦克风应安装在球员通道顶部下面或通过适当的悬挂进行安装，且其安装方式不得干扰任何比赛仪式、比赛和 / 或参赛球员或比赛官员的活动。球员通道机位的放置位置应由赛区新闻官根据球员通道布局和球队队列位置决定。

（三）最多允许一支电视制作摄像团队在赛区新闻官于比赛开始前告知的固定位置拍摄球员通道 “集合区” 内部，以拍摄比赛官员检查装备。

六、单边摄像机

（一）持权转播商可在比赛期间放置单 / 多边机位，但须根据以下空间情况而定：

1. 主机位平台上；

2. 球门后面的指定区域；

3. 评论席位置（在其操作不影响其他任何其他方时）；以及

4. 须经中超公司事先书面批准的任何其他位置。

（二）此外，在事先与中超公司和版权公司赛事转播经理安排后，持权转播商可以在比赛前后将多边机位放置于：

1. 角球旗附近，用于赛前和赛后单边播报；

2. 指定赛后瞬间采访位置；以及

3. 新闻发布会和 / 或混采区。

（三）持权转播商在比赛期间不得移动机位，除非与中超公司或版权公司赛事转播经理事先在中场休息、常规时间结束或加时赛开始前做出安排。持权转播商不得在任何时候将单边机位放置在任何其他位置。持权转播商商必须向中超公司或版权公司赛事转播经理提交一份机位计划，详细说明其拟定机位位置，且必须在持权转播商开始运行之前获得中超公司批准。

七、VR 机位及设备方案图

VR 设备信息

带轨道摄像系统的 VR 机位图

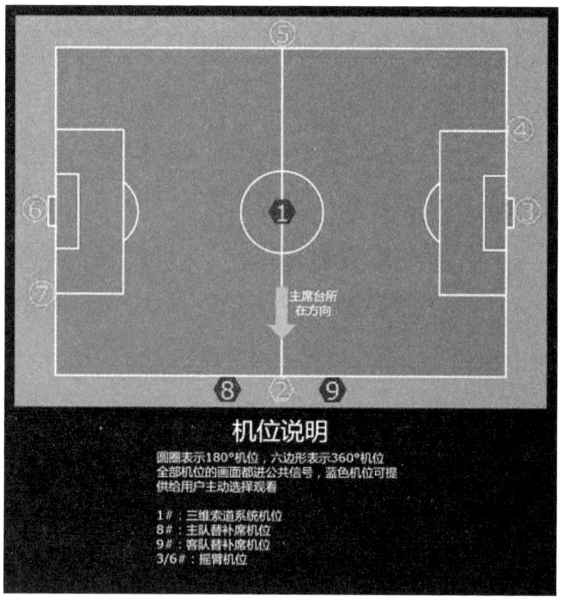

不带轨道摄像系统的 VR 机位图

<table>
<tr>
<td rowspan="4">赛季前半程使用 EFP 系统

赛季后半程将投入使用国内首辆 VR 转播车

特种设备上配备专用安装附件

普通地面机位架设使用常规三角形支架

地面机位架设高度 1.2~1.5m

地面安装支架占地面积约 1m×1m</td>
<td></td>
<td>单目 180°
90×52×69
支持网线和 HDMI 光纤
体积小巧，安装灵活，适合架设于索道、轨道、摇臂等特种设备上</td>
</tr>
<tr>
<td></td>
<td>单目 180°
135×105×92
支持 HDMI 光纤
适合固定机位架设</td>
</tr>
<tr>
<td></td>
<td>四目 360°
90×90×140
支持网线和 HDMI 光纤
适合固定机位架设</td>
</tr>
<tr>
<td></td>
<td>最小高度 910
最大高度 2200
用于地面固定机位架设</td>
</tr>
</table>

中国足球协会乙级联赛保证金管理办法

第一章　总　则

第一条　为贯彻落实《中国足球改革发展总体方案》的精神，加强对中国足球协会乙级联赛（以下简称“中乙联赛”）的监督和管理，不断推动中乙联赛健康发展，中国足球协会根据《中国足球协会章程》《中国足球协会乙级联赛规程》等相关文件，特制定本办法。

第二条　本办法所称“大区委员会”是指中乙联赛北大区组委会牵头单位辽宁省足协和南大区组委会牵头单位上海市足协。

第三条　本办法所称“保证金”是指参加中乙联赛的俱乐部在参加中国足球协会主办的中乙联赛期间，按照本办法之规定向所属大区委员会缴纳的联赛保证资金（以下简称“保证金”）。

第四条　保证金缴纳之目的系为维持中乙联赛竞赛秩序的稳定，除非符合第八条俱乐部申请使用保证金，或第十条法院强制执行等本办法规定之情形，否则不得擅自使用保证金。

第二章　保证金的缴纳

第五条　参加中乙联赛的俱乐部每家应向所属大区委员会缴纳保证金人民币一百五十万元。

第六条　参加中乙联赛的所有俱乐部均应自接到中国足协书面通知后的五个工作日内，将保证金全额支付至所属大区委员会指定的专用账户。若俱乐部未能按时足额缴纳保证金，则该俱乐部自动丧失报名参加中乙联赛的资格。

第三章　保证金的使用及退还

第七条　大区委员会有义务妥善保管俱乐部缴纳的保证金，且不得擅自使用保证金，保证金的返还、扣减等均以中国足球协会的书面通知为准。

第八条　赛季中，如俱乐部申请使用其缴纳的保证金，需会同赛区协会向所属会员协会提交书面申请，经会员协会审查同意后，报大区委员会复核，并经中国足球协会最终同意后方可使用。

第九条　若俱乐部在赛季中非因被中国足球协会纪律委员会取消注册资格而退出联赛，该俱乐部所缴纳的保证金不予以返还，该保证金将用于补偿联赛其他俱乐部及其所在赛区协会、中国足球协会、中乙联赛委员会及其他相关方由此所遭受的损失、补偿金额和方式由中国足球协会结合相关方的损失程度等因素综合判断后确定。

第十条　若俱乐部因违反中国足球协会有关规定被中国足球协会纪律委员会取消注册资格，则该俱乐部所缴纳的保证金自其被取消注册资格之日起冻结180个工作日。

如在冻结日之前及冻结期间，中国足球协会未收到相关司法机构或第三方提供的有关俱乐部涉及诉讼或仲裁的法律文件，或相关诉讼、仲裁在冻结期间届满前已妥善解决的，则该俱乐部缴纳的保证金将在冻结期间届满后无息返还该俱乐部。

在冻结日之前或冻结期间，如中国足球协会收到相关司法机构或第三方提供的有关该俱乐部涉及诉讼或仲裁的法律文件，且该等争议纠纷在冻结期间届满前仍来妥善解决的，则该俱乐部缴纳的保证金将被冻结至相关争议纠纷被妥善解决之日。

第十一条　如中国足球协会会员协会、赛区协会、俱乐部球员、教练员等第三方与被中国足球协会纪律委员会取消注册资格的俱乐部存在任何债权债务纠纷的，则该第三方应将纠纷提交至有管辖权的人民法院或劳动争议仲裁委员会通过诉讼或仲裁解决。

第十二条　在保证金返还俱乐部之前，如有人民法院要求中国足球协会或大区委员会协助执行生效判决、裁决的，中国足球协会及大区委员会有义务根据执行裁定配合人民法院从该俱乐部缴纳的保证金中执行相应的款项。

第十三条　中乙联赛当年度比赛结束后，大区委员会将在中乙联赛全部比赛结束之日起40个工作日内将俱乐部缴纳的保证金无息返还俱乐部。

在大区委员会根据本条第1款之规定将保证金返还俱乐部之前，如中国足球协会收到相关司法机构或第三方有关俱乐部涉及诉讼或仲裁的法律文件，且相关争议纠纷尚未妥善解决的，则该俱乐部缴纳的保证金将被冻结至相关争议纠纷妥善解决后，方予无息返还。

第十四条　根据本办法规定，如俱乐部保证金有任何扣减或被人民法院执行等情况时，大区委员会将保证金剩余金额在本办法第十三条规定日期无息返还给相关俱乐部。

第四章　其　他

第十五条　本办法适用于中国足球协会主办的中乙联赛的所有参赛俱乐部。

第十六条　本办法由中国足球协会负责解释。本办法实施后，中国足协可根据实施情况及国家新颁布的相关法律法规对本办法进行修改。

中国足球协会乙级联赛体育场管理规定

第一章　体育场标准

第一条　规模

一、举行中乙联赛的体育场应至少拥有5000个固定的观众席位；

二、如体育场达到本标准的其他要求，仅固定观众席位数量未达规定标准，在向中乙联赛委员会申报并获批准后，可使用有不少于2000个固定席位的体育场，但在3年内必须达到标准。

第二条　交通环境与设施

一、体育场距客队住宿地点的汽车行程应在1小时以内；

二、体育场周边有便利的公共交通设施，以保障观众前往观看比赛；

三、体育场外围有两个以上的通道，保障人员和车辆迅速疏散；

四、球队、裁判员车辆，必须停放在安全便利的位置，并保障其不受干扰的抵、离体育场；

五、救护车、警车、消防车，必须停放在体育场内及便于调用的位置，并保障道路通畅；

六、贵宾席客人、联赛官员、记者、观众、残疾人车辆的停放须有固定区域；

七、电视转播车辆，停放在不影响观众视线的便利位置。

第三条　安全状况和设施

一、体育场建筑，必须经过建筑质量检查部门鉴定，并出具建筑结构符合安全标准的鉴定书；

二、体育场必须具备公安部门认可的消防条件和设施，并由公安消防部门出具书面证明；

三、体育场必须具备公安部门认可的安保条件和设施，并由公安部门出具书面证明；

四、体育场观众席及边缘不得安装电源明线，观众席下如有出租房间、店面等，在比赛当日必须接受公安部门的检查，并由专人负责，禁止在比赛及观众聚集期间用电、用气、用火；

五、体育场外围应设栏杆或围墙，有多处进出门口，以便凭此进行第一次验票和一般性安全检查；

六、观众席入口处，设置适合需要数量的验票门，以便严格验票和进行安全检查；

七、观众席必须有安全、宽敞、无障碍并有明确指示标记的进出通道，以便观众疏散；

八、观众席有清楚的区域划分和座位号，观众席位的座椅材料必须耐火、阻燃、不易折断；观众席应设有残疾观众轮椅可进入的专席，并提供相应的服务；

九、观众席与比赛场地之间须有可靠的隔离设施，确保观众和与比赛无关的人员不能随意进入比赛场；

十、球队、裁判员、联赛官员必须有与观众隔离的活动区域和通道，球队、裁判员进出比赛场的通道口，应设置可向场内伸缩的防护通道或地下通道。

第四条　比赛设施

一、球场

1. 规格：长 100~110 米、宽 64~75 米；

2. 草皮：平整、养护良好的天然草皮；

3. 场线：宽 12 厘米，白色涂料，规范、完整、清晰；

4. 球门：门柱为白色，直径 12 厘米，两立柱内缘间距离 732 厘米，横柱下缘与地面间距离 244 厘米；

5. 球网：白色，严密、完好，用尼龙或其他允许的材料制作，网与门柱和地面严紧连接固定，球网后上部两端充分拉起，保证球门内必要空间；

6. 角旗：4 面，杆高不低于 150 厘米，平顶；

7. 摄影区：球场球门线外的广告板后区域；

8. 周边：无影响比赛的障碍，无可能伤害运动员的设施；

9. 上下水设施：有较好的喷灌、排水设施。

二、计分牌

应在场内明显位置设置计分牌，并使观众席能够清楚的看到比分数字。

三、广播系统

体育场须设置广播系统，且播音设施良好，音质清晰，覆盖全场。

四、旗杆

体育场内应设置用于升国旗的专用旗杆。

五、裁判席

1. 裁判席设置于场外的中线延长处，备置 1 桌 1 椅，备换人牌（电动、手动各一付）；

2. 裁判席设有用坚固、透明材料制作的防护棚，设置稳定、牢靠，可抵御风雨和投掷物；

六、球队替补席、指挥区

1. 球队替补席设置于裁判席两侧平行处，间距 9.15 米，备置 14 个靠背席位；

2. 替补席设有用坚固、透明材料制作的防护棚，设置稳定、牢靠，可抵御风雨和投掷物；

3. 替补席处按《足球竞赛规则》的规定画出指挥区。

七、医务席

1. 医务席设置于场内裁判席右侧后方，应确保至少有一名资格医师在比赛期间、中场休息和比赛后在现场为参赛队员和官员服务；

2.至少准备一副担架，设于裁判席稍后位置，或分设于裁判席与两队替补席之间稍后位置，每副担架至少配备4名担架员，统一着装；

八、救护车位于方便的通道口附近，车上安排医务人员。

第五条 广告设置

一、体育场须按《中乙联赛管理规定》和规程的要求位置设置广告板。

二、体育场应提供存储广告设施的便利。

三、履行中乙联赛的其他商务要求。

第六条 工作席位设置

一、监督席

设置于主席台前排边侧便于行动的位置。

二、竞赛席

设置于场内裁判席左侧后方，若干席位。

三、安保指挥席

按当地公安部门要求，协商设置，必须为安保指挥者在主席台上设置专门席位。

四、记者席

设置于主席台、贵宾席一侧的良好位置，并与观众席有效隔离。

五、广播电视评论席

设置于可通览全场，与观众席有效隔离的良好位置或房间，并帮助提供相应的配套设施。

第七条 休息室

一、球队休息室

1.必须备有两间独立的休息室，供主客队分别使用；

2.休息室应具备基本卫生条件，并配置足够数量的坐椅、桌子、按摩床等；

3.休息室应方便连接比赛场地并与观众隔离；

4.休息室应配备足球挂盘，供球队使用。

二、裁判员休息室

1.必须与球队休息室有适当距离间隔；

2.配置足够数量的坐椅、桌子等；

3.配置裁判旗2面、换人牌、计时表、气筒、气压表、台秤、比赛用球等；

4.休息室应方便连接比赛场地并与观众隔离。

第八条 竞赛工作室

必须设独立的竞赛工作室，位置由赛区确定，应距离体育场较近，并应保障置备桌椅、国内长途电话、传真机、复印机等办公设施。

第九条　安保工作室

安保工作室的位置、面积、设施等，由赛区与当地公安部门确定，并保证有足够的使用面积，视野开阔，光线良好。

第十条　主席台、贵宾席及休息室

一、主席台、贵宾席

可分别设立，也可统一设立；主席台席位及设施由赛区自行确定。

二、主席台、贵宾席休息室

可分别设立，也可统一设立；主席台休息室布置由赛区自行确定。

第二章　体育场的使用申请

第十一条　中乙俱乐部应于每年度 3 月 10 日之前，向中乙级联赛委员会提出比赛场地使用申请。

第十二条　提出申请的中乙俱乐部，应首先向中乙联赛委员会索取本规定和《中乙联赛俱乐部主场申报表》。

第十三条　俱乐部在报交《中乙联赛俱乐部主场申报表》的同时，须同时向中乙联赛委员会报交下列文件和资料：

一、俱乐部申请设立比赛主场的书面报告；

二、当地政府同意俱乐部设立比赛主场的批复文件；

三、当地的中国足协会员协会或当地体育部门同意俱乐部设立比赛主场的批复文件；

四、当地公安部门同意俱乐部设立比赛主场的批复文件；

五、当地公安消防部门出具的该体育场消防环境和设施合格的证明文件；

六、法定的建筑质量检验机构出具的该体育场建筑质量合格证明，并可以安全使用的鉴定文件，并附该质检机构证书复印件（加盖该机构公章）；

七、俱乐部与体育场签订的体育场使用合同文书；

八、由当地会员协会、当地公安部门、体育场和俱乐部共同签订的《中乙体育场安保承诺书》。

第十四条　中乙联赛委员会对俱乐部的申请报告和其他文件、资料进行初步审核，如果初审合格，由中乙体育场检查组对体育场进行实地检查。

第三章 体育场的检查和审核

第十五条 中乙体育场检查组由中乙联赛委员会与相关部门共同派人组成，检查所需的全部差旅、食宿费用由准备使用该体育场的俱乐部承担。

第十六条 中乙体育场检查组按照本规定对体育场环境、设施进行全面细致的检查，认真填写《中乙体育场标准调查表》，写出检查报告。

第十七条 中乙体育场检查组向中乙联赛委员会提交《中乙体育场调查表》和检查报告，经中乙联赛委员会审核批准后，正式向体育场颁发《中乙体育场使用许可证》。

第十八条 如体育场已达到《中乙体育场标准》的主要要求，无安全隐患，但未能完全达标，而准备使用该体育场的俱乐部在其注册区域内，又无其他更适合的体育场可以选择时，经中乙联赛委员会主任批准，可以颁发给该体育场《中乙体育场临时使用许可证》。

第四章 中乙联赛体育场使用期限

第十九条 《中乙体育场使用许可证》有效期为三年，到期重新对体育场进行检查审核，合格者更换新的使用许可证。《中乙体育场临时使用许可证》有效期为一年，到期仍不能完全达到本文所规定的中乙联赛体育场标准，将取消该体育场举行中乙联赛的资格。使用该体育场的俱乐部必须寻找新的体育场，或接受中乙联赛委员会指定的体育场。

第二十条 中乙联赛委员会于每年度 4 月 10 日之前，对拥有《中乙体育场使用许可证》的体育场实行年度检查，该检查以普查或抽查的方式进行。检查所需的全部差旅、食宿费用由被检查的体育场或准备使用该体育场的俱乐部承担。

第二十一条 中乙联赛委员会对年检中存在问题的体育场提出书面通报，体育场应在每年度 4 月 30 日前完成整改。逾期未能整改的体育场，将被吊销《中乙体育场使用许可证》，取消举行中乙联赛的资格。

第二十二条 拥有《中乙体育场使用许可证》的体育场在中乙联赛过程中，出现不符中乙联赛体育场标准的情况，并严重影响比赛顺利进行时，中乙联赛委员会有权暂停或中止该体育场的使用。

第五章 附 则

第二十三条 本规定由中国足球协会联赛委员会负责解释。

第二十四条 本规定自二〇〇五年一月一日起试行。

第六编

竞赛规程

竞赛规程是一个指导性文件，它是主办单位进行工作的依据，也是所有参加比赛单位共同遵守的章程。竞赛规程是由竞赛组委会或筹备组，根据竞赛计划而制定的具体实施某一项（届）赛会的政策与规定。规程着重于竞赛的组织管理，使参赛单位能根据竞赛规程的宗旨、内容和要求，组建队伍，确定竞赛和训练目标，使参加者能根据规程安排来调整训练计划，积极准备，以最好的姿态来迎接比赛。

本编中汇集的法律规范主要有：《职业联赛参赛资格递补原则及办法》《2019 年中国足球协会超级联赛规程》《中超联赛赛前联席会要求及程序》《中国足球协会甲级联赛规程》《中国足球协会乙级联赛规程》《中国足球协会杯赛规程》《中国足球协会女子足球超级联赛规程》《2019 年中国足球协会会员协会冠军联赛规程》《2017—2018 中国足球协会室内五人制超级联赛竞争规程》《2019 年中国足球协会室内五人制甲级联赛竞赛规程》《2017 全国沙滩足球锦标赛竞赛规程》《亚洲足球俱乐部冠军联赛规程》《足球竞赛规则（中文版）》《五人制足球竞赛规则》。本编涵盖了各种形式的足球比赛的管理规范，例如：对奖项的设置、对球员报名的限制、对比赛装备的固定、对票务的管理等，以保证参赛者和参赛单位可以更好地参赛。

职业联赛参赛资格递补原则及办法

一、申请及准入达标原则。

即俱乐部已经提交了相应级别联赛的准入申请或递补申请，并经中国足协审核，达到了相应联赛的准入标准。

二、竞技水平原则。

为确保联赛的整体竞技水平，如升降级为升二降二，则可以递补的俱乐部仅限：原降级的两个俱乐部和下一级别联赛上赛季联赛的第三、第四名；如升降级为升三降三，则可以递补俱乐部仅限：原降级的三个俱乐部和下一级别联赛上赛季联赛的第四、第五、第六名，以此类推。如以上俱乐部不能递补足额，则原则上不再进行递补。

三、原级别序列优先递补原则。

（一）如因上赛季本级别联赛的俱乐部（已降级的除外）因未达到准入标准等原因失去本级别联赛参赛资格，而出现的名额空缺，则优先在上赛季本级联赛已降级的球队中按上赛季的联赛成绩排名逐次递补，如本级别原降级俱乐部仍不能补齐，则再由上赛季下一级别联赛未能升级的球队中按上赛季的联赛成绩排名逐次递补。

（二）如因上赛季下一级别获得升级名次成绩但俱乐部未能获得上一级别联赛的准入资格等原因，而出现的原升级名额空缺，则优先由上赛季下一级联赛中未能升级的俱乐部中按上赛季的联赛成绩排名逐次递补，如下一级别俱乐部不能补齐，则再由上一赛季原级别联赛已降级的球队中按上赛季的联赛成绩排名逐次递补。

四、例外原则。

如出现以上原则不能涵盖的其他涉及参赛名额递补的特殊情况，则可由职业联赛理事会执委会研究决定相关事宜。

中超、中甲联赛参赛资格的递补只能在两个赛季之间进行。

中国足球协会职业联赛理事会执行局

2015 年 1 月 28 日

2019年中国足球协会超级联赛规程

第一章　总　则

第一条　中国足球协会超级联赛是由国内最优秀职业足球俱乐部参加的全国最高水平足球职业联赛，简称“中超联赛”（以下使用简称）。英文全称为：CHINESE FOOTBALL ASSOCIATION SUPER LEAGUE，英文简称为CSL。

第二条　中超联赛为年度赛事，由中国足球协会主办。主办方在各俱乐部主场赛区设立赛区委员会，赛区委员会在当地政府的领导下，全面负责管理和组织赛区工作。中超联赛有限责任公司（以下简称“中超公司”）全面负责中超联赛的品牌建设、版权销售、商务运作及市场经营。

第三条　本规程和参赛俱乐部及赛区具体协议中未授予的与中超联赛相关的任何权利均归中国足球协会所有。

第四条　现行的《中国足球协会章程》、中国足球协会各项规程、指南、通知、细则以及准则等文件均对所有参与和涉及中超联赛的准备、组织以及主办的各方具有约束力。

第五条　2019年中超联赛参赛俱乐部队为16支。

第二章　安保与保险

第六条　安保

一、参赛俱乐部及其所在赛区以及相关政府机构有责任在各个赛事相关地点（包括赛场和赛场周边区域、道路及相关场所）制定并执行充分的安保措施，安保措施覆盖范围包括但不限于以下所有相关人员：

（一）所有参赛俱乐部球员、官员及工作人员。

（二）所有竞赛官员和工作人员。

（三）媒体人员。

（四）赞助商及商业合作伙伴。

（五）现场观众。

二、各参赛俱乐部及其所在赛区应根据《全国足球赛区安全秩序规定》及《加强全国足球比赛安全管理工作的规定（试行）》协同当地公安机关，制定并向主办方提交一份赛区安保计划。

三、为保障球员和比赛官员人身安全，各参赛俱乐部及其所在赛区必须在体育场为球员和比赛官员提供安全独立的进出通道。

四、如果未对安保工作做出有效安排和计划，参赛俱乐部及其所在赛区将会受到处罚。

第七条 保险

一、建议俱乐部或赛区对举办的中超联赛主场相关联的风险和责任进行投保，此类保险应可向受伤人员或者受损物品和财产承担确定的适当数额的赔偿责任。

二、各俱乐部及其所在赛区的风险应当自行承担，通过适当的保险合同进行覆盖。

三、参赛俱乐部应自行负责其代表团在中超联赛所有比赛中包括球员和官员在内的保险问题（包括住院和外科手术），且参赛俱乐部必须保证中国足球协会将免遭此类诉讼或者承担责任。

第三章 技术规程

第八条 竞赛规则与有关规定

一、比赛以国际足球协会理事会《2018/19 足球竞赛规则》为准则，并在其指导下进行。

二、比赛使用视频助理裁判员（VAR）技术，以国际足球协会理事会《视频助理裁判员赛事实施手册 第 8 版》为准则，并在其指导下进行。使用 VAR 技术时，如出现如下事故，原则上比赛结果仍然有效：

1.VAR 技术出现故障；

2. 视频助理裁判员参与做出了错误决定；

3. 做出不予回看分析某一事件的决定；

4. 对不可回看事件进行了回看分析。

三、执行中国足球协会根据国际足联或亚足联要求制定的其他相关规定。

四、执行中国足球协会制定的最新《中国足球协会纪律准则》《中国足球协会球员身份与转会管理规定》。

五、执行中国足球协会制定的中超联赛文件和根据中超联赛中出现的问题做出的其他规定和通知。

六、在每场比赛中，每队可报名首发上场球员 11 名，替补球员 7 名，可从中替换 3 名，被替换下场球员不得重新被换上场；一场比赛中外籍球员可累计上场3人次；港澳特区和台湾地区球员参照足球字〔2018〕36号《中国足球协会关于港澳特区和台湾地区球员参加2018年职业联赛有关规定的通知》执行。

七、每场比赛，每支俱乐部队11名首发球员中至少有1名U23球员（1996年1月1日及以后出生的非港澳台的国内球员），U23球员的实际累计上场人次不得少于3人次。如俱乐部队报名球员中有被各级国家集训队征调的U23球员，出场人次相应递减，征调1名减1名，征调2名减2名，征调3名以上可不执行U23球员政策。俱乐部队如违反此规定，该场比赛按弃权处理，中国足协纪律委员会还将视情节对该俱乐部做出进一步处罚。

八、如果比赛中有一方上场球员少于7人，则比赛将被中止。在此种情况下，主办方将对产生的后果做出最终决定。

第九条 比赛持续时间

每场比赛应当进行90分钟，分为上下各45分钟两个半场，以及两个半场中间不超过15分钟的中场休息时间（上半场终场哨响到下半场开场哨响）。

第十条 中止比赛

如果由于任何不可抗力因素或者其他任何原因，包括但不限于比赛场地不适宜比赛、天气原因、照明灯故障等事故在正常比赛时间结束之前，裁判员认为应中止比赛，则应当随后采取以下措施：

一、比赛将被暂停30分钟，以等待情况得到有效改善后将比赛重新开始，除非裁判员认定比赛可以提前重新开始。

二、比赛被暂停30分钟后，如果裁判员认为再延长一段时间可恢复比赛，则可再延长30分钟。如果第二个30分钟后比赛仍不能恢复，裁判员必须宣布中止该场比赛。

三、在中止比赛情况下，主办方应在裁判员做出中止比赛决定后2小时内决定比赛中止时的结果是否有效，或在考虑体育精神及组织等因素前提下，决定是否进行补赛或重赛。

四、不可对本规程此条款提出申诉。

五、如果因不可抗力，比赛被宣布中止，此比赛应优先考虑择期完成剩余的比赛时间，而不是重赛全场比赛，被中止时的比分等情况依然有效。当主办方决定将比赛恢复完成时，具体应遵循如下原则：

（一）比赛从原被中止时的比赛时点恢复，恢复时所有场上球员、替补球员要与比赛被中止时一致。

（二）不能对替补球员名单中的运动员进行增加、更换。

（三）不能增加可换人的次数。

（四）比赛的红、黄牌依然有效，被罚出场的人员依然不能重新回到比赛场地参加比赛。

（五）所有与此比赛有关的其他处罚依然有效。

（六）恢复比赛的时间（在随后可预见的时间）与比赛地点由主办方决定。

（七）由此可能产生的一切后续问题由主办方决定。

第十一条 比赛取消

如果比赛由于不可抗力因素或者其他任何原因，包括但不限于，比赛场地不适宜比赛、天气原因、照明灯故障等事故而使比赛无法正常开始，则应随后采取以下措施：

一、决定重新安排本场比赛前，比赛将被推迟30分钟，除非裁判员认定比赛可以提前开始。

二、如果裁判员认为再延长一段时间比赛即可开始，则可再至多延长30分钟。如果第二个30分钟结束后比赛仍未开始，裁判员必须宣布取消该场比赛。

三、在取消比赛的情况下，主办方应在裁判员做出取消比赛决定后3小时内，在考虑体育精神及组织等因素前提下，决定是否重新安排比赛，或是否采取其他必要行为，或决定延续该比赛。除非纪律委员会做出其他决定，否则与该场比赛相关的处罚措施依然有效。

四、不可对本规程此条款提出申诉。

第十二条 体育场

一、中超联赛使用的体育场必须符合《中超联赛体育场规程》的标准。

二、比赛体育场由俱乐部申报，且服从主办方进行的审查和提出的要求。

三、俱乐部除申报确定1个主体育场外，必须再申报1个符合《中超联赛体育场规程》的备用体育场（主办方在联赛开赛前将根据实际情况对申报的体育场进行检查）。主体育场及备用体育场必须在俱乐部注册协会的管辖区域内。

四、比赛城市或附近城市必须有民用机场，体育场与机场之间的距离原则上汽车行程不得超过2小时。

五、同一赛季，除非所处环境超出控制能力，各俱乐部必须始终使用同一体育场作为比赛主场。如果变更主场，俱乐部必须提前21天向主办方申请，同时提供相关证明，包括但不限于不适合比赛的主场照片、可视性证据及有关部门出具的官方正式证明或确认文件。

六、在收到变更申请及相关必要证明和文件后，主办方将根据具体情况，做出准许俱乐部更换主体育场的决定。拟更换的体育场必须符合《中超联赛体育场规程》规定。

七、体育场变更申请被批准前，主办方拥有对体育场审查的权力，审查成本将由提出申请的俱乐部负担。

八、如果俱乐部无法在主办方规定的最终期限确定可替代体育场，主办方将在中立城市或地区为其选择主场体育场。该俱乐部必须在主办方指导下，与中立城市或地区所属会员协会及相关部门合作管理和组织比赛，相关费用由该俱乐部承担。

九、客场比赛俱乐部队抵达比赛场地后，任何对比赛场地产生的疑问，必须向比赛监督提出，比赛监督将征求裁判员的意见后决定比赛场地是否适合比赛。如果裁判员认为比赛由于不可抗力或其他任何包括但不限于比赛场地不适宜比赛、天气情况、照明灯故障等事故而无法开始，则按第十一条比赛取消处理。

十、在赛季任何时间内，不论任何原因，如果主办方认定某一体育场不适合举办中超比赛，主办方有权要求主场俱乐部更换体育场，如果该俱乐部在规定的最终期限内未能确定可更换的体育场，主办方有权决定替代体育场（俱乐部备用体育场、中立城市或地区体育场、对方主场）。

十一、赛季中更换主场，涉及 VAR 技术设备与器材的搬运、LED 搬运及其他广告物品的搬 运或更换制作等费用，由相应俱乐部承担。关于体育场内的其他商务工作要求，按照《中超联赛商务管理规定》执行。

十二、体育场内应在比赛日当天按照联赛管理方的要求进行统一布置，不得出现违规广告或内容。关于体育场内的其他商务工作要求，按照《中超联赛商务管理规定》执行。

第十三条　比赛场地

一、比赛监督抵达赛区后将对主体育场进行检查，确保比赛场地、设施符合《足球竞赛规则》《中超联赛体育场规程》及《中超联赛商务管理规定》的相关要求。如果未能达到《足球竞赛规则》《中超联赛体育场规程》及《中超联赛商务管理规定》的相关标准，比赛监督将要求赛区进行整改。

二、如果在比赛开始前仍未满足《足球竞赛规则》和《中超联赛体育场规程》的相关标准，则视为主场俱乐部队违反规定，主场俱乐部队将失去该场比赛资格，并判罚主场俱乐部队该场比赛 0 : 3 负，后续处罚由中国足协纪律委员会做出。

三、如果俱乐部拟在比赛开始前、中场休息时或比赛结束后在体育场内举办任何活动，需征得主场赛区同意，同时按照《中超联赛商务管理规定》的相关规定，提前 7 天向主办方申报。

第十四条　替补席和技术区域

一、比赛替补席每队 16 个座席，其中替补球员 7 个座席，替补席官员 9 个座席。

二、只有俱乐部队正式报名当场比赛的球员、替补席官员才能在替补席就座，其他人员不得入座，替补席就座官员和球员必须佩戴相应证件，如有替补席官员更换，按本规程第二十六条办理。

三、替补席上所有人员必须统一穿着与场上球员和裁判员有明显色差区别的服装装备。

四、主队应使用第四官员席（从四官席面向球场）左侧替补席。

五、俱乐部报名的领队比赛时必须在替补席就座，管理替补席秩序是俱乐部队领队职责之一，本方替补席任何人员违纪，都将可能追究俱乐部队领队的管理责任，同时也将追究俱乐部赛风赛纪第一责任人管理责任。

六、被裁判员罚离替补席的教练员，赛后不得出席新闻发布会，但需由领队或其他教练员代为出席。

七、替补席和技术区域严禁吸烟（请同时遵守体育场有关公共区域禁烟的规定）。

第十五条 官方倒计时

一、所有参赛球队必须严格遵守《中超联赛官方倒计时程序》的相关规定。

二、赛季中任何违反《中超联赛官方倒计时程序》的球队，中国足协纪律委员会将根据比赛监督、裁判监督和裁判员的报告进行处罚；对于屡次违反，或因球队违反《中超联赛官方倒计时程序》，对电视直播造成影响的，中国足协纪律委员会将加重处罚。

第十六条 热身

一、如天气情况允许，参赛球队可在比赛开始前 50 分钟在比赛场地进行热身，比赛开始前 20 分钟必须结束热身，返回更衣室（因开幕式等官方活动需要，或天气、场地原因，比赛监督报请主办方同意后可适当调整，参赛双方必须严格执行）。

二、各赛场必须在比赛场地两侧球门后的广告牌后面铺设不小于长 20 米，宽 3 米的人造草坪供替补球员热身。

三、在比赛进行期间，每队同时最多有 6 名球员可以在最多 2 名官员（当场比赛报名的替补席官员）带领下在其替补席近侧球门后或比赛监督指定的区域内进行无球热身（守门员可以进行有球热身）。专业足球场可根据场地情况选择设置，每次热身人数相应减半。

第十七条 官方训练

一、客队有权在比赛日前一日与比赛时间相同的时间段在比赛体育场内进行 1 个小时的官方训练，体育场应确保场地条件（灯光、划线、球门、球网等）达到与比赛要求一致的水平，同时在客队官方训练开始前 30 分钟允许客队使用客队休息室及相关设施；如客队选择其他时间进行官方训练，需协调赛区体育场、主队训练时间并报比赛监督同意。

二、如果客队取消官方训练或更换训练场地，必须提前报请比赛监督同意并通知相关媒体。

三、如果因天气原因，确实无法安排官方训练，客队必须无条件服从比赛监督做出的如下决定：

（一）取消客队在比赛场地的官方训练，但赛区必须为客队提供具备良好训练条件的其他训练场。

（二）客队球员可穿平底训练鞋在比赛场跑道（比赛草坪外）进行训练。

四、主队的官方训练场地和时间必须提前报请比赛监督同意，并通知相关媒体。

第十八条 赛前训练场地（非官方训练使用，使用时间为 1 小时）

一、各赛区必须为客队无偿提供一块经主办方审核批准的天然草坪作为赛前训练场地，客队需提前告知在赛区的训练时间安排。

二、除经主办方同意，各中超俱乐部队应只使用赛区委员会官方指定并由主办方批准的中超联赛训练场地。

第十九条　比赛用球

一、比赛训练用球由主办方和中超公司分批统一配发给各赛区、俱乐部。

二、参赛球队赴客场比赛需自行携带主办方提供的训练用球。

第二十条　比赛日程安排

一、2019年中超联赛竞赛日程由主办方制定，俱乐部必须严格遵守。

二、因国际足联、亚足联调整有关赛程，或遇到不可抗拒原因，主办方有权对既定赛程做出调整或更改。

三、中超联赛所有比赛的比赛日期及开球时间，由主办方协商版权转播商确定，一经确定不得更改。

四、因电视转播及商务活动要求，主办方有权调整所涉及场次的比赛日期、开球时间、比赛场地等，但原则上应在原定比赛日前两周做出更改决定并通知有关赛区、俱乐部及其他单位。

五、如俱乐部或赛区因自身主体育场原因希望调整原定赛程，应至少于原定比赛日前21天向主办方提出申请，启用备用体育场按照原定比赛时间进行比赛。如备用体育场在原定比赛时间无法使用，则该场比赛按弃权处理，中国足协纪律委员会还将视情节对该俱乐部做出进一步处罚。

六、如赛区或俱乐部因亚冠原因希望调整原定赛程，应同时征得：对方俱乐部、主场赛区、转播电视台和中超联赛赞助商同意意见后，至少于原定比赛日前21天向主办方提出申请，主办方将根据申请及有关方面意见做出决定。

七、除非主办方同意，俱乐部其他比赛不得与既定的中超联赛赛程发生冲突。

第二十一条　赛制

一、竞赛办法

中超联赛采用主客场双循环赛制进行。

二、决定名次办法

（一）每队胜一场得3分，平一场得1分，负一场得0分。

（二）中超联赛当年度比赛全部完成后，积分多者名次列前。如果两队或两队以上积分相等，依下列顺序排列名次：

1. 积分相等队之间相互比赛积分多者，名次列前；

2. 积分相等队之间相互比赛净胜球多者，名次列前；

3. 积分相等队之间相互比赛进球数多者，名次列前；

4. 积分相等队之间，根据《中国足协职业联赛排名中预备队和青少年梯队赛事综合积分计算原则》执行。

（三）中超联赛进行中，如果两队或两队以上积分相等，积分相等队之间净胜球多者，名次列前。中超联赛赛季进行中，积分高者名次列前，积分相等队排名相同。

三、降级和升级

（一）当年中超联赛名次列最后两名的俱乐部队降级，参加次年中甲联赛。

（二）当年中甲联赛名次列前两名的俱乐部队，在准入资格检查合格后可参加次年中超联赛，如未能达到《中国足球协会职业联赛俱乐部准入条件及审查办法》及其实施细则的相关要求，则不能升级，递补规则依照《职业联赛参赛资格递补原则及办法》执行。

（三）如因各种原因导致参赛球队减少等特殊情况出现时，依照《职业联赛参赛资格递补原则及办法》，由主办方研究决定。

四、国际足联、亚足联俱乐部赛事

（一）根据国际足联、亚足联俱乐部赛事相关规程及通知执行。

（二）未得到主办方书面批准之前，俱乐部不得代表中超联赛参加亚足联或国际足联举办的俱乐部赛事。

（三）中超俱乐部如获得国际足联、亚足联俱乐部赛事参赛资格，则必须参加该赛事，未经国际足联、亚足联、主办方书面批准不得擅自退出或放弃参赛，违反此项规定者，后续处罚由中国足协纪律委员会做出。

第四章　俱乐部参赛资格与报名

第二十二条　俱乐部参赛资格

一、符合下述条件俱乐部可以派队参加中超联赛：

（一）满足中超联赛参赛成绩要求，经审核达到《中国足球协会职业联赛俱乐部准入条件和审查办法》要求。

（二）拥有 1 支达到中超联赛水平的足球队。

（三）在中国足球协会会员协会注册，并在中国足球协会注册。

二、主办方有权对俱乐部及其球员和官员的参赛资格做出最终决定，不得对该决定提出申诉。

第二十三条　俱乐部报名

一、俱乐部在每年联赛开始前 21 日内，向主办方报名。

二、俱乐部队名称的全称及简称：

（一）全称为：地域名＋俱乐部名＋俱乐部队冠名＋“队”。

（二）提供电视转播及其他媒介使用简称为：地域名＋俱乐部名或俱乐部队名，简称长度不应超过 6 个字。

（三）俱乐部队只能有 1 个冠名，冠名只能是企业或品牌名称，不得有商品或服务类别、组织形式等，同时俱乐部冠名应符合国家有关规定（如商标法、广告法等）。

（四）报名与上述要求不符时，主办方有权按照该俱乐部法定名称和俱乐部队冠名的上述规定，予以纠正。

（五）一旦报名完成，俱乐部名称、俱乐部队名称及俱乐部队徽等注册标识在本赛季内，不得变更。

三、参赛俱乐部必须认同并完整填写《中超联赛参赛责任书》并在报名时随报名材料一同上交至主办方。

第二十四条　责任与义务

参加中超联赛，参赛俱乐部则应承诺如下：

一、遵守国际足联理事会发布的《足球竞赛规则》。

二、遵守与中国足球协会所签订的所有协议及中国足球协会发布的各项相关规程、管理办法、决定、指南和通知以及适用的国内法律法规。

三、接受主办方根据本规程针对中超联赛的行政、纪律以及裁判事宜所做出的决定或者由中国足球协会相关委员会做出的决定。

四、承认中国足球协会相关规程认定的仲裁机构的管辖效力。

五、在中超联赛整个赛季期间派遣其最强队伍参加比赛。

六、遵守公平竞赛原则。

七、在中超联赛过程中，无论在其主场和到达客场赛区至离开这段时间内，对其球员、官员、成员、球迷以及任何附带责任人群的行为负责。

八、主场比赛期间，在俱乐部、所在赛区以及主办方的共同努力下，根据本规程各项规定，对比赛的举办工作做出适当安排。

九、主场比赛期间，保证竞赛官员，客队球员和官员、工作人员、赞助商、客队球迷和媒体在体育场的通行权不受性别、种族、宗教以及国别歧视的干扰。

十、客场比赛时，接受主场赛区和俱乐部在主办方指导下所做出的相关安排。

十一、根据本规程以及主办方发布的有关通知中的规定，出席并参加由主办方或者相关赛区组织的所有官方活动，如赛前联席会、新闻发布会、全明星赛、颁奖典礼及其他媒体、商务和公益活动等。

十二、中超联赛所有报名参赛球员和官员，如被提名获得中超联赛年度奖项，则必须出席当年中超联赛结束后的颁奖典礼。任何未按要求出席活动的球员或者官员，中超联赛部将报请中国足协纪律委员会对其做出相应处罚。

第二十五条 弃权和罢赛

一、未报名、或未通过资格审查、或未获得注册参赛资格证、或处在停赛期、或正在诉讼过程中尚未被允许参赛的球员，代表某队参加了比赛。该俱乐部队此场比赛按弃权处理。

二、弃权的处理：

（一）一方俱乐部队比赛弃权，另一方俱乐部队以3∶0获胜，如果比赛实际比分超过3∶0，则以当时实际结果为准。

（二）双方俱乐部队比赛弃权，双方俱乐部队本场比赛均无成绩，计0分。

三、有下列情况之一属罢赛：

（一）并非因主办方认可的不可抗拒原因，且未获得主办方批准，未参加竞赛赛程规定的比赛。

（二）拒绝按照主办方安排参加补赛或改期的比赛。

（三）拒绝按照裁判员要求，在5分钟内恢复中断的比赛或者在比赛结束前擅自离开比赛场地。

（四）中途退出联赛。

四、罢赛俱乐部队所有本赛季比赛的比分均计对方3∶0获胜（无论比赛是否已经进行），如果比赛实际比分超过3∶0，则以当时实际结果为准。

五、弃权与罢赛俱乐部必须赔偿其他俱乐部及其所在赛区、中国足球协会、中超公司及其商业和电视合作伙伴、赞助商由此所遭受的损失，赔偿数额由主办方根据相关合同、协议及实际造成的损失决定。

六、罢赛俱乐部必须全额返还中超联赛在赛事中已经支付给俱乐部及所属赛区的相关经费和补贴，并失去获取相关经费和补贴的权利。

七、中国足协纪律委员会可根据《中国足球协会纪律准则》做出进一步处罚。

八、在遭遇不可抗力情况下，主办方可依据《中国足球协会章程》及相关规定精神采取一切其认为必要的措施和行动。

第五章 球员和官员报名与参赛资格

第二十六条 球员和官员参赛条件和报名

一、符合下述条件球员可以报名参加中超联赛：

（一）年满 16 周岁，身体健康（年龄计算以赛季初报名及赛季中注册窗口截止日期为准）。

（二）与符合中超联赛参赛资格俱乐部签订工作合同。

（三）在中国足球协会会员协会和中国足球协会完成注册。

（四）取得足球运动员注册、转会、参赛资格登记证（以下简称：注册参赛资格证）。

二、符合下述条件的教练员可以报名参加中超联赛：

（一）与符合中超联赛参赛资格俱乐部签订工作合同。

（二）在中国足球协会会员协会和中国足球协会完成注册。

（三）报名教练员应具备中国足球协会技术部认定的中超俱乐部队执教资格，或持有各洲际或中国足球协会认证的相关级别教练员证书并经中国足球协会技术部审核确认。

三、符合下述条件医务人员可以参加中超联赛：

（一）拥有足球医务人员岗位培训证书。

（二）与符合中超联赛参赛资格俱乐部签订工作合同。

四、俱乐部队官员、球员联赛报名：

（一）报名领队 1 名，主教练 1 名，助理教练员 1 至 2 名，守门员教练员 1 名，体能教练员 1 名，球队新闻官 1 名，队务 1 至 2 名，翻译及队医各 1 至 3 名，并均须符合上述资格规定（只有报名人员可在替补席就座，报名时必须附证书或证明文件复印件及本人近期免冠电子版照片和俱乐部签署有效工作合同复印件）。

（二）球队新闻官负责球队教练员及球员的采访事宜。报名领队必须就座替补席。

（三）赛季首次报名和夏季转会期后补报名，在中国足球协会注册的国内球员报名最多为 27 名，27 人名单中至少有 2 名球员为本俱乐部青训培养的 U21 球员（本俱乐部注册并代表本俱乐部参加比赛至少 3 年以上）。在中国足球协会注册并报名的外籍球员最多为 4 名（外籍守门员不得报名）。

（四）在本赛季两个注册转会期内从其他俱乐部转入的国内职业球员中，无年龄限制的报名球员不超过 5 名，1998 年 1 月 1 日以后出生的报名球员不超过 3 名。

（五）港澳特区和台湾地区球员的注册及转会办法将按照足球字〔2018〕36 号《中国足球协会　关于港澳特区和台湾地区球员参加 2018 年职业联赛有关规定的通知》及足球字（2015）649 号《中国足球协会球员身份与转会管理规定》执行。

（六）入籍球员的注册、报名按《中国足球协会入籍球员管理暂行规定》的相关要求执行。

（七）赛季初首次报名，球员报名号码为 1 至 40 号，赛季内同一名球员在同一个俱乐部号码不得更改，其中 1 号必须为守门员，报名球员中不少于 3 名守门员。

（八）未完成注册、转会手续球员不得报名。

（九）根据《中超联赛商务管理规定》及制作《秩序册》需要，报名时应严格按照新赛季制作秩序册提交资料的有关通知提供相关资料。

五、补充报名及报名变更

（一）主教练、助理教练员、守门员教练员、体能教练员、医生、球队新闻官及翻译变更时，必须至少于赛前 5 日向中超联赛部书面申报，并将被替换人员的替补席官员证件交还，经中超联赛部审核批准后并向中国足球协会注册管理部（注册）提交工作合同、完成注册手续后方能变更报名并随队工作（俱乐部应尽快完成与被更换官员的解约或安置工作，并及时报中国足球协会注册管理部备案）。

（二）球员可在夏季转会窗口期内（7 月 1 日至 7 月 31 日）进行注册及补报。

补报后国内球员不得超过 27 人，一个赛季累计报名的国内球员人数不得超过 35 人；

补报后外籍球员不得超过 4 人（不得报名外籍守门员），一个赛季累计注册和报名外籍球员人数不得超过 6 人，夏季转会期后被更换的外籍球员可以继续注册，但只能报名参加预备队联赛（如 4 名外籍球员报名名额已满）。新赛季各俱乐部只能注册和报名最多 4 名外籍球员。被更换出队的球员在本赛季内不得再回本队参加中超联赛。

（三）补报及更换的球员不得使用其他球员已经使用过的号码，更换或补报时每名球员应填报《更换、补报球员报名表》；每个俱乐部在同一赛季中，在中超联赛及中超预备队联赛中，一个号码只能被一名球员使用，如 1~60 号的号码都已经被使用过，则必须按顺序使用 61 号及以后的号码。

（四）如中国足球协会所属报名球员在参加各级中国国家代表队比赛、训练中负伤，并经国家队队医确认，不能参加本赛季余下比赛，可申请批准额外更换相应名额球员。

（五）补报及更换的球员完成注册及补报手续后，即可代表报名俱乐部队参赛；在转会窗口期内同一球员在同一轮比赛只能代表一支球队参赛。

六、报名结束后，经主办方审核批准，向符合条件的球员、官员配发《注册参赛资格证》《中超联赛球员参赛卡》以及《替补席官员证》，球员和官员凭证参赛。如果证件丢失或损坏，申请俱乐部需支付相关的费用为球员和官员补制新证；更换官员（如主教练），完成补报名手续后，如主办方未能及时下发替补席官员证，主办方向当场比赛监督下发临时通知，比赛监督收到通知后，方可允许相关官员赛时进入替补席就座。

七、派遣无资格球员上场比赛，俱乐部将被视作弃权，按本规程第二十五条第二款处理。中国足协纪律委员会有权对违规俱乐部、相关球员以及俱乐部队官员做出进一步处罚。

第二十七条　比赛名单填报单

一、中超联赛实行“检查中超联赛球员参赛卡制度”，每场比赛赛前联席会上，由比赛监督对所有可能列入《比赛名单填报单》的球员进行资格检查，不合格的球员不能列入《比赛名单填报单》参加当场比赛。

二、比赛前90分钟，俱乐部队必须提交填报好的《比赛名单填报单》和《球队首发阵容表》给比赛监督，由比赛监督对报名球员进行核对并生成《首发队员名单》，比赛前60分钟，比赛监督和第四官员检查完装备后，对《首发队员名单》签字确认并分发给相关单位。

三、从比赛监督签字确认《首发队员名单》后到比赛开球前，如因球员受伤等原因俱乐部队申请更改《首发队员名单》，则：

（一）只能以原上场名单中的7名替补球员更换因伤不能上场球员。

（二）被换下的原首发球员不得再列入替补球员名单。但当场比赛仍须在替补席就座，如确实伤情较重，应征得比赛监督同意后，方可离开替补席进行治疗，但也不能因此逃避可能的兴奋剂检测；

（三）列入替补名单球员人数将相应减少并不再增补。

（四）比赛中可换人次数仍为最多3人次。

第二十八条　俱乐部队官员

一、参赛俱乐部必须报名1名领队代表俱乐部与比赛监督就比赛相关事宜进行协调。俱乐部指派的领队必须为根据本规程第二十六条第四款规定所报名官员之一。

二、参赛俱乐部必须指派1名新闻官在比赛前一日至比赛后一日内进行全职工作。所指派的新闻官必须为根据本规程第二十六条第四款规定所报名的官员之一。

三、俱乐部队领队或主教练以及另一名报名替补席官员必须出席赛前联席会，比赛监督有权根据比赛的实际情况要求领队、主教练及有关工作人员同时出席联席会。主教练和新闻官必须出席赛前、赛后新闻发布会。对于受到纪律委员会做出停赛处罚的官员（包括禁止进入替补席、停赛、禁止进入体育场（馆）、禁止从事任何与足球有关的活动等），在处罚期内不得出席赛前联席会和新闻发布会，由执行领队或执行教练员代为出席。对于无故不参加赛前联席会和赛前、赛后新闻发布会的官员，中国足协纪律委员会将根据《中国足球协会纪律准则》相关条款进行处罚。

第六章　赛区接待与义务

第二十九条　俱乐部队接待（对等接待）

一、主场俱乐部、赛区为客队提供从机场、车站或码头到驻地的交通接送（40座以上空调大巴，车况良好），并安排训练、会议、比赛用车（包括赛前提供一辆从驻地到体育场的装备车），相关费用由主场俱乐部承担。

二、客队在赛区食宿由客队自行联系和安排，并事先通知赛区委员会，特殊情况时，经主办方批准，由赛区指定客队所住酒店。

第三十条 竞赛官员接待

一、赛区接待比赛监督 1 人，裁判监督 1 人，裁判员 6 人、视频助理裁判观察员 1 人。

二、接待条件、标准及支付办法，按照中超公司董事会（或股东会）最新通过的《中超联赛及预备队联赛竞赛组织经费管理规定》执行。

第三十一条 其他人员接待

一、因工作需要，主办方向赛区派遣其他工作人员时，由赛区委员会接待。

二、接待参照比赛监督标准执行，接待费用在联赛结束后由中超公司审核后一并结算。

第三十二条 俱乐部队抵离赛区

一、俱乐部自行支付其由俱乐部所在地至赛区的往返交通费用。

二、所有俱乐部队必须至少于比赛日前一日中午 12 时前抵达比赛赛区，按时参加赛前新闻发布会和官方训练。如俱乐部队由于并非主办方认可的不可抗力造成的航班、火车等交通原因，未按时抵达赛区参加赛前新闻发布会和官方训练等官方活动，该俱乐部队将受到相应处罚。

三、参赛俱乐部在为参加中超联赛比赛往返比赛地与本队所在地的期间不得进行任何其他比赛。

第三十三条 赛区义务

一、提供 1 间至少能容纳 20 人并配有写字板和投影仪的会议室，供比赛当日举行赛前联席会使用。

二、比赛时，在比赛监督就座区域安放 1 台能接收比赛现场转播信号的监视器。

三、主场赛区应确保在体育场设置专用的 VAR 操作间，满足 VAR 技术正常使用所需的一切要求。

四、主场赛区在比赛结束后 2 小时内向比赛监督及裁判组提供比赛录像及播放设备，并于第二日 12 时之前，以快递形式向主办方寄 1 套比赛录像 DVD，主场赛区要保证 DVD 质量并且是比赛全过程录像；同时，赛区也必须留存 1 套比赛录像，以供必要时向主办方提供。

五、未能提供第三十三条所规定内容的赛区将受到相应处罚。

第七章 新闻媒体

第三十四条 总则

参赛俱乐部必须按照《中超联赛新闻组织运行手册》及《中超联赛体育场规程》的规定

提供所有新闻媒体设备及设施。

第三十五条　媒体证件

一、中国足球协会统一制作媒体证件。媒体证件类型为文字记者、摄影记者、主转播商、持权转播商、非持权转播商、官方摄影 6 种。

二、中超联赛媒体背心分为 5 个类别：官方摄影（official）、持权转播商（RTV）、主播（HB）、现场新闻采集（ENG）、摄影（PHO），以不同颜色进行区分。进入每个区域工作的新闻媒体人员必须正确穿戴媒体背心。中超公司负责制作媒体背心，赛区负责在每场比赛前后发放和回收媒体背心。

第三十六条　媒体区域

一、文字记者、广播电台记者不得进入比赛场地及球场边线与观众席之间的区域。在比赛前、比赛进行期间以及比赛后，均严格禁止任何媒体记者进入俱乐部队更衣室、球员通道及技术区域。

二、只有官方摄影、主转播商和持权转播商的摄影师和必要技术人员，在经赛区新闻官许可后，可以进入球场边线与观众席之间的指定区域，只有官方摄影和主转播商可以在球队抵达前更衣室准备好后进入更衣室拍摄所需画面，但必须始终穿着正确的背心和佩戴证件。

三、只有官方摄影、主转播商和持权转播商可进入赛后瞬采区，官方摄影、主转播商和持权转播商、文字记者和电台记者可进入赛后混采区。

四、赛区委员会负责确保中超联赛的转播权受到保护，并且在未得到主办方允许前不得允许任何广播公司工作人员和摄像技术人员进入体育场。

五、各赛区委员会和俱乐部须确保体育场提供设施完善的新闻工作间、新闻发布厅、文字记者席、赛后瞬采区、混合采访区、电视和广播评论席、电视转播工作间、摄影记者区、主转播商电视制作区等媒体区域，包括网络、电视、电源插口、工位、桌椅、饮用水等必要设备。

六、为保障电视转播，中超联赛下午场比赛（开球时间 14：00—17：30 的任何时段）须至少提前一个小时开灯，中超联赛晚场比赛（开球时间 18：00 及以后）须至少提前一个半小时开灯。赛后各赛区委员会和俱乐部应确保主场体育场灯光开放至转播设备安全撤离后；允许转播车辆在赛前 24 小时至比赛结束后 24 小时内免费停放于体育场内或体育场外场；至少为转播电视台提供　固定的、免费的转播机位 10 至 18 个和桌椅、供电、网络齐备的电视评论席 4 至 6 个；同时不得　出售转播机位所占用的观众席球票；确保摄像机电缆的通道畅通；至少为转播车免费配备一部直线电话，确保电视转播联络的畅通。

第三十七条　官方训练

官方训练必须向媒体开放。如果俱乐部不希望开放其官方训练，则需至少将其前 15 分钟训练向媒体公开。如果官方训练在比赛体育场进行，媒体可进入区域需与比赛日其可进入区域相同，并且这些区域必须由安保人员维持秩序。

第三十八条 新闻发布会

一、赛前一日，主场赛区必须在赛区新闻官的组织下召开赛前新闻发布会，赛前新闻发布会应安排在比赛前一日官方训练前的 25 分钟在比赛体育场进行；无论球队是否进行官方训练，都必须按要求参加赛区组织的赛前新闻发布会。

二、参赛双方各自的主教练和 1 名首发球员必须参加赛前新闻发布会。

三、比赛结束 15 分钟内，主场赛区必须召开有参赛双方主教练参加的赛后新闻发布会（先客后主）。

四、如参加新闻发布会人员中有外籍人士，相关俱乐部必须提供翻译人员。

第三十九条 混合采访区

一、在比赛结束后，主办赛区必须为媒体设立一个混合采访区域。该区域需在比赛结束后 15 分钟之内进入使用状态。

二、俱乐部队新闻官需负责在赛前向球员和主教练介绍该区域功能，并让球队及相关人员了解此职责。

三、比赛结束后，主、客俱乐部队球员、官员须在离开更衣室后经过混合采访区。

四、建议球员和教练员经过混合采访区时接受媒体简短采访。混合采访区中需设置围栏设施将球员和教练员与媒体隔开。

第四十条 采访

一、如果主办方提出要求，双方俱乐部应保证其主教练和 1 名指定球员在比赛前一日或比赛日当日球队抵达后或赛后接受主播台（或者持权转播台）不超过 15 分钟的专访，以用于中超联赛新闻报道和专题节目。

二、未经允许，比赛期间参赛俱乐部官员和球员不得在场地内或场边接受采访。比赛结束前 10 分钟，主播台人员须通知赛区协调员瞬间采访所选择的球员。俱乐部新闻官须按照赛区协调员的要求安排球员进行瞬间采访。比赛结束后，相关球员和官员在赛区新闻官指定区域（替补席与更衣室之间）接受主播台瞬间采访。

三、赛前联席会时，俱乐部须确认球队抵达赛场时间，客队须在比赛前 100 分钟到达，主队须在比赛前 90 分钟到达，双方至少间隔 10 分钟。俱乐部须在比赛开始前 150 分钟开始布置更衣室，随后赛区新闻官协助主转播商在赛前 120 分钟进行更衣室拍摄。

四、俱乐部布置更衣室时须将队服整齐悬挂，并将球衣号码外露。

五、球队从酒店出发及抵达体育场时，球队新闻官须分别向赛区新闻官报告。

六、每场比赛前双方俱乐部应保证在球队到达后，其主教练在官方采访背景板前接受主转播商不超过 90 秒的采访。

第四十一条　如参赛球员、官员及其俱乐部和赛区违反第七章相关规定，将报请中国足协纪律委员会进行处罚。

第八章　比赛装备

第四十二条　中超联赛比赛装备

一、参赛俱乐部必须遵从国际足球协会理事会《2018/19 足球竞赛规则》和《中国足球协会超级联赛装备管理规定》中关于比赛装备的所有要求。

二、球员必须穿着印有自己名字和号码的比赛服参赛。

第四十三条　比赛服

一、参赛俱乐部队必须上报两套颜色不同的比赛服（1 套深颜色和 1 套浅颜色），并指定 1 套为主场比赛服，1 套为客场比赛服。

二、比赛双方俱乐部队，必须携带两套不同颜色的比赛服到达赛区并在比赛日带入场地。

三、比赛双方俱乐部队必须穿着颜色差异明显的比赛服，并经裁判员认可。如裁判员或比赛监督认为参赛双方比赛服颜色可能引起混淆或不适合电视转播，将有权要求更改比赛服颜色。主队应穿首选比赛服（不应混穿），客队避开主队比赛服颜色选择比赛服，如有必要，经比赛监督和裁判员认可后，可将本队两套比赛服混穿。两队确定比赛服装颜色后，裁判员会根据两队比赛服装颜色选择裁判服装颜色，如果裁判员及助理裁判员上衣服装颜色与守门员上衣服装颜色冲突，则守门员必须更换比赛服上衣颜色；比赛监督对比赛服装颜色有最终决定权。

四、比赛服号码颜色应与比赛服颜色显著不同（浅色号码在深色服装上或相反）；对于有条纹颜色搭配的比赛服，为保证视觉效果，应在比赛服保留一块纯色位置供印制号码。

五、比赛时球员护踝和脚踝绷带必须与袜子同色或透明。

六、比赛服装号码必须与报名表相符，不得更改、无号或重复。

七、比赛服广告按照《中超联赛商务管理规定》执行。

第四十四条　责任

中超联赛比赛装备管理规定，最终解释权归中国足球协会所有。中国足球协会不承担违反中超联赛比赛装备管理规定所造成的任何损失和责任。

第九章　票　务

第四十五条　票务方案

中超公司负责为俱乐部提供球票票样设计。俱乐部应按照票样设计进行印刷，并确保球票上印有比赛场地、座位号码或序列号。

第四十六条　购票须知

各赛区及俱乐部应以适当方式向社会公布本赛区所有中超比赛球票的购票须知。

第四十七条　赠票

一、主场俱乐部应为客场俱乐部预留 50 张赠票。

二、主场俱乐部每场比赛应为中国足球协会提供 30 张赠票。

三、主场俱乐部有义务在每场比赛时，向其注册会员协会无偿提供 150 张比赛门票，用于当地足球工作者、教练员、裁判员等观摩比赛。

四、其他赠票参照《中超联赛商务管理规定》执行。

第四十八条　客队球迷看台

主场俱乐部应在每场比赛时安排专门看台区域供客队球迷观赛，每场比赛为客队球迷预留的座位数量最多为体育场总座位数量的 5%，并设置缓冲座席区。

第十章　医疗与兴奋剂检测

第四十九条　医疗

一、医疗设施和药品

（一）主场赛区必须按照《中超联赛体育场规程》的相关规定在比赛场地提供医务室及相关医疗设施及药品。

（二）体育场内必须设有明亮、通风良好且随时可用的兴奋剂检测室，同时该检测室还需配有下列设备：

桌子、椅子（8 把）、带锁的柜子、空调、冰箱、电视机、洗手池、镜子、淋浴、配有马桶的卫生间以及矿泉水和非酒精饮料。

二、医务人员

比赛期间，主场赛区必须配备如下医务人员：

（一）体育场医务室内必须配备 1 名有资格的医师和训练有素的急救护理人员若干名。

（二）场地医护服务：1 名场地急救医师、8 名担架员、两辆配有急救设备的救护车。

（三）兴奋剂检测及监管人员：1 名兴奋剂检测助理、4 名兴奋剂检测陪护、足够的安保人员。

三、如果赛区未能提供第四十九条规定的设施、人员、药品和物品，将受到相应处罚。

四、参赛俱乐部必须为其俱乐部队所有成员的住院、外科手术和专业医疗检查支付所有费用。

第五十条　兴奋剂检测

一、中超联赛严禁参赛球员使用兴奋剂。

二、兴奋剂检测相关工作按照兴奋剂检测中心相关规定执行。

第十一章　纪律处罚和程序

第五十一条　红黄牌停赛

一、在中超联赛同一赛季中，同一名球员被出示黄牌累计 4 次，自动停赛 1 场；同一名球员第一次被出示红牌，自动停赛 1 场；第二次被出示红牌，处停赛 2 场；第三次被出示红牌，处停赛 4 场，依此类推，加倍停赛；比赛中被出示红牌的球员和被罚离替补席的官员必须返回更衣室，不得再次进入比赛场地和技术区，也不得进入看台。如有轮空、补赛或比赛场次日期调整，自动停赛按时间顺序执行；如中国足协纪律委员会针对相关情况做出加重或减轻处罚的决定，以纪律委员会的决定为准。

二、在中超联赛中，1+1 黄牌产生的红牌按红牌计，同时此 2 张黄牌不计入累计黄牌。

第五十二条　纪律处罚

一、中超联赛中违规违纪行为和事件，由中国足协纪律委员会根据比赛监督、裁判监督、裁判员的报告或其他视频材料等进行处理。

二、如果主办方认为存在违规行为，则有权在无比赛监督、裁判监督、裁判员报告时启动调查程序。

第五十三条　球员或官员使用暴力

在赛区，包括但不限于比赛场地、更衣室、训练场地和下榻酒店，被裁判员或比赛监督报告的任何球员或官员的违反纪律行为和暴力行为，将由中国足协纪律委员会依照相关规程和规定进行处理。

第五十四条　抗议

一、本规程中抗议是指针对直接影响中超联赛比赛的事件（如比赛草坪状况和场地标记、标线、比赛装备、球员比赛资格、体育场设施、比赛用球等）和违反本规程的行为进行的抗议。

二、由裁判员根据比赛相关事实做出的场上判罚为最终判罚，对此不得提出抗议。

三、除非另行规定，提出抗议首先应该在比赛结束后 2 个小时之内，由相关俱乐部以书面形式提交给比赛监督，同时应立即准备一份书面报告（包括最初抗议的复印件）和抗议费

2000 元，在该比赛结束后两日内提交给主办方，抗议费概不退还。

四、对发生在比赛进程中的抗议应该在事件发生后，比赛重新恢复前，由俱乐部队队长立即向裁判员提出。俱乐部队领队应该在比赛结束后的 2 小时内向比赛监督提交书面抗议进行确认。

五、如果向主办方提出没有事实依据的或者不负责任的抗议，纪律委员会将有权对其进行处罚。

六、当该场比赛结束 2 日后，所有在此条款中描述的抗议都将不被受理。

第五十五条 诉讼仲裁

一、禁止俱乐部及其所属赛区、会员协会及其球员或官员将争端提交到当地法庭，但可以按照适当程序提交到中国足球协会的相关职能部门处理。

二、对于涉及中国足球协会、俱乐部、中国足球协会会员协会、联赛、俱乐部球员、官员和持证经纪人的中超联赛相关纠纷，应迅速在第一时间协商处理。

三、如果上述申诉手段均已动用且问题未得到解决，或者有可能提出正式申诉成为中超联赛中诉讼案件，则由中国足球协会仲裁委员会负责受理。

第十二章 运营与管理

第五十六条 彩票

所有中超联赛比赛监督和赛区协调员等联赛从业人员不得购买中超联赛彩票。如有举报，一经查实将按照相关规定严肃处理。

第五十七条 比赛监督

比赛监督由主办方指派，代表主办方按照《中国足协联赛比赛监督工作规范》的规定指导、协调、监督赛区工作，并对比赛和赛区工作进行监督、指导和评定，向主办方负责。

第五十八条 裁判监督和裁判员

一、裁判监督、裁判员、助理裁判员、第四官员、视频助理裁判员（VAR）、附加视频助理裁判员（AVAR）由中国足球协会裁判委员会根据当年度制定的《联赛裁判员选派办法》进行选派。

二、裁判员参加中超联赛工作，必须遵守中国足球协会裁判委员会、主办方各项规定。

第五十九条 中超联赛商务经营

按照中超公司董事会（或股东会）最新通过的《中超联赛商务管理规定》执行。

第六十条 中超联赛费用

按照中超公司董事会（或股东会）最新通过的《中超联赛及预备队联赛竞赛组织经费管

理规定》执行：

一、主办方将承担并支付下列费用：

（一）中超联赛整体组织费用。

（二）中超联赛比赛监督、裁判监督、视频助理裁判观察员、裁判员、视频助理裁判员、附加视频助理裁判员、调研员等食宿、交通、津贴费用。

（三）向赛区委员会下拨基本办赛经费。

二、俱乐部将承担以下费用：

（一）体育场租赁费用、安全保卫费用。

（二）客队参加比赛、训练、会议的车辆使用费。

（三）客场比赛差旅费用。

（四）每个主场比赛向中国足球协会交纳 1 元人民币，向主场会员协会交纳 2.5% 的门票分成。

（五）其他可能的费用。

三、赛区委员会将承担以下费用：

（一）赛区组织费用。

（二）其他可能的费用。

第六十一条　赛区经费

一、主办方向赛区委员会划拨基本承办比赛办赛经费，该经费除满足中超联赛比赛组织之需外，如有剩余则应用于在当地开展足球活动。

二、中超联赛比赛监督、裁判监督、裁判员、调研员参加赛区工作的费用，由主办方另行支付。

三、赛区委员会不得要求俱乐部支付其他额外费用。

第六十二条　赛区财务报表

一、比赛监督、裁判监督、视频助理裁判观察员、裁判员、视频助理裁判员、附加视频助理裁判员、调研员差旅及津贴报告表

（一）比赛监督、裁判监督、视频助理裁判观察员、裁判员、视频助理裁判员、附加视频助理裁判员的酬金及往返赛区、市内交通费由中超公司统一支付，往返飞机票由中超公司指定票务代理机构统一办理，赛区不再报销上述费用（城市间火车票、长途汽车票、轮船票除外）。

（二）竞赛官员城市间交通如乘坐火车、轮船、长途汽车，有关费用由赛区代垫报销，赛区填写代垫报销发放表及凭证，并由报销人、领取人签名，会计签名，比赛监督认证并签名；赛区技术信息调研员的酬金，经赛区、中超联赛部审核后由中超公司通过银行卡直接支付。

（三）赛区委员会在全年联赛结束后 15 日内，将代垫报销发放表逐项如实填写并加盖公章后，连同报销凭证，一并寄报主办方财务管理部门进行结算。

二、赛区财务报告表

（一）赛区委员会财务组在每场比赛结束后，认真审核比赛收支，逐项如实填写《中超联赛赛区财务收支报告表》，加盖赛区委员会公章，于赛后 7 日内寄报主办方财务管理部门。

（二）全年联赛结束后 15 日内，赛区委员会将《中超联赛赛区财务收支结算表》逐项如实填写并加盖公章后，连同分析报告一并寄报主办方财务管理部门。

第六十三条 奖项

按照中国足球协会下发的《中超联赛各类奖项评选办法及实施细则》执行：

一、“最佳”奖项：

（一）评选“最佳球员”奖、“最佳射手”奖、“最佳守门员”奖、“最佳新人”奖、“最佳教练员”奖（如最佳球员、最佳射手、最佳教练员为外籍人员，则增设“最佳国内球员”奖、“最佳国内射手”奖、“最佳国内教练员”奖）、评选最佳球员阵容。

（二）评选“最佳裁判员”金、银、铜哨奖，“最佳助理裁判员”金、银、铜旗奖。

（三）赛区工作评定积分最高的若干赛区将获优秀赛区奖和分项优秀赛区奖。

（四）评选若干优秀赛区工作人员奖，包括：赛区优秀协调员奖、赛区优秀新闻官奖、赛区优秀场地组长奖。

二、“净比赛时间”专项奖：

（一）每轮设立单轮净比赛时间最高奖（60 分钟以上）；

（二）赛季结束后评选赛季净比赛时间最大提高奖；

（三）赛季结束后评选赛季净比赛时间最高奖。

三、评选公平竞赛俱乐部队（赛季结束后，场均净比赛时间排名最后两位的俱乐部不具备评选资格）。

四、除非中国足球协会有其他决议，除了上述奖项外，不设其他奖项。

第六十四条 奖杯与奖牌

一、第一名俱乐部队获得流动冠军奖杯。

二、第一名俱乐部队获得金牌 50 枚；第二名俱乐部队获得银牌 50 枚；第三名俱乐部队获得铜牌 50 枚。

第六十五条 颁奖典礼

一、主办方将在赛季结束后指定日期举行中超联赛颁奖典礼。

二、获得奖项提名的俱乐部队和个人应参照本规程第二十四条规定出席颁奖典礼现场。

第十三章　附　则

第六十六条　知识产权

中国足球协会是整个中超联赛赛季进行期间唯一且具有排他性的所有知识产权的所有者,包括但不局限当前和未来中国足球协会和中超联赛的名称、标识、商标、技术报告、出版物、奖牌和奖杯等的使用权利。以上提及的任何权利的使用都应该事先获得中国足球协会的书面同意书，而且必须遵照中国足球协会的说明和指导采取正确的使用方法。

第六十七条　未尽事宜

本规程由中国足球协会解释，未尽事宜和由于不可抗力造成的事件都将由中国足球协会做出决议，该决议为最终决议。

第六十八条　批准

本规程由中国足球协会批准生效。

中超联赛赛前联席会要求及程序

日期时间：比赛当日 9：00 或 10：00

会议地点：赛区选定的会议室

一、参加人员：

1. 比赛监督、裁判监督、裁判员。

2. 赛区负责人、赛区协调员、赛区安保管、体育场负责人、赛区新闻官、赛区商务官。

3. 参赛队领队、主教练（如有必要）、助理教练、队医（如有必要）。

4. 必要时可根据需要增加其他有关人员。

二、主持人：比赛监督。

三、会议程序：

1. 赛区负责人介绍与会人员。

2. 比赛监督提请裁判监督宣布当场比赛裁判组名单。

3. 比赛监督提请主裁判讲解当场比赛执法尺度。

4. 确认球员参赛资格：

（1）参赛队交验《足球运动员注册、转会、参赛资格登记证》；

（2）宣布中国足协职业联赛理事会《红黄牌停赛通知》，宣读纪律处罚决定；

（3）确定参赛球员资格；

（4）赛区协调员向双方球队发放本场比赛报名单、替补换人单、替补席官员登记表。

5. 确认比赛事项：

（1）比赛日期、比赛体育场、开赛时间。

（2）比赛用球：中超、中甲联赛专用球、用球数量 10 球（球童 8 球，裁判 2 球）。

（3）队服颜色：

A 主队携带主色比赛服装（包括守门员服装）、替补席队员穿着的背心；

B 客队携带主、副两色比赛服装（包括守门员服装）、替补席队员穿着的背心；

C 比赛服装包括上衣、短裤、球袜；守门员上衣、短裤（长裤）、球袜；

D 比赛服装确认顺序：主队优先；客队要与主队有显著区别的颜色；最终由裁判员确认。

（4）队服号码：必须与报名号码相符，不得更改，不得无号，不得重号。

（5）装备要求：服装色泽、样式统一、整洁，比赛服上衣插入比赛服短裤，球袜拉起，必须带护腿板，铲球裤与比赛服短裤同色且不得超过短裤。

（6）替补席：每队替补席不得超过 14 人（7 名官员 +7 名替补球员）；停赛球员、被裁判员罚下场的球员不得在替补席入座；替补席人员应按裁判员的要求穿着 “背心” 。

（7）替补队员：

A 每队可报 7 名替补球员，其中 3 人可替补上场；

B 替换球员时，填写换人卡，主教练签名后交第四官员执行。

（8）球员热身区域：替补球员只能在本方替补席后方及本方球门后较远区域进行准备活动； 替补球员做准备活动时，不能穿着与比赛服相同颜色的服装。

（9）指挥区：指挥区按规则规定标明；每次指挥，同一时间只允许 1 名替补席官员在该区域范围内指挥，指挥后立即返回替补席。

（10）队员受伤：在死球时，经裁判员示意，本队可允许 2 名替补席官员随担架进场将受伤球员就近抬出场外护理（守门员除外）；未经裁判员示意，任何人不得进场护理受伤球员；受伤球员在场外护理后，经裁判员示意方可重新进场比赛。

（11）队员饮水：在不影响助理裁判员工作的前提下，可在球场边线外 1 米处，置放塑料包装瓶饮料，供球员饮用，饮用时球员不得出场；守门员可在球门网内的球门立柱后方，置放饮料；场外人员不得向场内球员掷递饮料瓶。

（12）中场休息时间：从上半场比赛结束哨音到下半场开始哨音之间不得超过 15 分钟。

6. 比赛监督提请赛区协调员、安保官、新闻官、商务官等说明本场比赛竞赛组织、安保、新闻、商务等工作的安排。

7. 比赛监督询问是否有客队球迷赴赛区观赛及主场赛区的安保措施。

8. 比赛监督与赛区、裁判组、双方球队确认本场比赛倒计时程序。赛区协调员向双方球队发放本场比赛倒计时程序表。

9. 比赛监督提请双方球队就本场比赛的相关问题进行提问。

10. 比赛监督宣布公平竞赛及比赛纪律要求：

（1） 裁判员：认真执行规则，加强协作，努力减少一般失误，杜绝重大失误；以准确的判罚体现公平和公正，维护裁判员的尊严；认真执行并落实 “赛后握手 的规定（如裁判员认为双方球队难以执行赛后握手程序时，不必强求球队必须执行）。

（2）参赛队：发扬体育精神，坚持公平竞赛；团结拼搏，全力以赴，打出风格和水平，为胜利而比赛；冷静对待比赛中可能出现的任何情况，冷静对待失利；尊重队友，尊重对方，不粗野，不报复，抵制赛场暴力；尊重裁判，无条件服从裁判员的一切判罚；尊重观众，善待观众，不允许以任何言行煽动观众或与之对抗；执行 “赛后握手” 程序，体现正确的胜负观；主队率先垂范，以良好作风和纪律，维护体育精神和赛场秩序。

11. 赛前联席会结束。

12. 比赛监督、裁判监督、裁判组、赛区协调员、体育场负责人到比赛场地进行检查。

13. 赛程倒计时（见《中国足球协会职业联赛竞赛组织工作倒计时程序》）。

14. 入场仪式程序：

（1）奏 FIFA 进行曲，在中超（中甲）会旗、“公平竞赛” 旗引导下，裁判员率领两队从中线外入场，行至主席台一侧边线 8 米处列队；面对主席台横排站立，裁判员居中，两队分列左右；“公平竞赛” 旗、中超（中甲）会旗一前、一后在中圈内。

（2）升国旗、奏国歌（面对国旗）。

（3）客队全体球员横向移动与主队球员依次握手。

15. 赛后握手程序：

（1）由裁判员召集，面对主席台横排站立，裁判员居中，两队分列左右；

（2）主队全体球员横向移动与裁判员、客队球员依次握手，客队与裁判员握手，随后双方向观众致意。

16. 新闻记者管理：

（1）赛区委员会新闻组派专人负责管理；

（2）文字记者在观众席记者区，不能进入赛场；摄影记者在端线后摄影区，必须穿好内场背心，摄影时不得使用闪光灯；

（3）主播电视台场内设置的机位的位置须经赛区竞赛组同意，每机位不得超过 2 人，移动机位不得进入替补席技术区。

17. 新闻发布会：

（1）双方主教练员必须按时参加（如主教练比赛被罚离球场应由领队或助理教练代替出席）；

（2）尊重新闻记者，认真回答提问，不代表不负责任的讲话；

（3）不得公开批评对方球队、裁判员、赛区、中超（中甲）委员会、中国足球协会及其会员协会。

18. 其他事项：（略）

四、注意事项：领队、主教练参加联席会时，携带运动员《参赛资格证》；主队携带主色比赛服装（包括守门员服装）；客队携带主、副两色比赛服装（包括守门员服装）。竞赛组准备比赛报名单、替补单，在联席会上发放。

中国足球协会甲级联赛规程

第一章　总　则

第一条　中国足球协会甲级联赛是由国内职业足球俱乐部参加的除中超联赛外，全国高水平的足球职业联赛，简称“中甲联赛”（以下使用简称），英文全称为：CHINA LEAGUE，英文简称为 CL。

第二条　中甲联赛为年度赛事，由中国足球协会主办。各俱乐部主场赛区在当地政府的领导下设立赛区委员会，全面负责管理和组织赛区工作。

第三条　本规程和参赛俱乐部及赛区具体协议中未授予的与中甲联赛相关的任何权利均归中国足球协会所有。第四条现行的《中国足球协会章程》、中国足球协会各项规程、指南、通知以及准则等文件均对所有参与和涉及中甲联赛赛事准备、组织以及主办的各方具有约束力。

第五条　2019 年中甲联赛参赛俱乐部队为 16 支。

第二章　安保与保险

第六条　安保

（一）参赛俱乐部及其所在赛区以及相关政府机构有责任在各个赛事相关地点（包括赛场和赛场周边区域、道路及相关场所）制定并执行充分的安保措施，安保措施覆盖范围包括但不限于以下所有相关人员：

1. 所有参赛俱乐部球员、官员及工作人员；

2. 所有竞赛官员和工作人员；

3. 媒体人员；

4. 助商及商业合作伙伴；

5. 现场观众。

（二）各参赛俱乐部及其所在赛区应根据《全国足球赛区安全秩序规定》和《加强全国足球比赛安全管理工作的规定（试行）》的通知，协同当地公安机关，制定并向主办方提交一份赛区安保计划。

（三）为保障球员和比赛官员人身安全，各参赛俱乐部及其所在赛区必须在体育场为球员和比赛官员提供安全、独立的进出通道。

（四）如果未对安保做出有效安排和计划，参赛俱乐部及其所在赛区将会受到处罚。

第七条 保险

（一）俱乐部或赛区应对举办的中甲联赛主场相关联的风险和责任进行投保，此类保险应可向受伤人员或者受损物品和财产承担确定的适当数额的赔偿责任。

（二）各俱乐部对其所在赛区的风险应当自行承担，可通过适当的保险合同进行覆盖。

（三）参赛俱乐部应自行负责其代表团在中甲联赛所有比赛中包括球员和官员在内的保险问题（包括住院和外科手术）。且参赛俱乐部必须保证中国足球协会将免遭此类诉讼或者承担责任。

第八条 竞赛规则与有关规定

第三章 技术规程

（一）比赛以国际足球理事会最新版本《足球竞赛规则》为准则，并在其指导下进行。

（二）执行中国足球协会根据国际足联或亚足联要求制定的其他相关规定。

（三）执行中国足球协会制定的最新《中国足球协会纪律准则》《中国足球协会球员身份与转会管理规定》。

（四）执行主办方制定的中甲联赛文件和根据中甲联赛中出现的问题做出的其他规定和通知。

（五）在每场比赛中，每队报名首发上场球员 11 名，替补球员 7 名，可从中替换 3 名，被替换下场球员不得重新被换上场；11 名首发上场及 7 名替补球员中可最多包括 3 名在中国足协注册的外籍球员，每场每队外籍球员累计上场不得超过 2 人；

（六）关于港、澳、台球员：按照足球字〔2018〕36 号《中国足球协会关于港澳特区和台湾地区球员参加 2018 年职业联赛有关规定的通知》，本赛季仍按此通知继续执行。

（七）每场比赛，每支球队 11 名首发球员中至少有 1 名 U23 球员（1996 年 1 月 1 日及以后出生的非港澳台的国内球员），整场比赛 U23 球员累计出场人次不能少于 2 人次，如报名名单中有球员被国家队（各级国家队）征调的 U23 球员，抽调期间则出场人次相应递减，征调 1 名减 1 名，征调 2 人（含 2 人）以上可不执行 U23 球员政策。俱乐部队如违反此规定，

该场比赛 按弃权处理，中国足协纪律委员会还将视情节对该俱乐部做出进一步处罚。

（八）如果比赛双方有一方上场比赛球员少于 7 人，则比赛将被放弃。在此种情况下，主办方将对产生的后果做出最终 决定。

第九条　比赛持续时间

每场比赛应当进行 90 分钟，上下半场各 45 分钟，两个半场中间应有不超过 15 分钟的中场休息时间（从上半场终场哨响 到下半场开场哨响）。

第十条　中止比赛

如因任何不可抗力因素或者其他任何原因，包括但不限于：比赛场地不适宜比赛、天气原因、照明灯故障等事故，在正常比赛时间结束之前，裁判员认为应中止比赛，则应当随后采取以下措施：

（一）比赛将被暂停 30 分钟，以等待情况得到有效改善后将比赛重新开始，除非裁判员认定比赛可以提前重新开始。

（二）比赛被暂停 30 分钟后，如果裁判员认为再延长一段时间可恢复比赛，则可再延长 30 分钟。如果第二个 30 分钟后比赛仍未能得到恢复，裁判员必须宣布放弃该场比赛。

（三）在中止比赛情况下，主办方应在裁判员做出放弃比赛决定后 3 小时内决定比赛中止时的结果是否有效，或在考虑体育精神及组织等因素前提下，决定是否进行补赛或重赛。

（四）不可对本规程此条款提出申诉。

（五）如果因不可抗力，比赛被宣布中止，此比赛应优先考虑择期完成剩余的比赛时间，而不是重赛全场比赛，被中止时的比分等情况依然有效。当主办方决定将比赛恢复完成时，具体应遵循如下原则：

1. 比赛从原被中止时的比赛时点恢复，恢复时所有场上球员、替补球员要与比赛被中止时一致；

2. 不能对替补球员名单中的球员进行增加、更换；

3. 不能增加可换人的次数；

4. 比赛的红、黄牌依然有效，被罚出场的人员依然不能重新回到比赛场地参加比赛；

5. 所有与此比赛有关的其他处罚依然有效；

6. 恢复比赛的时间（在随后可预见的时间）与比赛地点由主办方决定；

7. 由此可能产生的一切后续问题由主办方决定。

第十一条　比赛取消

如果比赛由于不可抗力因素或者其他任何原因，包括但不限于比赛场地不适宜比赛、天气原因、照明灯故障等事故而使比赛无法正常开始，则应随后采取以下措施：

（一）决定重新安排本场比赛前，比赛将被推迟 30 分钟，除非裁判员认定比赛可以提前开始。

（二）如果裁判员认为再延长一段时间比赛即可开始，则可再至多延长 30 分钟。如果第二个 30 分钟结束后比赛仍未开始，裁判员必须宣布取消该场比赛。

（三）在取消比赛的情况下，主办方应在裁判员做出取消比赛决定后 3 小时内，在考虑体育精神及组织等因素前提下，决定是否重新安排比赛，或是否采取其他必要行为，或决定延续该比赛。与该场比赛相关的处罚措施依然有效。

（四）不可对本规程此条款提出申诉。

第十二条　体育场

（一）中甲联赛使用的体育场必须符合《中国足球协会甲级联赛体育场规程》（2019 新增加了对 VAR 配套设施的要求）规定。

（二）比赛体育场由俱乐部申报，且服从主办方进行的审查和提出的要求。

（三）俱乐部除确定一个主场体育场外，必须再准备一个符合《中国足球协会甲级联赛体育场规程》的备用体育场（主办方在联赛开赛前将对新申报的体育场进行检查）。主体育场及备用体育场应在所属会员协会管辖区域内。

（四）比赛城市及周边城市必须有民用机场，体育场与机场之间的距离原则上汽车行程不得超过两小时。

（五）如果主队俱乐部原定比赛场地因故不能举办比赛，需要更换比赛主场地，必须由主场俱乐部提前 21 天向主办方 申报（场地变更需确保赛场广告板及设备 /VAR 设备 / 转播配套设备等能正常使用，相关设备搬运及安装由俱乐部协调负责）。如果主队俱乐部未能按上述要求申报，将承担所有相关方的差旅、餐饮、住宿所产生的全部费用。

（六）如果客场比赛俱乐部队前往比赛场地后对比赛场地产生疑问，必须向比赛监督提出，比赛监督将征求裁判员的 意见后决定比赛场地是否适合比赛。如果裁判员认为比赛由于不可抗力或其他任何包括但不限于：比赛场地不适宜比赛、天气情况、照明灯故障等事故而无法开始，则按本规程第十一条处理。

（七）整个赛季，除非所处环境超出控制能力，各俱乐部必须在联赛中始终使用同一体育场作为比赛主场。如果变更主场，俱乐部必须提供相关证明，包括但不限于关于为何不适于比赛的主场照片、可视性证据及有关部门出具的官方正式证明或确认文件。

（八）在收到变更申请及相关必要证明和文件后，主办方将根据俱乐部提供的新主场体育场情况，做出准许俱乐部更换主场的决定。该体育场必须符合《中国足球协会甲级联赛体育场规程》规定。

（九）体育场变更申请被批准前，主办方拥有对体育场审查的权力，审查成本将由提出申请的俱乐部负担。

（十）如果俱乐部无法在主办方规定的最终期限确定可替代体育场，主办方将在中立城市或地区为其选择比赛场地。该俱乐部必须在主办方指导下，与中立城市或地区所属会员协会及相关部门合作管理和组织比赛，相关费用由该俱乐部承担。

（十一）在赛季任何时间内，不论任何原因，如果主办方认定某一体育场不适合举办中甲比赛，主办方可与俱乐部协商并根据《中国足球协会甲级联赛体育场规程》规定，建议一个替代体育场，如果该俱乐部在规定的最终期限内未能确定 可替代体育场，主办方有权决定替代体育场（俱乐部备用体育场、中立城市或地区体育场、对方主场）。

（十二）赛季中更换主场，涉及 VAR 设备、LED 搬运及其他广告物品的搬运或更换制作等费用，由相应俱乐部承担。关于体育场内的其他商务工作要求，参照《中甲联赛商务实施细则》执行。

第十三条　比赛场地

（一）比赛监督在赛前一日对体育场进行检查，确保比赛场地、设施符合《足球竞赛规则》及《中国足球协会甲级联赛体育场规程》的相关规定。如果未能达到《足球竞赛规则》和《中国足球协会甲级联赛体育场规程》规定，比赛监督将要求赛区进行整改。

（二）如果在比赛开始前仍未满足《足球竞赛规则》和《中国足球协会甲级联赛体育场规程》规定，则视为主场俱乐部队违反规定，主场俱乐部队将被判罚该场比赛负，比分记录为 0:3。

第十四条　替补席和技术区域

（一）比赛替补席每队应不少于 16 个座席，其中替补球员了席，球队替补席官员 9 席。

（二）只有俱乐部队正式报名的球员、替补席官员才能在替补席就座，其他人员不得入座。替补席就座官员必须佩带“替补席官员证”。如有关人员更换，必须在比赛场次日期前 3 日向主办方书面申报和办理证件。

（三）替补席上所有人员必须穿着与场上球员和裁判员有明显颜色区别的服装装备。

（四）主队应使用第四官员席（从第四官员席面向球场）左侧替补席。

（五）除不可抗因素，俱乐部报名的领队必须在替补席就坐，管理替补席秩序是俱乐部队领队的职责之一。本方替补席任何人员违纪，都将可能追究俱乐部队领队的管理责任。

（六）被裁判员罚离替补席的教练员，赛后不得出席新闻发布会，但需由领队或其他教练员代为出席。

（七）替补席和技术区域严禁吸烟（请同时遵守体育场有关公共区域禁烟的规定）。

（八）如球队在比赛期间使用电子追踪设备（EPTS），所使用的追踪设备需为 FIFA 检测合格、不具备危险性的，同时应事 先向主办方进行备案申报并由当场竞赛官员（裁判组）检查合格。

第十五条　热身

（一）赛前热身应严格按照比赛倒计时程序时间要求进行。如果天气情况允许，比赛队报名上场队员可在比赛开始前50分钟在比赛场地进行热身，比赛开始前20分钟必须结束热身，返回更衣室。

（二）在比赛进行期间，每队同时最多有6名球员可以在两名官员带领下在其替补席近侧球门后或比赛监督指定的区 域内进行无球热身（守门员可以进行有球热身）。

（三）比赛场球门后的热身区域如没有运动草坪，则应铺设不小于长20米、宽3米的人造草坪。专业足球场可根据场地 情况选择在客队替补席后设置热身区并铺设天然或人造草坪，此情况下，球队同时热身的人数相应减半。

第十六条 官方训练

（一）客队有权在比赛日前一日与开球时间相同的时间段在比赛体育场内进行一个小时的官方训练（如比赛开球时间 是15:30，则15:30—16:30的官方训练时间由客队优先使用），体育场应确保场地条件（灯光、划线、球门、球网等）达到与 比赛要求一致的水平，同时在客队官方训练开始前30分钟允许客队使用客队休息室及相关设施。如客队选择其他时间段进行官方训练，需征得赛区同意并报比赛监督批准。

（二）如果因天气原因，确实无法安排官方训练，则由比赛监督决定：

1. 取消客队在比赛场地的官方训练，但赛区必须为客队提供具备良好训练条件的其他训练场；

2. 或由客队穿平底训练鞋在比赛场跑道（比赛草坪外）进行训练。

第十七条 赛前训练场地

（一）各赛区必须为客队无偿提供—块经主办方审核批准的天然草坪作为赛前训练场地，客队需提前告知在赛区的训练时间安排。

（二）除经主办方同意，各中甲俱乐部队应只使用赛区组委会官方指定并由主办方批准的中甲联赛训练场地。

第十八条 比赛用球

（一）比赛训练用球由中国足球协会分批统一配发给各赛区、俱乐部。

（二）俱乐部队赴客场比赛需自行携带主办方提供的训练用球。

第十九条 比赛日程安排

（一）中甲联赛竞赛日程由主办方制定，俱乐部必须严格遵守。

（二）因国际足联、亚足联调整有关赛程，或遇到不可抗拒原因，主办方有权对既定赛程做出调整或更改。

（三）中甲联赛所有场次比赛的体育场及开球时间应在全年联赛开始前45日，由主场俱乐部向赛区委员会申请并通过赛区委员会向主办方申报（其中7月、8月的比赛应安排在相对凉爽时段进行）。

（四）因电视转播及商务活动要求，主办方有权调整所涉及场次的比赛日期、开球时间、比赛场地等，但原则上应在原定比赛日前两周做出更改决定并通知有关赛区、俱乐部及其他单位。

（五）如赛区及俱乐部因自身原因希望调整原定赛程，应同时征得：

1. 对方俱乐部；

2. 主场赛区；

3. 转播电视台；

4. 中甲联赛赞助商同意意见后，至少于原定比赛日前 10 日向主办方提出书面申请，主办方将根据申请及有关方面意见做出决定。

（六）除非主办方同意，俱乐部其他比赛不得与既定的中甲联赛赛程发生冲突。

第二十条　赛制

（一）竞赛办法

中甲联赛以主客场双循环办法进行。

（二）决定名次办法

1. 每队胜一场得 3 分，平一场得 1 分，负一场得 0 分；

2. 中甲联赛本年度度比赛全部完成后，积分多者名次列前；

3. 如果两队或两队以上积分相等，依下列顺序排列名次：

（1）积分相等队之间相互比赛积分多者，名次列前；

（2）积分相等队之间相互比赛净胜球多者，名次列前；

（3）积分相等队之间相互比赛进球数多者，名次列前；

（4）俱乐部当年“预备队、青少年梯队赛事综合积分”多者，名次列前；

（5）在本年度中甲联赛全部比赛中净胜球多者，名次列前；

（6）在本年度中甲联赛全部比赛中总进球数多者，名次列前；

（7）“公平竞赛积分红黄牌减分”少的列前（每张黄牌减 1 分、每张红牌减 3 分）；

（8）如仍相等，则以抽签办法决定名次。

第二十一条　奖励与升、降级

（一）中甲联赛奖励：

1. 第一名的队获得流动冠军奖杯；

2. 第一名的队每人获得金牌一枚（共 50 枚）；第二名的队每人获得银牌一枚（共 50 枚）；第三名的队每人获得铜牌一枚（共 50 枚）；

3. “最佳”奖励

（1）设立“最佳球员”奖（如果最佳球员为外籍则增加“最佳本土球员”奖）、“最佳射手”

奖（如果最佳射手为外籍则增 加“最佳本土射手”奖）、“最佳新秀”奖、“最佳守门员”奖、“最佳教练员”奖、“最佳裁判员”奖、“最佳助理裁判员”奖；

（2）赛区工作：评定积分最高的若干赛区将获优秀赛区奖和分项优秀赛区奖；

（3）评选公平竞赛俱乐部队。

（二）升、降级

1. 当年中甲联赛名次列前两名的俱乐部队，获得次年中超联赛的候补资格；如审核达到准入标准，将参加次年中超联赛；如未能达到《中国足球协会职业俱乐部准入条件及审查办法》及其《实施细则》的相关要求，则不能升级；递补规则 依照《职业联赛参赛资格递补原则及办法》。

2. 因 2020 年中甲联赛进行扩军，2019 年中甲联赛名次列最后一名的俱乐部队降级，降级后将参加次年中乙联赛。

3.2019 年中甲联赛倒数第 2 名、第 3 名（即第 15 名、第 14 名）和中乙联赛第 4 名、第 5 名将进行升降级附加赛，如果双方球队气候、场地条件均允许，则进行主客场比赛（中甲第 14 名队先客后主，第 15 名先主后客），否则在符合条件的队主场或中 立场地进行单场淘汰赛。附加赛胜队列下一年度中甲联赛准入顺位第 17 位、第 18 位，通过准入后将获得下一年中甲联赛 参赛资格，附加赛负队列下一年度中乙联赛准入顺位第 1 位、第 2 位，通过准入后将获得下一年中乙联赛参赛资格。

（1）附加赛阶段的决胜办法（主客两回合附加赛）

（1.1）两队在两个回合的比赛后，胜一场得 3 分，平一场得 1 分，负一场得 0 分，积分多者为胜者；

（1.2）若两队在两个回合的比赛后积分数相同，进球多的球队为胜者；

（1.3）若两队在两个回合的比赛后总进球数相同，则客场进球多者为胜者；

（1.4）若两队客场进球数相同或均未进球，则在第二回合 90 分钟比赛结束后，进行 30 分钟的加时赛决定胜负；

（1.5）若 30 分钟加时赛后双方进球数仍相同或未进球，则以互踢球点球的方式决定胜负客场进球原则不适用于加时赛。

（2）附加赛阶段的决胜办法（单场决胜制附加赛）

（2.1）若两队在 90 分钟比赛后总进球数相同，则进行 30 分钟的加时赛决定胜负；

（2.2）若 30 分钟加时赛后双方进球数仍相同或未进球，则以互踢球点球的方式决定胜负。

4. 如在以上附加赛开始前，因各种导致参赛球队减少等特殊情况出现时，所空出的升降级名额，原则上将由中甲、中乙 顺延名次球队通过额外附加赛的方式决定升降级。具体事宜安排由主办方决定并另行通知。

5. 如在以上附加赛完成后，因各种导致参赛球队减少等特殊情况出现时，参照《职业联赛参赛资格递补原则及办法》，按如下原则进行递补：（1）如果中甲直接保级的俱乐部未能准入，优先按中甲联赛排名递补、然后按中乙联赛排名递补；（2）如果中乙直接升级的俱乐部未能准入，优先按中乙联赛排名递补，然后按中甲联赛排名递补；（3）如果附加赛优胜队未能准入，则其被淘汰的对手优先递补，然后是其他附加赛失利队，再然后，按未通过准入俱乐部的原联赛排名优先递补。其他未尽事宜由主办方决定。

第四章　俱乐部参赛资格与报名

第二十二条　俱乐部参赛资格

(一) 符合下述条件俱乐部可以派队参加中甲联赛：

1. 经审核达到《中国足球协会职业联赛俱乐部准入条件和审查办法》要求；

2. 拥有一支达到中甲联赛水平的足球队；

3. 在中国足球协会会员协会注册。

(二) 主办方有权对俱乐部及其球员和官员的参赛资格做出最终决定，不得对该决定提出申诉。

第二十三条　俱乐部报名

（一）俱乐部在每年按主办方报名通知要求，向主办方报名。

（二）俱乐部队名称应报全称及简称：

1. 俱乐部队全称为："地域名 + 俱乐部名 + 俱乐部队冠名 + 队"；

2. 俱乐部队简称为 : 地域名 + 俱乐部名或俱乐部队名，简称长度不应超过 6 个字；

3. 俱乐部名称以在工商行政管理机关登记并在中国足球协会注册的正式名称为准，不得在报名时自行变更；

4. 俱乐部队只能有一个冠名，冠名可以是企业或品牌名称，但不得有商品或服务类别、组织形式等，同时俱乐部队冠名 应符合国家有关规定（如商标法、广告法等）；

5. 报名与上述要求不符时，主办方有权按照该俱乐部法定名称和俱乐部队冠名的上述规定，予以纠正；

6. 一旦报名完成，除非特殊情况，俱乐部名称、俱乐部队名称在本赛季内，不得变更。

（三）参赛俱乐部必须认同并完整填写《中甲联赛参赛协议》（承诺书），并在报名时随报名材料一同上交至主办方。

第二十四条　责任与义务

参加中甲联赛，参赛俱乐部则应承诺如下：

（一）遵守国际足联理事会发布的《足球竞赛规则》。

（二）遵守与中国足球协会所签订的所有协议及中国足球协会发布的各项相关规程、管理办法、决定、指南和通知以及适用的国内法律法规。

（三）接受主办方根据本规程针对中甲联赛的行政、纪律以及裁判事宜所做出的决定或者由中国足球协会相关委员会做出的决定。

（四）承认中国足球协会相关规程认定的仲裁机构的管辖效力。

（五）在中甲联赛整个赛季期间派最强队伍参加比赛。

（六）遵守公平竞赛原则。

（七）在中甲联赛过程中，无论在其主场和到达客场赛区至离开这段时间内，俱乐部对其球员、官员、工作人员、球迷以 及任何附带责任人群的行为负责。

（八）主场比赛期间，在俱乐部、所在赛区以及主办方的共同努力下，根据本规程各项规定，对比赛的举办工作做出适 当安排。

（九）主场比赛期间，保证竞赛官员，客队球员和官员、工作人员、赞助商、客队球迷和媒体在体育场的通行权不受性 别、种族、宗教以及国别歧视的干扰。

（十）客场比赛时，接受主场赛区和俱乐部在主办方指导下所做出的相关安排。

（十一）根据本规程以及主办方发布的工作指南和通知中的规定，出席并参加由主办方或者相关赛区组织的所有官方活动，如赛前联席会、新闻发布会及其他媒体、商务和公益活动等，任何未按要求出席活动的球员或者官员，主办方将 报中国足协纪律委员会对其做出相关处罚。

（十二）中甲联赛所有报名参赛的球员和官员，如被提名获得中甲联赛年度奖项，则必须按照要求参加相关活动。

第二十五条　弃权和罢赛

（一）如未报名、或未通过资格审查、或未获得注册参赛资格证、或处在停赛期、或正在诉讼过程中尚未被允许参赛的球员，代表某队参加了比赛，则该俱乐部队此场比赛按弃权处理。

（二）弃权的处理：

1. 如一方俱乐部队比赛弃权，则视另一方俱乐部队以 3：0 获胜；如果比赛实际比分净胜球超过 3 : 0，则以当时实际结果为准；

2. 如双方俱乐部队比赛弃权，则双方俱乐部队本场比赛均无成绩，计 0 分。

（三）如有下列情况之一，则视为罢赛：

1. 并非因主办方认可的不可抗拒原因，且未获得主办方批准，未参加竞赛赛程规定的比赛；

2. 拒绝按照主办方安排参加补赛或改期的比赛；

3. 拒绝按照裁判员要求，在五分钟内恢复中断的比赛或者在比赛结束前擅自离开比赛场地；

4. 中途退出联赛。

（四）罢赛俱乐部队所有本赛季比赛的比分均计对方 3∶0 获胜（无论比赛是否已经进行），如果比赛实际比分净胜球超 过 3∶0，则以当时实际结果为准。

（五）弃权与罢赛俱乐部必须赔偿其他俱乐部及其所在赛区、中国足球协会及其商业和电视合作伙伴、赞助商由此所遭受的损失，赔偿数额由主办方根据相关合同、协议及实际造成的损失决定。

（六）中国足协纪律委员会可根据《中国足球协会纪律准则》做出进一步处罚。

（七）在遭遇不可抗力情况下，主办方可依据《中国足球协会章程》及相关规定采取一切其认为必要的措施和行动。

第五章　球员和官员报名与参赛资格

第二十六条　球员和官员参赛条件和报名

（一）符合下述条件球员可以报名参加中甲联赛：

1. 年满 16 周岁（赛季初报名及赛季中补报，以相应的注册截止日期为时限）；

2. 与符合中甲联赛参赛资格俱乐部签订工作合同；

3. 在中国足球协会会员协会和中国足球协会完成注册；

4. 取得《足球球员注册、转会、参赛资格登记证》（以下简称：注册参赛资格证）；

（二）符合下述条件的教练员可以报名参加中甲联赛：

1. 与符合中甲联赛参赛资格的俱乐部签订工作合同；

2. 在中国足球协会会员协会和中国足球协会完成注册；

3. 报名教练员应在中国足协技术部公布的具备中超、中甲联赛执教资格的人员名单中，或持有各洲际或中国足球协会 认证的相关级别教练员证书并经中国足协技术部审核同意。

（三）符合下述条件的医务人员可以参加中甲联赛：

1. 拥有足球医务人员岗位培训证书；

2. 与符合中甲联赛参赛资格的俱乐部签订工作合同。

（四）俱乐部队官员、球员联赛报名：

1. 可报名领队 1 名、主教练 1 名、助理教练员 1 至 2 名、守门员教练员 1 名、体能教练员 1 名、球队新闻官 1 名，球队管理 1 至 2 名、翻译及队医各 1 至 3 名；只有以上球队报名人员才可在替补席就座，除非受到禁赛处罚，领队、主教练必须在比赛中就坐替补席。报名时必须附证书或证明文件复印件及本人近期二寸免冠电子版照片以及与俱乐部签署有效工作合同的复印件；

2. 赛季初首次报名，报名国内球员最多为 27 名，其中至少有 1 名球员为本俱乐部青训培养（本俱乐部注册并代表本俱乐部参加比赛至少 3 年以上）的 U21 球员。如俱乐部无符合上述条件的 U21 球员，则最多报名 26 人。报名外籍球员最多为 3 名（守门员不得报名港、澳、台和外籍球员），每场比赛外籍球员最多可累计上场 2 人次；港澳特区和台湾地区球员的注册 及转会办法将继续按照足球字〔2018〕36 号《中国足球协会关于港澳特区和台湾地区球员参加 2018 年职业联赛有关规定的通知》及足球字〔2015〕 649 号《中国足球协会球员身份与转会管理规定》执行。

3. 在本赛季两个注册转会期内从其他俱乐部转入的国内职业球员中，无年龄限制的报名球员不超过 5 名，U2K1998 年 1 月 1 日以后出生的）报名球员不超过 3 名；

4. 赛季初首次报名，球员报名号码为 1 至 40 号，赛季内同一名球员在同一个俱乐部号码不得更改，其中 1 号必须为守门员，报名球员中不少于 3 名守门员；

5. 未完成注册、转会手续球员不得报名；

6. 根据制作《秩序册》需要，报名时应严格按照有关要求提供相关资料。

（五）补充报名及报名变更

1. 领队、主教练、助理教练员、守门员教练员、体能教练员、医生、球队管理及翻译变更时，必须提前 5 日向主办方书面申报，在中国足协正式注册后，经审核批准后方能变更报名并随队工作，报名时必须附证书或证明文件复印件及本人近 期二寸免冠电子版照片以及与俱乐部签署有效工作合同的复印件。

2. 球员可在夏季转会窗口期内进行更换及补报。补报及更换后应符合本条款（四）的相关要求，一个赛季累计报名的国 内球员人数不得超过 35 人。

3. 更换及补报后外籍球员不得超过 3 人（不得报名外籍和港澳台地区守门员），一个赛季累计注册和报名外籍球员不得超过 4 人，夏季转会期报名时被更换下的外籍球员可以继续在本俱乐部注册，但只能报名本俱乐部预备队参加预备队联赛。被更换下的球员在本赛季内不得重新回本队参加中甲联赛。

4. 预备队队员调整至职业队，应使用其在预备队报名的号码。其他的补报及更换的球员应使用 1~40 号中其他队员未使 用的号码。

5. 如俱乐部队报名球员在参加各级中国足球协会代表队比赛、训练中负伤，并经国家队队医确认，不能参加本赛季余下比赛，可申请批准额外更换相应名额球员。

6. 补报及变更的队员，完成注册转会手续后即可参赛。在转会窗口期内同一球员在同一轮比赛只能代表一支球队参赛。

7. 如俱乐部报名球员意外身亡，俱乐部可在下一个窗口期申请相应名额更换该球员。

（六）报名结束后，经主办方审核批准，由主办方向符合条件的球员和官员配发证件，球员和官员凭证参赛。如果证件 丢失或损坏，申请俱乐部需支付制证费为球员和官员补制新证。如申请更换替补席官员（如主教练），应完成补报名手续；如主办方未能及时下发替补席证，主办方向当场比赛监督下发临时通知。比赛监督收到通知后，方可允许相关官员赛时进入替补席就座。

（七）如派遣无资格球员上场比赛，俱乐部将被视作弃权，并按本规程第24条第2款处理。中国足球协会纪律委员会有权对违规俱乐部、相关球员以及俱乐部队官员做出进一步处罚。

第二十七条　上场球员名单

（一）中甲联赛实行“检查注册参赛资格证制度”，每场比赛赛前联席会上，由比赛监督对所有可能列入比赛上场队员 名单的球员（中甲联赛报名球员）进行资格检查，不合格的球员不能列入《上场队员名单》参加当场比赛。

（二）俱乐部队在抵达体育场后，应在比赛开球前90分钟填报《比赛名单填报表》和《球队首发阵容表》给比赛监督，由比赛监督对报名球员进行核对并生成《首发队员名单》。比赛前60分钟，比赛监督和第四官员检查完装备后，对《首发队员名单》签字确认并分发给相关单位。双方俱乐部队和比赛监督对《上场队员名单》签字确认。

（三）从比赛监督签字确认《首发队员名单》后到比赛开球前，如因球员受伤等原因俱乐部队申请更改《首发队员名单》，则要求如下：

1. 只能从原上场名单中的7名替补球员中更换因伤不能上场球员；

2. 被换下的原首发球员不得再列入替补球员名单，但当场比赛仍须在替补席就坐，如确实伤情较重，应征得比赛监督同意后，方可离开替补席进行治疗，但不能因此逃避可能的兴奋剂检测；

3. 列入替补名单球员人数将相应减少并不再增补；

4. 比赛中可换人次数仍为最多3人次。

第二十八条　俱乐部队官员

（一）参赛俱乐部必须指派一名全职领队代表俱乐部与比赛监督就比赛相关事宜进行协调。俱乐部指派的领队必须为本规程第二十五条第四款规定所报名官员之一。

（二）俱乐部队领队或主教练应出席赛前联席会，比赛监督有权根据比赛的实际情况要求领队、主教练及指定球队人员同时出席联席会。

（三）主教练必须出席赛后新闻发布会，在处罚期内的人员不得出席赛前、赛后新闻发布会，但应由执行领队或执行教 练员代为出席。对于无故不参加赛前联席会和赛后新闻发布会的官员，中国足球协会纪律委员会将根据《中国足球协会纪律准则》相关条款进行处罚。

第六章　赛区接待与义务

第二十九条　俱乐部队接待

（一）赛区为客队提供从机场、车站或码头到驻地的交通接送（40座以上空调大巴，车况良好），安排训练、比赛、会议用 车，相关费用由主场俱乐部承担。

（二）客队在赛区食宿由客队自行联系和安排，并事先通知赛区委员会。特殊情况时，经主办方批准，由赛区指定客队所住酒店。

第三十条　竞赛官员接待

（一）赛区接待比赛监督1人，裁判监督1人，裁判员6人。

（二）接待条件、标准及支付办法，按照《2019年度中甲联赛及中甲预备队联赛相关工作人员经费标准及规定》执行。

第三十一条　其他人员接待

（一）因工作需要，主办方向赛区派遣其他工作人员时，由赛区委员会负责接待。

（二）接待标准参照比赛监督标准执行。

第三十二条　俱乐部队抵离赛区

（一）俱乐部自行支付其由俱乐部所在地至赛区的往返交通费用。

（二）　　所有俱乐部队必须至少于比赛日前1日中午12时前抵达比赛赛区，按时参加赛前联席会和官方训练。如俱乐部队由于非主办方认可的不可抗力造成的航班、火车等交通原因，未按时抵达赛区参加赛前联席会和官方训练等官方活 动，该俱乐部队将受到相应处罚。

（三）参赛俱乐部在参加中甲联赛比赛往返比赛地期间不得参加非中国足协主办的其他比赛。

第三十三条　赛区义务

（一）提供一间至少能容纳20人并配有写字板和投影仪的会议室，供比赛当日举行赛前联席会使用。

（二）比赛时，为比赛监督、赛区协调员以及相关工作人员配备对讲机，在裁判监督、比赛监督坐席设置可播放比赛转 播的监视器，一套BP旗或耳麦通信系统，并确保VAR系统工作正 常。

（三）主场赛区应在比赛结束后2小时内为裁判组及比赛监督提供完整的比赛录像及播放设备。同时，赛区应留存好比 赛录像，如中国足球协会需要，应在得到通知后1日内应寄出比赛录像。

（四）主场赛区应该在赛前120分钟安排2辆救护车停放到体育场出口区域。

（五）未能提供本条所规定内容的赛区将受到相应处罚。

第七章 新闻媒体

第三十四条 总则

参赛俱乐部必须按《中国足球协会甲级联赛体育场规程》的规定提供所有新闻媒体设备及设施。

第三十五条 媒体证件

（一）中国足球协会统一制作媒体证件。

（二）主办方负责统一制作摄影记者、摄像记者及电视转播技术人员的媒体背心。赛区负责在比赛前后发放和回收背

第三十六条 媒体区域

（一）文字记者或者广播电台记者不得进入比赛场地及球场边线与观众席之间的区域。在比赛前、比赛进行期间以及比赛后，均严格禁止任何媒体记者进入俱乐部队更衣室、球员通道及技术区域。

（二）只有主播电视台和持权转播台的摄影师和必要技术人员，在经赛区新闻负责人许可后，可以进入球场边线与观众席之间的指定区域，但必须佩带相应的证件和穿着记者背心。

（三）赛区委员会负责确保中甲联赛的转播权受到保护，并且在未得到主办方允许前不得允许任何广播公司工作人员和摄像技术人员进入体育场。

第三十七条 官方训练

官方训练必须向媒体开放。如果俱乐部不希望开放其官方训练，则需至少将其前十五分钟训练向媒体公开。如果官方训练在比赛体育场进行，媒体可进入区域需与比赛日其可进入区域相同，并且这些区域必须由安保人员维持秩序。

第三十八条 新闻发布会

（一）赛前一日，主场赛区应在赛区新闻官的组织下召开赛前新闻发布会，赛前新闻发布会一般应安排在比赛前一日官方训练前的25分钟在比赛体育场进行（如另有安排，以赛区新闻官通知为准）；无论球队是否进行官方训练，都必须按要求参加赛区组织的赛前新闻发布会，同时，赛区新闻官应通知有关媒体派员参加。

（二）参赛双方各自的主教练和一名首发球员必须参加赛前新闻发布会。

（三）比赛结束十五分钟内，主场赛区必须召开有参赛双方主教练参加的赛后新闻发布会。

（四）如参加新闻发布会人员中有外籍人士，相关俱乐部必须提供翻译人员。

（五）违反本条规定的俱乐部、教练员或球员，中国足球协会纪律委员会将根据《中国足球协会纪律准则》对其进行处罚。

第三十九条　混合采访区

（一）在比赛结束后，主办赛区必须为媒体设立一个混合采访区域。该区域需在比赛结束后十五分钟之内进入使用状态。

（二）俱乐部队领队需负责在赛前向球员和主教练介绍该区域功能，并让球队及相关人员了解此职责。

（三）比赛结束后，主、客俱乐部队球员、官员应在离开更衣室后经过混合采访区。

（四）建议球员和教练员经过混合采访区时接受媒体简短采访，但并非强制。混合采访区中需设置围栏设施将球员和教练员与媒体隔开。

（五）违反上述条款规定的赛区、俱乐部、官员和球员，中国足球协会纪律委员会将根据《中国足球协会纪律准则》相关规定进行处罚。

第四十条　采访

（一）如果主办方提出要求，双方俱乐部应保证其主教练和一名球员在比赛前一日或比赛当日接受主播台（或者持权转播台）大约十分钟的采访，以用于中甲联赛新闻报道。

（二）未经允许，比赛期间参赛俱乐部官员和球员不得在场地内或场边接受采访。比赛结束后，相关球员和官员在赛区新闻负责人指定区域（替补席与更衣室之间）接受主播台瞬间采访。违反此规定的球员和官员将受到纪律处罚；违规在体育场内对球员和官员进行采访的媒体将受到警告或限制、取消采访资格的处罚。

（三）在比赛即将结束时，主播台人员需通知赛区新闻负责人其瞬间采访所选择的球员。赛区新闻负责人应随后通知俱乐部队有关瞬间采访的安排以及需接受采访的球员。

第八章　比赛装备

第四十一条　中甲联赛比赛服装装备

参赛俱乐部必须遵从国际足联理事会最新版本《足球竞赛规则》的规定。

第四十二条　比赛服

（一）参赛俱乐部队必须上报至少两套颜色不同的比赛服，一套深颜色，一套浅颜色，并指定一套为主场比赛服，一套为客场比赛服。

（二）比赛双方俱乐部队，必须携带两套不同颜色的比赛服到达赛区并在比赛日带到赛场。

（三）比赛双方俱乐部队必须穿着颜色差异明显的比赛服，并经裁判员认可。如裁判员或比赛监督认为参赛队双方比赛服颜色可能引起混淆或不适合电视转播，将有权要求更改比赛服颜色。主队应穿主场比赛服（不应混穿），客队避开主队比赛服颜色选择比赛服；如有必要，经比赛监督和裁判员认可后，可将本队主客两种比赛服混穿。两队确定比赛服装颜色后，裁判员会根据两队比赛服装颜色选择裁判服装颜色，如果裁判员及助理裁判员上衣服装颜色与守门员上衣服装颜色冲突，则守门员必须更换比赛服上衣颜色。比赛监督对比赛服装颜色有最终决定权。

（四）比赛服号码颜色应与比赛服颜色显著不同（浅色号码在深色服装上或相反）；对于有条纹颜色搭配的比赛服，为保证视觉效果，应在比赛服保留一块纯色位置供印制号码。

（五）比赛时球员护踝和脚踝绷带必须与袜子同色或透明，铲球紧身裤和短裤颜色必须一致。

（六）根据《中国足球协会甲级联赛比赛服装备规定》（试行），比赛服上衣的后背必须印有球员中文姓名，姓名必须在背后号码正上方并应与报名表名单一致，上衣扎进短裤时，姓名应全部可见，如运动员姓名过长，经与主办方协商同意 后，可截取使用较短名字。

（七）比赛服装号码必须与报名表相符，不得更改、无号或重复。

第四十三条　责任

关于上述中甲联赛比赛服装装备管理规定，最终解释权归主办方所有。倘若俱乐部和其赞助商因所签订合同在广告宣传方面违反了中甲联赛比赛服装装备管理规定而引起争议纠纷的，主办方对此不承担任何责任。对于采用的装备所造成的所有商业损失及由此引发的连带责任，主办方概不承担。

第九章　中甲联赛经营和费用

第四十四条　中甲联赛经营

（一）中甲联赛标识及中甲联赛冠名赞助商、中甲联赛官方合作伙伴由中国足协及其授权机构统一经营。

（二）中甲联赛场地广告

2019 年中甲联赛场地广告种类说明及权益分属方案按最新的《中甲联赛商务管理实施细则》执行。由各主场俱乐部负 责按要求制作、摆放及维护。授权由中甲俱乐部自主进行经营的场地广告，经营期限为 2019 赛季。

（三）电视转播权

电视转播权（全国性电视转播、境外电视转播、转播战略合作单位、互联网转播），由中国足协及其授权机构负责统一经营。2019 赛季俱乐部主场的地方电视转播权可由主场俱乐部自主经营，与主场电视台签订的转播协议不得对中国足协及其授权机构指定的全国性电视转播、境外电视转播、转播战略合作单位有排他性。

（四）印刷品、标识、球票

1. 主场俱乐部的赛场横幅、背景板、球场装饰、球票及有关印刷品，按最新的《中甲联赛商务管理实施细则》有关条款规定执行；

2. 俱乐部有义务保障在每个主场比赛时，向其注册会员协会无偿提供 100 张比赛门票，用于当地足球工作者、教练员、裁判员观摩比赛。主场俱乐部应为客队俱乐部免费提供 50 张比赛门票。为赞助商提供的球票按最新的《中甲联赛商务管理实施细则》有关条款规定执行；

3.2019 赛季中联赛主队俱乐部应在每场比赛安排专门看台区域供客队球迷到场观赛，同时确保客队球迷的门票数量 不少于球场容量的 5%（球票价格与主队相应区域票价一致，客队俱乐部应于赛前 7 日确认球迷人数），具体票务问题由主客俱乐部协商办理。

（五）其他有关经营的要求按最新的《中甲联赛商务管理实施细则》执行。

第四十五条 中甲联赛费用

（一）主办方承担下列费用：

1. 中甲联赛工作会议食宿费用；

2. 中甲联赛比赛监督、裁判监督、裁判员的出发地交通补贴、城市间交通费及津贴；

3. 赛区竞赛官员用车补贴；

4. 技术信息官员的津贴。

（二）俱乐部承担下列费用：

1. 体育场租赁费用、安全保卫费用；

2. 客队在赛区的用车费用；

3. 客场比赛差旅费用；

4. 比赛监督、裁判监督、裁判员及特派观察员在赛区的食宿费用；

5. 每一主场比赛向中国足球协会交纳 1 元人民币，向主场会员协会交纳 2.5% 的门票分成；

6. 其他可能的费用。

第十章 医疗与兴奋剂检测

第四十六条 医疗

（一）医疗设施和药品

1. 主场赛区必须按照《中国足球协会甲级联赛体育场规程》的相关规定在比赛场地提供医务室及相关医疗设施及药品；

2. 体育场内设有随时可用、配有空调、明亮且通风良好的兴奋剂检测室，同时该检测室还需配有下列设备：

1 张桌子和 8 把椅子、1 个带锁的柜子、配有马桶的卫生间、洗手池、镜子和淋浴、配有未开封的矿泉水等非酒精饮料，及 冰箱和电视机各 1 台。

3. 各参赛俱乐部必须在训练和比赛期间配备 AED（自动体外除颤器）。

（二）医务人员

比赛期间，主场赛区必须配备如下医务人员：

1. 体育场医务室内必须配备 1 名有资格的医师和训练有素的急救护理人员若干名；

2. 场地医护服务：1 名场地急救医师、8 名担架员、2 辆配有急救设备的救护车；

3. 兴奋剂检测及监管人员：1 名兴奋剂检测助理、4 名兴奋剂检测陪护、足够的安保人员。

（三）如果赛区未能提供第四十七条规定的设施、人员、药品和物品，将受到相应处罚。

（四）参赛俱乐部必须为其俱乐部队所有成员的住院、外科手术和专业医疗检查支付所有费用。

第四十七条　兴奋剂检测

(一) 中甲联赛严禁参赛球员使用兴奋剂。

(二) 兴奋剂检测相关工作按照兴奋剂检测中心相关规定执行。

第十一章　纪律处罚和程序

第四十八条　红黄牌及停赛

在中甲联赛同一赛季中，同一名球员被出示黄牌累计 4 次，自动停赛 1 场；同一名球员第 1 次被出示红牌，自动停赛 1 场， 第二次被出示红牌，处停赛 2 场，第三次及以上被出示红牌，处停赛 4 场。1+1 黄牌产生的红牌按红牌计，同时此两张黄牌 不计入累计黄牌。比赛中被出示红牌的球员和官员必须返回更衣室，不得再次进入比赛场地和技术区，不得进入看台。 如有轮空、补赛或比赛场次日期调整，自动停赛按时间顺序进行。如中国足协纪律委员会针对相关情况做出加重或减 轻处罚的决定，以纪律委员会的决定为准。

第四十九条　纪律处罚

（一）中甲联赛中违规违纪行为和事件，由中国足球协会纪律委员会根据比赛监督、裁判监督、裁判员的报告或其他视 频材料等进行处理。

（二）如果主办方认为存在违规行为，则有权在无比赛监督、裁判监督、裁判员报告时启动调查程序。

第五十条　球员或官员使用暴力

在赛区，包括但不限于比赛场地、更衣室、训练场地和下榻酒店，被裁判员或比赛监督报告的任何球员或官员的违反纪律行为和暴力行为，将由中国足球协会纪律委员会依照相关规程和规定进行处理。

第五十一条　抗议

（一）本规程中抗议是指针对直接影响中甲联赛比赛的事件（如比赛草坪状况和场地标

记、标线、比赛装备、球员比赛资格、体育场设施、比赛用球等）和违反本规程的行为而提出的抗议。

（二）由裁判根据比赛相关事实做出的场上判罚为最终判罚，对此不得提出抗议。

（三）除非另行规定，提出抗议首先应该在比赛结束后 2 个小时之内，由相关俱乐部以书面形式提交给比赛监督，同时应立即准备一份书面报告（包括最初抗议的复印件）和抗议费 2000 元，在该比赛结束后 2 日内提交给主办方，抗议费概不退还。

（四）对发生在比赛进程中的抗议应该在事件发生后，比赛重新恢复前，由俱乐部队队长立即向裁判员提出。俱乐部队领队应该在比赛结束后的 2 小时内向比赛监督提交书面抗议进行确认。

（五）如果向主办方提出没有事实依据的或者不负责任的抗议，纪律委员会将有权对其进行处罚。

（六）当该场比赛结束 2 日后，所有在此条款中描述的抗议都将不被受理。

第五十二条　诉讼仲裁

（一）禁止俱乐部及其所属赛区、会员协会及其球员或官员将争端提交到当地法庭，但可以按照适当程序提交到中国足球协会的相关职能部门处理。

（二）对于涉及中国足球协会、俱乐部、中国足球协会会员协会、联赛、俱乐部球员、官员和持证经纪人的中甲联赛相关纠纷，应迅速在第一时间协商处理。

（三）如果上述申诉手段均已动用且问题未得到解决，或者有可能提出正式申诉成为中甲联赛中诉讼案件，则由中国足球协会仲裁委员会负责受理。

第十二章　附　则

第五十三条　知识产权

中国足球协会是整个中甲联赛赛季进行期间唯一且具有排他性的所有知识产权的所有者，包括当前和未来中国足球 协会和中甲联赛的名称、标识、商标、奖牌、奖杯、技术报告及出版物等的使用权利。以上提及的任何权利的使用都应该 事先获得主办方的书面同意书，而且必须遵照主办方的说明和指导采取正确的使用方法。

第五十四条　未尽事宜

本规程由中国足球协会解释，未尽事宜和由于不可抗力造成的事件都将由中国足球协会做出决议，该决议为最终决议。

第五十五条　批准

本规程由中国足球协会批准，即日起生效。

中国足球协会乙级联赛规程

第一章　总　则

第一条　中国足球协会乙级联赛是由国内足球俱乐部参加的全国第三级别的足球联赛，简称“中乙联赛”（以下使用简称）。英文全称为：CHINESE FOOTBALL ASSOCIATION DIVISION TWO LEAGUE，英文简称为C2L。

第二条　中乙联赛为年度赛事，由中国足球协会主办。中国足球协会乙级联赛委员会（以下简称“中乙联赛委员会”）在中国足球协会的领导和授权下管理中乙联赛。主办方指定相关的省、市会员协会成立大区委员会负责中乙联赛预赛阶段的竞赛组织、管理、协调和服务工作。主办方在各俱乐部主场赛区设立赛区委员会，在当地政府的领导下，全面负责管理和组织赛区工作。

第三条　本规程以及中国足球协会与参赛俱乐部或大区、赛区具体协议中未授予的与中乙联赛相关的任何权利均归中国足球协会所有。

第四条　现行的《中国足球协会章程》、中国足球协会各项规程、指南、通知以及准则等文件均对所有参与中乙联赛的准备、组织以及主办的各方及其相关方具有约束力。

第五条　2019年中乙联赛参赛俱乐部队为32支。

第二章　安保、保险及工作合同

第六条　安保

一、参赛俱乐部及其所在赛区以及相关政府机构有责任在各个赛事相关地点（包括赛场和赛场周边区域、道路及相关场所）制定并执行充分的安保措施，安保措施覆盖范围包括但不限于以下所有相关人员：

（一）所有参赛俱乐部运动员、官员及工作人员；

（二）所有竞赛官员和工作人员；

（三）媒体人员；

（四）赞助商及商业合作伙伴；

（五）现场观众；

二、各参赛俱乐部及其所在赛区应根据《全国足球赛区安全秩序规定》《加 强全国足球比赛安全管理工作的规定（试行）》协同当地公安机关，制定并向中乙联赛委员会提交一份赛区安保计划；

三、保护客队、竞赛官员抵离赛场及控制区内的安全。为保障运动员和比赛官员人身安全，各参赛俱乐部及其所在赛区必须在体育场为运动员和比赛官员提供安全独立的进出通道；

四、保护主、客队休息室、裁判员休息室等物品的安全；

五、保护赛场及体育场控制区内公共设施不受恶意损毁；

六、如果未对安保做出有效安排和计划，参赛俱乐部及其所在赛区将会受到处罚。

第七条 保险

一、建议主队俱乐部或其所在赛区对中乙联赛举办过程中可能发生的风险进行投保，此类保险可涵盖人身意外险、财产意外险及第三者责任险；

二、各俱乐部及其所在赛区的风险应当由各俱乐部和赛区自行承担，并通过购买适当的保险以降低损失；

三、参赛俱乐部应自行购买其代表团在中乙联赛所有比赛中的保险（包括但不限于住院和外科手术），其被投保人应当包括运动员和官员。且参赛俱乐部应当保证中国足球协会将免遭此类诉讼或者承担责任。

第八条 工作合同

为规范中乙联赛管理，促进中乙俱乐部健康发展，保护参赛俱乐部及其所有球员、官员及工作人员的合法权益，现就参赛俱乐部与上述人员签订工作合同提出如下要求：

一、凡涉及参赛俱乐部与球员、官员及工作人员签订工作合同或培训协议（未满 16 岁球员签订培训协议），均应按照《合同法》《中国足球协会球员身份与转会管理规定》《中国足球协会职业俱乐部工作合同基本要求》的规定进行；

二、参赛俱乐部（以下简称聘用方）与本俱乐部球员、官员或工作人员（以下简称被聘用方）签订的合同中应至少包括：

（一）聘用方的名称、地址和法定代表人（或主要负责人）；

（二）被聘用方的姓名、住址和居民身份证（或其他有效身份证件号码）；

（三）合同期限；

（四）工作内容和工作地点；

（五）工作时间和休息休假；

（六）劳动报酬及支付时间；

（七）社会保险；

（八）工作条件、劳动保护和职业伤病防护及医疗；

（九）合同续签、终止与解除；

（十）违约责任及争议解决。

三、正式签订的合同（包括补充协议）应至少一式三份，一份交给被聘用方本人，一份由聘用方保存，一份交中国足球协会注册部门备案；

四、签订合同的基本程序：聘用方将合同内容起草完毕后，将该合同草案交由被聘用方，并与各被聘用方进行协商；经协商各方对所有合同条款达成一致后，由双方各自在合同上签字、盖章，参赛俱乐部应加盖骑缝章。

（一）被聘用方有权留存双方签订的正式合同原件；如果参赛俱乐部（聘用方）以任何理由拒绝向被聘用方提供合同原件的，被聘用方有权向当地劳动监察等部门举报。对于问题属实的，中国足球协会相关委员会将给予严肃处理；

（二）中国足球协会备案的合同将用于中国足球协会了解俱乐部总体情况，原则上不提供查询。聘用方及被聘用方均应当各自妥善保存已签署合同原件；

（三）聘用方及被聘用方均应遵守合同约定的全部内容，任何一方出现违约的应承担违约责任；若聘用方、被聘用方双方中一方违约且提供了虚假信息和证明，由中国足球协会相关委员会进行调查，如果情况属实将给予严肃处理。

第三章　技术规程

第九条　竞赛规则及相关规定

一、比赛以国际足球理事会最新版本的《足球竞赛规则》为准则，并在《足球竞赛规则》的指导下进行；

二、执行中国足球协会根据国际足联或亚足联要求制定的其他相关规定；

三、执行中国足球协会制定的最新版的《中国足球协会纪律准则》《中国足球协会球员身份与转会管理规定》及相关补充规定；

四、执行中乙联赛委员会制定的中乙联赛文件（包括但不限于《2019 年中国足球协会乙级联赛工作手册》）以及与中乙联赛相关的其他规定和通知；

五、在每场比赛中，每队可报名首发上场运动员 11 名，替补运动员 7 名，可从中替换 3 名，被替换下场的运动员不得重新被换上场；

六、2019 赛季中乙联赛每场比赛（附加赛除外），每支球队整场比赛 U21 球员（1998 年 1 月 1 日及以后出生）累计出场至少 2 人次。如俱乐部中有被各级国家集训队征调的 U21

球员，则出场人次相应递减，征调 1 名减 1 名，征调 2 名（含 2 名）以上的可不执行 U21 球员上场政策。中乙俱乐部如违反本款规定，该场比赛按弃权处理，中国足球协会纪律委员会将视情节对该俱乐部做出进一步处罚；

七、如果比赛双方有一方在场上比赛的运动员少于 7 人，则比赛将被终止。在此种情况下，主办方有权对比赛终止的后果做出最终决定。

第十条 比赛持续时间

每场比赛应当进行 90 分钟，分为上下各 45 分钟两个半场，以及两个半场中间不超过 15 分钟的中场休息时间（上半场终场哨响到下半场开场哨响）。

第十一条 客场进球

在采取主客场两回合赛制（中乙联赛排位赛、决赛和附加赛阶段）的比赛中，如果两队在两场各 90 分钟的比赛结束后进球数相同，则获得客场进球较多的球队获胜。

第十二条 加时赛

在采取主客场两回合赛制的比赛中，如果两队在两场各 90 分钟的比赛后总进球数、客场进球数均相同，则需进行加时赛。加时赛由上下各 15 分钟的两个半场构成，客场进球原则不适用于加时赛。若进行加时赛，全场比赛每队换人名额由最多 3 人增加到最多 4 人。

第十三条 罚球点球决定胜负

如果加时赛中两队进球数相同或未取得进球，则需采取互罚球点球的方式来决出比赛的胜者。

第十四条 中止比赛

如果由于不可抗力或者其他任何原因，包括但不限于比赛场地不适宜比赛、天气原因、照明灯故障等事故，在正常比赛时间结束之前，裁判员认为应中止比赛的，则应当采取以下措施：

一、比赛将暂停 30 分钟，以等待情况得到有效改善后比赛重新开始，除非裁判员认定比赛可以提前重新开始；

二、比赛暂停 30 分钟后，如果裁判员认为再延长一段时间可恢复比赛，则可再延长 30 分钟。如果第二个 30 分钟后比赛仍不能恢复，裁判员必须宣布中止该场比赛；

三、在中止比赛情况下，主办方应在裁判员做出中止比赛决定后 3 小时内决定比赛中止时的结果是否有效，或在考虑体育精神及组织等因素前提下，决定是否进行补赛或重赛；

四、任何一方不得对本规程此条款提出申诉；

五、如果因不可抗力，比赛被宣布中止，此比赛应优先考虑择期完成剩余的比赛时间，而不是重赛全场比赛，被中止时的比分等情况依然有效。当主办方决定将比赛恢复完成时，具体应遵循如下原则：

（一）比赛从原被中止时的比赛时点恢复，恢复时所有场上球员、替补球员须与比赛被中止时一致；

（二）不得对替补球员名单中的球员进行增加、更换；

（三）不得增加可换人的次数；

（四）比赛的红、黄牌依然有效，被罚出场的人员依然不能重新回到比赛场地参加比赛；

（五）所有与此比赛有关的其他处罚依然有效；

（六）恢复比赛的时间（在随后可预见的时间）与比赛地点由主办方决定；

（七）由此可能产生的一切后续问题由主办方决定。

第十五条　比赛取消

如果比赛由于不可抗力或者其他任何原因，包括但不限于比赛场地不适宜比赛、天气原因、照明灯故障等事故而使比赛无法正常开始，则应当采取以下措施：

一、决定重新安排本场比赛前，比赛推迟 30 分钟，除非裁判员认定比赛可以提前开始；

二、如果裁判员认为再延长一段时间比赛即可开始，则可再至多延长 30 分钟。如果第二个 30 分钟结束后比赛仍未开始，裁判员必须宣布取消该场比赛；

三、在取消比赛的情况下，主办方应在裁判员做出取消比赛决定后 3 小时内，在考虑体育精神及组织等因素前提下，决定是否重新安排比赛，或决定择期完成剩余的比赛，或是否采取其他必要行为。除非纪律委员会做出其他决定，否则与该场比赛相关的处罚等依然有效；

四、任何一方不得对本款规定的裁判员和主办方的决定提出申诉。

第十六条　体育场

一、中乙联赛使用的体育场必须符合《中国足球协会乙级联赛体育场规程》的规定，体育场必须为符合标准及要求的天然草坪球场；

二、比赛体育场由俱乐部申报，中乙联赛委员会进行审查，俱乐部应当服从中乙联赛委员会提出的要求；

三、俱乐部除确定一个主场体育场外，必须再准备一个符合《中国足球协会乙级联赛体育场规程》的备用体育场，中乙联赛委员会在联赛开赛前将对两个场地进行检查。主体育场及备用体育场均应在所属会员协会管辖区域内，但按《中国足球协会乙级联赛俱乐部准入规程》特别申请的除外；

四、比赛城市或附近城市必须有民用机场，体育场与机场之间的距离驾车不得超过三小时；

五、如果主队俱乐部认为比赛场地无法比赛，需要调换比赛场地，必须于赛前 21 天完成以下程序：

（一）经中乙委员会审核，调换后的体育场符合《中国足球协会乙级联赛体育场规程》要求；

（二）与对方俱乐部协商并取得同意；

（三）与主场赛区协商并取得同意；

（四）与转播台沟通并取得同意；

（五）须得到大区组委会的同意；

（六）须得到中乙联赛委员会批准。

中乙联赛委员会批准后将会及时告知客队及相关竞赛官员，如果主队俱乐部未能按时完成上述程序时，将承担所有相关方由此产生的差旅、餐饮、住宿等全部费用；

六、客队俱乐部到达比赛场地后，对比赛场地的任何疑问，应当向比赛监督提 出，比赛监督将征求裁判员的意见后决定比赛场地是否适合比赛。如果裁判员认为 比赛由于不可抗力或其他任何包括但不限于比赛场地不适宜比赛、天气情况、照明灯故障等事故而无法开始，则按第十五条比赛取消处理；

七、同一赛季，除非客观原因且其不可控制，各俱乐部须确保比赛主场始终为同一体育场。如果变更主场，俱乐部必须提前 30 天向中乙联赛委员会申请，同时提供相关证明，包括但不限于关于原体育场不适于比赛的主场照片、可视性证据及相关部门出具的官方正式证明或确认文件；

八、在收到变更申请及相关必要证明和文件后，中乙联赛委员会将根据俱乐部提供的新主场体育场情况，做出是否准许俱乐部更换主场的决定。拟更换的体育场必须符合《中国足球协会乙级联赛体育场规程》规定；

九、体育场变更申请被批准前，中乙联赛委员会有权对体育场进行审查，审查成本将由提出申请的俱乐部负担；

十、如果俱乐部无法在中乙联赛委员会规定的最终期限前确定可替代体育场，中乙联赛委员会将在中立城市或地区为其选择主场体育场。该俱乐部必须在中乙联赛委员会指导下，与中立城市或地区所属会员协会及相关部门合作管理和组织比赛，由此发生的费用由该俱乐部承担；

十一、在赛季内任何时间，无论何种原因，如果中乙联赛委员会认定某一体育场不适合举办中乙比赛，中乙联赛委员会可与俱乐部协商并根据《中国足球协会乙级联赛体育场规程》规定，建议一个替代体育场，如果该俱乐部在规定的最终期限 内未能确定可替代体育场，中乙联赛委员会有权决定替代体育场（可选择俱乐部后备体育场、中立城市或地区体育场、对方主场）。

第十七条 比赛场地

一、比赛监督在到达赛区后即对体育场进行检查，确保比赛场地、设施符合《足球竞赛规则》及《中国足球协会乙级联赛体育场规程》的相关规定。如果未能符合《足球竞赛规则》和《中国足球协会乙级联赛体育场规程》的相关规定，比赛监督必须要求赛区整改；

二、如果在比赛开始前比赛场地仍未满足《足球竞赛规则》和《中国足球协会乙级联赛体育场规程》的相关规定，则视为主场俱乐部队违反规定，主场俱乐部队将失去该场比赛资格，并判罚主场俱乐部队该场比赛 0∶3 负，后续处罚由中国足球协 会纪律委员会做出。

第十八条　替补席和技术区域

一、比赛替补席每队 14 个座席，其中替补运动员 7 席，替补席官员 7 席；

二、只有俱乐部队正式报名的运动员、官员才能在替补席就座，其他人员不得入座，替补席就座官员必须佩戴相应证件，如需更换相关人员，按本规程第三十三 条第五款办理；

三、替补席上所有人员必须穿着与场上双方运动员和裁判员有明显色差区别的服装装备；

四、主队应使用第四官员席（从四官席面向球场）左侧替补席；

五、按照《中国足球协会乙级联赛替补席管理办法及处罚细则》，替补席管理责任人原则上应为各中乙俱乐部的主教练。如主教练为外籍，则领队与外籍主教练共同为替补席管理责任人。若本方替补席人员出现相关违纪，则按照上述规定要求处罚替补席管理责任人；

六、被裁判员罚离替补席的教练员，赛后不得出席新闻发布会，但需由领队或其他教练员代为出席；

七、比赛过程中，同一时间只能有 1 名替补席官员在技术区域进行指挥；

八、替补席和技术区域严禁吸烟，并需同时遵守体育场有关公共区域禁烟的规定。

第十九条　热身

一、如天气情况允许，比赛队可在比赛开始前 50 分钟在比赛场地进行热身，比赛开始前 20 分钟必须结束热身，返回更衣室（因开幕式等官方活动需要，或天气、场地原因，比赛监督报请主办方同意后可适当调整，参赛双方必须严格执行）；

二、在比赛进行期间，每队同时最多有 6 名替补席运动员可以在最多 2 名替补席官员的带领下在其替补席近侧球门后或比赛监督指定的区域内进行无球热身（守门员可以进行有球热身）。

第二十条　官方训练

一、客队有权在比赛日前一日与开球时间相同的时间段在比赛体育场内进行一个小时的官方训练（如比赛是 15:30 开球，则 15:30—16:30 的官方训练时间为客队优先使用），体育场应确保场地条件（灯光、划线、球门、球网等）达到与比赛要求一致的水平，同时在客队官方训练开始前 30 分钟允许客队使用客队休息室及相关设施；

二、如果因天气原因，确实无法安排官方训练，则由比赛监督决定采取如下措施，且参赛双方必须无条件服从比赛监督的决定：

（一）由客队穿平底训练鞋在比赛场跑道（比赛草坪外）进行训练；

（二）或取消客队在比赛场地的官方训练，但赛区必须为客队提供具备良好训练条件的其他训练场。

第二十一条　赛前训练场地

一、各赛区必须为客队无偿提供一块经中乙联赛委员会审核批准的天然草坪或人造草坪作为赛前训练场地（场地应包括划线、球门、球网及替补席等），赛前训练场地为非官方训练时使用，使用时间为 1 小时，客队需提前告知在赛区的训练时间安排；

二、除事先经中乙联赛委员会同意外，各中乙俱乐部只应使用赛区委员会官方指定并由中乙联赛委员会批准的中乙联赛训练场地。

第二十二条　竞赛礼仪规定

比赛结束后，除执行常规握手程序外，双方球队须列队到对方替补席前行礼致谢。赛后的具体程序为：与裁判员、对方球员的中圈握手礼，向对方球队替补席的致谢礼，向本方球迷的致谢礼。

第二十三条　比赛用球

一、预赛阶段每个俱乐部队配发 40 个比赛用球用于训练；

二、预赛阶段每个赛区配发 30 个比赛用球用于比赛；

三、排位赛阶段不再向俱乐部、赛区配发训练、比赛用球；

四、决赛阶段每个俱乐部队配发 10 个比赛用球用于训练；

五、决赛阶段每个赛区配发 10 个比赛用球用于比赛；

六、附加赛阶段相关俱乐部队配发 10 个比赛用球用于训练；

七、附加赛阶段相关赛区配发 15 个比赛用球用于比赛；

八、比赛训练用球由中乙联赛委员会分批统一配发给各赛区；

九、俱乐部队赴客场比赛需自行携带中乙联赛委员会提供的训练用球。

第二十四条　比赛日程安排

一、中乙联赛竞赛日程由中乙联赛委员会秘书处制定，俱乐部必须严格遵守；

二、因国际足联、亚足联调整有关赛程，或因不可抗力，中乙联赛委员会有权对既定赛程做出调整或更改；

三、主场俱乐部应当在全年联赛开始前 21 天，向赛区委员会申请并通过赛区委员会向中乙联赛委员会申报所有主场比赛的体育场及开球时间，其中七月、八月的比赛应安排在相对凉爽时段进行；如无法达到相应的照明条件，应保证比赛在当天日落前结束；

四、因电视转播及商务活动要求，中乙联赛委员会有权调整所涉及场次的比赛日期、开球时间、比赛场地等，但原则上应在原定比赛日前 14 天做出更改决定并通知有关赛区、俱乐部及其他单位；

五、如赛区及俱乐部因自身原因希望调整原定赛程，应至少于原定比赛日前 21 天向中乙联赛委员会进行申请，在向中乙联赛委员会申请前，应已征得以下各方同意：

（一）对方俱乐部；

（二）主场赛区；

（三）大区委员会；

（四）转播电视台；

（五）中乙联赛相关赞助商。

中乙联赛委员会将根据各方意见、具体情况做出最终决定，相关俱乐部、赛区需按决定执行。

六、除非主办方同意，俱乐部其他比赛不得与既定的中乙联赛赛程发生冲突。

第二十五条　赛制

一、中乙联赛全年比赛分为预赛、排位赛、决赛和附加赛四个阶段。

二、预赛阶段：采取分区主、客场双循环赛制，全部球队以主体育场所在城市为准就近、平均分为南、北两个大区。

三、经中国足球协会批准，中乙联赛委员会授权辽宁省足球协会担任中乙联赛预赛阶段北区委员会的负责单位，上海市足球协会担任中乙联赛预赛阶段南区委员会的负责单位。

四、排位赛阶段：采取主、客场两回合赛制。具体方法如下：

（一）获得预赛阶段北区第 4 至 15 名的球队将与南区第 4 至 15 名的球队进行主、客场两回合的比赛，以确定各中乙球队的联赛排名。排位赛阶段的具体对阵安排为：

北 4vs 南 4、北 5vs 南 5、北 6vs 南 6、北 7vs 南 7、北 8vs 南 8、北 9vs 南 9、北 10vs 南 10、 北 11vs 南 11、北 12vs 南 12、北 13vs 南 13、北 14vs 南 15、北 15vs 南 14，每两队进行主、 客场 2 场比赛，共计 24 场；

排位赛阶段球队主、客场顺序的确定原则如下：

1. 北 14 与南 15、北 15 与南 14 比赛的主、客场顺序为：

（1）首轮比赛：南 15 vs 北 14、北 15 vs 南 14；

（2）第二轮比赛：北 14 vs 南 15、南 14 vs 北 15。

2. 其余比赛的主、客场顺序的确定原则：

（1）如果两队预赛阶段的比赛场次相同，则按照以下顺序进行确定；如果两队预赛阶段的比赛场次不相同，则按照以下顺序的平均数（总数除以比赛场次）进行确定；

（2）两支球队按照各队预赛阶段全部比赛的总积分（每队胜一场得 3 分，平一场得 1 分，负一场得 0 分）进行比较，总积分多的球队先客后主，总积分少的球队先主后客；

（3）如果两队总积分相同，依下列顺序确定主、客场：

① 按照两队预赛阶段的总净胜球数进行比较，总净胜球数多的球队先客后主，总净胜球数少的球队先主后客；

② 按照两队预赛阶段的总进球数进行比较，总进球数多的球队先客后主，总进球数少的球队先主后客；

③ 按照两队预赛阶段的公平竞赛积分红黄牌减分 [每张黄牌减 1 分、每张红牌减 3 分（直接红牌或累计两张黄牌得到红牌）、得到黄牌后又直接得到红牌减 4 分] 进行比较，公平竞赛减分少的球队先客后主，公平竞赛减分多的球队先主后客；

④ 以抽签办法决定主、客场先后顺序。

五、决赛阶段：比赛分为冠亚军决赛和三至六名决赛。

获得预赛阶段北区前三名的球队，依预赛成绩排序为北 1、北 2、北 3；获得预赛阶段南区前三名的球队，依预赛成绩排序为南 1、南 2、南 3；

（二）冠亚军决赛采用主、客场两回合赛制。

1. 冠亚军具体对阵安排：北 1 与南 1。

2. 冠亚军决赛主、客场顺序的确定原则：

（1）如果两队预赛阶段的比赛场次相同，则按照以下顺序进行确定；如果两队预赛阶段的比赛场次不相同，则按照以下顺序的平均数（总数除以比赛场次）进行确定；

（2）两支球队按照各队预赛阶段全部比赛的总积分（每队胜一场得 3 分，平一 场得 1 分，负一场得 0 分）进行比较，总积分多的球队先客后主，总积分少的球队先主后客；

（3）如果两队总积分相同，依下列顺序确定主、客场：

① 按照两队预赛阶段的总净胜球数进行比较，总净胜球数多的球队先客后主，总净胜球数少的球队先主后客；

② 按照两队预赛阶段的总进球数进行比较，总进球数多的球队先客后主，总进球数少的球队先主后客；

③ 按照两队预赛阶段的公平竞赛积分红黄牌减分 [每张黄牌减 1 分、每张红牌减 3 分（直接红牌或累计两张黄牌得到红牌）、得到黄牌后又直接得到红牌减 4 分] 进行比较，公平竞赛减分少的球队先客后主，公平竞赛减分多的球队先主后客；

④ 以抽签办法决定主、客场先后顺序。

（三）三至六名决赛共计四轮，采用主、客场两回合淘汰赛制。

1. 三至六名决赛首轮（对阵顺序在前的球队为主场）

南 3vs 北 2、北 3vs 南 2。

2. 三至六名决赛第二轮（对阵顺序在前的球队为主场）

北 2vs 南 3、南 2vs 北 3。北 2 与南 3 两队两轮胜出的球队为 A 进入三四名决赛，失利的球队为 C 进入五六名决赛；南 2 与北 3 两队两轮胜出的球队为 B 进入三四名决赛，失 利的球队为 D 进入五六名决赛。

3. 三至六名决赛第三、四轮比赛

（1）具体对阵安排：A 与 B（三四名决赛），C 与 D（五六名决赛）；

（2）三四名决赛、五六名决赛主、客场顺序的确定原则：

① 按照决赛阶段前两轮比赛的积分数进行比较，积分多的球队先客后主，积分少的球队先主后客；

② 按照决赛阶段前两轮比赛的净胜球数进行比较，净胜球数多的球队先客后主，净胜球数少的球队先主后客；

③ 按照决赛阶段前两轮比赛的进球数进行比较，进球数多的球队先客后主，进球数少的球队先主后客；

④ 按照大区预赛阶段比赛积分的平均分进行比较，积分平均分多的球队先客后主，积分平均分少的球队先主后客；

⑤ 以抽签办法决定主、客场先后顺序。

（四）若中乙联赛委员会认定某一主场赛区无法承办决赛阶段的比赛，则中乙联赛委员会将指定相关赛区承办该主场比赛。

六、附加赛阶段：比赛分为甲乙附加赛和乙冠附加赛。

（一）甲乙附加赛：经中国足球协会审核、确认，若双方球队主场的场地条件均允许，则进行主、客场两回合比赛；若无法满足上述条件，则进行单场比赛（场地为中甲俱乐部队主场或中立场地）。具体方法如下：

1. 获得中国足球协会甲级联赛（以下简称中甲联赛）第 14、15 名的球队为甲 14、甲 15；获得中乙联赛第 4、5 名的球队为乙 4、乙 5；

2. 甲乙附加赛阶段的具体对阵安排为：甲 14vs 乙 5，甲 15vs 乙 4；

3. 甲乙附加赛阶段球队主、客场顺序的确定原则如下：

（1）主客场淘汰赛：首轮比赛为乙 5vs 甲 14、甲 15vs 乙 4，第二轮比赛为甲 14vs 乙 5、乙 4vs 甲 15；

（2）单场淘汰赛：中甲俱乐部队主场或中立场地均为甲 14vs 乙 5、甲 15vs 乙 4。

（二）乙冠附加赛：采取主、客场两回合赛制。具体方法如下：

1. 获得中乙联赛第 29、30 名的球队，依排位赛成绩排序为乙 29、乙 30；获得中国足球协会会员协会冠军联赛（以下简称中冠联赛）总决赛第 5、6 名的球队，依总决赛成绩排序为冠 5、冠 6；

2. 乙冠附加赛阶段的具体对阵安排为：乙 29vs 冠 6、乙 30vs 冠 5；

3. 乙冠附加赛阶段球队主、客场顺序的确定原则如下：

（1）首轮比赛：冠 6vs 乙 29、冠 5vs 乙 30；

（2）第二轮比赛：乙 29vs 冠 6、乙 30vs 冠 5。

（三）附加赛阶段比赛要求：附加赛阶段比赛的相关要求（包括但不限于参赛资格、场地、竞赛、安保、商务、新闻等），统一由中国足球协会确定。

第二十六条 决定名次办法

一、预赛阶段的比赛

（一）每队胜一场得 3 分，平一场得 1 分，负一场得 0 分。

（二）预赛阶段比赛全部完成后，大区内积分多者名次列前。

（三）如果大区内两队或两队以上积分相等，依下列顺序排列名次：

1. 积分相等队之间相互比赛积分多者，名次列前；

2. 积分相等队之间相互比赛净胜球多者，名次列前；

3. 积分相等队之间相互比赛进球数多者，名次列前；

4. 积分相等队在当年大区预赛阶段全部比赛中净胜球多者，名次列前；

5. 积分相等队在当年大区预赛阶段全部比赛中总进球数多者，名次列前；

6. 积分相等队之间，“公平竞赛积分红黄牌减分”少者名次列前 [每张黄牌 减 1 分、每张红牌减 3 分（直接红牌或累计两张黄牌得到红牌）、得到黄牌后又直接 得到红牌减 4 分]；

7. 积分相等队之间，将按权重比例计算 U14 联赛成绩和 U13 联赛成绩，排名靠 前者名次列前；

8. 以抽签办法决定名次。

（四）中乙联赛进行中，积分高者名次列前，积分相等队排名相同。

（五）南区、北区各第 1 至 3 名的球队，共 6 支球队参加当年中乙联赛决赛阶段的比赛。

（六）南区、北区各第 4 至 15 名的球队，共 24 支球队参加当年中乙联赛排位赛阶段的比赛。

（七）中乙联赛预赛阶段南北各区第 16 名排名全年联赛第 31、32 名，具体排名顺序确定原则为：

1. 如果两队预赛阶段的比赛场次相同，则按照以下顺序进行确定；如果两队预赛阶段的比赛场次不相同，则按照以下顺序的平均数（总数除以比赛场次）进行确定；

2. 两支球队按照各队预赛阶段全部比赛的总积分（每队胜一场得 3 分，平场得 1 分，负一场得 0 分）进行比较，总积分多的球队名次列前；

3. 如果两队总积分相同，依下列顺序确定：

（1）按照两队预赛阶段的总净胜球数进行比较，总净胜球数多的球队名次列前；

（2）按照两队预赛阶段的总进球数进行比较，总进球数多的球名次列前；

（3）按照两队预赛阶段的公平竞赛积分红黄牌减分 [每张黄牌减 1 分、每张红 牌减 3 分（直接红牌或累计两张黄牌得到红牌）、得到黄牌后又直接得到红牌减 4 分] 进行比较，公平竞赛减分少的球队名次列前；

（4）以抽签办法决定。

二、排位赛阶段的比赛

（一）排位赛的决定名次办法

1. 两队在两个回合的比赛后，胜一场得 3 分，平一场得 1 分，负一场得 0 分，积分多者排名靠前；

2. 若两队在两个回合比赛后积分数相同，进球多的球队排名靠前；

3. 若两队在两个回合比赛后总进球数相同，则客场进球多者排名靠前；

4. 若两队客场进球数相同或均未进球，则在第二回合 90 分钟比赛结束后，进行 30 分钟的加时赛，胜者排名靠前；

5. 若 30 分钟加时赛后双方进球数仍相同或未进球，则以互踢球点球的方式决定胜负，胜者排名靠前（客场进球原则不适用于加时赛）。

（二）中乙联赛第 7 至 26 名的排名顺序依次为：

1. 排位赛北 4 vs 南 4 的胜者排名第 7、负者排名第 8；

2. 排位赛北 5vs 南 5 的胜者排名第 9、负者排名第 10；

3. 排位赛北 6 vs 南 6 的胜者排名第 11、负者排名第 12；

4. 排位赛北 7 vs 南 7 的胜者排名第 13、负者排名第 14；

5. 排位赛北 8 vs 南 8 的胜者排名第 15、负者排名第 16；

6. 排位赛北 9 vs 南 9 的胜者排名第 17、负者排名第 18；

7. 排位赛北 10 vs 南 10 的胜者排名第 19、负者排名第 20；

8. 排位赛北 11 vs 南 11 的胜者排名第 21、负者排名第 22；

9. 排位赛北 12 vs 南 12 的胜者排名第 23、负者排名第 24；

10. 排位赛北 13 vs 南 13 的胜者排名第 25、负者排名第 26；

（三）中乙联赛第 27 至 30 名的排名顺序依次为：

1. 北 14 与南 15 比赛的胜者、北 15 与南 14 比赛的胜者将排名中乙联赛的第 27 或第 28；

2. 北 14 与南 15 比赛的负者、北 15 与南 14 比赛的负者将排名中乙联赛的第 29 或第 30；

3. 第 27 与 28 名之间、第 29 与 30 名之间的排名顺序依次为：

（1）排位赛阶段比赛的积分多者，名次列前；

（2）排位赛阶段比赛的净胜球多者，名次列前；

（3）排位赛阶段比赛的总进球数多者，名次列前；

（4）大区预赛阶段比赛积分的平均分多者，名次列前；

（5）抽签决定。

（四）中乙联赛第 29、30 名的球队，中冠联赛全国总决赛第 5、6 名的球队，共 4 支球队参加当年乙冠附加赛阶段的比赛。

三、决赛阶段的比赛

（一）决赛阶段比赛的决定名次办法

1. 两队在两个回合比赛后，胜一场得 3 分，平一场得 1 分，负一场得 0 分，积分多者晋级；

2. 若两队在两个回合比赛后积分数相同，进球多的球队晋级；

3. 若两队在两个回合比赛后总进球数相同，则客场进球多者晋级；

4. 若两队客场进球数相同或均未进球，则在第二回合 90 分钟比赛结束后，进行 30 分钟的加时赛，胜者晋级；

5. 若 30 分钟加时赛后双方进球数仍相同或未进球，则以互踢球点球的方式决定胜负，胜者晋级（客场进球原则不适用于加时赛）。

（二）决赛阶段各队的排名。冠亚军决赛胜者为全年联赛第 1 名，负者为全年联赛第 2 名；三四名决赛胜者为全年联赛第 3 名，负者为全年联赛第 4 名；五六名决赛胜者为全年联赛第 5 名，负者为全年联赛第 6 名。

（三）中甲联赛第 14、15 名的球队，中乙联赛第 4、5 名的球队，共 4 支球队参加 当年甲乙附加赛阶段的比赛。

四、附加赛阶段的比赛

（一）附加赛阶段采取主、客场两回合比赛赛制的，决定名次办法为：

1. 两队在两个回合的比赛后，胜一场得 3 分，平一场得 1 分，负一场得 0 分，积分多者为胜者；

2. 若两队在两个回合的比赛后积分数相同，进球多的球队为胜者；

3. 若两队在两个回合的比赛后总进球数相同，则客场进球多者为胜者；

4. 若两队客场进球数相同或均未进球，则在第二回合 90 分钟比赛结束后，进行 30 分钟的加时赛决定胜负；

5. 若 30 分钟加时赛后双方进球数仍相同或未进球，则以互踢球点球的方式决定 胜负（客场进球原则不适用于加时赛）。

（二）附加赛阶段采取单场比赛赛制的，决定名次办法为：

1. 两队在 90 分钟的比赛后，进球多者获胜；

2. 若 90 分钟比赛后两队总进球数相同或均未进球，则进行 30 分钟的加时赛：

3. 若 30 分钟加时赛后两队进球数仍相同或均未进球，则采取互踢球点球的方式决定胜负；

4. 客场进球原则不适用本轮比赛。

（三）甲乙附加赛阶段的排名顺序依次为：

1. 两名胜者将在下一年度中甲联赛各队排名中排在第 17、18 名；

2. 两名负者将在下一年度中乙联赛各队排名中排在第 1、2 名；

3. 甲 14 vs 乙 5 的胜者排名下一年度中甲联赛申报第 17 名，负者排名下一年度中乙联赛申报第 2 名；

4. 甲 15 vs 乙 4 的胜者排名下一年度中甲联赛申报第 18 名，负者排名下一年度中乙联赛申报第 1 名。

（四）乙冠附加赛阶段的排名顺序依次为：

1. 两名胜者将分别排名附 1 或附 2；

2. 两名负者将分别排名附 3 或附 4；

3. 附 1 与附 2 名之间、附 3 与附 4 名之间的排名顺序依次为：

（1）附加赛阶段比赛的积分多者，名次列前；

（2）附加赛阶段比赛的净胜球多者，名次列前；

（3）附加赛阶段比赛的总进球数多者，名次列前；

（4）当两者同时来自同一级联赛（中乙联赛或中冠联赛总决赛），在中乙联赛排位赛阶段或中冠联赛总决赛阶段排名靠前的则名次列前；

（5）抽签决定。

第二十七条　升降级

一、获得本年度中乙联赛决赛阶段第 1 至 3 名的球队，如经中国足球协会审核达到职业联赛俱乐部（中甲俱乐部）准入标准，可获得参加下一年度中甲联赛的资格。

二、获得甲乙附加赛比赛的胜者，如经中国足球协会审核达到职业联赛俱乐部（中甲俱乐部）准入标准，可获得参加下一年度中甲联赛的资格。

三、经中国足球协会审核后，未达到职业联赛俱乐部（中甲俱乐部）准入标准的，则不能报名参加下一年度中甲联赛，递补原则及办法按照中国足球协会批准的《关于职业联赛参赛资格递补的原则及办法》和相关规定执行。

四、2020 赛季中乙联赛各球队的申报排序依次为：本年度甲乙附加赛比赛的两名负者；本年度中甲联赛第 16 名；本年度中乙联赛第 6 至 28 名；本年度中冠联赛总决赛第 1 至 4 名；本年度乙冠附加赛比赛两名胜者；本年度乙冠附加赛比赛两名负者；本年度中乙联赛第 31、32 名；本年度中冠联赛总决赛第 7 至 16 名。

五、本赛季中乙联赛球队若因排名原因不能参加 2020 赛季中乙联赛，在符合中冠联赛报名条件的情况下自动加入 2020 赛季中冠联赛省市赛的顶级联赛，同时该顶级联赛参加

2020 赛季中冠联赛大区赛的参赛名额在 2019 赛季中冠联赛大区赛的参赛名额基础上自动增加 1 个。

六、中乙球队参加 2019 年中国足球协会杯赛

（一）中国足球协会杯赛组委会确定本年度参加中国足球协会杯赛的中乙联赛俱乐部名额数量，中乙俱乐部按照本规程第二十九条确定的最终排名顺序依次录取。

（二）中乙联赛俱乐部如获得当年度中国足球协会杯赛参赛资格，则必须参加该赛事，若违反本项规定将提交中国足球协会纪律委员会进行处罚。

第二十八条 奖项

一、集体奖项

（一）中乙联赛冠军奖杯：中乙联赛设冠军流动奖杯，本赛季联赛冠军球队名称将刻在流动奖杯上。

（二）奖牌：获得本赛季中乙联赛前三名的俱乐部球队，将各颁发 45 枚奖牌。

（三）公平竞赛奖

1. 预赛阶段北区、南区各评出 3 支球队；

2. 决赛阶段评出 2 支球队。

（四）优秀俱乐部奖

1. 评选优秀青训俱乐部 4 家；

2. 评选优秀社会责任俱乐部 4 家；

3. 评选优秀文化建设俱乐部 4 家。

（五）优秀赛区奖

1. 根据整个预赛、决赛阶段的情况，评选“中乙联赛最佳赛区” 2 个；

2. 北区、南区各评选“中乙联赛优秀赛区” 3 个；

3. 全年共评选“中乙联赛最佳人气赛区” 5 个。

二、个人奖项

（一）最佳教练员：本年度中乙联赛结束后，评选一名中乙联赛“最佳教练员”。

（二）最佳运动员：本年度中乙联赛结束后，评选一名中乙联赛“最佳运动员”。

（三）最佳射手：本年度中乙联赛结束后，评选一名中乙联赛“最佳射手”。

（四）最佳守门员：本年度中乙联赛结束后，评选一名中乙联赛“最佳守门员”。

（五）最佳青年球员：本年度中乙联赛结束后，评选一名中乙联赛“最佳青年球员”，应为 21 岁及以下运动员（1998 年 1 月 1 日以后出生）。

（六）最佳球员阵容：本年度中乙联赛结束后，评选由 11 名球员组成的中乙联赛最佳阵容。

（七）优秀裁判员：本年度中乙联赛结束后，由中国足球协会裁判委员会评选若干名中乙联赛“优秀裁判员”。

（八）最佳人气球员：本年度中乙联赛结束后，评选三名中乙联赛“最佳人气球员”。

（九）优秀球迷：本年度中乙联赛结束后，评选若干名中乙联赛“优秀球迷”。

各奖项评选将由评选委员会依照最新版的《中国足球协会乙级联赛奖项评选办法及要求》的规定，参照赛事各项报告及数据统计结果进行评选，确保评选结果的公平、公正。

第四章　俱乐部参赛资格与报名

第二十九条　俱乐部参赛资格

一、具备相关条件的俱乐部按如下要求选拔参赛：

（一）中国足球协会确定当年中乙联赛参赛名额数量；

（二）依据《中国足球协会乙级联赛参赛准入条件和审查办法》和《中国足球协会乙级联赛体育场规程》对申请准入的俱乐部进行准入审核；

（三）通过准入审核的球队按照以下原则进行排名：

涉及不同类别球队的层级排序为：仅达到中乙准入标准的高级别职业联赛球队、甲乙附加赛球队、中甲联赛降级球队、中乙联赛球队、中冠联赛总决赛球队；

同项类别球队依照上一赛季的最终排名。

（四）全部球队进行排名后，按照当年确定的参赛名额数量进行录取，其余球队自动失去参赛资格，如有变化将依次递补；

（五）俱乐部按时、全额缴纳中乙联赛保证金；

（六）成立由中国足球协会会员协会牵头组织的中乙联赛赛区委员会；

（七）在中国足球协会会员协会注册，并通过中乙联赛委员会在中国足球协会注册。

二、主办方有权对俱乐部及其运动员和官员的参赛资格做出最终决定，俱乐部等相关方不得对该决定提出申诉。

第三十条　俱乐部报名

一、俱乐部在每年联赛开始前30日内，向中乙联赛委员会报名；

二、俱乐部队的全称及简称

（一）中乙俱乐部球队全称格式为：地域名＋俱乐部名＋“足球俱乐部”＋俱乐部队冠名＋“队”，球队无冠名则在“足球俱乐部”后＋“队”；

（二）简称格式为：地域名＋俱乐部名或俱乐部队名，简称不应超过七个字；

（三）俱乐部名称以在工商行政管理机关登记并在中国足球协会注册的正式名称为准，不得在报名时自行变更；

（四）俱乐部队只能拥有唯一冠名，冠名只能为企业名称或品牌名称，不能出现商品类别、服务类别或组织形式等。俱乐部冠名须符合国家相关法律、法规要求，包括但不限于商标法、广告法等；

（五）俱乐部全称或简称与上述要求不符时，中乙联赛委员会有权按照该俱乐部注册名称、球队冠名相关要求予以纠正；

（六）球队报名完成后，俱乐部及其球队名称在本赛季内不得变更。

三、参赛俱乐部认真、完整填写《中乙联赛参赛承诺书》《中乙联赛公平竞赛公约》后上报至中乙联赛委员会，参赛俱乐部及其所属人员应保证遵守、服从《中乙联赛参赛承诺书》《中乙联赛公平竞赛公约》的各项要求。

第三十一条　责任与义务

参加中乙联赛，各参赛俱乐部应承诺如下：

一、遵守国际足球理事会发布的《足球竞赛规则》；

二、遵守与中国足球协会、中乙联赛委员会所签订的所有协议及中国足球协会、中乙联赛委员会发布的各项相关规程、管理办法、决定、指南和通知以及适用的国内法律、法规；

三、接受中乙联赛委员会根据本规程针对中乙联赛的管理、纪律以及裁判事宜所做出的决定或者由中国足球协会相关委员会做出的决定；

四、承认中国足球协会相关规程指定的仲裁机构的管辖效力；

五、在中乙联赛整个赛季期间派遣其最强队伍参加比赛；

六、遵守公平竞赛原则；

七、在中乙联赛过程中，包括但不限于在其主场、到达客场赛区至离开期间，对其运动员、官员、工作人员、球迷以及任何附带责任人群的行为负责；

八、主场比赛期间，在俱乐部、所在赛区以及中乙联赛委员会的共同努力下，根据本规程各项规定，对比赛的举办工作做出适当安排；

九、主场比赛期间，保证比赛官员、客队人员（运动员、教练员、工作人员等）、球迷、媒体人员、赞助商在体育场的通行权不受性别、种族、宗教以及国别歧视的干扰；

十、客场比赛时，接受主场赛区和俱乐部在中乙联赛委员会指导下所做出的相关安排；

十一、根据本规程以及中乙联赛委员会发布的相关通知要求，出席并参加由中乙联赛委员会或者相关赛区组织的所有官方活动，如赛前联席会、新闻发布会及其他媒体、商务和公益活动等。任何未按要求出席活动的运动员或者官员，中国足球协会纪律委员会或大区纪律委员会将对其做出处罚；

十二、中乙联赛所有报名参赛运动员和官员，如被提名获得中乙联赛年度奖项，则必须按照要求参加相关活动。任何未按要求出席活动的运动员或者官员，中乙联赛委员会有权对其做出处罚。

第三十二条　弃权和罢赛

一、若运动员符合未报名、未通过资格审查、未获得参赛资格证、正在停赛期、在争议解决过程中尚未被允许参赛等中的任一情形，且该运动员代表某队参加了中乙联赛，则该俱乐部队此场比赛按弃权处理；

二、弃权的处理

（一）一方俱乐部队比赛弃权，另一方俱乐部队以 3 ：0 获胜，如果比赛实际比分超过 3 ：0，则以当时实际结果为准；

（二）双方俱乐部队比赛弃权，双方俱乐部队本场比赛均无成绩，计 0 分。

三、有下列情况之一属罢赛

（一）并非因主办方认可的不可抗力，且未获得主办方批准情况下，未能参加竞赛赛程规定的比赛；

（二）拒绝按照主办方安排参加补赛或调赛；

（三）拒绝按照裁判员要求，在 5 分钟内恢复中断的比赛或者在比赛结束前擅自离开比赛场地；

（四）中途退出联赛。

四、罢赛俱乐部队所有本赛季比赛的比分均计对方 3 ：0 获胜（无论比赛是否已经进行），如果比赛实际比分超过 3 ：0，则以当时实际结果为准；

五、弃权与罢赛俱乐部必须赔偿其他俱乐部及其所在赛区、中国足球协会、中乙联赛委员会及其商业和电视合作伙伴、赞助商由此所遭受的损失，赔偿数额由中乙联赛委员会根据相关合同、协议等决定；

六、罢赛俱乐部必须全额返还中乙联赛在赛事中已经支付给俱乐部及所属赛区的相关经费和补贴，并无权获取相关经费和补贴；

七、中国足球协会纪律委员会将根据《中国足球协会纪律准则》做出进一步处罚；

八、如发生不可抗力，中乙联赛委员会可依据《中国足球协会章程》、中国足球协会相关规章采取一切其认为必要的措施和行动。

第五章　运动员和官员报名与参赛资格

第三十三条　运动员和官员参赛条件和报名

一、符合下述条件的运动员可以报名参加中乙联赛：

（一）符合报名的年龄条件、身体健康（经三级甲等以上医院检查并出具体检报告）；

（二）与具备中乙联赛参赛资格的俱乐部签订工作合同或培训协议，并由俱乐部依法为其缴纳了各类保险；

（三）在中国足球协会所属会员协会和中国足球协会完成本年度注册手续；

（四）取得《足球运动员注册、转会、参赛资格登记证》（以下简称：注册参赛资格证）；

（五）外籍及港、澳、台运动员不得报名参加中乙联赛。

二、符合下述条件的教练员可以报名参加中乙联赛：

（一）与具备中乙联赛参赛资格俱乐部签订工作合同；

（二）在中国足球协会会员协会和中国足球协会完成本年度注册；

（三）持有相应的教练员等级证书，并经中国足球协会技术部审核确认。

1. 主教练应持有中国足球协会颁发的职业级教练员岗位培训证书或同等级别证书（2018 中冠联赛球队升级后的首个中乙赛季，主教练可持有 A 级教练员岗位培训证书或同等级别证书，过渡期仅为一年）；

2. 助理教练（包括守门员教练、体能教练等）应全部持有中国足球协会颁发的 B 级教练员及以上岗位培训证书或同等级别证书。2020 赛季助理教练应全部持有中国足球协会颁发的 B 级教练员及以上岗位培训证书或同等级别证书，其中守门员教练应持有中国足球协会颁发的 L1 级教练员及以上岗位培训证书或同等级别证书；

3. 报名参加中乙联赛的外籍主教练、助理教练必须持有国际足联、洲际足联或中国足球协会认证且符合中乙联赛要求的教练员等级证书。

三、符合下述条件的医务人员可以报名参加中乙联赛：

（一）具有医务人员资质、参加并获得足球医务人员岗位培训证书；

（二）与具备中乙联赛参赛资格的俱乐部签订工作合同；

（三）医务人员应为俱乐部全职工作人员，且不能由其他工作人员兼任。

四、俱乐部队官员、运动员联赛报名：

（一）参赛俱乐部报名时应提交由大区委员会开具的联赛保证金缴纳确认函，否则中乙联赛委员会将不接受球队报名；

（二）球队报名单须经所属会员协会审核并加盖公章，方可向中乙联赛委员会正式提交，经审核无误后方为有效；

（三）每队官员限报：领队 1 人，主教练 1 人，助理教练 1 至 3 人（含守门员教练、体能教练），球队新闻官 1 人，翻译及队务 1~3 人，医生 1~2 人，合计不得超过 12 人。以上报名人员须符合相关资质要求，经审核并办理替补席证件后允许进入替补席就座。如赛季过程中参赛俱乐部提出变更的，参赛俱乐部须以书面报告的形式报所在 地的中国足球协会会员协会和大区委员会审核，并报中乙联赛委员会批准、备案（按第三十三条五款要求办理）；

（四）同时报名运动员为 18 至 27 人（外籍及港、澳、台运动员不予报名），报名运动员中不少于 3 名守门员，全年累计不超过 32 人。如中国足球协会抽调参赛球队报名运动员参加中国足球协会组织的各级国家队的集训和比赛，每抽调 1 名运动员（该名运动员已错过或将错过累计 3 轮及更多的中乙比赛），参赛俱乐部可申请在注册 转会期内额外补报 1 名运动员；

（五）报名运动员的年龄：年满 16 周岁（赛季初报名及赛季中补报，以相应的注册截止日期为准）。

（六）参加 2019 年中乙联赛的俱乐部，在其报名运动员中至少有 14 名球员的工作合同须到 2020 年 6 月 30 日后终止（至少一年半）。

（七）中乙联赛积极推进球员本区域培养

1. 本区域球员定义，满足下列任何一种情形即可：

（1）球员具有本俱乐部所在省、自治区、直辖市的户籍；

（2）球员为本俱乐部所在省、自治区、直辖市的青训培养，21 岁及以前在本俱乐部所在省、自治区、直辖市内的中国足协会员协会注册或备案累计不少于 4 年；

（3）球员为本俱乐部青训培养，21 岁及以前在本俱乐部注册、培训累计不少于 3 年。

2. 报名要求。2019 赛季中乙俱乐部一线队球员报名名单中须至少包含 1 名本区域球员；2020 赛季中乙俱乐部一线队球员报名名单中须至少包含 3 名本区域球员；2021 赛季中乙俱乐部一线队球员报名名单中须至少包含 5 名本区域球员。

（八）转入球员名额

1. 在 2019 赛季（两个注册转会期），各中乙俱乐部每个注册转会期可转入无年龄限制的运动员不超过 5 名、21 岁及以下运动员（1998 年 1 月 1 日以后出生）不超过 3 名。第一个转会期未使用的转会名额不得带入第二个转会期；

2. 新升级俱乐部原有球员的定义：依据中国足球协会会员协会冠军联赛规程，球队参加 2018 年中冠联赛时的报名球员（报名名单中的球员且已注册在该俱乐部）；

3. 超出或未占用转会名额而转入的球员，只能以业余球员身份代表俱乐部参加梯队比赛。转入满一年后才可在最近的一个转会期内补报俱乐部一线队参加中乙联赛。

（九）中乙联赛设立共同培养制度

1. 共同培养球员定义：相关俱乐部的青年球员（球员应为 21 岁及以下，外籍及港、澳、台球员除外）租借到某中乙俱乐部报名参加了当赛季的中乙联赛，当赛季联赛结束后，经租出俱乐部、租入俱乐部（仅限中乙俱乐部）、球员三方同意后，在不改变球员所有权、不占用该租入俱乐部新赛季转会名额的基础上，该青年球员新赛季可以代表该租入俱乐部参加中乙联赛，该类球员视为共同培养球员。

2. 共同培养球员要求：（1）共同培养球员仅适用于中乙联赛；（2）共同培养 按特定人员、单个赛季执行，赛季中不可以调整；（3）共同培养球员年龄须为 22 岁及以下；（4）共同培养的第一个赛季结束后，若符合条件可以继续实行。

3.2019 赛季中乙联赛实施细则

（1）2019 赛季各中乙俱乐部在 2018 赛季中已使用转会名额租借了 U21 球员（外籍及港、澳、台球员除外）；

（2）2018 赛季中乙联赛结束后，U21 租借球员可以返回原俱乐部，可以不占名额转会中乙俱乐部，也可以在 2019 赛季成为共同培养球员；

（3）2019 赛季共同培养球员要求

① 2019 赛季每家中乙俱乐部最多拥有 1 名共同培养球员；

② 2019 赛季共同培养球员年龄为 22 岁及以下（1997 年 1 月 1 日以后出生）。

4.2020 赛季中乙联赛实施细则

（1）2020 赛季各中乙俱乐部在 2019 赛季中使用转会名额租借了 U21 球员（外籍及港、澳、台球员除外）；

（2） 2019 赛季中乙联赛结束后，U21 租借球员可以返回原俱乐部，可以不占名额转会中乙俱乐部，也可以在 2020 赛季成为共同培养球员；

（3） 2020 赛季共同培养球员要求

① 2020 赛季每家中乙俱乐部最多拥有 1 名共同培养球员；

② 2020 赛季共同培养球员年龄为 22 岁及以下（1998 年 1 月 1 日以后出生）。

（4）2019 赛季各中乙俱乐部的共同培养球员在符合上述条件后可以在 2020 赛季继续使用，但总名额为 1 名。

（十）各队运动员报名号码为 1 号至 40 号，赛季内同一名运动员在同一个俱乐部号码不得更改，其中 1 号必须为守门员，35 号至 40 号原则上由 21 岁及以下球员使用；

（十一）未完成注册、转会手续运动员不得报名；

（十二）为制作《秩序册》需要，俱乐部在报名时应严格按照要求提供相关资料。

五、补充报名及报名变更

（一）官员补报或变更：主教练、助理教练、队医和翻译等补报或变更时，必须至少于比赛日前 7 日向中国足球协会注册管理部提交：1. 全体教练员注册表；2. 单人注册表；3. 工作合同原件；4. 原有工作人员的解约协议书；向中乙联赛委员会秘书处提交：1. 俱乐部书面申请原件；2. 资质证书或证明文件复印件；3. 个人近期标准照电子版照片（按规定格式命名：替补席官员 + 俱乐部简称 + 姓名 + 身份证号）；4. 最新版已加盖俱乐部公章的《2019 年中乙联赛参赛俱乐部全国通用证件申 请表》原件，经审核、批准后方完成补报或变更手续，可随队工作；

（二）运动员补报或变更：运动员可在注册转会期的夏季转会窗口期内（以具体通知为准）进行补报或变更；

（三）补报及更换的运动员不得使用其他运动员已使用的号码，更换或补报时每名运动员应填报《更换、补报运动员报名表》；

（四）如中国足球协会所属报名运动员在参加各级中国国家代表队比赛、训练中负伤，经国家队队医确认并提供相应诊断证明，可申请批准更换相应名额的运动员；

（五）补报及更换的运动员完成注册与补报手续后，即可代表报名俱乐部队参赛；在转会窗口期内同一球员在同一轮比赛只能代表一支球队参赛。

六、报名结束后，经中乙联赛委员会审核批准，将向符合条件的运动员、官员配发《注册参赛资格证》《替补席官员证》，运动员和官员凭证参赛。如果证件丢失或损坏，申请俱乐部需支付费用为运动员和官员补制新证；更换官员（如主教练），完成补报名手续后，如中乙联赛委员会未能及时下发替补席证，中乙联赛委员会将向当场比赛监督下发临时通知，比赛监督收到通知后，方可允许相关官员赛 时佩戴临时证件进入替补席就座；

七、派遣无资格运动员上场比赛，俱乐部将被视作弃权，按本规程第三十二条第二款处理。中国足球协会纪律委员会有权对违规俱乐部、相关运动员以及俱乐部 队官员做出进一步处罚。

第三十四条　上场运动员名单

一、中乙联赛实行“检查注册参赛资格证制度”，每场比赛赛前联席会上，由比赛监督对所有可能列入比赛上场队员名单的运动员进行资格检查，不合格的运动员不能列入《上场队员名单》，不得参加当场比赛；

二、比赛开球前 90 分钟，俱乐部队在抵达体育场后填报《上场队员名单》（11 名首发运动员和 7 名替补运动员）并提交给比赛监督，比赛监督、第四官员对报名运动员、替补席官员进行服装检查、身份确认。比赛前 60 分钟，双方俱乐部队和比赛监督对《上场队员名单》签字确认。

三、从比赛监督签字确认《上场队员名单》后到比赛开球前，如因运动员受伤等原因俱乐部申请更改《上场队员名单》，则按以下规定执行：

（一）只能以原上场名单中的 7 名替补运动员更换因伤不能上场运动员；

（二）被换下的原首发运动员不得再列入替补运动员名单。但当场比赛仍须在替补席就座，如确实伤情较重，应征得比赛监督同意后方可离开替补席进行治疗，但不能因此逃避可能的兴奋剂检查；

（三）列入替补名单运动员人数将相应减少并不再增补；

（四）比赛中可换人次数仍为最多 3 人次（比赛进行至加时赛除外）。

第三十五条　俱乐部队官员

一、参赛俱乐部必须指派一名领队代表俱乐部与比赛监督就比赛相关事宜进行协调。俱乐部指派的领队必须为根据本规程第三十三条第四款规定所报名官员之一；

二、参赛俱乐部必须指派 1 名新闻官在比赛前一日至比赛后一日内进行全职工作。所指派的新闻官必须为根据本规程三十三条第四款规定所报名的官员之一；

三、俱乐部队领队或主教练以及另一名报名替补席官员必须出席赛前联席会，比赛监督有权根据比赛的实际情况要求领队、主教练及有关工作人员同时出席联席会。主教练和新闻官必须出席赛后新闻发布会（鼓励赛区组织赛前新闻发布会、鼓 励主教练和新闻官出席赛前新闻发布会）。对于受到纪律委员会停赛处罚的官员（包括禁止进入替补席、停赛、禁止进入体育场（馆）、禁止从事任何与足球有关的活动等），在处罚期内不得出席赛前联席会和新闻发布会，由执行领队或执行教练 代为出席。对于无故不参加赛前联席会和赛后新闻发布会的官员，中国足球协会纪律委员会或大区纪律委员会将根据《中国足球协会纪律准则》相关条款进行处罚。

第六章　赛区接待与义务

第三十六条　俱乐部队接待（对等接待）

一、主场俱乐部、赛区为客队提供从机场、车站或码头到驻地的交通接送（40 座以上空调大巴、车况良好、正常情况下单程不超过 3 个小时），安排训练、比赛、 会议用车，相关费用由主场俱乐部承担；

二、客队在赛区食宿由客队自行联系和安排，并于比赛日前 5 天通知赛区委员会，以便赛区安排相关工作。特殊情况时，经赛区委员会报请、中乙联赛委员会批准，由赛区指定客队所住酒店，保障客队的安全并满足合理需求。

第三十七条　竞赛官员接待

一、赛区接待比赛监督 1 人，裁判监督 1 人，裁判员 4 人；

二、接待条件、标准及支付办法，按照《2019 年中国足球协会乙级联赛相关经费标准及规定》执行；

三、竞赛官员、主队、客队均不能入住同一家酒店。

第三十八条　其他人员接待

一、因工作需要，中乙联赛委员会向赛区选派其他工作人员时，由赛区委员会接待，中乙联赛委员会选派人员在赛区当地的食宿、交通等费用由赛区委员会承担；

二、接待条件和标准参照比赛监督标准执行。

第三十九条　俱乐部队抵离赛区

一、俱乐部自行支付其由俱乐部所在地至赛区的往返交通费用；

二、所有俱乐部队必须至少于比赛日前 1 日中午 12 时前抵达比赛赛区，按时参加赛前新闻发布会（如有）和官方训练。若俱乐部由非中乙联赛委员会认可的不可抗力造成的航班、火车等交通原因，未按时抵达赛区参加赛前新闻发布会（如有）、官方训练等官方活动，中国足球协会纪律委员会或大区纪律委员会将对该俱乐部队进行处罚；

三、参赛俱乐部在为参加中乙联赛比赛，往返比赛地与本队所在地的期间不得进行任何其他比赛。

第四十条　赛区义务

一、如客队需要，赛区有义务为客队推荐并协助联络当地的酒店或宾馆；

二、提供一间至少能容纳 20 人并配有写字板和投影仪的会议室，供比赛当日举行赛前联席会使用；

三、比赛时，在主席台前排设置比赛监督、裁判监督工作席；

四、比赛录像 DVD：

（一）录像要求：能够反映本场比赛整个竞赛工作过程（包括赛前、赛中和赛后），对比赛监督和裁判员反映的违规违纪行为必须记录在内；

（二）主场赛区在比赛结束后 2 小时内向比赛监督及裁判组提供比赛录像及播放设备；

（三）赛区应在中乙联赛委员会或大区组委会提出要求后的 1 日内向中乙联赛委员会秘书处或大区委员会寄出比赛录像光盘；

（四）赛区必须留存一套比赛录像，以供必要时向主办方提供；

（五）处罚：如未能按要求上报比赛录像光盘的，大区委员会将给予处罚，一次 500 元人民币。

五、未能提供第四十条所规定内容的赛区将受到相应处罚。

第七章　新闻媒体

第四十一条　总则

参赛俱乐部必须按《中国足球协会乙级联赛体育场规程》《关于 2019 年中国足球协会乙级联赛直播规范的通知》要求，提供所有新闻媒体设备及设施。

第四十二条　媒体证件

一、中国足球协会统一制作媒体证件；

二、中乙联赛委员会负责制作记者（主播台、持权转播商、摄影记者、摄像记者）的媒体工作背心，赛区负责在每场比赛前后发放和回收背心。

第四十三条　媒体区域

一、文字记者或者广播电台记者不得进入比赛场地及球场边线与观众席之间的区域。在比赛前、比赛进行期间以及比赛后，均严格禁止任何媒体记者进入俱乐部队更衣室、运动员通道及技术区域；

二、只有主播电视台和持权转播台的摄影师和必要技术人员，在经赛区新闻负责人许可后，方可进入球场边线与观众席之间的指定区域，但必须穿着记者背心；

三、赛区委员会负责确保中乙联赛的转播权受到保护，并且在未得到中乙联赛委员会同意前不得允许任何广播公司工作人员和摄像技术人员进入体育场。

第四十四条 官方训练

官方训练必须向媒体开放。如果俱乐部不希望开放其官方训练，则需至少将其前 15 分钟训练向媒体公开。如果官方训练在比赛体育场进行，媒体可进入区域需与比赛日其可进入区域相同，并且这些区域必须由安保人员维持秩序。

第四十五条 新闻发布会

一、根据中乙联赛的统一安排，各赛区必须组织、召开赛后新闻发布会。同时，鼓励各赛区组织、召开赛前新闻发布会；

二、鼓励组织、召开赛前新闻发布会。赛前新闻发布会需安排在比赛前一日官方训练前的 25 分钟在比赛体育场进行，由赛区新闻负责人组织召开，参赛双方各自的主教练和一名首发运动员需要参加赛前新闻发布会；

三、必须组织、召开赛后新闻发布会。赛区在比赛结束后 15 分钟内需召开赛后新闻发布会，由参赛双方主教练参加，具体顺序为负队先、胜队后，如比赛为平局则客队先；

四、如参加新闻发布会人员中有外籍人士，相关俱乐部需提供翻译人员。

第四十六条 混合采访区

一、根据各赛区的具体情况，鼓励、支持相关赛区设置、运行混合采访区；

二、比赛结束后，主办赛区可为媒体设立一个混合采访区域。该区域应在比赛结束后 15 分钟内投入使用；

三、俱乐部队新闻官需负责在赛前向运动员和主教练介绍该区域功能，并让球队及相关人员了解具体要求；

四、比赛结束后，主、客俱乐部队运动员、官员需在离开更衣室后经过混合采访区。

五、建议运动员和教练员经过混合采访区时接受媒体简短采访，但并非强制。混合采访区中须设置围栏设施将运动员和教练员与媒体隔开。

第四十七条 采访

一、如果中乙联赛委员会提出要求，双方俱乐部应保证其主教练和一名运动员在比赛前一日或比赛日当日接受主播台（或者持权转播台）大约 10 分钟的采访，以用于中乙联赛新闻报道。

二、未经允许，比赛期间参赛俱乐部官员和运动员不得在场地内或场边接受采访。比赛结束后，相关运动员和官员在赛区新闻负责人指定区域（替补席与更衣室之间）接受主播台瞬间采访。违反本款规定的运动员和官员将受到纪律处罚；违规在体育场内对运动员和官员进行采访的媒体将受到警告或限制、取消采访资格的处罚。

三、在比赛即将结束时，主播台人员需通知赛区新闻负责人其瞬间采访所选择的运动员。赛区新闻负责人应随后通知俱乐部队新闻官有关瞬间采访的安排以及需接受采访的人员。

第八章　比赛装备

第四十八条　中乙联赛比赛服装装备

参赛俱乐部必须遵守国际足球理事会最新版本《足球竞赛规则》和《中国足球协会乙级联赛比赛装备管理规定》中的相关要求。

第四十九条　比赛服

一、各参赛俱乐部队须至少准备 2 套颜色不同的比赛服装（每套包括上衣、短裤 或长裤、球袜），一套深颜色，一套浅颜色，并指定其中一套为主场比赛服，一套为客场比赛服。赛季中比赛服颜色不得变更。比赛服（上衣、短裤、袜子）的颜色不得超过四种，包括文字和号码（队员的姓名和号码等）颜色。一种颜色必须在上衣、短裤和袜子上占主导色。如果上衣是条纹、竖条或类似（以下简称为间条衫），其他的比赛服上必须有一种颜色占主导色，且该主导色不得与另一套间条衫中的颜色有重复。

二、守门员须至少准备 3 套颜色不同的比赛服。颜色必须与本队运动员服装的颜色明显不同。此外，守门员服装的颜色必须与对手、裁判、助理裁判服装的颜色不同。

三、球队须至少准备 3 种颜色的替补席背心，替补席背心颜色须与比赛服颜色明显不同。球队客场比赛时至少携带 2 种颜色的替补席背心。

四、赛前联席会时，比赛双方俱乐部队必须携带两套比赛服实物（不得用照片替代）。联席会上确定比赛服装后不得变更（除非比赛监督同意变更）。

五、比赛双方俱乐部队，必须携带两套不同颜色的比赛服到达赛区并在比赛日带入场地。

六、比赛双方俱乐部队必须穿着颜色差异明显的比赛服，并经裁判员认可。如裁判员或比赛监督认为参赛队双方比赛服颜色可能引起混淆或不适合转播，将有权要求更改比赛服颜色。主队应穿首选比赛服（不应混穿），客队避开主队比赛服颜色选择比赛服，如有必要，经比赛监督和裁判员认可后，可将本队两套比赛服混穿。两队确定比赛服装颜色后，裁判员将根据两队比赛服装颜色选择裁判服装颜色，如果裁判员及助理裁判员上衣服装颜色与守门员上衣服装颜色冲突，则守门员必须更 换比赛服上衣颜色；比赛监督对比赛服装颜色有最终决定权。

七、比赛队员的姓名、号码必须与报名单一致，凡不符合规定或无号、重号，均不得上场比赛。

八、号码必须是一种颜色，清晰可见，必须与比赛服颜色明显不同。如果是间条衫，号码颜色必须与间条衫所有颜色不同。为了易于辨认，号码的周围可饰有边沿或轮廓投影。但不得有广告、装饰等。

九、每件上衣的背后必须印制队员的中文姓名，且和正式报名表一致，如运动员姓名过长，须经俱乐部和运动员同意，截取使用较短名字。

十、比赛队员紧身裤的颜色与比赛服短裤的主色或底部短裤颜色必须一致。

十一、比赛时运动员护踝和脚踝绷带必须与袜子同色或透明。

十二、俱乐部赞助商标志在比赛服上位置，必须在球衣前部上方、背部号码下方和左臂。俱乐部每赛季可有两次更换比赛服上赞助商广告的权利。

第五十条 责任

关于上述的中乙联赛比赛服装备管理要求，最终解释权归中乙联赛委员会所有。倘若俱乐部和其赞助商因所签订合同在广告宣传方面违反了最新版的《中国足球协会乙级联赛比赛装备管理规定》而引起争议的，中乙联赛委员会对此不承担任何责任。对于使用装备所造成的所有商业损失及由此引发的法律责任，中乙联赛委员会概不承担。

第九章 票 务

第五十一条 票务方案

中乙联赛委员会负责为俱乐部提供球票票样设计。俱乐部应按照票样设计进行印刷，并确保球票上印有比赛场地、比赛时间、座位号码或序列号。

第五十二条 购票须知

各赛区及俱乐部应以适当方式向社会公布本赛区所有中乙比赛球票的购票须知。

第五十三条 赠票

一、主场俱乐部应为客场俱乐部预留50张赠票；

二、主场俱乐部每场比赛应为中国足球协会、中乙联赛委员会、大区委员会提供50张赠票；

三、主场俱乐部有义务在每场比赛前，向其注册会员协会无偿提供100张比赛门票，用于当地足球工作者、教练员、裁判员等观摩比赛；

四、为赞助商提供的球票按最新的《中乙联赛商务管理实施细则》有关规定执行；

五、其他赠票，按相关协议、规定执行。

第五十四条　可售球票

一、主队俱乐部必须将体育场可售球票的至少 5% 专供客队球迷购买，客队俱乐部必须在比赛日 7 天前向主队俱乐部发函确认其购买的球票数量，出售给客队球迷的球票价格不应超过销售给主队球迷的同一等级球票的价格；

二、若双方俱乐部已就球票的相关事宜达成一致，可按双方的具体协议执行；

三、客队球迷看台。主场赛区、俱乐部应在每场比赛时安排专门的隔离看台区域供客队球迷观赛。

第十章　医疗与兴奋剂检测

第五十五条　医疗

一、医疗设施和药品

（一）主场赛区必须按照《中国足球协会乙级联赛体育场规程》的相关规定在比赛场地提供医务室及相关医疗设施及药品；

（二）体育场内设有随时可用、配有空调、明亮且通风良好的兴奋剂检查室，同时该检查室还需配有下列设备：

1 张桌子和 8 把椅子、1 个带锁的柜子、配有马桶的卫生间、洗手池、镜子和淋浴、配有未开封的矿泉水等非酒精饮料，冰箱和电视机各 1 台。

二、医务人员

比赛期间，主场赛区必须配备如下医务人员：

（一）体育场医务室内必须配备 1 名有资格的医师和训练有素的急救护理人员若干名；

（二）场地医护服务：1 名场地急救医师、8 名担架员、2 辆配有急救设备的救护车；

（三）兴奋剂检查及陪护人员：1 名兴奋剂检查助理、4 名兴奋剂检查陪护、足够的安保人员。

三、如果赛区未能提供第五十五条规定的设施、人员、药品和物品，将受到相应处罚。

四、参赛俱乐部必须为其俱乐部队所属成员的住院、外科手术和专业医疗检查支付所有费用。

第五十六条　兴奋剂检查

一、中乙联赛严禁参赛运动员使用兴奋剂；

二、兴奋剂检查工作按照兴奋剂管理部门的相关规定、要求执行。

第十一章　纪律处罚和程序

第五十七条　红黄牌停赛及罚款

一、运动员的红、黄牌在整个预赛、排位赛、决赛、附加赛阶段分别累积计算；

二、预赛阶段红牌导致的停赛、纪律处罚均将带入排位赛阶段、决赛阶段；

三、排位赛阶段、决赛阶段的纪律处罚将带入附加赛阶段；

四、比赛中被出示红牌的运动员和官员必须返回更衣室，不得再次进入比赛场地和技术区，也不得进入看台；

五、同一名运动员累计 3 张黄牌自动停赛 1 场，同一名运动员第 1 次被出示红牌的停赛 1 场，第 2 次被出示红牌的停赛 2 场，第 3 次及以上被出示红牌的停赛 4 场；

六、停赛场次的计算以实际比赛场次为准，如有轮空、补赛或比赛场次日期调整，自动停赛按时间顺序依次执行；

七、如中国足球协会纪律委员会或大区纪律委员会针对俱乐部或相关当事人做出处罚的，以纪律委员会的处罚决定为准；

八、在中乙联赛中，某一个参赛俱乐部球队在某一场比赛中出现下列情况，将受到如下罚款处罚：在累计 4 张黄牌后，从第 5 张黄牌起，每多一张黄牌此俱乐部队 将被罚款 500 元，以此类推；在一场比赛中某一球队，从第 2 张（含第 2 张）红牌起，每出现 1 张红牌，此俱乐部将被罚款 1000 元，以此类推；“1 + 1”黄牌产生的红牌按红牌计，同时此 2 张黄牌不计入累计黄牌。

第五十八条　纪律处罚

一、对中乙联赛出现的各种违规违纪行为进行处罚的依据为：《中国足球协会章程》《中国足球协会纪律准则》《中国足球协会乙级联赛规程》等相关文件。

二、预赛阶段的纪律处罚

（一）在预赛阶段的比赛过程中，若相关赛区、俱乐部、人员等出现违规违纪行为，大区纪律委员会将依据《中国足球协会纪律准则》的规定，并根据比赛监督、裁判监督、裁判员的报告或其他视频材料等进行处罚。同时，报中乙联赛委员会备案；

（二）若相关赛区、俱乐部、人员等出现的违规违纪行为，超越大区纪律委员

会的处罚权限，由大区委员会报中乙联赛委员会，由中乙联赛委员会提请中国足球协会纪律委员会进行处罚。

三、排位赛阶段、决赛阶段、附加赛阶段的纪律处罚

在排位赛阶段、决赛阶段、附加赛阶段的比赛中，若相关赛区、俱乐部、人员等出现违规违纪行为，由中乙联赛委员会提请中国足球协会纪律委员会进行处罚。

四、如果中乙联赛委员会认为存在违规行为，则有权在无比赛监督、裁判监督、裁判员报告的情况下启动调查程序。

五、因红、黄牌累计产生的自然停赛和中国足球协会纪律委员会或大区纪律委员会作出的处罚停赛将按照《中国足球协会关于违规违纪的停赛执行细则》执行。

第五十九条　运动员或官员使用暴力等

在赛区，包括但不限于比赛场地、更衣室、训练场地和下榻酒店，被裁判员或比赛监督报告的任何运动员或官员的违纪行为或暴力行为，将由中国足球协会纪律委员会或大区纪律委员会依照相关规程和规定进行处理。

第六十条　抗议

一、本规程中抗议是指针对直接影响中乙联赛比赛的事件（如比赛草坪状况和场地标记、标线、比赛装备、运动员比赛资格、体育场设施、比赛用球等）和违反本规程的行为进行的抗议;

二、由裁判员根据比赛相关事实做出的场上判罚为最终判罚，对此不得提出抗 议；

三、除非另有规定，抗议须在比赛结束后两个小时之内提出，由相关俱乐部以书面形式提交给比赛监督。同时应立即准备一份书面报告（包括最初抗议的复印件）和抗议申请费2000元，在该比赛结束后两日内提交给中乙联赛委员会，抗议申请费将不予退还；

四、对发生在比赛进程中的抗议应该在事件发生后，比赛重新恢复前，由球队队长立即向裁判员提出。俱乐部领队应该在比赛结束后的2小时内向比赛监督提交书面抗议进行确认；

五、如果向中乙联赛委员会提出无事实依据的抗议，中国足球协会纪律委员会将有权对其进行处罚；

六、当该场比赛结束两日后，所有在本条中描述的抗议都将不被受理。

第六十一条　其他处罚

一、为维护中乙联赛的稳定，保护中乙联赛球员的合法权益，中乙联赛委员会秘书处将在注册转会期的夏季转会窗口对相关中乙俱乐部进行工资、奖金确认，如发现俱乐部拖欠球员工资或奖金的，将提交中国足球协会纪律委员会进行处罚；

二、若中国足球协会抽调参赛球队一线或梯队的运动员参加中国足球协会组织的各级国家队的集训和比赛，俱乐部必须保证被抽调队员按规定时间报到。俱乐部如未执行此项要求，中国足球协会纪律委员会将依规进行处罚。

第六十二条　诉讼仲裁

一、禁止在中国足球协会注册的俱乐部、中国足球协会会员协会、赛区协会及其运动员或官员将与中乙联赛相关的争议提交到当地法院，但可以按照适当程序向中国足球协会的相关职能部门申诉；

二、对于涉及中国足球协会、俱乐部、中国足球协会会员协会、联赛、俱乐部运动员、官员和持证经纪人之间有关中乙联赛的纠纷，应迅速在第一时间协商处理；

三、如果相关当事方已经按照本条第一款、第二款规定提出申诉、或进行协商的，但问题未得到有效解决，则可以提交中国足球协会仲裁委员会依规处理；

四、中国足球协会仲裁委员会的裁决为最终裁决；

五、申诉期间不停止处罚的执行。

第十二章　运营和管理

第六十三条　比赛监督

比赛监督由中乙联赛委员会秘书处指派，代表中乙联赛委员会按照《中国足球协会职业联赛比赛监督工作规范》的规定指导、协调、监督赛区工作，并对比赛和赛区工作进行监督和评定，对主办方负责。

第六十四条　裁判监督和裁判员

一、裁判监督、裁判员、助理裁判员、第四官员由中国足球协会裁判委员会根据当年度制定的《联赛裁判员选派办法》进行选派；

一、裁判员参加中乙联赛工作，必须遵守中国足球协会裁判委员会、中乙联赛委员会的各项规定。

第六十五条　中乙联赛经营

一、中乙联赛标识、中乙联赛冠名赞助商、中乙联赛官方合作伙伴由中国足球协会及其授权机构统一经营。

二、中乙联赛场地广告

2019 年中乙联赛场地广告种类说明及权益归属方案按最新的《中乙联赛商务管理实施细则》执行。由各主场俱乐部负责按要求制作、摆放及维护。授权由中乙俱乐部自主经营的场地广告，经营期限为 2019 赛季。

三、电视转播权

电视转播权（全国性电视转播、境外电视转播、转播战略合作单位、互联网转播）由中国足球协会及其授权机构负责统一经营。

2019 赛季俱乐部主场的地方电视转播权可由主场俱乐部自主经营，与主场电视台签订的转播协议不得对中国足球协会及其授权机构指定的全国性电视转播、境外电视转播、转播战略合作单位有排他性。

四、印刷品、标识

主场俱乐部的赛场横幅、背景板、球场装饰、球票及有关印刷品，按最新的《中乙联赛商务管理实施细则》有关规定执行。

五、其他有关经营的要求按最新的《中乙联赛商务管理实施细则》执行。

第六十六条　中乙联赛费用

一、管理规定

中乙联赛的有关费用将依照《2019年中国足球协会乙级联赛相关经费标准及规定》执行;

二、中国足球协会将承担并支付下列费用:

（一）中乙联赛委员会秘书处办公经费;

（二）中乙联赛竞赛用品的制作费;

（三）中乙联赛比赛监督、裁判监督、裁判员的交通费、工作酬金、赛区食宿费;

（四）中乙联赛比赛观察员的交通费;

（五）中乙联赛南、北大区委员会的工作经费;

（六）中乙联赛赛区委员会的工作经费。

三、俱乐部应缴纳和承担以下费用:

（一）俱乐部应缴纳费用

联赛保证金: 每队150万元,保证金交到所在大区专用账户。有关中乙联赛保证金的提交、使用和退还将依照《中国足球协会乙级联赛保证金管理办法》执行。

（二）俱乐部应承担的费用

1. 体育场租赁费用、安全保卫费用;

2. 客队参加比赛、训练、会议的车辆使用费;

3. 比赛观察员的赛区食宿费用;

4. 客场比赛差旅费用;

5. 每个主场比赛向中国足球协会交纳1元人民币,向主场会员协会交纳2.5%的门票分成;

6. 其他可能发生的费用。

四、大区委员会工作经费来源及支出

（一）大区委员会工作经费来源

中国足球协会向中乙联赛南、北大区牵头协会（南区为上海足协、北区为辽宁足协）支付中乙联赛预赛阶段的组织、管理经费，2019 赛季向每个大区牵头协会支付 16 万元人民币作为大区工作经费（2019 赛季各大区下辖 16 支球队参赛）。

（二）大区委员会工作经费支出

1. 中乙联赛工作会议经费;

2. 大区的组织经费;

3. 大区选派赛区观察员及工作人员的交通费;

4. 其他可能发生的费用。

五、赛区委员会工作经费来源及支出

（一）赛区委员会工作经费来源

中国足球协会向2019赛季各中乙联赛赛区组委会支付5000元/场的赛区组织、管理经费。

（二）赛区委员会工作经费支出

1. 赛区组织费用（比赛官员的赛区市内交通、竞赛组织工作、赛区工作人员工作津贴和购买与比赛有关的用品等）；

2. 赛区人员参加中乙联赛工作会议的交通费；

3. 其他可能发生的费用。

第六十七条 赛区财务报销

一、比赛官员工作酬金、食宿费用、交通费用的支付和报销

（一）比赛监督、裁判监督、裁判员每场津贴由中国足球协会向其银行卡直接支付；

（二）比赛监督、裁判监督、裁判员在赛区的食宿费用由中国足球协会负担：

（三）比赛监督、裁判监督、裁判员的城际交通费由中国足球协会负担，具体要求如下：

1. 比赛监督、裁判监督、裁判员的城际交通费由中国足球协会统一支付，往返飞机票由中国足球协会指定票务代理机构中航服统一办理，赛区不再报销上述费（城市间火车票、长途汽车票、轮船票除外）；

2. 比赛监督、裁判监督、裁判员的城际交通。从出发地至赛区，如乘坐最快火车（包括动车、高铁）时间在4小时以内的须乘坐火车，由比赛官员自行订购火车票（标准为硬卧、动车二等座、高铁二等座）到赛区报销；如乘坐最快火车（包括动车、高铁）时间超过4小时的则可乘坐飞机（经济舱），比赛官员自行联系中国 足球协会指定票务代理机构中航服统一办理，赛区不再报销；

3. 竞赛官员城市间交通如乘坐火车、轮船、长途汽车，有关费用由赛区代垫报销；赛区填写《中乙联赛赛区代垫比赛官员交通费报销单》及凭证，并由报销人、 领取人签名，会计签名，比赛监督认证并签名；

4. 赛区委员会在全年联赛结束后15日内，将代垫报销发放表逐项如实填写并加盖公章后，连同报销凭证，一并寄报主办方财务管理部门进行结算。

（四）比赛监督、裁判监督、裁判员的市内交通费由中国足球协会负担，具体要求如下：

1. 中国足协按照一定标准补贴比赛官员在出发城市、到达城市的市内交通费；

2. 比赛官员到达赛区后原则上将自行往返赛区接待酒店。若赛区接待酒店距离主要机场、火车站、汽车站等地点路途较远，经中乙联赛组委会审核同意后，将由赛区组委会安排车辆负责送接比赛官员；

3. 比赛官员在赛区的市内工作活动交通（会议、训练、比赛用车）由主场赛区协会负责。

二、赛区财务报告表

（一）赛区委员会财务组在每场比赛结束后，认真审核比赛收支，逐项如实填写《中乙联赛赛区财务收支报告表》，加盖赛区委员会公章，于赛后 7 日内寄报主办方财务管理部门；

（二）全年联赛结束后 15 日内，赛区委员会将《中乙联赛赛区财务收支结算表》逐项如实填写并加盖公章后，连同分析报告一并寄报主办方财务管理部门。

三、2019 年中乙联赛进行了商务开发工作，将按照《2019 年中国足球协会乙级联赛相关经费标准及规定》要求发放有关补贴。

第十三章　附　则

第六十八条　知识产权

中乙联赛相关的全部知识产权均归属于中国足球协会，包括但不限于当前和将来中乙联赛的名称、标识、商标、技术报告、出版物、奖牌和奖杯等的相关的所有权利。任何一方若需使用前述知识产权均应当事先获得中乙联赛委员会的书面同意，而且必须遵照中乙联赛委员会的说明和指导采取正确的使用方法。

第六十九条　未尽事宜

本规程由中乙联赛委员会解释，未尽事宜和因不可抗力导致的事件都将由中乙联赛委员会做出决议，该决议为最终决议。

第七十条　批准

本规程于 2019 年 3 月 15 日由中乙联赛委员会批准，即日起生效。

中国足球协会杯赛规程

2018 中国足球协会杯赛规程

第一章　总　则

第一条　中国足协杯赛全称为“中国足球协会杯赛”，简称“中国足协杯赛”（以下用简称），英文全称为“CFA CUP”。

第二条　中国足协杯赛为年度赛事，由中国足球协会主办，各参赛俱乐部所在赛区委员会承办。各参赛俱乐部所在赛区在当地政府的领导下设立赛区委员会，全面负责管理和组织赛区工作。中国福特宝足球产业发展公司作为中国足协唯一授权的商务开发管理公司，负责中国足协杯赛所有商务资源的运营。

第三条　本规程和参赛俱乐部及赛区具体协议中未授予的与中国足协杯赛相关的任何权利均归中国足球协会所有。

第四条　现行的《中国足球协会章程》、中国足球协会各项规程、指南、通知以及准则等文件均对所有参与和涉及中国足协杯赛事准备、组织以及主办的各方具有约束力。

第五条　2018 中国足协杯赛共有 72 支队伍参加，分别来自中超联赛、中甲联赛、中乙联赛和足协杯资格赛。

第二章　安保与保险

第六条　安保

（一）参赛俱乐部及其所在赛区以及相关政府机构有责任在各个赛事相关地点（包括赛场和赛场周边区域、道路及相关场所）制定并执行充分的安保措施，安保措施覆盖范围包括但不限于以下所有相关人员：

1. 所有参赛俱乐部运动员、官员及工作人员；

2. 所有竞赛官员和工作人员；

3. 媒体人员；

4. 赞助商及商业合作伙伴；

5. 现场观众。

（二）各参赛俱乐部及其所在赛区应根据《全国足球赛区安全秩序规定》和《加强全国足球比赛安全管理工作的规定（试行）》的通知，协同当地公安机关，制定并向中国足球协会提交一份赛区安保计划；

（三）为保障运动员和比赛官员人身安全，各参赛俱乐部及其所在赛区必须在体育场为运动员和比赛官员提供安全、独立的进出通道；

（四）如果未对安保做出有效安排和计划，参赛俱乐部及其所在赛区将会受到处罚。

第七条　保险

（一）俱乐部或赛区应对举办的中国足协杯主场相关联的风险和责任进行投保，此类保险应可向受伤人员或者受损物品和财产承担确定的适当数额的赔偿责任；

（二）各俱乐部对其所在赛区的风险应当自行承担，可通过适当的保险合同进行覆盖；

（三）参赛俱乐部应自行负责其代表团在中国足协杯赛所有比赛中包括运动员和官员在内的保险问题（包括住院和外科手术）。且参赛俱乐部必须保证中国足球协会将免遭此类诉讼或者承担责任。

第三章　技术规程

第八条　参赛资格

（一）2018 年中超联赛、中甲联赛参赛俱乐部队自动获得 2018 中国足协杯赛参赛资格，共 32 支球队；

（二）2018 年中乙联赛参赛俱乐部队自动获得 2018 中国足协杯赛参赛资格，共 28 支球队；

（三）通过资格赛获得 2018 中国足协杯赛参赛资格的业余俱乐部队 12 支；赛季开赛前，中乙联赛、业余参赛球队因联赛准入、报名、资格审查等原因，不能满足上述参赛球队数量，则按成绩排名由 2018 中国足协杯赛资格赛第 13~18 名球队递补。如再有不足，则不再递补。

中乙联赛球队及业余球队参赛最终数量由中国足协根据相关比赛参赛成绩、俱乐部主场条件、俱乐部教练员、球员注册情况、俱乐部梯队情况等进行审核评估后确定。

第九条　参赛报名

（一）已报名参加 2018 年中超联赛、中甲联赛、中乙联赛的运动员和球队官员等，均可参加 2018 中国足协杯赛比赛（不另行报名，运动员号码须与其联赛报名表一致）；

（二）业余俱乐部球队的报名人员必须在中国足协及所属会员协会注册，每队报名运动员不少于 18 人，最多 30 人，教练员和球队官员最多 9 人。

第十条 竞赛办法

（一）2018 中国足协杯赛 72 支参赛队伍按照以下原则进行排名：

1. 涉及相关赛事的层次排序依次为：中超联赛、中甲联赛、中乙联赛、中国足协杯资格赛；

2. 各项联赛参照 2017 赛季最终排名，业余球队参照 2018 中国足协杯资格赛比赛成绩确定排名；

3. 2017 年中甲联赛升级球队排在 2017 年中超联赛降级球队前，2017 年中乙联赛升级球队排在 2017 年中甲联赛降级球队前。

（二）竞赛方法

1. 第一轮比赛：由 2018 年中乙联赛准入资格排名第 21~28 名的参赛俱乐部队、中国足协杯资格赛第 5-12 名，共 16 支球队参加。采用抽签方式确定主场及对手。本轮比赛共 8 场，采用单场淘汰制，获胜的 8 支球队进入下一轮比赛；

2. 第二轮比赛：由第一轮晋级 8 支球队、中乙联赛参赛俱乐部队前 20 名以及中国足协杯资格赛前 4 名共 32 支球队参加。采用抽签方式确定主场及对手。本轮比赛共 16 场，采用单场淘汰制，获胜的 16 支球队进入下一轮比赛；

3. 第三轮比赛：共 32 支球队参加。第二轮比赛获胜的 16 支球队直接按既定的签位落位主场，中甲 16 支球队通过抽签落位确定比赛对手。本轮共 16 场比赛，采用单场淘汰制，获胜的 16 支球队进入下一轮比赛；

4. 第四轮比赛：共 32 支球队参加。第三轮比赛获胜的 16 支球队直接按既定的签位落位主场，参加 2018 年亚冠附加赛和正赛的 4 支球队通过抽签分别入位上、下半区，其他中超球队通过抽签落位确定比赛对手。本轮共 16 场比赛，采用单场淘汰制，获胜的 16 支球队进入下一轮比赛；

5. 第五轮比赛：第四轮获胜的 16 支球队根据既定签位直接确定比赛对手。本轮共 8 场比赛，采用单场淘汰制，获胜的 8 支球队进入下一轮比赛；

6. 第六轮比赛：第五轮获胜的 8 支球队根据既定签位直接确定比赛对手进行四分之一决赛，本轮采用主、客场双回合淘汰赛制，共 8 场比赛，最终获胜的 4 支球队进入下一轮比赛；

7. 第七轮比赛：第六轮获胜的 4 支球队根据既定签位直接确定比赛对手进行半决赛。半决赛采用主、客场双回合淘汰赛制，共 4 场比赛，最终获胜的球队进入下一轮比赛；

8. 第八轮比赛：进入决赛的球队进行主、客场两回合比赛，决出冠、亚军；

9. 各轮比赛的对阵情况通过抽签方案予以确定。如赛季开始后有球队因特殊原因不能参加比赛，则按照抽签对阵情况，与之对阵的球队将自动进入下一轮比赛。

第十一条　主、客场确定的办法

（一）第一、二轮比赛：抽签确定主场。主场体育场须符合本规程第十五条之规定；

（二）第三轮至第五轮比赛：参照本规程第十条第一款规定，对阵双方属于不同赛事级别的，所属赛事级别排序在后的球队优先选择在本方主场进行比赛；对阵双方属于同一赛事级别的，在所属赛事中排名在前的球队优先选择在本方主场进行比赛；

（三）四分之一决赛、半决赛和决赛：参照本规程第十条第一款规定，对阵双方属于不同赛事级别的，所属赛事级别排序在后的球队先客后主；对阵双方属于同一赛事级别的，在所属赛事中排名在前的球队先客后主；

（四）第四轮后如足协杯资格赛球队相遇则通过抽签确定主场或主、客场顺序；

（五）如有俱乐部未明确上报主场或上报主场不符合要求（上报主场必须符合中超联赛、中甲联赛、中乙联赛体育场标准）或无法完成电视转播、商务展示（包括但不限于外场活动、大屏幕等）等重要承办条件，则失去优先选择主场的机会，比赛将在对方主场进行，如双方主场场地均不符合要求，则在赛事委员会指定的第三方场地进行；

（六）因参赛球队承担重要任务或遇到不可抗拒的原因，不能如期进行比赛，中国足协有权对赛程做出更改。

第十二条　比赛计分和决定名次办法

（一）每场比赛时间为 90 分钟，分为上下半场各 45 分钟，以及两个半场中间不超过 15 分钟的中场休息时间（上半场终场哨响到下半场开场哨响）；

（二）在单回合或双回合的比赛中，进球数多者的球队获胜，晋级下一轮比赛；

（三）除四分之一决赛、半决赛和决赛外，其余场次比赛如 90 分钟比赛战平，则以罚球点球的办法决定胜负；

（四）四分之一决赛、半决赛和决赛采取主客场双回合淘汰赛制，如果两支球队在两场比赛后的进球数相同，则客场进球较多的球队为获胜方；如用客场进球方法仍未能分出胜负（两队的主客场进球数均相同），则进行 30 分钟的加时赛。

加时赛办法如下：

1. 加时赛在 90 分钟比赛结束 5 分钟之后开始，分为上、下半场，每半场各 15 分钟。上、下两个半场之间没有间歇；

2. 加时赛进球多的队获胜；

3. 加时赛不适用上述客场进球多者获胜的方法；

4. 加时赛如双方都没进球或进球相等，则以罚球点球的办法决定胜负。

第四章　规则与规定

第十三条　竞赛规则与有关规定

（一）执行国际足联最新版本的《足球竞赛规则》；

（二）执行中国足球协会根据国际足联或亚洲足联的要求，制定的其他规定；

（三）执行公安部和国家体育总局于 2012 年 12 月下发的《加强全国足球比赛安全秩序工作的规定》和中国足球协会制定的《中国足球协会纪律准则》以及其他相关规定；

（四）执行中国足协制定的中国足协杯赛事文件以及根据中国足协杯赛中出现的问题做出的其他有关规定和通知；

（五）红黄牌停赛：累积两张黄牌自动停赛一场；红牌自动停赛一场；

（六）比赛前两轮的黄牌不在第三轮及之后进行累计，但前两轮如果因累计 2 张黄牌而产生的停赛将在第三轮执行，半决赛及之前的黄牌不带入决赛进行累计，但在决赛之前因累计 2 张黄牌而产生的停赛将在决赛第一回合执行停赛；

（七）根据《中国足协纪律准则》，赛季中如参赛队在足协杯赛中已经被淘汰，如果有未被执行的因红牌产生的自然停赛及追加纪律处罚的停赛，将在其所参加的中国足协组织的其他赛事中执行；

（八）在每场比赛中，每队可报名首发上场球员 11 人，替补球员 7 人，比赛过程中可替换 3 名球员，被替换下场球员不得重新被换上场；中超球队、中甲球队 11 名首发球员中至少包含 1 名 U23 球员（1995 年 1 月 1 日及以后出生的非港澳台的国内球员）；

（九）外籍球员：中超球队之间比赛的外籍球员报名及上场按当年中超联赛的规定执行，即每场比赛累计上场的外籍球员最多为 3 名；中超与中甲球队之间比赛，外籍球员报名及上场按当年中甲联赛的规定执行，即每场比赛累计上场的外籍球员最多为 2 名；中超球队、中甲球队与中乙球队、业余球队之间比赛，按中乙联赛的规定执行，即不允许外籍球员参赛；香港、澳门及台湾地区球员参照足球字〔2018〕36 号，《关于港澳特区和台湾地区球员参加 2018 年职业联赛有关规范的通知》执行；

（十）中超、中甲球队，在每场比赛中，U23 球员的实际累计上场人次不得少于本队外籍球员实际累计上场人次。

第十四条　弃权和罢赛

（一）延误比赛、罢赛、退出比赛的处理，参照《中国足球协会纪律准则》执行；

（二）比赛弃权：

1. 如一方球队比赛弃权，则弃权方被自然淘汰，对方晋级；

2. 如双方球队比赛弃权，则双方球队都被淘汰。

第十五条　比赛体育场

（一）中国足协杯赛使用的体育场，必须符合《中国足球协会超级联赛体育场规程》《中国足球协会甲级联赛体育场规程》《中国足球协会乙级联赛体育场规程》的规定。比赛城市或周边城市必须有民用机场，体育场与机场之间的距离应在汽车行程 2 小时以内或 150 公里内；

（二）前三轮比赛的主场应首先选择不低于《中国足球协会乙级联赛体育场规程》的体育场。第四轮比赛的主场应首先选择不低于《中国足球协会甲级联赛体育场规程》的体育场。如因客观条件限制无法提供符合上述要求的体育场，则应选择公共开放、有公共看台的体育场，并具有符合足球竞赛条件的基本功能区和功能房，同时符合相关安保条件，可以是天然草坪或人工草坪。其中第三、四轮对阵中甲联赛及中超联赛球队的比赛如使用人工草坪，主场场地是否适合举办足协杯赛，由中国足协在赛前检查工作中予以认定。在主场确定的同时，应有不低于中乙联赛体育场标准的备用体育场；

（三）赛季开始前，各俱乐部除确定一个主场体育场外，必须再准备一个同样符合标准的备用体育场，全年不得变更。中超、中甲、中乙联赛俱乐部主场体育场、备用体育场与联赛申报的主场体育场、备用体育场一致；

（四）整个赛季，各俱乐部必须使用联赛主场体育场作为足协杯赛主场体育场；

（五）整个赛季，除非所处环境超出控制能力，各俱乐部必须在足协杯赛中始终使用同一体育场作为比赛主场。如果变更主场，俱乐部必须提前 30 天向足协杯委员会提供相关证明，包括但不限于关于为何不适于比赛的主场照片、可视性证据及有关部门出具的官方正式证明或确认文件。如果俱乐部未能按上述要求申报，将承担所有相关方的差旅、餐饮、住宿费用；

（六）在收到变更申请及相关证明和文件后，足协杯委员会将根据俱乐部提供的备用体育场情况，决定是否准许俱乐部更换主场。因此产生的审查成本由提出申请的俱乐部承担；

（七）如俱乐部在本轮比赛开赛前 15 天不能提供符合规定的体育场，足协杯委员会将在对方主场、中立城市或地区选择比赛场地。该俱乐部必须在足协杯委员会指导下，与主场赛区所属会员协会及相关部门合作管理组织比赛，相关费用由该俱乐部承担；

（八）俱乐部的主场体育场、备用体育场均无法满足比赛或无法完成电视转播、商务展示、外场活动等重要承办条件时，足协杯委员会有权对主场进行调整（改在对方主场或选择中立城市的体育场进行），由此产生的费用由原主场俱乐部承担；

（九）体育场控制区内不得出现任何商业标识、品牌包括店铺名称，并不得举行任何形式的促销、展示、演出或其他商业活动。对无法移除的固定广告物应进行有效遮挡，遮挡费用由主场俱乐部承担，控制区范围由主办方划定；

（十）比赛前 72 小时至赛后 24 小时，比赛体育场及其周边控制区域，赛事主办方拥有使用体育场内、外场地作为商业展示区用于中国足协杯赞助商及合作伙伴活动之目的（包括但不限于中国足协杯赞助商的摊位和销售中国足协杯特许产品的摊位），搭建舞台、产品展示台以及发放宣传品，或进行其他派送活动的权利。

第十六条 替补席和技术区

（一）比赛替补席每队可拥有 16 个坐席，其中替补运动员 7 席，球队官员 9 席；

（二）只有俱乐部队正式报名的运动员、官员才能在替补席就座，其他人员不得入座。替补席就座官员必须佩戴相应证件，如有关人员进行了更换，需重新进行申报，批准后方可入座；

（三）替补席上所有人员须穿着与场上运动员和裁判员有明显色差区别的服装装备；

（四）主队应使用第四官员席（从四官席面向球场）左侧的替补席；

（五）俱乐部报名的领队比赛时必须在替补席就座，管理替补席秩序是俱乐部队领队职责之一，本方替补席上的任何人员违纪，都将可能被追究俱乐部领队的管理责任；

（六）被裁判员罚离替补席的教练员，赛后不得出席新闻发布会，但需由领队或其他教练员代为出席；

（七）比赛过程中，同一时间只能有 1 名替补席官员在技术区域进行指挥；

（八）在比赛期间参赛球员和参赛官员不得使用任何电子通信设备和系统。替补席和技术区域严禁吸烟（请同时遵守体育场有关公共区域禁烟的规定）。

第十七条 比赛时间

（一）中国足协杯赛的比赛开球时间应在赛程确定后，由主场俱乐部通过赛区组委会向中国足协申报；

（二）因电视转播及统一的商务活动要求，中国足协有权调整某些场次的比赛日期及开球时间，但原则上应在原定比赛日期前两周通知有关赛区及俱乐部；

（三）任何俱乐部如因特殊情况须变更比赛日程或开球时间时，应至少在赛前 15 天向中国足协提出书面申请，并附比赛双方俱乐部共同认可的书面文件、主场赛区组委会认可的书面文件以及电视转播机构认可的书面文件，经中国足协批准后生效。

第十八条 客队训练安排

（一）各赛区必须为客队无偿提供 1 块平整且场线和门网齐备的天然草坪训练场。第一轮比赛应为客队提供与比赛场地相同条件的训练场；

（二）各赛区应为客队安排不少于 2 次的赛前训练，1 次可在训练场安排不少于 90 分钟的训练；1 次是在赛前 1 天，按照与比赛相应的时间，在比赛体育场安排不少于 60 分钟的训练；

（三）如遇雨或因赛场积水等原因，为保证比赛时场地处于良好状态，可由比赛监督做出如下决定：

1. 取消在比赛场的训练安排，但赛区必须为客队提供其他的训练场或训练条件；

2. 或由客队穿平底训练鞋在比赛场地进行无球训练。

第十九条　比赛录像

各赛区组委会必须无条件地提供本赛区每场比赛录像的光盘，具体要求如下：

（一）光盘摄录要求：能够反映本次比赛整个过程的竞赛工作（包括赛前、赛中和赛后）过程，对比赛监督和裁判员反映的违规违纪行为必须记录在内；

（二）上报时间：比赛结束后第二天上午 12：00 前寄出，以快递公司的寄出时间记录为准；

（三）数量及接收单位：每场比赛至少 4 套，中国足协杯赛委员会、中国足协裁委会、中国福特宝足球产业发展公司、值场比赛裁判监督；

（四）处罚：如不按要求上报比赛录像光盘的，中国足协将给予处罚，每少寄送或提供一张光盘罚金 1000 元人民币（从向中国足协杯赛区拨付的组织经费当中扣除）。

第二十条　新闻管理

（一）赛前 1 天，主场赛区必须在当地新闻官的监督下组织赛前新闻发布会。赛前新闻发布会时间原则上安排在主客队官方训练前 30 分钟开始。赛前新闻发布会时间确认后需在中国足协杯官网和中国足协官网发布；

（二）参赛双方的主教练和 1 名首发队员必须参加赛前新闻发布会；

（三）比赛结束 15 分钟后，主场赛区必须召开有参赛双方主教练参加的赛后新闻发布会，若主教练被停赛处罚必须指定教练组成员出席；

（四）比赛结束后，主场赛区必须为媒体设立 1 个混合区域，该混合区需在比赛结束后 15 分钟之内进入使用状态；主队 / 客队俱乐部的球队官员和教练员应在比赛结束后，由球队更衣室到球队大巴的路上进入混合区域；不履行此项规定的球员和官员将受到包括罚款在内的纪律处罚；不强制球员和教练接受采访，但建议接受简要媒体采访；

（五）任何违反上述（一）、（二）、（三）条规定的赛区、俱乐部队或主教练，中国足协纪律委员会将根据《中国足球协会纪律准则》中的相关规定进行处罚。

第五章　比赛官员

第二十一条　比赛监督

比赛监督由中国足协派遣，代表中国足协按照《联赛比赛监督工作规范》《中国足协杯赛事工作手册》指导、协调赛区工作，对比赛和赛区工作进行监督、指导和评定，并向中国足协负责。

第二十二条 裁判监督和裁判员

（一）裁判监督、裁判员、助理裁判员、第四官员由中国足球协会裁判委员会选派；

（二）裁判员参加中国足协杯赛工作，必须遵守中国足球协会裁判委员会的各项规定。

第六章 纪律与仲裁

第二十三条 纪律委员会

中国足协杯赛中的违纪行为和事件，由中国足球协会纪律委员会负责处理。

第二十四条 仲裁委员会

中国足协杯赛中的诉讼案件，由中国足球协会仲裁委员会负责受理。

第七章 接 待

第二十五条 球队接待

（一）赛区应为客队提供从机场、车站或码头到驻地的接送交通，并安排训练、比赛和会议用车；

（二）客队在赛区的食宿由客队自己联系和安排，并事先通知赛区组委会，特殊情况时，经中国足协批准，可由赛区指定客队所住酒店；

（三）客队全体参赛人员应于赛前 1 日中午 12 时前抵达赛区。

第二十六条 比赛监督、裁判监督、裁判员接待

（一）赛区接待比赛监督 1 人，裁判监督 1 人，裁判员 4 至 6 人；

（二）接待条件、标准及支付办法，按照《中国足协杯赛事工作手册》执行；

（三）比赛监督、裁判监督、裁判员接待由赛区组委会负责，俱乐部及其工作人员不得介入该项工作。

第二十七条 比赛监督应于赛前 2 日晚 18 时前抵达赛区；裁判监督、裁判员应于赛前 1 日晚 18 时前抵达赛区。

第二十八条 其他人员接待

（一）因工作需要，由中国足协及中国福特宝足球产业发展公司向赛区派遣的观察员（每场不超过 4 人），接待由赛区组委会负责；

（二）接待参照比赛监督的标准执行，当地食宿交通费用由赛区组织经费中支付，异地交通费用由中国福特宝足球产业发展公司统一支付。

第八章 商务经营和管理规定

第二十九条 中国足协杯赛经营

（一）赛事商务运营：中国足协杯赛事赞助、部分场地广告、全国性和地方电视转播、境外电视转播等相关的产品和知识产权等权益，由中国足球协会独家授权中国福特宝足球产业发展公司整体运营开发；

（二）俱乐部分散经营：主场比赛门票、主场部分场地广告、俱乐部自身拥有的其他资源等，由俱乐部在有关协议的基础上自主经营。决赛的主场比赛门票票区划分方案需报中国足协杯赛事委员会确认后执行。每场比赛俱乐部在主场场地的包装、现场活动及售卖活动等需报中国足协杯赛事委员会确认后执行。未按上述要求执行，对中国足协杯赛事商务经营或整体形象造成影响的，相关俱乐部将按照“中国足协杯赛商务规程”有关规定承担责任；

（三）其他经营：其他可能开发和经营的项目，除另有协议外，由俱乐部依据“中国足协杯赛商务规程”规定自主经营。

第三十条 知识产权

（一）中国足协有权使用和开发所有赛事相关的权利、名称和利益，包括一切过去、现在或未来创造的知识产权和所有权；

（二）参赛会员协会、参赛球队和参赛球员承认并同意任何对赛事相关知识产权的使用和/或提议使用，在任何时候都应当获得中国足协事前的书面批准；

（三）如果中国足协授予批准使用知识产权，承办协会、参赛会员协会、参赛球队和参赛球员同意不以任何可能对中国足协、赛事的名誉、形象和声誉造成损害或破坏的方式使用任何知识产权，或暗示支持或联系任何与参赛会员协会、参赛球队和参赛球员和/或第三方相关的特定产品或服务，无论其是否与参赛会员协会、参赛球队和参赛球员相关联；

（四）承办协会和参赛会员协会不应反对，而应当采取适当的行动确保其附属组织不反对任何涉及赛事的商标或版权应用领域，并且不应以任何形式挑战或申请可能影响中国足协对赛事所有权益的任何版权、商标、专利或域名注册；

（五）对任何侵犯赛事相关的知识产权或有侵权嫌疑的行为及类似情形，承办协会、参赛会员协会、参赛球队和参赛球员应当及时通知中国足协。

第三十一条 肖像权

（一）中国足协有权使用和开发与比赛相关的所有肖像权，无论是商业还是其他目的，均就本赛事和相关权利授予免除任何相关版税或赔偿；

（二）承办协会、参赛会员协会、参赛球队、参赛球员、其官员和/或代表团成员确认其对比赛的参与和出席，即相当于同意在不通知或赔偿的情况下对他们的肖像或画像的使用和拍摄，并同意保障、发布、保卫和支持中国足协、中国足协商业权利合作伙伴和官方授权商免于任何和所有相关使用其涉及比赛的肖像和画像和 / 或授予比赛相关的权利的索赔；

（三）如果承办协会、参赛会员协会、参赛球队、参赛球员和 / 或其官员使用或有意使用任何肖像权，应获得中国足协的事前书面批准；

（四）承办协会、参赛会员协会、参赛球队和参赛球员应确保无个人、公司或商业机构以任何可能导致或推断出与中国足协、比赛或任何官方授权商相关联的形式使用和 / 或开发肖像权的商业权利，并应立即向中国足协通知任何对肖像权的未授权和 / 或侵权的使用。

第三十二条 比赛标志、比赛名称、赛事官网

（一）中国足协是比赛标志和比赛名称的所有权利、名称和权益的拥有者和 / 或控制者；

（二）承办协会、参赛会员协会、参赛球队确认其对比赛的参与，即相当于同意赛事在不通知或赔偿的情况下对其标识、徽记的使用并同意保障、发布、保卫和支持中国足协、中国足协商业权利合作伙伴和官方授权商免于任何和所有相关使用其标识、徽记或授予比赛相关的权利的索赔；

（三）参赛会员协会、参赛球队和参赛球员确认并同意，如果使用或有意使用比赛标志和 / 或比赛名称，应当采用批准格式，并始终获得中国足协事前书面批准；

（四）中国足协官网是比赛的唯一官方数字 / 社交媒体平台。相应地，当在承办会员协会、参赛会员协会、参赛球队官方网站（若有的话）涉及到比赛时，所有参赛会员协会应当只使用由中国足协和中国足协商业权利合作伙伴提供的官方比赛社交媒体和数字标签（主题标签）。

第三十三条 相关费用

（一）中国足协承担下列费用：

1. 中国足协杯赛赛事组织经费；

2. 中国足协杯赛官方制作物补贴；

3. 中国足协杯赛比赛监督、裁判监督、裁判员、比赛观察员、信息员等食宿、交通、津贴等费用；

4. 业余球队参赛补贴；

5. 晋级奖金；

6. 冠、亚军奖金；

7. 商务监督津贴；

8. 其他可能的费用。

（二）俱乐部承担下列费用：

1. 体育场租赁费用、安全保卫费用；

2. 40 块广告板或符合商务要求的 LED 显示屏；赛事新闻发布会背景板桁架、混合采访区背景板桁架及瞬间采访背景板桁架各 1 块，以上物料的制作、运输、安装等相关费用。具体规格尺寸要求见《中国足协杯赛事工作手册》；

3. 各主场俱乐部须无条件支持中国足协杯赞助商商业展示活动，并配合落实场地、活动报批、维持现场秩序等工作。除商业展示活动场地由主场俱乐部协调免费提供外，活动所需的水、电、人工、安保等费用由福特宝公司统一协调支付；

4. 客场比赛差旅费用；

5. 其他可能的费用。

（三）赛区组委会承担费用：见第十章中所列明费用。

第三十四条　其他商务管理规定见《中国足协杯赛事工作手册》。

第九章　票务及证件

第三十五条　票务方案

中国福特宝足球产业发展公司负责为俱乐部提供球票票样设计。俱乐部应按照票样设计进行印刷，同时遵守《中国足协杯赛事工作手册》中有关规定。

第三十六条　工作票

（一）第一、二、三轮比赛：如主场俱乐部没有设置任何门票（含工作票），则无需提供，但须确保观众观赛安全有序。如主场俱乐部有票务销售或赠送，则须向中国足协杯赛事委员会无偿提供主席台 VVIP 门票 3 张以及 VIP 区门票 30 张、一等票 500 张。所有门票应该相互邻近，并在指定区域内；

（二）第四至第七轮比赛：所有主场俱乐部每场比赛须向中国足协杯赛事委员会无偿提供主席台 VVIP 门票 7 张以及主席台区 VIP 门票 40 张、一等票（紧邻主席台区域）800 张、二等票（紧邻一等票且非角球区域）500 张；所有门票应该相互邻近，并在指定区域内；

（三）决赛比赛：所有主场俱乐部每场比赛须向中国足协杯赛委员会无偿提供主席台 VVIP 及 VIP 区域 50% 的门票，一等票（紧邻主席台区域）1200 张、二等票（紧邻一等票且非角球区域）500 张；所有门票应该相互邻近，并在指定区域内。决赛每场比赛票区划分方案须由中国足协杯赛事委员会书面审定后执行；

（四）每场比赛主场俱乐部应为客场俱乐部预留 50 张工作票；

（五）主场俱乐部有义务在每场比赛时，向其注册会员协会无偿提供 150 张比赛门票，用于当地足球工作者、教练员、裁判员等观摩比赛。

第三十七条　优先购票

（一）客场俱乐部有权要求主场俱乐部提供不多于本场比赛全部可售票数量（赠票 + 套

票 + 散票）的 8% 供客队球迷购买。客队球迷购票需求须最晚于每场比赛开赛前 1 周书面通知主场俱乐部。客队俱乐部应确保其所提需求的票款支付；

（二）每场比赛应保证至少 500 张用于赞助商优先购买的优惠门票（中国足协杯委员会将在开赛前 1 周通知主场俱乐部）。

第三十八条 证件

（一）第一至第七轮：须向中国足协杯赛事委员会提供通行证 30 个，贵宾停车证 5 个，普通停车证 10 个；

（二）第八轮：决赛两场比赛，所有证件由中国足协杯赛事委员会单独统一制作、管理。各类证件不得与联赛证件及赛区制作的其他证件混合使用。

第十章 财 务

第三十九条 赛区经费

（一）由中国足协（中国福特宝足球产业发展公司）向赛区组委会划拨比赛组织经费，该经费除用于比赛组织之必需外，还用于中国足协及中国福特宝足球产业发展公司派遣赛事观察员（每场不超过 4 人）的接待；

（二）中国足协杯赛比赛监督、裁判监督、裁判员、信息员参加赛区工作的接待费用，由中国足协（中国福特宝足球产业发展公司）向赛区组委会另行支付；

（三）中国足协杯赛比赛监督、裁判监督、裁判员、商务监督参加赛区工作的劳务费，由中国足协（中国福特宝足球产业发展公司）直接支付；

（四）赛区组委会不得接受俱乐部的额外补贴；

（五）付款要求：

1. 先收发票后付款。收款方需在当轮比赛结束后五个工作日内向中国足协（中国福特宝足球产业发展公司）提供相应费用发票，中国足协（中国福特宝足球产业发展公司）在收到发票后付款。逾期未提供发票的，相关协会或俱乐部将自行承担由此带来的一切后果；

2. 中国足协（中国福特宝足球产业发展公司）只向与中国足协杯项目直接相关的协会、俱乐部或俱乐部提供证明的广告制作公司支付相关款项；

3. 收款方开具的发票必须是税务部门监制的增值税专用发票，发票内容需要注明：

2018 中国足协杯赛第 × 轮第 × 场 × × 对 × ×

4. 中国足协（中国福特宝足球产业发展公司）不接收非中国足协杯项目直接相关单位开具的发票；

5. 地方足协代垫的比赛监督、裁判监督、裁判员费用，在提供该类别发票的同时提供费用支出明细，并加盖地方足协印章；

6. 比赛监督、裁判监督、裁判员城市间交通费，正常情况下乘坐飞机的（城市间距离 800 公里或高铁车程 4 小时以上的），由中国足协（中国福特宝足球产业发展公司）统一预定机票并结算；乘坐火车、轮船、长途汽车的必须提供票据原件并附赛区交通费用报销单（比赛监督签字并加盖公章），由赛区代垫报销后，由中国足协（中国福特宝足球产业发展公司）统一报销。

第四十条　赛区财务报表

比赛监督、裁判监督、裁判员差旅及信息员差旅、津贴报告表要求：

（一）赛区组委会每场比赛填写《比赛监督、裁判监督、裁判员差旅及信息员差旅、津贴结算表》，并由报销人、领取人签名，会计签名，比赛监督认证并签名；

（二）赛区组委会在全轮足协杯赛结束后 15 天内，将《比赛监督、裁判监督、裁判员差旅及信息员差旅、津贴结算表》逐项如实填写加盖公章后，连同每场《比赛监督、裁判监督、裁判员差旅及信息员差旅、津贴发放表》及报销凭证，一并寄报中国足协（中国福特宝足球产业发展公司）财务部进行结算；

（三）赛区组委会财务组在每场比赛结束后，认真审核比赛收支，逐项如实填写《中国足协杯赛赛区财务收支报告表》，加盖赛区组委会公章，于赛后 7 日内寄报中国足协（中国福特宝足球产业发展公司）财务部。

第十一章　奖　励

第四十一条　奖励细则

（一）冠军球队：获得中国足协杯流动冠军杯 1 座，同时获得下一年度亚冠联赛参赛资格（中国足协参加亚冠联赛的名额为 2 个或 2 个以上时）；若中国足协杯赛冠军与中超联赛前三名中有重叠，足协杯第二名不递补，亚冠名额将从中超联赛中排名靠前的球队递补；

（二）冠军球队获得金牌 45 枚；亚军球队获得银牌 45 枚；

（三）冠、亚军队获得冠、亚军奖金，冠、亚军决赛前每轮获胜的球队可获得晋级奖金；

（四）评选奖项：最佳教练员 1 人；最佳球员 1 人；最佳射手 1 人；公平竞赛球队 1 支；黑马奖球队 1 支；参加决赛的全体裁判员将获得纪念奖。

第十二章　附　则

第四十二条　《中国足协杯赛事工作手册》中所列各项规定与本规程具有同等管理效力。

第四十三条　本规程由中国足协负责解释，未尽事宜由中国足协另行确定。

中国足球协会女子足球超级联赛规程

第一章　总　则

第一条　中国足球协会女子足球超级联赛是由体育局系统、解放军系统、全国各地方女足俱乐部参加的成年女子足球运动员参加的全国最高水平的女子足球比赛，简称“女超联赛”（以下使用简称），英文全称为：CFA WOMEN’S SUPER LEAGUE，英文简称为 CWSL。

第二条　女超联赛为年度赛事，由中国足球协会主办。女超联赛委员会在中国足球协会的领导和授权下管理女超联赛。各参赛队主场赛区设立赛区委员会，全面负责管理和组织赛区工作。

第三条　本规程和参赛队及赛区具体协议中未授予的与女超联赛相关的任何权利均归中国足球协会所有。

第四条现行的《中国足球协会章程》、中国足球协会各项规程、指南、通知以及准则等文件均对所有参与和涉及女超联赛赛事准备、组织以及主办的各方具有约束力。

第五条　2018 年女超参赛队为 8 支。

第二章　安保与保险

第六条　安保

（一）参赛队及其所在赛区以及相关政府机构有责任在各个赛事相关地点（包括赛场和赛场周边区域、道路及相关场所）制定并执行充分的安保措施，安保措施覆盖范围包括但不限于以下所有相关人员：

1. 所有参赛队运动员、官员及工作人员。

2. 所有竞赛官员和工作人员。

3. 媒体人员。

4. 赞助商及商业合作伙伴。

5. 现场观众。

（二）各参赛队及其所在赛区应根据《全国足球赛区安全秩序规定》和《加强全国足球比赛安全管理工作的规定（试行）》协同当地公安机关，制定并向女超联赛委员会提交一份赛区安保计划。

（三）为保障运动员和比赛官员人身安全，各参赛队及其所在赛区必须在体育场为运动员和比赛官员提供安全、独立的进出通道。

（四）如果未对安保做出有效安排和计划，参赛队及其所在赛区将会受到处罚。

第七条　保险

（一）建议参赛队或赛区对举办的女超联赛主场相关联的风险和责任进行投保，此类保险应可向受伤人员或者受损物品和财产承担确定的适当数额的赔偿责任。

（二）各参赛队对其所在赛区的风险应当自行承担，通过适当的保险合同进行覆盖。

（三）参赛队应自行负责其代表团在女超联赛所有比赛中包括运动员和官员在内的保险问题（包括住院和外科手术）。且参赛队必须保证中国足球协会将免遭此类诉讼或者承担责任。

第三章　技术规程

第八条　竞赛规则与有关规定

（一）比赛以国际足联最新版本《足球竞赛规则》为准则，并在其指导下进行。

（二）执行中国足球协会根据国际足联或亚足联要求制定的其他相关规定。

（三）执行中国足球协会制定的最新《中国足球协会纪律准则》及《中国足球协会关于违规违纪的停赛执行细则》《中国足球协会球员身份及转会管理规定》。

（四）执行女超联赛委员会制定的女超联赛文件和根据女超联赛中出现的问题做出的其他规定和通知。

（五）在每场比赛中，每队可报名首发上场运动员 11 名，替补运动员 9 名，可从中替换 3 名，被替换下场运动员不得重新被换上场；11 名首发上场及 9 名替补运动员中可包括最多 3 名同时在俱乐部、会员协会和中国足协注册的外籍运动员，比赛中可同时上场外籍运动员最多 2 名；香港、澳门及台湾地区运动员参照足球字〔2015〕625 号《关于调整港澳台球员转会政策的通知》执行。

（六）如果比赛双方有一方上场比赛运动员少于 7 人，则比赛将被中止。在此种情况下，主办方将对产生的后果做出最终决定。

第九条　比赛持续时间

每场比赛应当进行 90 分钟，分为上下各 45 分钟两个半场，以及两个半场中间不超过 15 分钟的中场休息时间（上半场终场哨响到下半场开场哨响）。

第十条 中止比赛

如果由于任何不可抗力因素或者其他任何原因，包括但不限于比赛场地不适宜比赛、天气原因、照明灯故障等事故在正常比赛时间结束之前，裁判员认为应中止比赛，则应当随后采取以下措施：

（一）比赛将被暂停30分钟，以等待情况得到有效改善后将比赛重新开始，除非裁判员认定比赛可以提前重新开始。

（二）比赛被暂停30分钟后，如果裁判员认为再延长一段时间可恢复比赛，则可再延长30分钟。如果第二个30分钟后比赛仍未能得到恢复，裁判员必须宣布中止该场比赛。

（三）在中止比赛情况下，主办方应在裁判员做出中止比赛决定后2小时内决定比赛中止时的结果是否有效，或在考虑体育精神及组织等因素前提下，决定是否进行补赛或重赛。

（四）不可对本规程此条款提出申诉。

（五）如果因不可抗力，比赛被宣布中止，此比赛应优先考虑择期完成剩余的比赛时间，而不是重赛全场比赛，被中止时的比分等情况依然有效。当主办方决定将比赛恢复完成时，具体应遵循如下原则：

1. 比赛从原被中止时的比赛时点恢复，恢复时所有场上球员、替补球员要与比赛被中止时一致。

2. 不能对替补球员名单中的球员进行增加、更换。

3. 不能增加可换人的次数。

4. 比赛的红、黄牌依然有效，被罚出场的人员依然不能重新回到比赛场地参加比赛。

5. 所有与此比赛有关的其他处罚依然有效。

6. 恢复比赛的时间（在随后可预见的时间）与比赛地点由主办方决定。

7. 由此可能产生的一切后续问题由主办方决定。

第十一条 比赛取消

如果比赛由于不可抗力因素或者其他任何原因，包括但不限于比赛场地不适宜比赛、天气原因、照明灯故障等事故而使比赛无法正常开始，则应随后采取以下措施：

（一）决定重新安排本场比赛前，比赛将被推迟30分钟，除非裁判员认定比赛可以提前开始。

（二）如果裁判员认为再延长一段时间比赛即可开始，则可再至多延长30分钟。如果第二个30分钟结束后比赛仍未开始，裁判员必须宣布取消该场比赛。

（三）在取消比赛的情况下，主办方应在裁判员做出取消比赛决定后3小时内，在考虑体育精神及组织等因素前提下，决定是否重新安排比赛，或是否采取其他必要行为，或决定延续该比赛。与该场比赛相关的处罚措施依然有效。

（四）不可对本规程此条款提出申诉。

第十二条　体育场

（一）女超联赛使用的体育场必须符合《中国足球协会女超联赛、女甲联赛体育场标准》规定。

（二）比赛体育场由各参赛队所在会员协会申报，且服从女超联赛委员会进行的审查和提出的要求。

（三）参赛队除确定一个主场体育场外，必须再准备一个符合《中国足球协会女超联赛、女甲联赛体育场标准》的备用体育场。主体育场及备用体育场应在所属会员协会管辖区域内。

（四）比赛城市及周边城市必须有民用机场和火车站，体育场与机场或火车站之间的距离原则上汽车行程不得超过两小时。

（五）如果主队参赛队认为比赛场地不适合比赛，需要更换比赛主场地，必须提前 21 天向女超联赛委员会申请批准（由女超联赛委员会负责通知客队）。如果主队所在会员协会未能按上述要求申报，将承担所有相关方的差旅、餐饮、住宿所产生的全部费用。

（六）如果客场比赛参赛队前往比赛场地后对比赛场地产生疑问，必须向比赛监督提出，比赛监督将征求裁判员的意见后决定比赛场地是否适合比赛。如果裁判员认为比赛由于不可抗力或其他任何包括但不限于比赛场地不适宜比赛、天气情况、照明灯故障等事故而无法开始，则按第十一条比赛取消处理。

（七）同一赛季，除非所处环境超出控制能力，各参赛队必须在联赛中始终使用同一体育场作为比赛主场。如果变更主场，参赛队必须提前 21 天向女超联赛委员会提出申请，同时提供相关证明，包括但不限于关于为何不适于比赛的主场照片、可视性证据及有关部门出具的官方正式证明或确认文件。

（八）在收到变更申请及相关必要证明和文件后，女超联赛委员会将根据参赛队提供的新主场体育场情况，做出准许参赛队更换主场的决定，拟更换的该体育场必须符合《中国足球协会女超联赛、女甲联赛体育场标准》规定。

（九）体育场变更申请被批准前，女超联赛委员会拥有对体育场审查的权力，审查成本将由提出申请的参赛队负担。

（十）如果参赛队无法在女超联赛委员会规定的最终期限确定可替代体育场，女超联赛委员会将在中立城市或地区为其选择比赛场地。该参赛队必须在女超联赛委员会指导下，与中立城市或地区所属会员协会及相关部门合作管理和组织比赛，相关费用由该参赛队承担。

（十一）在赛季任何时间内，不论任何原因，如果女超联赛委员会认定某一体育场不适合举办女超比赛，女超联赛委员会可与参赛队协商并根据《中国足球协会女超联赛、女甲联赛体育场标准》规定，建议一个替代体育场，如果该参赛队在规定的最终期限内未能确定可替代体育场，女超联赛委员会有权决定替代体育场（参赛队备用体育场、中立城市或地区体育场、对方主场）。

第十三条 比赛场地

（一）比赛监督在到达赛区后即对体育场进行检查，确保比赛场地、设施符合《足球竞赛规则》及《中国足球协会女超联赛、女甲联赛体育场标准》的相关规定。如果未能达到《足球竞赛规则》和《中国足球协会女超联赛、女甲联赛体育场标准》规定，比赛监督将要求赛区进行整改。

（二）如果在比赛开始前仍未满足《足球竞赛规则》和《中国足球协会女超联赛、女甲联赛体育场标准》规定，则视为主场参赛队违反规定，主场参赛队将失去该场比赛资格，并判罚主场俱乐部该场比赛 0 ∶ 3 负，后续处罚由中国足球协会纪律委员会做出。

第十四条 替补席和技术区域

（一）比赛替补席每队 16 个座席，其中运动员 9 个座席，官员 7 个座席。

（二）只有参赛队正式报名的运动员、官员才能在替补席就座，其他人员不得入座，替补席就座官员必须佩戴相应证件。

（三）替补席上所有人员必须穿着与场上运动员和裁判员有明显颜色区别的服装装备。

（四）主队应使用第四官员席（从四官席面向球场）左侧替补席。

（五）参赛队报名的领队比赛时必须在替补席就座，管理替补席秩序是参赛队领队的职责之一，本方替补席任何人员违纪，都将视情节追究参赛队领队的管理责任。

（六）被裁判员罚离替补席的教练员，赛后不得出席新闻发布会，但需由领队或其他教练员代为出席。

（七）替补席和技术区域严禁吸烟（请同时遵守体育场有关公共区域禁烟的规定）。

第十五条 官方倒计时

（一）所有参赛球队必须严格遵守《2018 年女超联赛官方倒计时程序》的相关规定。

（二）赛季中任何违反《2018 年女超联赛官方倒计时程序》的球队，中国足球协会纪律委员会将根据比赛监督、裁判监督和裁判员的报告进行处罚；对于屡次违反，或因球队违反《2018 年女超联赛官方倒计时程序》对电视直播造成影响的，中国足球协会纪律委员会将加重处罚。

第十六条 热身

（一）如天气情况允许，比赛队可在比赛开始前 50 分钟在比赛场地进行热身，比赛开始前 20 分钟必须结束热身，返回更衣室（因开幕式等官方活动需要，或天气、场地原因、比赛监督报请主办方同意后可适当调整，参赛双方必须严格执行）。

（二）在比赛进行期间，每队同时最多有 6 名运动员可在最多 2 名官员（当场比赛报名的替补席官员）带领下在其替补席近侧球门后或比赛监督指定的区域内进行无球热身（守门员可以进行持球热身）。

（三）比赛进行期间热身。在两侧球门后的广告牌后面必须设有供替补球员热身的区域。

第十七条 官方训练

（一）客队有权在比赛日前一日与开球时间相同的时间段在比赛体育场内进行一个小时的官方训练，体育场应确保场地条件（灯光、划线、球门、球网等）达到与比赛要求一致的水平，同时在客队官方训练开始前30分钟允许客队使用客队休息室及相关设施；如客队选择其他时间进行官方训练，需协调赛区体育场、主队训练时间并报比赛监督同意。

（二）如果因天气原因，确实无法安排官方训练，则由比赛监督决定，参赛双方必须无条件服从比赛监督的决定：

1. 取消客队在比赛场地的官方训练，但赛区必须为客队提供具备良好训练条件的其他训练场。

2. 由客队穿平底训练鞋在比赛场跑道（比赛草坪外）进行训练。

第十八条 赛前训练场地（非官方训练场地，使用时间为1小时）

（一）各赛区必须为客队无偿提供一块经女超联赛委员会审核批准的天然草坪足球场作为赛前训练场地，客队需提前告知在赛区的训练时间安排。

（二）除经女超联赛委员会同意，各女超联赛参赛队应只使用赛区组委会官方指定并由女超联赛委员会批准的女超联赛训练场地。

第十九条 比赛用球

（一）比赛和训练用球由中国足协分批统一配发给各赛区、参赛队。

（四）参赛队赴客场比赛需自行携带训练用球。

第二十条 比赛日程安排

（一）2018年女超联赛竞赛日程由女超联赛委员会制定，参赛队必须严格遵守。

（二）因国际足联、亚足联调整有关赛程，或遇到不可抗拒原因，女超联赛委员会有权对既定赛程做出调整或更改。

（三）女超联赛所有比赛的比赛日期及开球时间，由女超联赛委员会协商版权转播商确定，一经确定不得更改。

（四）因电视转播及商务活动要求，女超联赛委员会有权调整所涉及场次的比赛日期、开球时间、比赛场地等，但原则上应在原定比赛日前两周做出更改决定并通知有关赛区、参赛队及其他单位。

（五）如赛区及参赛队因自身原因希望调整原定赛程，应同时征得：对方参赛队、主场赛区、转播电视台、女超联赛赞助商同意意见后，至少于原定比赛日前21日向女超联赛委员会提出申请，女超联赛委员会将根据申请及有关方面意见做出决定。

（六）除非主办方同意，参赛队其他比赛不得与既定的女超联赛赛程发生冲突。

第二十一条 赛制

（一）竞赛办法

女超联赛以主客场循环赛制进行。

（二）决定名次办法

1. 每队胜一场得 3 分，平一场得 1 分，负一场得 0 分。

2. 女超联赛当年度比赛全部完成后，积分多者名次列前。

3. 如果两队或两队以上积分相等，依下列顺序排列名次。

（1）积分相等队之间相互比赛积分多者，名次列前；

（2）积分相等队之间相互比赛净胜球多者，名次列前；

（3）积分相等队之间相互比赛进球数多者，名次列前；

（4）积分相等队在当年女超联赛全部比赛中净胜球多者，名次列前；

（5）积分相等队在当年女超联赛全部比赛中进球数多者，名次列前；

（6）“公平竞赛积分红黄牌减分”少的列前（每张黄牌减 1 分、每张红牌减 3 分）；

（7）所属俱乐部的预备队在本赛季预备队联赛中的积分多者，名次列前；

（8）以抽签办法决定名次。

（三）降级与升级

1. 当年女超联赛名次列最后一名的参赛队降级，降级后将参加次年女甲联赛；

2. 当年女甲联赛名次列第一名的参赛队将参加次年女超联赛；

3. 如因各种原因导致参赛球队减少等特殊情况出现时，由女超联赛委员会决定相关事宜。

第四章 参赛队参赛资格与报名

第二十二条 参赛队参赛资格

（一）符合下述条件女足参赛队可以派队参加女超联赛：

1. 已在中国足球协会会员协会和中国足球协会完成注册。

2. 参赛队必须拥有一支预备队、U-18 青年梯队或 U-16 少年梯队，并参加了中国足球协会当年组织的相应组别的正式比赛。

3. 必须参加中国足协当年举办的女子足协杯、锦标赛、预备队比赛。

（二）主办方有权对参赛队及其运动员和官员的参赛资格做出最终决定，不得对该决定提出申诉。

第二十三条 参赛队报名

（一）参赛队按中国足球协会报名通知要求报名。

（二）俱乐部（运动队）名称应报全称及简称：

1. 全称为："地域名＋参赛队名＋参赛队冠名 + 队"。

2. 简称为：地域名＋参赛队名或参赛队冠名，简称长度不应超过七个字。

3. 参赛队只能有一个冠名，冠名可以是企业或品牌名称，但不得有商品或服务类别、组织形式等，同时参赛队冠名应符合国家有关规定（如商标法、广告法等）。

4. 报名与上述要求不符时，女超联赛委员会有权按照该参赛队法定名称和参赛队冠名的上述规定，予以纠正。

5. 一旦报名完成，参赛队名称在本赛季内，不得变更。

第二十四条　责任与义务

参加女超联赛，参赛队则应承诺如下：

（一）遵守国际足联理事会发布的《足球竞赛规则》。

（二）遵守与中国足球协会所签订的所有协议及中国足球协会发布的各项相关规程、管理办法、决定、指南和通知以及适用的国内法律法规。

（三）接受女超联赛委员会根据本规程针对女超联赛的行政、纪律以及裁判事宜所做出的决定或者由中国足球协会相关委员会做出的决定。

（四）承认中国足球协会相关规程认定的仲裁机构的管辖效力。

（五）在女超联赛整个赛季期间派最强参赛队参加比赛。

（六）遵守公平竞赛原则。

（七）在女超联赛过程中，无论在其主场和到达客场赛区至离开这段时间内，参赛队对其运动员、官员、工作人员、球迷以及任何附带责任人群的行为负责。

（八）主场比赛期间，在参赛队、所在赛区以及女超联赛委员会的共同努力下，根据本规程各项规定，对比赛的举办工作做出适当安排。

（九）主场比赛期间，保证竞赛官员，客队运动员和官员、工作人员、赞助商、客队球迷和媒体在体育场的通行权不受性别、种族、宗教以及国别歧视的干扰。

（十）客场比赛时，接受主场赛区和参赛队在女超联赛委员会指导下所做出的相关安排。

（十一）根据本规程以及女超联赛委员会发布的工作指南和通知中的规定，出席并参加由女超联赛委员会或者相关赛区组织的所有官方活动，如赛前联席会、新闻发布会及其他媒体、商务和公益活动等，任何未按要求出席活动的运动员或者官员，女超联赛委员会将报中国足协纪律委员会对其做出相关处罚。

（十二）女超联赛所有报名参赛的运动员和官员，如被提名获得女超联赛年度奖项，则必须按照要求参加相关活动。

第二十五条　弃权和罢赛

（一）未报名、或未通过资格审查、或未获得注册参赛资格证、或处在停赛期、或正在诉讼过程中尚未被允许参赛的运动员，代表某队参加了比赛。该俱乐部队此场比赛按弃权处理。

（二）弃权的处理：

1. 一方参赛队比赛弃权，另一方参赛队以 3 ： 0 获胜，如果比赛实际比分超过 3 ： 0，则以当时实际结果为准。

2. 双方参赛队比赛弃权，双方参赛队本场比赛均无成绩，计 0 分。

（三）有下列情况之一属罢赛：

1. 并非因主办方认可的不可抗拒原因，且未获得主办方批准，未参加竞赛赛程规定的比赛。

2. 拒绝按照主办方安排参加补赛或改期的比赛。

3. 拒绝按照裁判员要求，在五分钟内恢复中断的比赛或者在比赛结束前擅自离开比赛场地。

4. 中途退出联赛。

（四）参赛队中途退出联赛，所有球队已经与之比赛的成绩和红、黄牌取消，中国足球协会纪律委员会追加处罚有效。

（五）弃权与罢赛参赛队必须赔偿其他参赛队及其所在赛区、中国足球协会、女超联赛委员会及其商业和电视合作伙伴、赞助商由此所遭受的损失，赔偿数额由女超联赛委员会根据相关合同、协议及实际造成的损失决定。

（六）中国足协纪律委员会可根据《中国足球协会纪律准则》作出进一步处罚，并由赛事主管部门依据《中国足球协会关于违规违纪的停赛执行细则》执行处罚结果。

（七）在遭遇不可抗力情况下，女超联赛委员会可依据《中国足球协会章程》及相关规定精神采取一切其认为必要的措施和行动。

第五章　运动员和官员报名与参赛资格

第二十六条　运动员和官员参赛条件和报名

（一）符合下述条件运动员可以报名参加女超联赛：

1.2000 年 12 月 31 日（含）以前出生的运动员具备参赛资格；

2. 允许报 3 名 2001 年龄段出生的运动员参加比赛；

3. 与符合女超联赛参赛资格俱乐部签订工作合同；

4. 在中国足球协会会员协会和中国足球协会完成注册；

5. 取得《足球运动员注册、转会、参赛资格登记证》（以下简称：注册参赛资格证）。

（二）符合下述条件的教练员可以报名参加女超联赛：

1. 与符合女超联赛参赛资格的俱乐部签订工作合同。

2. 在中国足球协会会员协会和中国足球协会完成注册。

3. 报名教练员应持有各洲际或中国足球协会认证的相关级别教练员证书并经中国足协技术部审核同意。2018 年女超参赛队伍主教练须持有 A 级及以上教练员岗位培训证书，助理教练须持有 B 级以上教练员岗位培训证书。

（三）符合下述条件的医务人员可以参加女超联赛：

1. 拥有足球医务人员岗位培训证书；

2. 与符合女超联赛参赛资格的俱乐部签订工作合同。

（四）参赛队官员、运动员联赛报名：

1. 各参赛队最多可报名 10 名官员，其中可报名领队 1 名、主教练 1 名、助理教练员 1 至 2 名、守门员教练员 1 名、体能教练员 1 名、医生、队务和翻译各 1 至 2 名，并均须符合上述资格规定（只有报名人员可在替补席就座，报名时必须附证书或证明文件复印件及本人近期免冠电子版照片和俱乐部签署有效工作合同复印件）。

2. 在中国足协注册的运动员报名最多为 30 名（包括最多报名 3 名外籍运动员，守门员不得报名港澳台和外籍运动员），本赛季最多可注册 3 名外援，在第二次注册转会期可进行调换，但可注册的外援人数不变。

3. 在本赛季两个转会窗口可转入的国内球员总数为 10 人，其中第一次注册期最多可转入 6 名国内运动员（3+3），18 岁至 20 岁的运动员至多 3 名，21 岁及以上的运动员至多 3 名。

4. 赛季初首次报名，运动员报名号码为 1 至 40 号，参加 2018 年足协杯比赛的运动员号码需与联赛相符，赛季内同一名运动员在同一个参赛队号码不得更改，其中 1 号必须为守门员，报名运动员中不少于 3 名守门员。

5. 未完成注册、转会手续的运动员不得报名。

6. 港澳台地区运动员的注册及转会办法，将按照足球字〔2015〕625 号《关于调整港澳台球员转会政策的通知》及足球字〔2015〕649 号《中国足球协会球员身份与转会管理规定》执行。

7. 根据制作《秩序册》需要，报名时应严格按照有关要求提供相关资料。

（五）补充报名及报名变更：

1. 领队、主教练、助理教练员、守门员教练员、体能教练员、医生及翻译变更时，必须至少于赛前 5 日向女超联赛委员会书面申报，并将被替换人员的替补席官员证件交还，经女超联赛委员会审核批准后并向中国足球协会注册管理部提交工作合同、完成注册手续后方能变更报名并随队工作。

2. 球员可在夏季转会窗口期内（6 月 25 日至 7 月 20 日）进行注册及补报和更换运动员，补报和更换后球员不得超过 30 人，一个赛季累计注册和报名运动员人数不得超过 43 人（其中，一个赛季累计注册和报名外籍运动员不得超过 6 人，守门员不得报名港澳台和外籍运动员），夏季转会期报名时被更换下的外籍运动员可以继续在本参赛队注册。

3. 补报及更换的运动员不得使用其他运动员已经使用过的号码，更换或补报时每名运动员应填报《更换、补报运动员报名表》；每个参赛队在同一赛季女超联赛及女超预备队联赛中，一个号码只能被一名运动员使用，1~55 号的号码都已经被使用过，则必须使用 56 号及以后的号码。

4. 如中国足球协会所属报名运动员在参加各级中国国家代表队比赛、训练中负伤，并经国家队队医确认，不能参加本赛季余下比赛，可申请批准额外更换相应名额运动员。

5. 补报及更换的运动员完成注册及补报手续后，即可代表报名参赛队参赛，在转会窗口期内同一球员在同一轮比赛只能代表一支球队参赛。

6. 报名结束后，经中国足球协会相关职能部门审核批准，由中国足球协会注册管理部向符合条件的运动员配发《注册参赛资格证》，由女超联赛委员会向符合条件的官员配发《官员证》，运动员和官员凭证参赛。如果证件丢失或损坏，参赛队需支付相关费用为运动员和官员补制新证；更换官员（主教练）完成补报名手续后，如女超联赛委员会未能及时下发《官员证》，则由女超联赛委员会向当场比赛监督下发临时通知，比赛监督收到通知后，方可允许相关官员赛时进入替补席就座。

7. 派遣无资格运动员上场比赛，参赛队将被视作弃权。中国足球协会纪律委员会有权对违规参赛队、相关运动员以及参赛队官员做出进一步处罚。

第二十七条 上场运动员名单

（一）女超联赛实行“检查注册参赛资格证制度”，每场比赛赛前联席会上，由比赛监督对所有可能列入比赛上场队员名单的运动员进行资格检查，不合格的运动员不能列入《上场队员名单》参加当场比赛。

（二）比赛开球前 90 分钟，参赛队在抵达体育场后填报《上场队员名单》（11 名首发运动员和 9 名替补运动员）并提交给比赛监督，比赛监督和第四官员对报名运动员、替补席官员进行服装检查、身份确认。比赛前 60 分钟，双方俱乐部队和比赛监督对《上场队员名单》签字确认。

（三）从比赛监督签字确认《上场队员名单》后到比赛开球前，如因运动员受伤等原因俱乐部队申请更改《上场队员名单》，要求如下：

1. 只能从原上场名单中的 9 名替补运动员更换因伤不能上场运动员。

2. 被换下的原首发运动员不得再列入替补运动员名单。

3. 列入替补名单运动员人数将相应减少并不再增补。

4. 比赛中可换人次数仍为最多 3 人次。

第二十八条　参赛队官员

（一）参赛队伍必须报名一名领队代表参赛队与比赛监督就比赛相关事宜进行协调。

（二）参赛队必须指派一名新闻官在比赛前一日至比赛后一日进行全职工作，所指派的的新闻官必须为根据本规程第二十五条第四款规定所报名官员之一。

（三）参赛队领队或主教练必须出席赛前联席会，比赛监督有权根据比赛的实际情况要求领队、主教练及有关工作人员同时出席联席会。主教练必须出席赛后新闻发布会。对于受到纪律委员会做出停赛处罚的官员（包括禁止进入替补席、停赛、禁止进入体育场（馆）、禁止从事任何与足球有关的活动等）在处罚期内不得出席赛前联席会和赛后新闻发布会，由执行领队或执行教练员代为出席。对于无故不参加赛前联席会和赛后新闻发布会的官员，中国足球协会纪律委员会将根据《中国足球协会纪律准则》及《中国足球协会关于违规违纪的停赛执行细则》相关条款进行处罚。

第六章　赛区接待与义务

第二十九条　参赛队接待（对等接待）

（一）赛区为客队提供从机场、车站或码头到驻地的交通接送，安排训练、比赛、会议用车，相关费用由赛区承担。

（二）客队在赛区的食宿可由客队自行联系和安排，并事先通知赛区委员会，也可经女超联赛委员会批准，由赛区指定客队所住酒店。

第三十条　竞赛官员接待

赛区接待赛区协调员、比赛监督 1 人、裁判监督 1 人、裁判员 4 人。接待条件、标准及支付办法，按照《2018 年中国足协女超联赛、女甲联赛、女超预备队联赛相关经费标准及规定》执行。

第三十一条　其他人员接待

（一）因工作需要，女超联赛委员会向赛区派遣其他工作人员时，由赛区负责接待。

（二）接待标准参照比赛监督标准执行。

第三十二条　参赛队抵离赛区

（一）参赛队自行支付其由俱乐部所在地至赛区的往返交通费用。

（二）所有参赛队必须至少于比赛日前 1 日中午 12 时前抵达赛区，按时参加赛前联席会和官方训练。如参赛队由于非女超联赛委员会认可的不可抗力造成的航班、火车等交通原因，未按时抵达赛区参加赛前联席会和官方训练等官方活动，该参赛队将受到相应处罚。

（三）参赛俱乐部在参加女超联赛比赛期间不得进行任何其他比赛。

第三十三条 赛区义务

（一）提供一间至少能容纳 20 人并配有写字板和投影仪的会议室，供比赛当日举行赛前联席会使用。

（二）比赛时，为比赛监督、赛区协调员以及相关工作人员配备对讲机。

（三）主场赛区在比赛结束后 2 小时内向比赛监督及裁判组提供比赛录像及播放设备，并于第二日 12 时之前，以快递形式向中国足协女足联赛部寄一张比赛录像 DVD，主场赛区要保证 DVD 质量并且是比赛全过程录像。

（四）未能提供本条所规定内容的赛区将受到相应处罚。

第七章　新闻媒体

第三十四条 总则

参赛队必须按《中国足球协会女超联赛、女甲联赛体育场标准》的规定提供所有新闻媒体设备及设施。

第三十五条 媒体证件

（一）中国足球协会统一制作媒体证件。媒体证件类型为文字记者、摄影记者、主播台、持权转播商、非持权转播商。

（二）女超联赛记者标志服分为 5 个类别：官方摄影（official）、持权传播商（RTV）、主播（HB）、现场新闻采集（ENG）、摄影（PHO），以不同颜色进行区分。进入每个区域的新闻媒体人员必须正确穿戴记者标志服。中国足球协会负责制作相关媒体记者标志服，赛区负责在比赛前后发放和回收标志服。

第三十六条 媒体区域

（一）文字记者或者广播电台记者不得进入比赛场地及球场边线与观众席之间的区域。在比赛前、比赛进行期间以及比赛后，均严格禁止任何媒体记者进入俱乐部队更衣室、运动员通道及技术区域。

（二）只有主播电视台和持权转播台的摄影师和必要技术人员，在经赛区新闻负责人许可后，可以进入球场边线与观众席之间的指定区域，但必须佩带相应的证件和穿着记者背心。

（三）赛区委员会负责确保女超联赛的转播权受到保护，并且在未得到女超联赛委员会允许前不得允许任何广播公司工作人员和摄像技术人员进入体育场。

第三十七条 官方训练

官方训练必须向媒体开放。如果参赛队不希望开放其官方训练，则需至少将其前十五分钟训练向媒体公开。如果官方训练在比赛体育场进行，媒体可进入区域需与比赛日其可进入区域相同，并且这些区域必须由安保人员维持秩序。

第三十八条　新闻发布会

（一）比赛结束十五分钟内，主场赛区应准备好赛后新闻发布会相关场所及设备。

（二）如参加新闻发布会人员中有外籍人士，相关参赛队必须提供翻译人员。

第三十九条　采访

（一）如果女超联赛委员会提出要求，双方参赛队应保证其主教练和一名运动员在比赛前一日或比赛日当日球队抵达后或赛后接受主播台（或者持权转播台）不超过 5 分钟采访，以用于女超联赛新闻报道。

（二）未经允许，比赛期间参赛队官员和运动员不得在场地内或场边接受采访。

第四十条　如参赛运动员、官员及其俱乐部和赛区违反第七章相关规定，将报请纪律委员会进行处罚。

第八章　比赛装备

第四十一条　女超联赛比赛服装装备

（一）参赛队装备必须遵从国际足联理事会最新版本《足球竞赛规则》的规定。

（二）女超联赛比赛装备管理规定从俱乐部抵达赛场起至离开赛场期间有效。

第四十二条　比赛服

（一）参赛队必须上报两套颜色不同的比赛服，一套深颜色，一套浅颜色，并指定一套为主场比赛服，一套为客场比赛服。

（二）比赛双方参赛队，必须携带两套不同颜色的比赛服到达赛区并在比赛日带到赛场。

（三）比赛双方参赛队必须穿着颜色差异明显的比赛服，并经裁判员认可。如裁判员或比赛监督认为参赛队双方比赛服颜色可能引起混淆或不适合电视转播，将有权要求更改比赛服颜色。主队应穿主场比赛服（不应混穿），客队避开主队比赛服颜色选择比赛服，如有必要，经比赛监督和裁判员认可后，可将本队主客两种比赛服混穿。两队确定比赛服装颜色后，裁判员会根据两队比赛服装颜色选择裁判服装颜色，如果裁判员及助理裁判员上衣服装颜色与守门员上衣服装颜色冲突，则守门员必须更换比赛服上衣颜色；比赛监督对比赛服装颜色有最终决定权。

（四）比赛服号码颜色应与比赛服颜色显著不同（浅色号码在深色服装上或相反）；对于有条纹颜色搭配的比赛服，为保证视觉效果，应在比赛服保留一块纯色位置供印制号码。

（五）比赛时运动员护踝和脚踝绷带必须与袜子同色或透明，铲球紧身裤和短裤颜色必须一致。

（六）比赛服装号码必须与报名表相符，不得更改、无号或重复。

第四十三条 责任

女超联赛比赛装备管理规定，最终解释权归女超联赛委员会所有。女超联赛委员会不承担违反女超联赛比赛装备管理规定所造成的任何损失和责任。

第九章 医疗与兴奋剂检测

第四十四条 医疗

（一）医疗设施和药品

1. 主场赛区必须按照《中国足球协会女超联赛、女甲联赛体育场标准》的相关规定在比赛场地提供医务室及相关医疗设施及药品。

（二）医务人员

比赛期间，主场赛区必须配备如下医务人员：

1. 体育场医务室内必须配备一名有资格的医师和训练有素的急救护理人员若干名。

2. 场地医护服务：一名场地急救医师、八名担架员、1~2 辆配有急救设备的救护车。

3. 兴奋剂检测及监管人员：一名兴奋剂检测助理、四名兴奋剂检测陪护、足够的安保人员。

（三）如果赛区未能提供相关设施、人员、药品和物品，将受到相应处罚。

（四）参赛队必须为其参赛队所有成员的住院、外科手术和专业医疗检查支付所有费用。

第四十五条 兴奋剂检测

（一）女超联赛严禁参赛运动员使用兴奋剂。

（二）兴奋剂检测相关工作按照兴奋剂检测中心相关规定执行。

第十章 纪律处罚和程序

第四十六条 红黄牌及停赛

在女超联赛同一赛季中，同一名运动员被出示黄牌累计 2 次，自动停赛 1 场；同一名运动员第 1 次被出示红牌，自动停赛 1 场，第二次被出示红牌，处停赛 2 场，第三次被出示红牌，处停赛 4 场，依此类推，加倍停赛；比赛中被出示红牌的运动员和官员必须返回更衣室，不得再次进入比赛场地和技术区。如有轮空、补赛或比赛场次日期调整，自动停赛按时间顺序进行；如中国足协纪律委员会针对相关情况做出加重或减轻处罚的决定，以纪律委员会的决定为准。

第四十七条　纪律处罚

（一）女超联赛中违规违纪行为和事件，由中国足球协会纪律委员会根据比赛监督、裁判监督、裁判员的报告或其他视频材料等进行处理。

（二）如果女超联赛委员会认为存在违规行为，则有权在无比赛监督、裁判监督、裁判员报告时启动调查程序。

第四十八条　运动员或官员使用暴力

在赛区，包括但不限于比赛场地、更衣室、训练场地和下榻酒店，被裁判员或比赛监督报告的任何运动员或官员的违反纪律行为和暴力行为，将由中国足球协会纪律委员会依照相关规程和规定进行处理。

第四十九条　抗议

（一）本规程中抗议是指针对直接影响女超联赛比赛的事件（如比赛草坪状况和场地标记、标线、比赛装备、运动员比赛资格、体育场设施、比赛用球等）和违反本规程的行为进行的抗议。

（二）由裁判根据比赛相关事实做出的场上判罚为最终判罚，对此不得提出抗议。

（三）除非另行规定，提出抗议首先应该在比赛结束后 2 个小时之内，由相关参赛队以书面形式提交给比赛监督，同时应立即准备一份书面报告（包括最初抗议的复印件）在该比赛结束后 2 日内提交给女超联赛委员会。

（四）对发生在比赛进程中的抗议应该在事件发生后，比赛重新恢复前，由俱乐部队队长立即向裁判员提出。俱乐部队领队应该在比赛结束后的 2 小时内向比赛监督提交书面抗议进行确认。

（五）如果向女超联赛委员会提出没有事实依据的或者不负责任的抗议，纪律委员会将有权对其进行处罚。

（六）当该场比赛结束 2 日后，所有在此条款中描述的抗议都将不被受理。

第五十条　诉讼仲裁

（一）禁止参赛队及其所属赛区、会员协会及其运动员或官员将争端提交到当地法庭，但可以按照适当程序提交到中国足球协会的相关职能部门处理。

（二）对于涉及中国足球协会、参赛队、中国足球协会会员协会、联赛、参赛队运动员、官员和持证经纪人的女超联赛相关纠纷，应迅速在第一时间协商处理。

（三）如果上述申诉手段均已动用且问题未得到解决，或者有可能提出正式申诉成为女超联赛中诉讼案件，则由中国足球协会仲裁委员会负责受理。

第十一章　运营与管理

第五十一条　赛区协调员和比赛监督

赛区协调员和比赛监督由中国足球协会派遣，代表中国足协按照《赛区协调员工作职责程序与要求》和《比赛监督工作职责程序与要求》指导、协调赛区工作，对比赛和赛区工作进行监督、指导和评定，并向中国足协负责。

第五十二条　裁判监督和裁判员

一、裁判监督、裁判员、助理裁判员、第四官员由中国足球协会裁判委员会根据《中国足协裁判人员选派工作管理细则（试行）》进行选派。

二、裁判员参加女超联赛工作，必须遵守中国足球协会裁判委员会、女超联赛委员会各项规定。

第五十三条　女超联赛经营

（一）女超联赛标识、冠名赞助商及各级官方赞助商由中国足协及其授权机构统一经营。

（二）场地广告

2018 年女超联赛场地广告种类及权益分配按《中国足球协会女子超级联赛商务管理实施细则（试行）》执行。赛区需按要求制作、摆放及维护广告制作物。赛区自主经营的广告权益，期限为 2018 年 1 月 1 日至 2018 年 12 月 31 日。

（三）电视转播权

女超联赛全媒体版权，由中国足协及其授权机构负责统一经营。

（四）其他有关经营的要求按《中国足球协会女子超级联赛商务管理实施细则（试行）》执行。

第五十四条　女超联赛费用

（一）主办方承担下列费用：

1. 女超联赛的整体组织费用。

2. 赛区协调员、比赛监督、裁判监督、裁判员等食宿、交通、津贴费用。

3. 向赛区下拨的基本办赛经费。

（二）赛区承担下列费用：

1. 体育场租赁费用和比赛安全保卫费用；

2. 比赛官员、客队比赛、训练及会议用车费用；

3. 其他可能产生的费用。

第五十五条　奖项

（一）“最佳”奖项

1. 评选“最佳运动员”奖、“最佳射手”奖、“最佳守门员”奖、“最佳教练员”奖、“最佳新人奖”。

2. 评选“最佳裁判员”金、银、铜哨奖、“最佳助理裁判员”金、银、铜旗奖。

3. 评选“最佳赛区奖”和“最佳人气赛区奖”。

4. 评选公平竞赛参赛队。

5. 除非女超联赛委员会有其他决议，除上述奖项外，不设其他奖项，评选细则另行通知。

（二）奖杯与奖牌

第一名球队：获得奖杯一座并每人获得金牌一枚；第二名球队获得奖杯一座并每人获得银牌一枚；第三名球队获得奖杯一座并每人获得铜牌一枚（每队以 40 人计）。

第十二章　附　则

第五十六条　知识产权

中国足球协会是整个女超联赛赛季进行期间唯一且具有排他性的所有知识产权的所有者，包括当前和未来中国足球协会和女超联赛的名称、标识、商标、奖牌、奖杯、技术报告及出版物等的使用权利。以上提及的任何权利的使用都应该事先获得中国足球协会的书面同意书，而且必须遵照中国足球协会的说明和指导采取正确的使用方法。

第五十七条　未尽事宜

本规程由中国足球协会解释，未尽事宜和由于不可抗力造成的事件都将由中国足球协会做出决议，该决议为最终决议。

第五十八条　批准

本规程由中国足球协会批准后即日起生效。

2019年中国足球协会会员协会冠军联赛规程

第一章　总　则

第一条　中国足球协会会员协会冠军联赛办赛宗旨是贯彻落实全民健身计划，推广普及足球运动，提高人民群众健康水平和生活质量，扩大中国足球人口，培育足球土壤和足球文化，规范全国业余序列足球联赛体系，衔接职业足球联赛，促进足球竞技水平的提高。

第二条　中国足球协会会员协会冠军联赛是全国业余足球水平最高的比赛。2019年赛事分为预赛和决赛两个阶段，其中预赛阶段为会员协会省市联赛，由中国足协指导，地方会员协会主办。决赛阶段为大区赛及总决赛，由中国足协主办，地方会员协会承办。

第三条　规范中文名称为“2019中国足球协会会员协会冠军联赛”，简称为“中冠联赛”。英文名称为“2019 Chinese Football Association Member Association Champions League”，简称“CMCL”。

第二章　安保与保险

第四条　安保

一、参赛运动队及其所在单位，以及当地会员协会或相关政府机构有责任在各个赛事相关地点（包括但不限于所有赛场区域、训练场及运动员驻地等）制定并执行缜密的安保措施，安保措施范围包括但不限于以下所有相关人员：

（一）所有参赛运动队、运动员和官员；

（二）所有竞赛官员和工作人员；

（三）媒体人员；

（四）赞助商及商业合作伙伴；

（五）现场球迷和观众。

二、承办方应根据《全国足球赛区安全秩序规定》和《中冠联赛赛区安保工作基本要求》，协同当地公安机关，制定赛事安全措施及预案，并提交给赛事主办方审核。

三、为保障运动员和比赛官员人身安全，赛区必须进行相应的场馆流线设计，以区分观众、媒体、教练员、运动员、技术官员等各类人员的专属区域和流线，需在体育场为运动员和比赛官员提供安全的进出通道。

四、如果未对安保做出有效安排和计划，承办方将会受到处罚。

第五条　保险

一、参赛单位或赛区需对举办比赛的体育场相关联的风险和责任进行投保，此类保险应向受伤人员或者受损物品和财产进行合适数量赔偿。

二、各参赛单位比赛的风险应当由其自己承担，通过适当运动保险合同进行覆盖。

三、参赛单位应自行负责其运动队在赛区所有比赛中包括运动员和官员在内的保险问题（包括意外门急诊，住院和外科手术或由比赛引发的其他相关问题，如失能，失业等）。且参赛单位必须使中国足球协会及其会员协会免遭此类起诉。

第三章　参赛资格、报名、资格审查

第六条　参赛资格

一、会员协会参赛资格

（一）会员协会在中国足协的指导下，负责组织中冠联赛预赛阶段比赛，对符合要求的会员协会，其最高水平的联赛冠军或优胜球队可参加中冠联赛决赛阶段比赛。会员协会主办的最近年度联赛顺利完赛的，应推荐本年度联赛冠军或优胜球队； 会员协会主办的最近年度联赛尚未完赛的，可推荐上一年度联赛冠军或优胜球队，或本年度联赛积分榜排名前列球队；本年度或上一年度未组织当地联赛的会员协会，不具备中冠联赛决赛阶段的参赛推荐资格。

（二）鼓励会员协会联赛中业余俱乐部在工商或民政部门注册后参赛。

（三）会员协会须于 2019 年 3 月 15 日之前，完成地方联赛赛事报备。报备信息包括联赛开展时间、竞赛安排、球队数量、秩序册、竞赛工作计划及负责人信息。未按要求报备的会员协会，将不具备下一年度中冠联赛决赛阶段的参赛推荐资格。

（四）中国足协有权根据各地联赛发展状况、各会员协会主办的省市联赛备案和总结情况、开展过程中的信息反馈情况，综合确定各会员协会参加决赛阶段大区赛的名额数量。

二、俱乐部参赛资格

（一）实行业余俱乐部制，参加决赛阶段比赛的俱乐部，必须在当地工商或民政部门登记注册，并提交资质证明复印材料。

（二）报名俱乐部必须曾参加 2018 中冠联赛预赛或正在参加 2019 中冠联赛预赛，要求于 2019 年 2 月 1 日前在中国足协信息化平台完成俱乐部注册。

（三）中国足协将特邀港澳台地区俱乐部参赛。

（四）如发现俱乐部在注册、转会、报名等工作中出现冒名顶替、弄虚作假等恶劣情况，则取消该参赛俱乐部当年比赛资格，并减少俱乐部所属协会当年参加大区赛名额。

三、运动员参赛资格

（一）报名运动员的年龄须大于17岁（2001年12月31日以前出生），小于50岁（1969年1月1日以后出生），在中国足协会员协会和所代表俱乐部注册，具有中国国籍及中国第二代居民身份证。港澳台地区俱乐部的球员资格应全部为当地籍。

（二）运动员调整和转会

各会员协会主办的中冠联赛预赛（省市联赛）参赛俱乐部秩序册运动员名单人数上限为30人；

参赛俱乐部可在中冠联赛冬季转会窗口（2019年1月1日至3月7日），在最近年度预赛秩序册名单或2018中冠联赛秩序册名单的基础上，调整无年龄限制的运动员不超过5人，21岁及以下运动员（1998年1月1日以后出生）不超过3人。调整后，报名运动员总人数不超过30人。在冬季转会窗口未使用完的调整名额，可以带入夏季转会窗口；

参赛俱乐部可在中冠联赛夏季转会窗口（2019年7月17日至8月7日），在大区赛报名单的基础上，调整无年龄限制的运动员不超过3人。调整后，报名运动员总人数不超过30人；

涉及转会的运动员须按照《中国足球协会球员身份与转会管理规定》执行，在报名前在中国足协完成相关转会手续；

中冠联赛参赛运动员在2019年度内只能在两个注册报名窗口最多转会2次，且至多前后代表2个俱乐部参加2019中冠联赛。

四、球队官员参赛资格

（一）参赛队主教练在大区赛必须持有C级或以上级别练员证书，在总决赛必须持有B级或以上级别教练员证书；

（二）参赛队助理教练必须持有D级或以上级别教练员证书；

（三）参赛队守门员教练必须持有守门员专项教练员证书；

（四）参赛队体能教练必须持有体能专项教练员证书；

（五）参赛队队医必须持有医疗专业执照；

（六）参赛队新闻官必须参加过中国足协新闻官培训。

五、其他

（一）中国足协有权对会员协会、俱乐部及其运动员和官员的参赛资格做出最终决定，会员协会、俱乐部及其运动员和官员不得对该决定提出申诉。

（二）参加并完成2019中冠联赛总决赛的参赛俱乐部，除去升入中乙俱乐部外，其他俱乐部自动具备参加2020中冠联赛大区赛资格。经所属的中国足协会员协会同意，可不再参加未开赛的2019中国足协会员协会联赛（中冠预赛）。

第七条　报名

一、会员协会于2019年1月1日前，进行参赛俱乐部报名（包括俱乐部名称、参赛类型、申报主场材料、会员协会联赛秩序册、成绩册等支持材料）；

二、中国足协于2019年2月1日前，确定参赛俱乐部。中国足协于2019年2月22日前通过抽签，确定大区赛各小组队伍和赛程；

三、参赛俱乐部于2019年3月7日前在中国足协信息化平台完成运动员和球队官员的报名；

四、参赛俱乐部在中国足协信息化平台完成运动员的注册和报名后，全部参赛人员信息将在中国足协官网进行公示，接受社会监督。公示期结束后，再涉及运动员资格存在问题被申诉，如被中国足协确认，则只取消该运动员后续参赛资格，而不影响该队之前所有比赛成绩。

五、俱乐部名称以在民政或工商行政管理机关登记的正式名称为准，不得在报名时自行变更。俱乐部队名称应报全称及简称。全称为“地域名+俱乐部名+队”；简称为“地域名+俱乐部名或俱乐部队名”。俱乐部名称应参照《中国足球职业俱乐部名称规范》执行，提倡中冠俱乐部名称不再使用赞助商冠名。中国足协有权要求俱乐部更改不合适的名称。报名完成后，俱乐部队名称在本赛季内不得变更；

六、参赛俱乐部必须报领队（对全队所有活动负责）和主教练（负责训练比赛和代表队伍发言）各1名，可以报助理教练、体能教练、守门员教练、队医、新闻官、翻译、队务等身份球队官员，但应具备相应资质。领队或主教练因特殊情况不能参与比赛，需要俱乐部正式文件申报替换人选。主教练资质不符合中冠联赛要求的，只能以代理主教练身份参加相关活动；

七、参赛俱乐部必须报赛风监督员1人，由所属会员协会正式工作人员担任，负责俱乐部队参赛期间赛风赛纪的管理工作。赛风监督员不计入俱乐部大名单。赛风监督员作为赛区组委会工作人员，必须在比赛前1天到会，比赛结束后次日离开；

八、参赛俱乐部可报18~30名运动员。大区赛或总决赛报名一经确认，人员和队服号码不能更改；

九、参赛俱乐部在报名通过后，必须向中冠联赛组委会指定账户缴纳报名保证金20,000元，如在大区赛抽签7天前未缴纳报名保证金，则视为不参加比赛。俱乐部参赛后，报名保证金20,000元自动转为纪律保证金；

十、参加大区赛的俱乐部队必须在第一场比赛14天前向中冠联赛组委会指定账户另转入纪律保证金80,000元。在该队所有比赛结束后15个工作日内，组委会将纪律保证金扣除纪律调节费后遐还。为鼓励表彰纪律优良队伍，如参赛俱乐部在2018中冠联赛场均得黄牌数小于2，且无红牌无纪律处罚，则可免除缴纳2019年该80,000元纪律保证金。参加总决赛队伍需在总决赛开赛20天前，补足本队纪律保证金至100,000元。

第八条 补充报名及报名变更

一、球队官员补报或变更：主教练、助理教练、队医和翻译等补报或变更时，必须至少于赛前7日向中国足球协会提交相关材料，并完成有关手续。经审核、批准后方完成补报或变更工作，并可随队工作；

二、运动员补报或变更：运动员只可在中冠联赛夏季转会窗口期间按照规定进行补报或变更；

三、补报及更换的运动员不得使用其他运动员已使用的号码；

四、如报名运动员在参加各级中国国家代表队比赛、训练中负伤，经国家队队医确认并提供相应诊断证明，可申请批准额外更换相应名额运动员；

五、补报或变更人员结束后，经中冠联赛组委会审核批准，将向符合条件的运动员、官员配发参赛证件，运动员和官员凭证参赛。

第九条 决赛阶段资格审查

中冠联赛决赛阶段，俱乐部队必须出具运动员、球队官员的参赛证、二代身份证原件及身份证明相关证件原件交组委会比赛官员审核。在赛前要接受对方俱乐部队赛风监督员的审验。运动员身份如无法确认，则该运动员不得上场。

第四章 竞赛办法

第十条 比赛日程

一、预赛阶段：省市联赛具体时间由各会员协会确定。

二、决赛阶段：

（一）大区赛：2019年4月上旬至7月中旬，具体时间由中国足协确定，另行通知。

（二）总决赛：2019年8月下旬至11月上旬，具体时间由中国足协确定，另行通知。

第十一条 比赛地点

一、预赛阶段的省市联赛比赛地点由各会员协会确定。

二、决赛阶段的大区赛，俱乐部根据自身场地、人员、经费条件，自愿选择（主客场制或赛会制）赛制参赛。条件成熟的俱乐部可以通过所注册的中国足协会员协会申办主场，由中国足协按有关程序选定审核。申办赛区需满足《中冠联赛体育场管理规定》相关要求。

三、决赛阶段的总决赛比赛地点，为通过中国足协审核的总决赛16支俱乐部主场。如俱乐部主场未能通过中国足协审核，中国足协有权指定该俱乐部去客场或中立场地进行比赛。

第十二条　中冠联赛预赛阶段竞赛办法

中冠联赛预赛应按照《中国足球协会业余联赛规范管理办法》的有关要求进行组织。

第十三条　中冠联赛决赛阶段竞赛办法

一、大区赛竞赛办法

（一）2019 年中冠联赛参赛俱乐部将在各会员协会推荐申报俱乐部中，中国足协根据各地联赛开展情况及俱乐部各方面情况，择优选择 50~60 个。

（二）大区赛采取分组单循环赛制，共分 10 个小组，每组 5~6 支队伍。参赛俱乐部在报名时自愿选择主客场单循环赛制或是赛会单循环赛制。

（三）中冠联赛组委会根据俱乐部所在地域、报名情况、参加 2018 中冠联赛成绩及同会员协会球队尽量不同组的原则，进行初步分组。具体小组队伍、赛程和对阵通过抽签排出。

（四）大区赛每组第一名和两个成绩最好的第二名直接出线，剩余 8 个小组第二名用单淘汰比赛方式（对阵关系按成绩排序为 1-8, 2-7, 3-6, 4-5，序号在前为主场）决出最后 4 个出线名额，共计 16 队进入总决赛。

二、中冠联赛总决赛竞赛办法

（一）分区赛

参加总决赛 16 队按照地理位置南北分为两个大组，各自进行主客场单循环赛制，每分区有 8 支队伍。具体赛程对阵通过大区赛成绩抽签。南、北区各自产生前 5 名进入排位赛。

（二）排位赛

1. 南、北区第一名之间直接进行冠亚军决赛，使用主客场比赛，以两场比赛成绩之和决定中冠联赛冠、亚军名次。

2. 南区 2~5 名和北区 2~5 名进行交叉单场排位赛，分区赛名次较好队（如不同组名次相同则比较分区赛积分、净胜球、进球数、公平竞赛积分等其他数据）为主场，直至决出中冠联赛 3~10 名名次。

3. 南、北区两组未进入排位赛的队伍不再继续比赛，直接按照分区赛名次（如不同组名次相同的队伍则比较分区赛积分、净胜球、进球数、公平竞赛积分等其他数据），排出中冠联赛 11~16 名名次。

第五章　规则与规定

第十四条　规则

一、执行国际足联颁布、中国足球协会审定的最新《足球竞赛规则》。

二、执行《中华人民共和国治安管理处罚法》，执行中国足球协会最新颁布的《中国足球协会纪律准则》《全国足球赛区安全秩序规定》。

三、执行中国足球协会会员协会冠军联赛组委会和赛区组委会制定的联赛文件、规定和通知。

第十五条 规定

一、参赛俱乐部队必须上报两套不同颜色的比赛服和护袜，必须佩戴护腿板。比赛时运动员护踩和脚踝绷带必须与袜子同色或透明。

二、比赛双方俱乐部队必须穿着颜色差异明显的比赛服，并经裁判员认可，比赛监督对比赛服装颜色有最终决定权。

三、比赛上衣背后、胸前和短裤应标注运动员号码，赛季内同一名运动员在同一个俱乐部号码不得更改，其中 1 号必须为守门员，凡不符合规定或无号、重号均不得上场比赛，场上队长必须佩戴袖标。比赛服上面印刷的号码、姓名、广告等规范见《中冠联赛决赛阶段商务管理实施细则》。

四、比赛使用标准 5 号足球，由中冠联赛组委会提供。

五、中冠联赛半场比赛时间 45 分钟，中间休息不超过 15 分钟。

六、每队报名首发上场队员 11 名，替补队员 7 名，大区赛可从中替换 5 人，总决赛可从中替换 3 人。每队替换运动员次数不得超过 3 次，被替换下场运动员不得重新被换上场。

七、如果比赛双方有一方上场比赛运动员少于 7 人，比赛将被放弃。在此情况下，主办方将对产生的后果做出最终决定。

八、比赛替补席每队应不少于 15 个坐席，其中替补运动员 7 席，球队官员 7 席，赛风监督员 1 席，其他人员禁止进入比赛场地。

九、替补席上所有人员必须穿着与场上运动员和裁判员有明显颜色区别的服装装备。

十、主队应使用第四官员席（从第四官员席面向球场）左侧替补席。

十一、赛风监督员和领队在比赛时必须在替补席就座，管理替补席秩序是赛风监督员和领队的职责之一，本方替补席任何人违纪，都将追究赛风监督员和俱乐部队领队的管理责任。

十二、比赛过程中，同一时间只能有 1 名替补席官员在技术区域进行指挥。

十三、替补席和技术区域严禁吸烟，同时遵守体育场有关公共区域禁烟的规定。

十四、在比赛进行期间，每队同时最多有 6 名运动员可以在 2 名官员带领下，在其替补席近侧球门后或比赛监督指定的区域内进行无球热身（守门员可以进行有球热身）。

十五、竞赛礼仪

（一）比赛入场仪式：按照中国足球协会会员协会冠军联赛比赛入场式程序执行。

（二）比赛结束礼仪：比赛结束后，除执行常规握手程序外，双方球队须列队到对方替补席前行礼致谢。赛后的具体程序为：与裁判员、对方球员的中圈握手礼，向对方球队替补席的致谢礼，向本方球迷的致谢礼。

第十六条　中止比赛

如果由于任何不可抗力因素或者其他任何原因，包括但不限于比赛场地不适宜比赛、天气原因、照明灯故障等事故在正常比赛时间结束之前，裁判员认为应中止比赛，则应当随后采取以下措施：

一、比赛将被暂停30分钟，以等待情况得到有效改善后将比赛重新开始，除非裁判员认定比赛可以提前重新开始。

二、比赛被暂停30分钟后，如果裁判员认为再延长一段时间可恢复比赛，则可再延长30分钟。如果第二个30分钟后比赛仍不能恢复，裁判员必须宣布中止该场比赛。

三、在中止比赛情况下，主办方应在裁判员做出中止比赛决定后3小时内决定比赛中止时的结果是否有效，或在考虑体育精神及组织等因素前提下，决定是否进行补赛或重赛。

四、如果因不可抗力，比赛被宣布中止，此比赛应优先考虑择期完成剩余的比赛时间，而不是重赛全场比赛，被中止时的比分等情况依然有效。当主办方决定将比赛恢复完成时，具体应遵循如下原则：

（一）比赛从原被中止时的比赛时点恢复，恢复时所有场上球员、替补球员要与比赛被中止时一致。

（二）不能对替补球员名单中的球员进行增加、更换。

（三）不能增加可换人的次数。

（四）比赛的红、黄牌依然有效，被罚出场的人员依然不能重新回到比赛场地参加比赛。

（五）所有与此比赛有关的其他处罚依然有效。

（六）恢复比赛的时间（在随后可预见的时间）与比赛地点由主办方决定。

（七）由此可能产生的一切后续问题由主办方决定。

第十七条　比赛取消

如果比赛由于不可抗力因素或者其他任何原因，包括但不限于，比赛场地不适宜比赛、天气原因、照明灯故障等事故而使比赛无法正常开始，则应随后采取以下措施：

一、决定重新安排本场比赛前，比赛将被推迟30分钟，除非裁判员认定比赛可以提前开始。

二、如果裁判员认为再延长一段时：间比赛即可开始，则可再至多延长30分钟。如果第二个30分钟结束后比赛仍未开始，裁判员必须宣布取消该场比赛。

三、在取消比赛的情况下，主办方应在裁判员做出取消比赛决定后3小时内，在考虑体育精神及组织等因素前提下，决定是否重新安排比赛，或是否采取其他必要行为，或决定延续该比赛。除非纪律委员会做出其他决定，否则与该场比赛相关的处罚措施依然有效。

四、不可对本规程此条款提出申诉。

第十八条 弃权、退赛和罢赛

一、未报名、或未通过资格审查、或未获得参赛证、或处在停赛期、或正在申诉过程中尚未被允许参赛的运动员，代表某队参加了比赛，该俱乐部队此场比赛按弃权处理。

二、弃权的处理

（一）一方俱乐部队比赛弃权，另一方俱乐部队以 3:0 获胜，如果比赛实际比分超过 3:0，则以当时实际结果为准。

（二）双方俱乐部队比赛弃权，双方俱乐部队本场比赛均无成绩，计 0 分。

三、有下列情况之一属罢赛：

（一）并非因主办方认可的不可抗拒原因，或未获得主办方批准，未参加竞赛赛程规定的比赛。

（二）拒绝按照主办方安排参加补赛或改期的比赛。

（三）拒绝按照裁判员要求，在 5 分钟内恢复中断的比赛或者在比赛结束前擅自离开比赛场地。

（四）中途退出联赛。

四、罢赛俱乐部队所有本赛季比赛的比分均计对方 3 ： 0 获胜（无论比赛是否已经进行），如果比赛实际比分超过 3:0，则以当时实际结果为准。

五、弃权、罢赛和擅自退赛俱乐部队必须赔偿其他俱乐部队、中国足协、赛区组委会、合作伙伴等由此所遭受的损失，赔偿数额由组委会根据实际造成的损失决定。

六、中国足球协会纪律委员会可根据《中国足球协会纪律准则》，对弃权、罢赛、退赛的俱乐部队做出进一步处罚。

七、因俱乐部原因未参赛或未完成全部比赛，将扣除全部纪律保证金。

第十九条 体育场及比赛场地

一、比赛监督在到达赛区后即对体育场进行检查，确保比赛场地、设施符合《足球竞赛规则》及《中冠联赛体育场管理规定》的相关规定。如果未能达到相关规定，赛区组委会必须按照比赛监督要求进行整改。

二、中冠联赛决赛阶段比赛承办地至少提供 1 块符合组委会要求的天然草或者经过中国足协检查考核的人工草比赛场地和 1 块同条件的备用场地。主体育场及备用体育场应在所属会员协会管辖区域内。

三、中冠联赛决赛阶段，主队体育场还应满足封闭区域、独立看台（大区赛至少 500 个座位，总决赛至少 800 个座位）、各类功能房等技术要求。组委会将对全部参赛球队主场体育场进行检查，如未能达到要求，则取消该队主场比赛，改为在客场或中立场地完成比赛。如双方条件均未能达到要求，则另选中立场地完成两轮比赛。

四、比赛城市或附近城市必须有民用机场或高铁站，体育场与机场或高铁站之间的距离汽车行程不得超过三小时。

五、主队比赛场必须保证赛前 24 小时起至比赛结束期间不举办其他各类活动，否则组委会将视情节给与赛区处罚。

六、同一赛季，除非所处环境超出控制能力，各俱乐部应使用同一体育场作为比赛主场。如果主队俱乐部认为比赛场地无法完成比赛要求，需要调换比赛场地，必须于赛前 21 天完成以下程序：

（一）经中冠组委会审核，调换后的体育场符合《中冠联赛体育场管理规定》要求；

（二）与对方俱乐部协商并同意；

（三）与主场赛区协商并同意；

（四）与转播方沟通并同意；

（五）体育场变更申请被批准前，中冠联赛组委会拥有对体育场审查的权力，审查成本将由提出申请的俱乐部负担；

（六）中冠组委会批准后将会及时告知客队及相关竞赛官员，如果主队俱乐部未能按上述要求应对，将承担所有相关方的差旅、餐饮、住宿所产生的全部费用。

七、如果客场比赛俱乐部队前往比赛场地后，任何对比赛场地产生的疑问，必须向比赛监督提出，比赛监督将征求裁判员的意见后决定比赛场地是否适合比赛。如果裁判员认为比赛由于不可抗力或其他任何包括但不限于比赛场地不适宜比赛、天气情况、照明灯故障等事故而无法开始，则按比赛取消处理。

第二十条　比赛日程安排

一、中冠联赛竞赛日程由中冠联赛组委会制定，俱乐部必须严格遵守；

二、如遇到不可抗拒原因，中冠联赛委员会有权对既定赛程做出调整或更改；

三、中冠联赛大区赛或总决赛所有场次比赛的体育场及开球时间应在相应赛事开始前 21 天，由主场俱乐部向赛区委员会申请，并向中冠联赛组委会申报（比赛开球时间要考虑天气、气温、光照、球迷观赛、转播等各方面有利条件）；

四、如赛区及俱乐部因自身原因希望调整原定赛程，应至少于原定比赛日前 21 天向中冠联赛组委会进行申请，同时已征得对方俱乐部、主场赛区、转播方、赞助方等各方同意；中冠联赛组委会将根据各方意见、具体情况做出最终决定，相关俱乐部、赛区需按决定执行。

五、除非主办方同意，俱乐部其他比赛不得与既定的中冠联赛赛程发生冲突。

第二十一条　官方活动

除比赛本身外，中冠联赛官方活动包括赛前联席会、官方训练、新闻发布会、倒计时程序执行、颁奖典礼等，任何未按要求出席活动的运动员或者官员，中冠联赛组委会纪律委员会将对其做出相关处罚。

第二十二条 赛前联席会

一、在经验欠缺或赛季前两场等情况的赛区，赛前联席会在赛前 1 天的上午召开；如赛季开始后，赛区工作已经准备就绪，联席会也可在比赛当天上午召开。

二、联席会时，两队领队或主教练必须出席，按照要求携带相应待查证件、服装等。比赛官员、赛区各部门代表出席，就整个比赛运行进行要求部署。

第二十三条 官方训练

一、客队有权在比赛日前 1 日与开球时间相同的时间段在比赛体育场内进行一个小时的官方训练，体育场应确保场地条件（灯光、划线、球门、球网等）达到与比赛要求一致的水平，同时在客队官方训练开始前 30 分钟允许客队使用客队休息室及相关设施；

二、如果因天气原因，确实无法安排官方训练，则由比赛监督决定，参赛双方必须无条件服从比赛监督的决定。

（一）由客队穿平底训练鞋在比赛场跑道（比赛草坪外）进行训练；

（二）或取消客队在比赛场地的官方训练，但赛区必须为客队提供具备良好训练条件的其他训练场。

第二十四条 倒计时程序

一、比赛开球前 90 分钟，俱乐部队在抵达体育场后填报《上场队员名单》（11 名首发运动员和 7 名替补运动员）和《替补席官员名单》并提交给比赛监督，比赛监督、第四官员对报名运动员、替补席官员进行身份确认。比赛前 60 分钟，双方俱乐部队和比赛监督对《上场队员名单》和《替补席官员名单》签字确认。

二、赛前热身应严格按照比赛倒计时程序时间要求进行，上场队员名单队员于比赛开始前 50 分钟在比赛场地进行热身，比赛开始前 20 分钟必须结束热身，返回更衣室。

三、从比赛监督签字确认《上场队员名单》后到比赛开球前，如因运动员受伤等原因俱乐部队申请更改《上场队员名单》，则按以下规定执行：

（一）只能以原上场名单中的 7 名替补运动员更换因伤不能上场运动员；

（二）被换下的原首发运动员不得再列入替补运动员名单；

（三）列入替补名单运动员人数将相应减少并不再增补；

（四）比赛中可换人次数不变。

第二十五条 证件管理

一、中冠组委会为整个赛事各类人员统一制证。

二、证件种类分为组委会工作人员、参赛队、媒体等 3 类证件。具体管理办法见《中冠联赛证件管理指南》。

三、各类人员需按照组委会要求，提供相应材料制作证件。

四、如果证件丢失或损坏，申请俱乐部需支付 100 元 / 个，为运动员和官员补制新证。

第二十六条　票务

一、中冠联赛组委会负责为俱乐部提供球票票样设计。俱乐部应按照票样设计进行印刷，并确保球票上印有比赛场地、比赛时间、座位号码或序列号。

二、主场俱乐部应为客场俱乐部和中国足协合作伙伴各预留 50 张赠票。

三、主队俱乐部必须将体育场可售（或赠送）球票的至少 5% 专供客队球迷，客队俱乐部必须在比赛日 7 天前向主队俱乐部发函确认其购买（如不售票则领取）的球票数量，出售给客队球迷的球票价格不应超过卖给主队球迷的同一等级球票的价格。

四、客队球迷应与主队球迷隔离开在不同看台。

第二十七条　球迷管理

一、中冠联赛旨在营造优良地域足球文化、培养俱乐部稳健运行，鼓励参赛俱乐部扩大球迷人数，组织球迷团体，到比赛现场为自己队伍加油助威。

二、主场赛区、俱乐部应在每场比赛时安排专门的隔离看台区域供客队球迷观赛。客队应安排专门人员与主队沟通，负责联系客队球迷的入场、出场、安保等相关事宜。

三、主、客队俱乐部应对本队球迷的行为负责，创造文明赛场，营造和谐氛围。俱乐部应对用言语和行为攻击比赛官员、运动员的本队球迷进行劝阻，并结合安保力量，采取必要手段予以控制。对于出现某队球迷不当行为，而该俱乐部、所在赛区管控不力的情况，中冠联赛组委会将视情节对相关俱乐部或赛区予以处罚。

第二十八条　新闻媒体

一、各赛区、参赛俱乐部必须按《中冠联赛媒体运行指南》的规定提供所有新闻媒体设备及设施。

二、中国足球协会统一制作媒体证件。

三、除了主播台以外，媒体记者不得进入比赛场地及球场边线与观众席之间的区域。在比赛前、比赛进行期间以及比赛后，均严格禁止任何媒体记者进入俱乐部队更衣室、运动员通道及技术区域。

四、官方训练必须向媒体开放。如果俱乐部不希望开放其官方训练，则需至少将其前 15 分钟训练向媒体公开。如果官方训练在比赛体育场进行，媒体可进入区域需与比赛日其可进入区域相同，并且这些区域必须由安保人员维持秩序。

五、根据中冠联赛的统一安排，各赛区必须组织、召开赛后新闻发布会。参赛双方各自的主教练和一名首发运动员需要参加赛后新闻发布会，具体顺序为负队先、胜队后，如比赛为平局则客队先；如参加新闻发布会人员中有外籍人士，相关俱乐部需提供翻译人员。

六、鼓励各赛区组织、召开赛前新闻发布会。

七、在比赛即将结束时，赛区新闻官按照比赛监督指示，通知本场最佳运动员参加瞬间采访及颁奖。

第二十九条 商务

一、中冠联赛预赛阶段，各赛区比赛场地必须按照《中冠联赛预赛商务规范》执行。

二、中冠联赛决赛阶段，各赛区比赛场地必须按照商务要求，凭成全部商务需求的广告板和相关背景板摆放。具体商务要求见《中冠联赛决赛阶段商务管理实施细则》。

第六章 赛风赛纪与公平竞赛

第三十条 赛风赛纪

一、中冠联赛各参赛俱乐部、赛区应按照《中国足球协会关于在各级业余赛事中加强赛风赛纪管理的通知》严格执行。

二、严重违规违纪的处罚

（一）在预赛阶段的省市联赛中出现的威胁、辱骂、围攻、推搡裁判及竞赛官员，阻碍裁判及竞赛官员正常工作，殴打裁判，打架斗殴和冒名顶替、弄虚作假等严重违规违纪行为的运动员、管理人员、俱乐部，会员足协须将处理决定报备中国足协并列入全国业余赛事违规违纪黑名单。中国足协将视情节拒绝严重违规违纪的运动员、管理人员、俱乐部报名中冠联赛。

（二）在决赛阶段中出现上述严重违规违纪行为的运动员、管理人员、俱乐部，将被列入全国业余赛事违规违纪黑名单，并追究推荐会员协会的管理责任，减少该会员协会下一年度的中冠联赛推荐名额。

第三十一条 红黄牌

一、中冠联赛决赛阶段，运动员在比赛中被裁判员出示红牌或累计两张黄牌将自动停赛一场比赛（纪律委员会有追加处罚时以纪律委员会处罚为准）。

二、运动员在中冠联赛大区赛阶段的单张黄牌不带入总决赛。运动员在大区赛阶段累计两张黄牌、红牌、纪律处罚的停赛均带入总决赛。

第三十二条 公平竞赛积分

一、公平竞赛积分是年度精神文明奖项和队伍名次排名的重要参考依据。总分 100 分，采取扣分制。

二、比赛出现的黄牌每张扣 1 分，红牌（直接红牌或累计两张黄牌）扣 3 分。

三、纪律处罚文件中，每停赛 1 场，扣 3 分。

第三十三条　纪律调节费

一、中冠联赛组委会以纪律调节费的收缴和发放，来鼓励各队公平竞赛，打造中冠联赛正能量氛围。

二、俱乐部队在中冠联赛决赛阶段的比赛中，每场比赛如得黄牌超过 3 张（含 3 张），或得红牌，将缴纳该场比赛的纪律调节费（计算方式为每场每张黄牌 1,000 元、每张红牌 2,000 元）。

三、俱乐部及其人员被纪律处罚后，将按照具体处罚文件缴纳纪律调节费。

四、俱乐部完成所有比赛后，中冠联赛组委会核算该队应缴纳的纪律调节费，在赛季开始前交纳的纪律保证金中扣除。其余款项退还该队。

五、所有队伍的纪律调节费在本年度联赛结束后，由中冠联赛组委会财务完成审计后，面向社会公布总额并公布使用用途（奖励精神文明获奖队伍、奖励业余足球励志人物、奖励违反足球道德举报人、担负社会责任、联赛公益宣传等）。

第三十四条　纪律与申诉

一、抗议

（一）本规程中抗议是指对直接影响比赛的事件（如赛事组织管理、体育场设施、比赛装备、运动员比赛资格、比赛用球等）或违反本规程的行为而提出的抗议。

（二）由裁判根据比赛相关事实做出的场上判罚为最终判罚，对此不得提出上诉。

（三）除非另行规定，抗议首先应该以口头形式在比赛束后 2 小时之内向比赛监督提出，在赛后 24 小时内相关俱乐部队以书面形式提交给中冠联赛组委会，同时交纳抗议费 500 元。

二、纪律委员会

（一）中冠联赛纪律处罚的依据为《中国足球协会纪律准则》。

（二）中冠联赛预赛阶段，省市联赛中的违纪事件，由省市联赛区纪律委员会负责处理。

（三）中冠联赛决赛阶段的违纪事件，由中冠联赛组委会纪律委员会负责处理。严重违规违纪，将提交中国足球协会纪律委员会作进一步追加处罚。

三、仲裁委员会

（一）中冠联赛预赛阶段比赛的纠纷案件，由中国足协会员协会仲裁委员会负责受理。

（二）中冠联赛决赛阶段比赛的纠纷案件，由中国足协仲裁委员会负责受理。

四、道德委员会

中国足协坚决反对各种形式的操纵比赛、赌球、腐败等违反足球道德和公平竞赛行为，请各参赛俱乐部、赛区、广大足球从业者按照《中国足球协会道德与公平竞赛委员会工作规则（试行）》所要求事项予以监督，对于发现有参赛俱乐部或人员涉嫌违反足球遒德行为的线索或证据，需及时向中国足协道德委员会举报或反映情况。如查实，将对涉事相关单位、人员予以处罚，并奖励举报人。

第七章　名次决定和奖励

第三十五条　名次、成绩排序

一、小组赛或循环赛赛制的名次排序

（一）每队胜一场得 3 分，平一场得 1 分，负一场得 0 分。

（二）积分多者名次列前。

（三）如果两队或两队以上积分相等，依下列顺序排列名次：

1. 相互间积分多者，名次列前；

2. 相互间净胜球数多者，名次列前；

3. 相互间进球总和多者，名次列前；

4. 组内比赛净胜球多者，名次列前；

5. 组内比赛总进球数多者，名次列前；

6. 组内比赛公平竞赛积分多者，名次列前；

7. 抽签优胜者，名次列前。

二、淘汰赛赛制的名次排序

（一）进行单场淘汰（决胜）赛时，如 90 分钟比赛结束后仍为平局，以互罚球点球的办法决定胜负。

（二）进行主客场双淘汰赛时，两回合进球多者晋级，如总进球数打平，则客场进球多者晋级。如客场进球数仍相同，则直接进入点球决胜。

三、不同小组间同名次的队伍成绩排序

先提取各队在各自小组比赛的积分、净胜球、进球总数、公平竞赛积分数据（如小组球队数目不同，则去除相应小组内名次最后球队全部数据后，重新进行计算上述数据），然后按照小组赛名次排序方式排出成绩高低顺序。

第三十六条　升级

本年度中冠联赛的前若干名，如经审核达到职业联赛俱乐部（中乙俱乐部）准入标准，则升入 2020 年中乙联赛。具体办法按照《2019 中乙联赛规程》执行。

第三十七条　奖励

一、中冠联赛前 3 名的俱乐部将获得奖牌。

二、中冠联赛设立“公平竞赛奖”“最佳射手”“最佳运动员”“最佳新秀”“最佳守门员”最佳教练员”“最佳裁判员”等奖项。具体奖项设置管理，见《中冠联赛奖项评选办法及要求》。

第八章　比赛官员

第三十八条　比赛监督

一、比赛监督由中冠联赛组委会指派，全面负责赛区各项协调和管理工作。

二、比赛监督依照《比赛监督工作职责程序与要求》进行赛区指导、协调工作，对比赛和赛区工作进行监督、指导和评定。

第三十九条　裁判长、裁判监督和裁判员

一、预赛阶段省市联赛的裁判长、裁判监督和裁判员，由当地足球协会选派。

二、决赛阶段大区赛和总决赛的裁判长、裁判监督和裁判员，由中国足球协会裁委会选派。

第九章　经费条件与赛区接待

第四十条　经费条件

一、中国足协及其合作伙伴负担所有涉及比赛官员的差旅、酬金、赛区食宿、保险等费用，赛事转播宣传推广等费用。中国足协给与主场赛区、赛会制赛区一定办赛组织补贴经费。

二、参赛俱乐部或赛区组委会负担主场办赛费用、赛会制赛区办赛费用。

三、参赛俱乐部负责本队参赛所有费用（包括但不限于差旅交通、食宿、服装器材、保险等费用）。

第四十一条　赛区接待

一、赛区官方接待从赛前 2 天至赛后 1 天，共 4 天时间。

赛区在官方接待期间必须给客队提供官方活动安排通知、协调联系食宿交通、协调客队球迷观赛等服务。

二、客队在非官方接待期间的所有行程安排需自行负责。

三、所有俱乐部队需至少于比赛日前 1 日中午 12 时前抵达比赛赛区，按时参加赛前联席会、官方训练及组委会组织的相关活动。如因特殊情况不能按时到达，应有书面请示，并经中冠联赛组委会同意。

第四十二条　比赛官员接待

一、赛区负责比赛监督、裁判长或裁判监督、裁判员等比赛官员的接待工作。

二、接待条件、相关经费标准按照《中冠联赛相关经费标准及规定》执行。

第十章 医 疗

第四十三条 医疗

一、赛区应在比赛场地提供医务室及相关医疗设施及药品。

二、比赛期间，赛区必须配备一名有资格的医师和训练有素的急救护理人员若干名。

三、赛区每场比赛配备2个担架及接受过培训的担架员8名、1辆配有急救设备的救护车。

四、参赛俱乐部必须为其俱乐部队所有成员的住院、外科手术和专业医疗检查支付所有费用。

第四十四条 反兴奋剂

一、中冠联赛严禁参赛运动员使用兴奋剂。

二、兴奋剂检测工作按照反兴奋剂主管部门的相关规定、要求执行。

第十一章 附 则

第四十五条 知识产权

中国足球协会是中国足球协会会员协会冠军联赛唯一且具有排他性的所有知识产权的所有者，包括但不局限当前和未来的中冠联赛名称、标识、商标、技术报告、出版物、奖牌和奖杯等的使用权利。以上提及的任何权利的使用都应该事先获得中国足球协会会员协会冠军联赛组委会的书面同意书。

第四十六条 未尽事宜

本规程由中国足球协会负责解释，未尽事宜和由于不可抗力造成的事件都将由中国足球协会会员协会冠军联赛组委会做出决议。本规程从发布之日起生效。

2017—2018 中国足球协会室内五人制超级联赛竞赛规程

第一章　中国足球协会室内五人制足球超级联赛

第一条　概述

一、中国足球协会室内五人制足球超级联赛是中国足球协会（以下简称“中国足协”）管辖的最高水平的室内五人制足球联赛。

二、本次比赛正式名称为:“2017—2018 中国足球协会室内五人制足球超级联赛”，简称为:“2017—2018 五超联赛”。赛事的英文正式名称为：“CFA FUTSAL SUPER LEAGUE 2017—2018”。

三、主办与承办

2017—2018 五超联赛由中国足球协会主办，各参赛俱乐部注册所在地会员协会承办，各参赛俱乐部协办。中国足球协会室内五人制足球超级联赛委员会（以下简称：五超联赛委员会）负责赛事的日常组织和管理工作。

四、比赛日期

2017 年 11 月 17 日至 2018 年 7 月 22 日。

五、参赛队数

10 支室内五人制足球俱乐部。

六、比赛地点

各俱乐部注册地城市及五超联赛委员会指定的承办城市。

第二章　职　责

第二条　中国足协

一、中国足协负责根据《中国足球协会章程》组织及管理 2017—2018 五超联赛所有事务。

二、中国足协的职责包括但不限于：

（一）赛事的赛制、赛程、准入工作及监督赛事日常运营工作；

（二）决定比赛日程；

（三）确定比赛场馆及训练场馆；

（四）指派比赛官员，包括但不限于协调员、比赛监督、裁判监督、裁判员、医疗官、新闻官及安保官等；

（五）比赛用球；

（六）负责处理与赛事相关的违纪违规事件；

（七）决定递补名额；

（八）处理弃赛或比赛取消；

（九）处理不可抗力事件；

（十）处理其他与竞赛相关的事宜。

三、中国足协所有决定为最终决定且不可上诉。

四、中国足协纪律委员会将依据《中国足球协会纪律准则》，对赛事发生的违纪违规事件进行处罚。

第三条　参赛俱乐部

所有参赛俱乐部须：

一、遵守中国足协章程、竞赛规程、各类竞赛文件、指南和通知。

二、遵守国际足联《2014/2015 室内五人制足球竞赛规则》。

三、遵守公平竞赛原则。

四、确保官员在比赛期间遵守各项赛事规定并良好地履行职责。

五、严格按照中国足协下发的《赛前联席会程序及要求》开展工作。未按要求参加组委会相关会议或活动的俱乐部将被处以 1,000 元罚款。赛区纪律委员会、中国足协纪律委员会将视情形追加处罚。

六、按五超委员会要求提供俱乐相关资料，包括但不限于俱乐部介绍、官员及运动员的照片、各类数据和信息等。上述内容将仅用于五超联赛的推广与宣传。

七、承担以下费用：

（一）参赛差旅费，包括但不限于城际间交通、市内交通；

（二）参赛食宿费；

（三）参赛人员及物品的保险；

（四）其他需要自理的各类消费。

八、执行中国足协、2017—2018 五超联赛组委会与比赛相关的各类决定。

第四条　五超联赛赛区组委会

一、2017—2018 五超联赛赛区组委会应按照赛事协议及赛事规程、竞赛文件，履行职责和义务。

二、协调当地政府和相关机构，配合完成以下工作：

（一）赛事组织及场馆安全；

（二）保障赛事有序进行；

（三）处理赛事期间的突发事件；

（四）遵守中国足协相关规定，协助中国足协做好必要赛事执行工作。

三、负责中国足协选派的比赛官员的接待工作。

第三章　参赛俱乐部

第五条　参赛资格

一、根据 2016—2017 五超联赛最终排名及升降级规则，以下 10 支俱乐部具有报名资格：大连元朝足球俱乐部、武汉地龙足球俱乐部、深圳铁狼足球俱乐部、珠海名实足球俱乐部、上海徐房足球俱乐部、河南冠英足球俱乐部、青岛辰希足球俱乐部、新疆师范大学叶希丽安淇拉足球俱乐部、北京言几又足球俱乐部和内蒙古雪狼足球俱乐部。

二、参赛俱乐部须在参赛前与中国足球协会签署《2017—2018 年度五超联赛参赛协议》，未签署协议的俱乐部不得参加 2017—2018 赛季中国足球协会室内五人制足球超级联赛。

第六条　参赛报名

一、报名俱乐部必须为独立的商业法人实体，并必须在所在地所属会员协会注册。

二、俱乐部名称应报全称及简称：

（一）全称为：地域名 + 俱乐部名；

（二）简称为；地域名 + 俱乐部名或球队名，简称长度不应超过 7 个字；

（三）报名完成后，俱乐部名称原则上赛季内不得变更。如遇特殊情况，须书面上报五超联赛委员会申请更名。

三、各俱乐部须在2017年10月25日前完成官员和运动员的报名工作，具体报名要求如下：

（一）参赛运动员不超过 20 人，其中非中国足协会籍运动员不超过 3 名，守门员不得报名非中国足协会籍运动员（包括港、澳、台足协所属运动员）；

（二）官员不超过 12 人，包括领队 1 名、主教练 1 名、助理教练员至少 2 名、医生至少 1 名，其余人员包括但不限于管理、技术分析、翻译、新闻官、理疗师、摄像等工作人员；

（三）各运动员报名号码为 1~25，赛季内同一名球员在同一俱乐部号码不得更改，其中

1号必须为守门员，报名队员中至少2名守门员；

（四）报名后运动员不能再更换和补报；

（五）同一名报名运动员不得代表2支或以上俱乐部参赛；

（六）未完成当地会员协会注册及转会（租借）手续的运动员不得报名和参赛；身份有争议的球员，在争议解决之前不能代表任何俱乐部参赛。

四、各参赛俱乐部按要求完成参赛报名表，由所属会员协会、俱乐部及医院加盖公章后，分别以邮寄及电子邮件形式报至中国足协，以纸质版报名文件为最终版本。

五、根据国际足联、亚足联规定，允许各参赛俱乐部以转会（租借）的方式引进外籍球员，但须按照规定办理有关注册和国际转会手续，具体要求如下：

（一）第一阶段赛事转会注册日期为2017年10月15日至10月25日，第二阶段赛事转会注册日期为2018年4月10日至2018年4月25日；

（二）注册报名的外籍球员必须与俱乐部签订工作合同，并将合同原件上报中国足协备案。

六、允许各参赛俱乐部以转会（租借）的方式引进内援参加五人制超级联赛；但须按照规定办理有关注册和转会手续：

（一）第一阶段赛事转会注册日期为2017年10月13日至10月25日，第二阶段赛事转会注册日期为2018年4月10日至2018年4月25日；

（二）转会（租借）双方允许收取转会（租借）费，价格由双方俱乐部自行协商；

（三）注册报名球员必须与俱乐部（运动队）签订工作合同，并将合同复印件上报五超联赛委员会。

七、各俱乐部完成报名并通过审核，并在规定时间内缴纳保证金50,000元后，具备参赛资格。未按时或未按要求缴纳保证金的俱乐部，将被取消参赛资格。

第七条　补充报名及报名程序

一、俱乐部变更官员时，必须提前7个工作日向五超联赛委员会书面申报，经审核批准后方能变更报名并随队工作。

二、俱乐部可在第二阶段开赛前调整球员（具体日期为2018年4月10日至2018年4月25日），人数不超过5名；补报后各项资格要求不变。

三、补报及更换的球员不得使用其他球员已经使用过的号码，更换或补报时每名球员应填报《更换、补报球员报名表》，经审核批准后方能参赛。

四、如有报名球员在参加各级国家队的比赛、训练中负伤，并经国家队队医确认不能参加赛季余下的比赛，经申请批准可额外更换相应名额的球员。

五、报名结束后，经五超联赛委员会审核批准向符合条件的球员和官员颁发参赛证件，球员和官员凭证参赛。如果在赛事期间证件丢失和损坏，申请俱乐部需支付每张 500 元的制证费为球员和官员补制新证。

第八条　比赛名单

一、各参赛俱乐部应在比赛开始刖 90 分钟，将王教练及领队签名确认的 14 人比赛名单提交给比赛监督。比赛监督及第三裁判员将在赛前核实运动员身份。

二、比赛名单一旦提交不得再更改，若名单上运动员因故无法比赛，则仅能从本名单中替换。

第九条　上场名单

一、比赛监督确认双方运动员名单后，合成当场比赛上场名单。

二、上场名单必须经过比赛监督签名确认后生效。

三、比赛监督须在比赛前 75 分钟进入更衣室核实运动员比赛资格。俱乐部官员及运动员应持参赛证接受比赛监督检查，通过后方可参赛。

第四章　赛制及赛程

第十条　赛制

2017—2018 五超联赛采取三循环赛事，共 27 轮 135 场比赛，采用双循环主客场制加分站集中赛会制。

第十一条　赛程

一、2017—2018 五超联赛的竞赛日程由五超联赛委员会制定，各参赛俱乐部必须严格遵守。

二、因亚足联调整有关赛程、或因国家队临时承担重要任务、或遇到不可抗拒的原因，中国足协有权对赛程做出调整或更改。

三、2017—2018 五超联赛的各场比赛开球时间由五超赛委员会在开赛前统一确定。

第五章　技术规程

第十二条　室内五人制竞赛规则

执行国际足联最新版本《2014/2015 室内五人制足球竞赛规则》。

第十三条　比赛时间

一、每场比赛为 40 分钟，分为上下各 20 分钟两个半场。两个半场中间休息 15 分钟（从上半场终场哨响至下半场开场哨响）。

二、如参赛运动队在上 / 下半场未按时出场比赛，五超联赛委员会将根据情形给予处罚。

三、每支参赛运动队上 / 下半场各拥有 1 次暂停的权利，每次暂停持续 1 分钟。参赛运动队官员可以向第三裁判提出暂停请求。当提出暂停请求的参赛运动队拥有球权，且比赛没有恢复的情况下，计时员将会同意暂停，并用口哨或发声设备发出不同于裁判员的哨声信号。

第十四条 决定名次办法

一、每队胜一场得 3 分，平一场得 1 分，负一场得 0 分。

二、积分多的队名次列前。

三、如果小组赛结束后两队或两队以上积分相等，依下列顺序排列名次：

（一）积分相等队之间相互比赛积分多者，名次列前；

（二）积分相等队之间相互比赛净胜球多者，名次列前；

（三）积分相等队之间相互比赛进球数多者，名次列前；

（四）积分相等队在全部比赛中净胜球多者，名次列前；

（五）积分相等队在全部比赛中进球数多者，名次列前；

（六）小组赛红黄牌扣分少者，名次列前；

（七）以抽签的办法决定名次。

第十五条 红黄牌

一、在 2017—2018 五超联赛的比赛中，同一名运动员被出示黄牌累积 3 次，自动停赛 1 场；运动员被出示红牌，自动停赛 1 场。运动员在各阶段的红黄牌将被累积计算。

二、同一名运动员第一次被出示红牌的，自动停赛 1 场罚款 1,000 元；第二次被出示红牌的，处以停赛 2 场罚款 2,000 元；第三次被出示红牌的，处以停赛 3 场罚款 3,000 元；以此类推，进行累加停赛与罚款。

三、单场比赛累计被出示 5 张黄牌或以上的俱乐部将被罚款 2,000 元。

四、运动员如在 2017—2018 五超联赛中有未执行完的停赛，则将在中国足协举办的后续五超联赛赛事中继续执行。

第十六条 退赛

一、所有报名成功的参赛俱乐部应按照赛程完成所有比赛。

二、赛前退赛

如遇参赛俱乐部比赛开始前退出，中国足协有权做出以下决定，包括但不限于：

（一）更换参赛俱乐部；

（二）改变竞赛办法；或

（三）调整技术规则。

三、赛季中退赛

如参赛俱乐部在赛季开始后因故退赛，中国足协有权做出以下决定，包括但不限于：

（一）所有积分、进球和排名都将被视为无效。

（二）中国足协有权要求俱乐部赔偿由退赛带来的所有损失，包括但不限于其他参赛俱乐部及中国足协、中国足协商业合作伙伴、转播商、会员协会。具体数额由中国足协决定。

（三）退赛俱乐部 2 年内不被允许参加中国足协主办的任何赛事。

四、处罚

（一）任何参赛俱乐部在任何情况下退出比赛，将被处罚金 50,000 元；

（二）中国足协纪律委员会可视情形追加处罚。

第十七条　比赛取消

如果比赛由于不可抗力因素或者其他任何原因，包括但不限于比赛场地不适宜比赛、照明灯故障等事故导致比赛无法进行，则应随后采取以下措施：

一、决定本场比赛恢复前，比赛将被推迟 30 分钟，除非裁判员认定比赛可以提前开始。

二、如果裁判员认为再延长一段时间比赛即可开始，则可再至多延长 30 分钟。如果第二个 30 分钟结束后比赛仍未开始，裁判员必须宣布取消该场比赛。

三、在取消比赛的情况下，主办方应在裁判员做出取消比赛决定后 3 小时内，在考虑体育精神及组织等因素前提下，决定是否重新安排比赛，或是否采取其他必要行为，或决定延续该比赛。除非纪律委员会做出其他决定，否则与该场比赛相关的处罚措施依然有效。

第十八条　弃赛

一、出现下列之一的情况均属弃赛：

（一）并非因不可抗拒的原因，且未获五超联赛组委会批准，未参加规程规定的比赛。

（二）拒绝按照五超联赛委员会的安排参加补赛或改期的比赛。

（三）拒绝按照裁判员的要求，在 5 分钟内恢复中断的比赛。

（四）有未报名、或处在停赛期、或正在诉讼过程中尚未被允许参赛的运动员，代表该队参加了比赛。

二、对弃权的处理：

（一）一方球队比赛弃权，另一方球队以 5 ∶ 0 获胜。如果比赛的实际比分超过 5 ∶ 0，则以当时的实际结果为准。

（二）五超联赛委员会会视情况向中国足协纪律委员会提交报告，由中国足协纪律委员会做出进一步处理。

第十九条　室内比赛场馆

一、各赛区比赛场馆须经中国足协及赛区组委会验收合格后才能使用。

二、如果在比赛过程中中国足协及赛区组委会认定比赛场馆不适合比赛，将有权要求比赛场馆更换至符合比赛要求的备用场馆。

三、承办方须书面保证赛事开始前 1 天及后 1 天比赛场馆无其他比赛及活动。否则承办会员协会和俱乐部将受到处罚：

（一）罚金 5,000 元；

（二）中国足协纪律委员会追加处罚。

四、室内比赛场馆应取得中国法律规定的建筑资质、消防资质。

五、室内比赛场馆工作区域严禁吸烟。

第二十条　替补席及技术区域

比赛替补席座位每队 15 个，其中官员 6 个、替补运动员 9 个。

一、在每场比赛中，每队可填报首发上场运动员 5 名，替补不超过 9 名；每场比赛 14 人名单中最多可以报 2 名在中国足协注册的非中国足协会籍运动员，最多可同时上场不得超过 2 名（必须含 1 名亚足联会员协会会籍球员）。

二、只有正式报名的官员（领队、教练员、队医、翻译等）、运动员才能在替补席就座。俱乐部应在比赛前提交替补席官员名单，未在名单上的官员不得进入替补席。

三、替补席上的替补运动员必须穿着有明显区别于场上比赛运动员的背心。

四、比赛开始前，主队应当使用裁判员计时台左侧的替补席；比赛开始时双方进行选边，决定比赛开始时一方的进攻方向，替补席随之调整。

五、被裁判员罚离替补席的教练员，赛后不得出席新闻发布会，但需由领队或其他教练员代为出席。

第二十一条　热身

一、各参赛俱乐部可以在比赛开始前在指定区域进行热身，热身时间必须严格遵守比赛倒计时。

二、在比赛进行期间，每队同时最多允许 6 名运动员在其替补席后面或比赛监督指定的区域内进行无球热身。

第二十二条　官方训练

一、各参赛俱乐部应于比赛开球前 1 天到达赛区，组委会将根据各俱乐部比赛时间，在比赛日前一天安排不超过 45 分钟的官方训练。

二、比赛场地应按正式比赛要求布置，如果比赛场地未完成布置达到要求，赛区协调员或比赛监督有权缩短或取消官方训练，并协调参赛俱乐部进行适应训练。

三、赛区组委会负责官方训练的日程安排。如果参赛俱乐部因故取消官方训练，应至少提前 24 小时通知比赛监督。

第二十三条　比赛用球

比赛采用多球制，比赛用球由中国足协指定并提供。

第六章　后勤保障

第二十四条　到达与离开

一、参赛俱乐部根据赛程提前 1 天到会。

二、所有参赛俱乐部应在本队比赛结束后次日 12：00 前离会。

第二十五条　差旅

中国足协负责比赛官员抵离赛区的差旅费用。参赛俱乐部城际间交通费自理。

第二十六条　住宿、餐饮

赛区组委会负责承担比赛官员的食宿费。参赛俱乐部赛事期间食宿费自理。

第二十七条　俱乐部联络人

每个参赛俱乐部须在报名时注明联络人，并提交电话号码及电子邮箱。

第七章　媒体与传播

第二十八条　媒体区域

一、媒体工作人员应根据证件权限在指定区域内开展工作。

二、组委会应确保电视转播人员提前 3 天（含）进入比赛场馆，并为电视转播工作提供必要的协助。

三、组委会应保障赛事媒体版权不受侵害。未被授权媒体不得进入比赛场馆。

第二十九条　官方训练

一、官方训练应对赛事注册媒体开放。

二、参赛俱乐部必须保证至少 15 分钟的媒体开放时间。

第三十条　新闻发布会

一、2017—2018 五超联赛将在每场比赛后举行新闻发布会。

二、各参赛俱乐部的主教练和一名运动员应出席新闻发布会。

三、未按要求出席新闻发布会的俱乐部将被处以 2,000 元罚金。

第三十一条　混合采访区

一、参赛俱乐部的官员及运动员赛后必须经过混合采访区，配合媒体采访工作。

二、俱乐部应鼓励其官员及运动员接受采访。

三、如有参赛俱乐部未从混合采访区通过，将被处以 1,000 元罚金。

第三十二条　瞬间采访

一、瞬间采访在比赛结束后立即进行。赛区组委会新闻官将挑选当场比赛运动员接受采访。

二、瞬间采访应在指定区域背景板前进行，俱乐部应保证运动员配合瞬间采访工作。

三、未按赛区组委会要求配合瞬间采访的俱乐部将被处以 2,000 元罚金。

第三十三条 比赛录像

一、赛区组委会应在比赛结束后 24 小时内将比赛录像交给比赛监督。

二、未按时提交比赛录像的赛区组委会将被处以 2,000 元罚金。

第八章 比赛装备

第三十四条 比赛服装

一、比赛服装的号码必须与报名表相符，赛季内不得更改，比赛服不得无号、不得临时贴号。

二、号码颜色应与比赛服颜色有明显区分。为突出视觉效果，比赛服装应保留一块纯色区域供印制球衣号码。

三、守门员可穿着长裤。守门员的服装颜色须区分于其他运动员和裁判员。如果球队采用“超人战术”替换了守门员，则上场守门员（超人球员）比赛服装颜色必须于本队守门员服装颜色相同并印有原号码。

四、运动员如穿铲球裤或贴身长裤，必须与短裤的主色相同。

五、运动员所用护踝和脚踩绷带必须与护袜同色。

第三十五条 比赛用鞋

参赛运动员需穿着适合于室内五人制足球的橡胶平底足球鞋比赛。

第九章 医疗保障

第三十六条 医疗设施、设备

一、赛区组委会应保证比赛场馆指定区域停放 1 辆救护车。

二、配备必需的急救设备，包括但不限于急救箱、除颤仪等。

三、每场比赛应在比赛场地边配置 2 副担架和足够的担架员。

四、赛区组委会应为五超联赛指定一家二级甲等以上医院。

第三十七条 医务人员

比赛现场至少应有 1 名执业医生及足够的医护人员。

第十章　纪律及诉讼

第三十八条　纪律准则

2017—2018 五超联赛所有违纪违规事件的处理应遵守《中国足球协会纪律准则》。

第三十九条　纪律委员会

2017—2018 五超联赛比赛中的违纪事件，由五超联赛委员会负责处理。

第四十条　纪律处罚

一、所有纪律处罚由五超联赛委员会依据比赛监督、裁判长报告、当事人陈述及比赛录像出具处罚报告。

二、如情节特别严重，五超联赛委员会应将情况上报中国足协纪律委员会。

第四十一条　上诉

参赛俱乐部对纪律委员会处罚结果有异议，可进行上诉。与裁判员执法相关的决定不得上诉。

第十一章　安保及保险

第四十二条　安保

一、各参赛俱乐部及其所在单位，以及当地会员单位或相关政府机关有责任在各个赛事相关地点（包括但不限于所有赛场区域、训练场及运动员驻地等）制定并执行缜密的安保措施，安保措施范围包括但不限于以下所有相关人员：

（一）所有参赛俱乐部、运动员和官员；

（二）所有竞赛官员和工作人员；

（三）媒体人员；

（四）赞助商及商业合作伙伴；

（五）现场球迷和观众。

二、承办方应根据《全国足球赛区安全秩序规定》，协同当地公安机关，制定赛会安全措施及预案，并提交给赛会主办方。

三、为保障运动员和比赛官员人身安全，赛区必须进行相应的场馆流线设计，以区分观众、媒体、教练员、运动员、技术官员等各类人员的专属区域和流线，需在体育馆为运动员和比赛官员提供安全的进出通道。

四、如果未对安保做出有效安排和计划，承办方将会受到处罚。

第四十三条 保险

一、赛区及俱乐部需对举办比赛的体育馆相关联的风险和责任进行投保，此类保险应向受伤人员或者受损物品和财产进行合适数量的赔偿。

二、参赛俱乐部比赛的风险应当由其自己承担，通过适当运动保险合同进行覆盖。

三、参赛俱乐部应自行负责其运动队在赛区所有比赛中包括运动员和官员在内的保险问题（包括意外门急诊，住院和外科手术或由比赛引发的其他相关问题，如失能、失业等）。且参赛单位必须使中国足协及其会员协会免遭此类起诉。

第十二章 实施细则

第四十四条 奖励

一、2017—2018 年度五超联赛奖金为 80 万元。其中冠军 40 万元，亚军 25 万元，季军 15 万元。

二、在 2017—2018 五超联赛中，设立“最佳运动员”“最佳射手”“最佳教练员”“本土最佳运动员”“本土最佳射手”“本土最佳教练员”“最佳守门员”“最佳裁判员”“最佳阵容”9 个奖项。获奖人员将获得奖杯或奖牌。

三、2017—2018 五超联赛设“公平竞赛优胜队”奖：

（一）评选 1 支队伍。

（二）具体评选办法：

1. 各队评选总分为 50 分；

2. 违反《中国足球协会纪律准则》有关条例，视情节扣分；

3. 各队在比赛中，运动员被裁判员出示黄牌一次扣 1 分，红牌一次扣 3 分；如因情节恶劣，被裁判员红牌罚令出场的运动员并受到赛区纪律委员会的进一步处罚，取消该队评比资格；

4. 全年度比赛结束后，总分最高的队获得“公平竞赛优胜队”；如遇两队或两队以上总分相等，比赛名次优者列前。奖励奖金 5 万元人民币。

第四十五条 奖杯及奖牌

一、第一名俱乐部：获得冠军杯一座。

二、第一名俱乐部每人获得金牌一枚（共 30 枚）及证书；第二名俱乐部每人获得银牌一枚（共 30 枚）及证书、第三名俱乐部每人获得铜牌一枚（共 30 枚）及证书。

第四十六条 颁奖典礼

一、颁奖典礼在最后一轮比赛结束后举行，向获奖俱乐部及个人颁发奖项。

二、获奖参赛俱乐部的运动员、裁判及会员协会代表将获得相应奖励。会员协会可代表其俱乐部参加颁奖典礼。

第四十七条　补贴

2017—2018 五超联赛全部比赛结束后，各赛区将获得不超过 30 万元的补贴。其中 15 万元为固定补贴包括但不限于竞赛组织、比赛官员食宿费、宣传、安保、办公杂费等，15 万元根据俱乐部主场工作评定情况发放。主场工作包括但不限于竞赛组织、媒体宣传、电视转播、上座率等指标。

第四十八条　协议

一、中国足协应与注册俱乐部所在地会员协会签订办赛协议。

二、所有工作将依据办赛协议开展。

第四十九条　不可抗力

中国足协为界定所有不可抗力情况的唯一主体。

第五十条　未尽事宜

本规程由中国足球协会解释，未尽事宜由中国足球协会下发补充通知。

2019年中国足球协会室内五人制甲级联赛竞赛规程

第一章　中国足球协会室内五人制足球甲级联赛

第一条　概述

一、中国足球协会室内五人制足球甲级联赛是中国足球协会（以下简称“中国足协”）管辖的与中国足协室内五人制足球超级联赛衔接的第二级别室内五人制足球联赛，每年举办一次。

二、本次比赛全称为：2019 中国足球协会室内五人制足球甲级联赛。简称为：“2019 五甲联赛”。英文名称为“2019 Chinese Football Association Futsal League”，简称“CFL”。

三、主办与承办

2019 五甲联赛由中国足协主办，由提交承办申请并符合办赛条件及资格的中国足协会员协会承办。

四、比赛日期及地点

（一）南一区：2019 年 3 月 20 日至 25 日，地点待定，具体赛程根据报名队伍数量另行通知。

（二）南二区：2019 年 3 月 29 日至 4 月 3 日，地点待定，具体赛程根据报名队伍数量另行通知。

（三）北一区：2019 年 4 月 11 日至 16 日，地点待定，具体赛程根据报名队伍数量另行通知。

（四）北二区：2019 年 4 月 20 日至 25 日，地点待定，具体赛程根据报名队伍数量另行通知。

（五）总决赛阶段：2019 年 5 月 22 日至 30 日，地点待定。

（六）升降级附加赛：2019 年 6 月 12 日，比赛地点为 2018—2019 五超联赛赛会制最后一站比赛地点。

五、参赛队数

五人制俱乐部或球队 32 支以内。

第二章　职　责

第二条　中国足球协会

一、中国足协负责根据《中国足球协会章程》组织及管理2019五甲联赛所有事务。

二、中国足协的职责包括但不限于

（一）赛事的赛制、赛程、准入工作及监督赛事日常运营工作。

（二）决定比赛日程。

（三）确定比赛场馆及训练场馆。

（四）指派比赛官员，包括但不限于协调员、比赛监督、裁判长、裁判员、医疗官、新闻官及安保官等。

（五）比赛用球。

（六）负责处理与赛事相关的违纪违规事件。

（七）决定递补名额。

（八）处理弃赛或比赛取消。

（九）处理不可抗力事件。

（十）处理其他与竞赛相关的事宜。

三、中国足协所有决定为最终决定且不可上诉。

四、中国足协纪律委员会将依据《中国足球协会纪律准则》对赛事发生的违纪违规事件进行处罚。

第三条　参赛俱乐部、球队

一、所有参赛俱乐部、球队需在所属中国足协会员协会进行注册。

二、所有参赛俱乐部、球队须

（一）遵守中国足协章程、竞赛规程、各类竞赛文件、指南和通知。

（二）遵守国际足联《2014/2015室内五人制足球竞赛规则》。

（三）遵守公平竞赛原则。

（四）确保官员在比赛期间遵守各项赛事规定，良好地履行职责。

（五）严格按照中国足协下发的《赛前联席会程序及要求》开展工作。未按要求参加组委会相关会议或活动的俱乐部或球队将被处以1,000元罚款，赛区纪律委员会、中国足协纪律委员会将视情形追加处罚。

（六）按组委会要求提供俱乐部或球队相关资料，包括但不限于俱乐部介绍、官员及运动员的照片、各类数据和信息等。上述内容将用于赛事期间的推广与宣传。

（七）承担以下费用：

1. 城际间交通；

2. 规程规定以外的食宿；

3. 参赛人员及物品的保险；

4. 其他需要自理的各类消费。

（八）执行中国足协、2019 五甲联赛组委会与比赛相关的各类决定。

第四条　赛区组委会

一、2019 五甲联赛赛区组委会应按照赛事协议及赛事规程、竞赛文件，履行职责和义务。

二、在赛事期间协调当地政府和相关机构，配合完成以下工作：

（一）赛事组织及场馆安全，包括购买第三方险及观众意外险。

（二）保障赛事安全有序。

（三）遵守中国足协相关规定。

三、负责中国足协选派的比赛官员的接待工作。

第三章　参赛资格、报名

第五条　参赛资格

一、俱乐部、球队参赛资格

（一）参加 2017—2018 中国足协室内五人制足球甲级联赛的俱乐部或球队。

（二）参加 2018 年室内五人制足球中国足协杯的俱乐部或球队。

（三）经中国足协审定符合参赛资格的其他俱乐部或球队。

二、运动员参赛资格

（一）来自机关、学校、企业、行业、部队等单位的业余运动员可参加比赛。

（二）报名运动员的年龄须大于 16 岁（2002 年 12 月 31 日以前出生），在中国足协会员协会注册，具有中国国籍及中国第二代居民身份证。

（三）同一名报名运动员不得同时代表两支或以上五人制俱乐部参赛，包含五超联赛及五甲联赛。

（四）未完成当地会员协会注册及转会（租借）手续的运动员不得报名和参赛；身份有争议的球员，在争议解决之前不能代表任何俱乐部参赛。

三、五甲联赛名额分配

（一） 主办方有权根据各会员协会预报名及各地五人制赛事发展状况、开展过程中的信息反馈情况，综合确定五甲联赛大区赛的参赛名额数量。

（二） 主办方有权对会员协会、俱乐部及其运动员和官员的参赛资格做出最终决定，会员协会、俱乐部及其运动员和官员不得对该决定提出申诉。

第六条　参赛报名

一、俱乐部、球队报名

（一）各俱乐部、球队在中国足球协会会员协会注册，并于 2019 年 2 月 18 日前在中国足球协会注册办完成备案。

（二）俱乐部、球队名称应报全称及简称。全称为“地域名＋俱乐部名＋俱乐部队冠名＋队”；简称为“地域名＋俱乐部名或俱乐部队名”，简称不超过 7 个字。

（三）报名完成后，俱乐部、球队名称在本赛季内不得变更。

二、球队官员、运动员报名

各俱乐部、球队须在 2019 年 2 月 25 日前通过中国足球协会注册系统完成官员和运动员的报名工作，其中：

（一）参赛运动员不超过 20 人，不得报名外籍运动员（包括港、澳、台足协所属运动员）。

（二）官员包括领队 1 名、主教练（持有亚足联室内五人制足球 L1 或以上教练员证书）1 名、医生（持有医务执业医师资格证书）至少 1 名，其余人员包括但不限于助理教练员（持有中国足协五人制足球初级或以上教练员证书）、管理、技术分析、翻译、新闻官、理疗师、摄像等工作人员。

（三）报名运动员号码必须为 1 至 25 号，赛事期间内不得更改，其中 1 号必须为守门员，报名运动员中至少 2 名守门员。

（四）报名后运动员不能再更换和补报。

（五）报名俱乐部、球队须按各阶段报名通知规定时间内缴纳纪律保证金 20,000 元至指定账户，保证金在比赛结束后扣除相关罚金后退还。

三、各俱乐部或球队完成报名并通过审核，并按时缴纳保证金，具备参赛资格，未按时提交保证金的俱乐部、队伍将被取消参赛资格。

第七条　补充报名及报名程序

一、俱乐部、队伍变更官员时，必须提前 7 个工作日向五甲联赛委员会书面申报，经审核批准后方能变更报名并随队工作。

二、晋级总决赛俱乐部、队伍可在总决赛开赛前调整球员（具体日期为 2019 年 4 月 28 日至 5 月 10 日），人数不超过 5 名；补报后各项资格要求不变。

三、补报及更换的球员不得使用其他球员已经使用过的号码，更换或补报时每名球员应填报《更换、补报球员报名表》，经审核批准后方能参赛。

四、如有报名球员在参加各级国家队的比赛、训练中负伤，并经国家队队医确认不能参加赛季余下的比赛，经申请批准可额外更换相应名额的球员。

五、报名结束后，经五甲联赛委员会审核批准向符合条件的球员和官员颁发参赛证件，球员和官员凭证参赛。如果在赛事期间证件丢失和损坏，申请俱乐部需支付每张 200 元的制证费为球员和官员补制新证。

第八条 上场名单

各参赛俱乐部、球队应由主教练或领队签名确认《上场队员名单》（5 名首发运动员和 9 名替补运动员，每队报名运动员不少于 10 人）和《球队官员进入替补席名单》（至少包括领队及主教练），并于比赛开始前 90 分钟提交给比赛监督。比赛监督及第三裁判员将在赛前核实运动员、球队官员身份。比赛上场名单提交后原则上不能更改，若名单上首发运动员因故无法比赛，则仅能从本名单中替换。若守门员因故无法比赛，经中国足协核准后可在 20 人大名单中替换。

第九条 首发名单

一、比赛监督确认双方运动员名单后，合成当场比赛首发名单。

二、首发名单必须经过比赛监督签名确认后生效。

三、比赛监督须在比赛前 75 分钟进入更衣室核实运动员比赛资格。俱乐部、球队官员及运动员应持参赛证接受比赛监督检查，通过后方可参赛。

第四章 赛制及赛程

第十条 赛制

2019 五甲联赛分南一、南二、北一、北二区四个大区赛、总决赛、五超五甲升降级附加赛三个阶段进行。

一、南一、南二、北一、北二大区赛：每区各 7~8 支俱乐部、球队，分两个小组，先进行小组单循环积分赛，再进行交叉淘汰赛，每个大区前三名晋级总决赛。

二、总决赛：共 12 支俱乐部、球队参加，先进行小组单循环积分赛，再进行交叉淘汰赛，决出所有名次。

三、升降级附加赛：2019 五甲联赛第二名、第一名分别与 2018—2019 五超联赛第十一名、第十二名进行单场升降级附加赛。

第十一条 赛程

一、2019 五甲联赛的竞赛日程由 2019 五甲联赛组委会制定，各参赛俱乐部、球队必须严格遵守。

二、因亚足联调整有关赛程、或因国家队临时承担重要任务、或遇到不可抗拒的原因，中国足协有权对赛程做出调整或更改。

三、2019 五甲联赛的各场比赛开球时间由 2019 五甲联赛组委会在开赛前统一确定。

第十二条　参赛俱乐部、球队分区

一、中国足协将综合考虑各参赛俱乐部、球队将根据所在省、自治区、直辖市行政区域、距离及竞技水平划分南一、南二、北一、北二四个大区参赛队伍。四个大区所含会员协会及参赛俱乐部、球队将另行通知。

二、中国足协有权根据最终报名队伍数量调整每个赛区最终参赛队伍数。

第五章　技术规程

第十三条　室内五人制竞赛规则

执行国际足联最新版本《2014/2015 室内五人制足球竞赛规则》。

第十四条　比赛时间

一、每场比赛为 40 分钟，分为上下各 20 分钟两个半场。两个半场中间休息 15 分钟（从上半场终场哨响至下半场开场哨响）。

二、如参赛运动队在上 / 下半场开始时迟到，2019 五甲联赛组委会将根据情形给予处罚。

三、每支参赛运动队上 / 下半场各拥有 1 次暂停的权利，每次暂停持续 1 分钟。参赛运动队官员可以向第三裁判提出暂停请求。当提出暂停请求的参赛运动队拥有球权，且比赛没有恢复的情况下，计时员将会同意暂停，并用口哨或发声设备发出不同于裁判员的哨声信号。

第十五条　红黄牌

一、在 2019 五甲联赛的比赛中，同一名运动员被出示黄牌累积 3 次，自动停赛 1 场；运动员被出示红牌，自动停赛 1 场。

二、在 2019 五甲联赛的比赛中，同一名运动员第一次被出示红牌的，自动停赛 1 场罚款 1,000 元；第二次被出示红牌的，处以停赛 2 场罚款 2,000 元；第三次被出示红牌的，处以停赛 3 场罚款 3,000 元；以此类推，进行累加停赛与罚款。

三、单场比赛同一俱乐部、球队累计被出示 5 张黄牌或以上，则该俱乐部、球队被罚款 2,000 元。

四、运动员在大区赛阶段的单张、两张黄牌不带入总决赛。运动员在大区赛阶段累计三张黄牌、红牌、纪律处罚的停赛均带入总决赛。运动员在总决赛阶段的单张、两张黄牌不带入五超五甲附加赛。运动员在总决赛阶段累积三张黄牌、红牌、纪律处罚的停赛均带入五超五甲附加赛。

五、运动员如在此次 2019 五甲联赛中有未执行完的停赛及中国足协纪律委员会追加处罚，则将在中国足协举办的后续五人制赛事中执行。

第十六条　退赛

一、所有报名成功的参赛俱乐部、球队应按照赛程完成所有比赛。

二、赛前退赛

如遇俱乐部、球队比赛开始前退出或被取消报名资格，中国足协有权做出以下决定，包括但不限于：

（一）更换参赛俱乐部、球队；

（二）改变竞赛办法；或

（三）调整技术规则。

三、赛中退赛

（一）任何参赛俱乐部、球队比赛中退赛：

1. 比赛进行中退出；或

2. 拒绝完成比赛；或

3. 比赛结束前离开体育馆。

将被认定比赛中退赛。

（二）在循环赛中退赛俱乐部、球队所有比赛成绩被认定为无效。所有积分、进球和排名都将被视为无效。

（三）中国足协有权要求俱乐部、球队赔偿由退赛带来的所有损失，包括但不限于其他参赛俱乐部、球队及中国足协、中国足协商业合作伙伴、转播商、会员协会。具体数额由中国足协决定。

（四）退赛俱乐部、球队 2 年内不被允许参加中国足协主办的任何赛事。

四、处罚

（一）任何参赛俱乐部、球队在任何情况下退出比赛，将被处罚金 20,000 元。

（二）中国足协纪律委员会可视情形追加处罚。

第十七条　比赛取消

如果比赛由于不可抗力因素或者其他任何原因，包括但不限于比赛场地不适宜比赛、照明灯故障等事故导致比赛无法进行，则应随后采取以下措施：

一、决定本场比赛恢复前，比赛将被推迟 30 分钟，除非裁判员认定比赛可以提前开始。

二、如果裁判员认为再延长一段时间比赛即可开始，则可再至多延长 30 分钟。如果第二个 30 分钟结束后比赛仍未开始，裁判员必须宣布取消该场比赛。

三、在取消比赛的情况下，主办方应在裁判员做出取消比赛决定后 3 小时内，在考虑体育精神及组织等因素前提下，决定是否重新安排比赛，或是否采取其他必要行为，或决定延续该比赛。除非纪律委员会做出其他决定，否则与该场比赛相关的处罚措施依然有效。

第十八条　弃赛

一、下列情况之一的球队均属弃赛：

（一）并非因不可抗拒的原因，且未获 2019 五甲联赛组委会批准，未参加规程规定的比赛。

（二）拒绝按照 2019 五甲联赛组委会的安排参加补赛或改期的比赛。

（三）拒绝按照裁判员的要求，在 5 分钟内恢复中断的比赛。

（四）有未报名，或未得到中国足协准许，或处在停赛期、或正在诉讼过程中尚未被允许参赛、或违反参赛报名资格的运动员，代表该队参加了比赛。

二、对弃权的处理：

（一）一方球队比赛弃权，另一方球队以 5∶0 获胜。如果比赛的实际比分超过 5∶0，则以当时的实际结果为准。

（二）赛区纪律委员会视情况向中国足协纪律委员会提交报告，由中国足协纪律委员会做出进一步处理。

第十九条　室内比赛场馆

一、2019 五甲联赛比赛场馆须经中国足协及赛区组委会验收合格后才能使用。

二、如果在比赛过程中中国足协及赛区组委会认定比赛场馆不适合比赛，将有权要求比赛场馆更换至符合比赛要求的备用场馆。

三、承办方须书面保证赛事开始前 3 天及后 1 天比赛场馆无其他比赛及活动。否则承办会员协会将受到处罚：

（一）罚金 10,000 元；

（二）中国足协纪律委员会追加处罚。

四、室内比赛场馆应取得中国法律规定的建筑资质、消防资质。

五、室内比赛场馆所有区域严禁吸烟。

第二十条　替补席及技术区域

比赛替补席座位每队 15 个，其中官员 6 个、替补运动员 9 个，其他无关人员不得入座。

一、在每场比赛中，每队可填报首发上场运动员 5 名，替补不超过 9 名。

二、只有正式报名的官员（领队、教练员、队医、翻译等）、运动员才能在替补席就座。

三、替补席上的替补运动员必须穿着有明显区别于场上比赛运动员的背心。

四、比赛开始前，主队应当使用裁判员记时台左侧的替补席；比赛开始时双方进行选边，决定比赛开始时一方的进攻方向，替补席随之调整。

五、被裁判员罚离替补席的教练员，赛后不得出席新闻发布会，但需由领队或其他教练员代为出席。

第二十一条 热身

一、各参赛俱乐部、球队可以在比赛开始前在指定区域进行热身，热身时间必须严格遵守比赛倒计时。

二、在比赛进行期间，每队同时最多允许 5 名运动员（含准备替换上场的运动员）在其替补席后面或比赛监督指定的区域内进行无球热身。

第二十二条 官方训练

一、各参赛俱乐部、球队应于比赛日前 2 天到达比赛地，组委会会按各俱乐部、球队比赛时间，在比赛日前一天安排不超过 45 分钟的官方训练。

二、比赛场地应按正式比赛要求布置，如果比赛场地未完成布置达到要求，赛区协调员或比赛监督有权缩短或取消官方训练，并引导参赛俱乐部、球队进行适应训练。

三、如果参赛俱乐部、球队不进行官方训练，则须提前 48 小时告知赛区组委会。

四、赛区组委会负责官方训练的日程安排。如果参赛俱乐部、球队因故取消官方训练，需在到会前 24 小时向赛区协调员或比赛监督提交申请。

五、参赛俱乐部、球队不允许在比赛日前 3 天内在比赛场馆组织友谊赛。

第二十三条 比赛用球

比赛采用多球制，比赛用球由中国足协指定并提供。

第六章 后勤保障

第二十四条 到达与离开

一、参赛俱乐部、球队根据赛程提前 2 天到会。

二、所有参赛俱乐部、球队应在本队比赛结束后次日 12：00 前离会。

第二十五条 差旅

中国足协负责比赛官员差旅费用。参赛俱乐部、球队城际间交通费自理。

第二十六条 食宿

（一）赛区组委会承担比赛官员食宿费用。

（二）组委会承担每个参赛俱乐部、球队官方比赛期间内 10 人的食宿费，非官方接待时段及超编人员食宿费用由俱乐部、球队承担。

第二十七条 俱乐部、球队联络人

每个参赛俱乐部、球队须在报名时注明联络人，并提交电话号码及电子邮箱。

第二十八条 当地交通

组委会承担比赛期间市内交通（交通枢纽至入住酒店、入住酒店至交通枢纽各 1 次；入住酒店至比赛场馆、比赛场馆至入住酒店每天各 1 次）。

第七章 媒体与传播

第二十九条 媒体区域

一、媒体工作人员应根据证件权限在指定区域内开展工作。

二、组委会应确保电视转播人员提前 5 天进入比赛场馆，根据比赛要求解决相关问题。

三、组委会应保障赛事媒体版权不受侵害。未被授权媒体不得进入比赛场馆。

第三十条 官方训练

一、官方训练应对赛事注册媒体开放。

二、参赛俱乐部、球队必须保证至少 15 分钟的媒体开放时间。

第三十一条 新闻发布会

本次 2019 五甲联赛将在赛前举办新闻发布会，请各参赛俱乐部、球队积极配合赛区新闻宣传工作。

第三十二条 混合采访区

一、参赛俱乐部、球队的官员及运动员赛后必须经过混合采访区，配合媒体采访工作。

二、俱乐部、球队应鼓励其官员及运动员接受采访。

三、如有参赛俱乐部、球队未从混合采访区通过，将被处以 1,000 元罚金。

第三十三条 瞬间采访

一、瞬间采访在比赛结束后立即进行。赛区组委会新闻官将挑选当场比赛运动员接受采访。

二、瞬间采访应在指定区域背景板前进行，俱乐部、球队应保证运动员配合瞬间采访工作。

三、未按赛区组委会要求配合瞬间采访的俱乐部、球队将被处以 1,000 元罚金。

第三十四条 比赛录像

赛区组委会应在比赛结束后六小时内将比赛录像交给比赛监督。

第八章 比赛装备

第三十五条 比赛服

一、各参赛队必须准备两套颜色不同的比赛服（本规程中的两套比赛服包含运动员两套比赛服、守门员两套比赛服，合计四套比赛服，每套包括上衣、短裤或长裤、球袜），一套深颜色、一套浅颜色。

二、比赛服必须印有号码，号码颜色应与比赛服颜色有明显区分。其中：上衣背后的号码高 25~35 厘米，胸前小号码高 10~15 厘米，短裤左腿前面的号码高 10~15 厘米。

三、比赛服装的号码必须与报名表相符，服装不符合规定或无号、重号、临时贴号的队员均不得上场比赛。

四、守门员可以穿长裤，每名守门员的服装颜色必须有别于其他运动员和裁判员。如果球队利用“超人战术”替换了守门员，则上场守门员（超人“Power Player”）比赛服装颜色必须于本队守门员服装颜色相同并印有原号码。

五、运动员如穿紧身中长内裤，必须与短裤的主色相同。

六、运动员所用护踝和脚踩绷带必须与护袜同色。

第三十六条 比赛用鞋

参赛运动员需穿着适合于室内五人制足球的橡胶平底足球鞋比赛。

第九章 医疗保障

第三十七条 医疗设施、设备

一、赛区组委会应保证比赛场馆指定区域停放 2 辆救护车。

二、配备必需的急救设备，包括但不限于急救箱、除颤仪等。

三、比赛场馆应设置医务室，并配置 2 张或更多的病床。

第三十八条 医务人员

比赛现场至少应有 2 名执业医生及足够的医护人员。

第十章 纪律及诉讼

第三十九条 纪律准则

2019 五甲联赛所有违纪违规事件的处理应遵守《中国足球协会纪律准则》。

第四十条 纪律委员会

2019 五甲联赛比赛中的违纪事件，由赛区纪律委员会负责处理。

第四十一条 纪律处罚

一、所有纪律处罚由赛区组委会依据比赛监督、裁判长报告、当事人陈述及比赛录像出具处罚报告。

二、如情节特别严重，赛区组委会应将情况上报中国足协纪律委员会。

第四十二条 上诉

参赛俱乐部、队伍对赛区纪律委员会处罚结果有异议，可上诉至中国足协。与裁判员执法相关的决定不得上诉。

第十一章　安保及保险

第四十三条　安保

一、各参赛俱乐部、球队及其所在单位，以及当地会员单位或相关政府机关有责任在各个赛事相关地点（包括但不限于所有赛场区域、训练场及运动员驻地等）制定并执行缜密的安保措施，安保措施范围包括但不限于以下所有相关人员：

（一）所有参赛俱乐部或球队、运动员和官员；

（二）所有竞赛官员和工作人员；

（三）媒体人员；

（四）赞助商及商业合作伙伴；

（五）现场球迷和观众。

二、承办方应根据《全国足球赛区安全秩序规定》，协同当地公安机关，制定赛会安全措施及预案，并提交给赛会主办方。

三、为保障运动员和比赛官员人身安全，赛区必须进行相应的场馆流线设计，以区分观众、媒体、教练员、运动员、技术官员等各类人员的专属区域和流线，需在体育馆为运动员和比赛官员提供安全的进出通道。

四、如果未对安保做出有效安排和计划，承办方将会受到处罚。

第四十四条　保险

一、赛区需对举办比赛的体育馆相关联的风险和责任进行投保，此类保险应向受伤人员或者受损物品和财产进行合适数量的赔偿。

二、参赛俱乐部或球队比赛的风险应当由其自己承担，通过适当运动保险合同进行覆盖。

三、参赛俱乐部或球队应自行负责其运动队在赛区所有比赛中包括运动员和官员在内的保险问题（包括意外门急诊，住院和外科手术或由比赛引发的其他相关问题，如失能、失业等）。且参赛单位必须使中国足协及其会员协会免遭此类起诉。

第十二章　名次决定和奖励

第四十五条　决定名次办法

一、小组赛阶段：

（一）每队胜一场得 3 分，平一场得 1 分，负一场得 0 分。

（二）积分多的队名次列前。

（三）如果两队或两队以上积分相等，依下列顺序排列名次：

1. 积分相等队之间相互比赛积分多者，名次列前；

2. 积分相等队之间相互比赛净胜球多者，名次列前；

3. 积分相等队之间相互比赛进球数多者，名次列前；

4. 积分相等队在全部比赛中净胜球多者，名次列前；

5. 积分相等队在全部比赛中进球数多者，名次列前；

6. 红黄牌扣分少者，名次列前；

7. 以抽签的办法决定名次。

二、淘汰赛阶段

进行单场淘汰赛时，如40分钟比赛结束后仍为平局，以踢球点球的办法决出胜负。

三、五超、五甲联赛升降级附加赛：

（一）每场比赛必须分出胜负。如常规时间内平局，则进行加时赛（上、下半场各5分钟）；如加时赛仍为平局，则踢球点球决出胜负。

（二）2018—2019五超联赛第十一名、第十二名队伍进行升降级附加赛事时不允许使用外援。

四、全部比赛结束后，五超五甲升降级附加赛获胜的俱乐部或球队具备参加2018-2019中国足协室内五人制足球超级联赛资格。

五、如具备参加2018—2019中国足协室内五人制足球超级联赛资格的俱乐部或球队不能满足2019—2020中国足协室内五人制足球超级联赛准入要求，或因其他因素不能参加2018—2019中国足协室内五人制足球超级联赛，则按2018—2019五超联赛及2019五甲联赛排名递补俱乐部或球队，以此类推。

第四十六条 奖励

一、在2019五甲联赛比赛中，设立“最佳运动员”“最佳射手”“最佳教练员”“最佳守门员”“最佳裁判员”5个单项奖。

二、2019五甲联赛设“公平竞赛优胜队”奖：

（一）评选1支队伍（2019五甲联赛总决赛队伍中评选）。

（二）具体评选办法：

1. 各队评选总分为50分；

2. 违反《中国足球协会纪律准则》有关条例，视情节扣分；

3. 各队在比赛中，运动员被裁判员出示黄牌一次扣1分，红牌一次扣3分；如因情节恶劣，被裁判员红牌罚令出场的运动员并受到赛区纪律委员会的进一步处罚，取消该队评比资格；

4. 赛区比赛结束，总分最高的队伍获得“公平竞赛优胜队”；如遇两队或两队以上总分相等，比赛名次优者列前。

第四十七条　奖杯及奖牌

一、第一名球队：获得冠军杯一座。

二、第一名球队每人获得金牌一枚（共 22 枚）及证书；第二名球队每人获得银牌一枚（共 22 枚）及证书、第三名球队每人获得铜牌一枚（共 22 枚）及证书；第四名至第十二名球队获名次证书（22 张 / 每队）。

第四十八条　颁奖典礼

一、颁奖典礼应在决赛结束后立即举行，向获奖俱乐部、球队及个人颁发奖项。

二、获奖参赛俱乐部、球队的运动员、裁判及会员协会代表将获得相应奖励。

第十三章　附　则

第四十九条　知识产权

中国足球协会是中国足球协会室内五人制足球甲级联赛唯一且具有排他性的所有知识产权的所有者，包括但不局限当前和未来中国足球协会和五甲联赛的名称、标识、商标、技术报告、出版物、奖牌和奖杯等的使用权利。以上提及的任何权利的使用都应该事先获得中国足球协会的书面同意书。

第五十条　未尽事宜

本规程由中国足球协会负责解释，未尽事宜和由于不可抗力造成的事件都将由中国足球协会做出决议，该决议为最终决议。本规程从发布之日起生效。

2017 全国沙滩足球锦标赛竞赛规程

第一章　比赛基本信息

第一条　比赛名称：本赛事全称为：2017 全国沙滩足球锦标赛

第二条　赛事信息介绍：

2017 全国沙滩足球锦标赛（包括南、北区决赛及总决赛）主办单位为中国足球协会。

一、南区决赛

承办：广东省足协、阳江市文化广电新闻出版局、阳江市足球协会

比赛日期：2017 年 9 月 14 日至 19 日（含报到及离会日期）

比赛地点：广东省阳江市

二、北区决赛

承办：内蒙古足球协会、乌海市体育局

比赛日期：2017 年 9 月 21 日至 26 日（含报到及离会日期）

比赛地点：内蒙古自治区乌海市

三、总决赛

主办：中国足球协会、舟山市人民政府

承办：浙江省足协、舟山市体育总会

比赛日期：2017 年 10 月 13 日至 17 日（含报到及离会日期）

比赛地点：浙江省舟山市

第二章　参赛资格与报名

第三条　参赛资格

一、年龄：1999 年 1 月 1 日之前出生。

二、身体健康，体能良好，经常进行足球训练。同时具有比赛开始前一周县级以上医院出具的相关体检合格证明。

三、运动员本身必须有社会医疗保险和人身意外伤害事故保险，并在保期范围之内。

四、有因赛风赛纪等问题被中国足协及下属会员协会给予处罚历史的球员将被纳入赛事限制名单，经中国足协审核决定是否给予参赛资格。

五、每名运动员只能代表一支队伍报名参赛，代表多支队伍报名参赛的球员，将不允许参赛。

六、南、北区决赛阶段：各省市会员协会组织的全国沙滩足球锦标赛预赛的优胜球队或推荐的优秀球队具备报名资格，各俱乐部及相关院校亦可组织球队报名。可推荐多支优秀球队报名。

七、球队报名后，通过审核，可以获得参赛资格。

八、南、北区决赛计划各招募12支球队，以实际报名为准，报名超过12支，中国足球协会将以报名先后顺序审核录取。

九、总决赛阶段：16支。东道主舟山自动获得总决赛资格，南、北区决赛的前8名球队按照各自赛区总成绩排名，前15名晋级舟山总决赛。具体排名办法参考本规程第三章竞赛及决定名次办法，第五条竞赛办法之第四款。

第四条　报名办法

一、报名截止时间：2017年9月8日。

二、报名方式：

（一）联系人：王鹏骅

（二）联系电话：010-59291029，18510238744

（三）电子邮箱：wang.ph@thecfa.cn

（四）通信地址：北京市东城区夕照寺街东玖大厦A座701室，邮编100061。

三、参赛球队必须按中国足球协会统一制作的表格一式两份，逐份认真填写，并由所属会员协会、俱乐部（球队）加盖公章确认后扫描，以电子邮件和邮寄的形式报至中国足球协会。

四、中国足协在报名截止后，根据报名情况对南、北赛区参赛队进行分配，并将分配结果告知各参赛队。

五、参与本届赛事过程中（包括南、北区决赛及总决赛）各参赛球队需要分别提供三次不同的名单，分别为“赛事大名单”“赛会名单”及“比赛名单”。具体说明如下：

（一）“赛事大名单”：按照赛事通知所附报名表报名，官员限报6名，队员限报20名。该份名单为球队在参与2017全国沙滩足球锦标赛（包括南、北区决赛以及总决赛）期间可以使用的所有人员的大名单。

（二）“赛会名单”：每次赛事联席会期间，各球队需在“赛事大名单”中，提交一份赛会期间的参赛人员名单，其中官员限报6名，队员限报14名。参赛官员名单中，领队必须由组队单位官员担任，必须设置主教练，其他官员具体职务不限。

（三）“比赛名单”：赛会期间，每场比赛前，各球队需提交一份当场比赛的比赛名单，其中队员限报 12 名，官员限报 4 名。每场比赛之前各队必须只能在“赛会名单”中选取队员和官员。

（四）进入总决赛的球队可以在大名单范围内调整总决赛赛会名单。报名截止后，大名单将不得调整，名单之外的人员不具备参赛资格。

六、每队交纪律保证金 5000 元，若无违规违纪行为，按规定在总决赛结束之后统一退回。

第三章　竞赛及决定名次办法

第五条　竞赛办法

（一）南、北区决赛和总决赛均采用集中赛会制，参赛队伍根据抽签分为 A、B、C、D 四个小组，先进行小组单循环赛，各小组前两名出线，进入交叉排位赛，最终决出 1~8 名。

（二）每场比赛打三节，每节为时 12 分钟（每节时间不停表），常规时间获胜得 3 分，负得 0 分；三节为平局，则进行 3 分钟加时赛（不停表），胜者 2 分，负者 0 分；若加时赛继续为平局，即进入点球决胜（3+1），胜者得 1 分，负者得 0 分。积分多者名次列前。

（三）小组赛同积分队伍名次决定办法：

1. 有两队积分相同时，则以两队之间的比赛胜负关系来定，胜者名次列前。

2. 两队以上积分相同时，则以净胜球数决定，净胜球数多者列前；若再相同，则以进球数多者列前。

3. 若两队净胜球数及进球数相同时，全部比赛中红黄牌扣分最少者，名次列前（红牌 3 分，黄牌 1 分）；若再相同则以抽签决定。

（四）南、北赛区前 7 名共计 14 支球队直接获得舟山总决赛参赛资格。南、北赛区的第 8 名，根据各自从小组赛到排位赛阶段的所有比赛总成绩，按照以下条款先后顺序进行比较，较优者获得总决赛参赛资格：

1. 两队全部比赛（包括小组赛和排位赛）总积分对比，常规时间获胜积 3 分，加时赛获胜积 2 分，点球决胜获胜积 1 分，负一场积 0 分，积分较高一方晋级。

2. 两队积分相同时，则以净胜球数决定，净胜球数多者晋级；若再相同，则以进球数多者晋级。

3. 两队净胜球数及进球数相同时，全部比赛中红黄牌扣分最少者，名次列前（红牌 3 分，黄牌 1 分）；若再相同则以抽签决定。

第四章　奖　励

第六条　参赛队及总决赛奖励办法

（一）第一名的球队获得冠军奖杯 1 座，金牌十六块。总决赛第一名奖金人民币 1 万元。

（二）第二名的球队获得亚军奖杯 1 座，银牌十六块。总决赛第二名奖金人民币 8000 元。

（三）第三名的球队获得，铜牌十六块。总决赛第三名奖金 5000 元人民币。

（四）第四名至第八名颁发获奖证书。

（五）评选最佳裁判员、最佳射手各 1 名并颁发奖杯。

（六）评选公平竞赛运动队 4 支并颁发证书。

第五章　规则与规定

第七条　竞赛规则与有关规定

（一）执行国际足联 2015—2016 版本的《沙滩足球竞赛规则》。

（二）执行中国足球协会制定的《中国足球协会纪律处罚办法》《全国足球比赛赛区安全秩序规定》。

（三）其他具体规定：

1. 本次比赛实行开赛前检查运动员参赛证和身份证的办法，对所有列入球队上场名单（5 名）和替补名单（7 名）的运动员进行资格检查，检查不合格的运动员不能参加比赛；

2. 一名队员获得一张红牌或累计两张黄牌，自动停赛一轮比赛。南、北区决赛阶段黄牌不带入总决赛比赛，红牌、自动累积停赛和追加处罚仍然有效；

3. 每队最多允许报 2 名外援（港、澳、台籍运动员为亚足联籍运动员，视作外援），比赛过程中 2 名外援不能同时上场；

4. 每队必须备有两套不同颜色比赛服装（上衣、短裤、2 名守门员服装），每队在赛前提交比赛名单的同时，需上报所有运动员的比赛号码，比赛中比赛号码必须与赛事报名表相符，不得更改、不得无号；

5. 比赛替补席每队 11 席，其中替补队员 7 席、球队官员 4 席，其他人不得入座。

第八条　弃权和罢赛

一、未报名、或未通过此次比赛资格审查、或未获得注册参赛资格证、或处在停赛期、或正在诉讼过程中尚未被允许参赛的运动员，代表某队参加了比赛。该参赛队此场比赛按弃权处理。

二、弃权的处理

（一）一方参赛队比赛弃权，另一方参赛队以 3∶0 获胜，如果比赛实际比分超过 3∶0，则以当时实际结果为准。

（二）双方参赛队比赛弃权，双方参赛队本场比赛均无成绩，计 0 分。

三、有下列情况之一属罢赛：

（一）并非因主办方认可的不可抗拒原因，或未获得主办方批准，未参加竞赛赛程规定的比赛。

（二）拒绝按照主办方安排参加补赛或改期的比赛。

（三）拒绝按照裁判员要求，在 5 分钟内恢复中断的比赛或者在比赛结束前擅自离开比赛场地。

（四）中途退出联赛。

四、罢赛球队所有本次比赛的比分均计对方 3∶0 获胜（无论比赛是否已经进行），如果比赛实际比分超过 3∶0，则以当时实际结果为准。

五、弃权和罢赛的球队必须赔偿其他参赛队、中国足球协会、赛区组委会、合作伙伴等由此所遭受的损失，赔偿数额由组委会根据实际造成的损失决定。

六、中国足球协会纪律委员会可根据《中国足球协会纪律准则》，对弃权、罢赛的参赛队做出进一步处罚。

第九条 比赛官员

（一）比赛监督：由中国足球协会派遣，负责指导、协调赛区的各项组织工作，对比赛和赛区工作进行监督、评定。

（二）裁判长：由中国足球协会派遣，对比赛技术工作和裁判团队进行选派、监督、指导和评定。

（三）裁判员：由中国足球协会选派。

第六章 纪律与上诉

第十条 纪律委员会

全国沙滩足球锦标赛比赛中的违纪事件，由赛区纪律委员会在其（授权的）管辖范围内，依照《中国足协纪律准则》处理，并报中国足球纪律委员会备案。超越赛区管理权限的，向中国足球协会纪律委员会报告。

第十一条 纪律与诉讼

（一）对于比赛中的违纪事件，由赛区纪律委员会负责处理。

（二）对于比赛中的重大违纪事件或超越赛事处罚权限的事件，交由中国足协纪律委员会处理。

（三）参赛队对赛区纪律委员会处理结果不服，自处理决定公布之日起，7 日内向中国足球协会仲裁委员会提出申诉。

第七章　赛区接待

第十二条　球队接待

一、各参赛球队往返赛区的交通费自理；

二、承办赛区负责承担每支参赛球队部分人员（10 名队员及 4 名官员）赛前 1 天至完成比赛后 1 天的食宿和当地交通费用；超过 10 名队员及 4 名官员规定的人员费用自理。食宿标准 300 元 / 人 / 天。

第十三条　比赛官员接待

一、大会负责比赛监督、裁判长、裁判员往返交通费；

二、大会提供比赛期间的食宿和当地交通；

三、接待期为比赛前 2 天至比赛结束后 1 天，在此期间享受大会的补贴。

第十四条　其他人员接待

一、因赛事工作需要，必要时，中国足协向赛区派遣其他工作人员或新闻人员时，由赛区委员会接待。

二、接待参照比赛官员标准执行，其费用由赛区承担。

三、裁判、运动队赛前一天报到赛后一天离会，提前报到或延时离会所发生的费用由各队自理。各队超编人员费用自理。

第八章　未尽事宜

第十五条　本规程由中国足球协会解释，未尽事宜由赛区组委会另行通知。

中国足球协会

2017 年 8 月 14 日

亚洲足球俱乐部冠军联赛规程

定　义

本规程中所用的术语按以下释义解释，除非上下文另有特别说明：

住宿：由亚足联为亚足联代表团、参赛俱乐部、亚足联商业合作伙伴、官方被授权商提供的用于住宿的宾馆或其他处所。

证件或制证：相关机构将其权力赋予一个人或者一个群体，包括允许被许可人在控制区内从事具体活动的证件。

广告权：在此协议中所规定的运用任何手段在赛事中或赛事相关活动中对品牌或企业名称或产品或服务进行独家推广的权利，无论其效果是现实性的还是在未来产生，无论是在体育场内还是在控制区内，包括享有在体育场内或场馆周边设置标识或广告的权利，特许权，展示权，提供试用品、奖品、设备赞助的权利以及通过印刷品，包括节目单、海报、信件、新闻稿和球票等，为避免误解需特别指出的是，根据亚足联一贯指导方针，这其中也包括官员、医疗和安保人员、球童以及摄影师穿着或者携带或运送的服装和设备。同时裁判以及边裁等官员的制服上所展示的服装供应商的名称和商标也包括在内。为避免误解，需要特别指出的是，根据亚足联的规则和章程规定，球员所穿着的球衣上的广告不包括在内。

亚足联：亚足联委员会。

AFCAS：亚冠管理系统，亚冠在线比赛管理和注册系统。

亚冠联赛：此次赛事。

商业合作伙伴：亚足联授予其亚足联独家商业代理权（或部分）和服务提供权的实体。

亚足联委员会：亚足联章程中公布的一个或多个常务委员会。

亚足联竞赛委员会：亚足联内部的竞赛组织委员会，已在亚足联章程中任命，在与一切竞赛组织相关的一切事务上拥有最高权力。

亚足联代表团：

1. 亚足联官员；

2. 比赛官员；

3. 其他亚足联支派官员；

4. 亚足联委员会委员；

5. 亚足联嘉宾。

亚足联标志：一切标志，口号，称号，名称，徽标，记号，或亚足联（任何语言）拥有或控制的设备，但不包括比赛标志。

亚足联网站：由亚足联拥有的域名 www.the-afc.com，包括但不限于所有亚足联创建的及 / 或拥有的域名或者官方 媒体平台以及渠道（例如，脸书、视频网站、推特等）。

客场俱乐部：不在自己球场比赛的队伍。

客场进球规则：在主客场制淘汰赛的第二场比赛结束时，如果双方两场进球数一样，则客场进球多者获胜。

转播获许方：拥有直接从亚足联获得或者从亚足联合作伙伴获得与赛事转播权相关的所有权利的实体，包括主转播商。

冠军：决赛获胜俱乐部。

俱乐部：在足协管控下，参加联赛或比赛的职业或业余俱乐部。

清洁体育场：在规定时间交付给亚足联一个清洁的球场或者官方训练场地，无论场内、上空空间或外围，不包括：

1. 任何广告及商业标志，无论是球场基础设施、 官员制服、证件、围墙、设备或其他；

2. 有关使用和运营体育场（或其部分）的第三方协议，及 / 或

3. 体育场或场地冠名权。

商业权利：广告权、特许权、接待权、影像权、转播权、商品权、推广权赞助权以及旅行权。

赛事：亚洲冠军联赛，应包括比赛日程表中所设定的各场比赛，其中包括所有预选赛或附加赛，比赛场上所进行的所有活动（不仅指比赛）、开幕式、颁奖典礼以及闭幕式、新闻发布会等官方活动。

赛事数据：赛事相关的所有资料，包括比赛对阵表、影像权、参赛球队和参赛球员的信息和数据统计、他们在赛事中的出场和场上表现的信息和数据统计、比赛分析、裁判员判罚以及与赛事相关的任何信息。

赛事标志：由亚足联（任何语言）拥有及 / 或控制的的与赛事相关的所有设计的标志、标语、名称、名字、标志、商标、徽标、吉祥物或设备（在任何应用中）。

赛事名称：“亚足联冠军联赛（插入年）”或由亚足联通知和采用的由此任何变化。

赛事网站：配有专用网址的赛事官方网站，包括但不限于亚足联创建及 / 或拥有的赛事的所有其他域名或官方媒 体平台和渠道（例如，脸书、视频网站、推特等）。

赠票：所提供的不收取费用的球票。

特许经营权：对产品或服务进行样品提供、贩卖、展示或者运用其他分销手段的权利，

包括在体育场及其附属设施内的独家饮料经销特许权。

进出控制区：

1. 体育场；

2. 官方训练地点；

3. 指定官方酒店（不包括公共区域），包括但不限于提供给参赛球队入住的官方酒店；

4. 比赛当天，体育场周围的所有官方禁区；

5. 任何官方停车区，注册中心，国际转播中心，或 接待区域；

6. 任何公务场所；

7. 亚足联官方球迷公园；

8. 设备区；

9. 任何其他被亚足联制定为控制区域的场所和设 施，只允许持参赛证、球票或其他官方认证者进入。

加时赛：如果一场比赛的正常比赛时间结束时没有胜者，则按规定加赛两段等长的附加时间。

设施区域：由亚足联控制或以亚足联名义控制的与赛事相联系的体育场内或者其他地点内具有官方功能的地点、新闻中心、售票处、官方酒店、媒体区域、赞助商区域（包括且不仅包括亚足联球迷公园，和其他用于商业授权活动的区域）、官方接待区域（包括且不仅包括由授权接待方开发利用的区域）以及信息中心。

比赛场地：国际足联《足球比赛规则》第一条中描述的区域。

FIFA：国际足球联合会。

决赛：赛事中决定冠军的最后两（2）场比赛。

足球协会：一个国家或地区中经亚足联认可的足球管控机构。

不可抗力：超出人为合理控制的影响比赛或违犯本规定各条款的行为、事件、疏漏或意外等，包括但不限于恶劣天气、洪水、雷电、风暴、火灾、爆炸、地震、结构损坏、传染病或其他自然灾难、断电或电力不足、 战争、恐怖主义行为、军事行动、暴动、观众混乱、 袭击、罢工或停工、国内暴乱等。

小组赛阶段：按照竞赛规程，竞赛的第三阶段。

接待权：对赠票和在场馆或控制区内经营所有接待和娱乐设施专享的权利，无论这些设施处于房间内或帐篷内或其他地方，但未列入任何商业项目的为亚足联官员及客人预留的私人设施除外。

主转播商：亚足联直接或者间接指定的当事人，负责保证并提供比赛以及赛事其他活动转播信号和符合转播权的其他相关服务。

主办协会：亚足联指定的对赛事进行组织筹备并主办的会员协会。

主办城市：主办赛事的城市或区域。

主办俱乐部：经亚足联批准与其代表足协合作、承办此次赛事比赛的参赛俱乐部。

影像权：根据商业规程对参赛球队和球员、亚足联代表团所有成员、球队官员代表团、比赛官员以及竞赛成员参赛时静止或动态的影像或影像描绘进行使用的权利。

淘汰赛阶段：按照竞赛规程，竞赛的第四阶段。

比赛规则：由国际足球联合理事会发布的隶属于足球协会的俱乐部参加的职业联赛及/或业余联赛规则。

联赛：隶属于足球协会的由俱乐部组成的职业联赛及/或业余联赛。

比赛：每场完整比赛（包括加时赛和罚点球决胜），并包括任何推迟，延误的比赛和/或重赛。

比赛官员：任何经委任，在某场比赛中担任裁判、助理裁判、第四或第五官员和裁判考核员的个体。

比赛日程：公布的包含赛事细节的日程表（包括但不限于参赛球队名称、地点、体育场以及比赛开球的具体时间等）。

媒体：亚足联许可发放媒体证件的所有人员。

比赛津贴：参赛俱乐部将获得以下一种或多种津贴，比赛津贴包括差旅补贴、成绩奖金及/或参与补贴。

媒体权力：在世界范围内以任何语言、任何形式、在任何平台（包括电影、存储设备、数字媒体、游戏、互联网、公共展览、广播、手机、电视、视觉、视听、录音）制作、编辑和传播比赛和所有采访活动，在任何传播途径、展览、招待会使用官方活动和形象，通过以下途径，包括但不仅限于计算机、数字、卫视和互联通信统统，直播、转播或无限次重播全部或部分（包括且不限于片段、花絮、节目、杂志或新闻）现有的或后续编辑的内容，以及开发任何商机（包括如转播赞助和电视广告等）等与类似权利相关的一切权利。

会员协会：隶属于亚足联的足球协会。

商品开发权：在亚足联指导下进行设计的权利，以及在对所有种类的产品和服务进行推广、制造、包装、分销以及销售等环节中开发赛事标志和官方标识的权利，这些产品和服务包括服装、纪念币、奖牌、与赛事相关的其他收藏品和赠品。

中立场地：任何用于比赛的体育场，且非参赛俱乐部指定用作常规主场的体育馆或场所，亚足联特别指定方可使用。根据规程，用作中立场地的体育场必须由亚足联特别指定。

官方倒计时：由亚足联制定的官方文件，比赛当天由俱乐部在特定时间内执行的事件和活动。

官方活动：任何与赛事有关的官方活动，包括切不仅包括所有在官方训练场地举办的比赛和活动、开幕式、闭幕式、任何亚足联晚宴、午餐、宴会、文化活动、官方新闻发布会。

官方训练场地：主办会员协会所指定的在赛事过程中供参赛球队使用的训练场地。

参赛俱乐部：经亚足联批准参赛的球队。

参赛官员：任何在比赛中注册为某队官方选派官员者。

参赛球员：任何在比赛中注册为某队球员者。

罚点球：根据《足球比赛规则》描述，“在罚点球点罚球”。

附加赛阶段：按照竞赛规程，竞赛的第二阶段。

资格赛阶段：按照竞赛规程，竞赛的第一阶段。

赠品：带有亚足联和赛事标志的推广性物品（包括其包装、标签和容器），并且在赛事中免费发放，或通过奖励形式进行发放。

推广权：官方出版物、官方供应商、官方产品、销售推广的所有相关权利，包括但不限于组织推广活动、评奖和发放奖品的权利、官方音乐权、授予官方地位的权利和所有其他关于赛事的具有商业价值的权利。

专有利益：知识产权、版权及其相似权利、商标权、精神道德权、演绎权、人格权以及商业权利中所有符合反不正当竞争法的其他权利。

四分之一决赛：淘汰赛阶段的第二轮比赛。

规程：本竞赛规程。

16 强赛：淘汰赛阶段的第一轮比赛。

亚军：决赛的败方。

半决赛：淘汰赛阶段的第三轮比赛。

赞助商权利：在世界范围内以任何语言、任何形式将亚冠联赛与特定产品、服务和 / 或品牌关联的权利，且应包括行使关联联赛的独家权利，包括且不限于 a）使用官方名称；b）使用亚足联标志和 / 或产品包装（包括赠品和零售商品）和 / 或广告；c）接收商业节目门票和 d）获得与播出比赛或官方活动有关的广播赞助机会的权利。

体育场：用于比赛的体育场，包括：

1. 体育场外围以内（需要有效参赛证或球票才能 进入的全部区域），体育场内及其围墙和四周（比赛当天及有参赛队伍进行训练时），体育场上空区域；

2. 停车设施，广场，特许销售区域，围墙以及入口；

3. 贵宾接待区域；

4. 媒体坐席；

5. 特许区域；

6. 商业展示区域；

7. 建筑物；

8. 比赛场地；

9. 转播综合区或媒体中心；

10. 看台；

11. 看台下方区域。

球队官方代表团：参赛俱乐部的官方代表团将最多由赛事最终注册名单中 18 名球员和 11 名官员组成。

门票：出席比赛、官方训练场所或官方活动的通行证。

票务：为向赛事的每场比赛和赛事官方活动的所有观众提供门票，使他们能够进入体育场或赛区而采取的所有操作措施。票务应当包括对赛事门票的生产、销售、分发、交付和付款等环节而采取的必要的管理工作。

旅行权：组织、分授权于赛事相关的官方旅行和巡展活动（包括提供比赛和官方活动的门票）的独家权利。

场所：主办城市以及体育场所在地的周围相关区域

根据本规程之用意以及上下语境，应当认为：

1. 单数应当包括有复数含义，反之亦然；

2. 阳性词应当包括阴性含义，反之亦然；

3. 本规则中对人的定义包含法人及公司的概念；

4. 提及的亚足联根据其上下语境应当包括其继承人和所认可的代理人以及，在于商业权利相关时包括其成员、国家级机构和主办委员会等；

5. 提及的亚足联商业合作伙伴或官方被授权方由亚足联、其继任者和许可受让方提供建议，涉及运动和商业权利开发；

6. 所有已定义的术语，除非本规程另有规定，其含义归属亚足联章程，除非上下文另有说明。

第一部分　亚冠联赛

1. 介绍

1.1 亚足联为成员俱乐部举办一年一度的亚冠联赛。

1.2《亚足联章程》陈述了亚足联和各参赛俱乐部（及其所在足协和联盟）的权利、义务和责任。

1.3《章程》及所有亚足联发布的指令、决定、方针和通告对所有参与准备、组织及承办比赛的一切参与者具有约束力。

1.4《亚足联竞赛操作手册》（手册）是不可分割的一部分，与规程一起阅读。手册约束所有参赛方、参与筹备、组织和主办的各方比赛。未能遵守手册规定的任何事项会导致亚足联纪律和道德规范的制裁。如规程与手册有任何不符之处，规程优先于手册。

1.5 本规程和任何参赛俱乐部、会员协会的具体协议中未授权的与亚冠联赛相关的任何权利均属于亚足联。

1.6 自执行起对亚足联章程以及亚足联和国际足联所有现行规章的引用是有效的。

第二部分　责　任

2. 亚足联

2.1 亚足联竞赛委员会负责依照亚足联章程组织竞赛。亚足联总秘书处执行必要的行政工作，以辅助亚足联竞赛委员会。

2.2 亚足联的责任包括，但不仅限于：

2.2.1 监督指导关于赛制、签和竞赛准入的准备和决定工作。

2.2.2 制定比赛日程（条款 7）。

2.2.3 在与参赛俱乐部及其所在足协协商后选择比赛视距（条款 16）。

2.2.4 指定每场比赛的官员。

2.2.5 决定比赛官方用球及规定的技术材料。

2.2.6 认可对于世界反兴奋剂机构认可实验室的选择并执行药检（条款 53）。

2.2.7 将相关案件上报亚足联纪律委员会（条款 54）。

2.2.8 更换已退出比赛的参赛俱乐部（条款 5、6）。

2.2.9 处理终止和取消的比赛（条款 14、15）。

2.2.10 处理由不可抗力造成的事件（条款 71）。

2.2.11 为任何一场比赛的任何亚足职员和竞赛官员提供保险，有效时间从他们由自身所在足协出发起，至离开举办方足协结束（条款 61）。

2.2.12 依照相关规程和《亚足联章程》处理一切与赛事相关但不归亚足联其他部门管辖的事物（条款 72）。

2.3 亚足联竞赛委员会和亚足联总秘书处的一切决定均为具有约束力的最终决定，不可更改。

2.4 亚足联纪律委员会关于竞赛的一切决议均遵循亚足联处分规则。

2.5 由亚足联参赛管理机构决定的所有涉及赛事的程序规则应按照亚足联参赛管理机构

指示进行。

3. 参与俱乐部及会员协会

3.1 参赛俱乐部及其所属会员协会的义务与职责均在以下文件中做出规定：参赛球队协议（PTA）、竞赛规程、《亚足联章程》和其他亚足联规程、指南、方针和通知。

3.1.1 参赛俱乐部必须上交参赛球队协议。

3.1.2 参赛球队协议必须填写完整并上交至亚足联，不能晚于亚足联通知的截止日期。

3.1.3 截止日期前没能将球队参赛协议上交至亚足联者，将被取消参赛资格。

3.2 各参赛俱乐部应确保出席每场比赛的每位俱乐部官方代表队成员都明确了解并同意遵守参赛球队协议，这是俱乐部参赛的先决条件。

3.3 各参赛俱乐部应保证：

3.3.1 遵守参赛球队协议、竞赛规程、《亚足联章程》和其他亚足联规程、指南、方针和通知，以及适用的国内、国际法律条文。

3.3.2 遵循国际足球协会理事会和国际足联颁布的《足球比赛规则》。

3.3.3 接受和认同一切于赛事相关的管理、纪律和裁判工作均由亚足联在遒循竞赛规程的原则下处理。

3.3.4 在竞赛中使用最强阵容。

3.3.5 遵循公平竞争原则。

3.3.6 确保持有参赛证的官方代表队成员以及在竞赛中代表俱乐部的一切人员行为端正，包括且不仅限于从抵达主办地起至离开的时间段。

3.3.6.1 未能保证球队宵方代表团行为端正可能导致参赛俱乐部被罚款；

3.3.6.2 亚足联纪律委员会可能酌情给予进一步处罚。

3.3.7 主场俱乐部应于其所在足协和亚足联总秘书处一起，遵照竞赛规程妥善安排比赛。

3.3.8 接受主办方经亚足联同意做出的一切安排。

3.3.9 出席并参与一切官方活动和典礼，包括且不仅限于球队抵达会议、比赛协调会议、新闻发布会以及按照亚足联指令举办的其他媒体和市场活动。

3.3.9.1 未能出席和/或参与官方活动或典礼的参赛俱乐部将被处以最低10, 000 美元罚款；

3.3.9.2 亚足联纪律委员会可能酌情给予进一步处罚。

3.3.10 在赛前提供给亚足联参赛球员、官员的数据和照片，与俱乐部和核准体育场相关的历史信息（包括照片），以及亚足联指令需要的一切相关数据信息。

3.3.11 将竞赛官方网址链接放在官网上。

3.4 在比赛期间，各参赛俱乐部（及其所在足协）对以下独立负责：

3.4.1 保险范围：

3.4.1.1 主场及客场比赛中球队官方代表团的保险（包括且不仅限于住院费、手术费、设备器材）。

3.4.1.2 经核准的体育场。须签署责任豁免同意书并于比赛开始前至少 30 天上交亚足联。如果在指定时间内没有收到，则视为主场俱乐部同意必要保险费用由亚足联转移至其自身。

3.4.2 所有其他必要保险政策。必须包括针对人员、物品和财产损伤的适当保证金额，视参赛俱乐部具体情况而定。该政策必须涵盖与举办比赛相关的一切风险，并免除对亚足联的所有申诉以及债务，并将亚足联认定为共同受保对象。所有保险政策必须告知亚足联，且亚足联有权索要保险政策复印件。

3.4.3 任何由球队官方代表团产生的额外开支（条款 35）。

3.4.4 球队官方代表队在任何主办方足协产生的续住费用（条款 35）。

3.4.5 办理进入主办方地区的签证费用。包括与签证申请成语有关的一切费用。

3.4.6 一切携带用于比赛的设备或商品出入境所产生的税费及其他费用。

3.4.7 主办场所和体育场的安全保障（条款 16、50）。

3.5 各参赛俱乐部及其所在足协应保障亚足联及其所有官员、主管、雇员、代表、代理及其他所有辅助人员的自由，并保护他们免受任何形式和性质的，由于足协、参赛俱乐部、球队官方代表团和受雇于足协或参赛俱乐部的第三方未能遵守竞赛规程所导致或引起的债务、责任、损失、伤害、处罚、索赔、罚款和费用（包括法律费用）。

3.6 冠军资格即时生效，如有需要，冠军应参加以下比赛：

3.6.1 国际足联世俱杯。

3.6.2 亚足联安排的任何与其他足联的国际赛事。

3.7 未经亚足联书面许可，参赛俱乐部不得代表亚足联或此次赛事。

3.8 所有被提名亚足联年度奖项的参赛球员和官员须保证出席亚足联年度亚足联颁奖之夜。

如被提名的参赛球员和官员不能出席，需要有亚足联的书面批准。

3.9 各主场俱乐部及其所在足协须保证亚足联做出的于其义务和责任相关的每项决议都立即生效执行。

第三部分　赛事入围，抽签，比赛安排，赛制

4. 入围

4.1 赛事入围依据《亚冠入围手册》2017—2020（入围手册）。

4.1.1 根据《入围手册》，参赛俱乐部应符合运动准则和俱乐部准入准则。

4.1.2 运动准则和俱乐部准入准则在《手册》中已陈述。

4.2 所有有关参赛入围的决定均须符合入围手册和亚足联参赛管理机构的程序规则。

4.3 有资格参赛俱乐部应根据条款 3 填写并上交亚足联参赛球队协议，以确认参赛。

4.3.1 参赛俱乐部的名称和标志不得直接饮用另一实体的名称或标志，无论该实体是否是参赛俱乐部的商业合作和伙伴或赞助商。

4.3.2 唯一例外是当参赛俱乐部符合以下任一（1）条件时：

4.3.2.1 参赛俱乐部名称必须是已长期使用的现有名称。该实体必须已经直接参与该参赛俱乐部的组件（财务或其他方面）。

4.3.2.2 参赛俱乐部在之前的亚足联赛事中已经用过该名称。

4.4 亚足联关于赛事入围的一切决定均为具有约束力的最终决定，不可更改。

4.5 参赛俱乐部在参加完第一场比赛后不允许改名。

5. 赛前退出

5.1 所有入围俱乐部保证参加赛程制定的所有比赛。

5.2 如有参赛俱乐部退赛或被除名，亚足联竞赛委员会将对此做出相关决定，包括且不限于是否：

5.2.1 替换参赛球队

5.2.2 改变改制（条款 8）

5.2.3 改变技术规程（第 4 部分）

5.3 亚足联竞赛委员会关于此的一切决定均为具有约束力的最终决定，不可更改。

5.4 任何在首场比赛前 30 天退赛的参赛俱乐部将被罚款至少 10,000 美元。

5.5 任何在首场比赛前少于 30 天退赛的参赛俱乐部将被罚款至少 20,000 美元。

5.6 亚足联纪律委员会可能酌情给予进一步处罚

6. 赛后退出

6.1 任何俱乐部如果：

6.1.1 在比赛开始后退出的俱乐部；或

6.1.2 未能报道任何比赛。

6.1.3 拒绝继续比赛。

6.1.4 在任何一场比赛中于比赛结束前离开体育场将被视为在比赛开始后退赛。

6.2 在比赛开始后退赛的俱乐部将：

6.2.1 被取消所有比赛并视为无效。为避免疑议，依照条款 10.5，在这些比赛中的得分和进球不作为小组赛阶段最终排名的参考。

6.2.2 被要求赔偿其他俱乐部及其所属会员协会、亚足联以及亚足联商业、授权商、转播商和所属足协为此所遭受的损失。赔偿数额将由亚足联执行委员会决定。

6.2.3 失去参加下两届亚冠联赛以及其他所有亚足联赛事的参赛资格。

6.2.4 如果已获得参加条款 3.6 中所列任何比赛的资格，予以剥夺。

6.2.5 罚款：

6.2.5.1 资格赛开始后退赛，罚款 20,000 美元。

6.2.5.2 附加赛开始后退赛，罚款 30,000 美元。

6.2.5.3 小组赛开始后退赛，罚款 50,000 美元。

6.2.5.4 淘汰赛开始后退赛，罚款 100,000 美元。

6.2.6 提交给亚足联纪律委员会，进行其他附加处罚。

6.2.7 归还亚足联在赛事中已经支付的所有财政补贴，或者丧失此权利。

6.3 亚足联竞赛委员会将在其认为有需要时采取行动，对比赛开始后退赛的参赛俱乐部所在足协进行处罚。

6.4 如果案例经亚足联竞赛委员会认可由于不可抗力造成，则条款 6.1、6.2 和 6.3 不适用。

6.5 如遭遇不可抗力，亚足联竞赛委员会可采取一切其认为必要的行动。

7. 比赛日程

7.1 所有比赛均根据亚足联竞赛日历进行。其日期对所有相关各方都为最终日期，不可更改。

7.1.1 俱乐部应当在入围时向亚足联管理机构上报所有主场比赛的开球时间。

7.1.2 亚足联竞赛委员会应当在必要和可能的情况下，根据竞技因素等需要并将时区因素考虑在内，确保同小组的比赛同时进行。

7.1.3 亚足联管理机构将综合运动、营销及转播因素，做出开球时间的最终决定。

7.2 比赛日程在资格赛、附加赛、小组赛和淘汰赛的官方抽签后决定。官方抽签的日期和形式由亚足联总秘书处决定。

7.3 亚足联总秘书处保留比赛日程的最终修改权。

8. 赛制

8.1 赛事应当分为四个阶段。

8.2 入围手册规定在资格赛、附加赛和小组赛阶段（上一年度亚足联技术分的排名），根据计算决定来自有参赛资格的足协的俱乐部的席位数。亚足联竞赛委员会决定赛制。

8.3 根据最终入围的俱乐部数量或者以防有俱乐部退赛或者禁赛，亚足联竞赛委员会可以修改赛制以及技术规则。

9. 资格赛阶段和附加赛阶段

9.1 资格赛和附加赛阶段的每轮比赛都要依照比赛日程进行。参赛俱乐部按照上年度亚足联技术分排名顺序，从排名较高的足协开始主场主办比赛，并采取单论淘汰制。

9.2 按照入围手册规则其中包括加时阶段和罚点球时间（如果需要）。客场进球决胜制在资格赛和附加赛阶段不适用。

9.3 在资格赛阶段，每场比赛结束时：

9.3.1 根据赛制，比赛获胜的俱乐部有资格进入资格赛或淘汰赛阶段的下一轮比赛。

9.3.2 比赛中落败的俱乐部依照其技术分排名决定其或者淘汰或者进入亚足联杯相应阶段。

9.4 在附加赛阶段，每场比赛结束时：

9.4.1 获胜的俱乐部有资格进入附加赛下一轮。如果是附加赛的最后一轮，则获胜方有资格进入小组赛。

9.4.2 落败的俱乐部依照其联赛排名决定或者淘汰或者进入亚足联杯相应阶段。

10. 小组赛阶段

10.1 32 家进入小组赛阶段的参赛俱乐部将遵照《手册》，4 队一组分为 8 组。

10.1.1 所分小组中四组应包含来自西亚、南亚和中亚（西部地区）中南亚地区的俱乐部构成，另外四个小组由来自东亚和东南亚地区的俱乐部构成。分区遵照《亚足联章程》。

10.1.2 来自同一足协的参赛俱乐部不能分在一组。

10.1.3 亚足联总秘书处在尽可能考虑运动、地理以及经济等因素的前提下，做出例外决定。该决定为最终决定，不可更改。

10.2 小组赛中比赛需按照联赛模式进行，每俱乐部分别与小组赛中其他各家俱乐部进行一主一客比赛。

10.3 比赛时长遵照足球竞赛规则、手册及条款 12 规定。

10.4 在每场比赛结束时：

10.4.1 比赛胜者积三分。

10.4.2 平局积一分。

10.4.3 失利积零分。

10.5 在联赛模式中，小组排名将按照以下方式决定：

10.5.1 小组赛中积分多的俱乐部名次列前。

10.5.2 如果按以上原则有两支或者更多球队积分相等，将根据以下方式决定他们的排名顺序：

10.5.2.1 相互比赛积分多者。

10.5.2.2 相互比赛净胜球多者。

10.5.2.3 相互比赛进球数多者。

10.5.2.4 相互比赛客场进球数多者决胜局判断标准。

10.5.2.5 如果按照以上条款比较，仍有两（2）只或以上参赛俱乐部排名相等，则这些俱乐部再按条款决胜局比赛进行比较排名。如果改程序还不能排出名次，则使用小组赛结果判断标准。

10.5.2.6 全部小组赛比赛中净胜球多者。

10.5.2.7 全部小组赛比赛中进球数多者。

10.5.2.8 如果仅两支球队排名相同且双方正在场上比赛，则直接进行互罚点球决出胜者。

10.5.2.9 积分相等队小组赛中获得红黄牌数量少者（手册附件 1）。

10.5.2.10 该球队所在联赛上一年度俱乐部联赛积分排名靠前者。

10.6 依据条款 10.5，在小组赛阶段结束时：

10.6.1 每组排名第一和第二的俱乐部进入淘汰赛阶段。

10.6.2 每组排名第三和第四的俱乐部淘汰。

11. 淘汰赛阶段

11.1 淘汰赛阶段包括 16 强赛、四分之一决赛、半决赛和决赛。

11.2 淘汰赛阶段的每一轮比赛都应当按照赛制要求进行主场和客场各一场比赛。

11.2.1 西亚地区参赛球队在 16 强赛、四分之一决赛和半决赛阶段将相互比赛。

11.2.2 东亚地区参赛球队在 16 强赛、四分之一决赛和半决赛阶段将相互比赛。

11.3 比赛时长应遵照足球竞赛规则、手册及条款 12 和 13，其中包括加时阶段和罚点球时间（如果需要）。

11.3.1 客场进球规则依照条款 12.2 适用。

11.4 在每场 16 强赛、四分之一决赛和半决赛结束时：

11.4.1 获胜者进入下一轮。

11.4.2 失利者淘汰。

11.5 在决赛结束时：

11.5.1 获胜者获得冠军。

11.5.2 失利者获得亚军。

第四部分　技术规程

12. 比赛持续时间

12.1 比赛持续时间依照手册规定。

12.2 客场进球规则只适用于淘汰赛阶段第二场比赛的任何一场平局的正常比赛结束，不适合任何比赛的加时赛。

13. 加时赛和罚点球

13.1 在资格赛、附加赛或淘汰赛阶段，如果在常规比赛时间内无法决出胜者，应当进行

2 个 15 分钟的加时赛。

13.2 加时赛应在正常比赛结束后 5 分钟间隔区间进行。

13.3 如加时赛结束后没有获胜者，根据足球竞赛规则和手册进行罚点球制胜。

14. 取消比赛

14.1 针对任何由不可抗力导致的比赛取消，亚足联竞赛委员会将酌情决定并在其认为需要时采取行动。

14.2 任何取消的比赛（除经亚足联竞赛委员会确认的不可抗力因素）可能导致亚足联纪律委员根据亚足联纪律处罚规则对导致比赛取消的相关方进行处罚。

15. 终止比赛

15.1 针对任何由不可抗力导致的终止比赛，亚足联竞赛委员会将酌情决定并在其认为需要时采取行动。

15.2 任何终止的比赛（除经亚足联竞赛委员会确认的不可抗力因素）可能导致亚足联纪律委员根据亚足联纪律处罚规则对导致比赛终止的相关方进行处罚。

16. 体育场

16.1 用于亚冠比赛的体育场应当由俱乐部在入围时进行申报，所有的体育场必须符合亚足联体育场规定，服从亚足联检查。亚足联总秘书处做出最终决定批准举办赛事的体育场。

16.1.1 除亚足联另有说明，赛事中提名的体育场应当为俱乐部在国内联赛中的主场。

16.1.2 亚足联保留拒绝俱乐部提名体育场并要求俱乐部在其足协管辖范围内选择其他体育场或另寻中立体育场进行比赛的权利。（条款 16.3、16.4）

16.2 各家参赛俱乐部必须在赛事中始终使用同一个亚足联批准的体育场作为比赛主场。

16.2.1 比赛期间，除非其所处环境超出其自身控制能力，各俱乐部不得更换主场。

16.2.2 如果参赛俱乐部想在比赛期间变更主场，必须于下一场主场比赛前至少 30 天向亚足联总秘书处提供证据，包括但不限于关于为何不再适合作为比赛主场的照片、其他可视性证据和出自有关当局的证明信件。

16.2.3 只有在收到必要相关证明文件后，亚足联才会根据体育场情况做出准许俱乐部申报使用其他体育场作为主场的决定。该体育场必须满足手册条款 16.1。

16.2.4 亚足联将决定是否批准新提名的体育场。如果亚足联需要对申报体育场进行审查，审查的成本将全部由提出申请变更体育场要求的俱乐部和其所属国家协会负担。

16.2.5 如果主办俱乐部无法在亚足联管理机构规定的最终期限前确定可以接受的替代体育场，根据条款 16.1.2，亚足联总秘书处将在中立地为其选择一个替代体育场。

16.3 如果参赛俱乐部在中立地举办主场比赛，则适用本规程规定。

16.4 如亚足联认为，认为某体育场因任何原因不适合承办比赛，主办俱乐部无法在亚足联管理机构规定的最终期限前给出可以接受的替代体育场，亚足联总秘书处将在中立地为其选择一个替代体育场。

16.4.1 当事俱乐部负贵所有的比赛安排，比赛的举行，包括在这些规定的所有费用。包括在中立的比赛场地。

16.4.2 如果主办俱乐部无法在亚足联管理机构规定的最终期限前给出可以接受的替代体育场，或拒绝亚足联总秘书处提出的替代体育场，根据条款 6，将被视为退赛。

16.4.3 亚足联总秘书处根据条款 16.4 做出最终决定。

16.5 在中立场地进行比赛，主办俱乐部必须组织和举行比赛。

16.5.1 依照木规程的规定。

16.5.2 依照手册的规定。

16.5.3 依照亚足联任何的指示。

16.5.4 与其所在的会员协会就比赛进行合作。

16.5.5 与地方当局合作。

16.6 参赛俱乐部应保证在比赛前至少两（2）天，主场体育场不举办比赛和 / 或其他活动，除非获得亚足联书面批准。

16.6.1 不遵守条款 16.6 的参赛俱乐部将被处以至少 10,000 美元的罚款。

16.6.2 亚足联纪律委员会可能酌情给与进一步处罚。

16.7 经亚足联批准举办决赛的体育场须能容纳至少四万（40,000）观众。亚足联将考虑包括但不限于住宿和交通在内的一切后勤因素，决定比赛地点。

17. 比赛场地

17.1 如果主办俱乐部认为比赛场地不适于比赛，应在亚足联、客队和比赛官员出发前立刻通知他们。

17.1.1 如果参赛俱乐部未能遵守条款 17.1，将支付相关人员包括差旅、交通、住宿在内的一切费用。

17.2 亚足联比赛监督和比赛官员将在比赛円之前对体育场进行审查，并且确保其中所有安排符合《足球比赛规则》的规定。如果包括球门及场地在内的比赛场地各部分情况未能达到《足球比赛规则》的规定，亚足联比赛监督将要求主办俱乐部整改。

17.2.1 如果截止到比赛开始前，亚足联竞赛专员认为主办俱乐部没能遵照条款 17.2 的要求按照要求进行整改，根据《亚足联纪律道德条例》，主办俱乐部将失去比赛资格。

18. 替补席和技术区域

18.1 至多 11 名注册的球队官员以及 7 名报名的替补球员可以就座于球队替补席，前提是他们应佩戴相关证件。

18.2 主队应当使用从第四官员席面向比赛场地时左侧的替补席。

19. 官方训练场地

19.1 主办俱乐部提供给客队的官方训练场地应在入围时进行申报，并经亚足联总秘书处审查批准。审查相关的所有费用由中报俱乐部承担。

19.1.1 亚足联保留拒绝俱乐部提名官方训练场并要求俱乐部选择其他官方训练场地的权利。

19.1.2 除非经亚足联批准，官方训练场应处于良好状态并位于客队驻地附近的 30 分钟车程或 30 公里范围内。

19.2 训练场地必须设备齐全，做好比赛准备。

19.2.1 主办俱乐部如未能遵守条款 19.2 将被处以至少 10,000 美元罚款。

19.2.2 亚足联纪律委员会可能酌情除以进一步处罚。

19.3 官方训练场地只能用于训练和练习赛，未获得亚足联书面批准，比赛至少前 2 天不可用于其他比赛及活动。

19.3.1 主办俱乐部如未能遵守条款 19.3 将被处以至少 10,000 美元罚款。

19.3.2 亚足联纪律委员会可能酌情除以进一步出处罚。

19.4 参赛俱乐部必须严格遵守在比赛前 1 天进行比赛协调决定的官方训练计划。亚足联将决定没有协议的情况下参赛俱乐部按时进行正式训练的最终时间。

19.5 所有训练都向媒体公开。

19.6 如参赛俱乐部想结束对媒体开放训练，应至少首先 15 分钟向媒体开放。

19.7 如官方训练在体育场进行，媒体所在的区域应与比赛时所在区域相同，这个区域应由主办俱乐部安全控制。

19.8 如参赛俱乐部决定不在体育场进行官方训练，新的训练场地必须经亚足联比赛监督批准，并遵照此规程。

20. 比赛用球

20.1 比赛用球由亚足联选择和提供 。

20.2 各参赛俱乐部将：

20.2.1 在赛季前获得 15 个比赛用球用于训练。

20.2.2 每场比赛主办俱乐部将获得 10 个比赛用球。

20.3 亚足联提供的训练用球只能用于训练和热身。根据条款 20.2.1 规定，客场俱乐部须自行携带亚足联提供的训练用球至客场。

20.4 当比赛用球发送至主办俱乐部在客场比赛时时和其所属国家协会时，主办俱乐部及 / 或其所属国家协会需支付比赛用球运输的所有税收及 / 或清关费用。

第五部分　球队官方代表团

21. 球员资格

21.1 球员满足以下条件方可获得参赛资格：

21.1.1 根据此规程的规定在亚足联按时注册。

21.1.2 被俱乐部所属足协根据其规则以及国际足联相关球员身份与转会规程的规定按时注册。

21.2 符合条款 21.1 规定，且遵守《亚足联纪律道德条例》的参赛球员。

21.3 没有达到第五部分要求的球员，亚足联总秘书处可以决定不批准其注册。

21.4 亚足联总秘书处批准的注册球员不能自动作为有参赛资格的球员。各参赛俱乐部有责任保证只有有参赛资格的球员才能比赛。违者将参照《亚足联纪律道德条例》进行处理。

21.4.1 亚足联总秘书处对球员注册持所有决定权。

21.4.2 拒绝球员登记的决定可以根据第 60 条规定直接上诉体育仲裁法庭。

21.5 如果球员具有下列情况（包括但不限于），将失去参赛资格：

21.5.1 违反条款 21.1；

21.5.2 参加违背亚足联纪律和道德委员会、《竞赛规程》或《亚足联纪律道德条例》的比赛。

21.5.3 亚足联发现其注册期所提交的文件系伪造。

22. 球员注册阶段

22.1 球员注册共分为三个阶段：

22.1.1 初步注册（条款 24 至 26）。

22.1.2 球员大名单（条款 29）。

22.1.3 符合手册要求的比赛首发名单。

23. 注册窗口

23.1 竞赛有三个注册窗口，每个注册窗口将根据亚足联通知的时间开放。

23.1.1 注册窗口 1：为进入资格赛或附加赛阶段参赛俱乐部开放，资格赛首场比赛前 15 天关闭。

23.1.2 注册窗口 2：为进入小组赛阶段的俱乐部开放，小组赛首场比赛前 30 天关闭。

23.1.3 注册窗口 3：为获得四分之一决赛资格的俱乐部开放，四分之一决赛首场前 30 天关闭。

23.2 遵照条款 24.4、25.4 和 26.4 中包含的替换条款注册的参赛球员和官员将被视为在这些替换条款覆盖的同一注册窗口注册。

24. 注册窗口 1：资格赛，附加赛，小组赛和 16 强赛

24.1 根据条例 27，各参赛俱乐部须通过 AFCAS 在线系统向亚足联递交参赛球员注册以

及相关支持文件。

24.2 各俱乐部必须注册不少于 18 名以及不多于 30 名球员参加比赛，球员使用球衣号码为数字 1 至 99。

24.2.1 不论注册人数多少，各参赛俱乐部都必须注册至少 3 名守门员。球衣号码 1 号应为守门员保留。

24.2.2 整个赛事过程中，每位参赛球员应身着有初步注册阶段注册的号码的球衣，为替换伤病球员而新注册的球员（条款 24.4）只可以使用尚未有人使用的新号码。

24.3 如果参赛俱乐部没能在截止日期前注册至少 18 名参赛球员，则将根据条款 5 被视为退赛。不接受传真、邮寄或电子邮件形式的提交证明。

24.4 一旦亚足联收到《亚足联官方球员注册表》，在指定的截止日期过后，参赛俱乐部可以：

资格赛阶段和附加赛阶段

24.4.1 在本队的第一场比赛前至少 7 日替换最多 3 名因伤病无法参赛的球员。以下材料必须上报亚足联：

24.4.1.1 持证医生开具的英文版详细医疗审定。该审定将作为亚足联医疗委员会判断此伤病是否足以严重，致使球员无法参赛。

24.4.1.2 条款 27 中要求的替换球员的支持文件。

24.4.2 在该俱乐部第一场比赛 7 天之前，球队可在不超过上限注册人数的前提下，在官方注册名单中更换或者增加 5 名球员。

24.4.3 为避免疑议，在这段替换期间内，参赛俱乐部可以依据相关条文替换或增加最多 8 名参赛球员。

小组赛阶段（如入围）

24.4.4 小组赛阶段第一比赛日前至少 7 天，如球员因伤病无法参赛，可替换最多 3 名参赛球员。以下材料必须上报亚足联：

24.4.4.1 持证医生开具的英文版详细医疗审定。该审定将作为亚足联医疗委员会判断此伤病是否足以严重，致使球员无法参赛。

24.4.4.2 条款 27 中要求的替换球员的支持文件。

24.4.5 在小组赛第一比赛日前 7 天，无论任何原因，都可以在不超过上限注册人数的前提下，替换或添加 5 名参赛球员。

24.4.6 为避免疑议，在这段替换期间内，参赛俱乐部可以依据相关条文替换或增加最多 8 名参赛球员。

16 强赛（如入围）

24.4.7 不允许替换或添加参赛球员。

24.5 根据替换条款注册的参赛球员在收到参赛证之前没有参赛资格。

25. 注册窗口 2：小组赛和 16 强赛

25.1 根据条例 27，各参赛俱乐部通过 AFCAS 在线系统向亚足联递交参赛球员注册以及相关支持文件。

25.2 各俱乐部应注册不少于 18 名以及不多于 30 名球员参加比赛，球员使用球衣号码为数字 1 至 99。

25.2.1 不论注册人数多少，各参赛俱乐部都必须注册至少 3 名守门员。球衣号码 1 号应为守门员保留。

25.2.2 整个赛事过程中，每位参赛球员应身着有初步注册阶段注册的号码的球衣，为替换伤病球员而新注册的球员（条款 25.4）只可以使用尚未有人使用的新号码。

25.3 如果参赛俱乐部没能在截止日期前注册至少 18 名参赛球员，则将根据条款 5 被视为退赛。不接受传真、邮寄或电子邮件形式的提交证明。

25.4 一旦亚足联收到《亚足联官方球员注册表》，在指定的截止日期过后，参赛俱乐部可以：

小组赛阶段

25.4.1 小组赛阶段第一比赛日前最少 7 天，如球员因伤病无法参赛，可替换最多 3 名参赛球员。以下材料必须上报亚足联：

25.4.1.1 持证医生开具的英文版详细医疗审定。该审定将作为亚足联医疗委员会判断此伤病是否足以严重，致使球员无法参赛。

25.4.1.2 条款 27 中要求的替换球员的支持文件。

25.4.2 在小组赛第一比赛日前 7 天，无论任何原因，都可以在不超过上限注册人数的前提下，替换或添加 5 名参赛球员。

25.4.3 为避免疑议，在这段替换期间内，参赛俱乐部可以依据相关条文替换或增加最多 8 名参赛球员。

16 强赛阶段（如入围）

25.4.4 不允许替换或添加参赛球员。

25.5 根据替换条款注册的参赛球员在收到参赛证之前没有参赛资格。

26. 注册窗口 3：1/4 决赛、半决赛和决赛

26.1 根据条例 27，各参赛俱乐部须通过 AFCAS 在线系统向亚足联递交参赛球员注册表以及相关支持文件。

26.2 各俱乐部必须注册不少于 18 名以及不多于 30 名球员参加比赛，球员使用球衣号码

为数字 1 至 99。

26.2.1 不论注册人数多少，各参赛俱乐部都必须注册至少 3 名守门员。球衣号码 1 号应为守门员保留。

26.2.2 整个赛事过程中，每位参赛球员应身着在注册窗口 1 或注册窗口 2 注册的号码的球衣。为替换伤病球员而新注册的球员（条款 26.4）只可以使用尚未有人使用的新号码。

26.3 如果参赛俱乐部没能在截止日期前注册，则被视为与小组赛阶段注册的参赛队员相同。不接受传真、邮寄或电子邮件形式的提交证明。

26.3.1 亚足联将发给参赛俱乐部官方证明信，确认四分之一决赛、半决赛和决赛阶段的注册参赛球员。

26.3.2 参赛俱乐部应指明哪些注册参赛球员已不再注册在该俱乐部（例如退休）。

26.4 一旦亚足联收到《亚足联官方球员注册表》，在指定的截止日期过后，参赛俱乐部可以：

26.4.1 四分之一决赛第一场比赛前最少 7 天，如球员因伤病无法参赛，可替换最多 3 名参赛球员。以下材料必须上报亚足联：

26.4.1.1 持证医生开具的英文版详细医疗审定。该审定将作为亚足联医疗委员会判断此伤病是否足以严重，致使球员无法参赛。

26.4.1.2 条款 27 中要求的替换球员的支持文件。

26.4.2 在四分之一决赛第一比赛日前 7 天，无论任何原因，都可以在不超过上限注册人数的前提下，替换或添加 5 名参赛球员。

26.4.3 为了避免疑问，按照相关规定，参赛俱乐部在更换周期可以替换或添加最多有 8 名替换球员。

26.5 不允许替换或增加其他参赛球员。

26.6 根据替换条款注册的参赛球员在收到参赛证之前没有参赛资格。

27. 球员注册材料

27.1 参赛球员必须在 AFCAS 在线系统提交相关支持文件按照手册要求进行注册。

27.2 所有参赛选手可获亚足联发放的参赛资格卡。如果卡丢失，参加俱乐部需要支付 1,000 美元作为更换费。

28. 球员注册阶段

28.1 每家俱乐部可注册三名非公民或者外籍球员。每家俱乐部可以注册一名国籍为亚洲会员协会所在国之一的非公民或外籍球员。

28.1.1 任何获得公民身份（如入籍）且想以改国籍参赛的球员必须证明：

28.1.1.1 该国籍是在本次赛事小组赛阶段第一比赛日前至少五年获得的。

28.1.2 任何有资格代表多于一个国家足协（如中国公民可以有资格代表三个不同的成员协会参赛且希望代表一个亚足联成员足协参赛的球员必须证明以下其中一项：

28.1.2.1 之前曾代表属于相关亚足联成员足协的代表队参加过正式比赛；或

23.1.2.2 根据《国际足联管理有关球员身份与资格的规定》，在小组赛第一比赛日前至少一年，有资格代表属于相关亚足联成员足协的代表队参赛。

28.1.3 不符合上述相关规定的参赛球员将没有代表该国参赛的资格。

28.1.4 参赛球员不能在比赛期间改变注册国籍。

28.2 一名球员在一个注册窗口中只能注册在最多一家参赛俱乐部。

28.3 一名球员在本次赛事的每个阶段最多只能代表一支队伍参赛，不能同时在其他俱乐部注册。

28.4 如发现有球员违反条款 28.2 和 28.3：

28.4.1 参赛球员有可能被禁赛至少一场，除非该球员可以提供能够减轻处罚的依据。

28.4.2 依据《亚足联纪律道德条例》，该球员出场的比赛将被判无效。

28.4.3 依据条款 6，参赛俱乐部将被视作退赛。

28.4.4 亚足联纪律道德委员会可能酌情予以进一步处罚。

28.5 参赛球员与所在俱乐部的注册日期应：

28.5.1 国际转会的参赛球员，按照条款 27 上报其 ITC 日期。

28.5.2 国内转会的参赛球员本队培养的球员，按照条款 27 报送与现在效力的俱乐部的官方签约日期。

28.6 ITC 只在注册窗口关闭后，符合以下情况时接受递交：

28.6.1 参赛俱乐部与该球员在注册窗口关闭之前就已签署有效合同，并将其递交至亚足联；

28.6.2（对注册窗口 1）在该球队第一场比赛的至少 7 天以前，已经通过 AFCAS 在线系统递交 ITC 或其他依据《国际足联转会规程》证明该 ITC 有效的材料的复印件。

28.6.3（对注册窗口 2）在小组赛第一比赛日的至少 7 天以前，已经通过 AFCAS 在线系统递交 ITC 或其他依据《国际足联转会规程》证明该 ITC 有效的材料的复印件。

28.6.4（对注册窗口 3）在四分之一决赛的第一场比赛前至少 7 天，已经通过 AFCAS 在线系统递交 ITC 或其他依据《国际足联转会规程》证明该 ITC 有效的材料的复印件。

29. 球员大名单

29.1 赛事中的每场比赛，各俱乐部在赛前将收到一份号码和全名的（姓，名）《球员大名单》。

29.1.1 各参赛俱乐部可以选择三名非公民或外籍球员和一名非本国的亚洲球员列入《球

员大名单》。

30. 官员注册

30.1 根据条款 31，各参赛俱乐部应在规定的截止日期前通过相应的注册窗口，在 AFCAS 上向亚足联提交官员注册表以及相关支持文件。

30.2 每家俱乐部最多注册 20 名参赛官员。

30.3 每场比赛最多注册 11 名官员。以下 2 名参赛官员必须注册为《替补席官员》：

30.3.1 主教练。

30.3.2 领队。

30.4 各俱乐部可以为每场比赛注册另外 9 名其他职位官员，包括但不限于：

30.4.1 助理教练。

30.4.2 守门员教练。

30.4.3 体能教练。

30.4.4 球队新闻官。

30.4.5 队医。

30.4.6 理疗师。

30.4.7 翻译。

30.4.8 安全官员。

30.4.9 视频分析官员。

30.4.10 技术官员。

30.4.11 装备管理员。

30.5 如果参赛俱乐部在《替补席官员名单》上列出少于 11 名官员，或亚足联不批准某提名官员注册，则该队的参赛官员人数相应减少。

30.6 亚足联将为所有参赛球员发放参赛卡。如有丢失，参赛俱乐部需要补交 1,000 美元更换费》。

30.7 针对注册窗口 1 和 2，如果在指定截止日期前，亚足联没有收到《亚足联官方官员注册表》以及要求的其他文件，依据条例 5，参赛俱乐部被视为退赛。不接受传真、邮寄或电子邮件形式的提交证明。

30.8 针对注册窗口 3，如果在指定截止日期前，亚足联没有收到《亚足联官方官员注册表》以及要求的其他文件，则视为该俱乐部在相应窗口为小组赛和 16 强赛注册了相同的官员。不接受传真、邮寄或电子邮件形式的提交证明。

30.8.1 亚足联将发给参赛俱乐部官方证明信，确认四分之一决赛、半决赛和决赛阶段的注册官员名单。

30.8.2 参赛俱乐部应指明哪些注册参赛官员已不再注册在该俱乐部（例如终止雇佣或退休）。

30.9 亚足联收到《亚足联官方官员注册表》后，依据条例 31 中的相关条款，参赛俱乐部可以在任何竞赛阶段，于比赛开始前的至少 7 天前替换名单上的官员。官员只有在收到参赛证后才有资格参加比赛。

31. 官员注册材料

31.1 参赛官员必须通过 AFCAS 在线系统向亚足联递交相关支持文件按照手册要求进行注册。

31.2 除手册要求的证明文件外，参赛官员须通过 AFCAS 在线系统登记以证明其资格：

31.2.1.1 主教练、助理教练、体能教练、守门员教练：参见手册附加 5。

31.2.1.2 主教练全职雇佣合同，以证明其主教练职位。

31.2.1.3 ME：全职雇佣合同。

31.2.1.4 球队新闻官：新闻传播领域资格证或其他相关经验证明，且为全职雇员。

31.2.1.5 相关医疗资格证。

32. 参赛代表团规模

32.1 每家参赛俱乐部每场比赛可组建一支由最多 18 名球员和最多 11 名官员组成的官方代表团。

32.2 球队官方代表团可以进入所有官方比赛区域，包括比赛场地和其他亚足联规定限制进入的区域。

32.3 各队的领队和新闻官负责与亚足联协调参赛俱乐部的媒体相关事宜。在比赛开始前 2 天至结束后 1 天他们将全天候工作。他们应参加与本次赛事相关的所有官方会议，包括但不限于比赛协调会议和所有新闻发布会。

32.4 参赛俱乐部应确保没有未经认证人员进入球队更衣室、比赛场地、或其他需要参赛证进入的区域。

第六部分　后　勤

33. 抵达与离开

33.1 各参赛俱乐部需在赛事比赛开始前两天抵达所预订的球队酒店。

33.1.1 如俱乐部希望在比赛日前一天抵达，需提前至少 7 天递交一份官方信函，写明合理原因以及详细行程单，递至亚足联申请许可。

33.1.2 如果亚足联批准申请，球队抵达不可妨碍官方活动的时间安排和 / 或官方活动准备的时间安排。

33.2 各参赛俱乐部需在赛事比赛结束后一天离开。

33.3 参赛俱乐部在往返比赛地期间不得进行任何非官方比赛。

33.4 比赛两天之前到达或比赛结束一天之后才离开的客场球队自己承担在地产生的相关费用。

34. 旅行费用

34.1 参赛俱乐部球队官方代表团客场比赛的所有交通费用（国际和国内）由参赛俱乐部负担，包括：

34.1.1 从所在地出发至客场比赛地。

34.1.2 从客场比赛地返回。

35. 参赛俱乐部间的后勤

35.1 参加俱乐部应自行解决所有后勤费用。按以下规定适用每场比赛：

35.1.1 客场俱乐部应自行解决到比赛场地的所有国际和国内旅行费用，机票、住宿和其他费用。

35.1.2 主办俱乐部负责客队球队官方代表团到比赛场地的国内交通费用。

35.1.3 根据相关国家法律，亚足联总秘书处或亚足联竞赛委员会要求，由主办俱乐部向客队官方代表团提供训练、比赛、官方活动、机场交通的警察护送。

35.1.4 参赛俱乐部不能选择同一酒店住宿或者是与亚足联代表团选择的相同酒店住宿。

35.1.5 任何财务纠纷应在相关俱乐部及 / 或会员协会间解决纠纷可提交亚足联总秘书处做最后决定。

36. 竞赛官员住宿，当地接待，餐饮和茶点

36.1 主办俱乐部必须在比赛两天前至比赛后一天或亚足联规定的日期期间自费向竞赛官员提供以下内容：

36.1.1 符合国际标准的五星级酒店（如比赛地无五星级酒店，四星级酒店亦可接受）住宿。除非得到亚足联的批准，不能和球队在同一个酒店。

36.1.2 以自助餐形式供应一日三餐和比赛日额外便餐。

36.1.3 在酒店和比赛期间，在体育场提供冰块和茶点以及每人每天至少 6 升饮用水。

36.1.4 为裁判员和裁判监督提供比赛服、训练服和商务套装洗衣服务，每人每天 8 件。

36.1.5 为其他亚足联竞赛官员提供比赛服、训练服和商务套装洗衣服务，每人每天 6 件及干洗 2 件。

36.1.6 确保亚足联比赛监督、裁判监督、裁判组以及任何其他亚足联官员在抵达至离开这段时间内有主队俱乐部及所属会员协会的官员陪同，以协助当地交通、过关入境以及酒店登记入住等事宜。

36.1.7 熟练运用英语的联络官。

37. 竞赛官员当地地面交通

37.1 从比赛前两天至比赛结束后一天，主办俱乐部必须自费向亚足联竞赛官员俱乐部提供以下服务：

37.1.1 为亚足联比赛监督提供一辆轿车。

37.1.2 为裁判监督和比赛官员提供一辆最小 7 人座面包车。

37.1.3 由亚足联总秘书处要求的其他竞赛官员的必要交通。

38. 纪律处罚

38.1 未能提供条款 35 和 37 规定的内容俱乐部将失去主队俱乐部可享受的比赛津贴。如果主队某场比赛被取消津贴，该场比赛的主俱乐部队也将被处以相应罚款。

38.2 亚足联纪律委员会可能酌情予以进一步处罚。

39. 提交比赛录像

39.1 主办俱乐部须自费提供以下内容：

39.1.1 在每场资格赛和其他比赛，由亚足联要求的，在其体育场进行的比赛后最近一天，提供比赛 DVD 或 U 盘给亚足联。

39.1.2 在每场在其体育场进行的比赛后，立即提供比赛 DVD 或 U 盘给比赛监督和裁判监督。

39.2 主办俱乐部要保证 DVD 质量良好，且记录了整场比赛，在亚足联比赛监督检查和批准后方可提交。

39.3 未能提供条款 39.1 和/或 39.2 所规定的内容的俱乐部将并处以最少 3,000 美元的罚款。

39.4 亚足联纪律委员会可能酌情予以进一步处罚。

第七部分　媒　体

40. 媒体区域

40.1 主办方俱乐部及足协需确保亚足联、主转播商以及所有转播机构能在比赛 2 天前至比赛后 1 天这段期间自由进入体育场，以使其能够完成各项技术工作以及建立执行转播权所必须的相关基础设施。

41. 新闻发布会

41.1 主办俱乐部必须在每场比赛前一天，在赛区新闻官管理下组织召开一场赛前新闻发布会。

41.2 参赛双方主教练和至少一名首发球员必须出席每场比赛的赛前发布会。

41.3 赛后新闻发布会必须在终场之后十五分钟内召开。双方俱乐部必须指派其主教练和最佳球员参加此新闻发布会。

41.4 双方球队新闻官必须确保主教练和相关球员出席。

41.5 各参赛队应负责将教练和球员使用的语言翻译为英语。主办俱乐部应负责将其翻译为本地语言。

41.6 未能按要求参加发布会者将被处以至少 10,000 美元罚款。根据条款 3.3.9，相关俱乐部也将被视为有责任。亚足联纪律道德委员会可能酌情给以进一步处罚。

42. 混合采访区

42.1 球队官方代表团所有成员应在从更衣室到大巴车的路上经过混合采访区。

42.2 任何没能经过混合采访区的个人将被处以至少 10,000 美元罚款。根据条款 3.3.9，相关俱乐部也将被视为有责任。亚足联纪律委员会可能酌情给以进一步处罚。

43. 采访

43.1 如果亚足联和商务合作伙伴提出要求，且参赛俱乐部同意，双方俱乐部应促使其主教练和球员接受主转播商、其他转播商、授权商或官方合作伙伴、或亚足联官方网站最长十分钟的采访。

43.1.1 资格赛、附加赛和小组赛阶段，该采访应在比赛前 1 天进行。

43.1.2 淘汰赛阶段，该采访应在比赛前 1 或 2 天进行。

43.1.3 采访地点由主办方新闻官或亚足联竞赛监督指定。

43.2 任何未按要求参加采访者将被处以至少 10,000 美元罚款。根据条款 3.3.9 相关俱乐部也将被视为有责任。亚足联纪律委员会可能酌情给以进一步处罚。

44. 现场快速采访

44.1 未经亚足联批准，参赛球员和官员不得在赛场接受任何采访。

44.2 赛区新闻官可以指定一处场地作为快速采访区，供主转播商和客队转播商（如需要）在比赛结束后进行“快速”采访。

44.3 如果亚足联要求，任何参赛球员和 / 或官员都必须参加比赛后的“快速采访”。

44.4 任何未按要求参加“快速采访”者将被处以至少 10,000 美元罚款。根据条款 3.3.9，相关俱乐部也将被视为有责任。亚足联纪律委员会可能酌情给以进一步处罚。

第八部分　设　备

45. 责任

45.1 亚足联对上述《亚足联设备规程》中装备和其他物品的批准与否有最终决定权。

45.2 若俱乐部和其赞助商的合同由于违反了《亚足联装备规程》的广告规定而引起纠纷，亚足联对此不承担任何责任。

第九部分　票　务

46. 总规定

46.1 每个主办俱乐部有责任做好票务的印制、分发和销售工作。亚足联将向各俱乐部提供门票设计样本。

46.2 球票上应印有比赛场地、座位号码或序列号，且只能包含亚足联批准的竞赛标志或授权商标志。

46.3 主办主俱乐部及其所属会员协会必须担保和保证进入到比赛场所的来访的亚足联代表团、俱乐部的官员、队员、官方赞助商、球迷和媒体不受到性别、种族和国籍歧视。

46.4 亚足联总秘书处决定决赛的票务政策。

47. 购票须知

47.1 亚足联将和主办俱乐部及/或主办会员协会一起合作发布适用于所有持票人的门票须知。

48. 赠票

48.1 主办俱乐部及会员协会应该为客队俱乐部预留下列数量的赠票：

48.1.1 2 张 WIP 票。

48.1.2 5 张 VIP 票。

48.1.3 20 张一等票。

48.2 主办俱乐部及会员协会应向亚足联提供如下的赠票：

48.2.1 50% 的主席台票（包括但不限于贵宾席、空中或接待包厢、套间等）。

48.2.2 50 张 VIP 票。

48.2.3 450 张一等票。

48.2.4 350 张二等票。

48.2.5 根据场地的座位容量，提供最多 250 张场地官方活动和专门接待设施票日期要求如下：

48.2.6 资格赛阶段：赛前至少 7 天。

48.2，7 附加赛阶段：赛前至少 7 天。

48.2.8 小组赛阶段：赛前至少 30 天。

48.2.9 16 强阶段：赛前至少 10 天。

48.2.10 四分之一决赛：赛前至少 30 天。

48.2.11 半决莅：赛前至少 10 天。

48.2.12 决赛：赛前至少 10 天。

48.3“一等”意思是能够使持票人坐在最佳位置的座位上的票，这些座位为紧靠 VIP 的区域，位于主席台内或是主席台对面看台上。

48.4 提供的所有球票的区域应该是连续的。

48.5 亚足联保有决赛门票的一切票务权利。如有需要，亚足联有权向主办俱乐部或其所在足协索取更多球票。

49. 可售球票

49.1 主办俱乐部及其所属足协必须将体育场可售球票数量的至少 5% 专供客队购买，这些球票对应区域应在主办俱乐部和亚足联总秘书处指定的安全隔离区域内。

49.2 这些门票应包含一等和二等票。客队俱乐部必须在比赛开始两周前告知主办方需要的座位数量并付全款。客队俱乐部负贵为其所要球票付款，不管使用与否。为客队俱乐部球迷提供的球票的价格不应超过卖给主办俱乐部球迷的同一等级球票的价格。

49.3 主办俱乐部应该保证亚足联的市场合作伙伴及其商业机构能够以票面价值购买到任意一场比赛场次的球票。要求购买的球票数量应在相关比赛开始前至少两周告知主办俱乐部。

49.4 主办俱乐部应该保证亚足联官方授权方能够以票面价值购买到任意一场比赛场次的球票。

第十部分　安　保

50. 总则

50.1 所有与安全及安全有关的事项，都应遵守亚足联体育场规定及亚足联安保条例。

50.2 各主办俱乐部及其成员协会应与相关政府当局及 / 或体育场管理者，设计、计划，并实施充分的安全措施，在体育场内所有受控进入区域及其他有关地点，以保护所有有关人士，包括但不限于亚足联官员，亚足联所携带所有物品，球队官方代表团，亚足联商业合作伙伴、官方许可方、媒体和观众。

50.3 各主办俱乐部及其会员协会应发布详细的安全计划，包括但不限于与体育场管理方、官方训练场、亚足联官员及球队官方代表团的住宿以具有约束力的协议形式合作，该安全计划应基于亚足联体育场规定和亚足联安保条例。

50.4 各主办俱乐部及其会员协会免除亚足联承担任何责任，在竞赛组织中，代表团成员因行为任何或疏忽而造成的损害，排除由亚足联引起的故意或重大过失，放弃对亚足联的任何索赔。

第十一部分　医疗与兴奋剂检测

51. 赛前医疗评估

51.1 每一个参赛的俱乐部应确保每一个参赛球员赛前至少 30 天参加赛前医疗评估（PCMA）。

51.1.1 为国际足联或其他亚足联竞赛进行赛前医疗评估的球员，提供医生和球员申报表原件给国际足联或亚足联，在比赛一年内进行。

51.1.2 亚足联应向所有参赛俱乐部提供赛前医疗评估表格，确定需要测试的必要项目，应包括防止球员在比赛期间心脏猝死。

51.1.3 每个会员协会必须在第一场比赛前十天向亚足联提交下列签署文件：

51.3.1.1 会员协会赛前医疗评估协议声明。

51.3.1.2 对参赛球员，参赛球员及检查医生赛前医疗评估声明。

51.3.1.3 任何没有按要求提交所需材料的球员不能够注册比赛。

51.2 亚足联医疗委员会可全权处理是否对参赛球员必须进行更进一步的医疗评估。此医疗评估的费用由亚足联承担。

52. 设施及医务人员

52.1 每个主办俱乐部应按照手册要求提供一个配备充分设施的医务室和兴奋剂检测室。

52.2 俱乐部将被处罚：

52.2.1 没有配备充分设施的医务室，至少罚款 20,000 美元。

52.2.2 没有配备充分设施的兴奋剂检测室，至少罚款 10,000 美元。

52.2.3 两个房间均未能配备充分设施，至少罚款 40,000 美元。

52.2.4 亚足联纪律道德委员会可能酌情给以进一步处罚。

52.3 每个主办俱乐部应按照手册要求提供医务人员及兴奋剂检测人员。

52.3.1 俱乐部将被处罚：

52.3.2 未能提供全部所需的兴奋剂检测人员，至少罚款 10, 000 美元。

52.3.3 未能提供全部所需的医务人员，至少罚款 20,000 美元。

52.3.4 亚足联纪律道德委员会可能酌情给予进一步处罚。

53. 兴奋剂检测

53.1 禁止使用兴奋剂。《亚足联反兴奋剂规程》《亚足联纪律道德条例》及其他亚足联关于反兴奋剂的规定均对本次赛事适用。

53.2 亚足联将告知主办俱乐部及其所在足协此次赛事的兴奋剂检测程序。

53.3 亚足联医疗委员会负责任决定在哪个实验室（世界反兴奋剂组织官方认可的实验室）执行样本分析。

第十二部分　纪　律

54. 纪律处罚措施

54.1 纪律处罚措施和申诉应该依据现行的《亚足联章程》《亚足联纪律处罚道德条例》和相关的亚足联通告来进行处理。

54.2 亚足联可以为此次赛事引入新的纪律条例和处罚并于赛前至少 30 天将新引入的条

例通知参赛俱乐部及其所在足协。

54.3 只有参赛的运动员和裁判可以暂停比赛。为免疑议，这需要相关人员在注册窗口在规定注册截止日期前注册。

54.4 所有参赛球员同意：

54.4.1 秉承公平竞赛、无暴力精神，并尊重竞赛官员权威性；

54.4.2 遵守所有规程；

54.4.3 抵制兴奋剂。

55. 良好操守

55.1 参赛俱乐部应负责以下不当行为：

55.1.1 球队官方代表团的任何一名成员；及或

55.1.2 在比赛中代表他们履行职责的任何人。

55.2 对于任何违反规程 55.1 的行为，亚足联纪律道德委员会可作出任何在亚足联纪律道德条例中的处罚。

56. 行政程序

56.1. 根据亚足联纪律道德条例，如果一方初次违反规程，则：

56.1.1 亚足联将在完成审查且进入纪律程序前，发送书面调停信，如果该方承认违规，则罚款减少 20%；

56.1.2 如果承认违规，亚足联会将调停后的处罚提交亚足联纪律委员会主席，申请批准。

56.1.2.1 如果该方否认违规，亚足联将启动纪律程序：

56.1.3 亚适联纪律道德委员会主席一旦批准，处罚将由亚足联行政执行。

56.1.2.2 如果亚足联纪律委员会主席不批准调停后的处罚，亚足联将启动纪律程序。

56.1.4 一旦同意调停处罚，则视为该方放弃请求机动决定或对发布的处罚进行上诉。

56.1.5 根据亚足联纪律道德条例，任何经行政发布的处罚决定一经通知即刻生效。

57. 球员被警告或者被罚令出场

57.1—切与警告或被罚出场相关的事务（包括跨阶段处罚）将依据《亚足联纪律道德条例》进行，详见下文。

57.2 在资格赛阶段受到一次警告者，该警告将带入附加赛阶段。

57.3 在附加赛阶段受到一次警告者，该警告将不带入小组赛阶段。

57.4 在小组赛阶段受到一次替告者，该警告将不带入淘汰赛阶段。

57.5 在半决赛中段受到一次警告者，该警告将不带入决赛阶段。

58. 球员或者官员暴力行为

58.1 在体育场的任何地方，包括但不限于比赛场地上、更衣室、训练场地和下榻酒店，被裁判或者比赛监督报告出来的任何球员或官员的违纪行为和暴力行为，将由亚足联纪律委员会依照此规程、《亚足联纪律道德条例》进行处理。

59. 抗议

59.1 抗议是指向任何对比赛有直接影响的事件和任何违反此规程或亚足联纪律道德条例的事件提出反对。

59.2 除非另外规定，一切抗议应：

59.2.1 在有争议比赛结束后两小时之内向亚足联比赛监督递交书面材料。

59.2.2 紧接着应立即准备一份全面的书面报告，包括最初抗议的复印件，在比赛结束后48小时内递交至亚足联总秘书处。

59.2.3 在比赛结束后48小时内支付500美元抗议费（不可退回），抗议才能生效。

59.3 针对比赛相关事实，由裁判做出的判罚为最终判罚，对此不能提出抗议。除非《亚足联纪律道德条例》中另作规定。

59.4 如果亚足联纪律道德委员会认为抗议没有事实依据或不负责任，抗议者可能被处罚。

59.5 如果抗议形式有任何不符合竞赛规程要求，则视为无效。一旦赛事决赛正式结束，所有在此款规程中描述的抗议都不会被受理。

59.6 亚足联纪律道德委员会将对抗议做出裁定。如果是纯操作性抗议，亚足联纪律委员会可以将抗议转至亚足联竞赛委员会进行裁定。

60. 仲裁

60.1 所有与赛事相关的纠纷应迅速协商处理。

60.2 根据《亚足联章程》，禁止俱乐部和所属会员协会及其球员或官员将争端提交到当地法庭，而只能按照适当程序提交到亚足联的相关职能部门。

60.3 参赛俱乐部、所在足协、参赛球员和官员须了解并认可以下：如果经过有效的亚足联内部渠道仍未达到解决方案，则唯一的解决办法是求助体育仲裁庭（CAS）。体育仲裁庭与体育相关的仲裁法规和所有相关规定都可以适用。仲裁语言为英语。如有需要，听证会将在马来西亚吉隆坡CAS听证中心召开。

第十三部分　行　政

61. 财政规定

61.1 参赛俱乐部应相互结算在此规定当中规定的费用。

61.2 以下费用由亚足联负担：

61.2.1 竞赛官员的国际差旅费和日常津贴。

61.2.2 兴奋剂检测费用。

61.2.3 以下保险费用。

61.2.3.1 竞赛官员医疗保险。

61.2.3.2 竞赛官员个人事故险。

61.2.3.3 竞赛官员旅行保险。

61.2.3.4 奖杯保险。

61.3 比赛球票的收入归各俱乐部。

62. 比赛津贴

62.1 参赛俱乐部将获得以下一种或多种津贴：

62.1.1 差旅补贴。

62.1.2 成绩奖金。

62.1.3 参与补贴。

62.2 除参赛俱乐部所属足协另外指定，付给俱乐部的差旅补贴将直接汇至各自俱乐部所属足协。

差旅补贴

62.3 在赛事不同阶段的各场比赛，客队都将获得补贴，详见如下：

62.3.1 资格赛阶段：无。

62.3.2 附加赛阶段： 20,000 美元。

62.3.3 小组赛阶段： 30,000 美元。

62.3.4 16 强赛阶段： 30,000 美元。

62.3.5 四分之一决赛： 30,000 美元。

62.3.6 半决赛： 30,000 美元。

62.3.7 决赛： 60,000 美元。

62.4 小组赛阶段，如果俱乐部履行了相关规定条款的义务，差旅补贴将在第 2、4、6 比赛日后共分三期支付给俱乐部。

成绩奖级

62.4.1 小组赛阶段，16 强赛，四分之一决赛，半决赛，每支参赛队伍的成绩奖级如下：

62.4.2 胜者： 50,000 美元。

62.4.3 出现平局：双方各 10,000 美元。

参与补贴

62.5 在以下阶段，参赛队伍将获得参与补贴如下：

62.5.1 16 强赛： 80,000 美元。

62.5.2 四分之一决赛： 120,000 美元。

62.5.3 半决赛： 200,000 美元。

63. 奖金

63.1 亚足联将支付以下奖金：

63.1.1 冠军： 3,000,000 美元。

63.1.2 亚军： 1,500,,,,000 美元。

63.2 亚足联将在冠军和亚军奖金中扣 5% 以用于社会责任活动。

64. 奖项

64.1 本赛事将会颁发以下奖项：

64.1.1 每场比赛最佳球员奖。

64.1.2 本届联赛最有价值球员奖。

64.1.3 最佳射手奖（本届亚冠联赛）。

64.1.4 亚足联公平竞赛奖（本届亚冠联赛）。

64.2 每场比赛最有价值球员奖（MVP）会授予在该场比赛中有主要影响的优秀球员。

64.3 本届亚冠赛最有价值球员奖（MVP）会授予在每场比赛和整个赛事中都有主要影响的优秀球员。

64.4 最佳射手奖项是授予在整个赛事期间进球数最多的球员。资格赛和附加赛阶段的进球不计入。如有平分，则根据出场时间决定，出场时间短者排名靠前。

64.5 亚足联公平竞赛奖授予获得公平竞赛记录最佳的球队。

64.6 如果该对官方代表团在任何一场比赛中有严重不当行为，则取消评选资格。

64.7 亚足联竞赛委员会可能引入其他奖项。

65. 奖杯与奖牌

65.1 原始奖杯将在颁奖典礼时授予联赛冠军，其后由亚足联始终保有。亚足联将赠送给冠军俱乐部一个与原始奖杯尺寸相同的奖杯的复制品。

65.2 亚足联将颁发以下奖牌：

65.2.1 冠军俱乐部的 50 块奖牌。

65.2.2 亚军俱乐部的 50 块奖牌。

65.3 俱乐部可要求增加奖牌数量，但自行承担由此产生的费用。

65.4 冠军俱乐部必须一直保留获赠的奖杯复制品，且在得到亚足联书面同意之前不得离开所在足协管辖区域。冠军不得将奖杯复制品用于第三方可见或可能使奖杯或联赛与第三方产生关联的任何情况。亚足联可以随时增加与奖杯相关规则，冠军必须遵守。

66. 颁奖典礼

66.1 颁奖典礼，由亚足联管理和控制，由包括主办俱乐部、所属会员协会、亚足联营销代表在内的合作伙伴合作举办。在赛事决赛结束后，立即颁发第 78 条规定的奖杯和奖牌。

66.2 获得奖金、奖杯和奖牌的球队和个人需要出席颁奖典礼现场。获奖俱乐部可以由其 18 名球员、主教练和 1 名注册为获奖比赛场次官员的官方代表队成员代表参加决赛后的颁奖典礼。其他俱乐部成员、官员、球员或职员不能参加颁奖典礼。

67. 决赛

67.1 决赛将由亚足联与主办成员协会 / 俱乐部联合组织，包括但不限于：

67.1.1 票务（依据条款 62.4 和 64.6）。

67.1.2 礼宾。

67.1.3 比赛组织。

67.1.4 市场。

67.1.5 媒体。

67.2 任何在计划决赛前、期间及 / 或其后举行的其他活动，都应在决赛开始至少 7 日前通知亚足联，并获得亚足联审批。

68. 特殊规定

68.1 亚足联纪律委员会以及各主办足协，应在举办赛事的主办国所属领土，为可能出现的特殊情况颁布指导说明。

68.2 这些指导说明应作为此规程不可分割的一部分。

69. 决议

69.1 除明确规定外，所有按本章程作出的决定均是最终的、有约束力的、与亚足联章程一致的。

70. 修正案

70.1 亚足联保留对本条例的任何部分作出修订的权利。修改应在适当时候进行沟通。

71. 不可抗力

71.1 亚足联竞赛委员会拥有不可抗力事件的唯一决定和宣布权。

72. 未尽事宜

72.1 本规程未涉及的事宜和由于不可抗力造成的事件都应该由亚足联竞赛委员会作出决议，且该决议为最终决议。此决议是最终的、有约束力的和不可上诉的。

73. 结尾规定

73.1 亚足联总秘书处负责赛事运行管理，因此有权作出决定并采用详细的执行本规程所必须的规定。

74. 批准生效

木规程于 2017 年 9 月 13 日，星期三，由亚足联执委会（新德里，印度）批准，即日起生效。

足球竞赛规则（中文版）[*]

第一章　比赛场地

1. 场地表面

比赛场地首选必须全部是天然草坪，其次在竞赛规则允许下可以选择全人工草坪，再次在竞赛规则允许下可以选用天然和人造草坪混合的场地。

人造草坪场地的颜色必须是绿色。

在国际足联所属国家足球协会代表队之间，或国际俱乐部之间比赛中使用的人造草坪，球场表面必须符合《国际足联足球草坪质量程序》或《国际比赛标准》的要求。经 IFAB 特批准许使用的人造草坪除外。

2. 场地标记

比赛场地必须是长方形并且必须用无危险的连续实线来标明。这些线作为场内各个区域的分界线应包含在各个区域之内。

只有在规则第一章中明确规定可以使用的线，才能标画在比赛场地上。

两条较长的边界线叫边线，两条较短的线叫球门线。

比赛场地被中线划分为两个半场，该中线与两条边线相交于边线中点。

在场地中线的中点处做一个中心标记。以该中点为圆心，9.15 米（10 码）为半径画一个圆。

在比赛场地外，在距角球弧 9.15 米（10 码）且垂直于球门线和边线处可以做标记。

所有线的宽度必须一致且不得超过 12 厘米（5 英寸），球门线必须与球门柱和横梁的宽度相同。

使用人造草坪赛场时，场地表面有其他的线是允许的，前提是这些线是不同颜色的且明显区别于足球场标线。

队员在赛场内做未经许可的标记属于非体育行为，必须予以警告。如果裁判员在比赛中发现了这种行为，当比赛停止时他必须警告犯规队员。

---

[*] 本文件来自中国足球协会。

3. **尺寸**

边线的长度必须长于球门线的长度。

长度（边线）：最短 90 米（100 码）

最长 120 米（130 码）

长度（球门线）：最短 45 米（50 码）

最长 90 米（100 码）

4. **国际比赛场地规格**

长度（边线）：最短 100 米（110 码）

最长 110 米（120 码）

长度（球门线）：最短 64 米（70 码）

最长 75 米（80 码）

竞赛组织者可以在上述尺寸范围内自行确定边线和球门线的长度。

5. **球门区**

从距每个球门柱内侧 5.5 米（6 码）处，画两条垂直于球门线的线。这些线伸向比赛场地内 5.5 米（6 码），与一条平行于球门线的线相交。由这些线和球门线组成的区域范围是球门区。

6. **罚球区**

从距每个球门柱内侧 16.5 米（18 码）处，画两条垂直于球门线的线。这些线伸向比赛场地内 16.5 米（18 码），与一条平行于球门线的线相交。由这些线和球门线组成的区域范围是罚球区。

在每个罚球区内距离球门柱之间中点 11 米（12 码）处设置一个罚球点。

在罚球区外，以距每个罚球点 9.15 米（10 码）为半径画一段弧。

7. **角球区**

在比赛场地内，以距每个角旗杆 1 米（1 码）为半径画一个四分之一圆，由这段弧线与边线和球门线组成的区域范围是角球区。

8. **旗杆**

在场地每个角上各竖一根至少 1.5 米（5 英尺）高的平顶旗杆，上系小旗一面。

在中线的两端、边线以外至少 1 米（1 码）处，可以放置旗杆（规格同上）。

9. **技术区域**

技术区域是体育场内供球队官员和替补队员使用的有座位的与比赛相关的区域，简述如下：

• 技术区域的范围是指，从替补席两侧向外 1 米（1 码）及向前延伸至距边线 1 米（1 码）

的区域。

• 技术区域的范围需要用标记线明确划定。

• 技术区域内的人数由竞赛规程决定。

• 技术区域的人员：

☆根据竞赛规程，在比赛前确定。

☆必须对自己的行为负责；

☆必须在指定位置，除非发生特殊情况，比如场上队员受伤，在裁判员的允许下，理疗师或队医可以进入赛场内查看伤情。

• 同一时间内只允许 1 人在技术区域内进行战术指导。

10. 球门

必须在两条球门线的中央，各放置一个球门。

球门由两根距角旗杆等距离的垂直立柱和连接其顶部的水平横梁组成。球门柱和横梁必须用被批准的材料制成。其形状必须是正方形、长方形、圆形或椭圆形，并不得对队员构成危害。

两根球门柱内壁之间的距离是 7.32 米（8 码），横梁的下沿至地面的距离是 2.44 米（8 英尺）。

球门柱和横梁必须是白色的，宽度和厚度必须相同且不得超过 12 厘米（5 英寸）。

如果横梁移位或折断，应停止比赛直至修好复位。如果不能被修复，比赛必须中止。不允许用绳子或其他柔软的或有危险性的材料替代横梁。修复后以坠球方式重新开始比赛。

球门网可以系在球门及球门后面的地上，并须适当地撑起以避免影响守门员活动范围。

安全性：

球门（含可移动式球门）必须牢固地固定在地上。

11. 门线技术

球门线技术系统可以用于判断球是否进入球门，以支持裁判员的判罚。

当使用球门线技术系统时，可以根据《国际足联质量项目——球门线技术手册》的特殊规定和竞赛规则要求对球门结构进行改造，并须在竞赛规程中作出相关规定。

球门线技术系统的原则：

本系统仅用于球门线，且只判定球是否进入球门。

本系统对于是否进球的示意必须是即时的，并在 1 秒钟内自动确认且仅传递给比赛官员（如通过振动和可视信号传递到裁判员的手表上）

球门线技术系统的要求和特殊规定：

如果在比赛中使用球门线技术系统，竞赛组织者必须确保该系统通过如下标准中的至少一项认证：

• 国际足联专业品质。

• 国际足联品质。

• 国际比赛标准。

独立第三方检测机构必须根据《国际足联质量项目——球门线技术系统测试手册》验证不同技术供应商系统的准确性和功能性。如果该技术系统未能通过测试，裁判员不得使用该球门线技术系统，并将事件报告相关负责机构。

当使用球门线技术系统时，裁判员必须在赛前根据《国际足联质量项目——球门线技术系统测试手册》测试该系统的技术性能。

12. 商业广告

从球队进入比赛场地至上半场结束离开，下半场重新进入比赛场地至比赛结束，任何商业广告，不管是实际的还是虚拟的，都不允许出现在如下区域：①比赛场地；②球门网内的地面；③技术区域及其地面；④距离边界线 1 米（1 码）以内的地面。广告也不允许出现在球门、球门网、旗杆或角旗上，任何附属设备（如摄像机、麦克风等）也不允许有广告出现。

另外，直立广告必须至少：

• 距离场地边线 1 米（1 码）。

• 距离球门线以及球门网纵深区域 1 米（1 码）。

• 距离球门网 1 米（1 码）。

13. 标识和图案

在比赛期间，国际足球联合会、洲际联合会、国家足球协会、竞赛组织者、俱乐部或其他团体的代表性标识或图案的复制品，不管是实际的还是虚拟的，都禁止出现在比赛场地、球门网及其附属区域、球门和旗杆上；仅允许出现在旗杆的旗子上面。

第二章　球

1. 质量和测量

球必须是：

• 球形。

• 用合适的材料制成。

• 圆周长度范围：68 厘米（27 英寸）~70 厘米（28 英寸）。

• 比赛开始时的重量介于 410 克（14 盎司）和 450 克（16 盎司）之间。

• 海平面气压值范围：0.6~1.1 个大气压力（600~1100 克 / 平方厘米；8.5~15.6 磅 / 平方英寸。

在国际足联或洲际联合会主办的正式比赛中的球必须具有下列三种标志之一：

• 国际足联专业品质。

• 国际足联品质。

• 国际比赛标准。

印有上述品质认证标志之前的球，如“国际足联批准”“国际足联监制”“国际比赛用球标准”等，可以在上述赛事中用至 2017 年 7 月。

每个标记表明该球已被正式检测，达到符合规则第二章中所阐述的最低标准所规定的特殊技术要求并由国际足球协会理事会审核通过。相关的检测机构也要得到国际足联的批准。

当使用球门线技术系统（GLT）时，允许在球体内使用集成技术，但必须符合上述三项质量标志之一。

国家足球协会的比赛必须使用具有符合上述三种标志之一的球。

在国际足联、洲际联合会和国家足球协会主办的比赛中，除了比赛及比赛组织者的标志图案和授权厂商的商标外，不允许在球上出现任何商业广告。竞赛规程可以限制此类标志的尺寸和数量。

2. 坏球的更换

如果球出现破损：

• 停止比赛。

• 用更换的球在原球损坏时所在地点坠球重新开始比赛。

如果球在开球、球门球、角球、任意球、罚球点球或掷界外球时出现破损：

• 重发 / 罚。

在罚球点球或点球决胜阶段，如果球向前移动后未触及任何队员、横梁或球门柱，球出现破损：

• 重踢球点球。

在比赛中未经裁判员许可不得更换球。

3. 备用球

比赛中在场地周边可以码放一些备用球，这些球应符合规则第二章的有关规定，并在裁判员的控制下使用。

印有上述品质认证标志之前的球，如“国际足联批准”“国际足联监制”“国际比赛用球标准”等，可以在上述赛事中用至 2017 年 7 月。

每个标记表明该球已被正式检测，达到符合规则第二章中所阐述的最低标准所规定的特殊技术要求并由国际足球协会理事会审核通过。相关的检测机构也要得到国际足联的批准。

当使用球门线技术系统（GLT）时，允许在球体内使用集成技术，但必须符合上述三项质量标志之一。

国家足球协会的比赛必须使用具有符合上述三种标志之一的球。

在国际足联、洲际联合会和国家足球协会主办的比赛中，除了比赛及比赛组织者的标志图案和授权厂商的商标外，不允许在球上出现任何商业广告。竞赛规程可以限制此类标志的尺寸和数量。

第三章 队 员

1. 队员人数

一场比赛应有两队参加，每队上场队员最多 11 名，其中必须有 1 名守门员。如果任何一队少于 7 人则比赛不能开始或继续进行。

无论何种原因，如果某队因为 1 名或多名队员故意离开比赛场地而少于 7 人，裁判员不应该立即停止比赛，可以掌握有利情形。在这样的情况下，比赛停止时，如果一个队在场上不足 7 名队员的最低限额，比赛绝不可以继续进行。

如果竞赛规程规定，在开球前必须确定所有的队员和替补队员，而某队在开始比赛时场上队员少于 11 人，只有在赛前上场名单中报名的队员和替补队员才能在随后到达赛场后参加比赛。

2. 替补队员人数

正式比赛

在由国际足联、洲际联合会或国家足球协会主办的正式比赛中，每场比赛最多可以使用 3 名替补队员。

竞赛规程必须规定可以有几名替补队员被提名，从 3 名到最多不超过 12 名。

其他比赛

在国家队比赛中，最多可以使用 6 名替补队员。

其他所有比赛，只要符合下列条件即可增加替补队员人数：

• 双方关于替补人数达成一致意见。

• 比赛前通知裁判员。

如果赛前没有通知裁判员，或双方未达成一致意见，则替补队员不能超过 6 名。

替换下场的队员重新上场比赛（RS 条款）

经国家足球协会同意，替换下场的队员重新上场比赛，仅允许在最低级别的比赛（草根 / 娱乐）中使用。

3. 替补程序

开赛前必须将替补队员名单提交裁判员，任何未在赛前被提名的替补队员不得参加比赛。

替换队员时必须遵守以下规定：

• 替换前必须通知裁判员。

• 被替换队员得到裁判员的允许可以离开比赛场地，除非已经在赛场外。

• 被替换队员不要求必须从中线处退场，并不得再次参加该场比赛，除非允许施行 RS 条款（替换下场的队员重新上场比赛）。

• 如果被要求替换下场的队员拒绝离开比赛场地，比赛应继续。

替补队员入场必须遵守以下规定：

• 在比赛停止期间。

• 在中线处。

• 被替换队员离场后。

• 得到裁判员信号后。

当替补队员进入比赛场地，替补程序即告完成。从那时起，替补队员成为场上队员，而被替换队员成为替补队员。

替补队员如果进入比赛场地，可以由其（执行掷界外球或角球等）重新开始比赛。

如果在半场休息或在加时赛之前要求替换，应在重新开始比赛之前完成替补程序。

所有替补队员和被替换队员无论上场与否，裁判员均有权对其行使职权。

4. 更换守门员

场上任何队员都可以与守门员互换位置，并规定：

• 互换位置前通知裁判员。

• 在比赛停止期间互换位置。

5. 违规与判罚

如果一名被提名的替补队员替换一名被提名的上场队员开始比赛，并且未通知裁判员：

• 裁判员允许被提名的替补队员继续比赛。

• 不对该替补队员进行任何纪律处罚。

• 被替换的队员可以成为替补队员。

• 替补人次不做减少。

• 裁判员向相关机构报告事件。

如果一名队员与守门员互换位置前未得到裁判员许可：

• 允许比赛继续。

• 当比赛停止时，裁判员警告两名队员。

比赛中，任何其他违反本章节的情况：

• 警告违规队员。

• 在比赛停止时球所在地点由对方队员踢间接任意球重新开始比赛。

6. 队员和替补队员被罚令出场

队员被罚令出场的情况：

• 如果球队参赛名单尚未提交，该队员不得以任何身份列入参赛名单。

• 如果已列入首发阵容，开球前被罚下，可以从被提名的替补队员中选一人替换，替补队员名单不得补充，但球队的替换次数不减少。

• 开球后被罚下，不得被替换。

凡被提名的替补队员被罚令出场，无论是在开球前或比赛开始后均不得补充替补队员名单。

7. 比赛场内多出的人

球队官员：球队名单中注明的教练员和其他官员（队员和替补队员除外）。

场外因素：球队名单（队员、替补队员、球队官员）之外的其他人员。

如果球队官员、替补队员、被替换的队员、被罚令出场的队员或者场外因素进入比赛场地，裁判员必须：

• 停止比赛，如果发生干扰比赛的行为。

• 当比赛停止时，令其离开。

• 处以适当的纪律处罚。

如果比赛因被干扰而停止，重新恢复比赛的方式：

• 干扰来自球队官员、替补队员、被替换的队员或被罚令出场的队员，以直接任意球或者球点球重新开始比赛。

• 干扰来自场外因素，以坠球重新开始比赛。

如果球在进入球门过程中发生干扰行为，满足如下条件，判进球有效：①球进入球门（即使此干扰接触到了球）；②此干扰未阻止防守队员触球；③球进入防守方球门。

8. 在比赛场地外的队员

如果队员在得到裁判员允许离开比赛场地后，未得到裁判员的允许再次进入场地内，裁判员必须：

• 停止比赛（如果队员没有干扰比赛或裁判员可以掌握有利情形，不必立即停止比赛）。

• 警告未得到裁判员许可而进入比赛场地的队员。

• 令队员离开比赛场地。

如果裁判员停止比赛，他必须以下列方式重新开始比赛：

• 判令对方队在比赛停止时球所处位置踢间接任意球。

• 如果队员违反规则第十二章有关规定，按相关处罚条款执行。

如果队员从边界线出场可以视为比赛的一部分，他并未违反规则。

9. 进球发生在比赛场内多出一人

如果在进球后、重新开始比赛前，裁判员意识到发生进球时场上多出一人：

①裁判员必须判进球无效，如果多出的人是：

• 进球队一方的队员、替补队员、被替换的队员、被罚令出场的队员或球队官员。

• 场外因素，且其干扰比赛，但满足规则第三章第七条“比赛场内多出的人”中内容，判进球有效。

②裁判员必须判进球有效，如果多出的人是：

• 被进球队一方的队员、替补队员、被替换的队员、被罚令出场的队员或球队官员。

• 场外因素，但其并未干扰比赛。

无论何种情况，裁判员必须令多出的人离开比赛场地。

如果在进球后且重新开始比赛后，裁判员方意识到发生进球时场上多出一人，进球不可被判无效。

如果多出的一人仍然在比赛场地，裁判员必须：

• 停止比赛。

• 令多出的人离开比赛场地。

• 酌情以坠球或者任意球重新开始比赛。

裁判员必须向相关机构报告事件。

10. 球队队长

球队队长没有特殊的身份和特权，不过他有对本队行为负责的职责。

第四章　队员装备

1. 安全性

球员不得使用或佩戴有危险性的装备或任何物品。

禁止队员使用或佩戴任何饰物（项链、戒指、手镯、耳环、皮质带、橡胶带等），也不允许用胶布等类似物品包裹或遮挡；如发生此类情况必须令其摘除。

队员、替补队员在赛前和替换入场前都必须进行装备检查，若其使用或佩戴不合规则 / 有危险性的装备或饰物，裁判员必须令其：

• 去除装备或饰物。

• 在接下来的比赛暂停时离场去除装备或饰物，如果该队员不能或不愿意遵从命令。

如果队员拒绝遵从，或者重新佩戴违规物件，裁判员必须予以警告。

2. 必需的装备

队员必需的装备：

• 有袖子的运动上衣。

• 短裤。

• 护袜——如果使用绷带或其他材料或护具在外面包裹或覆盖，则必须与所包裹或覆盖部分的护袜颜色一致。

• 护腿板——必须由合适的材料制成，提供适当的保护，被护袜全部包住。

• 球鞋。

守门员可以穿着长款运动衣裤。

如果一名球员的球鞋或护腿板偶然脱落，他必须在不迟于比赛暂停前尽可能迅速穿戴好；如果该球员穿戴装备前触球或进球，进球有效。

3. 颜色

• 队员的服装颜色必须有别于对方和比赛官员。

• 每名守门员的服装颜色必须有别于其他队员和比赛官员。

• 如果两名守门员的上衣颜色相同而又没有其他服装可换，裁判员可以允许开始比赛。

内衣的颜色必须与运动上衣袖子的主色相同；紧身短裤 / 长裤的颜色必须与运动短裤的主色或者运动短裤下摆的主色相同。且每支队伍的服装颜色必须整齐划一。

4. 其他装备

守门员帽子、运动眼镜和无危险性的保护装备，如头盔、面罩及膝关节和手臂护具（由柔软轻便的衬垫材料制成）允许使用。

如果佩戴头巾，必须符合：

• 黑色或与上衣主色一致（同队队员服装颜色必须统一）。

• 外观应与队员的专业装备相协调。

• 不可与上衣相连接。

• 不会对穿戴者或其他队员构成危险（如开放 / 闭合式缠绕脖子的装置）。

• 不得有任何部分扩展到表面以外（凸起内容）。

不允许队员（包括替补队员、被替换的队员和被罚令出场的队员）和 / 或技术人员使用任何形式的电子通讯系统。

当使用电子表现跟踪系统（EPTS）时（在国家足球协会 / 赛事组织者同意的前提下）：

• 它们必须是没有危险性的。

• 在比赛过程中，从该设备或系统中传出的信息和数据不允许在技术区域内接收或应用。

装备中不得有任何涉及政治、宗教或个人的标语、言论和图片。队员不得暴露内衣以显示涉及政治、宗教或个人的标语、言论、图片和广告（制造商商标除外）。犯有上述违规行为的队员 / 队伍将被赛事组织者或国家足球协会或国际足联处罚。

5. 违规与判罚

对于任何违反本章规则的，比赛无须停止，队员：

• 在收到裁判员指令后，应离开场地去调整装备。

• 除非已经调整好装备，否则应在比赛停止时离开赛场。

离场调整 / 更换装备的队员必须：

• 在被允许回场前由比赛官员检查装备。

• 得到裁判员同意后方可重新进入赛场（裁判员可以在比赛进行中给出示意）。

队员未得到裁判员同意而进入赛场，必须被警告。如果裁判员停止比赛执行警告，在比赛停止时球所在地点判罚间接任意球。

第五章　裁判员

1. 裁判员的权力

每场比赛由一名裁判员控制，他拥有全部权力去执行去比赛有关的竞赛规则。

2. 裁判员的决定

裁判员的判罚应在遵守竞赛规则和体育精神的准则下择优作出，裁判员可以在竞赛规则的框架下酌情予以判罚。

裁判员根据与比赛相关的事实所作出的决定——是最终的决定（包括进球是否有效和比赛的结果）。

裁判员如果意识到其决定错误，或经其他比赛官员建议后，可以改变决定，但下列情况除外：①比赛重新开始。②裁判员吹响了比赛（上半场比赛、下半场比赛、加时赛）结束的哨声并离开赛场。③比赛终止。

如果裁判员失去执法比赛能力，比赛可以在其他比赛官员的监督下继续进行直到比赛下一次停止。

3. 权限和职责

裁判员：

• 执行竞赛规则。

• 与其他比赛官员合作控制比赛。

• 记录比赛时间和比赛成绩，向相关机构提交比赛报告，报告内容包括赛前、赛中和赛后所有纪律处罚和其他事件的情况。

• 监督 / 示意重新开始比赛。

有利：

• 当犯规 / 违例发生时，未犯规队伍根据“有利”条款能获利时，则允许比赛继续进行。如果预期的“有利”在那一时刻或随后的几秒钟内没有发生，则判罚最初的犯规 / 违例。

纪律处罚：

• 当多种犯规同时发生时，根据处罚程度、重新开始比赛方式、身体接触的严重程度和战术影响择重判罚。

• 对应给予纪律处罚的队员进行警告或罚令出场。

• 拥有执行纪律处罚的权力，时限从进入赛场（包括赛前检视阶段）到比赛结束离开赛场（包括球点球决胜阶段）。如果在比赛开始前未入场时，队员犯有可被罚令出场的犯规行为，裁判员有权禁止该队员参加比赛（参见规则第三章第六条）。裁判员需要报告任何其他不正当行为。

• 有权出示黄牌或者红牌，时限从进入赛场比赛开始到比赛结束（包括半场休息期间、加时赛和球点球决胜阶段）。

• 向对自己行为不负责任的球队官员进行处罚，并可将其驱逐出比赛场地及其周边区域。

• 对于裁判员未看到的事件，可根据其他比赛官员的建议进行判罚。

受伤：

• 如果队员只是受轻伤，则允许比赛继续进行直到比赛停止。

• 如果队员受伤严重，则停止比赛，并确保将其移出比赛场地。受伤队员不能在场内治疗，只有在比赛重新开始后才能重返比赛场地。在比赛进行中只允许从边线进入场内，死球时，则可从球场任何边界线进入场内。

下列情况可以允许在场内治疗：

> 当守门员受伤时；

> 当守门员和其他队员发生碰撞需要立即引起关注时；

> 当同队队员发生碰撞需要立即引起关注时；

> 当发生严重受伤时；

> 队员因遭遇可被警告或者罚令出场的身体接触犯规（例如鲁莽或严重犯规的争抢）而导致受伤的，当可以留在场内完成快速地评估或处理时。

• 确保任何流血的队员离开比赛场地。该队员只有在裁判员认定流血被止住且装备上无血迹并给出示意后方可重新回到比赛场地。

• 如果裁判员指定医生 / 担架员进场时，受伤的队员必须离开球场，不管是用担架抬出去还是走出去，否则将因非体育行为而被警告。

• 如果裁判员决定对一名已经受伤并必须离开比赛场地接受治疗的队员进行警告或者罚令出场，必须在该队员离开场地前出牌示意。

• 如果比赛未因其他理由暂停，或者队员的受伤不是违反《足球竞赛规则》造成的，将以坠球形式重新开始比赛。

场外干扰：

• 因违反规则或者外界干扰而停止、中断或中止比赛，例如：

> 赛场照明灯光不足。

> 观众掷入场内的物品击中了比赛官员、队员或球队官员，裁判员根据事故的严重程度可以令比赛继续、暂停或中止。

> 观众鸣哨并干扰了比赛，则须停止比赛，以坠球形式重新开始比赛。

> 比赛中多余的球、其他物品或动物进入场内，裁判员必须：

☆停止比赛并以坠球形式重新开始比赛（若其干扰比赛），但如下情形除外：如果球在进入球门过程中发生干扰行为，满足如下条件，判进球有效：①球进入球门（即使此干扰接触到了球）；②此干扰未阻止防守队员触球；③球进入防守方球门。

☆允许比赛继续（若其未干扰比赛），并尽早在可能的情况下将其移出场外。

• 不允许未经授权的人员进入比赛场地。

4. 裁判员的装备

必需的装备：

• 哨子。

• 手表。

• 红黄牌。

• 记录本（或用来记录比赛的其他工具）。

其他装备：

裁判员允许使用：

• 和其他比赛官员沟通的装备（如蜂鸣器 /BP 旗、耳麦等）

• EPTS（电子表现跟踪系统）或其他健康监测系统。

裁判员和其他比赛官员禁止佩戴任何饰物和其他电子设备。

5. 裁判员的信号

除了现行的双臂示意“有利”之外，出于简化裁判员跑动中挥臂动作难度考虑，类似的单臂动作也可用来示意“有利”。

6. 比赛官员的免责条款

裁判员或其他比赛官员对下列情况不承担责任：

• 队员、官员或观众的任何受伤。

• 任何财产的任何损坏。

• 为了维持、进行和控制比赛，基于或者可能基于根据竞赛规则或者按照正常程序所作出的决定而对任何个人、俱乐部、公司、协会或者其他机构所造成的任何损失。

这些决定可以包括：

• 根据比赛场地及其周边情况，或天气的影响决定比赛是否进行。

• 由于各种原因中止比赛。

• 选择适合比赛场地使用的器材和比赛球。

• 由于观众的干扰或者观众席中的任何问题决定是否停止比赛。

• 是否停止比赛以便受伤队员移出比赛场地接受治疗。

• 要求将受伤队员移出比赛场地接受治疗。

• 是否允许队员可以穿着某种服装或佩戴某种装备。

• 在裁判员职责范围内是否允许任何人（包括球队或体育场官员、安全官员、摄影记者或其他媒体代表）出现在比赛场地附近。

• 根据竞赛规则或经国际足联、洲际联合会、国家足球协会、竞赛方授权或赛事规程所作出的任何其他决定。

第六章　其他比赛官员

（译者注：本章中提及比赛官员均不包括裁判员，虽然裁判员被视为最重要的比赛官员）

每场比赛可以指派其他比赛官员（两名助理裁判员，第四官员，两名附加助理裁判员，替补助理裁判员）。他们根据竞赛规则协助裁判员控制比赛，但由裁判员做出最终决定。

比赛官员在裁判员的指导下工作，如有过分干预比赛或不合适的表现时，裁判员可解除其职责并将报告提交相关机构。

比赛官员（不含替补助理裁判员）在其视线比裁判员更好的情况下协助裁判员判罚犯规和违规情况，并将发生在裁判员和其余比赛官员视野外的任何严重的不正当行为或其他事件提交报告至相关机构。同时必须将所写报告内容通报裁判员和其余比赛官员。

比赛官员通过以下形式协助裁判员：①检查比赛场地和用球，检查并纠正球员装备。②记录比赛时间、进球和不正当行为。

竞赛规则必须明确当一名比赛官员因故不能开始或继续工作时的替换人选与相关改变。特别要明确的是，在裁判员不能继续担任临场工作的情况下，应由第四官员、第一助理裁判员还是第一附加助理裁判员担任裁判员。

1. 助理裁判员

助理裁判员的职责为示意：

• 当球的整体离开比赛场地时，应由哪一队踢角球、球门球或掷界外球。

• 球员处于越位位置并犯规。

• 要求替换队员。

• 罚球点球时，守门员在球被踢之前移出球门线，以及球是否越过球门线。如果已指派附加助理裁判员，助理裁判员应与点球点齐平。

助理裁判员还需协助监督替换程序。

助理裁判员可以进入赛场内协助裁判员控制好 9.15 米（10 码）的距离。

2. 第四官员

第四官员的协助内容：

• 监督替换程序。

• 检查队员和替补队员的装备。

• 队员在得到裁判员的信号或允许后重新入场。

• 管理比赛备用球。

• 在每个半场比赛（包括加时赛）结束前展示裁判员决定的最少补时时间。

• 将技术区域内任何人的不负责任的行为通知裁判员。

3. 附加助理裁判员

附加助理裁判员的协助内容：

• 当球的整体越过球门线（包括进球有效）。

• 哪一队踢角球或球门球。

• 罚球点球时，守门员在球被踢之前移出球门线，以及球是否越过球门线。

4. 替补助理裁判员

替补助理裁判员的唯一职责是替换不能继续执法的助理裁判员或第四官员。

5. 助理裁判员的信号

① 替换队员；② 攻方踢任意球；③ 守方踢任意球；④ 攻方掷界外球；⑤ 守方掷界外球；⑥ 角球；⑦球门球；⑧ 越位；⑨ 近端越位；⑩ 中端越位；11、远端越位。

6. 附加助理裁判员的信号

参见如下图示：

① 进球（除非球很明显的越过球门线）。

第七章　比赛时间

1. 比赛时间

比赛分为两个时间相等的半场，每半场 45 分钟。根据竞赛规程，经裁判员和双方队伍在比赛开始之前同意，比赛时间可以减少。

2. 中场休息

队员有中场休息的权利，休息时间不得超过 15 分钟。竞赛规程必须注明中场休息的时间，只有经裁判员同意方可改变中场休息时间。

3. 允许补充的时间

在每半场比赛中损失的所有时间应由裁判员予以补足：

• 替换队员。

• 对受伤队员的伤势评估与移出场地。

• 浪费的时间。

• 纪律处罚。

• 竞赛规程允许的用于喝水或其他医疗原因的暂停时间。

• 任何其他原因，包括任何延迟比赛重新开始的重要事件（例如进球后的庆祝）。

第四官员在每半场最后一分钟结束前展示由裁判员决定的最少补时时间。裁判员可以增加补时时间但不得减少补时时间。

裁判员不得因上半场计时出错而改变下半场的时间。

4. 罚球点球

如果执行或者重新执行罚球点球，每半场结束时间可延长至罚球点球结束。

5. 中止的比赛

除竞赛规程或组织者另有规定外，中止的比赛应重新进行。

第八章　比赛开始和重新开始

比赛的上下半场开始、加时赛上下半场开始、进球得分后比赛重新开始均须执行开球方式。任意球（直接或者间接）、球点球、掷界外球、球门球和角球是比赛重新开始的其他方式（参见规则第十三章至第十七章）。当裁判员停止比赛且根据竞赛规则无法通过上述方式重新开始比赛时，由裁判员执行坠球。

比赛停止期间发生的犯规不影响比赛重新开始的形式。

1. 开球

程序

- 掷硬币，猜中一方选择上半场进攻方向。
- 对方开球。
- 猜中一方在下半场开球。
- 下半场两队交换比赛场地并且向对方球门进攻。
- 一个队进球得分后，由其对手开球。

每次开球：

- 所有队员必须在本方半场之内。
- 开球队的对方队员必须距球至少 9.15 米（10 码）直到比赛开始。
- 球必须放定在球场中点上。
- 裁判员给出信号。
- 当球被踢并明显移动比赛即为开始。
- 开球可以直接射入对方球门得分。

违规与判罚

如果开球队员在其他队员触球前再次触球——间接任意球或直接任意球（故意手球）。

在开球程序上的其他违例——重新开球。

2. 坠球

程序

裁判员在比赛停止时球所在地点坠球。除非比赛在球门区内被暂停，在此情况下，应在与球门线平行的球门区线上、在比赛停止时距球最近的位置坠球。

当球触地比赛即为进行。

参与坠球的队员人数不做限制（包括守门员）；裁判员不能决定参与坠球的队员，也不能决定坠球的结果。

违规与判罚

重新坠球：

- 如果球在接触地面前被队员触及。
- 如果球在接触地面后未经队员触及而离开比赛场地。

如果坠球后，球在进入球门前没有触及至少两名队员：

- 球进入对方球门，判球门球。
- 球进入本方球门，判对方踢角球。

第九章　比赛进行及停止

1. 比赛停止

下列情况为比赛停止：

• 当球无论从地面或空中全部越过球门线或者边线时。

• 当比赛被裁判员停止时。

2. 比赛进行

其他所有时间均为比赛进行中，包括球从比赛官员、球门柱、横梁或角旗杆弹回场内。

第十章　比赛结果的决定

1. 进球得分

当球的整体从球门柱间及横梁下越过球门线，且攻进球的队在进球前根据竞赛规则并未犯规或者违例，即为进球得分。

如果球的整体还没有完全越过球门线，裁判员即用信号示意球进门，应以坠球形式重新开始比赛。

2. 获胜的队

在比赛中进球数较多的队为胜者。如两队均未进球或者进球数相等，则比赛为平局。

当竞赛规程要求一场比赛或主客场两回合比赛成平局后需要决出胜者时，只能遵循下列程序来决定胜者：

• 客场进球规则。

• 加时赛。

• 踢球点球决胜。

3. 踢球点球决胜

踢球点球决胜在比赛结束后进行。除非另有所述，相关竞赛规则在踢球点球决胜时同样适用。

程序

踢球点球决胜之前：

• 除非有其他考虑（如场地条件、安全因素等）裁判员投币选定用于踢球点球的球门，这一决定只能由于安全因素、球门或场地不可用等原因改变。

• 裁判员再次投币，投币得胜的球队决定本队是否先踢球点球。

• 除了替换受伤的守门员上场的替补队员，只有比赛结束时在赛场上的队员和临时离场

（受伤或调整装备等）的队员方可参加踢球点球。

•每个队负责从有资格踢球点球决胜的队员中挑选并安排顺序。此排序不必通知裁判员。

•如果比赛结束，踢球点球决胜之前或过程中，某队的队员人数多于另一队，该队必须减去多出的人数以使与对方人数相等，并必须通知裁判员每一名被减除队员的姓名和号码。被减除的队员将不再具有参加踢球点球决胜的资格（下一条款情况除外）。

•如果踢球点球决胜之前或过程中，守门员不能继续比赛且该队未用完最大替补限额，可以使用如下人选替换：①被提名的替补队员；②因上一条款而被减除的队员。同时守门员不得再参加后续的踢球点球决胜（守门或者踢球）。

踢球点球决胜期间：

•只允许具备资格的队员和比赛官员在赛场内。

•除踢球点球的队员和两名守门员外，其他具备资格的队员必须停留在中圈内。

•踢球点球队的守门员必须在罚球区以外的球门线与罚球区线交汇处的比赛场地内。

•具备资格的队员可以与守门员互换位置。

•踢球点球完成的判定情况：①球停止移动；②比赛停止；③裁判员根据规则中的犯规行为停止比赛。

•裁判员对踢球点球做记录。

两队按照下列解释各踢 5 次：

•双方轮流踢。

•如果两队在踢满 5 次前，一队的进球数已多于另一队踢满 5 次时可能射中的球数，则不需再踢。

•如果两队均已踢满 5 次，双方进球数相同，则继续踢球点球，直至双方踢球次数相同，而一队较另一队多进一球时为止。

•每次应由不同的队员踢球点球，直至双方具备资格的队员均踢过一次后，方可踢第二次。

•后续轮次罚球点球同样适用于上述规则，但球队可以改变踢球点球的队员顺序。

•踢球点球决胜不得因球员离场而延误，如果离场球员不能及时返回踢球点球，他将失去踢该轮球点球的权力（不得分）。

踢球点球决胜期间的替换与罚令出场：

•队员、替补队员和被替换下场的队员都可以被警告或罚令出场。

•如果守门员被罚出场，必须由具备资格的队员替换。

•如果不是守门员的队员不能继续比赛，不得被替换。

•如果一个队不足 7 人，裁判员不必中止比赛。

（1）无附加助理裁判员：

裁判员在球左侧与球齐平处距球约 11 米（12 码）；一名助理裁判员在球门线和球门区的交汇处，面向裁判员；另一名助理裁判员在中圈维持秩序。

（2）有附加助理裁判员：

裁判员在球左侧与球齐平处距球约 11 米（12 码）；两名附加助理裁判员分别在球门线和球门区的交汇处；两名助理裁判员在中圈维持秩序。

第十一章　越　位

1. 越位位置

队员处于越位位置本身并不构成犯规。

队员处于越位位置：

• 头、躯干或脚的任何部分在对方半场（不含中线）。

• 头、躯干或脚的任何部分较球和最后第二名对方队员更接近于对方球门线。

所有队员（包括守门员）的手和臂部不在上述判定考虑范围内。

队员不处于越位位置：

• 他齐平于最后第二名对方队员。

• 他齐平于最后两名对方队员。

2. 越位犯规

处于越位位置的队员，在队友处理或触及球的一瞬间，以下列方式参与到现实比赛时才被判为越位犯规：

干扰比赛——处理或者触及队友传来或触到的球。

干扰对方：

• 通过明显阻挡对方视线来阻止对方触球或可能的触球。

• 与对方争抢球。

• 明显试图去处理距离自己很近的球且此行为影响到对方。

• 做出明显的动作来明确地影响对方处理球的能力。

通过触球或者干扰对方来获得利益：

• 当球从球门柱或横梁弹回，或从对方队员身上弹回或变向。

• 球经对方队员有意识救球而弹回或变向。

处于越位位置的队员，接得对方队员有意识触及的球（任何对方队员有意识地救球除外），不能认为是获得利益。

救球是指队员用除手之外身体的任何部分（守门员在罚球区内除外）来阻止即将进入球门或者距离球门很近的球。

3. 没有犯规

如果队员直接从下列情况下接到球，则没有越位犯规：

- 球门球。
- 掷界外球。
- 角球。

4. 违规与判罚

如果发生越位犯规，裁判员判罚在犯规发生的地点踢间接任意球（包含在犯规队所属半场）。

就越位而言，任何防守队员未经裁判员允许离开比赛场地，应视其为处在本方球门线或边线上直到：①比赛下一次暂停；②防守方队伍将球踢向中线且球在守方罚球区外。如果队员故意离开比赛场地，当比赛停止时，裁判员必须予以警告。

攻方队员可以离开赛场或者呆在赛场外以避免参与到现实比赛。就越位而言，如果该队员从球门线重新进入比赛场地并参与到现实比赛，应视其处在球门线直到：①比赛下一次暂停；②防守方队伍将球踢向中线且球在守方罚球区外。如果队员未经裁判员允许故意离开和重新进入比赛场地，即使入场时无越位犯规而获得利益，裁判员亦必须予以警告。

在球被踢进球门过程中，如果一名攻方队员在球门柱之间的球门网内保持不动并且没有越位犯规或者发生规则第 12 章所列各项犯规，则必须判进球有效。如果该队员犯规，裁判员判罚任意球（直接或者间接）重新开始比赛。

第十二章　犯规与不正当行为

只有在比赛进行中发生的犯规或违例行为，方可被判罚直接任意球和间接任意球和球点球。

1. 直接任意球

裁判员认为，如果队员草率地、鲁莽地或使用过分的力量违反下列 7 种犯规中的任意一种，将判给对方踢直接任意球：

- 冲撞。
- 跳向。
- 踢或企图踢。
- 推。

• 打或企图打（包括用头撞人）。

• 抢截或争抢。

• 绊摔或企图绊摔。

发生身体接触的犯规都将被判罚直接任意球或球点球。

•“草率地”表示队员在争抢时没有什么预防措施，缺乏注意力或考虑。不必给予纪律处罚。

•“鲁莽地”表示队员不顾及其行为可能对对方造成的危险或带来的后果。必须给予警告。

•“使用过分的力量”表示队员使用超过其自身所需要的力量，并且使对方有受伤的危险。必须被罚令出场。

如果队员违反下列 4 种犯规中的一种，也判给对方踢直接任意球：

• 故意手球（守门员在本方罚球区内除外）。

• 拉扯对方队员。

• 通过身体接触阻挡对方队员。

• 向对方队员吐唾沫。

参见规则第三章所述犯规。

手球

手球包含了队员一种故意用手或臂部与球接触的行为。

必须考虑如下因素：

• 手向球的方向移动（不是球向手移动）。

• 对方和球之间的距离（意外的球）。

• 手的位置与构成犯规没有必然联系。

• 用手中的物品（衣物、护腿板等）触球是违例。

• 用手掷出的物品（球鞋、护腿板等）击球是违例。

在罚球区外，对手球的严格限制，使守门员同其他队员一样对待。在本方罚球区内，守门员不可能因手球犯规被判罚直接任意球或相关联的处罚，但会因手球犯规而被判罚间接任意球。

2. 间接任意球

队员在出现如下情况时，判给对方踢间接任意球：

• 以危险方式比赛。

• 无身体接触前提下阻碍对方队员行进。

• 阻挡对方守门员踢球或从其手中发球，当守门员从手中发球时踢或者企图踢球。

• 因竞赛规则未提及的任何其他犯规而停止比赛，对队员进行警告或罚令出场。

如果守门员在本方罚球区内违反下列犯规中的任意一种，将判给对方踢间接任意球：

• 用手控制球后超过 6 秒钟没有放开。

• 用手触球：

→在放开手对球的控制后，未经其他队员触及球；

→接同队队员故意踢给他的球；

→接同队队员直接掷入的界外球。

下列情况视为守门员已经控制球：

• 球在他的两手之间，或在他的手和任何其他物品表面之间（如地面、自己身体），或用手或臂部的任何部位触球除非球是偶然从守门员反弹回来或他做出扑救后；

• 伸出胳膊用张开的手控制球；

• 向地面拍球或向空中抛球。

当守门员用手得到对球的控制时，对方队员不得对其进行争抢。

以危险方式比赛

以危险方式比赛是指当试图争抢球时，其行为对其他队员构成伤害威胁（包括对自己的伤害），包括阻止附近的对手使其因顾虑受伤而不敢去处理球。

如果队员的动作对对手不具有危险性，采用剪刀腿或倒钩踢球是允许的。

无身体接触前提下阻碍对方的行进

阻碍对方的行进是指当球不在某一方队员的争抢距离之内时，抢占对方合理路线去阻挡、妨碍、减速或者被迫改变方向。

所有的队员在场地内有选择自己位置的权利，身处对方的路线上与抢占对方的路线是不一样的。

队员可以通过占据球和对方队员之间的位置来掩护球，只要球在合理距离之内，并且没有用手臂或身体阻挡对方队员。只要球在合理争抢的范围之内，对方队员可以对掩护球的队员进行合理冲撞。

3. 纪律处罚

裁判员拥有执行纪律处罚的权力，时限从进入赛场（包括赛前检视阶段）到比赛结束离开赛场（包括球点球决胜阶段）。

如果在比赛开始前未入场时，队员犯有可被罚令出场的犯规行为，裁判员有权禁止该队员参加比赛（参见规则第三章第六条）。裁判员需要报告任何其他不正当行为。

队员无论是在比赛场内或场外，无论是对对方队员、同队队员、比赛官员或者其他人员，包括违反竞赛规则，犯有应被警告或罚令出场的行为，都将根据犯规性质进行处罚。

黄牌表示警告，红牌表示罚令出场。

只允许对场上队员、替补队员或被替换下场的队员出示红牌或黄牌。

推迟比赛重新开始进行出牌处罚

一旦裁判员决定对队员进行警告或者罚令出场，必须等到处罚执行完毕后方可重新开始比赛。

有利

如果裁判员掌握有利而让可执行警告或罚令出场的犯规没有在当时做出判罚，则警告/罚令出场的纪律处罚必须在随后比赛停止时执行；除非阻止明显进球得分机会的犯规依然造成进球得分，犯规队员将因非体育行为受到警告。

当严重犯规、暴力行为或第二次可被警告的犯规发生时，裁判员不必掌握有利原则，除非有明显进球得分的机会。裁判员必须在随后比赛停止时将其罚令出场。但如果该犯规队员继续触球或者争抢/干扰对方队员，裁判员须马上停止比赛，将其罚令出场并以间接任意球重新开始比赛。

如果一名守方队员从罚球区外拉扯对方直到罚球区内，裁判员必须判罚球点球。

可警告的犯规

如果队员违反下列 6 种犯规中的任意一种，将被警告：

• 延误比赛重新开始。

• 以语言或行动表示不满。

• 未得到裁判员许可进入或重新进入或故意离开比赛场地。

• 当以角球、任意球或者掷界外球重新开始比赛时，不退出规定的距离。

• 持续违反规则（对“持续”的次数或犯规的表现模式并无明确规定）。

• 犯有非体育行为。

如果替补队员或者被替换下场的队员违反下列 4 种犯规中的任意一种，将被警告：

• 延误比赛重新开始。

• 以语言或行动表示不满。

• 未得到裁判员许可进入或重新进入比赛场地。

• 犯有非体育行为。

对非体育行为的队员予以警告

当一名队员因非体育行为必须被警告时包含多种不同的情况：

• 试图欺骗裁判，例如假装受伤或者假装被对方犯规（假摔）。

• 比赛中或未经裁判员同意与守门员互换位置。

• 违反了以鲁莽的方式进行比赛这一条款，应被判罚直接任意球的犯规。

• 通过犯规或手球而干扰或阻止对方的有利进攻。

• 用手击球试图得分（不管是否得分）或者故意手球试图阻止对方得分但失败。

• 未经允许在场地内做标记。

• 获许离开场地后，在离场过程中触球。

• 对比赛不尊重。

• 故意施诡计，用头、胸或膝盖等部位传球给本队守门员（包括踢任意球）以逃避规则相关处罚条款，无论守门员是否用手触球。

• 在比赛中或在重新开始比赛时用语言干扰对方队员。

欢庆进球

当进球得分后，允许队员有欢庆的表现，但这一行为绝不能过分。表演自编舞蹈不值得鼓励，且不能浪费过多的时间。

队员离开场地庆祝进球的举动本身是无需被警告的，但他应尽快回到场内。

如果队员有下列表现必须予以警告：

• 爬上球场附近的围栏

• 做出具有挑拨性、嘲笑性和煽动性的举止。

• 用面具或类似物品遮住头部或面部。

• 脱去上衣或用上衣将头遮住。

延误比赛重新开始

裁判员必须对延误比赛重新开始的队员予以警告，例如：

• 看着像要掷界外球，但突然又将球留给了同队队员去掷该球。

• 被替换下场时拖延时间。

• 过分的延误重新开始比赛的时间。

• 裁判员停止比赛后，将球踢走或拿走或者故意触球引发冲突。

• 在错误的地点踢任意球迫使重踢。

罚令出场的犯规

如果队员、替补队员或被替换下场的队员违反下列7种犯规中的任意一种，将被罚令出场：

• 用故意手球破坏对方的进球或明显的进球得分机会（不包括守门员在本方罚球区内）。

• 用将被判为任意球或球点球的犯规，破坏对方向本方球门移动着的明显的进球得分机会（不含下述除外条款）。

• 严重犯规。

• 向对方或其他任何人吐唾沫。

• 暴力行为。

• 使用攻击性的、侮辱的或辱骂性的语言和 / 或动作。

• 在同一场比赛中得到第二次警告。

被罚令出场的队员、替补队员或被替换下场的队员必须立即离开比赛场地附近及技术区域。

阻止进球或明显进球得分机会

队员用故意手球犯规来破坏对方的进球或明显的进球得分机会，无论犯规发生在何处，队员必须被罚令出场。

队员在本方罚球区内对对方队员犯规以阻止对方的明显进球得分机会，裁判员必须判罚对方踢球点球，并警告犯规队员，但下列情况除外：

- 犯规行为是拉扯、拉拽、推人。
- 犯规队员的行为并非针对球或者其根本没有触球可能。
- 犯规行为是不受场内地点限制即可判罚出场的（如严重犯规、暴力行为等）。

发生如上所列犯规情形，队员必须被罚令出场。

裁判员应考虑下列情况：

- 犯规地点与球门的距离。
- 比赛发展的主要方向。
- 控制球或得到控球权的可能性。
- 守方的位置和人数。

严重犯规

危及对方安全的或使用过分力量的或野蛮的抢截或争抢动作必须视为严重犯规并予以判罚。

任何队员用单腿或双腿从对方队员正面、侧面或后面，用过分力量或危及对方队员安全的蹬踏动作争抢球，均视为严重犯规。

暴力行为

如果队员的行为目的不是对球，而是使用或者企图使用过分的力量或野蛮的方式对待对方队员、同队队员、球队官员、比赛官员、观众或其他任何人，无论是否发生身体接触，均视为暴力行为。

除此之外，如果队员的行为目的不是对球，用手或者臂部故意击打对方队员或者其他任何人的脸或者头，应视为暴力行为，除非他使用的是可以忽略的力量。

用物品或球掷击犯规

如果比赛进行中，队员、替补队员或被替换下场的队员用物品（包括球）向对方或其他任何人掷击，裁判员必须停止比赛，并酌情做如下判罚：

- 鲁莽的方式犯规：以非体育行为警告犯规者。
- 用过分力量犯规：以暴力行为将犯规者罚令出场。

4. 犯规和不正当行为后重新开始比赛

如果比赛停止，根据停止前的判罚重新开始比赛。

如果比赛进行中而队员犯规发生在场内，根据犯规对象做如下处理：

对方队员：间接任意球或直接任意球或球点球。

同队队员、替补队员、被替换下场的队员、球队官员、比赛官员：直接任意球或球点球。

其他任何人：坠球。

如果比赛进行中而队员犯规发生在场外，根据犯规行为做如下处理：

如果队员已经在场外，以坠球重新开始比赛。

如果队员从场内到场外犯规，在比赛停止时球所在的位置以间接任意球重新开始比赛。不过，如果队员离场行为视为比赛的一部分且对其他队员发生犯规行为，在比赛停止时距离犯规发生地点最近的边界线上以任意球重新开始比赛；如果踢任意球地点在犯规方罚球区内且为可被判罚直接任意球的犯规，则以球点球重新开始比赛。

如果一名站在场内或场外的队员向场内的对方队员掷击物品，应在物品击中或可能击中对方队员的地点以直接任意球或球点球重新开始比赛。

下列情况以间接任意球重新开始比赛：

队员站在场内向场外的任何人掷击物品。

替补队员或者被替换下场的队员向站在场内的对方队员掷击物品。

第十三章　任意球

1. 任意球的种类

如果一名队员发生犯规或者违例等行为，将由对方球队罚直接任意球或者间接任意球。

间接任意球手势

当裁判员示意间接任意球时，应单臂上举过头，并保持这种姿势直到球被踢出后触及到其他队员或者比赛停止。

在踢间接任意球时，如果裁判员没有上举手臂示意，而球直接被踢进球门，必须重踢。

球进门

• 如果直接任意球直接踢入对方球门，判为得分。

• 如果间接任意球直接踢入对方球门，判为球门球。

• 如果直接任意球或间接任意球直接踢入本方球门，判给对方踢角球。

2. 程序

所有的任意球在犯规发生地点踢，下列情况除外：

• 进攻方球队在对方球门区内获得的间接任意球，必须在与球门线平行的球门区线上距犯规发生地点最近的位置踢出。

• 防守方球队在本方球门区内获得的任意球可以在球门区内任何一点执行。

• 涉及未经裁判员许可进入或重新进入或故意离开比赛场地的违规判罚，任意球在比赛停止时球所在位置踢出。不过，如果队员离场行为视为比赛的一部分且对其他队员发生犯规行为，在比赛停止时距离犯规发生地点最近的边界线上以任意球重新开始比赛；如果踢任意球地点在犯规方罚球区内且为可被判罚直接任意球的犯规，则以球点球重新开始比赛。

• 规则提到的其他位置（参见第三章、第十一章、第十二章）。

球：

• 必须放稳，踢球队员在球未触及其他队员前不得再次触球。

• 当被踢且明显移动时比赛即为进行。但防守方球队在本方罚球区内获得的任意球，当球被直接踢出罚球区比赛即为进行。

比赛进行前对方队员必须保持：

• 距球至少 9.15 米（10 码），除非在本方球门柱之间的球门线上。

• 在对方球队的罚球区外，当对方球队在其罚球区获得任意球时。

任意球可以用单脚或同时用双脚将球挑起来的方式踢出。

用假动作迷惑对方来踢任意球作为足球比赛的一部分是可以的。

如果一名队员在正常踢任意球时，故意将球踢向对方，以便第二次触球，但他没有用草率的、鲁莽的或使用过分的力量，裁判员允许比赛继续。

3. 违规与判罚

当踢任意球时，对方队员比规定距离更接近于球，除掌握有利情况外，应重踢。但如果队员快速踢出任意球，而在距球不足 9.15 米的防守队员将球截获，裁判员允许比赛继续。不过，对方队员故意阻止其踢球，裁判员必须以延误比赛重新开始予以警告。

如果守方在本方罚球区内快速踢出任意球时，对方队员因没有足够的时间离开仍然滞留在罚球区内，裁判员允许比赛继续。

当守方在本方罚球区内踢任意球时，球未被直接踢出罚球区，应重踢。

如果比赛进行后，踢球队员在其他队员触球前再次触球，判罚间接任意球。若其故意用手触球：

• 判罚直接任意球。

• 如果违例发生地点在踢球队员本方罚球区内，判罚球点球；除非踢球队员是守门员，则判罚间接任意球。

第十四章　罚球点球

如果一名队员在本方罚球区内犯有可判为直接任意球的犯规，或按照第十二章和第十三章相关条款所述发生在场外但视为比赛一部分的犯规，应判罚球点球。

罚球点球可以直接得分。

1. 程序

球必须放定在罚球点上。

主罚球点球的队员必须确认由其主罚。

守门员必须停留在球门柱之间的球门线上，面对主罚队员，直到球被踢出。

除了主罚队员和守门员之外的队员必须处于：

• 距罚球点至少 9.15 米（10 码）。

• 罚球点后。

• 比赛场地内。

• 罚球区外。

所有队员根据规则就位后，裁判员给出踢球信号。

主罚队员必须向前踢球；如果球向前移动，脚后跟踢球是可以的。

当球被踢且明显移动时比赛即为进行。

当球停止移动或比赛停止或裁判员根据规则判罚犯规中断比赛时，罚球点球即为完成。

在每半场比赛或加时赛上下半场结束时，应允许延长时间执行完罚球点球。

2. 违规与判罚

一旦裁判员发出执行罚球点球信号后，必须将球踢出。如果比赛进行前发生下列情况：

主罚队员或其队友违规：

• 如果球进入球门，应重踢。

• 如果球未进入球门，裁判员应停止比赛，以间接任意球重新开始比赛。

但如果主罚队员或其队友发生下列违规情况，无论是否进球，均须停止比赛，以间接任意球重新开始比赛：

• 向后踢球点球。

• 指定主罚队员的队友踢球点球，裁判员须对实际踢球队员予以警告。

• 主罚队员完成助跑后用假动作踢球（助跑过程中允许使用假动作），裁判员须对其予以警告。

守门员或其队友违规：

• 如果球进入球门，得分有效。

• 如果球未进入球门，应重踢；如果守门员犯有违规行为，须被予以警告。

攻守双方都违反竞赛规则，应重踢，但一方队员犯有更严重的犯规（例如违规假动作）情况除外。

当球点球踢出后：

主罚队员在球触及其他队员前再次触球：

• 判罚间接任意球（若其故意用手触球则判罚直接任意球）。

球在向前移动过程中触及场外因素：

• 应重踢。

球从守门员、横梁或球门柱弹回比赛场地内，然后被场外因素触及：

• 裁判员停止比赛

• 在被场外因素触及的地点坠球重新开始比赛。

第十五章　掷界外球

当球的整体从地面或空中越过边线时，掷界外球判给最后触球队员的对方。

掷界外球不能直接进球得分：

• 如果掷界外球直接进入对方球门，判罚球门球。

• 如果掷界外球直接进入本方球门，判对方罚角球。

1. 程序

在掷出球的一瞬间，掷球队员必须：

• 面向比赛场地。

• 任何一只脚的部分站在边线上或者边线外的场地上。

• 在球越出边线处将球从头后经头顶用双手掷出。

所有对方队员必须站在距离掷界外球地点 2 米（2 码）之外。

当球进入比赛场地，比赛即为进行。如果球在进入场地前触到了地面，应由同一队在同一位置重新掷界外球。如果界外球未正确掷出，则由对方掷界外球。

如果一名队员正确地掷出界外球，故意将球掷在对方队员身上以便第二次触球，但没有草率的、鲁莽的或使用过分的力量，裁判员允许比赛继续。

掷球队员在其他队员触球前不得再次触球。

2. 违规与判罚

如果比赛进行后，掷球队员在其他队员触球前再次触球，判罚间接任意球；若其故意用手触球：

• 判罚直接任意球。

• 如果违例发生地点在掷球队员本方罚球区内，判罚球点球；除非掷球队员是守门员，则判罚间接任意球。

对方队员不正当地阻碍掷球队员或分散其注意力（包括移至距离掷界外球地点2米以内），将因非体育行为被予以警告。如果界外球已掷出，判罚间接任意球。

对于任何其他违反本章规则的，由对方掷界外球。

第十六章　球门球

当球的整体从地面或空中越过球门线，最后触球者为攻方队员，且未进球得分时，应判给对方踢角球。

球门球可以直接射入对方球门而得分。如果球离开罚球区后直接进入本方球门，判给对方踢角球。

1. 程序

• 由守方队员在球门球内的任何一点将球放定后踢出。

• 球离开罚球区，比赛即为进行。

• 对方必须在罚球区外直到比赛进行。

2. 违规与判罚

如果球没有离开罚球区或者在离开罚球区前触及队员，应重踢。

如果比赛进行后，踢球队员在其他队员触球前再次触球，判罚间接任意球；若其故意用手触球：

• 判罚直接任意球。

• 如果违例发生地点在踢球队员本方罚球区内，判罚球点球；除非踢球队员是守门员，则判罚间接任意球。

当球门球踢出后未触及其他队员时，如果在罚球区内的对方队员触球或者争抢球，应重踢。

在比赛进行前，如果有队员进入罚球区并与对方发生犯规行为，根据具体情况对犯规队员予以警告或罚令出场，仍以球门球重新开始比赛。

对于任何其他违反本章规则的，应重踢。

第十七章　角　球

当球的整体从地面或空中越过球门线，最后触球者为守方队员，且未进球得分时，应判为角球。

角球可以直接摄入对方球门而得分。如果球直接进入本方球门，判给对方踢角球。

1. 程序

• 必须将球放在角球区内。

• 球必须放稳后，由攻方队员踢球。

• 当球被踢且明显移动时，比赛即为进行，而无需离开角球区。

• 绝不允许移动角旗杆。

• 对方队员必须在距离角球区至少 9.15 米（10 码）以外，直到比赛进行。

2. 违规与判罚

如果比赛进行后，踢球队员在其他队员触球前再次触球，判罚间接任意球。若其故意用手触球：

• 判罚直接任意球。

• 如果违例发生地点在踢球队员本方罚球区内，判罚球点球；除非踢球队员是守门员，则判罚间接任意球。

如果一名队员在正确踢角球时，故意将球踢向对方，以便第二次触球，但没有草率的、鲁莽的或使用过分的力量，裁判员允许比赛继续。

对于任何其他违反本章规则的，应重踢。

五人制足球竞赛规则

本规则于2002年7月国际足球理事会批准，本规则是依照英文版规则进行的翻译。

第一章　比赛场地

长度及宽度

球场应为长方形。边线的长度必定大于球门线的长度。

长度：最短25米　最长42米

宽度：最短15米　最长25米

国际比赛的球场

长度：最短38米　最长42米

宽度：最短18米　最长22米

场地标记

比赛场地是用线来标明，这些线作为场地内各个区域的边线应该包含在各个区域之内。

两侧较长的界线是边线。两端较短的界线是球门线。

所有的界线宽度8厘米。球场中线划分球场为两个半场。

球场中央点应标示在中线的正中央。以中央点为圆心，3米为半径，划一圆圈是中圈。

罚球区

在球场两端依照下列规定各划一罚球区：

以两球门柱为圆心，6米为半径，向场内各划一个四分之一圆弧。圆弧由球门线划至从球门柱外侧与球门线垂直的假想线。

两圆弧的上端划一条平行于球门线的3.16米连接线。

两圆弧与连接线及球门线围绕的区域是罚球区。

罚球点

从两球门柱之间的中点，垂直于球门向场内量6米设置一个罚球点，该罚球点在罚球区的线上。

第二罚球点

从两球门柱之间的中点，垂直于球门向场内量 10 米设置一个罚球点，为第二罚球点。

角球弧

以球场四角为圆心，25 厘米为半径，在球场四角内各划一个四分之一圆弧线。

换人区

换人区与球队座位在球场相同的一边。换人区在替补席的前边。球员替换时应从换人区进入及离开球场。

* 换人区的位置在各球队座位的正前方，长度 5 米。

两侧各划一线与边线垂直，宽度 8 厘米，长度 80 厘米，40 厘米在球场内，40 厘米在球场外。

* 两个换人区至中线与边线的交叉点的距离是 5 米。两换人区之间的空间，在计时员桌子的正前方，应保持空旷，以便计时员观察场上情况。

球门

球门应设在球门线的中央。

球门由两根直立门柱，上架一根水平横梁组成。两根门柱与球场两角的距离相等。两根球门柱（从门柱内缘丈量）距离 3 米，从球门横梁下缘至地面距离 2 米，两根门柱及横梁的宽度与厚度同为 8 厘米。球门网用大麻、黄麻或尼龙绳编成。球门网挂在球门后方，连接于门柱和横梁。球门网的下缘应用弯曲铁棒或其他方法支撑固定。球门的深度，从球门柱内缘向球场外侧延伸，上方至少 80 厘米，地面至少 100 厘米。

安全性

球门可以是移动的。但是在比赛时，球门必须安全牢固的固定在地面。

球场表面

球场表面必须平坦平直，不能有坑洞。一般都用木材或合成物质制成，应避免用混凝土或柏油材料。

国际足联决议

决议 1：

球门线长度 15~16 米的球场，罚球区圆弧的半径只有 4 米。在此球场，罚球点的位置不是在罚球区的界线上，仍然是在距离两球门柱之间的中点 6 米的位置，并与两球门柱距离相等。

决议 2：

一般比赛的球场表面可为天然草皮、人工草皮或泥土，但是不可用作国际比赛的球场。

决议 3：

在球场的球门线外侧，距离角球区弧线 5 米可划一垂直线。踢角球时确实执行守球员保持此距离。垂直线的宽度 8 厘米。

决议 4：

各球队替补席座位的位置在边线外侧，邻接计时员桌子正前方的空间。

第二章　球

材料及标准

* 球是圆形的。

* 以皮革或其他合适的材料制成。

* 球体的圆周，不得超过 64 厘米，不得少于 62 厘米。

* 球的重量，在比赛开始时，不得超过 440 公克，不得少于 400 公克。

* 球的气压，在海平面为 0.4 至 0.6 大气压力。

更换不合标准的球

如果在比赛中，球破裂或损坏：

* 停止比赛。

* 更换标准的球，在球破裂的地点，坠球重新开始比赛。

如果不是在比赛中，如中场开球、掷球门球、角球、任意球、罚球点球或踢界外球时，球破裂或不合标准：

依照规则重新开始比赛。

比赛时间内，未经过裁判同意，不可更换比赛用球。

国际足联决议

决议 1：

国际比赛不可用毛毡制成的球。

决议 2：

球的弹力，从 2 米的高度坠地时，第一次反弹的高度不可超过 65 厘米，也不可低于 50 厘米。国际足球总会主办的比赛和各洲足球联盟管辖的比赛，所使用的球必须有下列三种标志之一：

* 正式的“国际足联核准合格”标志（FIFA APPROVED）。

* 正式的“国际足联检验合格”标志（FIFA INSPECTED）。

*“国际比赛球标准”证明（INTERNATIONAL MATCHBALL STANDARD）

足球上附有这些标志，表示正式通过检验，除了符合规则第二章规定的基本规格，并且符合各种标志的技术规格。各种标志的技术规格由国际足联发布。执行检验的机构由国际足联挑选。各国家足球协会可规定其比赛使用有这三种标志之一的球。其他所有比赛使用的球，必须都符合规则第二章的规定。国家足球协会规定其比赛使用有 FIFA APPROVED 标志或

FIFA INSPECTED 标志的球，也必须允许使用有免付费的 INTERNATIONAL MATCHBALL STANDARD 的标志的球。国际足球总会主办的比赛，和各洲足球联盟及各国家足球协会管辖的比赛，比赛使用的球不可有商业广告，除了竞赛及主办单位的徽章及授权的制造厂商的商标。竞赛规程可规定这些标志的大小及数量。

第三章　球员人数

球员

一场比赛应由两队参加，每队上场球员不可多于 5 人，其中必须有一人是守门员。

替换球员程序

国际足联、各洲足球联盟或国家足球协会依照规则所举办的任何正式比赛，都可替换球员。

替补球员至多以 7 人为限。

在比赛时，替换球员的次数没有限制。一名已经替换出场的球员，可以再进场替换另一名球员。当球在比赛中或在死球时都可以替换球员。替换球员的规定如下：

* 球员离开球场，必须由自己球队的换人区离开。

* 球员进入球场，也须由自己球队的换人区进入，但是应等到离场球员完全越过边线时，才可进场。

* 换人球员无论是否上场比赛，都应服从裁判的判决及管辖。

* 当换人球员进入球场时，即完成替换。此时，换人球员成为比赛球员，被换人球员即失去比赛球员身份。

守门员可以和任何其他球员交换位置。

违规 / 判罚

当替换球员时，如果换人球员在被换人球员尚未离开球场前，即先进入球场：

* 停止比赛。

* 指示被换人球员离开球场。

* 警告换人球员并举黄牌。

* 由对方球员在比赛停止时球所在的地点，踢间接任意球重新开始比赛。如果球在罚球区内，踢间接任意球的地点应在罚球区线上，最接近比赛停止时球的位置的地点。

换球员时，换人球员进入球场或被换人球员离开球场未经由换人区：

* 停止比赛。

* 警告违规球员并举黄牌。

* 由对方球员在比赛停止时球所在的地点，踢间接任意球重新开始比赛。如果球在罚球区内，踢间接任意球的地点应在罚球区线上，最接近比赛停止时球的位置的地点。

国际足联决议

决议 1：

比赛开始时，每队上场比赛球员人数至少 5 人。

决议 2：

有球员被判罚离场，如果任何一队球员少于 3 人（包括守门员），这场比赛应停止。

第四章　球员装备

安全性

球员不得穿戴对自己或其他球员有危险的装备或任何物品，包括任何珠宝饰物。

基本装备

球员必要的基本装备包括：

* 运动衫或球衫。

* 短裤——如果在短裤里面穿紧身裤，紧身裤的颜色要与短裤的主要颜色相同。

* 长袜。

* 护腿板。

* 球鞋——脚上穿的装备只允许用帆布或软性皮革制的训练或运动用的鞋子，鞋底为橡胶或类似的材料制成。球员必须穿球鞋上场比赛。

运动衣或球衫

* 所有球衣的背面应有号码。号码由 1 号至 15 号。

* 号码的颜色应与球衣的颜色明显不同。国际比赛，短裤的正面也要有号码，字体较小。

护腿板

* 全部覆盖在长袜内。

* 用合适的材料制成（橡胶、塑料或类似材料）。

* 具有相当程度的保护作用。

守门员

* 守门员可以穿长裤。

* 每一名守门员球衣的颜色，要与其他球员及裁判服装的颜色不同。

如果一球员替换守门员并换穿守门员的球衣，球衣背后必须注明该球员的号码。

违规 / 判罚

凡是违反本章规则：

* 裁判应指示违反规则的球员离开球场调整装备或穿戴缺少的装备。该球员应先向裁判报告，并经裁判检查装备已经符合规则，才可再进场。只有当球不在比赛中时，才可允许球员进场。

第五章　裁判员

判决的权利

每一场比赛由一位裁判控管全场。从裁判进入球场所在地开始，直到离开为止，裁判对于被指派的比赛，有资格全权执行规则。

权力及职责

* 执行规则。

* 当一个队被犯规而根据有利条件获利时，则允许比赛继续进行，如果有利的条件没有发生，则判罚最初的犯规。

* 记录比赛事件，向有关单位提出比赛报告。报告内容包括对球员或球队职员采取处罚行动的指控，以及在比赛前、比赛中或比赛后发生的任何其他事件。

* 未指派计时员时，兼任比赛计时员的职务。

* 因为违反规则的任何事情，或因为场外的任何干扰，停止、暂停或结束比赛。

* 球员有被警告及判罚离场的犯规时，应予以警告或者罚出场地。

* 确定没有未经允许的人进入球场。

* 认为球员严重受伤时，停止比赛，将受伤球员抬出球场处理。

* 认为球员只是轻微受伤时，继续比赛，直到球不在比赛中，才去处理。

* 认定比赛用球符合第二章的规定。

裁判的判决

裁判对于比赛事实的判决即为最后决定。

国际足联决议

决议 1：

如果裁判与第二裁判同时对一犯规吹哨，而两人对处罚那一队的判决不同时，以裁判的判决为最终判决。

决议 2：

裁判与第二裁判都有权警告球员或判罚球员离场，当两人的判决不同时，以裁判的判决为终决。

第六章　第二裁判

职责

比赛应指派一名第二裁判，在球场与裁判相对的一边执法。第二裁判可使用哨子。第二裁判协助裁判依据规则控管比赛。

第二裁判还有下列的职权：

* 对于违反规则的任何行为，有权停止比赛。

* 确定球员替换是否正确完成。当第二裁判有不当干扰的行为时，裁判应停止其职务，安排替代的第二裁判，并向主管单位报告。

国际足联决议

在国际比赛中，必须委派一名第二裁判员。

第七章　计时员及第三裁判

职责

比赛应指派一名计时员及一名第三裁判。计时员与第三裁判的座位应设在换人区相同一边的球场外中线处。

计时员与第三裁判应配备适用的码表（定时器）和可显示累计犯规次数的计数器，这些器具应由安排比赛球场的协会或俱乐部提供。

计时员

* 确定比赛时间和第八章规定的相符合。

1. 比赛开始后，开始计时。

2. 当球在比赛外，停止计时。

3. 踢界外球、掷球门球、角球、罚球点球或第二罚球点球、暂停或坠球之后，重新开始计时。

* 控制 1 分钟暂停之计时。

* 有球员被判罚离场时，控制离场 2 分钟处罚之计时。

* 用其他与裁判不同的声音信号，表示上半场、全场以及加时比赛和暂停时间终了。

* 记录两队的所有暂停，并使裁判和球队都明白知道。当球队教练要求暂停时，表示许可暂停。

* 记录两队在上下半场比赛经裁判登记的前五次犯规。并在某队第五次犯规的时候发出信号音。

第三裁判

第三裁判协助计时员，职责有：

* 记录两队在上下半场比赛经裁判登记的前五次犯规。并在某队第五次犯规的时候发出信号音。

* 记录停止比赛的事件及其原因。

* 记录进球球员的名字及号码。

* 记录警告及罚离场球员的名字及号码。

* 提供与比赛相关的其他信息。

当计时员或第三裁判有不当干扰的行为时，裁判应停止其职务，安排替代的计时员或第三裁判，并向主管单位报告。

裁判或第二裁判受伤时，第三裁判可替代裁判或第二裁判执行职务。

国际足联决议

决议 1：

国际比赛必须指派一名计时员及一名第三裁判。

决议 2：

国际比赛使用的定时器与计数器，须具备各种必要功能包括要能精确计时，能够同时对 4 名判罚离场的球员各计时 2 分钟，能够显示两队在上下半场比赛的累计犯规次数。

第八章　比赛时间

比赛时间

比赛为两个时间相等的半场，上下半场各为 20 分钟。

比赛计时由计时员执行。计时员要按照第七章的规则来执行规定。

上下半场的比赛时间，可延长至踢完罚球点球为止。

暂停

比赛球队有权利要求 1 分钟暂停，上下半场各一次。

暂停应依照下列规定执行：

* 只有球队教练有权向计时员要求 1 分钟暂停。

* 可在任何时间要求暂停，但是，只有当本方球队控球时才给予执行暂停。

* 当死球时，计时员用哨音或其他与裁判不同的声音信号，表示许可暂停。

* 暂停时，双方球员必须留在球场内。在靠近替补席的边线处听取教练员的指示，教练员不能进入场地做指示。

* 球队在上半场未要求暂停，下半场也只可要求一次暂停。

中场休息时间

中场休息时间不得超过 15 分钟。

国际足联决议

决议 1：

如果比赛末指派计时员，球队教练应向裁判要求暂停。

决议 2：

如果竞赛规程规定比赛平局时应加时比赛，加时比赛中，球队不可要求暂停。

第九章　开始比赛及重新开始比赛

预备

掷币决定球队选边。掷币得胜的一队，决定上半场攻哪一个球门，另一队中场开球比赛。

猜掷币得胜的一队，在下半场开始时中场开球。

下半场比赛时，交换场地。

开球

开球是开始比赛或重新开始比赛的一种方法：

* 在比赛开始时

* 在进球之后

* 下半场开始时

* 如果有加时赛，在加时比赛的上下半场开始时

开球可以之间进球得分。

程序

* 全部球员都在己方的半场内。

* 开球球队的对方球员，在球进入比赛中之前，都必须距离球至少 3 米。

* 球静止在球场的中央点上。

* 裁判发出信号。

* 当球向前踢动时，比赛即为进行。

* 在球触及其他球员之前，开球球员不可第二次触球。

当一队进球之后，由另一队中场发球。

违规 / 判罚

如果开球球员在球触及其他球员之前第二次触球：

* 由对方球队在违规发生地点踢一间接任意球。如果是在对方罚球区内犯规，踢间接任意球的地点应在罚球区线上，最接近违规发生位置的地点。

对中场开球程序的其他违规：

* 重新开球。

坠球

当球在比赛中，球还未越出边线或球门线，由于规则中未规定的任何原因，除非立即停止比赛，否则不能处理意外事件，在必要的暂停之后，以坠球的方式重新开始比赛。

程序

裁判在比赛停止时球所在的位置坠球，如果比赛停止时球的位置是在罚球区内，则坠球的地点是在罚球区线上，最接近比赛停止时球的位置的地点。

当坠球触地，比赛即重新开始。

违规 / 判罚

如果发生以下情况，则重新坠球：

* 如果在球触地之前，有球员触球。

* 如果球触地后，没有球员触球，球即弹出场。

第十章　比赛进行及死球

比赛成死球

下列情形为比赛成死球：

* 无论在地面或空中，当整个球体全部越出球门线或边线。

* 裁判已经停止比赛。

* 球击中天花板。

比赛进行

其他所有期间，比赛都视为在进行中，包括下列情形：

* 球从球门柱或横梁弹回球场内。

* 球击中球场内裁判或者第二裁判弹回球场内。

国际足联决议

在室内球场比赛时，球意外碰到天花板，应由最后触球球员的对方球队踢界外球或掷球门球，重新开始比赛。踢界外球或掷球门球，在最接近球碰到天花板的正下方的边线或球门线踢出或者掷出。

第十一章　计胜方法

进球得分

除规则另有规定外，当整个球体越过两球门柱之间及横梁下的球门线，而不是被攻方球员包括守门员，用手掷入、带入或故意用手或臂推入，则算进球。

胜队

在比赛时间内，进球数较多的一队为胜队。如果两队的进球数相等，或者两队都未进球，比赛为平局。

竞赛规程

对于比赛为平局，比赛的竞赛规程可规定决定比赛胜队的方法，包括加时比赛或其他方法。

第十二章　犯规及不正当行为

犯规及不正当行为的判罚如下：

直接任意球

裁判认为球员的动作拙劣、鲁莽或使用暴力，而有以下 6 种犯规之一，应判由对方罚一直接任意球：

* 踢或企图踢对方球员。

* 绊倒或企图绊倒对方球员。

* 跳向对方球员。

* 冲撞对方球员，即使是用肩膀也不允许。

* 殴打或企图殴打对方球员。

* 推对方球员。

球员有以下 4 种犯规任何一种，也应判由对方罚一直接任意球：

* 拉扯对方球员。

* 向对方球员吐口水。

* 向正在踢球或意图踢球的对方球员铲球。守门员在己方罚球区内铲球不算犯规，除非动作拙劣、鲁莽或使用暴力。

* 故意用手触球。守门员在己方罚球区内用手触球不算犯规。

直接任意球在犯规地点踢出。

上述各种犯规都列入累计犯规。

罚球点球

当球在比赛中，一球员在己方的罚球区内有前述 10 种犯规之一，不论当时球在何处，都应判罚球点球。

间接任意球

如果守门员有以下各种犯规之一，应判由对方罚一间接任意球：

* 将球传出后，球未越过中线，或未经对方球员踢球或触球，守门员获得同队球员的传球。

* 同队球员故意将球踢向守门员，守门员用手触球或控球。

* 同队球员踢球界外球入场，球直接踢向守门员，守门员用手触球或控球。

* 守门员在球场的任何位置，用手或脚触球或控球，时间超过 4 秒。但是，在对方的半场触球或控球则不受时间限制。

裁判认为球员有以下犯规之一，应判由对方在犯规发生地点，罚一间接任意球：

* 动作有危险性。

* 当不在踢球时，故意阻挡对方球员前进。

* 阻碍守门员用手将球交出。

* 有其他犯规是规则第十二章前未规定的，而停止比赛警告球员或判罚离场。

间接任意球在犯规地点踢出。当犯规地点在罚球区内时，踢间接任意球的地点是在罚球区线上，最接近犯规发生位置的地点。

纪律制裁

可警告的犯规

球员有以下 7 种犯规之一，应被警告并举黄牌：

1. 有非运动精神行为。

2. 用言语或动作表示异议。

3. 连续地违反规则。

4. 延误重新开始比赛。

5. 角球、踢界外球、任意球或掷球门球重新开始比赛时，不推出规定的必要距离。

6. 未得裁判允许即进场或再进场，或违反替换球员程序。

7. 未得裁判允许即故意离开球场。球员违反上述规则，如果没有其他更严重的犯规，除了警告犯规球员之外，还应判由对方在犯规地点罚一间接任意球。如果犯规地点在罚球区内，则踢间接任意球的地点是在罚球区线上，最接近犯规发生地点的位置。如果没有违反更严重的犯规，该队员只被黄牌警告。

罚令出场的犯规

球员有以下 7 种犯规之一，应被判罚离场并举红牌：

1. 严重犯规。

2. 粗鲁行为。

3. 向对方球员或其他任何人吐口水。

4. 故意用手触球，阻止对方球队进球或失去明显的进球机会（守门员己方罚球区内不受本条文限制）。

5. 利用犯规被判罚任意球或罚球点球，而使正向球门前进的对方球员失去明显的进球机会。

6. 口出无礼、侮辱或谩骂言语。

7. 在同一场比赛第二次被警告。

如果比赛停止，是因为球员有第 6 或第 7 种犯规被判罚离场，而没有违反其他规则，应判由对方在犯规地点罚一间接任意球。如果犯规地点在罚球区内，则踢间接任意球的地点是在罚球区线上，最接近犯规发生位置的地点。

国际足联决议

被判罚离场的球员不可再进场比赛，也不可坐在换人球员座位。球员判罚离场后满 2 分钟，换人的球员可进场比赛。如果时间满 2 分钟之前有一队进球，并且获得计时员允许，则依照下列规定补足人数：

* 如果两队球员为 5 人对 4 人，人数多的球队进球时，4 人之球队可补足第五人。

* 如果两队球员各为 4 人，有任何一队进球时，两队维持原有球员人数。

* 如果两队球员为 5 人对 3 人，或是 4 人对 3 人，人数多的一队进球时，3 人之球队只能补 1 人。

* 如果两队球员各为 3 人，有任何一队进球时，两队维持原有球员人数。

* 如果是人数少的一队进球时，两队球员人数都不变动。

第十三章　任意球

任意球的类型

任意球有直接任意球及间接任意球两种类型。

无论是踢直接任意球还是间接任意球时，球必须静止。踢任意球的球员，在球触及另一球员之前，不得与球再次接触。

直接任意球

* 如果直接任意球直接踢进对方球门，算进球。

间接任意球

* 间接任意球踢出，球进入球门之前，必须接着触及另一球员，才能算进球。

任意球的位置

* 所有对方球员必须距离球至少 5 米，直到球进入比赛中。

* 在触球或踢球之后，比赛即为进行。

违规 / 判罚

踢任意球时，如果对方球员离球比规定的距离更近：

* 要重踢任意球。

球已经进入比赛中，在球触及另一球员之前，如果踢球球员第二次触球：

* 由对方踢间接任意球，踢球的地点是在违规发生的地点。如果违规地点在罚球区内，则踢间接任意球的地点是在罚球区线上，最接近违规发生位置的地点。

如果某一球队踢任意球，时间超过 4 秒：

* 由对方球队踢间接任意球

信号

直接任意球：

裁判平伸一只手臂，指示踢直接任意球的方向。如果认为是累计犯规时，裁判另一只手臂的食指指向地面，让第三裁判或在记录台的比赛职员知道要记录累计犯规。

间接任意球：

裁判伸直一只手臂高举过头，表示判罚间接任意球。裁判一直高举手臂，待球踢出触及另一球员或球脱离比赛，才放下手臂。

第十四章　累计犯规

累计犯规

* 包括规则第十二章规定，判罚直接任意球的犯规。

* 两队在各个半场的前五次累计犯规，应列入比赛记录。

任意球的位置

两队在各个半场的前五次累计犯规，被判罚任意球时：

* 守方球员可排人墙防守。

* 守方球员距离球至少 5 米，直到球踢出。

* 任意球直接进入球门，可算进球。

两队在各个半场从第六次累计犯规开始，被判罚任意球时：

* 守方球员不可排人墙防守。

* 主罚任意球的队员必须明确确认。

* 守方的守门员必须在罚球区内，距离球至少 5 米。

* 球场内其他球员必须在罚球区外，在与球的假想平行线的后边。并且必须距离球至少 5 米，不可阻碍踢任意球的球员。在主罚队员未触及球之前，不可越过假想平行线，（假想平行线是和球相齐，并且平行于球门线的一条假想直线）程序（对于第六次及以后的累计犯规）

* 踢任意球的球员必须直接射门，不可传球给另一球员。

* 任意球踢出，直有球触及守门员，或球从球门柱、横梁弹回，或球出界，其他球员才可以触球。

* 踢任意球的地点，距离球门线不可少于 6 米。如果在罚球区内发生犯规而判罚间接任意球，则应在罚球区线上最接近犯规发生位置的地点，踢任意球。

* 如果有球员第六次累计犯规地点在对方半场或在介于第二罚球点假想平行线与中线间的己方半场。则应在第二罚球点踢任意球。并依照「任意球的位置」的规定踢任意球。

* 如果有球员第六次累计犯规，犯规地点在第二罚球点假想平行线与球门线间的己方半场，踢任意球的球队可选择在第二罚球点或犯规发生地点踢球。

* 如果加时比赛，下半场的累计犯规次数，应在加时比赛中继续累计。

违规 / 判罚

守方球员违反本章规定：

* 如果球未进入球门，要重踢任意球。

* 如果球进入球门，算进球，不重踢任意球。

主罚球员的同队球员违规：

* 如果球进入球门，不算进球，要重踢任意球。

* 如果球未进入球门，不重踢任意球。

踢任意球的球员，在球进入比赛中之后违规：

* 应判由对方在违规发生地点，罚一间接任意球。如果违规地点在罚球区内，则踢间接任意球的地点是在罚球区线上，最接近违规发生位置的地点。

第十五章　罚球点球

当球在比赛中，一球队在己方罚球区内，违犯判罚直接任意球的犯规之一，应判一罚球点球。罚球点球直接进入球门，可算进球。

上下半场结束或加时比赛的上下半场结束时，可延长比赛时间踢罚球点球。

球和球员的位置

球：

* 球必须放定在罚球点踢出。

踢罚球点球的球员：

* 应先明确确认。

守方的守门员：

* 在球门柱之间的球门线上，面向踢球球员，直到球踢出为止。

踢球球员以外的球员：

* 在球场内。

* 在罚球区外。

* 在罚球点后方或两侧。

* 距离罚球点至少 5 米。

程序

* 主罚球点球的球员向前踢球。

* 球触及另一球员之前，主罚球员不可第二次触球。

* 球向前踢动时，比赛即为开始。

在正常比赛时间踢罚球点球，或是上半场或下半场结束时，延长比赛时间，踢或重踢罚球点球，在球通过两球门柱间及横梁下之前，如果有以下情况，算进球：

* 球触及一根门柱、两根门柱，或横梁，或守门员，或者几种都碰到。

违规 / 判罚

守方球员违规：

* 如果球未进入球门，重踢罚球点球。

* 如果球进入球门，算进球，不重踢罚球点球。

主罚球员的同队球员违规：

* 如果球进入球门，不算进球，要重踢罚球点球。

* 如果球未进入球门，不重踢罚球点球。

踢罚球点球的球员，在球进入比赛中之后违规：

* 应判由对方在违规发生地点，罚一间接任意球。如果违规地点在罚球区内，则踢间接任意球的地点是在罚球区线上，最接近违规发生位置的地点。

第十六章　踢界外球

踢界外球是重新开始比赛的一种方法。

踢界外球，不能直接得分。

踢界外球的判定：

* 当整个球体全部越出边线，无论是在地面或空中。或是球击中天花板。

* 在球越出边线的地点踢界外球。

* 由最后触球球员的对方球员踢界外球。

球和球员的位置

球：

* 球必须静止放在边线上。

* 向任何方向踢界外球进入比赛中。

踢界外球的球员：

* 在踢球的瞬间，任何一只脚的一部分必须站在边线上或边线外的地面。

守方球队的球员：

* 在球未踢出之前，距离踢界外球的地点至少 5 米。

程序

* 主踢球员在得球后 4 秒内，必须踢界外球。

* 球触及另一球员之前，主踢球员不可第二次触球。

* 当踢球或触球之后，比赛即为进行。

违规 / 判罚

如果有以下情况，应判由对方球员罚一间接任意球：

* 在球触及另一球员之前，踢界外球的球员第二次触球。间接任意球在违规发生地点踢出。

如果违规地点在罚球区内，则踢间接任意球的地点是在罚球区线上，最接近违规发生位置的地点。

如果有以下情况，应判由对方球员重新踢界外球：

* 未依照规则踢界外球。

* 未在球出线的地点踢界外球。

* 踢球球员在得球后 4 秒内，未能踢界外球。

* 任何其他违规。

第十七章　掷球门球

掷球门球是重新开始比赛的一种方法。

掷球门球进球，不能直接得分。

下列情况判为掷球门球：

当整个球体越出球门线，无论是在地面或空中，依据规则第十一章并未进球，而球最后是触及攻方球员，则判一掷球门球。

程序

* 由守方球队的守门员在罚球区内任何一点掷球门球。

* 对方球员在罚球区外，直到球进入比赛中。

* 守门员不可第二次触球，直到球已经触及另一球员。

* 当球直接掷出罚球区，比赛即为进球。

违规 / 判罚

如果球未直接掷出罚球区：

* 要重新掷球门球。

球已经进入比赛中，在球触及另一球员之前，如果守门员第二次触球：

* 由对方踢间接任意球，踢球的地点是在违规发生地点。如果在罚球区内违规，则踢间接任意球的地点是在罚球区线上，最接近违规发生位置的地点。

球已经进入比赛中，如果守门员接到同队球员传回的球：

* 由对方踢间接任意球，踢球的地点是在罚球区线上，最接近违规发生位置的地点。

如果守门员在得球后 4 秒内，未掷出球门球：

* 由对方踢间接任意球，踢球的地点是在罚球区线上，最接近违规发生位置的地点。

第十八章　角　球

角球是重新开始比赛的一种方法。

角球直接进入球门，可算进球。

下列情况判定为角球：

当整个球体越出球门线，无论是在地面或空中，依据规则第十一章并未进球，而球最后是触及守方球员，则判一角球。

程序

* 球正确地放在最接近的角球区弧线内。

* 对方球员距离球至少 5 米，直到球进入比赛中。

* 由攻方球员踢出角球。

* 当踢球或触球时，比赛即为进行。

* 踢球球员不可第二次触球，直到球已经触及其他球员。

违规 / 判罚

如果有以下情况，应判由对方踢间接任意球：

* 在球触及另一球员之前，踢角球的球员第二次触球。踢间接任意球的地点是在违规发生的地点。

* 踢角球的球员在得球后 4 秒内，未踢出角球。踢间接任意球的地点是在角球区弧线。

有任何其他违规：

* 要重踢角球。

踢点球决胜负

当比赛为平局时，根据比赛的竞赛规程规定，须要决定何队为胜队，即采用在罚球点踢球的方法分出胜负。

程序

* 裁判选择一球门用于执行罚球点球。

* 裁判召集两队队长，猜中掷币的一队先踢第一球。

* 裁判记录每一踢球球员的号码及是否进球。

* 依照以下规定，每队各踢 5 球。

* 两队球员轮流踢球。

* 两队队长应于开始在罚球点踢球之前，将踢球球员名字及号码告知裁判。所有踢球球员应在比赛前提出的 12 名球员名单中。

* 比赛结束时，一队有资格在罚球点踢球的球员人数比对方多，该队应减少球员人数与对方相等，并通知裁判减少球员的名字及号码。

* 两队各踢完 5 球之前，如果一队的进球数，已确定比另一队即使踢完 5 球能够踢进的球数为多，即不必继续踢球。

* 两队各踢完 5 球，如果进球数相等，或者两队都未进球，依照相同顺序继续踢球，直到两队踢球数相同，而一队的进球数比另一队多一球。

* 追加的踢球，应由前 5 名踢球球员以外的球员踢球。这些球员各踢过一球之后，则由先前开始踢球的球员继续踢球。

* 任何被判罚离场的球员不可参加在罚球点踢球。

* 任何有资格踢球的球员，都可以与守门员交换位置。

* 进行在罚球点踢球时，只有有资格踢球的球员和裁判及第二裁判，可以留在球场内。

* 除了踢球球员和两名守门员，全部球员都必须留在踢球半场的另一半场内。第二裁判控管此区域及球员。

* 与主罚球员同队的守门员，必须留在球场内，不干扰进行在罚球点 •• 踢球。

第七编

注册与备案管理规定

为全面贯彻落实《中国足球改革发展总体方案》，为规范中国足球教练员、运动员培训管理，加强教练员、运动员队伍建设，更快推动职业联赛的健康发展，建立良好的职业联赛环境和秩序，规范教练员、运动员培训、选拔、监督管理制度，加强队伍建设与严格的人员注册备案管理是分不开的。

本编中汇集的法律规范主要有：《中国足球协会注册管理规定》《事业单位人事管理条例》《外国人在中国就业管理规定》《中国足球协会教练员培训管理规定》《中国足球协会教练员讲师管理规定》《各级国家足球队运动员、教练员选拔与监督办法细则（试行）》《中国足球协会训练基地命名管理办法（试行）》《中国足球协会青少年足球运动员骨龄参赛管理办法》。以上的法律规范涵盖了对教练员的培训管理、选拔监督，对运动员的选拔监督，对训练基地的管理和与俱乐部签订合同等。

中国足球协会注册管理规定

定　义

如上下文无另行说明，本规定中出现的下列词语的含义为：

国际足联：国际足球联合会。

亚足联：亚洲足球联合会。

中国足协：中国足球协会。

会员协会：依照《中国足球协会章程》，由中国足协会员大会批准加入，具有中国足协会员资格的地方足球协会、行业足球协会和其他足球组织。

地市级会员协会：经中国足协会员协会会员大会批准具有会员资格的，在会员协会所辖行政区域内的地市级或区级足球协会。

有组织的足球活动：根据国际足联及中国足协有关规定，由中国足协及会员协会组织、主办、批准及备案的足球比赛和其他足球活动。

职业联赛：由中国足协组织主办的中超、中甲、中乙、女超、女甲以及五甲联赛。

中超：中国足球协会超级联赛

中甲：中国足球协会甲级联赛

中乙：中国足球协会乙级联赛。

女超：中国足球协会女子超级联赛。

女甲：中国足球协会女子甲级联赛。

五甲：中国足球协会五人制甲级联赛。

职业球员：与参加职业联赛的足球俱乐部签订了工作合同，且从事足球活动的收入大于实际支出的球员。

业余球员：除职业球员以外的球员。

注册：是指中国足协在注册期内对会员协会、职业联赛参赛俱乐部、职业球员、执教职业联赛参赛俱乐部队的教练员、具有国家级以上级别的裁判人员、经中国足协考核批准的球员代理人等相关足球组织及从业人员进行登记及审核的行为。

备案：是指中国足协会员协会在注册期内对其所辖行政区域内的地市级会员协会、未参加职业联赛的足球俱乐部、业余球员、未执教职业联赛参赛俱乐部队的教练员、国家级（不含国家级）以下级别的裁判人员、球员代理人等相关足球组织及从业人员进行注册后，将相关材料及数据报中国足协备案的行为。

费用计算单位：本规定所涉及的所有费用计算单位均为人民币。

第一章　总　则

第一条　注册是各级、各类组织和人员参加或举办有组织的

足球活动以及从事相关业务活动的基本条件；是中国足协依章管理的基础；是中国足协制定全国足球运动发展政策、方针和策略的基本依据。为保证注册或备案工作的规范、有序进行，根据《中国足球协会章程》，制定本规定。

第二条　中国足协负责统领全国足球行业的注册工作，并负责对注册工作进行管理、监督、组织、指导、制定有关规范与标准、调查与学术研究。

第三条　中国足协管辖范围内的各级会员协会、足球俱乐部、足球学校、教练员、球员、裁判人员、球员代理人等各级各类组织和人员均须办理注册或备案。

第四条　球员及教练员注册或备案每年进行两次，第一次注册或备案时间为每年 1 月 1 日至 3 月 15 日，受理注册申请的截止日期以年度第一次转会的具体注册期为准，受理备案申请的截止日期为 3 月 15 日；第二次注册或备案时间为每年 7 月 1 日至 9 月 15 日，受理注册申请的截止时间以第二次转会的具体注册期为准，受理备案申请的截止时间为 9 月 15 日，更换教练员补办注册除外。其他相关足球组织及从业人员的注册或备案按相应条款规定的时间执行。有关截止时间以收到各会员协会通过“会员协会注册管理信息系统”软件远程发送的各类注册数据时间为准。

各会员协会所提交的相关注册和备案材料，如在内容、形式、格式、提交时间、提交方式等任何方面不符合要求，未缴纳有关费用或不满足其他附随条件，均视为未提交。各级、各类组织或人员在当年的注册或备案申请未获得批准前，不得参加中国足协主办、批准或管理下的各级、各类足球赛事和足球活动，或从事有关足球业务。由中国足协特别批准的情况除外。

第五条　中国足协设有注册专门管理机构，主要职责如下：

（一）制定、修订与完善相关注册管理制度。

（二）负责对中国足协注册信息系统的管理与维护。

（三）负责对会员协会、参加职业联赛的足球俱乐部、执教职业联赛俱乐部队的教练员、

职业球员、具有国家级以上级别的裁判人员，经中国足协考核批准的球员代理人及相关足球从业人员实施注册管理。

（四）负责对经会员协会核准注册的地市级会员协会、足球学校、未参加职业联赛的足球俱乐部、教练员、业余球员、裁判人员等相关足球从业人员的注册资料进行备案管理。

（五）统计、整理各种注册数据，核查各级、各类组织和人员参与相关足球活动的资格。

（六）负责组织会员协会注册人员的业务培训，定期召开相关注册工作会议。

第二章　会员协会注册

第六条　会员协会注册应具备下列条件：

（一）承认并遵守《中国足协章程》，严格执行中国足协的各项规章制度和管理规定。

（二）有专门的办公场所和相应的管理部门，并设有专门机构和人员，负责办理各项注册工作。

（三）已制定本协会章程，以及相关规章制度和管理规定。

（四）已制定年度工作计划、上年度财务报告和本年度财务预算。

（五）已在民政部门登记注册，按时进行年审并获得通过。

第七条　会员协会的注册工作主要分为以下两类：

（一）办理会员协会自身注册所需办理的各项事宜。

（二）履行会员协会职责所需办理的各项事宜。

第八条　在注册工作中，会员协会的基本职责包括：

（一）制定本协会章程及有关管理规定，向中国足协提交本协会注册所需上报的材料，监督、指导及协助其所辖范围内的各类足球组织和从业人员按照中国足协相关规定办理注册。

（二）负责办理在其所辖范围内的（含代管部分）足球俱乐部、足球学校、球员、教练员、裁判人员、球员代理人及相关足球从业人员的注册与管理。

（三）负责按相关规定和要求收集、统计、汇总其所辖范围内需报中国足协注册和备案的材料与数据，并对各类注册材料与数据严格审核，确保提交的材料与数据内容对应准确。严格按照中国足协规定的时间提交材料与数据。

（四）负责办理中国足协要求或注册工作实际需要的其他事宜。

第九条　会员协会办理注册所需提交的材料及程序如下：

（一）填写《中国足球协会会员协会注册表》一式二份。中国足协批准注册后，由中国足协和会员协会各自保存 1 份。如系首次注册，则由中国足协颁发注册证书，此后每年需由中国足协在注册证书上进行年度注册确认。

（二）首次注册的会员协会应提交协会章程，此后章程如有修改应在年度注册时重新提交。

（三）提供《中华人民共和国组织机构代码证》和《社会团体法人登记证书》复印件。

（四）提交其办公地点、设施、部门设置、工作人员等内容材料。

（五）提交上年度财务报告及相关报表，本年度财务预算。

（六）将其负责注册初审的组织及人员的注册材料报中国足协进行注册；将其负责注册的组织及人员的注册材料报中国足协进行备案，并将各类注册数据通过“会员协会注册管理信息系统”发送至中国足协备案。

（七）向中国足协缴纳注册费 50 元。

（八）会员协会应于每年 2 月底前提交符合要求的注册材料，并通过注册系统上报相关注册数据，完成年度注册工作。

第十条　如某一会员协会注册未获中国足协批准、被暂停或取消会员资格时，则该会员协会将丧失有关权力（包括对其所在行政区内有关组织和人员的管辖权）。该会员协会原管辖范围内的地市级会员协会、俱乐部、球员、教练员和裁判人员可按地区就近选择“代管会员协会”。该选择经中国足协认可后生效，被选择的“代管会员协会”不得拒绝。选择该“代管会员协会”的组织和人员应接受、服从其选择的“代管会员协会”的管理，该选择一经中国足协认可，未经中国足协批准不得撤销或改变。

第十一条　地市级会员协会在中国足协会员协会的注册与管理，由各会员协会参照本规定相关条款自定。

第三章　足球俱乐部注册

第十二条　足球俱乐部申请注册，应同时符合下列条件：

（一）在国家工商、民政或其他相关部门登记注册。

（二）拥有 1 支人数不少于 18 名注册球员的足球队。

（三）至少拥有 1 名在中国足协或会员协会注册的教练员。

（三）有可用于主场比赛的场地。

（四）拥有本俱乐部的球队名称、队徽及相关负责人。

第十三条　足球俱乐部注册

各足球俱乐部应到所在地的会员协会办理注册手续。

参加职业联赛的足球俱乐部在所在地会员协会办理初审注册手续，按相关职业联赛准入规定审核通过后，到中国足协办理注册。

未经注册的足球俱乐部不得参加中国足协及其所属各级会员协会组织、主办及管理的各级各类比赛。

第十四条 足球俱乐部应按如下规定办理注册：

（一）提交在国家工商、民政或其他相关部门的登记注册证书。

（二）填写《中国足协足球俱乐部注册表》一式三份，提交至属地会员协会进行注册；属地会员协会批准注册后，报中国足协 1 份，属地会员协会存档 1 份，批复与俱乐部 1 份。

（三）足球俱乐部应与所属教练员签署工作协议，与所属球员签署工作合同或培训协议。教练员和球员应填写注册表，不满 18 周岁的球员除须本人在注册表和培训协议上签字外，还须由法定监护人签字。教练员和球员的注册表要有医院的体检合格印章或提交医疗体检机构出具的体检合格报告。

（四）足球俱乐部应将执教职业联赛教练员的《中国足协教练员注册表》和《中国足协教练员注册登记汇总表》，以及职业球员的《中国足协职业球员注册表》和《中国足协职业球员注册登记汇总表》各一式三份提交至属地会员协会进行初审注册；属地会员协会批准注册后，将上述各类表报中国足协审核和注册 1 份，中国足协批复给会员协会和俱乐部各 1 份。

（五）职业球员、执教职业联赛俱乐部队的教练员工作合同应为一式三份，其中球员和教练员本人各留存 1 份，足球俱乐部留存 1 份，提交中国足协 1 份。

（六）执教非职业联赛俱乐部队教练员的《会员协会教练员注册表》《会员协会教练员注册登记汇总表》、工作合同，业余球员的《会员协会业余球员注册表》《会员协会业余球员注册登记汇总表》、培训协议应提交至属地会员协会进行注册并留存。上述各类人员的注册汇总表须上报中国足协备案。

（七）各类电子和纸质注册表应按要求格式填写，并逐级提交，纸质注册表需盖章确认。连同注册表一起提交的《中国足球协会教练员执教资格证书》（以下简称“资格证”）和《足球运动员注册、转会、参赛资格登记证》（以下简称“登记证”），应由俱乐部于每年注册期在属地会员协会进行盖章确认，职业球员的“登记证”和执教职业联赛的教练员的“资格证”还须提交至中国足协盖章确认。

（八）足球俱乐部应向属地会员协会交纳相应注册费。

（九）参加职业联赛的足球俱乐部在中国足协注册时应交纳注册费 500 元。

（十）参加职业联赛的足球俱乐部在属地会员协会注册截止日期为每年 2 月 15 日。

（十一）参加职业联赛的足球俱乐部在中国足协注册截止日期为 2 月底，其他足球俱乐部在中国足协备案截止日期为 3 月 15 日。

第四章　足球学校注册

第十五条　各类足球学校应在属地会员协会办理注册。属地会员协会在办理注册时应审核如下内容，包括：体育、教育、物价等审批机构的批文、办学条件、招生与学籍、师资、运动训练保障设施、办学经费与财务管理、其他学校管理制度等。

第十六条　足球学校办理注册按如下程序进行：

（一）中国足球学校填报《中国足协足球学校注册表》一式二份提交至中国足协，中国足协审核注册后存档 1 份，批复与学校 1 份。

（二）其他各类足球学校（包括中国足球学校分校）填报《中国足协足球学校注册表》一式三份，连同所属省（市）人民政府体育行政部门、教育行政部门、所属会员协会以及当地财政和物价管理部门共同核定的收费项目和标准的批文提交属地会员协会进行注册。属地会员协会注册后，1 份存档，1 份提交中国足协备案，1 份批复给所填报单位。

（三）中国足球学校应向中国足协交纳注册费 50 元。其他各类足球学校（包括中国足球学校分校）须向属地会员协会交纳相应注册费。

（四）中国足球学校在中国足协注册的截止日期为每年 2 月底；其他各类足球学校在属地会员协会注册的截止日期为每年 2 月 15 日，在中国足协备案的截止日期为 3 月 15 日。

第五章　教练员注册

第十七条　凡报名参加中国足协组织的足球比赛的教练员必须在中国足协注册或备案，且持有中国足协颁发的《中国足球协会教练员执教资格证书》。持有未经注册确认“资格证”的教练员不允许报名参加比赛。

第十八条　教练员在所属会员协会注册后才可办理“资格证”。教练员需通过所属俱乐部填写《首次制作教练员执教资格证报表》，并由俱乐部提交至属地会员协会。属地会员协会审核盖章确认后，连同教练员二代身份证以及制证数据（通过会员协会注册系统）一起上报中国足协制证。

第十九条　教练员“资格证”为延续性使用证件，每名教练员只能有 1 本。证件记载有教练员执教记录、岗培记录以及每年注册情况。教练员“资格证”中的执教职位一栏，可参照中国足协有关规定，根据教练员持有的岗培证书等级来界定。教练员 （包括外籍教练员）执教“资格证”的等级要求以所参加的赛事竞赛规程规定为准。

第二十条　执教职业联赛的教练员办理注册按如下程序执行：

（一）填报《中国足协教练员注册表》一式三份，并附教练员岗位培训证书复印件、合法有效的工作合同和教练员的“资格证”，提交至属地会员协会进行初审注册后，再提交中国足协办理注册。中国足协审核后，留存注册表1份，工作合同1份，另两份注册表批复给属地会员协会及教练员所在俱乐部，并对“资格证”盖章确认。

（二）应向中国足协交纳注册费20元，向属地会员协会交纳相应注册费。

（三）注册截止日期按第一章第四条规定执行。

（四）在当年赛季变更属地执教单位，应通过新属地会员协会到中国足协补办注册。

第二十一条 未执教职业联赛的教练员办理注册按如下程序执行：

（一）填报《会员协会教练员注册表》一式二份，连同“资格证”（或所属会员协会制作的资格证）提交属地会员协会进行注册。会员协会批准注册后，自存档1份，另1份连同“资格证”（或所属会员协会制作的资格证）给教练员所在俱乐部或单位，并将《会员协会教练员注册登记汇总表》盖章后报中国足协备案，注册数据通过“会员协会注册系统”软件的发文功能远程发至中国足协。

（二）向属地会员协会交纳相应注册费。

（三）注册或备案的截止日期按第一章第四条规定执行。

（四）在当年赛季中变更属地执教单位，应通过新属地会员协会补办注册并报中国足协备案。

第二十二条 教练员应持有中国足协认可的岗位培训证书，并按岗位培训证书的等级执教相应级别的足球队。在会员协会注册并领取资格证书的教练员，在当年的任何时间又被聘入参加职业联赛俱乐部队担任教练员的，在受聘同时必须将注册有关材料提交中国足协审核，制作中国足协教练员执教“资格证”，补办相关注册手续，并在“资格证”相应栏目盖章确认。已有中国足协执教“资格证”的教练员只需补办注册手续。

第二十三条 外籍教练员在中国足协注册并执教参加职业联赛的足球俱乐部队，应将其教练员资格证书，连同与现聘用俱乐部签订的合法有效的工作合同、注册表一起由其所在俱乐部向所属会员协会提交，经会员协会初审注册后，再提交中国足协审核，为其办理注册，并发给“资格证”。

第二十四条 加职业联赛的足球俱乐部如在一个赛季中更换教练员（包括外籍教练员），必须通过属地会员协会为教练员在中国足协重新办理注册登记，否则不准报名参赛。

第六章 球员注册

第二十五条 球员参加中国足协组织的足球比赛，必须在中国足协注册或备案，且持有中国足协制作并颁发的《足球运动员注册、转会、参赛资格登记证》。球员持有未经有关单位盖章确认注册的“登记证”将不能参赛。

（一）关于“登记证”：

1.“登记证“为延续使用性证件，每名球员只能有一本“登记证”和一个“证号”。“登记证“为注册确认证件，应按页面顺序填写、签署日期并加盖相关注册单位章，并严格遵守中国足协规定的注册期限；

2. 职业球员“登记证”内注册栏目需属地会员协会和中国足协盖章确认，参赛资格一栏由中国足协盖章确认。职业球员如有转会，转入和转出俱乐部应由属地会员协会秘书长签字，并由双方协会盖章确认，注明是永久（转会）或临时（租借）；

3. 业余球员注册、转会和参赛资格确认程序同职业球员，由相关会员协会盖章确认；

4.“登记证”在使用过程中，应妥为保管。一旦发生丢失或需要修改个人信息，应按《中国足球协会球员登记证管理规定》中的相关要求，可补办新的“登记证”。

（二）“登记证”制作：

1. 只有在中国足协注册或备案，并报名参加由中国足协组织、主办比赛的球员才有资格办理“登记证”；

2. 未办理过“登记证”且年满十二周岁的球员可由所属单位向属地会员协会申报，并再由属地会员协会向中国足协申报制证。会员协会应严格审核球员户口本原件、二代身份证原件和所提供的近期照片，并详细填写《首次制作球员登记证报表》（以下简称“制证表”），采集球员指纹，制证数据应通过“会员协会注册系统”软件发送至中国足协注册信息系统；

3.“制证表”应按《中国足球协会球员登记证管理规定》的要求逐项仔细填写，须有填报人签字，并由属地会员协会盖章确认后向中国足协提交，填写内容不完整、提交数据不符合要求的，一律不予制作；

4. 制证数据发送至中国足协并得到确认后，可到中国足协办理“登记证”。办理时应提供：

（1）“制证表”；

（2）未成年球员本人及监护人（通常为父亲）户口本原件（如球员本人和监护人不在同一本户口上，须提供双方关系的有效证明）；

（3）球员二代身份证原件；

（4）两寸白底彩色近照一张。

5. 中国足协审验制证相关材料和通过注册系统审核制证数据合格后，分配“登记证”号，制作含有球员基本信息的“登记证”。“登记证”由申请制证的会员协会负责发放；

6. 会员协会可根据已打印好的用于“登记证”制作的不干胶信息贴数量向中国足协购买“登记证”。

第二十六条 职业球员注册按如下程序办理：

（一）填写《中国足协职业球员注册表》一式三份，由俱乐部将球员的注册表、合法有效的工作合同和“登记证”原件提交属地会员协会初审注册后，再提交中国足协审批注册。注册表需粘贴照片，并在照片处加盖俱乐部章。职业球员和所属俱乐部的工作合同按照《中国足球协会俱乐部工作合同签署规范》进行签订，工作合同一式三份，球员本人、俱乐部、中国足协各留存 1 份。

（二）批准注册后，中国足协存档 1 份注册表和工作合同，批复给属地会员协会 1 份注册表，另 1 份注册表和经盖章确认的“登记证”批复给球员所在俱乐部。

（三）职业球员应向中国足协交纳注册费 20 元，向属地会员协会交纳相应注册费。

（四）注册截止日期按第一章第四条规定执行。

第二十七条 工作合同到期后未进行续签的职业球员，应在属地会员协会注册为“业余球员”，否则不予转会也不可代表任何俱乐部参赛。

第二十八条 业余球员年满 7 周岁方可在户籍所在地的会员协会进行首次注册。非户籍所在地的球员首次注册时（在足球学校进行首次注册的球员除外），必须提供以下证明：

（一）球员在首次注册协会所在城市的学籍证明。

（二）球员的监护人在首次注册协会所在城市至少半年以上的工作证明。

18 周岁以下的业余球员注册须有其本人和监护人在《会员协会业余球员注册表》和培训协议上签字。

第二十九条 业余球员注册按如下规定办理：

（一）填写《会员协会业余球员注册表》一式三份，由球员所在培训单位将球员注册表、培训协议和相关证件等提交属地会员协会进行注册。注册表由属地会员协会存档 1 份，批复给该球员所在单位 1 份。属地会员协会应在规定的注册时间内向中国足协提交经盖章确认的《会员协会业余球员注册登记汇总表》，并将注册数据发送至中国足协注册信息系统。

（二）业余球员和培训单位签订的培训协议应至少包括双方的权利和义务、协议有效期限、协议终止涉及问题、培训补偿分配问题、违约责任问题等方面。培训协议应一式三份，由球员本人、培训单位、会员协会各留存 1 份。培训协议最长不得超过球员 18 周岁生日。

（三）业余球员应向属地会员协会交纳注册费。

（四）注册或备案的截止日期按第一章第四条规定执行。

（五）业余球员注册后需转会的，可依据转会规定办理。转会完成后，应及时补办注册变更信息，并按程序提交中国足协备案。

第三十条 球员参加全运会、青运会等全国综合性运动会的注册办法另行规定。

第七章　裁判人员注册

第三十一条　注册的裁判人员类别：

（一）裁判讲师：分为裁判技术讲师与裁判体能讲师。

（二）裁判监督。

（三）裁判长。

（四）裁判。

第三十二条　注册的裁判人员级别：

（一）裁判讲师分为：裁判技术讲师、裁判体能讲师。

1. 裁判技术讲师分为：中国足协国家级裁判技术讲师 A 级（中超）、中国足协国家级裁判技术讲师 B 级（中甲和中乙）、会员协会裁判技术讲师；

2. 裁判体能讲师分为：中国足协国家级裁判体能讲师、会员协会裁判体能讲师。

（二）裁判监督分为：中国足协裁判监督 A 级、中国足协裁判监督 B 级、会员协会裁判监督。

（三）裁判长：不分级别。

（三）裁判分为：国际级（国际级裁判员、国际级助理裁判员）、国家级、国家一级、国家二级和国家三级。

第三十三条　裁判人员应依照如下程序进行注册：

（一）裁判人员均需个人在中国足协指定的信息化平台注册个人基本信息。

（二）国家一、二和三级裁判、会员协会裁判讲师和裁判监督、国家级和国际裁判、中国足协国家级裁判讲师（A 级和 B 级）、中国足协 A 级和 B 级裁判监督应在属地会员协会（或授权的单位和组织）办理注册。

（三）国际级、国家级裁判、国家级裁判技术讲师、国家级裁判体能讲师、国家级裁判监督经会员协会初审注册后，再在中国足协办理注册。

（四）会员协会（或授权的单位和组织）应于每年规定日期前每年通过中国足协指定的信息化平台提交国家一、二、三级裁判及会员协会裁判讲师、体能讲师、裁判监督名单，进行备案。

第三十四条　由中国足协负责审批注册的裁判人员，应向中国足协交纳注册费 20 元。由会员协会负责审批注册的裁判人员，应向会员协会交纳注册费。

第三十五条　裁判人员每年应注册 1 次，注册的有效期至下一次规定的注册日期之前。各级裁判人员须按规定的时间参加注册，逾期按放弃注册处理。连续两次未经审批管理单位注册的裁判人员，其技术等级称号自动取消，裁判员证书失效。

第三十六条　会员协会（或授权的单位和组织）不得跨地域、跨系统、跨审批权限审批裁判人员。在同一注册期内，裁判人员只能在一家会员协会（或授权的单位和组织）注册。裁判人员由于工作调动或居住地变更，需更改注册协会（或授权的单位和组织），应征得原注册协会及转入协会同意。在中国足协注册的裁判人员更改注册会员协会，须由原注册协会及转入协会报中国足协备案。

第三十七条 会员协会办理裁判人员注册时应保证注册工作延续性。裁判人员级别变更时，所属会员协会应在信息平台上修改相关注册信息。

第三十八条 已参加过预备国家级裁判培训班但未经中国足协认证为国家级的一级裁判，应按国家一级进行注册。

第三十九条 各会员协会（或授权的单位和组织）在办理属地裁判人员注册时，对拒不参加中国足协、会员协会裁判工作或活动的裁判人员，以及不能胜任裁判工作的裁判人员，有权不予注册通过。

第四十条 各级各类裁判人员必须持有经过注册的裁判人员等级证书方可参加裁判工作；连续两次未经审批单位注册的裁判人员，技术等级称号自动取消，其裁判人员证书失效。

第八章　足球俱乐部会员注册

第四十一条 足球俱乐部有义务发展个人和团体会员，俱乐部应设有会员管理部，会员管理部负责相关会员管理工作，并制定规范健全的会员管理条例，主要包括总则、入会资格、注册、权利与义务、基本要求、违纪处罚以及诉讼规定等。俱乐部会员的注册办法由俱乐部自行制定。

第四十二条 足球俱乐部应在每年注册时将其会员人数提交属地会员协会，再由属地会员协会报中国足协备案。

第九章　球员代理人注册

第四十三条 球员代理人每年在所属会员协会办理初审注册后，报中国足协注册。注册时须提交《中国足协球员代理人注册表》一式两份，经中国足协审核后，在其球员代理人证书上注册确认。

第四十四条 球员代理人的培训、考核、准入与管理等工作，根据《中国足球协会球员代理人管理规定》实施。

第四十五条 球员代理人应向中国足协交纳注册费500元，并向属地会员协会交纳相应注册费。

在中国足协办理注册的日期为每年 12 月 1 日至 12 月 31 日。

第十章　违规处罚

第四十六条　下列情况（不仅限于）不予注册：

（一）不符合俱乐部、协会或足校等注册条件的。

（二）上报的注册材料内容不齐全的。

（三）字迹模糊不清，有涂改、手写或未按规定格式打印的。

（四）逾期未提交注册材料、注册数据和交纳注册费的。

（五）球员代理人违反相关管理规定的。

（六）其他不符合注册要求的行为。

第四十七条　注册单位未按顺序填写“登记证”或填写字迹不清楚的，须按规定重新制作“登记证”并登记。

第四十八条　“登记证”造假的、擅自更改出生日期、姓名等以达到不正当竞争目的的，根据情节，将依据《中国足球协会纪律准则》对球员、教练员、相关单位及会员协会进行相应处罚。

第四十九条　在一个赛季进行双重注册的球员，将取消其参加该赛季所有比赛的资格，并追究其相关单位和会员协会的责任。

第五十条　在中国足协组织的青少年球员骨龄检测中，有弄虚作假行为的球员，将取消其参赛资格，追究其相关单位和个人的责任，并进行相应处罚。

第十一章　附　则

第五十一条　本《规定》由中国足协负责解释，自下发之日起实施。原《中国足球协会注册工作管理暂行规定》（足球字〔2007〕555 号）同时废止。

事业单位人事管理条例

《事业单位人事管理条例》全文（共十章44条）于2014年4月25日由国务院李克强总理签署国务院令（第652号），2014年5月15日公布，自2014年7月1日起施行。

第一章　总　则

第一条　为了规范事业单位的人事管理，保障事业单位工作人员的合法权益，建设高素质的事业单位工作人员队伍，促进公共服务发展，制定本条例。

第二条　事业单位人事管理，坚持党管干部、党管人才原则，全面准确贯彻民主、公开、竞争、择优方针。

国家对事业单位工作人员实行分级分类管理。

第三条　中央事业单位人事综合管理部门负责全国事业单位人事综合管理工作。

县级以上地方各级事业单位人事综合管理部门负责本辖区事业单位人事综合管理工作。

事业单位主管部门具体负责所属事业单位人事管理工作。

第四条　事业单位应当建立健全人事管理制度。

事业单位制定或者修改人事管理制度，应当通过职工代表大会或者其他形式听取工作人员意见。

第二章　岗位设置

第五条　国家建立事业单位岗位管理制度，明确岗位类别和等级。

第六条　事业单位根据职责任务和工作需要，按照国家有关规定设置岗位。

岗位应当具有明确的名称、职责任务、工作标准和任职条件。

第七条　事业单位拟订岗位设置方案，应当报人事综合管理部门备案。

第三章　公开招聘和竞聘上岗

第八条　事业单位新聘用工作人员，应当面向社会公开招聘。但是，国家政策性安置、按照人事管理权限由上级任命、涉密岗位等人员除外。

第九条　事业单位公开招聘工作人员按照下列程序进行：

（一）制定公开招聘方案；

（二）公布招聘岗位、资格条件等招聘信息；

（三）审查应聘人员资格条件；

（四）考试、考察；

（五）体检；

（六）公示拟聘人员名单；

（七）订立聘用合同，办理聘用手续。

第十条　事业单位内部产生岗位人选，需要竞聘上岗的，按照下列程序进行：

（一）制定竞聘上岗方案；

（二）在本单位公布竞聘岗位、资格条件、聘期等信息；

（三）审查竞聘人员资格条件；

（四）考评；

（五）在本单位公示拟聘人员名单；

（六）办理聘任手续。

第十一条　事业单位工作人员可以按照国家有关规定进行交流。

第四章　聘用合同

第十二条　事业单位与工作人员订立的聘用合同，期限一般不低于 3 年。

第十三条　初次就业的工作人员与事业单位订立的聘用合同期限 3 年以上的，试用期为 12 个月。

第十四条　事业单位工作人员在本单位连续工作满 10 年且距法定退休年龄不足 10 年，提出订立聘用至退休的合同的，事业单位应当与其订立聘用至退休的合同。

第十五条　事业单位工作人员连续旷工超过 15 个工作日，或者 1 年内累计旷工超过 30 个工作日的，事业单位可以解除聘用合同。

第十六条　事业单位工作人员年度考核不合格且不同意调整工作岗位，或者连续两年年度考核不合格的，事业单位提前 30 日书面通知，可以解除聘用合同。

第十七条 事业单位工作人员提前 30 日书面通知事业单位，可以解除聘用合同。但是，双方对解除聘用合同另有约定的除外。

第十八条 事业单位工作人员受到开除处分的，解除聘用合同。

第十九条 自聘用合同依法解除、终止之日起，事业单位与被解除、终止聘用合同人员的人事关系终止。

第五章 考核和培训

第二十条 事业单位应当根据聘用合同规定的岗位职责任务，全面考核工作人员的表现，重点考核工作绩效。考核应当听取服务对象的意见和评价。

第二十一条 考核分为平时考核、年度考核和聘期考核。

年度考核的结果可以分为优秀、合格、基本合格和不合格等档次，聘期考核的结果可以分为合格和不合格等档次。

第二十二条 考核结果作为调整事业单位工作人员岗位、工资以及续订聘用合同的依据。

第二十三条 事业单位应当根据不同岗位的要求，编制工作人员培训计划，对工作人员进行分级分类培训。

工作人员应当按照所在单位的要求，参加岗前培训、在岗培训、转岗培训和为完成特定任务的专项培训。

第二十四条 培训经费按照国家有关规定列支。

第六章 奖励和处分

第二十五条 事业单位工作人员或者集体有下列情形之一的，给予奖励：

（一）长期服务基层，爱岗敬业，表现突出的；

（二）在执行国家重要任务、应对重大突发事件中表现突出的；

（三）在工作中有重大发明创造、技术革新的；

（四）在培养人才、传播先进文化中作出突出贡献的；

（五）有其他突出贡献的。

第二十六条 奖励坚持精神奖励与物质奖励相结合、以精神奖励为主的原则。

第二十七条 奖励分为嘉奖、记功、记大功、授予荣誉称号。

第二十八条 事业单位工作人员有下列行为之一的，给予处分：

（一）损害国家声誉和利益的；

（二）失职渎职的；

（三）利用工作之便谋取不正当利益的；

（四）挥霍、浪费国家资财的；

（五）严重违反职业道德、社会公德的；

（六）其他严重违反纪律的。

第二十九条　处分分为警告、记过、降低岗位等级或者撤职、开除。

受处分的期间为：警告，6 个月；记过，12 个月；降低岗位等级或者撤职，24 个月。

第三十条　给予工作人员处分，应当事实清楚、证据确凿、定性准确、处理恰当、程序合法、手续完备。

第三十一条　工作人员受开除以外的处分，在受处分期间没有再发生违纪行为的，处分期满后，由处分决定单位解除处分并以书面形式通知本人。

第七章　工资福利和社会保险

第三十二条　国家建立激励与约束相结合的事业单位工资制度。

事业单位工作人员工资包括基本工资、绩效工资和津贴补贴。

事业单位工资分配应当结合不同行业事业单位特点，体现岗位职责、工作业绩、实际贡献等因素。

第三十三条　国家建立事业单位工作人员工资的正常增长机制。

事业单位工作人员的工资水平应当与国民经济发展相协调、与社会进步相适应。

第三十四条　事业单位工作人员享受国家规定的福利待遇。

事业单位执行国家规定的工时制度和休假制度。

第三十五条　事业单位及其工作人员依法参加社会保险，工作人员依法享受社会保险待遇。

第三十六条　事业单位工作人员符合国家规定退休条件的，应当退休。

第八章　人事争议处理

第三十七条　事业单位工作人员与所在单位发生人事争议的，依照《中华人民共和国劳动争议调解仲裁法》等有关规定处理。

第三十八条 事业单位工作人员对涉及本人的考核结果、处分决定等不服的，可以按照国家有关规定申请复核、提出申诉。

第三十九条 负有事业单位聘用、考核、奖励、处分、人事争议处理等职责的人员履行职责，有下列情形之一的，应当回避：

（一）与本人有利害关系的；

（二）与本人近亲属有利害关系的；

（三）其他可能影响公正履行职责的。

第四十条 对事业单位人事管理工作中的违法违纪行为，任何单位或者个人可以向事业单位人事综合管理部门、主管部门或者监察机关投诉、举报，有关部门和机关应当及时调查处理。

第九章 法律责任

第四十一条 事业单位违反本条例规定的，由县级以上事业单位人事综合管理部门或者主管部门责令限期改正；逾期不改正的，对直接负责的主管人员和其他直接责任人员依法给予处分。

第四十二条 对事业单位工作人员的人事处理违反本条例规定给当事人造成名誉损害的，应当赔礼道歉、恢复名誉、消除影响；造成经济损失的，依法给予赔偿。

第四十三条 事业单位人事综合管理部门和主管部门的工作人员在事业单位人事管理工作中滥用职权、玩忽职守、徇私舞弊的，依法给予处分；构成犯罪的，依法追究刑事责任。

第十章 附 则

第四十四条 本条例自 2014 年 7 月 1 日起施行。

外国人在中国就业管理规定（节选）

（1996 年 1 月 22 日由劳动部、公安部、外交部、外经贸部以劳部发〔1996〕29 号公布 根据 2010 年 11 月 12 日中华人民共和国人力资源和社会保障部令第 7 号修正）

第一章　总　则

第一条　为加强外国人在中国就业的管理，根据有关法律、法规的规定，制定本规定。

第二条　本规定所称外国人，指依照《中华人民共和国国籍法》规定不具有中国国籍的人员。本规定所称外国人在中国就业，指没有取得定居权的外国人在中国境内依法从事社会劳动并获取劳动报酬的行为。

第三条　本规定适用于在中国境内就业的外国人和聘用外国人的用人单位。本规定不适用于外国驻华使、领馆和联合国驻华代表机构、其他国际组织中享有外交特权与豁免的人员。

第二章　就业许可

第五条　用人单位聘用外国人须为该外国人申请就业许可，经获准并取得《中华人民共和国外国人就业许可证书》（以下简称许可证书）后方可聘用。

第六条　用人单位聘用外国人从事的岗位应是有特殊需要，国内暂缺适当人选，且不违反国家有关规定的岗位。用人单位不得聘用外国人从事营业性文艺演出，但符合本规定第九条第三项规定的人员除外。

第七条　外国人在中国就业须具备下列条件：

（一）年满 18 周岁，身体健康；

（二）具有从事其工作所必须的专业技能和相应的工作经历；

（三）无犯罪记录；

（四）有确定的聘用单位；

（五）持有有效护照或能代替护照的其他国际旅行证件（以下简称代替护照的证件）。

第八条 在中国就业的外国人应持职业签证入境（有互免签证协议的，按协议办理），入境后取得《外国人就业证》（以下简称就业证）和外国人居留证件，方可在中国境内就业。

未取得居留证件的外国人（即持 F、L、C、G 字签证者）、在中国留学、实习的外国人及持职业签证外国人的随行家属不得在中国就业。特殊情况，应由用人单位按本规定规定的审批程序申领许可证书，被聘用的外国人凭许可证书到公安机关改变身份，办理就业证、居留证后方可就业。

外国驻中国使、领馆和联合国系统、其他国际组织驻中国代表机构人员的配偶在中国就业，应按《中华人民共和国外交部关于外国驻中国使领馆和联合国系统组织驻中国代表机构人员的配偶在中国任职的规定》执行，并按本条第二款规定的审批程序办理有关手续。

许可证书和就业证由劳动部统一制作。

第九条 凡符合下列条件之一的外国人可免办就业许可和就业证：

（一）由我国政府直接出资聘请的外籍专业技术和管理人员，或由国家机关和事业单位出资聘请，具有本国或国际权威技术管理部门或行业协会确认的高级技术职称或特殊技能资格证书的外籍专业技术和管理人员，并持有外国专家局签发的《外国专家证》的外国人；

（二）持有《外国人在中华人民共和国从事海上石油作业工作准证》从事海上石油作业、不需登陆、有特殊技能的外籍劳务人员；

（三）经文化部批准持《临时营业演出许可证》进行营业性文艺演出的外国人。

第三章 申请与审批

第十一条 用人单位聘用外国人，须填写《聘用外国人就业申请表》（以下简称申请表），向其与劳动行政主管部门同级的行业主管部门（以下简称行业主管部门）提出申请，并提供下列有效文件：

（一）拟聘用外国人履历证明；

（二）聘用意向书；

（三）拟聘用外国人原因的报告；

（四）拟聘用的外国人从事该项工作的资格证明；

（五）拟聘用的外国人健康状况证明；

（六）法律、法规规定的其他文件。

行业主管部门应按照本规定第六条、第七条及有关法律、法规的规定进行审批。

第四章　劳动管理

第十八条　用人单位与被聘用的外国人应依法订立劳动合同。劳动合同的期限最长不得超过五年。劳动合同期限届满即行终止，但按本规定第十九条的规定履行审批手续后可以续订。

第十九条　被聘用的外国人与用人单位签订的劳动合同期满时，其就业证即行失效。如需续订，该用人单位应在原合同期满前30日内，向劳动行政部门提出延长聘用时间的申请，经批准并办理就业证延期手续。

中国足球协会教练员培训管理规定（2019）

定　义

本规定中，若上下文无其他解释，下列词语的含义为：

亚足联：亚洲足球联合会。

中国足协：中国足球协会。

中国足协会员协会：按照《中国足球协会章程》被中国足协接受成为会员的地方足球协会、行业足球协会和其他足球组织，简称会员协会。

亚足联教练员公约：指亚足联与其成员协会间关于等级教练员培训的协议与合同。

教练员：指参加并通过中国足协教练员培训资格认证课程的学员。

教练员讲师：指有能力在亚足联教练员公约指导方针要求下进行教练员教学工作的足球教练员（要求其有足够的足球经历），其既可以依照公约指导方针来教授学生教练员，又可以进行教练员继续教育培训工作。教练员讲师也可称为讲师或教练指导师。

培训：指在规定学时内按照明确的学习内容，对足球理论、技术、技能和战术能力提高的过程。

证书：指颁发给通过中国足协资格认证课程考核学员的证明文件。

执教执照：指对足球教练员执教资格有效时间的证明文件。该文件允许已获得教练员证书的持有者在特定时段内进行执教工作。

继续教育培训：指对已获得教练员资格证书学员的额外的且不间断进行的继续学习提高的教育行为。

专家：指在专业领域的教练员讲师（如守门员讲师、体能讲师、专项理论讲师等）。

第一章　总　则

第一条　为加强中国足球教练员队伍建设，扩大教练员人口，提升教练员水平，充分发挥中国足协在教练员培养中的引领作用和会员协会在教练员培养中的推广和推动作用，依据

《中国足球协会章程》，特制定本规定。

第二条　中国足协管辖范围内的会员协会、教练员讲师、教练员和参与中国足协教练员资格认证课程的学员按照本规定执行。

第二章　培训体系

第三条　培训课程和培训活动

一、根据亚足联教练员公约，中国足协组织如下教练员培训课程并举办培训活动，该课程在亚足联教练员公约中是被认可的课程：

亚足联 - 中国足协职业级教练员培训（含继续教育培训）；

亚足联 - 中国足协 A 级教练员培训（含继续教育培训）；

亚足联 - 中国足协 B 级教练员培训（含继续教育培训）。

二、根据亚足联培训政策，中国足协组织如下教练员培训课程并举办培训活动：

中国足协 C 级教练员培训（含继续教育培训）；

中国足协 D 级教练员培训（含继续教育培训）。

三、根据亚足联培训政策，中国足协组织如下教练员培训课程并举办培训活动，该课程需亚足联认可：

亚足联 - 中国足协守门员 L1 教练员培训；

亚足联 - 中国足协守门员 L2 教练员培训；

亚足联 - 中国足协守门员 L3 教练员培训；

亚足联 - 中国足协体能 L1 教练员培训；

亚足联 - 中国足协体能 L2 教练员培训。

第四条　培训管理机构

中国足协是负责教练员各级各类培训（等级培训、专项培训和继续教育培训等）的最高管理机构，负责制定中国足协及会员协会组织举办各级各类培训的模式以及教练员证书和教练员执教执照颁发的标准，并对会员协会培训工作的执行情况进行指导和监督。

第五条　培训主办机构

按照分级管理模式，中国足协主办的教练员培训包括：职业级教练员培训和继续教育培训；

A 级教练员培训和继续教育培训；

B 级教练员培训和继续教育培训；

C 级教练员继续教育培训；

守门员教练员培训和继续教育培训；

体能教练员培训和继续教育培训。

中国足协会员协会主办的教练员培训包括：

C 级教练员培训；

D 级教练员培训和继续教育培训。

第六条 会员协会主办的教练员培训的管理

在会员协会主办的D、C两级教练员培训中，中国足协负责统一教材、计划审批、讲师选派、成绩审核和备案管理；会员协会按照中国足协相关规定和标准，根据本协会实际情况负责培训时间和地点的检查、评估、确认，参加培训学员的资质审核、录取和通知发放，培训办班所有情况的指导、监督和管理，并负责报中国足协备案。

第七条 培训主办机构需设立专门的培训部门，健全培训管理制度，明确培训主管。培训主管负责执行培训标准以及教练员证书和教练员执教执照的发放。

第三章 培训要求

第八条 D 级教练员培训

一、授课对象

原则上 D 级培训所培养教练员教授群体是 8 岁及以下儿童。

二、课时数和申请年龄

原则上 D 级培训是包含考核在内的 56 小时授课。申请者必须年满 18 周岁。

三、申请材料

（一）包含运动经历和教育经历在内的个人简历；

（二）通过会员协会选拔性测试或培训；

（三）二级甲等及以上医院健康证明原件（在 6 个月有效期内）和有效的人身意外保险；

（四）个人近期正面免冠 2 寸彩色白底电子版照片 1 张。

四、培训后应具备的能力

（一）初步掌握儿童足球教学原则、方针和方法；

（二）具有初步教授儿童进行足球训练、比赛的能力；

（三）具有初步组织儿童进行小型足球活动（比如组织举办校园内的小型足球节）的能力。

第九条 C 级教练员培训

一、授课对象

原则上 C 级培训所培养教练员教授群体是 9~12 岁少年。

二、课时数

原则上C级培训是包含考核在内的96小时授课。

三、申请材料

（一）包含运动经历和教育经历在内的个人简历；

（二）为中小学足球教育的服务情况和学校师生评价情况证明；

（三）二级甲等及以上医院健康证明原件（在6个月有效期内）和有效的人身意外保险；

（四）个人近期正面免冠2寸彩色白底电子版照片1张；

（五）持有中国足协D级教练员证书满12个月。

四、培训后应具备的能力

（一）具有初步组织少年进行足球训练、比赛的能力；

（二）具有改进个人基本技术、个人及小组基本战术的能力；

（三）具有带领球队备战比赛，在比赛中指导球队的能力；

（四）具有正面影响球员个性发展（特点、社会性、水平提升的动机）的能力。

第十条　B级教练员培训

一、授课对象

原则上B级培训所培养教练员教授群体是13~16岁青少年和业余球员。

二、课时数

原则上B级培训是包含考核在内的144小时授课。

三、申请材料

（一）包含运动经历和教育经历在内的个人简历；

（二）会员协会的推荐证明；

（三）为中小学足球教育的服务情况和学校师生评价情况证明；

（四）二级甲等及以上医院健康证明原件（在6个月有效期内）和有效的人身意外保险；

（五）个人近期正面免冠2寸彩色白底电子版照片1张；

（六）持有中国足协C级教练员证书满12个月并执教执照在有效期内。

四、培训后应具备的能力

（一）具有对于青少年后备球员个体水平的详细分析能力；

（二）具有根据不同的能力和年龄组，进行日常技战术学习的进程和调控的能力；

（三）具有构建进攻和防守阵型策略的能力；

（四）具有传授球员正确提升水平方法的能力；

（五）具有对于青少年球员在足球学习以及足球之外等方面进行全面辅导的能力。

第十一条 A 级教练员培训

一、授课对象

原则上 A 级培训所培养教练员教授群体是 17 岁及以上的精英青少年和顶级业余球员。

二、课时数

原则上 A 级培训是包含考核在内的 192 小时的授课。

三、申请材料

（一）包含运动经历和教育经历在内的个人简历；

（二）会员协会的推荐证明；

（三）二级甲等及以上医院健康证明原件（在 6 个月有效期内）和有效的人身意外保险；

（四）个人近期正面免冠 2 寸彩色白底电子版照片 1 张；

（五）持有中国足协 B 级教练员证书满 12 个月并执教执照在有效期内。

四、培训后学员应具备的能力

（一）具有分析队伍技战术、规划队伍组建方案的能力；

（二）具有灵活调整战术方案和满足队伍当前比赛需求的能力；

（三）具有带领球员和球队提升认知心理层面的能力；

（四）具有解决队伍内部问题和冲突的处理能力。

第十二条 职业级教练员培训

一、授课对象

原则上职业级培训所培养教练员教授群体是职业俱乐部的职业球员。

二、课时数

原则上职业级培训是包含考核在内的不少于 480 小时的授课。

三、申请材料

（一）包含运动经历和教育经历在内的个人简历；

（二）会员协会的推荐证明；

（三）二级甲等及以上医院健康证明原件（在 6 个月有效期内）和有效的人身意外保险；

（四）个人近期正面免冠 2 寸彩色白底电子版照片 1 张；

（五）持有中国足协 A 级教练员证书满 12 个月并执教执照在有效期内。

四、培训后学员应具备的能力

（一）具有对当前高水平足球需求和发展趋势的认知能力；

（二）具有对不同层面足球结构和制定相应实践方案的能力；

（三）具有基于不同的、完美化的比赛方案和基本阵型，构建不同战术变化的能力；

（四）具有使用完善的心理学方式提升球员和球队整体主动性的能力；

（五）具有在任何情况下作为代表在媒体前展示正面形象的能力；

（六）具有对于教练员培训内容的清晰认知，以及带有新想法、计划补充的能力。

第十三条　守门员教练员培训（根据亚足联规定）

一、课时数

根据亚足联培训规定，守门员教练员培训分为 LI、L2、L3 共计三个等级。三个级别的授课时间是：L1 为 40 小时，L2 为 65 小时，L3 为 70 小时。

二、申请条件

（一）申请 L1 培训的条件为，持有中国足协 C 级教练员证书至少满 12 个月并执教执照在有效期内；

（二）申请 L2 培训的条件为，获得 L1 证书并执教执照在有效期内，至少 24 个月带队经验；

（三）申请 L3 培训的条件为，获得 L2 证书并执教执照在有效期内，至少 24 个月带队经验；

（四）包含运动经历和教育经历在内的个人简历；

（五）会员协会的推荐证明；

（六）二级甲等及以上医院健康证明原件（在 6 个月有效期内）和有效的人身意外保险；

（七）个人近期正面免冠 2 寸彩色白底电子版照片 1 张。

第十四条　体能教练员培训（根据亚足联规定）

一、课时数

根据亚足联培训规定，体能教练员培训分为 LI、L2 共计两个等级。两个级别的授课时间均为 60 小时。

二、申请条件

（一）申请 L1 培训的条件为，持有中国足协 B 级教练员证书至少满 12 个月并执教执照在有效期内；

（二）申请 L2 培训的条件为，获得 L1 证书并执教执照在有效期内，至少 24 个月带队经验；

（三）包含运动经历和教育经历在内的个人简历；

（四）会员协会的推荐证明；

（五）二级甲等及以上医院健康证明原件（在 6 个月有效期内）和有效的人身意外保险；

（六）个人近期正面免冠 2 寸彩色白底电子版照片 1 张。

第十五条　快速培训通道

一、身份的鉴定

对于可进入快速培训通道的学员定义如下：

（一）高水平球员

代表国家一队参加亚洲及以上级别正式赛事的 18 岁以上球员。

（二）职业球员

参加中超联赛、中甲联赛、女超联赛、女甲联赛一线队赛事 5 年及以上的球员。

（三）特殊认可

由中国足协技术委员会认定的其他情况。

（四）对进入快速培训通道的每一个学员的认定均视为独立的事件。

二、快速培训通道

（一）D-C-B 教练员培训连读课程：由中国足协制定的特殊课程培训；

（二）由 D 级开始向高一级别进阶直至 B 级，可不受持有原级别证书最低时间规定限制，但执教执照需在有效期之内；

（三）满足条件的运动员，无论是现役还是退役，均可提出进入快速培训通道的申请。申请进入快速通道的学员，除按照相应级别要求提交申请材料外，还需提交会员协会对其高水平球员或职业球员身份鉴定的证明，包括但不限于会员协会加盖公章的书面证明及学员参加相应比赛的秩序册或相关证明等佐证材料。

三、经历快速通道培训的学员

（一）完成 D-C-B 连读课程并取得证书的学员和未受持有原级别证书最低时间规定限制升至 B 级并取得证书的学员必须从事至少 24 个月青训工作后，可申请 A 级教练员培训；

（二）青训工作包括但不限于在男、女足基层、俱乐部、青训中心、青训机构、校园足球等担任教练员或训练员工作。

第十六条 考勤规定

一、各级各类培训原则上要求学员在课程培训期间必须达到 100% 出勤率。

二、如果学员确实存在特殊情况，在提前出具书面说明的情况下，允许最多缺勤 10% 授课内容，并在 6 个月内一次性完成重修部分或以其他方式补充缺课部分。

三、如果学员在提前未有书面说明的情况下，无故缺勤、迟到或早退，培训讲师有权力根据具体情况做出直至取消考核资格和考试成绩的决定，并报中国足协。

第十七条 课程收费

一、中国足协确定各级各类培训的收费标准，食宿费用由会员协会根据实际情况参照《中央和国家机关培训费管理办法》自行决定，原则上双人住宿不超过 400 元 / 人 / 天食宿标准。

二、学员必须按照规定的期限在培训班开始之前支付费用。完全缴纳费用是学员参加培训和考核的前提。

第四章　培训基本规定

第十八条　申请材料

一、学员必须在材料受理截止日之前递交完整的申请材料，培训班举办方负责申请材料的受理。

二、对于所有培训班录取通知书发放，需要满足第三章规定的培训班对应申请条件为前提。

第十九条　筛选程序

一、报名截止日前递交完整的申请材料。

二、当出现申请者数量超过所能提供的培训名额时，根据申请者的运动经历和执教经历择优录取。

三、获得培训班学习资格的申请者如因个人原因不能参加培训，需递交由本人签名并经会员协会盖章同意的情况说明。如未能给予足够说服力，在12个月内不具备再次申请参加同级别培训班的资格。

四、获得培训班学习资格的申请者如因没有按时支付申报培训班的学费而未能参加培训，在12个月内不具备再次申请参加同级别培训班的资格。

五、在某一级别培训中未能考核通过的学员，在12个月内不具备再次申请参加同级别培训班的资格。

六、受到中国足协和会员协会纪律处罚的申请者，在纪律处罚期内不具备参加培训班的资格。

第二十条　培训资格的优先获得

当教练员带领球队升入高一个等级的联赛，按照规定需要具备高一个等级联赛对于执教资质的要求。在此类教练员根据需要提出参加相应等级培训申请时，其具有优先获得培训资格的权利，不受持有原级别证书最低时间规定限制，但执教执照需在有效期之内。

比如，当具有A级教练员证书并执教执照在有效期内的教练员带领队伍升入上一个等级的联赛，中国足协提供给参加相应等级培训的资格以保证其可以具有参加相应等级（例如职业级）培训班。该教练员获得此学习资格后，其具有作为主要负责人带领球队参加上一级别联赛的资格。当出现此学员终止其在培训班的学习或者基于特殊的原因未能完成培训的情况，则失去此资格。

第二十一条　基本组织要求

一、各级各类培训班都应纳入中国足协年度培训计划，培训班在开办之前D级至少提前30天、C级及以上级别至少提前45天公布招生通知。

二、各级培训班在开办之前至少提前7天公布学员录取通知，并通过教练员培训管理系统提交正式开班申请。

三、理论课、实践课场地及学员住宿基本条件至少应满足中国足协公布的培训管理最低标准，具体要求参见附件。

四、培训班每期录取学员人数：D、C、B、A级最少18人，最多24人；职业级最少12人，最多24人。

五、培训班均需要明确培训主管及协调员，具体负责协调处理培训班组织管理事宜及执行监督学员的考评工作。

第五章　培训考核

第二十二条　D级教练员培训考核：由理论课考试、实践课考试和实践能力测试三部分组成。

一、理论课考试一次，及格分数60分。如考试未及格，在本次培训期间有一次补考，如补考未及格即考核未通过；

二、实践课考试一次，及格分数60分。未及格即考核未通过，无补考；

三、实践能力测试分为四档：优86~100分、良76~85分、中60~75分、差60分以下；

四、权重比例：理论课考试成绩20%、实践课考试成绩50%、实践能力测试30%；

五、综合成绩：在理论课考试成绩、实践课考试成绩均达到60分基础上，综合成绩二理论课考试成绩20%+实践课考试成绩50%+实践能力测试成绩30%。综合成绩及格分数为60分，60分以下即考核未通过。

第二十三条　C级教练员培训考核：由理论课考试、实践课考试和裁判规则考试三部分组成。

一、理论课考试一次，及格分数60分。如考试未及格，在本次培训期间有一次补考，如补考未及格即考核未通过；

二、实践课考试三次，包括两次实践课考试和一次综合能力评价，每一次考试及格分数均为70分。在三次考试中有两次及格即考试通过，如有两次未及格即考核未通过，无补考；

三、裁判规则考试一次，及格分数80分。如考试未及格，在本次培训期间有一次补考，如补考未及格即考核未通过；

四、在全部完成讲师留授作业基础上（包括但不限于训练笔记、论文、PPT等）并满足以上成绩条件即为考核通过；

五、在C级考核体系中增加踢球能力评价，分为卓越、优秀、良好、一般、差五个级别。踢球能力评价将作为学员未来向高一级别录取参考，但不影响C级最终考核结果。

第二十四条　B 级教练员培训考核：由理论课考试、实践课考试、口试三部分组成。

一、理论课考试两次，每一次考试及格分数均为 60 分。在两次考试中全部及格即考试通过。如有一次考试未及格，在本次培训期间有一次补考，补考未及格即考核未通过；如在两次考试中均未及格，即考核未通过，无补考；

二、实践课考试三次，每一次及格分数均为 70 分。在三次考试中，如有两次考试及格及另一次考试达到 42 分及之上即考试通过；如有两次及格但另一次成绩在 42 分之下或有两次未及格但至少一次成绩在 42 分之上即考试未通过，需补考；如三次均未及格或有两次成绩在 42 分之下即考核未通过，无补考；

三、口试一次，及格分数 60 分。如考试未及格，在本次培训期间有一次补考，如补考未及格即考核未通过；

四、在全部完成讲师留授作业基础上（包括但不限于训练笔记、论文、PPT 等）并满足以上成绩条件即为考核通过；

五、补考：实践课需补考学员可在 12 个月内随同等级别培训班学习一周并参加补考，及格即为考核通过，不及格即为考核未通过，再无补考机会。如在 12 个月内未参加补考，即为考核未通过，再无补考机会。

第二十五条　A 级教练员培训考核：由理论课考试、实践课考试、口试三部分组成。

一、理论课考试两次，每一次考试及格分数均为 60 分。在两次考试中全部及格即考试通过。如有一次考试未及格，在本次培训期间有一次补考，补考未及格即考核未通过；如在两次考试中均未及格，即考核未通过，无补考；

二、实践课考试三次，每一次及格分数均为 70 分。在三次考试中，如有两次考试及格及另一次考试达到 42 分及之上即考试通过；如有两次及格但另一次成绩在 42 分之下或有两次未及格但至少一次成绩在 42 分之上即考试未通过，需补考；如三次均未及格或有两次成绩在 42 分之下即考核未通过，无补考；

三、口试一次，及格分数 60 分。如考试未及格，在本次培训期间有一次补考，如补考未及格即考核未通过；

四、在全部完成讲师留授作业基础上（包括但不限于训练笔记、论文、PPT 等）并满足以上成绩条件即为考核通过；

五、补考：实践课需补考学员可在 12 个月内随同等级别培训班学习一周并参加补考，及格即为考核通过，不及格即为考核未通过，再无补考机会。如在 12 个月内未参加补考，即为考核未通过，再无补考机会。

第二十六条　职业级教练员培训考核：由理论课考试、实践课考试、口试三部分组成。

一、理论课考试两次，每一次考试及格分数均为 60 分。在两次考试中全部及格即考试通过。如有一次考试未及格，在本次培训期间有一次补考，补考未及格即考核未通过；如在两次考试中均未及格，即考核未通过，无补考；

二、实践课考试三次，每一次及格分数均为70分。在三次考试中，如有两次考试及格及另一次考试达到42分及之上即考试通过；如有两次及格但另一次成绩在42分之下或有两次未及格但至少一次成绩在42分之上即考试未通过，需补考；如三次均未及格或有两次成绩在42分之下即考核未通过，无补考；

三、口试一次，及格分数60分。如考试未及格，在本次培训期间有一次补考，如补考未及格即考核未通过；

四、在全部完成讲师留授作业基础上（包括但不限于训练笔记、论文、PPT等）并满足以上成绩条件即为考核通过；

五、补考：实践课需补考学员可在12个月内随同等级别培训班学习一周并参加补考，及格即为考核通过，不及格即为考核未通过，再无补考机会。如在12个月内未参加补考，即为考核未通过，再无补考机会。

第二十七条 考核的管理

一、中国足协会员协会负责D、C两级教练员培训考核的管理工作，讲师和会员协会培训主管或协调员必须负责考核的监管工作。考核成绩单和讲师报告必须由讲师本人在培训班结束7日内通过教练员培训管理系统向中国足协提交。

二、中国足协和承办会员协会负责B、A、职业级培训考核的管理工作，讲师和承办会员协会培训主管或协调员必须负责考核的监管工作。考核成绩单和讲师报告必须由讲师本人在培训班结束14日内向中国足协提交。

三、所有培训考核必须按照中国足协各等级教练员培训考核要求和标准进行。对于考核未能通过学员，培训讲师需将详细情况在讲师报告中或以其他书面报告形式报中国足协。

四、在培训讲师认定学员行为、态度不端，违反培训班纪律的情况下，培训讲师有权力根据具体情况做出直至取消考核资格和考试成绩的决定，并将详细情况在讲师报告中或以其他书面报告形式报中国足协。

第二十八条 对于考试成绩无效性的认定和处理

如果学员在考试中采取欺骗的方式或者采用不被允许的方式影响考试结果，一经查实，中国足协将对考试结果作无效认定，并有权力对学员进行禁止参加培训等处理。

第二十九条 各个级别培训班所有考核过程（包括但不限于理论课、实践课等）需要全程视频录像；B级及以上培训班所有实践课程必须全程视频录像。在培训班结束后会员协会或承办会员协会需将视频资料保存至少2年时间，录像工作由培训主管或协调员具体负责。

第三十条 考核申诉

中国足协接受职业级、A级、B级培训学员对于考核的申诉。如果学员在培训期间未通过考试且无补考机会，但是当事人认为考试结果不符合客观评价标准，可以向中国足协技术部提出申诉，以争取得到一次补考机会。

一、申诉流程

（一）当学员收到考试结果并产生异议，需在48小时之内向中国足协技术部递交申诉申请、相关说明材料和具体实例证据；

（二）中国足协技术部收到申诉申请和相关材料后，会由技术部主要负责人、教练员培训总监和一位同等或以上级别教练员讲师组成复核评议团，通过与课程主讲师、助理讲师、会员协会培训主管或协调员会谈了解情况、调查讲师报告或其他书面报告、观看课程考试录像进行复议，并在四周之内给予答复。

二、申诉结果

（一）如学员申诉成功，申诉学员可以在不超过12个月之内获得一次随同等级别培训班学习一周并进行补考的机会；

（二）如申诉学员补考未通过，将不能继续申诉，且24个月内不能参加同等级别的培训；

（三）如学员申诉不成功，复核评议团维持原有结果，申诉学员将不能继续申诉，且24个月内不能参加同等级别的培训；

（四）如经复核评议团复议，认为学员为恶意申诉，中国足协有权力无限期禁止该学员参加相关培训活动。

第六章 教练员证书、执教执照及注册

第三十一条 教练员证书

参加足球教练员学习的学员按照中国足协相关规定，完成中国足协资格认证课程并考试合格后可获得相应等级的教练员证书。中国足协教练员证书分为职业级、A级、B级、C级和D级，证书等级的考取从D级开始逐级向上一等级进阶直至职业级。中国足协负责颁发各个级别教练员证书。

第三十二条 证书编号方法

证书编号由等级标识、年份标识、排序码和分隔符四部分组成，证书编号为唯一制。

一、2019年及之后证书编号方法

证书编号由一位字母、七位数字和“-、/”二位分隔符共十位字母、数字、符号组成。第1位字母为等级标识，代表证书持有人完成中国足协资格认证课程并考试合格后获得的相应等级，P、A、B、C和D分别代表职业级、A级、B级、C级和D级；第1、2位数字为年份标识，代表本证书颁发的具体年份，比如数字19代表2019年颁发的证书；第3~7位数

字为排序码，代表本证书是某一年的第几张排序。比如证书编号为 C-19/00001 代表 2019 年颁发的第 1 张 C 级教练员等级证书；证书编号为 B-19/00100 代表 2019 年颁发的第 100 张 B 级教练员等级证书。

二、2019 年之前 D 级证书编号方法

2019 年之前颁发的 D 级教练员证书编号同样由一位等级标识字母、二位年份标识数字、四或五位排序码数字和“（ ）、-”二位分隔符组成。比如证书编号为 D（12）-0001 代表 2012 年颁发的第 1 张 D 级教练员等级证书；证书编号为 D（18）-10000 代表 2018 年颁发的第 10000 张 D 级教练员等级证书。

第三十三条 教练员执教执照

参加足球教练员学习的学员按照中国足协相关规定，完成中国足协资格认证课程并考试合格后，在获得相应等级的教练员证书同时即可获得同一级别的教练员执教执照。执教执照是允许已获得教练员证书的学员在特定时段内进行执教工作。中国足协教练员执教执照分为职业级、A 级、B 级、C 级和 D 级。中国足协负责颁发各个级别教练员执教执照。

第三十四条 执教执照编号方法

执教执照编号由中国足协的英文简称、会员协会代码、持照人出生年月日、随机编码和教练员标识五部分组成，包括六位字母和十二位数字，共计十八位。前 3 位字母为 CFA，代表颁发执教执照的机构即中国足协；第 4、5 位字母代表首次注册会员协会或行业协会编号代码；随后 12 位数字中的前八位，代表持照人出生年月日，后四位数字是随机编码；最后 1 个字母统一为 C，代表教练员。比如执教执照为 CFABJ190001012018C 表示首次注册地在北京的、出生年月日为 1900 年 1 月 1 日、随机编码是 2018 的教练员。教练员执教执照编号为唯一制，不随执照级别变更而变更。

第三十五条 教练员注册

按照中国足协规定，教练员需要每年在会员协会注册并接受会员协会管理，参加中国足协相关活动必须经会员协会同意并统一报名。教练员每年度只能在一个会员协会注册，更改注册时必须通知原注册协会同意后进行。如果某一教练员同时在两个及以上会员协会注册，则中国足协认定其注册失效，不允许参加中国足协组织的相关活动。

第三十六条 执教执照有效期

中国足协 C 级、B 级、A 级和职业级教练员执教执照颁发的有效期均为 3 年，执教执照自颁发之日起至第 3 个自然年 12 月 31 日止（比如，2017 年 8 月 1 日颁发的执教执照，有效期至 2020 年 12 月 31 日）。接受完成继续教育培训后执教执照延长的期限为 3 年。

D 级教练员执教执照一次性颁发，不设有效期。D 级教练员继续教育培训模式、时长及晋升 C 级录取与继续教育培训关系由会员协会根据属地实际情况自行决定。

第三十七条　执教执照延长

按照中国足协规定，教练员为保证执教资质的有效性，需通过定期参加继续教育培训，以完成规定学时继续教育培训的方式延长执教执照有效期。同时，持有效执教执照的教练员才具备继续申请更高等级培训的资格。

一、对于执教执照的延长，申请者必须满足完成相应级别的继续教育培训活动。继续教育培训是针对申请者所能达到最高等级的培训，若申请者延长了其所持有最高等级的执教执照，在此等级之下的所有等级执教的资质将自动延长。

二、在规定的延长期限内未提出申请，执教执照必须重新申请。对于超过执教执照有效期限的签发，需要完成相应等级执教执照所需要的继续教育培训的学时。

第三十八条　执教资质暂停

教练员证书持有者未能完成相应等级规定的继续教育培训学时而导致执教执照未在有效期之内，中国足协或中国足协会员协会有权做出暂停其教练员执教资质的决定。

第三十九条　执教资质取消

教练员证书和执教执照持有者如违反国家相关法律法规和中国足协相关规定，一经查实，中国足协或中国足协会员协会视情况可做出取消其教练员执教资质的决定。

第四十条　教练员证书和执教执照费用

对于教练员证书和执教执照的颁发和换发（补发），中国足协及会员协会收取相应的成本费用。

第四十一条　教练员证书和执教执照拥有的资质

一、D 级教练员证书和执教执照

会员协会根据属地实际情况，确定持有 D 级教练员证书和执教执照的教练员参加会员协会及其下属会员协会所举办赛事的执教资质。

二、C 级教练员证书和执教执照

持有 C 级教练员证书和执教执照在有效期内的教练员除具有 D 级执教资质之外，还可获得作为助理教练执教中超、中甲、中乙、女超、女甲 15 岁及以下梯队资格。

三、B 级教练员证书和执教执照

持有 B 级教练员证书和执教执照在有效期内的教练员除具有 C 级执教资质之外，还可获得作为助理教练执教中乙比赛的队伍，作为助理教练执教中超、中甲、中乙、女超、女甲 16 岁及以上梯队，作为主教练执教中超、中甲、中乙、女超、女甲 15 岁及以下梯队资格。

四、A 级教练员证书和执教执照

持有 A 级教练员证书和执教执照在有效期内的教练员除具有 B 级执教资质之外，还可获得作为助理教练执教国字号队伍（成年和青少年系列），作为助理教练执教中超、中甲、女超、女甲队伍，作为主教练执教中乙队伍，作为主教练执教中超、中甲、中乙、女超、女甲 16 岁及以上梯队，作为中甲俱乐部、各青训中心青训总监，作为助理教练执教全运会队伍资格。

五、职业级教练员证书和执教执照

持有职业级教练员证书和执教执照在有效期内的教练员除具有 A 级执教资质之外，还可获得作为主教练执教国字号队伍，作为主教练执教中超、中甲、女超、女甲的队伍，作为中超、中甲俱乐部技术总监，作为中超俱乐部青训总监，作为主教练执教全运动参赛队资格。

队伍等级	教练员证书与执教执照				
	P	A	B	C	D
国字号（成年和青少年系列）主教练 中超、中甲、女超、女甲主教练 中超、中甲俱乐部技术总监 中超俱乐部青训总监 全运会队（男、女）主教练	√				
国字号（成年和青少年系列）助理教练 中超、中甲、女超、女甲助理教练 中甲俱乐部青训总监 中乙主教练 全运会队（男、女）助理教练		√			
中乙助理教练			√		
中超、中甲、中乙、女超、女甲 16 岁及以上梯队主教练		√			
中超、中甲、中乙、女超、女甲 16 岁及以上梯队助理教练			√		
中超、中甲、中乙、女超、女甲 15 岁及以下梯队主教练			√		
中超、中甲、中乙、女超、女甲 15 岁及以下梯队助理教练				√	

第七章　国际教练员证书和执教执照的认证

第四十二条　中国足协充分考虑到教练员等级证书和执教执照相互认可的国际惯例，开展对国际教练员等级证书和执教执照的认证工作。其他国家协会颁发的教练员等级证书和执教执照的持有者需向中国足协提出申请，中国足协确定是否承认其等值的培训或足球方面的课程。对于国外教练员等级证书及执教执照的每一个认定均视为独立的事件。

第四十三条　对来中国工作的外籍教练员等级证书和执教执照的认证

一、欧洲来到中国执教的外籍教练员：必须出示本国国家协会开具的等同于本国证书级别的欧足联等级证书及在有效期内的执教执照。例如一名持有西班牙三级证书的教练员，应首先到西班牙足协申请开具等同于欧足联教练员等级的证书及在本国有效期内的执教执照，然后再到中国出示相关文件；

二、如不能开具欧足联等级证书及执教执照的教练员：应持有本国国家协会的教练员等级证书及有效期内的执教执照，并提供本国国家协会开具的未能开具欧足联证书的证明；

三、亚洲来到中国执教的外籍教练员：以亚足联颁发的证书为标准，应出示亚足联等级证书和本国在有效期内的执教执照；如不能持有亚足联等级证书和执教执照，需提供本国国家协会开具的有效证明；

四、美洲及其他地区来我国执教的外籍教练员：鉴于美洲及其他地区教练员培训制度复杂且未成体系，来中国执教的相关外籍教练员，按照个案处理。

第四十四条　对在国外获得教练员等级证书的中国籍教练员或在国内参加外国驻华或来华机构举办的教练员培训班获得等级证书的中国籍教练员等级证书和执教执照的认证

一、获得欧洲国家相应教练员等级证书的中国籍教练员：必须出示获得等级证书所在国的国家协会开具的具有等同于本国证书级别的欧足联证书及在有效期内的执教执照；

二、如不能开具欧足联等级证书及执教执照的教练员：应持有获得证书所在国的国家协会的教练员等级证书及执教执照，并提供所在国国家协会开具的未能开具欧足联证书的证明；

三、获得亚洲国家教练员等级证书的中国籍教练员：以亚足联颁发的证书为标准，应出示亚足联等级证书和获得证书所在国在有效期内的执教执照；如不能持有亚足联等级证书和执教执照，需提供所在国国家协会出具的有效证明；

四、获得美洲国家及其他地区教练员证书资质的中国籍教练员：按照个案处理；

五、对于满足上述条件的教练员：必须参加由中国足协组织的同等级别的教练员认证培训并通过考试进行认证。原则上 C 级及以上级别人员提出申请后，由中国足协安排跟随同等级别教练员培训班学习一周并进行一次考试进行认证，否则中国足协不予承认；

六、对于未能满足上述条件的教练员：中国足协不予承认。

第八章　继续教育培训

第四十五条　继续教育培训目标

为保持了解最新前沿知识，每一名教练员都需要定期参加继续教育培训。教练员的执教执照都有特定的期限，教练员需要参加继续教育培训以保证其执教资质的有效性。

第四十六条 继续教育培训对象

继续教育培训的对象为中国足协各等级教练员证书和执教执照的持有者。

第四十七条 继续教育培训课程

根据亚足联教练员公约及培训政策，中国足协组织如下教练员继续教育培训课程并举办培训活动：

亚足联 - 中国足协职业级教练员继续教育培训；

亚足联 - 中国足协 A 级教练员继续教育培训；

亚足联 - 中国足协 B 级教练员继续教育培训；

中国足协 C 级教练员继续教育培训。

中国足协会员协会可根据属地实际情况举办 D 级教练员继续教育培训。

体能、守门员相应等级的继续教育培训均由中国足协统筹安排。

第四十八条 继续教育培训形式

继续教育培训采取多种形式，如集中授课培训、观摩分析比赛、研讨会、讲座、技术发展大会等方式。

第四十九条 继续教育培训学时

教练员证书及执教执照	小时
C 级	32 小时
B 级	60 小时
A 级	60 小时
职业级	60 小时

D 级教练员继续教育培训方式、学时等由会员协会根据属地实际情况自行决定。

第五十条 参加继续教育培训申请

一、持有教练员证书是报名参加继续教育培训的前提，继续教育培训举办单位负责受理申请材料。

二、举办方根据报名情况组织安排继续教育培训课程。

第五十一条 继续教育培训基本组织流程

一、继续教育培训应为中国足协年度培训计划内工作，在开班之前至少 45 天公布招生通知。

二、理论课、实践课场地及学员住宿基本条件应满足中国足协公布的培训管理最低标准，具体要求参见附件。

三、继续教育培训班均需要明确培训主管或协调员，具体负责协调处理培训班事宜及执行监督学员的考评工作。

第五十二条　继续教育培训考核

中国足协以及会员协会负责教练员继续教育培训的考核工作。D级教练员继续教育培训考核由会员协会负责，C级、B级、A级、职业级教练员的继续教育培训考核由中国足协负责。

第五十三条　继续教育培训考勤规定

一、继续教育培训每一阶段原则上要求学员达到100%出勤率；

二、如果学员确实存在特殊情况，在提前出具书面说明的情况下，允许最多缺勤10%授课内容，并在12个月内一次性完成重修部分或以其他方式补充缺课部分；

三、如果学员在提前未有书面说明的情况下，无故缺勤、迟到或早退，培训讲师有权利根据具体情况做出直至取消考核资格的决定，并报中国足协。

第九章　附　则

第五十四条　本规定自下发之日起实施，附件为本规定的组成部分，与正文具有同等效力，未尽事宜，另行规定。本规定实施后，中国足协可根据实施情况或亚足联相关政策、规定对其进行修正。

第五十五条　本规定由中国足协负责解释。

附件

中国足球协会教练员培训相关标准

一、理论授课教室基本标准

（一）理论授课教室教学设备标准

1. 一台投影仪；

2. 一副战术板及战术棋子（60cm×45cm 或 90cm×60cm）；

3. 一副白板；

4. 一套音响设备。

（二）理论授课教室教学空间标准

1. 授课教室的照明设备应为日光灯；

2. 授课教室应配备良好的通风设施；

3. 桌椅数量满足至少 30 人授课需求；

4. 教室面积不少于 80 平方米，教室空间可支持两个小组同时进行专题研讨；

5. 教室原则上摆放成 U 型桌授课形式，或可按照讲师授课要求摆放成小组形式，学员课桌上需有桌签。

（三）理论授课教室需具备良好的网络条件。

二、实践课场地基本标准

（一）实践课教学器材标准

1. 四十件不同颜色的对抗服（4 种颜色 ×10 件）；

2. 五十个标志桶（3 种不同颜色共计 50 个）；

3. 四十个标志盘（3 种不同颜色共计 40 个）；

4. 十个标志杆（高 1 米）；

5. 二十五个标准 5 号球；

6. 二个充气筒；

7. 三个球袋；

8. 一个冰桶；

9. 五个小跨栏（高 40cm）；

10. 一副战术板（60cm×45cm 或 90cm×60cm）。

（二）实践课教学场地标准

1. 职业级、A 级、B 级培训要求至少有一块草坪状况良好的标准天然草足球场或高质量的标准人工草足球场，C 级培训要求至少有一块草坪情况良好的标准人工草足球场；场地上要求配备二个可移动的标准足球门；

2.D级培训要求至少有一块草坪状况良好的7人制人工草足球场及相应的可移动足球门。

三、住宿设施基本标准

（一）C级及以上级别培训班，讲师、学员及管理人员必须统一食宿；D级培训班可根据各会员协会实际情况自行安排，或统一食宿制，或走读制。

（二）住宿酒店（宾馆）必须保证提供有24小时洗澡热水；

（三）住宿酒店（宾馆）必须保证讲师、学员的正常餐饮安排；

（四）住宿酒店（宾馆）必须保证在房间内配备学习书桌；

（五）住宿酒店（宾馆）必须保证有较好的网络条件。

四、其他要求

（一）培训班条幅的规范性：按照中国足协统一发放的AI文件格式、尺寸比例、颜色、字体等制定条幅。

（二）培训班培训手册及工作流程的规范性：按照中国足协统一制定的标准文件模板制作培训工作手册、完成培训工作流程。

（三）培训班配发装备的规范性：

1. 必须为学员按照季节配备足够数量的服装：春、夏季足够数量的长袖训练套服、短袖训练服、日常T恤等；秋、冬季相应增加冬装；

2. 随培训班级别增高，配备服装数量相应增多；

3. 培训班配发服装正面只可印制举办会员协会Logo，不能印制中国足协、亚足联Logo；服装背面可以印制培训班名称的中文字样。

（四）培训班开班仪式及合影的规范性：

1. 培训班必须有开班仪式，配备协调员；

2. 培训班必须有开班合影，在合影中教练员讲师必须穿着中国足协配备的服装。

（五）培训班实践队伍要求：

1.D级、C级培训班原则上不需配备实践课队伍；

2.B级培训班至少在实践课考试期间需配备实践课队伍；

3.A级及职业级培训班原则上在授课、考试全过程中必须配备实践课队伍；也可根据讲师需要间断性配备实践课队伍；

4. 实践课队伍应至少是15岁及以上级别的专业队伍。

五、教练员培训管理系统使用要求

（一）会员协会

1. 培训主管在培训班开办之前，D级培训班至少提前7天、C级培训班至少提前14天通过系统向中国足协正式提交开班申请，在中国足协审核批准后，原则上仅允许在开班48小时之前进行一次学员调整；

2. 培训主管或协调员需要在开班报到日或开班当天告知学员登录系统的网址、账号和密码，要求学员登录系统完成个人信息录入、课程表查询、实践课和考试教案编写、问卷调查等功能；

3. 培训主管或协调员在培训班期间需监督学员登录系统的使用情况，审查学员上传的个人照片、身份证照片等信息是否清晰、准确、合规；培训结束之前必须上传培训班合影至电子相册并设置为封面；

4. 培训主管必须在培训班结束之后 7 天内通过系统提交对本次培训教练员讲师的问卷调查内容。

（二）教练员讲师

1. 教练员讲师需要在开班之前登录系统，熟知培训班的基本信息，提前完成参加培训学员的分组；

2. 教练员讲师在培训班期间需要监督学员登录系统的使用情况，审查学员是否使用系统编写实践课教案和考试教案。可将自己拍摄的培训班照片上传至本班的电子相册中；

3. 教练员讲师必须在培训班结束之后 7 天内通过系统提交考试成绩、培训班报告、助理讲师评价表、本次培训的问卷调查等内容。

（三）学员

1. 学员参加培训班必须携带笔记本电脑且具备登录互联网的基本条件；

2. 学员需要在培训班开班报到日或者开班当天通过中国足协官方网站登录系统完成个人信息录入、课程表查询等工作；

3. 学员在培训班期间需要登录系统完成实践课教案和考试教案的编写。培训班结束之前可将自己拍摄的培训期间照片上传到本班的电子相册中；

4. 学员需要通过系统提交对本次培训教练员讲师和举办方的问卷调查内容。

中国足球协会教练员讲师管理规定（2019版）

定　义

本规定中，若上下文无其他解释，下列词语的含义为：

亚足联：亚洲足球联合会。

中国足协：中国足球协会。

中国足协会员协会：按照《中国足球协会章程》被中国足协接受成为会员的地方足球协会、行业足球协会和其他足球组织，简称会员协会。

亚足联教练员公约：指亚足联与其成员协会间关于等级教练员培训的协议与合同。

教练员：指参加并通过中国足协教练员培训资格认证课程的学员。

教练员讲师：指有能力在亚足联教练员公约指导方针要求下进行教练员教学工作的足球教练员（要求其有足够的足球经历），其既可以依照公约指导方针来教授学生教练员，又可以进行教练员继续教育培训工作。教练员讲师也可称为讲师或教练指导师。

培训：指在规定学时内按照明确的学习内容，对足球理论、技术、技能和战术能力提高的过程。

证书：指颁发给通过中国足协资格认证课程考核学员的证明文件。

执教执照：指对足球教练员执教资格有效时间的证明文件。该文件允许已获得教练员证书的持有者在特定时段内进行执教工作。

讲师继续教育培训：指对已获得教练员讲师资格的教练员额外的且不间断进行的继续学习提高的教育行为。

专家：指在专业领域的教练员讲师（如守门员讲师、体能讲师、专项理论讲师等）。

第一章　总　则

第一条　为加强中国足球教练员队伍建设，扩大教练员人口，提升教练员水平，充分发挥中国足协在教练员讲师培养中的引领作用和会员协会在教练员讲师培养中的推广和推动作用，依据《中国足球协会章程》和《中国足球协会教练员培训管理规定》，特制定本规定。

第二条 中国足协管辖范围内的会员协会、足球教练员讲师按照本规定执行。

第二章 讲师管理体系

第三条 中国足协是负责各级各类教练员讲师（等级培训、专项培训和继续教育培训等）的最高管理机构，负责制定教练员讲师选拔、培训、管理、晋级等相关标准、规定和制度，并对教练员讲师工作情况进行指导和监督。中国足协会员协会是教练员讲师的具体管理机构，负责在本协会注册的教练员讲师的选拔、推荐和管理。中国足协教练员讲师必须服从中国足协和注册会员协会的管理。

第四条 参照亚足联教练员讲师体系建设并根据中国足协教练员培训实际情况，中国足协教练员讲师分为如下级别：

中国足协D级教练员助理讲师；

中国足协D级教练员讲师；

中国足协C级教练员讲师；

中国足协B级教练员讲师；

中国足协A级教练员讲师；

中国足协职业级教练员讲师；

中国足协体能教练员讲师；

中国足协守门员教练员讲师。

在等级教练员培训中，低一级别教练员讲师即自动具有高一级别教练员助理讲师资格。比如D级教练员讲师自动具有C级教练员助理讲师资格。

第五条 中国足协负责D级教练员助理讲师的选拔，拟定选拔课程，制定选拔标准，公布选拔方案，组织选拔工作。会员协会负责D级教练员助理讲师的推荐，推荐符合资质的教练员参加讲师选拔。

第六条 中国足协负责D级教练员助理讲师、D级、C级、B级、A级和职业级教练员讲师的晋级。拟定晋级标准，制定晋级流程。

第七条 中国足协负责体能教练员讲师、守门员教练员讲师的选拔、推荐，根据亚足联标准和要求，培养、晋级体能教练员讲师和守门员教练员讲师。

第八条 中国足协负责教练员讲师的培训和继续教育培训，制定培训和继续教育培训课程，公布培训和继续教育培训标准，组织培训和继续教育培训考核。

第九条 中国足协教练员讲师必须在推荐会员协会注册，服从会员协会管理。教练员讲师每年度只能在一个会员协会注册。教练员讲师更换注册协会必须经原会员协会同意，并报中国足协备案。

第十条　中国足协D级教练员助理讲师、讲师原则上由注册会员协会优先安排本协会区域内的年度工作；中国足协对D级教练员助理讲师、讲师在注册协会区域外的年度工作统筹安排。C、B、A、职业级教练员讲师和体能、守门员教练员讲师的年度工作由中国足协负责统筹安排。

第三章　讲师工作原则

第十一条　教练员讲师必须坚持党的领导，贯彻落实党的指导思想和指导方针，维护和树立中国足协形象，弘扬、宣传足球文化。

第十二条　严格遵守中国足协和会员协会相关规章制度和规定。为人师表、率先垂范、爱岗敬业，行为举止文明，仪表端庄大方，着装整洁规范，客观公平公正，为教练员树立榜样。

第十三条　坚持教学相长，规范教学与创造性相结合，优化培训内容、收集教学资料、开发现代足球发展新课程，不断提高授课质量。

第十四条　执行培训工作任务时，应至少提前一天抵达培训地，检查教学场地、设备及器材，确保符合开办培训班的基本要求。

第十五条　执行培训工作任务时，不得饮酒，不得接受学员或承办单位的宴请，不得收受任何形式的馈赠或礼品，不得与学员有任何私下形式的聚餐，讲师酬金必须按照规定纳税。在集中式授课与培训时，必须与学员同吃同住或服从承办单位的安排。

第十六条　有义务参与年度培训工作总结，对培训方法、课程内容等提出改进建议，协助中国足协技术部完善培训体系。

第十七条　对于任何违背讲师职业道德规范、违背讲师工作制度的情况，中国足协将视情节轻重分别给予警告、暂停讲师资格、取消讲师资格的处罚。

第十八条　对于违反国家法律的情况，将直接取消讲师资格，移交司法机关进行处理，同时按照中国足协相关规定做进一步处罚。

第四章　讲师基本要求

第十九条　D级教练员助理讲师

一、持有中国足协B级及以上教练员证书并执教执照在有效期内；

二、经会员协会推荐并由中国足协统一培训考核合格；

三、有效的教学能力证明：球员经验、教练员经验或曾作为D级实习讲师、会员协会教练员讲师的证明等；

四、所需要的其他相关经历证明；

五、在所属会员协会注册并向中国足协备案。

第二十条 D级教练员讲师

一、经中国足协选拔、评估并考核合格；

二、持有中国足协B级及以上教练员证书并执教执照在有效期内；

三、有效的教学能力证明：球员经验、教练员经验和曾作为D级教练员助理讲师的证明及评定等；

四、所需要的其他相关经历证明；

五、在所属会员协会注册并向中国足协备案。

第二十一条 C级教练员讲师

一、经中国足协选拔、评估；

二、持有中国足协A级及以上教练员证书并执教执照在有效期内；

三、有效的教学能力证明：球员经验、教练员经验和曾作为D级教练员主讲师及C级教练员助理讲师的证明及评定等；

四、具有3年及以上参加全国正式比赛的教练带队经历或高水平球员经历（优先）且达到授课水平；

五、所需要的其他相关经历证明；

六、在所属会员协会注册并向中国足协备案。

第二十二条 B级教练员讲师

一、经中国足协选拔、评估；

二、持有中国足协A级及以上教练员证书并执教执照在有效期内；

三、有效的教学能力证明：球员经验、教练员经验和曾作为C级教练员主讲师及B级教练员助理讲师的证明及评定等；

四、具有3年及以上参加职业联赛的教练带队经历或高水平球员经历（优先）且达到授课水平；

五、所需要的其他相关经历证明；

六、在所属会员协会注册并向中国足协备案；

七、获得亚足联认可并在亚足联备案。

第二十三条　A 级教练员讲师

一、经中国足协选拔、评估；

二、持有中国足协职业级教练员证书并执教执照在有效期内；

三、有效的教学能力证明：球员经验、教练员经验和曾作为 B 级教练员主讲师及 A 级教练员助理讲师的证明及评定等；

四、具有 5 年及以上参加职业联赛的教练带队经历或国字号队伍带队经历或高水平球员经历（优先）且达到授课水平；

五、所需要的其他相关经历证明；

六、在所属会员协会注册并向中国足协备案；

七、获得亚足联认可并在亚足联备案。

第二十四条　职业级教练员讲师

一、经中国足协选拔、评估；

二、持有中国足协职业级教练员证书并执教执照在有效期内；

三、有效的教学能力证明：球员经验、教练员经验和曾作为 A 级教练员主讲师及职业级教练员助理讲师的证明及评定等；

四、具有 5 年及以上参加职业联赛的教练带队经历或 3 年以上国字号队伍带队经历或高水平球员经历（优先）且达到授课水平；

五、所需要的其他相关经历证明；

六、在所属会员协会注册并向中国足协备案；

七、获得亚足联认可并在亚足联备案。

第二十五条　特殊认可

由中国足协技术委员会认定的其他情况，并报中国足协批准。

第五章　讲师基本能力

第二十六条　课程开发能力：具有结合现代足球和科技发展及教练执教工作的需要，开发新课程的能力。

第二十七条　授课能力：具有授课条理清晰、内容充实，重点、难点突出，时间掌握恰当，达到预期课堂教学目的能力。

第二十八条　沟通能力：具有与他人进行有效的信息交流，达到预期目标或满足沟通者需要的能力。

第二十九条　表达能力：具有授课、交流语意清晰、准确、连贯、得体的能力。

第三十条 组织能力：具有组织学员完成学习目标的能力。

第三十一条 学习能力：具有在正式或非正式学习环境下，强烈的自我求知、做事、发展的能力。

第三十二条 发现并解决问题能力：具有能够发现工作中存在的实际问题，并运用有效的观点及方法解决问题，提高教练员执教水平的能力。

第三十三条 总结反思能力：具有对授课内容、授课方式、授课效果等进行总结与反思，不断提高自身水平的能力。

第三十四条 控制应变能力：具有在培训进行过程中有效地控制和把握，并能依据实际情况的变化，采取相应措施把控局面的能力。

第三十五条 动作示范能力：具有在培训教学中通过正确的动作示范，帮助学员掌握动作技术技能，为学员练习起到榜样作用的能力。

第六章 讲师晋级程序

第三十六条 D级教练员助理讲师

一、具备有效的教练员证书等基本资质条件；

二、经会员协会推荐参加中国足协组织的培训、考核、选拔并通过；

三、参加中国足协组织的讲师再培训并通过。

第三十七条 D级教练员讲师

一、具备有效的教练员证书等基本资质条件；

二、在成为D级助理讲师6个月内至少助理不同讲师完成3次助理讲师工作且累计独立完成过全部培训课程，经考核主讲师评估合格后晋级为D级主讲师；

三、或在9个月内助理不同讲师完成4~5次助理讲师工作且累计独立完成过全部培训课程，经考核主讲师评估合格后晋级为D级主讲师。

第三十八条 C级教练员讲师

一、具备有效的教练员证书等基本资质条件；

二、作为C级助理讲师至少助理不同讲师完成4次助理讲师工作且累计独立完成过全部培训课程，经评定主讲师评估合格；

三、中国足协评估、考核、通过晋级为C级主讲师。

第三十九条 B级教练员讲师

一、具备有效的教练员证书等基本资质条件；

二、作为B级助理讲师至少助理不同讲师完成2次助理讲师工作且累计助理完成过全部培训课程，经评定主讲师评估合格；

三、中国足协评估、考核、通过晋级为 B 级主讲师；

四、获得亚足联认可并在亚足联备案。

第四十条　A 级教练员讲师

一、具备有效的教练员证书等基本资质条件；

二、作为 A 级助理讲师至少助理不同讲师完成 2 次助理讲师工作且累计助理完成过全部培训课程，经评定主讲师评估合格；

三、中国足协评估、考核、通过晋级为 A 级主讲师；

四、获得亚足联认可并在亚足联备案。

第四十一条　职业级教练员讲师

一、具备有效的教练员证书等基本资质条件；

二、作为职业级助理讲师至少完成 2 次助理讲师工作且累计助理完成过全部培训课程，经评定主讲师评估合格；

三、中国足协评估、考核、通过晋级为职业级主讲师；

四、获得亚足联认可并在亚足联备案。

第四十二条　特殊认可

由中国足协技术委员会认定的其他情况，并报中国足协批准。

第七章　讲师继续教育培训

第四十三条　继续教育培训目标

为能够保持了解最新前沿知识，每一名教练员讲师都需要定期参加继续教育培训。教练员讲师的资质都有特定的期限，讲师需要参加继续教育培训以保证其持有的讲师资质的有效性。

第四十四条　继续教育培训课程

参照亚足联教练员讲师体系建设并根据中国足协教练员培训实际情况，中国足协举办如下教练员讲师继续教育培训课程。

中国足协高端教练员讲师继续教育培训，包括职业级教练员讲师、A 级教练员讲师、B 级教练员讲师和 C 级教练员讲师继续教育培训。

中国足协基础教练员讲师继续教育培训，包括 D 级教练员讲师、D 级助理教练员讲师继续教育培训。

教练员讲师继续教育培训课程采取多种形式，如集中授课培训、例会、研讨会、论坛、讲座、技术发展大会等。

第四十五条 继续教育培训学时

教练员讲师等级	例会 / 论坛 / 授课	技术发展大会
D 级助理	24 小时	20 小时
D 级	24 小时	20 小时
C 级	16 小时 ×4	20 小时
B 级	16 小时 ×4	20 小时
A 级	16 小时 ×4	20 小时
职业级	16 小时 ×4	20 小时

第八章 讲师资质的延长、暂停、取消和恢复

第四十六条 资质有效期

一、D 级教练员助理讲师资质有效期为 6~9 个月。中国足协要求 D 级助理讲师在 6 个月内至少助理不同讲师完成 3 次工作且累计独立完成过全部培训课程，由考核主讲师进行评估，如合格则晋级为 D 级讲师；

二、如第一次评估不合格，则需在接下来的 3 个月内再次助理不同讲师完成 1~2 次工作并接受考核主讲师评估，如合格则晋级为 D 级讲师；如不合格，则失去助理讲师资格，并在 24 个月内不能参加再次选拔；

三、D 级教练员讲师资质有效期为 1 年；C 级、B 级、A 级、职业级教练员讲师资质有效期为 2 年。

第四十七条 资质延长

对于各级别教练员讲师资质的延长，必须分别满足以下条件：

一、D 级教练员讲师

（一）每年完成不少于二次 D 级教练员培训授课任务；

（二）每年参加完成中国足协组织的 D 级教练员讲师继续教育培训课程并考试合格；

（三）具备相应等级、有效的中国足协教练员执教执照；

（四）因有特殊情况未完成授课任务，经会员协会出具证明，可最多保留讲师资格一年。

二、C 级教练员讲师

（一）每两年必须完成不少于两次 C 级教练员培训授课任务；

（二）每年参加完成中国足协组织的 C 级教练员讲师继续教育培训课程并考核合格；

（三）具备相应等级、有效的中国足协教练员执教执照。

三、B 级、A 级、职业级教练员讲师

（一）每三年必须完成不少于二次 B 级或以上级别的教练员培训授课任务；

（二）每年参加完成中国足协组织的 B 级、A 级、职业级教练员讲师继续教育培训课程并考核合格；

（三）具备相应等级、有效的中国足协教练员执教执照；

（四）如果需要，需接受中国足协的重新评估。

四、教练员讲师完成讲师继续教育培训课程所获得的学时数同时计入教练员继续教育培训学时。

第四十八条　资质暂停和取消

教练员讲师在未有正当理由情况下，未能完成相应级别的工作任务或未能参加讲师继续教育培训课程或继续教育培训考试不合格，中国足协将暂停其讲师资格；教练员讲师如违背工作原则、工作纪律、工作制度，违反国家法律，中国足协将视具体情况暂停或取消其讲师资格。

第四十九条　资质重新申请

教练员讲师资质被暂停或取消，其必须在 12 个月之后报经中国足协批准后才可重新申请。被暂停资质者重新申请从原有讲师资质开始；被取消资质者重新申请从 D 级助理讲师开始。讲师资质重新申请必须以满足第四章规定的讲师基本要求为前提。

第九章　评估与监督

第五十条　教练员讲师有责任和义务对学员行为、态度表现、对会员协会的组织工作情况进行评估。在完成培训课程后的 7~14 天内向中国足协提交学员成绩单、讲师报告和对会员协会的问卷调查内容等相关资料。

第五十一条　对于考核未能通过或被取消考核资格、考试成绩的学员，教练员讲师必须将详细情况在讲师报告中或以其他书面报告形式报中国足协。

第五十二条　培训主办会员协会或承办会员协会有责任和义务对教练员讲师工作进行评估与监督。培训主管必须在完成培训课程后的 7~14 天内向中国足协提交对教练员讲师的问卷调查内容。

第五十三条　中国足协将根据上述调查情况，加强对会员协会、教练员讲师的评估、监督和管理。根据评估与监督情况，对不符合要求的会员协会，将采取警告、暂停直至取消办班资格；对不符合要求的教练员讲师，将采取警告、暂停直至取消讲师资质。

第十章　附　则

第五十四条　本规定自下发之日起实施，附件为本规定的组成部分，与正文具有同等效力，未尽事宜，另行规定。本规定实施后，中国足协可根据实施情况或亚足联相关政策、规定对其进行修正。

第五十五条　本规定由中国足协负责解释。

附件

中国足球协会教练员培训相关标准

一、理论授课教室基本标准

（一）理论授课教室教学设备标准

1. 一台投影仪；

2. 一副战术板及战术棋子（60cm × 45cm 或 90cm × 60cm）；

3. 一副白板；

4. 一套音响设备。

（二）理论授课教室教学空间标准

1. 授课教室的照明设备应为日光灯；

2. 授课教室应配备良好的通风设施；

3. 桌椅数量满足至少 30 人授课需求；

4. 教室面积不少于 80 平方米，教室空间可支持两个小组同时进行专题研讨；

5. 教室原则上摆放成 U 形桌授课形式，或可按照讲师授课要求摆放成小组形式，学员课桌上需有桌签。

（三）理论授课教室需具备良好的网络条件。

二、实践课场地基本标准

（一）实践课教学器材标准

1. 四十件不同颜色的对抗服（4 种颜色 ×10 件）；

2. 五十个标志桶（3 种不同颜色共计 50 个）；

3. 四十个标志盘（3 种不同颜色共计 40 个）；

4. 十个标志杆（高 1 米）；

5. 二十五个标准 5 号球；

6. 二个充气筒；

7. 三个球袋；

8. 一个冰桶；

9. 五个小跨栏（高 40cm）；

10. 一副战术板（6cm × 45cm 或 90cm × 60cm）。

（二）实践课教学场地标准

1. 职业级、A 级、B 级培训要求至少有一块草坪状况良好的标准天然草足球场或高质量的标准人工草足球场，C 级培训要求至少有一块草坪情况良好的标准人工草足球场；场地上要求配备二个可移动的标准足球门；

2.D 级培训要求至少有一块草坪状况良好的 7 人制人工草足球场及相应的可移动足球门。

三、住宿设施基本标准

（一）C 级及以上级别培训班，讲师、学员及管理人员必须统一食宿；D 级培训班可根据各会员协会实际情况自行安排，或统一食宿制，或走读制。

（二）住宿酒店（宾馆）必须保证提供有 24 小时洗澡热水；

（三）住宿酒店（宾馆）必须保证讲师、学员的正常餐饮安排；

（四）住宿酒店（宾馆）必须保证在房间内配备学习书；

（五）住宿酒店（宾馆）必须保证有较好的网络条件。

四、其他要求

（一）培训班条幅的规范性：按照中国足协统一发放的 AI 文件格式、尺寸比例、颜色、字体等制定条幅。

（二）培训班培训手册及工作流程的规范性：按照中国足协统一制定的标准文件模板制作培训工作手册、完成培训工作流程。

（三）培训班配发装备的规范性：

1. 必须为学员按照季节配备足够数量的服装：春、夏季足够数量的长袖训练套服、短袖训练服、日常 T 恤等；秋、冬季相应增加冬装；

2. 随培训班级别增高，配备服装数量相应增多；

3. 培训班配发服装正面只可印制举办会员协会 Logo, 不能印制中国足协、亚足联 Logo；服装背面可以印制培训班名称的中文字样。

（四）培训班开班仪式及合影的规范性：

1. 培训班必须有开班仪式，配备协调员；

2. 培训班必须有开班合影，在合影中教练员讲师必须穿着中国足协配备的服装。

（五）培训班实践队伍要求：

1.D 级、C 级培训班原则上不需配备实践课队伍；

2.B 级培训班至少在实践课考试期间需配备实践课队伍；

3.A 级及职业级培训班原则上在授课、考试全过程中必须配备实践课队伍；也可根据讲师需要间断性配备实践课队伍；

4. 实践课队伍应至少是 15 岁及以上级别的专业队伍。

五、教练员培训管理系统使用要求

（一）会员协会

1. 培训主管在培训班开办之前，D 级培训班至少提前 7 天、C 级培训班至少提前 14 天通过系统向中国足协正式提交开班申请，在中国足协审核批准后，原则上仅允许在开班 48 小时之前进行一次学员调整；

2. 培训主管或协调员需要在开班报到日或开班当天告知学员登录系统的网址、账号和密码，要求学员登录系统完成个人信息录入、课程表查询、实践课和考试教案编写、问卷调查等功能；

3. 培训主管或协调员在培训班期间需监督学员登录系统的使用情况，审查学员上传的个人照片、身份证照片等信息是否清晰、准确、合规；培训结束之前必须上传培训班合影至电子相册并设置为封面；

4. 培训主管必须在培训班结束之后 7 天内通过系统提交对本次培训教练员讲师的问卷调查内容。

（二）教练员讲师

1. 教练员讲师需要在开班之前登录系统，熟知培训班的基本信息，提前完成参加培训学员的分组；

2. 教练员讲师在培训班期间需要监督学员登录系统的使用情况，审查学员是否使用系统编写实践课教案和考试教案。可将自己拍摄的培训班照片上传至本班的电子相册中；

3. 教练员讲师必须在培训班结束之后 7 天内通过系统提交考试成绩、培训班报告、助理讲师评价表、本次培训的问卷调查等内容。

（三）学员

1. 学员参加培训班必须携带笔记本电脑且具备登录互联网的基本条件；

2. 学员需要在培训班开班报到日或者开班当天通过中国足协官方网站登录系统完成个人信息录入、课程表查询等工作；

3. 学员在培训班期间需要登录系统完成实践课教案和考试教案的编写。培训班结束之前可将自己拍摄的培训期间照片上传到本班的电子相册中；

4. 学员需要通过系统提交对本次培训教练员讲师和举办方的问卷调查内容。

各级国家足球队运动员、教练员选拔与监督办法细则（试行）

第一章　总　则

第一条　为进一步加强和规范各级国家足球队运动员和教练员选拔与监督管理，保证运动员、教练员选拔监督工作公平、公正、公开，确保各级国家队组队质量，促进国家队组织建设，树立国家队良好的公众形象，提高我国足球运动水平，国家体育总局足球运动管理中心（以下简称“足球中心”）特制定《各级国家足球队运动员、教练员选拔与监督办法细则（试行）》（以下简称《细则》）。

第二条　各级国家足球队是足球中心为备战、参加各类、各级别重大比赛而组织的代表国家最高水平的队伍，是中国足球运动训练、组织、管理的最高层次。包括中国男子足球队、中国女子足球队、中国男子U22足球队、中国男子U19青年足球队、中国女子U19青年足球队、中国男子U16少年足球队、中国女子U16少年足球队以及根据任务需要组建的其他队伍。

第三条　本《细则》适用于各级国家足球队运动员和教练员。

第二章　管理与监督体制

第四条　各级国家足球队运动员和教练员管理实行队委会领导下的分工负责制。

第五条　队委会在足球中心的集体领导下开展工作，原则上由足球中心领导成员、主教练、相关管理部门主任/副主任、队伍领队/副领队等组成。

第六条　相关管理部门按照职能分工负责各级国家足球队在组织、思想、作风、业务上的归口管理和有关事项的综合协调，并提供相应的服务。主教练在运动员管理中要充分发挥主导作用。

第七条　技术委员会承担国家队运动员、教练员选拔的监管职责，中心纪委承担国家队运动员、教练员选拔的廉政建设监管职责。

第三章　各级国家队运动员选拔

第八条　各级国家足球队运动员通过足球中心制定的运动员选拔办法、选拔方式产生。内容包括：

一、成立选拔工作组织机构

成立由足球中心领导班子成员担任领导小组组长及副组长、相关管理部门主任 / 副主任、各级队伍领队 / 副领队和各级国家队教练员任成员的选拔工作组织机构。

二、确定工作职责

（一）领导小组组长职责：全面领导、管理和监督队伍的运动员选拔工作，对运动员的选拔程序和办法提出指导性要求，对队伍选拔工作做出最终决定，向总局负责。

（二）领导小组副组长职责：具体负责主持、协调运动员选拔的全面工作，并定期、不定期地主持、召开会议，讨论、研究运动员技术水平、运动能力和心理品质等相关问题。

（三）部门主任 / 副主任职责：与各级国家队主教练一起，具体负责各级国家队运动员选拔工作。尤其是对于运动员在各个时期思想动态需要全面把握，在选拔工作中提出具体建议和意见，并与主教练一起定期、不定期向领导小组汇报相关选拔工作。

（四）主教练职责：与部门主任 / 副主任一起，具体负责各级国家队运动员选拔工作，重点对于运动员的技术水平、运动能力和比赛中的心理品质全面把握，是运动员选拔工作的第一责任人。并与部门主任 / 副主任一起定期、不定期向领导小组汇报相关选拔工作。

（五）领队 / 副领队职责：根据部门工作安排，具体负责某一支队伍工作，向部门负责。参与运动员选拔工作并提出具体意见供部门主任 / 副主任和主教练参考。

（六）助理教练职责：根据主教练安排，具体负责队伍、若干名运动员的技术能力、运动水平的评估与鉴定工作，向主教练负责。参与运动员选拔工作并提出具体意见供主教练参考。

三、选拔的时间：根据集训及参加比赛时间、任务，提前 1~2 周确定入选每期国家队集训名单。

四、选拔的方式：定性与定量评估相结合

（一）定性评估

1. 教练员通过运动员以往在国家队比赛及中超、中甲联赛和女足及青少年比赛等赛事表现对运动员技术水平、运动能力、身体状况、心理品质等进行评估；

2. 教练员通过运动员以往在各级国家队训练、生活表现和状态进行评估；

3. 教练员通过俱乐部、地方体育局、地方足球协会了解运动员在俱乐部训练、生活表现和状态进行评估。

（二）定量评估

1. 教练员通过运动员在以往国家队比赛数据进行评估；

2. 通过运动员在中超、中甲联赛出场时间、表现进行评估；

3. 通过运动员在中超、中甲联赛出场数据（包括体能、技术等）进行评估；

4. 通过运动员在女足各项赛事及青少年赛事的统计数据进行评估。

第九条　运动员名单产生的程序

一、由各级国家足球队主教练商教练组，根据评估结果，实施选拔工作，提出初选名单，报相关管理部门；

二、管理部门审核；

三、报选拔工作领导小组及队委会审核；

四、报中心领导批准；

五、在官网公布名单并公示。

第十条　运动员参加重大国际赛事名单产生的程序

一、队委会组织主教练商教练组，根据评估结果，实施选拔工作，提出初选名单；

二、中心召开备战领导小组讨论，征求意见；

三、中心办公会议讨论通过；

四、在官网公布名单并公示；

五、总局备案。

第十一条　选拔争议由足球项目备战领导小组负责裁定。

第四章　各级国家队教练员选聘

第十二条　各级国家足球队主教练原则上通过竞聘上岗方式产生。外籍教练员选聘按照国家体育总局和足球中心相关规定进行。

第十三条　各级国家队主教练竞聘程序

一、成立主教练竞聘领导小组和专家组

领导小组组长由足球中心主任担任，中心其他领导担任副组长，相关管理部门领导担任小组成员。

专家组由技术委员会提名组成，原则上由 5~7 名技术委员会委员和技术专家组成，其中技术委员会委员数量不得少于专家组成员的 1/2。

二、确定工作职责

（一）领导小组：全面领导、管理和监督主教练选聘工作，对选聘程序和办法提出指导性要求，对选聘工作做出最终决定；

（二）专家组：确定对参聘教练员的评估方式和标准，对参聘教练员进行评估，向领导小组上报评估结果。

三、制定竞聘程序

（一）技术委员会制定选聘办法和提名专家组成员上报竞聘领导小组；

（二）竞聘领导小组批准后，在中国足协官网发布竞聘消息；

（三）专家组审核报名教练员资质，并上报竞聘领导小组；

（四）竞聘领导小组批准后，通知符合参加竞聘的教练员；

（五）专家组根据制定的选聘办法对参加竞聘的教练员进行评估，并将评估结果上报竞聘领导小组；

（六）竞聘领导小组做最终决定；

（七）足球中心主任办公会议讨论通过；

（八）在中国足协官网公布名单公示，并报国家体育总局；

（九）国家体育总局总局备案；

（十）足球中心与主教练签订《聘任合同书》，主教练履行职责和义务。

第十四条　各级国家队主教练特殊选聘程序

由于主教练辞职或由于其他不可预知的原因无法履行主教练职责的情况出现时，将启动主教练特殊选聘程序。程序如下：

一、由技术委员会根据教练员资质、执教业绩、理论水平和现场答辩表现提名 1~2 名教练员备选上报足球中心；

二、足球中心主任办公会议讨论通过；

三、在中国足协官网公布名单公示，并报国家体育总局；

四、国家体育总局总局备案；

五、中心与主教练签订《聘任合同书》，主教练履行职责和义务。

第十五条　各级国家队教练组聘任程序

为了科学、合理构建教练团队，提升教练团队的综合素质、工作效率和专业水平，各级国家队教练组成员聘任程序如下：

一、各级国家队主教练根据对教练组成员的条件要求提名备选名单，并提供详细履历；

二、技术委员会审议被提名的教练组成员的资质、执教业绩和执教能力，并将审议意见和建议上报足球中心；

三、足球中心办公会议讨论决定；

四、足球中心与教练组成员签订《聘任合同书》，教练组成员履行职责和义务。

第十六条　各级国家队教练组成员特殊选聘程序

由于教练组成员辞职或由于其他不可预知的原因无法履行教练员职责的情况出现时，将启动教练组成员特殊选聘程序。程序如下：

一、主教练根据工作需要提名教练员备选名单，并提供详细履历；

二、若主教练未提名备选教练员，并且工作需要，则由技术委员会提名适合的备选教练员；

三、技术委员会审议被提名的教练组成员的资质、执教业绩和执教能力，并将审议意见和建议上报中心；

四、足球中心办公会议讨论决定；

五、足球中心与教练组成员签订《聘任合同书》，教练组成员履行职责和义务。

第十七条　各级国家队主教练和教练组成员应定期向足球中心和技术委员会报告工作，接受足球中心和技术委员会的评估与监督。

第五章　附　则

第十八条　未尽事宜，另行通知。

第十九条　本《细则》解释权归足球中心。

第二十条　本《细则》自发布之日起执行，此前颁布的有关文件与本办法不一致的，按照本办法执行。

2015 年 3 月 17 日

中国足球协会训练基地命名管理办法（试行）

第一章　总　则

第一条　为促进中国足球协会（以下简称“中国足协”）训练基地的建设和发展，进一步规范足球训练基地的命名管理工作，充分发挥训练基地的服务保障功能，根据国家体育总局的相关规定，制定本办法。

第二条　本办法所称的训练基地，是指除由国家体育总局命名的训练基地外，具备为足球项目各级国家队、青少年和女子足球队的训练（比赛）提供场地设施、训练器材、住宿和餐饮、教育和科研、医疗和康复、生活和娱乐等服务保障的专门训练场所。

第三条　中国足协训练基地的申请、评审、命名和考核将本着如下基本原则进行：

（一）申请自愿、文件齐全

凡希望被中国足协命名的各类足球训练基地均可提出申请，并按要求准备齐全相应的申请材料。

（二）严格审核、择优命名

中国足协将遵照国家体育总局相关文件精神、国际足联有关法规和本会制定的相关文件要求，本着公开、公平和公正的原则，严格实施足球训练基地的审核及评估工作，择优命名。

（三）专业监督、指导服务

为促进被命名训练基地的建设和发展，尤其是在足球项目相应规范的执行上，中国足协将进行监督，同时加强业务指导及服务。

（四）平衡发展、满足需求

中国足协训练基地的命名工作将兼顾有利于我国足球训练基地平衡发展和不断满足我国足球事业发展的需要。

第四条　分类、分级与周期性

（一）中国足协训练基地命名将分为三种类别，即：11 人制足球、五人制足球和沙滩足球。

（二）三种类别基地中每一类均分为两个级别，第一级：国家队级训练基地；第二级：

女足和青少年级训练基地。

（三）中国足协训练基地命名及管理工作以四年为一个周期。

第二章　申请条件

第五条　已承担或有意向承担各类别国家足球队、女子足球队和青少年球队训练（比赛）任务的训练基地均可向中国足协申请命名；被国家体育总局命名的直属和非直属训练基地不在此范围之列。

第六条　申请命名的条件

（一）规划和建设均符合国家的相关规定，已建成并投入使用，已经使用的年限加之未来使用的年限不得低于 12 年。具备必要的训练、住宿、餐饮、办公、科研、文化学习、生活、娱乐等场所，配备应有的设施器材；有保证训练基地正常运行的行政、财务、后勤、物业等管理制度和工作机制。

（二）场地及器材

具备进行专项训练所需的足球场或专门用于室内足球训练的训练馆。

1. 室外 11 人制足球场地：

符合国际足联《足球竞赛规则》中 11 人制比赛面积规定的天然草坪足球场数量不少于 6 块（其中可含达标的人工草坪训练场 1 块），场地设施及要求：

（1）场地规格、草坪要求、划线要求、球门规格尺寸、球网和角旗等，应符合《足球竞赛规则》相应条款的要求；

（2）观摩及摄影区：设置在球场轮廓线外广告板后区域，并划线标明，有条件的可设置坚固安全的观摩坐席（看台）；

（3）周边：无影响训练（比赛）的障碍物，无可能造成运动员伤害的设施及物件；

（4）给排水设施：每块场地具有功能及使用状态良好的喷灌、排水设施；

（5）替补席和裁判席：在每块场地一侧设立可用于两支球队教学比赛就座的替补席，两个替补席之间中线处设立裁判席：

A. 每侧替补席设置固定座椅，至少能容纳 14 人就座；每个裁判席可容纳 4 人就座；

B. 替补席及裁判席均应配备具有遮阳挡雨功能的遮阳棚；

（6）计分牌：

在每块场地边适当位置留有设置计分牌的区域，放置记分牌后能使替补席清楚地看到比分数字；

（7）场地间距与隔离网：

每两块场地之间边线距离不得少于 3 米，端线之间距离不得少于 5 米；

每块场地之间应设置隔离网，每侧场地端线后对应禁区位置安装防止球飞出的挡网，高度不低于 6 米；

（8）广播设备：场地区域应安装广播设备，用于训练及竞赛的组织管理。

2. 五人制足球场地：

符合国际足联《五人制足球竞赛规则》中比赛场地面积要求，数量不得少于 4 块，室内、外场地均可。场地设施及要求：

（1）规格：长 25~42 米、宽 16~25 米；

（2）地面材料：经中国足协有关机构鉴定合格的五人制场地地面铺设材料；

（3）划线：场地划线线宽 8 厘米，使用白色涂料，完整、清晰；

（4）门柱：白色，两立柱内缘间距离 3 米，横梁下缘与地面间距离 2 米。球门立柱和横梁宽度（直径）为 8 厘米；

（5）周边：无影响比赛的障碍，无可能伤害运动员的设施和物件；

（6）替补席和技术区域：在每块场地一侧设置可用于两支球队教学比赛就座的替补席，两个替补席之间中线处留有换人区域。

3. 沙滩足球场地

应有 2 块以上符合国际足联《沙滩足球竞赛规则》中球场面积规定的沙地足球训练场地，设施要求：

（1）规格：长 35~37 米、宽 26~28 米；

（2）地面材料：符合规则中规定的沙子标准，无碎石及贝壳等硬物成分。砂层平均厚度应达到 40cm，不会对球员身体造成伤害；

（3）划线：所有线宽 8~10 厘米，白色、固定完好、安全；

（4）球门：长 5.5 米，宽 2.2 米；门柱和横梁的直径 10~20 厘米，着色应明显区别于沙子颜色；

（5）场地周边安全区：每块场地轮廓外设有 1~2 米的安全区，安全区内无影响比赛的障碍，无可能伤害运动员的设施及物件；

（6）换人区域及场地旗杆等应符合规则要求。

（三）各类训练基地有进行体能训练的室内建筑：有专项力量和其他身体素质训练的设施器材，训练基地的体能训练区域及场所建筑使用面积不少于 200 平方米。

（四）有配套齐全的运动员公寓：可同时接待不少于 4 支球队同时训练、生活的房间数及床位数。房间套数不少于 70 间、床位数不少于 140 张。

（五）拥有符合卫生标准的餐厅：主要用于国家队训练的基地餐厅（不含操作间）的使

用面积不少于 300 平方米，并能保证至少 150 人同时用餐；用于青少年和女足球队训练的训练基地餐厅（不含操作间）的使用面积不少于 500 平方米，并能保证至少 260 人同时用餐。

（六）配有医疗检测室：有运动伤病急救或常见疾病治疗的设备；也可与当地二级甲等及以上的医疗机构进行合作，开展运动队训练期间医疗检测、运动创伤急救及疾病的治疗。

（七）有保证训练场地（场馆）设施器材等安全、正常运转的维护人员；有必要的体育科技保障工作人员，也可与当地体育科研机构或总局重点实验室进行合作；有必要的生活保障和物业服务人员。

（八）专门用于五人制及沙滩足球的训练基地在身体训练、综合服务与保障等功能方面亦应齐备，规模可酌减。

第三章　命名申请程序

第七条　中国足协训练基地的申请每年一次，申请提交截止时间为每年 8 月底。

第八条　申请命名应当提交以下材料：

（一）训练基地法人资格证明的复印件。

（二）《训练基地详细情况统计表》。

（三）训练基地用于办公及接待球队食宿、医疗、身体训练的建筑设施竣工验收以及消防合格证书等复印件。

（四）训练基地规章制度。

（五）所在省（区）市的省级体育行政部门的同意函。

（六）所在地中国足协会员协会的同意函。

（七）近 4 年内承担中国足协各类球队训练和比赛任务的情况。

（八）近 4 年内承担训练和比赛任务未出现的重大安全责任事故的说明。

第九条　所有的申报材料必须属实，如出现弄虚作假，中国足协可取消该训练基地 4 年以内申请命名的资格。

第四章　评审及命名

第十条　中国足协相关委员会授权主管业务部门专门组成中国足协训练基地命名评审工作组（以下简称“评审工作组”），具体负责组织命名评审工作。

第十一条　材料审核与实地检查：

（一）评审工作组负责对所有申报文件资料进行审核；

（二）评审工作组将实施对申报单位进行实地检查。

第十二条 评审工作组将符合命名条件的足球训练基地名单报中国足协批准。

第十三条 中国足协向被命名的训练基地颁发证书和牌匾，并以协会公告或文件的形式正式对外公布。证书和牌匾由中国足协统一设计、制作，免费发放。

第十四条 中国足协训练基地的命名名称包括如下：为“×× 至 ×× 年度 + 中国足球协会 + 国家队 / 女足 / 青少年（五人制足球 / 沙滩足球）+ 训练基地名称”，使用期限均为 4 年。使用期限截止后，训练基地可以向中国足协重新申请命名。

第十五条 已被国家体育总局命名的国家综合训练基地和总局直属、非直属足球训练基地不在此文件命名范围之列。

第十六条 被命名的中国足协训练基地不得再向其他项目协会申请命名。已由中国足协命名的训练基地，原命名的各类训练基地名称应当同时撤销。

第十七条 在同一个省（区、市）的行政管辖区域内，中国足协原则上最多命名 3 个足球训练基地。

第十八条 根据国家体育总局相关规定，中国足协原则上在三类基地中每一类别最多同时可以命名 5 个训练基地，但不再以国家体育总局足球运动管理中心和中国国家足球队命名训练基地。

第十九条 中国足协训练基地的命名不收取任何费用。

第五章　评审及考核

第二十条 中国足协将依据《中国足球协会训练基地考核实施细则和标准》，定期对已被中国足协命名的训练基地实行考核。

第二十一条 评审工作组负责对各训练基地提供的相关文件、文字资料、图片和证明等书面材料进行审核，并对训练基地进行实地考核。

第二十二条 评审工作组负责将足球训练基地考核的整体情况报中国足协批准，中国足协可以将考核的整体情况在全国足球系统进行通报。

第二十三条 考核等级分为优秀、合格和不合格。

第二十四条 考核不合格的训练基地应限期整改，整改后仍不合格的，中国足协将以公告或文件形式正式撤销对该训练基地的命名，且可以暂停该训练基地 4 年以内再次申请命名的资格。

第二十五条 若出现已被撤销中国足协训练基地命名的基地依然继续使用该名号进行宣传的侵权行为，中国足协将保留对其进行法律诉讼和行业处罚的权利。

第二十六条　训练基地考核等级和情况将作为中国足协布局规划足球训练基地以及对其发展给予支持的重要参考依据。

第六章　训练基地建设和管理

第二十七条　中国足协训练基地应当加强内部建设和管理，建立健全各项规章制度，为球队的训练提供规范、安全和优质的服务。

第二十八条　中国足协训练基地应当设置科学、合理和高效的内部机构，明确岗位职责与分工，细化工作流程。训练基地应重视各类人员的业务学习和培训。

第二十九条　中国足协训练基地应当加强财务管理。对基地运营的各类专项经费（包括合理合法收取驻训队伍的相关费用），必须按规定专款专用，并单独设置辅助账簿核算，不得挪用或超范围使用；各项收入应依法纳税。

第三十条　中国足协训练基地应当制定训练场所以及各类设施器材的使用规定和注意事项，以利于运动队正确使用，并定期进行安全检查和维护维修。使用规定及注意事项说明牌应放置在合理位置，便于观看。

第三十一条　中国足协训练基地应当建立食品安全、饮水安全责任制，应定期实行卫生检疫工作，尤其防止因训练基地提供的食品导致任何食源性兴奋剂事件和食物中毒事故。

第三十二条　中国足协训练基地应当协助在基地驻训的各类运动队做好运动员的生活管理，完善运动员公寓出入和作息规定，维护基地良好的环境卫生，加强安全监控和保卫工作。

第三十三条　中国足协训练基地应当重视足球文化建设工作，积极营造文明向上、富有浓郁足球项目特色的环境氛围，使球员受到潜移默化的健康足球文化熏陶。

第三十四条　中国足协训练基地应当加强信息统计工作，每年 12 月底将本年度训练基地承担各类球队训练（比赛）情况以及训练基地建设和发展状况以书面形式报中国足协和上级体育行政部门。

第七章　权利和义务

第三十五条　中国足协训练基地可以根据本基地的实际情况，向中国足协提出基地发展规划的建议。

第三十六条　中国足协向被命名的足球训练基地提供知识学习、业务培训等方面的指导，定期组织学习和培训。

第三十七条 中国足协将根据训练基地承担国家队训练、女足和青少年球队集训任务的情况，定期进行评估、考核及评比，对评比优秀的基地将予以表彰和奖励。

第三十八条 中国足协训练基地享有以下权利：

（一）使用命名名称进行宣传；

（二）承担国家队训练和转训、女足及青少年球队的集训和比赛任务；

（三）接待国外球队训练；

（四）承办经中国足协批准的国际和国内各类足球比赛和交流活动；

（五）承办中国足协及省市足协各类培训班；

（六）依法对公众开放基地场馆，承办全民健身等活动。

第三十九条 中国足协训练基地承担以下义务：

（一）根据各级运动队训练和比赛的需要，提供场地器材和生活娱乐、文化学习、科研医疗等设施设备；

（二）合理协调、妥善安排各类球队集训和比赛，尤其是保证国家队训练的需要；

（三）保证各级运动队在训练基地内训练、饮食和生活的安全；

（四）为在基地训练的球队提供队伍组织宣传教育的区域及附属设施。

第四十条 国家队使用中国足协训练基地，应按国家和国家体育总局核定的训练、转训和其他经费标准支出。

第四十一条 中国足协训练基地应当在符合国家及地方规定的企事业单位有关收费政策的前提下，对到基地训练、比赛及培训的单位及个人合理收费，不得违规。

第四十二条 中国足协训练基地可以在使用期限内以命名名称对外进行宣传，但不得以命名名称签订任何合同。

第八章 附 则

第四十三条 本办法自 2014 年 7 月 11 日起施行。

中国足球协会青少年足球运动员骨龄参赛管理办法

第一条　目的

为推动中国青少年足球运动的健康发展，创造公平、公正的竞争环境，提高全国青少年足球竞赛骨龄参赛工作的管理水平，并为青少年后备人才选材提供服务，根据中国青少年足球发展现状，特制定本办法。

第二条　适用范围

本办法适用于国家体育总局或中国足球协会主办的全国性青少年足球赛事、综合性运动会青少年足球赛事等。

第三条　适用主体

（一）中国足球协会各会员协会；

（二）足球俱乐部和足球学校；

（三）男子和女子足球运动员。

第四条　骨龄参赛要求

（一）国家体育总局或中国足球协会主办的全国性青少年足球赛事、综合性运动会青少年足球赛事实施骨龄赛参赛制度（按骨龄数值设置比赛组别）。

（二）在中国足球协会注册的青少年运动员，在参加由国家体育总局或中国足球协会主办的全国性青少年足球赛事、综合性运动会青少年足球赛事时，必须通过由中国足球协会组织进行的骨龄检测，并依据骨龄检测结果依照相关比赛规程报名参加。

第五条　骨龄检测标准

中国足协依照国家标准委员会和国家体育总局颁发的骨龄测试相关标准执行实施。

第六条　骨龄检测机构

由中国足球协会指定的骨龄检测机构进行检测。

第七条　骨龄评判师

（一）骨龄评判师由中国足球协会各会员协会推荐。

（二）骨龄评判师应通过中国足球协会组织的《中国足球协会骨龄评判师》认证培训并取得相应认证资格证书。

（三）已在中国足球协会注册备案并获得认证资格的骨龄评判师，方有资格对青少年足球运动员骨龄 X 光片进行审核与评判。

（四）每张骨龄片（经匿名处理）需经过至少 7 名中国足协认证骨龄评判师进行判读，对判读结果去掉最高值和最低值，再将剩余的 5 个判读值平均后所得的结果方为该运动员最终骨龄值。

（五）骨龄评判师由中国足协选定，其原始评判结果由中国足协进行留存备查。

第八条 骨龄数据公布与备案

（一）骨龄检测结束后，中国足协将于 10 个工作日内通过中国足协官方网站向全社会公布接受测试运动员骨龄所对应的相应参赛年龄段。

（二）指定骨龄检测机构所提供的数字 X 光骨龄片，由中国足协存档 4 年备查。

第九条 首次骨龄检测

（一）首次参加骨龄检测的运动员在检测日须年满 12 周岁，最大不得超过 18 周岁。

（二）首次参加骨龄检测的运动员，必须随身携带以下证件及相关复印件，否则不予检测：

1. 第二代身份证原件；
2. 户口簿原件；
3. 二寸白底彩色正面近照；
4. 参加骨龄检测的运动员信息表；
5. 运动队信息表复印件 5 份。

第十条 骨龄复测

（一）运动员在 18 周岁前均可提出复测，但在距上一次检测时间 12 个月内只能提出一次复测申请。

（二）提出复测申请并获得批准的运动员必须携带以下证件及相应表格，否则不予检测：

1. 手续完备的《足球运动员注册、转会、参赛资格登记证》；
2. 第二代身份证原件；
3. 户口簿原件；
4. 出生证原件；
5. 学籍卡原件；
6. 二寸白底彩色正面近照；
7. 参加骨龄检测的运动员信息表；
8. 运动队信息表；
9. 复测申请表。

第十一条 检测流程

（一）受检者交费；

（二）资料初审：户口本、参赛证、信息登记表等（如为需复测，需提交复测申请表）；

（三）身份证审验；

（四）拍摄运动员正面照片及录像；

（五）运动员资料录入；

（六）拍摄骨龄片；

（七）骨龄资料录入计算机终端；

（八）读片机随机发送骨龄片，评判师判读后录入数据返回终端，终端计算出平均值为最终球员骨龄数值。

第十二条　骨龄检测申请

（一）中国足协将在每年的冬春训期间，根据男、女足青少年不同年龄段的具体冬训时间安排统一的骨龄测试。

（二）各省市会员协会可根据各自情况单独向中国足协提出骨龄测试申请，但应至少在计划检测时间前两个月向中国足协提出书面申请，中国足协将根据各会员协会的申请酌情安排测试时间和地点。每个会员协会每年只能提出一次单独骨龄测试申请。

第十三条　弄虚作假及处理

（一）中国足协对参加骨龄测试的运动员实施严格的身份证件检查。

（二）参加骨龄测试运动员身份证、户口本或出生证等身份证件造假以及冒名顶替等严重违纪行为，一经发现，将取消造假者的测试资格，并在三年内禁止该造假者再次参加中国足协组织的骨龄测试。参加骨龄复测的运动员，如涉及身份证件造假或冒名顶替等严重违纪行为，将永久取消该运动员参加骨龄复测的资格。

（三）提出骨龄测试申请的各省市会员协会、俱乐部、足球学校等单位有义务严格审核其所属运动员身份资格，如在检测过程中发生运动员身份证件造假、冒名顶替等情况，中国足协将视情节对相应协会、俱乐部和足球学校等单位给予内部警告、公开通报批评或取消该单位一年内参加骨龄检测资格的处罚。

第十四条　骨龄检测监督

（一）中国足协将根据每次骨龄检测的时间和地点情况邀请各省、市协会负责骨龄检测的工作人员参与骨龄测试，对测试程序、身份证件检查等各环节进行监督和检查。

（二）接受社会各界监督，如有骨龄检测弄虚作假的相关信息与证据，可向中国足协举报。

第十五条　生效日期

（一）本办法自公布之日起生效。

（二）本办法实施后，中国足球协会可根据实施情况对其进行必要修正。

（三）本办法由中国足球协会负责解释。

第八编

球　员

从事足球运动的运动员都可以叫球员，但本书中球员是指定期或专业从事足球运动训练和参加比赛的人。球员是整个足球运动的核心，随着整个行业的发展，对球员权益的保障和管理工作也备受社会各界的关注。

本编中汇集的法律规范主要有：《运动员聘用暂行办法》《中国足球协会运动员技术等级管理办法（2019 版）》《中国足球协会足球运动员技术等级标准（2019 版）》《全国运动员注册与交流管理办法（试行）》《中国足球协会球员身份与转会管理规定》《关于进一步规范管理职业俱乐部与教练员、球员合同有关工作的通知》《关于港澳特区和台湾地区球员参加 2018 年执业联赛有关规定的通知》《中国足球协会入籍球员管理暂行规定》《关于中国足球协会乙级联赛相关政策实施细则的通知》《中国足协关于足球运动员联合机制补偿与培训补偿相关情况的说明》《关于调整青少年球员转会与培训补偿标准管理制度的实施意见》《五人制足球球员身份和转会规则》。这些法律法规可以更好地规范球员转会、注册、参赛等工作，规范球员招聘、培养和退役工作，保障了球员的合法权益，也更好地促进了体育事业健康、可持续发展。

运动员聘用暂行办法

第一章　总　则

第一条　为促进体育事业健康可持续发展，加强运动员人事管理工作科学化、制度化和法制化，保障运动员合法权益，规范运动员招聘、培养和退役工作，依据国家有关规定，制定本办法。

第二条　本办法适用于各省级及以下优秀运动队的运动员。

第三条　本办法所称运动员是指专业从事某项体育运动训练和参加比赛，且享受试训体育津贴或体育津贴的人员。

运动员包括试训运动员和优秀运动员。

第四条　运动员实行试训、聘用和退役制度。优秀运动员实行职业转换过渡期制度。

第五条　政府人事行政部门是运动员聘用工作的主管机关，政府劳动保障行政部门是运动员社会保险工作的主管机关。各级体育行政部门会同教育、公安、财政、人事、劳动保障等部门负责本地区运动员的招聘、培养和退役等工作。

第二章　运动员试训

第六条　根据运动训练的特殊性，体育行政部门在办理优秀运动员聘用手续前，可组织一定规模人员进行试训。

试训运动员的人数由体育行政部门报请同级编制、财政等部门根据本地区具体情况和项目特点确定。

第七条　试训标准由各省、自治区、直辖市体育行政部门制定。

第八条　试训运动员通过定向选拔、推荐或面向社会公开招聘等方式产生。原则上从完成九年制义务教育的人员中择优招聘，个别项目根据项目特点可适当放宽。

第九条　体育训练单位应与试训运动员本人或其监护人签订试训合同。试训合同由省级体育行政部门根据本地实际情况制定。

第十条　试训时间原则上不超过一年。试训期内享受国家规定的试训体育津贴，达到领取成绩津贴条件的，可领取相应的成绩津贴。试训期间按国家和地方规定依法参加社会保险，并享受社会保险待遇，接受相应的文化教育。

第三章　优秀运动员招聘

第十一条　优秀运动员的招聘应在编制内进行，坚持公开、平等、竞争、择优、科学、规范的原则，按照事业单位公开招聘人员有关规定执行。

第十二条　各级体育行政部门根据本地区实际情况制定优秀运动员聘用标准。具体标准应体现项目特点和运动员成才规律，包括健康状况、身体形态、专项技能、文化水平等内容。

第十三条　优秀运动员招聘工作由体育训练单位根据聘用条件及要求，采取考试、考核的方法进行。

第十四条　政府人事行政部门与体育行政部门负责对运动员招聘工作进行指导、监督和管理。

第十五条　省属体育训练单位的优秀运动员招聘计划报上级主管部门核准并报同级政府人事行政部门备案。其他体育训练单位的优秀运动员招聘计划须报地区或设区的市政府人事行政部门核准。

聘用未满 16 周岁的运动员，需征得其监护人同意，并按规定报经县级以上劳动行政部门批准。

第十六条　体育行政部门应规范运动员聘用工作程序，完善运动员聘用工作公示制度。公示结束后，体育训练单位应按照干部人事管理权限的规定报批或备案，经同意后，与优秀运动员签订聘用合同，明确双方的权利和义务。

第十七条　跨地区或从农村聘用运动员的，公安部门根据政府有关行政部门出具的调函或批件，办理有关人员落户手续。

第十八条　试训结束后，符合聘用条件、办理优秀运动员聘用手续的，其最后一次在本体育训练单位试训时间可计算为连续工龄；未办理优秀运动员聘用手续的，回原输送单位或居住所在地。

第四章　优秀运动员在训

第十九条　优秀运动员实行岗位管理。优秀运动员岗位与事业单位专业技术岗位、管理岗位、工勤技能岗位并列管理，不划分岗位等级，不控制内部结构比例。

第二十条 坚持科学训练，合理安排训练比赛时间，有针对性地开展文化教育工作，保障优秀运动员接受文化教育的权利。

第二十一条 体育训练单位负责组织新聘用优秀运动员岗前培训，使优秀运动员明确自身的权利和义务。

第二十二条 建立健全优秀运动员档案，包括运动技术档案、健康体检档案、社会保险基础档案和文化学习学籍档案等。

第二十三条 优秀运动员应按岗位职责要求完成规定的训练比赛任务。

第二十四条 优秀运动员享受国家规定工资待遇，按照国家和地方有关政策参加社会保险并享受社会保险待遇，同时，按国家和地方有关规定享受住房等社会保障待遇。

第五章 优秀运动员停训

第二十五条 优秀运动员因训练水平、伤病等原因不宜继续从事专业训练的，经体育行政部门批准后停止训练。

第二十六条 优秀运动员停止训练后，给予不超过一年的职业转换过渡期。具体期限由体育训练单位与运动员协商确定。

第二十七条 职业转换过渡期内，不计算运龄，体育津贴照发，按国家有关规定参加社会保险并享受社会保险等待遇。

第二十八条 职业转换过渡期包括在聘用合同期限内。

第二十九条 在职业转换过渡期内，体育行政部门负责做好技能培训、就业辅导等工作。

第六章 优秀运动员退役

第三十条 各级体育行政部门应积极创造条件，拓宽退役运动员就业渠道，关心退役运动员的工作、生活。

第三十一条 优秀运动员与体育训练单位解除聘用合同后，公安、人事、劳动保障等部门协助体育部门为退役运动员办理户口、人事档案和社会保险关系的转移衔接手续。

第三十二条 优秀运动员退役时，按规定领取退役费或自主择业经济补偿金。

符合规定条件的，可进入高等学校学习。

第三十三条 运动员退役后执行新进入单位的工资和社会保险制度。进入全日制学校学习的，社会保险关系按照国家有关规定执行。

第三十四条 因工致残且被鉴定伤残等级的退役运动员待遇，按工伤保险有关规定执行。

其中，不能解除聘用关系的，体育部门应当妥善解决其生活、工作等问题。

第三十五条　各类体育事业单位招聘体育工作人员的，对取得优异成绩的退役运动员，可以采取直接考核的方式招聘；对其他退役运动员，应在同等条件下优先聘用。

体育部门使用彩票公益金资助建成的体育设施所在单位，须安排一定比例岗位用于聘用退役运动员。

第三十六条　各类教育事业单位招聘体育教师、体育教练员等体育类专业技术人员的，对取得优异成绩且具有教师资格的退役运动员，可以采取直接考核的方式招聘；对其他具有教师资格的退役运动员，应在同等条件下优先聘用。

各级体育、教育行政部门要为退役后有意从事体育教师工作的退役运动员获取教师资格创造条件。

第七章　相关经费

第三十七条　运动员试训期间所需经费由同级财政负担。

第三十八条　职业转换过渡期期间，开展技能培训、就业辅导等相关工作所需经费以财政投入为主，体育部门使用的彩票公益金、社会捐助资金等为辅。

第八章　纪律与监督

第三十九条　运动员聘用工作要做到信息公开、过程公开、结果公开，接受社会及有关部门的监督。

第四十条　各级政府相关部门要认真履行监管职责，对违反本办法有关规定的行为要予以制止和纠正。

第四十一条　严格聘用纪律，严禁弄虚作假、营私舞弊。对违反有关规定的，要严肃处理。构成犯罪的，依法追究刑事责任。

第四十二条　对违反招聘纪律的运动员，取消聘用资格；对违反规定并已办理聘用手续的运动员，一经查实，应当解除聘用合同，予以清退。

第四十三条　对违反纪律的工作人员，视情节轻重调离工作岗位或给予处分；对违反招聘纪律的其他相关人员，按照有关规定追究责任。

第九章　附　则

第四十四条　各省、自治区、直辖市可根据本办法制定本地区运动员聘用具体实施办法。其他部门设有优秀运动队建制的，其运动员聘用工作可参照本办法执行。

第四十五条　本办法自发布之日起实施

中国足球协会足球运动员技术等级管理办法（2019版）

第一章　总　则

第一条　为鼓励足球运动员不断提高运动技术水平，规范足球运动员技术等级管理工作，根据国家体育总局《运动员技术等级管理办法》相关规定，依据《中国足球协会章程》和《国际足联章程》，制定本办法。

第二条　根据国家体育总局的授权，中国足球协会（以下简称“中国足协”）代行管理全国足球运动员技术等级工作，具体工作由中国足协竞赛部负责。

国家体育总局对足球运动员技术等级工作给予必要的业务指导和监督管理。

第三条　足球运动员技术等级称号（以下简称“等级称号”）依相关申请程序获得。等级称号分为：国际级运动健将、运动健将、一级运动员、二级运动员、三级运动员。

第四条　本办法所称运动员，是指参加中国足协制订的《中国足球协会足球运动员技术等级标准》（以下简称“足球运动员等级标准”）中规定比赛的正式参赛人员，即符合比赛规程规定且出场比赛。

运动员成绩符合足球等级标准可以申请相应等级称号。

第五条　等级称号的申请、审核、授予，应当遵循公开、公正、效率原则。

第二章　等级称号的管理与授予

第六条　等级称号的管理实行统一授予、分级管理。

第七条　国家体育总局委托中国足协统一授予等级称号。

第八条　中国足协授权在中国足协注册的省、自治区、直辖市会员足球协会、重点城市会员足球协会（沈阳、大连、青岛、南京、武汉、广州、深圳、厦门、西安、成都、昆明、长春和延边朝鲜族自治州）管理足球一级运动员、二级运动员、三级运动员。

第九条　中国足协会员协会可根据实际情况，授权本行政区域内地市级足球协会管理足球二级运动员、三级运动员；授权本行政区域内县级足球协会管理足球三级运动员。

第十条 中国足协可授权其他单位管理一定范围内一级运动员、二级运动员、三级运动员。

第三章 申请、审核与授予

第十一条 中国足协建立“中国足协足球运动员技术等级管理信息系统”（以下简称“足球运动员等级管理系统”），提供运动员技术等级工作文件发布、等级称号网上申请和授予、运动员技术等级证书（以下简称“等级证书”）颁发和查阅、运动员技术等级信息查阅和询问等服务。

第十二条 运动员应当在申报成绩的该项比赛全部结束后 12 个月内向相应等级管理单位申请等级称号，超过此期限的申请不予受理。

第十三条 联赛成绩以最后一场比赛结束时间为准，排名以公布时间为准，其他比赛以取得成绩的时间为准。

第十四条 相关等级管理部门应当在比赛结束后 1 个月内负责将比赛信息和成绩录入足球等级管理系统。

中国足协负责组织录入国际比赛信息和中国运动员的成绩，以及全国比赛的信息和所有成绩；中国足协会员协会负责组织录入由其主办的或在本行政区域内举办的符合足球等级标准赛事目录的比赛信息和所有成绩；中国足协指定的足球等级管理单位负责组织录入由其主办的或在本行业领域内举办的符合足球等级标准赛事目录的比赛信息和所有成绩。

第十五条 运动员或参赛代表单位在足球等级管理系统填写个人信息并核对成绩无误后，向所属等级称号管理单位提出等级称号的申请。

运动员或参赛代表单位应当保证信息真实、完整、准确。

第十六条 运动员或参赛代表单位对成绩有异议的，可以向所属等级称号管理单位提出成绩复核。

第十七条 等级称号管理单位应当在在收到成绩复核申请后 10 个工作日内对成绩予以核实并注明核实结果。

第十八条 对于符合条件的申请，等级称号管理单位应当在 3 个月内按照以下程序完成等级称号管理工作：

（一）在足球等级管理系统公示运动员个人信息、比赛信息和成绩、拟授予的等级称号等，公示期不少于 5 个工作日；

（二）公示期满无异议的，向中国足协提交拟授予等级称号的名单、比赛信息和成绩；

（三）中国足协复核无异议的授予等级称号，并在足球运动员等级管理系统公布授予等级称号的运动员个人信息等；

（四）足球运动员等级相关信息可以在足球等级管理系统和“体育总局运动员免试入学信息系统”上进行查询。

第十九条 对于不符合条件的申请，足球等级称号管理单位应当在 1 个月内予以退回并注明理由。

第二十条 运动员或参赛代表单位可以在足球等级管理系统上查询等级称号的申请进度、等级证书等相关信息。

第二十一条 中国足协将获得等级称号的运动员名单与相关信息报国家体育总局备案。

第四章 证 书

第二十二条 国家体育总局向已被中国足协授予等级称号的运动员颁发相应的等级证书。纸质等级证书由由国家体育总局统一发放。

第二十三条 国际级运动健将、运动健将、一级运动员、二级运动员、三级运动员的等级证书实行统一编号，编号方法执行《足球运动员技术等级证书编号方法》（见附件）规定。

第二十四条 等级证书遗失或损坏需要补办的，应当在足球等级管理系统上提出申请。

第五章 足球等级标准的制定与管理

第二十五条 足球等级标准的制定应当从实际出发，统筹兼顾竞技水平、普及推广和发展趋势，保证足球等级标准的指导性、权威性、科学性、严谨性。

第二十六条 足球等级标准原则上每两年修订一次，特殊情况可以临时修订等级标准。

第二十七条 授予等级称号的比赛实行年度审核制。相关等级称号管理单位在上一年度 12 月 31 日前，通过足球等级管理系统，提交下一年度可以授予等级称号赛事目录。中国足协审核后确定可以授予等级称号赛事目录。未按期提交以及未通过审核的赛事，不得申请等级称号。

第二十八条 足球一级运动员的管理单位应当根据本行政区域或本系统实际，制定管理办法或细则，报中国足协审核同意后公布并实施。

管理办法中应包括以下内容：

（一）运动员技术等级管理权限；

（二）运动员技术等级各项工作的程序和期限。

第六章　监督管理

第二十九条　国家体育总局对足球运动员技术等级管理工作进行监督检查。

第三十条　中国足协对全国的足球一级运动员、二级运动员、三级运动员的等级管理工作进行监督检查。

第三十一条　足球一级运动员授予单位对其管理权限范围内的足球二级运动员、三级运动员的等级管理工作进行监督检查。

第三十二条　任何单位和个人发现违反本办法或足球等级标准等规定从事足球运动员技术等级有关活动的，可以以电话、信件、邮件、传真等方式向等级管理单位、中国足协或国家体育总局举报。

第三十三条　等级管理单位应在足球等级管理系统公布接受举报的电话号码、通信地址、电子邮箱、传真号码等。

第三十四条　等级管理单位应当在接到举报后1个月内完成对举报的核实、处理。

对于要求反馈结果的，等级管理单位应当将核实和处理结果反馈举报单位或举报人；对于未明确要求反馈结果但提供联系方式的，等级管理单位应当主动与举报单位或举报人联系。

第三十五条　违反本办法授予等级称号的，中国足协应撤销已授予的等级称号；情节严重的，上一级等级管理单位可以责成相关单位进行整改，并暂停其管理权。

暂停期间，上一级管理部门指定其他单位代为行使管理权。暂停期满后，根据整改情况，上一级管理部门可以恢复或继续暂停其管理权。暂停期每次最多为4年。

第三十六条　等级管理单位工作人员违反本办法规定，有下列情形之一的，由上一级管理单位对直接负责人员和负有领导责任的主管人员进行处罚；情节严重的，中国足协将依据《中国足球协会纪律准则》对相关单位及个人进行处罚。构成犯罪的，依法追究刑事责任：

（一）对符合条件的申请不予受理或不予审核的；

（二）未说明不受理等级称号申请理由的；

（三）未按照规定程序或期限审核等级称号申请的；

（四）在管理过程中弄虚作假的；

（五）在管理过程中索取、收受当事人财物或谋取其他非法利益的；

（六）未说明不受理举报理由的；

（七）未按规定程序和期限核实和处理举报的；

（八）违反本办法的其他规定。

第三十七条　运动员提供虚假信息的，相关等级管理部门可以4年内不受理该运动员等级称号的申请。

第三十八条 因竞赛规程规则、竞赛组织等原因引起等级称号授予纠纷的，中国足协或相关管理单位应责令比赛主办方进行整改，并可以暂停该比赛授予资格。

暂停期满后，根据整改情况，中国足协或相关管理单位可以恢复或继续暂停该比赛授予资格。暂停期每次最多为 4 年。

第七章 附 则

第三十九条 本办法不适用香港、澳门、台湾地区和外国的运动员，以及参赛代表单位注册在香港、澳门、台湾地区和外国足球协会的运动员。

第四十条 《足球运动员技术等级证书编号方法》由中国足协制定，与本办法同时发布。

第四十一条 本办法未尽事宜，中国足协拥有最终解释权。

第四十二条 本办法自颁布之日起施行。

附件

足球运动员技术等级证书编号方法

中国足协对全国范围内二级及以上运动员技术等级证书实行统一编号，足球运动员等级证书编号型式为“CFA+ 编号”，具体方法如下：

一、国际级运动健将证书编号共 8 **位**。

前 4 位，为审批年份；

第 5~8 位，为运动员在该年度的审批顺序号。

二、运动健将证书编号共 9 **位**。

前 4 位，为审批年份；

第 5 位，为运动健将代码“0”；

第 6~9 位，为运动员在该年度的审批顺序号。

三、一级运动员证书编号共 13 **位**。

前 4 位，为审批年份；

第 5~8 位，为一级运动员审批单位代码；

第 9 位，为一级运动员代码“1”；

第 10~13 位，为运动员在该年度的审批顺序号。

四、二级运动员证书编号共 13 **位**。

前 4 位，为审批年份。

第 5~8 位，为二级运动员审批单位代码；

第 9 位，为二级运动员代码“2”；

第 10~13 位，为运动员在该年度的审批顺序号。

五、三级运动员证书编号共 13 **位**。

前 4 位，为审批年份。

第 5~8 位，为三级运动员审批单位代码；

第 9 位，为三级运动员代码“3”；

第 10~13 位，为运动员在该年度的审批顺序号。

六、一级、二级及三级运动员审批单位编码目录如下。

审批单位	单位编码	审批权限
北京市足球协会	0100	一级、二级、三级足球运动员
天津市足球协会	0200	
河北省足球协会	0300	
山西省足球协会	0400	
内蒙古自治区足球协会	0500	
辽宁省足球协会	0600	
沈阳市足球协会	0601	
大连市足球协会	0602	
吉林省足球协会	0700	
长春市足球协会	0701	
延边朝鲜族自治州足球协会	0709	
黑龙江省足球协会	0800	
上海市足球协会	0900	
江苏省足球协会	1000	
南京市足球协会	1001	
浙江省足球协会	1100	
安徽省足球协会	1200	
福建省足球协会	1300	
厦门市足球协会	1302	
江西省足球协会	1400	
山东省足球协会	1500	
青岛市足球协会	1502	
河南省足球协会	1600	
湖北省足球协会	1700	
武汉市足球协会	1701	
湖南省足球协会	1800	
广东省足球协会	1900	
广州市足球协会	1901	
深圳市足球协会	1902	
广西壮族自治区足球协会	2000	

续表

审批单位	单位编码	审批权限
海南省足球协会	2100	一级、二级、三级足球运动员
重庆市足球协会	2200	
四川省足球协会	2300	
成都市足球协会	2301	
贵州省足球协会	2400	
云南省足球协会	2500	
昆明市足球协会	2501	
西藏自治区足球协会	2600	
陕西省足球协会	2700	
西安市足球协会	2701	
甘肃省足球协会	2800	
青海省足球协会	2900	
宁夏回族自治区足球协会	3000	
新疆维吾尔自治区足球协会	3100	
总政宣传部文化体育局	3400	本系统内一级、二级、三级足球运动员
北京体育大学	3500	本校在籍学生一级、二级、三级足球运动员
上海体育学院	3600	
武汉体育学院	3700	
西安体育学院	3800	
成都体育学院	3900	
沈阳体育学院	4000	
广州体育学院	4100	
中国足球学校	4400	本校在籍学生二级、三级足球运动员
教育部校足办	4500	一级、二级、三级足球运动员
天津体育学院	4600	本校在籍学生一级、二级、三级足球运动员
吉林体育学院	4700	
河北体育学院	4800	
哈尔滨体育学院	4900	
首都体育学院	5000	
沈阳体育学院	5100	

七、审批年份以等级称号正式授予文件的成文日期中的年份为准。

中国足球协会足球运动员技术等级标准（2019 版）

一、国际级运动健将

凡符合下列条件之一者，可申请授予国际级运动健将称号：

（一）世界杯：

1. 男子：第一至十六名授予参赛的 15 名运动员，获得亚洲区出线资格授予参赛的 11 名运动员；

2. 女子：第一至八名授予参赛的 15 名运动员。

（二）世界杯（室内五人制）：第一至八名授予参赛的 12 名运动员，第九至十六名授予参赛的 7 名运动员，第十七至二十四名授予参赛的 3 名运动员。

（三）世界杯（沙滩足球）：第一至四名授予参赛的 8 名运动员，第五至八名授予参赛的 5 名运动员，第九至十六名授予参赛的 3 名运动员。

（四）世界沙滩运动会：第一至四名授予 参赛的 8 名运动员，第五至八名授予参赛的 5 名运动员，第九至十六名授予参赛的 3 名运动员。

（五）奥运会：

1. 男子：第一至十二名授予参赛的 15 名运动员，获得亚洲区出线资格授予参赛的 11 名运动员。

2. 女子：第一至八名授予参赛的 15 名运动员，获得亚洲区出线资格授予参赛的 11 名运动员。

（六）亚洲杯、亚运会：第一名授予参赛的 11 名运动员，第二至三名授予参赛的 5 名运动员。

（七）亚洲室内运动会（室内五人制）：第一名授予参赛的 5 名运动员，第二至三名授予参赛的 3 名运动员。

（八）亚洲锦标赛（室内五人制）：第一名授予参赛的 5 名运动员，第二至三名授予参赛的 3 名运动员。

二、运动健将

凡符合下列条件之一者，可申请授予运动健将称号：

（一）世界杯、奥运会：获得亚洲区出线资格授予参赛的运动员。

（二）世界杯（室内五人制）：第一至八名授予参赛的 4 名运动员，第九至二十四名授予参赛的 9 名运动员，获得亚洲区出线资格授予参赛的 5 名运动员。

（三）世界杯（沙滩足球）：第一至十六名授予参赛的 8 名运动员。

（四）世界沙滩运动会：第一至十六名授予参赛的 8 名运动员。

（五）青年奥运会：第一至四名授予参赛的 9 名运动员，第五至八名授予参赛的 5 名运动员。

（六）青年奥运会（室内五人制）：第一至四名授予参赛的 7 名运动员，第五至八名授予参赛的 5 名运动员。

（七）U20 世界杯：第一名授予参赛的 15 名运动员，第二至四名授予参赛的 11 名运动员，第五至八名授予参赛的 9 名运动员，获得亚洲区出线资格授予参赛的 5 名运动员。

（八）U17 世界杯：第一名授予参赛的 11 名运动员，第二至四名授予参赛的 9 名运动员，第五至八名授予参赛的 7 名运动员，获得亚洲区出线资格授予参赛的 3 名运动员。

（九）亚洲杯：第一至三名授予参赛的 12 名运动员，第四至六名授予参赛的 9 名运动员，第七至八名授予参赛的 7 名运动员。

（十）亚运会：第一至三名授予参赛的 12 名运动员，第四至六名授予参赛的 7 名运动员，第七至八名授予参赛的 5 名运动员。

（十一）亚洲室内运动会（室内五人制）：第一至三名授予参赛的 9 名运动员，第四至六名授予参赛的 7 名运动员，第七至八名授予参赛的 5 名运动员。

（十二）亚洲锦标赛（室内五人制）：第一至三名授予参赛的 9 名运动员，第四至六名授予参赛的 7 名运动员，第七至八名授予参赛的 5 名运动员。

（十三）亚洲男子 U20 锦标赛（室内五人制）：第一名授予参赛的 7 名运动员，第二至四名授予参赛的 5 名运动员，第五至八名授予参赛的 3 名运动员。

（十四）亚洲沙滩运动会（沙滩足球）：第一名授予参赛的 9 名运动员，第二至四名授予参赛的 7 名运动员，第五至八名授予参赛的 5 名运动员。

（十五）亚洲沙滩足球锦标赛：第一名授予参赛的 9 名运动员，第二至四名授予参赛的 7 名运动员，第五至八名授予参赛的 5 名运动员。

（十六）亚足联亚洲冠军联赛：第一名授予参赛的 11 名运动员，第二至四名授予参赛的 9 名运动员，第五至八名授予参赛的 7 名运动员。

（十七）亚足联亚洲冠军联赛（室内五人制）：第一至三名授予参赛的 9 名运动员，第四至六名授予参赛的 7 名运动员，第七至八名授予参赛的 5 名运动员。

（十八）U19 亚洲青年锦标赛：第一名授予参赛的 9 名运动员，第二至四名授予参赛的 7 名运动员，第五至八名授予参赛的 5 名运动员。

（十九）U16 亚洲青年锦标赛：第一名授予参赛的 7 名运动员，第二至四名授予参赛的 5 名运动员，第五至八名授予参赛的 3 名运动员。

（二十）全国运动会（决赛阶段）：

1. 男子甲组、女子成年组：第一名授予参赛的 9 名运动员，第二名授予参赛的 7 名运动员，第三名授予参赛的 5 名运动员，第四名授予参赛的 3 名运动员。

2. 男子乙组、女子青年组：第一名授予参赛的 7 名运动员，第二名授予参赛的 6 名运动员，第三名授予参赛的 5 名运动员，第四名授予参赛的 4 名运动员，第五至八名授予参赛的 1 名运动员。

（二十一）中国足球协会超级联赛：第一名授予参赛的 11 名运动员，第二名授予参赛的 9 名运动员，第三名授予参赛的 8 名运动员，第四名授予参赛的 7 名运动员，第五至八名授予参赛的 5 名运动员，第九至十六名授予参赛的 2 名运动员。

（二十二）中国足球协会甲级联赛：第一名授予参赛的 5 名运动员，第二名至第四名授予参赛的 4 名运动员，第五至八名授予参赛的 2 名运动员，第九至十六名授予参赛的 1 名运动员。

（二十三）中国足球协会乙级联赛：第一名授予参赛的 3 名运动员，第二至四名授予参赛的 2 名运动员，第五至第八名授予参赛的 1 名运动员。

（二十四）中国足球协会杯赛：第一名授予参赛的 11 名运动员，第二名授予参赛的 9 名运动员，第三名授予参赛的 8 名运动员，第四名授予参赛的 7 名运动员，第五至八名授予参赛的 5 名运动员，第九至十六名授予参赛的 1 名运动员。

（二十五）全国五人制男子足球超级联赛：第一名授予参赛的 9 名运动员，第二名授予参赛的 7 名运动员，第三至四名授予参赛的 5 名运动员，第五至八名授予参赛的 2 名运动员。

（二十六）五人制中国足协杯赛、全国五人制足球锦标赛：第一名授予参赛的 9 名运动员，第二名授予参赛的 7 名运动员，第三至四名授予参赛的 5 名运动员。

（二十七）全国女子室内五人制足球锦标赛、联赛：第一名授予参赛的 9 名运动员，第二名授予参赛的 7 名运动员，第三至四名授予参赛的 5 名运动员。

（二十八）中国足球协会女子足球超级联赛：第一名授予参赛的 11 名运动员，第二名授予参赛的 9 名运动员，第三名授予参赛的 8 名运动员，第四名授予参赛的 7 名运动员，第五至八名授予参赛的 5 名运动员。

（二十九）中国足球协会女子足球甲级联赛：第一名授予参赛的 5 名运动员，第二名至第四名授予参赛的 4 名运动员，第五至十名授予参赛的 1 名运动员。

（三十）全国女子足球锦标赛：第一名授予参赛的 11 名运动员，第二名授予参赛的 9 名运动员，第三名授予参赛的 8 名运动员，第四名授予参赛的 7 名运动员，第五至八名授予参赛的 5 名运动员，第九至十六名授予参赛的 1 名运动员。

（三十一）中国足球协会杯赛（女子）：第一名授予参赛的 11 名运动员，第二名授予参赛的 9 名运动员，第三名授予参赛的 8 名运动员，第四名授予参赛的 7 名运动员，第五至八名授予参赛的 5 名运动员，第九至十六名授予参赛的 1 名运动员。

（三十二）全国沙滩足球锦标赛：第一名授予参赛的 7 名运动员，第二名授予参赛的 5 名运动员，第三名授予参赛的 3 名运动员。

（三十三）世界大学生五人制足球锦标赛：第一名授予参赛的 7 名运动员，第二至四名授予参赛的 5 名运动员，第五至八名授予参赛的 3 名运动员。

（三十四）亚洲大学生五人制足球锦标赛：第一名授予参赛的 5 名运动员，第二至四名授予参赛的 3 名运动员，第五至八名授予参赛的 2 名运动员。

三、一级运动员

凡符合下列条件之一者，可申请授予一级运动员称号：

（一）国际足联 U20 世界杯、国际足联 U17 世界杯：第一至十六名授予参赛的 11 名运动员。

（二）青年奥运会（室内五人制）：第一至八名授予参赛的 5 名运动员。

（三）亚洲男子 U20 锦标赛（室内五人制）：第一至八名授予参赛的 6 名运动员。

（四）亚洲沙滩运动会（沙滩足球）、亚洲沙滩足球锦标赛：第一至八名授予参赛的 6 名运动员。

（五）U19 亚洲青年锦标赛：第一名授予参赛的 9 名运动员，第二至四名授予参赛的 7 名运动员，第五至八名授予参赛的 5 名运动员。

（六）U16 亚洲青年锦标赛：第一名授予参赛的 11 名运动员，第二至四名授予参赛的 9 名运动员，第五至八名授予参赛的 7 名运动员。

（七）U14 亚洲青年锦标赛：第一名授予参赛的 9 名运动员，第二至四名授予参赛的 7 名运动员。

（八）全国运动会（决赛阶段）：

1. 男子甲组、女子成年组：第一至四名授予参赛的 11 名运动员，第五至八名授予参赛的 9 名运动员，第九至十二名授予参赛的 7 名运动员。

2. 男子乙组、女子青年组：第一至四名授予参赛的 9 名运动员，第五至八名授予参赛的 7 名运动员，第九至十二名授予参赛的 5 名运动员。

（九）全国青年运动会十一人制（决赛阶段）：

1. 社会俱乐部组、体校组（U18）：第一名授予参赛的 5 名运动员，第二至四名授予参赛的 3 名运动员，第五至八名授予参赛的 1 名运动员。

2. 社会俱乐部组、体校组（U16）：第一名授予参赛的 3 名运动员，第二至四名授予参赛的 2 名运动员，第五至八名授予参赛的 1 名运动员。

（十）中国足球协会超级联赛：第一至四名授予参赛的 9 名运动员，第五至八名授予参赛的 7 名运动员，第九至十六名授予参赛的 5 名运动员。

（十一）中国足球协会甲级联赛：第一至四名授予参赛的 9 名运动员，第五至八名授予参赛的 7 名运动员，第九至十六名授予参赛的 5 名运动员。

（十二）中国足球协会乙级联赛：第一名授予参赛的 9 名运动员，第二至四名授予参赛的 7 名运动员，第五至八名授予参赛的 5 名运动员。

（十三）中国足球协会杯赛：第一至四名授予参赛的 11 名运动员，第五至八名授予参赛的 9 名运动员，第九至十六名授予参赛的 5 名运动员。

（十四）中国足协中超俱乐部预备队联赛：第一名授予参赛的 9 名运动员，第二至四名授予参赛的 7 名运动员，第五至八名授予参赛的 5 名运动员。

（十五）中国足协中甲俱乐部预备队联赛：第一名授予参赛的 5 名运动员，第二至四名授予参赛的 3 名运动员，第五至八名授予参赛的 2 名运动员。

（十六）中国足协职业俱乐部精英梯队联赛：第一名授予参赛的 9 名运动员，第二至四名授予参赛的 7 名运动员，第五至八名授予参赛的 5 名运动员。

（十七）中国足协青少年超级联赛（U19A 组）：第一名授予参赛的 11 名运动员，第二至四名授予参赛的 9 名运动员，第五至八名授予参赛的 7 名运动员，第九至十二名授予参赛的 5 名运动员。

（十八）中国足协青少年超级联赛（U19B 组）：第一名授予参赛的 5 名运动员，第二至四名授予参赛的 4 名运动员，第五至八名授予参赛的 2 名运动员，第九至十二名授予参赛的 1 名运动员。

（十九）中国足协青少年超级联赛（U17）：第一名授予参赛的 9 名运动员，第二至四名授予参赛的 7 名运动员，第五至八名授予参赛的 5 名运动员，第九至十二名授予参赛的 3 名运动员。

（二十）中国足协青少年超级联赛（U15、U14、U13）：第一名授予参赛的 7 名运动员，第二至四名授予参赛的 5 名运动员，第五至八名授予参赛的 3 名运动员，第九至十二名授予参赛的 2 名运动员。

（二十一）全国青少年足球联赛、锦标赛（U16~U19）：第一名授予参赛的 9 名运动员，第二至四名授予参赛的 7 名运动员，第五至八名授予参赛的 5 名运动员，第九至十二名授予参赛的 3 名运动员。

（二十二）全国青少年足球联赛、锦标赛（U13~U15）：第一名授予参赛的 7 名运动员，第二至四名授予参赛的 5 名运动员，第五至八名授予参赛的 3 名运动员，第九至十二名授予参赛的 2 名运动员。

（二十三）全国青少年中国足球协会杯赛（U16~U19）：第一名授予参赛的 9 名运动员，第二至四名授予参赛的 7 名运动员，第五至八名授予参赛的 5 名运动员，第九至十二名授予参赛的 3 名运动员。

（二十四）全国青少年中国足球协会杯赛（U13~U15）：第一名授予参赛的 7 名运动员，第二至四名授予参赛的 5 名运动员，第五至八名授予参赛的 3 名运动员，第九至十二名授予参赛的 2 名运动员。

（二十五）全国五人制男子足球超级联赛：第一至四名授予参赛的 9 名运动员，第五至八名授予参赛的 7 名运动员，第九至十二名授予参赛的 5 名运动员。

（二十六）全国五人制男子足球甲级联赛：第一至四名授予参赛的 5 名运动员，第五至八名授予参赛的 4 名运动员。

（二十七）五人制中国足协杯赛、全国五人制足球锦标赛：第一至四名授予参赛的 9 名运动员，第五至八名授予参赛的 7 名运动员，第九至十二名授予参赛的 5 名运动员。

（二十八）全国女子室内五人制足球锦标赛、联赛：第一至四名授予参赛的 9 名运动员，第五至八名授予参赛的 5 名运动员。

（二十九）全国五人制足球青年锦标赛（U16~U19）：第一至四名授予参赛的 5 名运动员，第五至八名授予参赛的 4 名运动员。

（三十）全国五人制足球青年锦标赛（U13~U15）：第一至四名授予参赛的 4 名运动员，第五至八名授予参赛的 2 名运动员。

（三十一）全国沙滩足球锦标赛：第一名授予参赛的 7 名运动员，第二至四名授予参赛的 5 名运动员，第五至八名授予参赛的 3 名运动员。

（三十二）中国足球协会女子足球超级联赛：第一至四名授予参赛的 9 名运动员，第五至八名授予参赛的 7 名运动员。

（三十三）中国足球协会女子足球甲级联赛：第一至四名授予参赛的 7 名运动员，第五至十名授予参赛的 5 名运动员。

（三十四）中国足球协会女子足球乙级联赛：第一至四名授予参赛的 6 名运动员，第五至八名授予参赛的 4 名运动员，第九至十六名授予参赛的 3 名运动员。

（三十五）全国女子足球锦标赛：第一名授予参赛的 9 名运动员，第二至四名授予参赛的 7 名运动员，第五至八名授予参赛的 5 名运动员，第九至十二名授予参赛的 3 名运动员。

（三十六）中国足球协会杯赛（女子）：第一名授予参赛的 9 名运动员，第二至四名授予参赛的 7 名运动员，第五至八名授予参赛的 5 名运动员，第九至十六名授予参赛的 3 名运动员。

（三十七）全国 U18 青年女子足球联赛、锦标赛：第一名授予参赛的 9 名运动员，第二至四名授予参赛的 7 名运动员，第五至八名授予参赛的 5 名运动员。

（三十八）全国 U16 青年女子足球联赛、锦标赛：第一名授予参赛的 7 名运动员，第二至四名授予参赛的 5 名运动员，第五至八名授予参赛的 3 名运动员。

（三十九）省（区、市）体育局、足球重点城市体育局主办的综合性运动会、锦标赛：

1. 甲组（U16~U19）：第一名授予参赛的 7 名运动员，第二名授予参赛的 5 名运动员，第三至四名授予参赛的 3 名运动员。

2. 乙组（U13~U15）：第一名授予参赛的 5 名运动员，第二名授予参赛的 3 名运动员，第三至四名授予参赛的 1 名运动员。

（四十）中国足协会员协会主办的足球联赛、锦标赛：

1. 甲组（U16~U19）：第一名授予参赛的 7 名运动员，第二名授予参赛的 5 名运动员，第三至四名授予参赛的 3 名运动员。

2. 乙组（U13~U15）：第一名授予参赛的 5 名运动员，第二名授予参赛的 3 名运动员，第三至四名授予参赛的 1 名运动员。

（四十一）国际大体联大学生世界杯：第一至四名授予参赛的 11 名运动员，第五至八名授予参赛的 7 名运动员。

（四十二）世界中学生运动会、世界中学生足球锦标赛：第一名授予参赛的 9 名运动员，第二至四名授予参赛的 7 名运动员，第五至八名授予参赛的 5 名运动员。

（四十三）世界大学生五人制足球锦标赛：第一至四名授予参赛的 9 名运动员，第五至八名授予参赛的 5 名运动员。

（四十四）亚洲大学生五人制足球锦标赛：第一至四名授予参赛的 7 名运动员，第五至八名授予参赛的 3 名运动员。

（四十五）亚洲大学生足球锦标赛、亚洲大体联亚洲杯：第一名授予参赛的 9 名运动员，第二至四名授予参赛的 7 名运动员，第五至八名授予参赛的 5 名运动员。

（四十六）亚洲中学生 U18 足球锦标赛：第一名授予参赛的 7 名运动员，第二至四名授予参赛的 5 名运动员，第五至八名授予参赛的 3 名运动员。

（四十七）亚洲中学生 U15 足球锦标赛：第一名授予参赛的 5 名运动员，第二至四名授予参赛的 4 名运动员，第五至八名授予参赛的 2 名运动员。

（四十八）中国大学生男子五人制足球联赛、中国大学生女子五人制足球锦标赛：第一至四名授予参赛的 5 名运动员，第五至八名授予参赛的 3 名运动员。

（四十九）中国中学生男子五人制足球联赛、中国中学生女子五人制足球联赛：第一至四名授予参赛的 3 名运动员，第五至八名授予参赛的 1 名运动员。

（五十）全国学生运动会（决赛阶段）：

1. 大学组：第一名授予参赛的 9 名运动员，第二至四名授予参赛的 7 名运动员，第五至八名授予参赛的 5 名运动员。

2. 中学组：第一名授予参赛的 7 名运动员，第二至四名授予参赛的 5 名运动员，第五至八名授予参赛的 3 名运动员。

（五十一）全国青少年校园足球联赛（大学高水平组超冠联赛）：第一名授予参赛的 9 名运动员，第二至四名授予参赛的 7 名运动员，第五至八名授予参赛的 5 名运动员。

（五十二）中国大学生足球协会杯（男子组）：第一至四名授予参赛的 7 名运动员，第五至八名授予参赛的 5 名运动员，第九至十二名授予参赛的 3 名运动员。

（五十三）全国青少年校园足球联赛（高中男子组总决赛）、全国青少年校园足球联赛（高中女子组）超冠赛：第一至四名授予参赛的 7 名运动员，第五至八名授予参赛的 5 名运动员，第九至十二名授予参赛的 3 名运动员。

（五十四）中国中学生足球协会杯（高中男子甲组、女子组）：第一名授予参赛的 7 名运动员，第二至四名授予参赛的 5 名运动员，第五至八名授予参赛的 3 名运动员。

（五十五）中国高中足球锦标赛：第一名授予参赛的 7 名运动员，第二至四名授予参赛的 5 名运动员，第五至八名授予参赛的 3 名运动员。

（五十六）全国青少年校园足球联赛（初中组总决赛）：第一名授予参赛的 7 名运动员，第二至四名授予参赛的 5 名运动员，第五至八名授予参赛的 3 名运动员。

（五十七）全国青少年校园足球夏令营活动（高中组、初中组）：授予入选全国总营各组别最佳阵容的运动员。

（五十八）全国体育院校锦标赛（十一人制）：第一名授予参赛的 8 名运动员，第二名授予参赛的 6 名运动员，第三名授予参赛的 4 名运动员。

（五十九）全国体育院校锦标赛（室内五人制）：第一名授予参赛的 4 名运动员，第二名授予参赛的 2 名运动员，第三名授予参赛的 1 名运动员。

四、二级运动员

凡符合下列条件之一者，可申请授予二级运动员称号：

（一）中国足协中超俱乐部预备队联赛、中国足协中甲俱乐部预备队联赛、中国足协职业俱乐部精英梯队联赛：第一至八名授予参赛的 5 名运动员。

（二）中国足球协会女子足球乙级联赛：第一至四名授予参赛的 12 名运动员，第五至八名授予参赛的 10 名运动员，第九至十六名授予参赛的 8 名运动员。

（三）全国青年运动会十一人制（决赛阶段）：

1. 社会俱乐部组、体校组（U18）：第一名授予参赛的 7 名运动员，第二至四名授予参赛的 5 名运动员，第五至八名授予参赛的 3 名运动员。

2. 社会俱乐部组、体校组（U16）：第一名授予参赛的名 7 运动员，第二至四名授予参赛的 5 名运动员，第五至八名授予参赛的 3 名运动员。

3. 社会俱乐部组、体校组（U15）：第一名授予参赛的 8 名运动员，第二至四名授予参赛的 4 名运动员，第五至八名授予参赛的 2 名运动员。

4. 社会俱乐部组、体校组（U14）：第一名授予参赛的 8 名运动员，第二至四名授予参赛的 4 名运动员，第五至八名授予参赛的 2 名运动员。

5. 社会俱乐部组、体校组（U13）：第一名授予参赛的 8 名运动员，第二至四名授予参赛的 4 名运动员，第五至八名授予参赛的 2 名运动员。

（四）全国青年运动会五人制（决赛阶段）：

1. 社会俱乐部组、体校组（U15）：第一名授予参赛的 4 名运动员，第二至四名授予参赛的 2 名运动员，第五至八名授予参赛的 1 名运动员。

2. 社会俱乐部组、体校组（U13）：第一名授予参赛的 4 名运动员，第二至四名授予参赛的 2 名运动员，第五至八名授予参赛的 1 名运动员。

（五）中国足协青少年超级联赛（U19A 组）：第一名授予参赛的 7 名运动员，第二至四名授予参赛的 6 名运动员，第五至八名授予参赛的 5 名运动员，第九至十二名授予参赛的 3 名运动员。

（六）中国足协青少年超级联赛（U19B 组）：第一名授予参赛的 5 名运动员，第二至四名授予参赛的 3 名运动员，第五至八名授予参赛的 2 名运动员，第九至十二名授予参赛的 1 名运动员。

（七）中国足协青少年超级联赛（U17）：第一名授予参赛的 6 名运动员，第二至四名授予参赛的 5 名运动员，第五至八名授予参赛的 4 名运动员，第九至十二名授予参赛的 2 名运动员。

（八）中国足协青少年超级联赛（U15、U14、U13）：第一名授予参赛的 7 名运动员，第二至四名授予参赛的 5 名运动员，第五至八名授予参赛的 3 名运动员，第九至十二名授予参赛的 2 名运动员。

（九）全国青少年足球联赛、锦标赛（U16~U19）：第一名授予参赛的 9 名运动员，第二至四名授予参赛的 8 名运动员，第五至八名授予参赛的 7 名运动员，第九至十二名授予参赛的 5 名运动员。

（十）全国青少年足球联赛、锦标赛（U13~U15）：第一名授予参赛的 7 名运动员，第二至四名授予参赛的 5 名运动员，第五至八名授予参赛的 3 名运动员，第九至十二名授予参赛的 2 名运动员。

（十一）全国青少年中国足球协会杯赛（U16~U19）：第一名授予参赛的 9 名运动员，

第二至四名授予参赛的 8 名运动员，第五至八名授予参赛的 7 名运动员，第九至十二名授予参赛的 5 名运动员。

（十二）全国青少年中国足球协会杯赛（U13~U15）：第一名授予参赛的 7 名运动员，第二至四名授予参赛的 5 名运动员，第五至八名授予参赛的 3 名运动员，第九至十二名授予参赛的 2 名运动员。

（十三）全国五人制男子足球甲级联赛：第一至四名授予参赛的 9 名运动员，第五至八名授予参赛的 6 名运动员，第九至十二名授予参赛的 5 名运动员。

（十四）全国女子室内五人制足球锦标赛、联赛：第一至八名授予参赛的 9 名运动员。

（十五）全国五人制足球青年锦标赛（U16~U19）：第一至四名授予参赛的 7 名运动员，第五至八名授予参赛的 5 名运动员，第九至十二名授予参赛的 4 名运动员。

（十六）全国五人制足球青年锦标赛（U13~U15）：第一名授予参赛的 7 名运动员，第二至四名授予参赛的 5 名运动员，第五至八名授予参赛的 4 名运动员，第九至十二名授予参赛的 2 名运动员。

（十七）全国“我爱足球”民间争霸赛青少年组（五人制）：第一至四名授予参赛的 5 名运动员，第五至八名授予参赛的 3 名运动员，第九至十二名授予参赛的 2 名运动员。

（十八）全国沙滩足球锦标赛：第四名授予参赛的 7 名运动员，第五至八名授予参赛的 6 名运动员。

（十九）全国 U18 青年女子足球联赛、锦标赛：第一名授予参赛的 11 名运动员，第二至四名授予参赛的 9 名运动员，第五至八名授予参赛的 7 名运动员、第九至十二名授予参赛的 5 名运动员。

（二十）全国 U16 青年女子足球联赛、锦标赛：第一名授予参赛的 9 名运动员，第二至四名授予参赛的 7 名运动员，第五至八名授予参赛的 5 名运动员、第九至十二名授予参赛的 3 名运动员。

（二十一）省（区、市）体育局、足球重点城市体育局主办的综合性运动会、锦标赛：

1. 甲组（U16~U19）：第一名授予参赛的 11 名运动员，第二至四名授予参赛的 9 名运动员，第五至八名授予参赛的 7 名运动员。

2. 乙组（U13~U15）：第一名授予参赛的 7 名运动员，第二至四名授予参赛的 5 名运动员。

（二十二）省（区、市）体育局、足球重点城市体育局与教育行政部门共同主办的高中足球赛、校园足球特色校高中联赛：第一名授予参赛的 7 名运动员，第二至四名授予参赛的 5 名运动员，第五至八名授予参赛的 3 名运动员。

（二十三）中国足协会员协会主办的足球联赛或锦标赛：

甲组（U16~U19）：第一名授予参赛的 11 名运动员，第二至四名授予参赛的 9 名运动员，第五至八名授予参赛的 7 名运动员。

乙组（U13~U15）：第一名授予参赛的 7 名运动员，第二至四名授予参赛的 5 名运动员。

（二十四）中国足协会员协会主办的五人制足球联赛或锦标赛：第一名授予参赛的 7 名运动员，第二至四名授予参赛的 5 名运动员，第五至八名授予参赛的 3 名运动员。

（二十五）中国足协会员协会主办的沙滩足球联赛或锦标赛：第一名授予参赛的 7 名运动员，第二至四名授予参赛的 5 名运动员，第五至八名授予参赛的 3 名运动员。

（二十六）省（区、市）体育局、足球重点城市体育局主办的综合性运动会、锦标赛（室内五人制）：第一名授予参赛的 7 名运动员，第二至四名授予参赛的 5 名运动员，第五至八名授予参赛的 3 名运动员。

（二十七）省（区、市）体育局、足球重点城市体育局主办的综合性运动会、锦标赛（沙滩足球）：第一名授予参赛的 7 名运动员，第二至四名授予参赛的 5 名运动员，第五至八名授予参赛的 3 名运动员。

（二十八）世界中学生运动会、世界中学生足球锦标赛：第一至四名授予参赛的 9 名运动员，第五至十二名授予参赛的 7 名运动员。

（二十九）亚洲中学生 U18 足球锦标赛：第一至四名授予参赛的 9 名运动员，第五至八名授予参赛的 7 名运动员，第九至十二名授予参赛的 5 名运动员。

（三十）亚洲中学生 U15 足球锦标赛：第一至四名授予参赛的 7 名运动员，第五至八名授予参赛的 5 名运动员，第九至十二名授予参赛的 3 名运动员。

（三十一）中国大学生男子五人制足球联赛、中国大学生女子五人制足球锦标赛：第一至四名授予参赛的 9 名运动员，第五至八名授予参赛的 7 名运动员。

（三十二）全国学生运动会（决赛阶段）：

1. 大学组：第一名授予参赛的 9 名运动员，第二至四名授予参赛的 7 名运动员，第五至八名授予参赛的 5 名运动员。

2. 中学组：第一名授予参赛的 7 名运动员，第二至四名授予参赛的 5 名运动员，第五至八名授予参赛的 3 名运动员。

（三十三）全国青少年校园足球联赛（大学高水平组超冠联赛）：第一名授予参赛的 9 名运动员，第二至四名授予参赛的 7 名运动员，第五至八名授予参赛的 5 名运动员，第九至十二名授予蔡赛的 4 名运动员。

（三十四）中国大学生足球协会杯（男子组）：第一至四名授予参赛的 7 名运动员，第五至八名授予参赛的 5 名运动员，第九至十二名授予参赛的 3 名运动员。

（三十五）全国青少年校园足球联赛（高中男子组总决赛）、全国青少年校园足球联赛（高中女子组）超冠赛：第一至四名授予参赛的 7 名运动员，第五至八名授予参赛的 5 名运动员，第九至十二名授予参赛的 3 名运动员。

（三十六）中国中学生足球协会杯（高中男子甲组、女子组）：第一名授予参赛的 9 名运动员，第二至四名授予参赛的 7 名运动员，第五至八名授予参赛的 5 名运动员，第九至十二名授予参赛的 3 名运动员。

（三十七）中国高中足球锦标赛：第一名授予参赛的 9 名运动员，第二至四名授予参赛的 7 名运动员，第五至八名授予参赛的 5 名运动员，第九至十二名授予参赛的 3 名运动员。

（三十八）全国青少年校园足球联赛（初中组总决赛）：第一名授予参赛的 7 名运动员，第二至四名授予参赛的 5 名运动员，第五至八名授予参赛的 3 名运动员。

（三十九）中国中学生男子五人制足球联赛、中国中学生女子五人制足球联赛：第一至四名授予参赛的 7 名运动员，第五至八名授予参赛的 5 名运动员。

（四十）中国足球学校杯：

1. 甲组（U16~U19）：第一名授予参赛的 10 名运动员，第二至四名授予参赛的 8 名运动员，第五至八名授予参赛的 4 名运动员。

2. 乙组（U13~U15）：第一名授予参赛的 8 名运动员，第二至四名授予参赛的 4 名运动员，第五至八名授予参赛的 2 名运动员。

（四十一）全国青少年校园足球夏令营活动：

1. 高中组：授予入选各省（区、市）分营各组别最佳阵容的运动员。

2. 初中组：授予入选各省（区、市）分营各组别最佳阵容的运动员。

（四十二）全国体育院校校运会（十一人制）：第一名授予参赛的 6 名运动员，第二名授予参赛的 4 名运动员，第三名授予参赛的 2 名运动员。

（四十三）全国体育院校校运会（五人制）：第一名授予参赛的 4 名运动员，第二名授予参赛的 2 名运动员，第三名授予参赛的 1 名运动员。

（四十四）全国体校杯

1.U16 组：第一名授予参赛的 10 名运动员，第二至四名授予参赛的 8 名运动员，第五至八名授予参赛的 4 名运动员。

2.U14 组：第一名授予参赛的 8 名运动员，第二至四名授予参赛的 4 名运动员，第五至八名授予参赛的 2 名运动员。

五、三级运动员

（一）省（区、市）体育局、足球重点城市体育局主办的综合性运动会、锦标赛：

1. 甲组（U16~U19）：第一至八名授予参赛运动员。

2. 乙组（U13~U15）：第一至八名授予参赛运动员。

（二）中国足协会员协会主办的足球联赛、锦标赛：

1. 甲组（U16~U19）：第一至八名授予参赛运动员。

2. 乙组（U13~U15）：第一至八名授予参赛运动员。

（三）全国青少年校园足球夏令营活动：

小学组：授予入选各省（区、市）各组别最佳阵容的运动员。

（四）全国体育院校校运会（十一人制）：第一至三名授予参赛的 11 名运动员。

（五）全国体育院校校运会（五人制）：第一至三名授予参赛的 5 名运动员。

注：

1. 可授予等级称号的小项（以下小项外的其他小项不得授予等级称号）：男子、女子。

2. 上述国际和全国比赛各小项须至少有 8 队、省级和中国足协会员协会主办的比赛各小项须至少有 6 队上场比赛，方可授予等级称号。

3. 上述比赛未明确组别的，则仅最高水平组别可授予等级称号。

4. 上述条款中的“参赛”指报名且上场比赛。相关证明由中国足球协会或比赛组委会提供。

5. 参加职业联赛的年限证明由中国足球协会提供。

6. 入选全国青少年校园足球夏令营活动各组别最佳阵容运动员名单由全国校园足球办公室向中国足协提供。

7. 本标准适用于 2019 年 1 月 1 日后举办的比赛，2019 年 1 月 1 日前结束的比赛按照足球字〔2018〕81 号《中国足球协会足球运动员等级标准》办理足球运动员等级。

全国运动员注册与交流管理办法（试行）

各省、自治区、直辖市、计划单列市、新疆生产建设兵团体育局，总参军训部体育局、总政宣传部文体局，各行业体协，体育院校，有关司、局，运动项目管理中心：

为适应新时期我国竞技体育事业发展需要，促进运动人才资源合理配置，加强对运动员注册与交流工作的规范化管理，我们在广泛征求意见的基础上，对原国家体委印发的《运动员参加全国比赛代表资格注册管理办法》（体训竞字〔1996〕032 号）和国家体育总局印发的《全国运动员交流管理办法》（试行）（体竞字〔1998〕097 号）（以下简称“原文件”）进行了修订，现将新修订的《全国运动员注册与交流管理办法（试行）》（2003）（以下简称“办法”）印发给你们，请遵照执行。为保证“办法”的顺利实施，现将有关事宜通知如下：

一、实施时间。

“办法”自颁布之日起正式实施。

二、原签订协议的有效性与无效性。

凡符合“原文件”规定所签订的代表资格协议和运动员交流协议视为有效协议，在“办法”下发后，可以延用至协议终止，待协议期满后，如继续签订协议，必须按照“办法”的规定重新签订新的代表资格协议；凡不符合“原文件”规定所签订的代表资格协议和运动员交流协议视为无效协议，必须按照“办法”的规定重新签订协议。

三、优先权的计算。

依据“原文件”规定所签订的有效代表资格协议的优先权确定按照“办法”的相应条款规定执行，九年以上期限的代表资格协议按 7 至 9 年的优先权年限计算。

四、协议书的使用。

在“办法”颁布后，注册单位与运动员所签订的代表资格协议或交流协议必须使用国家体育总局统一制定印发的协议书，未使用规定协议书的，视为无效协议，运动项目管理中心不得为其办理相关手续。

五、运动员资格争议的清理时间。

国家体育总局各运动项目管理中心须在 2003 年 10 月 31 日前按照“原文件”规定，主动与相关注册单位联系，将本项目遗留的运动员资格争议问题进行全面清理，并将处理结果报国家体育总局竞技体育司备案。11 月 15 日以后，各运动项目管理中心不再受理此前发生的资格争议问题。

六、国家体育总局各运动项目管理中心须于10月31日前，将拟定的本项目《全国运动员注册与交流管理办法（试行）》实施细则报国家体育总局审批，由国家体育总局统一印发。

七、各单位如需下载有关文件内容，请登录中国体育信息网，网址：www.sport.gov.cn 。

（国家体育运动委员会　2003年8月11日）

第一章　总　则

第一条　为了加强运动员队伍管理，保证训练竞赛工作质量，促进运动人才资源合理配置，推动体育事业发展，根据《中华人民共和国体育法》制定本办法。

第二条　本办法所称运动员，是指参加国家体育总局主办的全国综合性运动会和全国单项竞赛的运动员。

第三条　运动员注册与交流应本着自愿、公开、合法、有序的原则进行。

第四条　国家体育总局主管全国运动员的注册与交流。全国性单项体育协或国家体育总局运动项目管理中心（以下简称为“运动项目管理中心”）对本项目运动员实行注册与交流的管理。

第二章　注　册

第五条　运动员参加国家体育总局主办的全国综合性运动会和全国单项比赛，应代表具有注册资格的单位（以下简称为“单位”）进行注册。

第六条　各省、自治区、直辖市、新疆生产建设兵团、解放军、行业体协及经过国家体育总局、全国性单项体育协会或运动项目管理中心批准认可的参加全国成年、青年和少年比赛的单位是具有注册资格的单位（香港和澳门特别行政区除外）。

第七条　运动员本人或其法定监护人应与拟代表的注册单位签订代表资格协议。

第八条　运动员与注册单位签订的代表资格协议期限为2至9年。运动员法定监护人与注册单位签订的代表资格协议的终止日期不得超过该运动员年满16周岁的日期。

第九条　代表资格协议书由国家体育总局统一印制，主要包括一下内容：

（一）协议双方名称（甲方、乙方）；

（二）协议双方的权利和义务；

（三）协议的起止日期；

（四）年满16周岁运动员本人或未满16周岁运动员的法定监护人签字和指纹印；

（五）注册单位法人代表或被授权人签字和单位盖章；

（六）违反责任及解决争议的方法；

（七）签署协议的日期；

（八）其他协议所包含的内容。

第十条 注册单位应当自代表资格协议签订之日起 12 个月内为运动员进行注册。逾期不注册，代表资格协议自动失效。

第十一条 首次注册的运动员须出示当地县级公安部门提供的户籍证明原件，年满 16 周岁的运动员还须出示本人身份证原件。

第十二条 每年 12 月 1 日至次年 1 月 31 日为夏季项目的年度注册期和年度确认期。每年 6 月 1 日至 7 月 31 日为冬季项目的年度注册期和年度确认期。

年度确认是指已注册运动员在代表资格不变的情况下进行的下一年度的注册。

第十三条 具有注册资格的单位每年必须在规定的时间内持有效的代表资格协议到全国性单项体育协会或运动项目管理中心为运动员办理代表资格登记注册或确认手续。

第十四条 注册单位未在年度确认期为运动员办理确认手续，其代表资格协议终止，运动员有权向全国性单项体育协会或运动项目管理中心提出申诉，并可自主选择新的注册单位。

第十五条 全国性单项体育协会或运动项目管理中心须在每一年度注册期结束后 10 天内，将本年度注册名单以文件形式向全国公布。

第十六条 注册证是运动员注册的凭证，用于确定运动员的代表单位和参赛资格。

第十七条 注册证由全国性单项体育协会或运动项目管理中心统一颁发，由注册单位负责管理和使用。

第十八条 运动员注册的费用按照国家体育总局体经济字〔2002〕479 号转发的国家计委、财政部《关于运动员注册费等收费标准及有关事项的通知》的通知规定执行。

第十九条 注册单位必须保证本单位注册运动员每两个注册年度之内至少参加一次国家体育总局、全国性单项体育协会或运动项目管理中心举办的全国性比赛，或经批准举办的有 4 个以上（含 4 个）的省（区、市）级单位参加的区域性比赛。否则，运动员有权终止原注册协议，并自主选择新注册单位。

运动员确因伤病不能参赛或注册单位已报名参赛，但该运动员无故不参赛的除外。

第二十条 代表资格协议期满后，注册单位享有对该运动员的注册优先权。注册优先权期限根据所签订的代表资格协议的期限确定：

1 至 3 年（含 3 年），注册优先权期限为 12 个月；

4 至 6 年（含 6 年），注册优先权期限为 24 个月；

7 至 9 年，注册优先权期限为 36 个月。

注册优先权期限内，如原注册单位需要，运动员只能与其签订代表资格协议。

第二十一条　运动员在注册优先权期限内与原注册单位签订代表资格协议的，新的注册优先权期限按续签代表资格协议的时间确定。

第二十二条　运动员协议期满后的第一个年度注册期，如原注册单位愿意继续留用运动员，但未能签订代表资格协议的，必须在该注册期内，向国家体育总局运动项目管理中心或全国单项运动协会提交注册优先权的报告。否则，该注册优先权自该年度注册期截止之日起终止。

第二十三条　注册优先权期限已满，如原注册单位未能与运动员重新签订代表资格协议，运动员可自主选择注册单位。

第二十四条　已代表省、自治区、直辖市、新疆生产建设兵团、行业体协及国家体育总局、全国性单项体育协会或运动项目管理中心认可“单位”注册的运动员，也可代表相应项目的俱乐部进行注册。参加俱乐部比赛以外的其他全国性年度正式比赛和全国综合性运动会时，必须代表原注册单位。

第二十五条　首次代表俱乐部注册的运动员，也可代表省、自治区、直辖市、新疆生产建设兵团、行业体协等进行注册。此类运动员注册的最终决定权属于俱乐部。

第二十六条　高等院校学生入校前已代表省、自治区、直辖市、新疆生产建设兵团、行业体协等注册的，也可代表学校进行注册。此类运动员注册的最终决定权属于省、自治区、直辖市、新疆生产建设兵团和行业体协。

第二十七条　高等院校学生入校前未注册的，代表学校注册后，也可代表省、自治区、直辖市、新疆生产建设兵团和行业体协进行注册。此类运动员注册的最终决定权属于学校。

第二十八条　进行双重注册时，应当出具双重注册协议。双重注册协议由已注册方、新注册方和运动员本人或法定监护人签订。

第二十九条　高等院校学生终止学业时，代表学校的注册自然终止，运动员可自主选择注册单位。如为双重注册运动员，注册的最终决定权自然归属另一注册方。

第三十条　运动员在代表资格协议期和优先权期限内，未经原注册单位同意，不得与其他任何单位再次签订代表资格协议。否则，对当事人予以处罚。处罚期满后，运动员只能由原注册代表单位进行注册。双重注册的运动员除外。

第三十一条　运动员的注册年龄，以首次注册时公安部门出具的户籍证明原件和运动员本人的身份证原件为准。

第三章　解放军运动员的注册

第三十二条　解放军体育部门在地方招收未注册过或注册优先权期限已满的运动员，凭军队专业体工队上级主管部门出具的入伍证明进行注册。

第三十三条 解放军体育部门在地方招收已注册或在注册优先权期限内的运动员，凭军队专业体工队上级主管部门出具的入伍证明和与运动员注册单位的输送协议进行注册。输送协议须由运动员所属的省级体育行政部门和军队专业体工队上级主管部门及运动员本人三方共同签订。

第三十四条 解放军体育部门在地方招收的未注册过或注册优先权期限已满的运动员，退伍后可以凭退伍证明代表任何具有注册资格的单位进行注册。

第三十五条 解放军体育部门在地方招收的已注册或在注册优先权期限内的运动员，在解放军服役满 48 个月，退伍后按本办法第三十四条执行；服役不满 48 个月，如没有得到原注册的省级体育行政部门的许可，退伍后 24 个月内只能代表入伍前注册的省级体育行政部门注册。

第四章　交　流

第三十六条 在代表资格协议期或注册优先权期限内的运动员，经省、自治区、直辖市、新疆生产建设兵团和行业体协同意并签署交流协议，可变更注册单位。

第三十七条 交流协议须由运动员原注册单位和新注册单位的法人代表及年满 16 周岁运动员本人或未满 16 周岁运动员的法定监护人三方共同签订。

第三十八条 交流协议由国家体育总局统一印制，主要包括以下内容：

（一）协议三方具体名称；

（二）交流的起止时间；

（三）协议三方的权利和义务；

（四）年满 16 周岁的运动员本人或未满 16 周岁运动员的法定监护人签字和指纹印；

（五）协议双方单位法人代表或被授权人签字、单位盖章；

（六）协议双方单位的省级体育行政部门意见和法人代表或被授权人签字、单位盖章；

（七）违反责任及解决争议的方法；

（八）签署协议的日期。

第三十九条 交流协议须经全国性单项体育协会或运动项目管理中心审核，并报国家体育总局批准后生效。

第四十条 新注册单位凭交流协议可与年满 16 周岁运动员本人或未满 16 周岁运动员的法定监护人签订代表资格协议，并到全国性单项体育协会或运动项目管理中心办理交流注册手续。

第四十一条　运动员交流到新单位须注册满 24 个月，方可再次进行交流。

第四十二条　进行双重注册的运动员，交流权属于拥有注册最终决定权的单位。

第五章　参加比赛

第四十三条　代表省、自治区、直辖市、新疆生产建设兵团、行业体协注册的运动员，可代表本行政区域或系统内下一级单位参加全国比赛。

第四十四条　运动员参加全国综合性运动会，其代表资格按照全国综合性运动会竞赛规程总则及其他相关规定确定。

第四十五条　外籍运动员参加的全国单项比赛，应符合全国性单项体育协会的有关规定。

第六章　处　罚

第四十六条　对违反本办法规定的运动员，视情节轻重给予当事人停止比赛、停止 1 至 4 年注册资格直至取消终身注册资格的处罚。

第四十七条　对违反本办法规定的单位，视情节轻重给予通报批评、罚款（按单项运动协会的有关规定执行）、停止该项目队伍参加全国比赛、停止 1 至 4 年注册资格直至取消注册资格的处罚。

第四十八条　触犯刑法的运动员，自动取消其注册资格。

第七章　裁　决

第四十九条　运动员注册和交流过程中发生争议问题或出现违规行为，任何单位或个人均可以书面形式向国家体育总局、全国性单项体育协会运动或运动项目管理中心提出申诉或进行举报。

第五十条　全国性单项体育协会或运动项目管理中心须在接到申诉或举报 30 天内做出裁决。

第五十一条　当事人对全国性单项体育协会或运动项目管理中心的裁决或处罚有异议，可在裁决公布之日起 20 天内，向国家体育总局提出书面复议申请，国家体育总局须在收到复议申请之日起 30 天内做出最终裁决。

第五十二条　负责运动员注册与交流管理工作的单位和个人，出现违纪、违规行为的，将视情节轻重给予党纪或政纪处分。

第八章　附　则

第五十三条　全国性单项体育协会或运动项目管理中心在不违反本办法规定的前提下，可根据项目特点制定相应的实施细则，并报国家体育总局审批同意后实施。

第五十四条　本办法的解释权和修改权属国家体育总局。

第五十五条　本办法自颁布之日起执行。原国家体委《运动员参加全国比赛代表资格注册管理办法》（体训竞综字〔1996〕032号）和国家体育总局《全国运动员交流管理办法》（体竞字〔1998〕097号）同时废止。凡原国家体委或国家体育总局及全国性单项体育协会或运动项目管理中心的文件与本办法不相符的，按本办法执行。

中国足球协会球员身份与转会管理规定

释 义

本规定中，若上下文无其他规定，下列词语的含义为：

国际足联：国际足球联合会的简称。

国际足联会员协会：被国际足联代表大会接受成为会员的国家（或地区）足球协会。

洲际足联：由国际足联认可，管理同一大洲（或地理上可管辖的区域）各国际足联会员协会的组织。在亚洲即为亚洲足球联合会，简称亚足联。

中国足协：中国足球协会的简称

中国足协会员协会：按照《中国足球协会章程》被中国足协接受成为会员的地方足球协会，行业足球协会和其他足球组织。

有组织的足球赛事：由国际足联、洲际足联、国际足联会员协会主办或授权的足球赛事。

官方比赛：在有组织的足球赛事框架下进行的比赛，例如国家联赛、杯赛以及俱乐部国际锦标赛等，但不包括友谊赛和测试赛。

原俱乐部：球员离开的俱乐部。

原单位：球员离开的培训单位

原协会：原俱乐部或原单位所属中国足协会员协会。

新俱乐部：球员加入的俱乐部。

新单位：球员加入的培训单位。

新协会：新俱乐部或新单位所属中国足协会员协会。

第三方：非球员转会涉及的双方俱乐部，也非该球员之前注册过的任何一家俱乐部的其他地方。

职业联赛：由中国足球协会组织主办的中超、中甲、中乙、女超、女甲以及五甲联赛。

中超：中国足球协会超级联赛。

中甲：中国足球协会甲级联赛。

中乙：中国足球协会乙级联赛。

女超：中国足球协会女子超级联赛。

女甲：中国足球协会女子甲级联赛。

五甲：中国足球协会五人制甲级联赛。

国内球员：拥有中国足协会籍并在国际足联会员协会注册的球员（另有规定除外）。

港、澳、台：拥有中国香港足球总会、中国澳门足球总会、中华台北足球协会会籍并在国际足联会员协会注册的球员。

外籍球员：非中国足协会籍，拥有国际足联其他会员协会所属国家（或地区）会籍（港、澳、台除外）并在国际足联会员协会注册的球员。

亚洲外援：非中国足协会籍，拥有亚足联其他会员协会所属国家（或地区）会籍并在亚足联会员协会注册的球员。

赛季：从国家相关联赛第一场官方比赛开始到最后一场官方比赛结束的时期。

保护期：职业球员在 28 周岁赛季之前签订的工作合同自其生效日起的连续 3 个赛季或 3 年，或职业球员在 28 周岁赛季之后签订的工作合同自其生效之日起的连续 2 个赛季或 2 年。

注册期：由国际足联各会员协会自行确定的办理球员转会及注册手续的时间范围。原则上每赛季应当有两次注册期。

培训补偿：球员首次签订工作合同成为职业球员后所属的俱乐部，或职业球员在 23 周岁赛季结束前每次转会加入的新俱乐部（无论转会是在原工作合同到期前还是到期后进行），均有向注册过该球员的俱乐部和(或)培训单位支付培训补偿的义务。具体规定见附件一(略)。

联合机制补偿：职业球员在原工作合同期限届满前转会，所有注册过该球员的俱乐部和（或）培训单位，均可从新俱乐部因球员转会而支付给原俱乐部的补偿中获得相应比例的联合机制补偿。具体规定见附件二（略）。

转会补偿：因球员转会所产生的包括培训补偿和（或）联合机制补偿等在内的各项补偿。

第一章　总　则

第一条　为促进中国足球运动发展，规范球员转会管理，依据《中国足球协会章程》和《国际足联球员身份及转会规定》，特制定本规定。

第二条　中国足协管理范围内的球员身份确认以及转会应当按照本规定执行。

第二章　球员身份

第三条　球员身份

参与有组织的足球赛事的球员分为职业球员和业余球员。

职业球员是指与俱乐部签订了书面工作合同，且从事足球活动的收入大于实际支出的球员。

业余球员是指除职业球员以外的球员。

第四条　重新获得业余球员身份。

职业球员与原俱乐部的工作合同终止且未与新俱乐部签订工作合同的，应当在原俱乐部所属中国足协会员协会注册为业余球员。

职业球员只能在其以职业球员身份参加的最后一场比赛30天后，方可重新注册为业余球员。重新注册为业余球员时，原俱乐部不能获得任何补偿。

第五条　业余球员与职业球员间身份的转换。

业余球员经转会成为职业球员的，参照本规定第四章办理相关手续。

业余球员经转会仍为业余球员的，从转会手续办理完毕之日起满一年后，可不占用新俱乐部可转入球员名额注册成为职业球员。

职业球员在原俱乐部所属中国足协会员协会注册成为业余球员后，在30个月内再次经转会成为职业球员的，新俱乐部不需与原俱乐部签订转会协议，但应当按照本规定附件一支付培训补偿。

第六条　终止足球活动

职业球员在工作合同期满后退役，或业余球员终止足球活动后，30个月内仍应在其最后效力的俱乐部或单位所属中国足协会员协会注册。

终止足球活动的日期为该球员代表其最后效力的俱乐部或单位参加最后一场官方比赛的日期。

第七条　经中国足协认定，具有下列情形之一的俱乐部，其与球员的工作合同自动终止，球员可以在最临近的一个注册期内转会，未转会的球员应当在俱乐部所属中国足协会员协会注册为业余球员；该俱乐部的租借球员应当返回原租出球员俱乐部。

（一）由于解散、破产或因无力经营导致俱乐部不能参加官方比赛的。

（二）被取消注册资格或未办理年度注册的。

（三）中国足协认定的其他无能力参赛或无资格参赛的情形。

第三章　球员注册

第八条　球员注册

球员注册应当按照《中国足球协会注册管理规定》办理。只有在中国足协或中国足协会员协会注册为代表某俱乐部或培训单位的职业或业余球员后，该球员方有资格参加有组织的足球赛事。球员一经注册，即表明其同意遵守国际足联、亚足联、中国足协及其会员协会制定的各项管理规范。

球员一次只能注册在一家培训单位或俱乐部。在同一赛季中，职业球员最多只能注册在三家俱乐部，且只能代表其中两家俱乐部参加官方比赛。若球员转会前后的两家俱乐部所属国际足联会员协会的赛季交叉（即其中一家俱乐部所属的赛季为跨年度），则该球员也可代表第三家俱乐部参加该赛季的官方比赛。前提是该球员遵守与前两家俱乐部的合同约定，同时遵守有关注册期以及最短合同期限的规定。

在任何情况下，竞赛须以诚信为本。尤其是一名球员不能在同一个赛季为多于两家俱乐部在同一个国家联赛或杯赛效力。

第九条 注册期

球员只能在每赛季两次注册期内进行注册。第一注册期是指自上赛季联赛结束后至本赛季联赛开始前中国足协所确定的时间范围，其跨度不超过 12 周；第二注册期是指本赛季联赛中期中国足协所确定的时间范围，其跨度不超过 4 周。职业球员只有在所属俱乐部在注册期内按要求向中国足协提交了有效申请材料后方可进行注册。

有关注册期的规定不适用于仅有业余球员参加的比赛，为了比赛的公正完整，中国足协将规定专门的业余球员注册期来注册此类比赛的球员。业余球员的注册，个人或单位可在注册期内向中国足协会员协会进行注册，并由会员协会在规定时间内提交中国足协备案。

第十条 球员履历

球员注册后，中国足协应当向提出申请的培训单位或俱乐部发放该球员的履历。履历上应当写明该球员的详细资料，包括球员所属的所有培训单位及俱乐部名称。

如果球员生日是在两个赛季之间，则球员履历上应记录其生日后一个赛季所注册的俱乐部。

第十一条 球员借租

租借只适用于与俱乐部签有工作合同的职业球员。俱乐部经球员本人书面同意，可以在工作合同期限内将该球员租借到另一俱乐部。球员须由租入俱乐部为其办理注册手续后方可参赛。球员转会的规定同样适用于球员租借，包括培训补偿和联合机制补偿的规定。

租出球员俱乐部与租入球员俱乐部应当签订租借协议，该租借协议中涉及球员利益的条款应征得球员同意，租借协议应由球员本人签署确认。

租借的最短期限不得少于两个注册期之间的时间间隔。最长不得超过自租借协议签订之日起至该赛季结束。

在租借期内，经球员本人书面同意，租出球员俱乐部与租入球员俱乐部可依据本规定签订该球员的转会协议，该租借变转会球员不再次占用新俱乐部可转入球员名额。

租借期满后续租借的，需再次办理租借手续，该球员将再次占用新俱乐部可转入球员名额。租借期满后返回原俱乐部的，需办理租借返回手续。

租入球员俱乐部未经租出球员俱乐部以及球员本人书面同意，不得将被租借球员转会或租借至第三方俱乐部。

第十二条 未注册球员

任何未在中国足协或中国足协会员协会注册的球员代表某一俱乐部或培训单位参加任何官方比赛均被视为违规。违规球员和（或）俱乐部应受到处罚，此处罚不受任何因为该出场行为而需要做出的体育结果的影响。中国足协或相关赛事主办方拥有做出处罚的权利。

第十三条 纪律处罚的执行

球员在转会前受到的纪律处罚，在其转会注册到新协会后依然有效。原协会应当在签发转会证明时以书面形式通知新协会该球员的纪律处罚。

第四章 国内职业球员转会

第十四条 球员代理人

若球员代理人参与了球员工作合同的商谈，则球员代理人须在工作合同上说明和签字。

第十五条 转会时间

国内职业球员转会应当在每赛季两次注册期的任一注册期内进行。每赛季注册期的具体时间，以中国足协通知为准。

第十六条 转会名额

俱乐部可转入国内球员名额，按照各级联赛规程中相关规定执行。

第十七条 符合下列条件之一，且不具有本规定第十八条情形的职业球员，可在中国足协会员协会间转会：

（一）与原俱乐部工作合同期限届满的。

（二）与原俱乐部工作合同期限未满，但合同经双方协商后终止，或合同被一方以正当理由终止的。

（三）经租出球员俱乐部和球员本人书面同意转会的租借球员。

（四）中国足协认定的其他可以转会的情形。

第十八条 具有下列情形之一的球员，不予转会：

（一）未在中国足协会员协会和中国足协注册的。

（二）拒绝履行中国足协仲裁委员会做出的裁决或纪律委员会做出的处罚的。

（三）与原俱乐部存在合同争议且该争议与球员转会相关联的。

（四）超出俱乐部可转入球员名额的。

（五）中国足球认定的其他不予转会的情形。

第十九条 转会协议及转会补偿

涉及转会补偿的球员转会，原俱乐部与新俱乐部应当签订转会协议，并由球员签字确认。转会协议应当载明转会日期、转会补偿数额、双方权利义务、违约责任和终止条款等，同时应当注明球员代理人（如有）的姓名及其义务。转会补偿数额由原俱乐部与新俱乐部协商确定，但不得低于培训补偿和（或）联合机制补偿的标准。

第二十条 工作合同

新俱乐部与球员签订的工作合同，其内容由双方约定，应符合《中国足球协会职业俱乐部工作合同基本要求》。该工作合同须经球员、新俱乐部以及球员代理人（如有）三方签署方为有效。

第二十一条 转会手续费

中国足协在办理球员转会过程中不收取任何手续费。

第二十二条 转会程序

（一）新俱乐部应当在注册期内向新协会提出球员的转会申请，并向新协会提交以下材料：

1. 经新俱乐部盖章，球员签字的国内转会申请表；

2. 转会协议（解约协议或合同到期证明）、工作合同；

3. 球员或俱乐部与代理人（如有）的代理协议；

4. 地级市以上医院或符合资质体检机构出具的球员体检健康证明。

新协会在收到转会申请并核对提交材料无异议后，应当立即向原协会签发《国内转会证明索要函》。未经索要，新协会收到的《国内转会证明》无效。

（二）原协会在收到新协会签发的球员《国内转会证明索要函》后 7 日内，应当：

1. 符合转会程序的，签发《国内转会证明》给新协会，并协助原俱乐部向新俱乐部进行培训补偿和（或）联合机制补偿索要；

2. 不符合转会程序的，通知新协会，由于原俱乐部与球员工作合同期限未满或双方就工作合同终止未达成一致意见，或存在本规定所规定的不予转会的情形，不予签发《国内转会证明》。

新协会在签发球员《国内转会证明索要函》后 15 日内没有收到原协会的答复，经中国足协相关部门认定，可立即为该球员办理临时注册。《国内转会证明索要函》发出一年后，该临时注册可变为正式注册。如果在一年内，原协会提供了当时未作答复的正当理由，经中国足协相关部门认定后可撤销此临时注册。

第二十三条　新协会为球员办理完成转会、注册手续后，应续。球员只有在新协会完成转会手续，并在中国足协注册后，方可代表新俱乐部参加官方比赛。

第五章　国内业余球员转会

第二十四条　业余球员转会应在《中国足球协会注册管理规定》中规定的两次注册期内办理转会。

第二十五条　具有下列情形之一的业余球员，不予转会：

（一）未在中国足协会员协会注册，或已在中国足协会员协会注册但未在中国足协备案的。

（二）拒绝履行中国足协仲裁委员会做出裁决或纪律委员会做出的处罚的。

（三）与原单位存在培训协议争议且该争议与球员转会相关联的。

（四）中国足协认定的其他不予转会的情形。

第二十六条　转会协议及转会补偿

国内业余球员转会不涉及转会协议及转会补偿。

第二十七条　培训协议

培训单位应与球员签订培训协议，其内容应当符合国家法律、法规、规章和国际足联、中国足协的有关要求，并载明双方的各项权利、义务、违约责任和终止条款等。

培训协议是获取相关补偿的认定依据。

培训协议应由球员本人签署。18 周岁以下未成年球员的培训协议应由本人和法定监护人共同签署，培训协议截止期最长不得超过球员 18 周岁生日。

第二十八条　转会手续费

国内业余球员转会不涉及转会手续费。

第二十九条　转会程序

（一）新单位应当向新协会提出球员的转会申请，并向新协会提交以下材料：

1. 经新单位盖章，球员签字的国内转会申请表；

2. 培新协议；

3. 地级市以上医院及有资质的体检机构出具的球员体检健康证明。

新协会在收到转会申请并核对提交材料无异议后，应当立即向原协会签发《国内转会证明索要函》。未经索要，新协会收到的《国内转会证明》无效。

（二）原协会在收到新协会签发的《国内转会证明索要函》后 7 日内，应当：

1. 符合转会程序的，签发《国内转会证明》给新协会；

2. 不符合转会程序的，通知新协会，存在本规定所规定的不予转会的情形，无法签发《国内转会证明》。

（三）新协会在签发《国内转会证明索要函》后 15 日内没有收到原协会的答复，经中国足协相关部门认定，可立即为该球员办理临时注册。《国内转会证明索要函》发出一年后，该册可变为正式注册。如果在一年内，原协会提供了当时未作答复的正当理由，中国足协相关部门认定后可撤销此临时注册。

第三十条 球员只有在新协会完成转会、注册手续并提交中国足协备案后方可代表新单位参加官方比赛。

第三十一条 中国足协会员协会管辖范围内的业余球员转会，会员协会可参照本规定第五章相关条款，制定各会员协会业余球员转会管理规定。

第六章 球员国际转会

第三十二条 球员代理人

如果球员代理人参与了球员工作合同的商谈，则球员代理人须在工作合同上说明和签字。

第三十三条 职业球员的国际转会，须通过国际足联转会匹配系统进行操作。

第三十四条 转会时间

球员国际转会应当在每赛季两次注册期的任一注册期内进行。每赛季注册期的具体时间，以中国足协通知为准。

第三十五条 转会名额

俱乐部可转入外籍球员的名额，按照各级职业联赛规程中的相关规定执行。俱乐部不得转入外籍以及港、澳、台地区身份的守门员。关于拥有双重国籍亚洲外援的资格认定，参照亚足联《亚洲足球俱乐部冠军联赛》规程中的相关条款执行。

第三十六条 外籍球员转入

（一）转会协议

转会协议应当由双方俱乐部、球员及其球员代理人（如有）签订转会协议应当载明转会日期、转会补偿数额、双方权利义务、违约责任和终止条款等，同时应当注明球员代理人（如有）的姓名及其义务。若原俱乐部所属国际足联会员协会声明，附载。

（二）工作合同

新俱乐部与球员签订的工作合同，其内容由双方约定，应符合《中国足球协会职业俱乐部工作合同基本要求》。该工作合同须经球员、新俱乐部以及球员代理人（如有）三方签署方为有效。

（三）转入程序

新俱乐部向中国足协提交《办理国际转会证明申请表》，并同时在国际足联转会匹配系统中录入相关操作，提交转会协议、工作合同及球员或俱乐部与代理人（如有）的代理协议。

中国足协在收到转会申请并核对提交材料无异议后，将立即通过国际足联转会匹配系统向球员原俱乐部所属国际足联会员协会签发《国际转会证明索要函》。

未经索要，中国足协收到的《国际转会证明》无效。

收到原俱乐部所属国际足联会员协会签发的《国际转会证明》后，中国足协即可为球员办理参赛证。

新俱乐部持球队参赛证、转会协议及工作合同到新协会办理球员转会注册手续。

新协会为球员办理完毕转会注册手续后，应当将球员的转会材料及工作合同提交中国足协备案并办理注册手续。球员只有在中国足协注册后，方可代表新俱乐部参加官方比赛。

中国足协签发《国际转会证明索要函》后15日内没有收到球员原俱乐部所属国际足联会员协会的答复，中国足协将通知新协会为该球员办理临时注册。《国际转会证明索要函》发出一年后，该临时注册变为正式注册。如果在一年内，国际足联会员协会提供了当时未作答复的正当理由，中国足协可以要求新协会撤销此临时注册。

第三十七条　外籍球员在国内俱乐部间的转会

符合本规定第十七条情形的转会条件之一，且不具有本规定第十八条情形的外籍球员，可以在国内俱乐部间转会。

涉及转会补偿的球员转会，原俱乐部与新俱乐部应当签订转会协议，并由球员签字确认。转会协议应当载明转会日期、转会补偿数额、双方权利义务、违约责任和终止条款等，同时应当注明球员代理人（如有）的姓名及其义务。转会补偿的数额由原俱乐部与新俱乐部协商确定，但不得低于培训补偿和（或）联合机制补偿的标准。

外籍球员在国内俱乐部间的转会，参照本规定第四章办理相关手续。

第三十八条　球员转出

（一）符合下列条件之一，且不具有本规定第十八条情形的球员，可以转会至国际足联其他会员协会所属俱乐部：

1. 与原俱乐部工作合同期限届满的；

2. 与原俱乐部工作合同期限未满，但合同经双方协商后终止，或合同被一方以正当理由终止的；

3. 经租出球员俱乐部和球员本人书面同意租借的球员；

4. 中国足协认定的其他可以转会的情形。

（二）中国足协收到国际足联其他会员协会签发的《国际转会证明索要函》后，立即通知原俱乐部在 5 日内向中国足协提交以下材料：

1. 工作合同期限届满确认函；

2. 工作合同期限未满的，须提供转会双方俱乐部签订的转会协议及同意提前终止合同的确认函；

3. 收取培训补偿和（或）联合机制补偿的申请；

4. 不同意该球员转会的书面说明和证据；

5. 有权收取培训补偿和（或）联合机制补偿的其他俱乐部，应当在收到中国足协通知后 5 日内，提供收取上述款项的书面申请，或放弃收取上述款项的书面声明。逾期未提供的，视为放弃收取上述款项。

（三）具有下列情形的，中国足协有权签发《国际转会证明》：

1. 该球员符合转会条件；

2. 中国足协收到《国际转会证明索要函》并通知原俱乐部后 5 日内，原俱乐部未按本条款要求提交材料的。

第三十九条 国内球员国际转回

国内球员从其他国际足联会员协会转会回国内，应当在中国足协规定的两次注册期内办理转会手续，转回手续参照本规定第三十六条办理。转会回国内未经主要产权变更的原俱乐部的，该转会球员不占用原俱乐部可转入国内球员名额；转会回国内其他俱乐部的，该转会球员占用新俱乐部可转入国内球员名额。

第四十条 转入港、澳、台球员时，转会手续按照国际足联不同会员协会之前球员转会的规定办理。

第七章 保持协议及合同的稳定性

第四十一条 俱乐部间球员的转会协议和俱乐部与球员的工作合同是维护球员和俱乐部利益的重要法律文件，协议和合同各方应当在严格遵守法律法规、国际足联及中国足协相关规定的前提下，严肃认真地协商并签署合同，严格遵守合同约定。

第四十二条 任何恶意串通、损害中国足协或其他方利益以及明显有违公平竞赛原则的转会协议中国足协均不予认可。

第四十三条 职业球员与俱乐部之间的工作合同只可在合同期限届满或双方协商一致的情况下终止。

第四十四条 工作合同双方中任何一方均可以以正当理由终止合同，且不予追究责任。

第四十五条 俱乐部违反工作合同约定，拖欠球员工资或奖金的，经中国足协相关部门认定，该球员有权单方面终止合同。

第四十六条 若一名职业球员在一个赛季中代表其所注册俱乐部参加比赛的上场时间少于该俱乐部官方比赛时间总和的10%，则该球员有权以正当体育理由提前终止合同。球员以正当体育理由提前终止合同时不受体育处罚，但可涉及经济赔偿。球员只能在其所注册俱乐部该赛季最后一场官方比赛结束15天后依据正当体育理由终止合同。

第四十七条 无正当理由，合同不能在赛季中被单方面终止。

第四十八条 无正当理由终止合同

除非合同中另有约定，违约方应当支付赔偿金。赔偿金数额应当在遵守国家法律、法规、规章的前提下，考虑足球项目的特点，结合下列因素确定：

（一）球员现有合同和（或）在新合同中所确定的薪酬及其他福利。

（二）现有合同的剩余时间。

（三）由原俱乐部支付或承担的费用。

（四）违约是否发生在保护期内。

支付赔偿金的责任不得转让给第三方。如果球员被要求支付赔偿金，该赔偿金应当由球员和新俱乐部共同承担。赔偿金的分担比例由双方约定。

在保护期内违约的球员，除支付赔偿金外，还应当受到体育处罚，即禁止其在4个月内参加任何官方比赛，情节严重者可禁赛6个月。体育处罚在球员被通知相关决定后立即生效。体育处罚在本赛季最后一场官方比赛至下赛季第一场官方比赛期间保持有效，其中包括俱乐部参加的杯赛和国际锦标赛。体育处罚的延续不适用于球员在本赛季最后一场官方比赛至下赛季第一场官方比赛期间，代表其所属国家队参加国际赛事决赛阶段的比赛。在保护期外，球员无正当理由单方面终止合同可不受体育处罚，但球员应当在其参加的该赛季最后一场官方比赛结束后15天内通知其所注册俱乐部终止合同，否则该球员将受到纪律处罚。保护期在续签合同后重新开始计算。在保护期内违约或诱导球员违约的俱乐部，除支付赔偿金外，还应当受到体育处罚，即禁止其在连续两次注册期内为任何国内或外籍新球员注册。任何与无正当理由终止现有合同的职业球员签订工作合同的俱乐部，均将被视为诱导球员违约。

第四十九条 除租借外，职业球员与俱乐部间签订的工作合同最短期限为自合同生效之日起至该赛季结束；最长期限为5年。

第五十条 不满十六周岁的球员不得签订工作合同。十六周岁以上不满十八周岁的球员，能够以自己的劳动取得收入，并能维持当地公众一般生活水平的，可以签订工作合同。该工作须由球员和监护人共同签署。不满十八周岁球员签订的工作合同期限最长不得超过3年，任何超出部分中国足协均不予认可。

第五十一条 当新俱乐部有意转入与原俱乐部合同期限未满的球员时，应当在开始商洽转会前书面通知原俱乐部和球员本人。球员只有在原工作合同期限届满或原工作合同将在6个月内届满时方可签订新工作合同。任何违反这条规则的行为都将受到相应处罚。

第五十二条 工作合同的有效性不受体检结果或是否获得工作许可的影响。

第五十三条 若提前终止工作合同，俱乐部应当及时书面通知中国足协。

第五十四条 俱乐部与球员签订的工作合同（含补充合同），以在中国足协备案的为准。新签订的工作合同须在最临近的一注册期内提交，否则不予认可。任何一方对在备案合同的签订、履行以及注册备案中违反诚实信用原则的行为承担对其不利的后果及赔偿责任。采用欺诈、胁迫、伪造、弄虚作假等严重违背体育道德精神的行为将提交中国足协纪律委员会予以处罚。

第五十五条 第三方对俱乐部的影响

任何俱乐部不得与其他俱乐部或第三方签署能够影响雇佣以及转会相关事宜独立性、政策及球队表现的合同。

国际足联纪律委员会、中国足协纪律委员会将对违反本条款的俱乐部作出纪律处罚。

第五十六条 第三方拥有球员的经济权益

俱乐部或球员不得与任何要求参与球员今后在俱乐部间转会的补偿机制，或要求拥有球员今后转会或转会补偿的任何权利的第三方签订任何协议。

国际足联纪律委员会、中国足协纪律委员会将对违反本条款的俱乐部和球员作出纪律处罚。

第五十七条 拖欠应付款

（一）俱乐部须遵守与职业球员签订的工作合同以及与其他俱乐部签订的转会协议相关条款中规定的财务义务。

（二）任何俱乐部如无初步合同条款约定，拖欠应付款超过30天以上的，将根据以下第（四）条受到处罚。

（三）若某俱乐部被认为拖欠应付款，则债权方（球员或俱乐部）须书面向债务方俱乐部提出，并给予债务方俱乐部至少10天的期限进行支付。

（四）相关机构可根据其管辖权范围作出如下处罚：

1. 警告；

2. 严重警告；

3. 罚款；

4. 禁止在整个以及连续的一或两个注册期内为任何国内或外籍新球员注册。

（五）上述提及的处罚可累加实施。

（六）重复违规将被认作情节加重，导致加重处罚。

（七）第（四）4 款关于禁止注册的处罚可被暂停。禁止注册暂停后，决策机构可给予受处罚的俱乐部 6 个月至 2 年的考察期。

（八）如果暂停禁止注册的俱乐部在考察期内再次违规，则暂停自动解除且禁止注册的处罚继续执行，并与新违规的处罚累加。

（九）在合同关系单方终止的情况下，本条内容不影响第四十八条进一步措施的应用。

第八章　未成年球员保护

第五十八条　未成年球员的国际转会和国际首次注册

（一）只有年满十八周岁以上球员方可进行国际转会。以下三种情况例外：

1. 球员的父母因与足球无关的原因搬迁至新俱乐部所在国家。

2. 在欧盟（EU）或欧洲经济区域（EEA）内 16 至 18 周岁的球员转会，新俱乐部须履行以下义务：

（1）为球员提供国内最高水平的足球教育或训练；

（2）除提供足球教育或训练外，还须保证球员接受文化教育或职业技能培训，使其在结束职业足球生涯后仍可从事其他非足球工作；

（3）提供所有必要安排，确保球员受到尽可能最好的照顾（包括提供当地家庭或俱乐部里的最好的住宿条件，在俱乐部安排辅导员等）；

（4）球员一经注册，俱乐部须向其所属国际足联会员协会提供其遵守了以上义务的证明。

3. 若球员住在离国境不到 50 公里的地方，且球员希望注册的毗邻国际足联会员协会所属俱乐部也距离边境线 50 公里内，即球员的住所和俱乐部所在地之间的最远距离为 100 公里之内的情况下，球员须住在家里，且有关的两个国际足联会员协会须明确同意。

（二）未曾在任何俱乐部注册、且首次在非本人国籍所属国际足联会员协会注册的球员同样适用于本条款。

（三）所有根据本条款进行的国际转会以及首次注册均须经由国际足联球员身份委员会任命的下设委员会批准后方可进行。申请须由希望注册该名球员的国际足联会员协会提出，并应给原国家协会提出意见的机会。有关国家协会须在获得下设委员会的批准后，方可进行国际转会证明和（或）首次注册的申请。任何违反本条款的行为都将由国际足联纪律委员会依据《国际足联纪律准则》进行处罚。另外，未经下设委员会批准，为未成年球员签发国际转会证明的原国家协会以及与未成年球员就转会达成协议的俱乐部均将受到处罚。相关申请程序请参考《国际足联球员身份及转会规定》附件二（略）。

第五十九条 未成年球员的国内转会和国内首次注册

（一）只有年满十六周岁以上的球员方可进行国内转会。以下四种情况例外：

1. 球员的户籍迁至新单位所在城市。

2. 球员的监护人因与足球无关的原因搬迁至新单位所在城市，且须提供以下证明：

（1）球员在新单位所在城市的学籍证明；

（2）球员监护人在新单位所在城市至少半年以上的工作证明。

3. 新单位须履行以下义务：

（1）为球员提供高水平的足球教育或训练；

（2）除提供足球教育或训练外，还须保证球员接受文化教育或职业技能培训，使其在结束职业足球生涯后仍可从事其他非足球工作；

（3）提供所有必要安排，确保球员受到尽可能最好的照顾（包括提供新单位里最好的住宿条件，在新单位安排辅导员等）；

（4）球员一经注册，新单位须向其所属中国足协会员协会提供其遵守了以上义务的证明。

4. 转会至已完成在中国足协年度注册的足球学校的球员除外。

（二）未曾在任何俱乐部或培训单位注册、且首次在非户籍地区所属中国足协会员协会注册的球员同样适用于本条款。

（三）所有根据本条款进行的国内转会以及首次注册均由中国足协相关部门批准后方可进行，相关转会程序参照本规定第五章办理。

第九章 未成年球员在足球学校的注册和报告

第六十条 足球学校须具有独立法律和财务资格，按年度在中国足协会员协会注册并报中国足协备案，向中国足协和中国足协会员协会报告在其足球学校受教育的未成年球员的信息。

第六十一条 注册在足球学校的球员，只能代表足球学校参加中国足协全国性比赛。

第六十二条 通过报告制度，保证足球学校和球员按照国际足联章程和中国足协规定从事足球活动，培养思想及业务合格的青少年球员，推动足球运动的发展。

第六十三条 任何违反本条款的行为都将由中国足协纪律委员会依据《中国足球协会纪律准则》作出处罚。

第十章 球员代表国家队比赛

第六十四条 若球员被其国籍所属国家协会召回参加国家队比赛，其所属俱乐部必须放行。球员和俱乐部间任何与此规定相违背的协议中国足协均不予认可。

第六十五条 俱乐部应当放行球员回国参加的比赛包括：

（一）所有列入国际足联国际比赛日历的比赛（在与各有关方协商后，国际足联公布4年或者8年的国际比赛日历，日历括在此期间的所有国际比赛期。在国际比赛日历发布之后，只可增加国际足联世界杯决赛、国际足联联合会杯和洲际足联A级代表队的锦标赛）。

（二）国际足联世界杯决赛、国际足联联合会杯、洲际足联国家A队的锦标赛。

第六十六条 国际比赛期是指从某一个周一开始至下一个周二结束的，为国家队比赛预留的一段期间。在任何国际比赛期内，无论是资格赛还是友谊赛，每支国家队最多参加两场比赛。相关比赛可安排在国际比赛期内从周三开始的任一天，且两场比赛之间至少留有两个完整日历天。例如：周四、周日或周六、周二。

第六十七条 国家队在一个国际比赛期内参加的两场比赛须在同一洲境内，洲际间的附加赛除外。若两场比赛至少有一场是友谊赛，则在两地飞行距离不超过官方公布的5个小时的情况下（包括两个时区），可在两个不同的洲比赛。

第六十八条 俱乐部没有义务在国际比赛期和第六十五条提到的决赛阶段比赛之外放行球员。俱乐部没有义务一年内放行同一个球员参加一次以上的洲际足联A级代表队决赛阶段的比赛。国际足联执委会可另行发布国际足联联合会杯的放行规定。

第六十九条 对于国际比赛期，俱乐部须在周一早上之前放行球员加入其国家队，而球员须在次周三早上，即国际比赛期结束后开始返程。对于第六十五条提到的决赛阶段比赛，俱乐部须在决赛周开始前一周的周一早上之前放行球员。国家协会须在其国家队参加的最后一场比赛后的第二天早上放行球员回俱乐部。

第七十条 俱乐部与球员所属国家协会可以协商确定更长的放行时间，或者根据第六十九条另作安排。

第七十一条 被召回参加国家队比赛的球员须在其放行时长结束后24小时内返回俱乐部。如果比赛在不同于球员所注册俱乐部所属的洲际足联举行，返回期限可延长至48小时内。球员应在放行日前10天书面告知俱乐部其出发和返回日程。国际足联会员协会应确保球员在比赛后按时返回俱乐部。

第七十二条 若球员没有按照上述条款在规定的期限内返回俱乐部，则下次被国际足联会员协会召回的期限将被国际足联球员身份委员会缩短，具体期限如下：

（一）国际比赛期：2天。

（二）国际比赛决赛阶段比赛：5天。

第七十三条 若国际足联会员协会不断违反上述条款，则国际足联球员身份委员会可采取下列制裁措施，包括但不限于：

（一）罚款。

（二）缩短放行期限。

（三）禁止在以后的比赛中召回球员。

第七十四条 召回球员的国际足联会员协会应当承担球员因回国参赛所发生的旅行费用。根据上述条款放行球员的俱乐部无权要求任何经济赔偿。

第七十五条 球员所注册俱乐部应当负责球员整个被召回期间的伤病保险和意外事故保险，保险还须包括球员在被召回参加国际比赛中的受伤保险。

第七十六条 若一名 11 人制职业男子球员在被召回参加国家 A 队比赛期间因意外身体受伤并暂时失去行为能力，则该球员所注册的俱乐部可从国际足联获得补偿。有关补偿的条款和条件，包括损失处理程序均在国际足联俱乐部保护计划中列明。俱乐部保护计划将只包括在第六十四条规定的国际比赛期内进行的国际 A 级比赛。

第七十七条 通常情况下，任何在俱乐部注册的球员均有义务在其所属国家协会召其参加国家队比赛时代表国家队参赛。

第七十八条 国际足联会员协会召回其在国外注册的球员时，应在国际比赛期的第一比赛日前 15 天以书面形式通知该球员。若被召回球员参加的是国际比赛决赛，则应当在相关放行期前 15 天以书面形式通知该球员。同时，国际足联会员协会也应书面通知该球员所注册的俱乐部。召回球员的国际足联会员协会也须抄送放行球员的国家协会。俱乐部应当在收到通知后 6 天内确认对于该球员的放行。

第七十九条 只有在下列两种情形时，国际足联会员协会方可向国际足联求助使其在国外效力球员得到放行：

（一）球员注册所在国际足联会员协会干预未成功。

（二）求助须在要求球员参赛之日前至少 5 天向国际足联提出。

第八十条 中国各级国家队征调国内球员的规定

中国各级国家队从国内各俱乐部征调球员时，国内俱乐部应当同意被征调球员加入国家队，被征调球员应当服从征调。若国内俱乐部或球员拒绝征调或以其他方式不服从征调，中国足协纪律委员会可对相关俱乐部或球员作出下列处罚：

（一）警告。

（二）罚款。

（三）停赛。

（四）减少转会名额或暂时取消转会资格。

（五）该球员代表俱乐部参加的所有比赛判对方获胜。

（六）扣分。

（七）其他处罚。

以上各项可独立或合并使用。

第十一章　附　则

第八十一条　在球员转会中发生的争议，当事方可将争议提交中国足协仲裁委员会仲裁。国内球员在国内发生的纠纷，中国足协仲裁委员会出的裁决为最终裁决。

第八十二条　在国内转会中，任何不履行转会协议、培训协议、工作合同和（或）本规定其他强制性或禁止性规定的培训单位、俱乐部或球员，中国足协纪律委员会可依据《中国足球协会纪律准则》对其作出处罚。

第八十三条　在涉外转会中，俱乐部违反本规定或不履行转会协议、工作合同的，中国足协纪律委员会可作出下列处罚：

国际足联或亚足联给予处罚的俱乐部，自中国足协接到国际足联或亚足联的处罚通知书之日起，除执行相关处罚外，还将减少其外籍球员注册名额，直至暂时取消该俱乐部涉外转会资格，并视情节轻重给予相应罚款。

对不服从国际足联或亚足联裁决且拒付罚款及赔偿金的俱乐部，将从其联赛保证金或分成款中扣除相应数额，以赔付国际足联裁定的罚金及赔偿金。对于情节严重者，将暂时取消该俱乐部涉外转会资格或给予俱乐部罚款、扣分、直至降级的处罚。

第八十四条　本规定由中国足协负责解释，自下发之日起实施。本规定附件为本规定的组成部分，与本规定正文具有同等效力。本规定实施后，中国足协可根据实施情况或国际足联的新规定对其进行修正。原《中国足球协会球员身份及转会暂行规定》（足球字〔2009〕536 号）同时废止。

关于进一步规范管理职业俱乐部与教练员、球员合同有关工作的通知

各会员协会，各中超、中甲、中乙俱乐部：

为贯彻落实《中国足球改革发展总体方案》的要求，规范职业足球俱乐部日常运营，推动职业联赛健康发展，中国足协将进一步规范管理俱乐部与教练员、球员的合同，打击“阴阳合同”，建立良好的职业联赛环境和秩序。

现将相关工作要求通知如下：

一、规范管理俱乐部与教练员、球员合同的重要性

近年来，职业联赛投入快速增加，出现了高价引援、高工资、高奖金的现象，影响了联赛的健康稳定发展。个别俱乐部与教练员、球员之间签订“阴阳合同”，随意发放现金薪酬，甚至逃税漏税，造成了严重的负面影响。

各俱乐部、教练员、球员要深刻认识违规签订“阴阳合同”对自身、对职业联赛、对社会所产生的危害。各俱乐部应严格按照法律法规以及中国足协的相关规定，规范管理俱乐部与教练员、球员的合同，及时组织相关人员完整、准确地向税务机关申报和缴纳对应的个人所得税，并组织国内外球员、教练员认真学习有关法律法规知识。

二、规范管理俱乐部与教练员、球员合同的主要工作内容和安排

（一）自查阶段

中国足协已于 2018 年 6 月下发《中国足球协会关于开展职业俱乐部工作合同和纳税情况自查的通知》（足球字〔2018〕404 号），各俱乐部要按照通知的要求，持续开展各自俱乐部的自查自纠工作。

根据自查情况，相关俱乐部应于 2018 年 12 月 31 日前将已签署但未备案的合同或协议（未备案合同或协议的期限应与已经完成备案的合同一致），提交至中国足协进行备案。

对于在规定时间内已经完成各类合同备案的俱乐部，中国足协在行业内不再追究其相关责任。

（二）重点稽查阶段

从 2019 年 1 月至 6 月期间，中国足协与各会员协会将对俱乐部备案的合同进行专项审查，按照《中国足球协会职业俱乐部财务监管规程》的要求，采取统一财务账户、公开财务数据

等多种有效措施，并与税务等多部门跨行业联合稽查，坚决整治职业联赛中俱乐部与球员签订“阴阳合同”逃避监管、逃税漏税等问题。

1. 各俱乐部应当按照《中国足球协会职业俱乐部财务监管规程》F.02 规定，于 2019 年 3 月 1 日前向中国足协备案俱乐部使用的各类银行账户（包括海外银行账户和在线支付平台账户）的明细清单。备案的银行账户明细清单应当列明开户人姓名、开户行名称、账号、用途等事项。同时，俱乐部必须指定专门的银行账户用于支付球员薪酬、奖金等人工成本。俱乐部新开立账户或注销账户的，应当在 3 个工作日内向中国足协进行备案。

2. 俱乐部与教练员、球员备案合同时，应当同时提交《职业俱乐部关于遵守财务监管要求的声明》《职业俱乐部员工关于遵守财务监管要求的诚信确认函》。未签署相关声明和确认函的，不予办理教练员或球员注册手续。

3. 俱乐部与教练员、球员的合同（一式四份）在中国足协备案并加盖“中国足协合同备案章”，俱乐部应将加盖“中国足协合同备案章”的合同交于各相关方。未备案合同不受行业保护，并对相关责任方进行处罚。

（三）“阴阳合同”的认定

中国足协将成立合同审查联合工作组，对工作合同进行审查。联合工作组将按照实质重于形式的原则，进行审核和认定，以下类型的合同将被认定为“阴阳合同”：

1. 在基本薪酬合同的基础上，对于实际为支付薪酬，但通过无商业实质或明显高于市场价值的“代言合同”“签字费合同”等形式偷逃、规避缴纳税款、诱导违约的；

2. 俱乐部通过关联方、第三方支付、现金或实物发放等方式，向教练员、球员支付薪酬的；

3. 俱乐部与教练员、球员的合同未加盖“中国足协合同备案章”的；

4. 经合同审查联合工作组审核，认定为“阴阳合同”的。

如被认定有签署“阴阳合同”的行为，相关俱乐部、教练员、球员将受到处罚。

中国足协仲裁委员会自 2019 年 1 月 1 日起，在仲裁过程中，发现当事人签订的合同未在中国足协备案，中国足协仲裁委员会将终止案件审理，并提交至合同审查联合工作组审核和认定。

（四）违规处罚

从 2019 年 7 月至 9 月期间，中国足协根据自查阶段、重点稽查阶段等情况，对于被认定为签署“阴阳合同”的俱乐部、教练员、球员，进行严肃处理。发现有偷逃、规避缴纳税款线索的，移交税务机关等部门进行处理。

中国足协将视违规情节，对俱乐部给予扣除联赛积分、取消准入资格的处罚，同时对教练员、球员给予一至三年禁赛的处罚。

三、切实抓好此次规范管理职业俱乐部与教练员、球员合同工作的落实

（一）请各俱乐部认真按照本通知的要求，严格落实相关工作，切实规范管理好职业俱乐部与教练员、球员的合同，按照相关要求，完成合同签订、备案等工作流程。

（二）请各会员协会督促、指导在本协会注册的中超、中甲、中乙俱乐部认真完成本次规范管理合同的工作。中国足协与各会员协会在进行俱乐部、教练员、球员的注册工作中，对于违反本通知要求的俱乐部，不予办理相关注册手续。

（三）对俱乐部、教练员、球员违规签订“阴阳合同”，逃税漏税的行为，中国足协将接受社会各界的监督和举报。

特此通知。

中国足球协会

2018 年 12 月 20 日

关于港澳特区和台湾地区球员参加 2018 年职业联赛有关规定的通知

各中超、中甲俱乐部及有关单位：

为了促进与港澳特区和台湾地区的文化体育交往，加强中国足球协会与香港足球总会、澳门足球总会和中国台北足球协会的合作与交流，经研究，中国足球协会对“港澳特区和台湾地区球员”参加 2018 年中国足球协会有关比赛的相关规定进行了调整，具体规定如下：

一、“港澳特区和台湾地区球员”特指：首次注册足协为香港或澳门足球总会的球员，且该球员系港澳特区永久性居民中的中国公民；首次注册足协为中国台北足协的球员，且该球员户籍为台湾地区。上述球员的身份由其首次注册足协（总）认定，并提供确认文件及相关材料。

二、每个中超、中甲俱乐部可以同时注册、报名不超过 1 名“港澳特区和台湾地区球员”，且该球员不能为守门员位置球员，转入该球员占用俱乐部当赛季国内球员转入名额。

三、以上球员在中国足球协会办理注册、报名手续时，港澳特区球员凭“港澳居民来往内地通行证”及永久性居民身份证，台湾地区球员凭“台湾居民来往大陆通行证”办理。

四、对于已按《关于调整港澳台球员转会政策的通知》（足球字〔2015〕625 号）要求进行备案的球员，在原合同到期前可继续按该通知规定执行，但其所在俱乐部不能再新转入以上所述的“港澳特区和台湾地区球员”。

五、以上规定适用范围仅限中国足球协会主办的由中超、中甲俱乐部参加的男子成年赛事。俱乐部参加亚足联主办的比赛时，有关港澳特区和台湾地区球员的身份认定及名额限制，按亚足联有关规定执行。

以上规定将自 2018 赛季起执行，并在相关比赛规程中予以体现。

特此通知。

中国足球协会入籍球员管理暂行规定

第一章　总　则

第一条　为规范入籍球员转会、注册、参赛等工作，根据《中华人民共和国国籍法》《国际足联章程》《中国足球协会章程》《中国足球协会球员身份与转会管理规定》《中国足球协会注册管理规定》等，特制定本规定。

第二条　本规定适用于正在办理中华人民共和国国籍入籍手续的或已完成中华人民共和国国籍入籍手续的球员（以上合称“入籍球员”）。申请入籍的球员，应向中国足协进行申报，并纳入统一管理。

第三条　本规定对第二条所述入籍球员的转会、注册、参赛和后续服务与管理进行规范。

第二章　入籍球员的转会

第四条　申请入籍的球员获得《中华人民共和国入籍证书》后，尚未获得中华人民共和国护照，注册在其他国际足联会员协会的，按原国籍身份通过国际足联的国际转会匹配系统（ITMS）办理国际转会至转入俱乐部。

第五条　申请入籍的球员获得《中华人民共和国入籍证书》后，尚未获得中华人民共和国护照，但已注册在中超或中甲俱乐部的，按原国籍身份通过中国足球协会信息化平台办理国内转会至转入俱乐部。

第六条　申请入籍的球员获得《中华人民共和国入籍证书》且获得中华人民共和国护照的，按中华人民共和国国籍办理国际或国内转会手续。

第七条　申请入籍的球员未获得《中华人民共和国入籍证书》时，以原国籍身份办理国际或国内转会手续至转入俱乐部。

第八条　球员在申请办理中华人民共和国国籍入籍手续或已完成中华人民共和国国籍入籍手续的当赛季内不得转会或租借至国内其他俱乐部，且不得在从国内俱乐部转会或租借至国外俱乐部之后再在当赛季转会或租借至国内俱乐部。

第三章　入籍球员的注册

第九条　俱乐部应在注册期内为入籍球员办理注册手续。

第十条　符合本规定第四条或第五条规定的入籍球员，可对国籍信息进行空缺注册，该球员若在空缺注册完成后获得了中华人民共和国护照并按本规定第十五条进行补报名且取得参赛资格的，则该球员占用俱乐部本赛季国内球员转会、注册名额；若球员按本规定第十六条报名参赛，则该球员占用俱乐部本赛季外援转会、注册名额。

第十一条　符合本规定第六条的入籍球员，注册时国籍为中华人民共和国，该球员占用俱乐部本赛季国内球员转会、注册名额。

第十二条　符合本规定第七条的入籍球员，注册时国籍为原国籍，该球员占用俱乐部本赛季外援转会、注册名额。

第十三条　入籍球员所属俱乐部的薪酬总额应包含入籍球员的薪酬，具体参照《中国足球协会职业足球俱乐部财务监管规程》执行。

前款入籍球员的引援调节费等其他费用应按中国足球协会相关管理规定、通知、文件中有关国内球员的规定执行。

第四章　入籍球员的参赛

第十四条　入籍球员只有完成注册后，方可代表俱乐部参加中国足球协会举办的正式比赛；进行空缺注册的入籍球员在完成国籍信息的补填前，不得参加中国足球协会举办的正式比赛。

第十五条　符合本规定第四条或第五条进行空缺注册的入籍球员，只有在获得了中华人民共和国护照后，方可以国内球员身份进行补报名并取得参加中国足球协会主办的正式比赛的资格。

第十六条　符合本规定第四条、第五条或第七条的入籍球员，如以原国籍身份完成注册的，则应以外籍球员身份报名参加中国足球协会主办的正式比赛。

第十七条　符合本规定第六条的入籍球员，注册完成后应以国内球员身份报名参加中国足球协会主办的正式比赛。

第十八条　入籍球员在一个赛季内只能以一种球员身份（外籍球员或国内球员）报名参加中国足球协会主办的正式比赛，赛季中不得更改球员身份。

第十九条　以国内球员身份注册、报名的入籍球员参赛时应按中国足球协会的相关管理规定、通知、文件等执行。

第五章　入籍球员的服务与管理

第二十条　俱乐部应对入籍球员进行中华传统文化教育，了解中国历史和现实国情，制定中文学习计划，培养爱国主义情怀。入籍球员应能识国旗、认国徽、唱国歌。俱乐部所在基层党组织应对入籍球员进行党的历史、基本理论的普及教育。

第二十一条　俱乐部应指定专人负责入籍球员的思想、生活、训练、比赛的状态跟踪，每月向中国足球协会提交书面报告。

第六章　附　则

第二十二条　本规则由中国足球协会负责解释。

第二十三条　本规则自 2019 年 3 月 28 日起实施。

关于中国足球协会乙级联赛相关政策实施细则的通知

各中乙俱乐部：

为进一步推进中国足球协会乙级联赛（以下简称“中乙联赛”）的年轻化、本土化、社会化发展，提高中乙联赛的社会关注度和影响力，中国足球协会将从 2019 赛季起对中乙联赛开展多项新政策，现将有关事宜通知如下：

一、2019 赛季中乙联赛设立共同培养制度

（一）目的和意义

为解决职业俱乐部青年球员培养不畅、中乙俱乐部青年球员培养不足的问题，将通过制度创新设立共同培养制度，满足各方需求。

（二）共同培养球员定义及要求

1. 定义：相关俱乐部的青年球员（球员应为 21 岁及以下，外籍及港、澳、台球员除外）租借到某中乙俱乐部报名参加了当赛季的中乙联赛，当赛季联赛结束后，经租出俱乐部、租入俱乐部（仅限中乙俱乐部）、球员三方同意后，在不改变球员所有权、不占用该租入俱乐部新赛季转会名额的基础上，该青年球员新赛季可以代表该租入俱乐部参加中乙联赛，该类球员视为共同培养球员。

2. 要求：（1）共同培养球员仅适用于中乙联赛；（2）共同培养按特定人员、单个赛季执行，赛季中不可以调整；（3）共同培养球员年龄须为 22 岁及以下；（4）共同培养的第一个赛季结束后，若符合条件可以继续执行。

（三）共同培养制度实施细则

1.2019 赛季中乙联赛实施细则

（1）2019 赛季各中乙俱乐部在 2018 赛季中已使用转会名额租借了 U21 球员（外籍及港、澳、台球员除外）；

（2）2018 赛季中乙联赛结束后，U21 租借球员可以返回原俱乐部，可以不占名额转会中乙俱乐部，也可以在 2019 赛季成为共同培养球员；

（3）2019 赛季共同培养球员要求

① 2019 赛季每家中乙俱乐部最多拥有 1 名共同培养球员；

② 2019 赛季共同培养球员年龄为 22 岁及以下（1997 年 1 月 1 日以后出生）。

2.2020 赛季中乙联赛实施细则

（1）2020 赛季各中乙俱乐部在 2019 赛季中使用转会名额租借了 U21 球员（外籍及港、澳、台球员除外）；

（2）2019 赛季中乙联赛结束后，U21 租借球员可以返回原俱乐部，可以不占名额转会中乙俱乐部，也可以在 2020 赛季成为共同培养球员；

（3）2020 赛季共同培养球员要求

① 2020 赛季每家中乙俱乐部最多拥有 1 名共同培养球员；

② 2020 赛季共同培养球员年龄为 22 岁及以下（1998 年 1 月 1 日以后出生）。

（4）2019 赛季各中乙俱乐部的共同培养球员在符合上述条件后可以在 2020 赛季继续使用，但总名额为 1 名。

二、2019 赛季中乙联赛调整转会名额

2019 赛季中乙联赛将积极推进球员年轻化，为满足中乙俱乐部实际需求，搭建优秀青年球员的流通渠道，现将 2019 赛季中乙联赛转会名额调整如下：

在 2019 赛季（两个注册转会期），各中乙俱乐部每个注册转会期可转入无年龄限制的运动员不超过 5 名、21 岁及以下运动员（1998 年 1 月 1 日以后出生）不超过 3 名。第一个转会期未使用的转会名额将不带入第二个转会期。

三、2019 赛季中乙联赛积极推进球员本区域培养

（一）本区域球员定义（符合任意一种即可）

1. 球员具有本俱乐部所在省、自治区、直辖市的户籍；

2. 球员为本俱乐部所在省、自治区、直辖市的青训培养，21 岁及以前在本俱乐部所在省、自治区、直辖市内的中国足协会员协会注册或备案累计不少于 4 年；

3. 球员为本俱乐部青训培养，21 岁及以前在本俱乐部注册、培训累计不少于 3 年。

（二）报名要求

2019 赛季中乙俱乐部一线队球员报名名单中须至少包含 1 名本区域球员；2020 赛季中

乙俱乐部一线队球员报名名单中须至少包含 3 名本区域球员；2021 赛季中乙俱乐部一线队球员报名名单中须至少包含 5 名本区域球员。

四、2019 赛季中乙联赛积极推进球员年轻化培养

（一）2019 赛季中乙联赛每场比赛（附加赛除外），每支球队整场比赛 U21 球员累计出场至少 2 人次。如俱乐部队有被各级国家集训队征调的 U21 球员，出场人次相应递减，征调 1 名减 1 名，征调 2 名（含 2 名）以上可不执行 U21 球员政策。

（二）2020 赛季中乙联赛每场比赛（附加赛除外），每支球队整场比赛 U21 球员累计出场至少 2 到 3 人次（具体将视 2019 赛季执行情况确定）。如俱乐部队有被各级国家集训队征调的 U21 球员，出场人次相应递减。

（三）2021 赛季中乙联赛每场比赛（附加赛除外），每支球队整场比赛 U21 球员累计出场至少 3 人次。如俱乐部队有被各级国家集训队征调的 U21 球员，出场人次相应递减，征调 1 名减 1 名，征调 2 名减 2 名，征调 3 名（含 3 名）以上可不执行 U21 球员政策。

（四）中乙俱乐部如违反此项规定，该场比赛按弃权处理，中国足球协会纪律委员会将视情节对该俱乐部做出进一步处罚。

关于足球运动员联合机制补偿与培训补偿相关情况的说明

近期，涉及对中国足球运动员联合机制补偿及培训补偿的相关争议和政策解读得到社会各界的广泛关注，为协助大家对我会该项工作的管理和相关政策的了解，现将对球员联合机制补偿及培训补偿相关政策的施行现状、问题表现、面临困难和解决措施等情况说明如下：

一、现行施行政策

（一）“联合机制补偿（Solidarity Mechanism）”是在《国际足联球员身份及转会规定》中连同“培训补偿（Training Compensation）”一起，作为足球俱乐部青训补偿的重要补偿机制，在世界范围内一直广泛使用。

此项政策中国足协早在2009年版的《中国足协球员身份与转会暂行规定》中就参照国际足联的规定已将相关机制引入并开始实施，同时也对该项政策作为年度注册工作相关业务培训的内容向各会员足协和俱乐部的注册工作人员进行学习及讲解相关具体计算方法。在中国足协2015年新修订的《中国足协球员身份与转会管理规定》（以下简称《转会规定》）中，对该项政策仍进行了延续，并根据近年来中国足球发展情况适当地提高了培训补偿的标准（具体详见附后内容）。

（二）根据《转会规定》，“联合机制补偿”是指职业球员在与原俱乐部工作合同期限届满前转会，新俱乐部应当在球员注册30天内，根据球员参赛证上的注册信息，向培训过该球员的所有培训单位或俱乐部支付相关标准的联合机制补偿费。

（三）根据《转会规定》，“培训补偿”是指球员在首次签订工作合同，即首次注册为职业球员时，运动员所在职业俱乐部应向球员21周岁之前培训过他的俱乐部和（或）培训单位支付相应标准的培训补偿费。另外职业球员在23周岁赛季结束前的每次转会，新俱乐部均应依据当次转会前该球员在其所属最后一家俱乐部的有效培训年数支付相应的培训补偿费，培训补偿应在该球员注册后30日内支付。

二、目前联合机制补偿及培训补偿相关政策实施中的困难与问题表现

（一）联合机制补偿和培训补偿政策规定要求转入球员的新俱乐部应主动向运动员原培训单位支付上述补偿费，但在实际操作中，很少会有俱乐部会主动做这件事。

（二）原培训单位也应主动追踪所培训过的球员转会信息并向球员新转入的俱乐部主张自己的权利。根据国际足联的相关规定，国家足球协会没有为球员所有培训单位主张和索要相关联合机制补偿和培训补偿的义务。对涉及有联合机制补偿和培训补偿争议的球员和俱乐部，国家足协不能做为不予转会和注册的理由。由于联合机制补偿的数额与球员转会费数额直接相关，但转会费是俱乐部的保密信息，国家足球协会无权将相关信息透露给除转会涉及的两家俱乐部之外的其他第三方，故在联合机制补偿的索要过程中，只能是原培训单位直接向新俱乐部询问转会费相关信息，并主动主张自己的补偿权利。

（三）在双方无法就补偿问题达成一致时，可向相关仲裁机构提出申诉。目前国际转会造成的相关补偿追索申诉由国际足联球员身份委员会负责受理，国内转会相关补偿追索申诉由中国足协仲裁委员会负责受理。

（四）虽然中国足协对运动员转会补偿机制早在2009年底就已引入并开始列入转会规定进行实施，但实施并没有引起相关俱乐部和培训单位的足够重视，虽然中国足协对此项政策的业务学习与培训工作均列入全国足球注册工作人员的年度培训内容之一，但俱乐部主要管理层人员对政策学习了解较少，主动了解的不多，具体操作程序不清楚，误读政策的情况时有出现。

（五）根据国际足联的相关规定，业余球员的转会是不允许收取任何转会费用，只能在球员成为职业球员后才可依规获得相关培训补偿和联合机制补偿。但我国相关青训培养机构（会员协会、培训单位、俱乐部）等对国际足联制定的业余球员培训补偿标准认为太低，因此在进行业余球员转会时大都会向新转入单位协商培训补偿费（转会费）的要求，因此也存在着球员原培训单位已经在之前的业余球员转会中获得了相应培训补偿收益，在球员后来成为职业球员时也就主动放弃了索要。

（六）目前在职业足球开展时间较长、职业联赛较发达的国家，补偿机制已经得到广泛的认可和使用，足球俱乐部按规行事的诚信度较高，相关管理与监管制度较完善，因此培训单位向俱乐部索要相关补偿时碰到困难也较少。

（七）由于相关诚信管理体系的缺失，转会涉及的两家俱乐部为规避相关费用，故意隐瞒转会费数额，造成阴阳转会合同的现象也曾一度存在，导致原培训单位无法获得真实的转会信息。

三、解决方案

（一）中国足协将继续加强对联合机制补偿及培训补偿相关政策的多方宣传，进一步向社会青训单位、会员协会俱乐部，特别是管理层加强对相关政策的解读和实施操作程序的培训工作。

（二）随着中国足协管理信息系统的建设的推进，将建立完善的球员注册情况公众查询系统，便于各方查询与追踪。

（三）为提高转会信息的公开，在每个转会窗口期关闭后，中国足协注册办将在中国足协官方网站公布各俱乐部转会球员的情况（但不公布转会合同年限及转会金额），以便相关培训单位及时了解球员转会信息。

（四）进一步研究现行培训补偿政策，结合目前中国青少年业余培训和职业联赛转会情况的发展，考虑建立 8~11 岁期间的培训标准和适当提高培训补偿数额。

（五）进一步完善球员转会补偿争议的受理与裁定机制程序。

（六）进一步加强监管与处罚，对拒不执行补偿政策的俱乐部依据规定进行处罚（罚款、罚分、限制转会名额、限制准入等）。

（七）加强足球俱乐部和球员体育诚信管理与监管工作。目前国家体育总局已与相关体育院校合作，开展对职业体育信用体系建设的专项课题研究，它是以职业足球和篮球作为主要研究对象，我们将积极对研究成果进行应用。

附件一：培训补偿

通常情况下，球员 12 周岁至 23 周岁期间为接受培训和教育的时期。在球员 21 周岁之前培训过他的俱乐部和（或）培训单位均可获得培训补偿。若有证据证明球员在 21 周岁前即停止了训练活动，培训补偿的计算从该球员 12 周岁时开始至其停止训练活动时结束。培训补偿的支付不影响违约赔偿责任的承担。

一、培训补偿的支付

（一）出现下列情形时，新俱乐部需要支付培训补偿：

1. 球员首次签订工作合同，即首次注册为职业球员；

2. 职业球员在 23 周岁赛季结束前的每次转会（无论转会是在原工作合同到期前还是到期后发生）。

（二）出现下列情形时，新俱乐部无需支付培训补偿：

1. 原俱乐部无正当理由与球员终止工作合同；

2. 球员转会至国际足联或中国足协第四类别俱乐部；

3. 职业球员转会后获得业余球员身份。

二、培训补偿的支付责任

（一）球员首次注册为职业球员时，其所注册俱乐部应当在 30 天内向该球员 12 周岁以后培训过他的所有俱乐部和（或）培训单位，依据球员注册记录支付培训补偿。支付金额应当根据该球员在各俱乐部和（或）培训单位不同的培训年数按比例计算。此后职业球员在 23 周岁赛季结束前的每次转会，培训补偿只需依据有效培训年数支付给当次转会前该球员所注册的最后一家俱乐部，培训补偿应在该球员注册后 30 天内支付。

（二）青少年业余球员自付培训费用的，培训单位应当将所获得的培训补偿按照该球员自付培训费用的比例分配给该球员。

（三）若有证据证明培训过球员的俱乐部和（或）培训单位放弃参加有组织的足球比赛和（或）因为破产、清算、解散或失去联系而不再存在，则该俱乐部和（或）培训单位所属会员协会有代替其接收培训补偿的权利。该培训补偿将用于会员协会青少年足球发展项目。

三、培训费用

（一）涉外转会时，请登录国际足联网站（www.FIFA.com）查询各洲际足联及国际足联会员协会对所属俱乐部类别的划分以及培训费用标准。

（二）国内转会时，中国足协管辖范围内的俱乐部划分为以下类别：中超俱乐部为第一类别；中甲俱乐部为第二类别；中乙俱乐部为第三类别；其他俱乐部为第四类别。培训费用标准为：第一类别俱乐部：10 万元人民币 / 年；第二类别俱乐部：6 万元人民币 / 年；第三类别俱乐部：2 万元人民币 / 年。

四、培训补偿的计算

（一）球员首次注册为职业球员时，培训补偿为新俱乐部培训费用乘以球员 12 周岁至 21 周岁期间赛季培训年数。此后的每次转会，培训补偿均按照新俱乐部培训费用乘以原俱乐部培训年数计算。

（二）为避免过高设定年轻球员的培训补偿，球员从 12 周岁至 15 周岁（即 4 个赛季）期间的培训费用将依据国际足联第四类别或中国足协第三类别俱乐部的培训补偿标准计算。

附件二：联合机制补偿

职业球员在与原俱乐部工作合同期限届满前转会，新俱乐部应当向所有培训过该球员的俱乐部和（或）培训单位支付联合机制补偿。

联合机制补偿的数额 =（新俱乐部支付给原俱乐部的转会补偿 - 培训补偿）× 5%

联合机制补偿在俱乐部和（或）培训单位之间的分配应当按照球员从 12 周岁到 23 周岁期间在相关俱乐部和（或）培训单位的注册年数（不足一年按相应比例计算）计算，具体系数如下：

——12 周岁的赛季：5%（即总补偿费的 0.25%）

——13 周岁的赛季：5%（即总补偿费的 0.25%）

——14 周岁的赛季：5%（即总补偿费的 0.25%）

——15 周岁的赛季：5%（即总补偿费的 0.25%）

——16 周岁的赛季：10%（即总补偿费的 0.5%）

——17 周岁的赛季：10%（即总补偿费的 0.5%）

——18 周岁的赛季：10%（即总补偿费的 0.5%）

——19 周岁的赛季：10%（即总补偿费的 0.5%）

——20 周岁的赛季：10%（即总补偿费的 0.5%）

——21 周岁的赛季：10%（即总补偿费的 0.5%）

——22 周岁的赛季：10%（即总补偿费的 0.5%）

——23 周岁的赛季：10%（即总补偿费的 0.5%）

新俱乐部应当按照上述规定，在球员注册后 30 天内支付联合机制补偿。如果转会补偿是按照分期付款方式支付，新俱乐部应当在每期款项支付后 30 天内支付相应比例的联合机制补偿。

新俱乐部应当依据球员注册记录，计算联合机制补偿的分配金额。球员应当在必要时协助新俱乐部履行此义务。

若有证据证明培训过球员的俱乐部和（或）培训单位放弃参加有组织的足球比赛和（或）因为破产、清算、解散或失去联系而不再存在，则该俱乐部和（或）培训单位所属会员协会有代替其接收联合机制补偿的权利。该联合机制补偿将用于会员协会青少年足球发展项目。

中国足协关于调整青少年球员转会与培训补偿标准管理制度的实施意见

各有关会员协会、俱乐部：

为全面贯彻党的十九大精神，加快落实《中国足球改革发展总体方案》相关要求与任务目标，进一步提高中国足协青少年球员注册与转会等基础性管理工作水平，加强我国青少年球员培训管理、规范青少年球员转会市场，鼓励与保护长期致力于青少年球员培训的青训机构积极性，中国足协经过认真研究，决定对现行《中国足球协会球员身份与转会管理规定》（足球字〔2015〕649号）（以下简称《转会规定》）的相关条款进行调整与补充，特制定如下实施意见：

一、加大对未满16周岁青少年球员国内转会的管控力度并调整业余球员首次注册的条件

（一）为防止个别培训单位利用虚假手段违规办理青少年球员转会，维护青少年球员身心健康成长，使其拥有良好的教育环境，加强培训单位对本地青少年球员培养的引导，对《转会规定》中“只有年满十六周岁以上的球员方可进行国内转会”条款中的例外规定进行调整，将例外规定中的“工作证明”调整为“社保凭证或个税缴纳证明”，即“新转入球员单位应提供球员监护人在新单位所在城市至少6个月以上的社保或个税缴纳证明、凭证或者记录文件”。

（二）对《中国足协注册管理规定》第二十八条中非户籍所在地的球员首次注册时必须提供的相关证明要求进行调整，取消原规定中“球员的监护人在首次注册协会所在城市至少半年以上的工作证明”，保留球员在首次注册协会所在城市学籍证明的要求。

二、调整原青少年球员国内培训补偿年龄限制的内容

根据目前国内青少年球员培训开展的实际情况，并参考《中华人民共和国民法总则》中对具备限制民事行为能力的未成年人年龄下限为8周岁的相关规定，对《转会规定》中可获得培训补偿的起始年龄由原12周岁调整为8周岁，即：球员从8周岁至21周岁期间，培训过该球员的单位均可依据相关注册记录获得国内培训补偿费。球员8周岁至11周岁的培训补偿费用标准按照第四类别俱乐部标准计算。

三、调整国内青少年球员及女足培训补偿费用标准

根据近年来国内青训投入总体情况与青少年球员转会市场价格，对《转会规定》附件一培训补偿中的培训费用进行如下调整：国内转会时，中国足协管辖范围内的俱乐部划分为以下类别：中超、女超俱乐部为第一类别；中甲、女甲俱乐部为第二类别；中乙、女乙俱乐部为第三类别；其他俱乐部为第四类别。培训费用标准为：第一类别俱乐部 50 万元人民币 / 年；第二类别俱乐部 25 万元人民币 / 年；第三类别俱乐部 10 万元人民币 / 年；第四类别 2 万元人民币 / 年。

四、增加青少年球员首次签订工作合同的相关要求

为保护长期重视与培养青少年球员的培训单位的相关权益，对青少年球员首次签订工作合同成为职业球员时增加如下要求：

（一）同时满足以下条件的，培训单位有权选择与业余球员签订不长于三年（含三年）的工作合同：

1. 培训单位已按《中国足球协会注册管理规定》第二十九条的相关规定为业余球员办理了年度注册与备案；

2. 业余球员已在该培训单位连续注册且每年代表该培训单位报名参加中国足协组织的官方比赛的时间超过四年（含四年）；

3. 该培训单位应为该业余球员现注册培训单位；

4. 培训单位提供的薪酬水平应不低于培训单位所属会员协会地区（城市）上一年度社会平均工资的三倍。

（二）若该球员与培训单位协商一致，可提高合同约定的工资水平或延长工作合同期限，但需符合中国足协关于工作合同的其他相关规定。

（三）若俱乐部依据有关培训单位首次签约权的规定而与相关球员签订了工作合同，但该合同履行一个赛季后球员依据《转会规定》第四十六条享有正当体育理由解除工作合同的，俱乐部应当主动与球员协商是否继续履行工作合同，协商不成的，则工作合同解除。

（四）若球员无正当理由拒绝签订工作合同，则中国足协纪律委员会可以对该球员处以停赛 24 个月的处罚。

（五）在同一培训单位连续注册且每年代表该培训单位报名参加中国足协组织的官方比赛时间未满四年的业余球员，若其与原培训单位的培训协议到期，则可选择与其他俱乐部签订工作合同。

（六）具有首次签约权的培训单位系指在中国足协注册并具备参加中超、中甲、中乙和中冠（决赛阶段）联赛资格的俱乐部。

（七）不满 18 周岁球员不得签订工作合同（由俱乐部在职业联赛一线队报名的除外）。

2018 年 1 月 31 日《实施意见》下发后，具有首签权的培训单位仍可按原《实施意见》的规定在 2019 年第一个注册期（冬季转会窗口）签订工作合同并备案，2019 年第一个注册期后应按本实施意见执行。

五、提供索取培训补偿与联合机制补偿的相关政策保障

为提高培训补偿与联合机制补偿政策的执行力度，对原《转会规定》培训补偿和联合机制补偿相关条款增加如下规定：

（一）新签工作合同或新转入球员的俱乐部应在注册完成后 30 天内，依据球员培训履历和培训补偿标准向球员所属培训单位支付培训补偿和联合机制补偿。若俱乐部未按规定期限和标准支付的，则球员原培训单位可向中国足协仲裁委员会提起仲裁。若新俱乐部被仲裁委员会认定为无正当理由未完成前述款项支付的，中国足协纪律委员会将依照《中国足球协会纪律准则》对其进行处罚。

（二）可获得培训补偿的培训单位（依据合法有效的培训协议）为已在中国足协或中国足协会员协会注册或备案的足球俱乐部、足球学校、社会足球培训机构、地方足球协会等。

六、加强培训协议有效期内的青少年球员国内转会管理

为加强青少年球员与培训单位对双方所签订培训协议的履约意识，对尚在培训协议有效期内青少年球员的国内转会行为规定如下：

（一）青少年球员应先与原培训单位就培训协议解除达成一致。未达成一致的，禁止办理国内转会。

（二）青少年球员与培训单位就协议的履行发生争议的，可向中国足协仲裁委员会提交仲裁申请。

七、严厉打击通过利用涉外转会手段逃避培训约定的行为

为保护青少年球员培训单位的相关权益，严厉打击通过利用国际足联对业余球员国际转会条件的相关规定，操纵尚在培训协议有效期内的球员进行“出口转内销”“出国涮水”等逃避行为，特增加如下规定：

无论何种原因，球员从其他国际足联会员协会转回国内的，若该球员在此次转回之前存在以下情形之一的，则该球员须转回原俱乐部或新转入该球员俱乐部须提供原转出培训单位同意其转会至其他俱乐部的书面同意函，否则不予办理转会手续（原转出培训单位已不在中国足协注册的不在此限）：

（一）培训协议未到期且未与培训单位就培训协议终止达成一致的。

（二）业余球员符合已连续在同一培训单位注册四年以上，培训单位可提供签订首次工作合同的规定条件，且在规定期限内未放弃与该球员签订首次工作合同的权利的。

八、加大对恶意逃避培训补偿行为的打击力度

对培训协议已到期的球员，但欲通过转会至低级别俱乐部再“跳板”到高级别俱乐部的形式来恶意逃避培训补偿的行为，制定如下规定：

球员签订首份工作合同后24个月之内再次转会的，若新转入俱乐部所对应的培训补偿标准高于首次签订工作合同俱乐部的，则新转入俱乐部应按本俱乐部对应的培训补偿标准再次向该球员所有培训单位支付相应培训补偿。

九、调整业余球员的注册转会期

取消业余球员的注册转会期限制，将原有的每年两个注册转会期改为可在全年任意时间进行业余球员的转会和注册。

本实施意见由中国足协负责解释，自下发之日起施行。现行《中国足球协会球员身份与转会管理规定》（足球字〔2015〕649号）中与本实施意见的差异条款，按照本实施意见执行。

五人制足球球员身份和转会规则

定义

本规则中使用的术语定义如下：

1. 五人制足球需遵循由国际足联和国际足球协会理事会小组委员会共同制定的《五人制足球竞赛规则》。

2. 十一人制足球比赛是按照国际足球协会理事会批准实施的《足球竞赛规则》进行比赛的。

3. 国际足联关于《球员身份和转会规则》是根据国际足联于2003年10月19日颁发的《国际足联章程》第5条而制定。

4. 前协会：指原俱乐部隶属的协会。

5. 前俱乐部：指球员离开的俱乐部。

6. 新协会：指新俱乐部隶属的协会。

7. 新俱乐部：指球员新加盟的俱乐部。

8. 官方比赛：指在组织足球框架内的比赛，如各国联赛锦标赛、国内俱乐部杯、国际俱乐部杯，但不包含友谊赛和测试赛。

9. 有组织的足球赛事：由国际足联、联盟以及协会主办的英式足球和五人制足球。

10.保护期：指三个完整赛季或三年，无论何者为先，根据合同的有效期，且该合同在职业球员28周岁前签订。或两个完整赛季或两年，无论何者为先，根据合同的有效期，且该合同在职业球员28周岁后签订。

11. 注册期：由相关协会根据《球员身份和转会规则》第6条所规定的时间。

12. 赛季：指相关国家联赛的第一场正式比赛到该国联赛最后一场比赛间的时间。

相关定义部分也可参见《国际足联章程》。

NB：任何人称的使用，适用于男性及女性。任何单数的使用亦适用于复数情况。

第一条　总则

本规则为国际足联制定《球员身份和转会规则》的一部分，即附录6部分。

第二条　适用范围

1.《五人制足球球员身份和转会规则》是世界范围内针对所有五人制足球球员具有约束力的规定，同时适用于五人制足球球员的参加组织足球的资格及他们在不同协会间的俱乐部进行转会。

2.《球员身份和转会规则》应完全适用于五人制足球球员，除非附录 6 中另有针对五人制足球的说明。

3. 五人制足球球员在同一协会内不同俱乐部之间的转会由协会按照《球员身份和转会规则》中第一条所制定的规定执行。

4.《球员身份和转会规则》中下列条款在国家层面对五人制足球具有约束力，无需修改、完全包含在协会规则内：第 2~8 条、第 10 条、第 11 条和第 18 条。

5. 各协会应在各自的协会规定中应包含保护合同稳定性的方法，且符合国家法律规定，尊重劳资谈判协议。特别应考虑《球员身份和转会规则》的第一条第 3 款（b）中的规定。

第三条　协会球队球员的放行和资格

1.《球员身份和转会规则》中的附录 1 和附录 2 关于协会球队球员的放行以及球员加入协会球队资格的规定具有约束力。

2. 一名球员只能代表一个协会参加五人制以及十一人制足球比赛。任何一名球员一旦代表某一协会参加任何级别官方的五人制或十一人制足球比赛（无论全场还是部分），则不可代表其他协会球队参加国际比赛。此规定除《国际足联章程》第 15 条第 3~5 款的规定应用外。

第四条　注册

1. 五人制足球球员如需参加职业联赛或业余比赛，则必须按照《球员身份和转会规则》第 2 条的规定在所在协会进行注册。只有注册球员方有资格参加有组织的足球赛事。通过注册，球员同意遵守国际足联、联合会和协会的章程及规定。

2. 一个球员一次只能注册在一家五人制足球俱乐部。然后，该球员可同时注册在一家十一人制足球俱乐部。而五人制足球俱乐部和十一人制足球俱乐部不必同属一个协会。

3. 从当年的 7 月 1 日至次年的 6 月 30 日，球员可最多注册在 3 家五人制俱乐部。在此期间，球员只能代表其中 2 家俱乐部参加正式的官方比赛。从当年的 7 月 1 日至次年的 6 月 30 日，该球员可注册的十一人制足球俱乐部数在《球员身份和转会规则》的第 5 条第 3 款中有特别规定。

第五条　五人制国际转会证明

1. 只有在新协会收到五人制国际转会证明（以下简称 IFTC）的前提下，已经在前协会注册过的五人制球员方可注册在新协会一家五人制足球俱乐部。IFTC 免费发放，且无任何条件或时间限制。任何与此相违背的条款均无效。发放 IFTC 的协会应向国际足联提交一份复印件。发放十一人制足球的国际转会证明（ITC）行政步骤与此相同。相关步骤参见《球员身份和转会规则》附录 3。IFTC 必须与十一人制足球的 ITC 有明显区别。

2. 年龄在 12 周岁以下的球员无需 IFTC。

第六条　停赛纪律处罚的执行

1. 针对球员在五人制足球比赛中或与五人制足球比赛相关活动中出现的违例行为的停赛处罚（参见《国际足联纪律条款》第 20 条第 1、2 款），只影响该球员代表五人制足球俱乐部比赛。同样的，对球员在十一人制足球比赛中的违例行为的停赛处罚，仅影响该球员参加十一人制足球俱乐部。

2. 无论球员的违例行为出现在五人制足球比赛中或是十一人制足球比赛中，针对球员的停赛时间处罚将同时影响该球员代表五人制足球俱乐部以及十一人制足球俱乐部比赛。

3. 如果球员注册的五人制足球和十一人制足球的俱乐部隶属于两个不同的协会，则球员注册的一个协会应将球员的停赛处罚通知该球员注册的另一个协会。

4. 所有在球员转会前对球员的纪律处罚将继续用于该球员新注册的协会。在发放 IFTC 时，前协会有责任书面通知新协会球员所受到的纪律处罚。

第七条　遵循合同

1. 球员只有在得到所在十一人制足球俱乐部书面批准的情况下，该十一人制足球俱乐部的签约职业球员方可与另外一家五人制足球俱乐部签署第二份职业合同。同样的，球员只有在得到所在五人制足球俱乐部书面批准的情况下，该五人制俱乐部职业球员方可与另外一家十一人制足球俱乐部签署第二份职业合同。

2. 关于合同稳定性的条款参见《球员身份和转会规则》第 13~18 条。

第八条　保护青少年

国际球员转会的年龄必须在 18 周岁以上。例外情况参见《球员身份和转会规定》第 19 条。

第九条　培训补偿

关于培训补偿的条款参见《球员身份和转会规则》第 20 条和附录 4，这些条款不适用于五人制足球俱乐部之间的球员转会。

第十条　联合机制补偿

关于联合机制补偿的条款参见《球员身份和转会规则》第 21 条和附录 5，这些条款不适用于五人制足球俱乐部之间的球员转会。

第十一条　国际足联裁决权

1. 在与合同相关的争议提交民事法庭之前，争议双方应在五人制足球球员及俱乐部权利均得到保证的前提下寻求解决办法。国际足联有权按照《球员身份和转会规则》第 22 条规定解决争议。

2. 球员身份委员会或法官应按照《球员身份和转会规则》第 23 条规定，对所有争议进行裁决。

3. 争议解决庭（DRC）或 DRC 法官应按照《球员身份和转会规则》第 24 条规定处理争议。

4. 上述机构或法官所作出的决定可向国际体育仲裁法庭（CAS）提起上诉。

第十二条　未尽事宜

本规则中未尽事宜，按照《球员身份和转会规则》执行。

第十三条　官方语言

如遇英文版、法文版、西班牙文版或德文版的解释存有差异，则以英文版本为主。

第十四条　执行生效

国际足联执行委员会于 2005 年 6 月 29 日批准本附录，并于 2005 年 9 月 1 日起生效。

国际足联执行委员会

主席秘书长：尤瑟夫 • 布拉特乌尔斯 • 林西

第九编

竞赛官员

竞赛官员是指裁判员、助理裁判员、第四官员、比赛监督、裁判监督、安全官员以及中国足球协会或会员协会指派的和比赛有关的其他任何人员。本编汇总的法律法规是我国现行有效的裁判人员相关的规范条文，清晰地呈现了裁判人员的选派规则和相应的程序，亦释明了裁判人员的权利和工作要求。相信无论是赛事举办方还是裁判人员，本编的内容都会对其有很好的指导意义。

本编中汇集的法律规范主要有：《体育竞赛裁判员管理办法》《中国足球协会裁判员管理办法实施细则》《中国足协裁判人员选派工作管理细则》《全国体育竞赛裁判员选派与监督工作管理办法（试行）》《中国足球协会国际级裁判申报管理办法》《中国足球协会裁判体能测试办法》《中国足球协会裁判讲师管理办法》《中国足球协会裁判监督管理办法》。这些法律法规主要是为了保证足球竞赛公平、公正、有序进行；规范足球竞赛官员资格认证、培训、考核、注册、选派、处罚等监督管理工作；规范中国足协各级各类赛事裁判人员的选派，确保选派工作科学、合理、公开、透明；加强中国足球协会竞赛官员队伍的建设。

体育竞赛裁判员管理办法

第一章　总　则

第一条　为保证体育竞赛公平、公正、有序进行，规范体育竞赛裁判员资格认证、培训、考核、注册、选派、处罚等监督管理工作，根据《中华人民共和国体育法》，制定本办法。

第二条　体育竞赛裁判员（以下简称裁判员）实行分级认证、分级注册、分级管理。

第三条　国家体育总局（以下简称体育总局）对在我国（不含香港、澳门特别行政区）正式开展的体育运动项目裁判员的管理工作进行监管。各级政府体育主管部门负责本地区相应等级裁判员的监督管理工作。

第四条　全国单项体育协会（以下简称全国单项协会）、省、自治区、直辖市各级地方单项体育协会（以下简称地方单项协会）负责本项目、本地区相应技术等级裁判员的资格认证、培训、考核、注册、选派、处罚等（以下简称技术等级认证）监督管理工作。

第五条　各体育运动项目裁判员的技术等级分为国家级、一级、二级、三级。获得国际单项体育组织有关裁判技术等级认证者，统称为国际级裁判员。

第六条　全国单项协会负责本项目我国国际级裁判员注册和日常管理工作，并对我国国际级裁判员在国内举办的体育竞赛中的执裁工作进行监管。国际单项体育组织对所属国际级裁判管理有其他规定的按其规定办理。

第七条　全国单项协会负责对本项目各级裁判员的技术等级认证等工作的管理，具体负责对本项目的国家级裁判员进行技术等级认证等管理工作，负责对本项目一级（含）以下裁判员的技术等级认证等工作进行管理和业务指导。

第八条　承接省、自治区、直辖市政府体育主管部门一级裁判员技术等级认证工作职能的省级单项协会，可负责本地区相应运动项目一级（含）以下裁判员的技术等级认证等管理工作。承接地（市）、县级政府体育主管部门二级、三级裁判员技术等级认证工作职能的同级地方单项协会，可负责相应运动项目二级、三级裁判员的技术等级认证等管理工作。

第九条　地方有关单项协会组织不健全的，应由相应的地方政府体育主管部门按照本办法的各项规定负责本地区相应项目的裁判员的有关监督管理工作。

第十条　符合相应运动项目一级（含）以下裁判员技术等级认证条件的解放军体育主管部门、全国性行业体育协会和体育专业高等院校可负责本系统、本单位相应运动项目的一级（含）以下裁判员的技术等级认证等管理工作。

第二章　裁判员委员会

第十一条　各全国单项协会应当成立裁判员委员会（以下简称裁委会）。裁委会在各单项协会领导下，具体负责本项目裁判员的技术等级认证等监督管理工作。

第十二条　各全国单项协会裁委会设主任一人，副主任两人至四人，常委（或执委）和委员若干人组成。裁委会成员由协会专职人员和注册的国际级、国家级裁判员组成。全国单项协会专职人员在裁委会常委会（或执委会）任职人数不超过常委总数的五分之一。每届裁委会任期不超过四年。

第十三条　各全国单项协会裁委会成员候选人由各省、区、市政府体育主管部门或同级单项体育协会依据相应程序和条件推荐，由全国单项协会审核批准。裁委会常委会（或执委会）成员，由裁委会成员无记名投票选举产生。裁委会主任、副主任由全国单项协会提名推荐候选人，由裁委会常委（或执委）无记名投票，三分之二以上常委表决同意。裁委会主任、副主任、常委（或执委）人选需报经全国单项协会核准，名单须向社会公布。

第十四条　各全国单项协会裁委会负责制定本项目裁判员发展规划；制定裁判员管理的相关规定和实施细则；组织裁判员培训、考核；国家级裁判员技术等级认证、注册；对本项目裁判员的奖惩提出意见；翻译并执行国际单项体育竞赛规则和裁判法，研究制定国内单项竞赛规则和裁判法的补充规定。

第十五条　各省、自治区、直辖市体育主管部门或地方单项协会应当结合本地区运动项目开展情况参照本章的规定成立裁委会。裁委会名单应当向全国单项协会备案，并向社会公布。本级裁委会应由不少于三名国家级或国际级裁判员组成。

进行二级、三级裁判员技术等级认证等管理工作的地（市）、县级地方单项协会也应参照本章规定成立裁委会，裁委会名单向上一级地方单项协会备案，并向社会公布。本级裁委会原则上应由不少于三名一级（含）以上技术等级的裁判员组成。

进行一级（含以下）裁判员技术等级认证等管理工作的解放军体育主管部门、全国性行业体育协会和体育专业高等院校应当参照本章的规定成立裁委会，裁委会应由不少于三名国家级、国际级裁判员组成。裁委会名单须向全国单项协会备案，并向社会公布。

第三章　裁判员技术等级认证

第十六条　裁判员技术等级认证考核内容分别为：竞赛规则、裁判法和临场执裁考核和职业道德的考察。晋升国家级裁判员应当加试英语或该运动项目的国际工作语言，作为资格认证的参考。根据各运动项目裁判工作的需要，晋升国家级、一级裁判员的技术等级认证可增加专项体能的考核内容。

第十七条　三级裁判员技术等级认证标准：年满18周岁中国公民，具备高中以上学历，能够掌握和运用本项目竞赛规则和裁判法，经培训并考核合格者。

第十八条　二级裁判员技术等级认证标准：具有一定的裁判工作经验；任本项目三级裁判员满一定年限，能够掌握和正确运用本项目竞赛规则和裁判法，经培训并考核合格者。

第十九条　一级裁判员技术等级认证标准：具备担任省级体育竞赛裁判员的经历，任本项目二级裁判员满一定年限，能够掌握和准确运用本项目竞赛规则和裁判法，经培训并考核合格者。

第二十条　国家级裁判员技术等级认证标准：具有较高的裁判理论水平和执裁全国性体育竞赛经验，能够独立组织和执裁本项目竞赛的裁判工作；任本项目一级裁判员满一定年限，经全国单项协会培训并考核合格者。

第二十一条　各全国单项协会负责制定本项目各技术等级裁判员培训、考核和技术等级认证的具体标准，以及报考国际裁判员人选的考核推荐办法，具体标准和考核推荐办法须经公布后执行。

第二十二条　各级、各类裁判员技术等级认证的单位，不得跨地区、跨部门、跨运动项目认证裁判员技术等级。裁判员由于工作调动，可持本人注册证明和裁判员证书到所在地方相应的注册单位申请变更注册单位。国家级裁判员变更注册单位，应当报全国单项协会备案。

第二十三条　各全国单项协会、各省、自治区、直辖市政府体育主管部门或同级地方单项协会可根据本项目、本地区开展裁判员技术等级认证的条件，组织一级（含）以下的裁判员技术等级认证等工作。

第二十四条　各级裁判员资格认证单位应当至少每两年举办一次裁判员技术等级认证考核。合格者授予相应的裁判员技术等级称号。

第二十五条　不符合裁判员资格认证条件的各级体育主管部门或各级单项协会不得对相应等级的裁判员进行技术等级认证等工作。

第二十六条　各全国单项协会应当统一制作并发放本项目各技术等级裁判员证书。

第二十七条　对各等级裁判员进行技术等级认证，不得收取费用。

第四章　裁判员注册管理

第二十八条　裁判员实行注册管理制度。各全国单项协会应当根据本项目的特点确定裁判员的注册年龄限制、注册时限、停止注册和取消注册等条件。

第二十九条　国际级、国家级裁判员按年度向各全国单项协会进行注册；各全国单项协会可视本项目裁判员队伍状况对一级裁判员进行注册或备案。一级（含）以下裁判员注册可由各省、自治区、直辖市体育行政部门或地方单项协会做出规定。

第三十条　各全国单项协会、各省、自治区、直辖市政府体育主管部门或地方单项协会应当建立裁判员注册信息库，并公布以下主要信息：

（一）裁判员姓名、年龄、技术等级、注册申报单位；

（二）裁判员获得相应技术等级资格认证的时间以及参加相应等级竞赛裁判工作记录；

（三）裁委会对裁判员裁判工作的考评意见；

（四）参赛单位对注册裁判员的评价意见。

第三十一条　裁判员必须持有注册有效期内的相应裁判员技术等级证书方能参加各级体育竞赛的执裁工作。

第五章　裁判员选派

第三十二条　全国性体育竞赛的临场技术代表、仲裁、裁判长、副裁判长、主裁判员须由国际级、国家级裁判员担任，其他裁判员的技术等级应为一级以上。

第三十三条　在国内举办的国际性体育竞赛，按照国际单项体育组织的要求选派裁判员；国际单项体育组织未对竞赛的裁判员技术等级做出要求的，应当选派国际级、国家级裁判员担任临场裁判。

第三十四条　全国单项体育协会选派裁判员参加全国性、国际性体育竞赛的裁判工作，应向裁判员注册申报单位所在的省级体育行政主管部门或地方单项协会备案。

第三十五条　各省、自治区、直辖市举办的同级以下的各类体育竞赛的临场技术代表、仲裁、裁判长、副裁判长、主裁判员、其他裁判员的选派条件，由各省、自治区、直辖市政府体育主管部门或地方单项协会做出规定。

第三十六条　全国性和地方性体育竞赛的裁判员选派应当遵循以下原则：

（一）公开的原则；

（二）择优的原则；

（三）中立的原则。

第三十七条 全国综合运动会和全国单项体育竞赛的裁判员，由各全国单项协会提出裁判员的选派条件、标准和程序，公开、公正进行选派。全国综合性运动会选派的裁判员，由体育总局统一公示名单。

第三十八条 各全国单项协会应对全国综合运动会和全国单项体育竞赛临场裁判员的选派采取回避、中立或抽签等方式进行。

第六章　裁判员权利和义务

第三十九条 各级裁判员享有以下权利：

（一）参加相应等级的体育竞赛裁判工作；

（二）参加裁判员的学习和培训；

（三）监督本级裁委会的工作开展；对于不良现象进行举报；

（四）享受参加体育竞赛时的相关待遇；

（五）对做出的有关处罚，有申诉的权利。

第四十条 各级裁判员应当承担下列义务：

（一）自觉遵守有关纪律和规定，廉洁自律，公正、公平执法；

（二）主动学习研究并熟练掌握运用本项目竞赛规则和裁判法；

（三）主动参加培训，并服从和指导培训其他裁判员；

（四）主动承担并参加各类裁判工作，主动配合有关部门组织相关情况调查；

（五）主动服从管理，并参加相应技术等级裁判员的注册。

第七章　裁判员考核和处罚

第四十一条 各全国单项协会、各省、自治区、直辖市政府体育主管部门或地方单项协会应至少每两年对本单位注册裁判员进行工作考核。

第四十二条 对违规违纪裁判员的处罚

处罚分为：警告、取消若干场次裁判执裁资格、取消裁判执裁资格一至两年、降低裁判员技术等级资格、撤销裁判员技术等级资格、终身禁止裁判员执裁资格。

第四十三条 各全国单项协会、各地方单项协会负责对相应等级的违规违纪裁判员做出处罚。地方单项协会不健全的，由当地政府体育主管部门向上级单项协会提出处罚意见，由上级单项协会对违规违纪裁判员进行处罚。

第八章　附　则

第四十四条　各全国单项协会、各省、自治区、直辖市政府体育主管部门或地方单项协会应当依据本办法制定相应的裁判员管理办法的实施细则，并向社会公布与实施。

开展全国性职业联赛的全国单项协会可参照本办法制定职业联赛裁判员的管理办法。

第四十五条　本办法自 2016 年 1 月 1 日起施行。原《体育竞赛裁判员管理办法（试行）》（体竞字〔1999〕153 号）废止。

中国足球协会裁判员管理办法实施细则

第一章　总　则

第一条　为保证足球竞赛公平、公正、有序进行，规范足球裁判员资格认证、培训、考核、注册、选派、处罚等监督管理工作，加强中国足球协会裁判队伍的建设，保证足球比赛公正有序进行，根据《体育竞赛裁判员管理办法》（国家体育总局第21号令）、《中国足球协会章程》《国际足联章程》等文件制定本实施细则。

第二条　足球裁判员实行分级认证、分级注册、分级管理。

第三条　国家体育总局（以下简称“体育总局”）对在我国（不含香港、澳门特别行政区及台湾地区）足球项目裁判员的管理工作进行监管。各级政府体育主管部门负责本地区相应等级足球裁判员的监督管理工作。

第四条　中国足球协会（以下简称“中国足协”）和各级地方足球协会负责本地区相应技术等级裁判员的资格认证、培训、考核、注册、选派、处罚等（以下简称“技术等级认证”）监督管理工作。本《实施细则》中的“裁判员”仅指十一人制足球裁判员。

第五条　足球裁判员的技术等级分为国家级、一级、二级、二级。获得国际足联有关裁判技术等级认证者，统称为国际级裁判员。

第六条　中国足协负责我国国际级足球裁判员的注册、推荐和日常管理工作，并对国际级裁判员在中国足协举办赛事中的执裁工作进行监管。

第七条　中国足协全面负责对各级足球裁判员的技术等级认证等工作的管理，具体负责对国家级裁判员的技术等级认证等管理工作；负责对国际级裁判员的推荐和日常管理工作，并对国际级裁判员在中国足协举办的执裁工作进行监管；对一级（含）以下裁判员的技术等级认证等工作进行管理和业务指导。

第八条　在中国足协注册的省、自治区、直辖市会员足球协会和重点城市会员足球协会，可负责本地区足球项目一级（含）以下裁判员的技术等级认证等管理工作。在中国足协会员协会注册的地（市）、县级的足球协会，可负责本地区足球项目二级、三级裁判员的技术等级认证等管理工作。

第九条　地方足球协会组织不健全的，可由相应的地方政府体育主管部门按照本办法的相关规定，组织本地区足球项目裁判员的技术等级培训和监督管理工作，并向本地区上一级足球协会进行裁判员技术等级认证申请。

第十条　符合足球项目一级（含）以下裁判员技术等级认证条件的解放军体育主管部门、全国性行业体育协会和体育专业高等院校可负责本系统、本单位足球项目的一级（含）以下裁判员的技术等级认证等管理工作。

第二章　裁判委员会

第十一条　中国足协成立裁判委员会（以下简称“裁委会”）。裁委会在中国足协领导下，具体负责足球项目裁判员的技术等级认证等监督管理工作。

第十二条　裁委会由中国足协执委会审议批准。裁委会成员组成结构和产生办法另行制定。中国足协会员协会及以下各级协会应遵照中国足协相关规定组建裁委会。

第十三条　中国足协裁委会负责制定足球裁判员发展规划；制定裁判员管理的相关规定和实施细则；组织裁判员培训、考核；国家级裁判员技术等级认证、注册；对足球裁判员的奖惩提出意见；翻译并执行国际《足球竞赛规则》和《裁判法》，研究制定国内《足球竞赛规则》和《裁判法》的补充规定。

第十四条　中国足协会员协会及以下各级协会裁委会负责制定本地区足球裁判员发展规划；制定本地区裁判员管理的相关规定和实施细则；组织相关等级裁判员培训、考核及技术等级认证。

第十五条　在中国足协注册的省、自治区、直辖市会员足球协会和重点城市会员足球协会，应当结合本地区足球运动开展情况参照本章的规定成立裁委会。裁委会名单应当向中国足协备案，并向社会公布。

进行二级、三级裁判员技术等级认证等管理工作的地（市）、县级别的足球协会，也应参照本章规定成立裁委会，裁委会名单向上一级地方足球协会备案，并向社会公布。

进行一级（含以下）裁判员技术等级认证等管理工作的解放军体育主管部门、全国性行业体育协会和体育专业高等院校应当参照本章的规定成立裁委会。裁委会名单须向中国足协备案，并向社会公布。

第三章　裁判员技术等级认证

第十六条　足球裁判员的技术等级分为国际级、国家级、一级、二级和三级；国际级裁判分为国际级裁判员与国际级助理裁判员。申报各级裁判员必须严格遵守国际足联和中国足协技术等级认证制度规定。

第十七条 足球裁判员技术等级认证考核内容分为：竞赛规则、临场执裁、专项体能及英语水平等。另外，裁判员还将接受职业道德等方面的考察。

第十八条 三级裁判员技术等级认证标准：年满16周岁中国公民，掌握并能正确运用《足球竞赛规则》，能够任裁判工作。三级裁判员由中国足协会员协会下一级协会（或经授权有相应资质的单位）培训、考核和审批。考核内容应包括竞赛规则、临场执裁、专项体能。审批后由中国足协会员协会下一级协会（或经授权有相应资质的单位）报中国足协会员协会备案。

第十九条 二级裁判员技术等级认证标准：能够比较准确运用《足球竞赛规则》和《裁判法》，具有一定的裁判工作经验；获得三级裁判员资格至少满1年，在中国足协会员协会下一级协会组织的比赛中担任裁判员工作不少于15场。二级裁判员由中国足协会员协会下一级协会（或经授权有相应资质的单位）培训、考核和审批。考核内容应包括竞赛规则、临场执裁、专项体能。审批后由中国足协会员协会下一级协会（或经授权有相应资质的单位）报中国足协会员协会备案。

第二十条 一级裁判员技术等级认证标准：熟练掌握、运用《足球竞赛规则》和《裁判法》，具有一定临场执法经验和组织足球竞赛裁判工作的能力；获得二级裁判员资格至少满1年；在中国足协会员协会组织的男子或女子U16以上级别（含）比赛中担任裁判员不少于15场；有至少2名中国足协会员协会裁判监督或裁判讲师对其裁判水平的评估和推荐。一级裁判员由中国足协会员协会（或经授权有相应资质的单位）培训、考核和审批。参加培训总课时应不少于24小时，培训班讲师、教材需经中国足协认可。一级裁判员考核内容应包括竞赛规则、临场执裁、专项体能和英语水平。通过审批后应由中国足协会员协会（或经授权有相应资质的单位）报中国足协备案。

第二十一条 国家级裁判员技术等级认证标准：精通《足球竞赛规则》和《裁判法》，并能准确、熟练运用；具有较高的裁判理论水平和较丰富的执裁全国性比赛的经验，能够独立组织和执裁足球竞赛的裁判工作；获得一级裁判资格至少满1年；在中国足协会员协会组织的男子和女子U16以上级别（含）比赛中担任裁判员不少于15场；经中国足协会员协会推荐参加中国足协组织的预备国家级裁判员培训班，培训班考核内容应包括竞赛规则、临场执裁、专项体能、英语水平。通过考核后至少满1年，并且在中国足协组织的各级全国U系列比赛中担任裁判员不少于15场或担任助理裁判员不少于20场，中国足协可择优批准为国家级裁判员。

第二十二条 精通《足球竞赛规则》和《裁判法》，并能准确、熟练运用；具有较高的裁判理论水平和丰富的实践经验，具有较强组织足球竞赛裁判工作的能力，掌握足球竞赛编排方法；原则上执法中国足协全国男子或女子足球顶级联赛至少满 2 年（特别优秀的裁判员可酌情适当降低年限），并符合国际足联相关条件的国家级裁判员，可由中国足协裁委会向国际足联推荐，经国际足联批准后，成为下一年度的国际级裁判员或国际级助理裁判员。

第二十三条　中国足协负责制定和审批各技术等级裁判员培训、考核和技术等级认证的具体标准，以及申报国际级裁判员人选的考核推荐办法，具体标准和考核推荐办法须经公布后执行。

第二十四条　负责一级（含）以下的足球裁判员技术等级认证的各级足球协会及单位，不得跨地区、跨系统、跨审批权限认证裁判员技术等级。

第二十五条　中国足协、中国足协会员协会及符合足球项目一级（含）以下裁判员技术等级认证条件的解放军体育主管部门、全国性行业体育协会和体育专业高等院校可根据本地区开展足球裁判员技术等级认证的条件，组织一级（含）以下的裁判员技术等级认证等工作。

第二十六条　各级裁判员资格认证单位应当至少每两年举办一次裁判员技术等级认证考核。合格者可授予相应的裁判员技术等级称号。

第二十七条　不符合裁判员资格认证条件的各级体育主管部门或各级足球协会，不得对相应等级的裁判员进行技术等级认证等工作。

第二十八条　中国足协负责制作国家级裁判证书和胸徽。一级以下裁判证书和胸徽由中国足协指定的制造商生产，由审批相应技术等级的单位购买及颁发。

第四章　裁判员注册管理

第二十九条　裁判员实行注册管理制度。每年应注册 1 次，注册的有效期至下一次规定的注册日期之前。各级裁判员须按规定的时间参加注册，逾期按放弃注册处理。连续两次未经审批管理单位注册的裁判人员，其技术等级称号自动取消，裁判员证书失效。

第三十条　国际级、国家级裁判员按年度在中国足协进行注册，一级裁判员向中国足协进行备案。一级（含）以下裁判员注册可由各省、自治区、直辖市足球协会做出规定。注册时只能在一个会员协会进行注册登记，注册时须交纳注册费。

第三十一条　裁判人员由于工作调动或居住地变更，需更改注册协会（或授权的单位和组织），应征得原注册协会及转入协会同意。在中国足协注册的裁判人员更改注册会员协会，须由原注册协会及转入协会报中国足协备案。

第三十二条　中国足协和各级地方足球协会通过中国足协指定的相关信息化平台进行注册，建立裁判员注册信息库，并公布裁判员部分主要信息。

第三十三条　裁判员必须持有注册有效期内的相应裁判员技术等级证书，方能参加各级足球竞赛的执裁工作。

第五章　裁判员选派

第三十四条　全国性足球比赛的裁判员须由国际级、国家级及中国足协认可的具有相关比赛执裁资格的一级裁判员担任。

第三十五条　在国内举办的国际性足球比赛，应按照国际足联的要求选派裁判员；国际足联未对竞赛的裁判员技术等级做出要求的，应按中国足协相关规定选派裁判员。

第三十六条　中国足协选派裁判员参加全国性、国际性体育竞赛的裁判工作，应向裁判员注册单位通知备案。

第三十七条　由中国足协会员协会举办的足球比赛，裁判监督、裁判长、裁判员的选派条件，可由相应的地方足球协会做出规定。

第三十八条　全国性和地方性足球比赛的裁判员选派应当遵循以下原则：

（一）公开的原则；

（二）择优的原则；

（三）中立的原则；

（四）回避的原则；

（五）就近选派的原则。

第三十九条　参加全国综合运动会和全国性足球比赛的裁判员，由中国足协确定裁判员的选派条件、标准和程序，公开、公正进行选派。参加全国综合性运动会选派的裁判员，由体育总局统一公示名单。

第四十条　参加全国综合运动会和全国性足球比赛的临场裁判员的选派，中国足协应根据回避、中立或择优等原则进行。

第六章　裁判员权利和义务

第四十一条　各级裁判员享有以下权利：

（一）参加相应等级的足球比赛裁判工作；

（二）参加裁判员的学习和培训；

（三）监督本级裁委会的工作开展，对于不良现象进行举报；

（四）享受参加体育竞赛时的相关待遇；

（五）对做出的有关处罚，有申诉的权利。

第四十二条　各级裁判员应当承担下列义务：

（一）自觉遵守有关纪律和规定，廉洁自律，公正、公平执法；

（二）主动学习研究并熟练掌握运用《足球竞赛规则》和《裁判法》；

（三）主动参加培训，服从培训安排和指导培训其他裁判员；

（四）主动承担并参加各类裁判工作，主动配合有关部门组织相关情况调查；

（五）主动服从管理，并参加相应技术等级裁判员的注册。

第七章　裁判员考核和处罚

第四十三条　中国足协及其会员协会每年对本单位注册裁判员进行工作考核。各级比赛的裁判监督或裁判长，应对参加比赛裁判工作的裁判员进行相关考核，并向选派裁判员的足球协会裁委会反馈考核意见。

第四十四条　对违规违纪裁判员的处罚

处罚分为：警告、取消若干场次执裁资格、取消执裁资格一至两年、降低裁判员技术等级资格、撤销裁判员技术等级资格、终身禁止裁判员执裁资格。

第四十五条　中国足协、各地方足球协会负责对相应等级的违规违纪裁判员按照相关规定做出处罚。地方足球协会不健全的，由当地政府体育主管部门向上级足球协会提出处罚意见，由上级足球协会对违规违纪裁判员进行处罚。

第八章　附　则

第四十六条　本办法由中国足协裁委会负责解释和修改。

第四十七条　本办法自 2016 年 1 月 1 日起施行，原《中国足球协会裁判人员管理办法（暂行）》同时废止。

中国足协裁判人员选派工作管理细则

第一章　总　则

第一条　为了规范中国足协各级各类赛事裁判人员的选派，确保选派工作科学、合理、公开、透明，遵循严谨的原则和科学的程序，降低选派中的人为因素影响，加强裁判工作的监管，保证选派的质量与比赛的顺利进行，根据国家体育总局《全国体育竞赛裁判员选派与监督管理工作办法（试行），特制定本细则。

第二条　本细则适用于中国足协主办的各级各类赛事以及中国足协裁委会选派裁判人员的其他赛事；各会员协会主办的赛事可参照执行。

第三条　裁判人员指裁判长、裁判监督、裁判员、助理裁判员、第四官员。

第二章　选派权限

第四条　下列赛事由中国足协裁判办选派裁判人员：

（一）中国足协主办的各级各类足球比赛。

（二）会员协会主办的三边或以上的国内职业俱乐部足球比赛。

第五条　全国综合性运动会足球比赛的裁判人员由中国足协提名，上报国家体育总局，批复后进行选派。

第六条　下列赛事由中国足协或亚足联选派裁判人员：

（一）中国足协主办的国际性足球比赛。

（二）会员协会主办的三边或以上的国际性足球比赛。

第七条　会员协会主办的国际或国内职业俱乐部双边比赛、义赛等由中国足协会员协会选派裁判人员，但应在首个比赛日前10个工作日报中国足协裁判办公室，经中国足协批准后生效。

第八条　会员协会主办的地方各级各类赛事由中国足协会员协会选派裁判人员。

第三章　裁判人员范围

第九条　中国足协裁委会制定晋级招募降级方案，在保证每年度各级联赛裁判执法总体水平的基础上，对各级联赛裁判进行动态升降、末位淘汰。

第十条　中国足协裁委会根据上一年度裁判人员综合考核情况对裁判人员进行任职范围划分，进行任职前培训及公示，裁判人员通过培训考核及公示，获得当年度相应赛事裁判工作任职资格；如三分之一参赛单位对公示的裁判人员提出回避要求，其不能获得当年度相应赛事裁判工作任职资格。

第四章　全国赛会制裁判人员的选派

第十一条　赛会制裁判长

（一）凡赛会制的赛事，应向赛区选派裁判长。

（二）选派裁判长的基本原则

1. 须具有所派赛事级别（含）以上的任职资格。

2. 中立，原则上与所在赛区的参赛球队不属同一会员协会或省级行政区域。

3. 就近选派，在符合上述原则的前提下，就近地区选派。

第十二条　赛会制裁判

（一）赛会制每个赛区选派的裁判人数应至少达到本赛区每天实际比赛场次所需的人数 .

（二）选派裁判的基本原则

1. 须具有所派赛事级别（含）以上的任职资格。

2. 中立，原则上与所在赛区的参赛球队不属同一会员协会或省级行政区域；在人员调配不开、经费有限的情况下，如有小组赛，执裁的裁判须中立；如无小组赛，须实行相关利益回避的原则。

3. 均衡，避免在同一赛事中过多选派同一区域的裁判。

4. 就近选派，在符合上述原则的前提下，就近地区选派。

5. 女子赛事原则上选派女子裁判，男子青少年赛事可选派优秀女子裁判。

6. 应有计划、有重点地选派我国西部和边远地区的裁判参加赛区裁判工作，以促进西部和边远地区裁判工作的开展。

第十三条　选派赛会制裁判人员的基本程序

（一）由中国足协裁判办根据裁判人员的选派原则和具体任务需求，提出裁判人员选派名单的建议。

（二）由中国足协裁判办对所提名单进行审核并初步确定后，报中国足协。

（三）选派裁判人员名单经中国足协审批后，由中国足协裁判办下发至各会员协会，由相关会员协会通知裁判人员本人。

第十四条 如遇特殊情况临时需要更换裁判人员时，由中国足协裁判办报中国足协批准，并将相关文件下发至各会员协会及有关赛区。处于停赛期或因违规违纪事件尚在调查期未处理的裁判人员不予选派。

第五章 全国主客场制裁判人员的选派

第十五条 全国主客场制赛事目前有：中国足协超级联赛、中国足协甲级联赛、中国足协杯赛、中国足协乙级联赛、中国足协女超联赛等。

第十六条 主客场制裁判监督

（一）每场比赛选派 1 名裁判监督。

（二）选派裁判监督的基本原则

1. 须具有所派赛事级别（含）以上的任职资格。

2. 中立，即与本场比赛任何一队不属同一会员协会或省级行政区域。

3. 申请回避，即赛季前启动裁判监督“申请回避”程序，本人提交回避参赛球队的表格，未填写则视为不申请。

4. 回避裁判，即原则上裁判监督与当执裁判不属于同一会员协会或省级行政区域。

5. 均衡，避免裁判监督过多场次地评估同一名裁判。

6. 就近选派，在符合上述原则的前提下，就近地区选派。

第十七条 主客场制裁判

（一）每场比赛选派 1 名裁判员、2 名助理裁判员和 1 名第四官员。

（二）选派裁判的基本原则

1. 须具有所派赛事级别（含）以上的任职资格。

2. 中立，即与本场比赛任何一队不属同一会员协会或省级行政区域。

3. 择优，根据比赛重要程度，优先选派技术等级高、身体素质好、状态佳、具备良好职业道德的裁判。

4. 申请回避，即赛季前启动裁判“申请回避”程序，本人提交回避参赛球队的表格，未填写则视为不申请。

5. 前二原则，避免裁判连续执法某一球队，即前两轮内担任过本场比赛任何一队执裁的裁判不能选派（在裁判调配不开或任务特殊需要时另行考虑）。

6. 后一原则，与本场比赛任何一队后一轮比赛的对手同属同一会员协会的裁判除外。

7. 相关利益回避原则，本场比赛任何一队与所属同一会员协会参赛队伍有夺冠、保级或其他利益关联的裁判除外。

8. 争议回避原则，在一年内执裁本场任何一队的比赛中出现过重大技术失误并引起较大争议的裁判除外。

9. 均衡，避免裁判在一年内过多地执裁同一参赛球队。

10. 就近选派，在符合上述原则的前提下，就近地区选派。

第十八条　主客场制选派裁判人员的基本程序

（一）中国足协裁判办分派每场裁判人员候选名单、初步确定后，上报中国足协。

（二）选派裁判人员名单经中国足协及裁委会主任审批后，由中国足协裁判办下发至各会员协会，并通知裁判人员本人。

第十九条　如遇特殊情况临时需要更换裁判人员时，由中国足协裁判办报中国足协裁委会主任批准，并将相关文件下发至各会员协会及有关赛区。处于停赛期或因违规违纪事件尚在调查期未处理的裁判人员不予选派。

第六章　裁判人员的评估与考核

第二十条　赛会制赛事裁判长按照《中国足协赛会制裁判人员工作实施细则》的有关要求，对裁判进行相关考核，并在上报裁委会的工作报告中对每名裁判进行量化评估。

第二十一条　主客场制赛事，裁判监督执行统一的评估标准，通过“中国足协信息化建设平台”的“裁判报表”系统提交评估报告，对每名裁判进行量化评估，在裁判人员内部公开评估分并计入年度综合考核，作为晋级招募降级的重要参考依据。

第二十二条　中国足协裁委会评议组将对裁判长的赛会制工作报告、主客场制裁判评估报告和实际工作情况进行综合考核，并将裁判长的年度考核结果列出优秀、合格、基本及格和不合格等次，在裁判人员内部公开。

第二十三条　按照《中国足协裁判评议工作管理细则》中的有关规定对裁判的临场执法进行相关评议，并对其中的错漏判按照《中国足协裁判人员奖惩实施细则》进行相应的处罚，并计入年度综合考核。

第二十四条　按照《中国足协裁判人员奖惩实施细则》中的有关规定对裁判人员的年度综合考核进行评选。

第二十五条　按照《年度中超中甲中乙联赛裁判晋级招募实施方案》中的有关规定，以及综合裁判办专家的评议，对裁判人员进行升降与分级。

第二十六条 中国足协裁委会应在接到报告后的1个月内对违规违纪的裁判人员作出相应的处罚。

第七章 附 则

第二十七条 在特殊情况下，中国足协可以不受选派基本原则的限制，而从实际完成任务需要出发选派裁判人员或聘请外籍裁判。

第二十八条 本细则由中国足协裁委会负责解释和修改。

第二十九条 本细则自发布之日起生效，原相关规定废止。

全国体育竞赛裁判员选派与监督工作管理办法（试行）

为规范全国综合性运动会、全国性单项重要体育赛事和全国性体育俱乐部联赛裁判员选派工作的监督与管理，使裁判员选派工作更加公开、透明，促进裁判员执裁工作的公正、公平，特制定本办法。

第一条　全国性单项体育协会（以下简称单项协会）应当于全国单项体育比赛前与参赛队伍的主管单位（省区市体育局竞技学院、项目管理中心、体工队、俱乐部等）签订《反腐廉洁公平参赛责任书》。体育总局各运动项目管理中心（以下简称项目中心）应当于全国综合性运动会赛前与各参赛的省区市（青运会、冬运会为地、市）体育局签订《反腐廉洁公平参赛责任书》，严禁假赛黑哨、权钱交易等违法违纪行为。

第二条　充分发挥单项协会作用，加强对体育竞赛裁判员的监督管理。根据单项协会章程，完善裁判员委员会的组织建设和工作制度，成立裁判员委员会常委会或执委会（以下简称裁委会常委会）。项目中心、单项协会专职人员在裁委会常委会中任职人数，不超过常委总数的五分之一。

第三条　裁委会常委会在单项协会和项目中心的指导和监管下，按照本办法，提出裁判员的培训、推荐、选派、管理、考核和奖惩工作的建议，报经单项协会、项目中心集体研究同意后，具体实施。

第四条　本办法所称裁判员包含赛事仲裁委员会成员、总（副）裁判长、技术代表、比赛监督、裁判员等。

第五条　裁判员选派遵循的原则

（一）公开的原则

全国性单项重要体育赛事由各单项协会或项目中心于比赛举办前，要求裁委会常委会研究制定裁判员的选派办法，并予以公布执行。对拟选定的裁判员进行赛前公示。由各单项协会或项目中心提名参加全国综合性运动会决赛阶段的裁判员名单由体育总局统一公示。

（二）择优的原则

根据比赛重要程度，优先选派技术等级高，具备良好职业道德，口碑好、在以往重要比赛中未出现过明显错判、漏判等重大工作失误的裁判员执裁。

（三）回避的原则

三分之一参赛单位对公示裁判员提出回避要求的，不得选派担任裁判。

（四）均衡的原则

集体球类项目、打分项目、计点项目、交手对抗项目避免在同一项赛事中过多选派来自同一注册申报单位的裁判员。

（五）就近的原则

举办全国性体育比赛，在同等条件下应优先就近选派裁判员担任裁判工作。

第六条 裁判员选派程序

（一）各单项协会裁委会常委会提出选派裁判员的等级、标准、条件和程序，并推荐仲裁委员会成员、总（副）裁判长、技术代表、比赛监督等人选，报单项协会和项目中心批准。

（二）各单项协会或项目中心通知各参赛单位按规定名额和条件推荐裁判员人选。

（三）裁委会常委会对各单位推荐裁判员人选进行审核，将选用的裁判员名单报单项协会和项目中心领导批准。裁委会常委会可在各单位推荐人选之外，补充推荐少量人选。

（四）各单项协会或项目中心公示各项赛事拟选用的裁判员名单。

（五）各参赛单位对公示名单提出意见，并可对公示的裁判员有条件提出回避要求。

（六）通过公示的裁判员应当于赛前与该单项协会签订《廉洁自律公正执裁承诺书》，做到严格自律，遵纪守法，秉公执裁。

第七条 临场裁判员选派原则

（一）回避的原则

1. 同一单位比赛的裁判员实行临场回避；

2. 裁判员与任何一方参赛单位的人员有直系亲属关系的实行临场回避，裁判员本人也应当主动提出回避要求；

3. 被三分之一以上参赛单位提出回避要求的裁判员不得担任该场次临场裁判工作；

4. 裁委会根据裁判员以往工作失误记录或比赛关系敏感度要求相关裁判员实行临场回避。

（二）中立的原则

在选派临场执裁的裁判员中，原则上优先选派与各参赛单位无直接隶属关系的裁判员执裁。

（三）抽签选派的原则

重要场次比赛和集体球类项目、打分项目、计点项目、对抗交手项目的临场主要裁判员，通过赛前适时抽签的办法确定。

第八条 临场裁判员选派程序

（一）总（副）裁判长提出临场裁判员人选范围名单，并征求仲裁委员会意见，于赛前对名单进行公示。

（二）各参赛单位在赛前规定时间内向仲裁委员会提出对公示名单的意见。

（三）总（副）裁判长在公示无异议的裁判员中，赛前以抽签的方式选派临场裁判员。

（四）集体球类项目、打分项目、计点项目、交手对抗项目在半决赛、决赛时，参赛单位双方可对临场主要裁判员各自提出一次有条件回避要求。如参赛单位提出回避，裁判长须重新抽签选定临场裁判。

第九条　全国性单项重要体育赛事的仲裁委员会成员和总（副）裁判长、技术代表应当由裁委会委员以上人员担任。

第十条　对裁判员执裁工作的监督

（一）打分项目、计点项目、交手对抗项目的全国性比赛中，在公布运动员（队）每轮次得分同时，应当公布每个临场裁判员的评判分数，接受参赛单位等各方监督。

（二）比赛总（副）裁判长、仲裁、技术代表、比赛监督或由单项协会单独组织的专家，对临场裁判员的执裁过程进行监督，及时向裁委会和单项协会提出相关建议。比赛结束后，裁委会对参与执裁工作的临场主要裁判员做出量化评价。

（三）各单项协会或项目中心可采取无记名投票方式征求各参赛单位对临场主要裁判员执裁工作的意见，并做出量化评价。

第十一条　公开裁判员执裁工作记录

各单项协会应当建立一级以上裁判员的注册信息系统，并向各参赛单位和注册裁判员公布以下内容：

（一）全体裁判员姓名、技术等级、注册申报单位。

（二）裁判员参加相应等级竞赛培训和执行裁判工作场次的记录。

（三）各单项协会对裁判员总体评价和处罚的不良记录。

（四）参赛单位对裁判员的总体评价。

第十二条　裁委会对裁判员的考核

各单项协会裁委会根据年度裁判员工作记录和相应各方对裁判员做出的评价，对总（副）裁判长、仲裁、技术代表、比赛监督、裁判员的工作进行综合考核，并将考核结果列出优秀、合格、基本合格、不合格等次，记入裁判员注册信息系统，同时予以公开，并作为评选和选派裁判员的主要依据。

第十三条　对违规违纪裁判员的处罚分类

对裁判员的处罚视情节可分为：警告、取消若干场次裁判执裁资格、取消裁判执裁资格1~2年、降低裁判技术等级资格、撤销裁判技术等级资格、终身禁止裁判执裁资格。

第十四条　对违规违纪裁判员处罚的程序

（一）对裁判员的警告由比赛总（副）裁判长提出，提交裁委会决定。

（二）取消若干场次裁判执裁资格的处罚，由总（副）裁判长与赛区竞赛仲裁委员会共同提出，经裁委会常委会同意并报单项协会和项目中心领导批准。

（三）取消裁判执裁资格 1~2 年、降低技术等级资格、撤销技术等级资格、终身禁止裁判执裁资格的处罚由裁委会常委会和赛区竞赛仲裁委员会共同提出，并报单项协会和项目中心领导批准，同时通报该裁判员资格认证单位办理相关手续。

（四）对违规违纪裁判员做出取消若干场次裁判执裁资格以上处罚的，单项协会或项目中心须事先通知被处罚的裁判员进行申诉的权力及相关事项。

第十五条　对违规违纪行为裁判员的处罚条件

（一）警告：在赛区工作期间，不遵守赛区纪律的；经裁委会或仲裁委员会认定的在临场执法中出现明显漏判、错判的。

（二）取消若干场次裁判执裁资格：在赛区有酗酒滋事等不良行为；凡在同一比赛中受到两次警告或未按规定主动提出临场回避的。

（三）取消裁判执裁资格 1~2 年：经裁委会或仲裁委员会认定在执裁中多次出现明显错判、漏判等较大工作失误，造成不良社会影响的。

（四）降低技术等级资格：经裁委会或仲裁委员会认定多次出现明显反判、错判或漏判等重大失误，造成较大社会不良影响的。

（五）撤销技术等级资格：经裁委会或仲裁委员会认定多次出现异常反判、错判或漏判等重大失误，比赛场面严重失控，造成恶劣社会影响的。

（六）终身禁止裁判执裁资格：经纪检监察部门或司法机关查实参与假赛黑哨，暗箱交易，操控比赛，收送钱物等非法行为的。

第十六条　对违规违纪选派裁判员的处罚

（一）各项目中心、单项协会如有违反本办法的要求选派裁判员，由该项目中心对相关部门和人员进行批评教育，限期整改，并可对有关人员调整或调离现工作岗位。如涉嫌暗箱操作、操纵比赛、权钱交易、收受贿赂等违法行为，移交纪检监察部门和司法机关审查处理。如经查实，由体育总局对项目中心主要领导和领导班子在全国体育系统进行通报批评。

（二）对违规违纪裁判员未及时在 1 个月内做出相应处理的，由体育总局对项目中心领导班子和分管中心领导在体育系统内进行通报批评，并责成项目中心或单项协会限时进行处理。

（三）裁判员选派监督工作管理混乱，不按本办法要求实行裁判员选派监督工作管理的项目中心和单项协会，体育总局责成其限时整改，项目中心须向体育总局做出书面检查。

（四）竞赛仲裁委员会成员、总（副）裁判长、技术代表、比赛监督等单项协会授权监督裁判员临场执裁工作的人员，未能履行职责，对裁判员违规、违纪行为未能及时提出处理意见的，须做出书面说明和检查，并接受相应的批评教育和处分。

第十七条　各项目中心、单项协会应当畅通申诉举报渠道，明确申诉、举报程序和联系方式，及时受理有关申诉、举报案件，并严格依据国家体育总局党组《关于严禁收受与行使职权有关联单位和个人以任何名目发放或赠送现金、支付凭证或有价证券的通知》（体党字〔2014〕62号）的规定，做出调查处理。

第十八条　各项目中心、单项协会应当按照本办法制定本项目裁判员选派监督工作管理的实施细则，并报国家体育总局审核后公布执行。体育总局将成立由竞技体育司、人事司、纪检监察等部门组成的监督组，依据本办法和体党字〔2014〕62号文件的规定，以及各项目中心、单项协会制定的实施细则加强监督、检查和处罚。

中国足球协会国际级裁判申报管理办法

（业经第十届中国足球协会裁判委员会第一次会议通过）

第一章　总　则

第一条　为保证国际级裁判申报工作的公平、公开、公正，切实做好中国足协国际级裁判的推荐和申报工作，特制定本办法。

第二条　本办法依据国际足联的相关要求、国家体育总局《体育竞赛裁判员管理办法》制定。

第三条　国际级裁判是指国际级裁判员、国际级助理裁判员。

第二章　国际级裁判申报条件

第四条　被提名的国际级裁判应符合下列条件：

（一）具有良好的品德和职业道德，热爱足球事业。

（二）至少连续 2 年执法中超联赛或中甲联赛的男子裁判员和助理裁判员、连续 2 年执法女超联赛或女甲联赛的女子裁判员和助理裁判员，且执法表现优秀。特别优秀的年轻裁判员可酌情适当降低年限。在提名前的 12 个月中，担任上述比赛助理裁判员的场次多于担任裁判员的场次，才能被考虑提名为国际助理裁判员。

（三）至少年满 25 周岁（助理裁判员至少满 23 周岁）。申报时年龄超过 45 岁，需进行体检、体测和临场实践的评估。

（四）身体健康，具有医院身体检查证明。

（五）应通过符合国际足联标准的体能测试。

（六）应具有较好的英语交流能力。

（七）符合条件的候选人，如果在向国际足联提名时出现受伤、生病或怀孕的情况，中国足协可以向国际足联推荐，并提交候选人的体检报告及体能测试结果。

第三章　申报办法

第五条　申报程序

（一）中国足协裁判办公室根据国际足联的要求，每年 9 月开始准备国际级裁判的申报。

（二）中国足协裁判办公室根据相关原则提出国际级裁判继续申报名单和新申报候选人的名单，提请裁判委员会审议。

（三）裁判委员会研究确定初步的年度申报人选。

（四）裁判人员内部公示。

（五）裁判委员会将最终拟申报人选报中国足协批准。

（六）裁判办公室向国际足联和亚足联申报、注册，并根据裁全年执法国内职业联赛后的综合表现，向国际足联列出提名裁判员和助理裁判员的排名。

第六条　继续申报国际级裁判的原则

考虑到国际级裁判工作的连续性，以及在国际足联、亚足联的影响，现役国际级裁判中，如无下列情况，原则上可以继续申报：

（一）年度执法多次出现重大错漏判。

（二）当年度因违规违纪受到处罚。

（三）因各种原因，连续两年不能进入亚足联精英裁判员系列。

（四）在亚足联组织的体能测试一次以上不及格。

第四章　附　则

第七条　本办法由中国足协裁委会负责解释和修改。

第八条　本办法自颁布之日起生效，原相关规定同时废止。

中国足球协会裁判体能测试办法

（业经第十届中国足球协会裁判委员会第三次会议通过）

为适应日趋激烈的全国各级比赛对裁判员体能的需求，保证裁判员在比赛中执法的质量，帮助年轻裁判员循序渐进、稳步发展，提高我国足球裁判员体能水平。现制定中国足协裁判员体能测试办法。

一、测试方法

（一）高强度间歇跑测试

150 米跑接 50 米走、75 米接跑 25 米走等。

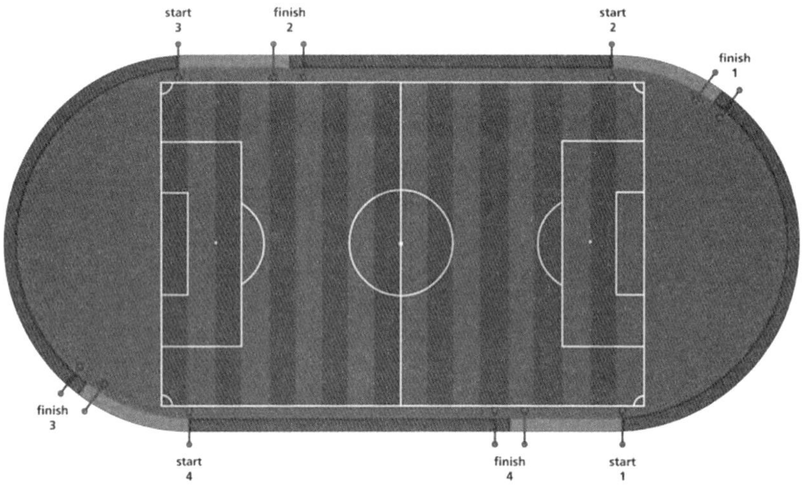

（二）速度耐力测试

标准 YO-YO、动态 YO-YO（DYY）、ARIET 等。

（三）速度测试

40 米跑、30 米跑等。

1. 速度测试：40 米。

2. 速度测试：30 米。

（四）变向能力测试

CODA 等。

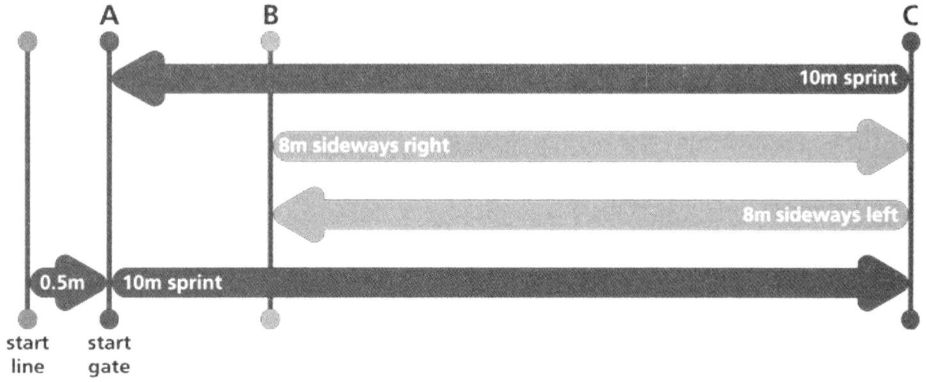

（五）国际足联指定的其他测试方法。

二、测试类别

（一）赛季前执法资格测试

裁判员应在赛季前各级比赛培训班期间通过由中国足协制定的测试方法和相应级别标准的体能测试。体能测试通过者获得相应级别比赛执法资格。

1. 适用范围

男、女子成年比赛裁判员和助理裁判员。

2. 测试方法

目前为高强度间歇跑和速度测试。可能根据国际足联测试方法的更新而调整变化，但中国足协将至少在测试前 45 天将确定的年度测试方法通知各会员协会和裁判人员。

3. 补测事宜

体能测试中未通过的裁判员（含在体测中受伤），暂不具备当年度相应级别比赛执法资格。中国足协将择期组织最多 2 次补测，每次测试的间隔时间不少于 4 周，补测产生的差旅费由参加补测人员负担。参加补测并通过的裁判员，获得参加当年度相应级别比赛的执法资格。最后一次补测后仍未通过者，将被取消当年度的执法资格，下一年度降到下一级别比赛执法。连续 4 次未能通过体测，将永久失去执法任何中国足协职业联赛的资格。

（二）赛季中执法资格测试

在联赛中期的集训、总结会期间对相应级别的裁判员进行体能测试，体能测试通过者获得当年度继续执法相应级别比赛的资格。

1. 适用范围

中超、中甲裁判员和助理裁判员。女子成年裁判员、中乙裁判员及预备国家级裁判员视条件而定。

2. 测试方法

与当年度赛季前执法资格测试相同。

3. 补测事宜

体能测试中未通过的裁判员，中国足协将择期（至少 4 周后）组织 1 次补测。允许裁判员申请提前补测，但无论补测结果如何，均只有一次补测机会。补测产生的差旅费由参加补测人员负担，参加补测并通过的裁判员，获得继续执法相应级别比赛的资格。仍未通过者，取消当年度剩余比赛的执法资格。

（三）预备国家级裁判员培训班考核测试

预备国家级（或相同性质）培训班体能测试，通过测试的学员获得全国 U 系列比赛执法资格。

1. 适用范围

预备国家级（或相同性质）培训班考核学员。

2. 测试方法

执法资格测试相同。

3. 补测事宜

体能测试中未通过的裁判员，中国足协将择期（至少 4 周后）利用赛区组织 1 次补测。参加补测并通过的裁判员，获得全国 U 系列比赛执法资格。仍未通过者，须重新参加下一期预备国家级（或相同性质）培训班，以获得相应执法资格。

（四）阶段性摸底测试

旨在督促裁判员采用正确的、全面的方法进行体能练习，在全年保持良好的体能状态。

1. 适用范围

女子裁判员和男子 U 系列（预备国家级）裁判员。

2. 测试方法

根据各赛区时间段和测试条件的不同，采用不同的练习和测试方法。主要分为：以速度耐力为主的 DYY 和 ARIET 测试；以速度为主的 40 米和 30 米跑；以灵敏和变向能力为主的 CODA 测试等。每赛区可以选择多个项目进行测试。

三、测试标准（均为最低标准）

（一）中超、中甲、中乙

类别	变向能力测试 CODA	速度测试		高强度间歇跑测试	
		6×40m	5×30m	（75m ×25m）	圈数
裁判员	无	6″	无	15″×18″	10
助理裁判员	10″	无	4″7	15″×20″	10

（二）女子成年

类别	变向能力测试 CODA	速度测试		高强度间歇跑测试	
		6×40m	5×30m	（75m×25m）	圈数
裁判员	无	6″4	无	17″×20″	10
助理裁判员	11″	无	5″1	17″×22″	10

（三）男子 U 系列赛区、预备国家级学员考核：

类别	速度测试		高强度间歇跑测试		变向能力测试 CODA
	6×40m	5×30m	（75m×25m）	圈数	
裁判员	6″1	无	15″×20″	10	无

（四）女子 U 系列赛区、预备国家级学员考核：

类别	速度测试		高强度间歇跑测试		变向能力测试 CODA
	6×40m	5×30m	（75m×25m）	圈数	
裁判员	6″5	无	17″×22″	10	无

（五）其他测试标准另行制定。

注：必须有医务人员、救护车在体测现场。

四、测试监考

体能测试的监考官必须是中国足协指定或认可的裁判技术讲师、体能讲师、裁判监督。测试必须在中国足协或会员协会相关人员（中国足协认可）的监督下进行。

五、本办法由中国足协负责解释和修改

本细则自颁布之日起实行，原相关规定同时废止。

中国足球协会裁判讲师管理办法

（业经第十届中国足球协会裁判委员会第二次会议通过）

第一章 总 则

第一条 为规范裁判讲师管理工作，根据《中国足球协会章程》《中国足协裁判管理办法实施细则》，以及国际足联的有关要求，特制订本办法。

第二条 中国足协、各会员协会或经授权有相应资质的单位（以下简称会员协会），根据裁判讲师的技术等级和业务水平，对裁判讲师实行分级认证、分级注册、分级管理。

第三条 中国足协对其认证的裁判讲师进行考核、注册和管理；会员协会负责对本协会认证的裁判讲师进行考核、注册和管理。

第四条 中国足协及其会员协会裁判讲师分为裁判技术讲师和裁判体能讲师两类。

第五条 本办法适用于中国足协裁判讲师。

第六条 遵纪守法，为人正派，具有良好的职业道德，热爱足球裁判事业，能够严格执行中国足协的各项规章制度。

第七条 参加相应的裁判讲师培训课程，并考核通过，获得相应的课程结业证书。

第八条 新认证的裁判技术讲师人选，原则上当年度年龄不得超过 65 周岁。

第九条 新认证的裁判体能讲师人选，当年度年龄原则上不得超过 55 周岁。

第二章 裁判讲师基本条件

第十条 经过二级医院（县市级医院）以上健康检查，具有医院出具加盖公章的身体健康检查文件，以证明该推荐人员适合从事此类活动。

第十一条 具备较强的裁判课程组织能力和教学能力，以及与组织教学、考核相关的技能。

第三章　裁判讲师认证程序

第十二条　中国足协原则上每年进行一次裁判讲师注册，每 2 年组织一次裁判讲师培训、考核和认证。

第十三条　培训人选采取中国足协选拔与会员协会申报相结合的方式。

第十四条　参加并通过中国足协组织的裁判讲师培训、考核，且符合中国足协相关要求和程序的人选，认证为中国足协裁判讲师，并由中国足协备案。

第十五条　经中国足协推荐参加过国际足联、亚足联主办的裁判讲师培训班，并通过考核获得国际足联、亚足联裁判讲师资格的，经中国足协批准可获得本年度中国足协裁判讲师任职资格。

第四章　选　派

第十六条　负责培训国家三级、二级、一级裁判员的讲师，可以由获得当年度任职资格的中国足协裁判讲师或会员协会裁判讲师担任。负责培训预备国家级、国家级裁判员的讲师，以及负责培训和考核中国足协各级各类赛事裁判人员执法资格的讲师，由获得当年度任职资格的中国足协裁判讲师担任。

第十七条　中国足协裁判讲师由中国足协裁判委员会统一选派。

第十八条　裁判人员等级培训时，无符合相应资质要求的裁判讲师的各级会员协会，须提前至少 1 个月向上一级协会裁委会申请选派符合资质要求的裁判讲师。会员协会可以配备裁判讲师助理，协助工作。

第五章　裁判讲师工作职责

第十九条　执行培训教学大纲，采用统一、规范的教材，确保培训质量以及规则精神的统一。

第二十条　裁判人员技术教学、考核必须由相应级别的裁判技术讲师负责组织和主要实施。裁判人员体能教学，以及等级培训和执法资格培训中的体能考核，必须由相应级别的裁判体能讲师主要负责组织和实施。会员协会体能讲师可以参与中国足协裁判人员的体能考核。

第二十一条　按照工作程序，严格、准确、规范地实施报到、离会等工作程序，出席开班和结业典礼。

第二十二条　确保培训班考核（如需）的公正、规范、严格、严谨。在培训结束后向相应级别足球协会裁委会提交考核成绩及培训相关文件。

第六章　裁判讲师工作程序

第二十三条　中国足协将在培训班开班前通知相关的裁判讲师，裁判讲师确认通知。

第二十四条　通知确认后，裁判技术讲师根据培训大纲及相关要求制定培训教学计划，并通知裁判体能讲师以及培训承办方。

第二十五条　依照课程安排表准备授课资料，根据大纲要求准备考试相关材料。裁判体能讲师须进行体能测试场地、器材标准确认、体能训练和考核分组及其他准备工作。

第二十六条　先于学员抵达培训地点与承办方沟通并确保培训班的各项准备工作得以落实，在上课前须提前到达授课地点，检查教学设施。

第二十七条　课后与中国足协、承办方沟通，及时反馈培训情况。

第二十八条　结业典礼前发放并回收培训情况反馈表。

第七章　工作要求

第二十九条　严格遵守国家的法律、法规和社会道德规范。遵守中国足协、承办方的相关管理要求。

第三十条　坚持原则，谦虚谨慎，尊重他人。

第三十一条　讲师间互相团结，互相尊重，互相配合。

第三十二条　积极采用现代化教学手段，与国际足联、亚足联、中国足协要求和倡导的教学方式保持一致。

第三十三条　严格管理，严格考勤，严格考核。如实报告、反馈培训情况、考核成绩，并提出改进培训的建议。

第八章　附　则

第三十四条　本办法由中国足协裁委会负责解释和修改。

中国足球协会裁判监督管理办法

（业经第十届中国足球协会裁判委员会第二次会议通过）

第一章　总　则

第一条　为规范裁判监督管理工作，根据《中国足球协会章程》《中国足协裁判管理办法实施细则》，以及国际足联的有关要求，特制定本办法。

第二条　中国足协、各会员协会或经授权有相应资质的单位（以下简称会员协会）根据裁判监督的技术等级和业务水平，对裁判监督实行分级认证、分级注册、分级管理。

第三条　中国足协对认证的裁判监督进行考核、注册和管理，会员协会负责对本协会认证的裁判监督进行考核、注册和管理。

第四条　主客场比赛原则上设裁判监督一人，集中赛会制比赛设裁判监督若干。裁判监督受中国足协裁委会的直接领导，同时在赛区组委会和比赛监督的领导下开展工作。

第五条　本办法适用于中国足协选派的裁判监督。

第二章　裁判监督人选申报要求

第六条　须遵纪守法，为人正派，具有良好的职业道德，热爱足球裁判事业，能够严格执行中国足协的各项规章制度。

第七条　须符合相应的申报基本条件。

第八条　须参加相应的裁判监督培训课程，并考核通过，获得相应的课程结业证书。

第九条　新申报的人选原则上当年度年龄不得超过50周岁，已获得裁判监督资格的人选再次申报，原则上当年度年龄不得超过60周岁。

第十条　须经过二级医院（县市级医院）以上健康检查，医院出具加盖公章的身体健康检查文件，以证明该推荐人选适合从事此类活动。

第十一条　须具备熟练运用电脑、网络技术的能力，规范、独立、及时地向中国足协裁委会提交电子裁判评估报告、赛区工作总结及其他工作报告。

第三章　裁判监督申报程序

第十二条　中国足协每年度组织一次裁判监督的申报、认证和注册。

第十三条　会员协会应按照相关要求和程序向中国足协进行申报。

第十四条　申报后由中国足协组织选拔、培训、考核、认证和注册。

第十五条　获得国际足联或亚足联裁判监督资格的，经中国足协批准可获得本年度的中国足协裁判监督任职资格。

第四章　选　派

第十六条　中国足协主办的主客场联赛，裁判监督的选派应遵循与参赛队所在地区、裁判组成员所在地区回避的原则。同一裁判监督应避免连续或多次担任同赛区、同球队、同裁判员的监督工作。同时应尽量考虑相关利益方规避、就近等原则。

第十七条　中国足协主办的集中赛会制比赛，裁判监督的选派应遵循能力匹配、中立、就近等原则。其中，1 名裁判监督担任赛区裁判长，其余裁判监督担任赛区副裁判长。担任举办预备国家级裁判培训班的主讲师兼任赛区裁判监督（裁判长）。

第五章　工作职责

第十八条　严格按照中国足协、赛区委员会以及竞赛规程的有关规定，全权负责裁判员在赛区的工作、生活的管理和监督。

第十九条　准确掌握和解释竞赛规则，执行规范统一的评估标准。

第二十条　对裁判员业务水平的提高提出针对性的建议。

第二十一条　向裁委会提交详细的评估报告，将裁判员的职业道德和工作情况如实反馈裁委会。

第二十二条　严格按照既定的工作程序，按时完成赛区报到、参加联席会议和赛前准备会、组织裁判工作总结会、进行比赛现场监督评估、向中国足协裁委会提交报告等工作。

第六章　工作要求

第二十三条　严格遵守国家的法律、法规和社会道德规范。严格遵守中国足协、赛区组委会的有关管理和纪律规定。

第二十四条　坚持原则，谦虚谨慎，尊重他人。

第二十五条　规范赛区工作着装。参加赛区联席会议等官方活动时，应穿着正装或中国足协统一配发的服装。

第二十六条　应客观、公正地对裁判员的执法表现进行监督和评估。对异常的裁判员评分、评估和赛区裁判员排名，中国足协裁委会有权要求裁判监督做出解释。

第二十七条　应独立填写评估报告，关键判罚（争议判罚、球点球、越位、红黄牌）应借助录像分析评估。

第二十八条　赛前、赛中、赛后如遇突发事件，应及时向中国足协裁委会通报情况，并在比赛监督的领导下按照规定及时处理，处理后再次向中国足协裁委会报告。

第二十九条　对于赛区工作及比赛中出现的与裁判工作相关的任何违规违纪情况，应积极收集证据、认真核对有关情况，并客观、公正地填写相关报告。

第三十条　未经中国足协允许，不得以裁判监督身份就中国足协及会员协会主办的赛事的裁判工作接受媒体采访。

第七章　附　则

第三十一条　本办法由中国足协裁委会负责解释和修改。

第十编

经纪人（代理人）

球员经纪人（代理人）是指一名自然人，以获取佣金为目的，在规程允许的范围内向俱乐部介绍球员进行签约或续约，或者介绍两家俱乐部签订转会合同。在职业足球发达的欧美地区，球员经纪人的作用已经成了俱乐部和球员之间不可或缺的桥梁和枢纽。本编详细介绍了球员经纪人的相关法律规范。作为一名合格的球员经纪人，不仅需要过硬的专业能力、有关部门颁发的官方证书，还需要熟悉经纪人的职业规范要求和各个赛事的章程、规程和相关规定。否则影响到的将不仅仅是经纪人的前途，包括球员、俱乐部在内都可能会受到处罚。

本编中汇集的法律规范主要有：《国际足联球员经纪人规程》《中国足球协会球员代理人管理规定》。这些法律规范对维护球员经纪人、运动员和企事业体育组织的合法权益有着积极的作用，规范了体育经济行为和体育经济秩序，促进了体育经济市场的正常和健康发展。

国际足联球员经纪人规程 [*]

本规程依照《国际足联章程实施规程》第 14 条的有关规定制定。

定　义

1. 球员经纪人：是指一名自然人，以获取佣金为目的，在本规程允许的范围内向俱乐部介绍球员进行签约或续约，或者介绍两家俱乐部签订转会合同。

2. 证书：有关会员协会颁发的使一名自然人能够从事球员经纪人活动的官方证件。

3. 申请人：希望获得证书以便从事球员经纪人活动的自然人。

参见国际足联章程和国际足联球员转会规程的定义部分。

注：在本规程中所使用的“他”及“他们”均泛指男性及女性。不限单复数。

第一章　引　言

第一条　范围

1. 本规程负责规范球员经纪人向俱乐部介绍球员进行签约或续约，或者介绍同一协会的及不同协会的两家俱乐部签订转会合同的工作范畴。

2. 本规程仅限上文严格限定的球员经纪人的活动。

3. 特别是，球员经纪人提供的其他服务，包括对球队管理和教练等人的服务不属于本规程范围，应由会员协会所在领土的法律规范。

4. 本规程同时负责对球员经纪人的培训和标准化管理。

5. 各会员协会应落实和执行本规程的规定，并应根据国际足联经纪人规程及本国相关的法律规定及制定本协会的球员经纪人规程。会员协会的球员经纪人规程应于现行规程实施的两年内上报国际足联球员身份委员会事先批准。

---

[*]　本文件来自中国足球协会官方网站。

第二章　球员经纪人的活动范围

第二条　总则

1. 球员和俱乐部均可聘用经纪人从事转会、谈判球员转会合同或续约的活动。球员经纪人有权因其提供的服务获取酬劳。本规程不授权球员经纪人在其活动中违反其所在国的法律规定，特别是工作位置的规定；

2. 根据第 4.1 和 4.2 条的规定，球员和俱乐部不得使用非执证的球员经纪人。

第三条　执证球员经纪人

1. 只有取得相应足协颁发的球员经纪人证书的自然人方可从事球员经纪人活动；

2. 球员经纪人的工作是一种商业行为，前提是其雇员仅从事和球员经纪人商务有关的行政事务。只有球员经纪人本人可以代理或推广其球员或俱乐部客户与其他球员或俱乐部的商业利益。

第四条　例外

1. 球员父母、近亲或配偶可代理球员的签约或续约；

2. 依据所在国规定在国内或其永久居住国的注册律师可代理球员和俱乐部；

3. 上述两种人的活动不属于国际足联管辖范围。

第三章　获得及失去球员经纪人证书

第五条　发证机关

1. 球员经纪人证书由其为公民的国家的足协颁发。如果申请人具有双重或多重国籍，则由其最后获得的国籍的国家的足协颁发证书。如果申请人在某国连续居住两年以上，则由其居住国的足协颁发证书，而非其有国籍的国家足协颁发。

2. 如果申请人住在非其国籍所在国的某欧盟或欧共体国家，他可以向其国籍所在国的足协提出书面请示，无需在国籍所在国连续居住至少两年以上。

第六条　申请的条件

1. 申请人需向有关足协提出书面的要求获得经纪人证书的申请。申请人必须为信誉良好的自然人。没有因经济或暴力而获刑的人即为信誉良好。

2. 申请人在任何情况下，都不应在国际足联、洲际足联、会员协会、联赛、俱乐部或此类相关机构或实体中任职。

3. 该条件必须在球员经纪人的整个职业生涯中都予以遵守。

4. 申请时，申请人必须同意遵守国际足联、各洲际足联和各足协及其各职能部门的章程、规程、决定和指令。

第七条　申请

各会员协会负责核查所受理的申请是否符合相关前提条件。如果未满足条件，申请可被拒绝。如果申请人的申请被会员协会拒绝，可向国际足联球员身份委员会提交所有文件并请求国际足联球员身份委员会再评估其是否符合条件。如果确实符合条件，国际足联将指示相关足协继续发证程序。如果申请人无资格获取证书，申请人可在两年符合条件后再次提出申请。

第八条　考试程序

1. 如果申请人符合条件，会员协会可通知其参加笔试。各会员协会每年应于三月和九月举办两次笔试。国际足联将于每年一月和六月确定具体的考试日期。考试由会员协会根据国际足联总则组织。国际足联保留对会员协会的考试程序进行现场抽查的权利；

2. 如会员协会无法在指定日期组织考试，则为放弃组织考试。但须提前通过官方渠道发出不进行考试的通知。任何情况下，只可连续两次不组织考试；

3. 各会员足协可收取适当的考试费用，费用不得超出组织和进行考试的成本费用；

4. 考试为多项选择题考试。申请人获得国际足联规定的最低分数即为考试及格；

5. 考试的内容包括以下：

a）现行的足球规程知识，特别是与转会相关的规程（国际足联的章程和规程、申请人考试所在足协及洲际足联的章程和规程）；

b）民事法知识（个权基本原则）和义务法（合同法）；

6. 考试应包括 20 道题，15 题为国际规程，5 题为国内规程。考试时间为 60 至 90 分钟。各会员协会可依据本范围确定各自的具体考试时间；

7. 国内题目由各会员协会自行确定。国际足联负责制定国际足联章程和规程的考题并提供给会员协会考卷；

8. 国际考题必须使用国际足联提供的考卷，每人一份；

9. 国际足联负责制定及格分数线。每题一分；

10. 考试前，各会员协会应将考试时间和及格分数通知申请人；

11. 考试结束即行判卷并将考分及时通知申请人；

12. 未及格的申请人可申请进行下一次的考试；

13. 如申请人第二次考试仍未及格，则需空一年方可再行考试。一年过后可申请进行第三次考试，并可选择参加有关会员协会的考试或国际足联的考试；

14. 第三次考试不及格的申请人需空两年方可再行考试；

15. 对考试成绩的质询应于该考试日期后的六个月内提交有关会员协会或通过会员协会提交给国际足联。

第九条　责任保险

1. 如果申请人通过了笔试，各足协应要求申请人与一家资信保险公司签订职业责任保险

（参见本规程第 10 条），最好是本国的保险公司（参见附件二）。保单范围应足够囊括球员经纪人所从事活动的所有风险。保单还应包括球员经纪人合同终止后仍可能产生的损失。保单应明确涵盖球员经纪人职业所能产生的所有风险；

2. 发放证书的协会负责依据本规定核查球员经纪人保单的签订情况。

第十条　银行担保

除上述职业责任保险外，申请人应提供一份瑞士银行发出的担保，最低银行保证金为 100,000 瑞士法郎。该保证金的条件由附件二明确。保证金由瑞士银行提供并附不可撤回的声明，声明在法庭、仲裁庭或相关足球机构判决球员、俱乐部或其他球员经纪人因球员经纪人的活动而遭受损失获胜时，将无条件支付该保证金。

第十一条　遵守职业行为准则和足球规程

通过考试的申请人需签署职业行为准则（参见附件一）并承诺遵守之，以此规范其活动。会员协会必须保存签署的准则的原件。

第十二条　发放证书

1. 如果发放球员经纪人证书的所有条件都得到了满足，包括签署职业行文准则、投保职业责任险，及必要的银行担保时，会员协会应签发证书。证书仅为个人使用并不得转让。事实上，拥有证书即可在其会员协会所属的领土上（参见第 2.1 条）从事全球范围内的有组织的足球的工作；

2. 球员经纪人一旦取得证书，可在其名称前加上："某国足协授权球员经纪人"的字样；

3. 如果申请人考试后六个月不能满足所有条件，将重新考试。

第十三条　公布

1. 各会员协会应保持更新其签发过证书的球员经纪人的名单并以适当的形式（网站、通知等）予以公布。各会员协会应在每次考试后，向国际足联出具一份已在被其发放了证书的球员经纪人名单。如遇取消证书或退出证书的情况，应立即通知国际足联。同时，会员协会还应通知国际足联其相关的处罚程序及其结果（参加第七章）；

2. 每年 6 月 30 日前，会员协会应向国际足联提交其所属经纪人在其领土范围内前一年的活动报告，包括数据和敏感信息，如经纪人数量、球员经纪人开始及终止其活动的细节、对球员经纪人的处罚、其犯罪记录，包括未决程序，及其他任何可能影响球员经纪人声誉的情况。

第十四条　失去证书

如因球员经纪人不再符合条件，或因球员经纪人的活动终止，或因球员经纪人受处罚其证书被收回或退回，球员经纪人即失去证书（参见第七章）。

第十五条　因不符合条件收回证书

如球员经纪人不再符合拥有证书的条件（第 6、9、10 条中提及的任何条件），相关足协应收回证书。如果能够弥补，该足协的相关机构应设定合理的时间期限满足要求。如果期限已满，仍未满足条件，则即收回证书。

第十六条 条件的检查

相关足协应保持监督，了解球员经纪人是否仍符合条件。

第十七条 再次考试

1. 发证后五年，证书到期；

2. 球员经纪人应根据上述第 5 条在其证书到期前向有关足协提出书面申请，要求再次参加考试。如球员经纪人在五年期其证书到期时未提出再次参加考试的书面申请，其证书即自动失效；

3. 如果球员经纪人满足了上述第 2 段提及的时间期限，其证书在下次考试日期前仍然有效；

4. 如球员经纪人考试未及格，其证书则自动失效直至其通过下次考试；

5. 球员经纪人可参加下一次的再次考试，不受再次考试的次数的限制。

第十八条 活动终止

1. 任何决定终止活动的球员经纪人需将其证书退还给签发的协会。不遵守此条规定将导致证书被取缔并将取缔决定公布于众；

2. 有关足协应立即将终止活动的球员经纪人的名单通知国际足联。

第四章 球员经纪人的责任和义务

第十九条 代理合同

1. 只有与球员或俱乐部签署了相应的书面代理合同的情况下，球员经纪人方可代表球员或俱乐部；

2. 如果球员为未成年人，则其法定监护人也需根据球员居住的国家的法律在代理合同上签字；

3. 代理合同期限最多为两年，但可在双方同意的情况下最多再续约两年，之后不能蓄意再延长；

4. 代理合同应明确规定球员经纪人的付费方及付费方式。该协会所在领土的所有相关法律均需考虑在内。费用应由球员经纪人的客户独家直接支付给球员经纪人。然而，转会协议签署后，球员也可书面同意由俱乐部代替其直接支付报酬给经纪人。代替球员支付的报酬必须包括球员和球员经纪人商定的支付条款；

5. 代理合同必须包括下列最低要求：合同方的名称、应支付给球员经纪人的报酬及支付期限、付款总则、合同签订日期及签名；

6. 代理合同由双方签字，一式四份。球员和俱乐部保存第一份，球员经纪人保存第二份。

为进行注册，球员经纪人需于合同签署30天内将第三份及第四份合同送至其所属足协及球员和俱乐部所属足协；

7. 本条款的内容不影响球员或俱乐部在没有代理的情况下签订雇佣合同或协议的权利；

8. 球员经纪人在其活动中应避免所有的利益冲突。每次交易球员经纪人只能代理一方。尤其是，球员经纪人不得与参与球员转会或签订雇佣合同的某一方或某一方的球员经纪人有代理合同、合作协议或共同利益。

第二十条　报酬

1. 球员经纪人从其代理的球员处所得的报酬的数额根据球员的年收入进行计算，包括签订雇佣合同时球员经纪人为自己争取的签字费。球员的其他待遇如汽车、住房、得胜奖金或其他任何形式的奖金及待遇因其不确定性不包括在内。

2. 球员经纪人及球员本人应提前商定是在球员经纪人为球员签订的合同生效时统一付给经纪人其应得报酬，还是在每个合同年结束后分期付款给其经纪人。

3. 如果球员及球员经纪人决定以分期付款方式给付报酬，并且该球员经纪人为球员所签订的合同期限长于球员与球员经纪人之间所签的合同，那么球员经纪人有权在与球员的合同过期后继续从该球员处获得报酬，直到该球员与俱乐部的合同过期或该球员未经该球员经纪人参与与另一家俱乐部签订了新合同。

4. 如果球员与球员经纪人不能就应付报酬达成共识，或者双方之间的代理合同没有涉及有关报酬的内容，那么球员经纪人有权得到如上述第1款所述的球员收入的3%作为补偿，该收入指球员从球员经纪人为其签订的合同中获得的收入。

5. 俱乐部聘请球员经纪人应在事先协商好的情况下统一付给球员经纪人报酬。

第二十一条　标准代理合同

1. 国际足联将向各会员协会提供标准的代理合同（参见附件三）。

2. 所有球员经纪人都应使用这一标准合同。签署协议的各方有权在不违背所在国的有关就业的法律条款的前提下自行增加附加协议，并在此基础上对标准合同进行补充。

第二十二条　签订合同的权利和被禁止的方法

1. 执证球员经纪人有以下权利：

a）与任何没有合同或不再有与其他经纪人的独家代理合同的球员接触；

b）代表要求其代为协商或续约的球员或俱乐部的利益；

c）保护所有提出代理要求的球员的利益；

d）保护所有提出代理要求的俱乐部的利益；

2. 球员经纪人不得接触任何与俱乐部有合同在身的球员，不能诱导任何正履行俱乐部合同的球员中止合同或不执行合同所规定的权利与义务。除非有充分理由，否则凡有球员无正当理由违反合同，即认定为经纪人诱导的违约；

3. 每个经纪人必须保证其签订的合同里包括其姓名、签名及客户的姓名。

第二十三条 遵守章程、规程和有关法律

1. 球员经纪人必须保证遵守和坚持国际足联、洲际足联和会员协会章程、规程及其有关机构的决定和指令，并遵守本协会所在国的劳工法；

2. 球员经纪人必须保证其参与成交的每一桩生意都符合国际足联、洲际足联和会员协会有关机构的章程、规程、决定和指令，也符合本协会所在国的有关法律。

第二十四条 职业行为准则

1. 球员经纪人应遵守职业行为准则中的有关条款（参见第 11 条）。

2. 特别是，只要国际足联和 / 或各足协的相应机构有要求，球员经纪人应提供所要求的信息并上报必要的文件。

第五章 球员的责任和义务

第二十五条 执证球员经纪人的参与

1. 在签订和续订雇佣合同时，只有执证球员经纪人可以代表球员谈判合同。

2. 在球员不直接与俱乐部接触的情况下，球员只能与执证球员经纪人合作，第 4 条提及的情况除外。

3. 与球员经纪人签订代理合同前，球员有责任事先确认球员经纪人的证书情况。

第二十六条 协议

1. 所有经球员聘请的执证球员经纪人经手的合同必须写明球员经纪人的姓名。

2. 如果球员未使用球员经纪人的服务，也需在合同中写明。

第六章 俱乐部的责任和义务

第二十七条 执证球员经纪人的参与

1. 在球员的转会或雇佣合同签订中，俱乐部有权使用执证球员经纪人的服务；

2. 如果俱乐部不直接与球员接洽，必须使用执证球员经纪人的服务，第 4.2 条提及的情况除外；

3. 与球员经纪人签订代理合同前，俱乐部有责任事先确认球员经纪人的证书情况。

第二十八条 协议

1. 所有经俱乐部聘请的执证球员经纪人经手的合同必须写明球员经纪人的姓名；

2. 如果俱乐部未使用球员经纪人的服务，也需在合同中写明。

续表

第二十九条　支付条款、权利和索赔的界定

1. 俱乐部之间的转会合同时，不得由债务人（俱乐部）向债权人（球员经纪人）支付任何补偿费用，包括转会补偿、训练补偿或团结机制补偿，无论全部或部分。球员经纪人不得从转会合同或球员将来的转会价值中获取任何利益；

2. 在球员转会方面，除了第四章中的规定外，不得收取任何报酬；

3. 如果有关会员协会有要求，给球员经纪人的费用应通过相关会员协会指定的银行账户进行。

第七章　与球员经纪人有关的争议

第三十条　概论

与球员经纪人活动有关的国内争议，如难以解决，足协将在充分考虑了国际足联章程和所在领土上的适用法律条规后将争议提交独立的、合法公平的仲裁庭解决：

1. 与球员经纪人活动有关的国际争议，提起仲裁的请求应交国际足联球员身份委员会；

2. 如果确信争议涉及纪律事宜，球员身份委员会或独立法官（如适用）将根据国际足联纪律准则及如下第八章的规定将案件及仲裁请求一并交纪律委员会；

3. 如果与本规程有关的案件本身在事发后已过两年，或有关的球员经纪人的活动停止后已过了六个月，经球员身份委员会或独立法官（如适用）将不再受理该案件。每起案件均需要严格遵守该时间限制；

4. 与球员经纪人活动有关的争议解决的具体程序将在《国际足联球员身份委员会程序规定》和《争议解决庭规定》中详细规定。

第八章　处　罚

第三十一条　概论

违反国际足联、洲际足联和有关协会的章程、规程及其附件规定的球员经纪人、球员、俱乐部和协会将受处罚。

第三十二条　资质、限制和费用

1. 国内转会，由有关协会负责实施处罚。但此规定不影响国际足联纪律委员会处罚在非发证协会范围内进行国内转会的球员经纪人；

2. 国际转会，有国际足联纪律委员会根据国际足联纪律准则予以处罚；

3. 如有疑问，由国际足联纪律委员会负责确定实施处罚的单位；

4. 每个足协应该指定专门机构负责对球员经纪人、球员和俱乐部实施处罚。协会应保证，在穷极了本协会内的所有的手段后，根据本规程受到处罚的个人或单位可向有授权的独立的、合法公平的仲裁庭提起申诉；

5. 进行处罚的程序由国际足联或协会根据要求或自主开始。

第三十三条 对球员经纪人的处罚

1. 如违反本规程及其附件的规定，可根据国际足联纪律准则给予球员以下处罚：

——警告；

——处以不少于 5,000 瑞士法郎的罚款；

——可长至一年的证书无效；

——收回证书；

——停止参加一切足球活动。

上述处罚可单罚也可同时并罚。

2. 尤其在球员经纪人屡犯或严重违反国际足联、洲际足联或足协的章程和规程的情况下，可收回证书。

3. 只有发出证书的协会可收回或吊销证书。一旦国际足联决定收回或吊销证书，并决定生效时，应对发证协会发出必要的指令。

第三十四条 对球员的处罚

如违反本规程及其附件的规定，可根据国际足联纪律准则给予球员以下处罚：

——警告；

——处以不少于 5,000 瑞士法郎的罚款；

——停赛一场；

——停止参加一切足球活动。

上述处罚可单罚也可同时并罚。

第三十五条 对俱乐部的处罚

如违反本规程及其附件的规定，可根据国际足联纪律准则给予球员以下处罚：

——警告；

——处以不少于 10,000 瑞士法郎的罚款；

——停止转会；

——扣分；

——降级。

上述处罚可单罚也可同时并罚。

第三十六条 对协会的处罚

如违反本规程及其附件的规定，可根据国际足联纪律准则给予协会以下处罚：

——警告；
——处以不少于 30,000 瑞士法郎的罚款；
——停赛。

第九章　释义和省略

第三十七条　官方语言

任何由于在英语、法语、西班牙语及德语版本间翻译所引起的歧义，均应以英语版本为准。

第三十八条　未尽事宜

国际足联执行委员会将对任何本规程未尽事宜及不可抗力做出裁决，其裁决为终审决定。

第十章　过渡条款和执行

第三十九条　过渡条款

任何在本规程实施时未决的案件应根据 2000 年 12 月 10 日通过的《球员经纪人规程》进行处理；

所有的证书申请应根据本规程处理；

本规程实行时拥有证书的经纪人受本规程管理；

其他案件应根据本规程予以评估，特别应根据本规程第十七条的有关规定进行处理。

第四十条　执行

1. 国际足联执行委员会于 2007 年 10 月 29 日苏黎世会议上通过本规程，并于 2008 年 1 月 1 日起实行。

2. 本规程的新条款应由各会员协会于 2009 年 12 月 31 日前实行。但第三章的内容应于 2008 年 1 月 1 日起实行。

二〇〇七年十月二十九日　于苏黎世
国际足联执行委员会
主席：约瑟夫 S. 布拉特
秘书长：杰洛米 - 瓦尔克

附件一：职业行为准则

附件二：保险规定和银行保证金

附件三：标准代理合同

球员经纪人规则附件一

职业行为准则

1. 球员经纪人在开展其工作及其他商业活动时应行为规范、诚信正直、受人尊重、符合职业形象；

2. 球员经纪人同意无条件遵守国际足联、洲际足联和有关足协的章程、规程、指令和决定;

3. 球员经纪人在与委托人、协商伙伴及其他方面的接触中应做到诚实、明晰、客观；

4. 球员经纪人应在法律许可范围内,公平的保护委托人的权益,但应保持清楚的法律关系;

5. 球员经纪人不得侵犯协商伙伴及第三方的权利，特别是其他经纪人已有的合同。球员经纪人应避免任何引诱委托人离开其原来方面的举动；

6.a）球员经纪人应进行自己商业活动的基本记录，特别是应确保能在任何时间提供证明其活动的文件及记录；

b）球员经纪人应妥善保管所有记录并且在其他活动里如实提供详情；

c）在任何权利机关对纪律案件或纠纷进行调查时，球员经纪人应提供与其直接有关的帐目及记录；

d）球员经纪人应在其应委托人提出要求后第一时间就其报酬、花费及其他开销开具发票。

7. 根据国际足联章程，球员经纪人不得将纠纷提交民事法庭解决。只能将争议提交国际足联或协会的相应机构解决。

日期及地点：______________________________

球员经纪人：___________

国家 / 地区足协：_________

（签字及盖章）

球员经纪人规则附件二

保险规定和银行保证金

1. 保险单的最大保额应根据球员经纪人的收入决定，但不得少于 100,000 瑞士法郎。

2. 如果在保险单过期后提出赔偿要求，但而事件发生于保险单有效期内，此保险需仍然有效。

3. 球员经纪人应在保险单过期后立即续签保险，并自动将有关文件上交本国足协。

4. 此保险旨在囊括所有国际足联或协会认为有悖本规程或足协规程原则的经纪人活动造成的对球员、俱乐部或其他球员经纪人的损失的赔偿。因此保险单内容应包括所有与球员经纪人工作有关的风险。

5. 如果球员经纪人不能根据本规程第九条投保职业责任险，则应提供至少 100,000 法郎银行保证金，保证金应由瑞士银行提供并不可撤回。

6. 在不能投保职业责任险的情况下，足协应通知国际足联，正式要求允许采取银行保证金的方式。

7. 只有国际足联有权使用该银行保证金。银行保证金与职业责任保险具有相同作用。保证金的总额（100,000 瑞士法郎）不代表所能要求赔偿的最大限额。

8. 如果部分银行保证金被用来赔偿任何由球员经纪人所造成的损失，球员经纪人许可证将被暂时吊销，重新补齐保证金额至 100，000 法郎后，许可证方可继续有效。

9. 由所在国家 / 地区足协承认的球员组织如果希望向其成员提供工作介绍服务，也应与本国一家保险公司签订联合职业责任保险。

10. 在上述情况下，该保险用于承担不超过五张许可证引起的风险。许可证持有人必须是开立保险的球员组织的合法成员，同时通过了笔试（参见第 8 条），并且亲自签署了第 11 条要求的《职业行为准则》。取得许可证的申请人姓名应在保险单上注明。

11. 球员经纪人直到结束其活动方能取消其职业责任保险（许可证应交还或被吊销）。但球员经纪人应确保任何在其工作期间发生的赔偿要求，即使在其活动结束后也应由其保险支付（参见第 9 条）。

球员经纪人规则附件三

标准代理合同

签约方

____

（球员经纪人姓名，若有公司，应填确切名称、地址）

________________________________（以下称：球员经纪人）

及

____

（球员姓名、昵称（若有），确切出生日期及详细住址或俱乐部名称及详细地址）

________________________________（以下称：委托人）

双方同意签署下述代理合同：

1. 期限

本合同有效期为__________（以月为单位，最多为24个月）。本合同将于__________________（确切日期）生效，于___________________（确切日期）结束。

2. 报酬

只有委托人能对球员经纪人的工作给予报酬。

（1）委托人为球员

球员经纪人应收取其为球员所签的合同中规定的球员年收入的_____%作为佣金。

——在雇佣合同开始时一次性付清：_______

——在每个合同年结束后付给：_______（根据情选择）

（2）委托人为俱乐部

球员经纪人应一次性得到________________（确切数额及货币单位）作为其佣金。

3. 独家性

双方同意球员的职业介绍权

独家：_________

非独家：_________（根据情况选择）

转给球员经纪人。

4. 其他协议

任何其他符合球员经纪人规程的相关协议均应附在本合同后，并付押金给有关国家/地区足协。

5. 强制性法律

合同各方同意信守国际足联、洲际足联和有关协会的章程、规程、指令和决定，信守其协会所在领土政府有关职业介绍的法律条款及有关法律，以及有关的国际法和适用的国际条约。

合同各方同意将争议上交协会或国际足联有关机构解决，除非国际足联规程另有明确规定，不将争议诉至民事法庭。

6. 最后条款

本合同一式四份，交予以下各方：

（1）球员经纪人注册的足协：

______________________________（确切名称）

（2）球员注册的足协：

______________________________（确切名称）

（3）球员经纪人

（4）球员

日期及地点：___________________________

球员经纪人：　　　　　　　　委托人：

_________________________　　_________________________

确认收到本合同：

日期及地点：_________________________

球员经纪人所在足协：　　　　委托人所在足协：

_______________________　　_________________________

（签字及盖章）　　　　　　　（签字及盖章）

中国足球协会球员代理人管理规定

第一章 总 则

第一条 为规范球员转会活动中的代理行为，保障球员、足球俱乐部、球员代理人（以下简称“代理人”）和中国足球协会会员协会（以下简称“会员协会”）的合法权益，根据《国际足联代理人规程》的有关规定以及《国际足联章程》和《中国足球协会章程》的基本原则，制定本规定。

第二条 本规定适用于在中国足球协会（以下简称“中国足协”）管辖范围内，从事与球员代理活动有关的代理人、球员、足球俱乐部。

本规定所称代理人，是指收取费用或免费代表球员或俱乐部为达成并签署转会协议或签订工作合同而进行谈判的自然人或法人。

第三条 本办法对代理人向俱乐部介绍球员进行签约、续约，或者介绍两家足球俱乐部签订球员转会协议的行为进行规范。

第四条 代理人提供本规定第三条代理行为之外的其他服务，包括对球队管理和教练员等人的服务不属于本规定管理范围。

第五条 代理人应当忠于宪法、法律以及足球行业各项规则规定，恪守职业道德和执业纪律。代理人应当诚实守信、勤勉尽责，维护委托人合法权益，维护转会市场的公平和正义。代理人应当践行以爱岗敬业、诚实守信、办事公道、服务群众、奉献社会为主要内容的社会主义职业道德观。

第六条 代理人实行资格证管理制度。

1. 对于自然人，应取得中国足协颁发的“中国足球协会球员代理人资格证”（以下简称“资格证”）方可从事球员代理活动。

2. 对于法人，其法人代表或至少一名雇员应取得中国足协颁发的“资格证”方可从事球员代理活动。

通过与自然人代理人签署劳动合同的方式而成为法人代理人的，应当在与自然人代理人的劳动合同到期前一个月内将新的劳动合同提交至中国足协，如劳动合同到期后不续约或提前终止劳动合同的，须将离职证明或解约协议提交至中国足协，相关文件上须有双方签字。若法人不再与任何自然人代理人具有有效期内的劳动合同，则该法人代理人自动失去从事代理活动的资格。自然人代理人不得同时与两家及以上的法人签署劳动合同。

第七条　中国足协是球员代理活动的管理机构，负责接收并审核经会员协会初审的代理人资格证申请，组织培训和考试，实施代理人的注册管理、证书暂扣、吊销以及处罚等。

第八条　在选择和聘用代理人的过程中，球员和俱乐部应谨慎行事。球员和俱乐部可进行尝试性合作，确保代理人在正式签署相关声明以及代理协议后有效地维护协议的严肃性和执行协议的稳定性。尝试性合作期不得超过半年，同时双方也应签署尝试性合作备忘录。

第九条　如果球员和俱乐部未使用代理人的服务，须在球员转会协议、工作合同等文件中载明。

第十条　每一名球员在一个代理协议有效期周期内只能委托一名代理人办理相关转会工作，在与另一名代理人建立委托关系之前应当解除前一名代理人的委托关系。在三年内委托代理人的数额总数最多不能超过三名代理人。代理人应具有中国足协注册代理人资质，代理授权有效期最长为两年。如期间代理人未能通过中国足协代理人考核并完成注册，代理授权则自动失效。球员同时授权多名代理人的，一经核实，将提交纪律委员会进行严肃处理。

第二章　代理人的申请、考试与注册

第十一条　拥有中华人民共和国国籍的代理人资格证申请人（持有中国大陆地区护照），应当符合以下条件：

（一）年满 18 周岁并具有完全民事行为能力。

（二）取得大学本科或以上学历。

（三）未在行业处罚期内（足球行业或与其经营活动相关的行业）。

（四）经本人所在地（户籍所在地或工作服务单位所在地）中国足协会员协会初审合格。

（五）未在国际足联、亚足联、中国足协、中国足协会员协会、足球俱乐部或与上述机构有关联关系的组织中任职或兼职。（代理人取得代理资质后的整个代理期内应严格遵守此项规定）。

（六）本人承诺遵守中国法律、国际足联、亚足联以及中国足协的章程和有关规定，并签署《中国足球协会球员代理人承诺书》（见附件一，以下简称“承诺书”）。

第十二条　中国足协负责对申请人是否符合条件进行最终审核，并对符合条件者进行培训和资格考试。培训与考试定期举行，考试日期、地点及相关要求将以相关通知为准。

第十三条　代理人资格考试的方式和题目由中国足协确定。考试形式为闭卷笔试，包括多项选择、填空、简答、翻译等，考试内容主要包括如下方面：

（一）现行国际足联、亚足联及中国足协章程、相关规则及规定等，其中以注册、球员身份及转会、代理人规定相关内容为考核重点。

（二）国家相关法律、法规知识。

（三）外语能力。

第十四条 考试未通过者，再次申请参加考试。考试违规和作弊、提供虚假材料者，三年内不得再次申请参加考试。累犯者终身取消考试资格。

第十五条 通过考试的申请人按如下程序在中国足协进行注册：

（一）自然人代理人注册

1. 到本人所在地（须与提交培训报名资料时一致）中国足协会员协会进行注册初审：提交《中国足球协会球员代理人注册表》（见附件二，以下简称“注册表”）、身份证原件和复印件、工作服务处所证明（如需要）；

2. 向中国足协提交经初审合格的注册表、承诺书、身份证原件和复印件、缴纳保证金凭证及复印件。

（二）法人代理人注册

1. 法人代表本人到公司注册所在地中国足协会员协会进行注册初审：提交注册表、承诺书、法人代表身份证原件和复印件、公司营业执照原件及复印件和《法人代理人公司员工名册》（见附件三）；

2. 向中国足协提交合格的注册表、承诺书、法人代表身份证原件和复印件、公司营业执照原件及复印件、所雇主要员工的信息资料。

第十六条 代理人管理实行保证金制度。自然人在中国足协注册时应在规定时间内向中国足协缴纳保证金 20 万元人民币，且本款项只能由自然人的本人账户向中国足协指定账户缴纳，不得由他人代缴。代理人自愿放弃或被终止代理人资格的，可书面申请退还保证金。

书面申请须写明申请退还的理由、详细的本人银行账户信息和个人签字，并同时退还代理人资格证。中国足协在收到代理人书面申请十二个月后将保证金退还至本人银行账户。代理人资格从提交书面申请之日起自动失效。

第十七条 完成注册的申请人将获得中国足协颁发的代理人资格证。

第十八条 资格证有效期为四年。有效期中每两年须参加一次中国足协组织的培训；不按要求参加培训的，资格证将被公布失效。

第十九条 被中国足协处以停止足球活动处罚的代理人将自动失去代理人资格，资格证将被公布失效。

第二十条 已取得代理人资格证的代理人进入国际足联、亚足联、中国足协、中国足协会员协会、足球俱乐部或与上述机构有关联关系的组织中任职或兼职工作后，无论是否获得报酬，须向本人所在地中国足协会员协会提交放弃代理人资格的申请，并报中国足协备案。

第三章　其他地区代理人注册、考试、发证

第二十一条　在中国境内从事球员代理活动的其他地区代理人（持有非中国大陆地区护照），包括已取得其他国家或地区（国际足联会员协会）有效代理人资格的代理人和未在其他协会取得有效资格的人员，均须在中国足协进行注册并获得中国足协颁发的代理人资格证后方可在中国境内进行球员代理活动。

第二十二条　已取得其他国家或地区（国际足联会员协会）有效资格的代理人到中国足协办理注册手续时，应提交：

（一）护照原件及复印件，以及护照内签证页复印件，签证类型须为商务或工作签。

（二）代理人资格证书原件、复印件或证明材料。

（三）中国足球协会球员代理人注册表。

（四）签署承诺书。

（五）交纳代理人保证金 20 万元人民币。

第二十三条　未在其他协会取得有效资格的人员到中国足协办理注册时，应提交：

（一）护照原件及复印件（年满 18 周岁），以及护照内签证页复印件，签证类型须为商务或工作签。

（二）在中国从事球员代理活动的申请函。

（三）中国足球协会球员代理人注册表。

（四）参加中国足协组织的培训考试。

（五）签署承诺书。

（六）交纳代理人保证金 20 万元人民币。

（七）考试合格后给予注册并颁发资格证书。

第二十四条　被国际足联处以停止足球活动处罚的其他地区代理人将自动失去在中国足协的代理人资格，资格证将被公布失效。

第二十五条　代理人自愿放弃或被终止在中国的代理人资格的，可书面申请退还保证金。书面申请须写明申请退还的理由、详细的本人银行账户信息和个人签字，并同时退还代理人资格证。中国足协在收到代理人书面申请十二个月后将保证金退还至本人银行账户。代理人资格从提交书面申请之日起自动失效。

第四章　代理协议和代理费

第二十六条　在球员代理活动中，代理人与球员、俱乐部必须签订有效的书面代理协议。如果球员未满 18 周岁，签订代理协议须经其监护人同意。

第二十七条 代理协议期限最长为两年，可在双方同意的情况下续约，但每次续约期限均不得超过两年。

第二十八条 代理协议应至少包含以下内容：各方姓名、法人单位名称、代理服务范围、协议起止时间、是否独家代理或指定代理、代理费用、付款方式、签订时间、终止规定、违约责任和争议解决等，并由各方签署确认。球员未满 18 周岁的，其本人和监护人须在代理协议上签署确认。

第二十九条 代理协议由双方签字并加盖公章或印指纹（个人）。代理人须在合同签署 15 天内，将代理合同送至中国足协备案。未按要求备案的将依规进行处罚。

第三十条 代理人和球员应在代理协议中约定代理费付款方式。如果球员及代理人决定以分期付款方式支付代理费，并且该代理人为球员所签订的工作合同期限长于球员与代理人之间所签的代理协议，那么代理人有权在与球员的代理协议终止或解除后（违约或者侵权除外）继续从该球员处获得代理费直到该球员与俱乐部的工作合同终止或解除。

第三十一条 球员代理人应得的代理费需以这个球员整个合同期内总收入为基础进行计算。根据国际足联的有关规定，结合国家相关法规、中国足球行业现状及未来发展等，执行如下标准：

（一）代表球员的代理人每笔交易应得代理费总额不应超过球员雇佣合同期内基本总收入的 10%。

（二）代表俱乐部签入球员的代理人每笔交易应得代理费总额不得超过球员雇佣合同期内基本总收入的 10%。

（三）代表俱乐部进行球员转会的代理人每笔交易应得代理费总额不得超过此次转会费的 10%。

（四）俱乐部应确保与转会有关的费用由一家俱乐部支付给另一家俱乐部，例如转会费、培训补偿或联合机制补偿等费用，绝不允许付给代理人，也不允许由代理人支付。这包括（但不限于）拥有任何转会补偿的分成或球员未来转会价值的分成。

（五）除本条（六）和（八）规定情况以外，应只由代理人的客户向代理人支付费用。

（六）在交易确定后，根据俱乐部与球员的协议，俱乐部可在获取球员书面同意后，代表其向代理人付款，并应符合球员和代理人同意的代理费条款约定（双方应在协议中载明）。

（七）《国际足联章程》定义部分第 11 点描述的“官员”，其不得收取任何代理费用，任何违反此规定的官员将受到纪律处罚。

（八）如果球员符合《中国足球协会球员身份与转会管理规定》第 49 条规定，代理人可以向满十六周岁未满十八周岁、通过从事足球活动获得主要生活来源的球员收取代理费用。

第五章　代理活动的公开与公布

第三十二条　球员和（或）俱乐部须向属地会员协会和中国足协公开任何和所有的经双方同意的代理费的所有细节，包括已经支付的或即将向代理人支付的。球员、俱乐部和代理人签订的代理协议中应包括确保上述信息和文件的公开不受阻碍的条款，并向中国足协提交《中国足球协会代理活动信息公布同意函》（见附件四、五）和《中国足球协会球员代理交易申报表》（见附件六、七）。

第三十三条　转会协议和（或）工作合同须附上有效的代理协议，便于球员注册。代理人须在任何其涉及的转会协议和（或）工作合同上进行签署。

第三十四条　中国足协将按国际足联的相关规定在专门信息平台上公布所有已经注册的代理人的名单以及由球员和俱乐部分别支付给代理人的薪金总额。

第三十五条　若代理人被司法调查，中国足协有义务向相关机构提供代理人交易信息。

第三十六条　中国足协将根据国家有关信用体系建设的相关要求，建立球员代理人个人信用或诚信档案。

第六章　各方的权利和义务

第三十七条　代理人享有以下权利：

（一）与俱乐部合同期限届满或与俱乐部合同将于六个月内届满的球员接洽、协商转会事宜。

（二）接受俱乐部的书面委托与其他俱乐部接洽、协商转会事宜，签订转会协议。

（三）接受球员的书面委托与俱乐部接洽、协商转会事宜，签订转会协议。

（四）合理收取代理费。

（五）俱乐部或球员隐瞒真相且证据确凿，代理人有权拒绝或终止为其提供代理服务。

（六）法人代理人可以对其工作进行商业运作，但其雇员只能从事与代理人所从事的商业活动有关的管理性工作。只有具有代理人资格证法人代表或公司雇员有资格签约。

（七）与代理行为相关的其他权利。

第三十八条　代理人应履行以下义务：

（一）遵守国家法律、法规以及中国足协、亚足联和国际足联的章程、规定。

（二）如实向俱乐部或球员介绍有关情况，为其保守商业机密。

（三）为俱乐部或球员解决与代理活动有关的事宜。

（四）收取代理费应向俱乐部或球员开具发票或收据，依法纳税。

（五）接受政府有关主管部门、体育管理部门和中国足协对其代理活动的监督检查，及时并如实地提供检查所需的文件、凭证、账簿及其他有关资料。

（六）在同一次代理活动中只能接受一方的委托。

（七）在其代理活动的每份文件中，均有双方姓名、签字、印指纹（个人）。转会协议须载有代理人的义务条款。

第三十九条 代理人不得有以下行为：

（一）超出中国足协相关规定的业务范围。

（二）通过诋毁其他代理人或支付介绍费等手段招揽业务。

（三）诱导正在履行合同的球员违反合同条款。

（四）向俱乐部或球员收取代理协议以外的费用。

（五）向俱乐部或球员隐瞒与代理活动有关的重要事项。

（六）代表球员向俱乐部索要签字费、住房、私人用车或其他财物等。

（七）伪造、涂改、买卖《转会证明》《转会协议》等文件和凭证。

（八）采取显失公平、胁迫、欺诈、贿赂和恶意串通等手段来促成转会。

（九）采用不正当手段进行业务竞争，损害其他代理人、俱乐部、球员的声誉或者其他合法权益。

（十）采用承诺给予相关人员回扣、馈赠金钱、财物或者其他利益等方式争揽业务。

（十一）故意在委托人与其所属俱乐部之间制造纠纷。

（十二）就代理结果作出虚假承诺。

（十三）明示或者暗示可以帮助委托人达到不正当目的，或者以不正当的方式、手段达到委托人的目的。

（十四）法律法规禁止的其他行为。

第四十条 球员、俱乐部的权利和义务：

（一）凡有球员代理服务需求的俱乐部只允许与球员本人或通过已在中国足协注册的代理人接洽。

（二）在协商转会事宜时，俱乐部不得向球员隐瞒有关事项，不得对球员采取诱骗、贿赂等不正当手段。

（三）俱乐部应直接向有关俱乐部支付转会费，不得通过代理人中转或作为酬劳付给代理人。

（四）俱乐部和球员在支付代理人的代理费时，应索要发票或收据。

（五）球员必须寻求已注册的代理人为其提供转会服务。

第七章　争议的解决

第四十一条　与代理人活动有关的争议，球员、代理人和俱乐部可根据中国足协章程和中国有关法律、法规将争议提交中国足协仲裁委员会解决。凡按中国足协要求备案的协议或合同将被受理。

第四十二条　与本办法有关仲裁案件的受理应参照中国足协仲裁委员会相关规定执行。

第八章　罚　则

第四十三条　违反国际足联、亚足联和中国足协章程、规程及相关规定的代理人、球员、俱乐部都将受到处罚。

第四十四条　涉及中国足协管辖范围内的球员转会，由中国足协纪律委员会进行处罚；但此规定不影响国际足联、亚足联有关处罚在国内的执行，其中包括在中国足协注册和不在中国足协注册的从事国际和国内转会的代理人。

第四十五条　对处罚结果有争议，符合相关规定的可按程序申诉。

第四十六条　俱乐部或球员只能使用中国足协注册的代理人进行代理业务，对于违规使用非持证代理人的，以及球员同时授权多名代理人的，一经核实，将提交纪律委员会进行严肃处理。

第四十七条　对代理人的处罚

如代理人违反本办法及其附件的规定，可给予代理人以下处罚：

（一）警告。

（二）罚款（如不缴纳罚款，将从保证金中扣除；被扣除后应在 15 天内将保证金补齐）。

（三）暂扣证书一年。

（四）吊销代理人资格证书，取消注册资格。

（五）停止参与足球活动。

上述处罚可单独使用也可并行。

只有中国足协可暂扣或吊销资格证。一旦中国足协决定暂扣或吊销资格证，应对有关会员协会发出通知。

第四十八条　对球员的处罚

如球员违反本办法及其附件的规定，可给予其以下处罚：

（一）警告。

（二）罚款。

（三）停赛。

（四）取消转会资格。

（五）取消注册资格。

（六）停止参加足球活动。

上述处罚可单独使用也可并行。对主动提供相关代理人违规行为证据线索的违规球员，可考虑减轻或免于处罚。

第四十九条 对俱乐部的处罚

如俱乐部违反本办法及其附件的规定，可给予其以下处罚：

（一）警告。

（二）罚款。

（三）限制转会名额和（或）禁止转会。

（四）扣分。

（五）降级。

（六）取消注册资格。

上述处罚可单独使用也可并行。对主动提供相关代理人违规行为证据线索的违规俱乐部，可考虑减轻或免于处罚。

第九章 附 则

第五十条 本规定由中国足协负责解释。

第五十一条 本规定自 2018 年 2 月 1 日起实施，2016 年 5 月 26 日颁布的《中国足球协会球员代理人管理暂行规定》（足球字〔2016〕188 号）同时废止。

（附件：略）

第十一编

职业俱乐部准入

职业足球俱乐部是一个向公众提供足球竞技表演服务及相关产品的企业化组织，是自主经营、自负盈亏、自我约束、自我发展的法人实体。这一性质决定了它的使命，那就是通过最大限度地满足公众对足球比赛观赏娱乐的需要来实现企业价值的最大化。本编主要根据国务院办公厅印发的《中国足球改革发展总体方案》，总结了一系列的规范性法律文件。

本编中汇集的规范性法律文件主要有：《中国足球协会职业联赛俱乐部准入条件和审查办法》《中国足球协会职业俱乐部准入规程（2018 年版）》《关于增加和调整〈中国足球协会职业俱乐部准入规程〉部分内容的通知》《中国足球协会职业联赛俱乐部准入实施细则》《中国足球协会职业足球俱乐部转让规定》《中国足球协会职业俱乐部工作合同基本要求》《中国足球协会职业球员劳动合同基本要求》《关于加强和改进职业俱乐部劳动保障管理的意见》《中超足球俱乐部管理办法》《中国足球协会职业俱乐部财务监管规程（2019 年版）》《中国足球协会关于规范管理职业俱乐部的通知》《中超俱乐部财务约定指标（2019—2021）》《中甲俱乐部财务约定指标（2019—2021）》《中乙俱乐部财务约定指标（2019—2021）》《中国足球协会职业俱乐部名称规范》。这些法律规定对执业俱乐部的准入标准、用人用工合同等都有明确规定，以加强各职业足球俱乐部内部机构的组织建设和管理水平，促进俱乐部持续、良好的发展，更好地适应联赛发展新阶段，进一步推动俱乐部全方位发展。

中国足球协会职业联赛俱乐部准入条件和审查办法

（2011年）

第一章　总　则

第一条　为了规范中国足球协会职业联赛俱乐部的管理，加强中国足球职业化建设，提高中国足球水平，依据国家有关法律法规及《中国足球协会章程》等规定，结合我国职业足球改革的实际情况，制定本办法。

第二条　本办法所称中国足球协会职业联赛俱乐部（以下简称“俱乐部”），是尊重并遵守《中国足球协会章程》，获得中国足球协会（以下简称“中国足协”）批准参加中国足协职业联赛、具有独立法人资格的公司。

第三条　中国足协职业联赛由中国足协主办，包括中国足协超级联赛（以下简称“中超”）和中国足协甲级联赛（以下简称“中甲”）。

第二章　准入条件

第四条　俱乐部的组织结构应当符合下列要求：

（一）根据《中华人民共和国公司法》和中国足协相关规定，制定俱乐部章程，建立健全现代企业制度，完善组织机构；

（二）以博彩等可能影响公平竞赛的行业为营业范围或资金来源的投资方，不得成为俱乐部股东；同一投资方不得同时成为两家及两家以上俱乐部的股东。任何自然人或法人不得以任何手段和方法控制一家以上俱乐部或对决策产生重大影响；

（三）俱乐部及其股东、高级管理人员和近亲属不得入股其他俱乐部，不得管理其他俱乐部事务，工作人员不得在其他俱乐部任职或兼职；

（四）俱乐部法定代表人无违法犯罪记录，无不良社会影响；

（五）保证不存在、不参与任何影响公平、公正比赛的不正当交易，包括双方之间、多方之间直接与间接的以及显性与隐性的不正当交易；

（六）根据工作需要，设置必要的工作机构，配备必要的办公设施，聘用必要的工作人员；

（七）制定管理制度和工作人员行为规范。

第五条　俱乐部应当按照下列要求进行球队建设：

（一）加强运动员、教练员及工作人员思想道德、遵纪守法和精神文明的教育，自觉接受社会和公众的监督；

（二）拥有职业球队，并组建教练组（教练员数量和资质应符合联赛规程的具体规定）。职业球员应当在中国足协办理注册手续，其数量应当符合中国足协的规定；

（三）成立青少年球员训练中心，聘任青少年发展计划主管，组建精英梯队（预备队 [18 岁以上]、十七岁以下队 [即 U17 队，每队不少于 25 人]）和符合球队发展需要的教练组，并制定青少年球员发展规划；

俱乐部应当以学校为依托，积极建设 10 至 17 岁以下（即 U10—U17）各年龄段的培训网点梯队，并争取当地体育部门的支持，与其配合共同培养青少年球员；

俱乐部青少年经费，中超俱乐部每年不低于 400 万元人民币，中甲俱乐部每年不低于 200 万元人民币；

（四）保证青少年球员接受义务教育，培养全面发展的高素质体育运动人才；

（五）与教练员、职业球员及其他工作人员签订劳动合同并缴纳社会保险费，与精英梯队球员签订培训合同；

（六）重视球员身体健康，每年为职业球员和精英梯队球员提供身体健康检查。

第六条　俱乐部应当拥有下列基础设施：

（一）符合国家标准和《职业联赛体育场标准》的比赛场；

（二）可用于职业球员和精英梯队球员训练、培训的训练基地；

（三）满足职业联赛实际工作需要的办公场所。

第七条　俱乐部财务管理应当符合下列要求：

（一）遵守国家财务、税务制度，保证良好的财务运行状况；

（二）聘用专职财务人员，建立健全财务工作和管理制度；

（三）中超俱乐部保证所有者权益 3000 万元人民币以上，中甲俱乐部保证所有者权益 1500 万元人民币以上；

（四）按时支付员工工资及奖金、体育场租金、管理、安保等费用；

（五）接受中国足协指定的会计师事务所进行审计和财务检查。

第八条　俱乐部参赛应当符合下列要求：

（一）达到参加职业联赛的比赛成绩要求；

（二）尊重和遵守《中国足球协会章程》和中国足协相关规定，签署并履行《俱乐部公平竞赛公约》及《俱乐部参赛承诺书》。

第三章 准入审查程序

第九条 要求参加下一赛季职业联赛的俱乐部，应当在每年12月5日之前，向其所在地中国足协会员单位（省级或地市级足协，以下简称“地方足协”）申请注册，并报送准入申请材料（见附件）。

未按时向其所在地地方足协申请注册的，视为退出下一赛季职业联赛。

第十条 地方足协对俱乐部的申请材料进行审核。

材料不齐全的，地方足协自收到该申请之日起5个工作日内书面通知俱乐部补正。材料齐全并符合相关规定的，地方足协于12月31日前向俱乐部出具同意注册函。

不同意注册的，地方足协书面告知俱乐部并说明理由。

第十一条 地方足协将俱乐部申请材料及同意注册函报当地省级体育主管部门备案，获得确认函。

第十二条 俱乐部于第二年1月15日前，将准入申请材料、地方足协同意注册函和省级体育主管部门确认函上报中国足协。

第十三条 中国足协以书面材料审核、实地检查等形式进行审查，并对俱乐部法定代表人进行社会公示。如法定代表人存在违法犯罪记录或不良社会影响的，应向有关部门进一步调查核实后研究决定。

第十四条 中国足协于1月31日前做出是否批准注册及获得参赛资格的决定。不予批准注册及获得参赛资格的，书面告知俱乐部审查意见并说明理由。

第十五条 俱乐部对审查结果有异议的，应于收到审查意见后5个工作日内，向中国足协书面提起申诉，并附相关证据。

中国足协仲裁委员会根据《中国足球协会仲裁委员会工作规则》受理俱乐部申诉，并于收到申诉后20个工作日内做出裁决。

第四章 附 则

第十六条 新升入中甲联赛的乙级俱乐部，应当在2年内达到本办法的要求。新升入中超联赛的中甲俱乐部，应当在1年内达到本办法的要求。

在上述缓冲期结束后仍未达到本办法要求的，不予批准注册，不能获得该级别联赛参赛资格。

第十七条 中国足协其他已经颁布施行的规程、办法、规定等，内容与本办法不一致的，均以本办法为准。

第十八条 本办法自发布之日起施行。

（附件：略）

中国足球协会职业俱乐部准入规程（2018 年版）

第一部分　总　则

第一条　中国足协准入制度的任务和制定依据

为切实提高职业足球俱乐部自身的管理能力和运营水平，实现俱乐部法人治理结构，建立俱乐部文化基础，促进职业联赛长期稳定健康发展，使中国的职业足球联赛成为世界优秀的联赛，根据中华人民共和国相关法律法规、《亚足联俱乐部准入规程》以及《中国足球协会章程》等相关文件，制定本规程。

第二条　中国足协准入管理的目的及意义

1. 维护和提高中国足协主办的职业联赛的公信力，保证职业联赛能够顺利、有序进行；

2. 在全国范围内，使参加各级联赛的足球俱乐部在体育、设施、人员与管理、法律、财务等方面能够以职业足球俱乐部为样板，规范自身发展。

3. 在俱乐部社会责任，青少年培训和保护以及俱乐部财务方面准入标准将不断提高。

4. 通过准入制度，不断增强俱乐部诚信度以及职业化管理水平和能力。

5. 增强俱乐部作为独立法人的财政能力，提高俱乐部财务透明度和可信度，保护球员、教练员、工作人员获得合理报酬的权利。同时，保护俱乐部债权人，以及俱乐部之间就足球方面的合法权利。

6. 完善和提高俱乐部的体育设施，为球迷和俱乐部赞助商提供设备精良、安全的体育场。

第三条　中国足协职业俱乐部准入规程的适用

1. 已参加中国足协主办的相关等级的赛事，申请参加中国足球协会超级联赛（以下简称“中超联赛”）、中国足球协会甲级联赛（以下简称“中甲联赛”）的俱乐部应当依据本规程进行准入申请并完成各项准入审查工作。

2. 本规程对参与准入各方的权利、义务以及责任有明确的要求：

2.1 参与准入的各方应按照本规程要求的程序和内容进行准入工作；

2.2 准入申请者在达到参加相应级别联赛的体育成绩的同时，只有获得相应级别职业联赛的准入资格，方能参加中超、中甲或中乙职业联赛。

2.3 准入申请者应按照本规程的程序，达到体育、设施、人员与管理、法律、财务的最低标准，准入管理者经过审查，授予准入申请者相应联赛的准入资格。

3. 中国足协将制定职业俱乐部准入管理的实施细则，对本规程中的程序以及具体标准进行解释和说明。本规程和实施细则都是职业俱乐部准入管理中的重要文件，中国足协职业俱乐部准入规程的效力高于准入管理的实施细则。

第四条 准入标准的分级

1. 中国足协职业俱乐部准入规程中对各准入要求方面分为 A、B、C 三个级别。

1.1 “A”级 -“强制性标准”

准入申请者没有达到本规程中所申请参加级别联赛的任何一个 A 级标准，将不能获得该级别联赛的准入，同时不能参加该级别的职业联赛。

1.2 “B”级 -“义务性标准”

准入申请者没有达到本规程中所申请参加级别联赛的任何一个 B 级标准，将受到准入管理者的处罚，但仍能获得该级别联赛的准入。

1.3 “C”级 -“倡导性标准”

准入申请者没有达到本规程中所申请参加级别联赛的 C 级标准，将不会受到准入管理者的处罚，仍然能获得该级别联赛的准入。但是，现在的 C 级标准将可能成为 B 级或 A 级强制达到标准。

2. 中国足协职业俱乐部准入规程中的标准不低于亚足联俱乐部准入规程中的标准。

第五条 例外条款

亚足联准入执行部门会根据不同情况，调整其亚冠准入要求。但是不影响本规程中对中国足协主办的职业联赛俱乐部的准入工作。

第二部分 准入工作的管理

第六条 准入管理机构

1. 工作职责

1.1 中国足协是职业俱乐部准入工作的管理机构，负责俱乐部准入的审核、评估等事项，向亚足联负责，落实亚足联的相关要求。同时，制定并执行中国足协制定的职业俱乐部准入规程。

1.2 中国足协可根据亚足联的准入要求，授权相应的联赛组织负责具体管理和执行中国足协制定的职业俱乐部准入规程的工作。

1.3 中国足协作为中国职业俱乐部准入工作的管理机构，组建或授权组建具体的准入执行部门，制定必要的准入程序。

1.4 中国足协应按照亚足联准入规程的要求，将中国足协的职业俱乐部准入规程翻译为英文版，提交至亚足联备案。

1.5 准入管理机构应当负责以下具体工作：

1.5.1 建立或授权建立准入执行部门；

1.5.2 建立准入审核决定以及申诉机构；

1.5.3 制定违反准入管理规定的罚则；

1.5.4 公平的对待准入申请者，并对其所提交的材料进行保密；

1.5.5 严格遵循准入程序。

2. 准入执行部门

2.1 准入执行部门的任务和职责：

2.1.1 准备、实施和进一步发展职业俱乐部准入工作；

2.1.2 使用和管理亚足联的俱乐部准入管理系统；

2.1.3 培训和支持中国的俱乐部使用亚足联的准入管理系统；

2.1.4 为准入审核决定机构提供工作支持；

2.1.5 常态化的协助、指导、监督获得准入的俱乐部；

2.1.6 与亚足联准入执行部门保持联系，对于获得准入的俱乐部所出现的重大变更事项，及时通知亚足联；

2.1.7 与亚足联的其他会员协会保持沟通，分享工作经验。

3. 中国足协的准入执行部门的工作人员应具有法律、金融、财务等方面的学历背景或实际工作经验。

4. 准入审核决定机构、准入申诉机构

4.1 中国足协的准入审核决定机构和准入申诉机构应当分别独立开展工作。中国足协的准入审核决定机构在中国足协下开展工作，中国足协仲裁委员会为准入的申诉机构。

5. 准入审核决定机构

5.1 中国足协的准入审核决定机构根据准入执行部门汇总的各俱乐部在准入截止日期前提交的准入申请和文件材料以及实地检查的报告进行审核，决定是否授予俱乐部所申请的联赛准入资格。

5.2 准入审核决定机构的人员至少为三人，由中国足协聘任。担任准入审核机构的人员应当具备以下条件：

5.2.1 行为公正的履行职责；

5.2.2 保持中立，不得与准入申请者存在关联关系；

5.2.3 不能同时担任中国足协的俱乐部准入经理；

5.2.4 不能在中国足协纪律委员会、仲裁委员会、道德委员会任职；

5.2.5 其中至少有一名具备法律资质或具备审计师资格。

5.3 准入审核决定机构中应选举一名主席，主席在准入审核决定机构成员投票相同的情况下，可以投决定票。

5.4 准入审核决定机构、准入申诉机构必须按照以下基本原则进行准入审核。

5.4.1 在规定的时间内进行审核；

5.4.2 公平对待每一个准入申请者；

5.4.3 准入申请者可以聘请法律代表；

5.4.4 给予听证的权利；

5.4.5 告知准入时间计算的规则；

5.4.6 确定申诉的时间；

5.4.7 告知提交材料的形式；

5.4.8 准入申请者应负责提交准入材料；

5.4.9 告知准入决定的形式；

5.4.10 告知申诉的理由；

5.4.11 告知申诉的内容和形式；

5.4.12 审议的形式和听证内容；

5.4.13 准入费用的承担方式。

6. 准入申诉机构

6.1 中国足协仲裁委员会接受关于准入工作的书面申诉，裁决是否授予准入申请者获得准入资格。该裁决为终局裁决。

6.2 以下单位可以提出申诉：

6.2.1 被准入审核决定机构拒绝的准入申请者解决；

6.2.2 被撤销准入的准入执照持有者。

6.3 申诉应在收到审查意见后 5 个工作日内书面提出。仲裁委员会根据由准入申请者或准入审核决定机构所提供的证据及其书面申诉书，在收到申诉后 20 个工作日内作出裁决，应在 10 月 30 日前公布仲裁结果。

6.4 仲裁委员会以裁决书形式说明拒绝或接受准入，并说明相应理由。

6.5 仲裁委员会工作程序和方式，由其工作规则规定。

第七条 准入审核决定机构、准入申诉机构、准入执行部门的成员要求

1.1 至少拥有 1 名有资质的律师和 1 名审计师。

1.2 准入审核决定机构的成员不得属于中国足协准入执行部门以及其他委员会的成员，且必须公正的履行其职责。

1.3 准入申诉机构的成员不得属于中国足协准入执行部门。

1.4 机构的成员必须遵守保密规则。

1.5 机构的成员不应与准入申请者有任何关联或者利益冲突，否则应回避。

1.6 以下情况，成员应回避：其家庭成员（配偶、子女、父母、兄弟姐妹）是准入申请者的（包括但不仅限于）：

1.6.1 成员；

1.6.2 股东；

1.6.3 商业伙伴；

1.6.4 赞助商；

1.6.5 顾问；

1.6.6 实际控制人等。

第八条　准入申请者要求和获得准入资格

1. 准入申请者应为具有独立法人资格的足球俱乐部。其应当在工商部门或民政部门进行登记注册。同时，在中国足协的地方会员协会进行行业内注册。

2. 准入申请者的要求

2.1 俱乐部应当至少成立满两年。

2.2 在中国足协的地方会员协会注册满一年。

2.3 参加中国足球协会主办的相关等级的全国性联赛。

3 准入申请者的责任

3.1 准入申请者应当遵守以下责任和义务：

3.1.1 准入申请者应当根据本规程的规定，向中国足协的准入执行部门提交充分的、真实的准入材料。

3.1.2 准入审核决定机构认为可做出准入决定的其他文件材料。

3.1.3 准入申请者所提交的准入材料应当按照本准入规定中所要求的体育标准、俱乐部基础设施标准、人员与管理标准、法律标准、财务标准进行分类提交。

3.1.4 准入申请者提交完成准入材料后，如发生重要的变更，应当及时通知准入执行部门，并提交新的材料。

4 获得准入执照

4.1 只有获得相应联赛准入执照的俱乐部，在其联赛成绩达到要求后，可以参加相应联赛的比赛。

4.2 获得相应联赛准入执照的赛季结束后，准入申请者应当重新申请。

4.3 俱乐部获得的准入执照不得转让。

4.4 联赛准入执照在下列情况下可被准入执行部门收回：

4.4.1 任何不满足“A”级准入要求的情况出现；

4.4.2 其他严重违反本规程的情况。

5. 中国足协准入执行部门将及时通知亚足联联赛准入执照被收回的决定。

第九条 统一准入评估标准和保密

1. 准入执行部门和准入审核决定机构应当按照亚足联以及中国足协的准入相关规定，统一准入文件的评估标准。

2. 平等对待准入申请者，并为其提供的材料保密。

2.1 准入执行部门应当在核心程序中平等的对待各准入申请者；

2.2 准入执行部门应当为准入申请者提交的材料进行保密。

第十条 核心程序要求

1. 中国足协的准入执行部门应当向准入申请者公布各级联赛准入的相关要求和具体时间。

2. 核心程序时间由准入执行部门决定，通过中国足协最终上报亚足联。中国的职业俱乐部准入决定时间为 10 月 30 日。中国足协的准入执行部门应当通过中国足协将核心程序以及最终的准入审核决定通报亚足联。

3. 核心程序应当包括以下内容

3.1 下发联赛准入通知和要求；

3.2 准入申请者提交准入材料；

3.3 准入执行部门审核准入材料；

3.4 中国足协的准入审核决定机构根据准入执行部门审核内容决定俱乐部准入资格；

3.5 向亚足联提交联赛准入俱乐部名单；

3.6 准入中所有时间截点应当在准入文件中进行明确，并及时通知各准入申请者。

第十一条 对不符合准入要求的俱乐部进行处罚

1. 建立对不符合准入要求的俱乐部进行处罚的制度，如罚款、警告、扣除联赛积分、减少转会名额、限制球队球员报名数量、取消准入资格等。具体处罚制度由中国足协职业俱乐部准入管理的实施细则进行确定。

2. 中国足协纪律委员会应当对提供虚假材料而获得联赛准入以及未达到“B”级标准的准入申请者进行处罚。

第三部分 准入标准

第十二条 体育标准

1. 目的

1.1 不断发现和培养高水平的足球运动员，也为足球领域培养更多的优秀人才；

1.2 建立清晰的俱乐部发展模式和青少年球员到职业球员的培养路径；

1.3 设计和执行俱乐部自己的青少年发展计划；

1.4 为青少年精英球员提供先进的训练培训，同时也要提供完备的足球相关领域的教育和文化学习；

1.5 为所有球员提供完善的医疗服务。

2. 标准

S.01 标准内容	亚冠标准	中超标准	中甲标准
俱乐部发展结构	A	A	A
1. 俱乐部应建立清晰的俱乐部发展结构 （1）俱乐部应当有自己的理念和风格，建立长远的，可实现的发展规划； （2）建立不同年龄层次的梯队； （3）清晰、顺畅的优秀球员选拔、提升通道； （4）有充足的资源支持俱乐部所建立的各级球队发展。 2. 俱乐部发展结构应包括以下几个方面： 中超俱乐部： （1）拥有一支一线队、一支预备队； （2）下设至少 5 支不同年龄层次的青少年梯队； （3）五支不同年龄层次的青少年梯队，分别为 U19、U17、U15、U14、U13； （4）每支球队至少注册球员 18 名，并且代表俱乐部参加各级不同的官方赛事； （5）俱乐部的球员的注册单位应为本俱乐部，而非其他俱乐部或法人； （6）每支球队都应有具体的训练和发展计划，相关的计划应由专业人士进行管理和运行。 中甲俱乐部： （1）拥有一支一线队、一支预备队； （2）下设至少 5 支不同年龄层次的青少年梯队； （3）五支不同年龄层次的青少年梯队，分别为 U19、U17、U15、U14、U13； （4）每支球队至少注册球员 18 名，并且代表俱乐部参加各级不同的官方赛事； （5）俱乐部的球员的注册单位应为本俱乐部，而非其他俱乐部或法人； （6）每支球队都应有具体的训练和发展计划，相关的计划应由专业人士进行管理和运行。 中乙的俱乐部： （1）拥有一支一线队，并且下设至少 4 支不同年龄层次的青少年梯队； （2）四支不同年龄层次的青少年梯队，分别为 U17、U15、U14、U13； （3）每支球队至少注册球员 18 名，并且代表俱乐部参加各级不同的官方赛事； （4）俱乐部的球员的注册单位应为本俱乐部，而非其他俱乐部或法人； （5）每支球队都应有具体的训练和发展计划，相关的计划应由专业人士进行管理和运行。 3. 俱乐部所属的各支球队应参加由中国足协和地方足协举办的官方赛事。			

S.02 标准内容	亚冠标准	中超标准	中甲标准
青少年发展计划	A	A	A

1. 申请准入的职业俱乐部应当：
（1）制定以俱乐部为主体，以提升青少年梯队质量为目的的青少年发展规划；
（2）俱乐部应有足够数量的，符合资质要求的青训教练，指导青少年梯队的球员；
（3）提供足球相关方面的教育，包括但不限于足球技战术方面的；
（4）为本俱乐部青少年梯队球员提供完善的文化教育；
（5）本俱乐部培养的青少年梯队球员上升通道应当清晰、明确。
2. 俱乐部的青少年发展计划应包括但不限于以下几个方面：
（1）俱乐部的发展目标；
（2）俱乐部球员培训的理念；
（3）制定对不同年龄段青少年球员的足球培训计划，包括技术、战术、身体和心理等方面，这些足球培训计划由符合资质的人员进行管理、培训；
（4）其他非足球领域内的培训计划；
（5）评估球员表现的评审和反馈程序。
3. 俱乐部的青少年发展计划的具体内容中应包括：
（1）青少年梯队的数量和年龄段；
（2）青少年发展计划的内容应当是符合运动规律且具有持续性；
（3）青少年发展主管及有关人员定期地评审，确保相关内容的更新。
4. 参与青少年发展计划的工作人员应了解关于儿童、青少年保护的法律法规以及劳动关系等的法律法规，并了解国家、中国足协、亚足联、国际足联推行保护运动员的政策。
5. 俱乐部青少年发展计划的内容中必须具有保证青少年球员的义务性和补充性学校教育的承诺和表述。
（1）保证本俱乐部的青少年梯队成员能够完成国家规定的九年义务教育；
（2）不妨碍本俱乐部的青少年梯队成员完成九年义务教育后，继续参加学校学习的权利；
（3）为青少年球员提供健全的医疗保障服务（预防、诊断、治疗、恢复、完全康复及其他相关服务）确保球员能继续高水平表现。
6. 申请准入的职业俱乐部应当提供以下材料
（1）青少年梯队运动员发展结构及组织结构图；
（2）青少部主管及技术总监针对各级青少年梯队制定的年度训练计划及技术发展方案；
（3）符合资质要求的青少年梯队工作人员名单（技术、医疗、行政等）；
（4）青少年球员发展的基础设施（训练和比赛设备、场馆、教室、宿舍等）；
（5）资金投入（预算总额以及预算占全年俱乐部总投入的比例）。

S.03 标准内容	亚冠标准	中超标准	中甲标准
签约球员的医疗保障服务	A	A	A

1. 申请准入的俱乐部必须确保为所有球员提供完善的医疗保障服务，包括但不限于：
（1）所有注册的球员，包括自己俱乐部的青少年梯队；
（2）应当为本俱乐部的注册球员进行年度体检，体检内容必须包括心血管检查；
（3）应当为所有注册的球员，包括自己俱乐部的青少年梯队提供全面的医疗保险。

S.04 标准内容	亚冠标准	中超标准	中甲标准
草根足球计划	B	B	B

1. 申请准入的俱乐部应制定 13 岁以下青少年儿童和企业、社会足球活动计划，纳入俱乐部的草根足球计划，承担俱乐部的社会责任。
2. 申请准入的俱乐部应让儿童参与到社区活动中，并定期组织足球节活动，为其提供平等参与比赛机会。
3. 草根足球活动应与亚足联 6~12 岁儿童足球发展理念保持一致。
4. 这些活动可以与中国足协、俱乐部所在地的地方会员协会相关部门、以及与教育部门、俱乐部合作伙伴或俱乐部股东进行合作。具体可参照亚足联草根足球的政策文件。

S.05 标准内容	亚冠标准	中超标准	中甲标准
俱乐部教育计划	B	A	A

1. 申请准入的俱乐部应保证本俱乐部各级队伍的运动员、教练员、工作人员在每一年度至少参加一次下列有关培训。
（1）足球诚信与反赌球机制培训；
（2）比赛规则培训；
（3）反兴奋剂培训；
（4）亚足联、中国足协的其他方面的培训。
2. 在准入赛季前一年中，这些课程或培训应由俱乐部、中国足协、地方会员协会或者与俱乐部、中国足协、地方会员协会合作的第三方提供。
3. 申请准入的俱乐部应提供本俱乐部所有注册的运动员、教练员、工作人员参与课程或培训的证明。

S.06 标准内容	亚冠标准	中超标准	中甲标准
俱乐部社会责任计划	C	B	B

1. 申请准入的俱乐部应制定策略并施行计划去推动俱乐部通过足球运动承担一定的社会责任。
2. 在推广执行俱乐部社会责任的项目计划时，创新性活动将获得中国足协、地方会员协会、亚足联、国际足联的大力支持。
3. 俱乐部肩负社会责任，发展与属地相关的计划，可以促进：
（1）建立并扩大球迷基础；
（2）建立志愿者团队；
（3）以属地省、市为基础，组织草根足球活动及创新活动；
（4）保持与社会各方面的持续联系；
（5）为俱乐部的品牌推广、产品营销、赞助商及商业伙伴创造市场基础。

S.07 标准内容	亚冠标准	中超标准	中甲标准
建立俱乐部青少年足球学院或学校、网点培训中心	C	A	A
1. 申请准入的俱乐部可建立配有完善基础设施的俱乐部青少年足球学院或学校、网点培训中心，便于更好执行青少年发展计划。 2. 俱乐部建立俱乐部青少年足球学院或学校、网点培训中心，其招收并注册在本俱乐部的队员可作为俱乐部的梯队球员。 3. 俱乐部建立俱乐部青少年足球学院或学校应当在其俱乐部注册会员协会的省级区域范围内。 4. 俱乐部青少年足球学院或学校的股东、实际控制人应与俱乐部相同。			

S.08 标准内容	亚冠标准	中超标准	中甲标准
反对种族歧视	C	C	C
申请准入的俱乐部应制定禁止种族主义的规定。			

第十三条 俱乐部基础设施标准

1. 目的

1.1 俱乐部拥有或租赁的体育场可作为亚足联俱乐部赛事和中国足协各级联赛的比赛场地。

1.2 俱乐部应向球队及官员、观众、贵宾、媒体代表和转播商合作伙伴提供设备齐全的场馆。

1.3 俱乐部必须为其球员准备适当的训练设施，帮助改善他们的技术能力。

1.4 完成俱乐部属地化的要求。

I.01 标准内容	亚冠标准	中超标准	中甲标准
可用于亚足联俱乐部赛事和中国足协各级联赛的体育场	A	A	A
1. 申请准入的俱乐部必须拥有一座可用于亚足联赛事和俱乐部申请参加中国足协各级联赛赛事使用的体育场。 体育场所有权、使用权的形式： （1）俱乐部拥有体育场所有权； （2）俱乐部的实际控制人或控股股东拥有体育场所有权； （3）俱乐部与体育场签订 3 年以上使用协议。协议期限应包括申请准入的赛季。 2. 申请准入的俱乐部所使用的体育场设施（坐席数量、区域设置等）应满足下列条件： （1）符合亚足联相关赛事竞赛规程、体育场规程和相关要求； （2）符合中国足协相关赛事竞赛规程、体育场规程和相关要求。 3. 根据冬季天气情况，相关地区的俱乐部应具备符合要求的球场可供使用。 4. 体育场必须在俱乐部注册的地方会员协会管辖范围内。俱乐部申请准入的体育主场除因不可抗力，不得更换。			

I.02 标准内容	亚冠标准	中超标准	中甲标准
经过认证的体育场	A	A	A
1. 申请准入的俱乐部所申报的体育场应获得安全认证。体育场的相关认证应包括安全、建筑质量、消防、大型活动许可以及灯光检测证明。 （1）体育场安全和消防认证应在三年内更新一次； （2）体育场可举办大型活动的许可应每年更新一次； （3）灯光检测证明应两年更新一次。 2. 体育场必须配备 AED（自动体外除颤器）。			

I.03 标准内容	亚冠标准	中超标准	中甲标准
经批准的体育场突发事件预案和安全撤离计划	A	A	A
1. 申请准入的俱乐部应协同当地政府主管部门（当地公安机关、医院、消防、武警等部门）根据相关法律法规和政策制定体育场突发事件预案和安全撤离计划。确保体育场内的观众在紧急情况下可以安全、迅速、有序撤离。 2. 体育场都必须张贴彩色的楼层撤离路线图，便于观众阅读和观看。 3. 赛区安保主任、体育场保安及俱乐部或体育场员工应了解撤离计划。			

I.04 标准内容	亚冠标准	中超标准	中甲标准
体育场的安全相关内容	B	A	A
按照国内法律规定，下列规定可以作为体育场认证证书的组成部分。必须至少制定下列规定： （1）体育场及其看台的所有部分，包括入口、出口、楼梯、门、通道、屋顶、所有公共和私人区域及房间等，必须符合安全标准。 （2）观众区的所有公共通道和楼梯必须使用明亮的颜色（例如，黄色）粉刷，由观众区通向比赛区域的大门和通往体育场外的所有出口门和大门也必须如此。 （3）所有公共通道、走廊、楼梯、门、大门等在活动期间不存在可以阻碍人流的障碍物。 （4）体育场内的所有出口门和大门以及从观众区通向比赛区域的所有大门，必须远离观众向外打开，并且在观众在体育场内时不得锁闭。每扇此类门和大门在任何时候都要由特别任命的管理员把守，以防止滥用并确保在任何紧急事件时立即疏散逃生路线。为了防止非法进入或闯入，这些门和大门可以配有易于任何人从内部快速打开的锁定装置。在任何情况下，在观众还在体育场内的时候，它们都不可上锁。 （5）为了防止那些处于场地上和体育场内其他区域的人员遭受雷击，体育场应配备合适的安全设备。 （6）体育场安保机关可以通过一个足够强大和可靠的公共广播系统（扩音器）和 / 或一张计分板和 / 或一个电视屏幕与场内外的观众保持联系。 （7）安保策略。这必须覆盖一场足球比赛组织的各个方面，例如，票务分销系统、观众检查、隔离策略、人群分散策略、医疗服务、防火措施、电力供应丧失、或者任何其他紧急情况。			

I.05 标准内容	亚冠标准	中超标准	中甲标准
体育场基本规则的公示	B	B	B
体育场都必须张贴彩色的体育场标示以及基本规则，便于观众阅读和观看。这些规则必须全少提供下列信息： （1）入场权利； （2）活动取消或延期； （3）禁止内容，例如，禁止进入比赛场地、禁止投掷异物、禁止使用粗言秽语、禁止种族主义的行为等； （4）关于酒、烟花、横幅等方面的限制； （5）座位规则； （6）因违规驱逐离场的原因； （7）体育场的具体风险分析。			

I.06 标准内容	亚冠标准	中超标准	中甲标准
体育场残疾观众入场要求和规则	B	B	B
申请准入的俱乐部应制定体育场为残疾观众和陪同人员的相关规则和要求，保证残疾观众能够获得良好的观赛。			

I.07 标准内容	亚冠标准	中超标准	中甲标准
体育场路标和指示	C	C	C
1. 所有体育场内部和外部的公共指示标志必须以国际通行的象形语言所呈现。 2. 必须在体育场的通道和四周提供明确的、全面的路标，以覆盖整个体育场，指向通往不同区域的道路。 3. 门票必须明确指明座位的位置。门票上的信息必须与体育场内外提供的路标信息相关联。 4. 颜色编码的门票将有助于入场程序，而且保留的票根必须包含引导入场观众的信息。必须为观众提供大型挂图作为指南。			

I.08 标准内容	亚冠标准	中超标准	中甲标准
训练基地	A	A	A
2018 年 12 月 31 日前，申请准入的俱乐部应当具备训练基地。 1. 训练基地所有权、使用权的形式： （1）俱乐部拥有训练基地所有权； （2）俱乐部的实际控制人或控股股东拥有训练基地所有权； （3）地方会员协会、当地体育局或政府部门拥有训练基地所有权，可长期提供俱乐部使用。 2. 训练基地应在会员协会注册范围内，或者距离俱乐部注册会员协会管辖范围周边 100 公里内。 3. 训练基地能够提供本俱乐部和各级梯队实际使用。俱乐部长期租赁训练基地，但本俱乐部一线队和各级梯队不实际使用的，不认定为俱乐部的训练基地。			

I.09 标准内容	亚冠标准	中超标准	中甲标准
训练基地设施	A	A	A

申请准入的俱乐部必须提供全年可用的训练基地。
基地设施应包括：
（1）能够满足俱乐部各级球队生活、学习、训练设施。
（2）训练基地内至少 3 块天然草坪，标准尺寸大小的训练场，其中一块配备至少 150 人的简易看台。可供晚上训练的灯光，平均照度至少达到 400Lux。
（3）训练基地内至少 1 块标准尺寸大小的人工草坪，达到国际足联的认证标准。
（4）进行简单室内训练的场所。
（5）训练基地内应有俱乐部办公场所以及获奖情况的陈列展示区域。
（6）能够承接 100 人规模的小型邀请赛和锦标赛的条件。
（7）满足至少 35 人共同使用的，设施齐全的健身房。

I.10 标准内容	亚冠标准	中超标准	中甲标准
设有保证俱乐部各级队伍球员使用的功能设施	A	A	A

1. 申请准入的俱乐部所提供的训练基地应设置保证俱乐部各级队伍球员使用的功能设施和功能房。
（1）户外训练设施；
（2）室内训练设施；
（3）满足两个球队分别使用的更衣室；
（4）可进行处理受伤的医疗室。
2. 训练基地必须配备 AED（自动体外除颤器）。

第十四条　人员与管理标准

1. 目的

1.1 促进准入申请者进行专业化的管理。

1.2 准入申请者根据职业足球的项目特点，逐步健全俱乐部管理体系，并拥有具备专业知识和管理经验的工作团队。

1.3 保证球员由具备执教资质的教练员指导训练，并配有必要的人员提供支持。

P.01 标准内容	亚冠标准	中超标准	中甲标准
俱乐部办公场所	A	A	A

1. 准入申请者须拥有独立的办公场所作为行政办公室。
2. 该办公室必须具备基本的使用面积和设施（应包括电话、传真、IT 网络、计算机办公设备和电子邮箱、官方网站、官方微博、官方公众号）。
3. 准入申请者必须按业务的需要聘请合适数量的行政人员，确保办公室正常的运作。
4. 确保俱乐部办公室能够按时开放，保证办公室相关部门能联系中国足协、地方会员协会以及有关方面。

<table>
<tr><th>P.02 标准内容</th><th>亚冠标准</th><th>中超标准</th><th>中甲标准</th></tr>
<tr><td>俱乐部法定代表人、总经理及高管人员</td><td>A</td><td>A</td><td>A</td></tr>
<tr><td colspan="4">1. 俱乐部的法定代表人应为实际控制人或其授权的人员担任。
2. 申请准入的俱乐部必须任命1位总经理及若干名高级管理人员负责管理日常业务（运营事务）。
3. 总经理及高管人员的任职资格必须符合相关法律法规的规定，参加并通过中国足协组织的培训课程。
4. 总经理及高管人员的任职必须经过准入俱乐部的合法机构依合法程序做出（如董事会会议、股东会会议等）。</td></tr>
</table>

<table>
<tr><th>P.03 标准内容</th><th>亚冠标准</th><th>中超标准</th><th>中甲标准</th></tr>
<tr><td>俱乐部财务主管</td><td>A</td><td>A</td><td>A</td></tr>
<tr><td colspan="4">1. 申请准入的俱乐部必须任命一名财务主管负责俱乐部的财务事项。
2. 财务主管应在财务事务方面拥有至少 3 年的实践经验，且必须至少拥有下列一项资质：
（1）一个中级职称以上或注册会计师；
（2）一个合格的会计证书。</td></tr>
</table>

<table>
<tr><th>P.04 标准内容</th><th>亚冠标准</th><th>中超标准</th><th>中甲标准</th></tr>
<tr><td>俱乐部安保主任</td><td>A</td><td>A</td><td>A</td></tr>
<tr><td colspan="4">1. 申请准入的俱乐部必须任命一名安保主任负责安保事务。
2. 安保主任必须至少拥有下列一项资质：
（1）按照国内法律取得的做为警察或者安保人员的证书，或；
（2）由会员协会或者国家认可的组织以一项具体课程为基础颁发的安全和安保文凭，或；
（3）经会员协会认可的“能力认定”，其基于参加会员协会具体的安全和安保课程并在此类事务中拥有至少一年经验。</td></tr>
</table>

<table>
<tr><th>P.05 标准内容</th><th>亚冠标准</th><th>中超标准</th><th>中甲标准</th></tr>
<tr><td>俱乐部新闻官</td><td>A</td><td>A</td><td>A</td></tr>
<tr><td colspan="4">1. 申请准入的俱乐部必须任命一名媒体官员负责媒体事务。
2. 媒体官员必须至少拥有下列一项资质：
（1）新闻教育文凭；
（2）拥有至少一年媒体相关的工作经验。
3. 参加中国足协、联赛管理机构所组织的新闻管理培训，并获得培训证书。</td></tr>
</table>

P.06 标准内容	亚冠标准	中超标准	中甲标准
俱乐部医疗主管	A	A	A

1. 申请准入的俱乐部必须任命一名医疗主管。
2. 俱乐部的梯队应设置队医，负责在俱乐部球队比赛和训练期间提供医疗支持以及防止使用兴奋剂。
3. 医疗主管、队医应具备医疗资格，并由国家卫生部门承认。
4. 队医应正式注册于中国足协。

P.07 标准内容	亚冠标准	中超标准	中甲标准
俱乐部理疗师	A	A	A

1. 申请准入的俱乐部必须拥有至少一名理疗师，负责为俱乐部在训练和比赛时为一线队员提供医疗按摩。
2. 理疗师应具备医疗资格，并由国家卫生部门承认。
3. 理疗师应正式注册于中国足协。

P.08 标准内容	亚冠标准	中超标准	中甲标准
俱乐部一线队主教练	A	A	A

1. 申请准入的俱乐部必须任命一名主教练，负责一线队的足球事务，进行技战术指导。同时，可负责引导俱乐部未来发展。
2. 主教练资质：
（1）获得中国足协颁发的职业级教练员证书或经中国足协认可的同级别教练员证书，经正式注册并参加和通过相应年度的培训；
（2）经过亚足联 RECC 认证，为最高级别的教练员资质；
（3）正在参加职业级培训，经中国足协认可，准许担任俱乐部一线队主教练。
3. 俱乐部一线队主教练必须实际参加工作。
4. 主教练的任职必须经过准入俱乐部的合法机构依合法程序做出（如董事会会议、股东会会议等）。
5. 一线队主教练应在中国足协进行注册。

P.09 标准内容	亚冠标准	中超标准	中甲标准
俱乐部一线队助理教练	A	A	A

1. 申请准入的俱乐部必须任命至少一名助理教练，在一线队的训练、比赛等方面协助主教练。
2. 助理教练资质：
（1）获得中国足协颁发的 A 级教练员证书或经中国足协认可的同级别教练员证书，经正式注册并参加和通过相应年度的培训；
（2）经过亚足联 RECC 认证，为亚足联 A 级的教练员资质；
（3）正在参加 A 级教练员培训，经中国足协认可，准许担任俱乐部一线队助理教练。
3. 助理教练的任职必须经过准入俱乐部的合法机构依合法程序做出（如董事会会议、股东会会议等）。
4. 一线队助理教练应在中国足协进行注册。

P.10 标准内容	亚冠标准	中超标准	中甲标准
俱乐部一线队守门员教练	C	B	B
1. 申请准入的俱乐部可任命一名守门员教练，负责一线队守门员的训练。 2. 助理教练资质： （1）获得中国足协颁发的 Level Ⅱ守门员教练证书或经中国足协认可的同级别教练员证书，经正式注册并参加和通过相应年度的培训； （2）经过亚足联 RECC 认证，为亚足联 Level Ⅱ的守门员教练资质； （3）正在参加 Level Ⅱ守门员教练培训，经中国足协认可，准许担任俱乐部一线队守门员教练。 3. 守门员教练应在中国足协进行注册。			

P.11 标准内容	亚冠标准	中超标准	中甲标准
俱乐部一线队体能教练	C	B	B
1. 申请准入的俱乐部可任命一名体能教练，负责一线队运动员体能的训练。 2. 体能教练员资质将根据中国足协的具体要求进行规定。 3. 体能教练可为兼职。			

P.12 标准内容	亚冠标准	中超标准	中甲标准
俱乐部青训主管	A	A	A
1. 申请准入的俱乐部必须任命一名全职的青训主管，负责制定和执行俱乐部青少年培训计划，管理俱乐部青训事务。 2. 青训主管资质： 中超俱乐部： （1）获得中国足协颁发的职业级教练员证书或经中国足协认可的同级别教练员证书，经正式注册并参加和通过相应年度的培训； （2）经过亚足联 RECC 认证，为最高级别的教练员资质； （3）正在参加职业级培训，经中国足协认可，准许担任俱乐部青训主管。 中甲俱乐部： （1）获得中国足协颁发的 A 级教练员证书或经中国足协认可的同级别教练员证书，经正式注册并参加和通过相应年度的培训； （2）经过亚足联 RECC 认证，为亚足联 A 级的教练员资质； （3）正在参加 A 级教练员培训，经中国足协认可，准许担任俱乐部青训主管。 3. 俱乐部青训主管应拥有熟练的管理及行政管理能力，确保高效地执行计划、活动、及与相关人员、单位合作。 4. 拥有青少年执教经历、具有管理青少年球员的相关资历。 5. 青训主管的任职必须经过准入俱乐部的合法机构依合法程序做出（如董事会会议、股东会会议等）。 6. 青训主管必须在中国足协进行年度注册。			

P.13 标准内容	亚冠标准	中超标准	中甲标准
俱乐部梯队教练员	A	A	A

1. 俱乐部梯队教练员资质：
中超、中甲俱乐部 U19 梯队：
（1）主教练至少获得中国足协颁发的 A 级教练员证书或经中国足协认可的同级别教练员证书，经正式注册并参加和通过相应年度的培训；
（2）经过亚足联 RECC 认证，为 A 级的教练员资质；
（3）正在参加 A 级培训，经中国足协认可，准许担任俱乐部 U19 梯队教练员。
中超、中甲、中乙俱乐部 U17 梯队：
（1）主教练至少获得中国足协颁发的 B 级教练员证书或经中国足协认可的同级别教练员证书，经正式注册并参加和通过相应年度的培训；
（2）经过亚足联 RECC 认证，为 B 级的教练员资质；
（3）正在参加 B 级培训，经中国足协认可，准许担任俱乐部 U17 梯队教练员。
中超、中甲、中乙俱乐部 U15、U14、U13 梯队：
（1）中超、中甲、中乙 U15、U14、U13 梯队主教练至少获得中国足协颁发的 C 级教练员证书或经中国足协认可的同级别教练员证书，经正式注册并参加和通过相应年度的培训；
（2）经过亚足联 RECC 认证，为 C 级的教练员资质；
（3）正在参加 C 级培训，经中国足协认可，准许担任俱乐部 U15、U14、U13 梯队教练员。
2. 俱乐部梯队主教练必须实际参加工作。
3. 俱乐部梯队主教练的任职必须经过准入俱乐部的合法机构依合法程序做出（如董事会会议、股东会会议等）。
4. 俱乐部梯队教练员必须在中国足协进行年度注册。

P.14 标准内容	亚冠标准	中超标准	中甲标准
俱乐部主场安保组织	A	A	A

1. 申请准入的俱乐部应当在每一个主场赛事配备合适数量的安保，以保证比赛的顺利进行。
（1）俱乐部使用俱乐部自有安保；
（2）与安保公司签订协议，雇佣安保公司的安保。

P.15 标准内容	亚冠标准	中超标准	中甲标准
俱乐部技术总监	C	B	B

1. 申请准入的俱乐部可聘任全职或兼职的俱乐部技术总监。
2. 俱乐部技术总监应至少满足下列条件之一：
（1）获得中国足协颁发的 A 级教练员证书或经中国足协认可的同级别教练员证书，经正式注册并参加和通过相应年度的培训；
（2）经过亚足联 RECC 认证，为 A 级的教练员资质；
（3）在职业俱乐部有运动及工作经历，或在俱乐部长期作为球员、教练、经理或顾问。

P.16 标准内容	亚冠标准	中超标准	中甲标准
俱乐部法务总监	C	A	A
1. 申请准入的俱乐部可聘任全职或兼职的俱乐部法务总监。 2. 俱乐部可聘用律师事务所作为俱乐部法律顾问。 3. 法务总监应拥有必要的法律资质。 4. 法务总监应通过中国足协的相关行业法律业务培训。			

P.17 标准内容	亚冠标准	中超标准	中甲标准
书面明确相关人员权利、责任、义务	A	A	A
P.01 至 P.16 中规定的准入申请者的相关的权利、责任和义务必须以书面形式确定。			

P.18 标准内容	亚冠标准	中超标准	中甲标准
授予准入的赛季期间的职位更替	A	A	A
1. 除俱乐部一线队主教练外，如果本部分的 P.01 至 P.16 中规定的职位在授予准入的赛季期间产生空缺，则准入申请者必须确保最多 60 天内该职位由拥有必要资质的人员更换。 2. 如果标准 P.01 至 P.16 中规定的职位在授予准入的赛季期间因不可抗力（生病、意外等）产生空缺，准入批准方可将期限延长到 60 天。 3. 发生职位空缺及更替必须在 7 个工作日内通知中国足协相关委员会。			

P.19 标准内容	亚冠标准	中超标准	中甲标准
重大变更后的告知义务	A	A	A
本部分的 P.01 至 P.16 中规定的职位在授予准入的赛季期间产生变更，变更后，必须在 7 个工作日内通知中国足协相关委员会。			

第十五条　法律标准

1. 目的

1.1 提高俱乐部的职业化、法制化水平。

1.2 成为诚信的俱乐部。

<table>
<tr><th>L.01 标准内容</th><th>亚冠标准</th><th>中超标准</th><th>中甲标准</th></tr>
<tr><td>关于遵守《中国足协章程》、签署参加比赛的承诺以及配合第三方审计的义务</td><td>A</td><td>A</td><td>A</td></tr>
<tr><td colspan="4">1. 申请准入的俱乐部应遵守《中国足球协会章程》，并签署《俱乐部公平竞赛公约》和《俱乐部参赛承诺书》。
2. 保证遵守中国足协职业俱乐部准入规程的规定和条件。
3. 保证所有提交的材料都是完整和真实的。
4. 承认国际足联、亚足联、中国足协执行现场检查以审查评估过程和决策的权利，配合中国足协聘请的第三方审计机构对俱乐部进行财务审计。
5. 申请准入的俱乐部应在准入截止期前签署《俱乐部公平竞赛公约》和《俱乐部参赛承诺书》。</td></tr>
</table>

<table>
<tr><th>L.02 标准内容</th><th>亚冠标准</th><th>中超标准</th><th>中甲标准</th></tr>
<tr><td>关于支持各级国家队参赛的承诺</td><td></td><td>A</td><td>A</td></tr>
<tr><td colspan="4">1. 申请准入的俱乐部应支持中国足协各级国家队对本俱乐部球员的选调、集训、比赛。
2. 每年申请准入时，应当提交本俱乐部入选中国足协各级国家队球员的名单。</td></tr>
</table>

<table>
<tr><th>L.03 标准内容</th><th>亚冠标准</th><th>中超标准</th><th>中甲标准</th></tr>
<tr><td>俱乐部法律文件</td><td>A</td><td>A</td><td>A</td></tr>
<tr><td colspan="4">准入申请者必须提交下列文件（所有复印件上均必须加盖申请者公章及骑缝章）：
1. 准入申请者的公司章程的复印件，如有变更的，则必须在变更生效之后的 15 日之内提交变更后的复印件。
2. 俱乐部的企业法人营业执照副本复印件、税务登记证复印件、组织机构代码证书复印件。五证合一的俱乐部应提供五证合一后的有效证件。
3. 俱乐部公章和授权代表的签字样式。</td></tr>
</table>

<table>
<tr><th>L.04 标准内容</th><th>亚冠标准</th><th>中超标准</th><th>中甲标准</th></tr>
<tr><td>俱乐部资金来源合法</td><td>A</td><td>A</td><td>A</td></tr>
<tr><td colspan="4">申请准入的俱乐部不得以博彩等可能影响公平竞赛的行为为营业范围或资金来源。</td></tr>
</table>

L.05 标准内容	亚冠标准	中超标准	中甲标准
俱乐部所有权和控制权	A	A	A

申请准入的俱乐部必须提交一份有效的法律声明概述俱乐部的所有权结构和控制机制。
1. 涉及俱乐部的管理、行政、体育成绩的任何自然人或法人都不可直接或者间接的：
（1）持有或者交易参与同样赛事的其他俱乐部的证券或股份；
（2）持有参与同样赛事的任何其他俱乐部的大部分股东投票权；
（3）拥有任命或者开除参与同样赛事的任何其他俱乐部的行政、管理或者监督机构成员的权利；
（4）参与同样赛事的任何其他俱乐部的股东，并根据与有关俱乐部的其他股东的协议独自控制大部分该俱乐部的投票权；
（5）参与同样赛事的任何其他俱乐部的会员；
（6）涉及参与同样赛事的任何其他俱乐部在管理、行政、体育成绩方面的职位；
（7）拥有参与同样赛事的任何其他俱乐部在管理、行政、体育成绩方面的权力；
（8）其他经中国足协审查，认为存在关联关系的情况。
2. 申请准入的俱乐部必须签署本俱乐部与其他中超、中甲、中乙职业俱乐部之间不存在关联关系的声明。

L.06 标准内容	亚冠标准	中超标准	中甲标准
俱乐部应与俱乐部球员、教练员、工作人员签署书面工作合同	A	A	A

1. 申请准入的俱乐部必须按照国际足联、中国足协的相关规定，与本俱乐部的运动员、教练员、工作人员等签署书面的工作合同及补充协议，并按照中国足协的要求进行备案。
2. 以上相关工作合同，不仅应符合足球行业的要求，也要遵守我国《民法通则》《合同法》《劳动法》《劳动合同法》的相关规定。
3. 俱乐部不得与运动员、教练员、工作人员等签署阴阳合同。

L.07 标准内容	亚冠标准	中超标准	中甲标准
俱乐部球员和官员的纪律处分程序及行为准则	C	A	A

1. 申请准入的俱乐部必须根据我国法律法规以及足球行业特点，制定本俱乐部关于球员、教练员以及其他工作人员的纪律管理规定及行为准则。
2. 俱乐部制定的纪律管理规定及行为准则应在球员、教练员以及其他工作人员签署合同前，明确告知相关人员，并签字确认。

L.08 标准内容	亚冠标准	中超标准	中甲标准
俱乐部应按时支付俱乐部球员、教练员以及工作人员薪酬		A	A

1. 申请准入的俱乐部必须按照与球员、教练员以及其他工作人员签署的工作合同支付薪酬。
2. 俱乐部奖金标准应当书面公示，并按照要求支付。

第十六条　财务标准

1. 制定、执行财务标准的目的

1.1 改善俱乐部的经济和财务能力、增加俱乐部运营的透明度和可信度。

1.2 保护债权人的合法权益。

1.3 确保俱乐部能够持续经营。

F.01 标准内容	亚冠标准	中超标准	中甲标准
俱乐部维持球队运转和发展的经费		A	A
1. 申请准入的俱乐部应达到如下经费要求： （1）中超俱乐部：所有者权益应为 3000 万元人民币以上； （2）中甲俱乐部：所有者权益应为 1500 万元人民币以上。 2. 申请准入的俱乐部在青训方面的投入要求： 俱乐部每年在青训方面的支出不少于全年支出的 15%。			

F.02 标准内容	亚冠标准	中超标准	中甲标准
年度审计报告	A	A	A
准入申请者须按照国家有关会计制度制作年度财务报表并经过合法审计并于每年 3 月 31 日前提交。 如果准入申请者对任何子公司及附属机构具有实际控制权，则应向准入批准方提供其实际控制的子公司及附属机构的合并财务报表。 （一）资产负债表 关于资产负债表的特别要求： 1. 列明与球员转让有关的应收、应付账款； 2. 列明来自集团实体和相关方的应收、应付账款。 投资应包含对子公司、联合控制实体和联营公司的投资。关于对子公司、联合控制实体和联营公司的投资，应披露下列信息： 1. 名称；2. 公司或者办事处注册地；3. 实体业务 / 经营的类型；4. 所有者权益的比例。 （二）损益表 关于损益表（或收入报表）的特别要求应列明： 收入： 1. 门票收入；2. 赞助和广告；3. 转播权；4. 商业收入；5. 其他经营收入。 支出： 1. 销售 / 材料的成本；2. 员工福利支出；3. 折旧及摊销；4. 固定资产减值；5. 其他经营支出。 其他： 1. 处置资产的收入 / 损失；2. 财务费用；3. 税项支出；4. 税后利润或亏损。 损益表的最低信息要求还包含下列要求： （1）对球员注册（转会）费用摊销和其他无形资产摊销应单独披露； （2）球员注册（转会）费用减值应单独披露； （3）球员转入转出的收入和支出应单独披露。			

续表

F.02 标准内容	亚冠标准	中超标准	中甲标准
年度审计报告	A	A	A

（三）现金流量表
现金流量表应当与其他财务报表一并使用。可以从报表中评估一个实体的净资产 / 负债的变化、财务结构（包括其流动性和偿付能力）及其管理现金流的金额和时机以适应不断变化的环境和机会的能力。
现金流量表应以管理层认为最合适的方法分别按照经营、投资、融资活动分类报告当前财务年度（及与上一财政年度对比）的现金流量。
现金和现金等价物的组成部分应被披露，并且须核对现金流量表和资产负债表所报告的同等项目的金额。
（四）年度财务报表的附注
年度财务报表应系统地提交附注。出现在资产负债表、损益表和现金流量表上的每个项目都应相互参照附注中的任何相关信息。
附注披露内容的最低要求如下：
1. 会计政策
对财务报表的编制基础和重大会计政策摘要使用。
2. 如果准入申请者受到一个母公司的控制，其母公司可以被另一个母公司控制或者它对任何其他子公司拥有控制权或者对任何其他伙伴具有重大影响的，任何与上述相关公司之间的交易必须在财务报表的注释中予以披露。
3. 控制方
当报告实体被另一方控制时，必须披露相关方的关联情况和名称，并必须披露最终控制方。如果报告实体的控制方或最终控制方处于不被知晓的状态，则这个事实应予以披露。无论控制方和报告实体之间是否发生任何交易，该信息都应予以披露。
4. 关联方交易
如果在此期间关联方之间存在交易，报告实体应披露关联方关系的性质，以及关于在此期间交易和期末未偿还余额的信息。披露必须至少包括：
（1）交易的金额；
（2）未偿还余额的金额与：
其条款和条件，包括是否安全，以及在协议中要提供的酬金的性质；及给予或者获得的任何抵押、担保的细节；
（3）关于未偿还余额的呆账的规定；
（4）关于相关方应收呆坏账在此期间所确认的费用。
（5）已抵押的资产和所有权保留的资产：
披露所有权有限制（如共有等）以及作为负债或者担保的抵押品所抵押的物业、厂房和设备的存在和金额。
（6）或有负债：
报告实体应为每类在截止日期发生的或有负债披露或有负债性质的情况的简介，以及制定出可行的：
a. 对其财务影响的评估报告；
b. 涉及任何流出的金额和时间的不确定性的说明；
c. 任何偿还的可能性。
（7）其他披露：
任何未在资产负债表、损益表或现金流量表中出现的额外信息应当进行披露。

F.03 标准内容	亚冠标准	中超标准	中甲标准
俱乐部中期财务披露	A	A	A
1. 申请准入的俱乐部应当在每年的 4 月 30 日前，提交相关财务数据。 （1）上一年度期间，与球员转会有关的应收、应付账款。 （2）上一年青少年经费使用情况的决算。 （3）上一年度收入情况： A. 门票收入； B. 赞助和广告； C. 转播权； D. 商业收入； E. 来自股东方、实际控制人（企业）的费用。 （4）上一年度支出情况： A. 对球员注册（转会、合同）费用摊销和其他无形资产摊销； B. 青少年经费的支出； C. 球员、教练员工资、奖金的支出； D. 税项的支出。			

F.04 标准内容	亚冠标准	中超标准	中甲标准
俱乐部财务预算和弥补、减少亏损的说明	A	A	A
1. 申请准入的俱乐部应当在每年的 3 月 31 日前提交俱乐部当年度的财务预算。 2. 如俱乐部出现亏损，应当对如何弥补、减少俱乐部财务亏损进行详细说明。 3. 弥补、减少亏损的说明应当能够得到执行。			

F.05 标准内容	亚冠标准	中超标准	中甲标准
不存在由转会活动引起的对足球俱乐部的逾期应付账款	A	A	A
申请准入的俱乐部必须证明其不存在由转会活动引起的在将获得准入的赛季前一年 6 月 30 日应支付的逾期账款，除非它们在随后的 8 月 31 日前彻底解决，通过与债权人的双方协议得以推迟。			

F.06 标准内容	亚冠标准	中超标准	中甲标准
不存在对员工和税务机关的逾期应付款项	A	A	A
申请准入的俱乐部必须证明，在对现任和前任员工（包括适用《国际足联球员身份和转会规程》的所有职业球员、总经理、财务主管、安保官、新闻官队医、理疗师、职业队的主教练、职业队的助理教练、青少年发展计划主管和青少年队教练）的合同方面，不存在准入申请者赛季前一年 8 月 31 日前对员工和税务机关应付的逾期款项。			

F.07 标准内容	亚冠标准	中超标准	中甲标准
准入批准决定前必须做出书面陈述	A	A	A
申请准入的俱乐部应向准入批准方提交一份书面陈述。 书面陈述应说明是否出现任何有重大经济影响的事件，该事件可能在经审计的年度财务报表编制之后对准入申请者的财务状况有不利影响。			

F.08 标准内容	亚冠标准	中超标准	中甲标准
未来的财务信息	A	A	A
1. 如果违背了 F.02 中规定的任何指标，准入申请者须准备并提交未来的财务信息，从而向准入批准方展现直到授权赛季前继续作为持续经营实体的能力。 2. 如果准入申请者表现出指标 1 或 2 中所描述的任何情况，都被当作违背指标。 a) 指标 1：持续经营实体。 根据 F.02 标准，评审员报告中提交的年度或中期财务报表包括涉及对持续经营实体的强调或保留意见。 b) 指标 2：负资产净值。 按照 F.01 标准提交的年度财务报表（包括，需要的补充资料）披露了净资产情况相对于往年年度财务报表中的数字有所恶化，或按照 F.02 标准提交的中期财务报表（包括，需要的补充资料）披露了净资产情况相对于在法定截止日期前的数字有所恶化。 3. 未来的财务信息须包括在年度财务报表提交法定截止日期之后的开始的时间段里，如适用的话，包括中期财务报表中资产负债表的时间且须至少包括整个授权赛季。 4. 未来的财务信息包括： a) 一个附带比较财务年前和过渡时期数字的预算损益表（如适用）； b) 一个附带比较财务年前和过渡时期数字的现金流量表（如适用）； c) 注解，包括对每个曾用来准备预算损益表及现金流量表的重要假设的描述（参照历史财务信息及其他资料），及影响未来财务结果的关键风险的描述。 5. 未来财务信息须做好准备，至少以季度为基础。 6. 未来财务信息准备须与审计年度财务报表一致并遵循同样的适用于年度财务报表准备的会计政策，除了在最近年度财务报表日期后的变更反映在下一年度财务报表中，须披露细节。 7. 未来的财务信息须满足在亚足联俱乐部准入手册的列出的最低披露要求。如果他们提供说明或是他们的忽视导致未来财务信息不准确，额外的排列项及注解须包含在内。 8. 以假设为基础的未来财务信息须经管理层批准，并经报告实体执行机构代表的简要说明及签字所证明。			

F.09 标准内容	亚冠标准	中超标准	中甲标准
通告随后发生的事件的义务	B	B	B
1. 俱乐部获得准入后，准入持有者须及时通告准入批准方，直到准入授权的赛季结束前，任何随后发生的、将影响俱乐部持续经营能力的事件。 2. 标准的合规性将由准入批准方根据接下来的授权周期进行评估。			

F.10 标准内容	亚冠标准	中超标准	中甲标准
通告更新未来财务信息的义务	B	B	B
1. 如果准入持有者违背了一条或多条财务标准，那么准入持有者须准备并提交一份更新的未来财务信息版本。另外，准备的资料须包括预测数额和实际数额的差别解释。更新的未来财务信息须至少以 6 个月为基础。 2. 更新的未来财务信息应满足本规程中的最低要求。 3. 标准的合规性将由准入批准方根据接下来的授权周期进行评估。			

第四部分　准入程序

第十七条　准入审核、决策程序

时间	相关事项	执行机构
3 月 15 日前	向职业俱乐部下发申请下一年度准入资格的通知。	中国足协准入执行部门
4 月 10 日前	职业俱乐部向地方足协准入审核部门以及中国足协准入执行部门提交相应联赛准入资格的申请。	俱乐部
5 月 31 日前	向地方足协准入审核部门以及中国足协准入执行部门提交准入材料。	俱乐部
6 月 1 日至 6 月 30 日	地方足协准入审核部门对俱乐部准入材料进行初审，如达到相应准入标准，向俱乐部出具准入同意函，并由俱乐部将相关材料以及准入同意函提交至中国足协准入执行部门。如补交材料后，仍未达到相关要求，向俱乐部出具不予准入函。	地方足协准入审核部门 / 俱乐部
7 月 1 日至 8 月 31 日	中国足协准入执行部门书面审查准入材料并实地检查。	中国足协准入执行部门
9 月 15 日前	中国足协准入执行部门根据俱乐部申请和准入审查情况，授予俱乐部相应联赛准入资格。	中国足协准入执行 / 审核部门
9 月 20 日前	被审核批准机构拒绝的准入申请者可向中国足协仲裁委员会申诉。	俱乐部
10 月 30 日前	中国足协仲裁委员会对申诉的俱乐部作出申诉的裁决。	中国足协仲裁委员会
10 月 31 日前	向亚足联报告下一年度中国职业俱乐部相关联赛的准入决定。	中国足协准入执行部门

续表

时间	相关事项	执行机构
次年1月10日前	俱乐部在准入方面发生变化应向地方足协准入审核部门以及中国足协准入执行部门提交相关材料。地方足协准入审核部门审核通过后，由俱乐部提交至中国足协准入执行部门。	地方足协准入审核部门/俱乐部
次年1月25日前	根据俱乐部变化后所提交的相关材料，决定是否收回俱乐部相应联赛准入资格。	中国足协准入执行部门
次年2月5日前	向亚足联报告收回俱乐部相应联赛准入资格的决定。	中国足协准入执行部门

第十八条 准入审核评估程序

准入审核评估程序主要包括：

1. 申请联赛准入的俱乐部进行准入申请和材料提交；

2. 书面材料审核、实地检查等程序；

3. 中国足协聘请的第三方审计机构，对俱乐部进行财务审计；

4. 向中国足协、中国足协地方会员协会提交书面声明书；

5. 中国足协应按本规程规定的程序完成准入审核评估。

第五部分 其他要求

第十九条 准入申请的内容

中国足协准入执行部门将向有关的职业足球俱乐部发出启动新赛季准入申请程序的通知，准入申请者应分别向准入的准入审核决定（地方足协准入审核部门）和准入批准方（中国足协准入执行部门）提交一份书面申请。在这份申请中，俱乐部应说明其将承担职业联赛的有关责任和义务。

第二十条 准入资格的失效

准入资格在以下情况下自动过期，不予通知：

1. 其生效的赛季已结束。

2. 所在相关级别的联赛解散。

3. 俱乐部因违反国家法律、法规或者被取消注册资格。

第二十一条 准入资格的撤销

以下情况下，准入可以在赛季期间被撤销：

1. 由于任何原因，准入持有者在赛季期间按照相关法律规定进入破产、清算程序。

2. 如中国足协撤销某一个俱乐部的准入，将上报亚足联。

3. 如果中国足协撤销了一个俱乐部的准入，该俱乐部将可能被亚足联相关机构从当前的亚足联赛事中除名。

4. 中国足协保留依据中国足协各项赛事规程和《中国足协纪律准则》等相关规定，处罚一个俱乐部或者将其从国内赛事中除名的权利。

第二十二条　处罚权

1. 中国足协纪律委员会根据审核批准机构的审核结果对未达到“B”级标准的俱乐部进行处罚。

2. 中国足协纪律委员会拥有对准入工作中应当受到处罚行为的追溯和处罚权力。

第六部分　附　则

1. 本规程颁布施行后，原相关准入规定中与本规程不一致的，以本规程为准。俱乐部财务方面的具体准入要求以《中国足球协会职业俱乐部财务监管办法》（另行制定）为准。

2. 中国足协对本规程有最终解释权。

3. 本规程自颁布之日起施行。

关于增加和调整《中国足球协会职业俱乐部准入规程》部分内容的通知

各有关单位：

根据《中国足球改革发展总体方案》的要求，结合2018年准入审查情况、俱乐部建设情况及职业联赛工作的整体部署，为更好地适应联赛发展新阶段，进一步推动俱乐部全方位发展，现将《中国足球协会职业俱乐部准入规程》（足球字〔2017〕666号）中增加和调整的部分通知如下：

一、职业俱乐部支持女足发展

所有申请中超联赛准入资格的俱乐部均应拥有一支女足队伍。在2019年准入规程中，女足队伍建设为“C标”倡导性标准，俱乐部进行队伍组建准备。在下一年度的准入审核中，该标准将升级为“A标”强制性标准，没有女足的俱乐部将不能取得中超联赛的准入资格。

按照准入规程的排序，俱乐部女足队伍建设一项列为S.09，具体表述与要求如下：

S.09 标准内容	亚冠标准	中超标准	中甲标准
俱乐部女足队伍建设	C	C	C
1. 申请准入的俱乐部须拥有一支女足队伍，并参加女超、女甲或女乙联赛。 2. 申请准入的俱乐部应为女足球队提供必要的训练设施及生活保障，配备有资质的教练员及相关工作人员。 3. 申请准入的俱乐部必须保证女足队伍的资金投入，女超俱乐部每年的投入不得低于1500万元，不得高于3000万元。女甲、女乙俱乐部参照执行。			

二、加强对职业俱乐部青训工作的要求

（一）2019年开始，中超俱乐部报名大名单中至少有2名球员为本俱乐部青训培养的U21球员，并逐年增加。中甲俱乐部名单中至少有1名U21运动员为本俱乐部培养。

按照准入规程排序，俱乐部本土球员培养一项列为S.10，具体表述与要求如下：

S.10 标准内容	亚冠标准	中超标准	中甲标准
俱乐部本土球员培养		A	A
自 2019 年起，申请准入的俱乐部在报名大名单中，应有本俱乐部培养的 U21 球员。具体要求以各级联赛规程为准。			

（二）鼓励俱乐部与国外俱乐部合作设立国际青训基地，输送青少年球员赴国外训练比赛，鼓励俱乐部各级梯队每年在足球发达国家训练比赛。

按照准入规程排序，俱乐部国际青训中心建设一项列为 S.11，具体表述与要求如下：

S.11 标准内容	亚冠标准	中超标准	中甲标准
国际青训中心建设		C	C
申请准入的俱乐部应建立国际青训中心，输送青少年球员赴国外训练比赛，便于更好地进行青少年人才培养。			

三、加强俱乐部自身建设

（一）完善俱乐部基础设施建设

在 I.01 项“可用于亚足联俱乐部赛事和中国足协各级联赛的体育场”中增加条目“体育场设施符合联赛新闻管理规定”。

I.01 标准内容	亚冠标准	中超标准	中甲标准
可用于亚足联俱乐部赛事和中国足协各级联赛的体育场	A	A	A
1. 申请准入的俱乐部必须拥有一座可用于亚足联赛事和俱乐部申请参加中国足协各级联赛赛事使用的体育场。 体育场所有权、使用权的形式： （1）俱乐部拥有体育场所有权； （2）俱乐部的实际控制人或控股股东拥有体育场所有权； （3）俱乐部与体育场签订 3 年以上使用协议。协议期限应包括申请准入的赛季。 2. 申请准入的俱乐部所使用的体育场设施（坐席数量、区域设置等）应满足下列条件： （1）符合亚足联相关赛事竞赛规程、体育场规程和相关要求； （2）符合中国足协相关赛事竞赛规程、新闻管理规定（新增）、体育场规程和相关要求。 3. 根据冬季天气情况，相关地区的俱乐部应具备符合要求的球场可供使用。 4. 体育场必须在俱乐部注册的地方会员协会管辖范围内。俱乐部申请准入的体育主场除因不可抗力，不得更换。			

在 I.02 项“经认证的体育场”中增加条目“灯光需满足中超联赛电视转播的要求”“鼓励北方地区场地配备地热设施”和“体育场及体育场安保区内（含外场部分）的商业机构应在比赛日当天停止营业和宣传，并遮盖品牌元素，不得出现违反联赛商务规定的广告和内容。同时，在体育场及体育场安保区内（含外场部分）提供足够面积的商业、非商业展示和球迷互动区域”。

I.02 标准内容	亚冠标准	中超标准	中甲标准
经过认证的体育场	A	A	A
1. 申请准入的俱乐部所申报的体育场应获得安全认证。体育场的相关认证应包括安全、建筑质量、消防、大型活动许可以及灯光检测证明。 （1）体育场安全和消防认证应在三年内更新一次； （2）体育场可举办大型活动的许可应每年更新一次； （3）灯光检测证明应两年更新一次，需满足中超联赛电视转播的要求（新增）。 2. 体育场必须配备 AED（自动体外除颤器）。 3. 北方地区场地配备地热设施（新增）。 4. 体育场及体育场安保区内（含外场部分）的商业机构应在比赛日当天停止营业和宣传，并遮盖品牌元素，不得出现违反联赛商务规定的广告和内容。同时，在体育场及体育场安保区内（含外场部分）提供足够面积的商业、非商业展示和球迷互动区域（新增）。			

（二）加强俱乐部党建工作

俱乐部要加强党建工作，强化党的领导，定期开展活动，实行俱乐部的支部建设全覆盖。按照准入规程排序，俱乐部党建工作一项列为 S.12，具体表述与要求如下：

S.12 标准内容	亚冠标准	中超标准	中甲标准
俱乐部党建工作		A	A
1. 俱乐部要加强党建工作，强化党的领导，建立基层党团组织。 2. 定期开展活动。			

（三）加强俱乐部文化建设工作

俱乐部要不断加强文化建设工作，建立完整的文化建设方案和品牌建设计划，并贯彻于日常管理之中。

按照准入规程排序，俱乐部文化建设一项列为 S.13，具体表述与要求如下：

续表

<table>
<tr><th>S.13 标准内容</th><th>亚冠标准</th><th>中超标准</th><th>中甲标准</th></tr>
<tr><td>俱乐部文化建设</td><td></td><td>A</td><td>A</td></tr>
<tr><td colspan="4">1. 申请准入的俱乐部应有完整的文化建设方案及完善的品牌建设计划。
2. 定期组织学习培训。</td></tr>
</table>

（四）加强俱乐部商务开发工作

准入规程的人员标准中增加俱乐部商务官一项，俱乐部需指定专人负责商务工作，负责保证比赛日的各项商务活动顺利开展，并制定完整的俱乐部商务开发计划。

按照准入规程排序，俱乐部商务官一项列为 P.20，具体表述与要求如下：

<table>
<tr><th>P.20 标准内容</th><th>亚冠标准</th><th>中超标准</th><th>中甲标准</th></tr>
<tr><td>俱乐部商务官</td><td></td><td>A</td><td>A</td></tr>
<tr><td colspan="4">1. 申请准入的俱乐部应有专人担任商务官。
2. 商务官负责制定年度俱乐部商务开发计划，负责对接联赛管理方，落实各项商务工作及要求。
3. 商务官负责保证比赛日的各项商务活动顺利开展，包括但不限于体育场内、外的赛事包装制作物、广告展示、赞助商互动展示、娱乐表演、食品饮料的售卖等。</td></tr>
</table>

（五）加强俱乐部球迷管理工作

准入规程的人员标准中增加俱乐部球迷事务主管一项，球迷事务主管负责制定俱乐部球迷管理规定，引导球迷文明观赛，切实做好球迷的服务工作。与此同时，进一步加强球迷正能量内容的宣传力度，打造有地域特点的球迷文化。

按照准入规程排序，俱乐部球迷事务主管一项列为 P.21，具体表述与要求如下：

<table>
<tr><th>P.21 标准内容</th><th>亚冠标准</th><th>中超标准</th><th>中甲标准</th></tr>
<tr><td>俱乐部球迷事务主管</td><td></td><td>A</td><td>A</td></tr>
<tr><td colspan="4">1. 申请准入的俱乐部应有专人担任球迷事务负责人。
2. 球迷事务主管负责各项球迷工作，包括主客队球迷观赛安排、确保球迷文明观赛、定期组织召开球迷组织工作会议、球迷活动等。
3. 做好相关宣传工作。</td></tr>
</table>

（六）加强俱乐部新闻管理工作

将 P.05 俱乐部新闻官的要求中“拥有至少一年媒体相关的工作经验”提高为“拥有至少两年媒体相关的工作经验”。

<table>
<tr><th>P.05 标准内容</th><th>亚冠标准</th><th>中超标准</th><th>中甲标准</th></tr>
<tr><td>俱乐部新闻官</td><td>A</td><td>A</td><td>A</td></tr>
<tr><td colspan="4">1. 申请准入的俱乐部必须任命一名媒体官员负责媒体事务。
2. 媒体官员必须至少拥有下列一项资质：
（1）新闻教育文凭；
（2）拥有至少两年媒体相关的工作经验（调整）。
3. 参加中国足协、联赛管理机构所组织的新闻管理培训，并获得培训证书。</td></tr>
</table>

自 2019 年起，增加和调整《中国足球协会职业俱乐部准入规程》的部分内容，请各有关单位认真学习并严格按照相关要求执行。

特此通知。

中国足球协会

2019 年 1 月 3 日

中国足球协会职业联赛俱乐部准入实施细则

根据中华人民共和国相关法律法规、《亚足联俱乐部准入标准》以及《中国足球协会章程》《中国足球协会职业联赛俱乐部准入条件和审查办法》等相关文件，制定本实施细则。

第一章　准入及审查的目的

一、维护中国足协举办的职业联赛（中超联赛、中甲联赛）的社会公共信誉和联赛完整性。

二、加强各职业足球俱乐部内部机构的组织建设和管理水平，促进俱乐部持续、良好的发展。

三、进一步完善职业足球俱乐部青少年球员训练和培养体系的建设。

第二章　准入条件及标准

一、准入申请者的定义和性质

（一）准入申请者的定义

1. 准入申请者

（1）准入申请者是指达到参加中国足协职业联赛的比赛成绩要求；达到本细则中的A、B、C级标准，申请参加中超、中甲联赛的职业足球俱乐部（以下简称“俱乐部”）。

（2）准入申请者须遵守国内和国际比赛的竞赛规则、规程以及相关准入的规定，并对违反竞赛规则、规程或相关准入规定的行为承担全部责任。

2. 准入申请者须承诺

（1）遵守《中国足球协会章程》及中国足协的相关规定。

（2）向准入批准方提供准入申请者财务信息。

（3）准入申请者保证不存在、不参与任何影响公平、公正比赛的不正当交易，包括双方之间、多方之间，直接与间接的以及显性与隐性的不正当交易。

（4）同一准入申请者投资方不得同时成为两家及两家以上（同一级别联赛）俱乐部的

股东。任何自然人或法人不能以任何手段和方法控制一家以上俱乐部（同一级别联赛）或对决策产生重大影响。

（二）准入申请者的性质

1. 参加中超、中甲联赛的足球俱乐部的性质应是职业足球俱乐部。

2. 职业足球俱乐部须是尊重并遵守《中国足球协会章程》，积极参与社会公共、公益事业，承担中国足球运动的普及与推广责任，获得中国足球协会批准参加中国足协职业联赛，具有独立法人资格的公司。

二、职业联赛俱乐部准入标准

准入标准分为以下 3 个级别，不同的级别定义如下：

“A”级标准：A 级是最低准入标准，准入申请者未达到任何 1 个 A 级标准，将不能获得参加中超、中甲联赛的资格。

“B”级标准：B 级是中级准入标准，准入申请者须首先达到 A 级标准，但未达到任何一个 B 级标准，将会受到相应处罚，其仍可获准参加中超或中甲联赛。

“C”级标准：C 级标准是最高准入标准，准入申请者须首先达到 A 级标准，但未达到 C 级标准不会导致任何处罚，也不会被拒绝准入。但某些 C 级标准将在以后成为“A”“B”级标准。

（一）人事标准

目标：

1. 促进准入申请者进行专业化的管理；

2. 准入申请者根据职业足球的项目特点，逐步健全俱乐部管理体系，并拥有具备专业知识和管理经验的工作团队；

3. 保证球员由具备执教资质的教练员指导训练，并配有必要的医务人员提供支持。

编号	级别	说明
人）01	A	俱乐部行政办公室
		准入申请者须拥有独立的办公场所作为行政办公室。 该办公室必须具备基本的使用面积和设施（应包括电话、传真、IT 网络、计算机办公设备和电子邮箱）。 准入申请者必须按业务的需要聘请合适数量的行政人员，确保办公室正常的运作。

编号	级别	说明
人）02	A	总经理及高管人员
		准入申请者必须任命1位总经理及若干名高级管理人员负责管理日常业务（运营事务）。 总经理及高管人员的任职资格必须符合相关法律法规的规定，参加并通过中国足协组织的培训课程。 总经理及高管人员的任职必须经过准入申请者的合法机构依合法程序做出（如董事会会议、股东会会议等）。

编号	级别	说明
人）03	A	财务主管
		准入申请者应任命1名财务主管。 财务主管的任职必须经过准入申请者的合法机构通过合法程序做出（如董事会会议、股东会会议等）。 财务主管的任职资格必须符合国家相关规定。 获得准入批准方核准。

编号	级别	说明
人）04	A	安保组织部门 - 保安
		准入申请者须为主场比赛建立1个安保组织部门。必须保证在每个主场比赛之前与当地的公安等部门建立联动机制。 与有合法资质的保安公司签订1份书面合同，提供安保服务，雇佣符合比赛安全标准的适当数量的保安人员。

编号	级别	说明
人）05	A	安保官
		准入申请者须任命1名安保官负责安保事务。 安保官的任职必须经过准入申请者的合法机构通过合法程序做出（如董事会会议、股东会会议等）。 安保官应至少具备1年安保事务的实践经验并通过中国足协组织的培训课程。

编号	级别	说明
人）06	A	新闻官
		准入申请者须任命1名新闻官负责媒体事务。 新闻官应至少具备1年媒体事务的实践经验并通过中国足协组织的培训课程。 新闻官的任职必须经过准入申请者的合法机构通过合法程序做出（如董事会会议、股东会会议等）。

编号	级别	说明
人）07	A	职业队的主教练
		准入申请者须聘任1名主教练负责职业队的训练和比赛等事务。 主教练必须： 获得中国足协颁发的职业级教练员证书或经中国足协认可的同级别教练员证书，经正式注册并参加和通过相应年度的培训。 主教练的任职必须经过准入申请者的合法机构通过合法程序做出（如董事会会议、股东会会议等）。

编号	级别	说明
人）08	A	职业队的助理教练
		准入申请者须至少聘任1名助理教练在职业队的训练、比赛等方面协助主教练。 助理教练必须： 获得中国足协颁发的A级教练员证书，或中国足协认可的同级别教练员证书，经正式注册并参加和通过相应年度的培训。 助理教练的任职必须经过准入申请者的合法机构通过合法程序做出（如董事会会议、股东会会议等）。

编号	级别	说明
人）09	A	队医
		准入申请者须聘任至少1名队医负责职业队的医务工作。 队医必须确保在比赛和训练期间提供医疗服务。在防止使用兴奋剂等问题上提供医疗支持和咨询。 队医必须拥有相应的医师资格并且在中国足协正式注册。 队医的任职必须经过准入申请者的合法机构通过合法程序做出（如董事会会议、股东会会议等）。

编号	级别	说明
人）10	A	理疗师
		准入申请者须聘任至少 1 名理疗师负责为职业队员提供医疗康复支持。 理疗师应拥有国家卫生部门认可的相关资质。 理疗师必须在中国足协正式注册。 理疗师任职必须经过准入申请者的合法机构通过合法程序做出（如董事会会议、股东会会议等）。

编号	级别	说明
人）11	B	授予准入的赛季期间的职位更替
		如果标准［人）1 至人）10］中的职位因为准入申请者的决定发生空缺或因不可抗力（生病、意外等）产生空缺，则准入申请者必须确保该职位按下列要求更换： （1）拥有必要资质和满足标准的人员； （2）替换必须在 3 个工作日内通知相关委员会。

（二）球队建设标准

编号	级别	说明
人）01	A	球队基本结构
		准入申请者应当拥有 1 支完全产权的职业球队，并应拥有不同年龄段的青少年后备梯队。

编号	级别	说明
队）02	A	青少年发展计划
		准入申请者必须拥有 1 份书面的经准入批准方核准的青少年发展计划。该计划包括下列内容： 1. 目标和青少年发展理念； 2. 青训中心的组织机构（组织结构图；涉及的机构、与准入申请者之间的关系、青少年梯队等）； 3. 各类人员（青训主管、文化监督员、技术的，医务的和行政的人员等）和最低任职资格； 4. 青训中心可用的基础设施（训练和比赛的设备及其他）； 5. 财务资源：青少年培训经费，中超俱乐部不低于 400 万元人民币 / 年；中甲俱乐部不低于 200 万元人民币 / 年； 6. 各梯队的足球训练计划（技能、技术、战术和身体）；

续表

编号	级别	说明
队）02	A	青少年发展计划
		7. 关于《足球竞赛规则》的教育计划； 8. 青少年球员的医疗支持（包括医疗检查）； 9. 建立对设定目标进行评估和反馈程序； 10. 方案的有效性（至少 3 年，至多 7 年）； 11. 青少年发展计划必须承诺与支持： 准入申请者必须确保涉及其青少年发展计划的每 1 名青少年球员按照法律规定完成义务教育。准入申请者必须确保青少年发展计划不妨碍所涉及的每 1 名青少年球员继续受教育的权利。

编号	级别	说明
队）03	A	青训梯队
		准入申请者必须至少拥有下列青少年梯队： 1. 中超： 精英梯队： 预备队（18 岁以上）、U17 队（每队不少于 25 人） 培训网点梯队：U10~U17 2. 中甲： 精英梯队： 预备队（18 岁以上）、U17 队（每队不少于 25 人） 培训网点梯队：U10~U17 上述除 U10 以外的青少年梯队必须参与中国足协或地方足协认可的官方赛事或者计划，并且参与国家级、地区级或者区域性的赛事。这些队伍的每 1 名青少年球员必须在俱乐部、地方足协和中国足协注册。

编号	级别	说明
队）04	A	青少年发展计划主管
		准入申请者必须指定 1 名青少年发展计划主管负责青训中心的日常行政业务和技术方面的事务。 青少年发展计划主管必须： 1. 中超俱乐部：至少拥有有效的中国足协职业级教练员证书； 中甲俱乐部：至少拥有有效的中国足协 A 级教练员证书。 2. 通过中国足协相关的培训、教育课程，并取得相资质。 青少年发展计划主管必须在中国足协正式注册。 青少年发展计划主管的聘任必须经过准入申请者的合法机构通过合法程序做出（如董事会会议、股东会会议等）。

编号	级别	说明
队）05	A	梯队教练资质要求
		1. 训练顾问团队：具有亚足联或中国足协核准颁发的职业级证书的技术顾问 1 人，具有亚足联或中国足协核准颁发的体能教练员证书的体能顾问 1 人，具有亚足联或中国足协核准颁发的守门员教练员证书的守门员顾问 1 人； 2. 预备队：具有 A 级以上教练员证书的教练员 1 人，具有 B 级以上教练员证书 2 人； 3.U17 精英梯队：具有 A 级以上教练员证书的教练员 1 人，具有 B 级以上教练员证书的教练员 2 人，具有 C 级以上教练员证书的教练员 2 人； 4. 培训网点教练员：所有培训网点的专职教练员必须具有 C 级以上教练员证书； 教练员必须在中国足协正式注册，教练的任命必须经过准入申请者的合法机构通过合法程序做出。

编号	级别	说明
队）06	A	球员的体检
		准入申请者应当为其所有球员（职业队、精英梯队）每年提供不少于 1 次的常规身体健康体检。

编号	级别	说明
队）07	A	教练员签订的书面合同
		所有准入申请者的各级队伍教练员应按照国家有关法律及国际足联、亚足联、中国足协有关条款与准入申请者签订书面合同。 合同应提交准入批准方备案。 准入申请者应依法为各级队伍教练员缴纳社会保险和医疗保险。 准入申请者应按合同约定，及时足额向各级队伍教练员支付工作报酬。

编号	级别	说明
队）08	A	职业球员签订的书面合同
		所有准入申请者的职业球员必须按照国际足联、亚足联、中国足协颁布的球员身份和转会制度有关条款与准入申请者签订书面合同。具体合同条款应参照中国足协制定的示范文本。 合同应提交准入批准方备案，并由职业联赛主管签字生效。 准入申请者应依法为职业球员缴纳社会保险和医疗保险。 准入申请者应按合同约定，及时足额向职业球员支付工作报酬。

编号	级别	说明
队）09	A	与精英梯队球员签订的培训合同
		所有准入申请者的精英梯队球员必须按照国际足联、亚足联、中国足协有关条款与准入申请者签订培训合同。

编号	级别	说明
队）10	A	宗教信仰自由和种族平等
		准入申请者在足球活动中必须遵守国家法律规定的宗教信仰自由和种族平等的相关法律、法规和政策。

编号	级别	说明
队）11	B	学习《竞赛规则》和《纪律准则》，尊重裁判和比赛官员
		在获准进入赛季的前一年，准入申请者的职业队队长、主教练或者助理教练至少应参加过 1 次由中国足协举办的对《竞赛规则》和《纪律准则》进行的宣讲培训。

（三）基础设施标准

目标

1. 准入申请者拥有 1 座软硬件达标的体育场作为正式比赛场地，向观众和媒体代表提供装备精良、设备齐全且安全舒适的场馆。

2. 准入申请者必须为其球员提供适当的训练设施。

编号	级别	说明
设）01	A	俱乐部主体育场
		准入申请者必须拥有一座可为相关赛事使用的体育场。准入申请者可以： 1. 拥有体育场； 2. 提供与体育场所有者签订的 3 年以上的体育场使用合同。 中超联赛体育场还必须符合亚足联主办赛事所使用的体育场的特别规程中明确提及的要求。 体育场必须经中国足协认可。

编号	级别	说明
设）02	A	体育场 - 认证（参见《职业联赛体育场标准》）
		该体育场必须获得有关建筑、安保、消防和灯光检测单位的认证。 认证的内容至少包含下列信息： 1. 体育场结构的安全状况和改善措施； 2. 符合相关安全法规； 3. 关于整个球场容量（独立座椅、露天阶梯看台和总数）的批准情况； 4. 灯光检测证书； 5. 安保策略。 有关认证文件应每 3 年更新一次。
设）03	A	体育场 - 观众区
		按照当地政府主管部门的规定，体育场内的每一个看台都可以被分割成不同的部分。
设）04	A	体育场 - 经批准的突发事件预案和撤离计划
		每个俱乐部必须协同当地政府主管部门（当地公安机关、当地医院、消防队、武警等）根据相关法律、法规和政策制定突发事件的撤离预案和计划，确保体育场内的观众在紧急情况下可以安全、迅速、有序的撤离现场。

编号	级别	说明
设）05	A	训练基地
		准入申请者必须拥有具备全部产权或控股权或不少于十年使用权的训练基地和设施。 准入申请者应具备： 1. 拥有训练基地；或 2. 提供 1 份与训练基地所有者签订 10 年以上使用权的书面合同。 该合同必须保证训练基地在准入申请者获得参赛资格的赛季能够满足球队使用。

编号	级别	说明
设）06	A	训练设施
		训练基地须有球队生活、学习、训练设施。 建有 4 块以上标准草坪训练场，其中 1 块场地配置可进行晚间训练的简易灯光。 健身设备齐全的健身房。

编号	级别	说明
设）07	A	青少年发展计划的训练设施
		准入申请者必须根据俱乐部的青少年发展计划提供符合要求的训练设施。 训练设施至少包括如下内容： 1. 户外训练设施； 2. 室内训练设施； 3. 更衣室； 4. 医疗室。

编号	级别	说明
设）08	B	体育场 - 基本规则的公示
		每个体育场都必须制定并发布体育场基本规则，并在体育场范围内进行公示。规则应包括如下信息： 1. 入场权利； 2. 活动取消或延期； 3. 禁止内容，例如，禁止投掷异物、使用违禁物品、使用粗言秽语、种族歧视、宗教信仰自由等； 4. 关于酒、烟花、横幅等方面的限制； 5. 座位规则； 6. 因违规被驱逐离场的原因； 7. 体育场的风险分析。

编号	级别	说明
设）09	C	体育场 - 路标和指示
		所有体育场内部和外部的公共指示标志必须以国际通行的象形语言进行设立。 1. 必须在体育场的通道和四周提供明确的、全面的路标，以覆盖整个体育场，指向通往不同区域的道路。 2. 门票必须明确指明座位的位置。门票上的信息必须与体育场内外提供的路标信息相关联一致。 3. 颜色编码的门票将有助于入场程序，而且保留的票根必须包含就引导入场观众的信息。必须为观众提供大型挂图作为指南。
设）10	C	体育场 - 残疾观众
		准入申请方必须制定安全的招待残疾观众和陪同人员的规定。

（四）财务标准

目标

1. 改善俱乐部的经济和财务能力；

2. 增加俱乐部运营的透明度和可信度；

3. 保护债权人的合法权益；

4. 确保联赛的持续性；

5. 监控俱乐部财务，保证比赛公平竞争。

编号	级别	说明
财）01	A	维持球队运转和发展的经费
		准入申请者应达到如下经费要求： 中超俱乐部：所有者权益 3000 万元人民币以上； 中甲俱乐部：所有者权益 1500 万元人民币以上。 俱乐部青少年经费： 中超俱乐部不低于 400 万元人民币 / 年； 中甲俱乐部不低于 200 万元人民币 / 年。

编号	级别	说明
财）02	A	年度财务报表
		准入申请者须按照国家有关会计制度制作年度财务报表并经过合法审计。 如果准入申请者对任何子公司及附属机构具有实际控制权，则应向准入批准方提供其实际控制的子公司及附属机构的合并财务报表。 （一）资产负债表 关于资产负债表的特别要求： 1. 列明与球员转让有关的应收、应付账款； 2. 列明来自集团实体和相关方的应收、应付账款。 投资应包含对子公司、联合控制实体和联营公司的投资。关于对子公司、联合控制实体和联营公司的投资，应披露下列信息： 1. 名称； 2. 公司或者办事处注册地； 3. 实体业务 / 经营的类型； 4. 所有者权益的比例； （二）损益表 关于损益表（或收入报表）的特别要求应列明： 收入： 1. 门票收入； 2. 赞助和广告； 3. 转播权； 4. 商业收入；

续表

编号	级别	说明
财）02	A	年度财务报表
		5. 其他经营收入； 支出： 1. 销售 / 材料的成本； 2. 员工福利支出； 3. 折旧及摊销； 4. 固定资产减值； 5. 其他经营支出。 其他： 1. 处置资产的收入 / 损失； 2. 财务费用； 3. 税项支出； 4. 税后利润或亏损。 损益表的最低信息要求还包含下列要求： （1）对球员注册（转会）费用摊销和其他无形资产摊销应单独披露。 （2）球员注册（转会）费用减值应单独披露。 （3）球员转入转出的收入和支出应单独披露。 （三）现金流量表 现金流量表应当与其他财务报表一并使用。可以从报表中评估一个实体的净资产 / 负债的变化、财务结构（包括其流动性和偿付能力）及其管理现金流的金额和时机以适应不断变化的环境和机会的能力。 现金流量表应以管理层认为最合适的方法分别按照经营、投资、融资活动分类报告当前财务年度（及与上一财政年度对比）的现金流量。 现金和现金等价物的组成部分应被披露，并且须核对现金流量表和资产负债表所报告的同等项目的金额。 （四）年度财务报表的附注 年度财务报表应系统地提交附注。出现在资产负债表、损益表和现金流量表上的每个项目都应相互参照附注中的任何相关信息。 附注披露内容的最低要求如下： 1. 会计政策 对财务报表的编制基础和重大会计政策摘要使用。 2. 如果准入申请者受到一个母公司的控制，其母公司可以被另一个母公司控制或者它对任何其他子公司拥有控制权或者对任何其他伙伴具有重大影响的，任何与上述相关公司之间的交易必须在财务报表的注释中予以披露。 3. 控制方 当报告实体被另一方控制时，必须披露相关方的关联情况和名称，并必须披露最终控制方。如果报告实体的控制方或最终控制方处于不被知晓的状态，则这个事实应予以披露。无论控制方和报告实体之间是否发生任何交易，该信息都应予以披露。

续表

编号	级别	说明
财）02	A	年度财务报表
		以及关于在此期间交易和期末未偿还余额的信息。披露必须至少包括： （1）交易的金额。 （2）未偿还余额的金额与： 其条款和条件，包括是否安全，以及在协议中要提供的酬金的性质；及给予或者获得的任何抵押、担保的细节。 （3）关于未偿还余额的呆账的规定。 （4）关于相关方应收呆坏账在此期间所确认的费用。 （5）已抵押的资产和所有权保留的资产： 披露所有权有限制（如共有等）以及作为负债或者担保的抵押品所抵押的物业、厂房和设备的存在和金额。 （6）或有负债： 报告实体应为每类在截止日期发生的或有负债披露或有负债性质的情况的简介，以及制定出可行的： a. 对其财务影响的评估报告； b. 涉及任何流出的金额和时间的不确定性的说明； c. 任何偿还的可能性。 （7）其他披露： 任何未在资产负债表、损益表或现金流量表中出现的额外信息应当进行披露。
财）03	A	不存在由转会活动或因参赛引起的逾期应付账款
		准入申请者必须证明其不存在由转会活动引起的在申请准入的赛季前一年12月30日前应支付的逾期账款（例如，国际足联或体育仲裁法庭做出的最终裁决，中国足协仲裁委员会、中国足协纪律委员会或国内有关司法机构做出的最终裁决或判决）。 准入申请者必须证明其不存在拖欠体育场租金、管理、安保等费用。
财）04	A	不存在对员工和税务机关的逾期应付款项
		准入申请者必须证明，在对现任和前任员工（包括适用《国际足联球员身份和转会规程》的所有职业球员、总经理、财务主管、安保官、新闻官队医、理疗师、职业队的主教练、职业队的助理教练、青少年发展计划主管和青少年队教练）的合同方面，不存在准入申请者赛季前一年12月30日前对员工和税务机关应付的逾期款项。
财）05	A	准入批准决定前必须做出书面陈述
		准入申请者应向准入批准方提交一份书面陈述。 书面陈述应说明是否出现任何有重大经济影响的事件，该事件可能在经审计的年度财务报表编制之后对准入申请者的财务状况有不利影响。

（五）法律标准

编号	级别	说明
法）01	A	关于遵守《中国足球协会章程》和签署参加比赛的承诺
		准入申请者应遵守《中国足球协会章程》，并签署《俱乐部公平竞赛公约》和《俱乐部参赛承诺书》。

编号	级别	说明
法）02	A	来自准入申请者的其他文件和确认
		准入申请者必须提交下列文件（所有复印件上均必须加盖申请者公章及骑缝章）： 1. 准入申请者的公司章程的复印件，如有变更的，则必须在变更生效之后的 15 日之内提交变更后的复印件； 2. 俱乐部的企业法人营业执照副本复印件、税务登记证复印件、组织机构代码证书复印件； 3. 俱乐部公章和授权代表的签字样式。

编号	级别	说明
法）03	A	准入申请者资金来源合法
		准入申请者的股东，不得以博彩等可能影响公平竞赛的行为为营业范围或资金来源。

编号	级别	说明
法）04	A	俱乐部的所有权和控制权
		准入申请者应提交书面文件说明俱乐部的所有权结构和控制机制。 涉及俱乐部的管理、行政、体育成绩的任何自然人或法人都不可直接或者间接的： 1. 持有或者交易参与同样赛事的其他俱乐部的证券或股份； 2. 持有参与同样赛事的任何其他俱乐部的大部分股东投票权； 3. 拥有任命或者开除参与同样赛事的任何其他俱乐部的行政、管理或者监督机构成员的权利； 4. 参与同样赛事的任何其他俱乐部的股东，并根据与有关俱乐部的其他股东的协议独自控制大部分该俱乐部的投票权； 5. 参与同样赛事的任何其他俱乐部的会员； 6. 涉及参与同样赛事的任何其他俱乐部在管理、行政、体育成绩方面的职位； 7. 拥有参与同样赛事的任何其他俱乐部在管理、行政、体育成绩方面的权力。

编号	级别	说明
法）05	B	俱乐部内部的纪律处分程序
		准入申请者应当提交一份有效的俱乐部纪律处罚规则，该规则符合国内法律和国际足联、亚足联及中国足协的章程、规则和规程。

编号	级别	说明
法）06	C	球员和官员的行为准则
		建议准入申请者为球员和官员制订行为准则，它应符合国内法律和国际足联、亚足联和中国足协的章程、规则和规程。

编号	级别	说明
法）07	C	法律官员
		建议准入申请者任命1名法律人员（全职或兼职）负责处理其活动中的法律事务。 法律顾问应拥有必要的法律资质或者资格。

第三章　准入审查程序

一、准入批准方

（一）准入批准方的定义

1. 中国足协是准入批准方。

2. 准入批准方负责管理准入体系，成立相应的准入机构并确定必要的程序。

3. 准入批准方将按照本细则的相关规定实施并开展相关工作，并将该细则按照规定的程序提交给亚足联管理部门评审。

4. 准入批准方保证对在进行准入审查过程中获得的所有信息保密。

（二）准入管理部门

1. 中国足协职业发展与监管部为中国足协的准入管理部门。

2. 准入管理部门职责包括：

（1）准备、实施和进一步发展并完善俱乐部准入体系；

（2）为决策机构提供行政支持；

（3）在赛季期间协助、咨询和监控准入持有者；

（4）负责与亚足联及其他成员协会的准入部门之间的联络，并且与他们分享专业知识；

（5）决定是否可以授予准入。

3. 所有涉及准入程序的人员将严格遵守关于准入程序中接受到的信息的保密规则。

二、审查程序：

（一）初审机构：中国足协会员协会

1. 参加下一赛季职业联赛的俱乐部，应当在每年 12 月 5 日之前，向其所在地中国足协会员协会（省级或地市级足协，以下简称“地方足协”）申请注册，并报送准入申请材料。

每年 12 月 5 日之前，未向其所在地地方足协申请注册的，视为退出下一赛季职业联赛。

2. 地方足协对俱乐部申请材料进行初步审核，并于 12 月 25 日前完成。材料齐全的，向俱乐部出具同意注册函；材料不齐全的，书面告知俱乐部，在俱乐部补齐相关材料后，12 月 31 日前向俱乐部出具同意注册函。不予批准注册的，书面告知俱乐部审查意见并说明理由。

（二）审核批准机构

准入申请者在次年 1 月 15 日前，将准入申请材料、地方足协的同意注册函和省级体育主管部门确认函上报中国足协。中国足协职业发展与监管部进行审核，决定是否可以授予准入。

如遇重大问题，提请中超联赛委员会、中甲联赛委员会讨论决定。

（三）申诉受理机构

1. 申诉受理机构是中国足协仲裁委员会。

2. 以下单位可以提出申诉：

（1）被初审机构拒绝的准入申请者；

（2）被审核批准机构拒绝的准入申请者；

（3）被撤销准入的准入持有者。

3. 申诉应在收到审查意见后 5 个工作日内书面提出。仲裁委员会根据初审机构做出的决定和由准入申请者或准入批准方所提供的证据及其书面申诉书，在收到申诉后 20 个工作日内作出裁决。

4. 仲裁委员会以裁决书形式说明拒绝或接受准入，并说明相应理由。

5. 仲裁委员会工作程序和方式，由其工作规则规定。

三、初审机构、审核批准机构、申诉受理机构的成员要求

（一）至少拥有 1 名有资质的律师和 1 名审计师。

（二）初审机构的成员不应同时属于准入批准方的其他工作部门，且必须公正地履行其职责。

（三）仲裁委员会的成员不可以同时属于准入批准方的其他部门或委员会。

（四）机构的成员必须遵守保密规则。

（五）机构的成员不应与准入申请者有任何关联或者利益冲突，否则应回避。

（六）以下情况，成员应回避：其家庭成员（配偶、子女、父母、兄弟姐妹）是准入申请者的（包括但不仅限于）：

1. 成员；

2. 股东；

3. 商业伙伴；

4. 赞助商；

5. 顾问；

6. 实际控制人等。

四、决策程序

（一）截止日期：准入申请者应在每年 12 月 5 日前向地方足协提交申请。

（二）准入批准机构平等对待准入申请各方。

（三）准入申请者可以委托代理人或代理机构出席有关会议及办理相关事务。

（四）准入申请者有参加仲裁委员会庭审的权利，准入申请者有参与现场检查的权利。

（五）如遇特殊情况，准入申请的截止日期可以延长，由中超、中甲联赛委员会集体讨论决定。

（六）对审查结果有异议的，准入申请者应在收到审查意见后 5 个工作日内书面提出申诉。

（七）经申诉后获得准入的，可以顺延办理中国足协管辖范围内相关注册手续时间（国际足联、亚足联规定时间除外）。

（八）证据的形式要求：仲裁申诉的证据应符合仲裁委员会工作规则要求。

（九）准入申请者有义务证明其有关材料的真实合法性。

（十）审查结论和仲裁裁决均以书面形式做出。

（十一）申诉书的内容和形式应符合仲裁委员会工作规则要求。

五、准入

（一）准入应依照《中国足球协会职业联赛俱乐部准入条件和审查办法》和本实施细则进行审查和批准。

（二）每一赛季前，准入批准方将向有关的职业足球俱乐部发出启动新赛季准入申请程序的通知，准入申请者应分别向准入的初审机构和准入批准方提交一份书面申请。在这份申请中，俱乐部应说明其将承担职业联赛体系的有关责任和义务。

（三）中国足协于 1 月 31 日前做出是否批准注册及获得参赛资格的决定。不予批准注册及获得参赛资格的，书面告知俱乐部审查意见并说明理由。

（四）只有在规定的截止日期前满足设定的标准，达到联赛成绩要求的俱乐部，方可获得参加新赛季职业联赛以及亚足联俱乐部赛事的准入。

（五）准入在以下情况下自动过期，不予通知：

1. 其生效的赛季已结束；

2. 所在相关级别的联赛解散；

3. 俱乐部因违反国家法律、法规或者被取消注册资格。

（五）以下情况下，准入可以在赛季期间被撤销：

由于任何原因，准入持有者在赛季期间按照相关法律规定进入破产、清算程序（准入持有者虽然已进入破产、清算程序，但经过中国足协特别批准的机构或者组织提供担保或者保证能确保继续运行的，准入可暂时不被撤销）。

（六）如中国足协撤销某一个俱乐部的准入，将上报亚足联。

（七）如果中国足协撤销了一个俱乐部的准入，该俱乐部将可能被亚足联相关机构从当前的亚足联赛事中除名。

（八）准入资格不可转让。

（九）中国足协保留依据中国足协赛事规程和《中国足协纪律准则及处罚办法》等相关规定，处罚一个俱乐部或者将其从国内赛事中除名的权利。

（十）中国足协纪律委员会根据审核批准机构的审核结果对未达到“B”级标准的俱乐部进行处罚。

六、评估程序

（一）在本准入实施细则中，准入批准方规定了人事标准、球队建设标准、基础设施标准、财务标准和法律标准，并依此决定是否批准准入申请者准入。

（二）评估程序包括：

1. 申请和材料提交；

2. 书面材料审核、实地检查等程序；

3. 向准入批准方提交书面声明书；

4. 准入批准方按程序评估；

（三）准入批准方按程序平等对待所有准入申请者。

第四章　准入申请材料

一、俱乐部组织结构（人力资源）

（一）俱乐部注册的工商行政管理部门加盖年检戳记的企业法人营业执照复印件；

（二）商标注册信息；

（三）质量技术监督部门加盖年检戳记或标识的组织机构代码证复印件；

（四）俱乐部法定代表人合法身份证明；

（五）俱乐部法定代表人无违法犯罪记录保证书；

（六）俱乐部章程（载明保证不存在不正当交易、与其他俱乐部不存在关联关系等情形）；

（七）俱乐部股权结构及股东情况；

（八）俱乐部股东和高级管理人员（董事、监事、总经理）保证本人及其近亲属未入股其他俱乐部，未在其他俱乐部任职的承诺书；

（九）俱乐部工作人员未在其他俱乐部任职或兼职的承诺书；

（十）俱乐部组织结构及各部门职责（应包括财务、办公、经营、技术、竞赛、青少年、新闻、球迷、安保等部门）；

（十一）俱乐部高级管理人员和部门负责人名单及资质证明；

（十二）俱乐部内部管理制度（俱乐部人员行为规范、俱乐部纪律处罚制度等）。

二、球队建设

（十三）省级体育主管部门确认函；

（十四）省级体育主管部门确认的职业球员名册；

（十五）俱乐部与职业球员、职业球队教练组成员、青少年后备梯队教练组成员及其他工作人员签订的劳动合同；

（十六）俱乐部及其职业球员、职业球队教练组成员、青少年后备梯队教练组成员和其他工作人员社会保险参保缴费证明；

（十七）三级甲等医院出具的职业球员年度体检报告；

（十八）职业球队教练组名册（含 1 名职业级主教练、至少 1 名 B 级助理教练、队医）；

（十九）职业球队教练组成员资质证明；

（二十）省级体育主管部门确认的青少年球员 3 年发展计划和 5 年发展规划（主要内容包括：现状分析、未来目标、手段和措施等）；

（二十一）俱乐部青少年后备梯队球员名册

1. 精英梯队：预备队（18 岁以上）、U17 队（每队不少于 25 人）的球员名册；

2. 培训网点梯队 U10~U17 的布局报告；

3. 与其他单位共建后备梯队的，还需提供相应文件。

（二十二）俱乐部与精英梯队球员签订的培训合同；

（二十三）精英梯队球员学籍所在学校县（市）级教育行政部门出具的球员完成义务教育或正在进行义务教育的学籍证明；

（二十四）三级甲等医院出具的精英梯队球员年度体检报告；

（二十五）青少年后备梯队教练组名册（含 1 名 A 级主教练、至少 1 名 B 级助理教练、队医）；

（二十六）青少年后备梯队教练组成员资质证明。

三、基础设施

（二十七）体育场所有权或使用权协议；

（二十八）体育场平面图，基础设施明细；

（二十九）体育场质量检测合格证书；

（三十）体育场灯光检测证书；

（三十一）体育场所属地公安消防安全检查证明；

（三十二）训练基地所有权或 10 年以上使用权协议；

（三十三）训练基地平面图，基础设施明细；

（三十四）训练基地质量检测合格证书；

（三十五）训练基地所属地公安消防安全检查证明；

（三十六）办公场所使用协议及必要的办公设备。

四、财务管理

（三十七）俱乐部税务登记证副本及复印件；

（三十八）俱乐部注册地有税务部门印鉴的俱乐部及工作人员完税证明；

（三十九）会计师事务所或审计事务所等法定验资机构出具的验资报告；

（四十）俱乐部财务人员资质证明；

（四十一）俱乐部财务工作和管理制度及执行情况总结；

（四十二）注册会计师签发的上一年度俱乐部审计报告（中超俱乐部，所有者权益应为 3000 万元人民币以上；中甲俱乐部，所有者权益应为 1500 万元人民币以上）；

（四十三）青少年后备梯队经费预算；

（四十四）俱乐部按时支付员工（包括俱乐部工作人员、球员、教练组成员）工资及奖金、体育场租金、管理、安保等费用的证明；

（四十五）俱乐部保证接受中国足协指定的会计师事务所进行审计和财务检查的承诺书。

五、参赛条件

（四十六）俱乐部签署的《俱乐部公平竞赛公约》和《俱乐部参赛承诺书》；

（四十七）俱乐部对所提供材料真实性的声明；

（四十八）地方足协同意注册函。

人力资源社会保障部　教育部

体育总局　中华全国总工会

2011 年 12 月 6 日

中国足球协会职业足球俱乐部转让规定

为维护中国足球协会（以下简称“中国足协”）各级职业联赛的稳定，保障职业足球俱乐部的健康、稳定、长期可持续发展，规范中超、中甲、中乙职业足球俱乐部的转让行为，逐步实现俱乐部属地化、股权多元化、名称中性化的目标，根据《中国足球协会章程》以及国家相关规定，特制定本规定。

第一章　俱乐部转让形式和原则

第一条　职业足球俱乐部的转让应以股权转让或增资扩股的方式进行。未经特别说明，增资扩股适用于本规定的股权转让的相关规定。

第二条　职业足球俱乐部可进行重要股权转让和次要股权转让。重要股权转让是指俱乐部全部股权或重要股权、表决权（股权变更后，股东持股比例不低于30%，或股东拥有表决权比例不低于30%）发生变更，或因股权变更、更换法定代表人、借款、抵押、股权质押、代持协议等方式而使俱乐部的控股股东、实际控制人发生变更的股权转让。

次要股权转让是指除以上重要股权转让外的股权变更。俱乐部进行增资扩股的，新股东按照其在俱乐部的拟持股比例，作为其进行重要股权转让或进行次要股权转让的标准。

俱乐部的股份应当具有同等权利。

第三条　职业足球俱乐部所属球队的参赛资格不可转让。

第四条　俱乐部因转让而变更俱乐部名称及简称的，应符合《中国足球协会职业足球俱乐部名称规范》以及国际足联、亚足联关于俱乐部名称的要求。

第五条　职业足球俱乐部进行转让和法人注册地变更后，不得变更其注册的中国足协会员协会（以下简称“会员协会”）。

职业足球俱乐部发生因转让或法人注册地变更而产生的注册会员协会变更，该俱乐部将失去职业联赛的准入资格。

职业足球俱乐部在行业体协注册，以其俱乐部法人首次注册的行政区划城市为其在足球行业内注册地，不得进行变更。

第六条 获得升级资格的俱乐部在当年低级别赛季结束后的一年内不得进行重要股权转让。

第七条 中国足协对股权转让后的俱乐部进行准入特别审核。经过审查，未达到相应级别联赛准入标准的俱乐部，不能获得联赛的准入资格。

第二章 俱乐部重要股权转让要求及程序

第一节 俱乐部重要股权转让条件

第八条 转让方应具备的条件

（一）转让方在其完成重要股权转让后三年内所转让的股权份额累计不得高于其所持股权的 50%。

（二）至少有十八名职业球员与俱乐部的工作合同在新赛季开始后仍有效。

（三）没有与行业内单位或个人的逾期债务，或逾期债务已经得到了解决。

第九条 受让方应具备的条件

（一）受让方应为在中国大陆地区（即中国足球协会管辖范围内）合法注册的法人单位。博彩类的法人单位禁止入股俱乐部。

（二）受让方经营及财务状况良好，具有良好商业信誉。

最近两年的所有者权益至少应达到此俱乐部所在级别联赛准入规定中要求的最低所有者权益的五倍。

受让方最近两年的财务状况应为盈利。最近一期末不存在未弥补亏损。

（三）受让中超、中甲俱乐部的，受让方至少持续经营三年以上（三个连续完整会计年度）。

受让中乙俱乐部的，至少持续经营两年以上（两个连续完整会计年度）。

（四）无严重的违法经营记录。

（五）受让方及其股东、实际控制人、法定代表人、高级管理人员与其他职业足球俱乐部无关联关系。

（六）受让方及其股东、实际控制人、法定代表人、高级管理人员无违法犯罪记录，无足球行业内的严重纪律处罚记录。

（七）其他影响受让的原因。

第二节 俱乐部重要股权转让程序

第十条 职业足球俱乐部重要股权转让应在当赛季结束后至第二年 1 月 10 日前完成向中国足协的材料申报。

第十一条　职业足球俱乐部重要股权转让应完成会员协会初审和中国足协公示审核。

第十二条　转让方应向会员协会提供的材料：

（一）股权转让的申请。

（二）转让的原因。

（三）转让股权的比例说明。

（四）一线队职业球员合同效力情况说明。

（五）与行业内单位或个人的债权、债务说明。

第十三条　受让方应向会员协会提供的材料：

（一）受让目的说明。

（二）受让方的营业执照、组织机构代码证或加载统一社会信用代码的营业执照复印件。

（三）全额实缴注册资本金的验资报告。

（四）受让方资产状况说明。

（五）受让中超、中甲俱乐部的，应提供最近三个连续完整会计年度的审计报告。受让乙级俱乐部的，应提供最近二个连续完整会计年度的审计报告。

（六）股权变更计划说明，包括并不限于受让方持股比例。

（七）转让方与受让方签订的股权转让协议。

（八）股权转让后俱乐部的章程。

（九）受让方的股东名单（若为股份有限公司，提供持股比例前十位股东名单）、受让方及其股东在其他企业投资及所占比例的说明。

（十）受让方及其股东、实际控制人未在其他俱乐部及其股东企业拥有股权或已将股权清理完毕的说明及保证。受让方及其股东、实际控制人未与其他俱乐部及其股东企业存在交叉经营或管理的说明及保证。

（十一）受让方应披露实际控制人，并对其控股企业的情况进行介绍，其中如果有参与足球及体育产业相关的活动经营经历，应必须予以全面完整准确的进行说明，不得隐瞒。

（十二）签署“三年内不对本次受让的俱乐部股权中超过 50% 的股权进行再次转让”的承诺书。

（十三）所提交材料真实性的保证函。

第十四条　会员协会接到转让方股权转让的初审申请，以及以上要求的全部文件后，应在五个工作日内作出同意或不同意的审核批复。

必要时，可咨询中国足协有关部门或组成审核小组并委托权威机构调查。

如转让方或受让方中任何一方未能通过初审，则不得进行转让，申请将予以退回。转让方和受让方双方均通过初审后，会员协会向转让双方开具同意转让批复函。

第十五条　通过会员协会初审后，转让方与受让方到会员协会所属范围内的相关部门办理法人注册变更等手续，获得变更后的法人执照。俱乐部登记证书上的法定代表人应为俱乐部实际控制人。

第十六条 俱乐部在会员协会所属范围内的相关部门办理完成法人注册变更登记手续并获得变更后的法人营业执照后，应向中国足协提交如下材料文件：

（一）转让、受让双方应向中国足协提出股权转让公示的申请。

（二）会员协会开具的同意转让批复函。

（三）工商行政管理等部门开具的变更通知书或确认书。

（四）在工商行政管理等部门备案的俱乐部章程（章程内应载明俱乐部的股份应当具有同等权利，包括并不限于表决权的行使）。

（五）转让方和受让方向会员协会所提交的初审材料。

（六）初审提交材料后有关情况变动和补充的说明（如有）。

（七）转让双方的付款凭证。

（八）董事会或执行董事名单、监事会名单。

（九）总经理聘任文件、总经理名单。

（十）保证遵守并落实所在级别联赛的准入标准及相关规定，并承诺接受相关检查的承诺书。

第十七条 中国足协接到俱乐部股权转让公示的书面申请以及以上要求的全部文件后，在五个工作日内作出同意或不同意公示的决定。

如转让方和受让方经中国足协审核后未通过审核，中国足协将不批准此次转让公示，并告知俱乐部、转让方、受让方和会员协会。

必要时，中国足协可组成审核小组或委托权威机构调查。重要股权转让以及俱乐部之间是否存在关联关系将根据实质重于形式的原则进行认定。

第十八条 中国足协审核通过后，由中国足协向各中超、中甲、中乙俱乐部，各会员协会及有关方面发布该股权转让的公示，公示期为 15 天。

第十九条 在公示期内，如转让方出现与行业内有关单位及个人的债权债务纠纷，相关方可向中国足协仲裁委员会提出仲裁申请。

俱乐部应于 1 月 31 日前将双方解决纠纷的书面文件、财务凭证、公证书等提交至中国足协。1 月 31 日前，俱乐部未解决行业内相关债权债务纠纷，俱乐部与仲裁申请方未达成和解协议或中国足协仲裁委员会裁决后，俱乐部未履行裁决，公示转让将不予通过。

第二十条 转让方与行业外有关单位及个人的债权债务纠纷，或未被中国足协仲裁委员会受理的其他纠纷，可向有管辖权的人民法院或其他仲裁机构申请处理，中国足协将参考有关裁判结果及执行情况决定是否批准该转让。

第二十一条 在公示期内或任何时间，受让方及其股东如被发现隐瞒了在其他俱乐部及其股东企业拥有股权、或存在交叉经营或管理等涉及关联关系的情况，将由中国足协负责组成调查组或委托社会相关权威机构进行调查，并将根据调查结果决定是否批准该转让。

第二十二条　中国足协审核通过并在公示期内无第三方提出异议或在 1 月 31 日前，确认转让方无债权债务纠纷或已解决纠纷、受让方无股权或交叉管理等涉及关联关系异议后，转让方和受让方将被视为已完成行业内的审核、公示程序。

第三章　俱乐部次要股权转让要求及程序

第一节　俱乐部次要股权转让条件

第二十三条　受让方必须具备的条件

（一）受让方应为在中国大陆地区（即中国足球协会管辖范围内）注册的法人单位或有中国大陆地区公民身份的自然人。

（二）受让方如果为法人单位的，其经营及财务状况应良好。至少经营一年以上（一个连续完整会计年度）。

最近一年的所有者权益至少应达到此俱乐部所在级别联赛准入规定中要求的最低所有者权益的 2 倍。

受让方最近一年的财务状况应为盈利。最近一期末不存在未弥补亏损。

（三）受让方为自然人，应提供其资产说明，资产应达到准入规定中要求的最低所有者权益。与其他中超、中甲、中乙俱乐部及其股东之间不存在关联关系，没有影响受让的其他原因。

（四）法人单位无严重的违法经营记录。自然人应具有良好的个人征信情况。

（五）受让方及其股东、实际控制人与其他职业联赛俱乐部无关联关系。

（六）受让方及其股东、实际控制人、法定代表人、高级管理人员无违法犯罪记录，无足球行业内的严重纪律处罚记录。

（七）其他影响受让的原因。

第二节　俱乐部次要股权转让程序

第二十四条　俱乐部在赛季期间仅能完成一次次要股权转让，但俱乐部名称不得发生变更。

俱乐部、转让方、受让方应向所注册的会员协会及中国足球协会进行申报并获得批准。

第二十五条　俱乐部属地会员协会完成对次要股权受让方的资质的初审后，将有关材料及书面意见报中国足球协会。

中国足球协会将进行复审，复审后将对此转让进行 15 天的公示，公示期满后如无股权或交叉管理等异议，行业内股权转让程序完成。

第二十六条 俱乐部完成次要股权公示手续后，应到会员协会所属范围内的相关部门办理法人注册变更登记手续，获得变更后的法人执照。

俱乐部应在二十个工作日内将工商行政管理等部门开具的变更通知书或确认书、登记备案的股权转让后俱乐部的章程提交至会员协会和中国足协。

第二十七条 转让方向会员协会和中国足协提供的材料：

（一）股权转让的申请。

（二）转让的原因。

（三）转让股权的比例说明。

第二十八条 受让方向会员协会和中国足协提供的材料：

（一）受让目的说明。

（二）受让方的营业执照、组织机构代码证或加载统一社会信用代码的营业执照复印件。

（三）受让方（自然人）资产状况说明。

（四）全额实缴注册资本金的验资报告。

（五）受让方最近一个连续完整会计年度的审计报告。

（六）转让方与受让方签订的股权转让协议。

（七）转让双方的付款凭证。

（八）在工商行政管理等部门备案的俱乐部章程（章程内应载明俱乐部的股份应当具有同等权利，包括并不限于表决权的行使）。

（九）受让方的股东名单（若为股份有限公司，提供前十位股东名单）、受让方及其股东在其他企业投资及所占比例的说明。

（十）受让方为自然人的，应提交已公证的个人征信证明。

（十一）受让方及其股东、实际控制人未在其他俱乐部及其股东企业拥有股权或已将股权清理完毕的说明及保证。受让方及其股东、实际控制人未与其他俱乐部及其股东企业存在交叉经营或管理的说明及保证。

（十二）受让方应披露实际控制人，并对其控股企业的情况进行介绍，其中如果有参与足球及体育产业相关的活动经营经历，应必须予以说明，不得隐瞒。

（十三）保证“一年内不对本次受让的俱乐部股权中超过 50% 的股权进行再次转让”的承诺书。

（十四）所提交材料真实性的保证函。

第二十九条 在公示期内或任何时间，受让方及其股东如被发现隐瞒了在其他俱乐部及其股东企业拥有股权、或存在交叉经营或管理等涉及关联关系的情况，将由中国足协负责组成调查组或委托社会相关权威机构进行调查，并将根据调查结果决定是否批准该转让。

第三十条　俱乐部如进行次要股权转让程序，但其为实际控制人变更，中国足协将不予受理此次次要股权转让程序，并按本规定进行处罚。

第四章　与俱乐部相关的上市行为

第三十一条　俱乐部或其相关方通过境内或境外证券交易所公开发行股票及其衍生品种，俱乐部应在向证券交易所提交申请前，向中国足协通报相关情况。

第三十二条　俱乐部通过公开发行股票而使俱乐部实际控制人发生变更或达到本规定中重要股权转让标准，受让方应符合本规定的要求。

第三十三条　俱乐部通过公开发行股票，使俱乐部之间存在具有实质性影响的关联关系，中国足协将依照相关规定进行处理。

第三十四条　俱乐部进行公开发行股票，如新股东持股比例超过 5%，俱乐部应向中国足协进行相关信息的披露。

第五章　罚　则

第三十五条　自每年 1 月 10 日至当赛季结束，转让方、受让方违反本规定，进行重要股权转让，中国足协将不予承认，同时俱乐部将被给予扣除当赛季联赛积分、降级或取消准入资格的处罚。

第三十六条　俱乐部、转让方、受让方未按本规定要求进行的会员协会初审、中国足协公示审核，中国足协将不予承认，同时取消俱乐部职业联赛的参赛资格，给予降级处罚。

第三十七条　俱乐部、转让方、受让方提交虚假材料，中国足协将停止审核公示程序，中国足协纪律委员会将对俱乐部或相关个人进行处罚。

提交虚假材料或以掩盖事实为目的提供不完整材料，完成俱乐部转让审核公示程序，情节严重的，中国足协将取消俱乐部的联赛准入资格。

第三十八条　俱乐部进入清算或破产程序的，该俱乐部将被取消当年所参加联赛参赛资格，并降入低于当年所参加联赛两级的联赛。

俱乐部股权被拍卖的，股权处置程序应符合本规定的要求。

第三十九条　经中国足协审查并认定，俱乐部因转让而与其他俱乐部之间存在或产生关联关系，涉及的相关俱乐部将被按照中国足协的相关注册管理规定给予处罚。

第六章　附　则

第四十条　达到中乙联赛参赛成绩标准的业余俱乐部，其转让应按照此规定执行。女子足球俱乐部、五人制足球俱乐部以及沙滩足球俱乐部的转让可参照本规定执行。

第四十一条　本规定由中国足球协会负责解释。

第四十二条　本规定自公布之日起实施。

中国足球协会职业俱乐部工作合同基本要求

（2016年）

为规范俱乐部与球员、教练员及其他工作人员签署合同的管理，明确合同双方的权利和义务，特制定《中国足球协会职业俱乐部工作合同基本要求》（以下简称“《要求》”）。《要求》中的合同是指符合《中华人民共和国合同法》和《中华人民共和国劳动合同法》的法律精神，符合国际、国内足球行业基本准则，由足球俱乐部与球员、教练员或其他工作人员订立的工作合同（均简称为“合同”）。

第一章　基本原则

第一条　平等自愿原则。合同双方不受第三方干预，权利和义务明确。

第二条　诚信守约原则。合同双方应诚实守信，自觉维护合同的稳定性并严格履行合同。

第三条　遵规守章原则。在合同双方订立和签署合同过程中，应严格遵守法律法规、国际足联和中国足协的相关规定。

第四条　规范管理原则。合同订立、签署和备案的管理须严谨和规范。

第二章　合同内容

第五条　合同中应包括的主要部分：

（一）合同甲方的名称、地址和法定代表人（或主要负责人）。

（二）合同乙方的姓名、住址和居民身份证（或其他有效身份证件号码）。

（三）合同期限。

（四）工作内容和工作地点。

（五）工作时间和休息休假。

（六）劳动报酬。

（七）社会保险。

（八）工作条件、劳动保护和职业伤病防护及医疗。

（九）合同延续、终止与解除。

（十）违约责任及争议解决。

第三章　合同双方的权利与义务

第六条　俱乐部的权利

（一）股东投资形成的法人财产权，依法享有民事权利，包括但不限于签订合同权、财产处置权以及诉讼权等。

（二）合法权益受法律保护，不受来自任何方面的干预和侵犯。

（三）组织球队训练、比赛及参加与之相关的各类活动的权利。

（四）依法依规对本俱乐部球员进行管理的权利。

（五）法律法规和行业规范赋予俱乐部的其他权利。

第七条　俱乐部的义务

（一）遵守中华人民共和国的各项法律、法规。

（二）遵守国际足联、亚足联、中国足协、联赛委员会和相关赛事现行及更新的章程、规程、条例、规定及相关决议。

（三）俱乐部应为球员和其他工作人员提供良好的工作、生活环境和条件。

（四）在合同中按上述要求设定合同双方的约束内容并按约定严格履行合同条款。

第八条　球员的权利

（一）公民的基本权利。

（二）参加俱乐部训练、选拔、比赛的权利。

（三）转会、租借、退役的权利。

（四）相应社会保障的权利。

（五）接受教育及培训的权利。

（六）法律法规和行业规范赋予球员的其他权利。

第九条　球员的义务

（一）遵守中华人民共和国的法律、法规。

（二）遵守国际足联、亚足联、中国足协、联赛委员会和相关赛事现有及更新的章程、规程、规定、条例及各项相关决议。

（三）遵守俱乐部现有及更新后并通知球员的各项规范及其他规章制度。

（四）遵守社会公德和职业道德，维护公平竞赛，用体育精神对待比赛、训练，遵守比赛规则和纪律，尊重并服从裁判判罚，尊重教练、尊重队友、尊重对方、尊重观众、尊重工作人员。

（五）保持身体健康和良好竞技状态，按照球队要求充分发挥训练和竞技水平。

（六）法律法规、行业规范、合同规定的其他义务。

第十条　教练员的权利

（一）公民的基本权利。

（二）按俱乐部规章制度和要求执教球队训练、比赛及管理与之相关的工作及生活的权利。

（三）相应社会保障的权利。

（四）接受教育及培训的权利。

（五）法律法规和行业规范赋予教练员的其他权利。

第十一条　教练员的义务

（一）遵守中华人民共和国的法律法规。

（二）遵守国际足联、亚足联、中国足协、联赛委员会和相关赛事现有及更新的章程、规程、规定、条例及各项相关决议。

（三）遵守俱乐部现有及更新后并通知教练员的各项规范及规章制度。

（四）遵守社会公德、职业道德，维护公平竞赛，用体育精神对待比赛、训练，遵守比赛规则和纪律，尊重并服从裁判判罚，尊重球员、尊重对方、尊重观众、尊重工作人员。

（五）努力学习、钻研业务，不断提高专业理论知识和实践能力，带领球队取得好成绩。

（六）法律法规、行业规范、合同规定的其他义务。

第十二条　其他工作人员的权利

（一）公民的基本权利。

（二）按俱乐部规章制度和要求履行本职工作的权利。

（三）相应社会保障的权利。

（四）接受教育及培训的权利。

（五）法律法规和行业规范赋予工作人员的其他权利。

第十三条　其他工作人员的义务

（一）遵守中华人民共和国的法律、法规。

（二）遵守国际足联、亚足联、中国足协、联赛委员会和相关赛事现有及更新的章程、规程、规定、条例及各项相关决议。

（三）遵守俱乐部现有及更新后并通知工作人员的各项规范及其他规章制度。

（四）遵守社会公德、职业道德和工作纪律，认真完成本职工作，为本单位发展尽职尽责。

（五）努力学习、钻研业务，不断提高专业理论知识和工作能力。

（六）法律法规、行业规范、合同规定的其他义务。

第十四条 俱乐部订立合同时应考虑的主要内容

（一）常规工资（如周薪、月薪或年薪）。

（二）奖金（与出场时间及表现，训练及服从球队管理等表现挂钩的奖励）。

（三）其他收入（如出场费、广告费等）。

（四）法律规定的各项社会保险（如基本医疗保险、养老保险、失业保险、大病保险、工伤保险、人身意外伤害保险等）。

（五）其他福利。

（六）球员因工伤、执行各级国家队任务期间负伤不能参加训练、比赛时的薪酬数额及履行方式。

（七）球员患病或非因工负伤不能参加训练、比赛，其在医疗期间内的工资和治疗费用的数额及履行方式。

（八）球员与俱乐部球队相关的特定开销的报销。

（九）合同中应明确款项支付的货币种类、截止日期及支付方式。

（十）合同中应明确薪酬数额为税前或税后；若税前应标明法律规定的纳税方式及要求。

（十一）合同中应明确球员休假或带薪假期条款。

（十二）合同中俱乐部和球员应在球员的肖像权开发事宜达成一致并在合同中载明。

（十三）合同中应规定当俱乐部财务发生重大变化时劳动报酬变化的数额及履行方式，如升降级、被取消注册资格、破产或遇不可抗力的自然灾害等。

（十四）为球员提供良好的工作、生活环境条件方面主要包括：

提供符合中国足协相应赛事要求的食宿条件；

提供符合中国足协相关赛事规定执教资格的教练员；

提供符合中国足协相关赛事规定训练场所和辅助设施；

提供符合中国足协相关赛事规定的训练、比赛器材和装备；

为青少年球员学习文化知识和职业技能培训提供便利，保障球员接受教育的权利；

提供负伤或患病期间的治疗安排并承担超出球员保险金报销范围部分的治疗费用（应体现在合同双方约定内容当中）；

妥善保存、与球员本人共享伤病（包括上调国家队期间的伤病）及医疗记录。

（十五）俱乐部可以在符合相关法律法规的前提下，制定健全、合理的规章制度及纪律处罚措施，以保证球队的规范运营，但应在与球员签约前将所有相关规定以书面方式告知对方。

（十六）经球员本人书面同意，俱乐部可以在合同期内将球员转会、租借至其他俱乐部。

第十五条　球员在签订合同前应知晓的行业及俱乐部合理要求相关内容，主要包括：

（一）服从俱乐部训练、比赛及生活管理。

（二）按俱乐部要求完成训练、比赛任务。

（三）按俱乐部要求参加社会公益、球迷服务、媒体宣传、赞助服务等活动。

（四）按俱乐部规定进行医疗检查、身体监测、防疫等，应及时向俱乐部报告自身的伤病情况及康复状况，如严重影响训练或比赛的，应提供相应的医学证明。

（五）按俱乐部要求对伤病进行诊断和治疗。除紧急情况外，在未通知俱乐部队医的情况下球员不得擅自进行处置。

（六）按要求出席俱乐部安排的广告、宣传、推广等活动。

（七）未经俱乐部同意，不得参加非本俱乐部安排的媒体采访、商业宣传和其他活动，不得擅自参与其他广告宣传或推广活动。

（八）外出集训、比赛期间，应服从俱乐部的食宿、交通等安排。

（九）球员入选各级国家队，应按国家队要求参加训练、比赛和相关活动，并向俱乐部汇报工作生活情况。

（十）球员应为俱乐部保守秘密，不得违规泄露训练、比赛技术信息及商业秘密。

（十一）严格遵守国内外反兴奋剂相关规定，严格按要求接受药检，不服用或防止误服违禁药品。

（十二）自觉抵制和积极举报操控比赛、赌球、消极比赛或任何违背职业道德、有损俱乐部及职业联赛声誉的活动。

（十三）不得与第三方签订有碍合同执行的协议。

（十四）未经俱乐部书面同意，不得代表第三方参赛或参加。

第三方组织的训练或其他官方活动。

第四章　其他相关事项

第十六条　关于工作合同期限

工作合同期限不得超过 5 年。

第十七条　保密

事先未经对方书面同意，双方都不得擅自披露合同内容。但下述情况除外：

（一）为合同备案之目的，向中国足球协会披露的。

（二）向相应争议处理机构披露的。

（三）根据相关政府部门的规定向该部门披露的。

（四）依据法律法规及中国足球协会规章的规定披露的。

本保密义务不因合同的变更、终止而解除。

第十八条 违约责任

任何一方违反合同约定给对方造成损失的，应承担违约责任。合同中应明确违约责任及相应违约金、赔偿金数额或比例等。

第十九条 合同的变更、解除和终止

（一）合同所依据的客观情况发生重大变化，致使合同无法履行的，经双方协商同意，可以变更或解除合同。

（二）合同解除及终止应提供相应证明材料。

（三）球员有下列情形之一的，俱乐部有权解除合同：

隐瞒重大疾病，不能参加或严重影响训练和比赛的；

非因工伤病，医疗期满后不能再参加足球训练和比赛的；

严重违反俱乐部规章制度、比赛纪律或球员义务的；

严重违背职业道德或体育精神，对俱乐部利益或声誉造成重大损害的；

同时与其他用人单位建立劳动关系，对履行与本俱乐部的合同造成严重影响，或经俱乐部提出而拒不改正的；

球员被依法追究刑事责任的；

其他正当理由。

（四）俱乐部有下列情形之一的，球员有权解除合同：

未按合同约定提供劳动条件或劳动保护的；

凡出现拖欠球员工资或奖金情况的；

未依法或按合同约定为球员办理保险的；

对球员进行侮辱、体罚、殴打或逼迫球员从事违法、违纪活动的；

俱乐部规章制度违反法律、法规的规定，损害球员权益的；

其他正当理由。

（五）球员有下列情形之一的，俱乐部不得单方面解除合同：

在俱乐部工作期间可能患有足球职业伤病，在诊断期或医学观察期内的；

因为俱乐部工作而患有足球职业伤病或因工负伤，在合同期内的；

患病或负伤，在规定医疗期内的。

（六）合同期满或当事人约定的合同终止条件具备，合同自动终止。

（七）合同终止或解除后的赔偿或补偿金额，除双方另有约定外，应按国际足联、亚足联和中国足协的相关规定执行。

第二十条　争议处理

（一）合同双方在履行合同过程中发生争议时，由双方协商解决。

（二）合同双方不能协商解决时，应向中国足球协会仲裁委员会申请仲裁，中国足球协会仲裁委员会的裁决为最终裁决。

第五章　合同的程序要求

第二十一条　由甲方将合同内容起草完毕后，将该合同草案与乙方进行协商；经协商对所有合同条款达成一致后，由双方在正式场合各自在合同每一页上签字、按指纹、盖章，甲方应加盖骑缝章。

第二十二条　合同至少一式三份，内容一致。三份复式合同具有同等法律效力。

第二十三条　合同中应包括合同签订时间及地点。如果一方是未成年人，其父母（监护人）须在合同上签字、按指纹。

第二十四条　双方可签订《补充协议》，其与俱乐部的各项规章制度均为合同的附件，合同附件须由双方按前述合同的规范确认，经签字、按指纹、盖章后，与合同一并提交中国足球协会备案。未备案部分，在中国足球协会管理的行业范围内，将不被承认和保护。

第二十五条　合同的变更须以书面方式进行。变更须提供变更理由的说明文件；变更合同规范以新的完整合同形式进行，不允许在原有合同上进行删改（除签名的笔迹外，内容中不允许出现手写改动部分），变更合同须报中国足协备案。

第二十六条　确认合同部分无效的，如果不影响其余部分的效力，其余部分仍然有效。

第二十七条　如出现涉外合同时，合同允许以多种语言签订，但须有中文文本合同（可中外文对照）。当多种语言合同文本出现不一致时，以中文文本为准。

第二十八条　在订立、签署和保存合同过程中，有关各方均负有严格、诚信和真实的义务和责任，绝不允许弄虚作假，凡经中国足协及有关法律部门确认的弄虚作假违规行为，中国足协纪律委员会有权依据《中国足球协会纪律准则》对涉嫌违规行为进行处罚。

第二十九条　合同保存与查询

合同各方应将合同原件作为重要法律文件予以保存；如因特殊情况出现合同原件丢失需要查询时，查询人或应出具由本人申请函加盖会员协会章及本人身份证原件；单位查询应出具单位公函。

第三十条　制式合同的参照

为便于俱乐部与球员、教练员、其他工作人员起草、签署合同，中国足协将提供“俱乐部工作合同”范本（附后），俱乐部可参照。

第三十一条　俱乐部教练员及其他工作人员

本《要求》主要针对俱乐部与球员订立工作合同的行为进行规范，涉及俱乐部与教练员及其他工作人员订立合同，请参照国家相关法律法规、足球行业有关规定及本《要求》中的可行部分内容执行。

第六章　附　则

第三十二条　本《要求》自下发之日起实施。

第三十三条　本《要求》由中国足球协会负责解释。中国足球协会可根据本《要求》的实施情况及国际足联、亚足联和中国足协的最新规定对其进行修正。

中国足球协会职业球员劳动合同基本要求

为规范职业球员劳动合同文本，维护各方的合法权益，根据《国际足联职业球员合同基本要求》及国家有关法律、法规、规章，制定《中国足球协会职业球员劳动合同基本要求》。俱乐部与球员签订的劳动合同的最终条款，应在本基本要求的基础上由双方协商确定。

劳动合同应当以书面形式订立，并具备以下条款：

一、基本条款

1. 俱乐部的全称、地址、法定代表人姓名及联系电话；

2. 球员的姓名、出生日期、国籍、身份证/护照号码、永久居住地址、现居住地址、家庭电话、手机及经纪人姓名（如有经纪人参与谈判）；

3. 劳动合同期限，合同最短期限自合同生效之日起至该赛季结束，最长期限为 5 年；

4. 劳动合同签订的时间及地点。

二、合同原则

订立劳动合同，应当遵循合法、公平、平等自愿、协商一致、诚实信用的原则。

三、俱乐部的权利义务

1. 遵守中华人民共和国的各项法律、法规、规章。

2. 联、亚足联、中国足协、联赛委员会、职业联赛现有及随时更新的章程、规程、道德条例、规定及各项决议。

3. 合同中应具备明确而详细的劳动报酬条款：

（1）常规工资（如月薪、周薪或与表现挂钩的工资等）；

（2）其他收入（如奖金、出场费、国际比赛出场费等）；

（3）法律规定的各项社会保险（如基本医疗保险、养老保险、失业保险、大病保险、工伤保险、人身意外伤害保险等）；

（4）其他福利；

（5）球员因工伤、执行各级国家队任务期间负伤不能参加训练、比赛时的工资数额及履行方式；

（6）球员患病或非因工负伤不能参加训练、比赛，其在医疗期间内的工资和治疗费用的数额及履行方式；

（7）球员特定开销的报销。

4. 合同中应明确款项的货币种类、支付截止日期及支付方式。

5. 合同中应明确法律规定税费的缴纳方式及缴纳时间。

6. 合同中应明确球员休假或带薪假期。

7. 合同中应规定当俱乐部财务发生重大变化时（如升降级），劳动报酬的数额及履行方式。

8. 俱乐部应为球员提供良好的生活、工作环境和条件，包括：

（1）提供清洁、舒适、便利和安全的住宿安排和卫生且营养丰富的饮食安排；

（2）提供具有中国足球协会规定的执教资格的教练员；

（3）提供符合中国足球协会规定标准的草坪训练场和其他训练设施；

（4）提供训练、比赛的全部服装、器材、装备和用品；

（5）提供由俱乐部安排的训练、比赛和其他活动的交通、食宿和相关费用；

（6）为青少年球员学习文化知识和职业技能培训提供便利，以保证球员接受教育的权利；

（7）提供负伤或患病期间的治疗安排并承担超出球员保险金报销范围部分的治疗费用（至解约或合同期满）；

（8）保留球员真实的伤病（包括上调国家队期间的伤病）记录并予以保密。

9. 俱乐部可以在不违反法律规定的前提下，制定健全、合理的规章制度及纪律处罚措施，以保证球队的规范运营。俱乐部应当将相关规定告知球员。

10. 俱乐部经球员本人书面同意，可以在合同期内将球员转会、租借至第三方俱乐部。

四、球员的权利义务

1. 遵守中华人民共和国的各项法律、法规、规章。

2. 遵守国际足联、亚足联、中国足协、联赛委员会、职业联赛现有及随时更新的章程、规程、道德条例、规定及各项决议。

3. 遵守俱乐部现有及更新后通知球员的各项规章制度及俱乐部其他合理的要求。

4. 遵守职业道德，维护公平竞赛原则，用体育精神对待比赛、训练，遵守比赛规则和纪律，服从裁判员的判罚，尊重队友、尊重对方、尊重裁判、尊重观众、尊重工作人员。

5. 保持身体健康和良好的竞技状态，最大限度地发挥体能和技能水平。

6. 球员应按照俱乐部要求：

（1）参加所有训练、比赛和相关活动，努力完成规定的训练、比赛任务；

（2）参加所有社会公益、球迷服务、媒体宣传、赞助服务等活动；

（3）进行医疗检查、身体监测、防疫注射、预防措施等，并应及时向俱乐部报告自身的伤病情况及康复状况，如影响训练和/或比赛的，应提供无运动能力的医学证明；

（4）对伤病进行诊断和治疗。如对俱乐部专家的诊断持有异议，有权要求另一名独立的医学专家进行复诊，如果初复诊结果存在出入，双方同意安排第三名专家做独立诊断。除紧急情况外，在未通知俱乐部队医的情况下不得擅自进行治疗。

7. 出席、参加俱乐部安排的训练、比赛、广告、宣传、推广等各项活动时，必须使用俱乐部指定和发放的服装及装备。

8. 未经俱乐部书面同意，不得参加非俱乐部安排的媒体采访、商业宣传和其他活动，不得参与其他广告宣传或推广活动。

9. 外出集训、比赛等期间，应服从俱乐部的食宿、交通等安排。

10. 球员入选各级国家队，应按时参加国家队安排的所有训练、比赛和活动。

11. 不得以任何方式非法获取俱乐部的内部情况、信息、训练及比赛安排和 / 或俱乐部的其他商业秘密；不得向俱乐部以外的任何组织、媒体和 / 或个人披露、泄露俱乐部的前述信息及其他商业秘密。

12. 不得服用国际足联或国际反兴奋剂机构规定的违禁药品或违反兴奋剂检测规定。

13. 不得与第三方签订有碍合同执行的协议。

14. 未经俱乐部书面同意，不得代表第三方比赛、参加第三方的训练或参加任何具有潜在危险性的活动。

15. 不得参与假球、赌球、消极比赛或任何违背职业道德、有损俱乐部及职业联赛声誉的活动。

五、肖像权

1. 俱乐部和球员应就球员的肖像权开发问题达成一致。

2. 球员有权在不与俱乐部赞助商及合同伙伴发生冲突的前提下开发自己的肖像权；俱乐部保留开发球员以俱乐部一员身份出现时的肖像权。

3. 球员获得的上述收入，由俱乐部或支付方代扣代缴个人所得税。

六、保密

未经对方事先书面同意，双方不得擅自披露合同内容。但下述情况除外：

1. 为合同备案之目的，向中国足球协会披露的；

2. 向相应争议处理机构披露的；

3. 根据相关政府部门的要求向该部门披露的；

4. 依据法律、法规及足球协会规章的要求披露的。

本保密义务不因合同的变更、终止而解除。

七、违约责任

任何一方违反合同约定给对方造成损失的，应承担违约责任。合同中应明确违约责任及相应违约金、赔偿金等。

八、合同的变更、解除、终止

1. 合同所依据的客观情况发生重大变化，致使合同无法履行的，经双方协商同意，可以变更或解除合同。

2. 球员有下列情形之一的，俱乐部有权解除合同：

（1）隐瞒重大疾病，不能参加或严重影响训练和比赛的；

（2）非因工伤病，医疗期满后不能再从事足球职业的；

（3）严重违反俱乐部规章制度、比赛纪律或球员义务的；

（4）严重违背职业道德或体育精神，对俱乐部利益或声誉造成重大损害的；

（5）同时与其他用人单位建立劳动关系，对履行与本俱乐部的合同造成严重影响，或经俱乐部提出，拒不改正的；

（6）球员被依法追究刑事责任的；

（7）其他正当理由。

3. 俱乐部有下列情形之一的，球员有权解除合同：

（1）未按合同约定提供劳动条件或劳动保护的；

（2）一年内累计拖欠球员工资或奖金超过 3 个月的；

（3）未依法或依合同约定为球员办理保险的；

（4）对球员进行侮辱、体罚、殴打，或逼迫球员从事违法、违纪活动的；

（5）规章制度违反法律、法规的规定，损害球员权益的；

（6）其他正当理由。

4. 球员有下列情形之一的，俱乐部不得单方面解除合同：

（1）在俱乐部工作期间疑患足球职业伤病，在诊断期或医学观察期内的；

（2）因为俱乐部工作而患足球职业伤病或因工负伤，在合同期内的；

（3）患病或负伤，在规定医疗期内的。

5. 劳动合同期满或者当事人约定的劳动合同终止条件出现，劳动合同即行终止。

6. 合同终止或解除后的赔偿金、补偿金，除双方另有约定外，按国际足联、中国足协的相关规定执行。

九、争议处理

1. 合同双方在履行合同过程中发生争议时，由双方协商解决。

2. 合同双方不能协商解决时，应向中国足球协会仲裁委员会申请仲裁，中国足球协会仲裁委员会的裁决为最终裁决。

十、其他

1. 合同一式四份，分别为 A 份、B 份、C 份、D 份。俱乐部执 A 份，球员执 B 份，C 份和D份在球员年度注册时分别提交会员协会及中国足球协会备案。四份复式合同具有同等法律效力。

2. 双方可签订《补充协议》，其与俱乐部的各项规章制度均为合同的附件，合同附件须由双方签字确认并与合同一并提交中国足球协会备案。未备案部分，在中国足球协会管理的行业范围内，将不能得到承认和保护。

3. 合同的变更应以书面方式进行，并报中国足协备案。

4. 确认劳动合同部分无效的，如果不影响其余部分的效力，其余部分仍然有效。

5. 合同存在不同语言文本，且不同语言文本的内容不一致时，应以中文文本为准。

6. 劳动合同应当符合中国法律、法规、规章及国际足联、中国足协相关规定。

关于加强和改进职业足球俱乐部劳动保障管理的意见

各省、自治区、直辖市及新疆生产建设兵团人力资源社会保障厅(局)、教育厅(教委、教育局)、体育局、总工会:

为贯彻落实国务院办公厅印发的《中国足球改革发展总体方案》(国办发〔2015〕11号)的要求，加强和改进职业足球俱乐部(以下简称“俱乐部”)劳动保障管理，维护俱乐部和职业足球运动员、教练员、其他工作人员等劳动者(以下简称“球员等劳动者”)的合法权益，促进中国足球改革发展，现提出如下意见:

一、加强劳动用工管理

各地要指导俱乐部依照劳动合同法等法律法规，探索建立适应职业足球特点的劳动用工、工资分配、工时和休息休假等制度。俱乐部应与球员等劳动者依法签订劳动合同，除劳动合同法要求的必备条款外，俱乐部与球员、教练员可以根据足球行业特点，依法约定其他条款。俱乐部应加强劳动合同履行、变更、解除、终止各环节的日常管理，按劳动合同约定按时足额支付球员等劳动者的劳动报酬，落实其休息休假权益，实现劳动用工管理规范化和制度化。中国足协等行业组织要针对足球运动的特点和行业规则，分类制定规范、简明、实用的劳动合同示范文本，指导俱乐部依法规范劳动用工行为。外籍球员申请入境工作的，各地外国人工作管理部门要依法及时发放工作许可。

二、建立集体协商机制

各地要引导俱乐部依法建立工会组织，积极支持工会组织开展活动，发挥工会在组织动员球员与俱乐部共建和谐劳动关系方面的重要作用。要建立健全俱乐部与工会组织、足球协会与行业工会的协商对话机制，畅通球员等劳动者表达意见建议的渠道，依法开展集体协商签订集体合同，合理确定劳动报酬、保险福利、工作时间、休息休假、履行集体合同发生争议时的协商处理办法等涉及球员等劳动者切身利益的重大事项，引导球员等劳动者依法理性表达意见和诉求。

三、督促依法参加社会保险

各地要指导督促俱乐部依法参加社会保险，确保球员等劳动者享受相应的社会保险待遇。

俱乐部应自成立之日起三十日内向当地社会保险经办机构申请办理社会保险登记，并按规定缴纳社会保险费。球员等劳动者流动就业时，按《国务院办公厅关于转发人力资源社会保障部财政部城镇企业职工基本养老保险关系转移接续暂行办法的通知》（国办发〔2009〕66 号）、《关于印发流动就业人员基本医疗保障关系转移接续暂行办法的通知》（人社部发〔2009〕191 号）等规定办理社会保险关系转移接续手续。球员等劳动者失业后，符合条件的，按规定领取失业保险金并享受其他失业保险待遇和再就业服务。各地社会保险经办机构要加强社会保险法律法规政策的宣传，提高俱乐部和球员等劳动者参保的意识，做好俱乐部和球员等劳动者参保的服务工作。鼓励有条件的俱乐部为球员等劳动者建立补充保险或者购买商业保险。

四、促进运动员转岗就业

各地要进一步拓宽职业球员再就业渠道，引导和支持退役球员进入高等学校和各类职业学校培训和学习，不断提升综合素质和能力，为球员实现转岗就业提供帮助。学校等事业单位可拿出一定数量的岗位，优先从符合岗位要求的退役球员中公开选聘足球教练员、体育教师。教育部门可通过购买服务、特聘兼职教师及课外辅导员等方式，聘请退役球员、教练员参与校园足球发展。各地足球协会、俱乐部等组织，在同等条件下要优先招用球员从事足球管理和服务工作。鼓励社区、企业设立相应岗位，吸引退役球员、教练员从事社会足球指导工作。鼓励球员通过多种渠道自主就业创业，各级公共就业服务机构要积极提供职业指导、职业介绍等服务；对参加职业技能培训和创业培训的，按规定给予培训费补贴；对自主创业的，按规定落实税费减免、创业担保贷款等扶持政策，提供政策咨询、开业指导、信息服务等创业服务。

五、加强组织领导

各级人力资源社会保障部门、教育部门、体育部门、工会组织以及各级足球协会要高度重视加强和改进职业足球俱乐部劳动保障管理工作，切实加强组织领导，明确职责分工，积极协调配合，形成工作合力。要认真总结推广工作中行之有效的经验做法，按照《中国足球改革发展总体方案》不断完善政策措施，推动相关立法工作，为中国足球改革发展创造良好条件。

人力资源社会保障部
教育部　体育总局　中华全国总工会
2016 年 7 月 27 日

中超足球俱乐部管理办法

为推动中超足球俱乐部建设，促进中超联赛的健康发展，依据《中华人民共和国公司法》《中国足球协会章程》，借鉴国际职业足球发展及我国企业改革的成功经验，结合我国职业足球改革的实际，制定本办法。

第一章　总　则

第一条　中超足球俱乐部（以下简称俱乐部）是在中国足球协会（中国足协）会员协会和中国足协相关专项委员会注册，参加中国足协主办的职业联赛，以市场运作为手段，以提高中国足球水平为目的，具有独立法人资格的组织。

第二条　俱乐部必须模范地遵守《中华人民共和国公司法》及相关法律法规。

第三条　俱乐部应承认并遵守《中国足球协会章程》以及中国足协的相关规程、决议和决定；遵守并执行本会各相关专项委员会的决议和规章制度；违反这些规定，中国足协将依据相关规定给予处罚。

第四条　俱乐部必须获得中国足协会员协会承认，并在其注册，且隶属于会员协会。俱乐部必须接受本行政区划内的中国足协会员协会的行业管理和业务指导，会员协会的章程应明确俱乐部的权利、义务和责任。

第五条　俱乐部实行双重注册管理。即在本俱乐部所在行政区划内的本会会员协会和本会相关专项委员会注册。

第六条　任何情况下为确保比赛的完整和公平性不受到破坏，任何自然人或法人（包括控股公司和子公司），不能以任何手段和方法同时控制一家以上俱乐部、拥有一家以上俱乐部的股权或对一家以上俱乐部的决策足以产生重大影响，违者将受到中国足协包括降级在内的严厉处罚。

第七条　俱乐部应当树立国家利益高于一切的观念，支持各级国家队；积极参加本会组织的各项比赛和活动，包括指定活动和公益性活动；维护联赛声誉，不得参与赌球、打假球、贿赂裁判、制造赛场暴力和混乱，对上述行为有举报义务；营造良好足球环境，创建优秀足球文化。

第二章　俱乐部的批准、审核

第八条　俱乐部审核依对象不同，分为初次审核和年度审核两种：

（一）初次审核对象：

1. 第一次申请加入中超联赛的俱乐部；

2. 已加入中超联赛，但发生了主要股权或全部股权转让的俱乐部；

3. 经过初次审核而未能加入中超联赛，但发生了主要股权或全部股权转让的俱乐部。

（二）年度审核对象：

1. 已加入中超联赛，未发生主要股权或全部股权转让的俱乐部；

2. 经过初次审核而未能加入中超联赛，也未发生主要股权或全部股权转让的俱乐部。

第九条　自愿加入中超联赛的俱乐部应在每年度注册时，向中超委员会提出书面申请。中超委员会只对提出申请的俱乐部进行检查和审核，只有提出申请的俱乐部在条件具备时，才能加入其后的中超联赛。

第十条　已加入中超联赛的俱乐部，或已进行过初次审核但尚未加入中超联赛的俱乐部，都必须接受年度审核，无需另行申请。

第十一条　除非是特别说明，无论是初次审核还是年度审核，俱乐部都应当保持符合本办法所规定的各项要求的状态。

第十二条　进行初次审核的程序为：

（一）俱乐部在提出申请后，于当年度 6 月 30 日之前，向中超委员会提交下列资料的复印件：

1. 俱乐部章程；

2. 政府职能部门关于同意设立该俱乐部的批文；

3. 俱乐部设立时由法定验资机构出具的《验资报告》（如已变更注册资本还应提供变更后的验资报告）（如虽未变更注册资本但变更了股东或股权关系，则须提供股权转让协议）；

俱乐部股东以货币出资的银行凭证（进账单）；

俱乐部股东以非货币出资的评估报告和资产转移凭证；

4. 俱乐部股东出资真实的公证书；

5. 俱乐部《企业法人营业执照》（注明俱乐部为有限责任公司或股份有限公司）；

6. 股东名册、董事名册、监事名册、总经理聘书；

7. 俱乐部公司第一次及近两年的股东会或股东大会决议（全体股东签名）；

俱乐部公司第一次及近两年的历次董事会决议（与会董事签名）；

俱乐部公司第一次及近两年的历次监事会决议（与会监事签名）；

8. 俱乐部工作部门设置及职能说明、部门负责人名单；

9. 上级党组织批准在俱乐部设立党的基层组织的文件；

俱乐部党组织机构负责人名单及全体党员名单；

10. 俱乐部一线球队、U19 球队、U17 球队、U15 球队名单；

会员协会出具的俱乐部拥有上述球队运动员技术资产所有权的证明；

俱乐部拥有上述球队运动员技术资产所有权的公证书；

11. 青少年运动员完成九年义务教育的证书、正在接受九年义务教育的学籍证明；

12. 俱乐部各线球队教练员名册、符合中国足球协会规定的执教资格证书；

13. 俱乐部基地平面图、场地、设施说明；

俱乐部基地土地使用权证、房产所有权证；

俱乐部拥有基地全部产权或控股权的公证书；

14. 俱乐部股东有偿冠名俱乐部、球队或做球队比赛服广告的协议；

俱乐部股东按照上述协议支付款项的银行凭证（进账单、注明冠名费或广告费）。

（二）中超委员会在 8 月 31 日前，到俱乐部进行实地检查。检查内容包括：

1. 复核俱乐部提交的上述文件的原件；

2. 检查俱乐部实际工作情况；

3. 检查俱乐部基地等设施。

（三）中超委员会在 9 月 30 日前，对俱乐部提交的上述文件及实地检查情况，向俱乐部提出书面通报，说明肯定方面，指出不足之处，提出改进意见。

（四）俱乐部在 10 月 31 日之前，依照中超委员会通报情况，向中超委员会提交改进报告和新的修改文件或补充资料。

（五）俱乐部在次年度的 1 月 31 日之前，向中超委员会出示下列资料的原件，并提交复印件：

1. 在上次提交后，俱乐部召开的股东会、董事会、监事会的决议（与会者签名）；

2. 俱乐部股东依照冠名俱乐部、球队或做球队比赛服广告的付款协议向俱乐部支付款项的银行进账单（进账单注明冠名费或广告费）、俱乐部出具的收据（注明冠名费或广告费）；

3. 依照《中超俱乐部执行企业会计制度的规定》的要求，提交俱乐部年度会计报告及资产负债表、利润表、现金流量表、资产负债表说明、利润表明细；

4. 法定审计机构出具的对上述俱乐部年度会计报告及所有附表的审计报告；

5. 俱乐部与体育场签订的体育场使用协议，协议期不少于三年；

体育场拥有的由中超委员会颁发的《中超体育场使用许可证》。

（六）中超委员会在 2 月 15 日之前，依照《中超足球俱乐部标准》对俱乐部提交的所有材料进行审核，写出审核报告提交中国足球协会主席会议，经主席会议复核后公布。

（七）经中国足球协会主席会议复核批准的俱乐部，如果其球队也在相关联赛中取得可以进入中超联赛的名次，该俱乐部获得加入中超联赛的资格。中超委员会向该俱乐部颁发中超俱乐部证书。

（八）依照中国足球协会、中超委员会的相关规定，办理中超俱乐部注册。

第十三条　进行年度审核的程序为：

（一）俱乐部在每年 1 月 31 日之前，向中超委员会出示下列资料的原件，并提交复印件：

1. 前一年度俱乐部召开的股东会、董事会、监事会的决议（与会者签名）；

2. 俱乐部股东有偿冠名俱乐部、球队或做球队比赛服广告的付款协议；

股东依照协议向俱乐部支付相关款项的银行进帐单（注明冠名费或广告费）；

俱乐部出具的收据（注明冠名费或广告费）；

3. 依照《中超俱乐部执行企业会计制度的规定》的要求，提交俱乐部年度会计报告及资产负债表、利润表、现金流量表、资产负债表说明、利润表明细；

4. 法定审计机构出具的对上述俱乐部年度会计报告及所有附表的审计报告；

5. 如原协议期满，俱乐部与体育场签订的新的体育场使用协议，协议期不少于三年；

体育场拥有的由中超委员会颁发的《中超体育场使用许可证》；

6. 其他被认为必要的资料或文件。

（二）中超委员会在 2 月 15 日之前，依照《中超足球俱乐部标准》对俱乐部提交的所有材料进行审核，中超委员会对审核结果予以书面批复。

（三）审核合格的俱乐部，依照中国足球协会、中超委员会的相关规定，办理俱乐部年度注册。审核不合格的俱乐部不能办理俱乐部年度注册。

第十四条　审核合格的俱乐部凭中超委员会核发的证明文件，于 2 月 20 日之前到中国足球协会在当地的会员协会办理注册。

第十五条　中超委员会在 2 月 28 日之前，为审核合格的中超俱乐部向中国足球协会统一办理注册。

第三章　俱乐部的组织管理

第十六条　俱乐部为企业法人，依照《中华人民共和国公司法》在工商管理部门正式登记为足球俱乐部有限责任公司或足球俱乐部股份有限公司，获得企业法人营业执照。

俱乐部应当能随时向中超委员会出示：

1. 政府或政府职能部门批准设立俱乐部公司的文件原件；

2. 工商部门颁发的企业法人营业执照原件；

3. 俱乐部章程。

第十七条 俱乐部股份有限公司应建立股东大会、董事会、监事会，俱乐部有限责任公司建立股东会、董事会、监事会，依照公司法明确职责。股东较少的俱乐部有限责任公司可不设股东会，其职责由董事会实行。俱乐部总经理由董事会聘任，明确职责，履行职能，对董事会负责。俱乐部应置备公司章程，载明相应的组织结构、职能；股东名册、董事名册、监事名册、总经理名册；总经理聘任合同。

第十八条 公司应建立股东大会或股东会、董事会民主决策，董事会、总经理规范执行，监事会有效监督的法人治理结构。

第十九条 股东以其出资或股权承担责任，并享有资产受益、重大决策、选择管理者的权利。

第二十条 股东资产所有权与俱乐部法人资产所有权分离，股东不能无偿占有或支配俱乐部的有形或无形资产。所有权与经营权分离，股东不能干预俱乐部经营活动。

第二十一条 俱乐部按照自身章程的规定，召开股东大会或股东会会议、董事会会议、监事会会议，形成完整、真实的会议记录，由与会者签名并存档。

第二十二条 俱乐部应设立独立的办公、财务、技术、经营等工作机构，聘用部门负责人和工作人员，实行独立的人事管理。俱乐部应有工作部门设置及部门职能的说明文件和俱乐部部门负责人名册及相关资料。

第二十三条 俱乐部要依照中国共产党章程建立党的基层组织，学习和落实党的各项方针政策，发挥党组织的先锋模范作用。

第四章　俱乐部的工作人员

第二十四条 俱乐部球队报名参赛必须符合下列要求：

（一）俱乐部及球队全称使用工商登记的俱乐部正式名称加球队（球队可单一冠名），简称由竞赛规程予以规范；

（二）必须报有领队、主教练员、助理教练员、守门员教练员、体能教练员、医生，并必须持有相应的资格证书，与俱乐部正式签订工作合同，完成注册；

（三）运动员必须与俱乐部正式签订中超委员会统一制作的工作合同，完成注册，体能测验达标，取得《足球运动员注册、转会、参赛资格登记证》；

（四）符合竞赛规程的其他规定。

第二十五条 俱乐部球队不得以任何理由在赛季中途退出中超联赛及中超联赛杯赛，中途退出的球队，将被没收全部联赛商务分成，必要时将追加罚款。

第二十六条　俱乐部必须拥有具全部产权的一支参加职业联赛的球队、一支 U19 球队、一支 U17 球队、一支 U15 球队。

第二十七条　俱乐部必须保证所有一队队员每年参加一次体检，体检应达到中国足协设定的最低标准内容。

第二十八条　俱乐部保证青少年运动员完成九年义务教育。

第二十九条　俱乐部的所有职业球员必须拥有与俱乐部的书面合同，该合同应符合中国足协球员注册和转会规定，并符合国家法律法规的规定。

第三十条　执教各级球队的教练员必须具备中国足球协会规定的教练员资格。

第三十一条　中国足球协会及其会员协会不得入股俱乐部，其工作人员不得在俱乐部任职或兼职。

第三十二条　俱乐部之间不得存在关联方关系。俱乐部及其股东、高层管理人员和亲属不得入股其他俱乐部，不得管理其他俱乐部事务，工作人员不得在其他俱乐部任职或兼职。

第五章　俱乐部的财务标准

第三十三条　俱乐部财务应符合：

1. 年度营业收入应在 3000 万元以上（不计球员转会收入）；

2. 俱乐部所有者权益 3000 万元以上；

3. 中甲俱乐部加入时：所有者权益 1500 万元，年营业收入（不计球员转会收入）1000 万元。

第三十四条　俱乐部必须遵守国家财务、税务制度，执行中国足球协会《关于职业足球俱乐部执行“企业会计制度”的规定》，接受法定机构的审计，按时向中超委员会提交会计报告和审计报告。

第三十五条　俱乐部应当于每年的每个季度的首月向中超委员会提供：

1. 符合《关于中超足球俱乐部执行“企业会计制度”的规定》要求的俱乐部会计报告（包括资产负债表、利润表、现金流量表、附注）；

2. 附注中包括资产负债表说明、利润表明细；

3. 一线球队工资奖金总额不超过俱乐部年经营收入（含球员转会收入）55%的说明；

4. 一线球队工资奖金签收表；

5. 俱乐部用于青少年球队经费的说明；

6. 提供审计报告的会计师事务所证书及年检合格凭证；

必要时，由中超委员会指定会计师事务所审计。

第三十六条 俱乐部遵守中超委员会统一制定的工资奖金管理规定；

第三十七条 俱乐部每年用于青少年球队的经费不少于本俱乐部当年总收入的10%；

第三十八条 俱乐部不得连续三年亏损，在申请加入中超联赛的当年度必须盈利。

第三十九条 俱乐部的股东冠名本俱乐部或球队时，应参照市场价格与俱乐部签订冠名协议并支付冠名费。如股东冠名费超出市场价格最高值的20%时，仍计入主营业务收入，但超出20%的部分不列入上述工资奖金比率计算的基数。

第四十条 对中超足球俱乐部国内教练员、运动员实行最高工资限额。国内教练员、运动员年度税前工资最高为100万元人民币。如需对该最高工资限额进行调整时，由中超委员会统一做出决定。

第四十一条 对中超足球俱乐部比赛奖金实行每分最高限额。在中超联赛中，平均每积1分，税前最高奖金额为全队20万元人民币。中超联赛杯赛和中国足球协会杯赛的比赛奖金，不能超过中超联赛的标准。俱乐部在年度财务决算盈利时，可视球队成绩额外予以教练员、运动员适当奖励，但必须以书面形式向中超委员会财务部门如实申报备案。

第四十二条 中超足球俱乐部必须使用中超委员会统一制作的合同文本，与一线球队的教练员、运动员签订唯一的工作合同，并按规定交报中超委员会注册管理部门审核备案。如有补充协议，必须做为该合同不可分割的组成部分同时交报。

第四十三条 中超足球俱乐部与教练员、运动员签订的工作合同中，除工资奖金外，不得再有其他任何名义的补贴和额外报酬。合同中规定的工资奖金额必须是税前的数额，其中应交纳的个人收入所得税由俱乐部按照国家相关规定，从合同金额中代扣代缴。

第四十四条 如中超足球俱乐部此前与教练员、运动员签订的工作合同与本文要求不一致且尚未到期，可继续执行到合同期满，或由俱乐部与签约教练员、运动员通过协商妥善处置。凡俱乐部与教练员、运动员签订新的工资合同，都必须无条件执行本文规定。

第四十五条 俱乐部必须按照工作合同规定，按时向教练员、运动员发放工资、奖金。无论任何理由，俱乐部都不得拖欠教练员、运动员工资奖金达三个月以上。

第四十六条 俱乐部在每一季度后的一个月内，必须向中超委员会财务部门交报上季度执行本规定的报告，并同时交报一线球队季度内各月工资奖金发放签收表。报告及表格都应由俱乐部董事长、总经理、财务主管及经手财务人员签名，并加盖俱乐部公章。

第四十七条 中超委员会设立专门机构或通过财务工作联席会形式，对各俱乐部执行本规定的情况进行检查和监督，并有权定期或不定期对俱乐部进行专项抽查。

第四十八条 俱乐部违反本规定，由专门机构或通过财务工作联席会做出处理，报中超委员会主任批准执行。重大处理由主任召集常委会会议（或以通讯的方式进行）批准执行。

第六章　俱乐部的会计准则

第四十九条　俱乐部是具有企业法人资格并实行现代企业制度的俱乐部公司，在尚未制定统一的职业足球俱乐部会计制度的情况下，执行国家最新颁发的《企业会计制度》。

第五十条　俱乐部应当同时按照《中超会计制度》记账。

第五十一条　职业足球运动员是足球技术的载体，在无形资产科目下设“球员技术”，并以运动员名称进行明细核算。

第五十二条　因审核俱乐部参加中超联赛的资格而必须时，应中超委员会的要求，俱乐部应在年度终了一个月内，提供年度财务会计报告。

第五十三条　依照《企业会计制度》规定，俱乐部年度财务会计报告由会计报表、会计报表附注、财务情况说明书组成，并依照《企业会计制度——会计科目和会计报表》及本规定的要求编制。

第五十四条　俱乐部向中超委员会提供的年度财务会计报告，由俱乐部加盖公章，由俱乐部会计机构负责人（会计主管人员）、主管会计工作的俱乐部负责人、总经理、俱乐部法定代表人签名并盖章。如俱乐部设置总会计师，则总会计师也应签名盖章。

第五十五条　俱乐部拥有实质控制权的各种经营公司、广告公司、基地、足球学校等，应编制合并会计报表。

第五十六条　会计师事务所依照《企业会计制度》及本规定对俱乐部财务会计报告进行审计并出具审计报告，说明俱乐部的财务会计报告是否真实、完整，是否符合相关制度和规定，是否存在其他问题等，因科目混淆或记帐错误而未能真实反映财务状况的应予调整。审计报告由会计师事务所盖章，并由两名或两名以上注册会计师签名盖章，注明报告出具日期。

第五十七条　俱乐部在向中超委员会提供年度财务会计报告和审计报告的同时，提供承担审计的会计师事务所的营业执照及年检合格凭证。

第七章　俱乐部的设施

第一节　体育场

第五十八条　参赛俱乐部的主场城市和体育场，由俱乐部在其注册的会员协会管辖区域范围内选择，并须得到注册会员协会和当地政府的批准，体育场必须符合中超联赛规定的标准。

俱乐部选择确定的主场城市和体育场，应在联赛开始前60天，由注册会员协会和俱乐部共同向中超委员会书面申报。申报时应提交下列文件：

（一）选择的城市和体育场、备用体育场的说明；

（二）由注册会员协会出具的，同意俱乐部在该城市和体育场设立主场并承诺遵守本办法的文件；

（三）由体育场及备用体育场出具的，同意俱乐部使用赛场并承诺保证提供无广告场地的文件，依照《中超体育场使用许可证申请和颁发办法》提交的申请书；

（四）体育场、备用体育场拥有的由中超委员会颁发的《中超联赛体育场使用许可证》；

（五）由当地公安部门出具的，保证按照公安部有关文件和中超联赛赛区安全秩序管理规定进行管理的承诺文件；

（六）当地政府出具的，同意俱乐部设立主场的批准文件。

第五十九条　如俱乐部选择的体育场及备用体育场尚未取得中超委员会颁发的《中超联赛体育场使用许可证》，则必须提供由建筑质检部门出具的体育场建筑质量合格证明文件、公安部门出具的体育场安全设施合格的证明文件、消防部门出具的消防设施合格的证明文件，并由中超委员会派出检查组，依照《中超体育场标准》对体育场进行检查。检查合格后，颁发《中超联赛体育场使用许可证》。

第六十条　如俱乐部在联赛开始前 30 天，未能选择并申报主场城市和体育场或申报未获批准，则必须在中超委员会指定的城市和体育场设立主场和赛区。

第六十一条　中超体育场规模

（一）举行中超联赛的体育场应拥有 30,000 个以上的固定观众席位；

（二）如体育场达到本标准的其他要求，仅固定观众席位数量未达规定标准，而在其注册区域内，又确无其他体育场可以选择，在向中超委员会申报并获批准后，可使用有不少于 20,000 固定席位的体育场，但以 3 年为限。

第六十二条　体育场交通环境和设施

（一）体育场距民用机场的汽车行程应在 2 小时以内；

（二）体育场周边有便利的公共交通设施，以保障观众前往观看比赛；

（三）体育场外围有四个以上的宽敞通道，保障人员和车辆迅速疏散；

（四）体育场及周边有宽阔的便于疏散的停车场，并根据需要划分成不同的区域：

（五）消防车、救护车、警车，必须停放在体育场内及便于调用的位置，并保障道路通畅；

（六）球队、裁判员车辆，必须停放在安全便利的位置，并保障其不受干扰的抵离体育场；

（七）联赛官员车辆，停放在其工作入口附近；

（八）记者车辆，停放在记者入口附近；

（九）电视转播车辆，停放在专门的便利位置；

（十）主席台首长车辆、贵宾席客人车辆，停放在主席台、贵宾席入口附近；

（十一）残疾人车辆，停放在残疾观众专席附近，轮椅可进入场内专席；

（十二）观众车辆，停放在体育场周边停车区域；

（十三）客队球迷车辆，必须单独停放在既安全又便于撤离的位置。

第六十三条　体育场安全状况和设施

（一）体育场整体建筑特别是观众席建筑，必须经过建筑质量检查部门鉴定，并出具建筑结构符合安全标准的鉴定书；

（二）体育场必须具备公安部门认可的消防条件和设施，并由公安消防部门出具书面证明；

（三）体育场必须具备公安部门认可的安保条件和设施，并由公安部门出具书面证明；

（四）体育场应装备电视监控系统，监控范围覆盖体育场场内及体育场外周边区域；

（五）体育场观众席及边缘不得安装电源明线，观众席下如有出租房间、店面等，在比赛当日必须接受公安部门的检查，并由专人负责，禁止在比赛及观众聚集期间用电、用气、用火；

（六）体育场外围应设栏杆或围墙，有多处进出门口，以便凭此进行第一次验票和一般性安全检查；

（七）观众席入口处，设置适合需要数量的验票门，以便严格验票和进行安全检查；

（八）观众席必须有安全、便利、宽敞、无障碍的进出通道，有充足的照明设施，有鲜明的指示标记；

（九）观众席有清楚的区域划分、牌号、座位号，观众席位为独立、固定、有靠背的座椅，靠背高度不低于 30 厘米，座椅材料必须耐火、阻燃、不易折断；

（十）比赛场安全、封闭，观众席与比赛场之间须有可靠的隔离设施，确保观众和与比赛无关的人员不能随意进入比赛场；

（十一）观众席与比赛场之间的隔离实施，必须设置足够数量的开口，开口的门可向场内开启，比赛时安排专门人员看管，严紧上锁；

（十二）球队、裁判员、联赛官员必须有与观众隔离的活动区域和通道，球队、裁判员进出比赛场的通道口，应设置可向场内伸缩的防护通道或地下通道，通道地面应做防滑处理；

（十三）体育场应设有安全舒适、视野良好的残疾人观赛专席，设置无障碍通道、洗手间等，并提供相应的服务；

（十四）体育场必须设置为观众服务的医务室和急救设施，并安排相应的医务人员。

第六十四条　体育场比赛设施

（一）球场

1. 规格：长 105 米，宽 68 米；

2. 草皮：平整、完好、茂盛的天然草皮，精心修剪，草高 3~4 厘米，绿期3月中旬—11月底；

3. 场线：宽 12 厘米，白色涂料，规范、完整、清晰，场线外应延续不少于 1.5 米宽的草皮；

4. 球门：门柱为白色，直径 12 厘米，两立柱内缘间距离 732 厘米，横柱下缘与地面间距离 244 厘米；

5. 球网：白色，严密、完好，用尼龙或其他允许的材料制作，网与门柱和地面严紧连接固定，球网后上部两端充分拉起，保证球门内必要空间；

6. 角旗： 4 面，杆高不低于 150 厘米，平顶；

7. 摄影区：球场球门线外的广告板后区域；

8. 周边：无影响比赛的障碍，无可能伤害运动员的设施。

（二）上下水设施

1. 设备良好的喷灌设施，保障经常和随时的草皮洒水需要；

2. 设备良好的排水设施，保障雨季比赛排水需要。

（三）计分牌

设置电子计分牌，最好设有大型电视荧屏。

（四）照明和电源

1. 拥有良好的照明系统，保证晚间及阴暗天气比赛需要，照明灯光 1500LUX 以上；

2. 体育场必须有两套彼此独立并自动切换的供电系统，保障比赛及体育场所有区域供电需要。

（五）广播系统

1. 体育场设置广播系统中心，其位于或靠近体育场控制中心，可以通观全场；

2. 播音设施良好，音质清晰，覆盖全场。

（六）旗杆

旗杆 1 杆，用于升国旗。

（七）裁判席

1. 裁判席设置于场外的中线延长处，备置 1 桌 2 椅，备换人牌；

2. 裁判席设有用坚固、透明材料制作的防护棚，设置稳定、牢靠，可抵御风雨和投掷物；

（八）球队替补席、指挥区

1. 球队替补席设置于裁判席两侧平行处，备置 14 个靠背席位（必要时应可增置到 20 个席位）；

2. 替补席设有用坚固、透明材料制作的防护棚，设置稳定、牢靠，可抵御风雨和投掷物；

3. 替补席处按《足球竞赛规则》的规定画出指挥区。

（九）医务席

1. 备两副担架，分设于裁判席与两队替补席之间稍后位置，每担架 4 名担架员，统一着装；

2. 救护车位于方便的通道口附近，车上安排医务人员。

第六十五条　体育场广告设置

（一）体育场必须承诺在举行中超联赛时，提供无广告场地，并签订协议确认；

（二）广告板应按相关要求设置；

（三）体育场内和观众席，不得出现其他的广告、变相广告、具有商业性质的展示物等；

（四）体育场提供存储广告设施的便利；

（五）满足其他中超商务的相关要求。

第六十六条　工作席位设置

（一）监督席

设置于主席台前排边侧。

（二）竞赛席

根据国际足联通行做法，为保证内场的干净整洁，比赛场内不另设竞赛席，应由赛区一名赛区工作人员与第四官员一起就座裁判席，并配备无线通讯设备，以便及时与竞赛、安保、新闻、体育场、比赛监督等部门沟通。

（三）技术调研员、信息员席

设置于主席台上或更便于观察全场的适当位置，3 席位，备留电源、电话、电视、互联网接口。

（四）安保指挥席

按当地公安部门要求，协商设置。

（五）文字记者席

1. 设置于主席台、贵宾席一侧的良好位置，与观众席有效隔离；座位不少于 100 个，其中 20 个以上，配置条形桌，并配备电源、互联网、电视接口，配置适当数量的电视接收机；

2. 有连接记者工作室、新闻发布厅的便利通道。

（五）广播电视评论席

设置于可通览全场，与观众席有效隔离的良好位置或房间，备留电源、电话、互联网、电视接口。

第六十七条　体育场休息室

（一）球队休息室

1. 球队休息室间，每间 60 平方米以上，供主客队分别使用；

2. 清洁、通风，配置冷暖空调、电话、挂衣架，设有卫生间、洗浴设施、防滑地面；

3. 置备坐椅 3 0 把、大平桌 1 张、战术演示板及书写用具、按摩床、冰箱及比赛饮料等；

4. 有与观众隔离的连接比赛场、停车位的便利通道。

（二）裁判员休息室

1. 与球队休息室有适当距离间隔，30 平方米以上；

2. 清洁、通风，配置冷暖空调、电话，设有卫生间、洗浴设施、防滑地面；

3. 置备坐椅 6 把、小平桌 1 张、书写板及书写用具、按摩床、冰箱及比赛饮料等；

4. 置备裁判旗 2 面、换人牌、计时表、气筒、气压表、台秤、比赛球等；

5. 有与观众隔离的连接比赛场、停车位的便利通道。

第六十八条　主席台、贵宾席及主席台、贵宾席休息室

（一）主席台、贵宾席

1. 可分别设立，也可统一设立；

2. 主席台席位及设施由赛区自行确定；

3. 贵宾席主要为赞助商及其他贵宾提供，设置于主席台相似的最佳区域，50 席以上，最好配置适当数量的电视显示屏；

（二）主席台、贵宾席休息室

1. 可分别设立，也可统一设立；

2. 主席台休息室布置由赛区自行确定；

3. 贵宾席休息室 60 平方米以上，置备相适应数量的沙发、茶几，安装电话、电视，提供糕点、饮料（包括热茶、咖啡）等。

第六十九条　工作保障间及设施

（一）竞赛工作室

1.15 平方米以上，设有卫生间，置备桌椅、国内长途电话、传真机、复印机、电视机、联网电脑。

（二）兴奋剂检测工作室

1. 检测工作室设候检区和采样卫生间，并只设一个出入口；

2. 采样室置备冰箱 1 台、电视机 1 台、桌子 2 张、椅子 6 把，提供密封的矿泉水或罐装水果汁（不得含有酒精、咖啡因）；

3. 检测采样室应有保安人员时刻守护，除受检运动员、有关工作人员外，其他人不得入内。

第七十条　新闻中心

（一）新闻发布厅

1.150 平方米以上，整洁、明亮；

2. 厅内预留背景板位置，背景板前平排设置 5 各新闻发布席位，迎面设置 50 个以上记者席位，记者席后用隔离护带隔开，设置 5 台以上电视摄像机位，备留多处电源；

3. 厅内安装若干处传声、录音设备，准备机动使用的隔离护带。

（二）记者休息室

1.50 平方米以上，与新闻发布厅连接或位于其附近；

2. 设置适当数量桌椅，配置上网电脑、打印机，备留电源；

3. 提供电话、传真等服务，提供免费饮料。

第七十一条　安保工作室（安保指挥中心）

（一）位置、面积、设施由等与当地公安部门确定，并保障下列条件：

（二）面积在 60 平方米以上，视野开阔，光线良好，备洗手间；

（三）备有电话、电视、冷暖空调、桌椅；

（四）可使用电视监控系统、现场广播系统。

第七十二条　体育场内部联络

（一）体育场设置内部电话交换台；

（二）在下列各处设置内部电话，并备有内部电话号码簿；

（三）竞赛工作室、比赛监督席、场长室、场地工作室、大屏幕控制室；

（四）球队休息室、裁判员休息室、兴奋剂检测室；

（五）安保指挥中心、广播中心、新闻中心、医务室；

（六）主席台休息室、贵宾席休息室。

第七十三条　体育场其他设施

（一）体育场指示标志

体育场各入口处，设置体育场功能区分、观众席区分、主要设施、公用设施、功能用房的中英文示意图板；路口、岔口设置指路标志，各主要设施、公用设施等设置醒目的识别标志。

（二）训练场

1. 俱乐部必须拥有具备全部产权或控股权或不少于十年使用权的训练基地。基地须有球队生活、学习、训练设施，建有 4 块以上标准草坪训练场，其中一块场地配置可进行晚间训练的简易灯光；

2. 基地平面图、设施明细资料；

3. 实地对照检查；

4. 俱乐部拥有全部产权的，提供俱乐部名下的基地土地使用权证、基地房屋所有权证；

5. 俱乐部控股的，提供基地公司验资报告（载明俱乐部出资 50% 以上）、基地公司名下的基地土地使用权证、基地房屋所有权证；

6. 俱乐部拥有基地十年以上使用权的，提供俱乐部与基地所有者签订的使用协议原件、对方持有的基地土地使用权证原件、基地房屋所有权证原件。

第七十四条　俱乐部使用的比赛体育场，必须符合《中超体育场标准》的规定。俱乐部应与体育场签订 3 年以上的使用协议。

1. 该体育场的中超体育场使用许可证；

2. 体育场平面图、设施明细资料、实地对照检查；

3. 建筑质量检查合格证明、消防检查合格证明、安保设施检查合格证明；

4. 俱乐部与体育场签订的 3 年以上使用协议。

第八章　俱乐部的转让

第一节　俱乐部产权转让形式和受让条件

第七十五条　俱乐部产权转让包括下列三种形式：

（一）次要产权转让，即：部分产权转让，该转让不会使主要股东发生变更；

（二）主要产权转让，即：部分产权转让，该转让将会使主要股东发生变更；

（三）全部产权转让。

主要产权转让或全部产权转让，至少包括一线球队，且原报名的国内运动员人数不得少于 22 名。不符合该要求的转让，不能继续取得参加中超联赛的资格。

第七十六条　受让方必须具备下列条件：

（一）在国家各级工商管理部门登记的企业法人；

（二）营业三年以上，财务状况良好，具备接受转让的资本能力，其中所有者权益为受让产权资本额的 500%以上；

（三）无严重的违法经营记录；

（四）保证遵守并落实《中超足球俱乐部标准》，承认中超委员会的各项规定。

第二节　次要产权转让

第七十七条　俱乐部进行次要产权转让时，不必向中超委员会申请。但在转让完成后，必须及时向中超委员会备案，备案时应提供下列文件：

（一）产权转让说明（包括转让原因、转让的股东名称、转让的额度和所占比例、受让方名称、受让方资产状况、受让方与其他俱乐部及其股东之间不存在股权关系等）；

（二）产权转让协议；

（三）受让方出资到位的银行进账单（或资产转移凭证）、公证书。

第三节　主要产权转让或全部产权转让

第七十八条　俱乐部进行主要产权或全部产权转让时，俱乐部必须事先向中超委员会提出书面申请。申请报告应包括下列内容：

（一）产权转让原因；

（二）产权转让范围、转让产权价值额、转入产权占俱乐部产权的比例；

（三）受让方名称；

（四）提供下列附件：

1. 俱乐部验资报告原件或经公证的复印件；

2. 转让范围内的一线球队运动员名册；

3. 债权债务说明；

4. 已了解受让方及股东未在其他足球俱乐部及其股东企业拥有股权，也未有交叉经营或管理的说明和保证；

5. 俱乐部注册的中国足球协会会员协会同意俱乐部进行产权转让的文件及必要说明。

第七十九条　受让方也必须同时向中超委员会提出接受俱乐部产权转让的书面申请。申请报告应包括下列内容：

（一）受让方名称、产业类别、组织形式；

（二）受让目的说明；

（三）申请受让主要产权或全部产权的范围说明（包括受让的一线球队运动员名册）；

（四）保证遵守并落实《中超足球俱乐部标准》及相关规定，接受相关的检查；

（五）保证三年内不进行产权转让；

（六）资产状况说明；

（七）提供下列附件：

1. 受让方企业法人营业执照原件或经公证的复印件；

2. 受让方资产状况说明、验资报告（必须包括：股东出资情况表、银行进账单、银行查询单、非货币资产转移凭证、股东出资证明、净资产检验表、投资检验表）原件或经公证的复印件；

3. 受让方最近三年的会计报告、资产负债表、利润表、现金流量表、该三年审计报告原件或经公证的复印件；

4. 受让方股东名单、受让方及其股东在其他企业投资及所占比例的说明、受让方及其股东未在其他俱乐部及其股东企业拥有股权或已将股权清理的说明及保证、受让方及其股东未与其他俱乐部及其股东企业存在交叉经营或管理的说明及保证，该三项说明及保证均须受让方法人代表和全体股东签名、盖章；

5. 受让方所在地的中国足球协会会员协会同意受让方接受产权转让的文件、该会员协会对俱乐部上述三项说明和保证的担保文件。

第八十条　中超委员会接到俱乐部产权转让的书面申请和受让方接受俱乐部产权转让的

书面申请及符合第五条、第六条要求的全部文件后，在五个工作日内予以审核确认。必要时，组成审核小组或委托权威机构调查后予以确认。如不被确认，予以退回。如被确认，从确认后的第一个工作日起，由中超委员会向各中超、中甲、中乙俱乐部或社会相关方面发布该产权转让申请的公告，公告期为三十天。

第八十一条 在公告期内，转让方被提起的债权债务纠纷，必须在公告期结束后的三十天内解决，并必须将双方解决纠纷的书面文件、财务凭证、公证书报到中超委员会。在公告期内或任何时间，受让方及其股东被披露隐瞒了在其他俱乐部及其股东企业拥有的股权或交叉经营或管理的情况，将由中超委员会负责组成调查组或委托社会权威机构进行调查。情况复杂或反映强烈的，其调查结果将被提交到中超委员会常务委员会或全体委员会审议。

第八十二条 公告期结束或审议通过，确认转让方无债权债务纠纷或已解决纠纷，受让方无股权或交叉管理异议后，中超委员会予以转让方、受让方同意进行产权转让的书面批复，并抄送原俱乐部注册的会员协会和相关的会员协会。转让方和受让方在接到该批复后，方可进行产权转让。任何未经上述程序批复的转让，均不能得到中超委员会的承认，转让后也不能取得中超资格。

第八十三条 产权转让至少遵循下列要求：

（一）转让方与受让方签订转让协议；

（二）转让过程遵守国家有关法律、法规和政策；

（三）在法定的产权交割机构完成转让，或由公证处对转让进行公证。

第八十四条 产权转让完成，并在国家相应级别的工商行政管理部门登记后，受让方必须向中超委员会提交申请审核的书面报告，并提供新俱乐部的下列资料：

（一）资产转让协议、产权转让的交割文件或产权转让的公证书；

（二）俱乐部章程；

（三）企业法人营业执照；

（四）新的验资报告；

（五）股东名单及出资说明；

（六）股东出资来源合法的公证书；

（七）第一届股东会或股东大会的决议、第一届董事会决议、第一届监事会决议；

（八）董事名单和董事长名单、监事名单和监事会负责人名单；

（九）总经理聘任文件、总经理名单；

（十）俱乐部办公机构设置及职能说明；

（十一）俱乐部球队设置说明、俱乐部一线球队、U19、U17、U15 球队名册；

（十二）俱乐部拥有上述各线球队全部所有权的公证书；

（十三）俱乐部梯队青少年运动员完成或正在进行九年义务教育的有效证明文件；

（十四）俱乐部基地情况说明、俱乐部拥有基地土地使用权和房产权的证明文件；

（十五）俱乐部拥有基地全部产权或控股权的公证书；

（十六）俱乐部建有中国共产党基层组织的文件；

（十七）俱乐部及球队名称符合本文规定的说明；

（十八）股东有偿冠名俱乐部或球队的协议（股东未冠名的无需提供）；

（十九）俱乐部及股东未入股其他俱乐部，其他俱乐部及其股东也未入股本俱乐部及本俱乐部股东企业，本俱乐部及股东未参与其他俱乐部管理，其他俱乐部及其股东也未参与本俱乐部管理的书面保证；

（二十）俱乐部所在地区的中国足球协会会员协会对上述保证的担保文件。

第八十五条　中超委员会在接到受让方申请对产权转让进行审核的书面报告后，应在五个工作日内完成初审。如果交报材料不全或不明确，则在补齐材料或明确说明后五个工作日内完成初审。并在随后两个工作日内，将初审报告呈报委员会主任。如中超委员会对交报材料存在疑问，有权对此进行任何必要的调查，完成初审的日期将随之推移。

第八十六条　中超委员会主任召集常务委员会或全体委员会对该转让进行最后审核。审核结束后，由中超委员会负责将审核结果，书面通知转让方、受让方和有关会员协会。如转让被批准，转入后的俱乐部依照第十六条的规定在中超委员会进行注册。如转让未被批准，则转让后的俱乐部不能在中超委员会办理注册。

第八十七条　受让方或已完成转让的俱乐部，在转让过程中或注册前后的任何时间，被发现隐瞒或发生严重违背上述相关规定的事实或行为，中超委员会将通过规定程序，责令停止转让或取消该俱乐部的中超资格。涉及保证责任的原俱乐部或股东，将受到中超委员会的公开谴责。涉及担保责任的中国足球协会会员协会将受到中超委员会在其权力范围内的制裁。

第四节　产权转让与俱乐部及球队名称

第八十八条　产权转让后，俱乐部及球队名称必须符合下列要求：

（一）转让前俱乐部为中性名称（不含股东企业名称、商品名称或品牌等）的，转让后不能对其名称进行变更；

（二）转让前俱乐部为非中性名称（含股东企业名称、商品名称或品牌等）的，可以在工商登记和在中超委员会注册时变更，但只能变更为中性名称（即不含股东企业名称、商品名称或品牌等），在中超委员会完成注册前，不能在足球活动中使用新的名称；

（三）转让后俱乐部进行工商登记的地域发生根本变化，其名称遵从上述规定，只能对其名称前的属地进行变更；

（四）俱乐部的球队可以冠名，但球队名称除带有俱乐部名称外只能再冠有一个名称，冠名中不能出现商品或服务类别的称呼；

（五）俱乐部的球队未有冠名时，经向中超委员会申请并批准后可以冠名，已冠名的球队在同一年度的中超联赛和其他比赛中不得变更名称；

（六）俱乐部或球队的冠名单位无论是否俱乐部股东，都必须与俱乐部签订球队有偿冠名的协议，并按协议支付款项。

第五节　产权转让后的注册

第八十九条　产权转入后的新俱乐部注册：

（一）在新年度注册时，持中超委员会出具的产权转让审核批准通知书和相关注册材料，依照有关规定向当地的中国足球协会会员协会进行注册，然后经中超委员会向中国足球协会进行注册或变更注册；

（二）在新的注册完成之后，俱乐部可以对其在中超委员会中的委员人选进行调整，可以正式使用符合第十五条规定的俱乐部名称、球队名称。

第九章　球场秩序

第九十条　俱乐部应加强对球迷组织的指导和管理，自觉遵守比赛纪律，维护赛场秩序。既要为主队加油助威，热情友好地欢迎客队，又要公正对待裁判员，冷静对待他们可能的失误，“理智对输赢”。使他们成为赛区精神文明建设的基本力量。

主动与公安部门密切合作，加强组织领导，制定周密的安全保卫工作方案，精心组织，严密部署，确保落实。

第九十一条　观众入场时要严格验票，严禁无票或持假票、废票等入场，防止出现涨台情况，确保体育场观众席的安全容量。

第九十二条　赛场区内不能安排军乐队、锣鼓队等。该类助威性队伍可以在观众席上安排特定位置。

第九十三条　无论是在赛前还是在中场休息时或比赛进行中，都要采取切实措施，严格进行入场检查，严禁观众将危险物品、各种软硬封口包装饮料、杂物及可能破坏赛场秩序的不文明、不健康甚至有侮辱或谩骂性的旗帜、标语等带上看台。

第九十四条　坚决禁止观众向赛场内投掷饮料瓶、杂物及可能干扰比赛或伤及人身的任何物品。

第九十五条　坚决禁止观众擅自或强行进入比赛场地。

第九十六条　坚决禁止观众围堵、攻击裁判员、运动员和赛场工作人员及以上人员所乘车辆。

第九十七条　坚决禁止观众之间相互攻击的暴力行为。有组织的球迷赴客场观看比赛，需在比赛五天前向当地赛区组委会申报，并签署《赴客场观看比赛责任书》和填报《赴客场观看比赛登记表》，此表应包括球迷团队的人数、负责人、联系方式、行程计划等信息，出发地赛区委员会应将登记表报比赛地赛区组委会，并报中国足球协会备案。

第九十八条　比赛地赛区组委会，接到有关信息后，向赛区安保组通报有关情况，并负责与球迷团队负责人及主场俱乐部联系，协助客队球迷团预订球票。

第九十九条　主场俱乐部需预留 8%的可售门票用于客队球迷，此球票所在区域应便于安保管理。

严禁将预留给客队球迷的球票出售，严禁将此区域的球票出售给非客队球迷。

第一百条　如赴客场球迷团队人数较多，建议当地赛区组委会派 1~2 名协会人员或公安人员（以下简称：随队安全员）随球迷团队赴赛区；

随队安全员应与球迷乘坐同一种交通工具一同赴赛区；

随队安全员出发前应将其联系手机号码报比赛双方球队所在赛区委员会备案，并保证正常开机。

第一百〇一条　随队安全员每次执行完任务后应向派出方赛区委员会进行工作汇报，并向比赛地赛区委员会通报有关情况，如出现问题应通过派出赛区委员会向中国足球协会提交书面报告。

第十章　公平竞赛

第一百〇二条　确定每俱乐部队在中超联赛及中超杯赛中的公平竞赛原始积分为 200 分，依照本办法的规定，对每队在中超联赛及中超杯赛中的表现实行加分和减分。赛季结束后，按照各队公平竞赛的最后积分，排定公平竞赛名次。

第一百〇三条　比赛黄牌、红牌、停赛的减分：

（一）黄牌减分：每张黄牌减 1 分。

在同一场比赛中，同一名运动员因累计两张黄牌而被出示红牌则按红牌减分；

在同一场比赛中，同一名运动员已有一张黄牌，后又被直接出示红牌，则按一张黄牌和一张红牌减分。

（二）红牌减分：每张红牌减 3 分。

（三）停赛减分：每人每被停赛一场减 2 分，该停赛包括红牌自然停赛、黄牌累计自然停赛、被纪律处罚停赛。处罚期超过当赛季的部分，在当赛季减分。

（四）教练员、工作人员被裁判员罚出赛场，按红牌减分。被纪律处罚停止指挥比赛资格或比赛工作，按照运动员停赛减分。

第一百〇四条 关键比赛的加分和减分：

在中超联赛中，直接决定或影响中超联赛冠军归属、降级结果的比赛为关键比赛。在关键比赛中，由中超委员会竞赛部门酌情给予不超过50分的加减分。

第一百〇五条 赛季结束，公平竞赛积分第一的俱乐部队获得“公平竞赛最佳球队”荣誉，颁发奖杯和证书；公平竞赛积分第二和第三的俱乐部队获得“公平竞赛优秀球队”荣誉，颁发奖杯和证书。如俱乐部队公平竞赛积分虽排列前三名，但在赛季中曾受到严重违纪处罚，不能参加评选，其空额按公平竞赛积分排列顺序递补。

第一百〇六条 在全赛季比赛中，无黄牌、红牌，未受纪律处罚，且在中超联赛中出场时间达到或超过本赛季全部比赛时间50%的运动员，获得“公平竞赛优秀运动员”，颁发奖杯和证书。

第十一章 俱乐部的商务开发

第一百〇七条 中国足球协会对中超联赛的名称、形象设计、整体赞助广告开发、电视及广播版权、其他知识产权和版权等拥有最初所有权。中国足球协会在明确其授权保证金额的基础上，授权中超委员会对中超资源进行管理。

第一百〇八条 中超委员会协议授权中超公司或社会其他公司统一推广开发中超联赛杯名、整体赛场广告、电视版权、形象设计及其他知识产权等，其收入在扣除税费、代理费后，交付中超委员会。

第一百〇九条 中超委员会在受到的商务收入中，向中国足球协会上缴授权保证金，并在扣除联赛成本、赛区费用后，按照中超委员会制定的分配方案，向参赛俱乐部分配。

第一百一十条 各俱乐部主场的门票、赛场广告、俱乐部或球队冠名、队服广告、其他广告、俱乐部形象设计及其他知识产权等，由俱乐部自主经营。

第一百一十一条 为协调商务运作，保障各方及赞助商权益，中超委员会与俱乐部签订《中超联赛商务协议》，明确各方权利、责任和义务，共同遵守。

俱乐部按照中超委员会制定的方案获得联赛商务分成，俱乐部主场比赛门票收入的2.5%上交主场中国足球协会会员协会，2.5%上交中国足球协会。俱乐部球队参加比赛的主场成本、客场交通食宿等费用自理。

第十二章　商务管理

第一节　中超联赛的商务管理体系

第一百一十二条　中超联赛商务管理体系由中国足球协会超级联赛委员会、中超联赛各赛区委员会、中超联赛有限责任公司各股东单位共同组成。

第一百一十三条　中国足球协会是中超商务管理体系的资源拥有者，有权对中超商务活动进行监督。

第一百一十四条　中超公司是中国足球协会在授权协议期内，中超联赛整体资源的经营、管理机构，代表所有参与中超公司的股东商务经济利益。

第一百一十五条　商务监督员是中超公司委派的中超比赛现场商务监督员。对中超联赛比赛现场商务落实情况做如实报告，并对中超联赛比赛现场商务落实情况做现场协调和监督。

第一百一十六条　中超的比赛监督是中超联赛当场比赛商务管理执行中的监督人，对《中超联赛比赛报告（商务权益落实情况报告）》等文件进行公正监督。

第一百一十七条　中超联赛冠名赞助商、指定赞助商、指定供应商、指定媒体合作伙伴有权就中超联赛商务权益落实情况向中超公司提出建议和投诉，中超公司有权利依据本规定做出处理规定，并将处理决定同胞公司各股东单位。对重大违反本规定的事件或本规定未尽事宜的，报中超公司董事会讨论后做出处理决定。

第一百一十八条　中超联赛冠名赞助商、赞助商、供应商、媒体合作伙伴由中超公司统一招商。赞助商及合作伙伴在其产品和服务类别范围内享有排他性的商务权益。

第二节　商务管理要求

第一百一十九条　名称的正确使用

（一）中超联赛以及冠名等要素组成的当年度中超联赛正式名称、简称及其对应英文，其所有权属于中国足球协会。未经中超公司书面许可，任何组织或个人不得以任何形式将这些称号用于商业目的，包括隐性市场行为。

（二）在授权范围内，中超公司有权要求中超联赛各赛区、参赛俱乐部、中超联赛赞助商、合作伙伴及俱乐部的赞助商、合作伙伴在与中超联赛相关的场合，正确使用中超联赛冠名的正式名称、简称及其对应英文和中超联赛标志、中超联赛合成标志、吉祥物、会歌。包括但不限于：应用于电视转播，网络转播，电台转播，平面媒体报道，各类公开或非公开发行的出版物等。

第一百二十条　中超联赛冠名权益的实施

（一）中国足球协会批准对当年度中超联赛统一冠名后，中超联赛各赛场不得以任何形式对中超联赛个别、部分或全部场次冠名，不得对中超联赛冠名横幅进行更改、增删或遮盖。

（二）中国足球协会根据中超联赛各俱乐部的比赛成绩负责统一制作并颁发各类奖项，制作冠名奖杯和冠名纪念杯。各俱乐部和赛区不得以任何形式对中超联赛个别、部分或全部场次进行颁奖或冠名各类奖项。

（三）中超联赛统一冠名后，俱乐部须在中超联赛的各场次比赛中，于体育场主席台上方正中和主席台对面观众席的正中明显位置悬挂中超联赛冠名条幅。冠名条幅的内容、质地、颜色、款式、尺寸等规格由中超公司另行制定下发。

（四）俱乐部应在比赛服的左袖上展示中超联赛标志。俱乐部须保证所有球员在出席采访、赛后新闻发布会和其他与联赛有直接关系的媒介活动是穿着带有中超联赛标志的比赛服（在天气情况允许的情况下）。

（五）中超联赛的拣球员在中超联赛比赛时应穿着由中超公司统一提供的带有冠名标志的拣球员服装。

（六）中超联赛的救护员在中超联赛比赛时统一穿着由中超公司统一提供的带有冠名赞助商标志的服装。

第一百二十一条　中超联赛赞助商产品和服务类别独家保护和排他性规定的实施

（一）中超公司每年就市场开发状况，向各参赛俱乐部通报中超联赛赞助商产品和服务类别排他性商务权益。

（二）赞助商独家权保护范围包括但不限于：中超联赛体育场控制范围内各类广告、服务、比赛中场活动、赛场商务宣传推广活动、新闻发布会背景板及电视转播及球票广告等。

第一百二十二条　中超联赛赛场场地权益的实施

（一）中超公司在中超联赛赛场进行统一发布的广告有：

1. 在主摄像机对面场地边线外侧 4 米，设 36 组（1 米高 ×3 米长）翻转广告设备；其中正中位置的 4 组翻转广告设备在全部比赛控制时间（赛前 90 分钟至赛后 30 分钟，以下简称："全部比赛控制时间"）展示中超冠名全称广告，其他 32 组翻转广告设备翻转展示中超联赛冠名赞助商和中超联赛指定赞助商广告和 2 个俱乐部赞助商广告。在两侧底线外侧 5 米，各设 20 组（1 米高 ×3 米长）翻转广告设备，翻转展示中超联赛冠名赞助商、指定赞助商和俱乐部赞助商的广告。广告展示的技术方案由中超公司拟定下发。

2. 在两侧球门后（翻转广告设备后）各设 6 块固定直角广告板，每块 6 米长、1.1 米高，共计 12 块。在全部比赛控制时间内展示中超联赛指定供应商和中超联赛媒体合作伙伴和 2 个俱乐部合作伙伴的广告。

3. 在主、客队替补席顶部（从左端至右端）和替补席内部中间位置（从左端至右端）设广告位置。在全部比赛控制时间内展示中超联赛冠名赞助商广告。

（二）在不影响竞赛规则的前提条件下，提供使用中超联赛各俱乐部主场的大屏幕影音设备，并播放中超公司统一提供的赞助商广告和中超联赛会歌，具体排序由中超公司拟定下发。

（三）在全部比赛控制时间内，除中超赞助商广告外，在比赛当日，不得在赛场内（包括围栏、观众席、体育场上空）展示除中超联赛场地布置要求以外任何形式的与比赛有关或无关的广告或变相广告（包括条幅、旗帜等），不能出现有悖国家法律或规定的文字和标识。

（四）如果在记分牌和包厢外檐上已设有广告或企业名称，并与当年度中超联赛商务开发中有关产品类别保护相冲突，俱乐部应保证在全部比赛控制时间内予以覆盖或撤除。

（五）俱乐部应保证在中超联赛比赛控制时间内不能展示与当年度中超联赛商务开发中有关产品类别保护内容相冲突的广告和企业名称的条幅、标语或旗帜。

第一百二十三条　中超联赛赛场广告设备的维护与保管

（一）中国足球协会自 2004 年赛季引进的法国时空旋转广告设备，是中超联赛的国有资产。赛区应加强对中超各赛场场馆方保管、存放广告设备的监督。俱乐部应建立广告板设备的管理制度，设专人专职负责广告板设备的管理操作，制定现场广告设备故障维修的预案。

（二）广告设备须在比赛前一天进行调试工作。赛前 15 小时应对电池进行充电，开赛前 5 小时应进行设备运转，比赛正式开始前半小时和比赛中场休息期间要认真检查充电电机的电源和电缆接口。

（三）对个别俱乐部经中超委员会批准，改变中超联赛主场的，应安排有资质的专业运输单位承担搬运业务。每次搬运后，俱乐部、场馆方和运输单位应及时共同验收广告设备和配件。

（四）广告画面基材必须采用符合旋转广告设备设计要求的特为强（美国杜邦公司生产的特为强 1073D），更换广告画面时必须安装新的子母扣，杜绝使用一切替代品。

（五）俱乐部应在比赛当日将广告设备的备用主机、控制器、电子眼、电池等配件运至体育场，以便发生意外故障时及时更换。

（六）俱乐部应每月对广告设备中的主机、控制器、电池等配件进行一次检查，每月应对电子眼进行一次擦洗，以确保广告设备的正常运转。

第一百二十四条　赞助商证件与赠票权益的实施

（一）俱乐部应在当年度比赛开赛前二十天向中超联赛赞助商及合作伙伴一次性提供本主场甲等球票套票（分场成册）、主席台请柬、主席台区域停车证和内场区域通行证。具体数量由中超公司依据当年度商务开发情况另行确定后通知。

（二）如中超联赛赞助商需求，俱乐部应向赞助商提供优惠价格的当场球票。

第一百二十五条　中超联赛赞助商地面推广活动权益的实施

在不影响训练和比赛的前提下，俱乐部（包括教练员和球员）应积极参与由中超公司举行的中超联赛赞助商和中超联赛媒体合作伙伴的推广活动。具体活动方案由中超公司另行通知。

第一百二十六条　中超联赛赞助商电视广告拍摄权益的实施

（一）在不影响俱乐部正常训练和比赛的前提条件下，俱乐部成员（包括教练员和球员）有义务参加中超联赛宣传片的拍摄活动。

（二）俱乐部成员（包括教练员和球员）有义务参加中超赞助商的电视广告和平面广告的拍摄活动。上述广告为五人以上（含五人）群体广告。

（三）俱乐部有义务与本俱乐部教练员和球员在工作（劳动）合同中签署中超公司有权利使用合同期内教练员、运动员的肖像等知识产权用于整体的市场商业推广的条款。

（四）俱乐部成员（包括教练员和球员）参加中超赞助商的电视广告和平面广告的拍摄活动而产生的相关交通和食宿费用由广告拍摄活动的主办方负责。

第一百二十七条　中超联赛新闻管理中的商务权益的实施

（一）俱乐部在中超联赛体育场的新闻发布会会场，布置和悬挂由中超公司制定的带有中超标识和当年度中超联赛冠名赞助商、指定赞助商标识的背景板。

（二）中超联赛每场比赛均要求进入赛场的各类记者穿着由中超公司统一提供带有冠名赞助商标志的工作服装在指定工作位置工作。

第一百二十八条　中超联赛的电视转播权益的实施

（一）经中超公司认可，俱乐部应配合赛区根据电视转播要求，为转播电视台一次性办理整个赛季 50 张电视转播工作证。

（二）俱乐部应配合赛区为转播电视台提供赛场停车证 3 张；在联赛前与转播电视台商定一块 2 至 3 个车位面积的转播车和卫星车指定停放位置。允许转播电视台的车辆在比赛开始前 5 小时至比赛结束后 1 小时内免费停放于体育场内或体育场外，保证摄像机电缆的通道畅通，并确保其通行权。

（三）俱乐部应配合赛区协调为转播电视台提供固定的、免费的转播机位 8 至 14 个和评论席 2 至 3 个。俱乐部不得将转播机位占用的观众席处的球票出售。

（四）赛区应指派工作人员与电视转播现场负责人沟通，并协助其完成电视转播的各项准备工作，以确保每场比赛能够顺利转播。

（五）赛区须保证每场比赛的双方上场队员和替补队员以及裁判员名单，在开赛前 30 分钟送达转播车。在上半场结束和全场结束时，将相关技术统计及时通报转播车工作人员。

（六）每场比赛结束，赛区应协助转播电视台安排主、客队各一位上场比赛的球员接受主播电视台的采访（客队先，主队后），采访时间在赛后3分钟开始，每位队员2分钟。保证主播电视台独家采访顺利完成。

（七）赛区应在赛后新闻发布会为主播电视台提供赛后直播的转播机位。

（八）俱乐部应与其主场体育场签订协议，要求体育场方免费向转播电视台提供设备所须的电源和用电；并达到以下使用要求：

比赛场馆电源配置（1辆转播车最低制作要求）；

转播车：三相四线电压380V，电流每相80A；

卫星车：单相电压220V，电流40A，功率7000W。

上述三部分电源必须分开并有各自控制开关，最好为双回路电源。

（九）俱乐部应确保主场体育场的场地灯光照明达到1200LUX以上，确保体育场灯光开放至比赛结束后10分钟。

第一百二十九条　中超联赛宣传物品的提供

（一）在当年度中超联赛新赛季开赛前60天，各参赛俱乐部须向中超公司提供本俱乐部全体教练员、运动员的（穿着本俱乐部注册运动服）标准彩色合照一张（提供电子文件），个人2寸免冠彩色标准运动装照片每人1张（提供电子文件），用于推广、宣传中超联赛及参赛俱乐部。

（二）在当年度中超联赛新赛季开赛前15天，各参赛俱乐部须向中超公司提供本俱乐部主客场短袖比赛服（上衣和短裤）各1件，队旗（2号）2面，俱乐部标志的电子版文件1份（Illustrator格式或CDR格式），用于推广、宣传中超联赛及参赛俱乐部。

第一百三十条　超联赛主场场地布置

（一）中超联赛赛事主会标横幅形式为中超联赛标志和当年度中国足球协

会超级联赛冠名全称，规格为1.1米×20米，位置为主席台同侧中央位置和主机位对面看台中央位置。

（二）俱乐部标志横幅：在主摄像机对面主会标横幅两边悬挂2条横幅，横幅内容为16家参赛俱乐部标志画面，每条横幅包括8家俱乐部标志，规格为1.1米×8米。

（三）中超联赛理念横幅：在俱乐部标志横幅两边悬挂2条横幅，横幅内容为中超联赛理念语："团结　拼搏　欢乐　向上"字样，规格为1.1米×12米。

（四）当年度的场地布置图样由中超公司以电子文件的形式下发，并由俱乐部负责制作摆放。

第一百三十一条　中超联赛参赛队伍比赛服广告发布的规定

（一）参照国际足联有关比赛装备的规定，中超联赛参赛队伍的比赛服上衣胸前、背后、右臂袖口上可以发布俱乐部的赞助商广告。除本条规定外，俱乐部比赛服其他地方不得发布任何企业或品牌的广告。

（二）正式比赛服俱乐部右臂袖口的赞助商广告尺寸不得大于左臂袖口中超联赛的标志尺寸。

（三）正式比赛服的胸前、背后、右臂广告不得与当年度冠名赞助商产品类别相冲突。

第一百三十二条 赛制、赛程及比赛地点的变更

（一）除不可抗力原因外，中超联赛的赛制一经确定，不可更改。

（二）俱乐部如遇不可抗力原因，需调整比赛日程和地点的，需提前二十天向中国足协或中超委员会申请。

（三）除不可抗力原因外，已经中国足协、中超委员会批准举行的赞助商地面推广活动的比赛日程和比赛地点不得更改。

第十三章 奖励和处罚

第一百三十三条 对于未能依照本办法执行的中超联赛的俱乐部，并由此造成中超联赛赞助商减扣赞助款的，中超公司有权依据本规定相应条款做出相应处罚；对于未能依照本规定执行的中超联赛的赛区委员会，中超公司报经中国足球协会或中超联赛委员会，由中国足球协会或中超联赛委员会做出相应处罚。

第一百三十四条 处罚种类：

一、通报批评；

二、警告；

三、罚款；

四、停赛；

五、禁赛；

六、禁止随队进入比赛场工作；

七、限制从事足球活动；

八、扣分；

九、判对方本场比赛 3 ∶ 0 获胜；

十、取消比赛资格；

十一、取消公开比赛资格；

十二、取消主场比赛资格；

十三、取消主办或承办比赛资格；

十四、取消转会资格；

十五、降级；

十六、取消注册资格；

十七、其他处罚。

上述各项处罚可以独立或合并适用。

依照违规的性质、情节等，可做出警告、罚款、限制转会、扣分等处分，同时鼓励对各种违规行为进行举报。处罚和鼓励办法另行制订。

第一百三十五条　未按本办法商务管理规定执行的处罚的方式还可以为：

1. 等额扣减该俱乐部和赛区中超联赛赞助分成款。

2. 如扣款赞助款不抵该俱乐部和赛区赞助分成或对中超联赛造成整体经济损失的，由中超公司董事长召集董事会研究处理意见。

第一百三十六条　中超委员会拥有对违反本文规定的俱乐部及相关人员进行追溯处理的权力，有效期为两年。

第一百三十七条　俱乐部未执行或违背《企业会计制度》及本规定，或编制虚假会计报告，或存在其他严重财务问题时，报由中超委员会予以处罚。如构成犯罪的，由有关部门依法处理。

第一百三十八条　会计师事务所不具备审计资格，或不能严格按照《企业会计制度》及本规定对俱乐部财务会计报告进行审计，或审计报告未能真实说明俱乐部存在的问题，或审计工作存在其他严重问题时，将责成俱乐部辞退该事务所，并由中超委员会指定新的会计师事务所重新审计，其费用由俱乐部承担。

第十四章　附　则

第一百三十九条　所有申请参加中超联赛的俱乐部必须执行本标准，并接受中超委员会的检查和评定。只有达到并能持续达到本办法要求的俱乐部，方能获得参加中超联赛的资格。

第一百四十条　如俱乐部章程与本标准要求不相符合，均应依此调整和修改。

第一百四十一条　本标准解释权属于中国足球协会。

中国足球协会职业俱乐部财务监管规程（2019 年版）

第一部分　总　则

第一条　财务监管规程的任务和制定依据

为了加强对职业俱乐部的监督管理，规范职业俱乐部日常运营，促进职业俱乐部自律管理，推动中国职业足球健康发展，中国足球协会根据中华人民共和国相关法律法规、《中国足球协会章程》《中国足球协会职业俱乐部准入规程》（以下简称“《准入规程》”）等相关文件，特制定中国足球协会职业俱乐部财务监管规程（以下简称“财务监管规程”）。

第二条　财务监管的目的及意义

一、加强职业俱乐部的财务管理水平，提高职业俱乐部财务工作诚信水平，避免出现虚假或不实账务处理。

二、实现职业俱乐部的财务健康，从而吸引更多的优质社会资源参与到足球运动中。

三、引导职业俱乐部合理规划、科学经营，实现俱乐部的可持续性发展。

四、保护职业联赛各个参与方（包括俱乐部、球员、教练员、债权人等）的合法利益。

第三条　适用范围

中国足球协会职业俱乐部财务监管机构负责对参加职业联赛的俱乐部进行财务监管审查工作，下文简称为“财务监管机构”。

本规定所称的职业俱乐部包括职业联赛准入申请人、已经获取准入许可的俱乐部、受中国足球协会财务监管规程约束的个人及组织。

第四条　财务监管内容

一、财务监管审查结果作为判定职业俱乐部获取中国足球职业联赛准入资格的重要参考依据。

二、检查申请准入的俱乐部是否履行了财务监管规程中规定的财务监管要求。

三、检查已获取准入许可的俱乐部，在获取准入许可后是否继续履行财务监管规程中规定的财务监管要求。

第五条　保密

中国足球协会财务监管机构及相关工作人员应当保证在其履行职责过程中为其审查的职业俱乐部及当事人保守秘密。

第二部分　财务监管工作规程

第六条　财务监管所涉各方权利与义务

一、中国足球协会财务监管机构应当：

（一）全面负责职业俱乐部财务监管审查工作；

（二）在执行本规定时，应当保证平等对待各职业俱乐部，并保证其提供的所有信息的完全保密。

二、地方足球协会应当：

（一）积极配合财务监管机构所提出的要求；

（二）至少按照“附件一 职业俱乐部财务监管资料上报清单”审查职业俱乐部提交资料的真实性、完整性，以及是否满足财务监管机构的监管要求；

（三）在执行本规定时，应当保证平等对待各职业俱乐部，并保证其提供的所有信息的完全保密。

三、职业俱乐部应当：

（一）在财务监管机构和地方足球协会所规定的期限内，提供所有必要信息和相关文件，以及任何其他被认为与职业俱乐部监管有关的信息，保证所提交信息的真实性、完整性，并能够充分证明俱乐部满足监管要求；

（二）具有健全的企业治理框架、内控管理和制度体系，并有效执行；

（三）满足中国足球协会根据审慎监管原则规定的其他条件。

四、中国足球协会对中国足球协会财务监管机构进行监督。

第七条　财务监管机构工作原则

一、中国足球协会财务监管机构及相关人员应当依法办事、公正廉洁，不得利用职务便利牟取不正当利益。

二、中国足球协会财务监管机构及相关人员应当保证独立性，遵守中国足球协会的章程和各项法律法规。若存在独立性冲突，财务监管审查人员应当对评估工作实行回避制度。

三、中国足球协会财务监管机构及相关人员应当保证客观性。

四、中国足球协会财务监管机构及相关人员应当具备与其任职相适应的专业知识和业务工作经验。

第八条　财务监管核心程序

一、财务监管流程自俱乐部申请中国足球职业联赛准入许可时开始，并在准入许可有效期结束时终止。

二、财务监管流程至少需包括以下关键步骤：

（一）通知地方足球协会和各职业俱乐部年度财务监管审查启动日时间和接受财务监管

资料提交截止日期，并发放需要职业俱乐部提交的财务监管资料清单；

（二）各职业俱乐部在截止日期前向地方足球协会及中国足球协会提交财务监管资料；

（三）由地方足球协会初步评估并确认职业俱乐部提交的财务监管资料真实性、完整性以及是否满足财务监管机构的监管要求；

（四）财务监管机构对各职业俱乐部提交的财务监管资料进行评估和审查；

（五）财务监管机构有权要求职业俱乐部提供更多信息；

（六）中国足球协会根据《中国足球协会职业俱乐部准入规程》《中国足球协会职业俱乐部财务监管规程》等有关规定做出审查结果及处罚措施，并对评估结果和处罚措施进行公告。

三、中国足球协会财务监管机构保留在任何期间对职业俱乐部进行财务监管合规审查的权利。

第九条 财务监管审查结果

一、财务监管机构根据实际情况，评估职业俱乐部提交的资料是否符合财务监管要求，并作出审查结果，审查结果应当包含以下内容：

（一）审查内容；

（二）审查发现及支持性资料；

（三）违规行为性质及违反的条款；

（四）整改建议，包括在适当情况下应采取的处罚措施。

二、向中国足球协会准入执行部门提交财务监管审查结果，由中国足球协会相关准入审核决定机构判断和决定是否影响职业俱乐部的准入资格或给予其他处罚措施。

第十条 职业俱乐部财务监管信息公开

一、财务监管机构基于职业俱乐部提供的财务信息，于职业俱乐部年度财务监管审查结束后，公开职业俱乐部与足球相关财务信息。

二、财务监管机构公开的财务信息包括但不限于以下方面：

（一）各职业俱乐部年度收入明细，如门票、赞助及广告、转播权、参赛费、资产处置收益等各项收入；

（二）各职业俱乐部年度支出明细，如薪酬福利支出、青训支出、资产折旧摊销费用、资产处置损失、场地租赁 / 维护费用等各项主要支出；

（三）各职业俱乐部年度利润情况；

（四）各职业俱乐部流动资产、资产总额、流动负债、负债总额、实收资本（股本）、股东权益总额；

（五）中国足球协会要求公开的其他信息。

三、职业俱乐部财务监管信息公开将在中国足球协会官网进行公告，接受社会公众的监督与举报。

四、社会公众对于职业俱乐部公开财务信息存在质疑，可以向中国足球协会进行举报。中国足球协会有权根据社会公众提供的举报信息对职业俱乐部开展调查。

第三部分　职业俱乐部财务信息

第十一条　年度财务报告

一、财务报告主体及报告范围标准

（一）职业俱乐部负责就需提供的财务信息确定报告实体或实体组合范围，报告范围必须包括：

1. 职业俱乐部；

2. 职业俱乐部具有实际控制权的所有子公司及附属机构（职业俱乐部应向财务监管机构提供其实际控制的子公司及附属机构的合并财务报表）。

（二）职业俱乐部应当确保所有因足球活动产生的收入和支出均已记录在职业俱乐部的报告范围内。足球活动可能包括：

1. 雇用或聘用员工（包括国际足联《球员身份与转会规定》中定义的所有职业球员，以及《中国足球协会职业俱乐部准入规程》中提到的管理、技术、医疗及安保等人员），包括向员工支付合同约定的或法律义务要求的任何款项；

2. 转入 / 转出球员（包括球员租借）；

3. 门票；

4. 赞助及广告；

5. 赛事转播；

6. 品牌营销；

7. 俱乐部运营（例如管理、比赛日活动、差旅、球探活动等）；

8. 融资（包括使用职业俱乐部的资产做担保或质押的融资）；

9. 使用和管理体育场和培训设施；

10. 青少年梯队运营。

（三）只有在以下情况下，一个实体才能不包括在报告范围内：

1. 该实体的活动与上文第（二）段所定义的足球活动完全无关，且该实体的活动与足球俱乐部的场所、资产或品牌完全无关；

2. 该实体与构成报告范围的实体组合相比是完全不重要的，且该实体不进行上文第（二）段所定义的任何足球活动。

二、财务报表的编制基础

（一）基本原则

年度财务报告必须按照中国企业会计准则或中国《企业会计制度》和2006年2月15日之前颁布的企业会计准则编制并公允反映报告实体的财务状况、经营成果和现金流量。年度财务报告应以持续经营为假设前提，即在可预见的未来将继续运行。职业俱乐部应当既没有意图也没有必要依法进行清算，停止交易或寻求债权人的保护。年度财务报告必须经报告实体管理层批准，管理层的批准以简短陈述及代表报告实体的执行机构签字盖章的方式证明。

职业俱乐部应当按照《会计法》及相关管理办法的要求制作并保存会计档案，会计档案必须真实、准确，并与职业俱乐部编制的年度财务报告可核对一致。财务监管机构保留随时查看俱乐部会计档案的权利。

（二）合并要求

报告范围内如包含多个实体，所有实体的财务信息必须合并列报。合并财务报表为母公司及其子公司的资产、负债、权益、收入、费用、现金流量等信息合并后作为一个单体公司进行披露的财务报表。

三、会计科目使用及核算方法

年度财务报告的会计政策以及主要会计科目的核算应满足“附件二 主要常规业务会计科目使用及核算方法指引”中的相关规定。

四、最低披露要求

除满足上述要求外，职业俱乐部年度财务报告还应满足“附件三 年度财务报告最低披露要求”中的相关规定。

第十二条　年度财务监管专用信息

年度财务监管专用信息统计表包括基础财务信息表、一线队及预备队球员信息表、其他员工信息表、俱乐部财务平衡表以及未包含在报告范围内的足球活动收入和支出五部分。年度财务监管专用信息统计表表样将由中国足协于每年准入申请工作开始前统一下发给地方足协及各职业俱乐部。

一、基础财务信息表

基础财务信息表必须包括资产负债表、利润表、现金流量表、附注（其中包括针对重要会计政策及其他事项的说明）、以及财务信息明细。基础财务信息来源应当与用于编制俱乐部经审计的年度财务报告的信息来源一致，其中披露的信息必须与经审计的年度财务报告中的相关披露一致或可调节一致。如果存在下列第五项所述“未包含在报告范围内的足球活动收入和支出”，俱乐部须在填报基础财务信息表时在相关科目考虑此项影响，并添加备注说明。

二、一线队及预备队球员信息表

（一）应当包含在该表中的球员包括：

1. 报告期内在俱乐部注册或注册过的所有一线队及预备队球员，包括在报告期或报告期前某个时点已经发生了直接购买成本但尚未注册的球员；

2. 报告期或报告期前某个时点已经对其确认收益或损失的一线队及预备队球员，包括在报告期内转会至其他俱乐部注册的球员，以及在报告期内或报告期前租借至其他俱乐部且在本报告期仍处于租借状态的球员。

（二）一线队及预备队球员信息表至少须披露每位球员的以下信息，并与基础财务信息中资产负债表及利润表列示的相关数字一致或可调节一致：

1. 姓名、出生日期及注册编号；

2. 球员合同的开始日期及结束日期；

3. 获得球员注册的成本，即：

● 转会费，包括应向其他足球俱乐部支付的该球员相关青训补偿等费用；

● 代理（经纪）/ 中介费；

● 获得球员注册的其他直接成本，如转会税费（如有）。

4. 球员资产的原值、本期摊销、累计摊销、减值损失、期末净值、处置损益等信息。

5. 报告期内球员薪酬福利总额及明细。

（三）如截至提交准入申请当年，职业俱乐部仍存在尚未支付的球员转会费，则应在球员信息表中增加填列应付转会费相关信息以及原因解释。如截至提交准入申请当年的 6 月 30 日，仍存在该事项，则需按照“财务监管标准 -F.06 不存在由转会活动或因参赛引起的逾期应付款项”的要求填列上报相关事项说明，具体要求请参见财务监管标准 -F.06。

三、其他员工信息表

职业俱乐部其他员工信息表须包括报告期内任何时间曾任职的所有员工以及截至年度监管信息提交日仍存在未清偿款项的员工。信息表中至少应包括员工姓名、职位、入职 / 离职日期、年度薪酬福利总额及明细等信息。

如截至提交准入申请当年的 6 月 30 日，存在逾期的员工薪酬福利，则需按照“财务监管标准 -F.07 不存在对员工、社保和税务机关的逾期应付款项”的要求填列上报相关事项说明，具体要求请参见财务监管标准 -F.07。

四、俱乐部财务平衡表

俱乐部财务平衡表必须与基础财务信息表中的信息一致或可调节一致，报告主体及报告范围应当与本规程“第十一条 年度财务报告”中所界定的主体及范围相同。对俱乐部财务平衡表的填报要求，详见“附件四 俱乐部财务平衡及财务公示的相关要求”中的相关规定。

五、未包含在报告范围内的足球活动收入和支出

正常情况下，职业俱乐部应确保所有因足球活动产生的收入和支出均已记录在职业俱乐部的报告范围内；但如果确实存在未完整记录在职业俱乐部的报告范围内的因俱乐部足球活动产生的收入和支出，则职业俱乐部必须编制并向财务监管机构提交该补充信息，详细列示未包含在报告范围内的足球活动收入和支出信息。未包含在报告范围内的足球活动收入和支出信息必须与基础财务信息表中的信息以及财务平衡计算中的相关收入和相关支出可调节一致。

第四部分　监管要求

第十三条　财务监管标准

序号	分级		标准
	中超/中甲	亚冠	
F.01	A		财务监管等相关要求
F.02	A		青训支出
F.03	A		资金账号
F.04	A		员工薪酬与劳务合同
F.05	A	A	提交经审计的年度财务报告
F.06	A	A	不存在由转会活动或因参赛引起的逾期应付款项
F.07	A	A	不存在对员工、社保和税务机关的逾期应付款项
F.08	A		提交年度财务预算
F.09	A	A	财务监管所需确认与声明
F.10	A	A	未来财务信息
F.11	B		薪酬总额
F.12	B		经营范围
F.13	B		关联方交易
F.14	B	B	重大期后事项报告
F.15	B		俱乐部档案保管与交接
F.16	C		俱乐部内部控制建设及内控管理自我评价

有关上述准入标准分级的定义请参见《中国足球协会职业俱乐部准入规程》（2018年版）。

F.01 标准内容	亚冠标准	中超标准	中甲标准
财务监管的相关要求		A	A

一、监管期
监管期是指由财务监管机构规定的需要职业俱乐部满足财务平衡要求的评估期间，通常为 3 年（2019—2021 年为财务监管过渡期），在监管期内职业俱乐部应当满足本规程中的各项财务监管要求。
1. 职业俱乐部向中国足协提交准入申请当年的会计年度（以下简称“报告期 T”）；
2. 报告期 T 上一个会计年度（以下简称“报告期 T-1”）；
3. 报告期 T-1 上一个会计年度（以下简称“报告期 T-2”）；
4. 报告期 T-2 上一个会计年度（以下简称“报告期 T-3”）。
例如，对于 2022 年提交准入申请的职业俱乐部，2022 年会计年度为报告期 T，监管周期为 2019 —2021 年会计年度：
1. 报告期 T-1：2021 年会计年度（2021 年 1 月 1 日至 12 月 31 日）；
2. 报告期 T-2：2020 年会计年度（2020 年 1 月 1 日至 12 月 31 日）；
3. 报告期 T-3：2019 年会计年度（2019 年 1 月 1 日至 12 月 31 日）。
每一个监管周期设立单年督导性指标以及三年累计考核指标。俱乐部单年指标未达到督导性指标，中国足协将实施督导措施；三年累计考核指标未达标，则影响俱乐部准入资格。
二、股东和关联方以增加股东权益的方式承担亏损
（一）承担亏损的形式包括股东注资、无偿捐赠或债务豁免。
1. 以股东注资形式提供资本投入的，体现为股本的增加，即通过股本或股本溢价账户收到的股份作为对价。
2. 以股东和关联方捐赠或债务豁免形式提供资本投入的，应为无条件捐赠或债务豁免。在增加职业俱乐部权益的同时，职业俱乐部没有任何偿还义务或者以现金或非现金形式支付对价的义务。
（二）股东和关联方的资本投入必须满足以下全部条件，才可以在进行财务平衡计算时对其准予考虑：
1. 股东和关联方的股东注资、无偿捐赠或债务豁免应当以现金或训练基地产权的形式提供；
2. 该资本投入已经在对应报告期的经审计的年度财务报告中反映。
（三）职业俱乐部有责任证明该资本投入交易已完成，且不附带任何附加条件。如果股东和关联方仅以口头承诺或表示有意愿增加职业俱乐部的股东权益，则不能将该资本投入纳入财务平衡计算的考虑范围内。
（四）无法认定为股东和关联方增加股东权益的情形。
1. 因资产或负债重估而产生的净资产的增加或净负债的减少。
2. 不涉及股权参与者资本投入的其他储备金的增加。
3. 关联方对职业俱乐部给予捐赠或债务豁免，但职业俱乐部需要履行义务以获得该捐赠或债务豁免。
4. 按照企业会计准则，俱乐部收到的该资本投入应被分类为金融负债。
5. 其他无法认定为股东和关联方增加股东权益的情形。
三、中国足协将对俱乐部的财务平衡状况进行公示。

<table>
<tr><th>F.02 标准内容</th><th>亚冠标准</th><th>中超标准</th><th>中甲标准</th></tr>
<tr><td>青训支出</td><td></td><td>A</td><td>A</td></tr>
<tr><td colspan="4">职业俱乐部应当设立专门的会计科目对青训支出进行核算，以支出发生的性质、用途及应归属的具体梯队、网点，作为核算依据，清晰、系统地归集真实发生的青训支出。青训支出不包含在财务平衡计算中俱乐部总支出限额内。
青训支出所包含的主要内容须符合“附件二 主要常规业务会计科目使用及核算方法指引”中青训专项支出中规定的范围。如果俱乐部无法单独核算各项青训支出，则不能将相关支出归类为青训支出。
在符合上述要求的前提下，在 2019 年至 2021 年的过渡期内，每年青训支出应分别达到该年财务平衡计算中俱乐部总支出的 10%（2019 年）、12%（2020 年）和 15%（2021 年）。</td></tr>
</table>

<table>
<tr><th>F.03 标准内容</th><th>亚冠标准</th><th>中超标准</th><th>中甲标准</th></tr>
<tr><td>资金账户</td><td></td><td>A</td><td>A</td></tr>
<tr><td colspan="4">一、职业俱乐部所有的日常收款、支出、球员薪酬支付及资金的调拨和使用，应当通过俱乐部银行账户进行操作，不得使用非俱乐部银行账户，不得使用现金、个人账户或其他非俱乐部银行账户进行球员及教练员相关款项的支付，包括但不限于：薪酬、转会费、经纪人佣金、肖像权费等。
二、职业俱乐部应当确保包括海外银行账户在内的全部银行账户和在线支付平台账户的明细清单（包括并非以俱乐部名义设立，但实际由俱乐部业务经营使用的账户），均已在中国足球协会进行备案。备案的银行账户明细清单应当列明开户人姓名、开户行名称、账号、用途，以及是否存在冻结、质押等特殊事项等。
三、职业俱乐部开立或关闭银行账户或在线支付平台账户后，必须在其账户发生变更后的 3 个工作日内向财务监管机构备案，并提交书面说明银行账户变更原因、变更日期及新账户（如有）的用途等。
四、职业俱乐部必须指定专门的银行账户，专门用于支付员工薪酬、奖金、津贴等人工成本，不得通过其他形式支付。俱乐部须提交该专用账户上一年度所有 12 个月的银行对账单及银行余额调节表。
五、职业俱乐部应当保证其资金账户清单信息与其提交的财务监管信息相符，财务监管机构保留调阅俱乐部银行对账单及余额调节表进行检查的权力。财务监管机构可以检查俱乐部资金账户的流水、俱乐部编制的银行余额调节表及其他财务监管资料，评估是否存在资金账户收支异常情况，并要求俱乐部提供补充资料对异常情况进行解释。</td></tr>
</table>

<table>
<tr><th>F.04 标准内容</th><th>亚冠标准</th><th>中超标准</th><th>中甲标准</th></tr>
<tr><td>员工薪酬合同</td><td></td><td>A</td><td>A</td></tr>
<tr><td colspan="4">一、职业俱乐部与球员和教练员，球员和教练员的关联方以及经纪人 / 经纪公司签订的所有合同均应当在中国足协备案，包括但不限于劳动合同及补充协议、涉及经纪费、代理费、代言费、培训费和肖像权使用费的合同，并且合同列示的报酬金额应为个人所得税前金额。上述合同需要经过职业俱乐部、球员和教练员、以及其他涉及的第三方确认盖章并到中国足球协会备案，</td></tr>
</table>

续表

F.04 标准内容	亚冠标准	中超标准	中甲标准
员工薪酬合同		A	A

以在中国足协备案的版本为准，中国足协不对未备案的合同提供保护。如果职业俱乐部未能在中国足球协会及时备案，或中国足球协会发现或收到社会公众举报，职业俱乐部实际操作与中国足球协会备案合同协议约定不符或存在阴阳合同等违规情况，中国足球协会根据违规严重性对俱乐部和个人进行处罚。
二、职业俱乐部直接或通过第三方间接支付给所有员工的劳动、劳务报酬及各种津贴，以及由于职业俱乐部与员工的雇佣关系而由股东、关联方或其他第三方向员工支付的所有报酬，均应计入职业俱乐部的财务记录并纳入财务监管范围。职业俱乐部支付给员工的薪酬和其他款项应当具有合理的商业目的和商业实质，例如以工资、奖金、福利费，以及职业俱乐部因使用球员经济权利而向球员支付报酬的名义支付。不得支付实质为工资薪金的经济权费用、经纪费，不得签订无商业实质的肖像使用权合同以及其他形式的阴阳合同。职业俱乐部承诺向员工支付但尚未支付的所有报酬也必须符合上述规定。
三、俱乐部须提交教练员（包括一线队、预备队及青训梯队）及球员（包括一线队及预备队）个人所得税完税证明、相关税务机关出具的无欠税证明。
四、对薪酬专用银行账户的要求，请参见“财务监管标准 -F.03 资金账户”中的相关规定。

F.05 标准内容	亚冠标准	中超标准	中甲标准
提交经审计的年度财务报告	A	A	A

一、确定审计师。职业俱乐部所选择的审计师必须取得中国会计师事务所执业许可，并遵照中国注册会计师协会发布的《中国注册会计师职业道德守则》和《中国注册会计师协会非执业会员职业道德守则》保持独立性。中国足协财务监管机构有权聘请独立的外部审计师对职业俱乐部提交的财务监管信息进行专项审查。
二、中国足球协会监管机构对经审计的年度财务报告的评估程序包括：
（一）评估年度财务报告是否符合本规程“第十一条 年度财务报告”中有关财务报告主体、报告范围、编制基础、最低披露要求以及会计核算方法的规定。
（二）评估审计意见
1. 审计报告的审计意见为标准的无保留意见，则符合财务监管要求。
2. 审计报告的审计意见为无法表示意见或否定意见，则不符合财务监管要求。
3. 如果职业俱乐部的审计师在持续经营方面存在疑虑而出具了保留意见或带强调事项段的无保留意见，中国足球协会有权认为该职业俱乐部不符合财务监管要求。除非职业俱乐部能够提供额外的文件证明其至少在所申请的准入赛季结束当年的报告期即报告期 T+1 有能力持续经营，并且财务监管机构评估了职业俱乐部提供的额外文件，并认可这一结论。额外证明文件包括但不限于按照本规程“财务监管标准 -F.10 未来财务信息”要求编制的报告期 T+1 的年度未来财务信息。
4. 如果职业俱乐部的审计师对除持续经营外的其他事项存在疑虑而出具了保留意见或带强调事项段的无保留意见，基于非标准审计意见出具的原因，财务监管机构可以要求职业俱乐部提供额外证明文件。中国足协财务监管机构应结合该职业俱乐部其他监管要求达标情况，综合考虑该事项对该职业俱乐部财务状况及经营状况的影响，如果评估结果认为存在重大影响，中国足球协会有权认为该职业俱乐部不符合财务监管要求。

F.06 标准内容	亚冠标准	中超标准	中甲标准
不存在由转会活动或因参赛引起的逾期应付款项	A	A	A
职业俱乐部应当证明，截至其提交准入申请当年的 6 月 30 日，该职业俱乐部不存在由于转会活动或因参赛（如体育场租金、安保费用等）引起的 6 月 30 日之前应支付但尚未支付的逾期账款。若该款项已于随后的 8 月 31 日前悉数清偿，或与债权人协定予以延期，或存在有争议的应付款项且该应付款项已经上交至主管当局且该争议并非明显毫无依据，该应付款项不被视为逾期。对逾期账款的详细定义及判断标准请参见“附件五 逾期应付款项定义”。 职业俱乐部应提交“逾期应付款项确认函”（具体格式参见附件六），即使在相关期间内无该类逾期应付账款或没有发生转会或球员租借事项，也应当提交该确认函。			

F.07 标准内容	亚冠标准	中超标准	中甲标准
不存在对员工、社保和税务机关的逾期应付款项	A	A	A
一、职业俱乐部应当证明，截至其提交准入申请当年的 6 月 30 日，在对现任和前任员工（包括适用《国际足联球员身份和转会规程》的所有职业球员，以及负责管理、技术及安全的员工，具体为总经理、财务主管、安保官、新闻官队医、理疗师、职业队的主教练、职业队的助理教练、青少年发展计划主管和青少年队教练等人员）的合同和法律义务方面，不存在应付员工的逾期款项。若该款项已于随后的 8 月 31 日前悉数清偿，或与债权人协定予以延期，或已将存在争议的应付款项提交至主管当局且该争议并非明显毫无依据，该应付款项不被视为逾期。对逾期账款的详细定义及判断标准请参见“附件五 逾期应付款项定义”。 职业俱乐部应当提交“逾期应付款项确认函”（具体格式参见附件六），即使在相关期间内无该类逾期应付账款，也应当提交该确认函。 二、职业俱乐部应在每年 1 月 10 日前提交上一年度全额支付球员、教练员及其他工作人员薪酬的确认函。 三、职业俱乐部应当证明，截至其提交准入申请当年的 6 月 30 日，不存在应付社保和税务机关的逾期款项。职业俱乐部应当提交“逾期应付款项确认函”（具体格式参见附件六），即使在相关期间内无该类逾期应付账款，也应当提交该确认函。			

F.08 标准内容	亚冠标准	中超标准	中甲标准
提交年度财务预算		A	A
一、职业俱乐部应当加强全面预算工作，明确职业俱乐部预算管理体制。职业俱乐部应当在每年末编制次年年度预算，俱乐部负责人及预算管理部门应对提交的预算方案进行研究论证，从俱乐部发展全局角度提出建议，形成全面预算草案，并经过董事会审核批准后以文件形式下达执行。 二、职业俱乐部应当在每年报送准入申请资料的同时，向中国足球协会提交本年度预算，预算应包括俱乐部收入情况、球员薪酬福利支出、青训支出、日常运营费用及其他预测。预算数据口径须符合“第十一条 年度财务报告”的规定。			

续表

F.08 标准内容	亚冠标准	中超标准	中甲标准
提交年度财务预算		A	A

三、职业俱乐部批准下达的预算应保持稳定，不得随意调整。由于市场环境、国家政策或不可抗力等客观因素，导致预算执行发生重大差异确需调整预算的，应当履行严格的审批程序。职业俱乐部应当在年度财务预算调整审批通过 30 日内上报中国足球协会，并提交预算调整说明文件。
四、财务监管机构根据职业俱乐部提供的财务资料核对职业俱乐部上一年度的年度预算数据与实际发生额。如财务监管机构评估发现上一年年度预算和实际发生额差异过大，可能要求职业俱乐部提供补充资料，包括但不限于对以上情况的合理解释和相关证据，以及对未来财务信息的预测，以证明其差异金额合理性。
五、如财务监管机构认为职业俱乐部提供的证据无法充分、合理解释差异金额，中国足球协会根据违规严重性和涉及金额有权进行相应处罚。

F.09 标准内容	亚冠标准	中超标准	中甲标准
财务监管所需确认与声明	A	A	A

一、职业俱乐部提交准入及财务监管信息时，须同时提交有俱乐部管理层签字并加盖公章的“职业俱乐部关于遵守财务监管要求的声明”（格式参见附件七）。以确认俱乐部提交的信息的完整和准确性；年度财务报告符合本规程相关规定；银行账户均已在中国足协备案；球员合同均已在中国足协备案且不存在阴阳合同等违规行为；以及资产负债表日后不存在对俱乐部财务状况可能产生重大不利影响的经济事项等事项。
二、职业俱乐部在提交准入及财务监管信息时，应同时提交俱乐部高级管理层（至少应包括总经理、副总经理、财务总监 / 经理 / 主管）、教练员（包括一线队、预备队及青训梯队）及球员（包括一线队及预备队）个人签署的“职业俱乐部员工关于遵守财务监管要求的诚信确认函”（格式参见附件八）。

F.10 标准内容	亚冠标准	中超标准	中甲标准
未来财务信息	A	A	A

一、如果出现下列情况之一，财务监管机构可能会要求职业俱乐部提交未来报告期 T+1 的年度未来财务信息，以便证明其仍可以在准入有效期结束前持续经营。同时，俱乐部需在当年（即报告期 T）的 12 月底之前提交俱乐部全年（即报告期 T）经营业绩的快报。
（一）持续经营存在重大不确定性：审计师在职业俱乐部按照本规程要求提交的年度财务报告的审计报告中，出具了带有“持续经营存在重大疑虑”强调事项段的无保留意见审计报告，或因“持续经营”事项出具了非无保留意见。
（二）所有者权益为负数且明显恶化：职业俱乐部按照本规程要求提交的最近一个财务年度的年度财务报告所披露的所有者权益为负数，且相对上一个财务年度负数金额明显增大。
二、如果俱乐部对于球员的薪酬总额超过了本规程“财务监管标准 -F.11 薪酬总额”所限定的比例，则财务监管机构会要求职业俱乐部提交所属监管期剩余期间的未来财务信息，以便证明俱乐部可以满足整个 3 年监管期财务平衡考核的总体要求。

续表

F.10 标准内容	亚冠标准	中超标准	中甲标准
未来财务信息	A	A	A

三、未来财务信息需包括：
（一）利润预算表，并与之前财务年度数据进行比较（如适用）；
（二）现金流预算表，并与之前财务年度数据进行比较（如适用）；
（三）用于计算财务平衡的附注信息，并与之前财务年度数据进行比较（如适用）；
（四）解释性附注，包括对用于编制利润预算表、现金流预算表以及财务平衡附注信息的每个重要假设（例如参照历史财务信息和其他信息）的简要说明，以及可能影响未来财务业绩的主要风险。
四、未来财务信息的编制基础必须与年度财务报告一致，并遵循与编制年度财务报告相同的会计政策。若会计政策在最新一期年度财务报告日之后变更并将反映在下一年度财务报告中，在这种情况下，无需与年度财务报告一致，但必须披露细节。
五、未来财务信息必须符合本规程所规定的利润表和现金流量表的最低披露要求。如果任何遗漏或澄清事项使得未来财务信息具有误导性，则必须增加额外的报表项目或附注。
六、未来的财务信息及其所基于的假设必须得到管理层的批准，职业俱乐部须由管理层声明确认批准该未来财务信息，由代表职业俱乐部执行机构的管理层签字并加盖公章。

F.11 标准内容	亚冠标准	中超标准	中甲标准
薪酬总额		B	B

职业俱乐部应当根据俱乐部自身的运营情况、收入情况以及长期发展规划，合理安排和确定每年用于支付球员薪酬的资金比例。职业俱乐部每年用于支付已注册的一线球员及预备队球员的薪酬类支出（包括工资、奖金、津贴等所有与人工成本相关的支出）不得超过相关比例要求。

F.12 标准内容	亚冠标准	中超标准	中甲标准
经营范围		B	B

一、职业俱乐部应当结合其长期发展战略、足球行业特性，明确经营服务范围，按照中国足球协会监管要求开展业务运营。职业俱乐部应当避免开展中国足球协会禁止的经营服务，包括但不限于：
（一）任何违反中华人民共和国法律、法规的商业行为；
（二）任何形式的套利和投机业务；
（三）任何高风险投资业务。主要指从事价值波动较大、经营风险较高、易发生较大损失涉及金融及其衍生品交易的各类业务。主要包括：
1. 股票、基金、债券及权证等衍生品投资。主要指职业俱乐部在境内外证券交易所或其他证券交易机构买卖其他上市公司流通股、基金、债券及权证等衍生品，不包括俱乐部以参股、控股为目的的股权投资和以持有到期获取利息为目的债券投资。
2. 外汇买卖。主要指俱乐部在境内外外汇交易市场上从事的外汇交易业务，不包括俱乐部正常贸易背景下的外汇买卖或外汇结算业务。

F.12 标准内容	亚冠标准	中超标准	中甲标准
经营范围		B	B

3. 商品期货及衍生品交易。主要指职业俱乐部在境内外期货交易所等场所从事的商品期货及衍生品交易，包括套期保值等交易类型。
4. 金融期货及衍生品交易。主要指俱乐部在境内外各类交易所（包括场外）从事包括外汇、利率、指数等金融期货及衍生品交易。
5. 委托理财。主要指俱乐部将资金、证券等金融性资产通过合约委托他人在境内外各类资本市场上投资获取回报的业务。
（四）其他中国足球协会禁止开展的商业行为。
二、当职业俱乐部的下属子公司或分公司、被投资主体符合以下情况时，禁止职业俱乐部予以投资。如职业俱乐部于以前年度投资下述投资主体，应限期剥离，未剥离前下述投资主体取得的经营业务收支应当全部从财务平衡计算结果中扣除：
（一）总体风险足以对俱乐部的持续经营造成重大影响；
（二）总体风险足以对俱乐部的财务状况及风险水平造成重大影响；
（三）合规风险、声誉风险足以对俱乐部声誉造成重大影响；
（四）主营业务与足球行业无关，且不属于足球产业链上下游行业；
（五）处于高风险投资业，提供证券、基金、金融衍生品、信托、担保、保险、保理、理财、小额信贷等金融产品及服务的金融机构，包括金融资产管理公司和第三方金融机构；
（六）无实质性业务；
（七）其他中国足球协会禁止的被投资主体。

F.13 标准内容	亚冠标准	中超标准	中甲标准
关联方交易		B	B

有关关联方及关联方交易的定义请参见“附件二 主要常规业务会计科目使用及核算方法指引”。
一、职业俱乐部授权其股东或关联公司使用职业俱乐部冠名权、胸前背后广告、袖标广告及其他商业权益时，应当与股东或关联公司签订书面协议约定此类商业权益价值、双方权利义务、付款方式及付款时间、商业权益使用期限、续约触发条款等。职业俱乐部应当向财务监管机构提供其商业权益的定价依据，并分析定价合理性。
二、财务监管机构有权对职业俱乐部宣称的以公允价值进行的关联交易的合理性进行检查，并评估其对职业俱乐部财务平衡计算结果的影响。针对财务监管审查机构发现的异常关联交易情况，职业俱乐部应当提交补充资料证明关联交易的真实性和合理性。异常关联交易情况包括但不限于：
（一）收入类
1. 职业俱乐部冠名权、胸前背后广告、袖标广告等商业权益由股东及其附属公司、关联公司使用，但无关联交易合同，或股东及其附属公司、关联公司未支付使用费用或支付的费用明显少于同类商业权益市场价格；
2. 股东及其附属公司、关联公司向职业俱乐部支付的广告赞助费定价原则随意，与以前年度定价不可比或与同类广告赞助市场价格有明显差异；
3. 财务监管机构根据交易实质判定为关联交易，且交易定价与同类交易的市场价格不可比。

续表

F.13 标准内容	亚冠标准	中超标准	中甲标准
关联方交易		B	B
（二）成本类 1. 职业俱乐部使用股东及其附属公司、关联公司的场地、设施、商品和服务，其定价与以前年度不可比或与同类商品或服务的市场价格有明显差异； 2. 财务监管机构根据交易实质判定为关联交易，且交易定价与同类交易的市场价格不可比。 （三）财务监管机构关注的其他关联交易异常情况			

F.14 标准内容	亚冠标准	中超标准	中甲标准
重大期后事项报告	B	B	B
一、准入申请当年即报告期 T 年度内，俱乐部应书面形式主动上报自上一报告期 T-1 期末以来的任何重大变化事项，重大变化事项包括但不限于重大事项决策、重要人事任命、重要项目安排、大额资金的使用，尤其是可能对职业俱乐部的持续经营能力造成重大影响的事项。俱乐部应当自上述事项发生后 30 天内向中国足协进行上报。 二、职业俱乐部的书面通知应当包括对该重大变化性质的描述以及其对职业俱乐部财务影响的估计。如果无法对财务影响作出估计，职业俱乐部应在书面通知中予以声明，并解释无法作出估计的原因。			

F.15 标准内容	亚冠标准	中超标准	中甲标准
俱乐部档案保管与交接		B	B
职业俱乐部应当制定档案管理制度，明确历史档案保管及交接职责，制定档案命名及编号规则，规定各类档案归档及保存期限，建立档案交接清单。合同档案及会计档案应符合“附件九 合同档案及会计档案的保管与移交要求”的相关规定，其他类档案应参照执行。			

F.16 标准内容	亚冠标准	中超标准	中甲标准
俱乐部内部控制建设及内控管理自我评价		C	C
一、职业俱乐部应当建立内部控制管理体系，制定内部控制制度，完善自我约束机制，提高职业俱乐部经营管理水平和风险防范能力。 二、职业俱乐部内控管理自我评价，是职业俱乐部主动对其内部控制的有效性进行全面评价、形成评价结论、出具自我评价报告的过程。自我评价应按照规定的时间间隔持续进行，当经营管理环境发生重大变化时，应当及时重新评价，建议职业俱乐部至少每年开展一次职业俱乐部内部控制自我评价。 三、职业俱乐部内部控制自我评价贯穿于职业俱乐部重要的营运环节及经营活动，围绕与足球相关财务数据的真实性、准确性、完整性，职业俱乐部控制环境、风险评估、控制活动、信息与沟通、内部监督等控制要素，对与足球相关财务数据及内部控制的设计与运行情况进行全面评价。			

续表

<table>
<tr><th>F.16 标准内容</th><th>亚冠标准</th><th>中超标准</th><th>中甲标准</th></tr>
<tr><td>俱乐部内部控制建设及内控管理自我评价</td><td></td><td>C</td><td>C</td></tr>
<tr><td colspan="4">四、职业俱乐部应当提出自我评价重点关注事项，整理自我评价中发现的问题和缺陷，对评价结果进行汇总分析，编写职业俱乐部年度自我评价报告及缺陷整改措施并提交董事会。根据董事会最终认定的缺陷及整改办法，在规定的整改期限内完成整改落实工作，因整改不及时造成损失或负面影响追究相关人员责任。
五、职业俱乐部完成年度内控管理自我评价报告（报告格式参见附件十）后，可连同其他财务监管信息一同提交给财务监管机构，作为财务监管机构进行职业俱乐部财务监管评价的补充资料。</td></tr>
</table>

第五部分　处罚与豁免

第十四条　处罚权

中国足协纪律委员会根据审核批准机构的审核结果对未达到“B”级标准的俱乐部进行处罚。

中国足协纪律委员会拥有对准入工作中应当受到处罚行为的追溯和处罚权力。

第十五条　豁免与例外情况

一、如果职业俱乐部由于特殊原因，对本规程所界定的财务监管核心流程或某些监管要求不适用，中国足协财务监管机构经过评估，可以对该例外情况进行豁免。

二、原则上，例外情况的有效期为一个赛季，豁免有效期可能会根据职业俱乐部实际情况延长，财务监管机构可能会进行相关改进计划。职业俱乐部更新例外情况豁免需提交新的申请。

三、例外情况豁免过程

（一）例外情况豁免申请应当采取书面形式，且做到明确而有依据。

（二）豁免申请应在提交准入申请资料时一并提交。

四、财务监管机构以书面形式下发豁免决定并说明豁免事由，并向各职业俱乐部传达该决定。

第十六条　财务监管需考虑的其他因素

财务监管机构对职业俱乐部进行财务监管审查时，应考虑影响职业俱乐部财务状况的其他因素，包括但不限于以下内容：

一、财务平衡结果数据和趋势

职业俱乐部足球业务财务平衡计算结果出现赤字时，赤字金额越大，越不利于俱乐部的业务运营和未来发展；职业俱乐部年度财务平衡计算结果呈现逐年改善的趋势所反映出的俱乐部发展情况优于计算结果呈现逐年恶化的趋势时所反反映出的情况。

二、债务状况

财务监管机构应当了解职业俱乐部的债务状况，并根据需要要求其提供补充资料，补充资料包括但不限于债务来源、证明偿还本金和利息的能力、证明债务合同合规性以及债务到期情况等支持资料。

财务监管机构应当参考杠杆率、盈利能力、现金流量充足率等财务指标用于评估职业俱乐部的资本结构和偿债能力。

三、不可抗力

财务监管机构应当了解职业俱乐部的债务状况，并根据需要要求其提供补

充资料，补充资料包括但不限于债务来源、证明偿还本金和利息的能力、证明债务合同合规性以及债务到期情况等支持资料。

财务监管机构应当参考杠杆率、盈利能力、现金流量充足率等财务指标用于评估职业俱乐部的资本结构和偿债能力。

三、不可抗力

财务监管机构应当考虑不可抗力对职业俱乐部财务运行的不利影响。

四、不可预见的重大经济事件

财务监管机构应当考虑异常重大经济事件对职业俱乐部财务情况的负面影响。

五、地域经济差异

财务监管机构应当考虑职业俱乐部所在地区的经济差异，综合分析职业俱乐部所在地的地域人口、经济水平、潜在足球市场等因素可能对俱乐部总门票收入、参赛费收入造成的影响程度，进而分析其可能对职业俱乐部财务情况的整体影响。

六、球队规模

财务监管机构应当考虑职业俱乐部的队伍规模，包括职业队球员人数、青训梯队规模、青训球员人数、青训梯队持续性等。

附　件

附件一　职业俱乐部财务监管资料上报清单

接受中国足球协会财务监管的职业俱乐部应当在提交其他准入申请材料的同时，向中国足球协会财务监管机构提交下列材料：

一、经审计的上一年度财务报告（包括审计报告和财务报告）

二、上一年度的年度财务监管专用信息统计表

三、一线球员的劳务合同、肖像权合同等所有与薪酬福利有关的合同 / 协议扫描件

四、俱乐部所有广告及赞助商合同 / 协议扫描件

五、俱乐部场馆设施、训练基地等基础设施的所有权证明或租赁合同 / 协议扫描件

六、提交准入申请当年的年度财务预算

七、薪酬支付专用银行账户上一年度所有 12 个月的银行对账单及银行余额调节表扫描件

八、职业俱乐部关于遵守财务监管要求的声明

九、俱乐部高级管理层（至少应包括总经理、副总经理、财务总监 / 主管）、教练员（包括一线队、预备队及青训梯队）及球员（包括一线队及预备队）个人签署的"职业俱乐部员工关于遵守财务监管要求的诚信确认函"

十、教练员（包括一线队、预备队及青训梯队）及球员（包括一线队及预备队）个人所得税完税证明、相关税务机关出具的无欠税证明

十一、上一年度明细至末级科目的科目余额表

十二、中国足球协会财务监管机构规定的其他材料

除上述材料外，职业俱乐部还应提交《逾期应付款项确认函》。

附件二　主要常规业务会计科目使用及核算方法指引

一、无形资产

（一）无形资产主要划分为球员资产及其他无形资产，对于球员资产的核算范围和方法，应按照以下第（二）及第（三）部分的要求进行核算；对于其他无形资产，应按照企业会计准则的相关要求进行核算。

（二）球员资产的核算范围

球员资产的核算范围是俱乐部为获得球员注册权所支付的（1）转会费，包括向其他足球俱乐部和 / 或确保球员的注册的第三方支付的培训补偿和其他补偿费用；（2）与转会活动直接相关的代理（经纪）/ 中介费；（3）为获得球员注册权的其他直接成本，如转会税费（如有）。

（三）球员资产的核算方法

1. 球员资产的成本金额必须在球员合同期间直线摊销并计入费用。

2. 只有获取球员转会的直接成本才能被资本化，即使管理层认为某球员市场价值高于账面价值，账面价值也不得高于购买该球员所发生的成本。

3. 摊销开始的时点为球员注册时点。当该资产被分类为持有待售或该资产终止确认时（即该球员转会到另一个俱乐部），摊销终止。

4. 所有资本化的球员资产必须由俱乐部管理层每年单独评估以进行减值测试。如果单个球员的可收回金额低于资产负债表上的账面价值，则账面价值必须调整为可收回金额，并将差异计入当期损益。

5. 应计入利润表的处置球员产生的损益为转会日资产负债表上球员的剩余账面价值与出售该球员产生的收入差额。

二、营业收入

职业俱乐部应对每一类营业收入进行单独核算和列支。

（一）门票收入。包括从国内外联赛、杯赛和其他俱乐部比赛（友谊赛和巡回赛）等中获得的普通入场门票和团体票的收入，包括赛季门票和比赛日门票。

（二）赞助和广告收入。包括主要赞助商，其他赞助商，球场周边和其他

广告板，以及其他赞助和广告的收入。职业俱乐部在对赞助与广告收入进行核算时，应当按照广告性质（如：冠名权、胸前广告、背后广告、袖标广告、广告牌以及其他收入）及对方单位性质（如：关联方、第三方）分别核算。

（三）转播权收入。包括与国内外联赛、杯赛和其他俱乐部比赛（友谊赛和巡回赛）等相关的电视，广播，新媒体和其他转播媒体转播权的销售收入。

（四）参赛费收入。包括中国足协和 / 或中超公司支付给俱乐部的赛季参赛费收入。需要强调的是，参赛费收入应符合权责发生制的原则，即使参赛费是在下一年度发放，俱乐部也应该在当年的财务报告中按照最佳估计计提本赛季的参赛费收入。

（五）特许商品销售收入。包括特许商品销售以及其他与俱乐部品牌相关的商品销售活动产生的收入。

（六）赛事奖金及津贴收入。包括参与亚足联 / 中国足协等组织的俱乐部比赛的奖金 / 津贴收入，来自亚足联 / 足协等行业协会。

（七）球员租借收入。包括向其他俱乐部租借球员产生的收入。

（八）其他收益。包括与俱乐部日常经营相关的政府补助收入等。

三、营业成本和各项费用支出。俱乐部应对下列每一类成本费用支出进行单独核算和列支。

1. 员工薪酬福利费用，不包括青训、女足、五人制足球、草根足球计划专项支出中专职员工的薪酬福利费用。

员工薪酬福利费用主要是一线球员（包括外援）、预备队、教练的人工成本，其他梯队球员和教练的人工成本，以及其他工作人员（如管理、技术、医疗及安保人员等）的人工成本，包括但不限于短期薪酬福利（如工资、奖金、社保、公积金、肖像权成本），其他福利（如医疗保健、商业保险、住房、汽车以及其他免费提供或补贴的商品或服务等），退休金，离职后福利，其他长期雇员福利，离职补偿和期权费用等。

对员工薪酬福利支出须进行细分，分开核算一线球员和其他员工的薪酬福利费用；对于一线球员的薪酬福利费用，应当分别列示基本工资及奖金、签约费用（如有）、以肖像权费用形式支付的薪酬福利费用（如有）、以经纪费形式支付的薪酬福利费用（如有）和提供给球员的其他福利。

2. 长期资产折旧摊销费用

应分别核算球员资产的摊销费用和其他长期资产（固定资产、无形资产、长期待摊费用）的折旧摊销费用。

（1）球员资产摊销费用。球员资产摊销费用为球员资产在合同期内直线摊销并计入当期损益的金额。

（2）除球员资产外的其他长期资产（固定资产、无形资产、长期待摊费用等）的折旧摊销应按照企业会计准则及相关会计制度的相关规定核算。

3. 资产减值损失。

应分别核算球员资产的减值损失和其他长期资产（固定资产、无形资产、长期待摊费用）的减值损失。

（1）球员资产减值损失。俱乐部管理层经过减值测试评估后，单个球员的可收回金额低于其账面价值的部分。

（2）除球员资产外的其他长期资产（固定资产、无形资产、长期待摊费用等）的减值损失应按照企业会计准则及相关会计制度的相关规定核算。

4. 资产处置收益（损失）

应分别核算球员资产的处置损益和其他长期资产（固定资产、无形资产、长期待摊费用）的处置损益。

（1）球员资产处置损益。等于球员转会生效时球员资产的剩余账面净值与转会收入的差额。

（2）除球员资产外的其他长期资产（固定资产、无形资产、长期待摊费用等）的处置损益应按照企业会计准则及相关会计制度的相关规定核算。

5. 球员租借支出。包括从其他俱乐部租借球员发生的支出。

6. 代理费及经纪费。指除应纳入球员资产核算的代理费 / 经纪费之外的，支付给代理人或经纪公司的费用。

7. 安保费用。包括俱乐部为完善场馆安保设施和举办赛事而支出的安保费用。

8. 特许商品销售成本。与特许商品销售收入对应，包括特许商品销售成本以及其他与俱乐部品牌相关的商品销售活动的成本。

9. 场地租赁费用。应分别核算比赛场地租赁费用和训练基地租赁费用，不包括应分摊到青训、女足、五人制足球、草根足球计划专项支出中的费用。

10. 场地运营维护费用。应分别核算比赛场地维护费用和训练基地维护费用，不包括应分摊到青训、女足、五人制足球、草根足球计划专项支出中的费用。

11. 差旅支出。包括与俱乐部有关的差旅费用支出，不包括应分摊到青训、女足、五人制足球、草根足球计划专项支出中的费用。

12. 训练费。包括与俱乐部有关的训练费支出，不包括应分摊到青训、女足、五人制足球、草根足球计划专项支出中的费用。

13. 青训专项支出。以下活动可被认定为青训相关活动：

（1）青少年梯队参加国家，地区或地方协会组织的正式比赛；

（2）对青少年梯队球员的足球专项培训项目（如技战术训练和体能训练，以及比赛规则培训等）；

（3）对青少年梯队球员的医疗支持、文化及其他教育活动；

（4）青少年梯队活动相关的物资和服务成本，包括场地费、住宿费、教育费、差旅费、生活费、设备和服装费、以及设施租用费等，如果该类设施和服务需要与俱乐部其他队伍共享，俱乐部应以适当的方式，合理确定应分摊到青训支出的成本费用金额；

（5）除球员外的青少年梯队专职人员的人工成本，包括青训计划负责人和教练等；

（6）年龄在 19 周岁及以下的青少年梯队球员的人工成本。在年度财务报告起始日已满 19 周岁或 19 周岁以上的球员发生的人工成本则不能从相关费用中扣除（例如，对于 2020 年度的准入及监管财务信息，2001 年 1 月 1 日及以后出生的青少年梯队球员的人工成本可被认定为青训相关活动）。

需要特别强调的是，如果俱乐部无法从现有支出中单独核算上述青训支出，则不能将相关支出归类为青训专项支出。

以下支出不能被认定为本条所述的青训专项支出：

（1）为获得青年球员而支付给经纪人、监护人或其他俱乐部的费用；

（2）不能直接归属于青训活动的行政及其他支出；

（3）兼职参与青训工作人员的人工成本；

（4）其他未被中国足协财务监管机构认定为青训支出的成本费用。

14. 女足专项支出。以下活动可被认定为女足相关活动：

（1）女足梯队参加国家，地区或地方协会组织的正式比赛；

（2）对女足球员的足球专项培训项目（如技战术训练和体能训练，以及比赛规则培训等）；

（3）对女足球员的医疗支持、文化及其他教育活动；

（4）女足活动相关的物资和服务成本，包括场地费、住宿费、医疗费、教育费、差旅费、生活费、设备和服装费、以及设施租用费等，如果该类设施和服务需要与俱乐部其他队伍共享，俱乐部应以适当的方式，合理确定应分摊到女足专项支出的成本费用金额；

（5）女足球员以及女足专职工作人员的人工成本。

如果俱乐部无法从现有支出中单独核算女足支出，则不能将相关支出归类为女足专项支出。

以下支出不能被认定为本条所述的女足专项支出：

（1）为获得女足球员而支付给经纪人或其他俱乐部的费用；

（2）不能直接归属于女足活动的行政和其他支出；

（3）兼职参与女足工作的人员的人工成本；

（4）其他未被中国足协财务监管机构认定为女足专项支出的成本费用。

15. 五人制足球专项支出。以下活动可被认定为五人制足球相关活动：

（1）五人制足球梯队参加国家，地区或地方协会组织的正式比赛；

（2）对五人制球员的足球专项培训项目（如技战术训练和体能训练，以及比赛规则培训等）；

（3）对五人制球员的医疗支持、文化及其他教育活动；

（4）五人制足球活动相关的物资和服务成本，包括场地费、住宿费、医疗费、教育费、差旅费、生活费、设备和服装费、以及设施租用费等，如果该类设施和服务需要与俱乐部其他队伍共享，俱乐部应以适当的方式，合理确定应分摊到五人制专项支出的成本费用金额；

（5）五人制足球球员以及五人制足球专职工作人员的人工成本。

如果俱乐部无法从现有支出中单独核算五人制足球支出，则不能相关支出归类为五人制足球专项支出。

以下支出不能被认定为本条所述的五人制足球专项支出：

（1）为获得五人制足球球员而支付给经纪人或其他俱乐部的费用；

（2）不能直接归属于五人制足球活动的行政和其他支出；

（3）兼职参与五人制足球工作的人员的人工成本；

（4）其他未被中国足协财务监管机构认定为五人制足球专项支出的成本费用。

16. 草根足球计划专项支出。以下活动可被认定为草根足球计划相关活动：

（1）制定 13 岁以下青少年儿童和企业、社会足球活动计划所发生的费用；

（2）进行儿童社区足球发展活动所发生的费用；

（3）草根足球计划专职人员的人工成本；

如果俱乐部无法单独核算用于草根足球计划活动的支出，则不能将相关支出归类为草根足球计划专项支出。

以下支出不能被认定为草根足球计划专项支出：

（1）不能直接归属于草根足球计划的行政和其他支出；

（2）兼职参与草根足球计划工作的人员的人工成本；

（3）其他未被中国足协财务监管机构认定为草根足球计划专项支出的成本费用。

四、关联方交易

（一）关联方定义。

职业俱乐部在考虑每个可能的关联关系时，应当注意其关联关系的实质，而不仅仅是法律形式。关联方定义应当符合中国企业会计准则的规定。根据《企业会计准则第 36 号》和《企业会计准则讲解第 37 章 - 关联方披露》，关联方的定义如下：

1. 下列各方构成企业的关联方：

（1）该企业的母公司；

（2）该企业的子公司；

（3）与该企业受同一母公司控制的其他企业；

（4）对该企业实施共同控制的投资方；

（5）对该企业施加重大影响的投资方；

（6）该企业的合营企业；

（7）该企业的联营企业；

（8）该企业的主要投资者个人及与其关系密切的家庭成员。主要投资者个人，是指能够控制、共同控制一个企业或者对一个企业施加重大影响的个人投资者；

（9）该企业或其母公司的关键管理人员及与其关系密切的家庭成员。关键管理人员，是指有权力并负责计划、指挥和控制企业活动的人员；与主要投资者个人或关键管理人员关系密切的家庭成员，是指在处理与企业的交易时可能影响该个人或受该个人影响的家庭成员；

（10）该企业主要投资者个人、关键管理人员或与其关系密切的家庭成员控制、共同控制或施加重大影响的其他企业。

2. 对关联方关系的认定须参照《企业会计准则讲解第 37 章 - 关联方披露》进行。

（二）关联交易是指关联方之间资源，服务或义务的转移，无论是否收取对价。

（三）职业俱乐部的关联交易应当以公允价值进行。公允价值是指具备充分信息且有意愿交易的双方之间公平、公正地进行资产交换或负债结算采用的金额。在存在关联关系的情况下，如果交易双方订立的条款更有益于其中一方，则该交易会被认为未按照公允价值进行。

附件三　年度财务报告最低披露要求

一、职业俱乐部必须按照国家有关会计制度编制年度财务报告。年度财务报告须满足企业会计准则及会计实务的要求。

二、财务报告各部分必须清楚明确。为了准确理解所列报的信息，必须突出显示以下信息，并在必要时在财务报告中重复：

（一）报告实体的名称、法律组织形式、注册地址、经营地址以及自上一个法定财务报表截止日期起的任何上述信息变更；

（二）财务信息是仅包括单个职业俱乐部实体，还是集团实体或其他实体组合，以及关于该集团或组合的架构和组成的描述；

（三）法定财务报表截止日期和财务信息所涵盖的期间；

（四）列报货币。

三、财务报表格式须符合企业会计准则及相关会计制度的规定，财务报表项目（包括比较信息）应当满足以下最低披露要求：

资产类	负债类	权益类	损益类
● 货币资金 ● 应收账款 ● 预付账款 ● 其他应收款 ● 长期股权投资 ● 固定资产 ● 无形资产 ● 递延所得税资产 ● 其他流动 / 非流动资产	● 短期借款 ● 应付账款 ● 预收账款 ● 应付职工薪酬 ● 其他应付款 ● 长期借款 ● 预计负债 ● 递延所得税负债 ● 其他流动 / 非流动负债	● 实收资本（股本） ● 资本公积 ● 盈余公积 ● 未分配利润	● 营业收入 ● 营业成本 ● 管理费用 ● 财务费用 ● 资产减值损失 ● 资产处置收益 ● 其他收益 ● 营业外收入 / 支出 ● 所得税费用

续表

现金流量表
● 经营活动产生的现金流量 √ 销售商品、提供劳务收到的现金 √ 收到其他与经营活动有关的现金 √ 购买商品、接受劳务支付的现金 √ 支付给职工以及为职工支付的现金 √ 支付的各项税费 √ 支付其他与经营活动有关的现金 ● 投资活动产生的现金流量 √ 处置固定资产、无形资产和其他长期资产收回的现金净额 √ 购建固定资产、无形资产和其他长期资产支付的现金 ● 筹资活动产生的现金流量 √ 吸收投资收到的现金 √ 取得借款收到的现金 √ 收到其他与筹资活动有关的现金 √ 偿还债务支付的现金 √ 分配股利、利润或偿付利息支付的现金 √ 支付其他与筹资活动有关的现金 ● 汇率变动对现金及现金等价物的影响

四、财务报表附注必须以系统方式列示。资产负债表、利润表和现金流量表上的每个项目都必须与附注中的相关信息相互对应。附注披露内容的最低要求如下：

（一）会计政策。财务报表的编制基础以及采用的重大会计政策的概述。

（二）控制方。报告实体被另一方控制时，必须披露相关方的关联关系和名称；如果该关联方不是报告实体的最终控制方，还必须披露最终控制方的名称。如果报告实体的控制方或最终控制方处于不被知晓的状态，则应对这一事实进行披露。无论控制方和报告实体之间是否发生任何交易，该信息都应予以披露。

（三）已质押的资产和保留所有权的资产。披露所有存在所有权限制（如共有等）以及作为负债或者担保的抵押品所抵押的物业、体育场和设备的数量及金额。披露所有存在所有权限制以及被抵押或用于担保的无形资产的数量及金额。

（四）固定资产。每个类别（如房产，体育场和设备等）的固定资产都必须单独披露以下信息：

1. 期初及期末账面总原值、累计折旧和累计减值损失；

2. 期初及期末账面价值的变动，包括在本期内

（1）固定资产的购买、处置产生的账面价值的变化；

（2）固定资产价值重估产生的账面价值的变化；

（3）确认固定资产减值损失（如有）产生的账面价值的变化；

（4）固定资产折旧。

3. 所使用的折旧方法和使用寿命（或折旧率）必须在会计政策中披露。

（五）无形资产。每个类别（如球员资产，其他无形资产等）的无形资产都必须单独披露以下信息：

1. 期初及期末账面总原值、累计摊销和累计减值损失；

2. 期初及期末账面价值的变动：包括在本期内

（1）无形资产的购买、处置产生的账面价值的变化；

（2）确认无形资产减值损失（如有）产生的账面价值的变化；

（3）无形资产摊销。

（六）对外投资。投资应包含对子公司、联合控制实体和联营公司的投资，并至少应针对每项投资披露下列信息：

1. 名称；

2. 公司或者办事处注册地；

3. 实体的业务类型；

4. 持有的所有者权益的比例以及投票权比例；

5. 投资核算方法的描述。

（七）银行贷款。对于每类金融负债，必须披露以下内容：

1. 有关金融工具性质和金额的信息，包括金额、期限、可能影响未来现金流金额、时间和确定性的重要条款；

2. 采用的会计政策和方法，包括确认标准和衡量依据。

（八）应收账款 / 预付账款 / 其他应收款

如存在以下性质的款项，则应单独披露该性质的款项及形成原因：

1. 应收 / 预付球员转会费；

2. 应收 / 预付集团实体款项

3. 应收 / 预付其他关联方款项。

（九）应付账款 / 预收账款 / 其他应付款

如存在以下性质的款项，则应单独披露该性质的款项及形成原因：

1. 应付 / 预收球员转会费；

2. 应付 / 预收集团实体款项；

3. 应付 / 预收其他关联方款项；

4. 应付球员薪酬及其他款项；

5. 应付其他员工薪酬及其他款项；

6. 应付社保机关款项；

7. 应交税金及其他应付税务机关款项；

8. 预计负债和各类准备金，需披露准备金期初及期末账面价值、本期已使用数额以及任何已拨回或已入账数额。

（十）收入。对各项收入金额进行细分，单独披露以下收入项目：

1. 收入 - 门票；

2. 收入 - 赞助和广告，以及其中对集团实体及其他关联方收入；

3. 收入 - 转播权；

4. 收入 - 参赛费；

5. 收入 - 特许商品销售；

6. 收入 - 赛事奖金及津贴；

7. 收入 - 球员租借；

8. 其他收益；

（十一）成本费用

1. 薪酬福利支出 – 需区分一线球员、其他员工；

2. 折旧及摊销 – 需区分球员资产、其他长期资产；

3. 资产减值损失 – 需区分球员资产、其他长期资产；

4. 资产处置损益 – 需区分球员资产、其他长期资产；

5. 球员租借支出；

6. 代理费及经纪费；

7. 安保费用；

8. 特许商品销售成本；

9. 场地租赁费用；

10. 场地维护费用；

11. 差旅支出；

12. 训练费；

13. 青训专项支出；

14. 女足专项支出；

15. 五人制足球专项支出；

16. 草根足球计划专项支出；

17. 其他支出。

（十二）关联方交易。报告实体须按照中国企业会计准则和企业会计制度的要求披露关联关系和关联方交易。如果在此期间关联方之间存在交易，报告实体应披露关联方关系的性质，以及关于在此期间交易和期末未偿还余额的信息，包括承诺事项，以列示该关联关系对财务报表的潜在影响。

1. 披露至少包括：

（1）交易的性质和金额；

（2）未偿还余额的金额，包括承诺事项，以及相关条款，包括是否已获担保，以及在清偿时要提供的对价的性质；

（3）提供的或者获得的任何抵押、担保的详情；

（4）就未偿还余额相关的计提的坏账准备；

（5）就应收关联方款项的坏账在此期间内所确认的费用。

2. 上述关联方交易必须分以下类别进行披露：

（1）母公司

（2）共同控制或对报告实体有重大影响的实体；

（3）子公司；

（4）联营公司；

（5）报告实体投资的合营企业；

（6）该报告实体或其母公司的关键管理人员；

（7）其他关联方。

报告实体必须确认并证实关联交易是按照公允价值进行的。

附件四　俱乐部财务平衡及财务公示的相关要求

一、纳入财务平衡及财务公示考虑的相关收入包括以下项目（各收入项目的具体定义详见“附件二 主要常规业务会计科目使用及核算方法指引”）：

俱乐部常规收入项目	财务计算收入时需将以下项目剔除
1. 门票 2. 赞助和广告 3. 转播权 4. 参赛费 5. 特许商品销售 6. 赛事奖金及津贴 7. 资产处置收益 8. 球员租借收入 9. 其他收益 - 政府补助 10. 利息收入和汇兑损益 11. 其他	1. 与俱乐部参与赛事、品牌文化营销、场馆设施经营等无关的非足球经营活动产生的收入 2. 处置球员资产以外的其他长期资产（固定资产、无形资产、长期待摊费用等）的收益 3. 缺乏商业实质且严重超出市场公允价值的关联方交易收入

二、纳入财务平衡及财务公示考虑的相关支出包括以下项目（各支出项目的具体定义详见“附件二 主要常规业务会计科目使用及核算方法指引”）：

俱乐部常规支出项目	财务公示支出时需将以下项目剔除
1. 员工薪酬福利费用 2. 长期资产折旧摊销费用 3. 资产处置损失 4. 资产减值损失 5. 球员租借支出 6. 代理费及经纪费 7. 特许商品销售成本 8. 场地租赁费用（比赛场地、训练基地） 9. 场地运营维护费用 10. 安保费用 11. 差旅支出 12. 训练费 13. 青训专项支出 14. 女足专项支出 15. 五人制足球专项支出 16. 草根足球计划专项支出 17. 其他	1. 与俱乐部参与赛事、品牌文化营销、场馆设施经营等无关的非足球经营活动的支出 2. 除球员资产以外的其他长期资产（固定资产、无形资产、长期待摊费用等）的摊销、减值及处置损失 3. 青训支出 4. 女足专项支出（人民币1500万至3000万的部分） 5. 五人制足球专项支出（人民币500万以内部分） 6. 合理范围内的草根足球计划专项支出 7. 训练基地租赁费用 8. 训练基地运营维护费用

注：俱乐部支付的股息红利虽然未包含在职业俱乐部的利润表中，但在计算相关支出时也应当将其包含在内；财务平衡中不需要包含企业所得税费用；以上被剔除项目仍然需要纳入到财务公示的考虑中。

三、主要调整项目说明

（一）与俱乐部参与赛事、品牌文化营销、场馆设施经营等无关的非足球经营活动的收入及支出不应包括在财务平衡的计算结果中。而与俱乐部相关（即与俱乐部的活动、场所或品牌相关）的非足球经营活动的收入和支出在部分情况下可以计入财务平衡中，这种情况可能包括：

1. 俱乐部的体育场馆及训练设施的商业运营，以及为了加强俱乐部品牌营销而用于商业运营的隶属于俱乐部的健身中心、会议中心等产生的经营收入及支出。

2. 由俱乐部组织，并以俱乐部品牌营销为目的的商业活动产生的收入及支出。

（二）除球员资产以外的其他长期资产（固定资产、无形资产、长期待摊费用等）的折旧摊销、减值损失及处置损益。考虑到俱乐部的长期利益，为鼓励俱乐部加强对基地、场馆、训练设施等长期资产的建设和投入，这些资产的折旧摊销、减值损失及处置损益均不计入财务平衡结果。

（三）缺乏商业实质且严重超出市场公允价值的关联方交易收入，以及严重低于市场公充价值的关联方交易成本。对于是否存在这些异常关联交易情况的判定需结合本规程“财务监管标准 -F.13 关联方交易”的要求由财务监管机构进行判定。

需要强调的是，对于由关联方的捐赠以及关联方豁免俱乐部的债务所产生的收益不能计入财务平衡结果。但是，如果关联方的捐赠或债务免除，会增加俱乐部的股东权益，那么应按照“财务监管标准 -F.01”中的相关规定进行处理。

四、职业俱乐部在每个报告期按以上第一至第三部分计算的相关收入与相关支出之间的差额可计算出财务平衡结果。如果职业俱乐部的相关支出在报告期内少于相关收入，则俱乐部盈利；如果职业俱乐部的相关支出在报告期内超相关收入，则俱乐部亏损。

五、职业俱乐部总支出限额，除上表所列财务平衡支出计算时应予剔除的项目外，也不包含 2019 年 1 月 1 日之前已支付的球员转会支出摊销。

附件五　逾期应付款项定义

逾期应付款项，是指未按照约定的条款支付的应付款项。

若职业俱乐部能够在 8 月 31 日之前证明关于截至本年 6 月 30 日的逾期应付款项的下列事项，则该应付款不被视为逾期：

一、职业俱乐部已全额支付相关款项；或

二、职业俱乐部已与债权人签订书面协议，将付款截止日展期至可接受的截止日期前，需注意的是，债权人没有要求付款并不自动构成展期付款；或

三、职业俱乐部已向法律法规指定的主管机构提出索赔，或已向中国或国际足联主管机构、相关仲裁法庭提出诉讼，申诉与逾期应付款项相关的赔偿责任。但若财务监管机构认为这些诉讼程序是为了规避本规则所规定的截止日期，例如以拖延付款为目的的行为，则相关款项仍将被视为逾期应付款项；或

四、职业俱乐部已向法律法规规定的主管机构、中国或国际足联主管机构或相关仲裁法庭就债权人对其提起的关于逾期应付款的索赔或诉讼提出申诉，并能向财务监管机构提出充分理由来证明申诉的合理性。但如果财务监管机构认为其对债权人提起的索赔或诉讼的理由是毫无根据的，则相关款项仍将被视为逾期应付款；或

五、职业俱乐部能够证明其已经采取一切合理措施以向债权方俱乐部支付培训补偿款和联合机制补偿款，并且财务监管机构认为俱乐部提供的证据是充分、合理和可接受的。

六、俱乐部之间转让球员资产的协议可能包含根据未来某阶段达到的若干条件而制定的未来补偿条款（即或有负债）。通常情况下，这些条款与所涉及球员及其所效力的球队的未来表现相关，如出场次数、进球总数、国际赛事、俱乐部升级、保级、亚洲赛事参赛资格等。在未切实实现某一特定条件之前，相关负债不可作为应付款项处理，也可不作为逾期款项列示。

附件六 逾期应付款项确认函

截至本年6月30日，本俱乐部＿＿＿＿＿（有/无）逾期支付由转会活动或因参赛引起的款项。截至本年6月30日，本俱乐部＿＿＿＿＿（有/无）逾期支付员工薪酬款项。截至本年6月30日，本俱乐部＿＿＿＿＿（有/无）逾期支付社保、税务机关的款项。

如果俱乐部存在上述逾期应付款项，则至少应完成以下信息填报。

款项性质	债权人	应付款项总额	到期日	截至6月30日逾期金额	逾期原因	计划解决方案

俱乐部代表（签字）：

职位：

职业俱乐部（公章）：

日期：　　年　月　日

附件七 职业俱乐部关于遵守财务监管要求的声明

致：中国足球协会

本俱乐部各级管理人员、球员及教练员已知晓《中国足球协会职业俱乐部财务监管规程》的各项要求和规定。同时，本俱乐部也知晓，如果违反《中国足协协会职业俱乐部财务监管规程》的相关规定，中国足球协会将给予相应的处罚。

本俱乐部会积极配合中国足协财务监管机构和地方足球协会提出的各项工作要求，并郑重声明：

一、本俱乐部提交给中国足球财务监管机构的所有文件及财务监管信息是真实、准确和完整的，并已得到职业俱乐部管理层的批准。

二、本俱乐部提交的年度财务报告符合财务监管规程对于报告主体、报告范围、编制基础、会计科目使用及核算以及最低披露要求等的相关规定；

三、本俱乐部所有的收款、支出、球员薪酬支付及资金的调拨和使用的银行账户和在线支付平台账户均已在中国足协备案；

四、所有薪酬均由俱乐部专用薪酬银行账户直接支付，不存在由股东及其关联公司代付、个人账户转付或现金支付等其他支付行为；

五、所有涉及球员和教练员的劳动合同、补充协议、肖像权使用费等合同或协议均已在中国足球协会备案，不存在与球员或教练员签订阴阳合同等违反中国足协相关规定的行为。

六、本俱乐部自上一年度财务报告资产负债表日至本声明签署日，未发生对本俱乐部财务状况可能产生重大不利影响的经济事项，该类事项包括但不限于：

1. 定期借款即将到期，但无延期或偿还的实际可能性；

2. 出现投资人和其他债权人撤资的迹象；

3. 于上一财务报表提交日后出现重大经营亏损；

4. 无力偿还到期债务；

5. 无力向融资提供方履行贷款协议；

6. 发现并确认表明财务报表有误的重大舞弊或重大错误；

7. 对俱乐部的法律诉讼做出判决，俱乐部无力赔付；

8. 根据法律程序或破产程序从外部任命专人，取代管理层，负责俱乐部的管理；

9. 管理层决定清算该实体，停止交易或根据法律法规寻求债务保护。

俱乐部代表（签字）：

职位：

职业俱乐部（公章）：

日期：　　　年　月　日

附件八　职业俱乐部员工关于遵守财务监管要求的诚信确认函

致：中国足球协会

本人＿＿＿＿＿＿＿＿＿已知晓《中国足球协会职业俱乐部财务监管规程》的各项要求和规定，并郑重承诺本人自＿＿＿＿年＿＿＿＿月＿＿＿＿日至＿＿＿＿年＿＿＿＿月＿＿＿＿日，在＿＿＿＿＿＿＿＿＿＿俱乐部工作 / 从事足球运动期间，已严格遵守中国足球协会职业俱乐部财务监管相关要求，并按照中国足球协会的要求诚实申报各项信息。同时，我承诺：

- 本人所有工资薪金均由所在俱乐部专用薪酬银行账户直接支付，不存在由俱乐部股东及其关联公司代付、个人账户转付、现金支付或通过我的亲友账户发放本人薪酬福利的行为；
- 本人不存在与俱乐部签订阴阳合同等违反中国足协相关规定的事项；

• 本人没有注意到所在俱乐部存在违反中国足协财务监管相关规定的事项；

• 本人不存在偷漏个人所得税的行为；

• 本人向财务监管机构提供的所有信息与资料均真实、完整、准确。

我明白如果我违反本诚信确认函，中国足球协会将采取处罚措施，若违规情节严重，中国足球协会有权予以停赛、禁止转会、取消注册资格、禁止任何与足球有关活动或其他处罚。

确认人（签字）：

日期：　　年　月　日

附件九　合同档案及会计档案保管与移交要求

一、合同档案是指合同及记载合同履行全部情况的文字资料，包括但不限于资质证照、备忘录、承诺函、担保函、验收单以及含有实质性承诺的会议纪要、来往信函、招投标文件等。包括但不限于在下列活动中涉及到的以俱乐部为当事人一方，约定当事人各方权利、义务的合作意向书、备忘录等合同性文件：

（一）对外开展投资业务；

（二）与其他公司、经济组织等进行合作；

（三）银行借款；

（四）资产收购、转让、租赁、抵押；

（五）办公用品、设备等采购及租赁；

（六）委托、聘用中介机构；

（七）其他以公司名义对外进行的活动等；

（八）劳动人事合同、转会合同、培训合同；

（九）公司除合同以外的其他需对外签署的法律性文件。

二、会计档案包括但不限于以下方面：

（一）会计凭证类：原始凭证、记账凭证、汇总凭证及其他会计凭证。

（二）会计账簿类：总账、明细账、日记账、辅助账簿及其他会计账簿。

（三）财务报告类：年度财务报表及附注、附表、文字说明；税务报表等相关报表资料；审计报告、验资报告、资产评估报告、贷款评估报告及与审计相关的其他报告等。

（四）电子类：储存在计算机硬盘中的会计数据、程序文件。

（五）证照类：银行开户许可证其他证照。

（六）其他类：现金盘点表、银行对帐单、银行存款余额调节表、银行询证函、会计档案移交清册、保管清册及销毁清册等。

三、档案保管

（一）合同档案

1. 以职业俱乐部名义对外签署的合同和合同性文件，应予以编号。

2. 以职业俱乐部名义对外签署的所有合同，应当至少保存一份完成签署的原件，在合同签署当日合同主办部门应将其中一份合同原件交予财务部保管、归档，另一份由合同主办部门自行保管、归档并通过公司档案管理系统提交合同扫描件。

3. 合同台帐必须包括签署单位、对方单位、签署日期、金额、有效期、主要条款事项、经办人、归档交接日期等内容。

4. 职业俱乐部合同档案保管期限为永久。

（二）会计档案

1. 会计各种原始凭证、记账凭证保管期限为 15 年。

2. 总账、明细账、辅助账保管期限为 15 年，日记账保管期限为 25 年。

3. 现金盘点表、银行对账单、银行存款余额调节表、银行询证函保管期限为 5 年。

4. 内部报表保管期限为 5 年。

5. 会计报表、财政、税务、统计的各种报表保管期限为永久。

6. 电子会计档案保管期限为永久。

7. 财务报告、审计报告、验资报告、资产评估报告及与审计相关的其他审核报告保管期限为永久。

8. 银行开户许可证、贷款卡、税务登记证等证照保管期限为永久。

9. 会计档案保管期满，需要销毁时，由财务部提出销毁意见，严格审查，编制会计档案销毁清册，报职业俱乐部领导批准（如需政府部门批准，还需政府有关部门审批）后方可销毁 。监销人在销毁会计档案之前，应当认真进行清点核对，销毁后，在销毁清册上签名盖章，并将监销情况向职业俱乐部管理层汇报。

四、档案移交

（一）因职业俱乐部股东变更或俱乐部迁转而发生档案移交，职业俱乐部应当将所有档案一并移交给下一任股东或指定单位，并编制会计档案移交清册，双方签字或盖章。

（二）由于职业俱乐部会计机构改变或会计人员变动，交接会计档案时须办理交接手续，交接双方应当按照职业俱乐部会计档案移交表所列内容逐项交接，并由相关财务负责人监交。交接完毕，移交人、接交人和监交人在移交清册上签字或盖章确认。

附件十　内部控制自我评价报告

根据《俱乐部内控管理指引手册》要求，结合本俱乐部内部控制制度和评价办法，在内部控制日常监督和专项监督的基础上，我们对俱乐部内部控制的有效性进行了自我评价。

一、俱乐部管理层声明

俱乐部管理层保证本报告内容不存在任何虚假记载、误导性陈述或重大遗漏，并对报告内容的真实性、准确性和完整性承担个别及连带责任。

建立健全并有效实施内部控制是俱乐部管理层的责任，监事会（或相应机构）对俱乐部管理层建立与实施内部控制进行监督，经理层负责组织领导俱乐部内部控制的日常运行。

本俱乐部内部控制的目标是：【 】。由于内部控制存在固有局限性，故仅能对实现上述目标提供合理保证。

二、内部控制评价工作的总体情况

俱乐部管理层授权内部审计机构 [或其他专门机构] 负责内部控制评价的具体组织实施工作，内部审计机构编制了评价工作计划，其中包括纳入评价范围的子公司和业务流程，评价工作的具体时间表和人员分工，对纳入评价范围的高风险领域和单位进行评价 [描述评价工作的组织领导体制，一般包括评价工作组织结构图、主要负责人及汇报途径等]。

三、内部控制评价的范围

内部控制评价的范围涵盖了俱乐部及其所属单位的主要业务和事项 [列明评价范围占俱乐部总资产比例或占俱乐部收入比例等]，重点关注下列高风险领域：

俱乐部内部控制前“十大”主要风险

[说明：列示俱乐部根据风险评估结果确定的内部控制前“十大”主要风险]

纳入评价范围的单位包括：

纳入评价范围单位	行业性质 / 业务类型	所属层级

纳入评价范围的业务和事项包括：

纳入评价业务流程	子流程

上述业务和事项的内部控制涵盖了俱乐部经营管理的主要方面，不存在重大遗漏。

（如存在重大遗漏）俱乐部本年度未能对以下构成内部控制重要方面的单位或业务（事项）进行内部控制评价：

重大遗漏单位 / 业务	未纳入原因	对内控自评报告真实性完整性的影响

四、内部控制评价的程序和方法

内部控制评价工作严格遵循基本规范、评价指引及俱乐部内部控制评价办法规定的程序执行 [说明：描述俱乐部开展内部控制检查评价工作的基本流程]。

评价过程中，俱乐部采用了（个别访谈、调查问题、专题讨论、穿行测试、实地查验、抽样和比较分析）等适当方法，广泛收集俱乐部内部控制设计和运行是否有效的证据。

五、内部控制缺陷及其认定

根据俱乐部规模、行业特征、风险偏好和风险承受度等因素，研究确定了适用本俱乐部的内部控制缺陷具体认定标准，对发现的缺陷进行评价，编制缺陷评价汇总表，同时提出整改建议，编制整改任务单。

缺陷认定标准包括定性标准和定量标准，具体如下：

重大缺陷：

重要缺陷：

一般缺陷：

根据上述认定标准，结合日常监督和专项监督情况，我们发现报告期内存一般缺陷 [数量] 个，其中重要缺陷 [数量] 个，重大缺陷 [数量] 个。其中重大缺陷列示如下：

重大缺陷概述	重大缺陷描述	对俱乐部业务运营的影响程度

六、内部控制缺陷的整改情况

针对报告期内发现的内部控制缺陷（含上一期间未完成整改的内部控制缺陷），俱乐部采取了相应的整改措施。对于整改完成的重大缺陷，俱乐部有足够的测试样本显示，与重大缺陷相关的内部控制设计且在 90 天内运行有效。

重大缺陷概述	重大缺陷描述	整改措施	整改完成日期

经过整改，俱乐部在报告期末仍存在一般缺陷 [数量] 个，其中重要缺陷 [数量] 个，重大缺陷 [数量] 个。

针对报告期末未完成整改的重大缺陷，俱乐部拟进一步采取相应措施加以整改 [描述整改措施的具体内容及预期达到的效果]。

重大缺陷概述	重大缺陷描述	整改措施

七、内部控制有效性的结论

俱乐部已经根据基本规范、评价指引及其他相关法律法规的要求，对俱乐部截至 20xx 年 12 月 31 日的内部控制设计与运行的有效性进行了评价。根据内部控制评价工作编制内部控制评价报告。

（存在重大缺陷的情形）报告期内，俱乐部在内部控制设计与运行方面存在尚未完成整改的重大缺陷 [描述该缺陷的性质及其对实现相关控制目标的影响程度]。由于存在上述缺陷，可能会给俱乐部未来生产经营带来相关风险 [描述该风险]。

（不存在重大缺陷的情形）报告期内，俱乐部对纳入评价范围的业务与事项均已建立了内部控制，并得以有效执行，达到了俱乐部内部控制的目标，不存在重大缺陷。

俱乐部总经理：

职业俱乐部（公章）：

日期：　　　年　月　日

中国足球协会关于规范管理职业俱乐部的通知

各相关足球俱乐部：

为贯彻落实《中国足球改革发展总体方案》精神，保持职业联赛健康、稳定、持续的发展，中国足球协会将采取有效措施，解决中超、中甲联赛中俱乐部非理性投资加剧、财务严重入不敷出、青训体系薄弱、基础设施投入不足等问题。

经第十届中国足球协会第十一次执委会讨论同意，现将规范管理职业足球俱乐部的有关措施通知如下：

一、调整外籍球员上场规则。中超联赛上场的外籍运动员（含亚足联会员协会所属运动员）调整为累计3人次。外籍运动员（含亚足联会员协会所属运动员）注册、报名的规则、数量不变。

二、增加U23国内运动员上场规则。中超、中甲联赛中，上场运动员名单中应列入至少2名U23国内运动员，其中1名U23国内运动员应为首发运动员。根据俱乐部的实际情况，逐渐将政策调整为U21或U22国内运动员上场规则。

三、实现俱乐部股份多元化、名称中性化。俱乐部应扎根当地，保证稳定的资金来源。通过职业俱乐部的专业化属性，促进足球运动在当地的普及和开展，带动当地体育产业的发展，成为当地人民群众文化体育生活的重要组成部分。中国足协将对《中国足球协会职业足球俱乐部转让规定》进行进一步完善和修订，实现俱乐部股份多元化。同时，将制定《中国足球协会职业足球俱乐部名称规范》，推动实现俱乐部名称中性化。

四、完善和调整职业俱乐部准入标准程序。职业俱乐部的准入审核工作将调整至每年的6至9月进行，在达到准入标准且获得相应联赛的准入资格后，根据联赛成绩获得联赛参赛资格。

五、通过职业俱乐部准入标准的完善，加快俱乐部梯队建设，引导职业俱乐部拥有完善的青训体系。2019年12月31日前，中超俱乐部应至少具备U19\17\15三级梯队、中甲俱乐部应至少具备U17\15两级梯队、中乙俱乐部应至少具备U15梯队。俱乐部的青少年梯队必须在俱乐部注册，并代表俱乐部参加中国足协、地方足协、职业联赛组织等主办的比赛。同时，中国足协将与职业联赛组织合作举办具有独立升降级的职业俱乐部梯队联赛。

六、职业俱乐部每年在青训方面的支出不少于全年支出的15%。

七、职业俱乐部应设置青训总监，教练员应具备相应资质。中超俱乐部的青训总监应获得中国足协颁发或认证的职业级教练员证书。中甲俱乐部的青训总监应至少获得中国足协颁发或认证的A级教练员证书。中超俱乐部U19梯队主教练应至少获得中国足协颁发或认证的A级教练员证书。中超、中甲俱乐部U17梯队主教练应至少获得中国足协颁发或认证的B级教练员证书。中超、中甲俱乐部U15梯队主教练应至少获得中国足协颁发或认证的C级教练员证书。俱乐部梯队的各类教练员最低级别为获得中国足协颁发或认证的C级教练员证书。中国足协将根据青训发展的实际情况，逐步提高俱乐部梯队的各类教练员等级要求。

八、职业俱乐部应具备训练基地。2018年12月31日前，应在俱乐部注册会员协会管辖范围内启用供俱乐部独立使用的训练基地。训练基地应当达到至少四块标准足球场，其中一块为符合标准的人工草皮球场、一块带灯光设施。训练基地内应有各类功能用房，能够满足俱乐部各级球队的使用。训练基地的所有权可采取多种形式，俱乐部可拥有训练基地的所有权，或俱乐部实际控制人拥有训练基地所有权，或者租赁政府部门或地方足协拥有使用权的基地二十年以上。

九、制定职业俱乐部财务监管办法，对于连续三年超过亏损额标准的俱乐部，不再授予准入资格。参考各国对职业俱乐部财务监管的先进做法，在2017年完成第三方审计公司对职业俱乐部进行统一的财务审计的基础上，制定符合中国国情的职业俱乐部财务监管办法以及财务运行标准。

十、落实俱乐部统一的财务账户，公开俱乐部财务状况。减少俱乐部对母公司、股东企业的资金依赖，俱乐部作为独立的法人单位开展经营活动。加强对俱乐部的财务监管力度，使俱乐部能够良性运转。中国足协将落实职业俱乐部统一的财务账户，禁止俱乐部以现金形式发放薪酬。同时将聘请第三方审计公司对职业俱乐部进行统一的财务审计工作，对俱乐部资金来源、支出情况、青少年梯队费用的使用情况、球员薪酬支付方式进行重点检查，并将俱乐部相关收支情况进行社会公开。对于隐瞒俱乐部财务运转流程、通过其他非本俱乐部财务账户支付费用、违规发放现金等行为，一经查实严肃处理，直至取消注册资格。

十一、俱乐部缴纳转会调节基金。中国足协将制定对俱乐部超高引援投入实施按比例收取足球发展基金用于青训等措施。俱乐部在外籍球员、国内球员转会过程中，对于超过基础费用的转会费，俱乐部应缴纳相应比例的转会调节基金。

十二、完善和落实球员转会过程中的培训补偿和联合机制补偿，实现谁做青训培养，谁受益。

十三、控制俱乐部工资奖金支出比例。根据联赛和俱乐部收入状况，合理确定职业俱乐部每年用于支付球员薪酬的资金比例。

十四、打击职业俱乐部违规支付签字费、签订阴阳合同等违法违规的行为。只设立转会费、年薪、月薪、单场奖金等具体名目，不得再设立其他名目。对于扰乱正常转会秩序、签订阴阳合同的俱乐部、球员、球员代理人进行严肃处理，直至取消注册资格、终身禁止从事足球活动。

十五、对于存在欠薪的职业俱乐部，取消其注册资格。

十六、多部门联动，综合施治，打击足球相关违法犯罪行为。中国足协将与国家各相关部门进行密切合作、齐抓共管，综合施治，对于职业俱乐部逃税漏税、违规开立多个公司账户、海外账户、贪污受贿、洗钱、操纵比赛等行为，给予严肃打击和处理。

十七、量化并公开球员能力数据。通过现有的球员数据统计，利用大数据平台，对球员的各项能力数据进行公开和量化，在获取比赛结果的同时也对比赛的过程进行分析。球员相关数据的公开，便于公众了解足球运动，推广普及足球运动。同时，也为各级国家队选拔球员做好基础性的工作。

十八、加大培训力度，提高足球管理人员能力，加强行政管理、新闻媒体、场地维护、竞赛运行等培训，相关人员应持证上岗，鼓励俱乐部聘用职业经理人。

中国足协将建立长效机制，对于实施过程中遇到的实际问题，及时进行调整和完善，分阶段、分步骤落实各项政策措施。

中国足球协会

2017 年 2 月 23 日

中超俱乐部财务约定指标（2019—2021）

一、中超俱乐部支出限额

（一）约定指标

为引导俱乐部理性投入，自2019年起设置俱乐部总支出的最高限额。2019至2021赛季，中超俱乐部单赛季支出限额逐年下降。具体数额为（单位：人民币）：

2019年	2020年	2021年
12亿	11亿	9亿

（二）未达指标的措施

超过支出限额20%（含本数）以内	两个注册窗口期，减少国内非年龄限制引援名额1人。
超过支出限额20%~40%（含本数）	两个注册窗口期，减少国内非年龄限制引援名额2人。
超过支出限额40%~60%（含本数）	两个注册窗口期，减少国内非年龄限制引援名额2人，外籍球员引援名额1人。
超过支出限额60%以上	两个注册窗口期，减少国内非年龄限制引援名额2人，外籍球员引援名额2人。

二、中超俱乐部投资人注资限额

（一）约定指标

为促使俱乐部加强经营开发，做大足球产业，减少对母公司的依赖，设置俱乐部投资人注资限额。2019至2021赛季，中超俱乐部单赛季投资人注资限额逐年下降。具体数额为（单位：人民币）：

2019年	2020年	2021年
6.5亿	5.6亿	3亿

（二）未达指标的措施

超过注资限额 20%（含本数）以内	两个注册窗口期，减少国内非年龄限制引援名额 1 人。
超过注资限额 20%~40%（含本数）	两个注册窗口期，减少国内非年龄限制引援名额 2 人。
超过注资限额 40%~60%（含本数）	两个注册窗口期，减少国内非年龄限制引援名额 2 人，外籍球员引援名额 1 人。
超过注资限额 60% 以上	两个注册窗口期，减少国内非年龄限制引援名额 2 人，外籍球员引援名额 2 人。

三、中超俱乐部亏损限额

（一）约定指标

为促使俱乐部加大自身经营，提高经营能力，逐年减少亏损，设置亏损限额。2019 至 2021 赛季，中超俱乐部单赛季亏损限额逐年下降。具体数额为（单位：人民币）：

2019 年	2020 年	2021 年
3.2 亿	2.9 亿	2.7 亿

（二）未达指标的措施

首次未达到	警告。
两次未达到	两个注册窗口期，减少国内非年龄限制引援名额 1 人。
三次未达到	两个注册窗口期，减少国内非年龄限制引援名额 1 人，外籍球员引援名额 1 人。

四、中超俱乐部薪酬限额

（一）约定指标

为降低中超俱乐部薪酬总额，调整俱乐部人工成本占总支出比例极高的实际情况，设置中超俱乐部薪酬限额。

1. 薪酬总额比例限额

中超俱乐部一线队的外籍球员、国内球员、预备队球员的薪酬总额占总支出的比例逐年下降。具体比例为：

2019 年	2020 年	2021 年
65%	60%	55%

2. 国内球员个人最高薪酬限额

国内球员个人薪酬最高（不含奖金）不得超过税前 1000 万元人民币。

参加 2019 年亚洲杯、2022 年卡塔尔世界杯预选赛的国家队球员在个人最高薪酬限额基础上，上浮 20% 执行。

3. 相关合同的认定和执行。

2019 年 1 月 1 日起，在中国足协新备案的合同按限额签订。

合同尚未到期的球员，待现有合同到期后再按限额重新签订。现有合同期限以 2018 年注册期已在中国足协完成合同备案的为准。

（二）未达指标的措施

1. 超过薪酬总额比例限额的

首次超过薪酬总额比例限额	两个注册窗口期，减少国内非年龄限制引援名额 1 人。
两次超过薪酬总额比例限额	两个注册窗口期，减少国内非年龄限制引援名额 1 人，外籍球员引援名额 1 人。
三次超过薪酬总额比例限额	两个注册窗口期，减少国内非年龄限制引援名额 2 人，外籍球员引援名额 2 人。

2. 新合同超过国内球员个人最高薪酬限额的

国内球员超限额 1~3 人次	两个注册窗口期，减少国内非年龄限制引援名额 1-3 人次。
国内球员超限额 3 人次以上	两个注册窗口期，取消国内非年龄限制引援名额。

五、中超俱乐部奖金限额

（一）约定指标

1. 设置全年奖金总限额（全年赢球奖金和平球奖金的总额），纳入俱乐部总支出限额内。单场税前数额为（单位：人民币）：

赢球奖金	300 万元 / 场
平球奖金	100 万元 / 场

2. 足协杯比赛奖金可按双方比赛队中级别高的联赛奖金标准执行。

3. 设置参加亚冠联赛的俱乐部奖金总限额（亚冠联赛赢球奖金和平球奖金的总额），超出总额部分计入支出限额。单场税前数额为（单位：人民币）：

赢球奖金	600 万元 / 场
平球奖金	200 万元 / 场

（二）未达指标的措施

全年联赛奖金总额超额	每超出 100 万元扣除当赛季联赛积分 1 分，累计计算。

中国足球协会

2018 年 12 月 20 日

中甲俱乐部财务约定指标（2019—2021）

一、中甲俱乐部支出限额

（一）约定指标

为引导俱乐部理性投入，自2019年起设置俱乐部总支出的最高限额。2019至2021赛季，中甲俱乐部单赛季支出限额具体数额为（单位：人民币）：

2019年	2020年	2021年
2亿	2亿	2亿

（二）未达指标的措施

超过支出限额20%（含本数）以内	两个注册窗口期，减少国内非年龄限制引援名额1人。
超过支出限额20%~40%（含本数）	两个注册窗口期，减少国内非年龄限制引援名额2人。
超过支出限额40%~60%（含本数）	两个注册窗口期，减少国内非年龄限制引援名额2人，外籍球员引援名额1人。
超过支出限额60%以上	两个注册窗口期，减少国内非年龄限制引援名额2人，外籍球员引援名额2人。

二、中甲俱乐部投资人注资限额

（一）约定指标

为促使俱乐部加强经营开发，做大足球产业，减少对单一股东的依赖，设置俱乐部投资人注资限额。

2019至2021赛季，俱乐部为单一股东的，中甲俱乐部单赛季投资人注资限额逐年下降。具体数额为（单位：人民币）：

2019年	2020年	2021年
1.1亿	1.0亿	0.9亿

俱乐部股东为二个或以上，股东最低持股比例高于20%（含本数）的，中甲俱乐部投资人注资不设置限额。

（二）未达指标的措施

超过注资限额20%（含本数）以内	两个注册窗口期，减少国内非年龄限制引援名额1人。
超过注资限额20%~40%（含本数）	两个注册窗口期，减少国内非年龄限制引援名额2人。
超过注资限额40%~60%（含本数）	两个注册窗口期，减少国内非年龄限制引援名额2人，外籍球员引援名额1人。
超过注资限额60%以上	两个注册窗口期，减少国内非年龄限制引援名额2人，外籍球员引援名额2人。

三、中甲俱乐部亏损限额

（一）约定指标

为促使俱乐部加大自身经营，提高经营能力，逐年减少亏损，设置亏损限额。2019至2021赛季，中甲俱乐部单赛季亏损限额逐年下降。具体数额为（单位：人民币）：

2019年	2020年	2021年
0.7亿	0.6亿	0.5亿

（二）未达指标的措施

首次未达到	警告
两次未达到	两个注册窗口期，减少国内非年龄限制引援名额1人。
三次未达到	两个注册窗口期，减少国内非年龄限制引援名额1人，外籍球员引援名额1人。

四、中甲俱乐部薪酬限额

（一）约定指标

为降低中甲俱乐部薪酬总额，调整俱乐部人工成本占总支出比例高的实际情况，设置中甲俱乐部薪酬限额。

中甲俱乐部一线队的外籍球员、国内球员、预备队球员的薪酬总额占总支出的比例逐年下降。具体比例为：

2019年	2020年	2021年
70%	65%	55%

（二）未达指标的措施

首次超过薪酬总额比例限额	两个注册窗口期，减少国内非年龄限制引援名额 1 人。
两次超过薪酬总额比例限额	两个注册窗口期，减少国内非年龄限制引援名额 1 人，外籍球员引援名额 1 人。
三次超过薪酬总额比例限额	两个注册窗口期，减少国内非年龄限制引援名额 2 人，外籍球员引援名额 2 人。

五、中甲俱乐部奖金限额

（一）约定指标

设置全年奖金总限额（全年赢球奖金和平球奖金的总额），纳入俱乐部总支出限额内。单场税前数额为（单位：人民币）：

赢球奖金	100 万元 / 场
平球奖金	30 万元 / 场

足协杯比赛奖金可按双方比赛队中级别高的联赛奖金标准执行。

（二）未达指标的措施

全年联赛奖金总额超额	每超出 30 万元扣除当赛季联赛积分 1 分，累计计算。

中国足球协会

2018 年 12 月 20 日

中乙俱乐部财务约定指标（2019—2021）

一、中乙俱乐部支出限额

（一）约定指标

为引导俱乐部理性投入，自 2019 年起设置俱乐部总支出的最高限额。2019 至 2021 赛季，中乙俱乐部单赛季支出限额具体数额为（单位：人民币）：

2019 年	2020 年	2021 年
0.35 亿	0.35 亿	0.35 亿

（二）未达指标的措施

超过支出限额 20%（含本数）以内	两个注册窗口期，减少国内非年龄限制引援名额 1 人。
超过支出限额 20%~40%（含本数）	两个注册窗口期，减少国内非年龄限制引援名额 2 人。
超过支出限额 40%~60%（含本数）	两个注册窗口期，减少国内非年龄限制引援名额 3 人。
超过支出限额 60% 以上	两个注册窗口期，减少国内非年龄限制引援名额 4 人。

二、中乙俱乐部投资人注资限额

（一）约定指标

为促使俱乐部加强经营开发，做大足球产业，减少对单一股东的依赖，设置俱乐部投资人注资限额。

2019 至 2021 赛季，俱乐部为单一股东的，中乙俱乐部单赛季投资人注资限额逐年下降。具体数额为（单位：人民币）：

2019 年	2020 年	2021 年
0.25 亿	0.22 亿	0.2 亿

俱乐部股东为二个或以上，股东最低持股比例高于 20%（含本数）的，中乙俱乐部投资人注资不设置限额。

（二）未达指标的措施

超过注资限额 20%（含本数）以内	两个注册窗口期，减少国内非年龄限制引援名额 1 人。
超过注资限额 20%~40%（含本数）	两个注册窗口期，减少国内非年龄限制引援名额 2 人。
超过注资限额 40%~60%（含本数）	两个注册窗口期，减少国内非年龄限制引援名额 3 人。
超过注资限额 60% 以上	两个注册窗口期，减少国内非年龄限制引援名额 4 人。

三、中乙俱乐部薪酬限额

（一）约定指标

为降低中乙俱乐部薪酬总额，调整俱乐部人工成本占总支出比例高的实际情况，设置中乙俱乐部薪酬限额。

中乙俱乐部一线队的球员的薪酬总额占总支出的具体比例为：

2019 年	2020 年	2021 年
65%	65%	65%

（二）未达指标的措施

首次超过薪酬总额比例限额	两个注册窗口期，减少国内非年龄限制引援名额 1 人。
两次超过薪酬总额比例限额	两个注册窗口期，减少国内非年龄限制引援名额 2 人。
三次超过薪酬总额比例限额	两个注册窗口期，减少国内非年龄限制引援名额 3 人。

四、中乙俱乐部奖金限额

（一）约定指标

设置全年奖金总限额（全年赢球奖金和平球奖金的总额），纳入俱乐部总支出限额内。单场税前数额为（单位：人民币）：

预赛阶段：

赢球奖金	30 万元 / 场
平球奖金	10 万元 / 场

决赛阶段：

赢球奖金	100 万元 / 场
平球奖金	30 万元 / 场

足协杯比赛奖金可按双方比赛队中级别高的联赛奖金标准执行。

（二）未达指标的措施

全年联赛奖金总额超额	每超出 10 万元扣除当赛季联赛积分 1 分，累计计算。

中国足球协会

2018 年 12 月 20 日

中国足球协会职业俱乐部名称规范

一、为保障职业联赛的稳定和长远发展，维护各级职业联赛（中超、中甲、中乙联赛）的品牌价值，并兼顾国情及中国足球联赛发展现状，制定此规范。

二、俱乐部注册名称规范

（一）俱乐部注册名称：地域名＋俱乐部名＋“（足球）俱乐部”。地域名应为俱乐部所属地的名称或所在城市名称。俱乐部在工商管理机关（或社团管理机关）登记的名称必须与在中国足球协会注册的名称一致。

（二）俱乐部简称：为规范识别，俱乐部应有唯一的“俱乐部简称”，简称必须以地域名开头。简称中不得含有商品或服务类别名称、组织形式名称（如啤酒、汽车、集团等），同时应符合国家有关规定（如商标法、广告法等）。

（三）仅以地域名命名俱乐部，必须报属地中国足协会员协会特别批准，同时，为与属地足协的协会代表队区分，地域名后必须加上“俱乐部”或“俱乐部”的英文缩写“FC”（如深圳俱乐部或深圳 FC）。

（四）俱乐部各级球队参赛报名时，只有俱乐部名称及简称为中性的俱乐部所属球队才可以进行球队冠名，且每个赛季每支球队只能有一个球队冠名，球队冠名可以是企业或品牌名称，但不得有商品或服务类别、组织形式等（如啤酒、汽车、集团、党委、学校等），同时俱乐部队冠名应符合国家有关规定（如商标法、广告法等）。俱乐部球队简称必须完整包括“俱乐部简称”，并且球队的商业冠名必须在完整的“俱乐部简称”之后。“球队简称”的汉字及字母总数不得超过 6 个。与上述要求不符时，赛事主办方有权要求报名俱乐部予以纠正，一旦报名完成，球队简称在本赛季内不得变更。

三、职业俱乐部的注册名称及俱乐部简称的变更

（一）目前职业联赛中存在的俱乐部名称种类。

1. 中性名称：俱乐部名称及简称除地域名称外的部分与俱乐部股东单位名称或赞助商单位名称无关，或者因原本非中性的名称被俱乐部长期使用至使其名称的足球属性知名度大于原属行业知名度，经俱乐部向中国足协申请并被批准，可将其名称认定为中性名称。（如申花）

2. 非中性名称：俱乐部名称及简称除地域名称外的部分与股东单位名称或赞助商单位名称有关。

3. 半中性名称：俱乐部名称及简称除地域名称外的部分，一部分与股东单位名称或赞助

商单位名称有关，一部分与股东单位名称或赞助商单位名称无关（如山东鲁能泰山，鲁能为股东单位名称，泰山为中性名称）。

（二）对以上不同种类名称俱乐部进行名称变更的规定

1. 中性名称的俱乐部，俱乐部名称及简称不得进行变更，否则将被取消职业联赛的准入资格；

2. 非中性名称的俱乐部，俱乐部名称可以一直维持现状不变，如申请进行变更，只能变更为中性名称，并通过属地会员协会及中国足球协会的名称审核，一旦变更后将不得再次变更，否则将被取消职业联赛的准入资格；

3. 半中性名称的俱乐部，俱乐部名称可以一直维持现状不变，如申请进行变更，只能保留原有名称中的中性部分，并通过属地会员协会及中国足球协会的名称审核，一旦变更后将不得再次变更，否则将被取消职业联赛的准入资格；

（三）俱乐部变更名称后，俱乐部的原名称及原简称将不得再被使用，以原俱乐部名称命名的球队将不得参加中国足球协会组织的各类比赛。

（四）新变更的名称未被审核通过，包括但不限于如下原因

1. 违反国家有关法律规定

2. 涉及暴力、色情、宗教、政治等

3. 与现有及曾经的职业俱乐部名称相同或相近

四、本暂行规定自 2017 赛季起实施，之前与本规定要求内容不一致的，以本规定为准，并由中国足球协会负责解释。

中国足球协会

2015 年 12 月

第十二编

专业委员会

中国足球协会是中国足球运动的管理机构，简称中国足协或足协。下设12个专项委员会，本编主要介绍了纪律委员会、仲裁委员会、道德与公平竞赛委员会、医学委员会、竞赛委员会、场地器材委员会、财务委员会的工作规则，旨在促进足球运动的健康发展，维护足球比赛的良好秩序，创造公平竞赛的环境。为了保证足球赛事的公平公正、促进足球运动的健康发展，中国足协各专门委员会要严格遵守相关纪律准则、工作规则，共同营造一个秩序良好的足球赛事环境。

本编中汇编的规范性法律文件主要有：《关中国足球协会纪律准则》《中国足球协会关于违规违纪的停赛执行细则》《中国足球协会纪律委员会工作条例》《中国足球协会仲裁委员会工作规则》《中国足球协会道德与公平竞赛委员会工作规则（试行）》《中国足球协会医学委员会工作规则（草案）》《中国足球协会竞赛委员会工作规范》《中国足球协会场地器材委员会工作规范》《中国足球协会财务委员会工作规范》。这些法律规定包括了纪律委员会、仲裁委员会、道德与公平竞赛委员会等各专业委会的职责和工作规范。

中国足球协会纪律准则

第一章 前 沿

第一条 目的

为促进足球运动的健康发展，维护足球比赛良好秩序，创造公平竞赛的环境，预防并处罚违背体育道德行为和球场暴力行为，保障球员、官员、比赛官员、观众、足球从业人员、赛区委员会、中国足球协会及其会员协会、俱乐部的合法权益，保护球员的身体健康，促进足球比赛技战术水平的提高，使足球比赛更具观赏性，依据国际足联颁布的《足球竞赛规则》《国际足联纪律准则》《亚足联纪律准则》和《中国足球协会章程》，针对违反中国足球协会各项规定的行为，制订本纪律准则。

第二条 原则

中国足球协会纪律委员会遵循独立、公开、公正、公平，处罚与教育相结合的原则，对违规违纪行为及时作出处罚。违规违纪行为触犯国家有关法律法规的，应当根据相关法律法规的规定，由违规违纪责任人承担相应的民事或刑事的法律责任。

第三条 适用范围

本准则适用于中国足球协会管理下与足球运动有关的活动。

第四条 适用主体

以下自然人、组织应服从本准则：

（一）中国足球协会所属各会员协会。

（二）各会员协会所属足球组织和个人。

（三）官员。

（四）球员。

（五）比赛官员。

（六）代理人。

（七）中国足球协会授权的任何人，尤其是和中国足球协会组织的比赛、赛事或其他活动相关的人员。

（八）其他与中国足球协会行业管理有关的单位或个人。

第五条　适用时间

本准则原则上适用于其生效后发生的各种事实。处理本准则生效前发生的事实时，在符合本准则第一条的情况下，也适用于以前发生的事实。

第六条　定义

（一）赛前：球队到达体育场区域到裁判员鸣哨开球之间的时间。

（二）赛后：裁判员终场哨响到球队从体育场区域离开之间的时间。

（三）国际比赛：属于国际足联不同会员协会的两个球队间的比赛（两个俱乐部之间、一个俱乐部和一个代表队、两个代表队之间）。

（四）正式比赛：由国际足联或亚足联主办的各类比赛；由中国足球协会主办的，包括男子或女子、成年或青少年的各级联赛、杯赛、锦标赛及其他比赛；经中国足球协会批准，由会员协会主办的其所辖范围内的男女各级联赛、杯赛、锦标赛；由会员协会批准举办的其他比赛。

（五）官员：除球员外，在中国足球协会及其会员协会或俱乐部从事与足球相关活动的任何人，无论其职位，所从事活动类别（管理、运动或其他），以及从事该活动的时间长短。尤其指领队、教练员、队医、翻译。官员在俱乐部担任主要职务的，其个人所作出的与足球活动有关的行为将被视为俱乐部的行为。

（六）比赛官员：裁判员、助理裁判员、第四官员、视频助理裁判员、比赛监督、裁判监督、安全官员，以及中国足球协会或会员协会指派的和比赛有关的其他任何人员。

（七）中国足球协会规定：中国足球协会章程、规定、规程、决议、通知、各级联赛委员会的相关文件及其他文件。

（八）国际足联、亚足联规定：国际足联、亚足联章程、规定、规程、决议和通知，以及由国际足联颁布的《足球竞赛规则》。

第七条　性别

不论如何措辞和表达，本准则所有条款均适用于男性和女性。

第八条　行使权利

在中国足球协会主办的比赛中出现的违规违纪行为，由中国足球协会纪律委员会负责审核处理。但在中国足球协会主办的分阶段、分赛区的比赛中，可由中国足球协会纪律委员会授权大区或赛区委员会设立相应的纪律委员会，在其（授权的）管辖范围内，依照本准则处理违规违纪行为，并报中国足球协会纪律委员会备案。超越赛区管理权限的，向中国足球协会纪律委员会报告。

在会员协会主办的比赛中出现的违规违纪行为，由会员协会参照本准则执行。

第二章　通　则

第一节　处罚条件

第九条　一般违规

（一）除非另有规定，无论故意或一般违规行为，都将受到处罚。

（二）在特殊情况下，即使没有违规行为发生，比赛也可在没有观众的情况下进行，或在中立场地进行，或单纯因为安全原因禁止在某个体育场进行比赛。

第十条　企图犯规

（一）有犯规企图的行为也应受到处罚。

（二）在处理具有犯规企图的行为时，纪律委员会应以实际的违规处罚为依据，可视情节相应地减轻处罚。减轻处罚的尺度由纪律委员会根据相应情况决定，但罚款不得低于本准则第十七条第 1 款规定的最低标准。

第十一条　参与违规

（一）无论作为肇事者还是参与者，任何故意参与违规行为的人，都应受到处罚。

（二）纪律委员会应根据参与的程度，视情况减轻、增加或调整处罚力度，但罚款不得低于本准则第十七条第 1 款规定的最低标准。

第二节　处罚种类

第十二条　对各类主体适用的处罚

以下处罚对自然人和组织都适用：

（一）警告。

（二）通报批评。

（三）罚款。

（四）退回奖项。

（五）禁止转会。

（六）取消注册资格。

（七）禁止从事任何与足球有关的活动。

（八）中国足球协会规定的其他处罚。

第十三条　仅适用于自然人的处罚

以下处罚仅适用于自然人：

（一）警告（黄牌）。

（二）罚令出场（红牌）。

（三）停赛。

（四）禁止进入球员休息室和／或替补席。

（五）禁止进入体育场（馆）。

（六）参加社会公益活动。

（七）中国足球协会规定的其他处罚。

第十四条　仅适用于组织的处罚

以下处罚仅适用于组织：

（一）进行无观众的比赛。

（二）在中立场地进行比赛。

（三）禁止在某体育场（馆）比赛。

（四）减少转会名额。

（五）限制引进外籍球员。

（六）取消比赛结果。

（七）比分作废。

（八）扣分。

（九）取消比赛资格。

（十）降级。

（十一）中国足球协会规定的其他处罚。

第十五条　警告

警告是对违规者的一种最轻处罚，如再次出现违规行为，将对违规者实施进一步纪律处罚。

第十六条　通报批评

通报批评是较轻的一种处罚，如再出现违规行为，将对违规者实施进一步纪律处罚。

第十七条　罚款

（一）罚款不应低于 1000 元人民币，不得高于 100 万元人民币。

（二）罚款的缴纳时间期限和方式。罚款应由违规者于处罚生效之日起 15 日内支付至中国足球协会指定账户，逾期未缴者将视情况加重处罚（包括追加停赛、罚款等）。

（三）会员协会或俱乐部承担对其球员和官员罚款的连带责任，即使被处罚者离开协会或俱乐部的，也不能免除该连带责任。

第十八条　退回奖项

（一）被要求退回奖项的自然人或者组织应退回比赛中获得的所有利益，尤其是奖金和象征物（奖牌、奖杯、锦旗等）。

（二）收到的奖金应全部返还（包括奖金所产生的孳息）。在处罚决定生效之日起 15 个工作日予以返还，逾期将追加罚款等处罚。

第十九条 警告（黄牌）

（一）黄牌警告是比赛过程中裁判员对球员非严重性地违反体育道德的行为进行的警告（参见《足球竞赛规则》第 12 章）。

（二）同一场比赛中被出示两张黄牌者将被驱逐出场，同时，被罚者在下一场比赛自动停赛。导致红牌的两张黄牌警告即告撤销。

（三）因为比赛中断而导致的重新比赛中，此前在被中断的比赛中的黄牌警告将按照《足球竞赛规则》及有关规程确认。

（四）按照《足球竞赛规则》的第 12 章规定，如果某球员的行为严重地违反了体育道德，并因此被罚令出场（直接红牌），其先前在同一场比赛中得到的黄牌警告维持不变。

第二十条 罚令出场（红牌）

（一）罚令出场是在比赛过程中裁判员罚令某人离开比赛场地及其周围区域，包括替补席。被罚令出场的人可以进入看台，除非罚令出场包括体育场区域。

（二）对球员的罚令出场以出示红牌为表现形式。如果处罚依据的是《足球竞赛规则》中第 12 章规定的性质严重的违反体育道德的行为，该红牌的性质为直接红牌；如果是累计两张黄牌，则是间接红牌。

（三）被罚出场的官员可以给替补席上替代他的人指导。但应保证不影响观众或不扰乱比赛秩序的正常进行。

（四）即使在被取消和 / 或中断的比赛中，被罚令出场也自然导致停止下一场比赛。纪律委员会可以视情况决定是否延长停赛的期限。

第二十一条 停赛

（一）停赛是禁止参与下一场比赛或下一项赛事并（或）禁止进入比赛场地或周边地区。被停赛的球员不得出现在上场球员名单上，并不得进入替补席。

（二）停赛以比赛场次、天数或月的形式出现。除非另有规定，停赛时间不得超过 24 场比赛或 24 个月。

（三）如果停赛以比赛场次的形式来计，只有真正进行了的比赛才可以计入停赛场次。如果比赛被中断、取消或最终比赛被终止，只有在比赛的中断、取消或终止的情形不是由被停赛球员所属的球队导致的情况下，被中断、取消或终止的场次方可计入停赛场次。

第二十二条 禁止进入球员休息室和 / 或替补席

禁止进入球员休息室和 / 或替补席是指限制或者禁止被处罚对象进入球队休息室和 / 或比赛场地周边地区，尤其是进入替补席。

第二十三条　禁止进入体育场（馆）

禁止进入体育场（馆）指禁止被处罚对象进入一个或几个体育场（馆）的区域内。

第二十四条　禁止从事任何与足球有关的活动

禁止从事任何与足球有关的活动是指禁止被处罚对象从事任何与足球有关的活动（包括但不限于投资、管理、比赛或其他）。

第二十五条　禁止转会

禁止转会是指被处罚对象在处罚有效期内不得进行转入或者转出的行为。

第二十六条　无观众比赛

无观众比赛是指要求会员协会和俱乐部的球队在没有观众的情况下进行某一场比赛。

第二十七条　在中立场地进行比赛

在中立场地进行比赛是指要求会员协会和俱乐部的球队在另外一个省（市）或同一个省（市）的另一个地区进行某一场比赛。

第二十八条　禁止在某体育场（馆）比赛

禁止在某一体育场（馆）比赛是指禁止会员协会或俱乐部的球队在某一体育场（馆）比赛。

第二十九条　减少转会名额

减少转会名额指减少俱乐部在被处罚期间的具体转会名额数量。

第三十条限制引进外籍球员

限制引进外籍球员是指俱乐部在被处罚期间减少直至禁止引进外籍球员。

第三十一条　取消比赛结果

取消比赛结果是指一场比赛的结果没有得到承认。

第三十二条　取消比赛资格

取消比赛资格是指禁止参与下一场比赛或下一项赛事，或禁止进入比赛周边区域，取消会员协会和俱乐部的球队参加当前和/或未来中国足球协会举办的相关赛事的资格。

第三十三条　取消注册资格

取消注册资格是指取消会员协会、俱乐部球队或个人在中国足球协会注册的资格。

第三十四条　扣分

扣分是指扣除俱乐部队在中国足球协会主办的比赛的积分（包括已获得的以及此后将会获得的积分）。

第三十五条　降级

降级是指将俱乐部降至下一个级别或者几个级别的联赛。

第三十六条　比分作废

（一）被处罚的球队计为0∶3输掉比赛。

（二）如果场上比分超过 0∶3，则以实际比分为准。

第三十七条　参加社会公益活动

参加社会公益活动是指个人将被要求从事中国足球协会或会员协会认可的相关社会服务活动。

第三十八条　其他处罚

其他处罚系指中国足球协会规定的在本节处罚种类以外的处罚。

第三节　处罚规定

第三十九条　合并处罚

（一）除非另有规定，本准则中通则和罚则部分中的处罚可以合并进行。

（二）对于情节较轻的，纪律委员会可只给予警告或通报批评。

（三）被处罚对象具有多种身份时，当因其中一种身份被处罚，其他身份也应一并受到相应限制。

第四十条　暂缓执行部分处罚

（一）纪律委员会在宣布停赛，禁止进入球员休息室和/或替补席，禁止在某一体育场（馆）比赛、进行无观众比赛、在中立场地进行比赛等时，为使被处罚者有及时改正的机会，应根据实际情况考虑是否有暂缓执行部分处罚的可能性。

（二）只有当处罚的期限不超过 6 场比赛或 6 个月，而且实际情况允许，尤其是被处罚人在上一个赛季无被处罚的记录时，才可以考虑暂缓执行部分处罚。

（三）纪律委员会应决定处罚的哪一部分可以暂缓执行。任何情况下，至少要执行一半的处罚。

（四）通过暂缓执行处罚，纪律委员会可给予被处罚对象 2 场比赛到 2 年的察看期。

（五）如果接受暂缓处罚的对象在察看期内再次违规，暂缓处罚自动终止，恢复执行原处罚，并且原处罚累加在新的处罚之上合并进行从重处罚。

（六）对于使用兴奋剂的处罚不适用此条款。

第四十一条　处罚期的计算

赛季期间或赛季之间的休息期均包括在处罚期内。

第四十二条　处罚的期限

（一）除另有规定外，处罚的期限最多为 5 年。

（二）处罚的期限从实际实施处罚措施之日起开始计算。

第四十三条　处罚的集中管理

（一）处罚记录存储在中国足球协会相关竞赛系统中。纪律委员会秘书通知主管竞赛部门处理结果，由主管竞赛部门以书面、电话、电子或其他形式通告有关会员协会或组织进行确认，或在比赛前与各队领队、主教练进行确认。

（二）相关确认行为只作为一种通告形式，处罚决定的效力按本准则第一百零五条执行。

第四节　累计停赛、罚款

第四十四条　累计红、黄牌

红、黄牌累计办法及累计产生的停赛，由各赛事管理部门根据本赛事特点分别予以规定。

第四十五条　累计停赛、罚款

（一）一般情况下，在同一项赛事中任何（球员和其他人的）停赛都将在下一场比赛中执行。

（二）在某一项赛事（包括有年龄限制的赛事、被淘汰或该赛事的最后一场比赛）中没有执行完毕的停赛，按中国足球协会的有关规定执行。

（三）因比赛中被出示红牌而产生的罚款，按有关比赛的竞赛规程执行。

（四）被给予禁止进入球员休息室和／或替补席、禁止进入体育场（馆）等处罚的也应按本条规定处理。

第五节　处罚的决定与执行

第四十六条　一般规定

（一）由纪律委员会决定处罚的范围和期限。

（二）处罚可以适用于一个或多个不同等级的比赛和赛事。

（三）除非另有规定，处罚的期限应详细说明。

（四）决定处罚时，纪律委员会应综合考虑和违规事件相关的所有情况，尤其是被处罚对象的年龄、既往史、个人情况、违规的主观性（故意或过失）、促使其违规的原因、违规的严重程度、社会影响及事后被处罚对象对违规的认识态度。

第四十七条　从轻处罚

被处罚对象有下列情形之一的，可以从轻处罚，但不能低于规定的最低标准：

（一）主动公开承认错误并已有深刻认识、能及时采取补救措施，未产生不良影响或严重后果的。

（二）其他可以从轻处罚的情形。

从轻处罚情形，由纪律委员会审议认定。

第四十八条　从重处罚

（一）被处罚对象有下列情形之一的，可以从重处罚：

1. 违规违纪行为发生于比赛停止时或无球状态下。

2. 侵犯部位系头部、面部、裆部等。

3. 一个赛季中受到过其他类别的违规违纪处罚。

4. 虽未造成严重伤害但造成被侵犯对象无法上场。

5. 情节严重，造成社会不良影响。

6. 其他可以从重处罚的情形。

（二）被处罚对象有下列情形之一的，应当从重处罚：

1. 在替补席上的人员违规违纪的。

2. 情节恶劣，产生恶劣社会影响、造成严重后果。

3. 违规违纪行为系报复行为。

4. 重复违规违纪。

5. 造成被侵害对象身体伤害或健康损害的。

6. 违规违纪行为引起球员聚集、围堵比赛官员。

7. 违规违纪行为引起观众骚乱、影响比赛秩序。

8. 对投诉人、证人、执法人员等打击报复的。

9. 提供虚假情况，阻挠调查，贿赂比赛官员、工作人员等的。

10. 被追究相应法律责任的。

11. 俱乐部实际控制人、工作人员、官员等在事件中负主要责任的。

12. 其他应当从重处罚的情形。

从重处罚情形，由纪律委员会审议认定。

第四十九条 停赛处罚期

停赛处罚期适用于正在进行的中国足球协会主办的所有正式比赛，并可延至下一赛季比赛，直至处罚期限届满。

对于因俱乐部解散、破产、不再在中国足球协会注册（包括被停止或取消注册资格），或球员转会至其他国家或地区所辖俱乐部等原因，无法执行的中国足球协会纪律委员会的停赛处罚，在处罚生效后的 24 个月内有效。球员在有效期终止前回到中国足球协会注册的，除纪律委员会另有决定外，仍应执行剩余的停赛处罚。

第六节 纪律处罚的有效期

第五十条 期限

（一）违规违纪行为发生 2 年后，纪律委员会将不再受理及处理。

（二）上述第 1 款不适用于对弄虚作假、威胁、贪污腐败、使用兴奋剂、违背公平竞赛精神的行为、不正当交易、关联交易等的处罚。

第五十一条　处罚执行期间的开始时间按以下方式计算：

（一）从受处罚人违规行为当日开始。

（二）如果违规行为重复发生，从最近一次违规当日开始。

（三）如果违规行为持续一段时间，则从结束之日开始。

第五十二条　终止

如纪律委员会在处罚有效期到期前作出其他决议，则有效期不再适用。

第三章　罚　则

第一节　比赛中的违纪

第五十三条　对对手或其他人（除比赛官员）实施不当行为任何被给予直接红牌（或虽未被给予直接红牌，但实施下列行为或与下列行为性质相同的行为）者，在红牌自动停赛的基础上，其以下行为将给予追加处罚：

（一）严重犯规（特别是野蛮用力）的，给予至少停赛或者禁止进入替补席 1 场，并处罚款至少 1 万元。

（二）实施非体育行为（具有攻击性、侮辱性或辱骂性的语言、手势或动作）的，给予至少停赛或者禁止进入替补席 2 场，并处罚款至少 2 万元。

（三）实施暴力行为（肘击、拳击、踢打等）的，给予至少停赛或者禁止进入替补席 3 场，并处罚款至少 3 万元。

（四）向对手或他人吐口水的，给予至少停赛或者禁止进入替补席 6 场，并处罚款至少 6 万元。

第五十四条　对比赛官员实施不当行为

任何被给予直接红牌（或虽未被给予直接红牌，但实施下列行为或与下列行为性质相同的行为）者，在红牌自动停赛的基础上，以下行为将给予追加处罚：

（一）实施非体育行为（具有攻击性、侮辱性或辱骂性的语言、手势或动作）的，给予至少停赛或者禁止进入替补席 5 场，并处罚款至少 5 万元。

（二）暴力行为（肘击、拳击、踢打等）的，给予至少停赛或者禁止进入替补席 6 个，并处罚款至少 10 万元。

（三）向比赛官员吐口水的，给予至少停赛或者禁止进入替补席 12 个月，并处罚款至少 20 万元。

第五十五条 干扰比赛

球员、俱乐部（队）官员或工作人员无论是否具备替补席资格，在体育场内出现干扰比赛行为的，将给予球员、官员或俱乐部（队）下列处罚：

（一）警告。

（二）通报批评。

（三）罚款。

（四）停赛。

（五）其他处罚。

前款各项处罚可以独立或合并使用。

第五十六条 打架、斗殴、群殴行为

（一）球员、官员在赛前、赛中、比赛暂停、中场休息或赛后参与打架、斗殴或群殴他人的，将被给予至少停赛或禁止进入替补席 8 场，并处罚款至少 8 万元。

（二）阻止打架，保护他人或分开打架者将不受处罚。

（三）同一个球队多人参与打架、斗殴或者群殴他人的，球队所属的俱乐部或者会员协会将被给予罚款、扣分或其他处罚。

第五十七条 无法认定肇事者

（一）在多人违纪的情况下，如果无法逐一判定肇事者的，纪律委员会将首先处罚肇事者所属球队的俱乐部或者会员协会。被处罚者向纪律委员会如实举报肇事者，经查证属实后，其处罚可相应予以减轻至取消。

（二）在多人违纪的情况下，如果无法确认每一个参与者违规行为程度的，纪律委员会应把每一个可以明确确定的参与者都视为违规者。

（三）一次无法认定全部参与违规者，在处罚决定生效后又被确认参与违规的，仍可被追加处罚。

第五十八条 球队不当行为

球队出现以下行为，其俱乐部或会员协会将受到处罚：

（一）多名队员或官员一起威胁或骚扰比赛官员或相关人员将被给予至少 2 万元的罚款。另将视违纪严重程度作出进一步处罚。

（二）多名球员或官员引起赛场混乱或冲突，造成严重后果或者引起不良社会影响的，将对引起混乱或冲突的一方或双方所在俱乐部追究相应责任。

第五十九条 挑起敌意和暴力

（一）球员或官员公开煽动他人的敌意和暴力，给予至少停赛或禁止进入替补席 12 个月，并处罚款至少 20 万元。

（二）球员或官员利用公共媒体或比赛日在体育场内或其周边地区出现上述违纪，造成严重后果的，给予至少停赛或禁止进入替补席 18 个月，并处罚款至少 30 万元。

第六十条　挑衅公众

球员或官员在比赛过程中挑衅公众，给予至少停赛或者禁止进入替补席 3 场，并处罚款至少 3 万元。

第六十一条　无比赛资格

如果球员不具备比赛资格而参加了正式比赛，其所在球队将被给予比分作废，并处罚款至少 4 万元。

第六十二条　延误比赛、弃赛

除不可抗拒的因素外，参赛球队未按规定时间（指中国足球协会规定的开赛时间）或人数参加比赛的，或因参赛球队原因不能按时开赛的，视为延误比赛；延误比赛超过规定时间（指超过裁判员认定的计时开始时间 5 分钟）的，视为弃赛；参赛球队中断比赛虽未超过规定时间（指超过裁判员认定的计时开始时间 5 分钟）但造成不良影响的。上述情形可根据情节给予下列处罚：

（一）罚款。

（二）比分作废。

（三）扣分。

（四）禁止转会。

（五）其他处罚。

前款各项处罚可以独立或合并使用。

对责任人将按本准则第十三条的规定给予相应处罚。

第六十三条　弃权

依照中国足球协会相关规定按弃权处理，并明确应由本委员会进一步处罚的，比照本准则第六十二条的规定给予处罚。

第六十四条　罢赛

参赛球队中断比赛超过规定时间（指超过裁判员认定的计时开始时间 5 分钟）的，视为罢赛。对于罢赛的俱乐部除将被判定 0 ∶ 3 负于对方（实际比分高于 0 ∶ 3 的以实际比分计）外，将给予取消注册资格并罚款的处罚。

对责任人将按本准则第十三条的规定给予相应处罚。

第六十五条　退出比赛

参赛球队擅自退出中国足球协会主办的各级各类比赛，比照本准则第六十四条的规定给予处罚。

第六十六条 歧视

对他人的种族、肤色、性别、语言、宗教等，采取蔑视、歧视或诋毁的言论或行为，将视作违规违纪。（一）个人违规违纪的，将视情节严重，给予禁止从事任何与足球有关的活动至少 3 个月，并处罚款至少 10 万元。

（二）俱乐部（队）违规违纪的，将给予无观众比赛至少 1 场，并处罚款至少 20 万元。

（三）如同一俱乐部（队）中同时有多人违纪或其他加重情节，俱乐部（队）将被扣除当前或未来赛事积分 3 分；或（在无积分的比赛和赛事）取消俱乐部（队）参加当前或未来赛事的资格。

（四）如俱乐部（队）的支持者（球迷）违规违纪，该俱乐部（队）将被给予罚款至少 50 万元，并按照本准则的规定进行进一步处罚。

第六十七条 未遵守官方比赛流程

球员、俱乐部（队）官员或其工作人员未按中国足球协会相关规定或要求完成各项官方比赛流程的，将给予球员、官员或俱乐部（队）下列处罚：

（一）通报批评。

（二）罚款。

（三）停赛。

（四）其他处罚。

前款各项处罚可以独立或合并使用。

第六十八条 未尊重并完成比赛礼仪或相关仪式

球员、俱乐部（队）官员或其工作人员未按中国足球协会相关规定或要求尊重并完成与比赛相关的各项礼仪或仪式的，将给予球员、官员或俱乐部（队）下列处罚：

（一）通报批评。

（二）罚款。

（三）停赛。

（四）其他处罚。

前款各项处罚可以独立或合并使用。

第六十九条 在中国足球协会管理下的其他与足球有关的活动，出现上述情况时，参照前述规定执行。

第二节 威 胁

第七十条 威胁

（一）任何人恐吓、威胁官员、球员或其他人员的将被给予至少停赛或者禁止进入替补席 5 场，并处罚款至少 5 万元。

（二）任何人使用暴力或恐吓逼迫官员、球员或其他人员，采取某种行为或用其他手段妨碍官员、球员或其他人员的自由活动，将被给予至少停赛或者禁止进入替补席 7 场，并处罚款至少 7 万元。

有任何本款行为构成刑事责任的，中国足球协会将提交有关司法机关进行处理。

第三节　弄虚作假

第七十一条　更改年龄、身份造假

当年度参加比赛的球员、俱乐部（队）官员或者俱乐部（队）弄虚作假，球员更改年龄、以大打小、冒名顶替等的，分别给予下列处罚：

（一）球员：通报批评、停赛、限制或禁止转会、取消注册资格（上述处罚可并用）。

（二）俱乐部（队）官员：警告、通报批评、停赛、罚款、禁止从事任何与足球有关的活动等（上述处罚可并用）。

（三）俱乐部（队）：

1. 参加中超、中甲、中乙、女超和女甲联赛的俱乐部队每出现 1 人次，给予至少 1 万元罚款，如该球队累计达到 3 人次的，除罚款外，并将给予警告、通报批评、减少转会名额或禁止转会、限制引进外籍球员、扣分、取消该球队当年度所有参赛资格、降级等处罚。

2. 其他俱乐部队每出现 1 人次，给予通报批评；达到 3 人次的，参照前款处罚处理。

第七十二条　其他弄虚作假行为

自然人或组织在执行中国足球协会的各项管理规定中，以各种不正当手段掩盖事实真相、弄虚作假的，根据情况分别给予下列处罚：

（一）自然人：警告、通报批评、罚款、停赛、禁止转会、取消注册资格、禁止从事任何与足球有关的活动。

（二）组织：罚款、禁止转会、扣分、降级、取消注册资格等以及其他处罚。

前款各项处罚可以独立或合并使用，同时，可以根据《中国足球协会注册管理规定》进行处罚。

第四节　违背公平竞赛精神的行为

第七十三条　严重违背公平竞赛精神

比赛的过程及结果出现消极比赛、默契球等严重或明显违背体育道德，引起恶劣的社会影响的，经纪律委员会认定，给予下列处罚：

（一）取消比赛结果。

（二）其他处罚。

前款各项处罚可以独立或合并使用。

第七十四条 不正当交易

自然人或组织违背体育道德，丧失体育精神，为谋取不正当比赛成绩或不正当利益进行不正当交易的，经纪律委员会认定，给予下列处罚：

（一）自然人：罚款、禁止从事任何与足球有关的活动。

（二）组织：罚款、扣分、降级或取消注册资格。

（三）中国足球协会规定的其他处罚。

前款各项处罚可以独立或合并使用。

第七十五条 关联关系

凡经相关委员会或纪律委员会认定某两个或多个俱乐部之间存在“关联关系”，未按中国足协规定进行剥离的，给予下列处罚：

（一）罚款。

（二）比分作废。

（三）扣分。

（四）取消比赛资格。

（五）降级。

（六）其他处罚。

前款各项处罚可以独立或合并使用。

第七十六条 本节违背公平竞赛精神的行为，情节特别严重的，将移交中国足球协会道德与公平竞赛委员会处理。

第五节 使用兴奋剂

第七十七条 使用兴奋剂

对使用兴奋剂的，依照国家体育总局颁布的相关规定进行处罚。

第六节 不遵守决定

第七十八条 不执行纪律决定

自然人或组织不执行中国足球协会纪律委员会的决定，将加重处罚。

第七十九条 违反或者不执行中国足球协会以及体育仲裁法庭、国际足联、亚足联决定或裁决自然人或组织违反或者不执行上述组织及其相关机构的决定或裁决，中国足球协会可以作出下列处罚：

（一）追加罚款、暂停参赛、减少转会名额、扣分、取消注册资格等。

（二）对不服从体育仲裁法庭、国际足联或亚足联裁决且拒付罚款及相关款项的组织，将从联赛保证金或分成款中扣除有关款项，以支付体育仲裁法庭、国际足联或亚足联裁定的款项。如罚款、数额超出联赛保证金或分成款数额且该俱乐部拒付超出部分的，将依据本条第 1 款追加处罚。

（三）本会其他规范性文件有特别规定的，按特别规定执行。

第七节　各级国家队官员及球员违规

第八十条　各级国家队官员及球员违规

（一）官员或球员代表各级国家队（以下简称“国家队”）或俱乐部队参加国际比赛，官员或球员出现违规违纪行为，除国家队按照有关规定给予处理外，将同时参照本准则中的有关条款给予追加处罚。

（二）在国家队集训、比赛期间，因违规违纪被中国足球协会给予处罚的官员或球员，纪律委员会将视官员或球员违规违纪情况，参照本准则中的有关规定，给予相应处罚，直至停止违规违纪官员的足球从业资格，停止违规违纪球员的国内外转会和比赛资格。

（三）球员须按时参加国家队集训、比赛。球员不按时参加国家队集训、比赛的，俱乐部阻止球员参加国家队集训、比赛的，经国家队提交书面报告确认，将给予下列处罚（经中国足球协会指定医院确诊并得到国家队书面批准的除外）：

该球员在国家队相应的集训、比赛期间，不得代表俱乐部参加任何比赛；对俱乐部给予罚款、扣分或其他处罚。同时，根据《中国足球协会球员身份与转会管理规定》进行处罚。

（四）凡在国家队集训、比赛期间，因违规违纪而被国家队给予离队处罚的官员或球员，将根据违规违纪情节给予处罚。

第八节　其他违规

第八十一条　违反《中超、中甲体育场标准》

比赛场地达不到《中超、中甲体育场标准》要求的，将根据《中超、中甲体育场标准》和有关规定给予处罚。

第八十二条　不负责任评论

自然人或组织通过新闻媒体发表与比赛相关的不负责任评论的方式蓄意攻击比赛官员、其他球员、官员、俱乐部（队）、会员协会、赛区委员会及中国足球协会的，给予下列处罚：

（一）球员：至少停赛 1 场，或处至少 1 万元的罚款。

（二）官员及其他人员：至少禁止进入体育场（馆）1 场，或处至少 1 万元的罚款。

（三）俱乐部（队）：通报批评、罚款或其他处罚。

俱乐部（队）负责人实施前款行为的，可追究俱乐部（队）责任。

前款各项处罚可以独立或合并使用。

第八十三条 俱乐部（队）违反有关规定，不参加或不按要求参加中国足球协会组织的公益比赛、公益活动或其他活动的，给予下列处罚：

（一）警告。

（二）通报批评。

（三）罚款。

（四）其他处罚。

前款各项处罚可以独立或合并使用。

第八十四条 未遵守相关赛事商务管理规定的要求，对赛事整体形象和利益造成恶劣影响的自然人或组织，将受到下列处罚：

（一）球员：至少停赛 1 场。

（二）官员及其他人员：至少禁止进入体育场（馆）1 场。

（三）俱乐部（队）：进行无观众比赛、禁止在某体育场（馆）比赛、扣分、降级或其他处罚。

第八十五条 欠薪

凡经中国足球协会仲裁委员会、中国足球协会具有相应权限的机构或国家法定有权机构认定，俱乐部拖欠球员、教练员工资与奖金的，将根据情节严重程度，给予俱乐部警告、罚款、扣分、降级或取消注册资格的处罚。

第九节 会员协会及俱乐部的责任

第八十六条 组织比赛

组织比赛的会员协会或俱乐部应：

（一）取得当地政府的批准和支持，积极有序地开展工作。

（二）对存在高风险的比赛，应报告中国足球协会。

（三）遵守并执行现有的安全规定，在赛前、赛中、赛后一旦出现事故时，应采取一切必要的安全处理措施。

（四）保证客队到访期间球员和官员的安全，按照竞赛规程规定，保障客队训练、乘用车辆的安排。

（五）保证体育场内和周边区域秩序井然，以使比赛正常进行。

第八十七条 会员协会及/或俱乐部（队）对观众行为负责

（一）无论观众的不当行为是由于有意或疏忽，作为主办（或承办）方的会员协会及/或主队俱乐部（队）要对观众的不当行为负责，并可根据实际情况被予以处罚。如果造成严重骚乱，加重处罚。在中超联赛、中甲联赛和中国足协杯赛中，该罚款一般不超过联赛对会员协会的分成及足协杯赛的补贴，但严重骚乱除外。在其他比赛中，该罚款视情况由纪律委员会确定。

（二）无论观众的不当行为是由于有意或疏忽，来访的俱乐部（队）所属会员协会及/或其俱乐部（队）要对其支持者（球迷）的不当行为负责。根据实际情况，可以对来访的俱乐部（队）所属会员协会及/或其俱乐部（队）做出罚款或其他处罚。坐在客队看台的观众将被认为是来访俱乐部（队）及其所属会员协会的支持者，除非经证明为主队支持者。

（三）不当行为包括针对人或物的暴力行为，燃放能引起燃烧的装置，制造能干扰比赛的噪音和光照等，投掷杂物，以任何形式张挂侮辱性标语，或叫喊侮辱性口号，或闯入比赛场地，或围堵球员、裁判员及工作人员以及其他影响比赛正常进行的行为等。

（四）本条第1款和第2款规定的会员协会及其俱乐部（队）的责任也包括在中立场地举行的比赛。

第八十八条 其他职责会员协会和俱乐部还应：

（一）在有年龄限制的比赛中，检查球员的资格与竞赛规程是否相符。

（二）确保会员协会和俱乐部机构中没有人员在过去5年中被证明有过不当行为（尤其是使用兴奋剂、贪污腐败、弄虚作假等）。

（三）参加中超、中甲、女超和女甲联赛的各俱乐部所属一线队、预备队及各年龄梯队，在中国大陆境内外与其他国际足联会员协会的国家（地区）队或其管辖内的最高两级联赛参赛俱乐部队（含一线队、预备队、各年龄梯队）进行比赛时，应按《国际足联国际友谊赛管理规程》《亚足联国际友谊赛管理规程》《中国足球协会关于足球俱乐部出国参赛报备的工作要求》进行备案申报，违者将按相关规定进行处罚。

第十节 赛区秩序

第八十九条 赛区出现下列情况之一，将予以警告处罚：

（一）因验票不严，看台秩序出现局部或小范围的混乱，但未造成更大影响。

（二）因入场检查不严，出现极个别观众向场地投掷饮料瓶等杂物，但尚未明显干扰比赛，也未造成伤害。

（三）极个别观众擅自翻越看台进入赛场，但被及时制止。

（四）极少数观众围堵裁判员、运动员、赛区工作人员及所乘车辆，但被及时制止。

第九十条 赛区出现下列情况之一，将予以通报批评处罚：

（一）已被警告一次，再次出现应被警告的情况。

（二）因验票不严，看台出现较大混乱，但被有效制止。

（三）因入场检查不严，出现少数观众向场内投掷饮料瓶等杂物，明显干扰比赛，但未造成伤害。

（四）少数观众擅自翻越看台强行进入场地，但被及时制止。

（五）少数观众围堵、攻击裁判员、运动员、赛区工作人员及所乘车辆，但被有效制止，且未造成伤害。

（六）少数观众之间发生冲突或互相掷物攻击，但被及时制止。

第九十一条 赛区出现下列情况之一，将予以通报批评处罚，并给予1万元以上，10万元以下的罚款：

（一）已被通报批评一次，再次出现应被通报批评的情况。

（二）观众向场内大量投掷饮料瓶等杂物，严重干扰比赛，但未造成重要伤害。

（三）较多观众擅自翻越看台强行进入赛场，严重干扰比赛，但被有效制止。

（四）较多观众围堵、攻击裁判员、运动员、赛区工作人员及所乘车辆，但被有效制止，且未造成伤害。

（五）观众之间在较大范围发生冲突或相互掷物攻击，但被有效制止，且未造成重要伤害。

第九十二条 赛区出现下列情况之一，将予以进行无观众比赛、禁止在某体育场（馆）比赛、在中立场地进行比赛等处罚，并给予5万元以上，20万元以下的罚款：

（一）观众大规模向场内投掷饮料瓶等杂物，使比赛多次中断或较长时间中断，或造成重要伤害。

（二）大量观众强行进入赛场，使比赛中断且难于继续进行。

（三）大量观众围堵、攻击裁判员、运动员、赛区工作人员及所乘车辆，较长时间未能制止，或造成伤害。

（四）观众之间在较大范围内发生冲突或相互攻击，虽然被制止，但造成重要伤害。

第九十三条 赛区出现下列情况之一，将予以取消赛区资格的处罚，并给予20万元以上罚款：

（一）大规模围攻裁判员、运动员、赛区工作人员及所乘车辆的暴力事件，或造成严重伤害。

（二）观众之间出现较大规模的暴力事件，或造成严重伤害。

（三）体育场建筑不安全、疏散不畅、消防不力等，引发严重事故，或造成严重伤害。

第九十四条 未被列入的其他扰乱或破坏赛区秩序和安全的行为或事件，将参照前述条款予以处罚。

第九十五条 不遵守规定

（一）任何不遵守本节有关条款规定的会员协会或俱乐部可被给予罚款。

（二）对第八十六条第 3 款和第 4 款规定的严重违规，纪律委员会可以给予其他处罚，如禁止进入体育场（馆）或责令球队在中立场地进行比赛。

（三）即使没有任何违规，出于安全的考虑，纪律委员会保留进行某些处罚的权利。

第四章 纪律委员会的组织和工作

第一节 纪律委员会组织

第九十六条 人员组成

（一）纪律委员会由 1 名主任，若干名副主任和委员组成。

（二）纪律委员会主任、副主任、委员人选由中国足球协会执委会确定。

（三）纪律委员会设执行秘书 1 人。

第九十七条 工作方式

（一）以委员合议或通讯的方式研究和处理一般违规违纪行为。

（二）以委员会全体会议的方式研究和处理重大违规违纪行为。

（三）处理重大违规违纪行为时，可由主任决定组织听证会。

（四）处理决定应有至少 3 人以上的委员会成员参加表决，并由参加表决的过半数的委员同意方可通过。紧急情况下，在委员表决数不能达到过半数时，主任（或代替主任主持会议的副主任）有最终决定权。

第九十八条 回避

纪律委员会成员有下列情形之一的，应当自行回避，未自行回避的，当事人有权用口头或者书面方式申请他们回避：

（一）是本案当事人或者当事人、代理人近亲属的。

（二）与本案有利害关系的。

（三）与本案当事人、代理人有其他关系，可能影响对案件公正处理的。

纪律委员会成员接受当事人、代理人请客送礼，或者违反规定会见当事人、代理人的，当事人有权要求他们回避。

纪律委员会成员有前款规定行为的，应当依照中国足球协会相关规定处理。

第二节 证 据

第九十九条 处罚依据

（一）各种类型的证据都可以作为处罚依据。

（二）可能被拒绝的证据是违背宗教信仰自由、种族歧视、有损人格或明显与相关事实无关的证据。

（三）重要证据

1. 裁判员、助理裁判员、比赛监督和裁判监督的报告。

2. 有关各方的陈述、声明、证言。

3. 有关文件。

4. 专家观点。

5. 录音录像资料。

6. 其他。

（四）比赛官员的报告

1. 比赛官员的报告中包含的事实被认为是准确的。

2. 可以出具比赛官员的报告内容不准确的证据。

3. 如果不同的比赛官员的报告不一致且难以分辨，则对比赛场内发生的事件以裁判员报告为准，比赛场外发生的事件以比赛监督报告为准。

（五）图像资料不能改变裁判员的当场处罚，但可以作为处罚的依据。

（六）纪律委员会对证据有绝对的认定权。

第三节 工作程序

第一百条 提交报告

（一）比赛中发生的违规违纪事件，比赛监督、裁判监督、裁判员和赛区委员会应在事件发生后 24 小时内，向纪律委员会做出书面报告并提供相关资料。

（二）会员协会及有关俱乐部（队）也可在 24 小时内就比赛中发生的违规违纪行为向纪律委员会递交相关报告。

（三）上述报告在特殊情况下可在 48 小时内提交。

（四）观众的投诉应通过赛区委员会、会员协会提交书面报告。

（五）中国足球协会各部门或委员会、其他在中国足球协会管辖内的组织和自然人都可以就比赛或非比赛中发生的违规违纪行为提交相关报告。

（六）报告必须书面提出，由提交人签字或者盖章确认。

（七）在未有任何报告的情况下，纪律委员会依然可以对其发现的违规违纪行为进行处理。

第一百零一条　受理

（一）纪律委员会执行秘书整理投诉报告，报纪律委员会主任。

（二）主任决定受理后，按第一百条的工作程序处理投诉。

第一百零二条　听证

纪律委员会可以根据实际情况对涉嫌违规违纪的当事人发出听证通知，当事人在收到听证通知之后的24小时内应当予以书面等有效形式回复是否参加听证，并可在听证前或听证会上提交相关书面、电子证据材料。24小时内不确认的，视为放弃听证权利，事后另行递交的材料，纪律委员会不再予以认定。

紧急情况下，纪律委员会可以临时通知当事人参加听证。

听证可以采取当场听证、电话听证、书面听证等形式。当场听证的，应当携带身份证明参加。

听证当事人使用非中文语言的，应当由中文翻译陪同参加听证会，否则其听证效力不予认定。

第一百零三条　处理

（一）中国足球协会纪律委员会按照本准则第九十七条规定的工作方式进行工作。

（二）对比赛中发生的违规违纪行为，根据实际需要在接到报告后24至72小时内做出处理决定。

（三）因情况复杂或特殊原因，不能在规定时间做出决定的可以延期，可以根据实际情况做出暂时停赛、禁止进入替补席等临时措施，并告知有关各方。

（四）比赛或非比赛中发生的违规违纪行为，特别是情况复杂或需调查、听证的案件，可根据实际需要确定做出处理决定的时间。

（五）处理决定应当为书面文件并由纪律委员会主任签章。

第一百零四条　处理决定的通知与执行

（一）在做出处理决定后，应当以传真、电子邮件等形式向有关各方发出和公布。

（二）关于停赛等处理决定仅体现处罚的场数或期限，对应的具体场次由各赛事管理部门在赛前根据相关规定通知有关组织或个人并执行。

（三）处理决定发出和公布后，如发现处理决定中确有错误，中国足球协会纪律委员会可在合理时间内予以更正，处理决定以更正后的内容为准。

第四节　处理决定的生效和申诉

第一百零五条　处理决定生效

纪律委员会的处理决定一经发出或者公布立即生效。

第一百零六条 申诉

（一）受理申诉的机构为中国足球协会仲裁委员会。

（二）除下列处罚外，其他处罚不得申诉：

1. 停赛或禁止进入体育场、休息室、替补席 5 场或 5 个月以上。

2. 退回奖项。

3. 减少转会名额。

4. 限制引进外籍球员。

5. 禁止从事任何与足球有关的活动。

6. 取消比赛结果、比分作废。

7. 扣分、禁止转会、降级、取消比赛资格、取消注册资格。

8. 进行无观众比赛、在中立场地进行比赛、禁止在某体育场（馆）比赛。

9. 对赛区罚款 5 万元以上、对俱乐部（队）罚款 6 万元以上、对个人罚款 5 万元以上。

10. 其他更严重的处罚。

第五章 附 则

第一百零七条 违规违纪

本准则所称“违规”系指违反国际足联颁布的《足球竞赛规则》、中国足球协会各级比赛的《竞赛规程》及其他有关规定的行为；本准则所称“违纪”行为系指违反《中国足球协会章程》及本准则所列纪律条款的行为。

第一百零八条 罚款

本准则所列自然人罚款，将视情况按以下两款确定：

（一）对参加中国足球协会主办的中超、中甲比赛以及相同级别的国际或国内公开比赛的俱乐部（队）相关人员，其罚款数额可酌情予以提高。

（二）对参加中国足球协会主办的中乙、中冠、足协杯、女子足球比赛、青少年足球比赛和业余联赛等的俱乐部（队）相关人员，其罚款数额可酌情予以减免。

第一百零九条 加重处罚

本准则所称“加重处罚”系指在原处罚标准之上加重，并可适用本准则第十二、十三、十四条的规定给予处罚。

第一百一十条 暂停参加国际比赛

中国足球协会及（或）纪律委员会对违规违纪行为作出处理决定后，认为该行为属于性质极其恶劣，情节十分严重的，可决定违规违纪的单位、个人不得代表中国及（或）所属俱乐部参加国际赛事。

第一百一十一条　未列明行为

本准则未列明的违规违纪行为，纪律委员会有权参照本准则相类似的规定给予处罚。对其他违反《中国足球协会章程》或有关管理规定的行为，由纪律委员会依据有关规定进行处罚，有关规定未明确的，纪律委员会可视违规违纪行为的情形、情节及危害后果，参照本准则第十二、十三、十四条的规定酌情给予处罚。

第一百一十二条　解释及修正

本准则由中国足球协会负责解释。

本准则实施后，中国足球协会可根据实施情况及国际足联、亚足联的新规定对其进行必要修正。

配套适用的《中国足球协会关于违规违纪的停赛执行细则》（足球字〔2018〕115 号）。

第十一条修订为“因同一行为导致自然停赛，又被纪律委员会做出违规违纪处罚决定进行追加停赛，相关停赛场次为自然停赛和违规违纪处罚决定中停赛场次的总和。”

第一百一十三条　生效日期

本准则自公布之日起生效，原《中国足球协会纪律准则》（足球字〔2018〕114 号）同时废止。

中国足球协会关于违规违纪的停赛执行细则

第一章　总　则

第一条　目的

为促进中国足球运动的健康发展，维护足球比赛的良好秩序，保障中国足球相关赛事的有序进行，依据《足球竞赛规则》《中国足球协会章程》和《中国足球协会纪律准则》（以下简称“《纪律准则》”），针对中国足球领域内关于停赛等处罚的具体执行问题，制定本执行细则。

第二条　原则

中国足球协会各赛事管理部门将遵循公开、公正、高效，不错、不漏的原则，对因红、黄牌累计产生的自然停赛（以下简称“自然停赛”）及中国足球协会纪律委员会（以下简称“纪律委员会”）作出的违规违纪处理决定中停赛、禁止进入球员休息室、禁止进入替补席、禁止进入体育场（馆）、禁止从事任何与足球有关的活动等处罚（以下简称“纪律处罚停赛”）予以执行。

第三条　适用范围

本执行细则适用于中国足球协会管理下与足球运动有关的活动，包括但不限于：中国足球协会超级联赛（以下简称“中超联赛”）、中国足球协会中超俱乐部预备队联赛（以下简称“中超预备队联赛”）、中国足球协会甲级联赛（以下简称“中甲联赛”）、中国足球协会中甲俱乐部预备队联赛（以下简称“中甲预备队联赛”）、中国足球协会乙级联赛（以下简称“中乙联赛”）、中国足球协会杯赛（以下简称“足协杯赛”）、中国足球协会会员协会冠军联赛大区赛及总决赛（以下简称“中冠联赛决赛阶段”）、中国足球协会超级杯赛（以下简称“超级杯赛”）。

女子足球、青少年足球、五人制足球及沙滩足球等由中国足球协会主办的其他赛事中关于自然停赛及纪律处罚停赛的执行问题，参照本执行细则。

第四条　适用主体

以下自然人主体应适用本执行细则：

（一）球员。

（二）官员。

（三）比赛官员。

（四）代理人。

（五）各会员协会所属个人。

（六）中国足球协会授权的任何人，尤其是和中国足球协会组织的比赛、赛事或其他活动相关的人员。

（七）其他与中国足球协会行业管理有关的个人。

第五条　适用时间

本执行细则适用于其生效后产生的自然停赛及纪律处罚停赛。

本执行细则生效前未执行完毕的自然停赛及纪律处罚停赛按照 2017 版《纪律准则》的规定继续执行。

第二章　自然停赛

第六条　产生原因

产生自然停赛的原因系红、黄牌的累计达到了竞赛规程所规定的数量。

具体累计办法，由各赛事根据本赛事特点分别在其竞赛规程中予以规定。

第七条　一般执行

自然停赛按比赛实际进行的时间顺序执行，不受赛事轮次、场次调整等情况的影响。

第八条　因红、黄牌累计产生的自然停赛的执行

（一）因红、黄牌累计产生的自然停赛，若产生在同一赛季、同一项赛事的最后一场比赛（包括被淘汰的当场比赛）中，将不再继续执行。

（二）被裁判员罚令离开替补席的官员及其他人员，将产生 1 场自然停赛，参照前款执行。

第三章　纪律处罚停赛

第九条　产生原因

产生纪律处罚停赛的原因系纪律委员会作出了相关处理决定。

纪律委员会的工作及处理决定的有关内容，以《纪律准则》的规定为准。

第十条 一般执行

纪律委员会作出的处理决定中纪律处罚停赛的执行，不受年度（赛季）、赛事的限制。

纪律委员会作出的处理决定中仅体现纪律处罚停赛的场数或期限，对应的具体停赛场次由各赛事管理部门在赛前根据本执行细则通知有关组织或个人并执行。

第十一条 因同一行为既产生自然停赛又受到纪律处罚停赛的执行

因同一行为导致的自然停赛，若纪律委员会作出了处理决定，则以处理决定中纪律处罚停赛的场数为准，即纪律处罚停赛的场数将涵盖相应的自然停赛场数。

第十二条 一人同时报名所属俱乐部一线队参加的中超联赛 / 中甲联赛 / 中乙联赛 / 中冠联赛决赛阶段、足协杯赛、超级杯赛时受到纪律处罚停赛的执行

在同一年度（赛季）内，以上赛事的纪律处罚停赛将首先在违规违纪行为发生的赛事中执行；若此赛事结束或剩余场数不足以执行全部纪律处罚停赛或相关俱乐部队被提前淘汰，则剩余纪律处罚停赛将在其所属俱乐部一线队参加的本年度（赛季）及之后年度（赛季）的中超联赛 / 中甲联赛 / 中乙联赛 / 中冠联赛决赛阶段、足协杯赛、超级杯赛中按时间顺序执行。

禁止通过中超预备队联赛、中甲预备队联赛或五人制、沙滩足球等其他比赛消减纪律处罚停赛的应执行场数。

第十三条 一人同时报名所属俱乐部一线队、预备队及梯队比赛时受到纪律处罚停赛的执行

（一）在参加一线队比赛时受到的纪律处罚停赛，将按照本执行细则第十二条的规定执行。

（二）在参加预备队比赛时受到的纪律处罚停赛，将按照其报名的中国足球协会主办的正式比赛的时间顺序依次执行。

（三）在参加梯队比赛时受到的纪律处罚停赛，将首先在违规违纪行为发生的赛事中执行；若此赛事结束或剩余场数不足以执行全部纪律处罚停赛或相关俱乐部队被提前淘汰，则剩余纪律处罚停赛将按照其报名的中国足球协会主办的正式比赛的时间顺序依次执行。

第十四条 同时报名中国足球协会主办的十一人制足球赛事、五人制足球赛事、沙滩足球赛事、女子足球赛事时受到纪律处罚停赛的执行

（一）球员在以上各类型赛事中受到的纪律处罚停赛，将在各类型赛事中分别执行。

（二）官员及其他有关人员在以上各类型赛事中受到的纪律处罚停赛，将只在原系列赛事中执行。

第十五条 在全运会、青运会等由国家体育总局主办的赛事中受到纪律处罚停赛的执行

在以上赛事中受到的纪律处罚停赛，将首先在以上赛事中的剩余比赛中执行；赛事结束后若仍有未执行完毕的纪律处罚停赛，将在其报名参加的由中国足球协会主办的最高级别赛事中继续执行。

第四章　转　会

第一节　国内转会

第十六条　同一赛季内转会后自然停赛的执行

（一）若转会后所参加的赛事未发生变化，则其在本赛季同一项赛事中已有的因红、黄牌累计而产生的未执行完毕的自然停赛，将在新俱乐部参加的相应赛事中继续执行。

（二）若转会后所参加的赛事发生了变化，则其未执行完毕的自然停赛将在新俱乐部参加的相应赛事中继续执行。

第十七条　同一年度（赛季）内转会后纪律处罚停赛的执行转会后未执行完毕的纪律处罚停赛将按照本执行细则第三章的规定继续执行。

第二节　国际转会

第十八条　国内纪律处罚停赛未执行完毕球员的国际转会国内纪律处罚停赛未执行完毕的球员，若申请转会到国际足联其他会员单位所属的俱乐部，应在转回后按照《纪律准则》及本执行细则的相关规定继续执行剩余纪律处罚停赛。

第十九条　官员或其他有关人员国内纪律处罚停赛未执行完毕的参照本执行细则执行。

第五章　参赛单位的责任及义务

第二十条　详尽了解所属人员的自然停赛及纪律处罚停赛情况

任何类型、级别的参赛单位均应主动了解其所属球员、官员及工作人员，特别是新转入球员、新加入官员等的自然停赛与所涉处理决定的具体执行情况；参赛单位应主动关注纪律委员会作出的违规违纪处理决定的发布，并及时更新本单位人员的停赛数据。

第二十一条　严格执行与责任承担每场比赛前各赛事管理部门发布停赛通知后，所有参赛单位均应严格执行。

停赛通知发布后，若出现漏停、错停情况而参赛单位未尽到提醒义务的，产生的后果与责任由相应球员、官员及当时所属的参赛单位承担。

第六章　附　则

第二十二条　参照执行

中国足球协会下属各级足球协会主办的赛事，若无其他相关规定，可参照本执行细则执行。

如各赛事竞赛规程另有规定的，按其规定执行。

第二十三条 未列明的其他情况

本执行细则未列明的其他停赛执行情况，中国足球协会相关赛事主管部门有权参照本执行细则所确定的原则执行。

第二十四条 解释与修正

中国足球协会有权对本执行细则进行解释。

本执行细则实施后，中国足球协会可根据实施情况对其进行必要修正。

第二十五条 本执行细则自公布之日起生效并实施。

中国足球协会纪律委员会工作条例

第一章　总　则

第一条　为了促进足球运动的健康发展，维护足球职业的声誉，规范并完善中国足球协会关于对足球运动违规违纪的查处工作，依据《中国足球协会章程》，制定本条例。

第二条　中国足球协会纪律委员会（以下简称“纪律委员会”）是中国足球协会实施行业纪律处分的权力机构。

第三条　纪律委员会依据《中国足球协会章程》《中国足球协会违规违纪处罚办法》（以下简称《处罚办法》）及其他相关规定行使处罚权。

第二章　纪律委员会的设置

第四条　纪律委员会由一名主任，若干名副主任和委员组成。

第五条　纪律委员会主任、副主任、委员人选由中国足球协会常务委员会确定。

第三章　管　辖

第六条　纪律委员会对下列行为行使处罚权：

（一）运动员、教练员、其他工作人员或俱乐部（球队）违反《处罚办法》的；

（二）会员协会、赛区委员会及其工作人员违纪或失职的；

（三）违反赛区纪律或扰乱赛区秩序的；

（四）认为应当实施处罚的其他情形。

第四章　程　序

第一节　处罚依据

第七条　在违规违纪事件发生后24小时内，比赛监督、裁判监督、裁判员或赛区委员会应向纪律委员会作出书面报告，另附相关资料，作为处罚的依据。

第八条　图像资料不能改变裁判员的当场处罚，但可作为处罚的依据。

第九条　赛区委员会及有关俱乐部（球队）、会员协会可在24日内向纪律委员会递交投诉报告。经纪律委员会审查确定，可作为处罚依据。

第十条　教练员、运动员、工作人员等个人及观众的投诉，应由赛区委员会、会员协会写出报告并提交纪律委员会处理。

第二节　处罚的作出

第十一条　对一般违规违纪事件，纪律委员会在接到报告后，应召集纪律委员会会议或以通讯方式合议，并于60小时内作出处罚决定。对涉外或情节复杂的违规违纪事件，纪律委员会在接到报告后，应向有关各方进行充分调查与核实，在能认定事实或获取相关证据材料的基础上，于必要时间内做出处罚决定。因特殊原因或情况复杂，在规定的时间内不能作出决定的，可以适当延长，但应及时将延期的理由通知当事人。

第十二条　对无书面报告的违规违纪事件，纪律委员会可以在查清事实并获取相关证据材料后60小时内或在必要时间内，作出处罚决定。

第十三条　纪律委员会作出处罚决定，必须由纪律委员会全体成员合议并有三分之二以上多数通过，方可生效。

第十四条　纪律委员会对违规违纪事件的审理，可以适用听证程序和回避制度。

第三节　处罚的生效及申诉

第十五条　纪律委员会的处罚决定一经公布立即生效。

第十六条　纪律委员会的处罚除下列情形外不得申诉：

（一）对消极比赛、行贿受贿行为作出的处罚；

（二）对观众破坏赛场秩序、发生暴力事件、严重干扰比赛而对俱乐部（球队会员协会、赛区委员会作出10000元以上罚款、取消参赛资格、取消公开比赛资格、取消主场资格、取消主办或承办比赛资格、取消转会资格、取消注册资格的处罚；

（三）对运动员使用兴奋剂作出的禁赛的处罚；

（四）认为可以申诉的其他情形。

第十七条　纪律委员会作出处罚决定时，应当向被处罚人告知下列权利：

（一）陈述权、申辩权；

（二）本条例第十六条所列申诉权。

第五章　附　则

第十九条　本条例由中国足球协会常务委员会负责解释。

第二十条　本条例自 2000 年 3 月 13 日起实施，原中国足球协会颁发的《中国足球协会纪律委员会工作条例》（试行）同时废止。

（二〇〇〇年三月十三日中国足球协会常务委员会会议修正）

中国足球协会仲裁委员会工作规则

第一章　总　则

第一条　为维护行业秩序，促进中国足球运动的健康发展，依据《国际足球联合会章程》及《中国足球协会章程》的规定，制定本规则。

第二条　中国足球协会仲裁委员会（以下简称“仲裁委员会”）是中国足球协会处理行业内部纠纷的仲裁机构。

第三条　仲裁委员会独立审理案件。

第四条　仲裁委员会处理纠纷案件实行一裁终局制度。

第五条　仲裁委员会受理下列案件：

（一）对中国足球协会纪律委员会（以下简称“纪律委员会”）作出的处罚决定不服，且允许向仲裁委员会申请仲裁的；

（二）会员协会、足球俱乐部、球员、教练员、经纪人相互间，就注册、转会、参赛资格、工作合同、经纪人合同等事项发生的属于行业管理范時的争议；

（三）仲裁委员会认为应当受理的其他争议。

第六条　申请人向仲裁委员会申请仲裁的，应当根据不同案件，分别于下列期限内提出：

（一）对纪律委员会作出的处罚决定不服而申请仲裁的，自处罚决定公布之日起 7 日内；

（二）因其他案件申请仲裁的，从其知道或者应当知道权利被侵害之日起 1 年内。

超过上述期限申请仲裁的，不予受理。

第二章　程　序

第七条　申请人应当按照下列要求向仲裁委员会提出仲裁申请：

（一）提交仲裁申请书。仲裁申请书应当写明：

1. 申请人和被申请人的。名称、地址（包括：邮政编码、电话、传真）；申请人或被申请人是自然人的，还应当写明其性别、所属单位、职业身份、当年注册情况；

2. 申请的具体请求；

3. 申请的事实与理由。

（二）提交仲裁申请书时，应当附证据目录、证据材料（复印件）；并应当按照被申请人的人数提交前述文件的副本。

第八条　仲裁委员会收到仲裁申请书及相关附件后，经过审查，认为符合受理条件的，应当受理；认为不符合受理条件的，应当通知申请人并向申请人说明不予受理的理由；受理后发现不符合受理条件的，驳回申请。

仲裁委员会应当于收到仲裁申请书及相关附件后 7 日内作出是否受理的决定，但仲裁委员会认定的重大或疑难案件除外，仲裁委员会决定受理的，应当于决定受理后 10 日内由仲裁委员会主任在仲裁委员中指定包括首席仲裁员在内的三名仲裁员组成仲裁庭，共同审理案件。

仲裁庭组成后，仲裁委员会向被申请人发出仲裁受理通知书、仲裁申请书和证据副本，同时，将仲裁庭的组成通知双方当事人。

除对纪律委员会作出的处罚决定不服而申请仲裁的案件外，申请人应当按仲裁委员会的通知缴纳仲裁申请费，逾期未缴纳的，视为申请人自行撤回仲裁申请。

仲裁审理程序自发出仲裁受理通知之日起开始。

第九条　被申请人应当于收到仲裁申请书及相关附件后的 15 日内，向仲裁庭提交书面答辩、证据目录及证据材料（复印件），并应当按照申请人和其他当事人的人数提交前述文件的副本。逾期不提交书面答辩的，不影响仲裁程序的进行。

第十条　当事人对仲裁庭组成人员的独立性、公正性产生具有正当理由的怀疑时，应当向仲裁委员会提交书面回避申请，说明引起回避请求的事实，并附相应证据。申请应在知悉回避理由后立即提出。

仲裁员应否回避，由仲裁委员会主任决定；仲裁委员会主任的回避由仲裁委员会会议决定；在应否回避决定作出前，被请求回避的人员应当继续履行职责。

第十一条　仲裁庭审理案件，可以视案件的不同案情，采取开庭方式审理，也可以采取不开庭方式审理。采取开庭方式审理的案件，除仲裁参与人外，其他人不得参加。

采取开庭方式审理的案件，当事人应当按照仲裁庭的通知到庭参加审理；经仲裁庭同意，当事人可以委托 1 至 2 名仲裁代理人到庭，并于开庭前向仲裁庭提交授权委托书。授权委托书应当载明代理人的代理权限，当事人本人不能到庭的，应当至少有一名经特别授权的代理人到庭。仲裁庭要求当事人本人到庭的，其本人应当到庭。

第十二条　仲裁庭开庭审理时，仲裁庭应当制作庭审笔录并可以庭审录音、录像。当事人对庭审笔录进行核对后，应当签字确认。

第十三条　当事人对其申请或者答辩所依据的事实负举证义务。

因不服纪律委员会的处罚而申请仲裁的案件，纪律委员会应当对其处罚的依据负举证义务。

负有举证义务而不能举证者，应当对举证不能的后果承担责任。

第十四条 仲裁庭认为必要时，可以自行调查、收集证据；当事人有义务对仲裁庭调查、收集证据的工作给予配合。

第十五条 在案件审理期间，当事人有下列情形之一的，仲裁庭可以进行缺席审理及/或径行裁决：

（一）未按仲裁庭指定时间提出答辩的；

（二）未按仲裁庭通知的时间出庭或中途退庭的；

（三）未按仲裁庭的要求提供案件材料或相应证据的；

（四）拒绝对庭审笔录签字确认的；

（五）拒绝履行第十四条规定的配合义务的；

（六）其他严重影响或妨碍仲裁程序正常进行的。

第十六条 在对案件作出裁决前，仲裁庭可以先行对争议双方进行调解。双方当事人经调解达成和解的，应当签订书面和解协议，仲裁庭应当根据和解协议的内容制作调解书；调解书与裁决书具有同等效力。

当事人自行达成和解协议的，可以请求仲裁庭根据其双方的和解协议制作调解书，也可由申请方撤回仲裁申请。

对纪律委员会作出的处罚决定不服而申请仲裁的案件，不适用调解。

第三章　裁　决

第十七条 仲裁委员会受理案件后，应当根据不同案件，分别于下列期限作出裁决：

（一）对纪律委员会的处罚决定不服而申请仲裁的案件，应当于仲裁程序开始之日起 3 个月内作出；

（二）其他案件，应当于仲裁程序开始之日起 6 个月内作出。

鉴定、公告、公证、送达、通知、调解等期间，不计入仲裁审理时限。

因特殊原因需延期作出裁决的，仲裁庭应。当及时将延期的决定通知当事人。

第十八条 仲裁庭应当根据事实，依照法律规定和行业规定，参照国际惯例，并遵循公平、公正原则作出裁决。

仲裁庭认为必要时，可以根据案件已经查清的部分事实，在案件审理过程中作出中间裁决或者部分裁决。

双方当事人对案件部分争议达成和解的，仲裁庭可以对达成和解的部分制作调解书，该部分调解不影响案件其他部分的审理。

第十九条　仲裁庭审理不服纪律委员会的处罚而申请仲裁的案件，是对纪律委员会的处罚行为是否违反相关规定进行审查，并作出驳回或撤销的裁决。

第二十条　仲裁庭对案件的裁决，依多数仲裁员的意见决定，无法达成多数意见时，报仲裁委员会决定。

第二十一条　裁决书应当写明仲裁请求、争议事实、裁决理由、裁决结果、仲裁费用的负担及裁决日期，但根据双方达成的和解协议所作出的调解书，不受此限。

第二十二条　当事人应当依照裁决书或调解书规定的期限自动履行义务；裁决书或调解书未规定期限的，应当自裁决书或调解书送达后 10 日内履行。

当事人一方或双方未在上述期限内履行义务的，接受履行的一方可以向纪律委员会提出申请，请求其根据《中国足球协会纪律准则及处罚办法》的规定对不履行义务的一方给予处罚。

仲裁委员会裁决撤销纪律委员会处罚决定的案件，报中国足球协会主席会议备案。

第二十三条　有下列情形之一的，仲裁中止：

（一）一方当事人尚未在中国足球协会注册或注册备案的；

（二）一方当事人因不可抗拒的事由，不能参加案件审理的；

（三）仲裁裁决的作出必须以相关事项处理结果为依据，而相关事项尚无处理结果的；

（四）其他仲裁庭认为应当中止的情形。

中止审理的原因消除后，由当事人向仲裁庭提出申请，恢复审理。

第四章　附　则

第二十四条　对纪律委员会作出的处罚决定不服而申请仲裁的案件，在裁决前，不停止原处罚决定的执行。

第二十五条　仲裁委员会的组成人员，由中国足球协会主席会议决定通过。

第二十六条　仲裁申请费的收取办法及标准，由中国足球协会另行规定。

第二十七条　遇重大或特殊案件，仲裁委员会可以将案件提交中国足球协会主席会议处理。中国足球协会主席会议处理的案件不受本规则限制。

第二十八条　仲裁委员会审理足球运动员与足球俱乐部之间的纠纷案件，可以根据案件具体情况，采取随机抽取的方式，在当事人以外的足球俱乐部及足球运动员中各选择 1 至 2 名代表参加案件审理。足球运动员代表和足球俱乐部的代表参加审理的案件，各位代表均有权对案件的裁决独立发表意见，仲裁庭在裁决前应当充分听取各位代表的意见。

第二十九条 本规则由中国足球协会负责解释，中国足球协会可根据本规则的实施情况及国际足球联合会的最新规定，对本规则进行修正。

第三十条 本规则自 2009 年 6 月 16 日起施行。原中国足球协会颁发的《中国足球协会诉讼委员会工作条例》同时废止。

中国足球协会及下属机构颁发的有关仲裁或申诉的规定与本规则有抵触的，按本规则执行。

中国足球协会道德与公平竞赛委员会工作规则（试行）

第一章　总　则

第一条　为规范中国足球协会（以下简称“中国足协”）道德与公平竞赛委员会（以下简称“道德委员会”）的工作，促进中国足球运动的健康发展，依据《中国足协章程》及《国际足联章程》《国际足联道德守则》《亚足联章程》，特制定本工作规则。

第二条　道德委员会是中国足协为维护足球运动的道德与公平竞赛原则而设立的独立性调查裁决机构。

第三条　道德委员会应当根据本委员会或中国足协其他专项委员会对事实调查所作出的结论，或根据国家司法机关的裁判文书、政府部门的行政决定所认定的事实，以中国足协及国际足联、亚足联颁布的有关足球道德与公平竞赛的规定为依据，对相关违规行为作出处罚。

本工作规则所指“违规行为”事损害足球诚信和声誉且与赛场活动无关联或少有关联的违反道德和公平竞赛的行为。

第二章　组织规则

第四条　道德委员会由 1 名主任、2 名副主任和 6~8 名委员组成。

第五条　道德委员会成员应品行端正并具有法律、体育或相关领域的工作经验。

第六条　道德委员会主任、副主任及委员由中国足协聘任。

第七条　道德委员会对决定立案的事项，以随机抽选的方式成立调查组和裁决组，依据本工作规则独立开展工作；每组由 1 名主任或副主任和 2 名委员组成。调查组可以根据案件情况聘任 1~3 名助理，裁决组可以聘任 1 名秘书。

第八条　道德委员会委员讨论案件时有权充分发表各自意见，讨论事项形成决议后可以保留不同意见，但必须无条件服从和执行所通过的决议。

第九条　道德委员会委员对讨论中未形成决议的内容和未对外公布的决议必须保守秘密。

第十条　道德委员会应每年至少召开 1 次全体会议，讨论议题应在会议召开前以电子邮件、微信等方式通知各位委员。

第三章　职责范围

第十一条　道德委员会在中国足协执委会的领导下，研究、起草、完善与足球运动有关的道德与公平竞赛准则。

第十二条　道德委员会是对中国足协所属从业人员、会员及俱乐部，对参与中国足协及会员协会组织的赛事、比赛管理及行业管理的单位或个人的违规行为，进行调查或责成会员协会进行调查处罚并报道德委员会备案。

第十三条　道德委员会对参与中国足协组织的足球活动的非中国足协管辖的组织和个人的违反足球道德与公平竞赛的行为，按照中国足协相关规定处罚，并向有关的政府部门或社会组织提出处理建议；对涉嫌犯罪者，向司法机关举报，移交司法机关处理。

第十四条　道德委员会根据中国足协执委会的委托，参与其他专项委员会提交的工作提案的审议；开展与本委员会工作相关的专题调查研究；承担中国足协执委会授权的其他工作。

第四章　办案规则

第十五条　道德委员会可以根据以下单位或个人移送、举报或提供的线索和证据进行立案审查。

（一）中国足协其他专项委员会移送或者提供的；

（二）中国足协会员、比赛监督、裁判员、俱乐部、球员、教练员等提供的；

（三）国家司法机关或政府部门移送或提供的；

（四）其他单位或个人提出的实名举报或控告。

第十六条　经道德委员会立案审查认为确有违规行为嫌疑并可能达到受处罚程度的，经道德委员会秘书报请主任决定立案调查。

第十七条　道德委员会决定立案调查的，应当及时书面告知被立案单位或个人，并通知相关报案单位或个人。

第十八条　调查组可以采取走访询问、调取书证、查看录像、实地查验、电子取证等方法查明案件事实。

第十九条　调查组应当在查明案件事实的基础上撰写调查终结报告，提交道德委员会秘书并附上全部证据材料。

第二十条　案件调查终结之后，道德委员会应当按照本规则第七条之规定成立裁决组。裁决组的审查以书面审查为主，必要时可以直接听取当事人的陈述，可以视情举行听证会。举行听证会的，应当提前以书面形式通知相关单位或个人，听证会不公开举行。

第二十一条　如果调查组和裁决组的成员与被查处的单位或个人有亲属关系，或可能与该案件的处理结果有利害关系，应当回避。回避申请可以由委员本人提出，也可以由相关单位或个人提出。副主任及委员的回避由主任决定；主任的回避由道德委员会会议决定。在应否回避决定作出前，被请求回避的人员应当继续履行职责。

第二十二条　裁决组在全面审查的基础上应当作出书面的处罚或不处罚决定，决定应当经裁决组成员一致同意，决定书由道德委员会主任签章。

第二十三条　道德委员会的决定应当及时告知被查处单位或个人，可以当面宣布或以挂号邮件、电子邮件、电子传真等方式告知，也可以通过中国足协官网或中国足协新闻发布会公布。决定自告知或公布之日起生效。

第二十四条　案件当事人确有证对道德委员会作出的处罚决定所根据的事实或对法律法规行业规章的适用认为有错误表示不服的，可以向中国足协仲裁委员会提出申诉，但申诉不妨碍道德委员会决定的执行。

第二十五条　以下行为应当受到处罚。

（一）引诱、威胁与伤害对方俱乐部官员、参赛人员及足协赛场执法官员；

（二）球员年龄或身份弄虚作假；

（三）伪造文件、篡改真实的文件或使用伪造、篡改的文件；

（四）直接或间接操控比赛；

（五）故意隐瞒俱乐部之间关联关系；

（六）贪污、挪用资金、行贿受贿、介绍贿赂；

（七）玩忽职守、滥用职权；

（八）使用兴奋剂等违禁药物和毒品；

（九）利害关系人参与赌球、足彩、假球等交易，包括推销、中介、策划、下注等；

（十）违反忠诚、保密、回避、利益冲突等规定或约定；

（十一）违反信息披露、配合调查、主动申报等规定或约定；

（十二）违反规定送礼或收礼；

（十三）利用职务便利为家庭成员、朋友及中间人员、关联方牟取利益；

（十四）违规或违约领取佣金；

（十五）对国籍、种族、性别、肤色、宗教、语言、信仰、贫富、出身差异的歧视；

（十六）其他违反道德和公平竞赛的行为。

第二十六条　处罚种类

（一）警告。

（二）罚款。

（三）停赛。

（四）禁止参加与足球相关的任何活动。

（五）以及中国足协章程规定的其他处罚。

第二十七条　道德委员会作出“罚款”处罚的，应当与其他处罚并用；其他处罚均可以单独适用。

第二十八条　道德委员会作出“停赛”“禁止参加与足球相关的任何活动”等处罚的，应当同时规定处罚的期限或场次。

第五章　财务规则

第二十九条　道德委员会工作经费由中国足协承担。

第三十条　道德委员会成员使用办案经费要严格遵守有关的财务规则。

第六章　附　则

第三十一条　道德委员会依据本工作规范开展案件查处时，遇本工作规范第四章“办案规则”有未尽之处的，可按照国际足联颁布的《国际足联道德守则》及法治的基本原则执行。

第三十二条　中国足协负责对本工作规定进行解释和修改。

第三十三条　本工作规则自公布之日起生效。

中国足球协会医学委员会工作规则（草案）

第一章　总　则

第一条　“中国足球协会医学委员会”（以下简称“医学委员会”）是中国足球协会（以下简称：“中国足协”）下设的一个专业委员会，英文名称为“CHINESE FOOTBALL ASSOCIATION MEDICAL COMMITTEE”。医学委员会在中国足协的领导下具体负责足球医务方面的工作。为了规范医学委员会的工作，有效发挥其职能作用，根据《中国足球协会章程》和国际足联、亚足联对国家协会医务工作的要求，特制定本工作规范。

第二条　医学委员会是在中国足协常委会领导下，对中国足球医学研究、科学训练、培训医务人员起决策管理作用的组织。

第三条　医学委员会的宗旨是：在中国足协领导下，与有关部门紧密协作，团结和组织全国足球医务工作者并最大限度地调动足球医务工作者的积极性，积极开展足球医学研究和培训活动，努力为我国足球医学的发展和不断提高我国足球训练水平做出贡献。

第四条　医学委员会办公室地址设在北京市东城区夕照寺街东玖大厦中国足协主管职能部门办公室。

第二章　组织机构

第五条　医学委员会设主任委员一人，由一名中国足协副主席 / 执委担任；主任委员由中国足协主席会议任命。

第六条　医学委员会设副主任委员二人，医学委员会副主任委员由主任委员在委员中提名，报经中国足协主席会议批准。

第七条　医学委员会设委员八人，由主任委员根据委员条件提名，报经中国足协主席会议批准。

第八条　医学委员会设执行秘书一人，由中国足协主管职能部门一名工作人员担任。医学委员会执行秘书由主任委员提名，报经中国足协主席会议批准。

第九条 医学委员会委员须具备的条件：

一、具有博士研究生以上学历或正高级职称（运动医学、运动人体科学、临床医学等学科）；

二、其学术研究水平在相关领域中居国内领先水平；

三、熟悉足球运动发展规律、有较长时间接触足球项目的实际经验；

四、热心足球事业，热忱为中国足球运动的医学工作服务。

第十条 医学委员会的职权是：

一、审议医学委员会主任委员和副主任委员以外的委员人选；

二、审议、修改《中国足球协会医学委员会工作规范》；

三、审议、通过本届医学委员会工作计划；

四、研究、议定相关医学工作重大事宜。

第十一条 医学委员会办公室：

一、医学委员会办公室是医学委员会常设办公机构；

二、医学委员会办公室由医学委员会主任委员、副主任委员、执行秘书和中国足协主管职能部门有关工作人员组成。

第十二条 医学委员会在包括运动创伤防治、运动康复、训练监控、机能评定、体能训练、运动营养、急救医学、反兴奋剂等领域的业务范畴开展日常工作。

第十三条 医学委员会的换届：

一、医学委员会委员任期为四年；

二、换届时原主任、副主任、执行秘书、委员可连任；

三、在四年中，主任委员、副主任委员、执行秘书、委员等因工作调动等原因而离开医学委员会工作的，依照本《工作规范》第五、六、七、八条补足。

第三章 工作职责

第十四条 医学委员会的工作职责：

一、制定中国足协医务工作和反兴奋剂等管理制度；

二、制定足球医务工作发展规划和年度工作计划；

三、组织中国足球医务人员和反兴奋剂人员的培训；

四、研究中国足球运动员伤病机理和防治办法；

五、研究中国足球运动反兴奋剂的理论与方法；

六、研究中国足球运动员身体机能状况和体能训练与身体恢复的理论与方法；

七、协助国际足联、亚足联完成医学研究任务，加强与国际足球医学组织的交流与合作。

第四章　权利与义务

第十五条　医学委员会委员享有以下权利：

一、参加医学委员会会议和指定的工作会议；

二、对医学委员会各项议案有发言权和表决权；

三、对医学委员会各项工作有批评和建议权；

四、优先参加中国足协组织的业务考察和培训，优先获得有关技术资料。

第十六条　医学委员会委员应有以下义务：

一、遵守医学委员会工作规范及中国足协的各项管理制度、执行本会决议；

二、努力完成本会委托的工作任务；

三、按时参加所通知的会议，对每次会议的议题进行认真的准备，不隐瞒自己的观点，积极发表建设性意见；

四、保护运动员隐私（伤病、科研资料等），未经允许不得对外公布。

第五章　组织原则

第十七条　医学委员会实行民主集中制。在讨论或研究问题中，应充分发表意见。在形成决议或经中国足协主席会议做出决定后，有不同观点允许保留、也可以继续提出意见，但必须无条件的执行决议，并不得对外发表不同意见。

第十八条　医学委员会主任委员因故不能参加会议，可指定一名副主任委员主持会议；会议须有三分之二以上委员出席方能召开；会议决议须经委员三分之二以上表决通过并经中国足协主席会议批准后生效。所有医学委员会成员不得缺席三分之二的会议。

第十九条　医学委员会委员如违反本工作规范和中国足协有关管理制度，由医学委员会会议根据有关规定和具体情况研究提出处罚意见，报请中国足协主席会议批准后生效。

第六章　活动方式

第二十条　医学委员会会议原则上每年召开两次，根据实际情况可以增加或减少会议次数。

第二十一条　医学委员会各类会议需提前两周通知开会，会议的主要议案和文件，不迟于会前一周发至与会委员；临时紧急会议的主要内容，应在通知会议时告知与会委员。

第二十二条　如有必要，医学委员会将以书面或电话以及新媒体（微信、QQ 等）方式向委员征求意见。

第七章 财务管理

第二十三条 工作经费的主要来源：

一、中国足协拨款；

二、国际足联、亚足联医学科研课题经费；

三、医学委员会科技成果开发；

四、寻找赞助合作伙伴等。

第二十四条 医学委员会财务收支，由中国足协财务部门按国家财务管理规定，代为全面管理。

第八章 附 则

第二十五条 本工作规范自中国足协主席会议批准之日起生效，原相关规定同时废止。

第二十六条 本工作规范的修改和解释权属于中国足协医学委员会。

中国足球协会竞赛委员会工作规范

第一章　总　则

第一条　中国足球协会竞赛委员会（英文名称为："CHINESE FOOTBALL ASSOCIATION COMPETITIONS COMMITTEE"，以下简称"竞赛委员会"）是中国足球协会（以下简称："中国足协"）依据《中国足球协会章程》设立的常设分支机构，在章程授权范围内依工作规范协助中国足协执委会处理本会竞赛管理专项事务，是执委会下设的专门议事机构。

第二条　竞赛委员会的宗旨与任务：依据国际足联、亚足联和中国足协章程，及时把握世界足球运动发展趋势，结合中国足协整体发展管理要求，对中国足球竞赛管理各方面工作进行研究、提议和指导，提高我国足球竞赛管理工作科学化水平，为中国足球的全面发展提供核心动力。

第三条　竞赛委员会办公地址设在中国足协会址所在地。

第二章　组织机构

第四条　竞赛委员会的组成

（一）委员会共设成员 11 人。其中设主任 1 人、副主任 1 人、委员 9 人。另设执行秘书 1 人。

（二）委员会主任由中国足协执委会成员担任。应具备较高的思想道德素质，公正、务实、严谨的工作态度，并具有卓越的领导能力、工作组织和协调能力、相关专业能力等。

（三）副主任及委员由中国足协会员、执委会成员、中国足协秘书处职能部门根据本委员会要求进行提名推荐。委员需为地区足球竞赛工作负责人或足球专业领域的人士，在足球竞赛管理方面具有一定权威和公信力，熟悉足球的竞赛管理工作，热心足球事业，能有一定的时间和精力参与委员会工作。

（四）执行秘书由中国足协竞赛部负责人担任。

（五）同一个中国足协会员协会在本委员会中仅能有一人任职。

（六）委员会主任最高任职年龄不超过 70 周岁。委员会副主任及成员最高任职年龄不得超过 65 周岁。

（七）委员调离原工作单位后，委员所在原单位有提名推荐更换本单位委员的权利。

（八）委员会主任、副主任及委员由中国足协执委会批准。

第五条 中国足协竞赛部是竞赛委员会常设办事执行机构，负责处理竞赛委员会日常工作。

第六条 竞赛委员会成员的换届

（一）竞赛委员会成员任期四年，可连选连任。委员会换届与委员任期变更，须提前 60 天报执委会。

（二）在中国足协每次换届之后，依据章程由执委会组建新一届竞赛委员会，完成委员会成员换届。委员会成员任期之内，中国足协执委会必要时可依据章程对委员会进行改组，可任免委员会成员。

第三章 工作职责

第七条 竞赛委员会的工作职责

（一）审议与修订《中国足球协会竞赛委员会工作规范》。

（二）审议与制定中国足球竞赛管理中长期发展规划、中国足协竞赛委员会工作规划、年度工作计划及预算。

（三）审议调整本委会工作计划和增设项目提案。

（四）审议本委员会年度经费预算和决算。

（五）审议职能机构制定的工作制度。

（六）审议本委员会工作报告。

（七）审议本委员会重要议案。

（八）审议本委员会接受新委员和取消成员资格的提案。

（九）审议其他专项委员会的工作提案。

（十）审议竞赛相关管理制度、组织标准、竞赛规程、赛历、年度工作总结等。

（十一）审议学术、课题、论文、调研等研究报告。

（十二）审议或参与各级国家队在中国国内举办的国际性比赛（含中国或国际组织主办的正式比赛及商业比赛，特别是中国男足国家队、中国男足国奥队）的申办办法制定、申办城市考察评估与批准、竞赛规程和赛制制定、赛事筹备和组织指导、赛事竞赛委员会成员的组成与指派。

（十三）审议或参与国家级的综合性运动会比赛的竞赛规程和赛制制定、抽签原则和抽签监督、赛会筹备和组织指导、赛事竞赛委员会成员的组成与指派。

（十四）审议或参与中国足球竞赛体系的整体规划、设置及各级各类赛事间的协调、指导与监管。

（十五）本委员会工作规范赋予的其他职责。

第八条　竞赛委员会主任职责

（一）负责本委会员全面工作，根据授权处理相关业务，并向执委会定期汇报工作。

（二）负责与中国足协秘书处共同确定召开本委员会的会议日程与内容，确保各项任务的完成。

（三）负责主持召开竞赛委员会会议。

第九条　竞赛委员会执行秘书职责

（一）负责本委员会日常工作以及成员的日常联络、信息通知、文件收发等工作。

（二）负责本委员会召开会议的地点选择、组织筹备、经费报销、文件准备等相关会务工作。

（三）负责本委员会会议记录和纪要的撰写、文件修订与报送等工作。

（四）执行秘书不参与本委员会表决，无投票表决权。

第四章　组织与工作机制

第十条　竞赛委员会依据本委员会工作规范开展工作，工作规范由本委员会按照实际工作需要拟定，经执委会批准后执行。

第十一条　委员会委员具有独立提案权、议事权、表决权，不受其他个人和机构的影响，如表决事项涉及利益关联或冲突，应实行委员回避原则。

第十二条　委员会须根据《章程》和会员代表大会的要求，履行相应职责，完成相关事项，会议纪要、议事程序均报执委会秘书处备案。

第十三条　委员会根据工作需要每年至少召开二至四次全体成员会议，会议须三分之二以上成员参加方可进行。委员会可根据实际工作需要，不定期召开全体会议，讨论和研究相关问题。召开委员会工作会议时，如果委员会主任不在，可由副主任代行职责；如主任及副主任均不在，可由委员会主任授权由执行秘书代为主持召开工作会议。

第十四条　委员会实行民主集中制，凡需要表决的议案须由参会半数以上成员通过方可生效，如票数相等时，委员会主任的票有决定权。不参加会议的委员会成员无表决权。

第十五条　执行秘书负责做好会议记录和会议纪要，会议纪要应不晚于会议结束 10 日内提交委员会成员审核，委员应当在10日内对会议纪要进行确认，没有在规定时间内回复意见的，视为同意。对于在会议决策表决中提出不同意见的，应由提出不同意见的委员签字，该委员可不对该项决议负责。

第十六条 委员会提出的实施计划方案，应提交执委会批准后施行。

第十七条 委员会日常工作由委员会执行秘书负责组织，并通过电子邮件、电话、网络会议等方式与委员会成员保持沟通与交流。必要时可通过电子邮件发送形式审议表决相关议案，如超过7天未进行回复，将视为同意决议。

第十八条 召开委员会会议时，应将会议议题和相关文件提前30天（最晚不少于7天）发与各委员。

第十九条 任何委员可以对竞赛委员会的决议保留个人不同意见，亦可向中国足协执委会报告。

第二十条 委员会委员在决策表决时，如涉及本单位的，应采取规避制度，不得参与表决。在议事时，不得代表委员本人所在单位利益发言。

第二十一条 委员应严格遵守保密制度，任何委员未经委员会主任允许，不得将会议内容及相关议案、文件对外泄露。

第二十二条 任何委员不得对中国足协的任何工作发表不负责任的评论。

第二十三条 任何委员应严格遵守和执行本规范中的条款、中国足协的各项规章制度和国家的法律法规。

第二十四条 在届中连续三次未参加本委员会会议的成员，及因其他特殊情况不能履行职责的委员，可取消其委员资格。委会员主任可提名新人选进行补充，经本委员会讨论通过后报中国足协执委会。

第二十五条 对于不能尽职工作，违反本规范条款、中国足协相关规章制度和国家法律法规的委员，由中国足协执委会根据具体情况做出处理，同时取消其委员资格。

第二十六条 未经竞赛委员会审议通过的全国性竞赛管理规划、政策、规定及中国足球竞赛管理领域的重大事宜，不可提交中国足协执委会审议或决策。

第五章 权利与义务

第二十七条 竞赛委员会成员享有以下权利

（一）参加竞赛委员会的工作会议。

（二）对所参加会议的议题发表个人意见或建议，对会议需要表决的议案有表决权。

（三）委员可向委员会主任提出个人认为需要讨论的议题，经委员会主任认可后，在召开竞赛委员会会议时对该议题进行讨论。

（四）获有观看中国足协主办各级比赛的证件和由中国足协所主办国际比赛的个人门票。

（五）优先获得中国足协的有关管理文件和技术资料。

（六）在担任委员会成员工作期间，按中国足协有关规定，享受相关待遇。参加委员会会议及中国足协代表大会的旅费、食宿及酬金由按中国足协相关规定执行。

第二十八条　竞赛委员会成员应有以下义务

（一）接受中国足协代表大会、执委会和竞赛委员会的领导，认真贯彻执行中国足协和竞赛委员会的各项管理制度、决议和工作部署。

（二）按时参加相关会议，对每次会议的议题进行认真的准备，积极发表自己的意见，行使委员的权利。

（三）积极承担竞赛委员会的相关工作，认真完成所接受的工作任务。

（四）积极关注和研究国际、国内足球发展动态，不断为改进我国足球竞赛管理工作提出建设性意见。

（五）积极参加基层足球竞赛管理培训和指导工作。

第六章　财务管理

第二十九条　竞赛委员会工作经费的主要来源于中国足协拨款。

第三十条　竞赛委员会财务收支管理，由中国足协财务部门按国家和中国足协财务管理相关规定执行。

第七章　附　则

第三十一条　本规范由中国足协竞赛委员会负责解释和修改。

第三十二条　本规范自中国足协执委会通过之日起生效。

第十届中国足协竞赛委员会人员名单

职位	姓名	性别	年龄	现工作单位及职务
主任	于洪臣	男	53	中国足协专职执委
副主任	张晓健	男	55	山东省足协副秘书长
委员	李劲松	男	46	国家体育总局竞体司竞赛处处长
委员	赵俊杰	男	40	中国大学生体育协会足球工作部副主任
委员	李利	男	45	北京市足协执委
委员	席兵	男	43	广东省足协副秘书长
委员	姜兵	男	45	大连市足协副秘书长兼竞赛部部长
委员	陈小雨	男	42	重庆市足协副主席
委员	刘磊	男	40	武汉市足协竞赛部部长
委员	应军	男	45	新疆足管中心副主任
委员	刘劲松	男	46	盈方体育传媒（中国）有限公司足球业务总监
执行秘书	戚军	男	43	中国足协竞赛部部长

竞赛委员会共计 11 人，其中主任 1 人，副主任 1 人，委员 9 人。另，执行秘书 1 人。

中国足球协会场地器材委员会工作规范

第一章　总　则

第一条　中国足球协会场地器材委员会（英文名称为：“CHINESE FOOTBALL ASSOCIATION FACILITIES AND EQUIPMENTS COMMITTEE”，以下简称：“场地器材委员会”）是中国足球协会（以下简称“中国足协”）依据《中国足球协会章程》设立的常设分支机构，在章程授权范围内依工作规范协助中国足协执委会处理本会场地器材设施相关管理专项事务，是执委会下设的专门议事机构。

第二条　场地器材委员会的宗旨与任务：依据国际足联、亚足联和中国足协章程，及时把握世界足球运动发展趋势，结合中国足协整体发展管理要求，对建立中国足球场馆建设、球场草坪、器材与设施的行业标准与规范管理等各方面工作进行研究、制订、提议与指导，提高我国足球场地器材设施管理工作的科学化水平，发挥中国足协在行业管理的引领作用，夯实中国足球运动发展基础。

第三条　场地器材委员会办公地址设在中国足协会址所在地。

第二章　组织机构

第四条　场地器材委员会的组成

（一）委员会共设成员 15 人。其中设主任 1 人、副主任 1 人、委员 13 人。另设执行秘书 1 人。

（二）委员会主任由中国足协执委会成员担任。应具备较高的思想道德素质，公正、务实、严谨的工作态度，并具有卓越的领导能力、工作组织和协调能力、相关专业能力等。

（三）副主任及委员由中国足协会员、执委会成员、中国足协秘书处职能部门根据本委员会要求进行提名推荐。委员须为体育场馆设计与建设、运动草坪、足球器材与设施、质量标准检测与认证等方面的专业领域专家或负责人，热心足球事业，能有一定的时间和精力参与委员会工作。

（四）执行秘书由中国足协竞赛部负责人担任。

（五）委员会主任最高任职年龄不超过 70 周岁。委员会副主任及成员最高任职年龄不得超过 65 周岁。

（六）委员会主任、副主任及委员由中国足协执委会批准。

第五条 中国足协竞赛部是场地器材委员会常设办事执行机构，负责场地器材委员会日常工作。

第六条 场地器材委员会成员的换届

（一）场地器材委员会成员任期四年，可连选连任。委员会换届与委员任期变更，须提前 60 天报执委会。

（二）在中国足协每次换届之后，依据章程由执委会组建新一届场地器材委员会，完成委员会成员换届。委员会成员任期之内，中国足协执委会必要时可依据章程对委员会进行改组，可任免委员会成员。

第三章 工作职责

第七条 场地器材委员会的工作职责

（一）审议与修订《中国足球协会场地器材委员会工作规范》。

（二）审议与制定中国足球场地器材管理中长期发展规划、中国足协场地器材委员会工作规划、年度工作计划及预算。

（三）审议调整场地器材委员会工作计划和增设项目提案。

（四）审议场地器材委员会年度经费预算和决算。

（五）审议职能机构制定的工作制度。

（六）审议场地器材委员会工作报告。

（七）审议场地器材委员会重要议案。

（八）审议场地器材委员会接受新委员和取消成员资格的提案。

（九）审议其他专项委员会的工作提案。

（十）审议场地、器材、设施相关标准制订、检测认证、管理制度等。

（十一）审议场地器材委员会年度工作总结。

（十二）审议场地器材委员会分会的设立、工作机制、准入办法及管理制度等。

（十三）审议学术、课题、论文、调研等研究报告。

（十四）场地器材委员会工作规范赋予的其他职责。

第八条 场地器材委员会主任职责

（一）负责本委会员全面工作，根据授权处理相关业务，并向执委会定期汇报工作。

（二）负责与中国足协秘书处共同确定召开本委员会的会议日程与内容，确保各项任务的完成。

（三）负责主持召开场地器材委员会会议。

第九条　场地器材委员会执行秘书职责

（一）负责本委员会日常工作以及成员的日常联络、信息通知、文件收发等工作。

（二）负责本委员会召开会议的地点选择、组织筹备、经费报销、文件准备等相关会务工作。

（三）负责本委员会会议记录和纪要的撰写、文件修订与报送等工作。

（四）负责委员相关提案的收集与向委员会提交工作。

（五）执行秘书不参与本委员会表决，无投票表决权。

第四章　组织与工作机制

第十条　场地器材委员会依据本委员会工作规范开展工作，工作规范由本委员会按照实际工作需要拟定，经执委会批准后执行。

第十一条　委员会委员具有独立提案权、议事权、表决权，不受其他个人和机构的影响，如表决事项涉及利益关联或冲突，应实行委员回避原则。

第十二条　委员会须根据《章程》和会员代表大会的要求，履行相应职责，完成相关事项，会议纪要、议事程序均报执委会秘书处备案。

第十三条　委员会根据工作需要每年至少召开二至四次全体成员会议，会议须三分之二以上成员参加方可进行。委员会可根据实际工作需要，不定期召开全体会议，讨论和研究相关问题。召开委员会工作会议时，如果委员会主任不在，可由副主任代行职责；如主任及副主任均不在，可由委员会主任授权由执行秘书代为主持召开工作会议。

第十四条　委员会实行民主集中制，凡需要表决的议案须由参会半数以上成员通过方可生效，如票数相等时，委员会主任的票有决定权。不参加会议的委员会成员无表决权。

第十五条　执行秘书负责做好会议记录和会议纪要，会议纪要应不晚于会议结束 10 日内提交委员会成员审核，委员应当在 10 日内对会议纪要进行确认，没有在规定时间内回复意见的，视为同意。对于在会议决策表决中提出不同意见的，应由提出不同意见的委员签字，该委员可不对该项决议负责。委员提出的相关提案，可通过执行秘书向委员会提交。

第十六条　委员会提出的实施计划方案，应提交执委会批准后施行。

第十七条　委员会日常工作由委员会执行秘书负责组织，并通过电子邮件、微信、电话、网络会议等方式与委员会成员保持沟通与交流。必要时可通过电子邮件发送形式审议表决相关议案，如超过 7 天未进行回复，将视为同意决议。

第十八条 召开委员会会议时，应将会议议题和相关文件提前 30 天（最晚不少于 7 天）发与各委员。

第十九条 任何委员可以对场地器材委员会的决议保留个人不同意见，亦可向中国足协执委会报告。

第二十条 委员会委员在决策表决时，如涉及本单位的，应采取规避制度，不得参与表决。在议事时，不得代表委员本人所在单位利益发言。

第二十一条 委员应严格遵守保密制度，任何委员未经委员会主任允许，不得将会议内容及相关议案、文件对外泄露。

第二十二条 任何委员不得对中国足协的任何工作发表不负责任的评论。

第二十三条 任何委员应严格遵守和执行本规范中的条款、中国足协的各项规章制度和国家的法律法规。

第二十四条 在届中连续三次未参加本委员会会议的成员，及因其他特殊情况不能履行职责的委员，可取消其委员资格。委会员主任可提名新人选进行补充，经本委员会讨论通过后报中国足协执委会。

第二十五条 对于不能尽职工作，违反本规范条款、中国足协相关规章制度和国家法律法规的委员，由中国足协执委会根据具体情况做出处理，同时取消其委员资格。

第二十六条 未经场地器材委员会审议通过的场地器材设施管理标准、规划、制度、规定及中国足球场地器材管理领域的重大事宜，不可提交中国足协执委会审议或决策。

第五章　权利与义务

第二十七条 场地器材委员会成员享有以下权利

（一）参加场地器材委员会的工作会议。

（二）对所参加会议的议题发表个人意见或建议，对会议需要表决的议案有表决权。

（三）委员可向委员会主任提出个人认为需要讨论的议题，经委员会主任认可后，在召开场地器材委员会会议时对该议题进行讨论。

（四）获有观看中国足协主办各级比赛的工作证件。

（五）优先获得中国足协的有关管理文件和技术资料。

（六）在担任委员会成员工作期间，按中国足协有关规定，享受相关待遇。参加委员会会议及中国足协代表大会的旅费、食宿及酬金由按中国足协相关规定执行。

第二十八条　场地器材委员会成员应有以下义务

（一）接受中国足协代表大会、执委会和场地器材委员会的领导，认真贯彻执行中国足协和场地器材委员会的各项管理制度、决议和工作部署。

（二）按时参加相关会议，对每次会议的议题进行认真的准备，积极发表自己的意见，行使委员的权利。

（三）积极承担场地器材委员会的相关工作，认真完成所接受的工作任务。

（四）积极关注和研究国际、国内足球发展动态，不断为改进我国足球场地器材管理工作提出建设性意见。

第六章　财务管理

第二十九条　场地器材委员会工作经费的主要来源于中国足协拨款。

第三十条　场地器材委员会财务收支管理，由中国足协按国家和中国足协财务管理相关规定执行。

第七章　附　则

第三十一条　本规范由中国足协场地器材委员会负责解释和修改。

第三十二条　本规范自中国足协执委会通过之日起生效。

中国足球协会财务委员会工作规范

第一章　总　则

第一条　“中国足球协会财务委员会”（以下简称“财务委员会”）是中国足球协会（以下简称“中国足协”）下设的一个专业委员会，英文名称为“CHINESE FOOTBALL ASSOCIATION FINANCE COMMITTEE”。财务委员会在中国足协的领导下具体负责协会财务方面的工作。为了规范财务委员会的工作，有效发挥其职能作用，根据《中国足球协会章程》和国际足联、亚足联对国家协会财务工作的要求，特制定本工作规范。

第二条　财务委员会是在中国足协执委会领导下，对规范中国足球财务管理、提高资产使用效率起决策管理作用的组织。

第三条　财务委员会的宗旨是：在中国足协领导下，与有关部门紧密协作，依法依规合理使用资源，提升资源利用效率。

第四条　财务委员会办公室地址设在北京市东城区夕照寺街东玖大厦中国足协主管职能部门办公室。

第二章　组织机构

第五条　财务委员会设主任委员一人，主任委员由中国足协执委会任命。

第六条　财务委员会设副主任委员一人，财务委员会副主任委员由主任委员在委员中提名，报经中国足协主席执委会或会议批准。

第七条　财务委员会设委员 5 人，由主任委员根据委员条件提名，报经中国足协执委会或主席会议批准。

第八条　财务委员会设执行秘书一人，由中国足协主管职能部门一名工作人员担任。财务委员会执行秘书由主任委员提名，报经中国足协主席会议批准。

第九条　财务委员会委员须具备的条件：

一、应具备较高的思想道德素质和公正、务实、严谨的工作态度；

二、具有相关专业研究生以上学历；

三、具有 10 年的高级财务管理经验或具备较高专业影响力；

四、热心足球事业，热忱为中国足球服务。

第十条　财务委员会的换届：

一、财务委员会委员任期为四年；

二、换届时原主任、副主任、执行秘书、委员可连任；

三、在四年中，主任委员、副主任委员、执行秘书、委员等因工作调动等原因而离开财务委员会工作的，依照本《工作规范》第五、六、七、八条补足。

第三章　工作职责

第十一条　财务委员会的工作职责：

一、审议《中国足球协会财务委员会工作规范》，确定工作制度等。

二、审议财务管理、资产管理、内控管理等相关管理制度。

三、审议财务委员会工作规划、工作计划。

四、审议财务委员会工作报告、重要议案、调整的工作计划以及增设的项目提案。

五、审议财务委员会年度经费预算和决算。

六、在秘书处的配合下，向执委会和会员大会提交协会财务报告和工作建议。

七、审议本委员会成员资格的提案。

八、加强与国际足球组织在财务工作方面的交流与合作。

九、工作规范赋予的其他职责。

第四章　权利与义务

第十二条　财务委员会委员享有以下权利：

一、参加本委员会会议和指定的工作会议；

二、对本委员会各项议案有发言权和表决权；

三、对本务委员会各项工作有批评和建议权。

第十三条　财务委员会委员应有以下义务：

一、遵守中国足球协会章程及各项管理制度

二、遵守财务委员会工作规范及执行本会决议；

三、努力完成本会委托的工作任务；

四、按时参加所通知的会议，对每次会议的议题进行认真的准备，不隐瞒自己的观点，积极发表建设性意见。

第五章　组织原则

第十四条　财务委员会实行民主集中制。在讨论或研究问题中，应充分发表意见。在形成决议或经中国足协主席会议做出决定后，有不同观点允许保留、也可以继续提出意见，但必须无条件的执行决议。未经协会授权不得对外发布本委员会的工作信息或发表意见。

第十五条　财务委员会主任委员因故不能参加会议，可指定副主任委员主持会议；会议须有三分之二以上委员出席方能召开；会议决议须经委员三分之二以上表决通过并经中国足协执委会或主席会议批准后生效。

第十六条　财务委员会委员如违反本工作规范和中国足协有关管理制度，由财务委员会会议根据有关规定和具体情况研究提出处罚意见，报请中国足协主席会议批准后生效。

第六章　活动方式

第十七条　财务委员会会议原则上每年召开两次，根据实际情况可以增加或减少会议次数。

第十八条　财务委员会各类会议的主要议案和文件，不迟于会前一周发至与会委员；临时紧急会议的主要内容，应在通知会议时告知与会委员。

第十九条　如有必要，财务委员会可以书面或电话方式向委员征求意见。

第七章　财务管理

第二十条　工作经费的主要来源于中国足协拨款。

第二十一条　财务委员会财务支出按中国足协有关财务管理规定执行。

第八章　附　则

第二十二条　本工作规范自中国足协执委会批准之日起生效。

第二十三条　本工作规范的修改和解释权属于中国足协财务委员会。

中国足球协会财务委员会推荐名单

主任委员（1人）

王沈顺　武汉市足协主席

副主任委员（1人）（以姓氏笔画为序）

空缺

委员（4人）

林　峰　江苏省足协秘书长

李　刚　陕西省足协秘书长

张翌普　华永道中天会计师事务所　审计合伙人　中国注册会计师

刘晓忠　中翰税务咨询公司　首席合伙人　EMBA 注册税务师、律师

执行秘书（1人）

赫晓峰　中国足协财务办主任

第十三编

商事权利

足球运动之所以发展成为一项体育产业，其中一个重要因素就在于其充分商业化，而商业化的重要组成部分就是足球行业的各项商业权利。运用商业权利是足球行业商业化的基石，对于商业权利的保护就是对足球行业商业化的保护。现阶段转播权收入和广告收入仍然是足球产业收入的重要组成部分，随着中国足球产业的发展，足球俱乐部、赛事运营、体育用品、足球场地、足球培训、足球娱乐等领域也逐渐发展起来，这其中就涉及了足球行业特有的商事法律关系，需要通过通用的法律规范或者是专门的法律规范进行调整。

本编中汇集的法律规范主要有《中华人民共和国著作权法》《保护表演者、录音制品制作者和广播组织的国际公约（罗马公约）》《世界知识产权组织表演和录音制品条约（WPPT）》《与贸易有关的知识产权协定（TRIPS 协定）》《特殊标志管理条例》《奥林匹克标志保护条例》《北京市奥林匹克知识产权保护规定》《中国足球协会超级联赛商务管理规定（2018 版）》《中国足球协会超级联赛商务管理的实施细则（试行）》《中国足球协会甲级联赛比赛服装备规定》《中国足球协会甲级联赛商务管理实施细则》《全国女足锦标赛商务管理实施细则（试行）》《中国足球协会女子超级联赛商务管理实施细则》。这些法律规范主要从著作权、商标角度引导、规范足球行业的商事活动。足球不仅是一项体育运动，也是一个行业，需要遵守相关法律规范和行业规则，本编的内容有助于明确足球主体在从事商业活动中的权利、义务，保护自身权益不受侵害。

中华人民共和国著作权法（节选）

（1990 年 9 月 7 日第七届全国人民代表大会常务委员会第十五次会议 通过根据 2001 年 10 月 27 日第九届全国人民代表大会常务委员会第二十四次会议《关于修改〈中华人民共和国著作权法〉的决定》第一次修正 根据 2010 年 2 月 26 日第十一届全国人民代表大会常务委员会第十三次会议《关于修改〈中华人民共和国著作权法〉的决定》第二次修正）

第一章　总　则

第二条　中国公民、法人或者其他组织的作品，不论是否发表，依照本法享有著作权。

外国人、无国籍人的作品根据其作者所属国或者经常居住地国同中国签订的协议或者共同参加的国际条约享有的著作权，受本法保护。

外国人、无国籍人的作品首先在中国境内出版的，依照本法享有著作权。

未与中国签订协议或者共同参加国际条约的国家的作者以及无国籍人的作品首次在中国参加的国际条约的成员国出版的，或者在成员国和非成员国同时出版的，受本法保护。

第三条　本法所称的作品，包括以下列形式创作的文学、艺术和自然科学、社会科学、工程技术等作品：

（一）文字作品；

（二）口述作品；

（三）音乐、戏剧、曲艺、舞蹈、杂技艺术作品；

（四）美术、建筑作品；

（五）摄影作品；

（六）电影作品和以类似摄制电影的方法创作的作品；

（七）工程设计图、产品设计图、地图、示意图等图形作品和模型作品；

（八）计算机软件；

（九）法律、行政法规规定的其他作品。

第八条　著作权人和与著作权有关的权利人可以授权著作权集体管理组织行使著作权或者与著作权有关的权利。著作权集体管理组织被授权后，可以以自己的名义为著作权人和与著作权有关的权利人主张权利，并可以作为当事人进行涉及著作权或者与著作权有关的权利的诉讼、仲裁活动。

著作权集体管理组织是非营利性组织，其设立方式、权利义务、著作权许可使用费的收取和分配，以及对其监督和管理等由国务院另行规定。

第二章　著作权

第一节　著作权人及其权利

第九条　著作权人包括：

（一）作者；

（二）其他依照本法享有著作权的公民、法人或者其他组织。

第十条　著作权包括下列人身权和财产权：

（一）发表权，即决定作品是否公之于众的权利；

（二）署名权，即表明作者身份，在作品上署名的权利；

（三）修改权，即修改或者授权他人修改作品的权利；

（四）保护作品完整权，即保护作品不受歪曲、篡改的权利；

（五）复制权，即以印刷、复印、拓印、录音、录像、翻录、翻拍等方式将作品制作一份或者多份的权利；

（六）发行权，即以出售或者赠与方式向公众提供作品的原件或者复制件的权利；

（七）出租权，即有偿许可他人临时使用电影作品和以类似摄制电影的方法创作的作品、计算机软件的权利，计算机软件不是出租的主要标的的除外；

（八）展览权，即公开陈列美术作品、摄影作品的原件或者复制件的权利；

（九）表演权，即公开表演作品，以及用各种手段公开播送作品的表演的权利；

（十）放映权，即通过放映机、幻灯机等技术设备公开再现美术、摄影、电影和以类似摄制电影的方法创作的作品等的权利；

（十一）广播权，即以无线方式公开广播或者传播作品，以有线传播或者转播的方式向公众传播广播的作品，以及通过扩音器或者其他传送符号、声音、图像的类似工具向公众传播广播的作品的权利；

（十二）信息网络传播权，即以有线或者无线方式向公众提供作品，使公众可以在其个人选定的时间和地点获得作品的权利；

（十三）摄制权，即以摄制电影或者以类似摄制电影的方法将作品固定在载体上的权利；

（十四）改编权，即改变作品，创作出具有独创性的新作品的权利；

（十五）翻译权，即将作品从一种语言文字转换成另一种语言文字的权利；

（十六）汇编权，即将作品或者作品的片段通过选择或者编排，汇集成新作品的权利；

（十七）应当由著作权人享有的其他权利。

著作权人可以许可他人行使前款第（五）项至第（十七）项规定的权利，并依照约定或者本法有关规定获得报酬。

著作权人可以全部或者部分转让本条第一款第（五）项至第（十七）项规定的权利，并依照约定或者本法有关规定获得报酬。

第二节　著作权归属

第十一条　著作权属于作者，本法另有规定的除外。

创作作品的公民是作者。

由法人或者其他组织主持，代表法人或者其他组织意志创作，并由法人或者其他组织承担责任的作品，法人或者其他组织视为作者。

如无相反证明，在作品上署名的公民、法人或者其他组织为作者。

第十二条　改编、翻译、注释、整理已有作品而产生的作品，其著作权由改编、翻译、注释、整理人享有，但行使著作权时不得侵犯原作品的著作权。

第十三条　两人以上合作创作的作品，著作权由合作作者共同享有。没有参加创作的人，不能成为合作作者。

合作作品可以分割使用的，作者对各自创作的部分可以单独享有著作权，但行使著作权时不得侵犯合作作品整体的著作权。

第十四条　汇编若干作品、作品的片段或者不构成作品的数据或者其他材料，对其内容的选择或者编排体现独创性的作品，为汇编作品，其著作权由汇编人享有，但行使著作权时，不得侵犯原作品的著作权。

第十五条　电影作品和以类似摄制电影的方法创作的作品的著作权由制片者享有，但编剧、导演、摄影、作词、作曲等作者享有署名权，并有权按照与制片者签订的合同获得报酬。

电影作品和以类似摄制电影的方法创作的作品中的剧本、音乐等可以单独使用的作品的作者有权单独行使其著作权。

第十六条　公民为完成法人或者其他组织工作任务所创作的作品是职务作品，除本条第二款的规定以外，著作权由作者享有，但法人或者其他组织有权在其业务范围内优先使用。作品完成两年内，未经单位同意，作者不得许可第三人以与单位使用的相同方式使用该作品。

有下列情形之一的职务作品，作者享有署名权，著作权的其他权利由法人或者其他组织享有，法人或者其他组织可以给予作者奖励：

（一）主要是利用法人或者其他组织的物质技术条件创作，并由法人或者其他组织承担责任的工程设计图、产品设计图、地图、计算机软件等职务作品；

（二）法律、行政法规规定或者合同约定著作权由法人或者其他组织享有的职务作品。

第十七条　受委托创作的作品，著作权的归属由委托人和受托人通过合同约定。合同未作明确约定或者没有订立合同的，著作权属于受托人。

第十八条　美术等作品原件所有权的转移，不视为作品著作权的转移，但美术作品原件的展览权由原件所有人享有。

第十九条　著作权属于公民的，公民死亡后，其本法第十条第一款第（五）项至第（十七）项规定的权利在本法规定的保护期内，依照继承法的规定转移。

著作权属于法人或者其他组织的，法人或者其他组织变更、终止后，其本法第十条第一款第（五）项至第（十七）项规定的权利在本法规定的保护期内，由承受其权利义务的法人或者其他组织享有；没有承受其权利义务的法人或者其他组织的，由国家享有。

第三节　权利的保护期

第二十条　作者的署名权、修改权、保护作品完整权的保护期不受限制。

第二十一条　公民的作品，其发表权、本法第十条第一款第（五）项至第（十七）项规定的权利的保护期为作者终生及其死亡后五十年，截止于作者死亡后第五十年的 12 月 31 日；如果是合作作品，截止于最后死亡的作者死亡后第五十年的 12 月 31 日。

法人或者其他组织的作品、著作权（署名权除外）由法人或者其他组织享有的职务作品，其发表权、本法第十条第一款第（五）项至第（十七）项规定的权利的保护期为五十年，截止于作品首次发表后第五十年的 12 月 31 日，但作品自创作完成后五十年内未发表的，本法不再保护。

电影作品和以类似摄制电影的方法创作的作品、摄影作品，其发表权、本法第十条第一款第（五）项至第（十七）项规定的权利的保护期为五十年，截止于作品首次发表后第五十年的 12 月 31 日，但作品自创作完成后五十年内未发表的，本法不再保护。

第四节　权利的限制

第二十二条　在下列情况下使用作品，可以不经著作权人许可，不向其支付报酬，但应当指明作者姓名、作品名称，并且不得侵犯著作权人依照本法享有的其他权利：

（一）为个人学习、研究或者欣赏，使用他人已经发表的作品；

（二）为介绍、评论某一作品或者说明某一问题，在作品中适当引用他人已经发表的作品；

（三）为报道时事新闻，在报纸、期刊、广播电台、电视台等媒体中不可避免地再现或者引用已经发表的作品；

（四）报纸、期刊、广播电台、电视台等媒体刊登或者播放其他报纸、期刊、广播电台、电视台等媒体已经发表的关于政治、经济、宗教问题的时事性文章，但作者声明不许刊登、播放的除外；

（五）报纸、期刊、广播电台、电视台等媒体刊登或者播放在公众集会上发表的讲话，但作者声明不许刊登、播放的除外；

（六）为学校课堂教学或者科学研究，翻译或者少量复制已经发表的作品，供教学或者科研人员使用，但不得出版发行；

（七）国家机关为执行公务在合理范围内使用已经发表的作品；

（八）图书馆、档案馆、纪念馆、博物馆、美术馆等为陈列或者保存版本的需要，复制本馆收藏的作品；

（九）免费表演已经发表的作品，该表演未向公众收取费用，也未向表演者支付报酬；

（十）对设置或者陈列在室外公共场所的艺术作品进行临摹、绘画、摄影、录像；

（十一）将中国公民、法人或者其他组织已经发表的以汉语言文字创作的作品翻译成少数民族语言文字作品在国内出版发行；

（十二）将已经发表的作品改成盲文出版。

前款规定适用于对出版者、表演者、录音录像制作者、广播电台、电视台的权利的限制。

第三章　著作权许可使用和转让合同

第二十四条　使用他人作品应当同著作权人订立许可使用合同，本法规定可以不经许可的除外。

许可使用合同包括下列主要内容：

（一）许可使用的权利种类；

（二）许可使用的权利是专有使用权或者非专有使用权；

（三）许可使用的地域范围、期间；

（四）付酬标准和办法；

（五）违约责任；

（六）双方认为需要约定的其他内容。

第四章　出版、表演、录音录像、播放

第二节　表　演

第三十七条　使用他人作品演出，表演者（演员、演出单位）应当取得著作权人许可，并支付报酬。演出组织者组织演出，由该组织者取得著作权人许可，并支付报酬。

使用改编、翻译、注释、整理已有作品而产生的作品进行演出，应当取得改编、翻译、注释、整理作品的著作权人和原作品的著作权人许可，并支付报酬。

第三十八条　表演者对其表演享有下列权利：

（一）表明表演者身份；

（二）保护表演形象不受歪曲；

（三）许可他人从现场直播和公开传送其现场表演，并获得报酬；

（四）许可他人录音录像，并获得报酬；

（五）许可他人复制、发行录有其表演的录音录像制品，并获得报酬；

（六）许可他人通过信息网络向公众传播其表演，并获得报酬。

被许可人以前款第（三）项至第（六）项规定的方式使用作品，还应当取得著作权人许可，并支付报酬。

第三节　录音录像

第四十条　录音录像制作者使用他人作品制作录音录像制品，应当取得著作权人许可，并支付报酬。

录音录像制作者使用改编、翻译、注释、整理已有作品而产生的作品，应当取得改编、翻译、注释、整理作品的著作权人和原作品著作权人许可，并支付报酬。

录音制作者使用他人已经合法录制为录音制品的音乐作品制作录音制品，可以不经著作权人许可，但应当按照规定支付报酬；著作权人声明不许使用的不得使用。

第四十一条　录音录像制作者制作录音录像制品，应当同表演者订立合同，并支付报酬。

第四十二条　录音录像制作者对其制作的录音录像制品，享有许可他人复制、发行、出租、通过信息网络向公众传播并获得报酬的权利；权利的保护期为五十年，截止于该制品首次制作完成后第五十年的 12 月 31 日。

被许可人复制、发行、通过信息网络向公众传播录音录像制品，还应当取得著作权人、表演者许可，并支付报酬。

第四节 广播电台、电视台播放

第四十三条 广播电台、电视台播放他人未发表的作品，应当取得著作权人许可，并支付报酬。

广播电台、电视台播放他人已发表的作品，可以不经著作权人许可，但应当支付报酬。

第四十四条 广播电台、电视台播放已经出版的录音制品，可以不经著作权人许可，但应当支付报酬。当事人另有约定的除外。具体办法由国务院规定。

第四十五条 广播电台、电视台有权禁止未经其许可的下列行为：

（一）将其播放的广播、电视转播；

（二）将其播放的广播、电视录制在音像载体上以及复制音像载体。

前款规定的权利的保护期为五十年，截止于该广播、电视首次播放后第五十年的 12 月 31 日。

第五章 法律责任和执法措施

第四十七条 有下列侵权行为的，应当根据情况，承担停止侵害、消除影响、赔礼道歉、赔偿损失等民事责任：

（一）未经著作权人许可，发表其作品的；

（二）未经合作作者许可，将与他人合作创作的作品当作自己单独创作的作品发表的；

（三）没有参加创作，为谋取个人名利，在他人作品上署名的；

（四）歪曲、篡改他人作品的；

（五）剽窃他人作品的；

（六）未经著作权人许可，以展览、摄制电影和以类似摄制电影的方法使用作品，或者以改编、翻译、注释等方式使用作品的，本法另有规定的除外；

（七）使用他人作品，应当支付报酬而未支付的；

（八）未经电影作品和以类似摄制电影的方法创作的作品、计算机软件、录音录像制品的著作权人或者与著作权有关的权利人许可，出租其作品或者录音录像制品的，本法另有规定的除外；

（九）未经出版者许可，使用其出版的图书、期刊的版式设计的；

（十）未经表演者许可，从现场直播或者公开传送其现场表演，或者录制其表演的；

（十一）其他侵犯著作权以及与著作权有关的权益的行为。

保护表演者、录音制品制作者和广播组织的国际公约（罗马公约）（节选）

（1961 年 10 月 26 日于罗马签订）

第四条　只要符合下列条件之一，缔约各国应当给予表演者以国民待遇：

（甲）表演是在另一缔约国进行的；

（乙）表演已被录制在受本公约第五条保护的录音制品上；

（丙）表演未被录制成录音制品，但在受本公约第六条保护的广播节目中播放。

第五条

（一）只要符合下列条件之一，缔约各国应当给予录音制品制作者以国民待遇：

（甲）录音制品制作者是另一个缔约国的国民（国民标准）；

（乙）首次录音是在另一个缔约国制作的（录制标准）；

（丙）录音制品是在另一个缔约国首次发行的（发行标准）。

（二）如果某种录音制品是在某一非缔约国首次发行的，但在首次发行后三十天内也在某一缔约国发行（同时发行），则该录音制品应当认为是在该缔约国首次发行。

（三）任何缔约国，通过向联合国秘书长递交通知书的办法，可以声明它将不执行发行标准，或者不执行录制标准。此类通知书可以在批准、接受或参加本公约的时候递交，也可以在此后任何时间递交。在后一种情况下，通知书应当于递交六个月之后生效。

第六条

（一）只要符合下列两项条件之一，缔约各国就应当给予广播组织以国民待遇：

（甲）该广播组织的总部设在另一缔约国；

（乙）广播节目是由设在另一缔约国的发射台播放的。

（二）任何缔约国，通过向联合国秘书长递交通知书的办法，可以声明它只保护其总部设在另一个缔约国并从设在该同一缔约国的发射台播放的广播组织的广播节目。此种通知书可以在批准、接受或参加本公约的时候递交，或在此后任何时间递交。在后一种情况下，通知书应当于递交六个月之后生效。

世界知识产权组织表演和录音制品条约（WPPT）（节选）

1996年12月20日在日内瓦通过

第一章　总　则

第4条　国民待遇

（1）在本条约所专门授予的专有权以及本条约第15条所规定的获得合理报酬的权利方面，每个缔约方均应将其给予本国国民的待遇给予第3条第（2）款所定义的其他缔约方的国民。

（2）本条第（1）款规定的义务不适用于另一缔约方使用了本条约第15条第（3）款允许的保留的情况。

第二章　表演者的权利

第5条　表演者的精神权利

（1）不依赖于表演者的经济权利，甚至在这些权利转让之后，表演者仍应对于其现场有声表演或以录音制品录制的表演有权要求承认其系表演的表演者，除非使用表演的方式决定可省略不提其系表演者；并有权反对任何对其表演进行将有损其名声的歪曲、篡改或其他修改。

（2）根据本条第（1）款授予表演者的权利在其死后应继续保留，至少到其经济权利期满为止，并应可由被要求提供保护的缔约方立法所授权的个人或机构行使。但批准或加入本条约时其立法尚未规定在表演者死后保护上款所述之全部权利的缔约方，可规定其中部分权利在表演者死后不再保留。

（3）为保障本条所授予的权利而采取的补救办法应由被要求提供保护的缔约方立法规定。

第6条　表演者对其尚未录制的表演的经济权利

表演者应享有专有权，对于其表演授权：

（i）广播和向公众传播其尚未录制的表演，除非该表演本身已属广播表演；和

（ii）录制其尚未录制的表演。

第 7 条　复制权

表演者应享有授权以任何方式或形式对其以录音制品录制的表演直接或间接地进行复制的专有权。

第 8 条　发行权

（1）表演者应享有授权通过销售或其他所有权转让形式向公众提供其以录音制品录制的表演的原件或复制品的专有权。

（2）对于在已录制的表演的原件或复制品经表演者授权被首次销售或其他所有权转让之后适用本条第（1）款中权利的用尽所依据的条件（如有此种条件），本条约的任何内容均不得影响缔约各方确定该条件的自由。

第 9 条　出租权

（1）表演者应按缔约各方国内法中的规定享有授权将其以录音制品录制的表演的原件和复制品向公众进行商业性出租的专有权，即使该原件或复制品已由表演者发行或根据表演者的授权发行。

（2）尽管有本条第（1）款的规定，任何缔约方如在 1994 年 4 月 15 日已有且现仍实行表演者出租其以录音制品录制的表演的复制品获得合理报酬的制度，只要录音制品的商业性出租没有引起对表演者复制专有权的严重损害，即可保留这一制度。

第 10 条　提供已录制表演的权利

表演者应享有专有权，以授权通过有线或无线的方式向公众提供其以录音制品录制的表演，使该表演可为公众中的成员在其个人选定的地点和时间获得。

第三章　录音制品制作者的权利

第 11 条　复制权

录音制品制作者应享有授权以任何方式或形式对其录音制品直接或间接地进行复制的专有权。

第 12 条　发行权

（1）录音制品制作者应享有授权通过销售或其他所有权转让形式向公众提供其录音制品的原件或复制品的专有权。

（2）对于在录音制品的原件或复制品经录音制品制作者授权被首次销售或其他所有权转让之后适用本条第（1）款中权利的用尽所依据的条件（如有此种条件），本条约的任何内

容均不得影响缔约各方确定该条件的自由。

第 13 条　出租权

（1）录音制品制作者应享有授权对其录音制品的原件和复制品向公众进行商业性出租的专有权，即使该原件或复制品已由录音制品制作者发行或根据录音制品制作者的授权发行。

（2）尽管有本条第（1）款的规定，任何缔约方如在 1994 年 4 月 15 日已有且现仍实行录音制品制作者出租其录音制品的复制品获得合理报酬的制度，只要录音制品的商业性出租没有引起对录音制品制作者复制专有权的严重损害，即可保留这一制度。

第 14 条　提供录音制品的权利

录音制品制作者应享有专有权，以授权通过有线或无线的方式向公众提供其录音制品，使该录音制品可为公众中的成员在其个人选定的地点和时间获得。

第四章　共同条款

第 15 条　因广播和向公众传播获得报酬的权利

（1）对于将为商业目的发行的录音制品直接或间接地用于广播或用于对公众的任何传播，表演者和录音制品制作者应享有获得一次性合理报酬的权利。

（2）缔约各方可在其国内立法中规定，该一次性合理报酬应由表演者、或由录音制品制作者或由二者向用户索取。缔约各方可制定国内立法，对表演者和录音制品制作者之间如未达成协议，表演者和录音制品制作者应如何分配该一次性合理报酬所依据的条件作出规定。

（3）任何缔约方均可在向世界知识产权组织总干事交存的通知书中，声明其将仅对某些使用适用本条第（1）款的规定，或声明其将以某种其他方式对其适用加以限制，或声明其将根本不适用这些规定。

（4）在本条中，以有线或无线的方式向公众提供的、可为公众中的成员在其个人选定的地点和时间获得的录音制品应被认为仿佛其原本即为商业目的而发行。

第 16 条　限制与例外

（1）缔约各方在其国内立法中，可在对表演者和录音制品制作者的保护方面规定与其国内立法中对文学和艺术作品的版权保护所规定的相同种类的限制或例外。

（2）缔约各方应将对本条约所规定权利的任何限制或例外限于某些不与录音制品的正常利用相抵触、也不无理地损害表演者或录音制品制作者合法利益的特殊情况。

第 17 条　保护期

（1）依本条约授予表演者的保护期，应自表演以录音制品录制之年年终算起，至少持续到50年期满为止。

（2）依本条约授予录音制品制作者的保护期，应自该录音制品发行之年年终算起，至少持续到50年期满为止；或如果录音制品自录制完成起50年内未被发行，则保护期应自录制完成之年年终起至少持续50年。

第22条　适用的时限

（1）缔约各方应将《伯尔尼公约》第18条的规定比照适用于本条约所规定的表演者和录音制品制作者的权利。

（2）尽管有本条第（1）款的规定，缔约方可将对本条约第5条的适用限制于在本条约对该缔约方生效之后进行的表演。

与贸易有关的知识产权协定（TRIPS 协定）（节选）

各成员国，期望减少对国际贸易的扭曲和阻碍，并考虑到需要促进对知识产权的有效和充分保护，并保证实施知识产权的措施和程序本身不成为合法贸易的障碍；

认识到，为此目的，需要制定有关下列问题的新的规则和纪律：

（a）GATT 1994 的基本原则和有关国际知识产权协定或公约的适用性；

（b）就与贸易有关的知识产权的效力、范围和使用，规定适当的标准和原则；

（c）就实施与贸易有关的知识产权规定有效和适当的手段，同时考虑各国法律制度的差异；

（d）就在多边一级防止和解决政府间争端规定有效和迅速的程序；

（e）旨在最充分地分享谈判结果的过渡安排；

认识到需要一个有关原则、规则和纪律的多边框架，以处理冒牌货的国际贸易问题；

认识到知识产权属私权；

认识到各国知识产权保护制度的基本公共政策目标，包括发展目标和技术目标；

还认识到最不发达国家成员在国内实施法律和法规方面特别需要最大的灵活性，以便它们能够创造一个良好和可行的技术基础；

强调通过多边程序达成加强的承诺以解决与贸易有关的知识产权争端从而减少紧张的重要性；

期望在 WTO 与世界知识产权组织（本协定中称“WIPO”）以及其他有关国际组织之间建立一种相互支持的关系；

特此协议如下：

第一部分　总则和基本原则

第 1 条　义务的性质和范围

1. 各成员应实施本协定的规定，各成员可以，但并无义务，在其法律中实施比本协定要求更广泛的保护，只要此种保护不违反本协定的规定。各成员有权在其各自的法律制度和实践中确定实施本协定规定的适当方法。

2. 就本协定而言，“知识产权”一词指作为第二部分第 1 节至第 7 节主题的所有类别的知识产权。

3. 各成员应对其他成员的国民给予本协定规定的待遇。就有关的知识产权而言，其他成员的国民应理解为符合《巴黎公约》（1967）、《伯尔尼公约》（1971）、《罗马公约》和《关于集成电路的知识产权条约》规定的保护资格标准的自然人或法人，假设所有 WTO 成员均为这些公约的成员。任何利用《罗马公约》第 5 条第 3 款或第 6 条第 2 款中规定的可能性的成员，均应按这些条款中所预想的那样，向与贸易有关的知识产权理事会（“TRIPS 理事会”）做出通知。

第 2 条　知识产权公约

1. 就本协定的第二部分、第三部分和第四部分而言，各成员应遵守《巴黎公约》（1967）第 1 条至第 12 条和第 19 条。

2. 本协定第一部分至第四部分的任何规定不得背离各成员可能在《巴黎公约》《伯尔尼公约》《罗马公约》和《关于集成电路的知识产权条约》项下相互承担的现有义务。

第 3 条　国民待遇

1. 在知识产权保护方面，在遵守《巴黎公约》（1967）、《伯尔尼公约》（1971）、《罗马公约》或《关于集成电路的知识产权条约》中各自规定的例外的前提下，每一成员给予其他成员国民的待遇不得低于给予本国国民的待遇。就表演者、录音制品制作者和广播组织而言，此义务仅适用于本协定规定的权利。任何利用《伯尔尼公约》第 6 条或《罗马公约》第 16 条第 1 款（b）项规定的可能性的成员，均应按这些条款中所预想的那样，向 TRIPS 理事会做出通知。

2. 各成员可利用第 1 款下允许的在司法和行政程序方面的例外，包括在一成员管辖范围内指定送达地址或委派代理人，但是这些例外应为保证遵守与本协定规定发生不相抵触的法律和法规所必需，且这种做法的实施不会对贸易构成变相限制。

第 4 条　最惠国待遇

对于知识产权保护，一成员对任何其他国家国民给予的任何利益、优惠、特权或豁免，应立即无条件地给予所有其他成员的国民。一成员给予的属下列情况的任何利益、优惠、特权或豁免，免除此义务：

（a）自一般性的、并非专门限于知识产权保护的关于司法协助或法律实施的国际协定所派生；

（b）依照《伯尔尼公约》（1971）或《罗马公约》的规定所给予，此类规定允许所给予的待遇不属国民待遇性质而属在另一国中给予待遇的性质；

（c）关于本协定项下未作规定的有关表演者、录音制品制作者以及广播组织的权利；

（d）自《WTO 协定》生效之前已生效的有关知识产权保护的国际协定所派生，只要此类协定向 TRIPS 理事会做出通知，并对其他成员的国民不构成任意的或不合理的歧视。

第 14 条 对表演者、录音制品（唱片）制作者和广播组织的保护

1. 就将其表演固定在录音制品上而言，表演者应有可能防止下列未经其授权的行为：固定其未曾固定的表演和复制该录制品。表演者还应有可能阻止下列未经其授权的行为：以无线广播方式播出和向大众传播其现场表演。

2. 录音制品制作者应享有准许或禁止直接或间接复制其录音制品的权利。

3. 广播组织有权禁止下列未经其授权的行为：录制、复制录制品、以无线广播方式转播以及将其电视广播向公众传播。如各成员未授予广播组织此类权利，则在遵守《伯尔尼公约》（1971）规定的前提下，应给予广播的客体的版权所有权人阻止上述行为的可能性。

4. 第 11 条关于计算机程序的规定在细节上作必要修改后应适用于录音制品制作者和按一成员法律确定的录音制品的任何其他权利持有人。如在 1994 年 4 月 15 日，一成员在录音制品的出租方面已实施向权利持有人公平付酬的制度，则可维持该制度，只要录音制品的商业性出租不对权利持有人的专有复制权造成实质性减损。

5. 本协定项下表演者和录音制品制作者可获得的保护期限，自该固定或表演完成的日历年年底计算，应至少持续至 50 年年末。按照第 3 款给予的保护期限，自广播播出的日历年年底计算，应至少持续 20 年。

6. 任何成员可就第 1 款、第 2 款和第 3 款授予的权利，在《罗马公约》允许的限度内，规定条件、限制、例外和保留。但是，《伯尔尼公约》（1971）第 18 条的规定在细节上作必要修改后也应适用于表演者和录音制品制作者对录音制品享有的权利。

第 2 节　商　标

第 15 条 可保护客体

1. 任何标记或标记的组合，只要能够将一企业的货物和服务区别于其他企业的货物或服务，即能够构成商标。此类标记，特别是单词，包括人名、字母、数字、图案的成分和颜色的组合以及任何此类标记的组合，均应符合注册为商标的条件。如标记无固有的区别有关货物或服务的特征，则各成员可以由通过使用而获得的显著性作为注册的条件。各成员可要求，作为注册的条件，这些标记应为视觉上可感知的。

2. 第 1 款不得理解为阻止一成员以其他理由拒绝商标的注册，只要这些理由不背离《巴黎公约》（1967）的规定。

3. 各成员可以将使用作为注册条件。但是，一商标的实际使用不得作为接受申请的一项条件。不得仅以自申请日起 3 年期满后商标未按原意使用为由拒绝该申请。

4. 商标所适用的货物或服务的性质在任何情况下不得形成对商标注册的障碍。

5. 各成员应在商标注册前或在注册后迅速公布每一商标，并应对注销注册的请求给予合理的机会。此外，各成员可提供机会以便对商标的注册提出异议。

第 16 条　授予的权利

1. 注册商标的所有权人享有专有权，以阻止所有第三方未经该所有权人同意在贸易过程中对与已注册商标的货物或服务的相同或类似货物或服务使用相同或类似标记，如此类使用会导致混淆的可能性。在对相同货物或服务使用相同标记的情况下，应推定存在混淆的可能性。上述权利不得损害任何现有的优先权，也不得影响各成员以使用为基础提供权利的可能性。

2. 《巴黎公约》（1967）第 6 条之二在细节上作必要修改后应适用于服务。在确定一商标是否驰名时，各成员应考虑相关部门公众对该商标的了解程度，包括在该成员中因促销该商标而获得的了解程度。

3. 《巴黎公约》（1967）第 6 条之二在细节上作必要修改后应适用于与已注册商标的货物或服务不相类似的货物或服务，只要该商标在对那些货物或服务的使用方面可表明这些货物或服务与该注册商标所有权人之间存在联系，且此类使用有可能损害该住册商标所有权人的利益。

第 18 条　保护期限

商标的首次注册及每次续展的期限均不得少于 7 年。商标的注册应可以无限续展。

第 19 条　关于使用的要求

1. 如维持注册需要使用商标，则只有在至少连续 3 年不使用后方可注销注册，除非商标所有权人根据对商标使用存在的障碍说明正当理由。出现商标人意志以外的情况而构成对商标使用的障碍，例如对受商标保护的货物或服务实施进口限制或其他政府要求，此类情况应被视为不使用商标的正当理由。

2. 在受所有权人控制的前提下，另一人使用一商标应被视为为维持注册而使用该商标。

第 20 条　其他要求

在贸易过程中使用商标不得受特殊要求的无理妨碍，例如要求与另一商标一起使用，以特殊形式使用或要求以损害其将一企业的货物或服务区别于另一企业的货物或服务能力的方式使用。此点不排除要求将识别生产该货物或服务的企业的商标与区别该企业的所涉具体货物或服务的商标一起使用，但不将两者联系起来。

第 21 条　许可和转让

各成员可对商标的许可和转让确定条件，与此相关的理解是，不允许商标的强制许可，且注册商标的所有权人有权将商标与该商标所属业务同时或不同时转让。

第五部分　争端的防止和解决

第63条　透明度

1. 一成员有效实施的、有关本协定主题（知识产权的效力、范围、取得、实施和防止滥用）的法律和法规及普遍适用的司法终局裁决和行政裁定应以本国语文公布，或如果此种公布不可行，则应使之可公开获得，以使政府和权利持有人知晓，一成员政府或政府机构与另一成员政府或政府机构之间实施的有关本协定主题的协定也应予以公布。

2. 各成员应将第1款所指的法律和法规通知TRIPS理事会，以便在理事会审议本协定运用情况时提供帮助。理事会应努力尝试将各成员履行此义务的负担减少到最小程度，且如果与WIPO就建立法律和法规的共同登记处的磋商获得成功，则可决定豁免直接向理事会通知此类法律和法规的义务。理事会还应考虑在这方面就源自《巴黎公约》（1967）第6条之三的规定、在本协定项下产生的通知义务需要采取的任何行动。

3. 每一成员应准备就另一成员的书面请求提供第1款所指类型的信息。一成员如有理由认为属知识产权领域的一特定司法裁决、行政裁定或双边协定影响其在本协定项下的权利，也可书面请求为其提供或向其告知此类具体司法裁决、行政裁定或双边协定的足够细节。

4. 第1款、第2款和第3款中的任何规定均不得要求各成员披露会妨碍执法或违背公共利益或损害特定公私企业合法商业利益的机密信息。

第64条　争端解决

1. 由《争端解决谅解》详述和实施的GATT 1994第22条和第23条的规定适用于本协定项下产生的磋商和争端解决，除非本协定中另有具体规定。

2. 自《WTO协定》生效之日起5年内，GATT 1994第23条第1款（b）项和（c）项不得适用于本协定项下的争端解决。

3. 在第2款所指的时限内，TRIPS理事会应审查根据本协定提出的、属GATT 1994第23条第1款（b）项和（c）项规定类型的起诉的范围和模式。并将其建议提交部长级会议供批准。部长级会议关于批准此类建议或延长第2款中时限的任何决定只能经协商一致做出，且经批准的建议应对所有成员生效，无需进一步地正式接受程序。

特殊标志管理条例（节选）

第一章　总　则

第一条　为了加强对特殊标志的管理，推动文化、体育、科学研究及其他社会公益活动的发展，保护特殊标志所有人、使用人和消费者的合法权益，制定本条例。

第二条　本条例所称特殊标志，是指经国务院批准举办的全国性和国际性的文化、体育、科学研究及其他社会公益活动所使用的，由文字、图形组成的名称及缩写、会徽、吉祥物等标志。

第二章　特殊标志的登记

第六条　举办社会公益活动的组织者或者筹备者对其使用的名称、会徽、吉祥物等特殊标志，需要保护的，应当向国务院工商行政管理部门提出登记申请。

登记申请可以直接办理，也可以委托他人代理。

第九条　特殊标志有效期为 4 年，自核准登记之日起计算。

特殊标志所有人可以在有效期满前 3 个月内提出延期申请，延长的期限由国务院工商行政管理部门根据实际情况和需要决定。

特殊标志所有人变更地址，应当自变更之日起 1 个月内报国务院工商行政管理部门备案。

第三章　特殊标志的使用与保护

第十三条　特殊标志所有人可以在与其公益活动相关的广告、纪念品及其他物品上使用该标志，并许可他人在国务院工商行政管理部门核准使用该标志的商品或者服务项目上使用。

第十四条　特殊标志的使用人应当是依法成立的企业、事业单位、社会团体、个体工商户。

特殊标志使用人应当同所有人签订书面使用合同。

特殊标志使用人应当自合同签订之日起 1 个月内，将合同副本报国务院工商行政管理部门备案，并报使用人所在地县级以上人民政府工商行政管理部门存查。

第十五条 特殊标志所有人或者使用人有下列行为之一的，由其所在地或者行为发生地县级以上人民政府工商行政管理部门责令改正，可以处 5 万元以下的罚款；情节严重的，由县级以上人民政府工商行政管理部门责令使用人停止使用该特殊标志，由国务院工商行政管理部门撤销所有人的特殊标志登记：

（一）擅自改变特殊标志文字、图形的；

（二）许可他人使用特殊标志，未签订使用合同，或者使用人在规定期限内未报国务院工商行政管理部门备案或者未报所在地县级以上人民政府工商行政管理机关存查的；

（三）超出核准登记的商品或者服务范围使用的。

第十六条 有下列行为之一的，由县级以上人民政府工商行政管理部门责令侵权人立即停止侵权行为，没收侵权商品，没收违法所得，并处违法所得 5 倍以下的罚款，没有违法所得的，处 1 万元以下的罚款：

（一）擅自使用与所有人的特殊标志相同或者近似的文字、图形或者其组合的；

（二）未经特殊标志所有人许可，擅自制造、销售其特殊标志或者将其特殊标志用于商业活动的；

（三）有给特殊标志所有人造成经济损失的其他行为的。

第十七条 特殊标志所有人或者使用人发现特殊标志所有权或者使用权被侵害时，可以向侵权人所在地或者侵权行为发生地县级以上人民政府工商行政管理部门投诉；也可以直接向人民法院起诉。

工商行政管理部门受理特殊标志侵权案件投诉的，应当依特殊标志所有人的请求，就侵权的民事赔偿主持调解；调解不成的，特殊标志所有人可以向人民法院起诉。

第十八条 工商行政管理部门受理特殊标志侵权案件，在调查取证时，可以行使下列职权，有关当事人应当予以协助，不得拒绝：

（一）询问有关当事人；

（二）检查与侵权活动有关的物品；

（三）调查与侵权活动有关的行为；

（四）查阅、复制与侵权活动有关的合同、账册等业务资料。

奥林匹克标志保护条例

（2002 年 2 月 4 日中华人民共和国国务院令第 345 号公布　2018 年 6 月 28 日中华人民共和国国务院令第 699 号修订）

第一条　为了加强对奥林匹克标志的保护，保障奥林匹克标志权利人的合法权益，促进奥林匹克运动发展，制定本条例。

第二条　本条例所称奥林匹克标志，是指：

（一）国际奥林匹克委员会的奥林匹克五环图案标志、奥林匹克旗、奥林匹克格言、奥林匹克徽记、奥林匹克会歌；

（二）奥林匹克、奥林匹亚、奥林匹克运动会及其简称等专有名称；

（三）中国奥林匹克委员会的名称、徽记、标志；

（四）中国境内申请承办奥林匹克运动会的机构的名称、徽记、标志；

（五）在中国境内举办的奥林匹克运动会的名称及其简称、吉祥物、会歌、火炬造型、口号、“主办城市名称＋举办年份”等标志，以及其组织机构的名称、徽记；

（六）《奥林匹克宪章》和相关奥林匹克运动会主办城市合同中规定的其他与在中国境内举办的奥林匹克运动会有关的标志。

第三条　本条例所称奥林匹克标志权利人，是指国际奥林匹克委员会、中国奥林匹克委员会和中国境内申请承办奥林匹克运动会的机构、在中国境内举办的奥林匹克运动会的组织机构。

国际奥林匹克委员会、中国奥林匹克委员会和中国境内申请承办奥林匹克运动会的机构、在中国境内举办的奥林匹克运动会的组织机构之间的权利划分，依照《奥林匹克宪章》和相关奥林匹克运动会主办城市合同确定。

第四条　奥林匹克标志权利人依照本条例对奥林匹克标志享有专有权。

未经奥林匹克标志权利人许可，任何人不得为商业目的使用奥林匹克标志。

第五条　本条例所称为商业目的使用，是指以营利为目的，以下列方式利用奥林匹克标志：

（一）将奥林匹克标志用于商品、商品包装或者容器以及商品交易文书上；

（二）将奥林匹克标志用于服务项目中；

（三）将奥林匹克标志用于广告宣传、商业展览、营业性演出以及其他商业活动中；

（四）销售、进口、出口含有奥林匹克标志的商品；

（五）制造或者销售奥林匹克标志；

（六）其他以营利为目的利用奥林匹克标志的行为。

第六条 除本条例第五条规定外，利用与奥林匹克运动有关的元素开展活动，足以引人误认为与奥林匹克标志权利人之间有赞助或者其他支持关系，构成不正当竞争行为的，依照《中华人民共和国反不正当竞争法》处理。

第七条 国务院市场监督管理部门、知识产权主管部门依据本条例的规定，负责全国的奥林匹克标志保护工作。

县级以上地方市场监督管理部门依据本条例的规定，负责本行政区域内的奥林匹克标志保护工作。

第八条 奥林匹克标志权利人应当将奥林匹克标志提交国务院知识产权主管部门，由国务院知识产权主管部门公告。

第九条 奥林匹克标志有效期为 10 年，自公告之日起计算。

奥林匹克标志权利人可以在有效期满前 12 个月内办理续展手续，每次续展的有效期为 10 年，自该奥林匹克标志上一届有效期满次日起计算。国务院知识产权主管部门应当对续展的奥林匹克标志予以公告。

第十条 取得奥林匹克标志权利人许可，为商业目的使用奥林匹克标志的，应当同奥林匹克标志权利人订立使用许可合同。奥林匹克标志权利人应当将其许可使用奥林匹克标志的种类、被许可人、许可使用的商品或者服务项目、时限、地域范围等信息及时披露。

被许可人应当在使用许可合同约定的奥林匹克标志种类、许可使用的商品或者服务项目、时限、地域范围内使用奥林匹克标志。

第十一条 本条例施行前已经依法使用奥林匹克标志的，可以在原有范围内继续使用。

第十二条 未经奥林匹克标志权利人许可，为商业目的擅自使用奥林匹克标志，或者使用足以引人误认的近似标志，即侵犯奥林匹克标志专有权，引起纠纷的，由当事人协商解决；不愿协商或者协商不成的，奥林匹克标志权利人或者利害关系人可以向人民法院提起诉讼，也可以请求市场监督管理部门处理。市场监督管理部门处理时，认定侵权行为成立的，责令立即停止侵权行为，没收、销毁侵权商品和主要用于制造侵权商品或者为商业目的擅自制造奥林匹克标志的工具。违法经营额 5 万元以上的，可以并处违法经营额 5 倍以下的罚款，没有违法经营额或者违法经营额不足 5 万元的，可以并处 25 万元以下的罚款。当事人对处理决定不服的，可以依照《中华人民共和国行政复议法》申请行政复议，也可以直接依照《中华人民共和国行政诉讼法》向人民法院提起诉讼。进行处理的市场监督管理部门应当事人的请求，可以就侵犯奥林匹克标志专有权的赔偿数额进行调解；调解不成的，当事人可以依照《中华人民共和国民事诉讼法》向人民法院提起诉讼。

利用奥林匹克标志进行诈骗等活动，构成犯罪的，依法追究刑事责任。

第十三条　对侵犯奥林匹克标志专有权的行为，市场监督管理部门有权依法查处。

市场监督管理部门根据已经取得的违法嫌疑证据或者举报，对涉嫌侵犯奥林匹克标志专有权的行为进行查处时，可以行使下列职权：

（一）询问有关当事人，调查与侵犯奥林匹克标志专有权有关的情况；

（二）查阅、复制与侵权活动有关的合同、发票、账簿以及其他有关资料；

（三）对当事人涉嫌侵犯奥林匹克标志专有权活动的场所实施现场检查；

（四）检查与侵权活动有关的物品；对有证据证明是侵犯奥林匹克标志专有权的物品，予以查封或者扣押。

市场监督管理部门依法行使前款规定的职权时，当事人应当予以协助、配合，不得拒绝、阻挠。

第十四条　进出口货物涉嫌侵犯奥林匹克标志专有权的，由海关参照《中华人民共和国海关法》和《中华人民共和国知识产权海关保护条例》规定的权限和程序查处。

第十五条　侵犯奥林匹克标志专有权的赔偿数额，按照权利人因被侵权所受到的损失或者侵权人因侵权所获得的利益确定，包括为制止侵权行为所支付的合理开支；被侵权人的损失或者侵权人获得的利益难以确定的，参照该奥林匹克标志许可使用费合理确定。

销售不知道是侵犯奥林匹克标志专有权的商品，能证明该商品是自己合法取得并说明提供者的，不承担赔偿责任。

第十六条　奥林匹克标志除依照本条例受到保护外，还可以依照《中华人民共和国著作权法》《中华人民共和国商标法》《中华人民共和国专利法》《特殊标志管理条例》等法律、行政法规的规定获得保护。

第十七条　对残奥会有关标志的保护，参照本条例执行。

第十八条　本条例自 2018 年 7 月 31 日起施行。

北京市奥林匹克知识产权保护规定

第一条 为加强对奥林匹克知识产权的保护，维护奥林匹克知识产权人和相关权利人的合法权益，保障和促进奥林匹克运动的持续、健康发展，制定本规定。

第二条 本规定所称奥林匹克知识产权是指奥林匹克知识产权人对奥林匹克宪章以及北京市人民政府和中国奥林匹克委员会（以下简称中国奥委会）同国际奥林匹克委员会（以下简称国际奥委会）达成的协议中规定的与奥林匹克有关的商标、特殊标志、专利、作品和其他创作成果所享有的专有权利。

奥林匹克知识产权人和相关权利人是指国际奥委会、中国奥委会、第29届奥林匹克运动会组织委员会（以下简称组委会）和经合法授权的被许可人。

第三条 本规定所称与奥林匹克有关的商标、特殊标志、专利、作品和其他创作成果是指：

（一）奥林匹克标志（即五环图案）、旗、会歌、格言，“奥林匹克（OLYMPIC、OLYMPICS）”“奥林匹克周期（OLYMPIAD）”“奥林匹亚”“奥林匹克运动会（OLYMPIC GAMES）”“奥运会”“奥运”等名称、图形或其组合；

（二）中国奥委会的徽记和名称；

（三）北京申办、承办第29届奥运会期间北京2008年奥林匹克运动会申办委员会、组委会自行或者委托他人为其使用而开发的徽记、吉祥物、名称、标识（含“北京2008”）、会歌、口号；

（四）其他与奥林匹克有关的知识产权客体。

第四条 在本市行政区域内发生的与奥林匹克知识产权相关的一切行为，均适用本规定。

第五条 奥林匹克知识产权保护应当遵循维护奥林匹克运动尊严，专有权利不可侵犯，依法保护，合法使用的原则。

任何组织和个人应当维护奥林匹克知识产权。

第六条 对奥林匹克知识产权的使用应当有助于奥林匹克运动的发展。

使用本规定第三条第（一）、（三）、（四）项奥林匹克知识产权的，应当经组委会或者国际奥委会授权的机构批准、授权后方可使用；使用本规定第三条第（二）项奥林匹克知识产权的，应当经中国奥委会批准、授权后方可使用。

第七条 任何组织和个人不得冒用国际奥委会、中国奥委会和组委会的名义，从事募捐、征集赞助、制作发布广告、组织宣传等活动。

第八条　禁止下列侵犯奥林匹克知识产权的行为：

（一）未经授权，在生产、经营、广告、宣传、表演和其他活动中使用相同或者近似的商标、特殊标志、专利、作品和其他创作成果；

（二）伪造、擅自制造相同或近似的商标标识、特殊标志或者销售伪造、擅自制造的商标标识、特殊标志；

（三）变相利用相同或者近似的商标、特殊标志、专利、作品和其他创作成果；

（四）未经授权，在企业、社会团体、事业单位、民办非企业单位登记注册和网站、域名、地名、建筑物、构筑物、场所等名称中使用相同或者近似的商标、特殊标志、专利、作品和其他创作成果；

（五）为侵权行为提供场所、仓储、运输、邮寄、隐匿等便利条件；

（六）违反国家有关法律、法规规定的其他侵权行为。

第九条　广告主、广告经营者、广告发布者在广告设计、制作、代理、发布活动中不得侵犯奥林匹克知识产权；广告经营者、广告发布者在广告（包括公益广告）活动中应当加强审查，严格查验证明文件。

第十条　市人民政府授权市知识产权局负责奥林匹克知识产权保护的调查研究、统筹规划和综合协调等工作。

本市工商、知识产权、版权等行政管理部门应当加强保护奥林匹克知识产权的执法检查工作。新闻出版、文化、海关、公安、城管监察等行政管理部门，应当按照各自的职责做好奥林匹克知识产权的保护工作。

第十一条　任何组织和个人对侵犯奥林匹克知识产权的行为均可向工商、知识产权、版权等行政管理部门举报；对举报查证属实的，应当给予奖励。

第十二条　对违反本规定，侵犯奥林匹克知识产权的，工商、知识产权、版权等行政管理部门可以采取下列措施：

（一）责令停止侵权行为，消除影响；

（二）依法封存有可能转移、隐匿、销毁的有关财物、资料；

（三）消除现存物品上侵权的商标标识、特殊标志、专利标记、作品和其他创作成果；

（四）收缴并销毁侵权商标标识、专利标记、特殊标志；

（五）收缴直接专门用于侵权的模具、印版和其他工具；

（六）侵权商标、特殊标志、专利、作品和其他创作成果与物品难以分离的，责令并监督销毁。

第十三条　侵犯奥林匹克知识产权的行为人，应当依法承担相应的民事责任。

第十四条　违反本规定，侵犯奥林匹克知识产权，属违反有关法律、法规、规章的，依法处理；有关法律、法规、规章没有规定的，处 1 千元以上 3 万元以下的罚款；构成犯罪的，依法追究刑事责任。

前款规定的行政处罚，对涉及商标、特殊标志、广告、企业注册、网站名称的侵权行为，由工商行政管理部门查处；对专利侵权行为，由知识产权行政管理部门查处；对版权侵权行为，由版权行政管理部门查处；对在其他领域的侵权行为，由知识产权行政管理部门会同有关行业行政主管部门查处。

第十五条 奥林匹克知识产权人和相关权利人发现其权利被侵犯时，可以向侵权行为地有关行政部门投诉，也可以依法直接向人民法院起诉。

有关行政管理部门在依法处理侵权案件时，可以依法进行调解；调解不成的，权利人可以依法向人民法院起诉。

第十六条 对本规定施行前发生的侵犯奥林匹克知识产权的行为，行为人应当立即停止并消除影响；对经过登记注册或者授权的，有关行政管理部门应当予以纠正。

第十七条 本规定自 2001 年 11 月 1 日起施行。

中国足球协会超级联赛商务管理规定（2018 版）

第一章　总　则

第一条　为了规范中国足球协会超级联赛（以下简称“中超联赛”）商务工作，开发中超联赛市场潜力，促进中超联赛品牌发展，维护中超联赛合法权益，中超联赛有限责任公司（以下简称中超公司）制定《中国足球协会超级联赛商务管理规定》。

第二条　中超联赛商务管理体系由中国足球协会中超联赛各赛区委员会、中超公司及中超联赛各参赛俱乐部（中超公司各股东单位）共同组成。

中国足球协会是中超联赛全部商务资源的拥有者以及中超公司的最大股东单位。

中超公司是依据中国足球协会授权对中超联赛整体商务资源进行独家经营、管理的机构。

中超联赛各赛区组委会（包括中超联赛各参赛俱乐部）负责各自赛区的商务执行工作，必须无条件支持和协助中超公司落实各项商务工作。

第三条　中超联赛各赛区商务监督是由中超公司委派，具体负责中超联赛各赛区商务监督和协调工作的人员。

商务监督具有对中超联赛非比赛日和比赛现场商务工作落实情况做如实报告和记录的职责，并拥有对中超联赛比赛现场商务落实情况做现场协调和监督的权力和责任。商务监督员的报告和记录，将做为认定比赛现场商务落实情况以及对违规情况进行事后处理的重要依据。

中超联赛各赛区组委会（包括中超联赛各参赛俱乐部）相关单位和个人同意无条件支持和协助商务监督开展落实相关工作。

中超联赛指派的当场比赛监督有责任对中超联赛赛区的商务工作进行监督和给予支持。

第四条　中超联赛知识产权包括但不限于中超联赛的名称（中超联赛和冠名企业简称组成的当年度中超联赛正式名称、简称及其对应英文）、标志、合成标志、品牌、主题曲、吉祥物、奖项、奖杯、赛程、数据、统计等，未经中超公司书面许可，任何组织或个人不得以任何形式将上述内容加以改变或用于商业、非商业开发或行为。

中超联赛各赛区组委会、各中超俱乐部在与中超联赛相关的场合中（包括但不限于电视转播、网络转播、电台广播、网络报道、平面媒体报道、现场广播、现场大屏幕字幕、各类宣传推广活动、制作物、各类公开或非公开发行的出版物等），应正确使用中超联赛名称及中超公司许可使用的各类知识产权。

第五条 中超联赛的冠名由中超公司统一开发，其他单位或个人不得以任何形式对中超联赛比赛进行冠名，包括但不限于单场比赛或多场比赛。

中超联赛的奖项由赛事主办方统一设定，其他单位或个人不得以任何形式对中超联赛单场或多场比赛进行颁奖或冠名各类奖项。

赛事主办方根据各赛区组委会的实际工作情况和各中超俱乐部的比赛成绩统一制作并颁发相应的奖杯和奖牌。

第二章　中超联赛赞助商独家权益的保护

第六条 中超联赛的赞助商、合作伙伴依据合同条款或享有其赞助产品或服务类别的独家保护和排他性的商务权益，具体规定按照中超公司在每赛季正式开始前发布的《中超联赛商务开发产品类别保护通知》执行。

中超联赛赞助商、合作伙伴是指中超公司统一招商，对联赛实施整体赞助的赞助商企业。包括冠名商、官方合作伙伴、官方供应商、官方媒体合作伙伴、中超联赛合作企业及其他赞助商或合作伙伴。

各赛区组委会、各中超俱乐部（包括球员、教练组成员及工作人员）有责任维护中超联赛赞助商、合作伙伴的权益，不得在中超联赛比赛日以任何形式参与宣传和展示中超联赛赞助商、合作伙伴（根据《中超联赛商务开发产品类别保护通知》拥有独家保护权益的企业）的竞争企业或品牌，也不得允许相关竞争企业或品牌在比赛日全天于比赛场内外进行任何形式的营销活动，更不得允许俱乐部教练员、运动员、中高层的工作人员或球队集体在任何场合参加未满足《中超联赛商务开发产品类别保护通知》中的排他品牌合作金额条件的企业相关推广活动或拍摄平面、视频、广播广告。教练员、运动员的个人代言不受此项要求，但需提前将证明材料或代言协议发至中超公司审核备案。

第七条 在中超公司与赞助商、合作伙伴签署合作协议日期之前，如某中超俱乐部已与该类产品或服务类别的企业签订了合作协议，此合作将不受中超联赛关于此类行业、产品或服务类别排他性限制，直至协议执行完毕。相关俱乐部需将此协议扫描的电子版文件传至中超公司备份。

第八条 由中甲联赛升至中超联赛的俱乐部，在中甲联赛期间签订的合作协议如与中超联赛赞助商、合作伙伴的独家保护相冲突时，必须按照《中超联赛商务开发产品类别保护通知》执行，除非得到相关中超联赛赞助商、合作伙伴的书面允许。

第三章　中超联赛广告权益的实施

第九条　中超联赛的广告种类及形式包括：联赛冠名、球队冠名、比赛服广告（包括袖标）、赛场LED广告设备、赛场冠名条幅、赛场其他条幅、VIP区域展板、入场仪式球托、球票正面广告、球票背面广告、球网后固定A字板广告、3D地毯广告、角旗区及替补席区域模型摆放、球网两侧小型立牌广告、球场中圈广告、替补席内外广告、球员入场通道门及地铺广告、赛场大屏幕广告、新闻发布厅广告、各类新闻发布会和采访背景板、牵手球童、媒体及各类工作人员服装广告等。

中超联赛广告种类说明及权益分属方案：

广告形式	位置	数量	规格	中超公司统一招商	俱乐部招商	说明
联赛冠名		1		▲		
冠名、赛事横幅、理念标语	主席台上方	1	1.2m×20m	▲		
	主席台正对面一层围栏	1	1.2m×100m	▲		
球队冠名		1			▲	
比赛服胸前广告	领口下方的正前胸300平方厘米范围内	1~2	任何标志或字体不超过12cm高度		▲	俱乐部所有负责招商的广告总数量不得超过4个
比赛服背后广告	号码正上方200平方厘米范围内	1~2	任何标志或字体不超过8cm高度		▲	
袖标广告	左、右袖口处	2	7cm ×7cm	▲ 左1	▲ 右1	
入场仪式球托	入场仪式通道地铺上	1	中超公司制作	▲		
球票正面广告	整版	1	20cm× 8cm	▲		
球票背面广告	整版或所有插页	不限			▲	

续表

广告形式	位置	数量	规格	中超公司统一招商	俱乐部招商	说明
赛场 LED 广告	与底线或边线的摆放距离为 1 至 6 米之间		由 196 至 200 个箱体组成，每个箱体规格为 0.96 米 × 1.28 米	▲ 55 分钟	▲ 35 分钟	90 分钟比赛时间内
				▲		赛前 60 分钟 中场休息 15 分钟 赛后所有时间
球网后固定 A 字板广告	底线 LED 外侧	18	1m × 6m（双面展示）	▲ 10	▲ 8	左右各 9 块
3D 地毯	球门两侧、远端两侧角旗区	6	统一	▲ 4 不超过 3m × 15m	▲ 2 不超过 3.5m × 17m	左右各 3 块
角球区实物展示	远端角旗两侧的外侧	2	统一	▲		
中圈地铺	场地中圈	1	263 平方米	▲		开赛前摆放
替补席内外侧贴	替补席外侧和内侧		外侧 0.6m × 1m/ 单位 内侧 0.3m × 1m/ 单位	▲		包括第 4 官员席
球员通道地铺	球员出场通道口内至体育场边线	1	1.5m × 20m（具体根据体育场实际情况确定）	▲		

续表

广告形式	位置	数量	规格	中超公司统一招商	俱乐部招商	说明
球员通道拱门	球员出场通道口	1	4.5m × 3.5m	▲		
球网两侧小型立牌广告	紧靠近球网的两侧	4	画面尺寸 80cm × 150cm	▲		
球网后侧小型固定广告	球网与 LED 之间	4	0.3m × 3m	▲		
替补席区域模型	替补席区域		待定	▲		
VIP 区域展板	体育场室内的 VIP 入口和房间	2	2m × 0.8m	▲ 上半部分	▲ 下半部分	入口、楼梯（电梯）、VIP 区域
现场大屏幕广告	开赛前 20 分钟播放 中场休息第一时间播放		统一	▲	▲	
新闻发布会背景板、混合采访	新闻发布会厅和混合采访区	1	2.25m × 4.95m	▲		赛前和赛后
新闻发布会厅实物摆放	新闻发布会厅桌子上		统一	▲		赛前和赛后
媒体采访板	瞬间采访	2	2m × 2.1m	▲		
功能牌	贴于各功能房门上		0.3m × 0.4m 可根据体育场功能房门的尺寸修改	▲		
媒体及工作人员背心	背心的前后		统一	▲		
牵手球童、旗手、捡球员服装			统一	▲		

各中超俱乐部同意按照中超公司商务工作的通知进行相应商业权利开发（见上述表格），并遵守本规定第二章和当年度中超联赛独家权益保护的要求。所有广告内容必须符合有关法律、行政法规以及本规定中有关发布广告的要求，严禁以任何形式发布违规广告。

各赛区组委会、各中超俱乐部在比赛日前一天和比赛日当天于体育场内发布任何形式或内容的广告，必须提前通过传真或电子邮件方式，向中超公司申报并获得批准后方可发布。

第十条 中超联赛赛场 LED 设备在主摄像机对面场地边线外侧（主席台对面）、两侧场地底线外侧（球网后）摆放。在确保不影响比赛和球员身体安全的情况下，与底线或边线的摆放距离为 1~6m 之间，具体摆放及要求按照赛季前发布的相关商务工作文件执行。

中超公司拥有赛前 60 分钟、比赛中 55 分钟、中场休息 15 分钟、全部伤停补时的时段和赛后所有时间播放联赛统一广告和宣传内容，各中超俱乐部拥有比赛中 35 分钟时段展示赞助商的广告。各中超俱乐部未经过中超公司批准不得擅自调整文件的发布内容、时间与顺序，所发布的 LED 广告必须提前一天（首场主场比赛的 LED 广告应提前三天）通过传真或电子邮件方式，向中超公司申报并获得批准后方可发布。

第十一条 中超联赛赛场二圈固定广告板在两侧面 LED 设备外侧分别摆放，单侧数量不多于 9 块，两侧总数量不多于 18 块，尺寸要求为：每块 6m × 1m。中超公司拥有 10 块二圈固定广告板资源 (左右两侧各 5 块)，各中超俱乐部拥有剩余二圈固定广告板资源。

具体摆放要求及双方广告位置按照本年度中超联赛赛场广告布置图执行。未经中超公司批准，各中超俱乐部不得擅自增加此类广告板数量和变换摆放位置，赛季初所发布的广告必须提前十五天通过传真或电子邮件方式，向中超公司申报并获得批准后方可发布，所有的制作均由中超公司统一安排并运送至各赛区，费用由中超公司承担；赛季开始后如有更换，必须提前十五天通过传真或电子邮件方式，向中超公司申报并获得批准后方可发布，中超公司按照各俱乐部提供的 AI 格式的文件统一制作，并发往各俱乐部，俱乐部承担制作与运输费用（此费用由中超公司先行垫付，赛季结束后凭电子邮件确认件和发票信息进行扣款）。

第十二条 中超联赛赛场 3D 地毯广告在球场两侧球网的远离主席台的一侧各设 2 块 3D 地毯广告，在球场两侧球网的离主席台近的一侧各设 1 块 3D 地毯广告，其中在球场两侧球网的远离主席台的一侧共 4 块 3D 地毯广告中的 2 块经营权归俱乐部所有（靠近远端角旗区）。具体摆放要求及双方广告位置按照本年度中超联赛赛场广告布置图执行。

中超公司统一发布的 3D 地毯广告制作尺寸不超出 3m × 15m，各中超俱乐部自营 3D 地毯广告的制作尺寸不得超出 3.5m × 17m。各中超俱乐部所发布的 3D 地毯广告必须提前十五天通过传真或电子邮件方式，向中超公司申报并获得批准后方可发布。

第十三条 赛场其他广告规定：

（一）球员出场通道（含通道门）固定展示中超联赛统一广告，发布要求由中超公司另行通知。

（二）在主、客队替补席及第四官员席内外侧（从左端至右端）固定展示中超联赛统一广告，发布要求由中超公司另行通知。

（三）球场中圈在开球前20分钟开始固定展示中超联赛统一内容，入场仪式全部结束后立即撤除，发布及执行要求由中超公司另行通知。

（四）在赛场远离主席台的两个角旗区设中超联赛赞助商实物展示区，固定展示中超联赛赞助商的广告，展示区具体的设计及搭建工作由赞助商负责。

（五）在两侧球网附近设小型立牌广告展示中超联赛统一广告，具体摆放要求由中超公司另行通知。

（六）在两侧球网后与LED之间摆放展示赛事名称的固定广告。

（七）在替补席区域摆放中超联赛赞助商模型广告，发布要求由中超公司另行通知。

（八）赛场横幅、替补席内外贴、二圈固定广告板、发布会/瞬采/混采板、入场球托、球员通道拱门等制作物框架及画面，如遇损坏或破旧必须及时更换，并按照第十一条中二圈固定广告版更换流程及要求执行。

第十四条　各中超俱乐部在主场比赛时，严格遵守《关于规范中超联赛大屏幕播放和及现场广播的通知》、相关商务工作通知以及比赛倒计时的规定播放中超公司提供的视频广告。在确保中超联赛统一广告内容播放完毕以及不影响竞赛程序的情况下，俱乐部可以播放自有内容，但所发布的广告必须提前五天通过传真或电子邮件方式，向中超公司申报并获得批准后方可发布。

第十五条　比赛日当天，除中超公司同意发布的广告以及中超公司统一举办的赛场推广活动外，赛场内（包括但不限于围栏、墙体、体育场跑道、沙坑、观众看台、贵宾包间、各类功能房、体育场通道及相关区域、体育场上空等一切跟比赛有关的区域）不得出现任何形式（包括但不限于条幅、旗帜、模型、展架、地铺、海报、气球等）的广告或变相广告，更不能出现有悖国家法律或规定的文字、标语、画面。

各赛区组委会和俱乐部应对球迷协会的条幅及赛区宣传标语、口号的条幅等进行统一管理，不得遮挡或影响中超联赛各类条幅、广告的正常展示。各赛区组委会和俱乐部有义务协调公安机关或有关方面对违反上述规定的广告给予及时清除或撤换。

第十六条　比赛日当天，赛场内不得以任何形式出现违反中超联赛赞助商独家权益保护要求的广告。

第十七条　各中超俱乐部必须妥善保管中超联赛相关广告设备（包括但不限于LED、3D地毯广告）、制作物、展示品等，如因丢失、损坏等保管不善的原因导致无法正常展示、损伤赞助商权益、影响中超联赛整体形象等问题的出现，相关俱乐部必须承担由此产生的违规处理和赔偿责任。

第四章　中超联赛赛场布置整体要求

第十八条　各赛区组委会、各中超俱乐部必须在比赛日前一天和比赛日当天提供干净、无广告的比赛场地（包括内场及所有功能区域）。在此期间，中超联赛的广告发布和场地布置不能受到任何阻碍和限制。

中超联赛各赛场的广告发布和赛场布置由中超公司统一管理，各赛区组委会、各中超俱乐部同意无条件执行，具体要求按照本年度“中超联赛赛场广告布置图”执行。

中超联赛各赛场的所有功能区域（包括不限于主席台、文字记者席、替补席、第四官员席、球员休息室、裁判员休息室、媒体中心、竞赛办公室等）的指引和标牌，由中超公司统一制作、管理，各赛区组委会、各中超俱乐部同意无条件执行。

中超联赛各赛场的广告发布和场地布置必须在比赛日前一天完成，如遇恶劣天气，室外内容和工作可在比赛日当天上午完成。

第五章　中超联赛球票、证件权益的实施

第十九条　中超联赛球票（包括每场比赛的各级别散票、请柬等，不包括俱乐部年票或年卡）的样式、尺寸及正面（请柬为封一、封二、封三）内容由中超公司统一设计后提前三十天提供给各中超俱乐部印制、销售，印制纸张建议使用200克或250克铜版纸，一次印制数量（场次）以中超公司通知的信息为准。

各中超俱乐部可在规定的区域添加俱乐部标志和防伪记号，但不得改变统一规定的主体内容，更不得在球票的正面粘贴其他票务公司、代理公司的任何信息。散票的背面、请柬的封四及插页广告由各俱乐部自主经营，所发布的广告必须提前二十天通过传真或电子邮件方式，向中超公司申报并获得批准后方可发布。

各中超俱乐部可自行设计制作年票或年卡，但必须使用正确的当年度中超联赛合成标志和全名称（或简称）。

第二十条　各中超俱乐部同意在每个主场比赛至少前三天向中超联赛赞助商、合作伙伴提供比赛球票和各类证件，俱乐部应做好赠票、证件登记工作，以便防止转售行为的发生，球票和证件的具体要求以中超公司书面通知为准。在联赛开始后，如中超公司签约新的赞助商、合作伙伴，相关票证的数量要求由中超公司另行通知。

中超联赛赞助商、合作伙伴除根据合作协议获取相应赠票外，有优先购买一定数量的单场次球票的权利，各俱乐部应给予大力支持，不得惜售和提价。

第二十一条　各赛区组委会、各中超俱乐部如发现提供给中超联赛赞助商、合作伙伴的

赠票有转售现象，各中超俱乐部应及时向中超公司提供相关证据，中超公司将视情况进行处理。

如果中超联赛赞助商、合作伙伴的赠票和证件出现转售行为被各赛区组委会和俱乐部发现，相关俱乐部与中超公司核实确认后，有权要求中超公司扣减该赞助商获得的赠票，扣减数量为确认转售数量的2倍；如出现2次及以上转售行为，扣减数量为确认转售数量的3倍。被扣减的赠票归相关俱乐部所有。扣减场次由中超公司与俱乐部协商选择，原则上，如果转售只涉及一场比赛，则只能选择下一场比赛进行扣减，以此类推。

第二十二条　在涉及中超联赛开幕式和中超联赛冠军颁奖仪式的比赛场次，主场比赛俱乐部应按照中超公司要求特别预留足量的球票和证件，具体要求由中超公司另行通知。

第六章　中超联赛广告拍摄权益的实施

第二十三条　各中超俱乐部（包括教练员和球员）有责任参加中超联赛各类宣传片的拍摄活动，并积极配合中超公司指定的官方团队拍摄、录制球队全家福、教练员和球员的照片、视频、声音等，用于中超联赛的制作物及整体宣传推广。

第二十四条　各中超俱乐部（包括教练员和球员）有责任参加中超联赛赞助商、合作伙伴的平面、视频、广播广告拍摄和录制活动。上述肖像使用为来自不同俱乐部的三人以上（含3人）的群体肖像，在平面广告中为同一画面中出现不少于三位球员的静止形象，在视频广告中为视频中不少于三位球员的动态形象分别或一同出现，此广告不代表任何球员单独代言中超联赛赞助商的产品或服务。

球员参加上述活动所产生的交通、食宿费用和劳务费由赞助商负责，球员参加拍摄的劳务费为不高于3万元(或同等价值的产品)/人/次,俱乐部应该协调球员或球员的经纪公司/人不得提出高于人民币3万元（或同等价值的产品）/人/次的拍摄劳务费要求。

第二十五条　各中超俱乐部应与教练员和球员在工作（劳动）合同中签署“中超公司和中超联赛赞助商、合作伙伴有权利使用合同期内教练员、运动员的肖像权和声音权，用于中超联赛和中超联赛赞助商、合作伙伴的商业或非商业的宣传推广”的条款。

第七章　中超联赛推广活动权益的实施

第二十六条　各中超俱乐部（包括教练员和球员）有责任参加由中超公司或中超联赛赞助商、合作伙伴举行的各类官方活动或推广活动，并按照中超公司或中超联赛赞助商、合作伙伴的需求安排落实教练员、运动员。

中超公司或中超联赛赞助商、合作伙伴举行的各类推广活动涉及到在当地的申报工作、当地媒体宣传工作、场地及配套设施落实工作、活动所需球票证件、活动期间的现场维护协调等工作由当地俱乐部协同赛区组委会执行落实。

第二十七条 中超公司鼓励各中超俱乐部，结合当地情况开展形式多样的公益活动，同时鼓励球员积极参加社会组织的公益活动。

俱乐部每次公益活动后的相关材料（包括视频、照片、媒体报道等）应及时提交中超公司作为赛季评优的重要依据。

第二十八条 比赛日当天，中超公司或中超联赛赞助商、合作伙伴在体育场内外进行的特许经营、销售、展示、调查、礼品派发、表演、球迷互动等活动，各赛区组委会和各中超俱乐部要尽全力支持此项工作并积极参与。

作为比赛日活动的一项内容，中超公司、中超联赛赞助商、合作伙伴有权选择单场或多场比赛招募小球童作为牵手球童并统一穿着定制服装（或仅提供统一服装），具体场次由中超公司在赛季开始前另行通知。各赛区组委会、各中超俱乐部应给予培训指导和积极协助，不得阻碍和限制此项活动权益的开展。

第二十九条 比赛日当天，在不影响中超联赛赞助商、合作伙伴赛场推广活动的前提下，各赛区组委会、各中超俱乐部可自行举办赛前、中场休息时和赛后的内场活动，但活动形式、内容、流程、涉及的广告等，必须提前五个工作日通过电子邮件或传真，向中超联赛部及中超公司申报并获得批准后方可开展。

第八章 中超联赛新闻管理中商务权益的实施

第三十条 各赛区组委会、各中超俱乐部应按照相关要求进行赛场内的新闻发布厅、赛后瞬间采访及混合采访区的布置、组织工作。

第三十一条 在召开赛前、赛后新闻发布会时，会场内除摆放中超联赛赞助商产品或广告外，不得出现其他任何形式的广告，包括但不限于实物、模型、展架、海报等广告。

第三十二条 在比赛日前一天和比赛日当天，赛场内进行的任何采访或发布会都被认为是中超联赛官方行为。任何俱乐部的官员、教练员、球员、翻译穿着的服装必须没有任何广告（除了新闻发布会、瞬间采访、混合采访时穿着的比赛服）。

第九章 中超联赛特许产品开发

第三十三条 各中超俱乐部同意中超公司有权使用及授权第三方使用俱乐部自身名称、标志、歌曲、数据、教练员、球员等相关资源，以及各俱乐部教练员、球员的图片和音像素材（包括但不限于姓名、数据统计、资料、肖像、声音等），以及俱乐部主体育场、球衣、官方装备的影像素材，以单独或整体形式开发商业或非商业用途的特许产品。如中超公司单独开发某俱乐部的特许产品，将给予相应俱乐部专项分成，分成比例为：中超公司单独开发某俱乐部特许产品获得的收入的80%，此收入剩余的20%将计入中超公司整体收入。

中超联赛特许产品将以中超联赛整体VI、各中超俱乐部资源和足球文化为主要元素，产品品类包括但不限于限量纪念品、生活用品、球迷用品、定制产品、贵金属产品、商务礼品、画册、收藏类产品（如卡牌、邮票、贴纸、拼图等）和游戏类产品（如电子游戏、网络游戏、桌面游戏、手机游戏等）。

各中超俱乐部应与教练员和球员在工作（劳动）合同中签署“中超公司有权利使用合同期内教练员/运动员的姓名（含中文姓名、外文姓名、昵称）、肖像（含虚拟形象）、表现数据、资料和声音，用于中超联赛特许产品开发以及中超公司认为正当的其他用途”的条款。如因经纪公司、协议约定等无法达到此条要求的教练员或球员，俱乐部应将相关协议扫描件或复印件发至中超公司留存备份。

第三十四条 特许产品销售渠道包括俱乐部主场现场、俱乐部专卖店、网络平台、零售渠道连锁体系、集团购买和定制等。各中超俱乐部同意在上述渠道无条件给予宣传、销售的支持和配合。

第十章 中超联赛装备权益的实施

第三十五条 中超联赛各赛区牵手球童服装、旗手服装和鞋、捡球员服装和鞋由中超联赛赞助商统一提供，各赛区组委会应确保上述人员统一着装，不得允许其他体育品牌的装备出现。具体要求按照《关于规范中超联赛入场仪式牵手球童相关工作的通知》执行。

第三十六条 中超联赛各赛区内场人员标志服由中超公司在每赛季开始前统一提供，赛季进行中不再增补。内场人员标志服根据人员职能分为：主播、持权转播、摄影记者、信息数据采集、内场工作、捡球员、医护等。各赛区组委会收到内场人员标志服后，必须做好使用人员的登记管理工作，同时要求内场相关人员穿着此标志服开展工作，严禁不发、乱发、假冒情况的发生。

第三十七条 各中超俱乐部的全套训练和比赛装备由中超联赛赞助商统一提供，所有俱乐部工作人员、教练员、球员在与中超联赛有关的场合中必须穿着赞助商统一提供的装备。

具体要求按照《进一步规范各俱乐部着装要求的通知》执行。

各中超俱乐部应指派专人负责装备事宜，并与中超联赛赞助商一同做好装备的确认、发货、收货、调换、使用、分配等工作。

第三十八条 各中超俱乐部的运动装备中，只有主场、客场比赛服的上衣胸前、背后、右臂可以发布广告，比赛服其他位置、比赛服内的内衣不得以任何形式发布任何企业或品牌的广告。比赛日前一天的官方训练和比赛日当天，非比赛服在赛场内不得以任何形式发布任何企业或品牌的广告。

（一）比赛服胸前广告的最大面积不得超过 300cm²，最高尺寸不得超过 12cm。

（二）比赛服背后广告必须在号码正上方，最大面积不得超过 200cm²，最高尺寸不得超过 10cm。

（三）比赛服右臂的袖标广告不得大于左臂中超联赛合成标志的尺寸和面积（尺寸 7cm ×7cm），广告图形为正方形、长方形、圆形、椭圆形、六边形。

（四）比赛服最多展示 4 个广告内容。右臂位置只能展示 1 个广告内容。胸前背后每处不得超过 2 个广告内容。

（五）各中超俱乐部的比赛服左袖上展示本年度中超联赛合成标志，中超联赛合成标志由中超公司统一提供。

2019 赛季，比赛服背后广告位置从号码正上方变为号码正下方，号码正上方的位置留给球员英文或拼音名字，具体规范参照 2018 年发布的《中超联赛装备管理规定》。

第三十九条 下各中超俱乐部比赛服广告需提前三十天通过传真或电子邮件，向中超公司申报并获得批准后方可发布。俱乐部如更换比赛服广告，也必须提前三十天通过传真或电子邮件，向中超公司申报并获得批准后方可更换。

赛季开始后至结束前，比赛服广告最多有 3 次更换机会。任何俱乐部都不得擅自印制和更换比赛服广告，并严禁在原广告内容上通过覆盖等方式发布新广告内容。

各中超俱乐部的比赛服广告经过中超公司批准并完成印制后，必须在首次穿着参加中超联赛比赛之前，将印有广告的比赛服上衣（主场、客场、短袖、长袖各一套）通过快递方式寄到中超公司留存。

第十一章 中超联赛赞助商产品使用的规定

第四十条 中超联赛赞助商对中超联赛的赞助产品，中超公司将按照《中超联赛有限责任公司章程》及《中华人民共和国公司法》的相关规定，按赞助协议约定的分配方案分发到各股东单位。各股东单位应该加强对此类赞助产品的管理，按照赞助商要求在与中超联赛有关的场合中使用从而帮助赞助商宣传推广，禁止通过媒体对赞助产品发布一些不利中超整体形象和利益的评论，禁止将赞助产品进行市场销售或作价处理。

第十二章　中超联赛整体形象和整体利益的维护

第四十一条　中超联赛是一个整体品牌，其形象和利益由联赛有关方面共同维护和提升。相关单位和个人在商务工作中必须以维护整体形象和利益为前提，不得从事有损中超联赛整体品牌利益、形象的任何工作，包括但不限于破坏赞助商关系，阻碍赞助商权益落实和各类宣传推广活动的开展，发布涉及赌、黄、封建迷信等国家严令禁止的广告内容，不履行限制发布类广告要求的手续和程序，对赛场出现的辱骂、挑衅他人的口号标语的疏忽管理，退赛罢赛等情况。

中超联赛各赞助商、合作伙伴有权就中超联赛商务权益落实情况向中超公司提出建议和投诉，中超公司有权利依据本规定对违规俱乐部或赛区做出相应处理，并将处理决定通报中超联赛各赞助商、合作伙伴、赛区组委会和俱乐部。对严重违规事件或本规定未尽事宜的，中超公司报董事会讨论后做出最终处理决定。

第十三章　违规处理

第四十二条　对于任何可能发生的违规行为，中超公司、各赛区组委会、各中超俱乐部均应及时采取措施制止或避免违规的出现。任何俱乐部及俱乐部官员、教练员、球员一旦违反本规定，相关俱乐部同意承担违规责任并接受处理。违规处理的流程为：

（一）出现违规情况或疑似违规情况后，中超公司将根据比赛监督、商务监督等相关人员的报告、照片或相关视频等，在赛后第一时间核实违规行为。

（二）一经核实，中超公司将根据第四十三条规定对相应俱乐部进行处理，并将处理结果进行通报。

（三）如果违规俱乐部对处理结果存在异议，可以在违规处理通知发出后的 48 小时之内向中超公司提交书面申诉文件，逾期不予受理。

（四）如果俱乐部在规定时间内提交了书面申诉文件，中超公司将报董事会或股东会、董事会授权的机构进行审议，并将审议结果和处理决定告知相应俱乐部，审议结果为最终决定，俱乐部不得再提出申诉。

（五）如果出现第四十四条或第四十五条违规情况，处理结果为最终决定，相关俱乐部无权申诉。

第四十三条 任何俱乐部一旦（首次）违反此规定，一经核实，中超公司有权根据下列标准给予其相应处理：

（一）中超比赛日赛场内权益

1. 中超比赛日当天的赛场内，包括但不限于赛事全名称横幅、替补席顶部和内部广告贴、球员通道地铺和出场门、角旗区及替补席区域模型摆放、二圈固定广告板、球网两侧小型立牌广告、球场中圈广告、运动装备(包括运动员、教练员、牵手球童、赛场内的所有工作人员等)、比赛服广告（包括袖标）、入场仪式球托、大屏幕广告、新闻发布厅（包括比赛日前一天和比赛日当天）、赛场围栏、墙体、体育场跑道、沙坑、观众看台、贵宾包间、各类功能房、体育场通道及相关区域、体育场上空、瞬间采访板、混合采访板、VIP 区域展板等中超公司统一制定的赛场要求，如出现了缺失、遮挡、损坏、误播、漏播、未按要求布置或发布等，以及未经中超公司批准增加非中超赞助商、合作伙伴的广告，一经核实，中超公司有权对相关俱乐部予以每项目每次扣减参赛费 20 万元的处罚。

2. 中超比赛日当天的赛场内，如 LED 广告、球门两侧 3D 地毯等出现了缺失、遮挡、损坏、误播、漏播、未按要求布置或发布等，以及违反《中超联赛商务开发产品类别保护通知》或未经中超公司批准增加非中超赞助商、合作伙伴的广告，一经核实，中超公司有权对相关俱乐部予以每项目每次扣减参赛费 50 万元的处罚。

3. 中超比赛日当天的赛场内，如出现中超联赛标语、功能房指引牌、替补席标贴的缺失、污损、未按要求布置或发布等。一经核实，中超公司有权对相关俱乐部予以每次（或每项目）扣减参赛费 10 万元的处罚。

（二）票证权益

1. 球票未按要求印制或发布的，一经核实，中超公司有权对相关俱乐部予以每次（或每项目）扣减参赛费 10 万元的处罚。

2. 中超联赛赞助商及合作伙伴拥有全年 240 场比赛数量不等的请柬、贵宾票、甲等票、停车证。如有赞助商提出投诉俱乐部发放票证过晚、票证数量不足、球票价值低于赞助协议所要求的价值或球票区域不符要求的。一经核实，中超公司有权对相关俱乐部予以每次扣减参赛费 10 万元的处罚，并在下一场次补齐所拖欠的票证。

（三）推广活动、广告拍摄权益

1. 中超联赛赞助商及合作伙伴，在不影响俱乐部正常训练和比赛的前提条件下，有权要求各中超俱乐部教练员、球员和球队（3 人以上，含 3 人）参加平面、视频、广播广告拍摄和录制活动或在球队所在地出席相关推广活动。如在不影响俱乐部正常训练和比赛的前提条件下，出现俱乐部未按要求指派球员、球员拒绝拍摄、参加或在拍摄、参加过程中不配合，一经核实，中超公司有权对相关俱乐部予以每次扣减参赛费 20 万元的处罚。如出现球队拒绝参与球队所在地相关赞助商及合作伙伴的推广活动，或是在参加过程中不配合，一经核实，中超公司有权对相关俱乐部予以每次扣减参赛费 50 万元的处罚。

2. 中超俱乐部教练员、运动员、中高层的工作人员或球队集体若违反本规定中的中超联赛赞助商独家权益的保护条款，一经核实，中超公司有权对相关俱乐部予以每人次或每次扣减参赛费 20 万元的处罚。如出现俱乐部或球队集体（3 人或 3 人以上）违反规定，一经核实，中超公司有权对相关俱乐部予以每次扣减参赛费 50 万元的处罚。

3. 各俱乐部应大力支持和积极配合联赛官方和中超联赛赞助商及合作伙伴在比赛日、非比赛日开展的各类赛场内外的推广活动，如出现俱乐部不予配合、故意刁难，甚至影响了活动的正常开展，一经核实，中超公司有权对相关俱乐部予以每次扣减参赛费 50 万元的处罚。

如中超俱乐部发生上述违规行为，中超公司将根据本条规定下发处理通知并要求相关俱乐部及时整改。如未按要求整改，中超公司将在前次处罚的基础上给予加倍处罚。每赛季同项目违规行为多次发生时，中超公司将在前次处罚的基础上给予加倍处罚，直至扣除全部参赛费。

第四十四条　中超俱乐部违反本规定后，如果相关中超联赛赞助商、合作伙伴扣减赞助款的，中超公司在既定处理基础上将追加处理，按照赞助商扣减费用扣减相关俱乐部年度参赛费用。

第四十五条　中超俱乐部违反本规定后，并对中超联赛整体形象和利益造成严重影响的，中超公司将报董事会或股东会、董事会授权的机构进行审议，并将给予扣除相关单位至少年度参赛费 50% 的处罚，直至扣除本赛季全部参赛费用，并承担由此带来的赞助商扣减赞助款等一切损失，中超公司保留通过法律途径追偿损失的权利。另外，如俱乐部中途退出中超联赛，该俱乐部则自动丧失本年度中超联赛的所有商务权益。

第十四章　奖　励

第四十六条　各俱乐部同意中超公司把当年扣减违规俱乐部的参赛费列为公司收入，平均分给各俱乐部，但各俱乐部不得参与本俱乐部违规所扣减参赛费的分配。

第十四章　附　则

第四十七条　本规定自中超公司股东会批准之日起生效，后续修订、增加的相关规定经中超公司股东会批准后，中超公司将以公函方式发送给各赛区组委会和各中超俱乐部，作为此规定的更新或补充。

第四十八条　本规定由中超公司负责解释、实施。

中国足球协会超级联赛商务管理的实施细则（试行）

为共同维护中超联赛商务市场的利益，更好地创建中超联赛的市场品牌，结合中超商务开发的实际情况，特制定本实施细则。

第一章　中超联赛的商务管理体系

第一条　中超联赛商务管理体系由中国足球协会超级联赛委员会、中超联赛各赛区委员会、中超联赛有限责任公司各股东单位、中超冠名赞助商、中超指定赞助商、中超指定供应商、中超媒体合作伙伴共同组成。

第二条　中国足球协会是中超商务管理体系的资源拥有者，有权对中超商务活动进行监督。

第三条　中超公司是中国足球协会在授权协议期内，中超联赛整体资源的经营、管理机构，代表所有参与中超公司的股东商务经济利益。

第四条　商务监督员是中超公司委派的中超比赛现场商务监督员。对中超联赛比赛现场商务落实情况做如实报告，并对中超联赛比赛现场商务落实情况做现场协调和监督。

第五条　中超的比赛监督是中超联赛当场比赛商务管理执行中的监督人，对《中超联赛比赛报告（商务权益落实情况报告）》等文件进行公正监督。

第六条　中超联赛冠名赞助商、指定赞助商、指定供应商、指定媒体合作伙伴有权就中超联赛商务权益落实情况向中超公司提出建议和投诉，由中超公司报送中国足球协会和中超委员会、俱乐部股东单位，并有权利依据本实施细则规定下发处理决定或提交中超公司董事会讨论。

第七条　中超联赛冠名赞助商、赞助商、供应商、媒体合作伙伴由中超公司统一招商。赞助商及合作伙伴在其产品和服务类别范围内享有独家保护和排他性的商务权益。

第二章　中超联赛商务管理要求

第一节　名称的正确使用

第一条　中超联赛以及冠名等要素组成的当年度中超联赛正式名称、简称及其对应英文，其版权属于中国足球协会。未经中超公司书面许可，任何组织或个人不得以任何形式将这些称号用于商业目的，包括隐性市场行为。

第二条　在授权范围内，中超公司有权要求中超联赛各赛区、参赛俱乐部、中超联赛赞助商、合作伙伴及俱乐部的赞助商、合作伙伴在与中超联赛相关的场合，正确使用中超联赛冠名的正式名称、简称及其对应英文和中超联赛标志、中超联赛合成标志、吉祥物、会歌。包括但不限于：应用于电视转播，网络转播，电台转播，平面媒体报道，各类公开或非公开发行的出版物等。

第二节　中超联赛冠名权益的实施

第一条　中国足球协会批准对当年度中超联赛统一冠名后，中超联赛各赛场不得以任何形式对中超联赛个别、部分或全部场次冠名，不得对中超联赛冠名横幅进行更改、增删或遮盖。

第二条　中国足球协会根据中超联赛各俱乐部的比赛成绩负责统一颁发各类奖项，制作冠名奖杯和冠名纪念杯。各俱乐部和赛区不得以任何形式对中超联赛个别、部分或全部场次进行颁奖或冠名各类奖项。

第三条　中超联赛统一冠名后，俱乐部须在中超联赛的各场次比赛中，于体育场主席台上方正中和主席台对面观众席的正中明显位置悬挂中超联赛冠名条幅。冠名条幅的内容、质地、颜色、款式、尺寸等规格由中超公司另行制定下发。

第四条　俱乐部应在比赛服的左袖上展示中超联赛标志。俱乐部须保证所有球员在出席采访、赛后新闻发布会和其他与联赛有直接关系的媒介活动是穿着带有中超联赛标志的比赛服（在天气情况允许的情况下）。

第五条　中超联赛的拣球员在中超联赛比赛时应穿着由中超公司统一提供的带有冠名标志的拣球员服装。

第六条　中超联赛的救护员在中超联赛比赛时统一穿着由中超公司统一提供的带有冠名赞助商标志的服装。

第三节　中超联赛赞助商产品和服务类别独家保护和排他性规定的实施

第一条　中超公司每年就市场开发状况，向各参赛俱乐部通报中超联赛赞助商产品和服务类别独家保护和排他性商务权益，并报中国足球协会或中超委员会批准下发。

第二条 赞助商独家权保护范围包括但不限于：中超联赛体育场控制范围内各类广告、服务、比赛中场活动、赛场商务宣传推广活动、新闻发布会背景板及电视转播及球票广告等。

第四节 中超联赛赛场场地权益的实施

第一条 中超公司在中超联赛赛场进行统一发布的广告有：

1. 在主摄像机对面场地边线外侧 4 米，设 36 组（1 米高 ×3 米长）翻转广告设备；其中正中位置的 4 组翻转广告设备在全部比赛控制时间（赛前 90 分钟至赛后 30 分钟，下简称："全部比赛控制时间"）展示中超冠名全称广告，其他 32 组翻转广告设备翻转展示中超联赛冠名赞助商和中超联赛指定赞助商广告。在两侧底线外侧 5 米，各设 20 组（1 米高 ×3 米长）翻转广告设备，翻转展示中超联赛冠名赞助商、指定赞助商和俱乐部赞助商的广告。广告展示的技术方案由中超公司拟定下发。

2. 在两侧球门后（翻转广告设备后）各设 6 块固定直角广告板，每块 6 米长、1.1 米高，共计 12 块。在全部比赛控制时间内展示中超联赛指定供应商和中超联赛媒体合作伙伴的广告。

3. 在主、客队替补席顶部（从左端至右端）和替补席内部中间位置（从左端至右端）设广告位置。在全部比赛控制时间内展示中超联赛冠名赞助商广告。

第二条 在不影响竞赛规则的前提条件下，提供使用中超联赛

各俱乐部主场的大屏幕影音设备，并播放中超公司统一提供的赞助商广告和中超联赛会歌，具体排序由中超公司拟定下发。

第三条 在全部比赛控制时间内，除中超赞助商广告外，在比赛当日，不得在赛场内（包括围栏、观众席、体育场上空）展示除中超联赛场地布置要求以外任何形式的与比赛有关或无关的广告或变相广告（包括条幅、旗帜等），不能出现有悖国家法律或规定的文字和标识。

第四条 如果在记分牌和包厢外檐上已设有广告或企业名称，并与当年度中超联赛商务开发中有关产品类别保护相冲突，俱乐部应保证在全部比赛控制时间内予以覆盖或撤除。

第五条 俱乐部应保证在中超联赛比赛控制时间内不能展示与当年度中超联赛商务开发中有关产品类别保护内容相冲突的广告和企业名称的条幅、标语或旗帜。

第五节 中超联赛赛场广告设务的维护与保管

第一条 中国足球协会自 2004 年赛季引进的法国时空旋转广告设备，是中超联赛的国有资产。赛区应加强对中超各赛场场馆方保管、存放广告设备的监督。俱乐部应建立广告板设备的管理制度，设专人专职负责广告板设备的管理操作，制定现场广告设备故障维修的预案。

第二条 广告设备须在比赛前一天进行调试工。赛前 15 小时应对电池进行充电，开赛

前 5 小时应进行设备运转，比赛正式开始前半小时和比赛中场休息期间要认真检查充电电机的电源和电缆接口。

第三条　对个别俱乐部经中超委员会批准，改变中超联赛主场的，应安排有资质的专业运输单位承担搬运业务。每次搬运后，俱乐部、场馆方和运输单位应及时共同验收广告设备和配件。

第四条　广告画面基材必须采用符合旋转广告设备设计要求的特为强（美国杜邦公司生产的特为强 1073D），更换广告画面时必须安装新的字母扣，杜绝使用一切替代品。

第五条　俱乐部应在比赛当日将广告设备的备用主机、控制器、电子眼、电池等配件运至体育场，以便发生意外故障时及时更换。

第六条　俱乐部应每月对广告设备中的主机、控制器、电池等配件进行一次检查，每月应对电子眼进行一次擦洗，以确保广告设备的正常运转。

第六节　赞助商证件与赠票权益的实施

第一条　俱乐部应在当年度比赛开赛前二十天向中超联赛赞助商合作伙伴一次性提供本主场甲等球票套票（分场成册）、主席台请柬、主席台区域停车证和内场区域通行证。具体数量由中超公司依据当年度商务开发情况另行确定后通知。

第二条　如中超联赛赞助商需求，俱乐部应向赞助商提供优惠当场球票。

第七节　中超联赛赞助商地面推广活动权益的实施

第一条　在不影响训练和比赛的前提下，俱乐部（包括教练员和球员）应积极参与由中超公司举行的中超联赛赞助商和中超联赛媒体合作伙伴的推广活动。具体活动方案由中超公司另行通知。

第八节　中超联赛赞助商电视广告拍摄权益的实施

第一条　在不影响俱乐部正常训练和比赛的前提条件下，俱乐部成员（包括教练员和球员）有义务参加中超联赛宣传片的拍摄活动。

第二条　俱乐部成员（包括教练员和球员）有义务参加中超赞助商的电视广告和平面广告的拍摄活动。上述广告为五人以上（含五人）群体广告。

第三条　俱乐部有义务与本俱乐部教练员和球员在工作（劳动）合同中签署中超公司有权利使用合同期内教练员、运动员的肖像用于整体的市场的商业推广的条款。

第四条　俱乐部成员（包括教练员和球员）参加中超赞助商的电视广告和平面广告的拍摄活动而产生的相关交通和食宿费用由广告拍摄活动的主办方负责。

第九节　中超联赛新闻管理中的商务权益的实施

第一条　俱乐部在中超联赛体育场的新闻发布会会场，布置和悬挂由中超公司制定的带有中超标识和当年度中超联赛冠名赞助商、指定赞助商标识的背景板。

第二条　中超联赛每场比赛均要求进入赛场的各类记者穿着由中超公司统一提供带有冠名赞助商标志的工作服装在指定工作位置工作。

第十节　中超联赛的电视转播权益的实施

第一条　经中超公司认可，俱乐部应配合赛区根据电视转播要求，为转播电视台一次性办理整个赛季 50 张电视转播工作证。

第二条　俱乐部应配合赛区为转播电视台提供赛场停车证 3 张；在联赛前与转播电视台商定一块 2 至 3 个车位面积的转播车和卫星车指定停放位置。允许转播电视台的车辆在比赛开始前 5 小时至比赛结束后 1 小时内免费停放于体育场内或体育场外，保证摄像机电缆的通道畅通，并确保其通行权。

第三条　俱乐部应配合赛区安排一定数量的安保人员布置在转播车附近，以确保电视转播的安全性。

第四条　俱乐部应配合赛区协调为转播电视台提供固定的、免费的转播机位 8 至 14 个和评论席 2 至 3 个。俱乐部不得将转播机位占用的观众席处的球票出售。

第五条　俱乐部应配合赛区为转播车免费配备至少一部直线电话，确保电视转播联络的畅通。

第六条　赛区应指派工作人员与电视转播现场负责人沟通，并协助其完成电视转播的各项准备工作，以确保每场比赛能够顺利转播。

第七条　赛区须保证每场比赛的双方上场队员和替补队员以及裁判员名单，在开赛前 30 分钟送达转播车。在上半场结束和全场结束时，将相关技术统计及时通报转播车工作人员。

第八条　每场比赛结束，赛区应协助转播电视台安排主、客队各一位上场比赛的球员接受主播电视台的采访（客队先，主队后），采访时间在赛后 3 分钟开始，每位队员 2 分钟。保证主播电视台独家采访顺利完成。

第九条　赛区应在赛后新闻发布会为主播电视台提供赛后直播的转播机位。

第十条　俱乐部应与其主场体育场签订协议，要求体育场方免费向转播电视台提供设备所须的电源和用电；并达到以下使用要求：

比赛场馆电源配置（1 辆转播车最低制作要求）

转播车：三相四线电压 380V 电流每相 80A

卫星车：单相电压 220V 电流 40A 功率 7000W。

上述三部分电源必须分开并有各自控制开关，最好为双回路电源。

第十一条　俱乐部应确保主场体育场的场地灯光照明达 1200LUX 以上，确保体育场灯光开放至比赛结束后 10 分钟。

第十一节　中超联赛宣传物品的提供

第一条　在当年度中超联赛新赛季开赛前 60 天，各参赛俱乐部须向中超公司提供本俱乐部全体教练员、运动员的（穿着本俱乐部注册运动服）标准彩色合照一张（提供电子文件），个人 2 寸免冠彩色标准运动装照片每人 1 张（提供电子文件），用于推广、宣传中超联赛及参赛俱乐部。

第二条　在当年度中超联赛新赛季开赛前 15 天，各参赛俱乐部须向中超公司提供本俱乐部主客场短袖比赛服（上衣和短裤）各 1 件，队旗（1 号）2 面，俱乐部标志的电子版文件 1 份（Illustrator 格式或 CDR 格式），用于推广、宣传中超联赛及参赛俱乐部。

第十二节　中超联赛主场场地布置

第一条　中超联赛赛事主会标横幅形式为中超联赛标志和当年度中国足球协会超级联赛冠名全称，规格为 1.1 米 ×20 米，位置为主席台同侧中央位置和主机位对面看台中央位置。

第二条　中超俱乐部标志横幅：在主摄像机对面主会标横幅两边悬挂 2 条横幅，横幅内容为 16 家参赛中超俱乐部标志画面，每条横幅包括 8 家俱乐部标志，规格为 1.1 米 ×8 米。

第三条　中超联赛理念横幅：在中超俱乐部标志横幅两边悬挂 2 条横幅，横幅内容为中超联赛理念语：“团结　拼搏　欢乐　向上”字样，规格为 1.1 米 ×12 米。

第四条　当年度的场地布置图样由中超公司报中国足球协会批准后，以电子文件的形式下发，并由俱乐部负责制作摆放。

第十三节　中超联赛参赛队伍比赛服广告发布的规定

第一条　参照国际足联有关比赛装备的规定，中超联赛参赛队伍的比赛服上衣胸前、背后、右臂袖口上可以发布俱乐部的赞助商广告。除本条规定外，俱乐部比赛服其他地方不得发布任何企业或品牌的广告。

第二条　正式比赛服俱乐部右臂袖口的赞助商广告尺寸不得大于左臂袖口中超联赛的标志尺寸。

第三条　正式比赛服的胸前、背后、右臂广告不得与当年度冠名赞助商产品类别相冲突。

第三章　奖励和处罚条款

第一条　对于不能依照本细则规定执行的中超联赛的俱乐部和赛区，并由此造成中超联赛赞助商减扣赞助款的，中超公司报经中国足球协会或中超委员会批准，有权对其做出相应的处罚。

第二条　处罚的方式为：

1. 等额扣减该俱乐部和赛区中超联赛赞助分成款。

2. 如扣款赞助款不抵该俱乐部和赛区赞助分成或对中超联赛造成整体经济损失的，由中超公司董事长召集董事会研究处理意见。

第四章　施　行

第一条　本实施细则自中超公司股东大会批准之日起生效，如有补充或修订，按同等程序进行。

第二条　本细则由中超公司负责解释、实施。

中国足球协会甲级联赛比赛服装备规定（试行）

为规范中甲联赛各参赛队运动装备，维护赞助商、各参赛俱乐部和运动员权益，各俱乐部参赛队比赛服装和装备须符合中甲联赛商务细则和竞赛规定。各中甲联赛俱乐部须在赛季开始前 3 周将比赛服样本送至中国足协进行审批，比赛服装如不符合中甲联赛商务细则或竞赛规程规定，相关俱乐部需进行修改和调整。具体规定如下：

第一章　比赛服颜色

第一条　各俱乐部参赛队需至少准备2套颜色不同的比赛服装，一套深颜色，一套浅颜色，并指定其中一套为主场比赛服，一套为客场比赛服。比赛服（上衣、短裤、袜子）的颜色不得超过四种，包括文字和号码（队员的姓名和号码等）颜色。一种颜色必须在上衣、短裤和袜子上占主导色。如果上衣是条纹、竖条或类似（以下简称为间条衫），其他的比赛服上必须有一种颜色占主导色，且该主导色不得与另一套间条衫中颜色有重复。

第二条　守门员需至少准备 3 套颜色不同的比赛服。颜色必须与本队运动员服装的颜色明显不同。此外，守门员服装的颜色必须与对手、裁判、助理裁判服装的颜色不同。

第三条　球队需至少准备 3 种颜色的替补席背心，替补席背心颜色需与比赛服颜色明显不同。球队客场比赛时至少携带 2 种颜色的替补席背心。

第四条　如果裁判和比赛监督认为比赛双方服装的颜色可能引起混淆或不适合电视转播，主队穿主场比赛服，客队穿客场比赛服，或客队经比赛监督和裁判员认可后两种比赛服混穿，比赛监督对服装颜色有最终决定权。

第二章　比赛服号码

第五条　比赛服号码必须为 1~40 号（不含二次转会运动员），比赛队员的姓名、号码必须与报名单一致，凡不符合规定或无号、重号，均不得上场比赛。

第六条　每件上衣背后必须有运动员的号码，号码高度必须在 25~35 厘米之间，号码线条宽 3~5 厘米，并在上衣背后中央位置。当运动员将上衣扎进短裤，号码仍必须全部清晰可见。

短裤左腿或右腿前侧必须有运动员号码，号码高度必须在 10~15 厘米之间。

第七条 号码必须是一种颜色，清晰可见，必须与比赛服颜色明显不同。如果是间条衫，号码颜色必须与间条衫所有颜色不同。为了易于辨认，号码的周围可饰有边沿或轮廓投影。但不得有广告、装饰或其他因素。

第八条 号码底部中央位置可印制俱乐部标识。标识面积不得超过 $5cm^2$。

第九条 号码必须是通过热处理缝或粘在比赛服上，不得用尼龙搭扣或其他暂时的方法粘上。

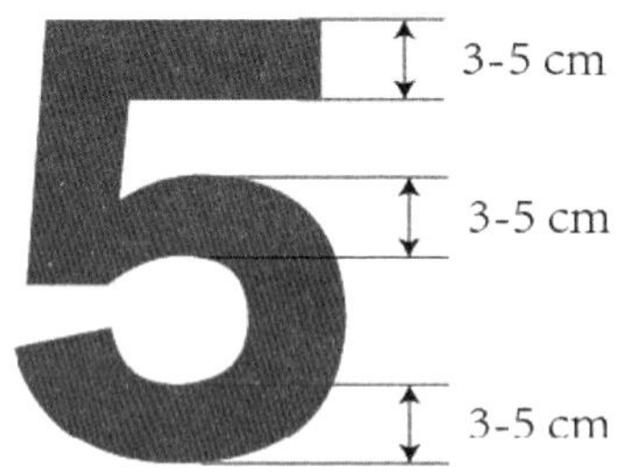

第三章　比赛服姓名

第十条 每件上衣的背后必须印制队员的中文姓名，且和正式队员报名名单一致，如运动员姓名过长，须经俱乐部和运动员同意，截取使用较短名字。

第十一条 姓名必须在背后号码正上方。姓名呈现字体为楷体，高度需在 5~7.5 厘米。为了易于辨认，姓名周围可饰有边沿或轮廓投影。姓名的颜色必须和上衣后背号码的颜色一致。但不得含有广告、装饰或其他成分。姓名必须呈现为一行文字，不得印制为多行排列。

第四章　其他装备规定

第十二条 比赛队员紧身裤的颜色与比赛服短裤的主色必须一致。

第十三条 场上队长必须配备 6 厘米宽且与上衣颜色有明显区别的队长袖标。

第十四条 俱乐部的会徽标志可以在上衣、短裤、球袜及号码底部中央位置出现。会徽必须是在中国足协注册，且不得含有广告、装饰或其他成分。会徽可以是印、绣或缝上的。

第十五条　会徽形状没有限制，会徽的大小和在装备上的位置有如下规定：

（一）上衣：不得超过 100 平方厘米，上衣左前胸部位。可出现一次。

（二）短裤：不得超过 50 平方厘米，左或右前裤腿。可出现一次。

（三）袜子：不得超过 25 平方厘米，任意位置。每支球袜可出现一次，两支球袜位置需对称。

（四）号码：不得超过 5 平方厘米，位置在每个号码底部中央位置。每个号码可出现一次。

第五章　赞助商广告

第十六条　俱乐部赞助商标志在比赛服上位置，必须在球衣前部上方、背部号码下方和左臂。具体尺寸和位置如下：

（一）比赛服胸前广告最大不得超过 300cm²，任何字体高度不得超过 12cm；

（二）比赛服背后广告必须在号码正下方，最大不得超过 200cm²，任何字体高度不得超过 10cm；

（三）比赛服左臂的赞助商广告尺寸不得大于 7cm × 7cm；

（四）俱乐部所有负责招商的广告总数量不得超过 4 个。

第十七条　球队不同颜色比赛服广告需保持一致，不得出现主客场球衣广告不同的情况。

第十八条　球队每名球员球衣广告需保持一致，不得出现不同球员球衣广告不同的情况。

第十九条　俱乐部季每赛季可有两次更换赞助商广告的权益。

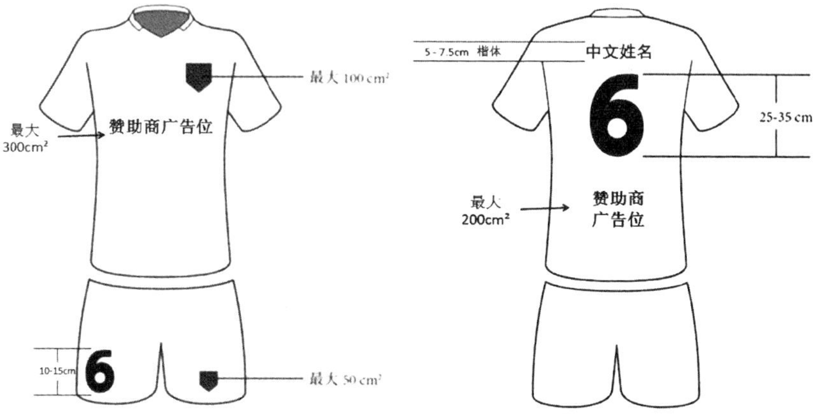

中国足球协会甲级联赛商务管理实施细则

为共同维护中国足球协会甲级联赛（以下简称“中甲联赛”）的商务市场权益和秩序，更好地创建中甲联赛的市场品牌，最大程度开发中甲联赛市场潜力，中国足球协会（以下简称“中国足协”）结合中甲联赛商务运营的实际情况，特制定《中国足球协会甲级联赛商务管理实施细则》（以下简称《细则》）。

第一章　中甲联赛的商务管理体系

第一条　中甲联赛商务管理体系由中国足球协会、中国足协职业联赛理事会、中甲联赛各赛区委员会和各俱乐部共同组成。

第二条　中国足协是中甲联赛商务资源的拥有者，有权处置中甲联赛商务资源，并对联赛整体商务工作进行统筹规范和监管。

第三条　中国足协有权按程序授权合作机构对中甲联赛商务资源进行经营、管理和统筹规范。

第四条　各中甲俱乐部及其所属赛区负责各自赛区的商务执行工作，无条件支持和协助落实各项商务工作。

第五条　中甲联赛赛区商务监督员是由中国足协委派，具体负责中甲联赛现场商务监督和协调工作的人员。商务监督员具有对中甲联赛比赛现场的商务落实情况及赛事信息做如实报告和记录的职责，并具有对中甲联赛比赛现场商务落实情况做现场协调及监督的权力和责任。商务监督员的报告和记录，将作为认定比赛现场商务落实情况、赛事信息以及对违规情况进行事后处罚的重要依据。参赛俱乐部给予必要的工作支持。

第六条　中甲联赛的比赛监督是中甲联赛当场比赛商务管理执行中的监督人，将对中甲联赛赛区商务监督员的工作进行监督和给予支持。

第七条　中甲联赛赞助商、合作伙伴有权就中甲联赛商务权益落实情况向中国足协提出建议和投诉，中国足协有权利依据本《细则》对违反本《细则》规定的俱乐部或赛区做出相应处理，并将处理决定通报中甲联赛赞助商、合作伙伴、各俱乐部和赛区委员会。对严重违反本《细则》的事件或本《细则》未尽事宜的，报中国足协讨论后做出处理决定。

第二章　中甲联赛商务管理要求

第八条　中甲联赛以及冠名等要素组成的当年度中甲联赛正式名称、简称及其对应英文，其版权属于中国足协。未经中国足协书面许可，任何组织或个人不得以任何形式将这些称号用于商业目的，包括隐性市场行为。

第九条　在授权范围内，中国足协有权要求中甲联赛各赛区、参赛俱乐部、中甲联赛赞助商、合作伙伴及俱乐部的赞助商在与中甲联赛相关的场合，正确使用中甲联赛的正式名称、简称及其对应英文和中甲联赛标志、中甲联赛合成标志、吉祥物、会歌。包括但不限于：应用于电视转播，网络转播，电台转播，平面媒体报道，现场广播、现场大屏幕字幕、各类公开或非公开发行的出版物等。

第十条　中国足协批准当年度中甲联赛统一冠名后，中 甲联赛各赛场不得以任何形式对中甲联赛比赛进行冠名，不得对中甲联赛冠名横幅进行更改、增删或遮盖。

第十一条　中国足协根据中甲联赛各俱乐部的比赛成绩负责统一颁发各类奖项，制作相应奖杯和奖牌。各俱乐部和赛区不得以任何形式对中甲联赛比赛进行颁奖或冠名各类奖项。

第十二条　俱乐部应在比赛服的右袖上展示中甲联赛合成标志。俱乐部须保证所有球员在出席采访、赛后新闻发布会和其他与联赛有直接关系的媒介活动时穿着带有中甲联赛合成标志的比赛服（在天气情况允许的情况下）。中甲联赛合成标志由中国足协统一提供。

第十三条　冠名商权益由中国足协统一开发，俱乐部不得以任何形式单独对比赛进行冠名。

第十四条　中甲联赛冠名赞助商享有其赞助产品或服务类别的独家保护和排他性的商务权益，中甲联赛其他赞助商、合作伙伴等将根据双方具体合作模式及赞助金额规定是否实行排他性保护。

第十五条　中国足协根据市场开发状况，以书面通知形式向各参赛俱乐部通报中甲联赛赞助商独家权保护范围。 第十六条 俱乐部（包括球员、教练组成员及工作人员）及赛区有责任维护联赛赞助商权益，俱乐部及赛区不得在公开场合宣传和展示联赛赞助商竞争品牌（以下简称竞品），也不得帮助或允许任何第三方进行隐性营销。

第十七条　球员不得以联赛球员身份（即身着赞助商提供的装备或自称是联赛球员）擅自接受联赛赞助商竞品的采访或参加其举办的任何活动。俱乐部不得允许球员以集体的形式（即三人或三人以上）参与联赛赞助商竞品的宣传或活动（包括但不限于训练营、发布会、新店开张等）。

第十八条　比赛当日，场馆区域内不得出现联赛赞助商竞品的推广活动。

第十九条　俱乐部签署的赞助商不得对联赛赞助商进行排他性保护。

第三章　中甲联赛广告权益的实施

第二十条　中甲联赛广告种类及形式

包括：联赛冠名、球队冠名、比赛服广告（包括袖标）、赛场LED广告机、赛场冠名条幅、赛场其他条幅、球票正面广告、球票背面广告、球网后固定A字板广告、3D地毯广告、角旗区及替补席区域模型摆放、球网两侧小型立牌广告、球场中圈广告、替补席内外广告、球员入场通道门及地铺广告、赛场大屏幕广告、各类新闻发布会和采访背景板、媒体及工作人员服装广告。

第二十一条　中甲联赛广告种类说明及权益分属方案

广告形式	位置	数量	规格	中国足协统一招商	俱乐部招商	说明
联赛冠名		1	唯一可以出现在联赛名称里的商业名称	▲		
球队冠名		1	唯一可以出现在球队名称里的商业名称		▲	
比赛服胸前广告	领□下方的正前胸300平方厘米范围内	1~2	任何标志或字体 不超过12cm高度		▲	
比赛服背后广告	号码正上方200平方厘米范围内	1~2	任何标志或字体 不超过10cm高度		▲	俱乐部所有负责招商的广告总数量不得超过4个
袖标广告	左、右袖口处	2	7cm×7cm	▲右	▲左	
赛场LED广告	摆放在边线和底线1米以外摆放在边线和底线1米以外	1	边线115.2米，两侧底线各57.6米（0.96×1m/块）	▲18分钟	▲72分钟	90分钟比赛时间内
如使用A字板		40	1米×6米/块	8块	32块	
冠名横幅	主席台上方和主席台正对面一层围栏	2	1.2×20m	▲		

续表

广告形式	位置	数量	规格	中国足协统一招商	俱乐部招商	说明
球票正面广告	整版	1	20cm × 8cm	▲		
球票背面广告	整版或所有插页	不限			▲	
球网后固定A字板广告	底线LED外侧	16	1.1 × 6m	▲ 8	▲ 8	左右各8块
3D地毯	球门两侧	6	不得超出3m × 15m	▲ 2	▲ 4	左右各3块
角旗区实物展示	远端角旗外侧	2	根据转播机位确定位置	▲		
中圈地铺		1	整体不超中圈	▲		开赛前摆放
替补席内外侧	替补席外侧和内侧		暂定0.3 × 1m为单位黏贴	▲		包括第4官员席
球员通道地铺	球员出场通道口至体育场边线	1	暂定1.5 × 20m	▲		
球员通道拱门	球员出场通道口	1	根据现场情况设计	▲		
现场大屏幕广告	上下半场开赛前的最后时段			▲ 5分钟	▲ 5分钟	根据实际情况确定
新闻发布会背景板	在新闻发布会厅	1	根据现场情况设计	▲		赛前和赛后
新闻发布厅实物摆放	在新闻发布厅桌子上			▲	▲	
媒体采访板	瞬间采访、混合采访		根据现场情况设计	▲		
媒体及工作人员背心	背心的前后		待定	▲		

第二十二条 中甲联赛赞助商分类及拥有的基本权益

（一）联赛赞助商是指中国足协统一招商，对联赛实施整体赞助的赞助商。包括联赛冠名商、官方合作伙伴、官方供应商、官方媒体合作伙伴等。

（二）除门票收入外，联赛的相关商务权利归中国足协所有，由中国足协或中国足协授权机构负责经营。每赛季俱乐部可以按照联赛商务工作的相关通知进行部分商业权利开发（见上述表格），但除俱乐部冠名、球衣前胸后背广告外其他任何形式的广告均不得与本年度中甲联赛类别保护相冲突；俱乐部发布任何广告前，均须向中国足协申报并获得批准后方可发布。

第二十三条 广告管理要求

（一）中甲联赛赛场 LED/A 字板广告规定

1. 在主摄像机对面场地边线外侧（主席台对面）摆放 LED/A 字广告板，两侧场（球网后）场地底线外侧摆放 LED/A 字广告板。在确保不影响比赛和球员身体安全的情况下，摆放距离不得少于 1 米，不得大于 5 米。如遇特殊原因可根据场地实际情况进行调整，但应确保最佳曝光效果。

2. 中国足协拥有赛前 60 分钟、比赛中 18 分钟和全部伤停补时的时段播放联赛统一广告和宣传内容。俱乐部拥有比赛中 72 分钟时段展示赞助商广告和中场休息 15 分钟用于公益和赛事宣传，广告内容必须符合有关法律、行政法规的规定以及《中甲联赛商务管理实施细则》中有关发布广告的规定，各俱乐部未经过中国足协批准不得擅自调整文件的发布时间与顺序。赛前 60 分钟和中场休息 15 分钟原则上以播放公益广告和赛事宣传为主，伤停补时时段统一播放联赛宣传内容。

3. 如使用 A 字广告板，中国足协拥有赛场内圈正面（主席台正面）2 块广告板用于赛事标准名称，赛事标准名称左右两块及两个球门后面的 4 块广告板（一个球门后两块）用于冠名赞助商。内容由中国足协指定，由各主场俱乐部负责按要求制作、摆放及维护。俱乐部招商的广告板画面 /LED 时段，如使用广告板，同一种广告画面不得超过 4 块，如使用 LED，同一种广告时间不超过 9 分钟。

（二）中甲联赛赛场二圈固定广告规定

1. 在两侧面（球网后）场地底线 LED 设备 /A 字板外侧分别摆放不多于 8 块的二圈固定广告板，尺寸要求：6 米 ×1 米。

2. 中国足协拥有左右各 4 块二圈固定广告板资源，俱乐部拥有剩余二圈固定广告板资源，具体摆放要求及双方广告位置按照本年度中甲联赛赛场广告布置图执行。广告内容必须符合有关法律、行政法规的规定以及本细则中有关发布广告的规定。

（三）3D 地毯广告发布规定

1. 在球场两侧球网的远离主席台的一侧各设 2 块 3D 地毯广告，在球场两侧球网的离主席台近的一侧各设 1 块 3D 地毯广告，其中在球场两侧球网的远离主席台的一侧共 4 块 3D 地毯广告中靠近球门的 2 块由中国足协授权使用。具体摆放要求及双方广告位置按照本年度中甲联赛赛场广告布置图执行。

2.3D 地毯广告的制作尺寸不得超出 3mx15m 的标准，同时视觉效果不得影响后方 LED 的广告展示。广告内容必须符合有关法律、行政法规的规定以及本细则中有关发布广告的规定。

（四）赛场其他广告规定

1. 在主、客队替补席及第四官员席内外侧（从左端至右端）固定展示中甲联赛统一形象，发布要求由中国足协另行通知。

2. 球员出场通道（含通道门）固定展示中甲联赛统一宣传内容，发布要求由中国足协另行通知。

3. 球场中圈在开球前 15 分钟内固定展示中甲联赛统一广告，入场仪式全部结束后立即撤除，发布及执行要求由中国足协另行通知。

4. 在赛场远离主席台的两个角旗区设联赛赞助商实物展示区，固定展示中甲联赛统一广告，展示区具体的设计及搭建工作由赞助商负责。

（五）中甲联赛各俱乐部在主场比赛开赛前半小时内或中场休息时现场大屏幕播放中国足协提供的广告，在确保中 甲联赛统一广告内容播放的情况下，俱乐部可以播放自由内容，但广告内容不得与中甲联赛冠名赞助商产品类别冲突。

（六）各赛区和各俱乐部的所有参与联赛的工作人员有义务正确使用本年度中甲联赛的正确赛事名称（包括全称和简称）。

（七）中甲联赛入场仪式要求按照竞赛管理规定执行，牵手小球童服装由中甲联赛赞助商按照主队比赛服颜色进行统一设计提供，中甲联赛赞助商没有提供统一服装时，俱乐部有权自行落实服装，但是展示广告内容原则上只能与正式比赛服展示广告内容相同，并不得有服装品牌出现。如俱乐部或赛区发布其他内容或形式的广告，请向中国足协提出书面申请，广告内容不得与中甲联赛冠名赞助商产品类别冲突。

（八）赛前和中场休息时的内场活动，在不影响中甲联赛赞助商赛场推广活动的前提下赛区和俱乐部可自行实施，所出现的任何形式的与比赛有关或无关的广告或变相广告均不得与中甲联赛冠名赞助商产品类别冲突。

（九）在全部比赛控制时间内，除中甲联赛赞助商广告及中国足协同意发布的广告外，在比赛当日，不得在赛场内（包括围栏、观众席、体育场上空）展示除中甲联赛场地布置要求以外任何形式的与比赛有关或无关的广告或变相广告（包括条幅、旗帜等），不能出现有悖国家法律或规定的文字和标识。各赛区和俱乐部应对球迷协会的条幅及赛区宣传标语、口号的条幅等进行统一管理，条幅尺寸不得大于联赛主条幅尺寸并在联赛主条幅和理念条幅的两侧有序悬挂。各赛区委员会和俱乐部有义务协调公安机关或有关方面对违反上述规定的广告给予清除或整改。

（十）俱乐部应保证在中甲联赛全部比赛控制时间内，比赛场内不得以任何形式展示与当年度中甲联赛冠名赞助商产品类别相冲突的广告和企业名称、品牌。

（十一）俱乐部必须在开赛前提前 7 天将其在中甲联赛赛场发布的所有广告内容以书面形式提交中国足协，经中国足协审查确认同意后方可发布，如俱乐部中途更换或增加新的广告内容时，必须提前 3 天通知中国足协，由中国足协审查确认书面同意后方可执行。

（十二）中甲联赛赛场所有发布的广告，除要符合本《细则》规定的商务要求外，还必须符合《广告法》及国家其他法律、法规规定的有关广告发布的规定，如禁止发布涉及赌、黄、封建迷信等国家严令禁止的广告内容。

第四章　赞助商证件与赠票权益的实施

第二十四条　各俱乐部应在赛前向中甲联赛赞助商、合作伙伴提供主场比赛球票（每场比赛 120 张）和证件。在联赛开始后，如中国足协签约新的客户，相关票证权益同样以中国足协书面通知为准，各俱乐部须给予支持和配合。

第二十五条　中甲联赛球票的样式、尺寸及正面内容由中国足协统一设计后在开赛前提供给各俱乐部印制，印制纸张建议使用 200 克或 250 克铜版纸。俱乐部可在球票正面规定的区域添加俱乐部标志，球票的背面及插页广告由各俱乐部自主经营，所有发布广告的内容不得包含与中甲联赛冠名赞助商产品类别相冲突的广告和企业名称、品牌。

第二十六条　如发现提供给赞助商的赠票有转售现象，各俱乐部应及时向中国足协提供相关证据，中国足协将视情况进行处理。中国足协将要求赞助商严格禁止转售行为。如果赞助商出现的转售行为被俱乐部发现，相关俱乐部与中国足协核实确认后，有权要求中国足协扣减该赞助商获得的权益门票，扣减数量为确认的转售数量的 2 倍；如出现 3 次及以上转售行为，则从第 3 次开始，扣减数量为确认转售数量的 3 倍。被扣减的门票归俱乐部所有。扣减场次由中国足协与俱乐部协商选择，原则上，如果转售只涉及一场比赛，则只能选择一场比赛进行扣减，以此类推。

第五章　媒体版权与拍摄事宜

第二十七条　中甲联赛赛事公共信号由中国足协统一制作，未经允许其他单位不得对赛

续表

事进行转播。

第二十八条　中甲联赛赛事媒体版权由中国足球协会独家拥有。中国足协及其媒体版权合作伙伴可对赛事版权及播出平台进行开发。未经允许任何机构不得私自播出赛事相关内容。

第二十九条　赛区、球队及数据服务技术人员如需对比赛进行拍摄，需向中国足协提前申报（人员信息、设备型号等）。赛区工作人员仅可对本赛区进行技术拍摄；俱乐部技术人员仅可对本俱乐部参与的比赛进行拍摄。技术人员每人可携带一台拍摄仪器，需在看台指定区域拍摄，并身着技术人员背心。

第三十条　拍摄人员需服从赛区管理规定，不得影响赛事转播及官方摄影、摄像。拍摄内容仅限于裁判员业务探讨、球队技术分析等，拍摄内容不得对外传播、售卖或在任何平台播出。

第三十一条　媒体机构如需对比赛进行拍摄，可向中国足协及其媒体版权合作伙伴申请成为持权转播商。持权转播商可于两侧球门后指定区域对比赛进行拍摄录制，但不能进行实时传输和转播。持权转播商也可在赛前、赛后对比赛进行单边报道。

第六章　中甲联赛推广活动权益的实施

第三十二条　在不影响训练和比赛的前提下，各俱乐部（包括教练员和球员）应积极参与由中国足协或中甲联赛赞助商举行的公关或商业推广活动，每次应派遣至少 5 名联赛球员参加，且应尽量选派赞助商指定的球员，如因特殊原因无法满足，则主力球员 (即在上赛季累计上场时间在该队名列前 7 名的球员) 应不少于 2 名。具体活动方案由中国足协另行通知。

第三十三条　中国足协举行的各项中甲联赛赞助商和中甲联赛媒体合作伙伴的推广活动的相关申报工作、当地媒体宣传工作、场地及配套设施落实工作、活动所需球票证件落实工作、活动期间的现场维护协调工作、活动后期的当地媒体后续报道工作等由当地俱乐部协同赛区委员会负责协助落实。

第三十四条　公益活动是树立中甲联赛正面、健康形象，表现中甲联赛球员特有的亲和力和内涵的重要方式，有助于拉近球迷的距离，吸引球迷到赛场，拓展市场。倡导中甲联赛各俱乐部赛季阶段开展至少一次社会公益活动，同时鼓励球员以个人名义积极参加社会组织的公益活动。俱乐部每次公益活动后的相关材料（包括平面、网络报道内容、照片等）应及时提交中国足协作为赛季评选优秀赛区的重要依据。

第三十五条　在不影响俱乐部正常训练和比赛的前提条件下，各俱乐部成员（包括教练员和球员）有义务参加中 甲联赛宣传片的拍摄活动。

第三十六条　各俱乐部成员（包括教练员和球员）有义务参加中甲联赛赞助商的电视广

告和平面广告的拍摄活动。上述肖像使用为来自不同俱乐部的三人以上(含3人)的群 体肖像。参加广告拍摄活动产生的相关交通和食宿费用由广告拍摄活动的主办方负责。

第三十七条 各俱乐部有义务与本俱乐部教练员和球员在工作（劳动）合同中签署“中国足协有权利使用合同期内教练员、运动员的肖像，用于整体的市场商业推广”的条款。

第七章 中甲联赛新闻管理中的商务权益的实施

第三十八条 各俱乐部应按照中国足协的相关要求进行中甲联赛体育场的新闻发布会会场、赛后临时采访现场及混合采访区的布置和媒体人员组织工作，包括采访流程、媒体人员的统一背心及证件要求等。

第三十九条 所有发布会及采访背景画面由中国足协统一下发电子版图样及相关标准，各参赛俱乐部和赛区负责按规定制作和安装，保证画面中赞助商标识的清晰和整齐。

第四十条 中甲联赛各赛场将在主席台同侧中央位置和主摄像机对面中央位置悬挂赛事全名称条幅，在主摄像机对面赛事全名称条幅两边悬挂俱乐部标志条幅，在俱乐部标志条幅两边悬挂联赛理念语条幅及中甲元素和俱乐部元素的布置条幅。具体布置要求按照本年度“中甲联赛赛场广告布置图”执行。

第四十一条 中甲联赛各赛场的所有功能区域（包括不限于替补席、球员休息室、裁判员休息室、记者席、竞赛办公室）将按照中国足协的统一设计标准制作体现功能区域名称展示牌。

第八章 中甲联赛参赛队伍比赛服广告发布的规定

第四十二条 球员比赛服及其他比赛装备有关规定参见《中甲联赛装备规定》。

第四十三条 参照国际足联有关比赛装备的规定，中甲联赛参赛队伍的比赛服上衣胸前、背后、左臂可以发布俱乐部的赞助商广告。除本条规定外，俱乐部比赛服其他位置不得以任何形式发布任何企业或品牌的广告。

第四十四条 俱乐部正式比赛服胸前、背后、左臂等发布广告的具体位置、尺寸等要求本细则规定执行。

第四十五条 联赛开赛前，俱乐部必须将所发布内容通知中国足协审查确认书面同意后方可发布；如临时变更胸前、背后、左臂广告，必须在印制前书面通知中国足协审查确认书面同意后方可更换发布。对有可能损害中甲联赛形象的广告，例如博彩、性产品等，需要经中国足协审议。正式比赛服的胸前、背后、左臂广告必须符合《广告法》及国家其他法律、法规中关于广告发布的规定。

第四十六条　俱乐部胸前、背后和、左臂广告在整赛季内原则最多共有 2 次更换机会，并应在不影响正常比赛和各项商务要求的情况下落实更换工作，禁止在原广告内容上覆盖新广告内容。

第四十七条　正式比赛服俱乐部所有发布广告内容（包括袖标广告）不得超过 4 个品牌或服务类别。

第九章　中甲联赛特许产品开发

第四十八条　为进一步开发中甲联赛的商务市场，完善中甲联赛商务开发运营体系，中国足协将依托中甲联赛平台，整合俱乐部、球队、球员等联赛优势资源，开发具有足球文化高附加值的联赛相关特许产品。

第四十九条　中甲联赛特许产品将以中甲联赛整体 VI、中甲俱乐部形象资源和足球文化为主要设计元素，产品品类包括限量纪念品、生活用品、球迷现场用品、俱乐部专属产品和商务礼品等。

第五十条　中国足协有权在特许产品中单独或组合使用各俱乐部的名称、队徽、标识、吉祥物、队旗、球队形象、球员肖像及其他官方形象等元素，俱乐部应给予支持和配合。

第五十一条　各俱乐部有义务与本俱乐部教练员和球员在工作（劳动）合同中签署“中国足协有权利使用合同期内教练员、运动员的肖像，用于中甲联赛特许产品开发”的条款。

第五十二条　特许产品销售渠道包括俱乐部主场现场、网络平台、零售渠道连锁体系、集团购买和定制等。俱乐部应尽力在其比赛现场销售渠道和俱乐部官网等给予支持和配合。

第五十三条　中国足协将对特许产品的开发收益进行细分和统计，在扣除运营成本后将收益按照特许产品利用联赛和俱乐部元素的情况将收益以参赛费的形式向各俱乐部发放。

第十章　球迷管理、服务规定

第五十四条　各赛区球迷组织归属各赛区协会，俱乐部负责日常联络沟通及管理。同时球队要有专人管理球迷资料库，整理电话和邮件等，并及时处理球迷提出的合理化意见，俱乐部可在经过允许之后使用球迷资料进行门票推销、赞助商（包括中甲联赛赞助商）活动推广等。

第五十五条 比赛中各赛区协会及俱乐部应协同相关职能部门加强球迷的管理，禁止球迷乱拉乱挂条幅对赛场形象及赞助商权益造成影响。

第五十六条 俱乐部应该加强与球迷的日常联络沟通，共同维护赛场内外的联赛形象。

第五十七条 看台上球迷组织服装原则上可以统一发布广告，但是俱乐部必须严格管理，严格按照俱乐部发布广告程序执行。

第五十八条 俱乐部和赛区应确定足够的场地服务人员（包括停车管理员、领位员、自愿者等）热情、周到的为球迷提供观赛服务。

第五十九条 中甲联赛是一个整体品牌，其形象和利益由中国足协和各俱乐部共同维护和提升。中甲联赛的所有商务工作必须以维护整体形象和利益为前提，不得从事有损中 甲联赛整体品牌利益、形象的任何工作，包括但不限于发布涉及赌、黄、封建迷信等国家严令禁止的广告内容，不履行如烟草、药品发布广告的手续和程序，对赛场出现的辱骂、挑衅他人的口号标语的疏忽管理，退赛罢赛等情况。

第十一章　处罚与奖励条款

第六十条 对于违反本《细则》的中甲俱乐部及赛区，中国足协将给予其相应处罚，并有权要求其补偿赞助商所扣减的赞助款。

第六十一条 具体处罚条款

（一）对于违反本《细则》规定， 赞助商提出书面投诉的，中国足协将根据情况要求及时整改和弥补。如造成赞助商权益损失，同时赞助商提出扣减赞助款，中国足协将要求相关俱乐部和赛区补偿赞助商所扣减的赞助款；对中甲联赛整体形象和利益造成严重损毁的，中国足协将给予相关单位所扣减赞助款 2 倍的处罚。

（二）对于违反本《细则》规定，中国足协通过商务监督报告、比赛录像或现场照片认定的违规行为，中国足协可给予警告。如俱乐部或赛区赛季中第二次出现违规情况，则中国足协可对违规俱乐部处以 1 万元 / 场的罚款。如俱乐部在受到处罚后继续出现违规情况，则罚金翻倍（即第三次违规 2 万元，第四次违规 4 万元，以此类推）。

（三）对于违反本《细则》规定，对中甲联赛整体形象和利益造成严重损毁的，中国足协除进行罚款、取消主场资格等处罚外，保留通过法律途径追偿损失的权利。

（四）如俱乐部中途退出中甲联赛，该俱乐部自动放弃本年度中甲联赛的所有年度权益。中国足协保留追溯俱乐部退赛而造成的商务权益损失的权利。

第六十二条 奖励条款联赛结束后，中国足协将依据全年的商务工作监测结果对各俱乐部商务工作情况进行评比，对全赛季严格遵守本《细则》规定，无任何违规问题的俱乐部，将对其进行奖励。

第十二章　施　行

第六十三条　本《细则》自 2019 赛季起实行，如有补充或修订，另行通知。

第六十四条　本《细则》在下一赛季开始前如未发生补充或修订，则下一赛季升级到中甲联赛的俱乐部应与其他俱乐部共同执行本《细则》规定。

第六十五条　本《细则》由中国足协负责解释、实施。

全国女足锦标赛商务管理实施细则（试行）

为共同维护全国女足锦标赛（以下简称“锦标赛”）的商务市场权益和秩序，更好地创建锦标赛的市场品牌，最大程度开发锦标赛市场潜力，中国足球协会（以下简称中国足协）结合锦标赛商务运营的实际情况，特制定《全国女足锦标赛商务管理实施细则》（以下简称《细则》）。

第一章　锦标赛的商务管理体系

第一条　锦标赛商务管理组织由中国足协、锦标赛各赛区委员会和各俱乐部（运动队）共同组成。

第二条　中国足协是锦标赛商务资源的拥有者，有权分配锦标赛商务资源，并对赛事整体商务工作进行统筹规范和监管。

第三条　中国足协有权按程序授权合作机构对锦标赛商务资源进行经营、管理和统筹规范。

第四条　中国足协授权并监督个赛区负责各自的商务执行工作，各俱乐部（运动队）应支持和协助落实各项商务工作。

第五条　锦标赛赛区商务监督员是由中国足协委派，具体负责锦标赛现场商务监督和协调工作的人员。商务监督员具有对锦标赛比赛现场的商务落实情况及赛事信息做如实报告和记录的职责，并具有对锦标赛比赛现场商务落实情况做现场协调和监督的权力和责任。商务监督员的报告和记录，将作为认定比赛现场商务落实情况、赛事信息以及对违规情况进行事后处罚的重要依据。

第六条　锦标赛的比赛监督是锦标赛当场比赛商务管理执行中的监督人，将对锦标赛赛区商务监督员的工作进行监督和给予支持。

第七条　锦标赛赞助商、合作伙伴有权就锦标赛商务权益落实情况向中国足协提出建议和投诉，中国足协有权利依据本《细则》对违反本《细则》规定的俱乐部（运动队）或赛区做出相应处理，并将处理决定通报锦标赛赞助商、合作伙伴、各俱乐部（运动队）和赛区委员会。对严重违反本《细则》的事件或本《细则》未尽事宜的，报中国足协讨论后做出处理决定。

第二章　锦标赛商务管理要求

第一节　名称的正确使用

第一条　锦标赛以及冠名等要素组成的当年度锦标赛正式名称、简称及其对应英文、锦标赛标识、吉祥物及会歌等，其版权属于中国足协。未经中国足协书面许可，任何组织或个人不得以任何形式将这些称号用于商业目的，包括隐性市场行为。

第二条　在授权范围内，中国足协有权要求锦标赛各赛区、参赛俱乐部（运动队）、锦标赛赞助商、合作伙伴及俱乐部（运动队）的赞助商在与锦标赛相关的场合，正确使用锦标赛的正式名称、简称及其对应英文和锦标赛标志、锦标赛合成标志、吉祥物、会歌。包括但不限于：应用于电视转播，网络转播，电台转播，平面媒体报道，现场广播、现场大屏幕字幕、各类公开或非公开发行的出版物等。

第二节　锦标赛冠名特定权益的规定

第一条　中国足协批准当年度锦标赛统一冠名后，锦标赛各赛场不得以任何形式对锦标赛比赛进行冠名，不得对锦标赛冠名横幅进行更改、增删或遮盖。

第二条　中国足协根据锦标赛各俱乐部（运动队）的比赛成绩负责统一颁发各类奖项，制作相应奖杯和奖牌。各俱乐部（运动队）和赛区不得以任何形式对锦标赛比赛进行颁奖或冠名各类奖项。

第三条　冠名商权益由中国足协统一开发，赛区或俱乐部（运动队）不得以任何形式单独对比赛进行冠名。

第三节　锦标赛赞助商独家权保护规定的实施

第一条　锦标赛冠名赞助商享有其赞助产品或服务类别的独家保护和排他性的商务权益，锦标赛其他赞助商、合作伙伴等将根据双方具体合作模式及赞助金额确定是否实行排他性保护。

第二条　中国足协根据市场开发状况，在每赛季开赛前以书面通知形式向各赛区及参赛俱乐部（运动队）通报锦标赛赞助商独家权保护范围。

第三条　俱乐部（运动队）（包括球员、教练组成员及工作人员）及赛区有责任维护赛事赞助商权益，俱乐部（运动队）及赛区不得在公开场合宣传和展示赛事赞助商竞品，也不得帮助或允许任何第三方进行隐性营销。

第四条　球员不得以赛事球员身份（即身着赞助商提供的装备或自称是锦标赛球员）擅自接受赛事赞助商竞品的采访或参加其举办的任何活动。俱乐部（运动队）不得允许球员以集体的形式（即三人或三人以上）参与赛事赞助商竞品的宣传或活动（包括但不限于训练营、发布会、新店开张等）。

第五条 官方训练日和比赛当日，场馆区域内不得出现赛事赞助商竞争品牌的推广活动。

第六条 俱乐部（运动队）签署的赞助商不得对赛事赞助商进行排他性保护。

第四节 锦标赛广告权益的实施

第一条 锦标赛广告种类及形式

包括：赛事冠名、赛场 LED 广告、赛场条幅、各类制作物和印刷品（包括并不限于球票、秩序册、海报、证件、新闻发布会背景板、混合采访区背景板、瞬间采访区背景板等）。

第二条 2017 年锦标赛广告种类说明及权益分属方案

<table>
<tr><th>广告形式</th><th>位置</th><th>数量</th><th>规格</th><th>中国足协统一招商</th><th>赛区 / 俱乐部（运动队）</th><th>说明</th></tr>
<tr><td>赛事冠名</td><td></td><td>1</td><td>唯一可以出现在赛事名称里的商业名称</td><td>▲</td><td></td><td></td></tr>
<tr><td>球队冠名</td><td></td><td>1</td><td>唯一可以出现在球队名称里的商业名称</td><td></td><td>▲</td><td>归属俱乐部（运动队）</td></tr>
<tr><td>比赛服胸前广告</td><td>领口下方的正前胸 300 平方厘米范围内</td><td>1~2</td><td>任何标志或字体不超过 12cm 高度</td><td></td><td>▲</td><td rowspan="3">归属俱乐部（运动队），俱乐部（运动队）所有负责招商的广告总数量不得超过 4 个</td></tr>
<tr><td>比赛服背后广告</td><td>号码正上方 200 平方厘米范围内</td><td>1~2</td><td>任何标志或字体不超过 10cm 高度</td><td></td><td>▲</td></tr>
<tr><td>袖标广告</td><td>左、右袖口处</td><td>2</td><td>7cm × 7cm</td><td>▲右</td><td>▲左</td></tr>
</table>

续表

广告形式	位置	数量	规格	中国足协统一招商	赛区 / 俱乐部（运动队）	说明
赛场 LED 广告	摆放在边线和底线 1 米以外		边线 115.2 米，两侧底线各 57.6 米（0.96 × 1m/ 块）	▲ 67.5 分钟	▲ 22.5 分钟	归属赛区，90 分钟比赛时间内
如使用 A 字板		40	1 米 ×6 米 / 块	30 块	10 块	归属赛区
冠名横幅	主席台上方和主席台正对面一层围栏	2	1.2 × 20m	▲		
球票正面广告	整版	1	20cm × 8cm	▲		
球票背面广告	整版或所有插页	不限			▲	归属赛区
新闻发布会背景板	在新闻发布会厅	1	根据现场情况设计	▲		赛前和赛后
媒体采访板	瞬间采访、混合采访		根据现场情况设计	▲		
媒体及工作人员背心	背心的前后		待定	▲		

注：表格中未提及的广告形式，权益均归属中国足协，由中国足协统一进行招商。

第三条　锦标赛赞助商分类及拥有的基本权益

（一）赛事赞助商是指中国足协统一招商，对赛事实施整体赞助的赞助商。包括冠名赞助商、官方合作伙伴、官方供应商、官方媒体合作伙伴等。

（二）除门票收入外，赛事的相关商务权利归中国足协所有，由中国足协或中国足协授权机构负责经营。每赛季赛区和俱乐部（运动队）可以按照赛事商务工作的相关通知进行部分商业权利开发（见上述表格），但除俱乐部（运动队）冠名、球衣前胸后背广告外其他任何形式的广告均不得与本年度锦标赛冠名赞助商类别保护相冲突；赛区及俱乐部（运动队）发布任何广告前，均须向中国足协申报并获得批准后方可发布。

第四条 广告管理要求

（一）锦标赛赛场 LED/A 字板广告规定：

1. 在主摄像机对面场地边线外侧（主席台对面）摆放 LED/A 字广告板，两侧场（球网后）场地底线外侧摆放 LED/A 字广告板。在确保不影响比赛和球员身体安全的情况下，摆放距离不得少于 1 米，不得大于 5 米。如遇特殊原因可根据场地实际情况进行调整，但应确保最佳曝光效果。

2. 中国足协拥有赛前 60 分钟、比赛中 67.5 分钟和全部伤停补时的时段播放赛事统一广告和宣传内容。赛区及俱乐部（运动队）拥有比赛中 22.5 分钟时段展示赞助商广告和中场休息 15 分钟用于公益和赛事宣传，广告内容必须符合有关法律、行政法规的规定以及《女足锦标赛商务管理实施细则》中有关发布广告的规定，各赛区未经过中国足协批准不得擅自调整文件的发布时间与顺序。赛前 60 分钟和中场休息 15 分钟原则上以播放公益广告和赛事宣传为主。

3. 如使用 A 字广告板，中国足协拥有赛场 30 块广告板统一开发权利，内容由中国足协指定，其中 20 块广告板由赛区负责按要求制作、摆放及维护。其余 20 块由赛事赞助商负责制作及摆放。赛区拥有 10 块广告板开发权利。

（二）锦标赛各场比赛开赛前半小时内或中场休息时现场大屏幕播放中国足协提供的广告（若条件允许），在确保锦标赛统一广告内容播放的情况下，赛区可以播放自有内容，但广告内容不得与锦标赛冠名赞助商产品类别冲突。

（三）各赛区和各俱乐部（运动队）的所有参与赛事的工作人员有义务正确使用本年度锦标赛的正确赛事名称（包括全称和简称）及赛事标识。

（四）锦标赛入场仪式要求按照竞赛管理规定执行，牵手小球童服装由锦标赛赞助商按照主队比赛服颜色进行统一设计提供，锦标赛赞助商没有提供统一服装时，赛区有权自行落实服装，并不得有服装品牌出现。如俱乐部（运动队）或赛区发布其他内容或形式的广告，请向中国足协提出书面申请，广告内容不得与锦标赛冠名赞助商产品类别冲突。

（五）赛前和中场休息时的内场活动，在不影响锦标赛赞助商赛场推广活动的前提下赛区可自行实施，所出现的任何形式的与比赛有关或无关的广告或变相广告均不得与锦标赛冠名赞助商产品类别冲突。

（六）在全部比赛控制时间内，除锦标赛赞助商广告及中国足协同意发布的广告外，在比赛当日，不得在赛场内（包括围栏、观众席、体育场上空）展示除锦标赛场地布置要求以外任何形式的与比赛有关或无关的广告或变相广告（包括条幅、旗帜等），不能出现有悖国家法律或规定的文字和标识。各赛区和俱乐部（运动队）应对球迷协会的条幅及赛区宣传标语、口号的条幅等进行统一管理，条幅尺寸不得大于赛事主条幅尺寸并在赛事主条幅和理念条幅的两侧有序悬挂。各赛区委员会和俱乐部（运动队）有义务协调公安机关或有关方面对违反上述规定的广告给予清除或整改。

（七）俱乐部（运动队）应保证在锦标赛中，比赛场内不得以任何形式展示与当年度锦标赛冠名赞助商产品类别相冲突的广告和企业名称、品牌。

（八）赛区必须在开赛前提前 7 天将其在锦标赛赛场发布的所有广告内容以书面形式提交中国足协，经中国足协审查确认同意后方可发布，如赛区或俱乐部（运动队）中途更换或增加新的广告内容时，必须提前 3 天通知中国足协，由中国足协审查确认书面同意后方可执行。

（九）锦标赛赛场所有发布的广告，除要符合本《细则》规定的商务要求外，还必须符合国家法律、法规及《广告法》规定的有关广告发布的规定，如禁止发布涉及赌、黄、封建迷信等国家严令禁止的广告内容。

第五节　赞助商证件与赠票权益的实施

第一条　各赛区应在赛前向锦标赛赞助商、合作伙伴分别提供比赛球票（含 VIP 票 15 张，一等票 100 张，二等票 100 张）和证件。在赛事开始后，如中国足协签约新的客户，相关票证权益同样以中国足协书面通知为准，各赛区须给予支持和配合。

第二条　锦标赛球票的样式、尺寸及正面内容可由赛区统一设计，印制纸张建议使用 200 克或 250 克铜版纸。赛区可在球票正面规定的区域添加俱乐部（运动队）标志，球票的背面及插页广告由各赛区自主经营，所有发布广告的内容不得包含与锦标赛冠名赞助商产品类别相冲突的广告和企业名称、品牌。

第三条　如发现提供给赞助商的赠票有转售现象，各赛区应及时向中国足协提供相关证据，中国足协将视情况进行处理。中国足协将要求赞助商严格禁止转售行为。如果赞助商出现的转售行为被赛区发现，相关赛区与中国足协核实确认后，有权要求中国足协扣减该赞助商获得的权益门票，扣减数量为确认的转售数量的 2 倍；如出现 3 次及以上转售行为，则从第 3 次开始，扣减数量为确认转售数量的 3 倍。被扣减的门票归赛区所有。扣减场次由中国足协与赛区协商选择，原则上，如果转售只涉及一场比赛，则只能选择一场比赛进行扣减，以此类推。

第六节　锦标赛推广活动权益的实施

第一条　在不影响训练和比赛的前提下，各俱乐部（运动队）（包括教练员和球员）应积极参与由中国足协或锦标赛赞助商举行的公关或商业推广活动，每次应派遣至少 5 名赛事球员参加，且应尽量选派赞助商指定的球员，如因特殊原因无法满足，则主力球员（即在上赛季累计上场时间在该队名列前 7 名的球员）应不少于 2 名。具体活动方案由中国足协另行通知。

第二条 中国足协举行的各项锦标赛赞助商和锦标赛媒体合作伙伴的推广活动的相关申报工作、当地媒体宣传工作、场地及配套设施落实工作、活动所需球票证件落实工作、活动期间的现场维护协调工作、活动后期的当地媒体后续报道工作等由当地赛区委员会负责协助落实。

第三条 公益活动是树立锦标赛正面、健康形象，表现锦标赛球员特有的亲和力和内涵的重要方式，有助于拉近球迷的距离，吸引球迷到赛场，拓展市场。倡导锦标赛各赛区应开展至少一次社会公益活动，同时鼓励球员以个人名义积极参加社会组织的公益活动。

赛区每次公益活动后的相关材料（包括平面、网络报道内容、照片等）应及时提交中国足协作为赛季评选优秀赛区、推广赛区的重要依据。

第七节 锦标赛赞助商电视广告拍摄权益的实施

第一条 在不影响俱乐部（运动队）正常训练和比赛的前提条件下，各俱乐部（运动队）成员（包括教练员和球员）有义务参加锦标赛宣传片的拍摄活动。

第二条 各俱乐部（运动队）成员（包括教练员和球员）有义务参加锦标赛赞助商的电视广告和平面广告的拍摄活动。上述肖像使用为来自不同俱乐部（运动队）的三人以上（含 3 三人）的集体肖像。参加广告拍摄活动产生的相关交通和食宿费用由广告拍摄活动的主办方负责。

第三条 各俱乐部（运动队）有义务与本俱乐部（运动队）教练员和球员在工作（劳动）合同中签署“中国足协有权利使用合同期内教练员、运动员的肖像，用于整体的市场商业推广”的条款。

第八节 锦标赛新闻管理中的商务权益的实施

第一条 各俱乐部（运动队）应按照中国足协的相关要求进行锦标赛体育场的新闻发布会会场、赛后临时采访现场及混合采访区的布置和媒体人员组织工作，包括采访流程、媒体人员的统一背心及证件要求等。

第二条 所有发布会及采访背景画面由中国足协统一下发电子版图样及相关标准，各赛区负责按规定制作和安装，保证画面中赞助商标识的清晰和整齐。

第九节 锦标赛赛场布置整体要求

第一条 锦标赛各赛场将在主席台同侧中央位置和主摄像机对面中央位置悬挂赛事全名称条幅，在主摄像机对面赛事全名称条幅两边悬挂赛区及俱乐部（运动队）条幅。

第二条　锦标赛各赛场的所有功能区域（包括不限于替补席、球员休息室、裁判员休息室、记者席、竞赛办公室）将按照中国足协的统一设计标准制作体现功能区域名称展示牌。

第十节　锦标赛参赛队伍比赛服广告发布的规定

第一条　参照国际足联有关比赛装备的规定，锦标赛参赛队伍的比赛服上衣胸前、背后、左臂可以发布俱乐部（运动队）的赞助商广告。除本条规定外，俱乐部（运动队）比赛服其他位置不得以任何形式发布任何企业或品牌的广告。

第二条　俱乐部（运动队）正式比赛服胸前、背后、左臂等发布广告的具体位置、尺寸等要求严格按照装备管理规定执行。

第三条　赛事开赛前，俱乐部（运动队）必须将所发布内容通知中国足协审查确认书面同意后方可发布；如临时变更胸前、背后、左臂广告，必须在印制前书面通知中国足协审查确认书面同意后方可更换发布。对有可能损害锦标赛形象的广告，例如博彩、性产品等，需要经中国足协审议。正式比赛服的胸前、背后、左臂广告必须符合国家法律、法规及《广告法》关于广告发布的规定。

第四条　俱乐部（运动队）胸前、背后和左臂广告在整赛季内原则最多共有 2 次更换机会，并应在不影响正常比赛和各项商务要求的情况下落实更换工作，禁止在原广告内容上覆盖新广告内容。

第五条　正式比赛服俱乐部（运动队）所有发布广告内容（包括袖标广告）不得超过 4 个品牌或服务类别。

第十一节　锦标赛特许产品开发

第一条　为进一步开发锦标赛的商务市场，完善锦标赛商务开发运营体系，中国足协将依托锦标赛平台，整合俱乐部（运动队）、球队、球员等赛事优势资源，开发具有足球文化高附加值的赛事相关特许产品。

第二条　锦标赛特许产品将以锦标赛整体 VI、参赛俱乐部（运动队）形象资源和足球文化为主要设计元素，产品品类包括限量纪念品、生活用品、球迷现场用品、俱乐部（运动队）专属产品和商务礼品等。

第三条　中国足协有权在特许产品中单独或组合使用各俱乐部（运动队）的名称、队徽、标识、吉祥物、队旗、球队形象、球员肖像及其他官方形象等元素，俱乐部（运动队）应给予支持和配合。

第四条　各俱乐部（运动队）有义务与本俱乐部（运动队）教练员和球员在工作（劳动）合同中签署“中国足协有权利使用合同期内教练员、运动员的肖像，用于锦标赛特许产品开发”的条款。

第五条　特许产品销售渠道包括比赛现场、网络平台、零售渠道连锁体系、集团购买和定制等。俱乐部（运动队）应尽力在其比赛现场销售渠道和俱乐部（运动队）官网等给予支持和配合。

第六条 中国足协将对特许产品的开发收益进行细分和统计，在扣除运营成本后将收益按照特许产品利用赛事和俱乐部（运动队）元素的情况将收益以参赛费的形式向各俱乐部（运动队）发放。

第十二节 球迷管理、服务规定

第一条 各赛区球迷组织归属各赛区协会，俱乐部（运动队）负责日常联络沟通及管理。同时球队要有专人管理球迷资料库，整理电话和邮件等，并及时处理球迷提出的合理化意见，俱乐部（运动队）可在经过允许之后使用球迷资料进行门票推销、赞助商（包括锦标赛赞助商）活动推广等。

第二条 比赛中协同相关职能部门加强球迷的管理，禁止球迷乱拉乱挂条幅对赛场形象及赞助商权益造成影响。

第三条 俱乐部（运动队）应该加强与球迷的日常联络沟通，共同维护赛场内外的赛事形象。

第四条 看台上球迷组织服装原则上可以统一发布广告，但是俱乐部（运动队）必须严格管理，严格按照俱乐部（运动队）发布广告程序执行。

第五条 俱乐部（运动队）和赛区应确定足够的场地服务人员（包括停车管理员、领位员、志愿者等）热情、周到的为球迷提供观赛服务。

第十三节 锦标赛整体形象和整体利益的维护

锦标赛是一个整体品牌，其形象和利益由中国足协和各俱乐部（运动队）共同维护和提升。锦标赛的所有商务工作必须以维护整体形象和利益为前提，不得从事有损锦标赛整体品牌利益、形象的任何工作，包括但不限于发布涉及赌、黄、封建迷信等国家严令禁止的广告内容，不履行如烟草、药品发布广告的手续和程序，对赛场出现的辱骂、挑衅他人的口号标语的疏忽管理，退赛罢赛等情况。

第三章 处罚与奖励条款

第一条 对于违反本《细则》的俱乐部（运动队）及赛区，中国足协将给予其相应处罚，并有权要求其补偿赞助商所扣减的赞助款。

第二条　具体处罚条款

1. 对于违反本《细则》规定，赞助商提出书面投诉的，中国足协将根据情况要求及时整改和弥补。如造成赞助商权益损失，同时赞助商提出扣减赞助款，中国足协将要求相关俱乐部（运动队）和赛区补偿赞助商所扣减的赞助款；对锦标赛整体形象和利益造成严重损毁的，中国足协报纪律委员会，将给予相关单位所扣减赞助款 2 倍的处罚。

2. 对于违反本《细则》规定，对锦标赛整体形象和利益造成严重损毁的，中国足协报纪律委员会，除进行罚款、取消主场资格等处罚外，保留通过法律途径追偿损失的权利。

3. 如俱乐部（运动队）中途退出锦标赛，该俱乐部（运动队）自动放弃本年度锦标赛的所有年度权益。

第三条　奖励条款

赛事结束后，中国足协将依据全年的商务工作监测结果对各俱乐部（运动队）商务工作情况进行评比，对全赛季严格遵守本《细则》规定，无任何违规问题的俱乐部（运动队），将对其进行奖励。

第四章　施　行

第一条　本《细则》自 2017 年试行，如有补充或修订，另行通知。

第二条　本《细则》在下一赛季开始前如未发生补充或修订，应与其他俱乐部（运动队）共同执行本《细则》规定。

第三条　本《细则》由中国足协负责解释、实施。

中国足球协会女子超级联赛商务管理实施细则(试行)

为共同维护中国足协女子超级联赛（以下简称“女超联赛”，英文 CFA Women’s Super League 缩写为“CWSL”）的商务市场权益和秩序，更好地创建女超联赛的市场品牌，最大程度开发女超联赛市场潜力，中国足球协会（以下简称中国足协）结合女超联赛商务运营的实际情况，特制定《中国足球协会女子超级联赛商务管理实施细则》（以下简称《细则》）。

第一章　女超联赛的商务管理体系

第一条　女超联赛商务管理组织由中国足协、女超联赛各赛区委员会和各俱乐部共同组成。

第二条　中国足协是女超联赛商务资源的拥有者，有权分配女超联赛商务资源，并对联赛整体商务工作进行统筹规范和监管。

第三条　中国足协有权按程序授权合作机构对女超联赛商务资源进行经营、管理和统筹规范。

第四条　中国足协有权指导、监督各俱乐部负责各自赛区的商务执行工作，各俱乐部应支持和协助落实各项商务工作。

第五条　女超联赛比赛监督具有对女超联赛比赛现场的商务落实情况及赛事信息做如实报告和记录的职责，并具有对女超联赛比赛现场商务落实情况做现场协调和监督的权力和责任。比赛监督的报告和记录，将作为认定比赛现场商务落实情况、赛事信息以及对违规情况进行事后处罚的重要依据。

第六条　女超联赛赞助商、合作伙伴有权就女超联赛商务权益落实情况向中国足协提出建议和投诉，中国足协有权利依据本《细则》对违反本《细则》规定的俱乐部或赛区做出相应处理，并将处理决定通报女超联赛赞助商、合作伙伴、各俱乐部和赛区委员会。对严重违反本《细则》的事件或本《细则》未尽事宜的，报中国足协讨论后做出处理决定。

第二章　女超联赛商务管理要求

第一节　名称的正确使用

第一条　女超联赛以及冠名等要素组成的当年度女超联赛正式名称、简称及其对应英文、女超联赛标识、吉祥物及会歌等，其版权属于中国足协。未经中国足协书面许可，任何组织或个人不得以任何形式将这些称号用于商业目的，包括隐性市场行为。

第二条　在授权范围内，中国足协有权要求女超联赛各赛区、参赛俱乐部、女超联赛赞助商、合作伙伴及俱乐部的赞助商在与女超联赛相关的场合，正确使用女超联赛的正式名称、简称及其对应英文和女超联赛标志、女超联赛合成标志、吉祥物、会歌。包括但不限于：应用于电视转播，网络转播，电台转播，平面媒体报道，现场广播、现场大屏幕字幕、各类公开或非公开发行的出版物等。

第二节　女超联赛冠名特定权益的规定

第一条　中国足协批准当年度女超联赛统一冠名后，女超联赛各赛场不得以任何形式对女超联赛比赛进行冠名，不得对女超联赛冠名横幅进行更改、增删或遮盖。

第二条　中国足协根据女超联赛各俱乐部的比赛成绩负责统一颁发各类奖项，制作相应奖杯和奖牌。各俱乐部和赛区不得以任何形式对女超联赛比赛进行颁奖或冠名各类奖项。

第三条　冠名商权益由中国足协统一开发，俱乐部不得以任何形式单独对比赛进行冠名。

第三节　女超联赛赞助商独家权保护规定的实施

第一条　女超联赛冠名赞助商享有其赞助产品或服务类别的独家保护和排他性的商务权益，女超联赛其他赞助商、合作伙伴等将根据双方具体合作模式及赞助金额确定是否实行排他性保护。

第二条　中国足协根据市场开发状况，在每赛季开赛前以书面通知形式向各参赛俱乐部通报女超联赛赞助商独家权保护范围。

第三条　俱乐部(包括球员、教练组成员及工作人员)及赛区有责任维护联赛赞助商权益，俱乐部及赛区不得在公开场合宣传和展示联赛赞助商竞争品牌，也不得帮助或允许任何第三方进行隐性营销。

第四条　球员不得以联赛球员身份（即身着赞助商提供的装备或自称是联赛球员）擅自接受联赛赞助商竞争品牌的采访或参加其举办的任何活动。俱乐部不得允许球员以集体的形式（即三人或三人以上）参与联赛赞助商竞品的宣传或活动（包括但不限于训练营、发布会、新店开张等）。

第五条 官方训练日和比赛当日，场馆区域内不得出现联赛赞助商竞争品牌的推广活动。

第六条 俱乐部签署的赞助商不得对联赛赞助商进行排他性保护。

第四节 女超联赛广告权益的实施

第一条 女超联赛广告种类及形式

包括：联赛冠名、赛场 LED 广告、赛场条幅、各类制作物和印刷品（包括并不限于球票、秩序册、海报、证件、新闻发布会背景板、混合采访区背景板、瞬间采访区背景板等）。

第二条 2018 年女超联赛广告种类说明及权益分属方案

<table>
<tr><th>广告形式</th><th>位置</th><th>数量</th><th>规格</th><th>中国足协统一招商</th><th>俱乐部招商</th><th>说明</th></tr>
<tr><td>联赛冠名</td><td></td><td>1</td><td>唯一可以出现在联赛名称里的商业名称</td><td>▲</td><td></td><td></td></tr>
<tr><td>球队冠名</td><td></td><td>1</td><td>唯一可以出现在球队名称里的商业名称</td><td></td><td>▲</td><td></td></tr>
<tr><td>比赛服胸前广告</td><td>领口下方的正前胸 300 平方厘米范围内</td><td>1~2</td><td>任何标志或字体不超过 12cm 高度</td><td></td><td>▲</td><td rowspan="3">俱乐部所有负责招商的广告总数量不得超过 4 个</td></tr>
<tr><td>比赛服背后广告</td><td>号码正上方 200 平方厘米范围内</td><td>1~2</td><td>任何标志或字体不超过 10cm 高度</td><td></td><td>▲</td></tr>
<tr><td>袖标广告</td><td>左、右袖口处</td><td>2</td><td>7cm × 7cm</td><td>▲右</td><td>▲左</td></tr>
<tr><td>赛场 LED 广告</td><td rowspan="2">摆放在边线和底线 1 米以外</td><td></td><td>边线 115.2 米，两侧底线各 57.6 米（0.96 × 1m/ 块）</td><td>▲ 67.5 分钟</td><td>▲ 22.5 分钟</td><td>90 分钟比赛时间内</td></tr>
<tr><td>如使用 A 字板</td><td>40</td><td>1 米 × 6 米 / 块</td><td>30 块</td><td>10 块</td><td></td></tr>
<tr><td>冠名横幅</td><td>主席台上方和主席台正对面一层围栏</td><td>2</td><td>1.2 × 20m</td><td>▲</td><td></td><td></td></tr>
<tr><td>球票正面广告</td><td>整版</td><td>1</td><td>20cmX8cm</td><td>▲</td><td></td><td></td></tr>
</table>

续表

广告形式	位置	数量	规格	中国足协统一招商	俱乐部招商	说明
球票背面广告	整版或所有插页	不限			▲	
新闻发布会背景板	在新闻发布会厅	1	根据现场情况设计	▲		赛前和赛后
媒体采访板	瞬间采访、混合采访		根据现场情况设计	▲		
媒体及工作人员背心	背心的前后		待定	▲		

注：表格中未提及的广告形式，权益均归属中国足协，由中国足协统一进行招商。

第三条　女超联赛赞助商分类及拥有的基本权益

（一）联赛赞助商是指中国足协统一招商，对联赛实施整体赞助的赞助商。包括联赛冠名商、官方合作伙伴、官方供应商、官方媒体合作伙伴等。

（二）除门票收入外，联赛的相关商务权利归中国足协所有，由中国足协或中国足协授权机构负责经营。每赛季俱乐部可以按照联赛商务工作的相关通知进行部分商业权利开发（见上述表格），但除俱乐部冠名、球衣前胸后背广告外其他任何形式的广告均不得与本年度女超联赛类别保护相冲突；俱乐部发布任何广告前，均须向中国足协申报并获得批准后方可发布。

第四条　广告管理要求

（一）女超联赛赛场 LED/A 字板广告规定

1. 在主摄像机对面场地边线外侧（主席台对面）摆放 LED/A 字广告板，两侧场（球网后）场地底线外侧摆放 LED/A 字广告板。在确保不影响比赛和球员身体安全的情况下，摆放距离不得少于 1 米，不得大于 5 米。如遇特殊原因可根据场地实际情况进行调整，但应确保最佳曝光效果。

2. 中国足协拥有赛前 60 分钟、比赛中 67.5 分钟和全部伤停补时的时段播放联赛统一广告和宣传内容。俱乐部拥有比赛中 22.5 分钟时段展示赞助商广告和中场休息 15 分钟用于公益和赛事宣传，广告内容必须符合有关法律、行政法规的规定以及《女超联赛商务管理实施细则》中有关发布广告的规定，各俱乐部未经过中国足协批准不得擅自调整文件的发布时间与顺序。赛前 60 分钟和中场休息 15 分钟原则上以播放公益广告和赛事宣传为主。

3. 如使用 A 字广告板，中国足协拥有赛场 30 块广告板统一开发权利，内容由中国足协指定，由各主场俱乐部负责按要求制作、摆放及维护。俱乐部拥有10块广告板开发权利。除冠名赞助商外，其余赞助商同等广告画面不得超过4块（或9分钟led展示时长）。

（二）女超联赛各俱乐部在主场比赛开赛前半小时内或中场休息时现场大屏幕播放中国足协提供的广告，在确保女超联赛统一广告内容播放的情况下，俱乐部可以播放自有内容，但广告内容不得与女超联赛冠名赞助商产品类别冲突。

（三）各赛区和各俱乐部的所有参与联赛的工作人员有义务正确使用本年度女超联赛的正确赛事名称（包括全称和简称）及赛事标识。

（四）女超联赛入场仪式要求按照竞赛管理规定执行，牵手小球童服装由女超联赛赞助商按照主队比赛服颜色进行统一设计提供，女超联赛赞助商没有提供统一服装时，俱乐部有权自行落实服装，但是展示广告内容原则上只能与正式比赛服展示广告内容相同，并不得有服装品牌出现。如俱乐部或赛区发布其他内容或形式的广告，请向中国足协提出书面申请，广告内容不得与女超联赛冠名赞助商产品类别冲突。

（五）赛前和中场休息时的内场活动，在不影响女超联赛赞助商赛场推广活动的前提下赛区和俱乐部可自行实施，所出现的任何形式的与比赛有关或无关的广告或变相广告均不得与女超联赛冠名赞助商产品类别冲突。

（六）在全部比赛控制时间内，除女超联赛赞助商广告及中国足协同意发布的广告外，在比赛当日，不得在赛场内（包括围栏、观众席、体育场上空）展示除女超联赛场地布置要求以外任何形式的与比赛有关或无关的广告或变相广告（包括条幅、旗帜等），不能出现有悖国家法律或规定的文字和标识。各赛区和俱乐部应对球迷协会的条幅及赛区宣传标语、口号的条幅等进行统一管理，条幅尺寸不得大于联赛主条幅尺寸并在联赛主条幅和理念条幅的两侧有序悬挂。各赛区委员会和俱乐部有义务协调公安机关或有关方面对违反上述规定的广告给予清除或整改。

（七）俱乐部应保证在女超联赛中，比赛场内不得以任何形式展示与当年度女超联赛冠名赞助商产品类别相冲突的广告和企业名称、品牌。

（八）俱乐部必须在开赛前提前7天将其在女超联赛赛场发布的所有广告内容以书面形式提交中国足协，经中国足协审查确认书面同意后方可发布，如俱乐部中途更换或增加新的广告内容时，必须提前3天通知中国足协，由中国足协审查确认书面同意后方可执行。

（九）女超联赛赛场所有发布的广告，除要符合本《细则》规定的商务要求外，还必须符合国家法律、法规及《广告法》规定的有关广告发布的规定，如禁止发布涉及赌、黄、封建迷信等国家严令禁止的广告内容。

第五节　赞助商证件与赠票权益的实施

第一条　各俱乐部应在赛前向女超联赛赞助商、合作伙伴分别提供主场比赛球票（冠名赞助商 100 张，其余赞助商、合作伙伴各 20 张）和证件（如有）。在联赛开始后，如中国足协签约新的客户，相关票证权益同样以中国足协书面通知为准，各俱乐部须给予支持和配合。

第二条　女超联赛球票的样式、尺寸及正面内容由中国足协统一设计后在开赛前提供给各俱乐部印制，印制纸张建议使用 200 克或 250 克铜版纸。俱乐部可在球票正面规定的区域添加俱乐部标志，球票的背面及插页广告由各俱乐部自主经营，所有发布广告的内容不得包含与女超联赛冠名赞助商产品类别相冲突的广告和企业名称、品牌。

第三条　如发现提供给赞助商的赠票有转售现象，各俱乐部应及时向中国足协提供相关证据，中国足协将视情况进行处理。中国足协将要求赞助商严格禁止转售行为。如果赞助商出现的转售行为被俱乐部发现，相关俱乐部与中国足协核实确认后，有权要求中国足协扣减该赞助商获得的权益门票，扣减数量为确认的转售数量的 2 倍；如出现 3 次及以上转售行为，则从第 3 次开始，扣减数量为确认转售数量的 3 倍。被扣减的门票归俱乐部所有。扣减场次由中国足协与俱乐部协商选择，原则上，如果转售只涉及一场比赛，则只能选择一场比赛进行扣减，以此类推。

第六节　女超联赛推广活动权益的实施

第一条　在不影响训练和比赛的前提下，各俱乐部（包括教练员和球员）应积极参与由中国足协或女超联赛赞助商举行的公关或商业推广活动，每次应派遣至少 5 名联赛球员参加，且应尽量选派赞助商指定的球员，如因特殊原因无法满足，则主力球员 (即在上赛季累计上场时间在该队名列前 7 名的球员) 应不少于 2 名。具体活动方案由中国足协另行通知。

第二条　中国足协举行的各项女超联赛赞助商和女超联赛媒体合作伙伴的推广活动的相关申报工作、当地媒体宣传工作、场地及配套设施落实工作、活动所需球票证件落实工作、活动期间的现场维护协调工作、活动后期的当地媒体后续报道工作等由当地俱乐部协同赛区委员会负责协助落实。

第三条　公益活动是树立女超联赛正面、健康形象，表现女超联赛球员特有的亲和力和内涵的重要方式，有助于拉近球迷的距离，吸引球迷到赛场，拓展市场。倡导女超联赛各俱乐部赛季阶段开展至少一次社会公益活动，同时鼓励球员以个人名义积极参加社会组织的公益活动。

俱乐部每次公益活动后的相关材料（包括平面、网络报道内容、照片等）应及时提交中国足协作为赛季评选优秀赛区、推广赛区的重要依据。

第七节　女超联赛赞助商电视广告拍摄权益的实施

第一条　在不影响俱乐部正常训练和比赛的前提条件下，各俱乐部成员（包括教练员和球员）有义务参加女超联赛宣传片的拍摄活动。

第二条　各俱乐部成员（包括教练员和球员）有义务参加女超联赛赞助商的电视广告和平面广告的拍摄活动。上述肖像使用为来自不同俱乐部的三人以上（含 3 人）的集体肖像。参加广告拍摄活动产生的相关交通和食宿费用由广告拍摄活动的主办方负责。

第三条　各俱乐部有义务与本俱乐部教练员和球员在工作（劳动）合同中签署“中国足协有权利使用合同期内教练员、运动员的肖像，用于整体的市场商业推广”的条款。

第八节　女超联赛新闻管理中的商务权益的实施

第一条　各俱乐部应按照中国足协的相关要求进行女超联赛体育场的新闻发布会会场、赛后临时采访现场及混合采访区的布置和媒体人员组织工作，包括采访流程、媒体人员的统一背心及证件要求等。

第二条　所有发布会及采访背景画面由中国足协统一下发电子版图样及相关标准，各参赛俱乐部和赛区负责按规定制作和安装，保证画面中赞助商标识的清晰和整齐。

第九节　女超联赛赛场布置整体要求

第一条　女超联赛各赛场将在主席台同侧中央位置和主摄像机对面中央位置悬挂赛事全名称条幅。

第二条　女超联赛各赛场的所有功能区域（包括不限于替补席、球员休息室、裁判员休息室、记者席、竞赛办公室）将按照中国足协的统一设计标准制作体现功能区域名称展示牌。

第十节　女超联赛参赛队伍比赛服广告发布的规定

第一条　参照国际足联有关比赛装备的规定，女超联赛参赛队伍的比赛服上衣胸前、背后、左臂可以发布俱乐部的赞助商广告。除本条规定外，俱乐部比赛服其他位置不得以任何形式发布任何企业或品牌的广告。

第二条　俱乐部正式比赛服胸前、背后、左臂等发布广告的具体位置、尺寸等要求严格按照装备管理规定执行。

第三条　联赛开赛前，俱乐部必须将所发布内容通知中国足协审查确认书面同意后方可发布；如临时变更胸前、背后、左臂广告，必须在印制前书面通知中国足协审查确认书面同意后方可更换发布。对有可能损害女超联赛形象的广告，例如博彩、性产品等，需要经中国足协审议。正式比赛服的胸前、背后、左臂广告必须符合国家法律、法规及《广告法》关于广告发布的规定。

续表

第四条　俱乐部胸前、背后和左臂广告在整赛季内原则最多共有 2 次更换机会，并应在不影响正常比赛和各项商务要求的情况下落实更换工作，禁止在原广告内容上覆盖新广告内容。

第五条　正式比赛服俱乐部所有发布广告内容（包括袖标广告）不得超过 4 个品牌或服务类别。

第十一节　女超联赛特许产品开发

第一条　为进一步开发女超联赛的商务市场，完善女超联赛商务开发运营体系，中国足协将依托女超联赛平台，整合俱乐部、球队、球员等联赛优势资源，开发具有足球文化高附加值的联赛相关特许产品。

第二条　女超联赛特许产品将以女超联赛整体 VI、女超俱乐部形象资源和足球文化为主要设计元素，产品品类包括限量纪念品、生活用品、球迷现场用品、俱乐部专属产品和商务礼品等。

第三条　中国足协有权在特许产品中单独或组合使用各俱乐部的名称、队徽、标识、吉祥物、队旗、球队形象、球员肖像及其他官方形象等元素，俱乐部应给予支持和配合。

第四条　各俱乐部有义务与本俱乐部教练员和球员在工作（劳动）合同中签署“中国足协有权利使用合同期内教练员、运动员的肖像，用于女超联赛特许产品开发”的条款。

第五条　特许产品销售渠道包括俱乐部主场现场、网络平台、零售渠道连锁体系、集团购买和定制等。俱乐部应尽力在其比赛现场销售渠道和俱乐部官网等给予支持和配合。

第六条　中国足协将对特许产品的开发收益进行细分和统计，在扣除运营成本后将收益按照特许产品利用联赛和俱乐部元素的情况将收益以参赛费的形式向各俱乐部发放。

第十二节　球迷管理、服务规定

第一条　各赛区球迷组织归属各赛区协会，俱乐部负责日常联络沟通及管理。同时球队要有专人管理球迷资料库，整理电话和邮件等，并及时处理球迷提出的合理化意见，俱乐部可在经过允许之后使用球迷资料进行门票推销、赞助商（包括女超联赛赞助商）活动推广等。

第二条　比赛中协同相关职能部门加强球迷的管理，禁止球迷乱拉乱挂条幅对赛场形象及赞助商权益造成影响。

第三条　俱乐部应该加强与球迷的日常联络沟通，共同维护赛场内外的联赛形象。

第四条　看台上球迷组织服装原则上可以统一发布广告，但是俱乐部必须严格管理，严格按照俱乐部发布广告程序执行。

第五条　俱乐部和赛区应确定足够的场地服务人员（包括停车管理员、领位员、志愿者等）热情、周到的为球迷提供观赛服务。

第十三节　女超联赛整体形象和整体利益的维护

女超联赛是一个整体品牌，其形象和利益由中国足协和各俱乐部共同维护和提升。女超联赛的所有商务工作必须以维护整体形象和利益为前提，不得从事有损女超联赛整体品牌利益、形象的任何工作，包括但不限于发布涉及赌、黄、封建迷信等国家严令禁止的广告内容，不履行如烟草、药品发布广告的手续和程序，对赛场出现的辱骂、挑衅他人的口号标语的疏忽管理，退赛罢赛等情况。

第三章　处罚与奖励条款

第一条　对于违反本《细则》的女超俱乐部及赛区，中国足协将给予其相应处罚，并有权要求其补偿赞助商所扣减的赞助款。

第二条　具体处罚条款

1. 对于违反本《细则》规定， 赞助商提出书面投诉的，中国足协将根据情况要求及时整改和弥补。如造成赞助商权益损失，同时赞助商提出扣减赞助款，中国足协将要求相关俱乐部和赛区补偿赞助商所扣减的赞助款；对女超联赛整体形象和利益造成严重损毁的，中国足协报纪律委员会，将给予相关单位所扣减赞助款 2 倍的处罚。

2. 对于违反本《细则》规定，对女超联赛整体形象和利益造成严重损毁的，中国足协报纪律委员会，除进行罚款、取消主场资格等处罚外，保留通过法律途径追偿损失的权利。

3. 如俱乐部中途退出女超联赛，该俱乐部自动放弃本年度女超联赛的所有年度权益。

第三条　奖励条款

联赛结束后，中国足协将依据全年的商务工作监测结果对各俱乐部商务工作情况进行评比，对全赛季严格遵守本《细则》规定，无任何违规问题的俱乐部，将对其进行奖励。

第四章　施　行

第一条　本《细则》自 2018 赛季试行，如有补充或修订，另行通知。

第二条　本《细则》在下一赛季开始前如未发生补充或修订，则下一赛季升级到女超联赛的俱乐部应与其他俱乐部共同执行本《细则》规定。

第三条　本《细则》由中国足协负责解释、实施。

后 记

2018年夏天，笔者完成了《足球行业法律关系》一书的编著。在编著过程中，笔者搜集了大量的足球领域的法律法规，发现足球行业中涉及的法律、行政法规、部门规章、行业规范数量众多，门类繁杂。如果将这些文件分门别类进行整理汇编，供业内人士参考使用，岂不是一件很有意义的事情？于是，笔者下定决心完成《足球行业法律规范汇编》一书，力求成为工具书供大家使用。

如今，足球行业的法律规范远远滞后于足球行业的发展速度。笔者深感关于足球领域法律体系建设的空白，比如行业内很多问题都没有规范化的解决标准，这无疑给足球行业的发展带来阻碍。为了解决这一问题，笔者系统地梳理足球行业法律规范，希望能够为日后的法律体系建设提供参照。

笔者将现有法律规范进行了系统整理，明确法律规范的效力等级，并按照调整对象进行整理分类，梳理、明确行业内各种主体应当适用的规定范围。如果能够为未来足球行业中具体活动提供法律依据，为产生的纠纷提供解决依据，也不枉费笔者完成本书的辛苦了。

本书编制完毕，对比现有的法律规范，足球行业内仍有很多问题没有明确的规范指导。笔者希望有更多的专业人士，积极投入到足球行业规范的研究制定中去，能够整理出台适合足球行业良性发展、有助于足球运动长远健康进步的行业法律规范。此外，笔者也希望有更多足球行业的专业人士以自身的专业能力为优势，积极探讨研究，以寻找解决足球行业内现存问题的法律途径，从而促进足球行业的健康发展。

回忆编制本书的点点滴滴，笔者搜集了大量的资料，多次修改本书框架，不断更新规范版本，力求能够完整、清晰地梳理出足球行业中各类法律规范的脉络。当然，此书的编制要着重感谢各界好友的帮助。

笔者相信，关心足球发展、怀有足球梦的有识之士，会共同努力，营造良性行业发展氛围，建设完善的行业法治体系，为早日实现足球梦而奋斗。